ამერიკის გმირები
AMERICAN HEROES

თოროუ და ბრაუნი
THOREAU and BROWN

შეარჩია, თარგმნა და განმარტა
ზვიად კლიმენტის ძე ლაზარაშვილმა
SELECTED, TRANSLATED AND ANNOTATED BY
ZVIAD KLIMENT LAZARASHVILI

თარგმანის და განმარტებების საავტორო უფლება © 2011
ზვიად კლიმენტის ძე ლაზარაშვილი.
თარგმანის და განმარტებების ყველა საავტორო უფლება დაცულია.
ISBN: 0-6154-7997-9
ISBN-13: 978-0615479972
კონგრესის ბიბლიოთეკის საკონტროლო ნომერი: 2011928194
პირველი გამოცემა

მთარგმნელის წერილობითი ნებართვის გარეშე წიგნის ან წიგნის რომელიმე ნაწილის ხელმეორედ დაბეჭდვა და ნებისმიერი სხვა სახით საჯარო გავრცელება, გარდა მოკლე ციტირებისა და კრიტიკისა, აკრძალულია.
ყველა საავტორო უფლება ეკუთვნის
ზვიად კლიმენტის ძე ლაზარაშვილს.

Academy of Iberian Philosophy
GEORGIAN INTERNATIONAL UNIVERSITY PRESS
დამზადებულია ამერიკაში

მთავარი რედაქტორი: აკადემიკოსი ჩიეკე იჰეჯირიკა
რედაქტორები: დოქტორი ჯორჯ პ. სტასენი და აკადემიკოსი გარი ტ. ჩაფიძე
ციტირებების და განმარტებების რედაქტორი და ციტირებებთან
დაკავშირებული საავტორო უფლებების დაცვაზე პასუხისმგებელი პირი:
სთივენ ქ. სთიილ, მცირე
ყდის მხატვარი: ზვიად კლიმენტის ძე ლაზარაშვილი
მხატვრული რედაქტორი და ილუსტრაციებთან დაკავშირებული
საავტორო უფლებების დაცვაზე პასუხისმგებელი პირი:
დემეტრე დეკანოსიძე

Translation Copyright © 2011 Zviad Kliment Lazarashvili
All rights reserved.
ISBN: 0-6154-7997-9
ISBN-13: 978-0615479972
Library of Congress Control Number: 2011928194
First Edition

No part of this book may be reproduced in any manner whatsoever
without a written permission from the translator except in the case of a brief quotation embodied
in critical articles or reviews. All rights belong to Zviad Kliment Lazarashvili.

Academy of Iberian Philosophy
GEORGIAN INTERNATIONAL UNIVERSITY PRESS
Printed in the United States of America

Chief Editor: Chieke E. Ihejirika, Ph.D.
Editors: George P. Stasen, Ph.D. and Gari T. Chapidze, Ph.D.
Editor of citations and annotations, and the responsible party
on copyright issues for the citations and paraphrases used in the annotations:
Steven K. Steel, Jr.
Cover Design by Zviad Kliment Lazarashvili
Graphic Designer, Illustrator and the responsible party on copyright issues
for the pictures, illustrations and graphics used in the book:
Demetre Dekanosidze

წიგნი ეძღვნება თბილისის ეკონომიკურ ურთიერთობათა და სამართლის სახელმწიფო უნივერსიტეტის დამაარსებელსა და რექტორს, გურამ თავართქილაძეს.

The book is dedicated to the founder and Rector of Tbilisi State University of Economic Relations and Law, GURAM TAVARTKILADZE.

"რამეთუ ღმერთმან გამოცადნა იგინი და პოვნა იგინი ღირსად თავისა თვისისა; შჯიდნენ თესლებსა და დაიპყრიან ერნი. და სუფევდეს უფალი მათ ზედა საუკუნოდ."

სიბრძნე სოლომონისა 3:5 და 3:8.

"God proved him and found him worthy of Himself; he shall judge the nations, and have dominion over the people; and his Lord shall reign forever."

Wisdom of Solomon 3:5 and 3:8.

სარჩევი

შესავალი:
მადლობის გვერდი ix
წინასიტყვაობა xi
დოქტორ ჯორჯ სტასენის მთარგმნელის შესახებ xxxix

ჰენრი დეივიდ თოროუ:
მონობა მასაჩუსეცში 45
სამოქალაქო დაუმორჩილებლობა 75
არზა კაპიტან ჯონ ბრაუნის გასამართლებლად 107
სიცოცხლე ზნეობის გარეშე 147
ჯონ ბრაუნის ბოლო დღეები 177

ფრენქლინ ბენჯამინ სენბორნი:
ჯონ ბრაუნის ბავშობა 191
ჯონ ბრაუნი ციხეში 201
ჯონ ბრაუნის წერილები 207
ჯონ ბრაუნის პიროვნება და სიკვდილი 267
ბრაუნის ინტერვიუ 279
ჯონ ბრაუნის სიტყვით გამოსვლები სასამართლოში 295

არქივებიდან:
ჯონ ბრაუნის დროებითი კონსტიტუცია 301
ჯონ ბრაუნის რაზმის წევრები 317

ბოლოსიტყვაობა: 331

TABLE OF CONTENTS

PREFIX:
ACKNOWLEDGEMENTS ix
INTRODUCTION 333
ABOUT THE TRANSLATOR BY DR. GEORGE P. STASEN 351

HENRY DAVID THOREAU:
SLAVERY IN MASSACHUSETTS 355
CIVIL DISOBEDIENCE 371
A PLEA FOR CAPTAIN JOHN BROWN 391
LIFE WITHOUT PRINCIPLE 417
THE LAST DAYS OF JOHN BROWN 435

FRANKLIN BENJAMIN SANBORN:
THE CHILDHOOD OF JOHN BROWN 443
JOHN BROWN IN PRISON 449
JOHN BROWN'S LETTERS 453
THE DEATH AND CHARACTER OF JOHN BROWN 495
BROWN'S INTERVIEW 503
BROWN'S SPEECHES AT HIS TRIAL 517

FROM THE ARCHIVES:
JOHN BROWN'S PROVISIONAL CONSTITUTION 521
MEMBERS OF JOHN BROWN'S ARMY 533

EPILOGUE: 543

მადლობის გვერდი

სარედაქციო კომიტეტი:	
მთავარი რედაქტორი:	აკადემიკოსი ჩიეკე იჰეჯირიკა
რედაქტორები:	დოქტორი ჯორჯ სტასენი
	აკადემიკოსი გარი ჩაფიძე
ციტირებების და განმარტებების რედაქტორი და საავტორო უფლებებზე პასუხისმგებელი პირი:	სთივენ ქ. სთიილ, მცირე
ყდის მხატვარი:	ზვიად კ. ლაზარაშვილი
მხატვრული რედაქტორი:	დემეტრე დეკანოსიძე
სამადლობელო სია:	დოქტორი ვინფორდ ჯონსონი
	დოქტორი ჯენეტ მეთიუსონი
	დოქტორი გურამ თავართქილაძე
	დოქტორი ჯორჯ სტასენი
	პროფესორი რაბერტ გუდელი
	დოქტორი ჯორჯ ფრუნზი
	ჯეიმზ მუნისი, ესკვაიერი
	დოქტორი შოთა აგლაძე
	დოქტორი იზზელდინ ბაკიტი
	პროფესორი ბესო ალადაშვილი
	პროფესორი სინთია ორთი
	პროფესორი დენიელ თერფასა

ACKNOWLEDGEMENTS

EDITORIAL COMMITTEE:	
Chief Editor:	Dr. Academician Chieke E. Ihejirika
Editors:	Dr. George P. Stasen
	Dr. Academician Gari T. Chapidze
Editor of citations, paraphrases and annotations, and the responsible party on all copyright issues:	Steven K. Steel, Jr.
Cover Designer:	Zviad Kliment Lazarashvili
Graphic Designer-illustrator:	Demetre Dekanosidze
APPRECIATION LIST:	Dr. Winford B. Johnson
	Dr. Janet Mathewson
	Dr. Guram Tavartkiladze
	Dr. George P. Stasen
	Professor Robert Goodell
	Dr. George L. Frunzi
	James J. Munnis, Esquire
	Dr. Shota Agladze
	Dr. Izzeldin Bakhit
	Professor Beso Aladashvili
	Professor Cynthia Orth
	Professor Daniel Terfassa

წინასიტყვაობა

ისევე შეუძლებელია თოროუსა და ბრაუნის ღვაწლის განცალკევება, როგორც მოსესი და აარონის. ამ ხალხის ბიოგრაფიების განცალკევებაც შეუძლებელია.

ზვიად კლიმენტის ძე ლაზარაშვილი

ქრისტიანული ღმრთისმეტყველება

"დიდი წამება დიდბუნებოვნების ნიშანია, როგორც დიდი ძლევამოსილება. დიდი წამება იგივ დიდი გამარჯვებაა, რომელიც წილად ხვდება ხოლმე დიდბუნოვანს კაცსა, ხოლო გამარჯვებული ბედნიერია, იმიტომ, რომ თვითონაც სტკბება მით, რაც გამარჯვებას მოაქვს, და წამებული კი თვით იწვის სანთელსავით და სხვას კი გზას უნათებს.

ამიტომაც ეკლიანი გვირგვინი წამებულისა უფრო უანგაროა, უფრო მიმზიდველია, უფრო საგულმტკივნეულოა და, მაშასადამე, უფრო მშვენიერი, სასახელო და სადიდებელი. მარტო ამ წამებულთა ჰლოცულობს კაცობრიობა, მარტო ამ წამებულთა აღიარებს იგი წმინდანებად და თაყვანს სცემს ლოცვითა და კურთხევითა.

ეკლიანი გვირგვინი, ჩვენს დღემდე მოტანილი ჩვენთა წინაპართაგან, ამ მშვენიერებითა ჰშვენის, ამ სახელითა სახელოვნობს, ამ დიდებით ჰდიდებულობს. თუ ვისმე სამართლიანად ეთქმის, რომ თვით დაიწვნენ და სხვას კი გზა გაუნათესო, ეს ჩვენს მამა-პაპას ეთქმის და მადლობელნი შვილნი ლმობიერებით პირქვე უნდა დავემხოთ მათ საფლავთა წინაშე და ვუგალობოთ დიდებულთა და ქება ქებულთა."

აი, ეს თქვა წმიდა ილია მართალმა წმიდა მოწამეებზე და ესაა მიზეზი რის გამოც, თქვენ, ქართველნო, ამ წიგნის კითხვა არა მხოლოდ შეგშვენით, არამედ *გევალებათ.* ჩვენი ერის ისტორიაც ხომ მოწამეობით იწყება, და მთელი ჩვენი ერი, მსოლფიო მასშტაბით თუ შევხედავთ ამ საკითხს, სწორად რომ ისტორიული მოწამეა! განა თავისი ჟამის მარტვილი არ იყო ამირანი? ეს ჩვენი პრო-მეთე და ჩვენი მოდგმის პროგენი, რომლის სახელი, ისევე როგორც ამ სახელის მნიშვნელობა, დღეს რატომღაც დავიწყებას მისცემია ჩვენს შორის, ინდო-ევროპულ სიბნელეს იბერიული წინხედვით წინ აღუდგა, იბრძოლა და ბოლოს კავკასიონის მთებზე დაითესა იმ ძვირფას გენეტიკურ თესლად, საიდანაც მთელი ჩვენი ჯიში და ჯილაგი იღებს ზნეობრივ სათავეს.

იბერია გაბრწყინდება! ამ წიგნში გაბრწყინების ერთად-ერთი გზაა მოცემული: გზა მოწამეობის, გზა მამულიშვილური მსხვერპლშეწირვის, გზა სიყვარულისა, – ქრისტეს გზა... ჯვარცმისა და აღდგომისა. იჩქარეთ! სხვა ერებმა არ დაგვასწრონ ამ გზაზე დადგომა. სხვა ერების ეკლესიებმა არ დაგვასწრონ ამ გზაზე დამდგარი მოწამეების წმიდანებად შერაცხა.

ქრისტიანული ეროვნული მსოფლმხედველობა

გაინტერესებთ ვინ იყო თოროუ, ჰენრი დეივიდ თოროუ? ის იყო ურჯულო და ბოროტი ქვეყნიერების ერთ მეტად ურჯულო და ბოროტ

კუთხეში დაბადებული ერთი მეტად მერჯულე და კეთილი კაცი. ბრაუნი?! ბრაუნი გმირი იყო, ქრისტეანი გმირი, – მზაკვარ ბობოლებსა და იმპოტენტ ბრბოს შორის დაბადებული ალღოიანი და შნოიანი კაცი.

ეს წიგნი აკადემიური შრომა არაა. ან რა საჭიროა, საღი აზრი მაინცდამაინც ან აკაედმიური იყოს ანდა აკადემიისა? არც სოკრატეს, არც პლატონს, არც ნეტარ ავგუსტინეს, არც ორიგენეს, და არც ჩვენს რუსთველს, გურამიშვილს, ვაჟას და სულმნათ ილიას აკადემია არ გაუსრულებიათ, მაგრამ... მოკლედ, აკადემიკოსებმა აკადემიური შრომები იკითხონ და ამ ორი ტიტანის ტიტანური შრომების კითხვით თავს ნუ შეიწუხებენ. ჭეშმარიტ გმირებს, ნიჭიერებს, წესიერებს, ვაჟკაცებს, წმიდანებს და მხსნელებს სულ სხვა აკადემია აქვთ განვლილი და მძიმე გრაგნილებად სისხლის მელნით გამოწერილი მათი ღრმა ფიქრების მკითხველიც სულ სხვა ხალხია, – უბრალო ხალხი, ხალხი, რომელიც, მიუხედავად ადამიანური მანკისა და სისუსტისა, მაინც იმ უხილავი სრულყოფისკენ მიისწრაფის, რომელსაც ღმერთი ჰქვია. ერთი რამ იცოდეთ, – ჩვენი ქრისტე ღმერთი, – დიახ! ღმერთი-მეთქი, – არ შემშლია, – ბაგაში დაბადებული, სიღატაკეში გაზრდილი, უბრალო კვართით შემოსილი ერთი უბრალო და თავმდაბალი დურგალი იყო და არა აკადემიკოსი. მოკლედ, ჩემო მკითხველო, ამ ყველაფრით იმის თქმა მსურს, რომ ჭეშმარიტი ღმერთი თუ გწამთ, თქვენი ერი და, ზოგადად, მოყვასი თუ გიყვართ, ილიასი, გურამიშვილისა და რუსთველისა თუ გჯერათ და თან იმის ძალა და უნარიც შეგწევთ, დედამიწაზე გამეფებული თვალთმაქცობა და ამ თვალთმაქცობის ბოროტ-მსახურები ამოიცნოთ, ამხილოთ და ბინდგადაკრულ მსოფლიოში საჯაროდ გამოააშკარავოთ, – დიახ, – სიკეთის, განათლების, მჭევრმეტყველების, ერის მამობისა და ეკლესიის მანტიით შენიღბული ბილწი და ბოროტი ფარისევლებიც ავლინოთ, ებრძოლოთ და, საჭიროების შემთხვევაში, მოკლათ კიდეც... მაშინ ეს წიგნი, მისი ჭეშმარიტი და ცხადი გმირები, მისი სულმნათი ავტორები და მისი ერთი სულმოკლე და უგუნური მთარგმნელი სათქვენო ყოფილა, თუ არა და... მაშინ მთელი წიგნი სიგიჟედ მოგეჩვენებათ, მისი გმირები – სიშმაგის განსახიერებად, მისი ავტორები – გიჟებად, მთარგმნელი კი ერთ მეტად გაგიჟებულ და ცნობადაკარგულ ცრუ-კაცად და უცნაურ ქართველად.

თერთმეტი წელია რაც საქართველოს ვარ მოწყვეტილი, მაგრამ ჩემს დედა-საქართველოს ნაზარეთში ებრაელად შობილ ქრისტეში ვხედავ. და განა სამოთხეში ეროვნების მიხედვით შევლენ ადამიანები? აღთქმული იერუსალემი რომ არც ერთი ქვეყნის საზღვრებში არ შედის, რად უნდა ამას ხაზი და ლარი? და განა თავისთავად ნათელი არაა, რომ “ჰებრუობა” ანუ ებრაელობა სულიერი მოქალაქეობაა, და არა – პოლიტიკური? ო, რაოდენ დიდია სხვაობა ჭეშმარიტ ჰებრუსა და ურიას შორის! ანდა ჭეშმარიტ იბერიელსა და დღევანდელ ციდა-ქართველს შორის! სად გაქრნენ მათი ლევიტელები? ჩვენი მესხები სად გაქრნენ ნეტავ?![1] მაშ რაა მამულიშვილობა, თუ არა მოყვასის სიყვარული? არა მხოლოდ ქართველი

[1] ლევიტელთა ტომი ათასწლეულების მანძილზე ისევე უძღვებოდა ებრაელთა სულერ და პოლიტიკურ ცხოვრებას, როგორც მესხები ანუ იბერიელები ანუ ქართველები უძღვებოდნენ ჩვენსას. დღეს ისრაელს ჭეშმარიტი ლევიტელები საერთოდ აღარ ჰყავს (ან გადაგვარდნენ ან გაწყდნენ შინაური თუ გარეული მტრისგან), და, ვაი თუ, ჩვენშიც აღარ დარჩნენ მესხები ანუ იბერიელები?! ოღონდ იცოდეთ, იბერიას ლევიტელთა ბედი არ უწერია, – სწორად ის გაბრწყინდება, არა როგორც კუთხე, არამედ როგორც მთელი ჩვენი ქვეყანა – სა-ქართველო.

კაცის მიერ ქართველის სიყვარული, ბერძენის მიერ – ბერძენისა ან იანკის [2] მიერ – იანკისა, არამედ კაცის მიერ კაცისა და, თუნდაც გზასაცდენილი და წამხდარი ადამიანის, და თავად არაკაცის სიყვარულიც კი. ასეთ სიყვარულს ქადაგებდა იესუ. ასეთ სიყვარულს ელტვოდნენ თოროუ და ბრაუნი. ასეთ სიყვარულს გაიზიარებთ თქვენც, თუ ამ წიგნს ბოლომდე წაიკითხავთ და, უფრო მეტიც, – კიდევ ერთხელ გულდასმით გადაიკითხავთ, მასში ასახული სიბრძნის ყოველ ნაკვთს მიბაძავთ, გულში ჩაიბეჭდავთ და საკუთარ ცხოვრებაში დანერგავთ.

ნიუ ინგლენდი

ჰენრი დეივიდ თოროუ დაიბადა 1817 წლის 12 ივლისს მასაჩუსეცის შტატის სოფელ ქანქარდში. "ზეწვზე მოვუსწარი ნიუ ინგლენდის აყვავებასო" – ერთხელ თავად აღნიშნა თოროუმ და მართალიც იყო, – ნიუ ინგლენდის სულიერი აყვავების იშვიათ ხანას გულისხმობდა ეს დიდი ქრისტეანი მოღვაწე და არა გაზაფხულის ჟამს ნიუ ინგლენდის ულამაზესი ტყეებისა და მდელოების ყოველწლიურ აყვავებას, – ბუნებასთან ერთად ადამიანური ბუნებაც ჰყვაოდა მაშინ ნიუ ინგლენდში, – ლონგფელოუ, [3] ემერსონი, [4] ჰოუთორნი [5] და მელვილი... [6] ხარობდნენ მაშინ ნიუ ინგლენდის სოფლებში, ჰენრი დეივიდ თოროუ კი, წუთისოფლის მტვრისგან შეუღლახავი, საღი და ჭეშმარიტად ბუნებრივი, როგორც ამ ქვეყნის ჭეშმარიტი ბერ-მუხა, თავად ნიუ ინგლენდის ტყეში ხარობდა. მოკლედ, სანამ ამ საოცარი კაცების, თოროუსა და ბრაუნის ამბავს გიამბობდეთ, საჭიროა, ჯერ იმ საოცარ ქვეყანაზე მოგიყვეთ, რომელიც ამქვეყნად ერთ საოცარ ჟამს არსებობდა და ახლა მისი ნასახი და ნაშთი ძნელად თუ მოიძებნება. თუმცა, ისიც უნდა ითქვას, რომ დღესაც კი ჭეშმარიტად გამრჯე ქრისტეანი, რომელსაც სწავლა და შრომა არ ეზარება, და სული ზეციური აზრებისკენ მიულტვის, თუ მოინდომებს, ამ საოცარ ქვეყანასაც მიაგნებს, და მისი საოცარი მამულიშვილების აზრებსაც. ეშმაკისგან შეპყრობილი ადამიანების ხელით ეშმაკისთვისვე მიძღვნილი პირამიდები არ აღგვილან პირისაგან მიწისა. ის წყეული პირამიდები ჟამთა სიავემ უბრალოდ დაფლა. მერე საფლავის მძარცველებისა და ცრუ-მეცნიერების ხელით კვლავაც ამოითხარა. მაშ, ჩვენ რაღას ჩამოგვიყრია ყურები?! პირამიდა ეშმაკისაა და იგი ეშმაკისგან შთაგონებულმა ადამიანმა ამოჩიჩქნა და აღადგინა აწმყოში. თოროუ, ბრაუნი და ნიუ ინგლენდი ღმრთისაა – ღმრთის ხელით შექმნილი,

[2] იანკი – ნიუ ინგლენდის მოქალაქეს იანკი ეწოდება. განვრცობილად დასაშვებია, თუმცა მაინც მცდარია, იანკი უწოდო შუამდებარე შტატების მოსახლეობასაც, მაგალითად, ფენსილვეინიის, დელავეას, ნიუ ჯერზისა და ნიუ იორკის მოქალაქეს. მსოფლიოში, მათ შორის, საქართველოშიც, გავრცელებულია მცდარი აზრი, რომ იანკი, ზოგადად, ამერიკელს ეწოდება. ეს დიდი შეცდომაა. იანკია მხოლოდ ნიუ ინგლენდელი. არ შეიძლება დასავლელს, სამხრელს და შუა-დასავლელს იანკი უწოდო. ამის დამამტკიცებელია ისიც, რომ დღესაც კი სამხრელი ამრეზით და ზიზღით ჩრდილოელს იანკის ეძახის.

[3] ჰენრი ვოდზვორფ ლონგფელოუ (1807-1882) – დიდი ნიუ ინგლენდელი განმანათლებელი და პოეტი. დაბადებული მეინში – ნიუ ინგლენდის უკიდურესი ჩრდილოეთი შტატი. შემდგომ იგი ნიუ ინგლენდის მასაჩუსეცის შტატში, სოფელი ქეიმბრიჯში გადაცხოვრდა.

[4] რალფ ვოლდოუ ემერსონი (1803-1882) – დიდი ნიუ ინგლენდელი მწერალი, ფილოსოფოსი და პოეტი, თოროუს ახლო მეგობარი. ნიუ ინგლენდი, მასაჩუსეცის შტატი, სოფელი ქანქარდი.

[5] ნათანიელ ჰოუთორნი (1804-1864) – დიდი ნიუ ინგლენდელი მწერალი, თოროუს მეგობარი. ნიუ ინგლენდი, მასაჩუსეცის შტატი, სოფელი სეილემი.

[6] ჰერმან მელვილი (1819-1891) – დიდი ნიუ ინგლენდელი მწერალი და პოეტი, საქვეყნოდ ცნობილი ნოველის, "მობი-დიკის" ავტორი. ნიუ ინგლენდი, მასაჩუსეცის შტატი, ქალაქი ბოსტონი.

ღმრთის ძალით სულშთაბერილი, ღმრთის მადლით გაბრწყინებული და ღმრთის აზრით გასხივოსნებული. მაშ, მოდი ყველამ ერთად დავიკაპიწოთ ხელები და აწმყოში აღვადგინოთ ისინი.

ამერიკის გაერთიანებული შტატების ისტორია

ამერიკის შეერთებული შტატები დღეს ერთ ქვეყნად კი იწოდება, მაგრამ სინამდვილეში მასში რამდენიმე ქვეყანაა გაერთიანებული, – არ გაგიკვირდეთ, ეს მართლაც ასეა. ამერიკას ორი ახალშენით მიეცა დასაბამი. ერთი გახლდათ ჩრდილო-აღმოსავლეთში, რომელსაც ნიუ ინგლენდი ჰქვია და რომელიც დღევანდელ ექვს შტატს მოიცავს – მასაჩუსეცი, კონექტიკუტი, როდ აილენდი, ვერმონტი, ნიუ ჰემფშია და მეინი. მეორე გახლდათ ვირჯინიის კოლონია, სამხრეთში, და ის დღევანდელ სამხრეთ-აღმოსავლეთ შტატებს მოიცავს. ეს ორი ახალშენი ერთმანეთისგან უკიდურესად განსხვავდებოდა და დღესაც კი, ჟამთასვლის, მიგრაციის, იმიგრაციისა და ანთროპოლოგიური აღრევის მიუხედავად, ეს განსხვავება მაინც თვალშისაცემია. ნიუ ინგლენდი თეთრკანიანი ხალხით პირველად 1620 წელს დასახლდა. ისინი გემი "მეიფლაუა"-თი ჩამოვიდნენ ინგლისიდან. მათ დააარსეს პლიმუთის კოლონია, – დღევანდელი მასაჩუსეცის შტატის ქალაქი პლიმუთი. შემდგომ 1629 წელს განმეორდა მოგზაურობა, რომელმაც კიდევ 35 კაცი ჩამოიყვანა. ნიუ ინგლენდის ახალმოსახლეები პილგრიმები იყვნენ, რომლებიც ინგლისის ეკლესიისგან საშინელ დევნას განიცდიდნენ და მათი ნაწილი, სანამ ამერიკაში წამოვიდოდა, ჰოლანდიის ქალაქ ლიდენში იყო გახიზნული. ეს გახლდათ მშრომელი და მორწმუნე ხალხი. სარწმუნოებას მოჰყვა განათლება. ნიუ ინგლენდში დაარსდა მთელ მსოფლიოში უდიდესი ორი უნივერსიტეტი, – იეილი და ჰარვარდი. ნიუ ინგლენდში თანასწორუფლებიანობა სუფევდა და ნიუ ინგლენდელი ხალხი მორწმუნე და საკმაოდ განათლებული იყო. სამხრეთს 1584 წელს ვირჯინიის კოლონიის დაარსებით ჩაეყარა საფუძველი. მხოლოდ ერთი გახლდათ მისი შექმნის მიზეზი – დიდი ბრიტანეთის იმპერიის ეკონომიკური წინსვლა. საუკუნეების მანძილზე ექსპლოატაციის შედეგად, ბრიტანეთის ბუნებრივი რესურსები ამოწურული გახლდათ. საჭირო იყო ახალი წყაროების ძებნა. ასეთი ახალი წყარო იყო ვირჯინიის კოლონია. სამხრეთის კოლონიების გული და სული ფულის კეთება გახლდათ. ფული იყო მათი ღმერთი და მათი უფალი. ამის გამო სამხრეთის შტატებში უწიგნურობა და მონობა იყო გამეფებული, – და განა უწიგნურობა თავისთავად მონობა არ გახლავთ?! ამ ორ კოლონიას შორის განსხვავება ჩანასახშივე ჩაიდო, – ჩრდილოეთს იმთავითვე ყველაზე მეტად რწმენის თავისუფლება ეწადა, სამხრეთს კი – მიწათმოქმედება, წიაღისეულის მოპოვება და ინდიელებთან ქორვაჭრობა და ამით სიმდიდრის მოხვეჭა.[7] მაშ, რა საერთო ჰქონდა ჩრდილოელ ქრისტეანს სამხრელ მონათმფლობელთან? რა და, ნიუ ინგლენდი და სამხრეთი, დიდი ბრიტანეთის იმპერიის კანონის თანახმად, ორივე ინგლისის კოლონიები იყო და ორივე, ასე თუ ისე, ამ იმპერიას უხდიდა ხარკს, – ესაა და ეს. მათი შემდგომი დაახლოება კი ბედის უკუღმართობამ მოიტანა.

---

[7] აბელი და კაენი არ გახსენდებათ?

1760-1770 წლებში ნიუ ინგლენდელ მოსახლეობას ყელში ამოუვიდა ინგლისის მეფე ჯორჯ III-ისა და ინგლისელი იმპერიალისტების დესპოტობა. ხალხში მღელვარება დაიწყო, მღელვარებას ბრძოლა მოჰყვა, ბრძოლას – ომი, ომს კი – გამარჯვება. ამერიკის გლეხებმა ინგლისის იმპერიის უძლეველ ჯარს კუდით ქვა ასროლინეს. აღსანიშნავია, რომ დამოუკიდებლობისთვის ბრძოლა ნიუ ინგლენდმა დაიწყო და სწორად ნიუ ინგლენდელ მამულიშვილებს უნდა უმადლოდეს მთელი ამერიკა (მათ შორის, სამხრეთიც) საკუთარ თავისუფლებას. ლექსინგთონის და ქანქარდის ბრძოლებში ხომ სწორად გმირი ნიუ ინგლენდელი ანუ იანკი ვაჟკაცების სისხლი დაიღვარა?! მათ რიგებში იყო კაპიტან ჯონ ბრაუნის პაპაც, კაპიტანი ჯონ ბრაუნი (1728-1776). ნიუ ინგლენდელებს სასტიკი ინგლისელების წინააღმდეგ ომში შემდგომ შუამდებარე შტატებიც შეუერთდნენ – ფენსილვეინია, ნიუ ჯერზი, დელავეა და ნიუ იორკი, მერე კი სამხრეთის შტატებიც – ვირჯინია, ქენტაკი, დასავლეთ ვირჯინია (ადრე ამ სამ შტატს ერთად "ვირჯინიის სამფლობელო" ეწოდებოდა), ჩრდილო ქერალაინა, თენესიი, სამხრეთ ქერალაინა და ჯორჯია. ნიუ ინგლენდი და შუამდებარე შტატები, რომლებიც კულტურული და აზრობრივი თვალსაზრისით ერთმანეთთან ისედაც ახლოს იყვნენ, თავისუფლებისთვის ომმა კიდევ უფრო დააკავშირა. ჩრდილოეთი, ასე თუ ისე, ერთ ქვეყნად შედუღაბდა. სამხრეთის შტატებთან კავშირი კი შედარებით სუსტი იყო, მაგრამ თავდაპირველი ცამეტი კოლონია მაინც ერთ ქვეყნად გაერთიანდა. ხაზგასასმელია, რომ ჩრდილოეთის და სამხრეთის ამ კავშირის სისუსტე თავად ამერიკის სახელშიც ნათლად აისახება. ქართულ ენაში, სამწუხაროდ, მცდარი თარგმანია დამკვიდრებული, – "ამერიკის შეერთებული შტატები" არაა სწორი გამოთქმა და ამიტომაც ის არასწორად ასახავს ამ ქვეყნის რაობას. მართებული იქნებოდა მისი ასეთი თარგმანი – "ამერიკის გაერთიანებული შტატები" ან "ამერიკის ქვეყნების კავშირი". ამერიკის პირველი სახელწოდებაც "იუნიონი" ანუ "კავშირი" იყო და ეს კავშირი, როგორც უკვე აღვნიშნე, იყო არამყარი, რადგან აზრობრივად სავსებით განსხვავებული ქვეყნების ანუ შტატების კავშირი გახლდათ. შეუძლებელია, ქვეყნის ერთი ნაწილი სარწმუნოებითა და მოყვასის სიყვარულით იყოს გამსჭვალული, მეორე კი ანგარების სენით იყოს შეპყრობილი და განათლებას გმობდეს. შეუძლებელია, აქეთ უბრალო და თვინიერი იანკი კირით თეთრად შეფეთქილ ასეთივე უბრალო ეკლესიაში მშვიდად ლოცულობდეს, იქით კი ნაბახუსევი სამხრელი კვირის წირვას "ჰალილუიას" ყვირილში, როკვაში, ღრიანცელსა და, ზოგადად, უსაქმურობაში ატარებდეს უქმეს.[8] ყველაზე მეტად კი ისაა შეუძლებელი, რომ კაცთმოყვარემ და კაცთმოძულემ ერთ ჭერქვეშ იცხოვროს და ერთად გატეხოს პური – შეუძლებელია, მოყვასის და თავისუფლების მოყვარულმა იანკიმ და სამხრელმა მონათმფლობელმა სულიერი და გონებრივი საერთო გამონახონ. ამდენად, ნათელია, რომ კავშირი მხოლოდ მიწიერი ანუ პოლიტიკური გახლდათ.

როგორც უკვე აღვნიშნე, თავდაპირველად ამერიკის ისტორიას ორმა კოლონიამ ჩაუყარა საფუძველი – ჩრდილოეთის შტატებმა, რომელშიც ნიუ ინგლენდი და მიმდებარე ეგრეთწოდებული შუამდებარე შტატები შედიოდნენ (ფენსილვეინია, ნიუ ჯერზი, დელავეა და ნიუ იორკი)

[8] სამხრეთის ეკლესიებში დღესაც წირვა-ლოცვის მაგივრად ტაშ-ფანდური და ღრიანცელი იმართება ხოლმე.

და სამხრეთის შტატებმა. შემდგომ ჩრდილო-ამერიკაში და, ზოგადად, მსოფლიოში განვითარებულმა პოლიტიკურმა მოვლენებმა მოიტანა ის, რომ 1803 წელს ამერიკამ, კერძოდ, პრეზიდენტ თომას ჯეფერსონმა, საფრანგეთისგან, კერძოდ, იმპერატორ ნაპოლეონ ბონაპარტესგან, ლუიზიანის ანუ ფრანგული მიწა იყიდა. ლუიზიანის მიწაში შედიოდა დღევანდელი არკანზასის, მიზურის, აიოვას, ოკლაჰომის, კანზასის და ნებრასკის შტატები, და ნაწილობრივ მინისოტა, თითქმის მთლიანი ჩრდილოეთ დაქოუდა და სამხრეთ დაქოუდა, ნიუ მექსიკოს[9] ჩრდილო-აღმოსავლეთი, ნაწილობრივ მონტანა, ვაიომინგი და კოლორადო და თავად ლუიზიანა, მათ შორის, ამ ტერიტორიის მთავარი ქალაქი, ნიუ ორლინი, ანუ ახალი ორლეანი. ამერიკის მთავრობამ ნაპოლეონ ბონაპარტეს სამოცი მილიონი ფრანკი გადაუხადა (დღევანდელი კურსით $11,250,000), თვრამეტი მილიონი ფრანკის ოდენობის დავალიანება კი გაუბათილა (დღევანდელი კურსით $3,750,000), ანუ, საბოლოოდ, ეს შესყიდვა დღევანდელი თანხით თხუთმეტი მილიონი დოლარი დაჯდა. შეძენილი მიწა ამჟამინდელი ამერიკის საერთო ფართობის 23%-ს შეადგენს. ხელში ახლადჩაგდებული ეს თვალუწვდენელი სივრცე სამხრელმა მონათმფლობელებმა მაშინვე თავიანთი ბოროტების – მონობის გასავრცელებელ ასპარეზად გამოიყენეს. ახალი შტატების გაერთიანებულ შტატებში გაწევრიანება გარკვეული კანონმდებლობის საფუძველზე უნდა მომხდარიყო. გადასაწყვეტი რჩებოდა ერთი საკითხი, – შტატის უზენაესი საკანონმდებლო ხელსაწყო – კონსტიტუცია – მონათმფლობელობას კანონიერად მიიჩნევდა თუ უკანონოდ. სამხრელმა ყაჩაღებმა და ყალთაბანდებმა ყველა ხერხს მიმართეს, ახალ ტერიტორიებზე დასახლებული მოქალაქეები დაეშინებინათ, რომ დაშინებული ხალხი იძულებული გამხდარიყო, მონობისთვის დაეჭირა მხარი. ამასთანავე, სამხრელმა პოლიტიკოსებმა ხან მოქრთამვით და ხან ძალმომრეობით იმდენი ქნეს, რომ ჩრდილოელ შტატებს სამხრელი მონათმფლობელისთვის ხელსაყრელი კანონები მიაღებინეს. მაგალითად, მიუხედავად იმისა, რომ ნიუ ინგლენდის ყველა შტატი თავისუფალი იყო და მონობას არ სცნობდა, მასაჩუსეცის შტატის "1850 წლის ლტოლვილი მონის კანონის" თანახმად, ყველა მასაჩუსეცელი სამართალდამცველი ვალდებული იყო, სამხრეთიდან ჩრდილოეთში გამოქცეული ლტოლვილი მონა დაეპატიმრებინა და სამხრეთში თავის მესაკუთრესთან გაემწესებინა. ამავე კანონის საფუძველზე ყველა მასაჩუსეცელი მოქალაქე ვალდებული იყო, გამოქცეული მონის საძებნად მასაჩუსეცში ამოსულ შეიარაღებულ სამხრელ მონათმფლობელს ან მონის მაძიებელ შეიარაღებულ რაზმს დახმარებოდა არამარტო იარაღით, არამედ ფიზიკურადაც – ნებისმიერ ჟამს შეეძლო სამხრელ მონათმფლობელს მასაჩუსეცელი თავისუფალი მოქალაქისთვის თავის სამძებრო რაზმში გაწევრიანება მოეთხოვა.

სამხრელმა პოლიტიკოსებმა ბოლოს ისიც კი შეძლეს, რომ მონების მიერ ნათოხნ-ნაბარი პლანტაციებიდან აღებული მილიონებით მთელი ამერიკის ფედერალური მთავრობა მოისყიდეს და, უხეშად, მაგრამ ზუსტად რომ ვთქვათ, მთელი მთავრობა ჯიბეში ჩაისვეს – სამხრელი ბობოლების ზეწოლით 1840-იანი წლების დასაწყისში ამერიკამ თავის სამხრელ მეზობელს, სრულიად თავისუფალ ქვეყანას, მექსიკას[10]

[9] ტოპონიმი "ნიუ მექსიკო" ნიშნავს "ახალ მექსიკას".
[10] ტოპონიმი "მექსიკა" ესპანურად, რომელიც მექსიკელების მშობლიური ენაა, გამოითქმის, როგორც "მეხიკო".

ულტიმატუმი წაუყენა და მოსთხოვა, რომ ან ზოგიერთი თავისი კუთხე დაეთმო, რის სანაცვლოდაც ამერიკა მას ფულს გადაუხდიდა, ან არადა ამერიკა ძალადობით მიიერთებდა მისთვის სასურველ მიწებს. მექსიკის მთავრობამ საკუთარი სამშობლოს გაყიდვაზე მკაცრი უარი განაცხადა. ამის შედეგად ამერიკამ მას ჯერ თექსასის[11] შტატში მოუწყო შიდა არეულობა და 1846 წელს, ვითომცდა თექსასელი ხალხის თხოვნით, იქ ჯარით შევიდა და ეს მექსიკური კუთხე გაერთიანებულ შტატებში შეიყვანა. მექსიკა იძულებული იყო მომხდურისგან თავი დაეცვა. ომმა ორ წელს გასტანა და 1848 წელს მექსიკის სრული მარცხით დამთავრდა. აღსანიშნავია, რომ თავდაპირველად სამხრელ მონათმფლობელებს განსაკუთრებით აინტერესებდათ თექსასის და კალიფორნიის მიწები, მაგრამ ბოლოს მადააღძრული და გამხეცებული მჩაგვრელი ამას აღარ დასჯერდა, – მექსიკა სასტიკად დამარცხდა, ამ მარცხის შედეგად მის სახელმწიფოებრიობას სრული გაბათილების აშკარა საფრთხე ემუქრებოდა, რის გამოც მექსიკა დათანხმდა გვადალუპე ჰიდალგოს ხელშეკრულებისთვის მოეწერა ხელი, – ტრაქტატი, რომელიც ამერიკელებმა თავის ნებაზე ისე შეადგინეს, რომ დამარცხებულმა მექსიკამ ხმის ამოღებაც კი ვერ გაბედა და ყურმოჭრილი მონასავით მოაწერა მასზე ხელი. ამის შედეგად ამერიკამ მექსიკას სრულად წაართვა დღევანდელი თექსასის, კალიფორნიის, ნევადის და იუთას შტატები, კოლორადოს, არიზონის, ნიუ მექსიქოუს და ვაიომონგის შტატები კი ან ნაწილობრივ წაართვა ან ფული გადაუხადა და ისე. საერთო ჯამში, ამერიკამ მექსიკას გადაუხადა $18,250,000 (დღევანდელი ფულით დაახლოებით $450 მილიონი), $3.25 მილიონი ძველი ვალი კი გაუბათილა (დღევანდელი ფულით დაახლოებით $80 მილიონს). თექსასის შტატი რომ არ ჩავთვალოთ, მექსიკამ შედეგად დაკარგა 1.3 მილიონი კვადრატული კილომეტრი – მთლიანი მექსიკის 55%, თექსასის შტატის ჩათვლით კი – მთელი თავისი ტერიტორიის 75%. სამწუხაროა, მაგრამ აღსანიშნავი, რომ ამ უსამართლო ომში სამხრელი მონათმფლობელების გარდა ჩრდილოელები, კერძოდ, ნიუ ინგლენდელებიც იბრძოდნენ. სამხრეთსა და ჩრდილოეთს შორის შემდგომ განვითარებული სამოქალაქო ომის გამოჩენილმა ბელადებმა, სამხრელებმა, ისევე როგორც ჩრდილოელებმა, სწორად მექსიკის ჩაგვრის ამ საზარელ ომში გაიარეს წვრთნა, – შემდგომში ჩრდილოელების გენერალი, იულისიის ეს. გრენთი და შემდგომში სამხრელების გენერალი, რაბერთ ი. ლიი გახლდნენ მათ შორის ყველაზე ცნობილი სამხედრო მოღვაწეები, მაგრამ ამათ გარდა კიდევ ჯორჯ ბი. მაქლელანი, ამბროუს ბერნსაიდი, სთოუნვოლ ჯექსონი, ჯეიმზ ლონგსტრითი, ჯორჯ მიიდი და სხვები. თოროუ, ბრაუნი და, ზოგადად, აბოლიშენისტები,[12] ანუ მონობის მოწინააღმდეგეები, და ყველა ჭეშმარიტი ამერიკელი მამულიშვილი ამ ომს, როგორც უსამართლო ომს, სასტიკად ეწინააღმდეგებოდნენ. მეტიც, ისინი ამტკიცებდნენ, რომ ამ ომით სამხრელ მონათმფლობელს არამარტო მისი მეზობლის დაჩაგვრა, არამედ მთელ ამერიკაში და ამერიკის საზღვრებს გარეთ მონობის გავრცელება და პოპულარიზაცია ეწადა.

“ხარი ხართან დააბიო”, – ხომ გაგიგონიათ? მეცხრამეტე საუკუნის მეორე ნახევარში ბევრ ნიუ ინგლენდელს სამხრელისთვის

---

11 მექსიკელები გამოთქვამენ “ტეხაას”.

12 აბოლიშენიზმი – XIX საუკუნეში მონობისა და მონათმფლობელობის გაუქმების მომხრე ამერიკელი ხალხის, უმეტესწილად ნიუ ინგლენდელების მოძრაობა.

მეტად დამახასიათებელი მომხვეჭელობის მეტად მავნე სენი გადასდებოდა და ის გარემოება, რომ თავად ნიუ ინგლენდელი მონებს არ ფლობდა, ნიუ ინგლენდის მთავრობას და ნიუ ინგლენდის გაქსუებულ მეწარმეებს სრულებითაც არ უშლიდა ხელს სამხრელ მონათმფლობელთან საქმის დაჭერაში, – ამოჰქონდა სამხრელ მონათმფლობელს მონის ოფლით და სისხლით მოყვანილი ბამბა ჩრდილოეთში, იქ კი მასაჩუსეცელი თუ კონექტიკუტელი მეწარმე აგრძელებდა მის დართვა-დამუშავებას, ქსოვას, კერვას და მსოფლიო ბაზარზე გაყიდვას. როგორც თოროუ ამბობს, იანკი ისე იყო გახარბებულ-გახელებული, მას აღარ აწუხებდა რომ იმის პურზე წასმულ კარაქს სამხრეთში თავისუფლებადაკარგული და ღირსებაშელახული, მონადქცეული კაცის ოფლისა და სისხლის სუნი სდიოდა. მაგრამ ყველა ასეთი თავდახრილი და მტვერწაყრილი როდი იყო ნიუ ინგლენდში?! ჭეშმარიტი იანკის ფიქრში გარდაცვლილი გმირი წინაპრის სისხლი ყიოდა და უსამართლობის წინააღმდეგ ახელებდა. ნამდვილ ნიუ ინგლენდელებს ყელში ჰქონდათ ამოსული თავიანთი მთავრობის უნიათობა და გახრწნილობა. რომ არა ნიუ ინგლენდელი მოღალატეები, – გაქსუებული მთავრობა თუ გაუმაძღარი მეწარმეები, მათ მიერ მოსყიდული და თვალებახვეული უნივერსიტეტების ეგრეთწოდებული ინტელიგენცია და პროტესტანტული და კათოლიკური ერეტიკული ეკლესიების ეგრეთწოდებული მღვდლები – ნიუ ინგლენდის არც ერთი შტატის არც ერთი მოქალაქე ბოროტ სამხრელს, სიყვარულის მოძულე და მონობის მოყვარულ, გაუნათლებელ და უწიგნურ არც ერთ სამხრელს გამარჯობასაც არ ეტყოდა და სამხრეთის არც ერთ შტატში ფეხს არ დაადგამდა. მაგრამ ვაი, რომ სამხრელ მონათმფლობელებს "ჯიბეში ეჯდათ" ნიუ ინგლენდის საშტატო მთავრობაცა და ამ შტატების ფედერალურ მთავრობაში გაგზავნილი წარმომადგენლებიც – კონგრესმენები და სენატორები. ნიუ ინგლენდის მთავრობა ნიუ ინგლენდელი ხალხის ნების გამომხატველი აღარ იყო. ნიუ ინგლენდის ეკლესიასაც პირში წყალი ჩაეგუბებინა და სიმართლის თქმას ვერ ბედავდა, რადგან სწორად სამხრელების მიერ მოქრთამული ამ მტვერწაყრილი მთავრობისგან მიცემული ფულით საზრდოობდა. ნიუ ინგლენდის გაზეთებიც დუმდნენ. ბოლოს ხალხიც დადუმდა, და აი, როცა ხალხი დადუმდა, მაშინ აგუგუნდნენ ჰენრი დეივიდ თოროუ და ჯონ ბრაუნი, და ქვეყანას ისეთ ძლიერ მახვილის ნიშნად მოევლინნენ, ისე მკაცრად გაუყარეს თვალი თვალში გადაგვარებულ სამშობლოს და ისეთი მძაფრი სიმართლე უთხრეს მშობლიურ ერს, – ერთმა კალმით, მეორემ კი – ხმლით, რომ დღესაც კი მათი სიმართლე ამ ქვეყანაში სრულიად შეგნებულად მიუჩქმალავთ, – თოროუ და ბრაუნი შეგნებულად არ ისწავლება სკოლებსა და უმაღლეს სასწავლებლებში... მაგრამ ამაზე უფრო ვრცლად ქვემოთ მოგახსენებთ.

აი, ასეთ ვითარებაში მოუხდათ ჰენრი დეივიდ თოროუს და ჯონ ბრაუნს მოღვაწეობა. XIX საუკუნის შუა წლებში ნიუ ინგლენდელ ხალხს, მართალია, მონობა არ სურდა, მაგრამ, უწყინარ მონურ "სიმშვიდეს" შეჩვეულს, ვაჟკაცობა დაეკარგა, და არც ის სურდა, რომ თავისუფლებისთვის ებრძოლა – საკუთარი სულის თავისუფლებისთვის, სამხრეთის პლანტაციებში ჩახარშული ზანგი თანამემამულის თავისუფლებისთვის, სიმართლის თავისუფლებისთვის, სიყვარულის თავისუფლებისთვის. თოროუ კი გამოვიდა და, თავისი ერის ულირსობით შეძრწუნებულმა ქრისტეანმა მამულიშვილმა, იანკებს სწორად ისევე მიმართა, როგორც დიდმა ილიამ მიმართა ქართველ ერს მაშინ, "ოხ,

ღმერთო ჩემო! სულ ძილი, ძილი, როსღა გვეღირსოს ჩვენ გაღვიძება?!”[13] დიახ, თოროუ და ილია თითქმის თანატოლები იყვნენ, თანამოაზრეები და თანამზრახველები. განა გიგანტური მუხა და გიგანტური ჭადარი ნიუ ინგლენდში ისევე არ ამოდის, როგორც ცივ-გომბორის კალთებზე? მაშინ მერწმუნეთ, რომ ტიტანი კაციც სწორად ასე მოევლინა საწუთროს, – ერთი საქართველოში, მეორე კი – ნიუ ინგლენდში. ისინი საქართველოსა და ამერიკის მოქალაქეები არ ყოფილან მხოლოდ. ისინი კაცობრიობის მოქალაქეები იყვნენ და ყველა მოქალაქეობაზე წინ სწორად კაცობას აყენებდნენ და, როგორც ეს თოროუმ ხაზგასმით თქვა, “მე ერთხელ და სამუდამოდ მსურს ჩემს თანამემამულეებს შევახსენო, რომ პირველ ყოვლისა კაცობა და კაცთმოყვარებაა მათი ვალი და მხოლოდ ამის შემდეგ, ისიც თუ ჟამი დარჩათ და საშუალება მიეცათ, დიახ, მხოლოდ ამის შემდეგ, – ამერიკელობა.”

გაოგნდებოდით ნიუ ინგლენდი რომ განახათ. ტყეები, მთები, ტბები და მდინარეები, და ისევ ტყეები, მთები, ტბები და მდინარეები... და თანაც რა ტყეები, რა მთები, რა ტბები და რა მდინარეები! არ ვიცი, შემოდგომის ჟამს გომბორის გზით თუ გადასულხართ თბილისიდან თელავში... და ოქროსფრად, ყვითლად და მუქ შინდისფრად აალებული ტყე თუ გინახავთ. ნიუ ინგლენდიც ასეთია და იქნებ კიდევ უფრო ლამაზიც: მერწმუნეთ, იქ უფრო მეტი მთის მორაკრაკე მდინარეა, ვიდრე კახეთში. ყოველ ფეხის ნაბიჯზე ტბაა, – ტყის შუა გულში ჩამჯდარი წყლის მარგალიტი... როგორც წესი, ტბა ისეთი ლიცლიცაა, კამკამა, წმინდა და ანკარა, რომ ადამიანი სამოთხესა და უკვდავებაზე იწყებ ფიქრს. მაგრამ აქა-იქ ისეთი უცნაური სახის მოღუშული და მოქუფრული, მკვდარი მუხისა და ნეკერჩხლის ხეებით სავსე ტბა გადაგეშლება თვალწინ ხოლმე, რომ არ შეიძლება ტანში ჟრუანტელმა არ დაგიაროს და კაცს საკუთარი მოკვდავობა არ შეგახსენოს. არ გეგონოთ, უაზროდ და უმიზეზოდ ვწერდე ნიუ ინგლენდის ბუნების შესახებ, – თოროუ ამ მიწიდან აღმოცენდა და ამ მიწაში დაიმარხა, და რაც უმთავრესია, ამ მიწაზე ცხოვრობდა და ამ მიწაზე დააბიჯებდა კაცურად. მისი ფიქრები ზოგადსაკაცობრიო კი იყო, მაგრამ, ილიას ყვარლის მთებისა არ იყოს, სწორად ამ ქვეყნის მთა-ბარმა აგრძნობინა მთელი ქვეყნიერების სიყვარული მას, ამის დავიწყება კი არ შეიძლება.

ვეცადე ზოგადი სურათი დამეხატა იმ ვითარებისა, რომელშიც თოროუ და ბრაუნი ცხოვრობდნენ, გრძნობდნენ, განიცდიდნენ და ფიქრობდნენ. ვეცადე ის ავ-კარგი აღმეწერა, რომლის ერთმანეთთან შეჯახების შედეგად წარმოიშვა ძლიერი მუხტი, რომლითაც მათი გული მამულიშვილური გრძნობით ძალუმად აძგერდა და აგუგუნდა.

ჰენრი დეივიდ თოროუს ბიოგრაფია

ჰენრი დეივიდ თოროუ დაიბადა 1817 წლის 12 ივლისს მასაჩუსეცის შტატის სოფელ ქანქარდში, ჯონ თოროუს და სინთია დანბარის ოჯახში. თოროუს მამა მეფანქრე გახლდათ. ოჯახის ეკონომიური მდგომარეობა კარგი ნიადაგი იყო ღმრთისმოშიში და განათლებული შვილის გასაზრდელად, – “ნატიფი სიღარიბე”, როგორც

[13] ნაწყვეტი ილია ჭავჭავაძის ლექსიდან “ელეგია”, 1859 წელი.

ამას ერთი ისტორიკოსი უწოდებს. მამის მხრიდან პაპა წარმოშობით ფრანგი გახლდათ, მაგრამ დიდი ბრიტანეთის კუნძულ ჯერზიდან იყო, – ჯერზი საფრანგეთის, კერძოდ, ნორმანდიის ნაპირთან ახლოს მდებარე კუნძულია, რომელიც ინგლისის მფარველობის ქვეშ გახლავთ. მამის მხრიდან თოროუს პაპა 1766 წელს ჰარვარდის უნივერსიტეტში მომხდარი სტუდენტების "კარაქის აჯანყების" მეთაური გახლდათ. ეს იყო ამერიკის ისტორიაში პირველი სტუდენტური გაფიცვა. ჰენრი დეივიდ თოროუს თავდაპირველი, ნათლობის სახელი გახლდათ დეივიდ ჰენრი თოროუ. მას პირველსახელი დეივიდი, გარდაცვლილი ბიძის, დეივიდ თოროუს სამახსოვროდ დაარქვეს. თოროუს ჰყავდა ორი უფროსი დედმამიშვილი: და – ჰელენი და ძმა – ჯონ მცირე, ერთიც უმცროსი და – სოფია.

1833-1837 წლებში ჰენრი დეივიდ თოროუ სწავლობდა ჰარვარდის უნივერსიტეტში. ის ჰალის ჰოლში ცხოვრობდა, – ჰარვარდში და იეილში გარკვეული ჰოლი ანუ საცხოვრებელი გარკვეული ფაკულტეტის სტუდენტებს ეთმობა. თოროუ სწავლობდა მჭევრმეტყველებას, კლასიკურ სიტყვაკაზმულ მწერლობას, ფილოსოფიას, მათემატიკას და საბუნებისმეტყველო საგნებს (ფიზიკა, ქიმია, ასე შემდეგ). გადმოცემით ცნობილია, რომ თოროუმ, სწავლის დამთავრების შემდეგ, ჰარვარდის მაგისტრის დიპლომის ასაღებად ხუთი დოლარის გადახდაზე მკაცრი უარი განაცხადა და ეს დიპლომი მერე აღარც აუღია. მას თურმე უთქვამს: "დაე, ყველა ცხვარმა საკუთარი ტყავი თავისთვის დაიტოვოს"-ო, – ის, ერთის მხრივ, გულისხმობდა ჰარვარდის წეს-ჩვეულებას, რომლის თანახმადაც უნივერსიტეტის დიპლომი ცხვრის ტყავზე იწერებოდა, მეორეს მხრივ კი იმას, რომ ჰარვარდის აკადემიკოსები, თავიანთი უკიდურესი ქედდადრეკილობითა და სიბეცით, მართლაცდა ცხვრებს ჰგავდნენ. 1835 წელს ყმაწვილმა ჰარვარდიდან აკადემიური შვებულება აიღო და მასაჩუსეცის შტატის სოფელ ქენთენში მასწავლებლად იმუშავა. 1837 წელს, ჰარვარდის დამთავრების შემდეგ, თოროუმ სახელი დეივიდ ჰენრი შეიცვალა და ჰენრი დეივიდ დაირქვა, თუმცა, ეს ფორმალურად, სასამართლო პროცესით არ გაუკეთებია.

1837 წელს ჰენრი დეივიდ თოროუ ქანქარდის აკადემიის ფაკულტეტის წევრად მიიღეს. თოროუ ქრისტეანი, კეთილი, წესიერი მასწავლებელი იყო და კაცის, მითუფრო ბავშვის, ფიზიკურ შეურაცხყოფას არ დაუშვებდა. მან უარი განაცხადა ბავშვების ცემასა და გაროზგვაზე, რაც იმ ხანებში ევროპისა და ამერიკის სკოლებში გავრცელებული ჩვეულება იყო, ამიტომ ის აკადემიიდან უმალ განათავისუფლეს. ჰენრიმ და მისმა ძმამ, ჯონმა, ქანქარდში კერძო სკოლა გახსნეს. ამ სკოლაში ნორჩი მოსწავლეებისთვის ერთობ სასარგებლო წესები შემოიღეს, რაც სხვა სკოლებში არ იყო, მაგალითად, ბუნებაში სეირნობა, ადგილობრივ მაღაზიებსა და საწარმოებში სტუმრად წასვლა და ა.შ. მაგრამ, სამწუხაროდ, ეს წამოწყება ხანმოკლე გამოდგა, – ჯონმა წვერის პარსვისას სახე გაიჭრა, ინფექცია შეეჭრა და, ამგვარად ტეტანუსით დაავადებულმა, ჰენრის ხელში დალია სული.

ჰენრი დეივიდ თოროუ ქანქარდში დაბრუნდა, სადაც გაიცნო დიდი ამერიკელი მწერალი, რალფ ვოლდოუ ემერსონი. ემერსონი ასაკით უფროსი იყო. იგი ნიჭიერ ახალგაზრდას მამობრივი სიყვარულით მიუდგა,

და მალე მისი მენტორიც [14] გახდა. ემერსონმა თოროუს გააცნო თანამედროვე ნიუ ინგლენდელი დიდი მწერლები და მოაზროვნეები, რომლებიც დღეს ამერიკის მწერლობის თვალსაჩინო წარმომადგენლებად არიან ცნობილნი, – პოეტი ელერი ჩენინგი, კრიტიკოსი და საზოგადო მოღვაწე მარგარეტ ფულარი, მასწავლებელი, მწერალი და ფილოსოფოსი ბრანსონ ელკოტი, უდიდესი ამერიკელი მწერალი ნათანიელ ჰოუთორნი და მისი შვილი, შემდგომში ცნობილი ჟურნალისტი და მწერალი ჯულიან ჰოუთორნი და სხვები. ემერსონი ტრანსენდენტალისტი ფილოსოფოსი გახლდათ. ეს იყო ფილოსოფიური მიმდინარეობა, რომლის დედააზრია იმის მტკიცება, რომ ადამიანის სული ხორცზე უპირატესია და, აქედან გამომდინარე, მეტად მნიშვნელოვანიც, და რომ კაცის ცხოვრება საგნობრივობით არ შემოიფარგლება, და რომ სულიერება უნდა იყოს ნამდვილი ადამიანის ცხოვრება და არა ხორციელი ყოფა. თოროუმ ტრანსენდენტალიზმის გარკვეული დებულებები გაიზიარა, მაგრამ ის ტრანსენდენტალისტი არ გახლდათ და ვერც ვერასოდეს გახდებოდა, რადგან ის ტრანსენდენტალიზმზე წინ ქრისტეანობას იცნობდა, ის ტრანსენდენტალიზმზე წინ ქრისტეანობას აყენებდა და ერთი კაცის აზრთა ჭიდილსა და თვითნასწავლ სულიერებას იესუ ქრისტეს მიერ ნაქადაგები სულიერება ერჩია. მოკლედ, თოროუ ფილოსოფოსი კი იყო, მაგრამ, უწინარეს ყოვლისა, თოროუ ჯერ ქრისტეანი გახლდათ; და ყველაზე ჭკვიანი ადამიანის გონებაში მოკალმული ყველაზე რთული და მშვენიერი ფილოსოფიაც კი, თუ ის ქრისტეს სიტყვას ეწინააღმდეგებოდა, თოროუს, ისევე როგორც ჯონ ბრაუნისა და ყველა ჭეშმარიტი ქრისტეანის თვალში, მხოლოდ სიცრუე და სისულელე იყო. ამის გამო, გთხოვთ, ყურად იღოთ ჩემი გაფრთხილება, – აზრი არა აქვს რას რატრატებენ ენციკლოპედიები, კრიტიკოსები და ისტორიკოსები, და თუნდაც მთელი დედამიწა არატრატდეს და შეეცადოს დამტკიცებას, თოროუ ტრანსენდენტალისტი ან, საერთოდ, რაღაც-ისტი იყოო... – ეს ყოველივე სიცრუეა: ამ ცრუ აზრის მქადაგებლები კი – ცრუპენტელები! თოროუ იყო ქრისტეანი! თოროუს უყვარდა სამშობლო! თოროუს უყვარდა თავისი თანამემამულეები! სამშობლო და მშობლიური ერი მეტად უყვარდა, როგორც იანკის, მაგრამ, როგორც კაცს, ღმერთი და კაცობრიობა ანუ ქრისტე და მოყვასი მას ამ სამშობლოზე და მშობლიურ ერზე ბევრად უფრო ძლიერ და მეტად უყვარდა. მისი აზრის ანი და ჰოე იყო ქრისტე ღმერთი – ამიტომაც ვერ შეეგუა ვერც ტრანსენდენტალისტებს და ვერც ქრისტეს გზას აცდენილ ვერც ერთ პროტესტანტულ თუ კათოლიკურ ეკლესიას ეს ჭეშმარიტად ქრისტეანი კაცი.

1841 წლის 18 აპრილს თოროუ ქანქარდში ემერსონის სახლში გადაცხოვრდა. 1841-1844 წლებში ის ბავშვების კერძო მასწავლებელი გახლდათ და ემერსონის თანაშემწე იყო სარედაქციო საქმიანობაში. 1843 წელს თოროუ სულ რამოდნიმე თვით სტეიტენ აილენდზე გადაცხოვრდა ემერსონის ძმასთან, ვილიემ ემერსონთან, სადაც მის ვაჟიშვილებს ასწავლიდა, და ამასობაში იგი უამრავ ქალაქელ ლიტერატორთან და ჟურნალისტთან ამყარებდა კონტაქტებს. ემერსონის დიდი თხოვნით და

---

[14] მენტორი – იხილეთ ჰომეროსის "ოდისეა". ტროას ომში გალაშქრების წინ ოდისევსმა მხცოვანი მეგობარი, სახელად მენტორი, დატოვა თავისი სახლის და შვილის საპატრონოდ. თანამედროვე ენებში სიტყვა მენტორი გაიგივებულია უფროს მეგობართან, მამობილთან, მასწავლებელთან, ოსტატთან, აღმზრდელთან. მაგალითად: არისტოტელე იყო ალექსანდრე მაკედონელის მენტორი, სოკრატე – პლატონისა.

დაჟინებით თოროუ ჟურნალ "დაიალ"-ში აქვეყნებდა თხზულებებს და კრიტიკულ შრომებს.

1844 წელს ჰენრი დეივიდ თოროუ მშობლიურ ქანქარდში დაბრუნდა და ოჯახურ საქმეს, – ფანქრის წარმოებას და გაყიდვას მიჰყო ხელი. მან აღმოაჩინა იაფი და ხარისხიანი ფინქრის წარმოების სრულიად ახალი ხერხი, – უხარისხო გრაფიტს, რომელიც ადრე გამოუსადეგარ ნედლეულად იყო მიჩნეული, თოროუ თიხას ურევდა, თიხა გრაფიტს სიმყარეს მატებდა და საუკეთესო ფანქრის გულად აქცევდა.[15]

1845 წლის 4 ივლისს თოროუმ გადაწყვიტა წუთისოფელს კიდევ უფრო მეტად განშორებოდა და უფალთან სიახლოვე ბუნების წიაღში ეძია. სოფელ ქანქარდის ახლოს უამრავი ტბა იყო და დღესაც არის, მათ შორის, ერთი მეტად ლამაზი და კამკამა ტბა, სახელად ვოლდენი, რომელიც ულამაზესი ნიუ ინგლენდური ტყის შუა გულში გახლავთ ჩამჯდარი. ემერსონი ტბის პირას მიწის ნაკვეთის მფლობელი იყო, რომელიც მეგობარს საცხოვრებლად სიამოვნებით დაუთმო. თოროუმ აქ, ერთ პატარა ხის ქოხში, ზუსტად ორი წელი, ორი თვე და ორი დღე იცხოვრა. ის ამ ცხოვრებას "უბრალოდ ცხოვრებას" ეძახდა. თოროუ ცოტას თოხნიდა, ცოტას კითხულობდა, ცოტას წერდა, ცოტას ფიქრობდა, აი, კაცური ქცევით და კაცური ცხოვრებით კი ბევრს ცხოვრობდა. ხანდახან ქანქარდშიც მიდიოდა ხოლმე საქმეზე. მისი სტუმრები ძირითადად მეტყევეები იყვნენ. იმდენად შეუყვარდა თოროუს ეს უბრალოდ ცხოვრება, რომ პურის გამოსაცხობად ცომსაც აღარ აფუებდა, – ზედმეტ ფუფუნებად მიაჩნდა საფუარი და იმიტომ. ბუნების წიაღში ცხოვრებით ამ გონიერმა კაცმა ცხადად დაინახა, რა ცოტა რამაა საჭირო ადამიანის ხორცისათვის, რომ აუცილებელი არაა კაცმა მთელი მისი დღედამოსწრება უაზრო შრომაში – ხელობაში და საქმოსნობაში გაატაროს, უაზრო შრომაში, რომლის მიზეზი და მიზანი მხოლოდ ერთია, – ხორცის გაზრქობისთვის გაჩაღებული მომხვეჭელობა. ხორცის გაზრქობა ხომ ყოველთვის სულის დამჭლევების პირდაპირპროპორციული პროცესია და ხორცის აფუებას სულის დაკნინება მუდამ თან სდევს. დიახ, არ შეიძლება კაცი ორ უფალს მსახურებდეს! მან ან სულზე უნდა იზრუნოს ან ხორცზე, – ესაა და ეს: "არავის მონასა ხელ-ეწიფების ორთა უფალთა მონებად: ანუ ერთი იგი მოიძულოს და ერთი შეიყუაროს, და ანუ ერთისაი თავს-იდვას და ერთი შეურაცხ-ყოს. ვერ ხელ-ეწიფების ღმრთისა მონებად და მამონაისა." (სახარებაი ლუკაისი, 16:13). სწორად ამიტომ შესძულდა თოროუს გლეხი. ვიცი, ეს აზრი უჩვეულოდ მოგეჩვენებათ, მაგრამ უჩვეულო სწორად იმიტომაა, რომ ბოროტი ჩვეულებაა ჩვენში დღეს გამჯდარი და დამკვიდრებული, და ბევრი კარგი და კეთილი, ბოროტების შავ ფონზე, სწორადაც რომ უჩვეულოდ გამოისახება. თოროუს აზრით, გლეხი, მთელ თავის ყოფას მომხვეჭელობაში ფლანგავს, რაც დედამიწის ზურგზე ყველაზე დიდი მფლანგველობაა, რადგან ადამიანს ძალიან ცოტა ესაჭიროება საარსებოდ. დიახ, გლეხია შეპყრობილი გაუმაძღარი, რომელიც ხვავში და ბარაქაში, საკუთარი

---

[15] აღსანიშნავია, რომ გრაფიტისა და თიხის არევით იაფი ფანქრის წარმოების ეს პროცესი პირველად 1795 წელს ფრანგმა მხატვარმა, ნიკოლა-ჟაკ კონტემ (1755-1805) დააპატენტა. მაშინ საფრანგეთის რესპუბლიკა ეკონომიკურ ბლოკადაში იყო მოქცეული და დიდი ბრიტანეთიდან გრაფიტის შემოტანა არ შეეძლო. მხატვარს ამ საკითხზე მუშაობა დიდმა ფრანგმა რევოლუციელმა, პოლიტიკოსმა და მათემატიკოსმა, ლაზარე კარნომ თხოვა. თოროუმ სწორად იგივე პროცესი თვითონ, დამოუკიდებლად აღმოაჩინა და ფრანგი მხატვრისგან არ მოუპარავს.

სიცოცხლის ფლანგვის სახით, დღემარად საკუთარ სულს ცვლის და ყიდის. მოკვდება ასეთი გლეხი და კვალად დიდგორსა და ბასიანს კი არ დაუტოვებს შთამომავლობას, არამედ ბეღელსა და მარანს.[16] ჰოდა, გაძღება ეს შენი შთამომავლობაც ამ დანატოვარი სანოვაგით და ღვინით, შეეჩვევა ზედმეტის სმას და ზედმეტის ჭამას, და ისიც ამ ზედმეტი სმა-ჭამის მოქონიებისთვის საჭირო ხვავის შოვნას, – უგზო-უკვლო ხვნა-თესვას, – მოანდომებს მთელ თავის სიცოცხლეს. მერე მისი სენი კიდევ ახალ თაობას გადაედება და მიდიან და მოდიან თაობები ასე ბრმა შრომაში და მათ კვალად მხოლოდ მათი მარანი და ბეღელი რჩება და კიდევ, თუ არ მიწყენთ სიმართლის თქმას, მათი მოსაქმებული ფეკალური მასა.[17] არ გჯერათ? მაგალითისთვის კახელ გლეხს შეხედეთ, რომლის ცხოვრების ანი და ჰოე ვენახი და ბაღჩა-ბოსტანია. ესაა მისი ღმერთი! ესაა მისი უფალი! აი, ჭეშმარიტი ღმერთი და უფალი კი აღარ ახსოვს მას. არც ის ახსოვს რომ კაცი მხოლოდ ხორცის მასაზრდოებელი მოსავლისთვის არ გაუჩენია ღმერთს. კაცის უმთავრესი მოსავალი, რომლის აღებაც ყველა ჩვენთაგანს უნდა ეჩქარებოდეს, სწორად სულიერი მოსავალია. თოროუ გარკვევით იმეორებს იესუ ქრისტეს სიტყვებს, "მიეცით კეისრისაი კეისარსა და ღმრთისაი ღმერთსა." (სახარებაი მათესი, 22:21). თოროუ შეგვახსენებს, რომ ხორციელი მოსავლით ვერ შევა კაცი სასუფეველში, რადგან სამოთხეში შესასვლელად მხოლოდ სულიერი მოსავლის შეწირვაა საჭირო... მაშ რა ეშველება იმ გლეხს, რომელიც მთელ თავის სიცოცხლეს ხორციელი მოსავლის აღებაში ფლანგავს, აზრი არა აქვს კახელი იქნება ეს გლეხი, მესხი, აფხაზი ან იქნებ თქვენთვის სულაც უცხოელი ქანქარდელი მიწათმოქმედი?

თოროუ ხაზგასმით აღნიშნავს, რომ იგი ადამიანებს არ გაურბოდა და კაცობრიობისგან განდგომა არ ყოფილა მისი ტბის პირას ტყეში ცხოვრების მიზეზი. არა! მას მოყვასი ძლიერ უყვარდა! ამ კაცს მხოლოდ საზოგადოების სიმყრალე აწუხებდა და აღარ უნდოდა თავისი ფილტვები ამ სიმყრალით აევსო, – ეს იყო და ეს. თოროუმ ვოლდენის ტბაზე გაწვლილი ეს ორი წელი მოგვიანებით მოთხრობის სახით გადმოსცა, სახელწოდებით "ვოლდენი". სამწუხაროდ, ამ გამოცემაში "ვოლდენი" შეტანილი არაა, რადგან მისი თარგმანი ჟამის უკმარისობის გამო ჯერ-ჯერობით ვერ მოესწრო. "ვოლდენი" დიდი ზომის ნაწარმოებია, რომელშიც დიადი ავტორი ბუნებას გვასწავლის და დედა-ბუნების გაფრთხილების და სიყვარულის ვალს შეგვახსენებს. მას ნაკლები ეროვნული დატვირთვა აქვს და ამის გამო ამერიკის გაერთიანებულ შტატებში ის, თოროუს სხვა ნაწერებისგან განსხვავებით, მიჩქმალული არ არის და ასე თუ ისე ცნობილია ხალხისთვის. სავალალო კი ის გახლავთ, რომ სწორად ამ ნაწარმოების ირიბი გამოყენებით მოუწყეს ამერიკის ბობოლებმა თოროუს ეროვნულ ნაწერებს შეთქმულება, – "ვოლდენის" გავრცელებით დღესაც და გუშინაც და ალბათ ხვალაც... ამერიკელი ხალხის შეგნებაში თოროუ ბუნებისმეტყველ ბერიკაცადაა დახატული. ვაი, სიმრუდევ და ნახევარ-ცოდნავ! ბუნების მოყვარულ კაცს, რომ ადამიანური

---

[16] იხილეთ მართლმადიდებლური და იუდაიზმური ეგზეგეტიკა, რომელიც "ძველ აღთქუმაიში" აღწერილ კაენის და აბელის ამბავს ალეგორიულად განმარტავს. კაენი გლეხია მხოლოდ – მესაკუთრე, მიწათმოქმედებას არარაული მიზნით, ხორციელი სიამოვნებისთვის რომ ეწევა. აი, აბელი კი მეურნეა (ანუ ფერმერი) და არა უბრალო გლეხი. აბელი შორსმჭვრეტელი მწყემსია. მისი ფერმერობის უპირველესი მიზანი ღმერთის სიყვარული ანუ სულის დაპურებაა და არა – სხეულისა.

[17] ფეკალური მასა – მძღნერი, ფუნა, ნეხვი, სკინტლი, ანუ ნებისმიერი სახის განავალი.

ბუნება და მოყვასი ყველა ხეზე და ტბაზე მეტად უყვარს, რად უნდა ამას დიდი ფიქრი და ტვინის ჭყლეტა? ან იმას მაინც როგორ ვერ ხვდება ამერიკელი მოქალაქე, რომ როცა კაცს ბუნების ავ-კარგი აწუხებს, მას კაცობრიობის ავ-კარგი უფრო მეტად ტანჯავს?! მოკლედ, კარგია, რომ ხალხის გარკვეული ნაწილი "ვოლდენს" იცნობს, სამწუხარო კი მხოლოდ ისაა, ეს ხალხი თოროუს *მხოლოდდამხოლოდ* "ვოლდენით" იცნობს!

1846 წლის 25 ივლისს თოროუ საქმეზე ვოლდენის ტბიდან ქანქარდში მიდიოდა, როცა გზად სახელმწიფო გადასახადების ამკრეფი, სემ სთეიფლი შემოეყარა და თოროუს წლების მანძილზე გადაუხდელი სულადი[18] გადასახადი მოსთხოვა, რაზეც ჭეშმარიტმა მამულიშვილმა და ქრისტეანმა მკაცრი უარი განაცხადა. თოროუს უარს ორი საფუძველი ჰქონდა: ერთი – საშინაო და მეორე – საგარეო. პირველ მიზეზს რაც შეეხება, – ამერიკის ფედერალური და მასაჩუსეცის საშტატო მთავრობა მონათმფლობელების მხარეზე იდგა. ასეთი ბოროტი და კაცთმოძულე მთავრობის ხაზინაში ფულის შეტანა ამ მთავრობის მხარდაჭერა და დაჩაგრული და დამონებული მოყვასის ფეხებზე დაკიდება გამოდიოდა. ამ უსინდისობის ჩადენა კი თოროუს, როგორც ქრისტეანს და როგორც ამერიკელ მამულიშვილს, არ შეეძლო. მეორე მიზეზი კი ის გახლდათ, რომ მთელი ამერიკა, ანუ ამერიკელი მონათმფლობელი, ამ მონათმფლობელის მიერ მოსყიდული ფედერალური და საშტატო მთავრობა, ამ მთავრობისგან დაშინებული მხდალი ხალხი... დიახ, სრულიად ამერიკა მხოლოდ თავისი თანამოქალაქის, ზანგი მონის ჩაგვრით აღარ კმაყოფილდებოდა და ახლა მეზობელი მექსიკის ჩაგვრაზე გადასულიყო. თოროუსთვის და ყველა ჭეშმარიტი იანკი მამულიშვილისთვის სამხრეთის მონათმფლობელობა ამერიკის საშინაო ბოროტება და კაცთმოძულეობა, ხოლო 1846-1848 წლების მექსიკა-ამერიკის ომი ბოროტების და კაცთმოძულეობის საერთაშორისო გამოვლინება გახლდათ. თოროუს სწამდა, რომ უსამართლობის წინააღმდეგ ბრძოლაში ერთერთი ყველაზე მაღალშედეგიანი იარაღი ეკონომიკური მოკვეთა იყო, ანუ უსამართლობისთვის ფულის წყაროს ამოშრობა. როგორც ეს თავად დიდმა მამულიშვილმა თქვა, გადასახადის გადაუხდელობით მოქალაქეს ყოველთვის შეუძლია უსამართლო მთავრობისთვის სასიცოცხლო წყაროს გადაკეტვა. მსგავსი ბერკეტების გამოყენებას უქადაგებდა თოროუ თავის თანასოფლელებს უსამართლო გაზეთების წინააღმდეგ ბრძოლაშიც, – ყველაზე გონივრული ხერხი უსამართლო გაზეთის მოსასპობად ამ გაზეთის არშეძენაა, რადგან გარდაუვალია, რომ ამას ფინანსური მარცხი, მარცხს კი ამ გაზეთის სრული მოსპობა მოჰყვება.

თოროუ ერთი ღამით ქანქარდის საოლქო ციხეში ჩასვეს, – სოფელი ქანქარდი საოლქო დაბა ანუ რაიონული ცენტრი იყო მაშინ. როგორც თვით დიდმა მამულიშვილმა თქვა, "როდესაც მთავრობა სამართლიან კაცს უსამართლოდ აგდებს ციხეში, ერთად-ერთი სამყოფელი

---

[18] სულადი გადასახადი – მყარი გადასახადი, რომელიც ერთ სულ მოსახლეს ეკისრებოდა არა პროცენტულად, არამედ საჯაროდ დაწესებული უცვლელი თანხის ოდენობით. ანუ ყველა მოქალაქეს, განურჩევლად შემოსავლისა და ეკონომიური მდგომარეობისა, ერთი და იგივე მყარი, უნივერსალური გადასახადი ჰქონდა გადასახდელი. სულადი გადასახადი გავრცელებული იყო XIX საუკუნის ევროპასა და ამერიკაში, და საქართველოშიც. ის შემდგომში საშემოსავლო გადასახადმა შეცვალა. განსხვავება ისაა, რომ სულადი გადასახადი ერთი მყარი თანხაა, საშემოსავლო გადასახადი კი მოქალაქის შემოსავლიდან პროცენტულად გამოითვლება და, აქედან გამომდინარე, მისი ოდენობა შემოსავლის ზომაზეა დამოკიდებული.

ჭეშმარიტად მართალი კაცისა მხოლოდ ციხეა." ისტორიული თვალთახედვით თუ შევხედავთ ამ საკითხს, საოცარი ისაა, რომ ციხეში ან გმირები ხვდებიან მუდამ, ანდა ნაძირალა მკვლელები, ქურდები და ყაჩაღები. რად გიკვირთ? ჩვენი მაცხოვარიც ხომ ციხეში იჯდა? და, რომის იმპერიის კანონის თანახმად, ბარაბასთანა ნაძირალასთან იყო გაიგივებული? ციხეში არ იჯდა სოკრატე? ციხეში არ იჯდნენ ქრისტეანობის პირველმოწამენი? ციხეში არ იჯდა ჩვენი ზვიად გამსახურდიაც? რა ვუწოდოთ იმ კანონს, რომლის საფუძველზეც ასეთი ზნემაღალი მამულიშვილები და თავად ღმერთიც კი ციხეშივარდებიან? იმ ქვეყანას რაღა ვუწოდოთ, სადაც ასეთი კანონები კანონობენ? და ბოლოს, იმ ქვეყნიერებას რაღა ვუწოდოთ, სადაც ასეთი ბოროტი ქვეყნები არსებობენ, საკუთარ ხალხზე ძალადობენ და სხვა ერებზეც ცდილობენ გაბატონებას? დაფიქრდით და ყოველივე ამის პასუხს თქვენ თვითონ მიხვდებით, და თუ ვერ მიხვდით, ღმერთის შეწევნით თოროუ მიგახვედრებთ.

თოროუ ციხიდან მეორე დღეს გამოვიდა. ტიტანის სულმა ამ ქვეყნის და, ზოგადად, ქვეყნიერების უსამართლობის მათრახის ტყლაშუნი საკუთარი სულის ზურგზე ერთხელ და სამუდამოდ იგემა. ამ ბოროტებამ მისი გულისგული შეძრა. თოროუმ ერთხელ და სამუდამოდ გამოუცხადა დაუმორჩილებლობა ამ ქვეყანას და მთელ ქვეყნიერებას, და ერთხელ და სამუდამოდ განაცხადა უარი ამერიკის მთავრობის ქვეშევრდომობაზე, "ერთად-ერთი მთავრობა, რომელსაც მე ვცნობ და აღვიარებ – და მნიშვნელობა არა აქვს თუ რამდენი კაცია მის სათავეში ანდა რაოდენ მცირერიცხოვანია მისი ჯარი – არის ძალა, რომელიც ქვეყნად ყოველთვის სამართალს აწესებს, და არასოდეს არაა ის, რომელიც მუდამ უსამართლობას აწესებს. რა უნდა ვიფიქროთ იმ მთავრობაზე, რომელსაც ამქვეყნად ყველა ჭეშმარიტად მამაცი და სამართლიანი კაცი მტრად მიაჩნია, რადგან ასეთი გმირი ამ მთავრობასა და მის მიერ დაჩაგრულ ხალხს შორის დაბრკოლებად აღმართულა. ეს ის მთავრობაა, რომელიც დღეს თავს ქრისტეანად გვაჩვენებს, და ამასობაში ის მილიონ ქრისტეს ჯვარს აცვამს ყოველდღე."

ციხეში განცდილი უსამართლობის შედეგად, ჰენრი დეივიდ თოროუმ ქანქარდის ლიცეუმში 1848 წლის იანვარ-თებერვალში წაიკითხა საჯარო ლექცია "ბრძოლა სამოქალაქო მთავრობის წინააღმდეგ". ეს ლექცია, შესწორებების შეტანის შემდეგ, თხზულებად გამოსცა, სახელად "სამოქალაქო დაუმორჩილებლობა". ეს მისი ყველაზე ცნობილი თხზულებაა. ვიცი, განგაცვიფრებთ ის გარემოება, რომ ამერიკელი ხალხი ამ შრომას, როგორც წესი, არ იცნობს ან, თუ იცნობს, შეშლილი კაცის ულტრა-ლიბერალური, რადიკალისტური და ფანატიკური ნაბოდვარი ჰგონია მხოლოდ. მაშინ, როცა ამ თხზულებას უდიდესი მნშივნელობა ჰქონდა დიდი საზოგადო მოღვაწეებისთვის, როგორებიც იყვნენ, მაგალითად, ზვიად გამსახურდია, მოჰანდას (მაჰატმა) განდი, ვილიამ ბათლა იეითსი, ნელსონ მანდელა, მარტინ ლუთა ქინგ მცირე და ა.შ.

ᲯᲝᲜ ᲑᲠᲐᲣᲜᲘ

მომდევნო წლებში ნიუ ინგლენდელი ხალხის უკმაყოფილებამ ზენიტს მიაღწია. ნიუ ინგლენდში დაიწყო მონობის წინააღმდეგ მოძრაობა,

ამერიკის გმირები წინასიტყვაობა

რომელსაც აბოლიშენიზმი ერქვა, ამ მოძრაობის წევრებს კი აბოლიშენისტები, ანუ (მონობის) გამაუქმებლებლები ეწოდებოდათ. ჰენრი დეივიდ თოროუც მათ რიგებში იყო და, ლიტერატურული და საგანმანათლებლო მოღვაწეობის გარდა, ის სამხრეთიდან გამოქცეულ ზანგ მონებს ფიზიკურ დახმარებასაც უწევდა. თოროუმ გაიცნო აბოლიშენისტების ბელადი, ჭეშმარიტი ქრისტეანი და უდიდესი კაცთმოყვარე მებრძოლი, გმირთა-გმირი ამერიკელი თანამემამულე, კაპიტანი ჯონ ბრაუნი.

ჯონ ბრაუნი 1800 წლის 9 მაისს ნიუ ინგლენდში, კერძოდ, კონექტიკუტის შტატის სოფელ თორინგთონში დაიბადა. მამამისი ოუენ ბრაუნი (1771-1856) დაბალი იყო. დედამისი, რუთ მილზი (1772-1808) ადრეულ ასაკში გარდაეცვალა. ოუენს რვა შვილი ჰყავდა; ჯონი მეოთხე შვილი იყო. აი, რას წერს ჯონ ბრაუნის ჰაგიოგრაფი და მეგობარი, ფრენქლინ ბენჯამინ სენბორნი ბრაუნის დაბადების ადგილზე: “სახლი რომელშიც ჯონ ბრაუნი დაიბადა, როგორც ეს მის ბიოგრაფიაშია აღნიშნული, კვლავ დგას კონექტიკუტის შტატის სოფელ თორინგთონში, ამ დაბის დასავლეთ ნაწილში, სოფელ ვოლქოთვილიდან სამი, ლიჩფილდიდან ექვსი, და ვინსთედიდან ათი მილის დაშორებით, ერთი მიყრუებული გზის პირას. იგი ძალიან წააგავს ქანქარდში მდგარ იმ ძველ სოფლის სახლს რომელშიც თოროუ დაიბადა, და თავისუფლად შეიძლება კაცს ერთის იერი მეორისაში აერიოს.” 1805 წელს ოჯახი ოჰაიოს შტატის სოფელ ჰადსონში გადაცხოვრდა. ოუენ ბრაუნი “ობერლინის ინსტიტუტის” (დღეს ცნობილია როგორც “ობერლინის კოლეჯი”) ერთერთი ქომაგი და მხარდამჭერი იყო, თუმცა შემდგომ კრიტიკულად უყურებდა ქანგრეგეიშენალ ეკლესიის ლექტორებს, განსაკუთრებით კი ჩარლზ ფინისა და აისა მანის სწავლებებს, რომლებიც ხალხს ერეტიკული “სრულყოფილებისკენ” დესპოტურად მოუწოდებდნენ, და ბოლოს 1840 წელს ინსტიტუტიდან და საერთოდ ამ ერეტიკული ეკლესიიდანაც ოფიციალურად სამუდამოდ გამოვიდა. 16 წლის ახალგაზრდა ჯონ ბრაუნმა დამოუკიდებელი ცხოვრება დაიწყო, როცა ის კონექტიკუტში მორის აკადემიაში ჩაირიცხა, რადგან სურდა, მღვდელი გამოსულიყო, მაგრამ ფული გაუთავდა, ავად გახდა და იძულებული იქნა სწავლისთვის თავი დაენებებინა. 1820 წელს 20 წლისამ ცოლად შეირთო დიანთე ლასქი. ქორწინების ცამეტი თვის თავზე შეეძინათ ვაჟიშვილი, ჯონ ბრაუნ მცირე. ბრაუნმა გარკვეული ხანი მამამისის სადაბაღოში იმუშავა, მერე კი თავისი ოჯახით 1825 წელს ფენსილვეინიის სოფელ ნიუ რიჩმონდში გადასახლდა, სადაც 200 აკრი (81 ჰექტარი) ტყე იყიდა, მისი მერვედი გაკაფა, ააშენა ქოხი, თავლა და სადაბაღო, და სოფლის მეურნეობასა და ვაჭრობას შეუდგა. ბრაუნმა სადაბაღო იმდენად წარმატებულად მართა რომ სულ რაღაც ერთ წელიწადში 15 კაცი დაასაქმა. გარდა ამისა, ჯონ ბრაუნი ფულს მეძროხეობითა და მიწისმზომელობითაც შოულობდა, და სოფელს სკოლისა და ფოსტის დაარსებაშიც დაეხმარა. მას ძროხებითა და ტყავით საშტატშორისო ვაჭრობა ჰქონდა გაჩაღებული თავის ნათესავთან, ოჰაიოელ სეთ თამსონთან. 1831 წელს ერთი ვაჟიშვილი დაეღუპა. ბრაუნმა ეს ძლიერ განიცადა, ცუდადაც გახდა, რამაც საქმეზეც დიდი გავლენა იქონია და სულ ცოტა ხანში დიდი ზარალიც ნახა. 1832 წლის ზაფხულში ახალდაბადებული შვილის სიკვდილის შემდეგ მისი მეუღლე, დიანთე ცუდად გახდა და მალე გარდაეცვალა. 1833 წლის 14 ივნისს მერი ენ დეი (1817-1884) შეირთო მეორე ცოლად. მასთან 13 შვილი ეყოლა, დიანთესგან კი უკვე 7 შვილი ჰყავდა. 1836 წელს ჯონ ბრაუნი და მისი ოჯახი ოჰაიოს

შტატის სოფელ ფრენქლინ მილზში (დღეს ამ სოფელს ქენთ-ი ჰქვია) გადაცხოვრდა.

1837 წელს ცნობილი პრესბიტერიანელი მღვდელი, ელაიჯა ფერიშ ლავჯოი მონობის წინააღმდეგ თავისი აზრის გამოთქმისთვის და თავისუფლებისა და თანასწორუფლებიანობის სიყვარულისთვის, ილინოის შტატის ქალაქ ალთონში ხალხის ბრბომ მოკლა. რის გამოც ჯონ ბრაუნმა ფიცი დადო: "აქ, ღმერთის წინაშე, ამ მოწმეების თანდასწრებით, ამ დღიდან მოყოლებული ვაცხადებ, რომ მე მთელ სიცოცხლეს მონობის განადგურების საქმეს ვუძღვნი!" მართლაც, ამ დღიდან მოყოლებული, სიცოცხლის უკანასკნელ წუთამდე ჯონ ბრაუნი მხოლოდ თავისუფლების სიყვარულისა და მონობის მოსასპობად იღვწოდა.

1840-იან წლებში ჯონ ბრაუნი ცნობილი იყო, როგორც მატყლის საქმის კარგი მცოდნე. 1846 წელს თავის პარტნიორთან, ოჰაიოელ საიმან პერკინს მცირესთან ერთად მატყლის კომისიაც კი ჩამოაყალიბა მასაჩუსეცის ქალაქ სპრინგფილდში, რომ მეცხვარეების ინტერესები დაეცვა მომხვეჭელობის სენით შეპყრობილი მეწარმეებისგან, რომლებიც ლამობდნენ ფასები ეკონტროლებინათ და მატყლი იაფად ჩაეგდოთ ხელში. თავიდან ბრაუნი მეწარმეებს ენდობოდა, მაგრამ მალევე მიუხვდა ბოროტ განზრახვას და მათთან მოლაპარაკებას შეეშვა. 1848 წელს ბრაუნმა გაიგო გერედ სმითის "ადირონდაკის მიწის გრანტების" შესახებ: დიდი ამერიკელი საზოგადო მოღვაწე და სამგზის პრეზიდენტობის კანდიდატი, მოწინავე აბოლიშენისტი, საიდუმლო ექვსეულის წევრი, და მონათმფლობელების დაუძინებელი მტერი, გერედ სმითი (1797-1874) [19] ღარიბ ზანგებსა და აბოლიშენისტებს მიწებს ურიგებდა ნიუ იორკის შტატში. ბრაუნმა 1848 წელს ნიუ იორკის შტატის სოფელ ნორთ ელბას მახლობლად, ტბა პლასიდის (ქართულად "მშვიდი") ახლოს ამგვარად მიწა იყიდა, აკრი ერთ დოლარად. 1895 წლიდან მოყოლებული მისი ფერმა ნიუ იორკის შტატის საკუთრებაა. დღეს ჯონ ბრაუნის ფერმა და საფლავი "ეროვნული ისტორიული ძეგლია".

1855 წელს ბრაუნმა ვაჟიშვილებისგან შეიტყო, რომ კანზასის მთელ ტერიტორიაზე ახალდასახლებული ჩრდილოეთის თავისუფალი შტატებიდან ჩასული მოსახლეობა სრულიად დაუცველი იყო – მას კბილებამდე შეიარაღებული მონათმფლობელები უტევდნენ. ჯონ ბრაუნმა ყველაფერი მიატოვა და კანზასში გადავიდა, რომ კანზასში და ნებრასკაში (ეს შტატები ლუიზიანის შესყიდვით მიიღო ამერიკამ ნაპოლეონ ბონაპარტესგან) კაცთმოძულე მონათმფლობელების წინააღმდეგ ბრძოლაში შვილებს და სხვა აბოლიშენისტებს გვერდით დასდგომოდა. ჯონ ბრაუნი, დიდი გონიერებისა და ვაჟკაცობის გამო, მათი ბელადი გახდა. სამხრელი მონათმფლობელები, ძირითადად მიზურის შტატიდან, ცდილობდნენ, კანზასი მონათმფლობელურ შტატად ექციათ და ასე შეეყვანათ გაერთიანებულ შტატებში, ჯონ ბრაუნი და აბოლიშენისტები კი ცდილობდნენ, რომ კანზასში თავისუფლება და თანასწორუფლებიანობა დაემყარებინათ და ახალდასახლებული კანზასი თავისუფალ შტატად შეეყვანათ შტატების კავშირში. ამ სამხრელ ნაძირლებს "ბორდა რაფიან"-

---

[19] ამ წიგნში ეს სახელი შემდგომშიც შეგხვდებათ – ბრაუნს დაკითხვისასაც შეეკითხნენ გერედ სმითის შესახებ, როგორც ამას ბრაუნის აგიოგრაფი, და აგრეთვე გერედ სმითისა და ბრაუნის საერთო მეგობარი, ფრენქლინ ბენჯამინ სენბორნი აღწერს.

ები ანუ "მოსაზღვრე უტიფრები" ერქვათ, რადგანაც ისინი მოსაზღვრე მონათმფლობელური მიზურის შტატიდან იყვნენ. ჯონ ბრაუნი მხოლოდ მეომარი არ გახლდათ. ის იყო დიდად გონიერი საქმოსანიც. მასაჩუსეცის მთავრობის ზოგიერთ ღირსეულ წევრებთან მეგობრობის საშუალებით ის მუდამ წინ და უკან დადიოდა კანზასსა და ნიუ ინგლენდს შორის და ნიუ ინგლენდის შტატების მონობის მოწინააღმდეგე მდიდარი ხალხისგან შეწირულობებს კრეფდა, კანზასში თავისუფლებისთვის ბრძოლა რომ დაეფინანსებინა. ისე მოხდა, რომ მასაჩუსეცის შტატის აბოლიშენისტების კანზასის კომიტეტის მდივანმა, ფრენქლინ ბენჯამინ სენბრორნმა (შემდგომში ბრაუნის ჰაგიოგრაფი რომ გახდა), ჯონ ბრაუნს ბოსტონში პირადად გააცნო ჰენრი დეივიდ თოროუ და რალფ ვოლდოუ ემერსონი, როგორც თანამოზიარე აბოლიშენისტები. კაპიტანმა ბრაუნმა 1848 წელს ინგლისელი საბრძოლო ტაქტიკოსი, ჰიუ ფორბზი გაიცნო და საკუთარი რაზმის მწვრთნელადაც დაიქირავა. აღსანიშნავია, რომ ფორბზი ჯუზეპე გარიბალდის[20] თანამებრძოლი იყო იტალიაში.

1859 წლის 16 ოქტომბერს ჯონ ბრაუნი 21 თანარაზმელს წინ გაუძღვა ჰარფერზ ფერიზე იერიშის მისატანად. ჰარფერზ ფერი გახლდათ ამერიკის გაერთიანებული შტატების რიგით მეორე ფედერალური სამხედრო არსენალის საწარმო (თოფების ქარხანა) და საწყობი, დასავლეთ ვირჯინიის შტატის სოფელ ჰარფერზ ფერიში. იქ 100,000 მუსკეტი[21] და საზხანა ინახებოდა. ჯონ ბრაუნის მიზანი იყო ამ არსენალის ხელში ჩაგდება და ვირჯინიის მონების ეტაპობრივად შეიარაღება, რომ მონებს საკუთარი თავი თვითონ განეთავისუფლებინათ, რასაც, ყოველგვარი ფართომასშტაბიანი სამოქალაქო ომისა და ზედმეტი სისხლისღვრის გარეშე, მონობის სრული მოსპობა მოჰყვებოდა, უსათუოდ. აი, რატომ აცახცახდა შიშით მთელი ამერიკის ფედერალური მთავრობა. თუმცა აღსანიშნავია რომ ბრაუნს საჯარო ჯანყი სრულებითაც არ ეწადა – ფრთხილი, ქრისტეანი კაცი იყო, ყოველგვარი ანარქიისა და რევოლუციის მგმობი, და ამის გამო მხოლოდ გეგმაზომიერი მიზნები ჰქონდა. მან კარგად იცოდა რომ ყველა მჩაგვრელი თავისთავად მხდალია, და რომ მონების შეიარაღებით მონათმფლობელებს თავზარი დაეცემოდათ, დამფრთხალ ჩრდილოელ პარტნიორებთანაც პოლიტიკურ მარცხს განიცდიდნენ და ამერიკაში მონობას თავად ეს შეშინებული მთავრობა გააუქმებდა.

იერიში თავიდან წარმატებული იყო, მაგრამ მტრის სიმრავლემ ბოლოს მაინც თავისი ქნა. ბრაუნმა და მისმა რაზმმა მძევლები აიყვანეს, მათ შორის, პოლკოვნიკი ლუის ვოშინგთონი, – ამერიკის პირველი პრეზიდენტის, ჯორჯ ვოშინგთონის ძმის შვილიშვილის შვილი. 18 ოქტომბერს აჯანყებულებს თავად რაბერთ ი. ლიიმ შემოარტყა ალყა თავისი საგანგებო დანიშნულების რაზმით, – ეს ის გენერალი გახლდათ, ეიბრეჰემ ლინქოლნს მთელი ჩრდილოეთის ჯარის მთავარსარდლად რომ

20 ჯუზეპე გარიბალდი (1807-1882) – იტალიელი სამხედრო და საზოგადო მოღვაწე, დიდი მამულიშვილი, რომელმაც იტალიის რევოლუციაში მიიღო მონაწილეობა, შემდგომ კი ურუგვაის რევოლუციაში ჩაება და იქ იტალიელების ლეგიონის მეთაური იყო. ბოლოს გარიბალდი სამშობლოში დაბრუნდა და "რისორგიმენტო"-ს ანუ იტალიის გაერთიანების მოძრაობას ხელმძღვანელობდა. გარიბალდის "ორი მსოფლიოს გმირს" უწოდებდნენ, – ძველი მსოფლიოსი, ანუ ევროპის და ახალი მსოფლიოსი, ანუ სამხრეთ ამერიკის.

21 მუსკეტი ანუ მუშკეტი – ერთგვარი ძველებური თოფი რომელიც ლულის წინა მხრიდან იტენება, და რომელსაც გრძელი და შიგნიდან გლუვი ანუ მოუჭრელი ლულა აქვს.

უნდოდა, მაგრამ ლიიმ უარი განაცხადა, რადგან ის სამხრელი იყო, ვირჯინიის შტატიდან. შემდეგ ლიი სამხრელების მთავარსარდალი გახდა, და სამოქალაქო ომში ჩრდილოელების წინააღმდეგ იბრძოდა. ლეიტენანტი სთიუარდი, მეთაურის დავალებით, აჯანყებულებს თეთრი დროშით მიუახლოვდა და უთხრა, რომ დანებების შემთხვევაში მათ სიცოცხლეს შეუნარჩუნებდნენ, რაზეც კაპიტანმა ბრაუნმა უპასუხა, "არა, მე აქ სიკვდილი მირჩევნია." კარგა ხნის შემდეგ, ბოლოს, თანარაზმელებისთვის სიცოცხლის შენარჩუნების მიზნით, ბრაუნი დანებდა, მაგრამ ლეიტენანტის ნიშანზე საზღვაოსნო ჯარების საგანგებო დანიშნულების რაზმმა იერიში მიიტანა, დანებებული ჯონ ბრაუნი ლეიტენანტ იზრაელ გრიინმა თავის არეში მხეცურად დაჭრა და ჯონ ბრაუნის რამდენიმე თანარაზმელიც უმოწყალოდ აჩეხეს. უშუალოდ ბრძოლაში ბრაუნმა თავისი ორი გმირი შვილი და რვა გმირი თანამებრძოლი დაკარგა. ბრძოლის შემდეგ მისი ოთხი თანამებრძოლი 1859 წლის 15 დეკემბერს ჩამოახრჩეს, ორი კი – 1860 წლის 16 მარტს. გადარჩენით მხოლოდ ხუთმა უშველა თავს, მათ შორის მისმა შვილმა, ოუენ ბრაუნმა. თავად ჯონ ბრაუნის ტყვეები აღიარებდნენ რომ ის და მისი რაზმელებიც წესიერი და პატიოსანი ხალხი იყვნენ. პოლიტიკის ბობოლებმაც კი აღიარეს ბრაუნი გონიერი და უზომოდ წესიერი კაციაო, მაგრამ ამაოდ, – მათ მონობა და აქედან აღებული მამონა იმდენად შეყვარებოდათ, რომ ბოლოს მაინც ყველა მოკლეს ვისზეც კი ხელი მიუწვდებოდათ.

თავად ცნობილი ფრანგი მწერალი, ვიქტორ ჰიუგო შეეცადა ჯონ ბრაუნისა და მისი რაზმელების გადარჩენას. მან ღია წერილი გაგზავნა გაზეთებში დასაბეჭდად, რომელიც ევროპაშიც და ამერიკაშიც თითქმის ყველგან გამოქვეყნდა, მაგრამ, სამწუხაროდ, შედეგი არ მოუტანია. წერილი ასე სრულდება: "დაე, იცოდეს ამერიკამ, და დაფიქრდეს რომ, კაენის მიერ აბელის მკვლელობაზე დიდი საშინელება მხოლოდ ერთი რამაა, – ვოშინგთონის მიერ სპარტაკის[22] მკვლელობა" – რა თქმა უნდა, ლეგენდარულ სპარტაკში ჰიუგო კაცობრიობის და ამერიკის გმირს, ჯონ ბრაუნს გულისხმობდა, ვოშინგთონში კი – ამერიკის მთელ მთავრობას.

2 დეკემბერს დილით ჯონ ბრაუნმა საკუთარი ბიბლია კიდევ ერთხელ წაიკითხა, მერე ცოლს წერილი მისწერა და 11 საათისთვის ჩამოსახრჩობად გამოვიდა. ეშაფოტს 2,000 სამხედრო ერტყა გარს. მათ შორის იყვნენ შემდგომში კონფედერატი (სამხრელი) გენერლები, სთოუნვოლ ჯექსანი და ჯონ ვილქის ბუუთი, რომლებმაც ჯარისკაცის ფორმები ითხოვეს, რომ ამ სისხლიანი "სეირისთვის" ეყურებინათ. კაპიტანი ბრაუნი დილის 11:15-ზე ჩამოახრჩეს. ამერიკის გმირი დაკრძალულია თავის მამულში, ნიუ იორკის შტატის სოფელ ნორთ ელბაში.

თოროუ და სენბორნი ბრაუნის შესახებ

თოროუს მიაჩნდა, რომ ასეთი გმირი ამერიკას არ ღირსებია და რომ თავად ამერიკის დამოუკიდებლობის ომის გმირები ამ კაცთან

22 სპარტაკოსი ანუ სპარტაკი (109-71 ჩ.წ.-მდე) – რომის რესპუბლიკის წინააღმდეგ გამართული მონების მესამე ომის ანუ გლადიატორების ომის (73-71 ჩ.წ.-მდე) ბელადი. სპარტაკის აჯანყება ცნობილი ისტორიული მოვლენაა, რომელიც წარმოშობით დიდმა ბერძენმა ისტორიკოსმა, შემდგომ კი რომის იმპერიის მოქალაქემ, პლუტარქემ გადმოსცა.

შედარებით მხოლოდ ჩიაკაცები იყვნენ. როდესაც მთელი ამერიკის პრესა ჯონ ბრაუნს გიჟად აცხადებდა, მის გმირობას კი – ნამდვილ სიგიჟედ, და ამ წმიდა კაცს და მის წმიდა სახელს მთავრობა, ჯარი, ჟურნალისტები და ბრბო ერთნაირად გლეჯდა, აგინებდა და დასცინოდა, თოროუ იყო ერთად-ერთი მამულიშვილი, რომელმაც ხმა აიმაღლა და ჯონ ბრაუნი და მისი სახელ-ღირსება და სიწმინდე საჯაროდ დაიცვა, თანაც ისე ხმამაღლა, რომ მისი სიტყვები მთელ ამერიკას მოედო და მთელ ამერიკელ ერს სინდისის ქენჯნა აგრძნობინა. კაპიტანმა ბრაუნმა თუ თავზარი დასცა ამ გათახსირებულ ქვეყანას, თოროუმ მეხი დასცა ამ ქვეყნის მიძინებულ სინდისს და დაბნელებულ გონებას, და კაპიტანი ბრაუნის სიმართლე ყველას, დიდსა თუ პატარას, კაცსა თუ ქალს, ერსა თუ ბერს... ცხვირ-პირში სთხლიშა. თოროუ იყო ციცერონის ხორცშესხმა XIX საუკუნეში – მჭევრმეტყველი, რომელიც, სხვა მჭევრებისგან განსხვავებით, არამარტო რომის სასამართლოში, არამედ ყველგან და ყოველთვის იცავდა ერის მოყვრებს ერის მტრებისგან. ვგონებ, სწორად თოროუზე თქვა ციცერონმა ეს სიტყვები: "...დიდების და სახელის მოხვეჭას ყველაზე მეტად უდანაშაულო ადამიანების დაცვით უნდა ცდილობდეს საერო მოღვაწე".[23]

თოროუ იყო მწერლობის ის ალამდარი, რომელმაც ერის მედროშის, ჯონ ბრაუნის სახელს უსამართლოდ მოდებული ჩირქი მოსწმინდა. მაშინ, როცა ამერიკის ფედერალური და საშტატო მთავრობები, ჟურნალები და გაზეთები ჯონ ბრაუნს შეშლილად, კაცის მკვლელად და სამშობლოს მოღალატედ აცხადებდნენ, თოროუ დაუღალავად იღვწოდა იმისთვის, რომ ნიუ ინგლენდელ ხალხს ჯონ ბრაუნი ჭეშმარიტ ეროვნულ გმირად შეეცნო. თოროუ და ფრენქლინ ბენჯამინ სენბორნი რომ არა, ალბათ, ისტორიკოსებს დღემდე არ ეცოდინებოდათ რა დიდი რაინდი ჰყავდა ამერიკას ჯონ ბრაუნის სახით... და, სამწუხაროდ, დღემდეც იმდენი მცდარი ინფორმაციაა გავრცელებული კაპიტან ბრაუნის შესახებ, რომ არათუ ხალხმა, არამედ ბევრმა ისტორიკოსმაც კი არ იცის სიმართლე ჯონ ბრაუნის შესახებ და ამ ამერიკის პრომეთეს, როგორც ყაჩაღსა და შეშლილ ნაძირალას, ისე იცნობს. თოროუს თხზულება "არზა კაპიტან ჯონ ბრაუნის გასამართლებლად", არის დიდი გონების ლიტერატურული შედევრი. გამართული ენა, მართლწერა და მჭევრმეტყველება ამ ნაწარმოებს ხელოვნების ნიმუშად წარმოადგენს, მასში ჩაქსოვილი ღმრთისა და მოყვასის სიყვარული კი მსოფლმხედველობის გვირგვინად აქცევს მას. ინგლისურ ენაზე ალბათ არ მოიძებნება ისეთი გამართული და უშეცდომო ენით ნაწერი ძეგლი სიტყვაკაზმული მწერლობისა, როგორიც თოროუს ეროვნული თხზულებებია, მათ შორის, "არზა კაპიტან ჯონ ბრაუნის გასამართლებლად". აზრობრივად კი... მეტი რა გითხრათ? მსგავსი სიმართლე, გადაჭრით შემიძლია ვთქვა, არამარტო ამერიკელ, არამედ არც ერთ ანგლო-საქსონური ჯიშის ერს არასოდეს ღირსებია. გგონიათ ვაზვიადებ? "ბიბლია" რომ "ბიბლიაა" ისიც კი ამათ ენებზე დამახინჯებულად და მცდარადაა ნათარგმნი. თოროუს თხზულებები "ბიბლია" არაა და ვერც იქნება, მაგრამ, ჭეშმარიტად გეუბნებით, ამ ერებს ნამდვილი "ბიბლია" არ გააჩნიათ![24] ამერიკელი ერი, თოროუს სიმართლით

---

[23] ციტირებაა დიდი რომაელი საერო მოღვაწის და ფილოსოფოსის, მარკუს ტულიუს კიკეროს ანუ ციცერონის (106-43 ჩ.წ.-მდე) წიგნიდან "დე ოფიციის", ქვეწიგნი II.

[24] საუბარია "ბიბლიის" თარგმანზე – ანგლო-საქსონურ ერებს არ გააჩნიათ უტყუარად, ზუსტად და გამართულად ნათარგმნი ბიბლია. ადრე ისინი ლათინურ ბიბლიას იყენებდნენ, მაგრამ ანგლიკანური და პროტესტანტული ეკლესიების დაარსებამ კათოლიკური, ანუ ლათინური

რომ ევლო, ჭეშმარიტ "ბიბლიამდეც" მივიდოდა ერთ დღეს, რადგან თოროუს სიმართლე კაცის სიმართლე არ გახლავთ მხოლოდ, ისევე, როგორც სოკრატეს სიმართლე არ იყო მხოლოდ სოკრატეს ნიჭის ნაყოფი. ნებისმიერ ჟამს დიდი სიმართლე უფლის წყალობის, დიახ, ღმრთის მადლისა და ადამიანის სპეტაკი აზროვნების შედეგია. მარტო ადამიანს როდი ძალუძს სიმართლის მიგნება? სიმართლე ძიება, კვლევა და დაკვირვებაა, მოგზაურობის ხანგრძლივი პროცესია და ამ მოგზაურობის ლამპარი, რომელიც კაცს სწორ გზაზე დააყენებს, თავად უფალია. ნება ღმრთისა და ნებისყოფა კაცისა, – აი, როგორ ხდება სიმართლის აღმოჩენა! დიახ, აღმოჩენა და არა გამოგონება!

არ შეიძლება არ აღინიშნოს თოროუს ისევე, როგორც ჯონ ბრაუნის დამოკიდებულება კანონის მიმართ. ორივეს ღრმად სწამდა, რომ ნებისმიერი უსამართლობა, მათ შორის, მონობაც, აზრი არ ჰქონდა დაკანონებული იყო ის თუ არა, მაინც უკანონობა იყო. კანონი ხომ თავად ღმრთის მიერ დაწესებული ბუნებრივი სიმართლეა, რომელიც გაჩენის დღიდან სულიერი არსების ბუნებაში ისევეა ჩაკირული, როგორც უსულო არსების ბუნებაში. ადამიანის გონება და სინდისი არის ის კანონი, რომელიც მას მუდამ სამართლიანი ცხოვრებისკენ მოუწოდებს, და, როგორც უკვე აღვნიშნე, ჭეშმარიტი კანონი უფლის მიერ შექმნილი თავად ბუნების "პირმშოა" და არა ადამიანის ანდა ადამიანთა ერთობის ანუ ერის. ყოველი კაცის ყოველი უჯრედის ყოველი ატომის ბუნებაშია ის ჩანერგილ-ჩაფესვილი. ბუნება და მისი კანონები ადამიანის სულ-ხორცის განუყოფელი ნაწილია ისევე, როგორც თავად ადამიანის სულ-ხორცია ამ ბუნების განუყოფელი ნაწილი. მაშ, რა გამოვიდა ის ეროვნული კანონი, რომელიც ბუნების კანონს ეწინააღმდეგება, თუ არა უკანონობა? მაშ, რა უნდა უწოდო ასეთი უკანონო ეროვნული კანონის დამწესებელ და აღმასრულებელ ერს, თუ არა დამნაშავეთა ბრბო? ასეთ მარტივ სიმართლეს დიდი მტკიცება და ქადაგება არ უნდა სჭირდებოდეს, მაგრამ კაენიდან[25] მოყოლებული ადამიანთა მოდგმა მეთავისეობის სენს შეუპყრია. სწორედ ამ მეთავისეობას მოჰყვება ხოლმე ის დიდი ბოროტება, რომელსაც უსამართლობა ჰქვია. უსამართლო კანონების დაწესება და აღსრულება კი სწორედ ამ უსამართლო ადამიანების შეთქმულების შედეგად ხდება. საერო კანონი, რომელიც ბუნების კანონს არ ემთხვევა, უკანონობაა, და უფრო მეტიც, – ის თავად დაკანონებული ბოროტებაა! ასეთ კანონს და ასეთი კანონის დამწესებელს ბოლო უნდა მოეღოს, და თანაც, რაც შეიძლება სწრაფად. ყოველივე ეს, კიდევ ერთხელ ვიმეორებ,

---

"ბიბლიის" ხმარებიდან ამოღება და სანაცვლოდ ისეთი არასწორი, ერეტიკული ტექსტების გავრცელება გამოიწვია, როგორიცაა, მაგალითად, ერეტიკოსი და ავხორცი ინგლისის მეფის, ჰენრი VIII-ის "დიდი ბიბლია", XVI საუკუნის "ჟენევის ბიბლია", 1568 წლის "ბიშოპის (ანუ ეპისკოპოსის) ბიბლია", ინგლისის მეფე ჯეიმზ I-ის "მეფე ჯეიმზის ბიბლია" (1611 წელი) და ა.შ. აგრეთვე აღსანიშნავია ის გარემოება, რომ ინგლისელი ავტორების მიერ შექმნილი უამრავი ინგლისურენოვანი სიტყვაკაზმული მწერლობის ძეგლი გრამატიკული შეცდომების ბუდეა. ამის ყველაზე კარგი მაგალითია თავად ვილიამ შეიქსფიას დადგმები და სონეტები, რომლებიც, მიუხედავად იმისა რომ ღრმა შინაარსისაა, მართლწერის დარღვევითა და გრამატიკული შეცდომებითაა სავსე. აი, თოროუს და, ზოგადად, ნიუ ინგლენდელი მწერლების თხზულებები კი, ინგლისელი ავტორების ნაწარმოებებისგან განსხვავებით, ინგლისური ენის საოცარი სინატიფით, დახვეწილობით და თითქმის სრულყოფილი გრამატიკული სიზუსტით გამოირჩევიან. ამასვე მოწმობს ნეტარი ავგუსტინე თავის წიგნში "დე დოქტრინა ქრისტიანა" ანუ "ქრისტეანობის სწავლება", ქვეწიგნი II, სადაც ის უფრო სიღრმისეული სწავლებისთვის "იტალას" (ლათინური ბიბლიის) მკითხველ რომაელებს მოუწოდებს ბერძნული ძველი აღთქმის ანუ "სეპტუაგინტის" და ბერძნულ ენაზევე დაწერილი ახალი აღთქმის კითხვას.

[25] კაენი ებრაულად ნიშნავს "მესაკუთრეს", ალეგორიულად – "საკუთარ თავზე შეყვარებულს".

მარტივი ჭეშმარიტებაა, რომელიც გამოდის, რომ თითქმის ყველას და თითქმის ყველგან დაჰვიწყებია. დაკანონებულ უკანონობასთან განუწყვეტელი გმირული ბრძოლით ეს მარტივი სიმართლე ამერიკელებს თოროუმ და ჯონ ბრაუნმა შეახსენა, ქართველებს – ილიამ, რომაელებს – ციცერონმა, ბერძნებს – სოკრატემ და პლატონმა... მსოფლიოს კი – თავად ქრისტე ღმერთმა. და ვტყობ, რომ ამ სიმართლის შეხსენება ყველა ჩვენგანს ყოველთვის თუ არა, ძალიან ხშირად ისევ სჭირდება.[26]

რა უნდა ქნას მართალმა და შნოიანმა ადამიანმა დაკანონებული უკანონობის შემთხვევაში? რა და კაცობა უნდა მოიკრიბოს და ამ უსამართლობას, ისევე როგორც ამ უსამართლობის დამკანონებელ სასამართლოებს ისეთივე დაუძინებელ მტრად დააცხრეს თავს, როგორც კიკერომ (ციცერონმა) ქნა თავის დროზე. გაიხსენეთ როგორ მიმართა ამ სულმნათმა მამულიშვილმა სიცილიის თაღლით გუბერნატორს, გაიუს ვერრეს, და იმ უსამართლო სასამართლოსაც რომელიც მის დაცვას ცდილობდა: "რადგანაც მთელი ჩვენი ეროვნული წყობა რამდენიმე ბოროტი და დამნაშავე პიროვნებისგანაა დაჩაგრული და მთელი ჩვენი ეროვნული წესრიგი სასამართლოების ცუდი სახელითაა შელახული, ასეთ ადამიანებს საჯაროდ ვუცხადებ, რომ გამიზნული მაქვს მათი ყველაზე საშინელი ბრალმდებელი და საშინელი, შეუბრალებელი და სასტიკი მტერი ვიყო."[27] აი, ჯონ ბრაუნმაც სწორად ეს ქნა.

ჯონ ბრაუნის დაცვას მოუღალავად შეეცადა ფრენქლინ ბენჯამინ სენბორნი (1831-1917) – ნიუ ინგლენდელი ჟურნალისტი, მწერალი, საზოგადო მოღვაწე, მასაჩუსეცის შტატის კანზასის კომიტეტის მდივანი და საიდუმლო ექვსეულის წევრი. დღემდე სენბრონი გახლავთ ბრაუნის ერთად-ერთი და ჭეშმარიტი ჰაგიოგრაფი. მისი შრომა "ჯონ ბრაუნის ცხოვრება და წერილები: კანზასის განმანთავისუფლებელი და ვირჯინიის მოწამე", მნიშვნელობით, ისევე როგორც მოცულობით, დიდი წიგნია, რომელიც ბრაუნის ცხოვრებას დაწვრილებით გადმოგვცემს. ძნელი გასაგებია ამ წიგნის წაკითხვის შემდეგ როგორ შეუძლიათ დღევანდელ "ისტორიკოსებს" ბრაუნს გიჟი და მკვლელი უწოდონ. თუმცა კი კითხვა და გაგება ორი ერთმანეთისგან განსხვავებული საქმეა.

სენბორნის შრომა შეიცავს ბრაუნის წერილებს, გამოსვლებს, ისტორიულ მასალებს და რაზმელების ბიოგრაფიებს. თქვენც სწორად ამ შრომის კითხვას გირჩევდით. ეს წიგნი მამულიშვილობის, გმირობისა და მოწამეობის ფასდაუდებელი გაკვეთილია.

---

[26] იხილეთ დიდი რომაელი საერო მოღვაწის და ფილოსოფოსის, მარკუს ტულიუს კიკეროს ანუ ციცერონის (106-43 ჩ.წ.-მდე) წიგნი "კანონები", ქვეწიგნი II: "საზიანო და მავნე დადგენილებებზე რაღას იტყვით, რომლებსაც ხალხს უწესებენ და უკანონებენ, რომლებსაც ჭეშმარიტ კანონთან და კანონიერებასთან ისევე არ გააჩნია საერთო, როგორც დამნაშავეთა რაზმის მიერ შემოღებულ წესებს? წარმოიდგინეთ ავადმყოფი, რომელსაც სამკურნალოდ უგუნური ხალხი უვიცობის გამო საწამლავს გამოუწერს. განა შეიძლება ასეთ საწამლავს წამალი ეწოდოს? ასევე არ შეიძლება საზოგადოებაში ნებისმიერი უვიცის მიერ დაწესებულ კანონს კანონი ეწოდოს, თუნდაც თავად ხალხმა განაცხადოს თანხმობა მის აღსრულებაზე. მაშასადამე, ჭეშმარიტი კანონი სამართლიანობასა და უსამართლობას შორის სწორი ლარის გავლებაა და არა უგუნური კაცის ხუშტურის შედეგად დაწესებული მრუდე წესი. ჭეშმარიტი კანონი კაცის ხუშტურს კი არ ეყრდნობა, არამედ ყველაზე უძველეს და ყველაზე უმთავრეს ჭეშმარიტებას – ბუნებას; სწორად ბუნება უჩვენებს ადამიანებს და მათ ეროვნულ კანონებს სიმართლის გზას – ბოროტის დასჯის და კეთილის დაცვის გზას."

[27] იხილეთ კიკეროს "პოლიტიკური სიტყვები", კერძოდ "ინ ვერრემ I".

თოროუს ბიოგრაფია, გაგრძელება

საკმაო ხანი თოროუ მიწისმზომელად მუშაობდა. ამასობაში იგი ბუნების ყოველი წვრილმანის აღწერას ახდენდა თავის უამრავ დღიურში. დიდმა მწერალმა მაშინ შექმნა საქვეყნოდ ცნობილი საბუნებისმეტყველო შრომები, მათ შორის "გარეული ვაშლები", რომელშიც თოროუ ადგილობრივი და ველური ჯიშის ვაშლების ჯიშების მოსპობის გამო დიდ წუხილს გამოთქვამს.[28]

ორმოცდაათიან წლებში თოროუმ ბევრი იმოგზაურა. მას ბუნება ხიბლავდა და იზიდავდა. იგი ბუნებას აკვირდებოდა არამარტო როგორც მოყვარული, არამედ მეცნიერული კუთხითაც სწავლობდა მას. თოროუმ მოიარა ფილადელფია, ნიუ იორკი, ნიაგარას ჩანჩქერები,[29] დეტროიტი, შიკაგო, მილვაკი, სეინთ ფოლი და ბევრი სხვა ქალაქი, დაათვალიერა დიდი ტბების მხარე (ტბები ონტარიო, ირი, ჰურონი, მიშიგანი და სუპერია).

1859 წელს ერთ დღეს თოროუს, რომელიც გადაჭრილ ხის ტაკვებზე გამოსახულ წლიურ რგოლებს სწავლობდა, ტყეში შემოაღამდა და წვიმაში მოჰყვა, გაცივდა და დაავადდა. ბუნებისა და კაცის ქომაგს ფილტვების ანთება დაემართა, ამას ისიც დაემატა, რომ თოროუს ადრე ჭლექი ჰქონდა გადატანილი და ბოლომდე მისგან განკურნებული არ იყო. სამი წელი გაატარა სნეულებაში, თუმცა, არ გაჩერებულა. ის დიდ ხანს უთმობდა თავისი ნაწერების შესწორებას და ბევრ ჟურნალში გამოაქვეყნა თავისი სტატიები. სულ რაღაც რამდენიმე კვირის სიცოცხლეღა ჰქონდა დარჩენილი, როცა დეიდამისმა, ლუიზამ[30] ჰკითხა, სანამ წახვალ, უფალთან ყველაფრის მოგვარება თუ მოასწარიო? თოროუმ უპასუხა: "არა მგონია ოდესმე გვეჩხუბოს, და მგონი მოსაგვარებელიც არაფერი მაქვს."

თოროუ გარდაიცვალა 44 წლის ასაკში 1862 წლის 6 მაისს. მან უკანასკნელად ეს წინადადება წარმოთქვა: "ახლა კი სასიამოვნო მოგზაურობა იწყება." ამას მოაყოლა ორი მარტოხელა სიტყვა: "ცხენ-ირემი" და "ინდიელი". ბრანსონ ალქოთმა უზრუნველყო გასვენების ორგანიზაცია და თოროუს შემოქმედებიდან ნაწყვეტებიც პირადად წაიკითხა. პოეტმა და ფილოსოფოსმა, ელერი ჩენინგმა წაიკითხა თოროუსადმი მიძღვნილი ჰიმნი. ემერსონმა დაკრძალვის დღეს წაიკითხა ევლოგია. თოროუ თავიდან დანბარების (დედის) საგვარეულო საფლავში დაკრძალეს, შემდგომ კი თოროუ და მისი ოჯახის სხვა წევრების ნაშთები სოფელ ქანქარდის სლიფი ჰალოუს სასაფლაოზე გადაასვენეს. აღსანიშნავია, რომ ემერსონი, ელერი ჩენინგი, ნათანიელ ჰოუთორნი და კიდევ ბევრი სხვა ნიუ ინგლენდელი მამულიშვილი და საზოგადო მოღვაწე სწორად ამ სასაფლაოზეა დაკრძალული. სლიფი ჰალოუს

---

[28] დღეს იგივე ემუქრება მესხურ ვაშლს, ლეჩხუმურ პანტას, კახურ ყურძენს, იმერულ ლობიოს, გურულ სიმინდს, ხევსურულ ძროხას, თუშურ დეკას... და ყველაფერ ქართულს და ყველა ქართველს, – ჩვენს სულს ისევე, როგორც ჩვენს ხორცს. თუ არ გჯერათ, ცადეთ და ჩვენებური კალმახი მიპოვეთ დედამიწის ნებისმიერ სხვა ქვეყანაში.

[29] ნიაგარას ჩანჩქერები – მრავლობითში იხმარება, რადგან იქ ორი ჩანჩქერია, ერთი – კანადის და ერთიც – ამერიკის ტერიტორიაზე. კანადის ჩანჩქერი ბევრად უფრო დიდი და თვალწარმტაცია.

[30] თოროუს დეიდა, ლუიზა დანბარია ნაგულისხმევი. თოროუს აღზრდაში დეიდა ლუიზა დანბარი, და მამიდები, – მარია, ჯეინ, სარა და ილიზაბეთ თოროუები, აქტიურ მონაწილეობას იღებდნენ.

სასაფლაო უბრალოების და სისადავის განსახიერებაა. არ შეიძლება კაცმა იმ სადა, უბრალო და ღარიბულ საფლავებს შეხედო და არ მიხვდე, რომ იქ წუთისოფლური სიმდიდრის უარმყოფელი ხალხი ასვენია.

შეძახილი და მოწოდება ქართველთათვის

თუ თოროუსა და ბრაუნის წაკითხვა გადაგიწყვეტიათ, ამ ტიტანებზე ჩემი საუბარი ზედმეტი ტიტინი გამოვა და მეტი არაფერი, მაგრამ, ვიცი, ქართველებში მრავლად არიან ისეთები, ვისაც ჯერ არც ილია წაუკითხავთ, არც გურამიშვილი, არც შოთა და არც ვაჟა, და ისიც კარგად ვიცი, ასეთები არც თოროუსა და ბრაუნის წაკითხვას ჩქარობენ ახლა. წერას მხოლოდ მათთვის ვაგრძელებ, რომ, იქნებდა, დამეყოლიებინა, და თოროუს თხზულებებისა და ბრაუნის წერილების კითხვის აუცილებლობაში დამერწმუნებინა ისინი. ჩემი მიზანია, ჩემს თანამემამულეს სიმართლე და საქართველო შევაყვარო, და სიმართლეზე და საქართველოზე მეტად კი ქრისტე ღმერთი და კაცობრიობა შევაყვარო მას, რადგან სიმართლე ღმერთის "პირმშოა", საქართველო კი – მთელი კაცობრიობის. დიახ! ღმერთი გახლავთ ყოველი სიმართლის წმიდათა-წმიდა, აბსოლუტური და ერთადერთი სათავე. საქართველოს პოლიტიკური სათავე კი კაცობრიობაა. ჰოდა, დამიჯერეთ, თოროუსა და ბრაუნის წაკითხვით ღმრთისა და მოყვასის სიყვარულს ისწავლით და თუ უკვე ნასწავლი გაქვთ, მაშინ გაიღრმავებთ. და როცა ღმრთისა და მოყვასის სიყვარულში დახელოვნდებით, ჩვენი დაობლებული და დაჩაგრული საქართველოს სიყვარულიც აღარ გაგიჭირდებათ მაშინ.

შეხედეთ რას დამსგავსებიხართ? სადაა თქვენში ქართველი? სადაა თქვენში ილია და ვაჟა?! უფლის ხატება სადაა თქვენში?! და თქვენ კიდევ რა გიჭირთ, აბა დანარჩენ მსოფლიოს შეხედეთ... – ჭორებით სავსე გაზეთები, მუდმივი აღებ-მიცემობა, თვალთმაქცი, ყალბი, ერეტიკული ეკლესიები და მათგან გზასაცდენილი მრევლები, რომლებსაც იესუ ფარისევლებს ეძახდა, პასკალი – იეზუიტებს, თოროუ და ბრაუნი კი – კათოლიკებსა და პროტესტანტებს, უმაღლესი სასწავლებლები, რომლებიც თავიანთი ვითომცდა აკადემიურობით ჯიბრის, ფულის მოხვეჭისთვის საჭირო ხელობის და მეთავისეობის მეტს არაფერს უნერგავენ ნორჩ მოწაფეებს, გათახსირება და ხორციელი გახრწნილება, ურწმუნოება ან, უფრო უარესიც, ქრთამში ჩაფლული და ზოგჯერ პირდაპირ ბრმა ბოროტებით გამსჭვალული მთავრობები, ილიას მკვლელები, იმპერიები, იმპერიები, იმპერიები!!! მეთავისე, ხორციელი, ბოროტი იმპერიები! იმპერიები შინ და გარეთ! იმპერიები ერთ ადამიანში და ერთად აღებულ მთელ ქვეყნიერებაში! ეშმაკის მიერ ნაშენები იმპერიები და იმპერიებად ქცეული კაცობადაკარგული ადამიანები...

თოროუ და ბრაუნი უეკლესიო ქვეყანაში დაიბადნენ. სოკრატესი არ იყოს, ესენიც მალე მიხვდნენ თავიანთი ერის ცრუეკლესიების სიყალბესა და თვალთმაქცობას. რა უნდა ექნათ? მოიჩიჩქნეს სულისგული და სინდისი ჰპოვეს. სინდისი, რომელიც ყველა ეროვნულ კანონზე მართალი და მყარი გამოდგა, სინდისი, რომელიც კაცს აწითლებს, სინდისი, რომლითაც კაცი, თუნდაც ყველაზე ურჯულო ქვეყანაში დაბადებული კაცი, ღმერთს მიაგნებს და ქრისტემდე მივა. როგორც ეს

სორენ კიირკეგაარდმა[31] თქვა ერთხელ, “ერთ ადგილზე თუ იყუჩებ, მაშინ უფალს აღმოაჩენ. ჰოდა, უფალს რომ აღმოაჩენ, ერთ ადგილზე უნდა იყუჩო მაშინ.” ჰოდა, იყუჩა თოროუმ ტყეში, იმ ტყის ჯურღმულეთში და წყვდიადში ნახა მან ხელუხლებელი ბუნება, კაცის ბუნებაც უკეთ შეიცნო და კაცის ბუნების შეცნობით შეიცნო ღმერთი... ან იქნებ პირიქით... იქნებ მუდამ იდო მასში და ბრაუნში ნათელი და ღმრთული ნაპერწკალი, რომლითაც წესიერი ადამიანები უფალთან მუდმივ კავშირში არიან... და ჩვენც რომ ამ წესიერების მარცვალი გვეგდოს გულში და არა ბოროტების ეკალი, ჩვენც მარადიულ კავშირში ვიქნებოდით ჩვენს შემოქმედთან, – დაგვავიწყდებოდა იმპერიად ქცეული ერის საერო კანონები და ქრისტეანული კანონების დაცვაზე ვიზრუნებდით; დაგვავიწყდებოდა ყველა უსამართლო მეფე, ყველა მთავრობა და ყველა ამქვეყნიური არაქრისტეანი უფალი და იმაზე დავიწყებდით ფიქრს, ჭეშმარიტი უფალი რითი გვესიამოვნებინა; დაგვავიწყდებოდა აკადემიები, უხეში ხელობის შემსწავლელი ფაკულტეტები და შევწირავდით ჟამსა და თავს სინატიფეს, სიფაქიზეს და სულიერ განათლებას; დაგვავიწყდებოდა ხვნა-თესვა და ბეღელ-მარანი და სულ სხვა მოსავლის აღებაზე ვიზრუნებდით; და ბოლოს: დაგვავიწყდებოდა გაზეთი, ტელევიზორი და ინტერნეტი და უფლის უკვდავ სიტყვას მოვისმენდით მაშინ, მაგრამ!!! გაგვჭედია ყურები მასმედიის ჭორებით! ვხნავთ და ვთესავთ ხორციელ პურს და რასაც ვთესავთ იმასვე ვიმკით ბეღელ-მარნისთვის! ვსწავლობთ ხელობას და უსწავლელობას! უფლად გვიღიარებია ყველა მეფე და ყველა მთავრობა! დავმონებივართ უკანონო საერო კანონებს და მათი სიშავით გვინდა ჩვენი სულის განწმედა და ჩვენი სინდისის გათეთრება! – არ გამოვა ასე ცხოვრება, გეუბნებით მე! ვერ ვცხონდებით, მენდეთ!

ადამიანი ბუნებით ბოროტი არსება როდია? ანდა ერი როდია ბუნებით ბოროტი? ბოროტება მეთავისეობით იწყება მხოლოდ. და განა მეთავისეობა არ იყო ადამის და ევის ურჩობა, ღმერთის მიერ დაწესებული კანონის დარღვევა და აკრძალული ხილის ჭამა? ამ ცოდვით კაცმა ღმერთის სიყვარული დაივიწყა. მერედა, რა უბედურია კაცი, რომელსაც ღმერთი აღარ უყვარს! ღმერთი რომ არ უყვარდა, სწორად იმიტომ მოკლა კაენმა აბელი. ასე და ამგვარად, მივიღეთ ორი ცოდვა კაცისა და კაცობრიობისა, – უსიყვარულობა ღმრთისა და სიძულვილი მოყვასისა. იმპერიად ქცეული ერი სწორად ასეთი ცოდვილი და გადაგვარებული ადამიანების ნაკრებია და, აქედან გამომდინარე, იმპერია სწორად ცოდვილი და გადაგვარებული კაცის მაკროკოსმოსია. ერი, ისევე როგორც უბრალო ადამიანი, უბრალო და კარგია, მაგრამ იმპერიად ქცეული ერი ბოროტებით შეპყრობილი ადამიანების ერთობაა და, აქედან გამომდინარე, მხოლოდ ბოროტებაა ის. ნიუ ინგლენდი, როგორც ერი, და ნიუ ინგლენდელი, როგორც მამულიშვილი, კარგი იყო და სიკეთეს ემსახურებოდა. რატომ? იმიტომ, რომ მის მოქალაქეს საერო კანონზე მეტად ღმერთი და მოყვასი უყვარდა.

ამერიკა იმპერიად ქცეული ერ-ყოფილია, მაგრამ უფალს მაინც უდიდესი მადლი მიუნიჭებია მისთვის, – ამ ქვეყნის შვილები იყვნენ

---

[31] სორენ კიირკეგაარდი (1813-1855) – უდიდესი დანიელი ფილოსოფოსი და თეოლოგოსი, რომელმაც “დანიის ეროვნული ეკლესიის” ერეტიკოსობა საჯაროდ გამოააშკარავა და ხალხს ჭეშმარიტი ქრისტეანობისკენ მოუწოდა. ციტირება მოყვანილია წიგნიდან “გულის სიწმიდე”.

თოროუ და ჯონ ბრაუნი, ემერსონი და მეთიუსონი...[32] აი, ვისზე უნდა ფიქრობდეს ქართველი, როცა ის ამერიკაზე ფიქრობს. აი, ვისზე უნდა ფიქრობდეს თავად ამერიკელიც! ამერიკა ულამაზესი ქვეყანაა, რომელმაც, თავისი ცოდვების მიუხედავად, სულით მშვენიერი ადამიანები გამოზარდა. და თუ თქვენ ამ ქვეყნის მიერ საკუთარი შვილების არ-დაფასება და მკვლელობა გიკვირთ, მაშინ ამ კითხვაზე გამეცით პასუხი, – ოდესმე კი არსებობდა ისეთი ერი, რომელიც თავის გმირებს აფასებდა? ქართველებმა ილიას შუბლში ტყვია ვახალეთ! ზვიადი გავაძევეთ და სასიკვდილოდ გავწირეთ! რუსთველს, ვაჟას, გურამიშვილს, გალაკტიონს რა ბედი ეწიათ? განა სოკრატე საკუთარმა ბერძენმა თანამემამულეებმა არ მოკლეს? იესუს რა უყვეს ურიებმა, – გიფიქრიათ ამაზე? ერი რომ ერისა და არამარტო ერის, არამედ კაცობრიობის გმირს კლავს, გასაკვირი ნამდვილად არაა. საკვირველი მხოლოდ ისაა, ასეთი სულმდაბალი ერი ასეთ სულგრძელ გმირს რომ გამოზრდის ხოლმე. თუმცა, გმირი კაცის მშობლიური ერი, ასეა თუ ისე, მაინც გმირი ერია, რადგან სწორად ეს გმირკაცია მისი სახე და მისი იერი.[33] დედამიწის ზურგი სავსეა ისეთი ქვეყნებით, გმირი რომ არ უშვიათ ამქვეყნად. მოკლედ, არავის ეგონოს, ამერიკა მთლად წყალწაღებული ქვეყანა იყოს, – პირიქით! ეს ის ქვეყანაა, რომელმაც თოროუ და ბრაუნი გამოზარდა. საქმე ისაა, თოროუსა და ბრაუნს ამერიკისთვის კარგი სურდათ და უკეთესი ამერიკის ხილვა ეწადათ! დღეს რომ ამერიკაში მონობა აღარ არსებობს, სწორად თოროუსა და კაპიტან ჯონ ბრაუნის დამსახურებაა! დღეს რომ ამერიკაში ადამიანის სიცოცხლე და პიროვნული თავისუფლება გარკვეულწილად ფასობს, ესეც ამათი დამსახურებაა. დღეს თუ ამერიკა შაჰ აბასის[34] და ჯალალ ედდინის[35] კაცთმოძულე და ბოროტმოქმედი იმპერიებისგან უკიდურესად განსხვავდება, და შედარებით კეთილი და კაცთმოყვარე იმპერიაა, რომელშიც თანასწორუფლებიანობა და სიტყვის თავისუფლება სუფევს, ასეთი ერთგული მამულიშვილების გულმოდგინე მოღვაწეობის შედეგია სწორად. მოიკლა ჯონ ბრაუნი, გარდაიცვალა თოროუ და ამერიკელი

---

[32] ჯენეტ მეთიუსონ ჯონსონი (1914-2002) – XX საუკუნის ნიუ ინგლენდელი ნოველისტი და პოეტი კონექტიკუტის შტატიდან, "მაიქლ თორის" და "სიამაყის ამბის" ავტორი. ჯენეტ მეთიუსონი გახლდათ ამერიკის პირველი მეტალურგის, იეილის უნივერსიტეტის აკადემიკოსის და ამერიკაში პირველი მეტალურგიული ლაბორატორიისა და კათედრის დამაარსებლის, იეილის უნივერსიტეტის მეტალურგიული კათედრის გამგის, ლითონების დარგში მეორე მსოფლიო ომის ჟამს ამერიკის პრეზიდენტის და თავდაცვის განყოფილების მრჩევლის, აკადემიკოს ჩემპიონ ჰერბერთ მეთიუსონის ქალიშვილი და იეილის უნივერსიტეტის დოქტორის, ქიმიური გიგანტის, დიუფონ კორპორაციის ასაფეთქებელი განყოფილების გამგის, ვინფორდ ბლეა ჯონსონის მეუღლე. მეთიუსონის ნაწერები ნიუ ინგლენდური შეუპოვრობითა და ინგლისური ენის დიდი სინატიფით გამოირჩევა. აღსანიშნავია რომ მათიუსონმაც და მისმა მეუღლემაც ცხოვრების ბოლოს მართლმადიდებლობა მიიღეს.

[33] იგივეს ბრძანებს დიდი ელენისტი ებრაელი ფილოსოფოსი, ფილო ებრაელი ანუ ფილონ ალექსანდრიელი (20 ჩ.წ.-მდე–50 ჩ.წ.-ით): "...ბედნიერია ის ოჯახი და ის ქალაქი, რომელშიც კარგი კაცი ცხოვრობს... ამგვარ ოჯახს და ქალაქს ბედნიერება ეღირსება, რადგან ღმერთი, კარგი კაცის გამო, მისი ოჯახის და ქალაქის უღირს წევრებსაც კი მიანიჭებს თავის წყალობას, რომელიც უსაზღვროა." იხილეთ ფილო ებრეალი, წიგნი "აბელის და კაენის მსხვერპლშეწირვა".

[34] შაჰ აბას I, დიდი (1571-1629) – სპარსელების საფავიდების სამეფო გვარის უდიდესი მეფე, გონიერი პოლიტიკოსი, იმპერიალისტი, რომელმაც მეზობელ ქვეყნებს, მათ შორის, საქართველოსაც, შავი დღე დააყარა.

[35] ჯალალ ედ-დინ მინგბურნუ ანუ მანგუბერდი – 1220 წლიდან ხვარაზმის მეფე, რომელიც მონღოლებთან ბრძოლაში დამარცხდა და მეფობა დაკარგა. შემდგომ ის სპარსეთის მეფე გახდა, მაგრამ ეს მეფობაც მონღოლებთან ალბორზის მთებში გამართული ბრძოლისას განცდილი მარცხის შედეგად დაკარგა. შემდგომ ის 1225 წელს აზერბაიჯანში გამეფდა და სწორად მაშინ იყო, რომ საქართველოს დაესხა თავს და ამ ყაჩაღმა თბილისი გააპარტახა, – ყველა ეკლესია გაძარცვა და უამრავი ხალხი გაწყვიტა. ბოლოს ჯალალ ედ-დინი ან დაქირავებულმა სელჯუკმა მკვლელებმა მოკლეს ან უბრალოდ, ძარცვის მიზნით მოკლეს სელჯუკმა ყაჩაღებმა.

ხალხი გონს მოეგო და მონობის წინააღმდეგ ერთხმად გაილაშქრა. 1861-1865 წლებში ამერიკაში სამოქალაქო ომი გაჩაღდა, რომელშიც ჩრდილოეთი მთელი თავისი ნიუ ინგლენდითა და შუამდებარე შტატებით სამხრელი მონათმფლობელის წინააღმდეგ იბრძოდა. ომი თავისუფალი ჩრდილოეთის გამარჯვებით დამთავრდა და მონობა ამერიკაში ერთხელ და სამუდამოდ გადავარდა. – ვინ თქვა ერთი მერცხლის ჭიკჭიკი გაზაფხულს ვერ მოიყვანსო?! თოროუსა და ბრაუნის შეძახილმა გამოაფხიზლა ამერიკა და ამერიკელი ერი უკეთეს ერად აქცია ისევე, როგორც ილიას შეძახილმა გამოაფხიზლა საქართველო!

ჩემო ქართველებო, დადგა ჟამი, რომ ჩვენ ყველა ერთად და ყოველმიზეზგარეშე ერთხელ და სამუდამოდ გამოვფხიზლდეთ – შევიყვაროთ უფალი და მოყვასი, და ამ სიყვარულით ჩვენი ქვეყნის და მთელი ქვეყნიერების სამსახურში ჩავდგეთ!

შეძახილი და მოწოდება ამერიკელთათვის

“რა გითხრათ? რით გაგახაროთ?” სატირალი და სასიხარულო ორივე ბევრი გვაქვს, მაგრამ... მოდი, მე მაინც მხოლოდ სასიხარულოს გეტყვით: ჩვენს შორის გმირები დაბადებულან. მათი დაღვრილი სისხლი უქმად არ დაქცეულა და არც უნდა დაიქცეს. მათი სიყვარული ჩვენი ვალია და ეს, კანონით, არც ერთმა ერმა არ უნდა დაგვასწროს.

მთარგმნელის შესახებ

ზვიად კლიმენტის ძე ლაზარაშვილი
ტომით მესხი, ეროვნებით ქართველი, მოდგმით იბერიელი – მართლმადიდებელი.
საქართველოს საერთაშორისო აკადემია, აკადემიკოსი
საქართველოს საერთაშორისო აკადემია, დოქტორი
სასწავლო უნივერსიტეტი რვალი, საპატიო დოქტორი
ლინქოლნის უნივერსიტეტი, ლექტორ ემერიტუს
სთრეიერ უნივერსიტეტი, ბიზნესის მაგისტრი
სასწავლო უნივერსიტეტი რვალი, იურისტი
თბილისის ეკონომიკურ ურთიერთობათა და სამართლის
სახელმწიფო უნივერსიტეტი, ეკონომიკის ბაკალავრი

ზვიად კლიმენტის ძე ლაზარაშვილი გახლავთ მრავალი წიგნის ავტორი სიტყვაკაზმულ მწერლობაში, ფილოსოფიაში, ეკონომიკასა და პოლიტოლოგიაში. 2011 წლიდან დოქტორი ლაზარაშვილი გახლავთ პრეზიდენტი და რექტორი ამერიკის შეერთებულ შტატებში ერთერთი ყველაზე მოწინავე და პრესტიჟული უნივერსიტეტისა, "Georgian International University", რომელიც მდებარეობს დელავეასა და ფენსილვეინიის შტატებში, და სამაგისტრო და სადოქტორო აკადემიურ საფეხურებზე კვლევით, სამეცნიერო და სასწავლო საქმიანობას ეწევა მთელ ამერიკაში. დოქტორი ლაზარაშვილი გახლავთ აღმასრულებელი ვიცე პრეზიდენტი "RAPC National Security Division, Inc."-ში, ამერიკული კომპანია რომელიც ეროვნული თავდაცვისთვის ქმნის და ამზადებს გამძლე და ინდუსტრიულ მინი-კომპიუტერებს. დოქტორი ლაზარაშვილი გახლავთ აღმასრულებელი ვიცე პრეზიდენტი "Selective Broadcasting Corporation"-ში, ამერიკული კომპანია რომელიც ქმნის და აწარმოებს მსოფლიოში ყველაზე სწრაფ და ყველაზე ზუსტ სათვალთვალო ტექნოლოგიას. ლაზარაშვილმა ერთ ხანს ვოლ სტრიტზე, მსოფლიო საფინანსო ცენტრში საინვესტიციო ფირმა "მერილ-ლინჩ"-ში ანალიტიკოსად იმუშავა. დოქტორი ლაზარაშვილი გახლდათ მრავალი ამერიკული თუ საზღვარგარეთული სახელმწიფო დაწესებულების, უნივერსიტეტის, მაღალტექნოლოგიური კომპანიისა თუ საფინანსო-საინვესტიციო ფირმის კონსულტანტი, მათ შორის უფროსი კონსულტანტი ამერიკულ ფონდში "Mentor Special Situation Fund, L.P." წლების მანძილზე იგი გახლდათ ფენსილვეინიის შტატის ლინქოლნ უნივერსიტეტის ლექტორი პოლიტოლოგიის, ეკონომიკისა და ფინანსების დარგში. საქართველოში ხანმოკლე ყოფნისას, რექტორის, გურამ თავართქილაძის მიწვევით, თბილისის ეკონომიკურ ურთიერთობათა და სამართლის სახელმწიფო უნივერსიტეტში კითხულობდა ლექციებს. ზვიად კლიმენტის ძე ლაზარაშვილის სამეცნიერო შრომები და მისი, როგორც ფინანსებისა და ინვესტიციების დარგის მოწინავე ექსპერტის ანალიზი გამოქვეყნებულია ფრიდრიხ ებერტის ფონდის "მცირე ბიზნესის ჟურნალში" (1998 წ.), ჟურნალ "სქალარ"-ში (ქართულად "მეცნიერი"), ვოშინგთონის ოლქი (2008 წ.) და გაზეთ "ლინქოლნიანში", ფენსილვეინიის შტატი (2009 წ.). ზვიად ლაზარაშვილმა 2000-იანი წლების დასაწყისში სამი აკადემიური ისტორიული ნარკვევი გამოსცა ცნობილ ნიუ ინგლენდელ მწერალთან, იეილის უნივერსიტეტის პროფესორ ჯენეტ მეთიუსონთან ერთად. მისი მეცნიერული შრომები საზოგადოებრივ, პოლიტიკურ და ფილოსოფიურ საკითხებს შეეხება: "XIX საუკუნის ნიუ

ინგლენდის პოლიტიკური ეკონომიკა" (2000 წ.), "ტრაქტატი ქრისტეანობის და კაპიტალიზმის შესახებ" (2001 წ.), "ამერიკული კონსერვატიზმი" (2001 წ.).

2009-2010 წლებში ზვიად ლაზარაშვილმა თემფლ უნივერსიტეტის დოქტორ ჩიეკე ი. იჰეჯირიკასთან ერთად გამოსცა სამეცნიერო წიგნები "პოლიტიკური ფილოსოფია მსოფლიო თვალთახედვით" (2009 წ.) და "გამარტივებული პოლიტიკური თეორია" (2010 წ.). 2009 წლის სასწავლო წლიდან ლინქოლნის უნივერსიტეტის ისტორიის და პოლიტოლოგიის კათედრები ორივე წიგნს საბაკალავრო სტუდენტებისთვის სასწავლო სახელმძღვანელოდ იყენებენ, – ლინქოლნი ამერიკის გაერთიანებულ შტატებში ზანგების უძველესი უმაღლესი სასწავლებელია. ამ წიგნებში ავტორს ასახული აქვს მრავალი ცნობილი პოლიტიკური ფილოსოფოსის მსოფლმხედველობა. იგი ამასთან ერთად, ამ თეორეტიკოსი მეცნიერების პარქტიკული, საერო მოღვაწეობის დეტალურ ანალიზს გვთავაზობს. აღსანიშნავია, რომ ორივე წიგნში ერთი თავი ჰუმანისტებს ეძღვნება; ამ თავის პირველი ქვეთავი ჰენრი დეივიდ თოროუს ეთმობა, მომდევნო ქვეთავი კი – ილია ჭავჭავაძეს. ყველა ფილოსოფოსი განხილულია, მართლაცდა, მსოფლიო თვალთახედვით. ისტორიულ ანალიზში ხაზგასმითაა აღნიშნული თოროუსა და ილიას მსოფლმხედველობებს შორის არსებული უტყუარი მსგავსება. ლაზარაშვილი ნამდვილი პოლიმეთია, რომელიც პოლიტიკურ პრობლემებს ეკონომიკურ საკითხებს უკავშირებს, და სოკრატესა და პლატონის ფილოსოფიურ სწავლებებს – ქრისტეანულ კანონებს. ამის გამო ლაზარაშვილის ანალიზი მრავალწახნაგოვანია. მისი წვდომა მხოლოდ ერთი მეცნიერებით არ შემოიფარგლება და მრავალ აკადემიურ საგანს მოიცავს, ეს მრავალწახნაგოვნება კი ადამიანის არასრულყოფილი არსებობის უფრო სრულ სურათს წარმოაჩენს.

2011 წელს ზვიად ლაზარაშვილმა გამოსცა ორი სამეცნიერო წიგნი "პოლიტიკურ ფილოსოფოსთა პანთეონი" და "თავისუფლება და სიმდიდრე ოცდამეერთე საუკუნეში". პირველ წიგნში ლაზარაშვილის თანაავტორები იყვნენ თემფლ უნივერსიტეტის დოქტორი ჩიეკე ი. იჰეჯირიკა და უკრაინის საკადრო პოლიტიკის აკადემიისა და საქართველოს მეცნიერებათა აკადემიის აკადემიკოსი, დოქტორი გარი ჩაფიძე. ორივე წიგნს წილად ხვდა საერთაშორისო აღიარება და მათი გამოყენება ხდება ამერიკის, ისევე როგორც საქართველოს უმაღლეს სასწავლებლებში. "პოლიტიკურ ფილოსოფოსთა პანთეონი" შეიცავს პლატონის, არისტოტელეს, ციცერონის, ფილონის, მარკუს ავრელიუსის, ნეტარი ავგუსტინეს, თომა აკვინელის, ავეროესის (ანუ იბნ-რუშდის), მაკიაველის, თომას მორის, თომას ჰაბზის, ჯონ ლაქის, რუსოს, ადამ სმითის, მარქსის, კანტის, მილის, თოროუს, წმიდა ილია მართლის, კონფუცის, ლაოძის, მარტინ ლუთა ქინგ მცირის, ჰანა არენდის, ჯონ როლზის, ტოლსტოისა და სხვების ფილოსოფიურ და პოლიტიკურ მსოფლმხედველობებს და მათ დეტალურ ანალიზს. მასში აგრეთვე განხილულია აფრიკის იბო[36] ხალხის პოლიტიკური ხედვა. "თავისუფლება და სიმდიდრე ოცდამეერთე საუკუნეში" სამაგისტრო და სადოქტორო

---

[36] იბო – აფრიკის ერთერთი უდიდესი ტომი, რომელიც დღეს ქვეყანა ნიგერიის შემადგენლობაშია. იბო ხალხი გამოირჩევა განათლებულობითა და საქმოსნობით. მათი უმრავლესობა კათოლიკეა. მათი სულადობა დაახლოებით 20 მილიონია. იბო ხალხს გააჩნია საკუთარი ენა.

სტუდენტებისთვისაა გათვლილი. წიგნი ასახავს კაპიტალიზმის მუტაციას XXI საუკუნეში, ახალ ეკონომიკურ ტენდენციებს მსოფლიოს ყველა კუთხეში და თავისუფალი ერების უწყვეტ პოლიტიკურ-ეკონომიკურ დინამიურობას. განხილულია მრავალწლიანი აკადემიური სამეცნიერო დაკვირვებების შედეგები ამერიკაზე, ევროკავშირის ქვეყნებზე, უკრაინაზე, აფრიკაზე, აზიასა და საქართველოზე. წიგნს საერთაშორისო აკადემიური აღიარება ხვდა, მათ შორის ამერიკაში, და ეკონომიკისა და პოლიტოლოგიის დარგებში იგი სადოქტორო სახელმძღვანელოდ გამოიყენება. წიგნი ეძღვნება ამერიკის ეკონომისტთა საზოგადოებას, "ლეიზე-ფეა ფრათერნითი". ეს გახლავთ გავლენიანი ამერიკული ეკონომიკური საზოგადოება, რომელმაც 2012 წლის ნომინანტებად დაასახელა პრეზიდენტი რონალდ რეიგანი და დიდი კლასიკოსი ეკონომისტი მილტონ ფრიდმანი. ამ წიგნში ლაზარაშვილის თანაავტორია დიდი ამერიკელი ეკონომისტი და ფინანსისტი, "არქეიდია ქეფითელ ფართნარზისა" და "მენტორ ქეფითელ ფართნარზის" დამაარსებელი, "ამერიკისა და ევროპის საინვესტიციო კორპორაციის" დამაარსებელი და პრეზიდენტი, ცნობილი საზოგადო, ეკონომიკური, ფინანსური და აკადემიური მოღვაწე, დოქტორი ჯორჯ ფითა სტასენი. გარდა დოქტორ სტასენისა, ლაზარაშვილის თანაავტორები არიან ცნობილი ამერიკელი და ქართველი მეცნიერები: საქართველოს ფილოსოფიური აკადემიის აკადემიკოსი, ივანე ჯავახიშვილის თბილისის სახელმწიფო უნივერსიტეტის ფილოსოფიისა და სოციოლოგიის ფაკულტეტის ყოფილი დეკანი, მრავალი სასწავლო უნივერსიტეტის პროფესორი და პოლიტიკურ მეცნიერებათა ინსტიტუტის უფროსი მკვლევარი მეცნიერი, დოქტორი ვალერიან მიხეილის ძე რამიშვილი; თემფლის უნივერსიტეტის დოქტორი, ჩიეკე იჰეჯირიკა; და ლომონოსოვის სახელობის სახელმწიფო უნივერსიტეტის მაგისტრი ჟურნალისტი და საქართველოს მეცნიერებათა აკადემიისა და უკრაინის საკადრო პოლიტიკის აკადემიის აკადემიკოსი, დოქტორი გარი ჩაფიძე.

გარდა აკადემიური და მეცნიერული წიგნებისა ზვიად კლიმენტის ძე ლაზარაშვილს სიტყვაკაზმული შრომებიც აქვს. ისინი ფილოსოფიურია, მაგრამ ამ ფილოსოფიას ხშირად ნოველების, ალეგორიული თხზულებების, ანალექტებისა და ლექსების იერი დაჰკრავს. ყოველდღიური ცხოვრების გმირების ყოფაში მწერალი ზოგადსაკაცობრიო საზოგადოებრივ, ეკონომიკურ და პოლიტიკურ საკითხებს აღწერს. ნაწარმოებებში ასახულია თანამედროვე საზოგადოებისთვის დამახასიათებელი საჭირბოროტო თემები, – სარწმუნოება და ცრურწმენა, სიკეთე და ბოროტება, სამართლიანობა და უსამართლობა, უბრალო სიღარიბე და უსინდისობის გზით მოხვეჭილი სიმდიდრე... მისი აზროვნება ტრანსცენდენტულია, ანუ ის ხორციელ სინამდვილეს და წუთისოფლის წამიერებას სცილდება. მისი მჭევრმეტყველება პირდაპირია და მოურიდებელი. მისი სიმართლე იმდენად ბასრია, რომ არ შეიძლება, მკითხველს გულის სიღრმეში სიბრძნის ისარივით არ გაეყაროს. მისი ნოველები მუდამ მშობლიური ქვეყნის და მთელი ქვეყნიერების სიყვარულითაა გამსჭვალული. მისი ნაწარმოებების გმირებს კუთხური ჭირ-ვარამი როდი ადარდებთ. პატარა სოფლების პატარა გმირები მუდამ დიდი და ზოგადსაკაცობრიო საკითხებით არიან დატვირთულნი. მეთავისეობისა და გაჯირჯვებული პირადულობის ანუ ჭარბი მესაკუთრეობის ადგილი მათ ხასიათში არ მოიძებნება, რადგან მათი

გული უკვე სიყვარულითაა პირამდე სავსე – ღმერთის და ღმერთთან ერთად მოყვასის, ერისა და კაცობრიობის სიყვარულით.

ზვიად კლიმენტის ძე ლაზარაშვილის ენა ბუნებრივად ახლოს დგას თოროუსა და ბრაუნის ენასთან. მისი თხრობა მხნეობითა და უშუალობითაა სავსე. მის თარგმანებში თოროუსა და ბრაუნისა ხასიათის, აზრისა და სიტყვის შემართება მთელი და განუმეორებელი სისრულითაა არეკლილი. ხაზგასმით უნდა აღინიშნოს, რომ ზვიად ლაზარაშვილი ილია ჭავჭავაძის კითხვით გაზარდა მამამ, ამერიკაში გადაცხოვრების შემდეგ კი ახალგაზრდა მწერალი თოროუს, ალბათ, ერთერთი უკანასკნელმა თანამემამულემ, იეილის უნივერსიტეტის დოქტორმა, მწერალმა და ფილოსოფოსმა, ჯენეტ მეთიუსონმა აღზარდა. დოქტორმა ლაზარაშვილმა წლები დაჰყო თავის მენტორთან და მისგან ნიუ ინგლენდური ბასრი და მკაფიო ენა ისევე ზედმიწევნით აითვისა, როგორც სიმართლით გამოჭედილი ნიუ ინგლენდური ბასრი და მკაფიო ხასიათი, – ნათელია, რომ ნიუ ინგლენდის სიტყვაკაზმულ მწერლობასთან ერთად მან ნიუ ინგლენდელის აზრი და ფილოსოფია იცის. ამიტომაცაა, ის გულის სიღრმემდე გრძნობს ნიუ ინგლენდელი მამულიშვილების, ჰენრი დეივიდ თოროუსა და ჯონ ბრაუნის გულისნადებს, აზრს, წუხილს და ამ აზრისა და წუხილის წარმომშობ ნიუ ინგლენდურ სიმართლესა და სიყვარულს. ერთის მხრივ ილია ჭავჭავაძის მახვილი ქართულის, მეორე მხრივ კი ბასრი ნიუ ინგლენდური ინგლისურის ცოდნა გახლავთ ის ორი უდიდესი მიზეზი, რის გამოც ლაზარაშვილის თარგმანები, მართლაცდა, საუცხოო და განუმეორებელია.

როდესაც ზვიად ლაზარაშვილს ჰკითხეს, რამ გადააწყვეტინა თოროუს თარგმნა, მან უპასუხა, “მამაჩემისგან, სრულიად საქართველოს მართლმადიდებლური ეკლესიისგან, ილია ჭავჭავაძისგან, ჯენეტ მეთიუსონისგან და ჰენრი დეივიდ თოროუსგან ერთი რამ ვისწავლე, – რომ განდეგილობისა და პირში წყლის ჩაგუბების უფლება, როგორც ქართველს და, ზოგადად, როგორც კაცს, არ მაქვს. ამას განსაკუთრებით მაშინ მივხვდი, როცა არჩევნებში ხმის მიცემის შესახებ თოროუს აზრები წავიკითხე და ხმის მიცემის არაფრისმაქნისობა ცხადად დავინახე. საჭიროა, საღი აზრი გამოითქვას, კაცმა კაცს ფიქრი გაუზიაროს და სიმართლე ომახიანად და მჭექარედ მთელი ქვეყნის გასაგონად კიდევ ერთხელ დაიჭექოს, – თოროუს სიმართლე საქართველოში ხალხს ჯერ არ აქვს გაგონილი. წმიდა გიორგიც ხომ მებრძოლი წმიდანი იყო, ჯაჭვის პერანგითა და მუზარადით აღჭურვილი, და ის შუბით ხელში იმ გველეშაპს ებრძოდა, რომელიც სიცრუისა და ბოროტების სიმბოლოა, დიახ, ბოროტებისა, რომელიც კაცობრიობის მთელ მოდგმას სულ-ხორცში ღრმად გასჯდომია... და ყველაზე მეტად კი იესუსგან ვისწავლე ბრძოლა. ბრძოლა იყო, როცა იესუმ დახლები დაუნგრია სოლომონის ტაძარში გაბატონებულ უსინდისო ვაჭრებს, როცა ხალხს მოძღვრავდა, როცა შრომობდა და მაშინაც, როცა ჯვარს ეცვა. საქართველო იმსახურებს თოროუს გაცნობას, ამერიკა კი იმას იმსახურებს, რომ თოროუთი იცნობდნენ მას და არა გენერალ ვოშინგთონით, და არა პრეზიდენტ ლინქოლნით, და არა თუნდაც ბენჯამინ ფრენქლინით, და არა რომელიმე საიდუმლო საძმოს წინსაფარგადაცმული ტაკიმასხარით, რომელიც ელგარის დაკრულ ‘ზეიმი და გარემოება’-ზე მაიმუნივით იწყებს ხტუნვასა და თამაშს, და მსოფლიო მაყურებლისთვის ყალბსა და უაზრო ტაშ-

ფანდურს მართავს ‘სუროს ლიგის’ სკოლაში,[37] – ამით კი არ უნდა იცნობდეს მსოფლიო ამერიკას, არამედ წელში გამართული და სულსწორი კაცით – თოროუ გახლავთ ასეთი კაცი.”[38] როდესაც ზვიად ლაზარაშვილს ჰკითხეს თუ რამ გადააწყვეტინა ბრაუნის თარგმნა, მან უპასუხა, “ბრაუნმა ჯერ იყო და ქრისტეს გზა კიდევ ერთხელ შემახსენა, მერე კიდევ საქართველოს გადარჩენის გზა დამანახა. საქართველოსა და ამერიკაში გმირობას ყველას ვერ მოთხოვ, – ეს ხომ ღმრთივკურთხეული და ნიჭიერი ხალხის ხვედრი და ვალია მხოლოდ, – ჩვენი ვალი კი ისაა, ასეთი გმირები ამოვიცნოთ და, გვერდით თუ არ დავუდგებით, გზიდან მაინც ჩამოვეცალოთ და ჩვენი შურითა თუ უუნარობით საღმრთო საქმის კეთებაში ხელი არ შევუშალოთ. და კიდევ ერთი: ბრაუნმა ქრისტე ურჯულო ქვეყანაში იწამა, ჩვენ კი უამრავი ეკლესია გვარტყია გარს და მაინც ვერ მოვრჯულებულვართ. ის დაბადებიდან იყო მეფე – ქრისტეს ერთგული მონა, ჩვენ კი ვურჩობთ და სულ სხვა მეფობისკენ გვიჭირავს ხოლმე თვალი.”

ზვიად ლაზარაშვილი თოროუს ეროვნული თხზულებების პირველი მთარგმნელია ქართულ ენაზე. მისი მოწინავე თარგმანები, ისტორიული ანალიზი და კომენტარები პირველად 2008 წელს გამოიცა აკადემიურ ტრაქტატად “ჰენრი დეივიდ თოროუ – ამერიკელი ერის გმირი”. მეორე გამოცემა, რომელშიც უფრო დაწვრილებით განმარტებებს და შენიშვნებს შეხვდებით, 2010 წელს გამოვიდა ამერიკაში, სახელად “ჰენრი დეივიდ თოროუ: თხზულებები”. წიგნი ორენოვანია, ქართულ-ინგლისური. მას მსოფლიო აღიარება ხვდა წილად. ამ შრომისთვის 2011 წელს “უკრაინის ეროვნულმა სამეცნიერო აკადემიამ” დოქტორ ლაზარაშვილს “პლატონის ოქროს მედალი” მიანიჭა.

ეს ბოლო წიგნი კი, “ამერიკის გმირები” (2011 წ.), განსაკუთრებით ქართველებსა და ამერიკელებს გამოადგებათ. მასში მოცემულია თოროუს პოლიტიკური თხზულებები, ბრაუნის წერილები, სიტყვები, დროებითი კონსტიტუცია, არქივებში მოძიებული იშვიათი ბიოგრაფიული მასალა და

[37] იეილის უნივერსიტეტში, რომელიც “სუროს ლიგის” – ამერიკის ყველაზე პრესტიჟული სასწავლებლების ლიგის – წევრია, არსებობდა ასეთი ჩვეულება: მოსწავლეებისთვის დიპლომების გადაცემისას უკრავდნენ ინგლისელი კომპოზიტორის, სერ ედვარდ ვილიემ ელგარის (1857-1934) ცნობილ მარშს, “ზეიმი და გარემოება”, რომელიც ბოლოს ორი გამორჩეული, პაუზიანი ნოტით მთავრდება, რომლის ხმოვანება ჟღერს როგორც “პამ პამ!!!” რაც ემთხვევა ინგლისურ ბრძანებას, “სით დაუნ” ანუ “დაჯექით”. იეილის პროფესორები, საპატიო სტუმრები და მოსწავლეები მუსიკის დაკვრის ჟამს ერთმანეთში საუბრობდნენ, აქეთ-იქით დადიოდნენ, კამათობდნენ, მაგრამ ბოლო ორი ნოტის, “პამ პამის” მოახლოვებისას, განკუთვნილი საჯდომების ძებნას იწყებდნენ და ამ “პამ პამის” გაგონებაზე სკამზე ჯდებოდნენ.

[38] ბოროტების იმპერიებსაც კი ძალუძთ ეკონომიკური და პოლიტიკური წარმატების მიღწევა, – ეს გასაკვირი ნამდვილად არ არის. არც ამ იმპერიების მზაკვარი ლაქიების შნოიანობაა გასაკვირი. საკვირველი მხოლოდ გმირის ცხოვრებაა: მისი სიბრძნე, თავდადება და მსხვერპლშეწირვა. ამერიკის უპირველესი საკვირველებაც სწორად თოროუ და ბრაუნია, და არა მსხვილი კორპორაციები ანდა ბობოლა საქმოსნები თუ პოლიტიკოსები. სწორად იგივე აზრს უჭერს მხარს XII საუკუნეში სანსკრიტის ენაზე დაწერილი ინდური სიბრძნის, “ჰიტოპადეშას” ავტორიც, ნარაიანა:

“სიცოცხლის განცდა ყველა კაცის ხვედრი როდია?
ბევრნი მიდიან, ბევრნიც დგანან, ბევრნიც მოდიან,
მაგრამ პირადი მუცლის ძღომით იფარგლებიან,
როგორც ყვავები იბადებიან, სუქდებიან, მერე კვდებიან.
ყვავსაც ხომ ძალუძს ხორბლის მარცვლის მიტანა პირთან,
სიკეთის ქმნა კი ხვედრი არის მარტოდენ გმირთა:
რა არს სიცოცხლე ჭეშმარიტი? მხოლოდ გმირობა,
რომ ამ სიცოცხლით საზრდოობდეს კაცობრიობა.”

ჯონ ბრაუნის ჰაგიოგრაფის, ფრენქლინ ბენჯამინ სენბორნის განვრცობილი მიმოხილვა და კომენტარები. წიგნი შეიცავს მთარგმნელისავე წინასიტყვაობას, რომელშიაც მოცემულია თოროუსა და ბრაუნის ბიოგრაფიები, და XIX საუკუნის ნიუ ინგლენდისა და, ზოგადად, ამერიკის საკმაოდ განვრცობილი ისტორია. წიგნი მდიდარია ნიუ ინგლენდის სურათებითა და იმჟამინდელი ისტორიული მნიშვნელობის საბუთების ასლებით. თავად მთარგმნელის, ზვიად კლიმენტის ძე ლაზარაშვილის ბიოგრაფია დაწერილია ამერიკის ერთერთი ყველაზე მოწინავე ფინანსისტისა და ეკონომისტის, დოქტორ ჯორჯ სტასენის მიერ.

ჰენრი დეივიდ თოროუ. სურათი გადაღებულია 1861 წლის აგვისტოში.
HENRY DAVID THOREAU: PICTURE TAKEN IN AUGUST, 1861.

მონობა მასაჩუსეცში

ამას წინათ სოფელ ქანქარდის მოქალაქეების კრებას დავესწარი,[39] სადაც, სხვებისა არ იყოს, ველოდი, რომ საუბარი გვექნებოდა მასაჩუსეცის შტატში არსებულ მონობაზე, მაგრამ სახტად დავრჩი, როცა აღმოვაჩინე, ჩემი თანამოქალაქეები შორეული ნებრასკის[40] ბედზე ზრუნვას შეეკრიბა და არა მშობლიური მასაჩუსეცისა, და უმალ მივხვდი, მონობაზე საუბარი, რომელიც მე ასე ძლიერ მეწადა, სრულიად უადგილო იქნებოდა აქ. ჩემი აზრით, ნებრასკის მინდვრები კი არა, ჩვენი მშობლიური კერა მოეცვა ხანძარს. მიუხედავად იმისა, რომ მასაჩუსეცის შტატის ბრჭყალებიდან მონების განთავისუფლების მცდელობისთვის მასაჩუსეცის მრავალი მოქალაქე ზის დღეს ციხეში[41], ამ შეკრებაზე არც ერთ მომხსენებელს სიტყვა არც დასცდენია, და არც სინანული გამოუთქვამს ამ სავალალო ფაქტის შესახებ. როგორც შევატყე, მათ მხოლოდ ათასობით მილის მიღმა არსებული მამულების და ველური საძოვრების განლაგების და განაწილების ბედი აწუხებდათ. დღევანდელი ქანქარდის მოსახლეები არ არიან მზად თავიანთი მშობლიური მიწის ერთი ნაგლეჯის, ერთი მშობლიური გოჯის, ერთი მშობლიური ხიდის დასაცავადაც კი.[42] სამაგიეროდ ისინი მთელ თავიანთ ჟამს იელოსთოუნის

---

[39] მასაჩუსეცის შტატის სოფელ ქანქარდის მოქალაქეების კრება ცნობილმა მწერალმა, თოროუს მეგობარმა, რალფ ვალდოუ ემერსონმა და სამუელ ჰორმა მოიწვიეს 1854 წლის 22 ივნისს, რათა "1854 წლის კანზას-ნებრასკის აქტი" დაეგმოთ და მთავრობა "1850 წლის ლტოლვილი მონის კანონის" გაუქმებაში დაერწმუნებინათ. ამ მიზნის მისაღწევად მათ მონობის საწიმააღმდეგო ახალი პოლიტიკური პარტიის შექმნა ჰქონდათ განზრახული. მოგვიანებით, 1854 წელს, ჩამოყალიბდა "რესპუბლიკური პარტია", რომელიც პირველი რესპუბლიკელი პრეზიდენტის, ეიბრეჰემ ლინქოლნის არჩევით, 1860 წელს მოვიდა ხელისუფლებაში. ის "დემოკრატიული პარტიის" მოწინააღმდეგე იყო და მონობის გაუქმებისთვის იბრძოდა, რაც სამოქალაქო ომის შედეგად მოხერხდა კიდეც.

[40] 1854 წლის 24 მაისს, სწორად იმ დღეს, როდესაც ლტოლვილი მონა, ენთონი ბერნზი დააპატიმრეს, ამერიკის კონგრესმა "კანზას-ნებრასკის აქტი" დაამტკიცა, შედეგად წინა კანონპროექტი, "მიზურის კომპრომისი" გაუქმდა, და კანზასის და ნებრასკის შტატებს უფლება მიეცათ თავად გადაეწყვიტათ მონათმფლობელობის დაკანონება სურდათ თუ თავისუფალი შტატობა. მანამდე მონათმფლობელობის საკითხის მოგვარება "მიზურის კომრპომისის" კანონით ხდებოდა, რომლის საფუძველზე "ლუიზიანის ტერიტორიის შესყიდვით" შექმნილ ამ რეგიონის ჩრდილოეთი შტატები, მათ შორის, კანზასი და ნებრასკა, თავისუფალი შტატები იქნებოდნენ, ამ რეგიონის სამხრეთი შტატები კი – მონათმფლობელური. "კანზას-ნებრასკის აქტის" საფუძველზე, ამ ახალ მიწაზე სამხრული მონათმფლობელობის გავრცელების აშკარა საშიშროება შეიქმნა. მონობის მომხრე სამხრელები აქტიურად ცდილობდნენ ამ ორ შტატში მონობის გავრცელებას. მათ ეწინააღმდეგებოდნენ ჩრდილო-აღმოსავლელი, კერძოდ, ნიუ-ინგლენდელი მამულიშვილები, რომლებსაც მიაჩნდათ, რომ თავისუფლება და თანასწორუფლებიანობა უნდა ყოფილიყო ამერიკის გაერთიანებულ შტატებში ეროვნულობის საფუძველი და არა – მოყვასის ჩაგვრა-დამონება. მონობის მოწინააღმდეგე ნიუ ინგლენდელების ჯგუფს "აბოლიშენისტ"-ები ანუ "(მონობის) გამაუქმებლები" ერქვა. სამხრელი, უმეტესად მიზურელი, მონათმფლობელების ჯგუფს, რომელიც მოსაზღვრე კანზასისა და ნებრასკის შტატებში მონობის გავრცელებისთვის იბრძოდა, ერქვა "ბორდა რაფიანები" ანუ "მოსაზღვრე უტიფრები".

[41] 1854 წლის 26 მაისს მონობის მოწინააღმდეგე ნიუ ინგლენდელი "აბოლიშენისტები" მასაჩუსეცის შტატის დედაქალაქ ბოსტონის სასამართლო შენობაში შეიჭრნენ და სამხრეთიდან ჩრდილოეთში გამოქცეული ლტოლვილი მონის, ენთონი ბერნზის განთავისუფლება სცადეს, რომელიც სამხრელი მონათმფლობელების ზეწოლის გამო მასაჩუსეცის შტატის ძალოვანი სტრუქტურების მოხელეებს დაეკავებინათ, მიუხედავად იმისა, რომ ჩრდილოეთ შტატებში მონათმფლობელობა კანონით იკრძალებოდა. თორმეტი თავისუფლების მომხრე მამულიშვილი მეამბოხე დაპატიმრებული იქნა და მთავრობის ერთგული ერთი მარშალი (სასამართლოს პოლიციელი), ჯეიმზ ბეჩელდერი, მოკლულ იქნა ამ იერიშისას. დაპატიმრებულებს შორის იყო თოროუს მეგობარიც, ვენთვორთ ჰიგინსონი.

[42] მშობლიური ხიდის დაცვაში თოროუ გულისხმობს 1775 წლის ქანქარდის ბრძოლის ყველაზე მნიშვნელოვან ტაქტიკურ გარემოებას, როცა იანკებმა "ჩრდილოეთის ხიდი" იერიშზე

მდინარის[43] მიღმა პოზიციების გამაგრებასა და ახალი მიწების ხელში ჩაგდებაზე საუბარს უთმობენ. ჩვენი ბათრიქები და დეივისები და ჰოუზმერები[44] უკან იხევენ და იქით, იმ უცხო მიწებში ეძებენ თავშესაფარს და, ვშიშობ, რომ ამ უკან დახევისას იმას იზამენ, რომ არც კაცური ბრძოლის მაგალითს და არც ლექსინგთონის ველს[45] არ დაუტოვებენ შთამომავლობას სამახსოვროდ და სამაგალითოდ. იმ უცხო და უჯიშო ნებრასკაში ერთი მონაც კი არ არსებობს, მაშინ როცა აქ, ჩვენს მშობლიურ მასაჩუსეცში, ლამის მილიონი გონებრივად მონადქცეული კაცყოფილია.[46]

პოლიტიკურ სკოლებში ნასწავლ-ნაკითხი მოღვაწეები ვერც ახლა უსწორებენ თვალს სინამდვილეს და ვერც ვერასოდეს დაუნახავთ სიმართლე. მათ მიერ მიღებული ყველა გადაწყვეტილება ნახევრადსასარგებლო და დროებითი საშუალებაა და საქმეს არ შველის. ისინი საკითხის მოგვარებას უსასრულოდ გადადებენ ხოლმე, ამასობაში კი ჩვენი ეროვნული ზარალი იზრდება. თუმცა "ლტოლვილი მონის კანონი"[47] ამ შეკრების განხილვის საგანს არ წარმოადგენდა, როგორც მე ეს შემდგომ გავიგე, მოგვიანებით სხდომაზე ჩემს თანამოქალაქეებს თურმე ეს საკითხი რის ვაი-ვაგლახით, როგორც იქნა, მოეგვარებინათ. 1820 წლის კომპრომისი კანონი[48] ერთერთი პარტიის მიერ დაიგმო, და გადაწყდა, რომ "ამის გამო, ... 1850 წლის 'ლტოლვილი მონის კანონიც' უნდა გაუქმდეს". მაგრამ განა რომელიმე პარტიის მიერ რომელიმე დებულების დაგმობის გამო უნდა გაუქმდეს უსამართლო კანონი?! პოლიტიკოსებს თავიანთი ქურდობა კი არ ადარდებთ, არამედ საკუთარი იმედგაცრუება: თურმე ქურდობისა და პარვის ბიზნესში იმაზე ნაკლები ღირსება ყოფილა, ვიდრე მათ ეს აქამდე ეგონათ.

გადმოსული ბრიტანეთის იმპერიის ჯარებისგან დაიცვეს და ერთი გოჯი მიწა არ დაუთმეს დესპოტებს.

43 მდინარე იელოსთოუნი მდინარე მიზურის შენაკადი გახლავთ. ლუისის და ქლარქის ცნობილმა კვლევითმა ექსპედიციამ იელოსთოუნის ყელს 1805 წლის აპრილს მიაღწია. ამ მდინარის მიღმა მდებარეობდა ახალი მიწები, რომლის მიტაცებას და ათვისებას ამერიკელები დიდად ცდილობდნენ.

44 მაიორი ჯონ ბათრიქი გახლდათ ამერიკის თავისუფლების ომში (რევოლუციური ომი ინგლისის იმპერიის წინააღმდეგ) ქანქარდის ბრძოლის ერთერთი სახელოვანი მეთაური. კაპიტან აიზაკ დეივისი და ებნა ჰოუზმერი ამ ბრძოლაში დაღუპული ამერიკელი გმირები არიან.

45 ლექსინგთონის ველი – ადგილი სადაც 1775 წლის 19 აპრილის გამთენიისას იანკებმა, კერძოდ, მასაჩუსეცის მილიციამ (მოქალაქეთა რაზმმა), დიდი ბრიტანეთის იმპერიის ჯარების წინააღმდეგ პირველი ტყვია გაისროლეს და ამერიკის რევოლუციური ანუ თავისუფლების ომი დაიწყო. პირველი შებრძოლება და სისხლისღვრა სწორად ლექსინგთონის ველზე მოხდა, იმავე დღეს მოგვიანებით დაიწყო ქანქარდის ბრძოლა.

46 1850 წლის ხალხთაღრიცხვით (სტატისტიკით) მასაჩუსეცის მოსახლეობა 995,515 სულს შეადგენდა, რაც გათვლილი იყო, რომ 1854 წლისთვის "ალბათ, მილიონ სულს" მიაღწევდა.

47 "1850 წლის ლტოლვილი მონის აქტი" გახლდათ საშინელი ეგრეთწოდებული დათმობა, რომელზეც ამერიკის კონგრესი წავიდა: მონობის მომხრე სამხრელი კონგრესელები მონობის გავრცელებისთვის იბრძოდნენ, ჩრდილოელები კი – თავისუფლებისთვის და თანასწორუფლებიანობისთვის. ბოლოს ორივე მხარემ დათმო და საბოლოო შეთანხმება მიიღო, რის საფუძველზეც მექსიკა-ამერიკის ომის შედეგად ამერიკის მიერ ახლად დაპყრობილი შტატებიდან გაერთიანებულ შტატებში კალიფორნია თავისუფალ შტატად შევიდოდა, თექსასი კი – მონათმფლობელურად. თავისუფალი შტატების ძალოვანი სტრუქტურების მოხელეები აგრეთვე ვალდებულები იყვნენ, სამხრეთიდან ჩრდილოეთში გაქცეული ლტოლვილი მონა დაეპატიმრებინათ, და ვინც ამას არ იზამდა, $1,000-ით დაჯარიმდებოდა. ამ საშინელი კანონმდებლობის შედეგად კიდევ უფრო გააქტიურდა "მიწისქვეშა რკინიგზა" – ფარული საზოგადოება, რომელიც გამოქცეულ სამხრელ მონებს ჩრდილოეთში გადაპარვაში, თავისუფალ შტატებში თავშესაფრის შოვნაში, დასახლებაში და ახალი ცხოვრების დაწყებაში ეხმარებოდა.

48 კვლავ მიზურის კომპრომისს გულისხმობს.

საგანგებო დანიშნულების ჯარებით საიმედოდ დაცული
ბოსტონის სასამართლო ენთონი ბერნზის პატიმრობისას.
BOSTON COURHOUSE UNDER HEAVY GUARD WHILE
ANTHONY BURNS WAS HELD INSIDE.

რადგანაც ჩემი აზრის გამოხატვის საშუალება სამოქალაქო ყრილობაზე არ მომეცა, აქ მაინც მიბოძეთ სიტყვის თავისუფლება.

ქალაქ ბოსტონის სასამართლო კვლავაც სავსეა შეიარაღებული კაცებით, რომლებსაც მის დარბაზში პატიმარი მოუყვანიათ და განხილვის და გამოძიების საგანი ამ კაცის თავისუფლება გახლავთ.[49] სხედან და კითხულობენ, – ეს კაცი მართლა კაცია თუ მონა? და ნუთუ ვინმეს მართლა ჰგონია, რომ ან სამართალი ან თავად ღმერთი ბატონი მოსამართლე ლორინგის [50] გადაწყვეტილებას ელოდება ამ საკითხის გადასაწყვეტად? თავად ის გარემოება, რომ ეს ჩვენი მოსამართლე მეტად მნიშვნელოვანი კაცივით წამომჯდარა, ტვინს იჭყლეტს და იმ მარტივ საკითხზე გადაწყვეტილების მიღებას ცდილობს, რომელიც უკუნითი უკუნისამდე უფალს უკვე გადაუწყვეტია, და ეს გადაწყვეტილება თავად ამ უწიგნურ მონას და მის გარშემო შეკრებილ ბრბოსაც ცხოვრების წესად და კანონად მიუღია, ამ ჩვენს მოსამართლეს სასაცილოს ხდის. ალბათ, ყველა ჩვენთაგანს კითხვა გვაწვალებს, თუ ვისგან მიიღო კაცის თავისუფლების ბედის გადაწყვეტის უფლება ბატონმა მოსამართლემ ანდა თავად რა კაცია ბატონი მოსამართლე ასეთი დიდი საქმე რომ აუღია თავის თავზე? ნეტა რომელი ახალი, გამოუკვლეველი და სათუო კანონებითა და წესებით ხელმძღვანელობს ის და რომელი პრეცედენტების საფუძველზე იღებს გადაწყვეტილებებს? ყველაზე დიდი კადნიერება, ჭეშმარიტებასთან შეუსაბამობა და სამართლის დარღვევა თავად ამ ჩინოსნის არსებობაა. ბატონ მოსამართლეს ჩვენი სამხილის და ჩვენებების შეკვრას კი არა, თავისი გუდა-ნაბადის შეკვრას ვთხოვთ.

ხშირად ვინაბები ხოლმე და ყურს ვუგდებ, რომ გუბერნატორის[51], მასაჩუსეცის მთავარსარდლის ხმა გავიგო, მაგრამ ჭრიჭინების ჭრიჭინისა

---

49 ბოსტონის სასამართლო სავსე იყო ფედერალური და მასაჩუსეცის შტატის საგანგებო დანიშნულების ჯარებით, რომ, საჭიროების შემთხვევაში, ენთონი ბერნზის განთავისუფლებისთვის შეკრებილი მამულიშვილი და კაცთმოყვარე ხალხის აჯანყება უმალ ჩაეხშოთ.

50 ედვარდ ჯი. ლორინგი (1802-1890) – მასაჩუსეცის სასამართლოს კომისარი და მოსამართლე, რომელმაც, "1850 წლის ლტოლვილი მონის კანონის" თანახმად, ბრძანება გასცა, რომ მასაჩუსეცში გამოქცეული მონა, ენთონი ბერნზი სამხრეთში "მესაკუთრეს" დაბრუნებოდა. ლორინგი აგრეთვე აქტიურად წერდა და აქვეყნებდა "ლტოლვილი მონის კანონის" მხარდამჭერ თავის აზრმოკლებულ აზრებს.

51 გუბერნატორი – თოროუ შეიძლება გულისხმობდეს მასაჩუსეცის შტატის ორ სხვადასხვა გუბერნატორს, რიგით XXII გუბერნატორს, იმორი ვოშბერნს ან რიგით XX გუბერნატორს, ჯორჯ ეს ბაუთველს, რომელთა გუბერნატორობაც ხანმოკლე იყო. ვოშბერნი გუბერნატორი გახლდათ 1854-1855 წლებში, ბაუთველი კი – 1851-1853 წლებში. მაშინ გუბერნატორს მასაჩუსეცელები ერთწლიანი ვადით ირჩევდნენ. შეიძლება, თოროუ სულაც ზოგადად ხმარობს სიტყვა "გუბერნატორს". ეს ვარაუდი ყველაზე უფრო სწორია, ჩემი აზრით. ზოგი მკვლევარი არასწორად ასახელებს ჰენრი ჯოუზეფ გარდნას (1819-1892) – მასაჩუსეცის შტატის გუბერნატორი 1855-1858 წლებში, – თოროუმ ამ თხზულების ნაწილი ლექციად მასაჩუსეცის სოფელ ფრამინგჰემში 1854 წლის 4 ივლისს წაიკითხა, სრული სახით კი ის 1854 წლის 21 ივლისს გამოქვეყნდა ვილიამ ლოიდ გერისონის აბოლიშენისტურ გაზეთში, "ლიბერატორი". ჰენრი ჯოუზეფ გარდნას ამ თხზულებაში ნახსენებ გუბერნატორად დასახელება ანაქრონიზმია და, აქედან გამომდინარე, მცდარია. თუმცა აღსანიშნავია საინტერესო ფაქტი ამ კაცის შესახებ. იგი "ნოუ ნათინგ"-ების, ანუ "არაფრის მცოდნე"-თა მოძრაობის წევრი იყო. ეს გახლდათ XIX საუკუნეში ჩრდილოეთის შტატებში პოპულარული პოლიტიკური მოძრაობა მიმართული ირლანდიელი იმიგრანტების წინააღმდეგ. თუმცა ჩრდილოეთის შტატები მონობას ეწინააღმდეგებოდნენ და თავისუფალი შტატები იყვნენ, მათ ირლანდიელი იმიგრანტები სძულდათ. ახალმოსული გაუნათლებელი ირლანდიელი იმიგრანტები განსაკუთრებით ნიუ ინგლენდის ქალაქებს მოედვნენ. ისინი კათოლიკეები იყვნენ და პროტესტანტ და საკმაოდ განათლებულ ნიუ ინგლენდელებს ეშინოდათ, რომ კათოლიკე ირლანდიელები, როგორც დესპოტი რომის პაპის მოციქულები, ამერიკულ ცხოვრებას ვერ მოერგებოდნენ და თავიანთი

და ბუზების ბზუილის მეტი არაფერი მესმის შუა ზაფხულში. როგორც ჩანს, დღეს-დღეობით ჩვენი გუბერნატორის ერთადერთი საგმირო საქმე სამხედრო აღრიცხვის დღეებში შეიარაღებული ჯარების დათვალიერებაა. ხშირად მინახავს ცხენზე ამხედრებული ჩვენი გუბერნატორი. მოუხდია ქუდი და უსმენს პროტესტანტი მღვდლის წირვა-ლოცვას. ისე გამოდის, რომ რამდენჯერაც ვნახე, მხოლოდ ამგვარი "საგმირო" საქმეებით იყო დაკავებული ჩვენი მამა-მარჩენალი. და თუ ესაა მთელი მისი გუბერნატორობა, მაშინ, მგონი, გუბერნატორის არსებობის გარეშეც შევძლებდი ცხოვრებას. თუ მას ჩემი დატყვევების და მოტაცების აღკვეთა არ შეუძლია თავის ქვეყანაში, მაშინ რაში მჭირდება ამქვეყნად ასეთი გუბერნატორი? როდესაც ამ ქვეყნის მოქალაქის თავისუფლებას საფრთხე ემუქრება, სწორად მაშინ იკარგება ეს კაცი ამ ქვეყნიდან. ერთხელ ერთმა გამოჩენილმა სასულიერო მოღვაწემ მითხრა, პროტესტანტი მღვდლის ხელობა იმისთვის ავირჩიე, რომ წერა-კითხვა მიყვარს და მინდოდა, ნაკლები საქმე და მეტი თავისუფალი დრო მქონოდაო. ამ მღვდელს ვურჩევდი, გუბერნატორი გამხდარიყო.

სამი წლის უკან, როდესაც "სიმზ"-ის უბედური შემთხვევა[52] მოხდა, ჩემს თავს ვუთხარი, – არის ამ ქვეყნად ერთი, კაცი თუ არა, ყოველშემთხვევაში, ერთი ასეთი ოფიცერი, მასაჩუსეცის შტატის გუბერნატორი, – ჰოდა, საკითხავია რით იყო დაკავებული ის ამ უკანასკნელი ორი კვირის განმავლობაში? ის მაინც თუ მოახერხა, რომ პირში წყალი ჩაეგუბებინა, ეჭოჭმანა და არავის მიმხრობოდა ერის ამ დიდი ზნეობრივი მიწისძვრის ჟამს? ჩემი აზრით, დატყვევებული და მონობაში ხელახლა გაყიდული თომას სიმზის მეტი გამასხარავება და შეურაცხყოფა, რაც გუბერნატორმა ამ კაცს და კაცობრიობას თავისი უმოქმედობით მიაყენა, სხვას არავის შეეძლო, – ამ ზნეობრივ გაჭირვებასა და მორალურ კრიზისს მისი მხრიდან არავითარი გამოკვლევა და საქმის გარკვევა არ მოჰყოლია. ყველაზე მეტი და ყველაზე უარესი რაც ვიცი ჩვენი გუბერნატორის შესახებ არის ის, რომ მან ეს შესაძლებლობა არ გამოიყენა და თავის ხალხს თავი ღირსეულ კაცად კი არა, ლიტონ კაცადაც კი არ გააცნო. მას ხომ თავისუფლად შეეძლო თანამდებობიდან გადამდგარიყო და ამით მაინც მოეხვეჭა სახელი და ღირსება. როგორც ჩანს, დავიწყებას მისცემია ის გარემოება, რომ მხოლოდ ღირსეული კაცისთვის არსებობს ასეთი ღირსეული თანამდებობა. არადა, ეჭვგარეშეა ისიც, რომ ჩვენი შტატის მმართველი ღირსებით თუ არა, თავისი გვამით მაინც მთელი ძალით ცდილობდა გუბერნატორის სკამის შევსებას. გუბერნატორი ჩემი განმგებელი არასოდეს ყოფილა! რადგან მე მისი არა გამიგია რა!

მაგრამ ამ ბოლო ხანებში ჩვენი შტატის განმგებლის ხმა ხალხმა, როგორც იქნა, გაიგო: მას შემდეგ, რაც მან და ამერიკის გაერთიანებული შტატების ფედერალურმა მთავრობამ სრულ წარმატებას მიაღწიეს და საწყალი ზანგი კაცი, თომას სიმზი, თავისუფლებისგან და, რამდენადაც

უგუნურებითა და კათოლიკური ფანატიზმით ქვეყანას სიმშვიდეს დაურღვევდნენ და საფრთხეს შეუქმნიდნენ.

[52] თომას სიმზი გახლდათ ყოფილი მონა, რომელმაც ჯორჯიის შტატში ყმაწვილობისას მონობას თავი დააღწია და ნიუ ინგლენდში გაიქცა. "1850 წლის ლტოლვილი მონის კანონის" საფუძველზე ის ბოსტონში იმავე წელს დააკავეს, გაასამართლეს და "მფლობელს", სამხრელ მონათმფლობელს დაუბრუნეს ჯორჯიის შტატის ქალაქ სავანაში, სადაც სიმზი საჯაროდ ისე ულმობლად და სასტიკად გაროზგეს, რომ სიკვდილს ძლივს გადაურჩა.

ეს მათ ხელეწიფებოდათ, უფალთან მისი ხატებისგან[53] სამუდამოდ გაძარცვეს, ჩვენი პატივცემული გუბერნატორი თავისი ბოროტი თანამზრახველების წინაშე გამობრძანდა და მისალოც ბანკეტზე სიტყვით გამოვიდა![54]

მე წაკითხული მაქვს ამ შტატის უახლესი კანონი,[55] რომლის საფუძველზეც, ერთის მხრივ, სისხლის სამართლის დანაშაულად ითვლება "მასაჩუსეცის თანამეგობრობის" ოფიცრის მიერ "დაკავება ან დახმარების გაწევა... დაკავებაში", ნებისმიერ ადგილას შტატის საზღვრებში, "ნებისმიერი ადამიანის, იმ სარჩელის საფუძველზე, რომ ეს ადამიანი შეიძლება იყოს ლტოლვილი მონა." მეორე მხრივ, კი აღსანიშვანია ის საჯაროდ ცნობილი სამარცხვინო ფაქტიც, რომ შტატის ოფიცერს არ შეუძლია თავისი მშობლიური მასაჩუსეცის შტატის ტერიტორიაზე ქონების ჩამორთმევის რეპლევინის, ანუ უწყების[56] გამოყენება ამერიკის გაერთიანებული შტატების მარშალთან, მისთვის შეპყრობილი ლტოლვილი მონის ჩამორთმევის და განთავისუფლების მიზნით.

მე მეგონა, რომ გუბერნატორი გახლდათ, გარკვეული გაგებით, შტატის აღმასრულებელი ოფიცერი; და რომ მისი საქმე იყო შტატის კანონების სისრულეში მოყვანა; და იმავდროულად, გუბერნატორის, როგორც კაცის, ვალდებულება გახლდათ ისიც, რომ მას, როგორც, პირველ ყოვლისა, კაცს და არა როგორც შტატის მოქალაქეს, შტატის კანონების აღსრულებისას ჯერ კაცობრიობის კანონები უნდა დაეცვა და დაუწერელი ადამიანური კანონები არ დაერღვია. მაგრამ, როცა გუბერნატორი ქვეყანას განსაკუთრებით სჭირდება, მაშინ ის განსაკუთრებით უსარგებლოა ხოლმე ქვეყნისთვის, ან უარესიც, ხდება ისეც, რომ ის ნებას აძლევს, შტატის კანონები არ აღსრულდეს და მასაჩუსეცის სამართალს ამერიკის გაერთიანებული შტატების მარშალებმა გვერდი აუარონ. იქნებ მე არც კი ვიცი რა შედის გუბერნატორის მოვალეობაში? ოღონდაც, თუ გუბერნატორობა ასეთ სამარცხვინო ქცევას მოითხოვს, თუ ეს მაღალი თანამდებობა სულის დამდაბლების და კაცობის დაცემის ხარჯზე მოიპოვება, მაშინ მე მთელი

---

[53] უფალთან კაცის ხატებაში თავისუფლებაა ნაგულისმევი.

[54] ხუთი დღის შემდეგ, რაც ენთონი ბერნზი ვირჯინიაში დააბრუნეს, გუბერნატორი ვოშბერნი საპატიო ბანკეტზე სიტყვით გამოვიდა, იმ ერთერთი საგანგებო დანიშნულების ჯარის საპატივსაცემოდ რომ მოეწყო, რომელმაც ბერნზის სასამართლო პროცესისას ბოსტონის სასამართლო უსამართლობის გამო აღელვებული პატრიოტი ხალხისგან დაიცვა.

[55] 1843 წლის მასაჩუსეცის შტატის "ლედიმერის კანონი", რომლის საფუძველზე მასაჩუსეცის შტატს არ შეეძლო ლტოლვილი მონის დაჭერაში ფედერალური მთავრობის ან სამხრელების დახმარება. ამ საშტატო კანონით ასე თუ ისე გონსმოგებული მასაჩუსეცის მთავრობა შეეცადა, საკუთარ ტერიტორიაზე 1793 წლის "ლტოლვილი მონის (ფედერალური) კანონის" აღსრულებისთვის შეეშალა ხელი. კანონის სახელი ჯორჯ ლედიმერისგან მომდინარეობს, რომელიც ლტოლვილი მონა იყო.

[56] რეპლევინი ანუ უწყება – იურიდიული იარაღი, რომელიც დღესაც გამოიყენება ამერიკაში, და რომლითაც შეიძლება ადამიანისთვის მოპარული ან არაკანონიერი გზით შეძენილი კერძო საკუთრების ჩამორთმევა და მისი სასამართლო მოხელის მიერ შენახვა, სანამ სასამართლო არ გაიმართება და ამ ქონების კანონიერების საკითხს არ გადაწყვეტს. როგორც წესი, რეპლევინი ანუ უწყება გამოიყენება ადამიანისთვის უკანონო ქონების ჩამოსართმევად და მისი კანონიერი მფლობელისთვის დასაბრუნებლად. რეპლევინი, ისევე როგორც ჰაბეას კორპუსის წერილი, სასამართლო პროცესისას შეიძლება გამოყენებულ იქნას იმისთვის, რომ ადვოკატმა აიძულოს მოსამართლე, სასწრაფოდ დანიშნოს სასამართლო სხდომა იმის გადასაწყვეტად, კანონიერადაა დაკავებული პატიმარი თუ უკანონოდ, ანუ არსებობს თუ არა საკმარისი საფუძველი დაპატიმრებისთვის. ფედერალურ სასამართლოში რეპლევინს იურიდიული ძალა არ გააჩნია, და ბერნზის შემთხვევაში ორ ადვოკატს ჰქონდა დაწერილი რეპლევინი, რომელთაგან ერთს უარი უთხრეს და მეორე განხილვის ღირსადაც არ ჩათვალეს.

ჩემი არსებით უნდა ვეცადო, არასოდეს გავხდე მასაჩუსეცის გუბერნატორი. სიღრმისეულად არ წამიკითხავს ჩვენი შტატის კანონთა კრებული, – არა მგონია სასარგებლო საკითხავი იყოს ეს წიგნი კაცისთვის, რადგან კანონი სიმართლეს არ ამბობს, და თუ ამბობს, ყოველთვის იმას არ გულისხმობს, რასაც ამბობს. მე მხოლოდ ის მადარდებს, რომ ამ კაცის, ჩვენი განმგებლის გავლენა და ძალაუფლება მონათმფლობელის მხარეზე იყო და არა მონის – დამნაშავის მხარეზე და არა უდანაშაულოსი – უსამართლობის მხარეზე და არა სამართლის. ცხოვრებაში თვალით არ მინახავს ის ადამიანი, მასაჩუსეცის გუბერნატორი, რომელზეც ასე უარყოფითად ვსაუბრობ ახლა. ის კი არადა, სანამ ეს მოვლენა არ მოხდებოდა, არც კი ვიცოდი, რომ ის ჩვენი შტატის განმგებელი იყო. გუბერნატორის და ლტოლვილი მონის, ენთონი ბერნზის სახელი ერთდროულად გავიგე პირველად, და ეჭვგარეშეა ისიც, რომ ამ ქვეყნის უმრავლესობაც პირველად ასევე ერთდროულად გაიგებს მათ სახელებს. ყოველივე კი სრულებით ცხადჰყოფს თუ რამდენად მოშორებული ვარ ჩვენი განმგებლის განმგებლობას. იმის თქმა კი არ მსურს, მისი ბრალია, რომ მე მასზე არაფერი მსმენოდა, – არა, – უბრალოდ მოვისმინე ის, რაც მომესმა, – ეს არის და ეს. განა რა შემიძლია მის შესახებ ყველაზე უარესი ვთქვა? მხოლოდ ის, რომ, რა ალხანაც ამომრჩეველთა დიდი უმრავლესობაა, ის ჩალხანაა თავად გუბერნატორიც.[57] ჩემი აზრით, მან ჩვენი ერის ეს მეტად სულისშემძვრელი შემთხვევა სწორად არ გამოიყენა.

ჩვენი შტატის მთელი სამხედრო ძალა[58] ვინმე ბატონ სათლს[59] ემსახურება, იმ კაცის დაჭერაში რომ დაეხმაროს, რომელსაც ეს ვირჯინიელი მონათმფლობელი კაცს კი არა, თავის საკუთრებას უწოდებს. არადა, ერთი ჯარისკაციც კი არაა მთელ ჩვენს შტატში, რომ მასაჩუსეცის მოქალაქე მოტაცებისგან იხსნას და ტყვეობას გადაარჩინოს! ნუთუ ამისთვის არის სამხედროების მთელი ეს ჯარი?! ნუთუ ამისთვის იწვრთნებოდნენ ჩვენი ჯარისკაცები უკანასკნელი სამოცდაცხრამეტი

---

57 თოროუს აზრი სრულიად ემთხვევა სოკრატესას. სოკრატემ კარგად იცოდა, რომ ბოროტი მთავრობა თუნდაც ფიზიკურად ვერაფერს დააკლებდა მას, და რომ მხოლოდ ბოროტი მთავრობის ქვეშევრდომ ბოროტ ხალხს, ანუ ბრბოს შეეძლო მისი ფიზიკური განადგურება. აი, რას ამბობს სოკრატე პლატონის ცნობილ დიალოგში, "აპოლოგია" ანუ "არზა": "მეტად მტრული განწყობა მხვდა წილად ხალხისგან, და, თუ კი ასეთი ძალა ხალხში საერთოდ არსებობს, მაშინ სწორად ხალხის ამ მტრულ განწყობას შეუძლია ჩემი ხორციელი განადგურება – არც მელეტუსს არც ანიტუსს [სოკრატეს პოლიტიკურ მტრებს], არამედ ხალხის დიდ ნაწილში ჩაბუდებულ ცილისწამებას და შუღლს. ბრბოს ბოროტებას ბევრი სხვა უდანაშაულო კაცი შეუწირავს აქამდე, და კვლავაც შეიწირავს მომავალში; არა მგონია ჩემი სიკვდილით გაძღეს ადამიანთა ბრბო და უდანაშაულო ხალხის ჭამას შეეშვას ოდესმე." იხილეთ პლატონის დიალოგი, სახელად "აპოლოგია" ანუ "არზა".

58 ჩვენი შტატის მთელი სამხედრო ძალა – აბოლიშენისტი მამულიშვილების მიერ სასამართლო შენობაზე მიტანილი იერიშის შემდეგ ბოსტონის მერმა მასაჩუსეცის მილიციის ორი კომპანია (დივიზია, ბატალიონი) გამოიძახა სასამართლო შენობის დასაცავად. ორი დღის შემდეგ კი მერმა მთელ ქალაქში საგანგებო საომარი ვითარება გამოაცხადა. პირადად პრეზიდენტ ფრენქლინ ფიარსის მკაცრი ბრძანებით ფედერალური ჯარებიც იღებდნენ ამ მამულიშვილური მოძრაობის ჩახშობაში მონაწილეობას, – ეს ფაქტი მიჩქმალული იყო მაშინ, მიჩქმალულია დღესაც. ხაზგასმით უნდა აღინიშნოს, რომ მასაჩუსეცის შტატის კანონმდებლობით, კერძოდ, "ლედიმერის კანონით", საშტატო და ფედერალური მთავრობის მთელი ეს ქმედება უკანონო გახლდათ და იკრძალებოდა, ანუ დიდი ფიქრი არ სჭირდება დავასკვნათ, რომ თუნდაც საერო კანონით, ზნეობრივ კანონზე რომ არაფერი ვთქვათ, თავად საშტატო და ფედერალური მთავრობა იყო სისხლის სამართლის დამნაშავე და ჭეშმარიტი ბოროტმოქმედი.

59 ჩარლზ ეფ. სათლი – ამერიკელი, კერძოდ, ვირჯინიის შტატის ქალაქ ალეგზანდრიის მონათმფლობელი, რომელმაც 1854 წელს "1850 წლის ლტოლვილი მონის კანონის" საფუძველზე ჩრდილოეთში, კერძოდ, მასაჩუსეცის შტატის ქალაქ ბოსტონში გამოქცეული თავისი ყოფილი მონის, ენთონი ბერნზის დატყვევება და უკან დაბრუნება მოახერხა.

წლის განმავლობაში?! [60] განა ჩვენ მექსიკის გასაძარცვად [61] და ლტოლვილი მონების დასაჭერად, დასატუსაღებლად და თავიანთ ბატონებთან მისაგვრელად მოვამზადეთ ჩვენი სამხედროები?!

სწორად ეს რამდენიმე ღამეა, რაც ქუჩებიდან მომავალი დოლის ხმა სწვდებოდა ჩემს ყურთასმენას. კაცები გვიანობამდე წვრთნას გადიოდნენ. კი მაგრამ, რისთვის? სოფელ ქანქარდის მამლაყინწებს გვიან ყივილს ალბათ როგორმე ვაპატიებდი, რადგან, იქნებდა, საკმარისად არ დაღლილან იმ დილას მამლები, მაგრამ სამხედრო "მწვრთნელების" ამ უაზრო დიმპიტაურის პატიება არ ძალმიძს. საჯაროდ, დოლის დაკვრით და ხალხის დასანახ-გასაგონად დატყვევებული ლტოლვილი მონა მიჰყავდათ შუა ქუჩაში სწორად ასე ვაი-კაცებს, ანუ ჯარისკაცებს. და განა რა არის ეს შენი ჯარისკაცი, თუ არა, სულელი, ისიც საუკეთესო შემთხვევაში, რომელსაც საზოგადოებაში სათვალიო ადგილი მხოლოდ მისი ჯუბაჩის კანტების გამო უჭირავს და არა კაცობის გამო.

სამი წლის უკან, [62] სწორად ერთი კვირის შემდეგ, რაც ქალაქ ბოსტონის ხელისუფლები სრულიად უდანაშაულო კაცის სამხრეთის მონათმფლობელურ შტატებში უკან გასამწესებლად შეიკრიბნენ, სოფელ ქანქარდის მოსახლეობა ზარების რეკვას და ზარბაზნების სროლას მოჰყვა, რომ თავისუფლების დღე აღენიშნა, და კიდევ თავიანთი წინაპრის მამაცობა და თავისუფლების სიყვარული, იმ წინაპრისა, რომელმაც ხიდთან [63] საკუთარი სიცოცხლე არ დაზოგა და თავისუფლებისთვის ბრძოლა გააჩაღა. ვითომცდა იმ სამმა მილიონმა მხოლოდ საკუთარი თავისუფლების დასაცავად იბრძოლა და დანარჩენი სამი მილიონი თანამოქალაქის დამონებისთვის?! დღეს-დღეობით ადამიანებს მასხარის ჩაჩი ახურავთ და თავისუფლების ქუდი [64] კი ჰგონიათ. პირადად მე არ მესმის, მაგრამ არიან ისეთებიც, ვინც სირცხვილის სამათრახო ბოძზე რომ იყვნენ მიბმულები და ბორკილიდან ერთი ხელის განთავისუფლება შეეძლოთ, ამ ხელს ზარის დასარეკად და ზარბაზნების სასროლად გამოიყენებდნენ, რომ ცალი ხელით კვლავაც მიბმულებს და დამონებულებს თავიანთი ცრუ და ცალხელა თავისუფლება ეზეიმათ. ჰოდა, სწორად იმათ მსგავსად, ზოგიერთმა ჩემმა თანამოქალაქემ თავს ნება მისცა და ზეიმის ნიშნად ზარების რეკვასა და ზარბაზნების სროლას მიჰყო ხელი. მათი გონების სწორად ასეთი სიმცრე გახლდათ მათი თავისუფლების ზომა და სიდიდე, ანუ მათი თავისუფლება, მათი ჭკუისა არ იყოს, მოკლე აღმოჩნდა და მეტად მცირე; და როდესაც ზარების ხმა მიწყდა, მათი თავისუფლებაც შეწყდა მათთან ერთად; როდესაც დენთს ცეცხლი წაეკიდა და აალდა, მათი თავისუფლებაც ამ დენთის ალს მიჰყვა და ისიც კვამლივით წამში გაუჩინარდა.

---

[60] თოროუ სიტყვით დამოუკიდებლობის (რევოლუციური) ომის ლექსინგთონის და ქანქარდის ბრძოლებიდან 79 წლის შემდეგ გამოვიდა.

[61] მექსიკის ძარცვაში ნაგულისხმევია 1846-1848 წლების მექსიკა-ამერიკის ომი.

[62] თოროუ სიტყვით თომას სიმზის მონობაში დაბრუნებიდან სამი წლის შემდეგ გამოვიდა.

[63] 1775 წლის რევოლუციური ომის ქანქარდის ბრძოლა მდინარე ქანქარდზე გადებული ნორთ ბრიჯის, ანუ ჩრდილოეთის ხიდის ხელში ჩასაგდებად ინგლისელ სამხედროებსა და ამერიკელ მამულიშვილებს შორის შეხლა-შემოხლით დაიწყო.

[64] ამერიკის რევოლუციური ომისას ბევრ ამერიკელ ჯარისკაცს, რომელიც სამშობლოს განთავისუფლებისთვის იბრძოდა, ნაქსოვი, წითელი ფერის თავისუფლების ქუდი ეხურა. თავისუფლების ამ წითელ ქუდებზე ხშირად ჰქონდათ ჩაქსოვილი შეძახილები, "თავისუფლება" ან "ან თავისუფლება ან სიკვდილი".

მერწმუნეთ, პატიმრებს რომ იგივე დენთი ჰქონოდათ და ზარბაზნების გასროლისთვის და ზარების რეკვისთვის ციხის ზედამხედველები დაექირავებინათ და საკუთარი თავისუფლების აღლუმი ცხაურებს უკან ასეთი ზარით და ზეიმით აღენიშნათ, მერწმუნეთ, თავად ასეთი სულელი პატიმრებიც კი არ იქნებოდნენ საკუთარი ცრუ-თავისუფლებისთვის მოწყობილი აღლუმის გამო ისე დასაცინნი, როგორც ჩემი თანამოქალაქეები.

აი, რას ვფიქრობდი ჩემი მეზობლების შესახებ.

სოფელ ქანქარდის ყველა ჰუმანური და გონიერი მოსახლე, ქალი იყო თუ კაცი, როდესაც მის ყურთასმენას ზარების და ზარბაზნების ხმაური მისწვდა, ამაყად ფიქრობდა არა 1775 წლის 19 აპრილის[65] მოვლენებზე, არამედ სირცხვილით იხსენებდა 1851 წლის 12 აპრილის[66] ამბებს. ოღონდაც რომ ახლა ის ძველი სირცხვილი ახალი სამარცხვინო საქციელით ჩვენ უკვე ნახევრად დაგვიფლავს და დაგვიმარხავს – იმდენად დიდია ჩვენი ამჟამინდელი სირცხვილი და იმდენად გადაფარა მან ჩვენი წარსული ცოდვები, რომ ძველი სალაპარაკოდაც აღარ ღირს.

იჯდა მთელი მასაჩუსეცი და ბატონი მოსამართლე ლორინგის განაჩენს ელოდებოდა, ვითომ რაიმე გავლენას იქონიებდა იგი თავად შტატის დამნაშავეობაზე. მასაჩუსეცის დანაშაული, მისი ყველაზე აშკარა და საბედისწერო დანაშაული გახლდათ ის, რომ მან ბატონ ლორინგს ასეთ შემთხვევაში მოსამართლეობის და მსაჯულობის უფლება მიანიჭა. სინამდვილეში ეს სასამართლო მთელი მასაჩუსეცის გასამართლება გახლდათ და არა რომელიმე ლტოლვილი მონის საქმის განხილვა. ყოველი წამი, რომელსაც მასაჩუსეცი მერყეობაში ატარებდა და ამ კაცს თავისუფლებაზე უარს ეუბნებოდა, ყოველი წამის განმავლობაში, რომლის ჟამს მასაჩუსეცი ახლა მერყეობს თავისი ცოდვების მონანიებაზე და დანაშაულის გამოსყიდვაზე, დიახ, ყოველი ასეთი წამის განმავლობაში თავად მასაჩუსეცს დამნაშავის მსჯავრი ედება. მისი დადანაშაულების შემთხვევაში კანონის დამცავი კომისარი თავად ღმერთია; არა ვინმე დიდგვაროვანი ედვარდ ჯი. ღმერთი,[67] არამედ მხოლოდ ღმერთი.

ნეტა ჩემი თანამემამულეები მხედველობაში მიიღებდნენ იმ გარემოებას, რომ, მიუხედავად იმისა, თუ რას ბრძანებს საერო კანონი, ვერც ერთი პიროვნება და ვერც ერთი ერი ვერ შეძლებს თუნდაც

---

65 ლექსინგთონის და ქანქარდის ბრძოლების თარიღი.

66 1851 წლის 12 აპრილს მასაჩუსეცის შტატის დედაქალაქ ბოსტონში სამასკაციანმა სამთავრობო დაცვამ ლტოლვილი მონა, თომას სიმზი გამოიყვანა, ნავში ჩასვა და ჯორჯიის შტატის ქალაქ სავანაში გაამწესა, სადაც ის თავის ძველ პატრონს და მონობას უნდა დაბრუნებოდა.

67 თოროუ მიუთითებს ედვარდ ჯი. ლორინგზე – მასაჩუსეცელი მოსამართლე, რომელმაც 1851 წელს, როგორც მასაჩუსეცის შტატის საფოქის ოლქის სასამართლოს კომისარმა, ბრძანება გასცა, დაჭერილი ლტოლვილი მონა, თომას სიმზი "1850 წლის ლტოლვილი მონის კანონის" საფუძველზე მონობაში დაბრუნებულიყო. ანუ თოროუ გულისხმობს, რომ სანამ კაცის თავისუფლების საკითხს ვინმე ედვარდ ჯი. თუ, ქართულად რომ ვთქვათ, ვინმე პეტრე თუ პავლე ამილახვარი გადაწყვეტდა, მანამდე ეს საკითხი თავად უფალს ჰქონდა დასაბამიდან უკვე იმთავითვე გადაწყვეტილი, – ყველა ადამიანს მიანიჭა უფალმა თავისუფლება და ამქვეყნიური მოსამართლისა თუ სასამართლოს კომისრის მიერ ამქვეყნიური კანონის საფუძველზე კაცისთვის თავისუფლების წართმევა ღმერთის მიერ გამოტანილი განაჩენის საწინააღმდეგო განაჩენია და ასეთი მიწიერი, ანუ ეროვნული კანონი ღმრთის კანონის საწინააღმდეგო კანონი ანუ სრული უკანონობაა. განა რა არის არჩევანის უფლება, რომლითაც კაცს ან ცოდვის ან მადლის ჩადენა ძალუძს, თუ არა ღმრთივნაბოძები თავისუფლება?

ყველაზე პატარა ადამიანის მიმართ თუნდაც ყველაზე პატარა დანაშაულის ისე ჩადენას, რომ ამისთვის ადრე თუ გვიან არ დაისაჯოს. მთავრობა, რომელიც განზრახ აწესებს უსამართლობას, და უწესობა დაუჟინებია, როცა იქნება მთელი მსოფლიოს დასაცინი გახდება.[68]

ბევრი თქმულა ამერიკაში არსებულ მონობაზე, მაგრამ, ვგონებ, ჩვენ ჯერ სრულად არც კი გაგვიაზრებია თუ რა არის თავად მონობა. მე რომ კონგრესს მთელი სერიოზულობით წამოვუყენო წინადადება, რომ მთელი ადამიანთა მოდგმა კუპატებად ვაქციოთ, ეჭვიც არ მეპარება, კონგრესმენების უმრავლესობას გაეცინება ჩემს მიერ შეთავაზებულ წინადადებაზე, და თუ მოხდა, და მისმა ზოგიერთმა წევრმა ჩემი ხუმრობა სერიოზულად მიიღო და ჩემი აზრი დაიჯერა, ხომ იფიქრებდნენ, რომ მე ისეთი ბოროტი რამ განმიზრახავს, რომლის მსგავსი და ტოლი ბოროტება კონგრესს არასოდეს არ მოსვლია თავში აზრად. მაგრამ თუ რომელიმე მათგანი მეტყვის რომ კაცის კუპატად ქცევა ბევრად უფრო უარესი, – არა, თუნდაც შედარებით უარესი – იქნება, ვიდრე კაცის მონად ქცევაა – ვიდრე "ლტოლვილი მონის კანონის" დაწესებაა – ასეთ შემთხვევაში მე მას სულელობაში, გონებრივ უუნარობასა და უსაფუძვლოდ გარჩევაში დავდებ ბრალს. ჩემი წინადადება იმდენად ჭკვიანურია, რამდენადაც მათი. ანუ კაცის კუპატად ქცევა კაცის მონად ქცევაზე უარესი როდია?!

ხშირად გამიგონია, რომ ეს კანონი ფეხქვეშ ითელება. კი, მაგრამ რად გიკვირთ? ამ კანონს ხომ ადამიანის თავისა და გონების დონეზე ასვლა არ ძალუძს და, მაშასადამე, მისი ადგილიც ბუნებრივად სწორად ლაფსა და მიწაშია, რომ ჭეშმარიტმა კაცმა მართლაცდა ფეხქვეშ თელოს ის. "ლტოლვილი მონის კანონი" სულიერ ტალახში დაიბადა და სულიერ ჭუჭყში გამრავლდა, აქედან გამომდინარე, ბუნებაში მისი საარსებო ადგილიც სწორად იქაა, სადაც ადამიანის ფეხის ჭუჭყი, ლაფი და ტალახია. და ის, ვინც ჭეშმარიტად კაცია და კაცური გული თავისუფლებით უძგერს, და ბრმა ჰინდუებისგან[69] განსხვავებით ცრუ-მოწყალების არ სწამს და ამ ცხოვრების შხამიანი ქვეწარმავლების ფეხით ჭყლეტა არ ეთაკილება, ასეთი კაცი ამ კანონსაც უსათუოდ ფეხით გადაუვლის და საკუთარი ფეხით გასრესს მას და მის შემქმნელ-შემთითხნელ ვებსთერსაც[70], – ვებსთერს, – როგორც ფუნის ხოჭოს, კანონს, – როგორც ამ ხოჭოს ნახელავ ფუნის გუნდას.[71]

---

[68] დიდი ბრიტანეთის, ამ საშინელი იმპერიის პარლამენტმაც კი 1833 წელს მთელ ბრიტანეთის იმპერიაში მონობა გააუქმა. სამარცხვინო გახლდათ ის გარემოება, რომ მსოფლიოში არსებულმა ერთერთმა ყველაზე სისხლიანმა და კაცთმოძულე იმპერიამაც კი მონათმფლობელობა გააუქმა მაშინ, როცა ამერიკა, ეს ვითომცდა დემოკრატიის შუქურა და თანასწორუფლებიანობის აკვანი, ისევ მონობის პროპაგანდას ეწეოდა არა მხოლოდ მთელ თავის გაერთიანებულ შტატებში, არამედ მისი სახელმწიფოს საზღვრების მიღმაც.

[69] ჰინდუიზმი – ინდოეთის ქვეკონტინენტის უმთავრესი სარწმუნოებაა, რომელსაც ხშირად "სანატანა დჰარმა"-ს უწოდებენ, – ეს გამოთქმა სანსკრიტულად "საუკუნო კანონს" ნიშნავს. ჰინდუები კერპთაყვანისმცემელი ხალხია, რომლებიც ცხოველებს იმდენად აკერპებენ, რომ მათზე ფეხის დადგმაც კი ცოდვა ჰგონიათ. თოროუს, როგორც ჭეშმარიტ ქრისტეანს, სწორად მიაჩნია, რომ ჰინდუების მიერ ცხოველების გაკერპება და მათდამი გამოჩენილი გულჩვილობა დიდი სისულელეა, და ღმერთის და ადამიანის გმობაა, რადგან ცხოველი ადამიანის სასარგებლოდაა ამქვეყნად მოვლენილი და არა – პირიქით.

[70] დენიელ ვებსთერი (1782-1852) – 1850 წლის კომპრომისის მხარდამჭერი, რომელიც წინააღმდეგი კი იყო მონობის სამხრეთის შტატების გარეთ გავრცელებისა, მაგრამ მას, იმავდროულად, ამერიკის სახელმწიფოს დაშლის საფრთხე უფრო ადარდებდა და ამის გამო სამხრეთის შტატებში გავრცელებულ მონობაზე თვალს ხუჭავდა, – ეშინოდა, რომ მონათმფლობელები აჯანყდებოდნენ და ამერიკა დაიშლებოდა. 1850 წლის ივლისს ვებსთერი პრეზიდენტ ფილმორმა სახელმწიფო დეპარტამენტის მდივნად (საგარეო საქმეთა მინისტრად)

ახლახან განვითარებული მოვლენები მართლმსაჯულების მრუდედ აღსრულების გამოაშკარავებაში დაგვეხმარება, უფრო სწორად, კარგად დაგვანახებს თუ რაა ჭეშმარიტი სამართლის ჭეშმარიტი წყარო ჩვენს ხალხში. დღეს-დღეობით საქმე იქამდე მივიდა, რომ თავისუფლების მეგობრების, ანუ დატყვევებული მონის მეგობრების სულებს თავზარი დაეცათ და მათი სინდისი ძრწოლამ აიტანა. ეს კი მაშინ მოხდა, როცა თავისუფლების მოყვარულმა ხალხმა საბოლოოდ გაიგო, რომ თავიანთ სამშობლოში კაცის თავისუფლების ბედი ქვეყნის სასამართლო ტრიბუნალებში წყდებოდა. ჭეშმარიტად თავისუფალ კაცებს არ სწამთ, რომ ასეთ შემთხვევაში სამართალი პურს ჭამს. მოსამართლე შეიძლება ან აქეთ გადაიხაროს ან იქით, ან თავისუფლება მისცეს კაცს, ან მონობის ბორკილი; ყოველივე ეს, ყველაზე საუკეთესო შემთხვევაშიც კი, მხოლოდ შემთხვევითობით ხდება ჩვენს სასამართლოებში. ცხადია, რომ მოსამართლე კომპეტენტური პირი არაა, როცა საქმე ასეთი მნიშვნელოვანი საკითხის გადაწყვეტას შეეხება – კაცის თავისუფლებას. ჰოდა, მაშინ ჟამის უქმად დაკარგვის უფლება არ გვაქვს, ერთხელ და სამუდამოდ უნდა განვათავისუფლოთ მონა და ამიერიდან ადამიანის თავისუფლების ბედის გადაწყვეტა მოსამართლის იურიდიული პრეცედენტების საფუძველზე კი აღარ უნდა მოხდეს, არამედ ხალხის, ჩვენი თანამემამულეების მიერ შექმნილი ახალი პრეცედენტის საფუძველზე. მოსამართლის აზრზე მეტად ხალხის გრძნობას ვენდობი მე! მათ ხმაში, სხვა თუ არაფერი, რაიმე სასარგებლოს მაინც მოისმენ კაცი; აი, მოსამართლის ხმის შემთხვევაში კი მხოლოდ ერთი ადამიანის მიერ წარმოთქმული შემბორკავი და მარწუხებიანი განაჩენი გვესმის, რომელსაც, მნიშვნელობაც აღარ აქვს თავისუფლებისკენ იხრება ის თუ მონობისკენ, – პირადად ჩემთვის და ჩემი ერისთვის არავითარი აზრი არა აქვს მას.

გარკვეულწილად მომაკვდინებელი უნდა იყოს სასამართლოსთვის, როცა ხალხი იძულებულია მას გვერდი აუაროს და თავისით ეძიოს სამართალი. არ მჯერა, რომ ჩვენი სასამართლოები მხოლოდ უღრუბლო დღისთვის და ძალიან ზრდილობიანი და დელიკატური საქმეების განსახილველად დაუარსებია ჩვენს წინაპარს. წარმოგიდგენიათ რა მოხდებოდა, ჩვენს ერს ჩვენს ქვეყანაში ნებისმიერი სასამართლოსთვის რომ მიენდო სამი მილიონი კაცის თავისუფლების მინიჭების თუ მონობის მინიჭებით თავისუფლების წართმევის საქმე?! იმ სამი მილიონისა, რომელიც ამ შემთხვევაში მთელი ერის მეექვსედს შეადგენს! სამწუხაროც ისაა სწორად, რომ სასამართლოსთვის, ეგრეთწოდებული სასამართლოსთვის, მიგვინდია ეს საქმე – ჩვენი მიწა-წყლის უზენაესი სასამართლოსთვის – და, როგორც უკვე ყველას კარგად მოგეხსენებათ, ამ უზენაესმა სასამართლომ, რომელიც უზენაეს უფლად მხოლოდ კონსტიტუციას ცნობს, გადაწყვიტა, რომ სამი მილიონი ადამიანი არის და უნდა დარჩეს მონად.[72] ვინ არიან ასეთი მოსამართლეები თუ არა სახლის

დანიშნა. მას ევალებოდა "ლტოლვილი მონის კანონის" მთელ სახელმწიფოში პრაქტიკაში გატარების უზრუნველყოფა.

71 ფუნის ხოჭო ანუ ფუნაგორია – ნაგულისხმევია მწერების კლასის სკარაბეოიდეას ოჯახის ხოჭო, რომელიც საქართველოშიცაა და ამერიკაშიც ფართოდ გავრცელებული. ამერიკულ ჯიშს, რომელზეც ალბათ თოროუ მიუთითებს, ჰქვია ფანეუს ვინდექსი. ის ფუნისგან ბურთულას აკეთებს ხოლმე, რომ საკუთარ კვერცხთან ერთად დაფლას მიწაში.

72 ნაგულისხმევია "დრედ სქათის საქმე", რომელშიც ამერიკის უზენაესმა სასამართლომ დაასკვნა, რომ ყველა ზანგი არ იყო ამერიკის მოქალაქე და რომ მომავალშიც ყველა ზანგს არ

ქურდის და კაცის მკვლელის იარაღების ინსპექტორები, რომლებიც მათ დანაშაულის ჩადენისთვის საჭირო ხელსაწყოებს უმოწმებენ და დამნაშავეებს ამცნობენ, ვარგისია თუ არა ბოროტების ესა თუ ის იარაღი ამა თუ იმ დანაშაულის ჩასადენად. ასე რთავენ ნებას ჩვენი ერის ბრმა მოსამართლეები ჩვენი ერის ყველაზე ბოროტ დამნაშავეებს დანაშაულის ჩასადენად და ჰგონიათ, რომ მათი პასუხისმგებლობა და ბრალი ამით თავდება. სასამართლოს საქმეთა სიაში ერთი სხვა, წინამავალი საქმეც იყო, რომელიც მათ, ღმერთის მიერ ხელდასხმულ მოსამართლეებს, უფლება არ ჰქონდათ გამოეტოვებინათ და არ განეხილათ; მათ ჯერ ეს საქმე რომ სწორად განეხილათ, საკუთარ თავებს საუკუნო სირცხვილისგან იხსნიდნენ. ეს გახლდათ თავად იმ მკვლელის, დიახ, იმ კაცის მკვლელი მონათმფლობელის სისხლის სამართლის საქმე, რომელიც დღეს სამი მილიონი კაცის დამონებაზე და დასაკუთრებაზე ჩივის სასამართლოში.

საერო კანონი კაცს თავისუფლებას ვერ მიანიჭებს; თავად კაცმა უნდა მიანიჭოს საერო კანონს თავისუფლება. კანონისა და წესრიგის ჭეშმარიტად მოყვარული სწორად ის კაცია, რომელიც კანონს მაშინაც კი იცავს, როცა თავად ეროვნული მთავრობა არღვევს ეროვნულ კანონს.

ადამიანებს შორის, მოსამართლე, რომლის სიტყვა კაცის ბედს სამუდამოდ გადაწყვეტს, ის კი არაა, ვინც უბრალოდ განაჩენს გამოთქვამს, არამედ ის, ვინც, სიმართლის სიყვარულით, ნებისმიერი ადამიანური წესის, ჩვეულების, ცრურწმენის და ბრძანების გარეშე, მართალ აზრს თუ *განაჩენს* გამოთქვამს ამ კაცის შესახებ. ასეთ ადამიანს გამოაქვს ჭეშმარიტი *განაჩენი*. კაცს, რომელსაც ჭეშმარიტების ჭვრეტა შეუძლია მოსამართლის უფლება-მოსილება ბევრად უფრო მაღალი, თვით უზენაესი არსებისგან აქვს მიღებული. ამ კაცს სიმართლის ჭვრეტა ძალუძს, უზენაეს მოსამართლეს კი, რომელიც მხოლოდ კანონს ჭვრეტს, სიმართლის განჭვრეტა არ ხელეწიფება. ჭეშმარიტი მოსამართლე მთელი სამყაროს მოსამართლის მიერაა ხელდასხმული. უცნაურია, რომ საჭირო ხდება ასეთი მარტივი ჭეშმარიტებების თქმა და ლაპარაკი![73]

უფრო და უფრო ვრწმუნდები იმაში, რომ ნებისმიერი საჯარო საკითხის განხილვისას, ქალაქის შეხედულების გაგებაზე მეტად, მნიშვნელოვანია იმის გაგება თუ რას ფიქრობს სოფელი. ქალაქი ფიქრით ბევრს არაფერს ფიქრობს. ნებისმიერ ზნეობრივ საკითხზე მირჩევნია, სოფელ ბაქსბოროს[74] მოსახლეობის აზრი გავიგო, ვიდრე ბოსტონისა და ნიუ იორკის ერთობლივი რატრატი მოვისმინო. როდესაც სოფელი საუბრობს, ვგრძნობ რომ ადამიანი საუბრობს, ვგრძნობ რომ ადამიანთა მოდგმა ჯერ კიდევ ცოცხალია, და გონიერმა არსებამ თავისი არსებობის უფლება დაადასტურა – ვგრძნობ, რომ, თითქოსდა, სოფლის მთებიდან რამდენიმე მართლმორწმუნე კაცმა ამა თუ იმ საკითხს გარკვეული ყურადღება მიაპყრო და სულ რაღაც ორიოდე გონივრული სიტყვის გამოთქმით მთელი კაცობრიობის შელახული სახელი საბოლოო

შეეძლო ამერიკის სრულუფლებიანი მოქალაქე გამხდარიყო, აქედან გამომდინარე, ზანგი, მათი აზრით, მთლად ადამიანიც არ იყო.

[73] ძნელი მისახვედრი არაა, რომ თოროუ მამა ღმერთზე, იესუ ქრისტეზე და წმიდა სულზე საუბრობს ამ აბზაცში.

[74] ბაქსბორო – მასაჩუსეცის შტატში სოფელ ქანქარდის მეზობელი სოფელია, სადაც თოროუ ქანქარდიდან ფეხით ჩადიოდა ხოლმე.

დაკნინებისგან იხსნა. ვფიქრობ, ჭეშმარიტი და ამერიკის გაერთიანებული შტატების ყველაზე ღირსეული კონგრესის სხდომა ისაა, როდესაც რომელიღაცა შორეულ სოფელში გლეხები სოფლის ყრილობაზე იკრიბებიან, რომ რომელიმე საჭირბოროტო საკითხზე საკუთარი აზრი გამოთქვან.

აშკარაა, რომ, სხვაგან თუ არა, ჩვენი მშობლიური მასაჩუსეცის თანამეგობრობაში[75] მაინც ორი ერთმანეთისგან უფრო და უფრო მეტად განსხვავებული გუნდი შეიქმნა – ქალაქის გუნდი და სოფლის გუნდი. კარგად მომეხსენება, რომ სოფელიც საკმარისად ხინჯიანია, მაგრამ მიხარია და მჯერა, რომ ის ქალაქისგან ოდნავ მაინც განსხვავდება და ოდნავ მაინც ჯობს ქალაქს. თუმც ჯერ-ჯერობით სოფელს მეტყველების ასო და ორგანო აკლია, რომ საკუთარი აზრი სიტყვად აქციოს და ხმამაღლა გამოთქვას. სარედაქციო წერილები, რომელსაც ის მთელი გულმოდგინებით კითხულობს, ზღვისპირეთიდან მოდის და არა ერის გულიდან. მოდით, ჩემო თანასოფლელებო, და ცოტა საკუთარი თავის დაფასება ვისწავლოთ. აღარ გავაგზავნოთ ქალაქში ჩვენი შალი და ჩვენი სურსათი ქალაქურ აზრებში გადასაცვლელად, და თუ მაინც გვსურს ქალაქის აზრების გაზეთებიდან ამოკითხვა, მაშინ ისე მაინც მოვიქცეთ, რომ თან ჩვენი საკუთარი აზრიც გამოვიმუშავოთ.

ყველა სხვა ზომასთან ერთად, მოგიწოდებდით, რომ პრესაზე ისეთივე სერიოზული და მხნე იერიში მიგვეტანა, როგორც ეს ერთხელ, და თანაც ძალიან ეფექტურად, პროტესტანტულ ეკლესიაზე იქნა მიტანილი. ამის შედეგად სულ რაღაც რამდენიმე წელიწადში პროტესტანტული ეკლესია საკმაოდ გამოსწორდა; აი, მთელი პრესა კი, თითქმის გამონაკლისის გარეშე, დღეს-დღეობით ისევ გახრწნილი და მოქრთამული გახლავთ. მე ღრმად მწამს, რომ ამ ქვეყანაში პრესას ბევრად მეტი და მავნებელი გავლენა აქვს, ვიდრე პროტესტანტულ ეკლესიას ჰქონდა თუნდაც ყველაზე საშინელ ხანაში. რას დავმსგავსებულვართ?! – ჩვენი ერი აღარ შედგება ჭეშმარიტი მორწმუნეებისგან, სამაგიეროდ, პოლიტიკოსებისგან შედგება ის დღეს. ჩვენ ფეხებზე გვკიდია ბიბლიის კითხვა, სამაგიეროდ დიდი ინტერესით ვკითხულობთ გაზეთებს. წარმოიდგინეთ, პოლიტიკოსების ნებისმიერ ყრილობაზე – დიახ, სწორად ისეთ ყრილობაზე, ქანქარდში რომ შედგა იმ საღამოს, მაგალითად – რა დიდი კადნიერება და შეუსაბამობა იქნებოდა "ბიბლიიდან" ციტატის მოყვანა! რა დიდი შესაბამისობა იქნებოდა გაზეთიდან ან კონსტიტუციიდან რაიმე უაზრობის ციტირება! ვაი, რომ დღეს-დღეობით გაზეთი გამხდარა ჩვენი "ბიბლია," რომელსაც ჩვენ, ვდგავართ თუ ვსხედვართ, ეტლით მივდივართ თუ ფეხით, ყოველ დილას და ყოველ საღამოს ვკითხულობთ. ვაი, რომ გაზეთი ის "ბიბლიაა," რომელსაც დღეს ყველა კაცი მოკეცავს და ჯიბით ატარებს. ის "ბიბლიაა," რომელიც ყველა მაგიდაზე და ყველა დახლზე დევს, და

75 თანამეგობრობა – მასაჩუსეცის ოფიციალური სახელია "მასაჩუსეცის თანამეგობრობა". ამერიკის გაერთიანებულ შტატებს შორის ოთხი შტატი, ქენთაქი, მასაჩუსეცი, ფენსილვეინია და ვირჯინია ოფიციალურად თანამეგობრობის სტატუსს ატარებენ. სიტყვა თანამეგობრობას არანაირი კონსტიტუციური ძალა არა აქვს, ის ისტორიულ კონტექსტში სიმბოლურად აღნიშნავს იმ გარემოებას, რომ ამ შტატების მთავრობა ხალხის, საკუთარი მოქალაქეების, ანუ თანამეგობრულად მაცხოვრებლების მხარდაჭერითაა არჩეული და არა დიდი ბრიტანეთის იმპერიის მონარქის ხელდასმით, როგორც ეს უწინ იყო, როცა ამერიკის შტატები ბრიტანეთის კოლონიას წარმოადგენდა და საკუთარი ხალხის ნების გამოხატვით მთავრობის არჩევის უფლება არ ჰქონდა.

რომელსაც ფოსტა, და ათასობით მისიონერი ამქვეყნად ხელიდან-ხელში გამუდმებით ავრცელებს. მოკლედ, ეს ის წიგნია, რომელიც ამერიკას დაუბეჭდავს და მთელი ამერიკა კითხულობს. ასეთი დიდია გაზეთის გავლენის სფერო. მისი რედაქტორი გახლავთ მქადაგებელი, რომელსაც შენ შენი შესაწირისით ინახავ. შენი გადასახადი, საშუალოდ, ერთი ცენტია,[76] ამ მქადაგებლის ლექციაზე დასასწრებად მერხის ქირაობა საჭირო არაა – წადი და იკითხე მისი სიტყვები სადაც გინდა და როცა გაგიხარდება. მაგრამ განა რამდენია მათ შორის, ვინც სიმართლეს ქადაგებს? კიდევ ერთხელ ვიმეორებ ბევრი გონიერი უცხოელის მტკიცებას, აგრეთვე ჩემს პირად მრწამსსაც, როდესაც ვამბობ, რომ დედამიწის ზურგზე, ალბათ, არასოდეს არ არსებობდა სიმართლის წინააღმდეგ დაგეშილი ბოროტი დესპოტებით ასე აღვსილი ქვეყანა, როგორიც ამერიკის გაერთიანებული შტატებია დღეს. თუ თითზე ჩამოსათვლელ გამონაკლისს არ ვიგულისხმებთ, ის სავსეა პერიოდული პრესის ბოროტი რედაქტორებით, რომლებიც სიმართლეს გმობენ და ერს ტყუილით ატერორებენ. და ვინაიდან ისინი ცხოვრობენ და ქვეყანას მხოლოდ პირფერობით და სიყალბით მართავენ, თანაც თავს ადამიანური ბუნების ყველაზე ცუდ ნაწილს აწონებენ და არა ყველაზე კარგს, ვღებულობთ იმას, რომ ადამიანები, რომლებიც მათ მიერ დაწერილ გულისამრევ სტატიებს კითხულობენ, იმ წუნკალი ძაღლის პირობებში ვარდებიან, რომელსაც მუდამ არწყევს,[77] მაგრამ საჭმელად და შიმშილის გრძნობის დასაკმაყოფილებლად ისევ მუდამ საკუთარ ნანთხევს უბრუნდება.[78]

რამდენადაც ვიცი, “ლიბერატორი” და “ქომონველფი”[79] გალხდათ მთელ ბოსტონში ორად-ორი გაზეთი, რომელმაც 1851 წელს მთავრობის მიერ გამომჟღავნებული სიმხდალე და სულმდაბლობა დაგმო და ყოველივე ეს ხალხს გააგებინა. დანარჩენმა ჟურნალებმა, თითქმის გამონაკლისის გარეშე, “ლტოლვილი მონის კანონის” თავიანთებური განხილვით და სიმზის დაპატიმრებისა და სამხრეთში მისი ისევ მონობაში

---

[76] ნაგულისხმევია “ფენი ფრეს” გაზეთის საფასური, რომელიც XIX საუკუნის შუა წლებში ერთი ცენტი იყო. “ფენი ფრესი” სიტყვა-სიტყვით “კაპიკიან ნაბეჭდს” ნიშნავს. თოროუს ხანაში ფენი ფრესები იყვნენ მცირე ფორმატის გაზეთები, რომლებიც ყველაზე მდაბიური, წვრილმანი და ფუჭი ახალი ამბებით იყვნენ აღვსილნი. მათში იბეჭდებოდა ჭორი, დანაშაულებები, უბედური შემთხვევები, მოგზაურობები და ყოველი ასეთი უაზრო წვრილმანი. ფენი ფრესები დიდ გაზეთებს უწევდნენ კონკურენციას, რომლებშიც მხოლოდ მშრალი პოლიტიკური სიახლეები იბეჭდებოდა. თოროუს აზრით დიდი გაზეთები ფენი ფრესებისგან დიდად არ განსხვავდებოდნენ, – ერთშიც და მეორეშიც უაზრო ჭორი და დანაშაულებები იყო დაბეჭდილი, აზრიანი და კაცის სულისთვის ან ერისთვის სასარგებლო კი – არაფერი. დღევანდელი ფენი ფრესის მემკვიდრეებია ამერიკული ეგრეთწოდებული თებლოიდები. გადახედეთ ქართულ გაზეთებსაც და იგივეს დაინახავთ ზუსტად, – სიცრუითა და ჭორით სავსე დიდი და მცირე პრესა, – ერთი პოლიტიკურ სიმრუდეს და ბოროტებას ბეჭდავს, მეორე კი – ყოფითს.

[77] იხილეთ ახალი აღთქუმაი, პეტრე 2:22: “შეემთხვა მათ ჭეშმარიტისა მისებრ იგავისა: ძაღლი მიექცა ნათხევარსა თვისსა და ღორი ინწუბა სანგორელსა მწვრისასა.”

[78] დღევანდელ მასმედიას ვერ ხედავთ ამაში? – პრესაცა და ტელევიზიაც, და ამ ბოლო ხანებში ინტერნეტიც, სწორად ასეთი გულისამრევი ტყუილითა და ჭორითაა სავსე. თოროუს ჟამს თუ გაზეთის ბოროტი რედაქტორები თარეშობდნენ ერის გონებაზე, დღეს ასეთივე ბოროტი ჟურნალისტები თარეშობენ მთელ ქვეყანაზე. მათ ადამიანების ყოფაში ტყუილი და ამაზრზენი ჭორი შეაქვთ, რადგან ადამიანების, მთელი ერის, მთელი კაცობრიობის ჭკუის გამოლაყება და სულის გამოშიგვნა და ამით ფულის კეთება სწადიათ. ადრე ერის მაცნენი და ქვეყნის მოამბენი წმიდა ილია მართალი და ვაჟა-ფშაველა იყვნენ, დღეს კი – უცოდინარი, გარყვნილი და უზრდელი ჟურნალისტები.

[79] “ლიბერატორი” ანუ “განმანთავისუფლებელი” და “ქომონველფი” ანუ “თანამეგობრობა” გახლდათ აბოლიშენისტების ანუ მონობის მოწინააღმდეგეების ორი პოპულარული გაზეთი. “ლიბერატორს” გამოსცემდა ვილიამ ლოიდ გერისონი, “ქომონველფს” გამოსცემდა ჯულია ვორდ ჰაუ და სამუელ გრიდლი ჰაუ. “ქომონველფის” გამომცემლების მიზანი იყო ამერიკის ახლადშეძენილ დასავლეთის ტერიტორიებზე მონობის გავრცელების ხელშეშლა.

დაბრუნების ამბის მრუდე თხრობით, სხვა თუ არაფერი, მთელი ერის გონებასა და საღ აზრს შეურაცხყოფა მიაყენეს. და პრესამ ეს უმთავრესად იმისთვის ჩაიდინა, რომ თავიანთი მფარველების კეთილგანწყობა დაემსახურებინა და არა ხალხისა. ამ გაზეთების რედაქტორები ვერც კი ხვდებოდნენ, რომ მასაჩუსეცის თანამეგობრობის მოქალაქეების გონებაში საღი აზრი მაინც ჭარბობდა და სიმართლე ბატონობდა. თუმცა გავიგე, რომ ამ ბოლო ხანებში ზოგიერთი გაზეთი გამოსწორების გზას დასდგომია, მაგრამ, მე თუ მკითხავთ, ისინი მაინც ჟამის, მოდისა და მედროვეობის ყურმოჭრილი მონები არიან და არა სიმართლისა. ყოველშემთხვევაში, ასეთია მათი სახელი და რეპუტაცია დღეს-დღეობით.

თუმც კი, ბედის წყალობით, ეროვნული მოღვაწის იარაღით სიყალბის ეს ლაჩარი მქადაგებელი ბევრად უფრო ადვილი მოსახელთებელია, ვიდრე პროტესტანტული ეკლესიის მხდალი მღვდელი. საკმარისია ნიუ ინგლენდის თავისუფლების მოყვარულმა კაცებმა გაზეთის ყიდვისგან და კითხვისგან თავი შაიკავონ, და თავიანთი კაპიკების ასეთ სულელურ ხარჯვაზე თქვან უარი, რომ მყისვე მოუღებდნენ ბოლოს უამრავ ასეთ რედაქტორს. ერთმა კაცმა, რომელსაც დიდ პატივს ვცემ, მიამბო რომ ურიკა-ჯიხურიდან მიჩელის "სითიზენი"[80] უყიდია, და მერე, როგორც ნაგავი, ფანჯრიდან მოუსვრია. განა უფრო გონივრულად არ შეეძლო ჩემს მეგობარს ამ გაზეთისადმი საკუთარი სიძულვილის გამომჟღავნება თუ ის ამ გაზეთს საერთოდაც არ იყიდდა?[81]

ნუთუ ისინი ამერიკელები არიან? ნუთუ მათ ნიუ ინგლენდელი შეიძლება ეწოდოთ? ნუთუ ისინი ლექსინგთონის და ქანქარდის და ფრემინგჰემის ბინადრები არიან, რომლებიც ბოსტონის "ფოუსთს", "მეილს", "ჯორნალს", "ედვერთაიზარს", "ქურიარს" და "თაიმზს"[82] კითხულობენ და მხარს უჭერენ? როგორ შეიძლება სიმართლის მოღალატე ამ გაზეთებს ჩვენი ერის სიტყვის "ალამდარი" უწოდო? მე გაზეთის მკითხველი არ გახლავართ და ამიტომაც ამათზე უარეს გაზეთებს არ ვიცნობ და მათ ჩამოთვლას არ მოვყვები.

განა მონობას იმაზე მეტი დამცირების მოტანა შეეძლო, რაც ამ გაზეთებს მოაქვთ ჩვენი ქვეყნისთვის? დედამიწის ზედაპირზე თუა ისეთი მტვერი რომელთან პირმოთნეობას, რომლის ალოკვასაც ეს გაზეთები არ ცდილობენ? ასეთი ლოკვით უერთდება მტვერს რედაქტორების ლორწო და მიწის ყველაზე ჭუჭყიანი მტვერი კიდევ უფრო ჭუჭყიან ტალახად იქცევა

---

80 "სითიზენი" გახლდათ ირლანდიური შოვინისტური გაზეთი, რომელიც მონათმფლობელობას უჭერდა მხარს. ამ გაზეთს ჯონ მიჩელი (1815-1875) გამოსცემდა ქალაქ ნიუ იორკში. აღსანიშნავია, რომ ამ თხზულებაში თოროუმ გვარი "მიჩელი" ორი "ლ"-თი დაწერა, როგორც ამას ნებისმიერი გონიერი მართლმწერი იზამდა, მაგრამ გაუნათლებელი ტეტია ირლანდიელები ერთი "ლ"-თი წერდნენ ამ გვარს, როგორც ამას თავად ჯონ მიჩელი იქმოდა.

81 სიკეთის დამცველთ ბოროტების წინააღმდეგ სწორად ეკონომიკური ბერკეტებით ბრძოლას მოუწოდებს ბაბილონური მისტიური ეპოსის, "ეტანას" ავტორიც (იხილეთ "ეტანა", ტაბლეტი II). ეტანა შუმერეთის, კერძოდ, ქალაქ-სახელმწიფო ქიშის, წარღვნის შემდეგი ხანის ერთერთი მეფე იყო. აი, რა რჩევა-დარიგებას იძლევა მზის ღვთაება, შამაში, არწივის (აქ ბოროტების სიმბოლო) მოსაკვლელად:

"მოაჭერი ფრთები, ბუმბულები და კალმები,
გაპუტე და თვალუწვდენელ უფსკრულში ჩააგდე,
დაე, შიმშილითა და წყურვილით მოკვდეს!"

82 "ფოუსთ", "მეილ", "ჯორნალ", "ედვერთაიზარ", "ქურიარ" და "თაიმზ" – იმდროინდელი გაზეთებია, უმეტესწილად, ბოსტონური.

ხოლმე. არ ვიცი "ბოსტონ ჰერალდი"[83] თუ გამოდის ისევ, მაგრამ ის კი კარგად ვიცი და მახსოვს, ქუჩებში როგორ ვრცელდებოდა ის სიმზის დატყვევებისა და სამხრეთში მონად დაბრუნების მოვლენების განვითარების ჟამს. განა თავისი როლი კარგად არ შეასრულა?! განა თავის სასტიკ პატრონს, მთავრობას, ერთგულად არ ემსახურა მაშინ?! შეეძლო კი მუცელზე უფრო მეტი სიმდაბლით და პირმოთნეობით ხოხვა?! განა შეიძლება სულმდაბალი ადამიანების კიდევ უფრო დამდაბლება?! ლაქუცის მიზნით როგორ შეუძლია კაცს საკუთარი თავის საკუთარ ქვედა კიდურებზე დაბლა დახრა?! და თუ შეუძლია, მაშინ აქციეთ მისი თავი ქვედა კიდურად, მისი ქვედა კიდურები კი ამ უთაო კაცის თავად! როდესაც მკლავებდაკაპიწებულმა ხელში ეს გაზეთი ავიღე, მისი ყოველი სვეტიდან კანალიზაციის ბუყ-ბუყის ხმა მომესმა. მთელი ჩემი არსებით შევიგრძენი, რომ ხელში მეჭირა საჯარო განავლიდან ამოღებული გაზეთი, კაზინოს ეშმაკისეული სახარებიდან ამოგლეჯილი ფურცელი, ვაჭრის ბირჟის ცრუ ახალ აღთქმასთან შეხმატკბილებული სულიერი დუქანი და საროსკიპო.

ჩრდილოეთში თუ სამხრეთში, აღმოსავლეთში თუ დასავლეთში ადამიანთა უმრავლესობას სულის სიმტკიცე არ გააჩნია. როდესაც ასეთი მოქალაქეები არჩევნებში ხმას აძლევენ, მათი მიზანი თავიანთი კაცის კონგრესში საკაცობრიო საქმეზე გაგზავნა კი არაა, არამედ მაშინ, როდესაც მათ ძმებს და დებს ამათრახებენ და თავისუფლების სიყვარულისთვის სახრჩობელებზე ჰკიდებენ, მაშინ – თავს უფლებას მივცემ და ბარემ მონობის მთელ ამ საშინელ საქმეს ფარდას ავხდი – მაშინ ასეთი მოქალაქეები ხე-ტყის და რკინის და ქვის და ოქროს საბადოების მართვა-განმგებლობის ბედით არიან დაინტერესებულნი და არა ადამიანების. "ო, მთავრობავ! რაც გინდა ის დამართე ჩემს ცოლ-შვილს და დედ-მამას, ჩემს და-ძმებს და ნათესავ-მეგობრებს,[84] შენს ბრძანებებს მაინც ბრმად და მაინც ბოლომდე დავემორჩილები.[85] ჰო, ძალიან მეწყინება თუ ჩემს ახლობლებს რაიმეს დაუშავებ, თუ მათ თავს

---

[83] "ბოსტონ ჰერალდი" ანუ "ბოსტონის მაცნე" მასაჩუსეცის შტატის ქალაქ ბოსტონის გაზეთია, რომელიც პირველად 1846 წელს გამოიცა, მხოლოდ ერთ ფურცელს შეადგენდა და ერთი ცენტი ღირდა. მოგვიანებით ის სხვა გაზეთებს შეერწყა და დღეს-დღეობით ბოსტონში დარჩენილი ორი ყოველდღიური გაზეთიდან, ერთერთი სწორად "ბოსტონ ჰერალდია".

[84] ო, მთავრობავ! რაც გინდა ის დაჰმართე ჩემს ცოლ-შვილს და დედ-მამას, ჩემს და-ძმებს და ნათესავ-მეგობრებს – თოროუ ირონიულად მიუთითებს უნიტარიანელი მინისტრის (ანუ მღვდლის), ორვილ დიუის (1794-1882) ცნობილ სიტყვაზე, რომელშიც ამ ვითომ-პატრიოტმა ბრიყვმა ამაყად განაცხადა, რომ, შტატების კავშირის რღვევის დანახვას, ერჩია საკუთარი ძმა, ვაჟი, თუნდაც საკუთარი თავიც მონობაში ეხილა. მას მცდარად მიაჩნდა, რომ ქვეყნის ერთიანობის საქმე სჯობდა ადამიანის საკუთარ ადამიანობასა და ღმერთთან ერთობის საქმეს. მისთვის მთავარი ამერიკის ჩრდილოეთის და სამხრეთის ერთობა იყო, ის კი ფეხებზე ეკიდა, ამ ერთობით ადამიანს, ამერიკის მილიონობით მოქალაქეს მონობაში რომ ხდებოდა სული. რა გასაკვირია?! – უნიტარიანიზმი ხომ ერეტიკული სექტაა, რომელიც ტრინიტარობას ანუ ღმერთის სამსახოვნობას უარყოფს, ჰგმობს წმიდა სამებას და ქრისტეანობის ღმერთად წმიდა სამება კი არა, ერთბუნებოვანი ღმერთი მიაჩნია. უნიტარიანელები ერეტიკოსი მონოთეისტები არიან ანუ ქრისტე ღმერთი კაცი-მოციქული ჰგონიათ და არა ღმერთი, – ისინი იესუს ღმერთად არ ცნობენ.

[85] რაოდენ დიდი მსგავსებაა თოროუს მსოფლმხედველობასა და ციცერონის აზრებს შორის. აი, რას ამბობს ციცერონი თავის ბრწყინვალე შრომაში "დე ოფიციის": "ზოგიერთი საქმე იმდენად დამამცირებელია ადამიანის სულისთვის ან იმდენად არაკანონიერია, რომ ჭეშმარიტად ბრძენი კაცი მის შესრულებაზე თანხმობას არასოდეს განაცხადებს, თუნდაც მისი შესრულებით თავად სამშობლოს ხსნა იყოს შესაძლებელი... ასე რომ ჭეშმარიტად ბრძენი კაცი სამშობლოს სახელით არასაკადრის საქმეს არასოდეს ითავებს, ჭეშმარიტი სამშობლო კი, თავის მხრივ, კაცს სულისთვის არასაკადრის საქმეს არასოდეს მოსთხოვს." იხილეთ ციცერონის წიგნი "დე ოფიციის", ქვეწიგნი I.

შენს უფროსობას მიჰგვრი, რომ შენი მოხელეები მათ, როგორც ნადირებს, მწევარი ძაღლებით დაედევნონ, დაიჭირონ და გაამათრახონ; მე მაინც მშვიდობიანად დავხრი თავს, გავაკეთებ ჩემს საქმეს და სხვის საქმეში არ ჩავერევი; და იქნებ ოდესმე მოხდეს ისე, რომ, როცა ამ ნატანჯ ხალხს ბოლო მოეღება, და მათთან ერთად ჩემს გლოვა-გოდებასაც, იქნებ მაშინ მაინც შევძლო შენი დარწმუნება, რომ ამ საქმეს შეეშვა და გული მოგილბეს." – ასეთია თქვენი დამოკიდებულება, ვაი, რომ ასეთია ფუჭი სიტყვები ჩემი მშობლიური მასაჩუსეცის.

განა საჭიროა დიდი სიზუსტით დაგისახელოთ თუ ასანთის რომელ კოლოფს დავავლებდი ხელს, რომელი სამთავრობო სისტემის გადაბუგვა-აფეთქებას შევეცდებოდი? მაგრამ, რადგანაც კაცი ვარ და სიცოცხლე მიყვარს, და ეს სიცოცხლე სინათლეა და არა სიბნელე, თქვენს მომხრობას მირჩევნია, ისევ ცეცხლის სინათლეს მივენდო და მთელი ეს დაბნელებული დედამიწაც ცეცხლს მივცე, ჩემს საკუთარ დედას და ძმას კი ზუსტად იგივე ქმედებისკენ მოვუწოდო.

მე ერთხელ და სამუდამოდ მსურს ჩემს თანამემამულეებს შევახსენო, რომ, პირველ ყოვლისა, კაცობა და კაცთმოყვარეობაა მათი ვალი და მხოლოდ ამის შემდეგ, ისიც თუ ჟამი დარჩათ და საშუალება მიეცათ, დიახ, მხოლოდ ამის შემდეგ, – ამერიკელობა.[86] რა აზრი აქვს კანონის სიძლიერეს თუ ის მხოლოდ შენი და შენი საკუთრების ერთობას იცავს, გინდაც რომ თავად შენი სულ-ხორცის ერთობას იცავდეს, თუ კანონი ჯერ ადამიანის და ადამიანობის ერთობას არ იცავს?!

დიდი ბოდიში, მაგრამ ეჭვი მეპარება, მთელ ჩვენს მასაჩუსეცში ერთი მოსამართლე მაინც მოიძებნებოდეს, რომელსაც თანამდებობიდან გადადგომა და, მართლაცდა, პატიოსანი შრომით ლუკმა პურის შოვნის დაწყება შეეძლოს მაშინ, როცა წუთისოფლის სიმუხთლე მისგან ისეთი უსამართლო განაჩენის გამოტანას მოითხოვს, რომელიც კანონს კი ემორჩილება, მაგრამ ღმერთის კანონის საწინააღმდეგოა. ვხედავ, რომ ეს ვაი-მოსამართლეები თავს იმ საზღვაო ფლოტის სამხედროებს უტოლებენ, ანდა, უფრო სწორად, თავიანთი ხასიათით და ქცევით მართლაცდა იმ უგუნური სამხედროებისებრნი გახლავან, მზად რომ არიან მათი დამბაჩა ბრმად და უაზროდ ნებისმიერი მიმართულებით გაისროლონ, როცა ამას თავიანთი მეთაური უბრძანებს. მათზე ნაკლები იარაღი და ჩიაკაცი როდია ასეთი მოსამართლე?! რასაკვირველია, ასეთ ბრმა მოსამართლეებს ასეთივე ბრმა სამხედროებზე მეტი პატივი არ უნდა მივაგოთ მხოლოდ იმის გამო, რომ ამ შემთხვევაში მათ უფროსს მათი გონება და შეგნება დაუმონებია, სამხედროების შემთხვევაში კი – მხოლოდ გვამი და სხეული.

მოსამართლეები და ადვოკატები – და ყველა მათნაირს ვგულისხმობ – და ყველა პრაქტიკული ადამიანიც, მონობის საქმეს ძალიან დაბალი და უვიცი კაცის საზომით საზღვრავენ და უდგებიან. მათ ის კი არ აინტერესებთ "ლტოლვილი მონის კანონი" სწორია თუ

[86] სწორად იგივე ზოგადსაკაცობრიო აზრს უჭერს მხარს XII საუკუნეში სანსკრიტის ენაზე დაწერილი ინდური სიბრძნის, "ჰიტოპადეშას" ავტორიც, ნარაიანა:
"'ეს ჩემია, ეს კი – არა,"
ასე მხოლოდ ციდა გონების პატრონები კინკლაობენ მარად.
წმიდა-გულიანები კი ყოველთვის
მთელ მსოფლიოს მიიჩნევდნენ საკუთარ ოჯახად."

არასწორი, არამედ – კონსტიტუციურია ის თუ არაკონსტიტუციური. მაშინ ისიც გამაგებინეთ, რომელია კონსტიტუციური, სათნოება თუ ცოდვა? სამართლიანობა თუ უსამართლობა? – უადგილოა, არა?! როცა საქმე ასეთ საჭირბოროტო ზნეობრივ და სასიცოცხლო მნიშვნელობის საკითხებთან გვაქვს, ისეთივე უადგილოა კანონზე ვიკითხოთ: კონსტიტუციურია ის თუ არა, როგორც, მაგალითად, მომგებიანია ეს კანონი თუ არა? სასამართლოს მოხელეები შეუპოვრად ცდილობენ, რომ ყველაზე ნაძირალა ადამიანების მსახურები იყვნენ და არა ადამიანთა მოდგმისა. საკითხავი ის კი არაა, შენ ან შენმა პაპამ სამოცდაათი წლის უკან რა ხელშეკრულება დადეთ ეშმაკთან, ანდა ამ ხელშეკრულების საფუძველზე კიდევ რა სამსახურის გაწევა გევალება სატანისთვის – ჯანდაბას წაუღია შორეულ წარსულში შენი ანდა შენი წინაპრის ღალატი და ლაჩრობა! დღეს საკითხავი მხოლოდ ისაა, დღეს თუ მოიქცევი სწორად და ღმერთის სამსახურში თუ ჩადგები ზეციური და მარადიული კანონისა და არა კონსტიტუციის დამორჩილებით; დიახ, ზეციური კანონისა, რომელიც თავად უფალს ჩაუნერგავს შენს არსებაში და არა ვიღაც ჯეფერსონს და ვიღაც ადამზს.[87]

მთელი ამ ჭოჭმანის სავალალო შედეგი კი ის გახლავთ, რომ თუ უმრავლესობა სატანას მისცემს ხმას, რათა ეს ეშმაკი ღმერთის თანამდებობაზე დანიშნოს, უმცირესობა თავს ჩახრის და უსიტყვო მორჩილებაში გააგრძელებს თავჩახრილ ცხოვრებას – და წარმატებულ კანდიდატს დაემორჩილება, იმ იმედით, რომ ოდესმე, იქნებ კონგრესის რომელიმე სპიკერის ხმის მიცემით, ვინძლო ისევ აღადგინონ ღმერთი უფლის თანამდებობაზე. რაც არ უნდა ვეცადო ამაზე უკეთეს გასამართლებელ საბუთს ვერც მოვძებნი და ვერც გამოვიგონებ ჩემი მეზობლების გასამართლებლად. ამ ხალხს ისე ჩაუგუბებია პირში წყალი და ისე იქცევა, კაცს გეგონება, მართლა სჯერა იმისა, რომ თავისი მორჩილებით ცხოვრების სასრიალოზე პატარა ხანს და პატარა მანძილზე, ან იქნებ სულაც დიდ მანძილზეც კი, ისე არ ჩასრიალდება, რომ ბოლოს ცხოვრებაში რაიმე თავისით არ შეიცვალოს და ისევ ზემოთ და ზემოთ არ იწყოს ამოსვლა და ამოსრიალება. სწორად ეს არის ამ ხალხის პრაქტიკულობა,[88] რომელიც თანახმაა პატარა დაბრკოლებაზე თვალი დახუჭოს, არადა ავიწყდებათ, რომ ეს დაბრკოლება ადამიანის ქვემოთ დაქანება და ადამიანობის დაცემაა. ოღონდაც შეუძლებელია სამართლიანი საერო ცვლილების მოხდენა ამ "პრაქტიკულობით". სწორად რომ შეუძლებელია ქვემოთ სრიალით ზეაღსვლა. აღმა სრიალი შეუძლებელია და ზნეობის საკითხებშიც ერთად-ერთი სრიალი ქვედა მიმართულებით ხდება, მისი შედეგი კი კაცის სულიერი დაცემაა.

---

[87] ჯეფერსონი და ადამსი ამერიკის დამაარსებელი მამები და პრეზიდენტები არიან.
[88] თოროუ მიუთითებს ვილიამ ფეილის შრომაზე, "ზნეობრივი და პოლიტიკური ფილოსოფიის საფუძვლები", რომელიც უმაღლეს სასწავლებლებში სტანდარტული სახელმძღვანელო იყო თოროუს სტუდენტობის ჟამს და მას ეს სულელური ფილოსოფია წაკითხული ჰქონდა ჰარვარდის უნივერსიტეტში. ამ წიგნში და მის მრუდე დედააზრში სიტყვა "პრაქტიკულობა"-ს ცენტრალური ადგილი უჭირავს და ხშირად იხმარება. იხილეთ ინგლისელი "თეოლოგოსის" და "ფილოსოფოსის", ვილიამ ფეილის (1743-1805) "ზნეობრივი და პოლიტიკური ფილოსოფიის საფუძვლები".

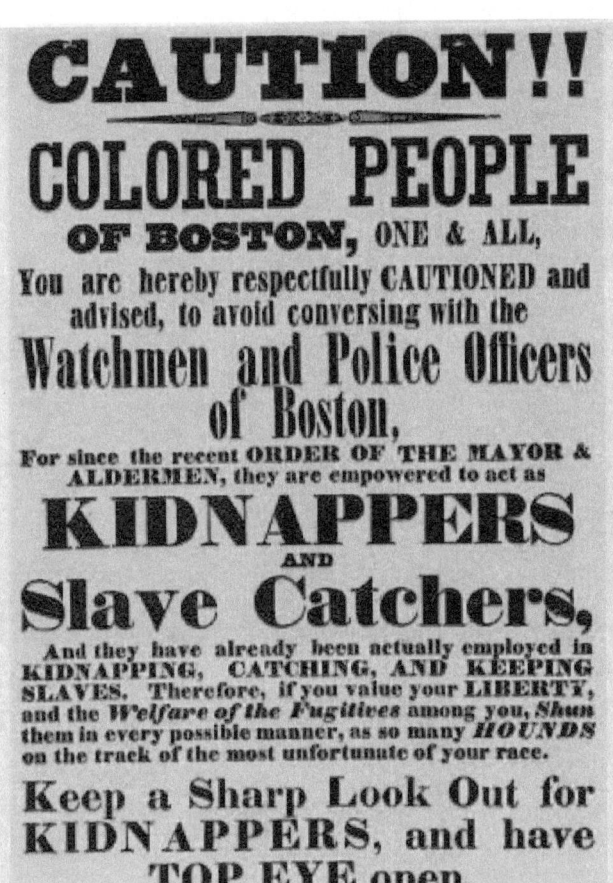

1851 წლის 24 აპრილის აფიშა ბოსტონელ ზანგებს აუწყებს, რომ იფრთხილონ, რადგან ქალაქის პოლიციელებმა მონების დაჭერა დაიწყეს.
AN APRIL 24, 1851 POSTER: WARNING COLORED PEOPLE IN BOSTON ABOUT POLICEMEN ACTING AS SLAVE CATCHERS.

ასე და ამგვარად, მტკიცედ და საიმედოდ ვაღმერთებთ მამონას,[89] – სკოლაშიც, ერშიც, ეკლესიაშიც... მეშვიდე დღეს კი გაერთიანებული შტატების ერთი კუთხიდან მეორემდე თავად ღმერთს ვწყევლით.[90]

ნუთუ კაცობრიობა ვერასოდეს შეიგნებს, რომ პოლიტიკური კურსი და ზნეობა ორი სრულიად განსხვავებული რამაა – და რომ პოლიტიკურ კურსს ზნეობრივი სისწორის დაცვა არ ძალუძს, რადგან ის მხოლოდ პრაქტიკულობითაა დაინტერესებული და არა სისწორით? – ის მუდამ ერთ კანდიდატს ირჩევს – სატანას. – ამის შემდეგ მის ამომრჩევლებს რატომღა უკვირთ, როცა მათ მიერ ამორჩეული ეშმაკი ნათლის ჭეშმარიტი ანგელოზივით აღარ იქცევა? ჩვენს ერს პოლიტიკური კურსის კაცები კი არა, კაცური კაცები სჭირდება დღეს – კაცები, რომლებიც კონსტიტუციაზე ანდა უმრავლესობის მრუდე ნებაზე და თვითნებურ არჩევანზე ბევრად უფრო მაღალ კანონს აღიარებენ და მორჩილებენ. ჩვენი სამშობლოს ბედი იმაზე კი არაა დამოკიდებული, თუ ვის და როგორ აძლევ ხმას საამომრჩევლო უბანში, – ამ პოლიტიკურ თამაშში ხომ ყველაზე უვარგისი კაცის ხმას სწორად ისეთივე ძალა აქვს, როგორიც ყველაზე კაცური კაცისას; ჩვენი სამშობლოს ბედი იმაზე კი არაა დამოკიდებული, თუ როგორ ქაღალდს ჩაუშვებ კენჭის ყრის ყუთში ყოველწლიურად, არამედ იმაზე, თუ ყოველ დილას შენი სახლიდან როგორ კაცს ჩაუშვებ ქუჩაში.

მასაჩუსეცს "ნებრასკის" ან თუნდაც "ლტოლვილი მონის" კანონპროექტი კი არ უნდა ადარდებდეს, არამედ საკუთარი მონათმფლობელობა და მონური ქედდადრეკილობა. დაე, სამშობლომ

---

[89] "მამონა" არამეული სიტყვაა და "მიწიერ სიმდიდრეს" ნიშნავს, გვხვდება ლუკას სახარებაში (16:13): "არავის მონასა ხელ-ეწიფების ორთა უფალთა მონებად: ანუ ერთი იგი მოიძულოს და ერთი შეიყუაროს, და ანუ ერთისაი თავს-იდვას და ერთი შეურაცხ-ყოს. ვერ ხელ-ეწიფების ღმრთისა მონებად და მამონაისა."

[90] საუბარია ამერიკაში, განსაკუთრებით კი ფენსილვეინიაში, გავრცელებულ ერეტიკულ ქრისტეანულ სექტაზე, ქვეიქერებზე, ზოგადად კი ამერიკის პროტესტანტული და კათოლიკური ეკლესიების მრევლზე, რომელთა წევრები კვირის განმავლობაში ფულს ანუ მამონას აღმერთებენ და ამის გამო საშინელ ბოროტებებს და უსამართლობებს ჩადიან, კვირა დღეს კი ეკლესიაში, ვითომცდა ღმრთისადმი დიდი ერთგულებით, წირვა-ლოცვას ან ქადაგებას ესწრებიან – ფარისევლობენ. ის გარემოება, რომ თოროუ სიტყვა "კვირა დღის" მაგივრად "მეშვიდე დღეს" ხმარობს, გახლავთ დასტური იმისა, რომ კონკრეტულად ქვეიქერებზეა საუბარი, – ქვეიქერები ხომ "კვირას" "მეშვიდე დღეს" ეძახიან. თუმცა ყველა ერეტიკული პროტესტანტული და კათოლიკური სექტები სწორად ასე იქცევიან, რის გამოც თოროუ, სხვა ჭეშმარიტად ქრისტეანი ამერიკელი მამულიშვილების მსგავსად, მხურვალედ ლოცულობდა წმიდა სამების მიმართ, მაგრამ არც ერთი ამ ერეტიკული სექტის მრევლს არ ეკუთვნოდა (იხილეთ ერთერთ მომდევნო თხზულებაში განმარტება კაპიტან ბრაუნსა და მის რაზმზე, მათ ლოცვასა და ქრისტეანობაზე). თოროუს განსაკუთრებით მათი ეს ფარისევლობა აკვირვებს და აღაშფოთებს, ის ამ ურცხვ საქციელს მწვალებელთა მიერ ღმერთის დიდ შეურაცხყოფად მიიჩნევს. ზემოთ მოყვანილი "წირვა-ლოცვა" და "ქადაგება" დამატებით განმარტებას საჭიროებს, – ბევრი პროტესტანტული ეკლესია წირვა-ლოცვას აღარც აღავლენს და მხოლოდ ქადაგებით შემოიფარგლება მათი კვირა დღე, რადგან ისინი სულზე წინ გონებას აყენებენ, წირვა-ლოცვით უფლის იდუმალი ძალით მინიჭებულ საიდუმლო სიბრძნეზე წინ კი – ქადაგებით გადმოცემულ ადამიანურ, ლოგიკურ "სიბრძნეს". ამის მაგალითს დღეს საქართველოში მეტად მომრავლებულ სექტანტებშიც შეხვდებით, – ისინი სწორად იმ პროტესტანტების და კათოლიკების ბარტყები არიან, რომლებსაც თოროუ სამართლიანად ჰგმობდა, – სექტანტებს არ აქვთ წირვა და ლოცვა, და, აქედან გამომდინარე, ამ წირვა-ლოცვიდან ჭეშმარიტ სიბრძნედ გამონაჟური საიდუმლო ანუ მისტიური განათლება, და მხოლოდ თავიანთი ცერცვისოდენა გონებიდან გამოჩიტული ადამიანური, ლოგიკური "სიბრძნით" იმოძღვრავენ და ინათლებენ უთაო თავებს. დიდმა ელენისტმა ებრაელმა ფილოსოფოსმა, ფილო ალექსანდრიელმა (20 ჩ.წ.-მდე–50 ჩ.წ.-ით) სწორად მათზე თქვა I საუკუნეში: "ერთად-ერთი სიბრძნე, რაც სოფისტებს გააჩნიათ, არის სიბრძნე სიამაყისა". აღსანიშნავია, რომ თავად შტატი ფენსილვეინიაც (რომელშიც შედის ამერიკის ძველი დედაქალაქი, ფილადელფია) ვილიამ ფენმა სწორად ქვეიქერების თავშესაფრად დააარსა.

მყისვე გააუქმოს თავისი კავშირი მონათმფლობელთან![91] დაე, გაეყაროს მას ერთხელ და სამუდამოდ! დიახ! შეიძლება, თავის დაძრომის მიზნით დაიკლაკნოს და იჭოჭმანოს, და კონსტიტუციის კიდევ ერთხელ გადაკითხვა-გადამოწმებისთვის ცოტა ხანი მაცადეთო, მოითხოვოს; მერწმუნეთ, ჩვენმა ქვეყანამ რაც არ უნდა ეცადოს და იკითხოს, ვერ მოძებნის ისეთ დამაჯერებელ და საპატიო კანონს თუ პრეცედენტს, რომელიც მას ამ ამაზრზენი კავშირის თუნდაც წამიერ გაგრძელებას მოუწონებს.

დაე, ჩვენი ქვეყნის თითოეულმა ბინადარმა საკუთარი კავშირი გააბათილოს საკუთარ სამშობლოსთან, თუ ეს სამშობლო საკუთარი მოვალეობის შესრულებაზე ამბობს უარს.

წინა თვეში განვითარებულმა მოვლენებმა თუ რაიმე მასწავლეს, არის ის, რომ ამქვეყნიურ დიდებას არ ვენდო. ვატყობ, ეს დიდება გმირის არჩევისას ბევრს ფიქრობს და ჭოჭმანობს, ოღონდ არჩეულ გმირებზე კი დაუფიქრებლად გაჰკივის ვაშას. ის ვერ ხედავს კაცის ქმედებაში ნამდვილი გმირობის უბრალოებას და მხოლოდ ამ ქმედების შედეგებითაა დაინტერესებული. მას ქებით ცამდე აჰყავს ბოსტონის ჩაის სმის[92] მარტივი გმირობა, აი, ბოსტონის სასამართლო შენობაზე ახლახან მიტანილი ბევრად უფრო საგმირო და ვაჟკაცური შეტევის შესახებ კი დუმს, მხოლოდ იმიტომ, რომ ეს შეტევა წარუმატებლად დამთავრდა![93]

უსინდისობის საფარველში გახვეული მასაჩუსეცის შტატი სასამართლო შენობაში გულგრილად წამომჯდარა და ახლა იმ კაცების გასამართლება სურს, რომელთაც მისთვის თავიანთი სიცოცხლე და

91 "არანაირი კავშირი მონათმფლობელთან" იქცა აბოლიშენისტების ანუ მონობის მოწინააღმდეგეების მიზნად. მათ მიაჩნდათ, რომ ჩრდილოელ მამულიშვილებს სამხრელებთან სამოქალაქო ომი კი არ უნდა დაეწყოთ, როგორც ეს შემდგომ მოხდა პრეზიდენტ ლინქოლნის ბრძანებით, არამედ თავისუფლების მოყვარული ჩრდილოეთი მონობის მოყვარულ სამხრეთს უნდა გაყროდა, განდგომოდა და ცალკე, დამოუკიდებელ ამერიკულ სახელმწიფოდ ეარსება. ამ ჩრდილოელ ჭეშმარიტ მამულიშვილებს ამერიკის მომავალი კაცთმოძულე სამხრელებთან ერთად წარმოუდგენლად მიაჩნდათ.

92 ბოსტონის ჩაის სმა – 1773 წლის 16 დეკემბერს ბოსტონელებს, და, ზოგადად, ამერიკელებს, ყელში ჰქონდათ ამოსული ბრიტანეთის იმპერიის დესპოტობა. მათ ინგლისი უსამართლოდ უწესებდა გაზრდილ-გაბერილ გადასახადებს. ერთერთი ასეთი გადასახადი იყო ჩაის გადასახადი, რომელიც დიდი ბრიტანეთის პარლამენტმა "ჩაის აქტის" კანონპროექტის საფუძველზე დააწესა. კოლონიებში საიმპორტოდ შემოსული ბრიტანული ჩაი ორმაგად იბეგრებოდა – ადგილობრივად, ამერიკული მთავრობისგან, და იმპერიულად, დიდი ბრიტანეთის სასტიკი მონარქიისგან. ბოსტონელებმა უარი თქვეს ორმაგად დაბეგრილი, გაძვირებული ჩაის მიღებაზე, მაგრამ ადგილობრივი მთავრობა მათ მხარში არ ამოუდგა, რაზეც განაწყენებულმა ნიუ ინგლენდელებმა აჯანყება მოაწყეს, – ბევრი იანკი იმპერიის სავაჭრო გემებზე ავიდა და მთელი იმპორტული ჩაი წყალში გადაყარა, და ამით უარი განაცხადა ინგლისური ჩაის სმაზე. 1774 წელს დიდი ბრიტანეთის პარლამენტმა ამის საპასუხოდ დადგენილება მიიღო, შედეგად ბოსტონის ნავსაყუდელი დაიხურა და იქ ვაჭრობა აიკრძალა მანამ, სანამ ამერიკელი ხალხი "ბრითიშ ისთ ინდია ქომფანის" ანუ "ბრიტანეთის აღმოსავლეთ ინდოეთის კომპანიას" წყალში ჩაყრილი ჩაის საფასურს არ გადაუხდიდა. ეს მოვლენა გახლდათ ამერიკელ ხალხში მომწიფებული თავისუფლების წყურვილის პირველი დიდი გამოხატულება. სულ მალე ამ აჯანყებას სხვა აჯანყებებიც მოჰყვა, აჯანყებებს კი – რევოლუციური ანუ ამერიკის დამოუკიდებლობის ომი, რაც ინგლისის იმპერიის მწარე მარცხით და ამერიკის გამარჯვებით და განთავისუფლებით დამთავრდა. აღსანიშნავია, რომ ქართულ ლიტერატურაში დამკვიდრებულია ამ მოვლენის სახელის არასწორი თარგმანი, "ბოსტონური ჩაის სმა", – სწორია "ბოსტონის ჩაის სმა".

93 თოროუს მიაჩნდა, რომ ბოსტონის სასამართლოს შენობაში ნიუ ინგლენდელი ხალხის აჯანყება და დაპატიმრებული ლტოლვილი მონის განსათავისუფლებლად აგორებული პროტესტი იყო ამერიკელი ხალხის უდიდესი საგმირო და მამულიშვილური საქმე და მასთან თვით "ბოსტონის ჩაის სმა" მოსატანიც არაა.

თავისუფლება არ დაუშურებიათ. ესაა *სამართალი?!* ის ადამიანები, რომლებმაც მთელ ქვეყანას დაანახეს, უკიდურესი გაჭირვების ჟამსაც რომ კაცურად მოქცევა შეუძლიათ, დღეს შეიძლება ბორკილების ქვეშ აღმოჩნდნენ თავიანთი *კაცური საქციელისთვის.* ეს ვაჟკაცები, რომელთაგან დღეს სიმართლე მოითხოვს რომ თავიანთი ჩადენილი მამულიშვილური საქმე ეგრეთწოდებულ დანაშაულად აღიარონ, მთელი ამ შტატის მოსახლეობის ყველაზე უცოდველი ადამიანები არიან. და მაშინ, როცა გუბერნატორი, და ბოსტონის მერი, და მასაჩუსეცის თანამეგობრობის სხვა ურიცხვი მოხელეები თავისუფლები დადიან ამქვეყნად, ჩვენი ქვეყნის თავისუფლების ნამდვილი ფალავნები ციხეში სხედან.

უდანაშაულო მხოლოდ ისაა, ვინც ამ ვაი-სასამართლოს მიერ დაცულ კანონებს დაარღვევს. აუცილებელია, რომ ყოველმა ჭეშმარიტმა კაცმა კიდევ ერთხელ გადაამოწმოს თავისი კაცობა და ჭეშმარიტი სამართლის მხარეზე დადგეს, სასამართლოებს კი, რაც უნდა ის უქნიათ. ამ შემთხვევაში მთელი სულით და გულით ვუჭერ მხარს ბრალდებულებს, ბრალმდებლებსა და მოსამართლეებს კი მთელი სულით და გულით ვეწინააღმდეგები. სამართალი სასიამოვნოა და წყაროს რაკრაკივით ჰარმონიული; უსამართლობა კი უხეშია და ჰარმონიას მოკლებული. ზის ეს ჩვენი მოსამართლე და უკრავს თავის არღანს, თუმცაღა მისი დაკრული მუსიკას არ ჰქმნის, და მხოლოდ არღანის ჟანგიანი სახელურის გულისგამაწვრილებელი ხმაური სწვდება კაცის სმენას. მოსამართლეს ჰგონია, რომ მთელი ჰანგები ამ სახელურშია და აზრგამოშიგნული ხალხის ბრბოც ამ უაზრო მუსიკისთვის სპილენძის ხურდას დღესაც ისევე უყრის ამ ადამიანს, როგორც უწინ.

ნუთუ გგონიათ, რომ მასაჩუსეცი, რომელიც დღეს ასეთ საქმეებს ჩადის – რომელიც ჭოჭმანობს გმირებისთვის გვირგვინის დადგმას, იმ გმირებისთვის, რომელთა ადვოკატები და თავად მოსამართლეებიც კი იძულებულები არიან თავის გასამართლებად სიტყვების თამაშს, იურიდიულ ზმებს და კალამბურებს, და თავის დაძვრენის სხვა ამგვარ ხერხებს მიმართონ, რომ საკუთარი სინდისი და სამართლიანობის გრძნობა რაღაცით მაინც დაიპურონ, დაიმშვიდონ და გულის სიღრმეში არ აიჯანყონ – ნუთუ გგონიათ, რომ ეს მასაჩუსეცი სულმდაბალი და ქედდადრეკილი არაა? ნუთუ გგონიათ, რომ ასეთი ქვეყანა თავისუფლების ალამდარია?

მაჩვენეთ თავისუფალი ქვეყანა და ჭეშმარიტი სამართლის დამცველი სასამართლო და, თუ საჭირო გახდა, მისთვის ვიბრძოლებ და სიცოცხლესაც არ დავიშურებ; მაჩვენეთ მასაჩუსეცი და ხმამაღლა გეტყვით, რომ მე უარს ვამბობ მის მოკავშირეობაზე და მისი სასამართლოების მიმართ ზიზღის გარდა სხვა გრძნობა არა დამრჩენია რა.

კარგი მთავრობის არსი იმაში მდგომარეობს, რომ სიცოცხლე უფრო მეტად დააფასოს ქვეყანაში – ცუდის კი იმაში, რომ კაცის სიცოცხლე უფრორე გააუფასუროს. ჩვენს ცხოვრებას ბევრი არა დააკლდება რა, რკინიგზამ და ერის უბრალოდ ნივთიერმა განძმა ჟამის განმავლობაში ღირებულება რომ დაკარგოს და რამდენადმე გაუფასურდეს; სწორად ამის გამო კიდევ უფრო ნაკლებად უნდა ადარდებდეს კაცს

ნივთები და კიდევ უფრო მეტად კაცურად უნდა ცხოვრობდეს ის; მაგრამ წარმოიდგინეთ რა მოხდება, თავად სიცოცხლე რომ გაუფასურდეს! როგორ შევამციროთ კაცებზე და ადამიანურ ბუნებაზე დედამიწის მოთხოვნა? როგორ მოვიხმაროთ მეტი ეკონომიურობით სათნოება და ის ყველა კეთილშობილური ადამიანური თვისება, რომელიც კაცის სიცოცხლისთვისაა აუცილებელი? ამ ბოლო ერთი თვის განმავლობაში ერთი განცდა მახრჩობდა – და მგონი, მასაჩუსეცში მცხოვრებმა ყველა კაცმაც, რომელსაც მამულიშვილობის განცდა შეუძლია იგივე განიცადა – გრძნობა იმისა, რომ რაღაც უსაზღვრო და უსასრულო დავკარგე. თავიდან არ მესმოდა რა მაწუხებდა. ბოლოს მივხვდი, თავად სამშობლო დამიკარგავს თურმე. არასოდეს არ ვცემდი პატივს მთავრობას, რომლის გვერდით, ისე მოხდა, რომ ცხოვრება მომიხდა, მაგრამ მე, სულელს, მეგონა, ჩემი საქმის წყნარად წარმოებით და თავჩახრილი მუშაობით, სხვა თუ არაფერი, სიცოცხლეს მაინც მოვახერხებდი აქ როგორმე. პირადად მე რაც შემეხება, ამ ქვეყანაში ჩემმა ყველაზე დიდი ხნის წამოწყებულმა და ღირსეულმა საქმეებმაც კი, ენით ვერც აღგიწერთ, რარიგად დიდად დაკარგეს ხიბლი. და გრძნობა მეუფლება, რომ ამ შტატში ჩადებული ჩემი სიცოცხლის ინვესტიცია გაუფასურდა და, რაც მასაჩუსეცმა უდანაშაულო კაცი, ენთონი ბერნზი, განზრახ დაატყვევა და სამხრეთში მონობისთვის უკან გადაასახლა, ჩირადაც აღარ მიღირს დღეს. შეიძლება ილუზიის ბრალია, მაგრამ ადრე ვფიქრობდი ხოლმე, რომ ჩემი სიცოცხლე სადღაც სამოთხესა და ჯოჯოხეთს *შუა* იყო გაჩხერილი, ახლა კი ეჭვი აღარ მეპარება, რომ *შიგ ჯოჯოხეთში* ვცხოვრობ. მთელი ის პოლიტიკური ორგანიზაცია, რომელსაც მასაჩუსეცი ეწოდება, ჩემთვის სწორად ისეთივე მყრალი სანახაობაა, და ზნეობრივად ისეთივე ვულკანური სკორეთი და წიდითაა დაფარული, რომელსაც მილტონი[94] აღწერს ქვესკნელის შესახებ. არა მგონია სადმე ისეთი უსინდისო ხალხით სავსე ჯოჯოხეთი არსებობდეს, როგორიც ჩვენი მბრძანებელი მთავრობა და ჩვენი მორჩილი ხალხია, და თუ არსებობს, ინტერესის გულისთვის, ერთი მაინც ჩამახედეთ შიგ. იქ, სადაც სიცოცხლე არ ფასობს, იქ, ამ მატერიულ საგნებსაც, რომელთაც მხოლოდ ის დანიშნულება აქვთ რომ ადამიანის სიცოცხლეს მოხმარდნენ, ფასი ეკარგებათ. წარმოიდგინე, გაქვს პატარა ბიბლიოთეკა, კედელზე სამშვენისად დაკიდებული მშვენიერი ნახატებით – გარშემო ლამაზი ბაღი – ზიხარ და ჭვრეტ მეცნიერულ და სიტყვაკაზმულ საქმეებს და ერთ მშვენიერ დღეს უეცრად და ანაზდეულად აღმოაჩინე, რომ თურმე ეს შენი ლამაზი სოფლის სახლი, მთელი თავისი შიგთავსით ჯოჯოხეთის შუაგულში დგას, და რომ შენს საყვარელ სოფლის მოსამართლეს ჩლიქიანი ტერფი და ჩანგლიანი კუდი ჰქონია თურმე – განა მაშინვე არ დაეკარგება აზრიცა და ფასიც მთელ შენს ქონებას შენს თვალში?

ვგრძნობ, რომ გარკვეულწილად სახელმწიფო უკანონოდ ჩაერია ჩემს კანონიერ საქმეში, და ეს ჩარევა მომაკვდინებელი აღმოჩნდა ჩემთვის. მან ხელი არამარტო სასამართლოს ქუჩაზე[95] სიარულისას შემიშალა, როცა საქმეზე მივემართებოდი, არამედ მეც და ყველა სხვა მოქალაქესაც

---

[94] ჯონ მილტონი (1608-1674) – დიდი ინგლისელი პოეტი. მისი ნაწარმოებებიდან ყველაზე ცნობილია ეპიკური პოემა "დაკარგული სამოთხე". თოროუც სწორად ამ პოემაზე მიუთითებს.
[95] სასამართლოს ქუჩა – მასაჩუსეცის შტატის სასამართლოს მიმდებარე ქუჩა, სადაც ენთონი ბერნზი დაატუსაღეს.

ნიმფეა ოდორატა, ანუ სურნელოვანი შროშანა,
ანუ თეთრი დუმფარა, ანუ წყლის შროშანა.
NYMPHAEA ODORATA ALSO KNOWN AS FRAGRANT WATER LILY.

შეუშალა ხელი, რომელსაც თავისუფლად აღმა-დაღმა სიარული ეწადა და სასამართლო ქუჩა მხოლოდ გზად უნდა გაევლო და ეს გავლა, სახელმწიფოს წყალობით, გადაულახავ დაბრკოლებად და დაუძლეველ გაუვალობად ექცა. რა უფლება ჰქონდა სახელმწიფოს, ჩვენთვის სასამართლო ქუჩის არსებობა შეეხსენებინა, თავისუფლება დაეკოდა და ჩვენი ლაღი სვლისთვის ხელი შეეშალა? ვაი, რომ ეს სახელმწიფო ის ფუტურო აღმოჩნდა, რომლის სიცარიელე კარგად ვიცოდი, მაგრამ თავს ვიტყუებდი და რატომღაც იმედი მქონდა, რომ მასში რაიმე სიმყარეს ვიპოვიდი.

მაკვირვებს, როცა ჩემს გარშემო ადამიანებს ვუყურებ და ვხედავ, რომ ისინი ჩვეულებისამებრ ისევე ისე აგრძელებენ ცხოვრებას, ვითომ არც არაფერი მომხდარა მათ გარშემო. ჩემს თავს ვეუბნები ხოლმე, “უბედურები! ახალი ამბავი ჯერ არ სმენიათ!” ჩემში გაკვირვებას იწვევს ის გარემოება, რომ ცხენზე ამხედრებული კაცი, რომელსაც სულ ახლახან შევხვდი, მთელი სერიოზულობით ცდილობს გაქცეული საქონლის ნახირში მოგროვებას, რომელიც სულ ესესაა უყიდია ბაზრად – ნუთუ ვერ ხვდება, რომ ამქვეყნად ყველა სახის კერძო საკუთრება არასაიმედოა, და თუ მისი საქონელი დღეს არ გაიქცევა, ხვალ მაინც ძალით წაართმევენ ტანჯვით მოგროვილ პირუტყვს. სულელი! ნუთუ არ იცის, რომ მისი სათესლე სიმინდი წელს ნაკლები ღირს, ვიდრე უწინ – რომ ყველა მადლიანი მოსავალის ფასი კაპიკია, როცა კაცი ჯოჯოხეთის იმპერიის კარიბჭეს უახლოვდება? არც ერთი გონიერი კაცი არ ააშენებს სახლს მიწიერი ცხოვრების ცვალებად საძირკველზე, არც გრძელვადიან საქმეს არ წამოიწყებს ამ წამიერ წუთისოფელში. ხელოვნება ჟამში გაწელილი საქმეა, აი, ცხოვრება კი უამრავი ხელის შეშლის გამო ბევრად უფრო სწრაფად წარმავალი, მისი ყოველი მონაკვეთი ადამიანისთვის ძნელი მისაწვდომია და კარგი საქმით დაკავებული კაცი მუდამ ჟამის ნაკლებობას განიცდის. ძილის ჟამი აღარაა. კაცობრიობას უკვე რა ხანია გაუხარჯავს მემკვიდრეობით მიღებული თავისუფლება. და თუ ჩვენ ჩვენი სიცოცხლის შენარჩუნება გვსურს, ბრძოლაც უნდა გვსურდეს ამ სიცოცხლისთვის.

მივსეირნობ ერთერთი ჩვენი მშობლიური ტბორისკენ;[96] გარნა ერთი კითხვა არ მაძლევს მოსვენებას – ნუთუ ბუნება მაინც ლამაზია, როცა მასში ადამიანები არიან სულით მახინჯები? მივსეირნობთ ხოლმე ტბებისკენ, რომ მათში არეკლილი ჩვენი საკუთარი სახეების უშფოთველობა დავინახოთ; როცა უშფოთველობა არ გვაქვს, ტბაზეც აღარ მივდივართ მაშინ. ჰოდა, მაშინ ისიც მითხარით, განა შესაძლებელია კაცი მშვიდად არსებობდეს ისეთ ქვეყანაში, სადაც მმართველებიც და მართულებიც, ბატონებიც და ყმებიც უსინდისოები არიან და სულის სიმტკიცე არ გააჩნიათ? სამშობლოს გახსენება სიარულის ჟამს ხასიათს წამიხდენს ხოლმე. ჩემს გონებაში წარმოშობილი ფიქრები ამ უსამართლო სახელმწიფოს მოკვლას ლამობენ და ჩემს თავში უნებლიე შეთქმულებას აწყობენ ხოლმე მის წინააღმდეგ.

[96] თოროუ სიტყვა “ტბორ”-ს კი ხმარობს, მაგრამ სინამდვილეში “ტბა”-ს გულისხმობს. ნიუ ინგლენდელები ტბას უმეტესად ტბორს ეძახიან, მაგალითად “ვოლდენის ტბორი”-ო იტყვიან, და არა “ვოლდენის ტბა”.

ისე მოხდა, იმ დღეს წყლის შროშანას ვუსუნე, და მივხვდი, გაზაფხული, რომელსაც მთელი გულით ველოდი, უკვე დამდგარა. ეს ყვავილი სიწმიდის სიმბოლოა. იმდენად უბიწო და ლამაზია თვალისთვის, იმდენად ტკბილია ყნოსვისთვის, გეგონება, ჩვენთვის იმის ჩვენება სურს, თუ რაში უნდა ვპოვებდეთ ამქვეყნიურ უბიწობას და სიტკბოებას, და რომ ეს წმიდა სილამაზე დედამიწის ტალახიდან და ჭუჭყიდან მოდის. მგონი, ჩემს მიერ მოწყვეტილი შროშანის გარდა მთელი ერთი მილის მანძილზე სხვა შროშანა ჯერ არც იყო გაფურჩქნული. ჩვენი იმედების რაოდენ დიდი დასტურია ამ ყვავილის სურნელში! მისი ხათრით ამ წუთისოფლის განახლების იმედი მიცოცხლდება, მიუხედავად ჩრდილოელ კაცში არსებული მონობისა, სიმხდალისა და სულიერი სიმტკიცის და ზნეობის ნაკლებობისა. ეს ყვავილი გვანახებს, რომელი კანონი ყოფილა და არის ყველაზე ბევრგან და ყველაზე მრავალჟამიერ ძლევამოსილი თუნდაც ამ ქვეყნად, და რომ დადგება დღე, როცა კაციც საქმიანობის მაგივრად საგმირო საქმეს მიჰყოფს ხელს და მის საქციელსაც შროშანისთანა ტკბილი სურნელი აუვა. ასეთია სურნელება, რომელსაც ეს მცენარე სცემს. და თუ ბუნება იმდენს იზამს და ამ სურნელს ყოველწლიურად კვლავ შეკაზმავს, მაშინ ვირწმუნებ, რომ ის კვლავ ახალგაზრდაა და მხნეობით სავსე, რომ მისი პატიოსნება და ნიჭიერება უვნებელია, და რომ თავად კაცშიც კი სათნოება დევს, რადგან კაცს ამ სურნელის შეგრძნება და სიყვარული შეუძლია.[97] ეს ყვავილი შემახსენებს, რომ ბუნებას "მიზურის კომპრომისში" ხელი არ ურევია. მე ვერ ვგრძნობ ვერავითარ კომპრომისს წყლის შროშანის სურნელებაში. მას არ ჰქვია *ნიმფეა დაგლასიი*.[98] მასში სიტკბოება და უბიწობა და უმანკოება სრულად განიყოფიან ამქვეყნიური უხამსობისა და სიავისგან. მის სურნელში ვერ ვგრძნობ ვერც მასაჩუსეცის გუბერნატორის და ვერც ბოსტონის მერის ქვეშქვეშურ ყოყმანს.[99] ისე მოიქეცი, ადამიანო, რომ შენი ქმედების სუნმა ატმოსფეროს სურნელება კიდევ უფრო მეტად დაატკბოს, და ყვავილის სურნელის შეყნოსვისას არ

[97] რაოდენ დიდია მსგავსება თოროუს მსჯელობასა და დიდი მართლმადიდებელი წმიდა მამის, ფსევდო-დიონისე არეოპაგელის ღმრთისმეტყველებაში. იხილეთ წიგნი "კორპუს არეოპაგიტიკუმ", ქვეწიგნი "საღმრთო სახელები", თავი IV, No 20. ამ და მომდევნო წინადადებაშიც თოროუ ფსევდო-დიონისეს ღმრთისმეტყველებას ამტკიცებს, რომლის თანახმადაც უფალს ბოროტება არ შეუქმნია, ადამიანიც თავისთავად კეთილი, კარგი და უბოროტო არსებაა, იგი გაუკუღმართდა მხოლოდ მაშინ, როცა მას ეშმაკი შეუძვრა სულში. სწორად ამიტომ, თუნდაც ბოროტი ადამიანი, თუ ის ცოცხლობს და არსებობს, მასში სიკეთის არსებობით არსებობს და არა – ბოროტების. ბოროტება ხომ არარსებობაა, რადგან ბოროტება უფალს არ შეუქმნია და რაც არ შეუქმნია, ის ვერ იარსებებს. თავად ეშმაკიც მხოლოდ იმიტომ არსებობს, რომ მასში ღმრთის მიერ ჩადებული რაღაც ნიჭი და სიკეთეა, თორემ ეს ნიჭი და სიკეთე რომ აღარ იყოს, თავად ეშმაკიც აღარ იარსებებდა მაშინ.

[98] ნიმფაეა დაგლასიი – მიუთითებს ილინოის შტატის სენატორ სთივენ ეი. დაგლასზე, რომელიც "1850 წლის კომპრომისის" მთავარი ავტორი იყო. ეს კომპრომისი შეიცავდა "ლტოლვილი მონის კანონსაც". სენატორი დაგლასი შემდგომ საპრეზიდენტო კანდიდატიც გახლდათ, რომელიც ეიბრეჰემ ლინქოლნმა დაამარცხა 1860 წლის არჩევნებში. წყლის შროშანის ბოტანიკური სახელია "ნიმფეაე ოდორატა" ანუ "სურნელოვანი შროშანა". აღსანიშნავია ერთი მეტად უცნაური გარემოება: ამ თხზულების პირველი და მეორე დაბეჭდვების ჟამს რედაქტორებმა "ნიმფაეა დაგლასიი" ორი "ს"-თი დაწერეს, როგორც "ნიმფაეა დაგლასსიი", რამაც გამოიწვია გაურკვევლობა, – ზოგს მიაჩნდა, რომ თოროუ ამ ფრაზით სენატორ სთივენ ეი. დაგლასზე კი არ მიუთითებდა, არამედ ფრედერიკ დაგლასზე, რომლის გვარი ორი "ს"-თი იწერება. ფრედერიკ დაგლასი ზანგი გახლდათ, თავად ყოფილი მონა, რომელიც შემდგომ საზოგადო მოღვაწე გახდა. ის ბევრს იბრძოდა მონათმფლობელობის წინააღმდეგ, მაგრამ ზოგიერთ აბოლიშენისტს მიაჩნდა, რომ ფრედერიკ დაგლასი მთავრობასთან გარკვეულ დათმობებზე წავიდა და ამის გამო ის მთლად მართალი და კარგი კაცი არ იყო. აშკარაა, მიუხედავად იმისა, რომ თოროუ ფრედერიკ დაგლასს დიდ გმირად არ მიიჩნევდა, ის მას მასხარად მაინც არ აიგდებდა და სატირული გამოთქმით, "ნიმფაეა დაგლასიი", ილინოის შტატის სენატორ სთივენ ეი. დაგლასს გულისხმობს.

[99] ჯეროუმ ვი. სი. სმითი (1800-1879) – ქალაქ ბოსტონის მერი 1854-1855 წლებში.

გაგვახსენდეს თუ რამდენად შეუფერებელია შენი საქციელის სიმყრალე ბუნების სიტკბოებასთან; და განა რაა, ზოგადად, სურნელება, თუ არა ზნეობრივი თანასწორობის ერთერთი საჯარო განცხადება, და ამ ყვავილის შემთხვევაშიც ცხადი ხდება ის ჭეშმარიტება, რომ მის კარგ სურნელს ჯერ რომელიღაცა კარგი ქცევა უძღვოდა წინ და ამ კარგი ქცევის გარეშე შროშანასაც არ ექნებოდა კარგი სუნი. მყრალი ტალახი კაცის მცონარობისა და ცოდვის სიმბოლოა, და კაცობრიობის ლპობის ნიშანი; სურნელოვანი ყვავილი კი, რომელიც ამ ტალახიდან აღმოცენდება, – უბიწობისა და გულადობის, რომელიც უკვდავია და მრავალჟამიერი.

კაცის გრძნობების მოსახიბლად მონობას და ქედდადრეკილობას როდი შეუქმნია ტკბილ-სურნელოვანი ყვავილი ყოველწლიურად? მონობასა და ქედდადრეკილობაში ხომ ჭეშმარიტი სიცოცხლე და სიცოცხლის მიმნიჭებელი ძალა არ დევს:[100] მონობა და ქედდადრეკილობა ყველა ჯანმრთელი ნესტოსთვის ხრწნადობა და სიკვდილია მხოლოდ. ჩვენ მათი არსებობა არ გვშურს და მათი სიცოცხლის გამო არ ვჩივით, ჩვენი საჩივარი მხოლოდ ისაა, ეს ცოდვები დავიწყებას არ მიეცეს და ჩუმ-ჩუმად არ *დაიმარხოს*. დაე, ცოცხლად დარჩენილებმა შეგნებულად დამარხონ ისინი: სხვა თუ არაფერი, გახრწნილი ცოდვები ნაკელისთვის მაინც გამოდგება.

[100] კიდევ ერთი მსგავსება თოროუს მსჯელობაში და დიდი მართლმადიდებელი წმიდა მამის, ფსევდო-დიონისე არეოპაგელის ღმრთისმეტყველებაში. იხილეთ წიგნი "კორპუს არეოპაგიტიკუმ", ქვეწიგნი "საღმრთო სახელები", თავი IV, No 19: "ბოროტებისგან არაფერი იღებს არსებობის დასაბამს."

სამოქალაქო დაუმორჩილებლობა

მთელი გულით მხარს ვუჭერ იმ აზრს, რომ "მმართველობის ის ფორმა და ის მთავრობაა ყველაზე კარგი, რომელიც ყველაზე ნაკლებად მართავს ხალხს";[101] და კარგი იქნებოდა, ეს შეძახილი ცხოვრებაში უფრო სწრაფად და უფრო ხშირად განგვეხორციელებინა, რაც საბოლოო ჯამში იმ აზრამდე მიგვიყვანდა, რომელსაც მე, აგრეთვე, მთელი გულით ვუჭერ მხარს – "მმართველობის ის ფორმა და ის მთავრობაა ყველაზე კარგი, რომელიც საერთოდ არ მართავს ხალხს"; და სწორად ასეთი, თავისუფლების შეულახველი, მთავრობა ეყოლება ერს, როდესაც მისი მოქალაქეების შეგნება იქნება მზად ამგვარი თავისუფალი მმართველობისთვის. საუკეთესო შემთხვევაშიც კი მთავრობა პრაქტიკულობაა მხოლოდ; მაგრამ, მთავრობების უმრავლესობა მუდამ, და დედამიწის ზურგზე ყველა მთავრობა ხანდახან მაინც, სწორადაც რომ არაპრაქტიკულია. პროტესტი, რომელსაც ხალხი არაფრისმაქნისი, ქუჩაში უაზროდ მდგარი მოქმედი ჯარის [102] წინააღმდეგ გამოთქვამს, არაფრისმაქნისი მთავრობის წინააღმდეგაც უნდა გამოითქვას. არაფრისმაქნისი ჯარი ხომ თავად ამ არაფრისმაქნისი მთავრობის მარჯვენა ხელია. მთავრობა, რომელიც სხვა არაფერია, თუ არა მოქალაქეების მიერ საკუთარი თავისუფალი ნების აღსასრულებლად არჩეული იარაღი და ხერხი, თავისი არაფრისმაქნისობისთვის ისევე იმსახურებს ლანძღვას, როგორც არაფრისმაქნისი ჯარი. შეხედეთ ერთი ჩვენ მიერ მექსიკის წინააღმდეგ გაჩაღებულ დღევანდელ ომს.[103] იგი ხომ

---

[101] მსგავს ეპიგრაფს პირველი გვერდის სათაურად იყენებდა "გაერთიანებული შტატების ჟურნალი, და დამოკრატიული მიმოხილვა" 1837-1859 წლებში, – "ყველაზე კარგი ის მთავრობაა, რომელიც ყველაზე ნაკლებ მართავს ერს". ეს ციტატა წარმოსდგება ჟურნალის რედაქტორის, ჯონ ლუის ოსალივანის თხზულებიდან, რომელიც ამ ჟურნალის პირველ ნომერში გამოქვეყნდა. აღსანიშნავია, რომ იგივე თხზულებების ციკლში, ჟურნალის მესამე ნომერში 1843 წელს თოროუმ გამოაქვეყნა თავისი თხზულება "დაკარგული სამოთხე (რომელიც უნდა) დავიბრუნოთ". თოროუს მეგობარ, რალფ ვოლდოუ ემერსონსაც მსგავსი ლოზუნგი აქვს ნახმარი თავის 1844 წლის თხზულებაში "პოლიტიკა": "რაც უფრო ნაკლები მთავრობა გვყავს, მით უკეთესი." ზოგჯერ ხალხი ამ ლოზუნგს მცდარად ამერიკის რიგით მესამე პრეზიდენტს, თომას ჯეფერსონს მიაწერს ხოლმე.

[102] მოქმედი ჯარი – გამოთქმა მიუთითებს სამხედრო მზადყოფნაში მდგარ, ქუჩაში გამოფენილ მოქმედ ჯარზე, რომელიც ამერიკელებს კოლონიური დროიდან სძულდათ, რადგან ეს მოქმედი ჯარი ბრიტანეთის იმპერიის ჯარი იყო, რომელსაც ხალხის კი არა, იმპერიის ინტერესების დაცვა ევალებოდა. ამერიკელ კოლონისტებს ორი მიზეზის გამო სძულდათ ქუჩებში მდგარი მოქმედი ჯარი: 1) თავად დიდი ბრიტანეთის კონსტიტუცია ბრძანებდა, რომ მშვიდობიანობის ჟამს ჯარი მოქმედი მხოლოდ მაშინ უნდა იყოს თუ ამას ხალხი და საზოგადოება ითხოვს – ამერიკელები ამას არ ითხოვდნენ; 2)სამოქალაქო უფლებებს და ხალხის თავისუფლებას ემუქრებოდა საფრთხე – რა გარანტია აქვს მოქალაქეს, რომ სამხედრო მზადყოფნაში ქუჩაში გამოფენილი მოქმედი ჯარი, დესპოტი პოლიტიკოსის თუ სამხედრო თანამდებობის პირის მანიპულირების შედეგად, არ მობრუნდება და თავისი თანამოქალაქეების დაშინებას, ჩაგვრასა და აწიოკებას არ დაიწყებს? რევოლუციური ომის მოგებისთანავე კონგრესმა მსწრაფლ შეამცირა ამერიკის მოქმედი ჯარი და მისი რიცხვი სულ რაღაც ასიოდე კაცამდე დაიყვანა, რადგან მრავალრიცხოვანი მოქმედი ჯარი "საშიშია თავისუფალი ხალხის თავისუფლებისთვის".

[103] საუბარია 1846-1848 წლის ამერიკა-მექსიკის ომზე. ეს ომი ამერიკის მთავრობამ დამოუკიდებელი მექსიკის წინააღმდეგ წამოიწყო მას შემდეგ, რაც მექსიკამ უარი თქვა თავისი ტერიტორიების ამერიკისთვის მიყიდვაზე. ამერიკელებს განსაკუთრებით აინტერესებდათ თექსასის და კალიფორნიის მიწები. მექსიკა სასტიკად დამარცხდა, მის სახელმწიფოებრიობას სრული გაბათილების აშკარა საფრთხე ემუქრებოდა, რის გამოც მექსიკა დათანხმდა გვადალუპე ჰიდალგოს ხელშეკრულებისთვის მოეწერა ხელი, – ხელშეკრულება, რომელიც ამერიკელებმა თავის ნებაზე ისე შეადგინეს, რომ დამარცხებულმა მექსიკამ ერთი ხმის ამოღებაც კი ვერ გაბედა და ყურმოჭრილი მონასავით მოაწერა მასზე ხელი. ამის შედეგად ამერიკამ მექსიკას სრულად წაართვა დღევანდელი თექსასის, კალიფორნიის, ნევადის და იუთას

სულ თითზე ჩამოსათვლელ პირთა მიერ ამ არაფრისმაქნისი მთავრობის, როგორც ბრმა იარაღის, მანიპულირების და მისი საკუთარი ვიწრო მიზნებისთვის გამოყენების გამო გაჩაღდა სწორად. არადა, თავად ხალხი ხომ ამ უსაფუძვლო ომის დაწყებას არასოდეს დათანხმდებოდა.

აი, ეს ჩვენი ამერიკის მთავრობაც – რაა, თუ არა წეს-ჩვეულება, და ისიც ახლად გამობარტყული, რომელიც ცდილობს, თაობიდან თაობას შეულახავად გადასცეს საკუთარი თავი, მაგრამ თითოეული ამ თაობიდან-თაობაზე ნელნელა მემკვიდრეობითი გადაცემისას მისი პატიოსნებაც ნელნელა ილახება. მას ერთი ცოცხალი კაცის ძალ-ღონეც კი არ გააჩნია, რამეთუ ცოცხალი კაცი საკუთარ ძალ-ღონეს საკუთარი ნებით მუდამ იმორჩილებს, ეს მთავრობა კი – ვერა. ჩვენი მთავრობა ხის თოფს წააგავს. მაგრამ ეს იმას როდი ნიშნავს, რომ ბრბოს იგი არ სჭირდება; ბრმა ხალხისთვის ხომ მუდამ აუცილებელია რაიმე ბრმა იარაღის ქონა და მისი გამუდმებული ჩხარა-ჩხურის მოსმენა, რომ მის არსებობას გასამართლებელი საბუთი მოეძებნოს. ასე და ამგვარად, ამქვეყნიური მთავრობები ცხადჰყოფენ თუ როგორ ადვილად შეუძლიათ კაცისთვის ძალის დატანება ან კიდევ საკუთარ თავზე ძალდატანებით რომელიმე არაკაცის თავს მოხვევა და მთავრობაში გაწევრიანება. ჩინებული საქმეა, ერთხმად უნდა აღვიაროთ, ვგონებ. მაგრამ სიმართლეს როგორ გავექცეთ და იმ სინამდვილეს თვალებში როგორ არ ჩავხედოთ, – ამ მთავრობას ამ ქვეყანაში ერთი კარგი საქმეც კი არ გაუკეთებია გარდა იმ შემთხვევისა, როდესაც მთავრობა, რომელიც ერს წინ მუდამ დაბრკოლებად ეღობება, რამდენჯერმე გზიდან დროულად ჩამოეცალა და თავისუფალი ქმედების შესაძლებლობა მისცა ხალხს. *ის* არ იცავს ერის თავისუფლებას! *ის* არ წყვეტს დასავლეთის საკითხს![104] *ის* არ ზრუნავს ხალხის განათლებაზე! არა! ამერიკელი ხალხის გულში მუდამ არსებულმა მტკიცე ხასიათმა ჰქნა ყოველივე ეს; და ამაზე მეტს იზამდა, ხანდახან მთავრობა რომ არ გადაღობოდა წინ. მთავრობა ხომ მითუფრო პრაქტიკულია, რამდენადაც ის

შტატები, კოლორადოს, არიზონას, ნიუ მექსიქოუს და ვაიომონგის შტატები კი ან ნაწილობრივ წაართვა ან ფული გადაუხადა და ისე. საერთო ჯამში, ამერიკამ მექსიკას გადაუხადა $18,250,000 (დღევანდელი ფულით დაახლოებით $450 მილიონი) და აგრეთვე გაუბათილა ამერიკის ვალი, რაც $3.25 მილიონს შეადგენდა (დღევანდელი ფულით დაახლოებით $80 მილიონს). თექსასის შტატი რომ არ ჩავთვალოთ, მექსიკამ შედეგად დაკარგა 1.3 მილიონი კვადრატული კილომეტრი – მთლიანი მექსიკის 55%, თექსასის შტატის ჩათვლით კი მთელი თავისი ტერიტორიის 75%. აღსანიშნავია, რომ ამ ომში სამხრელი მონათმფლობელი და კაცთმოძულე ამერიკელების გარდა ჩრდილოელები, კერძოდ, ნიუ ინგლენდელებიც იბრძოდნენ, სამწუხაროდ. სამხრეთსა და ჩრდილოეთს შორის შემდგომ განვითარებული სამოქალაქო ომის გამოჩენილმა ბელადებმა, სამხრელებმა, ისევე როგორც ჩრდილოელებმა, სწორად მექსიკის ჩაგვრის ომში გაიარეს წვრთნა – შემდგომში ჩრდილოელების გენერალი, იულისიის ეს. გრენთი და შემდგომში სამხრელების გენერალი, რაბერთ ი. ლიი – ამათში ყველაზე ცნობილები, მაგრამ ამათ გარდა კიდევ ჯორჯ ბი. მაქლელანი, ამბროუს ბერნსაიდი, სთოუნვოლ ჯექსონი, ჯეიმზ ლონგსთრითი, ჯორჯ მიიდი და სხვები. თოროუ და, ზოგადად, აბოლიშენისტები, ანუ მონობის მოწინააღმდეგეები, და ყველა ჭეშმარიტი ამერიკელი მამულიშვილი ამ ომს, როგორც უსამართლო ომს, სასტიკად ეწინააღმდეგებოდა. მეტიც – ისინი ამტკიცებდნენ, რომ ამ ომით ამერიკას არამარტო მისი მეზობლის დაჩაგვრა, არამედ მონობის მის საზღვრებს გარეთ გავრცელება და პოპულარიზაცია ეწადა.

[104] დასავლეთის საკითხი – თოროუ გულისხმობს ეგრეთწოდებულ "ამერიკის დასავლეთს", ანუ "დასავლეთ ამერიკას". ამერიკის გაერთიანებული შტატები XIX საუკუნიდან მოყოლებული დასავლეთის მიწებს იერთებდა და შედეგად დასავლეთისკენ გაფართოვდა. ამ ახალშეერთებულ მიწებს ეწოდებათ "დასავლეთი ამერიკა". XXI საუკუნეში დასავლეთ ამერიკად მიიჩნევა ყველა ის შტატი, რომელიც მოიცავს როქის მთებს და ჰაის (ანუ ქართულად "მაღალ") დაბლობებს. დასავლეთ ამერიკაა, მაგალითად, კალიფორნია და ნევადა. აღსანიშნავია, რომ ამ თხზულებაში თოროუ ამ ომს "დღევანდელ ომს" უწოდებს, თუმცა თხზულების პირველი გამოქვეყნებისას, 1949 წელს ომი უკვე დამთავრებული იყო, – ამ თხზულებას ჯერ ლექციის სახით კითხულობდა თოროუ, მაშინ ეს ომი მიმდინარე ომი იყო, ამიტომაც უწოდებს ის მას "დღევანდელ ომს".

ადამიანების საქმეებში არ ერევა და მოქალაქეებს იმის საშუალებას აძლევს, რომ ყველამ თავის საქმეს მიხედოს, რომ ერთმანეთის საქმეებში არც მოქალაქეები ჩაერიონ დაუკითხავად; და, როგორც უკვე ითქვა, როდესაც მთავრობა მართლაცდა პრაქტიკულია, მაშინ ის თავის ხალხს თავისუფლებას არ უკრძალავს და თავს ანებებს. ვაჭრობა და საქონლის გაცვლა-გამოცვლა ინდური რეზინისგან[105] რომ არ შედგებოდნენ და ერთგვარი ხტომა რომ არ შეეძლოთ, ვერაფრით შეძლებდნენ კანონმდებლების მიერ დღენიადაგ აღმართულ დაბრკოლებებზე გადახტომას; და ამ კანონმდებელი კაცების კარგი ზრახვების უგულებელყოფა და მათთვის განაჩენის გამოტანა მხოლოდ მათი ცუდი ქმედებების სავალალო შედეგების საფუძველზე რომ შეგვეძლოს, გამოვიდოდა, რომ ისინი სწორად ისეთივე მავნებლები არიან და სწორად ისეთსავე სასჯელს იმსახურებენ, რასაც ყაჩაღები, მატარებლის გასაჩერებლად რკინიგზის რელსებზე რომ მოაწყობენ ხოლმე ამა თუ იმ დაბრკოლებას.

მაგრამ, როგორც მართალი და პრაქტიკოსი კაცი და კიდევ როგორც მოქალაქე, იმ ხალხისგან განსხვავებით რომლებიც საერთოდ უმთავრობობას მოითხოვენ,[106] მე მთავრობის გაუქმებას კი არ ვითხოვ, არამედ უკეთეს მთავრობას, თანაც *დაუყოვნებლად.* დაე, ყველა მოქალაქემ ხმამაღლა თქვას, როგორი მთავრობა დაიმსახურებდა მის პატივისცემას, და ამ მართალი და ხმამაღალი თქმით ერთი ნაბიჯით მაინც წინ წავიწიოთ კარგი მთავრობის მოსაპოვებლად.[107]

---

105 ინდოეთში ნაგულისხმევია არა ქვეყანა ინდოეთი, არამედ დასავლეთ ინდოეთი, როგორც ადრე კარიბის ზღვის კუნძულოვან ქვეყნებს უწოდებდნენ, სადაც ტროპიკული მცენარეებიდან საექსპორტო კაუჩუკს ამზადებდნენ, ამ კაუჩუკისგან კი – საშლელებს, რომელთა დასამზადებლად ჯერ კაუჩუკის რეზინად ქცევა იყო საჭირო. რეზინი დრეკადი მასალაა, რომელსაც "ხტუნვა" შეუძლია. თოროუსაც ამიტომ აქვს შედარებული ვაჭრობა რეზინთან, რადგან ის კანონებს ახტება.

106 თოროუ აშკარად და პირდაპირ განასხვავებს თავის თავს "ნანრეზისტერებისგან" ანუ "არმოწინააღმდეგეებისგან", რომლებიც წარმოშობით უმთავრესად სწორად თოროუს მშობლიური მასაჩუსეციდან იყვნენ და უმთავრობობას მოითხოვდნენ. მხოლოდ ეს ერთი წინადადებაც კი საკმარისია იმის დასამტკიცებლად, რომ თოროუ ანარქისტი არ ყოფილა და სიმშვიდისმოძულე ხალხთან საერთო არაფერი ჰქონდა. თოროუ ქრისტეანი იყო, რომელიც, მართალია, ჰეროდე დიდის მთავრობას ჰგმობდა, მაგრამ მას კონსტანტინე დიდის მეფობა და მთავრობა ეწადა, ანუ ის არ იყო ექსტრემისტი, ერეტიკოსი და, ევსებიუსის მსგავსად, ქრისტეანი და კაცთმოყვარე მთავრობა სურდა. აი, "ნანრეზისტერები" კი ამტკიცებდნენ, რომ ყველა მიწიერი მთავრობა ხინჯიანია და ამის გამო გონიერი ადამიანი არც ერთ უფალს არ უნდა მორჩილებდეს, თუნდაც ქრისტეან მეფესა და უფალს, ზეციური უფლის გარდა. მათი აზრთასვლა მცდარია. კაცი სიხარულით უნდა მორჩილებდეს კონსტანტინე დიდსა და დავით აღმაშენებელს, მეფე დავითსა და მოსეს. ღმერთსა და რიგით კაცს შორის ხომ უამრავი სხვა არსებაა, – ანგელოზები, მარტვილები, წმიდანები, ღმრთისმეტყველები, ქრისტეანი მეფეები... ნუთუ ამათ არ უნდა მორჩილებდეს ქრისტეანი კაცი? საოცარია რამდენად დიდი მართლმადიდებლური წინდახედულებით და რამდენად ღრმა მართლმადიდებლური თავშეკავებულობით გამოირჩევა თოროუ და ის წარსულის თუ თავისი ხანის ექსტრემისტებს არ ჰგავს. ამ ექსტრემიზს ანუ უკიდურესობას ხომ უკიდურეს ერეტიკოსობამდე მიჰყავს ადამიანი. რაოდენ დიდია მსგავსება თოროუს მსჯელობაში და დიდი ქრისტეანი მამის, ფსევდო-დიონისე არეოპაგელის თეოლოგიაში. იხილეთ წიგნი "კორპუს არეოპაგიტიკუმ", ქვეწიგნი "ზეციური იერარქია" და ქვეწიგნი "საეკლესიო იერარქია" – სათაურებშივე გამოსჭვივის ეს მსგავსება. რაოდენ დიდია მსგავსება თოროუსი და დავით გურამიშვილის, რომელიც კაცს ქრისტეანი ბატონის მორჩილებისკენ მოუწოდებს და მართებულად ამტკიცებს, რომ ბატონის დაუმორჩილებლობას და წყენას უფლის წყენაც მოჰყვება. იხილეთ წიგნი "დავითიანი":

"ბატონს აწყინე, გაგიწყრა, აბრალე შენსა წყენასა,
აწ ღმერთიც გიწყენს, იცოდე, არა იქ თუ მოთმენასა,
დამორჩილება უფალთა უთქვამს დავითის ენასა,
შენ თუ შენს უფალს არ უსმენ, ნურც შენს მონას ეჭვ სმენასა."

107 რაოდენ დიდია მსგავსება თოროუს აზრებსა და მართლმადიდებლურ მოძღვრებას შორის. ნეტარი ავგუსტინეც თავის წიგნში, "სწავლება ქრისტეანობის" ანუ "დე დოქტრინა ქრისტიანა"

როდესაც ძალაუფლება ხალხის ხელშია, პრაქტიკული მიზეზი იმისა, თუ რატომ შეუძლია უმრავლესობას, და ისიც დიდიხნით, ქვეყნის მართვა-განმგებლობა, ის კი არ გახლავთ, რომ, თითქოსდა, უმრავლესობა, როგორც წესი, სამართლიანია, არამედ მხოლოდ ის სამწუხარო გარემოება, რომ უმრავლესობა ფიზიკურად ყველაზე ძლიერია და ყველას ერევა. მთავრობა, რომელშიც უმრავლესობა მბრძანებლობს, თუნდაც მიწიერი გაგებით, ყოველთვის სამართალზე როდია დაფუძნებული?! ნუთუ არ შეიძლება არსებობდეს ისეთი მთავრობა, რომელშიც უმრავლესობა კი არ წყვეტს, რაა სწორი და რაა არასწორი, არამედ სინდისი? – და რომელშიც უმრავლესობას მხოლოდ პრაქტიკული საკითხების გადაწყვეტა დაევალება და არა ზნეობრივი? განა მოქალაქემ საკუთარი სინდისი იმ იმედით უნდა გაუშვას შევბულებაში, რომ ავ-კარგსა და ცოდვა-მადლს მისთვის რომელიმე კანონმდებელი გაარჩევს? მაშ, დაბადებიდან რატომ აქვს ეს ღმრთივენაბოძები სინდისი ყველას? – მიპასუხეთ.[108] ჩემი აზრით, ჩვენ ჯერ კაცები უნდა ვიყოთ და მხოლოდ ამის მერე – რომელიმე მთავრობის ქვეშევრდომები. იმდენად სასურველი არაა, კაცი კანონებს სცემდეს პატივს, რამდენადაც კაცის მიერ სიმართლის პატივისცემაა სასურველი. ჩემი ერთად-ერთი ვალდებულება არის ის, რომ ყოველთვის ვაკეთო ის, რაც სწორია. უკვე საკმარისი ითქვა იმაზე, რომ კორპორაციას სინდისი არ გააჩნია; მაგრამ კეთილსინდისიერი კაცებისგან შემდგარი კორპორაცია სწორადაც რომ სინდისიანი კორპორაციაა. კანონს კაცი სამართლიანად არასოდეს უქცევია; და, ზუსტად კანონის დაცვის გამოა, რომ კარგი და კეთილმოსურნე ადამიანებიც კი დღითიდღე უსამართლობის მოხელეები ხდებიან. ადამიანების მიერ კანონის უადგილო რწმენის და გადამეტებული პატივისცემის ხშირი და ბუნებრივი ნაყოფი გახლავთ ის, რომ გაიხედავ და ჯარისკაცების წყებას დაინახავ, პოლკოვნიკს, კაპიტანს, კაპრალს, რიგითს, ტყვია-წამლის მაიმუნს[109] და ყველა სხვა მისთანას, თავისი ნების წინააღმდეგ, არა, მარტო ნების წინააღმდეგ კი არა, თავად სინდისის და შეგნების წინააღმდეგ, შესაშური წესრიგით სამხედრო სვლაში ცხრა მთასა და ცხრა ზღვას იქით უაზრო ომში უაზროდ მიმავალს, რაც, მერწმუნეთ, მეტის-მეტად ციცაბო სიარული და დაუჯერებელი სანახაობაა, და მისი ხილვით გულს ბაგა-ბუგი გაუდის. ამ მეომრებს ეჭვი არ ეპარებათ, რომ უსამართლო და დაწყევლილ საქმეს ჩადიან, მაგრამ მაინც მშვიდად აგრძელებენ სვლას. რას ჰგვანან ეს უბედურები? განა შეიძლება ამათ კაცი უწოდო? განა მოძრავ ციხე-სიმაგრეებს და არტილერიის

ხომ სწორად ამას ქადაგებს: "ადამიანები შეთანხმებულან და გარკვეული ფასეულობა მიუნიჭებიათ გარკვეული საგნებისთვის, და სწორად ერთერთი ასეთი საგანია ეროვნული დაწესებულებაც; ზოგიერთი დაწესებულება უსარგებლო ახირებულობა და უაზრო ფუფუნებაა მხოლოდ, ზოგიერთი ეროვნული დაწესებულება კი მართლაცდა პრაქტიკული, სასარგებლო და აუცილებელი რამაა საერო ცხოვრების კარგად მართვისთვის." იხილეთ ნეტარი ავგუსტინე ჰიპოელის წიგნი "დე დოქტრინა ქრისტიანა", ქვეწიგნი II.

[108] სწორად იგივეს ბრძანებს დიდი ელენისტი ებრაელი ფილოსოფოსი, ფილო ებრაელი ანუ ფილონ ალექსანდრიელი (20 ჩ.წ.-მდე–50 ჩ.წ.-ით): "სინდისს, ადამიანის სულში მსაჯულად რომ ზის, არ ეშინია, საყვედური უთხრას კაცს, ზოგჯერ მუქარით, ზოგჯერ შედარებით მსუბუქი გაფრთხილებით. მუქარას იმ შემთხვევაში იყენებს, როცა ადამიანები ურჩობენ, გაფრთხილებას კი – როცა მათ წინდახედულება აკლიათ და უნებლიედ ჩადიან ცოდვას. ამას სინდისი იმიტომ იქმს, რომ მომავალში მსგავსი ცოდვების ჩადენისგან დაგვიფაროს. ...სინდისი, რომელიც ყველაზე მოუსყიდავი და მართლმოუბარი მოწმეა ამქვეყნად." იხილეთ ფილო ებრაელის წიგნები: "სამყაროს შექმნა" და "კაენის შთამომავლები და მისი გაძევება".

[109] "ტყვია-წამლის მაიმუნი" – კნინობითი სახელი იყო იმ ბიჭებისა, რომლებიც ჯარისკაცებს დენთით ამარაგებდნენ. ამ საქმისთვის სისწრაფის გამო ახალგაზრდა ბიჭებს ქირაობდნენ და არა ზრდასრულ კაცებს. "ტყვია-წამლის მაიმუნებს" იყენებდნენ გემებზეც, ზარბაზნების დენთით მოსამარაგებლად.

საწყობებს უფრო არ გვანან ისინი, იმ ციხე-სიმაგრეებს და არტილერიის საწყობებს, რომელსაც ვიღაც ბობოლა საკუთარი მიზნების ასრულების მიზნით ბრმა იარაღად იყენებს? ეწვიეთ საზღვაო სამხედრო ფლოტს[110] და იხილეთ მისი მეზღვაური, – უცნაური კაცი, რომლის შექმნაც მხოლოდ ამერიკის მთავრობას ძალუძს თავისი შავი მაგიით – კაცის აჩრდილი და კაცობის ნაგლეჯი, კაცი, რომელიც ფეხზე დგას, მაგრამ, როგორც ამას ჩვენში იტყვიან ხოლმე, უკვე მკვდარია და სათანადო პანაშვიდ-ქელეხით, მთელი თავისი საომარი საჭურველით უკვე დიდი ხნის დამარხული, თუმცა შეიძლება ისეც მოხდა, რომ

> "არც დოლების ხმა და არც ცრემლები
> ამ კაცის გულ-მკერდს არ დაფრქვევია,
> და ჩვენი გმირის მარტოსულ საფლავს
> გმირის პატივი არ მოსწევია."[111]

უამრავი ადამიანი სულით კი არა, მხოლოდ თავისი სხეულით ემსახურება სახელმწიფოს ასე უაზროდ, – არა კაცად, არამედ უაზრო მანქანად და ბრმა იარაღად. მათი სახელები გაინტერესებთ? მათ ჰქვიათ ჯარები, მილიციელები, ციხის ზედამხედველები, პოლიციელები, *პოსე კომიტატუს*, [112] და ა.შ. უმრავლეს შემთხვევაში ისინი საღ აზრს და ზნეობრიობას არც-ერთხელ გამოიყენებენ; სამაგიეროდ, საკუთარ თავებს ხეს, მიწას, ქვას და ყოველივე უსულოს და, აქედან გამომდინარე, უაზროს უტოლებენ; და იქნებ ისეც მოხდეს, რომ ასეთი უაზრო დავალებების შესასრულებლად, ქარხნებში ხვალ და ზეგ ასეთი ხის და უაზრო კაცების წარმოება შესაძლებელიც კი გახდეს. ასეთი ადამიანები ჩალისა და ტალახის კაცუნებზე მეტ პატივისცემას როდი იმსახურებენ? მათი ღირებულება იგივეა, რაც ცხენებისა და ძაღლების. არადა, ჩვენში, როგორც წესი, სწორად ისინი ითვლებიან კარგ მოქალაქეებად. აი, ასეთია ჩვენი ქვეყნის მოქალაქეების ერთი ნაწილი, მეორე ნაწილი კი – კანონმდებლები, პოლიტიკოსები, ადვოკატები, მინისტრები და ჩინოსნები – სახელმწიფოს საკუთარი თავით და გონებით ემსახურებიან; და რადგანაც გადაწყვეტილების მიღებისას ისინი იშვიათად არიან ამ გადაწყვეტილების ზნეობრიობით დაინტერესებულნი, და ცოდვას მადლისგან იშვიათად განარჩევენ, ასეთები სწორად იმდენად მოსალოდნელია რომ *უნებლიედ* ეშმაკის სამსახურში იდგნენ, რამდენადაც ღმერთის. ჩვენი ერის ძალიან მცირერიცხოვანი ნაწილი – გმირები, მამულიშვილები, მარტვილები, ფართო გაგებით გარდამქმნელები, და *კაცები* – სახელმწიფოს მარტო სხეულით და გონებით კი არა, საკუთარი სინდისითაც ემსახურებიან, და სწორად ამიტომაცაა რომ ისინი სწორად ამ სახელმწიფოს ეწინააღმდეგებიან კიდეც; და, როგორც წესი, მათ, როგორც მტრებს, ისე ეპყრობა ეს ქვეყანა. ამ ქვეყანას ბრძენკაცი მხოლოდ კაცად გამოადგება და არა "თიხად" და "კედლის საცობად",[113] და ყველა ასეთი ბრძენი კაცი

---

[110] თოროუ ბოსტონში არსებულ საზღვაო ფლოტს გულისხმობს.

[111] ჩარლზ ვულფი (1791-1823) – ირლანდიელი პოეტი, მისი ლექსი "სერ ჯონ მურის დასაფლავება კორანაში".

[112] პოსე კომიტატუს – შერიფის მიერ ძალაუფლებით აღჭურვილ რიგით მოქალაქეთა ჯგუფი, რომელსაც ოლქში, უბანში ან ქალაქში კანონის დაცვა და ძალოვანი სამსახური ევალებოდა. დღესაც შეუძლია შერიფს, სულ მცირე, თვრამეტი წლის ასაკის ფიზიკურად ჯანმრთელი კაცის დასაქმება და მისთვის დროებითი ძალოვანი უფლებების მინიჭება, როგორც წესი, კრიმინალის დაკავებაში დახმარების ან უბნის ან სოფლის დაცვის მიზნით.

[113] ვილიამ შეიქსფია (1564-1616) – ინგლისელი დრამატურგი და პოეტი. ნაწყვეტი მისი ტრაგედიიდან "ჰამლეტი".

კაცისთვის შეუფერებელ თანამდებობას მსწრაფლ დატოვებს და ფეხის მტვრად აქცევს:

"ჩემი წარმომავლობის კაცს ნივთად ქცევა არ შეჰფერის,
არც მეორე კაცობა შემფერის ხალხის,
არც ის მეკადრება, რომ მიწის ზურგზე რომელიმე მბრძანებლის
მოხელე გავხდე ანდა იარაღი."[114]

კაცი, რომელიც საკუთარ თავს სრულად შეწირავს სამშობლოს, ვაი, რომ სრულიად უსარგებლო და მეთავისე ჰგონია ერს; აი, ის კი, ვინც მხოლოდ ნაწილობრივ ირჯება ერისთვის, კეთილისმყოფელად და კაცთმოყვარედაა გამოცხადებული.

როგორ უნდა მოიქცეს ჭეშმარიტი კაცი ამერიკის ამ მთავრობასთან დღეს? ჩემი პასუხი ესაა: სირცხვილის გრძნობა უნდა სწვავდეს თითოეულ ამერიკელს რომ, სამწუხაროდ, ამ ქვეყანასთან საერთო გააჩნია. ერთი წამითაც არ შემიძლია იმ პოლიტიკური ორგანიზაციის *ჩემ* მთავრობად აღიარება, რომელიც, იმავდროულად, *მონობის* მაღიარებელი მთავრობაა.

ყველა კაცს აქვს, და ესმის რომ არსებობს, აჯანყების უფლება, ანუ იმის უფლება, რომ მოქალაქემ თავის ქვეყანასთან კავშირზე განაცხადოს უარი, და მთავრობას წინ აღუდგეს, როცა ეს მთავრობა დესპოტობაა ან როცა მისი დიდი უუნარობა უსასრულოა და აუტანელი. მაგრამ დღეს თითქმის ყველა იმ აზრისაა, რომ ახლა უკეთესობისკენ შეიცვალა საქმე. და რომ ასეთი დესპოტობა და უუნარობა ვითომცდა მხოლოდ 1775 წლის რევოლუციისას[115] ხდებოდა. ვინმემ რომ მითხრას, ეს ცუდი მთავრობაა იმის გამო, რომ პორტში შემოტანილ იმპორტულ საქონელს ბაჟი დაადოო, ალბათ ვაი-ვიშვიშს არ ავტეხდი და ხმას არ ამოვიღებდი, რადგანაც უცხოური საქონლის გარეშეც შემიძლია თავის გატანა. და თანაც არც ის უნდა დავივიწყოთ, რომ ყველა მანქანას, მათ შორის, პოლიტიკურსაც, პატარა ნაკლი ყოველთვის ექნება; და იქნებ ეს სამთავრობო მანქანაც იმდენ სიკეთეს ჩადის, რომ ასეთ პატარა ბოროტებას თავისი სიკეთით აბათილებს. მოკლედ, ჩემი აზრით, დიდი ბოროტება იქნებოდა ასეთ წვრილმანებზე ალიაქოთი. მაგრამ როცა ეს მანქანა უბრალოდ ნაკლიანი მანქანა კი არაა, არამედ თავად ნაკლოვანების მწარმოებელი მანქანა-დანადგარია, და თავად ჩაგვრა და ყაჩაღობაა, მაშინ, მე ვიტყოდი, რომ საჭიროა ასეთი მანქანის ერთხელ და სამუდამოდ თავიდან მოშორება. ანუ, როდესაც ერის მეექვსედი ნაწილი, რომელიც ამ ერში იმიტომ გაწევრიანდა, რომ თავისუფლებაში ეძია ბედნიერება, როდესაც ამ ერის ეს მეექვსედი ნაწილი მონაა და არა თავისუფალი კაცი, და მთელი ქვეყანა უცხო ჯარის მიერაა უსამართლოდ გაქელილი და დაპყრობილი, და სამხედრო კანონით დატუსაღებული, მაშინ ჟამია, პატიოსანმა კაცებმა მამულიშვილური ვალის პირნათლად მოხდაზე იფიქრონ, და აჯანყდნენ და გადატრიალებისთვის მზადებას შეუდგნენ. და ამ ვალის მოხდას ის გარემოება ხდის კიდევ უფრო

114 ნაწყვეტი ვილიამ შეიქსფიას ტრაგედიიდან "მეფე ჯონი".

115 ამერიკის რევოლუცია ანუ ინგლისის წინააღმდეგ ეროვნული თავისუფლებისთვის ბრძოლა მასაჩუსეცის სოფელ ქანქარდში (ქანქარდ – ასე გამოითქმის, წერით კი იწერება, როგორც "კონკორდ"-ი) და ლექსინგთონში 1775 წელს დაიწყო. პირველი ორი ბრძოლა სწორად ლექსინგთონში და ქანქარდში მოხდა, ორივე ერთ დღეს – 19 აპრილს.

სასწრაფოს და გადაუდებელს, რომ გაქელილი და დაპყრობილი ქვეყანა ჩვენი სამშობლო კი არაა, ჩვენი თავად ის დამპყრობელი ჯარია.[116]

ფეილი, რომელიც სხვა ფილოსოფიურ საკითხებთან ერთად მრავალი ზნეობრივი საკითხის გავლენიანი მკვლევარიცაა, თავის წიგნში "სამოქალაქო მთავრობისადმი მოქალაქის დამორჩილების ვალი", ყველა სამოქალაქო ვალდებულებას მხოლოდ პრაქტიკულობის თვალით უყურებს; და თავის შრომაში ხაზგასმით ბრძანებს, რომ "მანამ, სანამ ამას მთელი საზოგადოების კეთილდღეობა მოითხოვს, ანდა მანამ, სანამ არსებული მთავრობის შეწინააღმდეგებამ ან შეცვლის მცდელობამ საჯარო უხერხულობა და უმნიშვნელო თავის ტკივილი შეიძლება გამოიწვიოს, თავად ღმერთის ნებაა... რომ მანამდე მაინც ხალხი არსებულ მთავრობას, რაც არ უნდა ცუდი იყოს ის, მაინც დაემორჩილოს. და თუ ჩვენ ამ პრინციპს დავეყრდნობით, გამოდის რომ მთავრობის მიმართ მოქალაქეების მიერ გაწეული ყველა ცალკეული წინააღმდეგობის შემთხვევის შეფასება, ერთის მხრივ ამ წინააღმდეგობით გამოწვეული აჯანყებით მიღებული შესაძლო საფრთხის და საშიშროების გამოთვლაზე უნდა დავაფუძნოთ, მეორე მხრივ კი ამ აჯანყების გამართლების ალბათობის და აჯანყებისთვის საჭირო თანხების გამოთვლაზე."[117] და ეს, ამბობს ფეილი, ყველა კაცმა თავისით უნდა გადაწყვიტოს, უღირს თუ არა ყოველივე ამად. მაგრამ აშკარაა, რომ ფეილის ისეთ შემთხვევებზე არ უფიქრია, სადაც ეს მისი პრაქტიკულობის კანონი შეუსაბამოა, უადგილო და, აქედან გამომდინარე, მცდარი და გამოუსადეგარი, სადაც ხალხი, ისევე როგორც ცალკეული ადამიანი, რადაც არ უნდა დაჯდეს, ვალდებულია სამართალი აღასრულოს. თუ მე კაცს, რომელიც წყალში იხრჩობოდა, უსამართლოდ წავართვი მოტივტივე მორი,[118] მაშინ ვალდებული ვარ, რომ ეს მორი მე

---

116 ნაგულისხმევია ამერიკის შტატების კავშირის მიერ ჩადენილი ორი უდიდესი უსამართლობა, რომელიც ჭეშმარიტ ამერიკელებს, როგორიც, ჰენრი დეივიდ თოროუა, გულს წყვეტდა და რომელსაც ჭეშმარიტი ამერიკელი მამულიშვილები მთელი გულით და მთელი ძალით ეწინააღმდეგებოდნენ: საშინაო ბოროტება – ამერიკაში მონობის არსებობა, საგარეო უსამართლობა – მექსიკა-ამერიკის ომი და ამის შედეგად მეზობელი მექსიკის ჩაგვრა, წეწვა და ძარცვა.

117 ვილიამ ფეილი (1743-1805) – ინგლისელი თეოლოგოსი და ფილოსოფოსი, ანგლიკანური ეკლესიის მღვდელი და თეოლოგიური უტილიტარიანიზმის ანუ ეგრეთწოდებული თეოლოგიური პრაქტიკულობის ერეტიკული მოძრაობის მხარდამჭერი. ნაწყვეტი მისი შრომიდან "ზნეობრივი და პოლიტიკური ფილოსოფიის საფუძვლები". ამ წიგნის 1785 წლის გამოცემას ასწავლიდნენ ჰარვარდის სტუდენტებს, მათ შორის, თოროუსაც – რა თქმა უნდა, თოროუმ ეს ბოროტებით აღვსილი სისულელე მაშინვე დაგმო. ფეილის მიაჩნდა, რომ მაღალზნეობრივმა მამულიშვილმა ერის ერთიანობაზე უნდა იფიქროს უწინარეს ყოვლისა, გინდაც რომ ეს ბოროტებასთან ერთობას ნიშნავდეს, თოროუს კი, როგორც ჭეშმარიტ ქრისტეანს და მამულიშვილს მიაჩნდა, რომ კაცისთვის უმთავრესია სიმართლესთან ანუ ღმერთთან ერთობა. ფეილის, რომ შეძლებოდა, აბელსა და სეითს კაენთან თანაცხოვრებას და კაენის მიბაძვას უბრძანებდა, ორფეხა კაცს კი – ცალფეხა კაცის ხათრით ერთი ფეხის მოკვეთას. ეს სიბეცეა! აბელის და სეითის ადგილი უფალთანაა, კაენისა კი, – თუ ის სინანულში არ ჩავარდება, – ეშმაკთან. ორფეხა კაცმა კი ცრუ-თანაგრძნობის გამო ფეხი კი არ უნდა მოიკვეთოს, არამედ პირიქით – ორივე ფეხი გაიმაგროს, რომ ცალფეხა კაცს მხარში ამოუდგეს და სიარულში შეეშველოს. მოკლედ და უხეშად რომ გამოვხატო, ასეთია ფეილის მსჯელობის სიმრუდე, რომელსაც ამერიკის მაშინდელი აკადემია იზიარებდა და, სამწუხაროდ, დღესაც იზიარებს, განსაკუთრებით ეგრეთწოდებული ლიბერალი, დემოკრატიული პარტიის ხალხი.

118 მოტივტივე მორი – თოროუ ადასტურებს ციცერონის (მარკუს ტულიუს კიკერო ანუ ციცერო, ჩ.წ.-მდე 106-43) ცნობილ პასუხს ჩ.წ.-მდე II-I საუკუნის სტოიკი ფილოსოფოსის, ჰეკატოს მიერ დასმულ ცნობილ მორალურ კითხვაზე: "თუ მოხდა ისე და გემის ჩაძირვისას სულელმა შემთხვევით ხელთიგდო გემის ფიცარი და ჩაძირვას გადარჩა, განა უფლება აქვს ბრძენ კაცს, რომელიც სწორად სულელივით წყალში აღმოჩნდა და იძირება, ამ სულელს ეს ფიცარი წაართვას, მხოლოდ იმის გამო, რომ ის სულელია, თვითონ კი ჭკვიანი?" იხილეთ ციცერონის წიგნი "დე ოფიციის" ანუ "მოვალეობების შესახებ". ციცერონი ჰეკატოს ამ და სხვა ჰიპოთეზურ შეკითხვებს განიხილავს თავისი წიგნის, "დე ოფიციის" უკანასკნელ, III ქვეწიგნში.

მას დავუბრუნო, თუნდაც ამას თავად ჩემი დახრჩობა მოჰყვეს. რაც, ფეილის თანახმად, არაპრაქტიკული იქნებოდა. მაგრამ ისეთ არაკაცს, რომელიც ასეთ შემთხვევაში საკუთარ სიცოცხლეზე ზრუნავს, სიცოცხლე უნდა წაეგლიჯოს,[119] გეუბნებით მე. სწორად ასევე, ამ ხალხმა უნდა შეწყვიტოს მონების ყოლა და მექსიკასთან გაჩაღებული უსამართლო ომი, თუნდაც ეს მთელი ერის ეროვნულობის სიცოცხლედ დაჯდეს.

პრაქტიკაში მსოფლიოს ერები ფეილის ეთანხმებიან; მაგრამ ნუთუ ვინმეს მართლა სჯერა, რომ დღევანდელ კრიზისში ჩვენი მშობლიური მასაჩუსეცი სწორად იქცევა?

"უფერული ქვეყანა, ლაფდასხმული გომბიო,
გვამით – დიდი მუხის ხე, სულით – ციცქნა ლობიო."[120]

პრაქტუკულად რომ ვიმსჯელოთ, მასაჩუსეცში გარდაქმნის მოწინააღმდეგე რამდენიმე ასეული ვინმე სამხრელი პოლიტიკოსი კი არაა, არამედ ასიათასობით თავად მასაჩუსეცელი ვაჭარი[121] და გლეხი, რომლებიც ვაჭრობით და სოფლის მეურნეობით უფრო არიან დაინტერესებულნი, ვიდრე კაცობრიობით, და მზად არ არიან იმისთვის, რომ დაჩაგრულ მონასა და დაჩაგრულ მექსიკას სამართლიანად მოექცნენ, *რადაც არ უნდა დაჯდეს სამართლის აღდგენა*. მე შორეულ მტერთან კი არ ვჩხუბობ, არამედ ისევ ადგილობრივთან და შინაურთან, რომელიც მშობლიურ მასაჩუსეცს ღალატობს, შორეულ მტერთან, – სამხრელ მონათმფლობელთან, თანამშრომლობს და მის ბინძურ საქმეს და მონების ყიდვა-გაყიდვას მისი სახელით ჩემი ყურის ძირშივე ჩადის, და რომლის დახმარების გარეშეც ეს ზემოხსენებული გარეული მტერი ჩვენი ერისათვის ზიანის მიყენებაში ვერაფერს გახდებოდა. მივეჩვიეთ თქმას, რომ ადამიანების ბირთვი გარდაქმნისთვის ჯერ კიდევ მოუმზადებელია; სინამდვილეში კი გაუმჯობესება ნელა იმიტომ მიმდინარეობს, რომ უმცირესობა არსებითად უფრო გონიერი და უკეთესი სულაც არაა, ვიდრე უმრავლესობა. მაინცდამაინც მნიშვნელოვანი როდია, რომ ბევრნი იყვნენ შენებრ კარგები, მნიშვნელოვანი ისაა, თავად სიკეთე არსებობდეს სადმე ამქვეყნად; აფუვდებოდა ეს ერთი ციდა სიკეთე და გამოასწორებდა ბოროტებაში დანთქმულ ქვეყანას.[122] ათასობით ადამიანია, რომელიც მონობას და მექსიკასთან ომს *აზრობრივად* კი ეწინააღმდეგება, მაგრამ

აღსანიშნავია, რომ ჰეკატოს წიგნი, რომლიდანაც ციცერონი ახდენს ციტირებას, სწორად იგივე სახელწოდებისაა, "დე ოფიციის".

119 ნაგულისხმევია ლუკას სახარება (9:24) და მათეს სახარება (10:39): "რომელმან მოიპოვოს სული თვისი, წარიწყმიდოს იგი..."

120 სირიილ თერნა (1575?-1626) – "შურისმაძიებლების ტრაგედია".

121 მართალია, მონების ოფლით ბამბა სამხრეთში მოჰყავდათ, მაგრამ ის ნიუ ინგლენდის ფაბრიკებში ირთვებოდა და, აქედან გამომდინარე, მონობა ნიუ ინგლენდელი ვაჭრისთვის ისეთივე სარფიანი იყო, თუ მეტად არა, როგორც სამხრელი მიწათმოქმედი მონათმფლობელისთვის. სწორად ამიტომ ნიუ ინგლენდელი ვაჭრები, რომლებიც უმეტესად ვიგის პოლიტიკური პარტიის წევრები იყვნენ, პირში წყალს იგუბებდნენ და სამხრეთში ადამიანთა უფლებების დაცვაზე სიტყვას არ ძრავდნენ. ვიგის პატრია 1833-1856 წლებში არსებობდა. მისი საბოლოო მარცხი და მოსპობა სწორად ამ პირში წყლის ჩაგუბებამ მოიტანა, – იანკი ამომრჩეველი, თოროუს, კაპიტან ჯონ ბრაუნის, ემერსონის და სხვა მოწინავე მამულიშვილების შეძახილით, როგორც იქნა, გონს მოეგო და ვიგის პარტიისთვის ხმის მიცემას თავი დაანება და ახლადშექმნილ რესპუბლიკურ პარტიას მისცა ხმა, შედეგად სულ მალე თავად ეიბრეჰემ ლინქოლნი გახდა ამერიკის პირველი რესპუბლიკელი პრეზიდენტი და მონობასაც ბოლო მოეღო.

122 I კორინთელთა მიმართ (5:6) – "არა კეთილ არს სიქადული ეგე თქუენი; არა უწყითა, რამეთუ მცირემან ცომმან ყოველივე შესუარული აღაფუვნის?"

სინამდვილეში თითს არ ანძრევს იმისთვის, რომ ამ ორ უსამართლობას ბოლო მოეღოს; მათ თავი ვოშინგთონის[123] და ფრენქლინის[124] ნაშიერები ჰგონიათ, სხედან ჯიბეში ხელებჩაწყობილები, და ამბობენ, რომ არ იციან რა ჰქნან და ქვეყანას რით უშველონ, და აკი არც არაფერს აკეთებენ ქვეყნისთვის; ესენი თავად თავისუფლების საკითხს გადადებენ ხოლმე უკანა მხარეს იმისთვის, რომ ჯერ თავისუფალი ვაჭრობის საკითხი განიხილონ, და სადილის ჟამს მშვიდად კითხულობენ ფასების-სიას[125] და მექსიკის რჩევა-დარიგებებს, და შეიძლება ისეც მოხდეს, რომ ამ უაზრობათა კითხვაში ჩასთვლიმონ კიდეც. მაშინ, ერთი ისიც მითხარით, პატიოსანი კაცისა და მამულიშვილის ფასი რაღაა დღეს? ჭოჭმანობენ, დარდობენ, ზოგჯერ წერილობით სათხოვარსაც კი გააშანშალებენ ხოლმე, საქმით სასარგებლოს კი არაფერს აკეთებენ ერისა და მამულის ხსნისთვის. მშვიდად დგანან და სხვას შესჩერებიან, რომ იმ სხვამ მათ ნაცვლად იმათ ეროვნულ ხინჯს უწამლოს და ერში ბოროტება მოსპოს. ყველაზე საუკეთესო შემთხვევაშიც კი, როცა ეს ვაი-კაცები ცხოვრებაში მართალ კაცს გადაეყრებიან, დიდი-დიდი არჩევნებში იაფფასიანი ხმა, უნიათო მზერა და კეთილი სურვილები მისცენ სიმართლეს. ყოველ ერთ სათნო ადამიანზე ცხრაას-ოთხმოცდა-ცხრამეტი სათნოების ქომაგი მოდის ამქვეყნად. ვაგლახ, რომ უამრავი სიმართლის ქომაგის ყოლას ერთი მართალი კაცის ყოლა ურჩევნია ქვეყანას.

კენჭის ყრისა და ხმის მიცემის მთელი ეს საქმე, ზნეობრივობის საკითხით მკრთალად შეფერადებული ერთგვარი ჭადრაკისა თუ ნარდის თამაშობაა და მეტი არაფერი, სისწორესა და სიმრუდეზე, ზნეობაზე და უზნეობაზე აზარტული თამაშია, რომელსაც, ბუნებრივია, აზარტულობა და ფსონების დადება მოჰყვება ხოლმე თან. სათამაშოდ ყველა ზნეობრივ საკითხს რისკავენ ამომრჩევლები, თავიანთი სახელისა და რეპუტაციის გარდა. და აი, რას ვღებულობთ ამ გულგრილობის შედეგად – მივეცი ჩემი ხმა, იქნებ, ჩემი აზრით, სწორადაც კი; თუმცა, ჩემთვის არსებითი მნიშვნელობა როდი აქვს, ამ არჩევნებში სიმართლე საბოლოო გამარჯვებას მოიპოვებს თუ არა. თანახმა ვარ, ამ მეტად მნიშვნელოვანი საკითხის საბოლოო გადაჭრის საქმე უმრავლესობის ხელში დავტოვო. კენჭის ყრის მიზანი პრაქტიკულობაა და არა სიმართლისთვის ჭეშმარიტი ბრძოლა. და განა რაა *სიმართლისთვის თავად ხმის მიცემაც კი*, თუ არა სიმართლისთვის არაფრის კეთება? ჩვენი აზრის და წადილის სუსტად გამოხატვაა მხოლოდ. გონიერი კაცი სიმართლის ბედს შემთხვევითობას არ მიანდობს, არც იმას ისურვებს, სიმართლემ უმრავლესობის იმედით გაიტანოს ლელო. ბრბოს ქმედებაში სათნოება არ დევს, ადამიანო. მოხდება ისეც, რომ ბოლოსდაბოლოს ხალხის უმრავლესობა მონობის გაუქმებას მისცემს ხმას, ოღონდაც, ამას ისინი იმიტომ კი არ იზამენ, რომ

---

123 ჯორჯ ვოშინგთონი (1732-1799) – ამერიკის გაერთიანებული შტატების პირველი პრეზიდენტი და დიდი ბრიტანეთის წინააღმდეგ ამერიკის დამოუკიდებლობის ომში კონტინენტური ჯარების მთავარსარდალი.

124 ბენჯამინ ფრენქლინი (1706-1790) – ამერიკის დამაარსებელი მამა, დიდი პოლიმეთი, ფილოსოფოსი, მახვილგონიერი პოლიტიკოსი, ფიზიკოსი, საქმოსანი, ფინანსისტი და ეკონომისტი, უდიდესი განათლების კაცი და საზოგადო მოღვაწე, რომელიც ამერიკას ოდესმე ჰყოლია, თუმცა, სამწუხაროდ, ზნეობრივად გარყვნილი ადამიანი, მასონი, 1731 წლიდან ფილადელფიის მასონური ლოჟის წევრი და 1734 წლიდან მისი დიდი მთავარ-მასონი (მასთა მეისონი, ანუ მასტერ-მასონი). ამერიკის მთავრობას ასეთი გავლენიანი და პოლიტიკურ საქმეებში ასე მრავალმხრივ განათლებული კაცი არ ჰყოლია, ამიტომაცაა მისი სახე გამოსახული ასდოლარიანზე – ამერიკის ყველაზე დიდ ფულად ერთეულზე. თუმცა ამ კაცს სულის სიღრმეში მაინც გახრწნილობა და მამონას მონობა ედო.

125 ფასების სია, ანუ ფრაისის-ქურენთი, ანუ ფრაის-ქურენთი

მონობა სძულთ, არამედ იმიტომ, რომ მონობის საკითხი მათ უკვე აღარ აწუხებთ, ან იმიტომ, რომ მონობა უკვე ფეხებზე ჰკიდიათ, ან იმიტომ, რომ მონობა თავისით გადავარდნილა და მათი ხმით მოსასპობი და გასაუქმებელი მონობა უკვე აღარც კი დარჩენილა ამ ქვეყანაზე. მაშინ *თავად ისინი* იქნებიან წუთისოფლის ერთადერთი მონები. მაშასადამე, მხოლოდ *იმ კაცის* ხმა შეძლებს მონობის გაუქმებას, რომელსაც საკუთარი ხმის დაცვა და ამ ხმისთვის ბრძოლა შეუძლია.

გავიგებ ხოლმე, რომ ბოლთიმორში,[126] თუ სადღაც სხვაგან, საპრეზიდენტო კანდიდატის შესარჩევად ყრილობა იმართება, რომელსაც უმთავრესად მხოლოდ გაზეთის რედაქტორები და პროფესიით პოლიტიკოსები ესწრებიან; ოღონდაც, მე თუ მკითხავთ, რად უნდა აინტერესებდეს ამათ მიერ გადაწყვეტილი საქმე და არჩეული კანდიდატი ნებისმიერ დამოუკიდებელ, გონიერ და წესიერ კაცს? ნუთუ ჩვენ ამ კაცის სიბრძნე და პატიოსნება არ უნდა გვეღირსოს? ნუთუ თავისუფალი აზრისა და დამოუკიდებელი ხმის მოსმენის იმედი სულმთლად გადაიწურა? ნუთუ აღარ არიან ამქვეყნად ისეთი გონიერი ადამიანები, რომლებიც ყრილობებს არ ესწრებიან, მაგრამ, მიუხედავად ამისა, ერის საჭირბოროტო საკითხებში მაინც კარგად ერკვევიან? მაგრამ არა. – როგორც ვატყობ, ამ ეგრეთწოდებულ პატიოსან კაცს აზრი შეუცვლია, უკან დაუხევია და საკუთარი სამშობლოს იმედი დაუკარგავს, არადა, მე თუ მკითხავ, სამშობლოს უფრო უნდა დაჰკარგვოდა ამ კაცის იმედი, ვიდრე ამ კაცს – სამშობლოსი. და ამ დღიდან მოყოლებული ეს კაცი გონებას იხშობს, დამოუკიდებელ აზროვნებას იკოდავს, ფიქრს იკრძალავს და, გეგონება, ქვეყნად სხვა არავინ იყოს პრეზიდენტობის ღირსი, მზად არის, მხოლოდ ზემოხსენებული ყრილობის მიერ შეთავაზებულ პოლიტიკურ კანდიდატს დაუჭიროს მხარი, რაც იმას ნიშნავს, რომ იგი იმისთვისაც მზად არის, ამ დემაგოგი[127] პოლიტიკოსის სამსახურში ჩადგეს და ნებისმიერ საქმეში ბრმა იარაღად გამოადგეს მას. გამოდის, რომ ჩვენი ქვეყნისთვის მის ხმას ისეთივე კიტრის ფასი აქვს, როგორიც იმ უზნეო უცხოელისას ან ფულზე დახარბებული ჩვენებურისას, რომლის მოსყიდვაც მეტის-მეტად ადვილი საქმეა. ნეტავ იმ კაცს, რომელიც მართლა *კაცია*, და, როგორც ამას ჩვენში იტყვიან ხოლმე, ისეთი სწორი ხერხემლის პატრონია, რომლის ხელყოფა და გამრუდება არავის და არაფერს ძალუძს! მცდარია ჩვენი სტატისტიკა: მოსახლეობა გაზვიადებულად აღგვირიცხავს. რამდენი *კაცი* მოდის ჩვენი ქვეყნის ყოველ ათას კვადრატულ მილზე? – ერთიც კი არა. ნუთუ ამერიკა ისეთს ვერაფერს სთავაზობს, რომ მის მიწაზე ადამიანები კი არა, კაცები დასახლდნენ? ამერიკელი "უცნაური კაცის"[128] დონეზე დავიდა და დაკნინდა – და იმ ჩიაკაცად იქცა, რომელსაც მთელი ქვეყანა ნახირად ცხოვრების გამო იცნობს, ინტელექტის აშკარა ნაკლებობისა და

---

[126] ბოლთიმორის ყრილობა – ბოლთიმორი მერილენდის შტატის უდიდესი ქალაქია, სადაც პარტიული ყრილობისას 1848 წელს დემოკრატიულმა პარტიამ ლუის ქეისი დაასახელა პრეზიდენტობის კანდიდატად, რომელიც მოგვიანებით ვიგის პარტიის კანდიდატმა, ზექარი თეილარმა დაამარცხა.

[127] დემაგოგია – პოლიტიკური ძალა-უფლების მოპოვების მზაკვრული ხერხი, რომელსაც უძველესი ხანიდან მიმართავდნენ, დემაგოგი კი დემაგოგიის გამომყენებელი ვაი-კაცია. ქართულად დემაგოგია მლიქვნელობას ნიშნავს. როგორც წესი, მლიქვნელები ანუ დემაგოგები რიტორიკით ანუ ფუჭი მჭევრმეტყველებით და პროპაგანდით ანუ ყალბმეტყველებით აღწევდნენ საწადელს.

[128] "უცნაური კაცების დამოუკიდებელი ორგანიზაცია" – გახლავთ საიდუმლო საძმო ორგანიზაცია ამერიკაში, რომელიც წარმოიშვა "ინგლისის უცნაური კაცების" ორგანიზაციიდან. პირველი ამერიკული ფილიალი 1819 წელს დაარსდა.

უგუნურობის გამო იცნობს, მხოლოდ თავისი თავის ზედმეტი იმედის ქონის გამო იცნობს; რომელსაც ლაჩრობის კაბა ჯერ არ გაუხდია და ვაჟკაცობის ჯაჭვის პერანგი [129] ჯერ არ ჩაუცვამს, აი, თვალთმაქცობის ნიღაბი კი ოსტატურად აუფარებია და უპირველეს და უმთავრეს სადარდებელად, გაჩენის პირველი დღიდან, ვითომცდა ღარიბთა თავშესაფრების შეკეთება და ქვრივ-ობლების დასახმარებლად შესაწირავების აკრეფა გაუხდია; რომელსაც, მოკლედ რომ ვთქვათ, საკუთარი კაცობა და პატიოსნება არ გააჩნია და მხოლოდ იმ იმედით ცხოვრობს, რომ სადაზღვევო კომპანია დაეხმარება და სიკვდილის შემთხვევაში კაცურად დამარხავს და გააპატიოსნებს.

რაც არ უნდა დიდი ბოროტება არსებობდეს ადამიანის გარშემო, მისი ვალი ბოროტების აღმოფხვრა და ამ საქმისთვის მთელი სიცოცხლის დათმობა როდია მაინცდამაინც? კაცს უფლება აქვს ამის მაგივრად უამრავი სხვა საქმე აკეთოს ცხოვრებაში; მაგრამ ბოროტმოქმედებისგან ხელები რომ დაიბანოს, თვითონ რომ არ ჩაიდინოს ბოროტება, ეს კი ნამდვილად უნდა იყოს კაცის ვალი, და თუ ბოროტების აღკვეთით არ არის მისი ფიქრი დატვირთული, ბოროტების ჩადენაზე ფიქრს მაინც დაანებოს თავი. [130] და თუ ბოროტების აღმოფხვრა ჩემი საქმე არაა და ცხოვრებაში სხვა რაიმე საქმიანობას მივყავი ხელი, იმაში მაინც ხომ უნდა ვიყო წინასწარ დარწმუნებული, რომ ამ საქმიანობას სხვა კაცის მხრებზე ჯდომით და მოყვასის დაჩაგვრით არ ვაკეთებ მე. სანამ ჩემი საქმის კეთებას დავიწყებდე, ჯერ ამ კაცს უნდა ჩამოვეხსნა მხრებიდან, რომ ამ კაცმაც, თავის მხრივ, თავისი საქმე აკეთოს თავისუფლად. აბა, შეხედეთ რაოდენ დიდ ორპირობას იტანს ჩვენი ერი: ხშირად გამიგია ჩემი თანასოფლელებისგან, "ნეტა არ იქნება, მთავრობამ დამავალოს სამხრეთში მონების აჯანყების ჩახშობაში დახმარების გაწევა, ან მექსიკის ომში სალაშქრო სიარული, – ნახავდა როგორ ცივად ვეტყოდი უარს"; ასე ყბედობენ, არადა, ცხადია, მთავრობისთვის ამ კაცებს საკუთარი სხეული არ გაუღიათ ზემოხსენებული უსამართლობების ჩასადენად, მაგრამ ისიც ხომ ცხადია, რომ სწორად ამ კაცებმა თავისი ერთგულებით, პირდაპირ, თუ ირიბად, საშემოსავლო და საადგილმამულო გადასახადებში გადახდილი თავიანთი ფულით ამ ქვეყანას ბოროტებების ჩადენაში დაეხმარნენ? ჯარისკაცს, რომელიც უარს ამბობს უსამართლო ომში მონაწილეობის მიღებაზე, ის ხალხი უკრავს ტაშს, რომელიც თავად

---

[129] ჯაჭვის პერანგი – თოროუს ნახმარი აქვს ფრაზა "ვაჟკაცის სამოსი" და გულისხმობს რომაულ წეს-ჩვეულებას, როცა რომაელ ბიჭს, შეუსრულდებოდა თუ არა 14 წელი, ნება ეძლეოდა "ტოგა ვირილის" ანუ "კაცის სამოსი" ჩაეცვა და სრულწლოვან მამაკაცად ეცხოვრა.

[130] რაოდენ დიდია მსგავსება თოროუს მსჯელობასა და დიდი ქრისტეანი მამის, ფსევდო-დიონისე არეოპაგელის თეოლოგიაში. იხილეთ წიგნი "კორპუს არეოპაგიტიკუმ", ქვეწიგნი "ზეციური იერარქია" და ქვეწიგნი "საეკლესიო იერარქია". თოროუმ, ფსევდო-დიონისეს მსგავსად, კარგად უწყის ადამიანის უძლურება და სისუსტე, და ისიც კარგად იცის, რომ ყველა კაცი მაინცდამაინც სიმართლის ალამდარი ვერ იქნება. თუმც სიმართლის დაცვა და ალამდარობა თუ არ ძალუძს ყველას, სიმართლით ცხოვრება და უსამართლობის არ ქმნა ხომ ყველას შეუძლია? მართლმადიდებლურ ეკლესიაშიც ყველას თავისი კუთვნილი ადგილი აქვს, – ყველას არ ძალუძს, მაგალითად, მღვდლობა, სულიერი წინამძღოლობა, მაგრამ პატიოსნად ცხოვრება, ცოდვის ჩადენაზე უარის თქმა და რიგითი ქრისტეანობა ხომ ყველას შეუძლია?

ვოლდენის ტბაზე თოროუს ქოხის ადგილი.
SITE OF THOREAU'S CABIN AT WALDEN POND.

არ ამბობს უარს ამ უსამართლო ომის წამომწყები უსამართლო მთავრობის დაფინანსებაზე; ის ხალხი უკრავს ტაშს, რომლის არასწორი საქციელი და ხელში ჩაგდებული გავლენა ამ სამართლიან ჯარისკაცს სძულს; ეს ყველაფერი იმას ჰგავს, რომ გეგონება, სახელმწიფომ საკუთარი თავის გაკიცხვისთვის ერთი წესიერი ჯარისკაცი დაიქირავა ქვეყნის სამსახურში, უსმენს ხოლმე შიგადაშიგ მას, მაგრამ ამის გამო ცოდვის ჩადენას როდი ეშვება? და აი, ასე და ამგვარად, კანონისა და სამოქალაქო მთავრობის სახელით, ჩვენ ყველა იძულებულები ვხდებით, ჩვენს საკუთარ ეროვნულ სულმდაბლობას პატივი ვცეთ და მხარი დავუჭიროთ. პირველ ცოდვას პირველი სირცხვილის გრძნობა მოჰყვება, სირცხვილის პირველ გრძნობას კი უკვე გულგრილობა; და უზნეობა უუზნეობად იქცევა, და ჩვენ მიერ ჩასვრილი ცხოვრების აუცილებელი და შემადგენელი ნაწილი გახდება ხოლმე.

ყველაზე დიდი და ყველაზე დიდად გავრცელებული შეცდომის არსებობისთვის სწორად ყველაზე გულგრილი სათნოების არსებობაა საჭირო. მსუბუქი საყვედური, რომელიც, როგორც წესი, მამულიშვილობას მოსდევს ხოლმე შედეგად, როგორც წესი, კეთილშობილი ადამიანების ხვედრია. ისინი კი, რომლებიც მთავრობას და მის ქმედებებს სიტყვით ეწინააღმდეგებიან, მაგრამ საქმით მთავრობისთვის თავიანთ ერთგულებას და მხარდაჭერას არ იშურებენ, ეჭვგარეშეა, რომ მისი ყველაზე ერთგული მხარდამჭერები არიან, და აქედან გამომდინარე, ყველაზე ძნელი სწორად ხალხის ამ ნიწილის გარდაქმნაა. ზოგიერთები სათხოვარს სათხოვარზე წერენ და მთავრობას შტატების კავშირის და სახელმწიფოს დაშლას და პრეზიდენტის მოთხოვნების უგულვებელყოფას სთხოვენ.[131] თავად რატომ არ ადგებიან და არ გააუქმებენ სახელმწიფოს – თავიანთ თავსა და სახელმწიფოს შორის კავშირს – და რატომ არ იტყვიან უარს ხაზინაში შესატან გადასახადებზე? მათ ხომ ისევე აქვთ მთავრობის დაშლის და გაუქმების უფლება, როგორც მთავრობას აქვს შტატებს შორის კავშირის დაშლის და სახელმწიფოს გაუქმების უფლება? და ნუთუ ვერ ხედავთ, რომ ხალხს, ზუსტად იგივე მიზეზების გამო შეშინებია მთავრობის, რის გამოც მთავრობას შეშინებია სახელმწიფოსი?

ვერ გამიგია, როგორ შეიძლება კაცს საკუთარი ფიქრის ხორცშესხმა არ ეწადოს და მარტო ფიქრით დაკმაყოფილდეს? როგორ შეიძლება კაცს ამ ცარიელმა ფიქრმა *სიამოვნება მოჰგვაროს*? როგორ შეიძლება იქ სიამოვნება არსებობდეს, სადაც კაცის ფიქრი სიცხადეში არ ხორციელდება და კაცის გული გულდაწყვეტას მოუცავს? მეზობელმა ერთ საცოდავ დოლარიანში რომ მოგატყუოს, მხოლოდ იმის ცნობა და იმაზე ფიქრი, რომ მოგატყუეს, სიმშვიდეს ხომ არ მოგგვრიდა? იმის თქმითაც ხომ ვერ დაიმშვიდებდი გულს, რომ საკუთარი თავისთვის ხმამაღლა გეთქვა, მომატყუესო? ან თუნდაც იმით, რომ პირადად მისთვის მიგემართა და გეთქვა, წართმეული დოლარიანი უკან დამიბრუნეო? ასე კი არ იზამდი, არამედ პირიქით, ყველა ხერხს იღონებდი იმისთვის, რომ შედეგიანად გემოქმედა და მთელი თანხა უკან დაგებრუნებინა, და ყველა ზომა გეხმარა იმისთვის, რომ შემდგომში ასე აღარავის და აღარასოდეს მოეტყუებინე. ხასიათის სიმტკიციდან და სინდისიდან აღმოცენებული ვაჟკაცური ქმედება, რომელიც სხვა არაფერია თუ არა სამართლიანობის შეგნება და სამართლიანობის აღსრულება, ყველას და ყველაფერს ცვლის

131 "არანაირი კავშირი მონათმფლობელებთან!" გახდა აბოლიშენისტების ლოზუნგი.

ამქვეყნად; ის თავისთავად მეამბოხეა და წარსულს როდი მისტირის! ის იმდენად მახვილი ძალაა, რომ ეკლესიასა და სახელმწიფოს ერთმანეთისგან მიჯნავს, ის ოჯახებს მიჯნავს ერთმანეთისგან; ჰეი! ის კი არადა, ის თავად ადამიანს მიჯნავს ხოლმე საკუთარი ბოროტებისგან და მასში ზეციურს ეშმაკეულისაგან გამოყოფს და გამოაცალკევებს.

უსამართლო კანონები მართლა არსებობენ: როგორ უნდა მოვიქცეთ? – უნდა შევეგუოთ და დავემორჩილოთ მათ? თუ მათ შეცვლას უნდა ვეცადოთ, მაგრამ იქნებ ამასობაში მათი მორჩილება მაინც გვმართებს? თუ მყისვე უნდა დავიწყოთ ამ უსამართლო კანონების დარღვევა? როგორც წესი, ამ მთავრობის ხელში ჩავარდნილ ხალხს მიაჩნია, რომ კანონი, რაც არ უნდა უსამართლო იყოს, მაინც უნდა დაიცვან, სანამ თავად უმრავლესობა არ დარწმუნდება მის უსამართლობასა და შეცვლის აუცილებლობაში. მათ ჰგონიათ, რომ ბოროტებით აღვსილი ამ კანონების წინააღმდეგ აჯანყება, როგორც მწარე წამალი, ბევრად უფრო მეტ ბოროტებას მოიტანს, ვიდრე თავად ამ კანონებით მიღებული სიმწარე. მაგრამ სწორად ამ მთავრობის ბრალია, რომ წამალი ბოროტებაზე მწარე *გამოდის* ხოლმე. *მთავრობა* აუარესებს მდგომარეობას. რატომ არაა თავად მთავრობა უფრო მოწადინებული საკანონმდებლო გარდაქმნის გატარებისთვის? რატომ არ აფასებს ის ერის ბრძენ უმცირესობას? რატომ ტირის და ჭირვეულობს მთავრობა, მას ხომ წამლად სიბრძნის ნემსის წვერი ჯერაც არ შეხებია? რატომ არ აქეზებს თავის მოქალაქეებს რომ ფხიზლად იყვნენ და მთავრობაში არსებული ნაკლოვანებები გამოააშკარაონ და ამ გულწრფელი მითითებით ისინი მთავრობას უფრო გულწრფელად მოექცნენ, ვიდრე მთავრობა ექცევა მათ? რატომაა, რომ ის მუდამ ჯვარს აცვამს იესუს, და მოკვეთს კოპერნიკუსს[132] და ლუთერს,[133] და ვოშინგთონს და ფრენქლინს მეამბოხედ აცხადებს მუდამ?

კაცი იფიქრებდა, რომ მთავრობის ძალა-უფლების გამიზნული და პრაქტიკული დაგმობა და უარყოფა გახლავთ ერთად-ერთი კანონდარღვევა, რომელიც ამ მთავრობას არც კი მოსვლია თავში აზრად. მაშ, როგორ მოხდა, რომ მას ერთი გარკვეული, ყველასთვის საერთო და ყველასთვის ზოგადი სასჯელი არ დაუწესებია ჯერ? თუ კაცი, რომელსაც არანაირი კერძო საკუთრება არ გააჩნია, ერთხელ მაინც იტყვის უარს სახელმწიფოს გადასახადებში ცხრა შილინგის [134] გადახდაზე, სასწრაფოდ ციხეში

---

[132] ნიკოლაუს კოპერნიკუსი ანუ ნოკოლას კოპერნიკი (1473-1543) – პოლონელი მეცნიერი და თანამედროვე ასტრონომიის ფუძემდებელი. კათოლიკური ეკლესია დაუნდობლად სდევნიდა მეცნიერებს, რადგან ხალხში განათლების გავრცელება არ სურდა. კოპერნიკმა თავისი შრომა “გარდაქმნების შესახებ” რომის პაპ პავლე III-ს მიუძღვნა და ამის გამო ის კათოლიკური ეკლესიიდან განკვეთას გადაურჩა.

[133] მარტინ ლუთერი (1483-1546) – გერმანელი ბერი, რომელმაც კათოლიკური ეკლესიის სიბრმავე, მექრთამეობა და გარყვნილობა ვეღარ აიტანა, მას განუდგა, პროტესტანტული რეფორმაციის (გარდაქმნის) ალამდარობა იდო თავს და დღესაც პროტესტანტული ეკლესიის ფუძემდებლად მიიჩნევა. ლუთერი მართალი იყო კათოლიკებს სიბრმავეში და გახრწნილობაში რომ ადანაშაულებდა, თუმცა ისიც აღსანიშნავია, რომ ის თავადაც არ გახლდათ დიდად ნიჭიერი და ზნემაღალი კაცი. ლუთერი კათოლიკური ეკლესიიდან 1521 წელს პაპმა ლეო X-მ განკვეთა.

[134] ცხრა შილინგი – შედარებით რთულია იმის გაგება თუ რატომ ხმარობს თოროუ ცხრა შილინგს აქ. თავად თოროუს გადასახადი $1.50 გახლდათ, რაც 6 შილინგს შეადგენს: შილინგი ბრიტანული ფულის ერთეულია და 23 ცენტს უდრიდა თოროუს ხანაში, აქედან გამომდინარე, 23 x 6 = 138 = $1.38 ანუ დაახლოებით $1.50, 9 შილინგი კი $2.07 გამოდის. მაგრამ გასათვალისწინებელია ერთი მნიშვნელოვანი გარემოება: როდესაც ნიუ ინგლენდმა პირველად შემოიღო ფულის ერთეულის ათწილადი სისტემა, მაშინ ერთი ბრიტანული შილინგი შეადგენდა

უკრავენ თავს და ისიც უსაზღვრო ვადით, და ისიც არა კანონის, არამედ იმ ადამიანების განწყობის საფუძველზე, რომლებმაც ეს საწყალი და უბედური ციხეში ჩააყუდეს; მაგრამ იმავე კაცმა, რომ ქვეყანას ცხრაასჯერ ცხრა შილინგი მოპაროს, ქრთამის აღებით და მაიმუნობით, უმალ თავისუფლებას მიანიჭებდა ჩვენი მთავრობა.

და თუ უსამართლობა, უმნიშვნელო ხახუნისა არ იყოს, აუცილებელია იმ მექანიკური მანქანის სამუშაოდ, რომელსაც მთავრობა ჰქვია, შეეშვი მაშინ, შეეშვი მის გამოსწორებას: იქნებ ეს უსამართლობის ხახუნი ხმარებისას გამოსწორდეს ან თავად გაცვდეს. და თუ კი სახელმწიფო მანქანაში ჩაბუდებულ ამ უსამართლობას, შესაძლებელია, რომელიმე ზამბარის, ან ბორბლის, ან თოკის, ან ბერკეტის მოქაჩვით უშველო, მაშ, კიდევ შეიძლება დაფიქრდეს კაცი და აწონ-დაწონოს, ღირს თუ არა შეკეთება და ამ შეკეთებისთვის საჭირო რისკისა და შრომის გაწევა; მაგრამ თუ ეს უსამართლობის ის ხახუნია, რომელიც თავის არასწორ მოქმედებაში შენს ჩაბმას და მონაწილეობის მიღებას მოითხოვს, იმას მოითხოვს, რომ შენც უსამართლობის აგენტი იყო და მოყვასს უსამართლოდ მოექცე, მაშინ, გეუბნები, დაარღვიე კანონი და მასთან ერთად დაანგრიე მისი პოლიტიკური მანქანაც. დაე, შენი ცხოვრება უსამართლობის ამ ხახუნის საწინააღმდეგო ძალად იქცეს, რომ პოლიტიკური მანქანა ერთხელ და სამუდამოდ გააჩეროს. სხვა თუ არაფერი, ისე მაინც უნდა მოვიქცე, რომ ბრმა იარაღად არ მივეცე იმ ბოროტებას, რომელსაც მე ვგმობ.

რაც შეეხება ხერხებს, რომლებსაც ბოროტებისა და უსამართლობის აღსაკვეთად და მოსაგვარებლად თავად მთავრობა გვთავაზობს, ჩემი აზრით, ასეთი ხერხები არ არსებობს. მთავრობის მიერ შემოთავაზებული ხერხი ჟამში უაზროდ გაწელილია, და სანამ მისით უსამართლობას აღკვეთ და შედეგს მიიღებ, მანამ კაცსაც ამოხდება სული უსამართლობით. მე სულ სხვა საქმე მაქვს ცხოვრებაში. მე ამქვეყნად იმიტომ კი არ მოვედი, რომ ის ფუფუნების საცხოვრებელ ადგილად ვაქციო, არამედ იმიტომ, რომ უბრალოდ ვიცხოვრო, გინდ ადვილი იყოს ეს მიწიერი ცხოვრება და გინდ ძნელი. კაცის ვალი ყველა საქმის პოტინი კი არა, საქმის კეთებაა; და იმის გამო, რომ მას ყველაფრის კეთების ძალა არ შესწევს, იმას როდი ნიშნავს, რომ მას *რაიმე* ცუდის კეთების უფლება აქვს ამქვეყნად. ისევე არაა ჩემი საქმე გუბერნატორისთვის და კანონმდებლისთვის თხოვნებისა და პეტიციების წერა, როგორც მათი საქმე არაა მე მწერონ თხოვნები და პეტიციები; და თუ მათ ჩემი სიტყვიერი თხოვნა ვერ მოისმინეს, რა უნდა ვქნა მაშინ? და აი, სწორად ასეთი შემთხვევის შესაძლებლობა არ გაუთვალისწინებია სახელმწიფოს და ამის გამო ჭეშმარიტად გეუბნებით: თავად მისი კონსტიტუციაა ბოროტება. შეიძლება ეს უხეშობად, ჯიუტობად და შეურიგებლობად ჩამომართვათ; მაგრამ ეს სიტყვები სიმართლისა და სამართლიანობის პატივისცემაა, იმ მამულიშვილური სულისკვეთების პატივისცემაა, რომელიც ამ სიტყვებს დააფასებს და იმსახურებს კიდეც. ასეა, სამყაროში ყოველი ცვლილება მაინც უკეთესობას მოგვასწავებს და, საბოლოო ჯამში, ადამიანის სასარგებლოდაა გამიზნული, როგორც, მაგალითად,

---

1/6 დოლარს ანუ 0.166 დოლარს ანუ 16 ცენტს, თოროუს ჟამსაც ხშირად ნიუ ინგლენდელი ხალხი ახალ თანაფარდობას კი არ იყენებდა – 23 ცენტი = 1 შილინგი, არამედ ისევ ძველს და პირველადს – 16 ცენტი = 1 შეილინგი. ჰოდა, გამოდის, რომ 0.166 x 9 = $1.50.

ვთქვათ, თუნდაც სიკვდილი და სიცოცხლე, როდესაც ორივე შემთხვევაში ადამიანის სხეული ერთგვარ კრუნჩხვასაც კი განიცდის, მაგრამ ეს კრუნჩხვა ისევ მისთვისაა სასარგებლო.

ოდნავადაც არ მიჭირს იმის თქმა, რომ იმ ხალხმა, რომელიც თავიანთ თავს აბოლიშენისტს უწოდებს, საჭიროა, დაუყოვნებლივ შეწყვიტოს მასაჩუსეცის მთავრობის დახმარება, როგორც მთავრობაში მსახურების, ასევე სამთავრობო გადასახადების გადახდის შეწყვეტით. საჭიროა, რომ მამულიშვილები შეეშვნენ ლოდინს იმ ერთი მშვენიერი დღის დადგომისას, როცა ისინი უმრავლესობას მიაღწევენ და ამგვარად ქვეყანაში გარდაქმნის ჩატარების შესაძლებლობა მიეცემათ. ჩემი აზრით, მთავარია, მათ მხარს ღმერთი უჭერდეს და არა ვიღაც უმრავლესობა.[135] გარდა ამისა, კაცი, რომელიც თავის მეზობლებზე მართალი და სამართლიანია, თავისი კაცობით ადამიანზე მეტია და ის კაცების უმრავლესობას შეადგენს თავისთავად.

შევხვდები ხოლმე ამ ამერიკის მთავრობას, თუ მის წარმომადგენელს, ჩვენში შტატის მთავრობა რომ ჰქვია, პირის-პირ, მხოლოდ წელიწადში ერთხელ – მეტჯერ არა – გადასახადების ამკრეფის სახით;[136] ეს არის ჩემს მდგომარეობაში მყოფი კაცისთვის მთავრობასთან ერთადერთი შეხების წერტილი. და მერე ეს მთავრობა გარკვევით გეუბნება, – მაღიარე მე; და გრჩება ყველაზე მარტივი, შედეგიანი და, საქმის ვითარებას თუ გავითვალისწინებთ, ერთადერთი გზა და ხერხი მისდამი შენი უკმაყოფილებისა და სიძულვილის გამოხატვისა – მთავრობის უარყოფა. იძულებული ვარ, გადასახადების ამკრეფთან დავიჭირო საქმე, ვინც ვაი, რომ ჩემი მეზობელია და შინაური – ბოლოსდაბოლოს კაცთან მაქვს სადავო, საბუთის ფურცელთან ხომ არა – და ვინც საკუთარი ნებით მთავრობის სამსახურში ჩამდგარა და მისი ლაქიობა აურჩევია თავის ხელობად. ეს კაცი მანამდე ვერ მიხვდება თუ რაა მისი მეობა და, როგორც სახელმწიფო მოხელე, ან როგორც კაცი, რა საქმით შოულობს პურის ფულს, სანამ მას ჩემთან მოსვლა არ მოუწევს სამსახურებრივი მოვალეობის შესასრულებლად, რის შედეგადაც საგონებელში ჩავარდება და დიდი ფიქრი დასჭირდება იმის გადასაწყვეტად თუ როგორ უნდა მომექცეს, როგორც მოყვასს, რომელსაც ის, როგორც მეზობელს და წესიერ კაცს ისე მაფასებს, თუ როგორც მანიაკს და წესრიგის და მშვიდობიანობის დამრღვევს, და როგორ უნდა ეცადოს ყოველივე ისე გააკეთოს, რომ მის უხეშ ქმედებას კიდევ უფრო უხეში და გაცხარებული სიტყვიერი შეპასუხებაც არ მოჰყვეს შემდგომ. ზედმიწევნით ვიცი, რომ თუ ათასი კაცი, ან ასი კაცი, ან თუნდაც ათი

---

[135] შეცდომით ბევრი ამ იდეოლოგიის დაფუძნებას შოტლანდიური პრესბიტერიანიზმის (პროტესტანტული სექტაა) დამაარსებელს, ჯონ ნოქსს (1513-1572) მიაწერს. ჯონ ნოქსამდე ბევრად ადრე იყო, რომ მართლმადიდებელი ქრისტიანი მოწამეები ალექსანდრიის, რომის თუ სპარსეთის წარმართ უმრავლესობას არაფრად თვლიდნენ და ერთმანეთს გამაგრებისკენ და მარტვილობისკენ მოუწოდებდნენ. იხილეთ ნეტარი ავგუსტინეს წიგნი “აღსარება”, აგრეთვე იხილეთ ორიგენე, ევსებიუსი, ირენეუსი და გაიხსენეთ წმიდა დედოფალი ქეთევან წამებული და წმიდა ილია მართალი, – ისინი უმრავლესობის გამოღვიძებას ელოდნენ თუ თავად წარმოადგენდნენ განათლებულთა უმრავლესობას, და გაუნათლებელი ბრბოს, რომელიც, სამწუხაროდ, ერის სრული უმრავლესობა იყო მაშინ და არის დღესაც, განათლებას ცდილობდნენ თავიანთი სიტყვით და ქმედებით?

[136] საუბარია სემ სთეიფლზე, რომელიც ადგილობრივი კონსტაბელი და გადასახადების ამკრეფი იყო მასაჩუსეცის სოფელ ქანქარდში. 1846 წლის ივლისში სემ სთეიფლზმა ჰენრი დეივიდ თოროუ წლიური სულადი გადასახადის გადახდაზე მკაცრი უარის თქმის გამო დააპატიმრებინა.

კაცი, რომელსაც მე დავასახელებ – თუ ათი *მართალი* კაცი მაინც – დიახ, თუ მხოლოდ *ერთი* მართალი კაცი მაინც, მასაჩუსეცის შტატში, *შეწყვეტს მონების ყოლას*, ამ შტატთან თანამეწილეობიდან გამოვა, და ამისთვის სოფლის ციხეში ჩაჯდება, თუ ყოველივე ამის გაკეთებას ყველა თანამემამულისთვის ერთი მასაჩუსეცელი მაინც შეძლებს, ჩათვალეთ რომ მონობაც მოისპობა ამერიკაში.[137] პირველი ნაბიჯის სიგრძე-სიდიდე კი არაა მთავარი, არამედ ამ ნაბიჯის გადადგმით წამოწყებული დიდი საქმე და საბოლოო დიადი შედეგი: ერთი წინ გადადგმული ნაბიჯი, სამუდამოდ წინ გადადგმული ნაბიჯია. მაგრამ ჩვენ საქმეს საუბარი გვირჩევნია: ამაყად ვლაპარაკობთ ჩვენს მისიაზე. უამრავი გაზეთია ჩაბმული გარდაქმნის სამსახურში, კაცი კი ერთიც არა. თუ ჩემი დიდად პატივცემული მეზობელი, შტატის ელჩი,[138] რომელიც საბჭოს პალატაში ადამიანის უფლებათა დაცვის საკითხს დღეს-დღეზე უთმობს, ქერალაინას ციხეებიდან წამოსულ საშიშროებაზე ზრუნვის მაგივრად, მასაჩუსეცის ციხის ერთ პატიმარს დაისვამდა ცხვირწინ სალაპარაკოდ, მასაჩუსეცის, რომელიც ცდილობს თავის სამხრელ დობილ შტატს მონობის საკითხის მოგვარების ეჟვანი შეაბას – თუმცა ამჟამად მსუბუქი კამათის გარდა არაფერს ედავება მას – დიახ, ამ მასაჩუსეცის ციხის ერთი პატიმარი მაინც რომ დაისვას სალაპარაკოდ, კანონმდებლებს ისეთი თავში სატეხი გაუჩნდებოდათ, თვეებს მოანდომებდნენ ამ საკითხის განხილვას.

როდესაც მთავრობა სამართლიან კაცს უსამართლოდ აგდებს ციხეში, ერთად-ერთი სამყოფელი ჭეშმარიტად მართალი კაცისა მხოლოდ ციხეა. სათანადო ადგილი, ერთად-ერთი ადგილი, რომელიც მასაჩუსეცს თავისი მეტად თავისუფალი და ნაკლებად გულგატეხილი შვილებისთვის მიუჩენია, სწორად ციხეშია. სახელმწიფოს მიზანი ამ გმირი კაცების გაძევება და გარიყვაა, რომელთაც თავიანთი ზნეობის გამო თავი რახანია თვითონვე გაურიყავთ უზნეო სახელმწიფოსგან. სწორად ციხეში შეძლებს ასეთი კაცური კაცების ნახვას ლტოლვილი მონა, თავდებით გამოსული მექსიკელი ტუსაღი და ინდიელი,[139] თავისი მოდგმის უბედურებაზე რომ შესჩივლოს მასაჩუსეცის გმირს. ციხეა ის თავისუფალი და საპატიო მიწა, რომელზეც ის ადამიანები არიან გამწესებულნი, რომლებიც ბოროტი საქმეების კეთებაში სახელმწიფოს *გვერდით* კი არ დგანან, არამედ მის წინააღმდეგ, – მონობის ქვეყანაში სწორად ციხეა ის ერთად-ერთი სახლი,

---

[137] ეს ყოველივე წინასწარმეტყველებაა – თავად თოროუ იყო ის კაცი, ერთად-ერთი თუ არა ერთერთი იმათთაგანი, რომელიც თავისი ერისთვის ციხეში ჩაჯდა, შედეგად სულ მალე, 1861 წელს ამერიკის სამოქალაქო ომიც დაიწყო, 1865 წელს ის სამხრელებზე იანკების გამარჯვებით დაგვირგვინდა და მონობა მთელ ამერიკაში კანონით აიკრძალა და ბოლოს მოისპო კიდეც.

[138] სამუელ ჰორი (1778-1856) – სოფელ ქანქარდის მოქალაქე, რომელიც მასაჩუსეცის შტატის კონგრესმა სამხრეთ ქერალაინაში მისიაზე გაგზავნა. სამხრეთ ქერალაინა მონათმფლობელური სამხრეთის შტატი გახლდათ, რომლის ძალოვანმა სტრუქტურებმა იქ საქმეზე ჩასული თავისუფალი ჩრდილოელი ზანგი მეზღვაურები ყოვლად უკანონოდ დააკავეს. სამუელ ჰორი ჩასვლით კი ჩავიდა სამხრეთში, მაგრამ სამხრელებმა დაკავებული მეზღვაურების საკითხის მოგვარებაზე მკაცრი უარი უთხრეს და დაშინებით და ძალადობით აიძულეს სამხრეთ ქერალაინის ქალაქ ჩარლსთონს სასწრაფოდ გასცლოდა და უკან დაბრუნებულიყო. აღსანიშნავია, რომ მისი ქალიშვილი თოროუს ბავშობის მეგობარი იყო, ისევე როგორც რალფ ვოლდოუ ემერსონის ახლო მეგობარი.

[139] ინდიელი – აი, თოროუსა და მაშინდელი ყველა ჭეშმარიტი მამულიშვილის მესამე სატკივარი, – მონობის და მექსიკასთან უსამართლო ომის გარდა, თოროუს ამერიკაში ამერიკელი ინდიელების ბედი ადარდებდა. ინდიელთა ერები და ტომები ამოწყვიტეს ინგლისელებმა, ესპანელებმა და, ბოლოს, თავად ამერიკელებმაც. ისე, რომ თოროუს დროს და მითუფრო ახლა, ინდიელების ნატამალიც არ დარჩა ამერიკას, ტოპონიმებს თუ არ ჩავთვლით, – ჩრდილო-აღმოსავლეთით, ნიუ ინგლენდში, ფენსილვეინიაში და ნიუ იორკში კვლავაც უამრავ ადგილს ჰქვია მათ მიერ შერქმეული ძირძველი სახელი, თავად ინდიელები კი აქ აღარ არიან.

რომელშიც თავისუფალ კაცს ღირსეულად ცხოვრება ძალუძს. და თუ ვინმეს ჰგონია, რომ ციხეში სიმართლის ხმა იკარგება და მისი გავლენა ციხის კედლებით იზღუდება, რომ იქ თავისუფალი კაცის სიტყვა წყდება და სახელმწიფოს ყურამდე ვეღარ აღწევს, და არ სჯერა, რომ გმირები, როგორც ციხის შუაგულში შეღწეული რაზმი, ამ ციხის შიგნიდან დანგრევას შეძლებენ, მაშინ მათ არ იციან, თუ რამდენად ძლიერია სიმართლე სიმცდარეზე, არც ის იციან თუ რამდენად უფრო მეტი მჭევრმეტყველებით და უფრო შედეგიანად შეუძლია უსამართლობასთან ბრძოლა იმ კაცს, რომელსაც ცოტაოდენი უსამართლობა საკუთარ მხრებზეც აქვს გამოცდილი. მიეცი შენი ხმა, საამომრჩევლო ბარათის უბრალოდ შემოხაზვით კი არა, არამედ მთელი შენი ძალ-ღონით და სწორი ქმედებით. უძლურია უმცირესობა მანამ, სანამ ის უმრავლესობას მორჩილებს; მაშინ ის უმცირესობაც აღარაა; არადა უძლეველობაც ხელეწიფება უმცირესობას, როცა ის ერთ მუშტად შეიკრება და მთელი თავისი ერთობლივი ძალით აწვება სიმართლეს. თუ ქვეყანას ორი არჩევანი აქვს, ერთი – სამართლიანი კაცი ციხეში ამყოფოს, და მეორე – მონობასა და მექსიკასთან ომს თავი დაანებოს, სახელმწიფო წამითაც არ დაყოვნდება და მუდამ პირველს აირჩევს. ძალადობა და სისხლისღვრა არ მოჰყვება წელს თუნდაც ათასმა კაცმა რომ თქვას უარი სამთავრობო გადასახადების გადახდაზე, აი, ამ გადასახადების გადახდას კი ნამდვილად მოჰყვება ძალადობაცა და სისხლისღვრაც, რადგანაც ამ ფულით სახელმწიფოს საშუალება ეძლევა ძალადობა ჩაიდინოს და უცოდველი ხალხის სისხლი დაღვაროს. თუ კი მშვიდობიანი აჯანყება საერთოდ შესაძლებელია, მაშინ აი, ეს უნდა იყოს მისი განსაზღვრება: თუ გადასახადების ამკრეფი, ან რომელიმე საჯარო მსახური, მკითხავს, როგორც ეს ერთხელ უკვე მოხდა კიდეც, "კი, მაგრამ რა ვქნა მე?" ჩემი პასუხი მარტივია, "თუ მართლა რამის ქმნა გსურს, დატოვე შენი თანამდებობა." როდესაც სახელმწიფო მოხელე ბოროტი სახელმწიფოს სამსახურში ჩადგომაზე იტყვის უარს, სწორად მაშინ აღსრულდება ეს მშვიდობიანი რევოლუციაც. და დიდი რამე, თუ ასეთ კაცურ საქმეს სისხლისღვრაც მოჰყვა. ნუთუ ერთგვარი სისხლი არ იღვრება ადამიანი საკუთარი ხელით თავის სინდისს ჭრილობას რომ მიაყენებს ხოლმე? ამ ჭრილობიდან ადამიანის კაცობა და უკვდავება იცლება და ამ დაცლას ხორციელ გარდაცვალებამდე კი არა, სამუდამო სიკვდილამდე მიჰყავს ადამიანი! ყოველდღე ვხედავ თუ როგორ იღვრება ეს სულიერი სისხლი დღეს.

ხანდახან ვფიქრობ ხოლმე, უსამართლო მთავრობას ჭკუა რომ ჰქონდეს, თავად კანონის "დამრღვევი" გმირი უნდა დააკავოს და არა გადასახადების საშუალებით ამ გმირის კანონიერად ნაშოვი ქონება და საქონელი – თუმცა ორივე საქციელი ერთი და იგივე ბოროტებას ემსახურება – რადგანაც სამართლიანობის ყველაზე წმიდა გრძნობით გაჯერებულ გმირებს, რომლებიც გახრწნილი სახელმწიფოსთვის ყველაზე დიდ საშიშროებას წარმოადგენენ, როგორც წესი, დიდი ხანი არ დაუხარჯავთ ქონების მოხვეჭასა და დაგროვებაზე. და, აქედან გამომდინარე, ასეთ კაცებს სახელმწიფო განსაკუთრებულად უსამართლოდ ექცევა, როცა მათ გადასახადების გადახდას სთხოვს, რადგან ღარიბ გმირზე დაწესებული თუნდაც მცირედი გადასახადი ზომაზე მეტი გადასახადია, მეტადრე კი მაშინ, როცა ის განსაკუთრებულად რთული ხელობით შოულობს ლუკმა პურს. კაცი რომ საერთოდ ფულის გარეშე ახერხებდეს ცხოვრებას, სახელმწიფოც ვეღარ

გაუბედავდა იმის თქმას, გადასახადებისთვის ფული მომეციო. აი, მდიდარი კაცი, ყოველთვის მზადაა, გადასახადები იხადოს და ის პოლიტიკური დაწესებულება მოისყიდოს, რომლის მეშვეობითაც დიდძალ ფულს შოულობს. უდავო და საყოველთაო ჭეშმარიტებაა, რომ მეტი ფული, მუდამ ნაკლები სათნოებაა; რადგან ფული კაცსა და მის ქვეშევრდომებს შორის ჩაგვრის აგენტად იჩხირება და ამ კაცს ამ ქვეშევრდომების ლაქიებად დაქირავებაში უწყობს ხელს; და ესენიც, თავის მხრივ, უფრო მეტი ფულის კეთებაში ეხმარებიან ამ კაცს; და კაცმა რომ თქვას, რა დიდი სათნოება სჭირდება ფულის მოხვეჭის ამ მარტივ საქმეს? ტვინის საჭყლეტ უამრავ სირთულეს გადაუჭრის ფული კაცს; და ერთად-ერთი სირთულე, რომელიც გამდიდრებულ კაცს ტვინის საჭყლეტად რჩება არის ის, თუ როგორ და რაში დახარჯოს ამდენი ფული. ასე და ამგვარად, მდიდარ კაცს ფეხქვეშ ზნეობის მიწა ეცლება. თავად მისი სიცოცხლე მცირდება მაშინ, როცა მისი ქისა განიცდის ზრდას. მდიდარს საკუთარი ზნეობისთვის ერთი კარგი საქმის კეთება შეუძლია – ამ ფულით იმ კაცური საქმეების გაკეთებას შეეცადოს, რომლების გაკეთებასაც ის სიღარიბისას ფიქრობდა. ქრისტემ ჰეროდელებს [140] საკადრისად მიუგო. "მაჩვენეთ შესაწირისი ფული" [141] უთხრა მან; – და ერთერთმა მათგანმა ერთი თეთრი ამოიღო ჯიბიდან; – და თუ შენც იმ ფულით სარგებლობ, რომელზეც კეისრის სახეა გამოსახული, რომლისთვისაც კეისარს მიუნიჭებია დასაბამი და ღირებულება, *ანუ თუ შენც ამ ქვეყნის კაცი ხარ*, და დიდი სიხარულით ღებულობ კეისრის მთავრობიდან პირად სარგებელს, მაშინ ნაწილობრივ მაინც დაუბრუნე მას ის ფული, რომელიც მას შეუქმნია, მისია და მას ეკუთვნის. "მიეცით კეისრისაი კეისარსა და ღმრთისაი – ღმერთსა." [142] – ასე დამოძღვრა იესუმ ჰეროდელები, მაგრამ მათ ამით ჭკუა როდი მომატებიათ, ვერც მიხვდნენ ვისთვის რა უნდა მიეცათ, ვისთან რა ვალი ჰქონდათ გადასახდელი; არ იცოდნენ, რადგან არ უნდოდათ რომ სცოდნოდათ.

როდესაც ჩემს ყველაზე თავისუფალ და ყველაზე თავისუფლების მოყვარულ მეზობელს ვესაუბრები, ერთ რამეს ვხვდები, რომ, რაც არ უნდა ძირეულად ესმოდეს მას არსებული უსამართლობის საკითხი და ამით გამოწვეული ბოროტების სერიოზულობა, რაც არ უნდა დიდად ეწადოს საზოგადოებრივი სიმშვიდე და ბედნიერება, ბევრი რომ აღარ ვილაპარაკო, არსებული მთავრობის თავიდან მოცილება მაინც ვერ გადაუწყვეტია, რადგან ეს საშიში და მეტად საფრთხიანი მთავრობა მისი ქონებისა და მისი ოჯახის უსაფრთხოებას იცავს, ამ ლაჩრებს კი მთავრობის დაუმორჩილებლობის გამო ამ ორი რამის დაკარგვა ესიკვდილებათ. ჩემი მხირვ, არ მსურს, რომ სახელმწიფოზე იყოს ჩემი უსაფრთხოება დამოკიდებული. მაგრამ თუ მე იმ საგადასახადო ქვითარზე

140 ჰეროდელები – ებრაელების პირველი არაებრაელი მეფის, ჰეროდე I დიდის მიმდევრები. სახარებებში ფარისევლები და ჰეროდელები აღწერილები არიან, როგორც ნაკითხი სოფისტები – ბრმა განათლებულები – ბრიყვი ჭკვიანები – ბოროტი განსწავლულები, რომლებსაც იესუს გამოჭერა სურთ და ჩასაჭრელად მას სათუო შეკითხვებს აძლევენ, განსაკუთრებით, გადასახადების გადახდის შესახებ. მათი ბელადი ჰეროდეც, ერთი შეხედვით, მათსავით კარგი მოქალაქეა, განათლებული და ერზე მეტად მზრუნავი, – აღმშენებელი იერუსალემისა, მაგრამ სულიერადაა იგი მავნე, – ის ზეციური იერუსალემის მტერია. ჰეროდემ ხელმეორედ ააშენა იერუსალემის დიდი ტაძარი, სამაგიეროდ, საკუთარი ოჯახი ამოწყვიტა და, იმის შიშით რომ იესუ, მესია, მხსნელი, იერუსალემის მეფე მოევლინა ქვეყანასო, 14,000 ყრმა გაჟუჟა იერუსალემში.

141 სახარებაი მათესი 22:19

142 სახარებაი მათესი 22:21

ვიტყვი უარს, რომელსაც, ვიცი, მთავრობის მოხელე ზედ სახლის კარებთან მომიტანს, მაშინ ეს მთავრობა კიდევ უფრო მეტად გაბოროტდება და რაც კი მაბადია, ყველაფერს გამინადგურებს, მე და ჩემს ოჯახს კი უსასრულოდ აგვაწიოკებს. ძალიან რთულია. ამ სახელმწიფოს უსამართლობა შეუძლებელს ხდის, კაცმა პატიოსნად და, იმავდროულად, შეძლებულად იცხოვროს ამ სახელწმიფოში. ჰოდა, არ უნდა ღირდეს ასეთ ქვეყანაში ქონების მოხვეჭა; წესიერი შრომით ნაშოვნს, უწესოდ წაგართმევენ მაინც. სჯობს, სადღაც შეეხიზნო ცოტა ხნით, თავმდაბლად და უჩინრად იცხოვრო, ცოტაოდენი მოსავალი მოიყვანო და აღებისთანავე მოიხმარო, ყოველგვარი დაგროვებისა და დახვავების გარეშე.[143] მხოლოდ შენს არსებაში უნდა ეძიო სიცოცხლე და არა სახელმწიფოში, მხოლოდ შენს თავს უნდა ენდობოდე და ყოველთვის მზად უნდა იყო კაცი, გუდა-ნაბადი აიკრა, ქუდი დაიხურო, დაჰკრა ფეხი და გაიქცე, და მთელი ქონება და ქვეყანა ნებისმიერ ჟამს მიატოვო; მაშასადამე, ურიგო არ იქნება ამ წუთისოფელში ბევრ საქმეს თუ არ წაეპოტინება კაცი. დამპალი თურქეთი რომ თურქეთია, ადამიანს იქაც შეუძლია სიმდიდრის მოხვეჭა, თუ ის თურქეთის დამპალი მთავრობის სამსახურში ჩადგება.[144] კონფუცის უთქვამს: “თუ ქვეყანა გონივრულად იმართება, ასეთ ქვეყანაში სიღარიბე და სიღატაკე სამარცხვინოდ უნდა მივიჩნიოთ; მაგრამ თუ ქვეყანა უგუნურად იმართება, მაშინ თავად სიმდიდრე და დიდება უნდა მივიჩნიოთ სამარცხვინო საგნად.”[145] არა, ვიდრე მე სადღაც შორეულ სამხრეთ მიწაზე, სადაც თავისუფლება საფრთხეშია, მასაჩუსეცისგან ჩემი თავის დახმარებაში დაცვა ჯერ არ მომითხოვია, ან ვიდრე ჩემს მშობლიურ მამულში სახლი ჯერ არ ამიშენებია, ჯერ კიდევ შემიძლია მასაჩუსეცს უარი ვუთხრა ძმობასა და პარტნიორობაზე; სანამ მე მისგან რაიმე დახმარება მითხოვია და მიმიღია, მანამდე არც მას აქვს არც ჩემს ქონებაზე და არც ჩემს სიცოცხლეზე რაიმე უფლება. და, ესეც არ იყოს, ყველა გაგებით, სახელმწიფოს დაუმორჩილებლობის გამო მიღებული ფიზიკური დანაკარგი ბევრად უფრო იაფი დამიჯდება, ვიდრე სახელმწიფოს დამორჩილებით მიღებული ჩემი ზნეობრივი ზარალი. მე რომ ამ უსამართლო ქვეყანას დავემორჩილო, დიდი დანაკლისი შემხვდება და თავს გაუფასურებულად ვიგრძნობ.

რამდენიმე წლის წინ ეს ჩვენი სახელმწიფო ჩემთან იმ პროტესტანტული ეკლესიის სახელით მოვიდა, რომელშიც ჩემს წინაპარს კი უვლია, მაგრამ მე – არა, კარებზე მომიკაკუნა, და გარკვეული თანხა მომთხოვა იმ მიზეზით, რომ თურმე საჭირო იყო პასტორისთვის[146]

---

[143] თოროუს მსოფლმხედველობა ორიგენეს თეოლოგიას ჰგავს ზუსტად (იხილეთ “მოწოდება მარტვილობისკენ, ლოცვა და რჩეული შრომები”) და უპირველესი ქირსტეანი ისტორიკოსის, ევსებიუსის მსჯელობას ემთხვევა (იხილეთ “საეკლესიო ისტორია”). ორიგენე მიწიერი სიმდიდრის სრული უგულებელყოფისკენ და სულიერი წინსვლისკენ მოგვიწოდებს. ევსებიუსი კი, დაწყებული იესუს ცხოვრების თხრობიდან, იოანე ნათლისმცემლიდან და მოციქულებიდან, დამთავრებული I-IV საუკუნეების მოწამეების და მეფე კონსტანტინე დიდის ცხოვრების აღწერით, სწორად იგივე აზრს ადასტურებს, – ადამიანისთვის სასარგებლოა ნივთიერი ქონების უგულებელყოფა და სულიერი განძის მოპოვებისთვის სიცოცხლის მიძღვნა, როგორც ამას მაშინდელი ქრისტეანები იქმოდნენ: მრევლის წევრები მთელ თავიანთ ქონებას ყიდნენ და აღებულ თანხას საეკლესიო საქმის საწარმოებლად და ღარიბი და გაჭირვებული ხალხის დასახმარებლად, ეკლესიას სწირავდნენ.

[144] თურქეთი, ანუ ოტომანთა იმპერია იმ ხანაში ერთერთი ყველაზე საშინელი და სასტიკი იმპერია იყო ამქვეყნად.

[145] იხილეთ კონფუძის ანუ კონფუცის ანუ კონფუციუსის “ანალექტები” (8:13). აღსანიშნავია ის გარემოება, რომ, როგორც წესი, კონფუციუსიდან თოროუს მიერ მოხმობილი ციტირებები მისივე თარგმანია 1841 წელს პარიზში ფრანგულ ენაზე დაბეჭდილი ანალექტების მიხედვით.

[146] პასტორი – პროტესტანტული ეკლესიის მღვდელი.

ხელფასის გადახდა. "გადაიხადე", მითხრა მან, "თუ არა და, ციხეში გიკრავთ თავს." მე უარი ვთქვი ფულის მიცემაზე. მაგრამ, სამწუხაროდ, სხვებმა ვერ თქვეს უარი.[147] არ მესმის, რატომაა ვალდებული, მაგალითად, სკოლის დირექტორი, რომ პასტორს უხდიდეს ხელფასს და არა პირიქით, – პასტორი უხდიდეს ხელფასს სკოლის დირექტორს? ამ შტატის სკოლის დირექტორი არასოდეს ვყოფილვარ, მაგრამ ჩემი ნებით მაინც ვწირავდი ხოლმე სკოლას ორიოდ კაპიკს. არ მესმის, მაშინ ლიცეუმს [148] რატომ აღარა აქვს იმის უფლება, რომ საგადასახადო ქვითარი გამოუწეროს ხალხს და შტატისგან ისეთივე მხარდაჭერა მოითხოვოს, როგორც ამას პროტესტანტული ეკლესია ჩადის? ბევრი ვიფიქრე და რჩეული მეგობრების რჩევით ამ მჭექარე განცხადების დაწერა გადავწყვიტე: – "დაე, საჯაროდ იყოს ცნობილი, რომ მე, ჰენრი თოროუს, არ მსურს მთავრობის მიერ ჩემი თავის არც ერთი იმ საზოგადოებრივი გაერთიანების წევრად ცნობა, რომელშიაც მე არ ვარ გაწევრიანებული." ავიღე ეს განცხადება და ჩვენი ქალაქის მუნიციპალიტეტის მოხელეს გადავეცი; და ახლა ის მის კაბინეტშია შენახული. ასე და ამგვარად, სახელმწიფომ გაიგო რა, რომ არ მსურს მე იმ პროტესტანტული ეკლესიის წევრობა, ჩემი შეწუხება და ჩემთვის მსგავსი მოთხოვნის წაყენება აღარასოდეს გაუბედავს; თუმცა ისიც დასძინა, რომ ვალდებული იყო, თავისი ვარაუდების ერთგულად დარჩენილიყო და ხალხისგან ამა თუ იმ დაწესებულებებში წევრობისთვის გადასახადი აეკრიფა. ვინ იცის, კიდევ რას ვარაუდობს ეს სახელმწიფო და კიდევ რომელი დაწესებულების წევრი ვგონივარ, და მომავალში კიდევ რომელი საწევროს აკრეფას მოითხოვს ჩემგან? – ვიფიქრე მე. ვაპირებდი, ახალი განცხადება დამეწერა და მასაჩუსეცში არსებული ყველა ის ორგანიზაცია ჩამომეთვალა, რომლის წევრი მე არასოდეს ვყოფილვარ და არც არასოდეს ვიქნებოდი, და, აქედან გამომდინარე, რომლის საწევროც მე არ მეხებოდა. ბევრი ვიფიქრე, მაგრამ ვერ მოვნახე ის სია, რომელშიც ჩვენი შტატის ყველა დაწესებულება იქნებოდა ჩამოთვლილი და ამ საქმეს შევეშვი.

ექვსი წელია სულადი გადასახადი არ გადამიხდია. ერთხელ ერთი ღამით ციხეშიც კი ჩამსვეს ამის გამო; ვიდექი და შევცქეროდი ჩემი საკნის ორი-სამი ფუტის სისქის ქვის კედლებს, ერთი ფუტის სისქის რკინით მოჭედილ ხის კარებს, და რკინის ცხაურებს, [149] რომლებიც გარედან შემომავალ სინათლეს ახრჩობდნენ და იმ დაწესებულების სიშტერეზე სიცილის შეკავება ვერაფრით ვერ შევძელი, რომელსაც, ჰგონია, რომ მე, სულიერი არსება, მხოლოდ ხორცის, სისხლისა და ძვლისგან შევდგები და ფიქრობს რომ ჩემი ფიზიკური დატყვევებით მართლა დამატყვევა. ერთი წამით ისიც კი გავიფიქრე, იქნებ სახელმწიფომ გადაწყვიტა, რომ მე ყველაზე უფრო დატუსაღებული გამოვადგებოდი და უკეთესი საქმისთვის ჩემი გამოყენება ვერც მოიფიქრა-მეთქი. შევცქეროდი ციხის მაღალ კედელს, რომელიც ჩემს თავსა და

147 სავარაუდოა, რომ თოროუს მაგივრად სამუელ ჰორმა გადაიხადა, რადგან ბრონსონ ალკოტის და ჩარლზ ლეინის (1800-1870) მაგივრადაც სწორედ ჰორმა გადაიხადა სულადი გადასახადი, როდესაც 1843 წელს ეს ორი საზოგადო მოღვაწე მთავრობამ დააპატიმრა. ჩარლზ ლეინი ინგლისელ-ამერიკელი მოაზროვნე გახლდათ და ბრონსონ ალკოტის მოწაფე და მიმდევარი იყო.

148 ლიცეუმი – ნიუ ინგლენდში ერთგვარი კოოპერატიული დარბაზი, სადაც საჯარო ლექციები იკითხება და ფილოსოფიური კამათები იმართება.

149 ციხე, რომელშიც თოროუ ჩასვეს სოფლის პატარა საპატიმრო არ გეგონოთ. ეს იყო მასაჩუსეცის შტატის მიდლსექსის ოლქის გრანიტის ბლოკებით აშენებული სამსართულიანი დიდი საოლქო ციხე.

გარეთ მყოფ თანამოქალაქეებს შორის აღმართულიყო და ცხადად დავინახე, რომ ამ ხალხს კიდევ უფრო დიდი კედელი მიჯნავდა თავისუფლებისგან, ვიდრე მე – ხალხისგან, და რომ ამ ხალხის სულიერად განთავისუფლებისთვის უფრო დიდი კედლის დანგრევა იყო საჭირო, ვიდრე ამ ციხიდან ჩემი ფიზიკური განთავისუფლებისთვის. ერთი წამითაც ვერ ვიგრძენი თავი ტუსაღად, და მივხვდი, რომ ქვისა და კირის ყოვლად უაზრო ფლანგვა იყო ამ ციხის აშენება, რომლის კედლებიც ტყუილ-უბრალო და არაფრისმაქნის მოვალეობას ასრულებდნენ მხოლოდ. ვიგრძენი, რომ მთელი ჩემი თანასოფლელებიდან მხოლოდ მე გადავიხადე ამ ქვეყანაში ცხოვრების ჭეშმარიტი გადასახადი. აშკარაა, მთავრობის მოხელეებმა არ იცოდნენ, როგორ უნდა მომპყრობოდნენ და მდაბიურად მოიქცნენ. მათ ყველა მუქარასა და ქათინაურში უხეში შეცდომა გამოსჭვიოდა: მათ მცდარად ეგონათ, რომ ჩემი მთავარი საზრუნავი ციხის კედლის გარეთა მხარეს დგომა იყო. ღიმილი ვერ შევიკავე, როცა დავინახე თუ როგორი გულმოდგინებით ცდილობდნენ საკნის კარების დახშობით ჩემი, სულიერი და თავისუფალი არსების, აზრების დახშობას, არადა ჩემი ფიქრები ისევე ადვილად მიდიოდ-მოდიოდნენ საკნის მიღმა, როგორც თავად მთავრობის ეს ჭკუამოკლე მოხელეები, და რომ ამ ციხეში პატიმრები კი არა, თავად *ისინი* იყვნენ ყველაზე საშიში ადამიანები. მათ ვერ შეძლეს ჩემი ფიქრების დასჯა და ამიტომ ჩემი სხეულის დასჯა გადაწყვიტეს. ვერც ჩემს სულთან შეძლეს გამკლავება, და ისე დაესივნენ საწყალებლად ჩემს ხორცს, როგორც პატარა ბიჭები დაესევიან ხოლმე საწყალებლად იმ ბიჭის ძაღლს, რომლის მორევაც არ შეუძლიათ და რომელთანაც ჩხუბს გაურბიან. აშკარად დავინახე, რომ ჩვენი სახელმწიფო ჭკუასუსტი გახლდათ, და ფუფუნებაში გატუტუცებული მარტოხელა ქალივით მშიშარა და მტერ-მოყვრის ვერ გამრჩევი. დავინახე ყოველივე ეს და მისდამი პატივისცემის ნატამალიც კი გამიქრა. მეცოდება ეს საცოდავი და მეტი არაფერი.

ასეა, ხალხო! სახელმწიფო ვერ ბედავს, კაცის გონებრივ თუ ზნეობრივ გრძნობას დაუპირისპირდეს, და სამაგიეროდ მხოლოდ ხორცისთვის ტკივილის გრძნობის მიყენებით ცდილობს მის დასჯას. ქვეყანას კაცურ კაცზე მეტი ჭკუა და პატიოსნება კი არა, არამედ მეტი ძალა გააჩნია. მე ამ ქვეყნის მონობისთვის როდი მომავლინა ღმერთმა ამქვეყნად? ისე ვისუნთქებ, როგორც თავად მსურს. და ვნახოთ ერთი, ვინ უფრო ძლიერია. მხოლოდ მათ შეუძლიათ ჩემი იძულება და ძალდატანება, რომლებიც იმაზე ამაღლებულ, ზეციურ კანონებს ემორჩილებიან, ვიდრე მე. ისინი ხომ მე მხოლოდ იმას მთხოვენ, რომ სულიერად გავუმჯობესდე და უკეთესი ქცევით მათ დავემსგავსო. მე არ გამიგია ბრბოს *ჭეშმარიტი კაცებისთვის* უკეთესი ცხოვრებისკენ მოეწოდებინოს. რა იქნებოდა ასეთი სიცოცხლე? როცა ცხოვრების ამ მოკლე შარაგზაზე მთავრობას გადავეყრები ხოლმე, რომელიც მეუბნება, “ან ფული, ან სიცოცხლე!” რატომ უნდა ავჩქარდე და რატომ უნდა მივცე ჩემი ფული ლაჩარივით? შეიძლება უჭირს კიდეც ამ ბოროტების სახელმწიფოს, ფული სასწრაფოდ სჭირდება და აღარ იცის რა ქნას და სხვაგვარად როგორ მოიქცეს, მაგრამ ეგ რა ჩემი ბრალია ან რა ჩემი საზრუნავი? მე მისი დახმარება არ შემიძლია; ის თავად უნდა დაეხმაროს თავის თავს; მე მომბაძე და, სხვისი გავლენის და მიბაძვის გარეშე, შენი ცხოვრება შენ თვითონ წარმართე. არ ღირს ამაზე წუწუნი. მე ისევე არ ვარ პასუხისმგებელი ამ საზოგადოების მრუდე ქცევისთვის, როგორც ის არ არის პასუხისმგებელი ჩემი სიმართლისთვის. მე არ ვარ ინჟინრის შვილი, რომელმაც ეს

გამრუდებული ქვეყანა მრუდედ დააპროექტა და ალმაცერად ააშენა. მე იმის მჯერა, რომ თუ მოხდა ისე, და რკო და წაბლი გვერდი-გვერდ ერთდროულად დაეცა მიწაზე, ერთი მეორის გამო თავს სულელურად არ იკლავს, გზიდან რომ ჩამოეცალოს და გზა დაუთმოს, – ორივე თავის გზას ადგას და, რამდენადაც ძალუძს, საკუთარი ბუნების კანონს ემორჩილება, და ამოიწვერება, იზრდება და ყვავის ხოლმე, ალბათ მანამ, სანამ ერთი მეორეს არ დაჩრდილავს და არ გაანადგურებს. ასეთია ბუნება და მისი სილამაზე. უეჭველად განადგურდება ყველა ის მცენარე, რომელიც საკუთარი ბუნების კანონით არ ცხოვრობს, ისევე როგორც ყველა ის კაცი, რომელიც კაცობის ბუნების კანონით ცხოვრებაზე ამბობს უარს.

ციხეში გატარებული ღამე განუმეორებელი იყო და საკმაოდ საინტერესო. ჩემი შესვლისას პერანგებში გამოწყობილი პატიმრები საუბრით ერთობოდნენ და შესასვლელში მონაბერი საღამოს სიოთი ტკბებოდნენ. მაგრამ ციხის ზედამხედველმა დაიძახა, "წამოდით, ბიჭებო, კამერაში შესვლის დროა"; ესენიც დაიშალნენ და შორიდან მომესმა მათი ნაბიჯების ხმა, როცა თავიანთ ცარიელ ოთახებს უბრუნდებოდნენ. ზედამხედველმა ჩემი საკნის მეგობარი "კაცურ კაცად და ჭკვიან ადამიანად" გამაცნო. ზედამხედველის გასვლის და კარების გადაკეტვის შემდეგ ამ კაცმა მიჩვენა თუ სად შემეძლო ჩემი ქუდის ჩამოკიდება, და ზოგადად ამიხსნა თუ სად რა და როგორ იყო ამ საკანში. ოთახებს თვეში ერთხელ ათეთრებდნენ ციხეში; და, სხვა ოთახებისა არ ვიცი, მაგრამ ყოველშემთხვევაში ეს ოთახი ყველაზე თეთრი, ყველაზე უბრალოდ მოწყობილი და ალბათ ყველაზე მოხდენილი ოთახი იყო მთელ ჩვენს სოფელში. ბუნებრივია ამ კაცს აინტერესებდა, საიდან მოვედი და რამ მომიყვანა აქ; და როცა ჩემი ამბის მოყოლას მოვრჩი, რა თქმა უნდა იმ იმედით, რომ მართალი კაცი იყო და სიმართლეს მეტყოდა, მერე მეც ვკითხე, თვითონ როგორ მოხვდა ციხეში; და რამდენადაც ეს ადამიანს ძალუძს, იყო კიდეც ის საკმარისად მართალი კაცი, ჩემი აზრით. "რა ვქნა", მითხრა ჩემმა ახლადშეძენილმა ნაცნობმა, "თავლის დაწვაში მადანაშაულებენ; მაგრამ არ ჩამიდენია მე ეს საქმე." მისი მონაყოლიდან გამომდინარე, ჩემი აზრით, ალბათ თავლაში დასაწოლად შევიდა, მთვრალი იყო, ჩიბუხი გააბოლა; ჰოდა, თავლაც დაიწვა. გონიერი კაცის სახელი ჰქონდა ამ კაცს ციხეში, სადაც უკვე სამი თვე გახლდათ რაც თავისი სასამართლოს დაწყებას ელოდებოდა და, ალბათ, ერთი ამდენის ლოდინი მოუწევდა კიდევ; ოღონდ ამის გამო არ წუწუნებდა, პირიქით, მოშინაურებული იყო და საკმაოდ კმაყოფილი, რადგანაც თავზე ჭერი ჰქონდა და უფასოდ ცხოვრობდა, და მიაჩნდა, რომ საკმაოდ კარგად ეპყრობოდნენ ციხეში.

ეს კაცი საკნის ერთ სარკმელს იკავებდა, მე კი – მეორეს; და მივხვდი, რომ თუ ამ საკანში დიდი ხანი მოუწევდა ადამიანს ჯდომა, მისი მთავარი საქმე და გასართობი სწორად ამ სარკმელიდან მზერა იქნებოდა მხოლოდ. მალე იქ დატოვებული ყველა პამფლეტი გადავიკითხე, და ის ადგილებიც გამოვიძიე, საიდანაც ამ საკანში ყოფილ პატიმრებს გაპარვა მოეხერხებინათ, ვნახე ის ადგილი, სადაც ცხაურები გაეხერხათ, და ამ საკნის უამრავი ყოფილი ბინადრის შესახებ უამრავი ისტორია მოვისმინე; და აღმოვაჩინე, რომ აქაც კი არსებობდა ისტორია და ჭორი, მაგრამ ისინი ამ ციხის კედლებს არ ტოვებდნენ. ალბათ, მთელ სოფელში ეს ერთად-ერთი სახლია, სადაც ლექსები იწერება, მაგრამ არასოდეს ქვეყნდება.

პატიმრებმა ლექსების საკმაოდ დიდი კრებული მანახეს. ეს ლექსები ვიღაც ახალგაზრდებს დაეწერათ, რომლებიც გაქცევის მომზადებაში იყვნენ ეჭვმიტანილნი, და რომლებიც მთავრობის მოხელეებზე შურს ამ ლექსების ხმამაღალი სიმღერით იძიებდნენ ხოლმე.

ჩემი ახლადშეძენილი ნაცნობი ლაპარაკით და ძველი ამბების მოყოლით გავწურე, იმის შიშით, რომ მეტჯერ აღარ მექნებოდა ამ კაცის ნახვის შესაძლებლობა; ბოლოს მან მშვიდად მიჩვენა ჩემი საწოლი და ლამპის ჩაქრობა მთხოვა.

ამ ციხეში ერთი ღამის გატარება იმ შორეულ ქვეყანაში მოგზაურობას ჰგავდა, რომელსაც ოდესმე თუ ვნახავდი არ მეგონა. ისე ცხადად წვდებოდა ყველაფერი ჩემს სმენას, რომ ვითომცდა აქამდე არასოდეს გამეგო არც ქალაქის საათის ზარის გუგუნი და არც ჩემი სოფლის ხმა, რადგან გაღებული ცხაურებიანი ფანჯრების ქვეშ გვეძინა. ჩემს მშობლიურ სოფელს შუა საუკუნეების შუქით ვხედავდი, და გეგონებოდა, ჩემს აღქმაში ჩვენი ქანქარდი მდინარე რაინად გადაიქცა და ჩემს თვალწინ თითქოს რაინდები გაცოცხლდნენ და ციხე-სიმაგრეები გადაიშალაო.[150] თითქოს ქუჩებიდან მომავალი ჩემი თანასოფლელების ხმა კი არა, არამედ ძველი ბურგერების[151] ხმა სწვდებოდა ჩემს ყურთასმენას. ისე კარგად მესმოდა გარეთ რაც ხდებოდა, რომ უნებლიედ ჩვენი სოფლის დუქნის მაყურებლად და მსმენელად ვიქეცი, რაც ერთობ უცხო და ახალი რამ იყო ჩემთვის. ეს ციხის საკანი ჩემს სოფელს კიდევ უფრო ახლოდან მანახებდა. ამ სოფლის შუაგულში მომაქცია ამ საკანმა მე. მანამდე ჩვენი სოფლის არც ერთი დაწესებულება არც კი მენახა წესიერად. ეს ციხეც ხომ ამ სოფლის ერთერთი დაწესებულებაა? და აქ იმიტომაა დაარსებული, რომ სოფელი ქანქარდი ოლქის მთავარი სოფელია.[152] საკანში ყოფნით ნელ-ნელა მივხვდი, თუ რა ზრახვებით და რა ფიქრებით იყო აღვსილი ამ სოფლის მოქალაქეების გული.

დილით საუზმე კარებში არსებული პატარა სარკმელიდან თუნუქის მომცრო თასებით შემოგვაწოდეს. თასები იმ ზომისა გაეკეთებინათ, რომ სარკმელში ადვილად გატეულიყვნენ და მათში ერთი პინტა[153] შოკოლადი, შავი პური და რკინის კოვზი იდო. როცა ჭურჭლის ასაკრეფად ჩამოიარეს, მე დარჩენელი პურიანად უკან გულუბრყვილოდ ვაწოდებდი ჩემს თასს; მაგრამ ჩემი მეგობარი ეცა და პური უკანვე აიღო, და მითხრა, რომ გონივრული იქნებოდა თუ მას სადილისთვის ან ვახშმისთვის გადავინახავდი. მალე იგი სამუშაოდ ახლომდებარე მინდორში სათიბად გაუშვეს, სადაც თურმე ყოველდღე მიდიოდა და შუადღემდე უკან აღარ დაბრუნდებოდა; ჰოდა, გამომემშვიდობა, და მითხრა, არ ეგონა უკან დაბრუნებულს საკანში თუ დავხვდებოდი ისევ და ოდესმე კიდევ თუ შეძლებდა ჩემს ნახვას.

---

[150] ნაგულისხმევია გერმანიის მდინარე რაინი, რომლის ნაპირები სავსეა შუა საუკუნეების ციხე-სიმაგრეებითა და სასახლეებით, ის მართლაცდა ზღაპრული სანახაობაა.

[151] ბურგერი ანუ ბიურგერი – შუა საუკუნეებში ქალაქის ტიპიური გერმანელი საშუალო კლასის მოქალაქე.

[152] ამერიკის თითოეული შტატი ოლქებად ანუ საგრაფოებად იყოფა. იმ ხანაში მასაჩუსეცის შტატის მიდლსექსის ოლქს ორი დედაქალაქი ჰქონდა, სოფელი ქანქარდი და სოფელი ქეიმბრიჯი.

[153] პინტა – ტევადობის საწყაო ინგლისური ერთეული, უტოლდება 0.57 ლიტრს.

როდესაც ციხიდან გამოვედი – იმის გამო რომ ვიღაც ჩაერია და ჩემი სახელით სულადი გადასახადი გადაიხადა [154] – იმ კაცისგან განსხვავებით, რომელიც საპატიმროში ახალგაზრდობისას მოხვდა და მხოლოდ სიბერისას გამოვიდა ციხიდან და გარე სამყაროში ყველაფერი შეცვლილი დახვდა, მე მომეჩვენა, რომ, ზოგადად, დიდად შეცვლილი არ იყო ეს ქვეყანა; შეცვლილი იყო თავად ჩემი თვალთახედვა – სოფელს, შტატს და ქვეყანას ამ ახალი თვალთახედვით ისეთი დიდი ცვლილება განეცადა, როგორც არასოდეს. ასეთი დიდი ცვლილების მოტანა მხოლოდ ადამიანის შეგნებას შეეძლო და არა ჟამს. კიდევ უფრო გარკვევით დავინახე ის ქვეყანა, რომელშიც ვცხოვრობდი. დავინახე, თუ რამდენად შეიძლებოდა იმ ხალხის, როგორც პატიოსანი მეზობლის, ნდობა, რომელთა რიგებშიც მე ვსულდგმულობდი; დავინახე, რომ მათი მეგობრობა მხოლოდ ზაფხულის ამინდისთვის იყო და არა ზამთრის, მხოლოდ ლხინისთვის და არა ჭირისთვის; დავინახე, რომ სიკეთისა და სიმართლის ქმნა მათ დიდად არ აინტერესებდათ; და რომ, თავიანთი სიბეცისა და ცრურწმენის გამო, ისინი ჩემგან საკმაოდ განსხვავებული და უცხო ჯიშის ხალხი იყვნენ, როგორც, მაგალითად, ჩინელები და მალაიზიელები; და რომ მათ კაციობრიობისთვის კარგი საქმის გასაკეთებლად გარისკვაც კი არ შეეძლოთ, თუნდაც თავიანთი ქონების გარისკვა; და რომ, ბოლოსდაბოლოს, ისინი არც თუ ისე კეთილშობილები ყოფილან და ქურდს ისეთივე სულმდაბლობით ეპყრობიან, როგორი სულმდაბლობითაც თავად ეს ქურდი ქურდავდა მათ – მოჩვენებითი ლოცვით და ყალბი წესიერებით გაჯერებული ქცევით ეს ქურდიც ისევე ზრუნავს ხოლმე გაქურდული ხალხის სულების გადასარჩენად, როგორც ეს ხალხი ზრუნავს ამ ქურდის სულის გადარჩენაზე. შეიძლება რამდენადმე გადამეტებული სიმკაცრითაც ვლანძღავ ჩემს მეზობლებს; თუმცა ღრმად მწამს, ბევრმა მათგანმა არც კი იცის, ისეთი დამპალი დაწესებულება რომ აქვთ საკუთარ სოფელში, რომელსაც სოფლის ციხე ჰქვია.

უწინ ჩვენი სოფლის წესი ყოფილა, ციხიდან ახლად გამოსული კაცის დასანახად თითების გადაჯვარედინება და ამგვარად მისთვის გამარჯობის თქმა, "გაუმარჯოს", რადგან გადაჯვარედინებული თითები ცხაურებს გამოხატავდნენ და ციხიდან ახლად გამოსული პატიმრის დაცინვის იოლი ხერხი იყო ეს. ჩემი მეზობლები ასე არ მომსალმებიან, სამაგიეროდ ჯერ მე შემომხედეს, მერე გაოგნებული სახეებით – ერთმანეთს, და ისეთი გაკვირვება აღებეჭდათ, გეგონებოდათ, შორეული ქვეყნიდან დაბრუნებულ მოგზაურს უყურებდნენო. მეწაღესთან მივდიოდი ჩემი დაკემსილი ფეხსაცმელების წამოსაღებად, ციხეში რომ დამიჭირეს. მეორე დღეს გამომიშვეს ციხიდან და მაშინვე დაწყებული საქმე გავაგრძელე, მეწაღისგან შეკეთებული ფეხსაცმელები წამოვიღე, ამოვიცვი და მოცვის საკრეფად გავწიე; და ნახევარ საათში სოფლიდან ორი მილის დაშორებით, ჩვენი სოფლის ერთერთი ყველაზე მაღალი ბორცვის თავზე გადაშლილი წითელი მოცვის მდელოში ამოვყავი თავი და აქედან უკვე სახელმწიფო ისევე მოწყდა ჩემს თვალთახედვას, როგორც ჩემს გულს.

---

[154] პიროვნება, რომელმაც სულადი გადასახადი გადაიხადა, რის შედეგად თოროუ ციხიდან გამოუშვეს, ალბათ, ჰენრი დეივიდ თოროუს მამიდა, მარია თოროუ გახლდათ.

აი, მთელი ისტორია "ჩემი ციხისა".[155]

ცხოვრებაში არ მითქვამს უარი გზის გადასახადების გადახდაზე, რადგან მე იმდენად მსურს კარგი მეზობლობა, რამდენადაც არ მსურს მთავრობის მონობა; სკოლის გადასახადს რაც შეეხება, არამარტო ფულს, არამედ საკუთარ თავს არ ვიშურებ მისთვის და დღენიადაგ ჩემი თანამემამულეების განათლებაზე ვზრუნავ. სულადი გადასახადის გადახდაზე იმიტომ კი არ ვამბობ უარს, რომ გადახდილი ფულის ნაწილის ამა თუ იმ ისეთ საქმეში დახარჯვა მადარდებს, რომელსაც, ვთქვათ, მე მაინცდამაინც ვეწინააღმდეგები. არა. მე უბრალოდ სახელმწიფოსთან მოკავშირეობაზე უარის თქმა, მისგან გაყრა და განშორება მსურს მხოლოდ. მე გადასახადის სახით ჩემს მიერ სახელმწიფო ხაზინაში შეტანილი ქეციანი დოლარის ხარჯვაზე თვალყურის დევნება არ მსურს, თუნდაც ფული მთავრობამ დამბაჩის შეძენაში გამოიყენოს – გაქუცული დოლარის რა ბრალია ის ბოროტება, რომელსაც თავად ადამიანი ჩადის? დოლარი კი არა, დამნაშავე კაცია თავად. მე მხოლოდ ის მაღელვებს, რომ ხაზინაში შეტანილი ჩემი ფულით შეძენილ ამ დამბაჩას ეს ბოროტი სახელმწიფო კაცის კვლისთვის ხმარობს. ეს კი არადა, მშვიდად ვუცხადებ ომს ჩემს სახელმწიფოს, თუმცა მე, ჩემებურად, მაინც გავაგრძელებ მისთვის კეთილ საქმეებში დახმარებას, ჭეშმარიტ მამულიშვილს რომ შეჰფერის, ისე.

და როცა ჩემი თანამოქალაქეები ვითომცდა სამშობლოს სიყვარულის გამო, ჩემს მაგივრად იმ სულად გადასახადს იხდიან, რომელსაც სახელმწიფო ურცხვად და დაჟინებით მოითხოვს ჩემგან, ისინი იმავე სისულელეს ჩადიან, თავიანთი სულადი გადასახადის გადახდისას რომ ჩაიდინეს უკვე. უფრო მეტიც, – სახელმწიფო უსამართლობას იმაზე მეტად უწყობენ ხელს, ვიდრე ეს თავად სახელმწიფოს მოუთხოვია მათთვის. და თუ ისინი ჩემი გულისთვის იხდიან ჩემს სულად გადასახადს, ჩემთვის ქონებისა და თავისუფლების შენარჩუნების მიზნით, ეს იმიტომ ხდება, რომ მათი კერძო და წრიპა გრძნობები საზოგადოებრივ საქმეში დიდად ყოფენ ცხვირს და ვერ ხვდებიან, ერთი კერძო ადამიანის ვითომცდა გადასარჩენად ჩადენილი ამ ქმედებით, რამდენად დიდი ზიანი მოაქვთ, ზოგადად, მთელი საზოგადოებისთვის.

აი, ასეთია ამჟამად ჩემი დამოკიდებულება. რთულია ჩემი მდგომარეობა, მაგრამ ასეთ შემთხვევებში ბრბოს უდრეკელობა და შეხედულება დიდად არ უნდა ადარდებდეს კაცს და საკუთარი მამულიშვილური საქმიანობა მშვიდად უნდა განაგრძოს. დაე, მხოლოდ ის აკეთოს ჭეშმარიტმა კაცმა, რაც მის კაცობას და მის სიცოცხლეს შეჰფერის.

ხანდახან გავიფიქრებ ხოლმე, "რატომ, კაცო, ამ ხალხს კარგი უნდა, და, უბრალოდ, უცოდინრობით მოსდით ცუდი; უკეთ მოიქცეოდნენ, მეტი რომ ესმოდეთ: შენი უჩვეულო საქციელით რატომ აიძულებ შენს მეზობელს, ცუდად მოგექცეს, როცა მას ეს სინამდვილეში არ სურს?" მაგრამ დავფიქრდები ხოლმე და ვხვდები, რომ "მე ცოდვაში გათხვრის,

[155] თოროუ მიუთითებს დიდი იტალიელი მწერლის, პოეტის, დრამატურგისა და მამულიშვილის, სილვიო პელიკოს (1789-1854) 1832 წელს დაწერილ ნაწარმოებზე "ლე მიე პრიგიონი" ანუ "ჩემი ციხე". თოროუს 1836 წელს დაბეჭდილი ინგლისურად ნათარგმნი გამოცემა ჰქონდა წაკითხული.

მონობისა და გამოშტერების უფლება არ მაქვს, და არც იმის უფლება მაქვს, სახელმწიფოს მიერ ჭეშმარიტი კაცების უსამართლოდ მოპყრობაზე დავხუჭო თვალები, მხოლოდ იმის გამო, რომ ამ ცოდვითსავსეებს მე ცოდვაში ფეხის ჩადგმის საბაბი არ მივცე." და კიდევ იმასაც გავიფიქრებ ხოლმე, რომ "როცა მილიონობით ადამიანი ბრაზის, ცუდი განზრახვის, ყველანაირი პირადი სიძულვილის გარეშე, მოდის და შენგან სულ რაღაც ორ კაპიკს ითხოვს, დიახ, სულ რაღაც ორიოდ კაპიკს, მაგრამ ცუდი ისაა, რომ ამავდროულად ამ მოთხოვნის დათმობის ან შეცვლის შანსი არაა, და არც იმის შანსია, რომ ამათ გარდა სხვა მილიონობით ხალხს შესჩივლო ეს უსამართლობა, მაშ რატომ იგდებ თავს საფრთხეში, რატომ ებრძვი, რატომ უმტკიცებ, რატომ ასწავლი და რატომ არ შეეშვები და რატომ არ მიაქვავებ ამ მხეცურ ბრბოს ამ ორ კაპიკს? სიცივეს და შიმშილს, ქარს და ტალღებს არ ებრძვი ხოლმე ასე გახელებით, და მაშინ მათთან ბრძოლას რაღა აზრი აქვს? გამძვინვარებულ ხანძარში, ცეცხლში, რომელიც გიტევს და გებრძვის, თავით გადახტომა და ომი გაგონილა?" ვითვალისწინებ ხოლმე ამ გარემოებებს, მაგრამ იმასაც ვითვალისწინებ, რომ ხალხისგან შემდგარი ეს გამხეცებული ბრბო მთლად მხეცი კი არაა, არამედ ნაწილობრივ ადამიანიცაა ის; და იმასაც, რომ მე მათთან, როგორც მოყვასთან, ისევე მაკავშირებს ნათესაური კავშირი, როგორც მილიონობით სხვა ადამიანთან; და კიდევ იმასაც, რომ მათთან, როგორც სულიერ და ნაწილობრივ გონიერ არსებებთან, ნამდვილი მხეცებისგან განსხვავებით, ჯერ უფლის მცნების სახელით და მერე კაცობრიობის სახელითაც, საუბარი, მსჯელობა და შეგონება შეიძლება. ჩემს წინააღმდეგ მებრძოლი ხანძრის ალში თავით რომ გადავხტე, ამით ვერც ცეცხლთან გავაწყობ რასმე, არც უფალს ვეთნევი, ანუ ჩემი დაწვა და დაღუპვა სწორად რომ ჩემი უთაობის ბრალი იქნება. შემეძლოს თავი რომ დავარწმუნო, ბოროტ ადამიანებს არ უნდა უჩიჩინო, ხმაც არ უნდა გასცე, შესაბამისად, ბრმად უნდა გიყვარდნენ ისინი, და რომ მათი გამოსწორების შენი წადილი მხოლოდ ახირების, კაპრიზების და ჭირვეულობის ნაყოფია-მეთქი, და რომ მათ ბრმა ბოროტებაში არაფერია ცუდი და არაბუნებრივი, მაშინ მეც, კარგი მუსლიმანივით ან ბედისწერის მონა ფატალისტივით, ხელი უნდა ჩავიქნიო უსამართლობაზე, შევეგუო არსებულ ბოროტებას და არსებულ მდგომარეობას და ბრმად აღვიარო, რომ ყოველივე ეს ვითომცდა ღმრთის ნებაა.[156] და კიდევ ერთი განსხვავებაა ბრბოსთან სულიერი ადამიანების ბრძოლასა და უბრალოდ უსულო საგნების

156 თოროუს შეხედულება წინაგანწყობაზე რადიკალურად განსხვავდება კათოლიკებისგან (იენსენისტების გამოკლებით) და პროტესტანტებისგან (კალვინისტების გამოკლებით) და, რაოდენ წარმოუდგენელ საოცრებადაც არ უნდა მოგეჩვენოთ, ის სრულიად მართლმადიდებლურია. თოროუს აზრით, ადამიანის სიცოცხლეს განაგებს ორი ნება, – ნება ღმრთისა და ნება კაცისა, რაც დიდი მართლმადიდებელი მამის, "ფილოკალიის" რუსულად მთარგმნელის, წმიდა თეოფანე დაყუდებულის განსაზღვრებას სრულიად ემთხვევა. ღირსი მამა თეოფანე ასაბუთებს, რომ თავად ის გარემოება, რომ სამოთხეში შესვლისთვის ადამიანის გარჯაა საჭირო და რომ სამოთხე უფლის ნებით ადამიანს უშრომელად არ მიენიჭება, ადასტურებს იმას, რომ ადამიანის ცხოვრება წარიმართება კაცის ნებით და უფლის განგებულებით, რამეთუ სამოთხეში შესასვლელად მხოლოდ კაცის ნება, თუ მას თან დიდი და მოწყალე უფლის ნებაც არ ახლავს, საკმარისი არაა. არათუ სამოთხის მოსაპოვებლად, არამედ არაფერი სასიკეთოსთვის არაა საკმარისი უფლის ნებისგან ცალკე გამდგარი კაცის ნება. კათოლიკები (იენსენისტების გამოკლებით) ცდებიან და ნეტარი ავგუსტინეს ღმრთისმეტყველებას არასწორად განმარტავენ, შემდეგ თომა აკვინელს ეყრდნობიან და ამტკიცებენ, რომ ადამიანის ცხოვრებას მხოლოდ უფალი განაგებს. პროტესტანტები კი საპირისპიროს ამტკიცებენ, – რომ თავად ადამიანი განაგებს თავის ეგრეთწოდებულ ბედს. ასეთ მრუდედ-მოაზროვნე ქვეყანაში გაიზარდა თოროუ და ნუთუ ის გარემოება, რომ ამ კაცის მსოფლმხედველობა მართლმადიდებლურ მსოფლმხედველობას, ანუ ერთადერთ ჭეშმარიტებას ასე ემთხვევა, მართლაცდა, სასწაული არაა?!

ხროვასთან ბრძოლას შორის – მე შემიძლია სულიერ არსებებს შევებრძოლო, გარდავქმნა და აზრი შევაცვლევინო, აი, ორფეუსივით[157] კლდეების, ხეებისა და მხეცების გარდაქმნა და მათი აზრის შეცვლა კი ნამდვილად არ ძალმიძს.

მე არ მსურს, რომელიმე კაცს, მითუფრო, რომელიმე ერს ვეკამათო. არ მინდა წვრილმანებზე კინკლაობა, უმნიშვნელო აზრთასხვაობებზე დავა, ანდა ვითომცდა სიმართლით და სამართლიანობით ჩემი თავის ჩემი მეზობლისგან გამორჩევა და თავის გამოჩენა. ეს კი არადა, შეიძლება ისიც ითქვას, რომ ჩხუბის ნაცვლად, ყველანაირ საბაბს ვეძებ იმისთვის, რომ ამ ქვეყანას და მის კანონებს შევურიგდე და მათ ჩემი მორჩილება გამოვუცხადო. უფრო მეტიც, ყველანაირად მზად ვარ მე მათი მორჩილებისთვის, – კარგად ვუწყი, რომ ჩემს სამშობლოს მინდა დავემორჩილო და რამეში გამოვადგე. ამიტომაცაა, ყოველ წელს, როცა გადასახადების ამკრეფი ჩამოივლის ხოლმე, ჩემს თავს ამ მორჩილებისკენ მიდრეკილებას ვატყობ – გულისყურით განვიხილავ ხოლმე ფედერალური და საშტატო მთავრობის ქმედებას და პოზიციას, და, ზოგადად, ხალხის დამოკიდებულებას და სულისკვეთებას ამა თუ იმ საკითხთან დაკავშირებით, და, ასე და ამგვარად, უფრო მეტ საბაბს აღმოვაჩენ ხოლმე სახელმწიფოსთან ჩემი მორჩილებისთვის.

> "ჩვენს ქვეყანაზე ისევე უნდა მოვახდინოთ გავლენა, როგორც ჩვენს მშობლებზე,
> და თუ მოხდა ისე და ოდესმე ჩვენი სიყვარული და ჩვენი შრომა
> ჩვენს ქვეყანას მოსწყდა, გაეყარა და განზე განუდგა,
> ჩვენი ვალია, მიღებულ შედეგს თვალი არ ავარიდოთ
> და ჩვენს სულს სინდისისა და სარწმუნოების სიყვარული ვასწავლოთ
> და არა ძალაუფლებისა და სარგებლის მოყვარეობა."[158]

ღრმად მწამს, რომ თავისი ძალადობით და ჩაგვრით სახელმწიფო მალე თავისას მიაღწევს და ჩემი მამულიშვილური შრომის ყველა ნაყოფს ხელიდან წამგლეჯს, და ასე განადგურებული, ჩემს ბრიყვ თანამემამულეზე უკეთესი ერისშვილი როდი ვიქნები მაშინ? დაბალი ადგილიდან თუ აიხედები, ჩვენი კონსტიტუცია, მთელი თავისი ნაკლოვანებებით, კარგად გამოიყურება; კანონი და სასამართლოები, თითქოსდა, საკმაოდ წესიერია; თუნდაც ეს შტატი და ეს ჩვენი ამერიკის მთავრობა, მრავალმხრივ, საკმაოდ მომხიბვლელი და იშვიათი რამ გეგონება; აი, ოდნავ უფრო მაღალი გადმოსახედიდან კი, ეს ყველაფერი სწორად ის ხერხალია, უკვე რომ მითქვამს, და მეტი არაფერი; და თუ კიდევ უფრო მაღალი გადმოსახედიდან გადმოვიხედებით, და მთლად უმაღლესიდან, ვინ იტყვის, კიდევ რა ნაგავია მთელი ეს ჩვენი სახელმწიფო და სახელმწიფოებრიობა, ან სულაც ისეთი საზიზღრობაცაა, რომლის დანახვა და რომელზე ფიქრიც კი არ ღირს საერთოდ.

საქმე იმაშია, რომ მთავრობა მე დიდად არ მაინტერესებს, და რაც შეიძლება ნაკლებად მსურს მისთვის ფიქრის დათმობა. ხშირად არ მიწევს მთავრობასთან ერთად თანაცხოვრება, თუნდაც მიწიერი ცხოვრების ჟამს. თუ კაცი უდარდელია, უკაპრიზოა და უფანტაზიო, ანუ წუთისოფლის

---

157 ბერძნულ მითოლოგიაში ორფეუსი გახლავთ მუსიკოსი, რომელსაც სიმღერით თვით კლდეებისა და ხეების მოჯადოებაც ხელეწიფება.

158 ჯორჯ ფიილ (1558-1598) – ინგლისელი დრამატურგი, ნაწყვეტი მისი ნაწარმოებიდან "ალქაზარის ბრძოლა". აღსანიშნავია, რომ ამ ნაწყვეტს მხოლოდ მოგვიანებითი გამოცემები შეიცავენ.

წამიერი საგნების გარეშეა, სულელი მმართველები და რეფორმისტები მას ვერაფერს დააკლებენ.

კარგად ვიცი ისიც, რომ ადამიანების უმრავლესობა ჩემგან განსხვავებულად ფიქრობს; არადა, ის ხალხი, რომელიც მთელ სიცოცხლეს პოლიტიკის და სამართლის შესწავლას უთმობს, ჩემი აზრით, ისეთივე ბეცია, როგორც ხალხის გაუნათლებელი ნაწილი. პოლიტიკოსი და კანონმდებელი სახელმწიფოს შუაგულში დგას და მოღვაწეობს, მაგრამ მას ეს სახელმწიფო ცხადად გაშიშვლებული, მკაფიოდ ჯერაც არ დაუნახავს. ისინი საზოგადოების ახალ მიწებზე გადაადგილებაზე საუბრობენ,[159] მაგრამ ამ საზოგადოების გარეშე ცხოვრება არ ძალუძთ. შეიძლება ისინი გარკვეული გამოცდილების და გარკვეულად გამჭრიახი გონების პატრონებიც კი არიან, და, ეჭვიც არ მეპარება, ალბათ, ბევრი ჭკვიანური და თუნდაც სასარგებლო პოლიტიკური სისტემებიც აქვთ მათ გამოგონილი, რისთვისაც ჩვენ წრფელად ვმადლობთ; მაგრამ მთელი ამათი დიდი ჭკუა და დიდი სარგებლიანობა გარკვეულ პატარა ჩარჩოებშია მოქცეული. მათ მუდამ ავიწყდებათ, რომ მსოფლიო პოლიტიკური კურსით და პრაქტიკულობით არ იმართება. ბატონი ვებსთერი[160] მთავრობის გარეთ არ იხედება და ხალხში არ დადის, და აქედან გამომდინარე, მას ამ საკითხის ბევრი არც არა გაეგება რა. არადა, მისი სიტყვები ბრძნულია იმ კანონმდებლებისთვის, რომლებიც მთავრობის გარდაქმნასა და გაუმჯობესებაზე ყურსაც არ იბერტყავენ; აი, ჭეშმარიტად მოაზროვნეებისთვის და მათთვის, ვინც საყოველთაო სამართალზე ზრუნავს, ბატონი ვებსთერის შეხედულება ბრმაა და, აქედან გამომდინარე, მათთვის მისი სიტყვები ჩალის ფასადაც არ ღირს. მე ვიცნობ ხალხს, რომელთა მშვიდი და ბრძნული წინასწარმეტყველებები მალე ახდება და ამ კაცის გონების და ამ კაცის სიბრძნის სტუმართმოყვარეობის საზღვარსა და სიმცრეს დაგვანახებენ. თუმცა, ყველაფრის მიუხედავად, თუ ბატონ ვებსთერს ყველა სხვა იაფფასიან რეფორმისტებს შევადარებთ, ან უფრო მეტიც – პოლიტიკოსების ამაზე კიდევ უფრო იაფფასიან სიბრძნეს და მჭევრმეტყველებას, მისი სიტყვები ერთადერთ ჭკვიანურ და ღირებულ სიტყვებად მოგვეჩვენება, და ჩვენ ამ კაცის მოვლინებისთვის უფალს მადლობას შევწირავთ. სხვებთან შედარებით, ეს კაცი ყოველთვის ყველაზე ძლიერი, ორიგინალური და, რაც ყველაზე მთავარია, ყველაზე პრაქტიკულია. მაგრამ ხაზგასასმელია, რომ ყოველივე ამის მიუხედავად, მისი ნიჭი სიბრძნე კი არა, არამედ მარტივი წინდახედულება და ანგარიშიანობაა. ადვოკატის ჭეშმარიტება ჭეშმარიტება როდია?! ადვოკატის ჭეშმარიტება ერთი ვიწრო სიმართლის მეორე ვიწრო სიმართლესთან შეთანხმება და შესატყვისებაა. აი, ჭეშმარიტება კი მუდამ თავის თავთანაა კეთილხმოვნებაში და მისი მიზანი სასამართლო სამართლის გამომჟღავნება როდია, სასამართლო სამართლისა, რომელიც შეიძლება თავად უამრავ უსამართლობას შეიცავდეს? ბატონი ვებსთერი

---

159 თოროუ ისტორიულ კონტექსტში მიუთითებს არქიმედეს პრეცედენტზე. ლეგენდადაა ცნობილი არქიმედეს სიტყვები, "მომეცით საყრდენი და მთელ დედამიწას გადავატრიალებო". ეს გამოთქმა ინგლისურ ენაში შედარებით დამახინჯებული ფორმითაა დამკვიდრებული: "მომეცით ფეხის მოსაკიდებელი ადგილი და მთელ დედამიწას გადავაადგილებო", – არქიმედე გულისხმობდა, რომ საკმარისად დიდი ბერკეტის დასადგამი ადგილი რომ მოიძებნებოდეს, ფიზიკის კანონების თანახმად, თავად დედამიწის გადაადგილება იქნებოდა შესაძლებელი.

160 დენიელ ვებსთერი (1782-1852) – ნაწყვეტი ამერიკის სენატში წარმოთქმული მისი სიტყვიდან. ვებსთერი გახლდათ მასაჩუსეცის სენატორი და საქვეყნოდ ცნობილი მჭევრმეტყველი. მან სამხრელებთან კომპრომისს ანუ დათმობას დაუჭირა მხარი, რის გამოც ბევრი ნიუ ინგლენდელი მამულიშვილი მას, სრულიად სამართლიანად, გამყიდველად მიიჩნევდა.

იმსახურებს, რომ მას კონსტიტუციის დამცველი ვუწოდოთ, რაც მას უკვე უწოდეს კიდეც. ის ხომ უსამართლობას ვერ დაესხმის თავს და მხოლოდ თავდაცვის მიზნით იქნევს მუშტებს. ის წინამძღოლი კი არაა, არამედ ერთი უბრალო მიმდევარი. მისი წინამძღოლები კონსტიტუციის ავტორები, 1787 [161] წლის წინამძღოლები არიან. "მე არასოდეს მიცდია," ამბობს ის, "და არც არასოდეს მირჩევია თქვენთვის მცდელობა; მე მცდელობა არასოდეს წამიხალისებია, და არც არასოდეს ვაპირებ იმ მცდელობისთვის ვინმეს წახალისებას, რომლითაც ამ ქვეყნის მოწყობის თავდაპირველ გეგმას საფრთხე შეიძლება დაემუქრს, იმ გეგმას, რომლის საფუძველზეც სხვადასხვა შტატები კავშირში გაერთიანდნენ." და მიუხედავად იმისა, რომ კონსტიტუცია ამ ქვეყანას მონობის არსებობის ნებას რთავს, იგი მაინც ამტკიცებს, რომ, "მონობა დღესაც უნდა გაგრძელდეს, რადგანაც ის ამ ქვეყნის შექმნის ჟამს დაწერილ თავდაპირველ შეთანხმებაში შედიოდა." მიუხედავად იმისა, რომ არც გონიერება აკლია ამ კაცს და არც მოხერხება, მას არ შეუძლია საკითხის განყენებულად ჭვრეტა და პოლიტიკური კონტექსტისგან განცალკევებით შეფასება – მაგალითად, როგორ უნდა მიუდგეს დღეს კაცი მონობის საკითხს დღევანდელ ამერიკაში? ის იძულებულია უხერხულად აიჩეჩოს მხრები და პოლიტიკურად სწორი, მაგრამ აზრობრივად ისეთი მრუდე აზრი გამოთქვას, როგორიც ქვემოთაა მოყვანილი, და საიდანაც ახალი და მეტად უცნაური საზოგადოებრივი ვალდებულებები გამოსჭვივის. ის ამბობს, რომ "შტატების მთავრობები, რომლებშიც მონათმფლობელობა ისევ არსებობს, ისე უნდა მიუდგნენ მონობის საკითხს, როგორც ეს თავად მათ შეჰფერით, როგორც საკუთრების ზოგად კანონებს შეჰფერის, როგორც კაცობრიობას, სამართალსა და ღმერთს შეჰფერის. და თუ სხვა შტატებში ან თუნდაც სხვა ერებში, სიბრალულის გრძნობისა და ადამიანურობის გამო მონობა არ არსებობს, ანდა ნებისმიერ სხვა ჰუმანურ მიზეზს, მონათმფლობელური შტატის სამართალში და კანონმდებლობაში იურიდიული ძალა არ გააჩნია. ასეთი ჰუმანურობისთვის მე მხარი არასოდეს დამიჭერია და არც ახლა დავუჭერ, რადგანაც, კარგი ზრახვებისა და ჰუმანურობის მიუხედავად, ასეთი ქმედება მონათმფლობელური შტატის საშინაო საქმეში ცხვირის ჩაყოფაა და მეტი არაფერი."

ის ხალხი, რომელმაც სიმართლის უფრო წმიდა სათავე არ იცის, რომელიც სიმართლის წყაროს უფრო ზემოთ, სათავისკენ არ აჰყოლია, დგას, და თანაც ბრძნულად დგას, ბიბლიასთან და კონსტიტუციასთან, და მოწიწებით და თავმდაბლობით ეწაფება დაბალ სიმართლეს; აი, ისინი კი, ვინც ჭვრეტენ, თუ საიდან იღებს სათავეს ამა თუ იმ ტბაში თუ ტბორში ჩამავალი სიმართლე, კიდევ ერთხელ ირტყამენ ხელს წელზე, [162] კიდევ ერთხელ იკრებენ ძალ-ღონეს, და, კვლავაც წელმტკიცენი და გამართულნი, უკვდავების წყაროს სათავისკენ – ზეციური იერუსალემისკენ აგრძელებენ თავიანთ სულიერ მოგზაურობას კვლავაც.[163]

---

[161] ამერიიკის კონსტიტუცია 1787 წელს იქნა მიღებული ფენსილვეინიის შტატის ქალაქ ფილადელფიაში და აქ მისი ავტორებია ნაგულისხმევი.

[162] სახარება ლუკაისი 12:35: "იყვნედ წელნი თქუენნი მორტყმულ და სანთელნი თქუენნი აღნთებულ."

[163] კვლავაც გასაოცარი მსგავსებაა არეოპაგელთან. იხილეთ წიგნი "კორპუს არეოპაგიტიკუმ", ქვეწიგნი "ზეციური იერარქია" და ქვეწიგნი "საეკლესიო იერარქია": ყველა არსება თავისი შესაძლებლობისდაგვარად, ბუნებრივად ილტვის უფლისკენ, ყველა მეტ-ნაკლებად, რადგან ყველა არსებას განსხვავებული ბუნება და განსხვავებული ნება გააჩნია. მაგალითად, მარტვილი ბევრად უფრო ძლიერად მიილტვის უფლისკენ ვიდრე რიგითი მრევლი, ანგელოზი უფრო

ჯერ არც ერთი ნიჭიერი კანონმდებელი არ გამოჩენილა ამერიკაში. თვით მსოფლიო ისტორიაშიც კი იშვიათია ასეთი ხალხი. ჰო, არიან ათასობით ბასილიკონები, პოლიტიკოსები, და ენაწყლიანი ადამიანები; მაგრამ ერთ კაცსაც არ ამოუღია ხმა და ერთ კაცსაც არ დაუძრავს სიტყვა ჩვენი ჟამის ამ მეტად საჯავრებელი საკითხის მოსაგვარებლად. ვაი, რომ ჩვენ მჭევრმეტყველება მჭევრმეტყველების გამო გვიყვარს და არა სიმართლის გამო, რომლის თქმა და განსიტყვება მას შეუძლია, ან იმ გმირობის გამო, რომლითაც მას ხალხის შთაგონება ძალუძს. ჩვენმა კანონმდებლებმა ჯერ ვერ ისწავლეს, რა არის შედარებითი ღირებულება თავისუფალ ვაჭრობასა და თავისუფლებას შორის, შტატების კავშირსა და ამ შტატების მოქალაქეების ზნეობას შორის. მათ იმის ნიჭი და უნარიც კი არ გააჩნიათ, რომ დაბეგვრისა და ფინანსების, ვაჭრობისა და წარმოების და სოფლის მეურნეობის საკითხებში გაერკვნენ სათანადოდ. ჩვენი კონგრესის ენაწყლიანი კანონმდებლების სიბრძნის ამარა რომ დარჩეს ეს ქვეყანა და დროულმა მწარე გამოცდილებამ და ხალხის ჩივილმა გარკვეული სისწორე არ შეიტანოს მისი გამრუდებული ცხოვრების მრუდე გეზში, ამერიკა მალე დაჰკარგავდა მსოფლიოს მოწინავე ქვეყნების სიაში თავის ადგილს. ეგებ ამის თქმის უფლება არც კი მაქვს, მაგრამ უკვე ათასრვაასი წელია, რაც ახალი აღთქმა იწერება, და მიუხედავად ამისა, არ ჩანს ის კანონმდებელი, რომელსაც საკმარისი სიბრძნე და პრაქტიკული ნიჭი აღმოაჩნდება იმისთვის, რომ თავი ამ წიგნის კითხვას დაუთმოს და ის ნათელი, რომლითაც ეს წიგნი საკანონმდებლო მეცნიერებას აშუქებს, სათავისოდ და საქვეყნოდ გამოიყენოს.

ნებისმიერი ხელისუფლების ძალაუფლება, თუნდაც იმ ხელისუფლებისა, რომლის დამორჩილებაზეც თანხმობას ვაცხადებ – რამეთუ დიდი ხალისით დავემორჩილები მათ, ვინც ჩემზე მეტი იცის და ჩემზე უკეთ შეუძლია მოიქცეს, და ბევრ საკითხებში იმათაც კი დავემორჩილები, ვინც ჩემოდენაც კი არ იცის და ქცევითაც ჩემზე უარესად იქცევა – დიახ, ნებისმიერი ხელისუფლების ძალაუფლება მაინც უწმიდური ძალაუფლებაა:[164] იმისთვის, რომ სამართლიანად ჩაითვალოს ხელისუფლება, იგი ხალხს უნდა მოსწონდეს და ხალხთან უნდა იყოს შეთანხმებული. მას წმიდა და უცოდველი უფლება მხოლოდ ჩემი პიროვნების და ქონების იმ ნაწილზე ექნება, რომელიც მე დავუთმე, და თუ ის დანარჩენსაც ეპატრონება, მაშინ ამ დანარჩენზეც გადაზრდილი

ძლიერად მიილტვის უფლისკენ ვიდრე მარტვილი, მთავარანგელოზი უფრო ძლიერად მიილტვის უფლისკენ ვიდრე ანგელოზი და ა.შ. აღსანიშნავია, რომ ამ ლტოლვას, თოროუსი არ იყოს, არეოპაგელიც, სიმბოლურად გეოგრაფიის მეშვეობით გამოსახავს, ანუ რაც უფრო დიდია ლტოლვა უფლისკენ, მითუფრო ახლოა უფალთან ამა თუ იმ არსების განლაგება და პირიქით – რაც უფრო ახლოა არსება უფალთან, მითუფრო მეტად ილტვის ის უფლისკენ, ანუ წინაგანწყობა განსაზღვრავს არსების უფალთან სიახლოვეს ანუ ნიჭს და ბუნებას. რა თქმა უნდა, არეოპაგელის ეს აღწერა ისეთივე სიმბოლურია და პირდაპირი გაგებით არ უნდა მივიღოთ, როგორც თოროუს აღწერაა სიმბოლური.

[164] რაოდენ დიდია მსგავსება თოროუსა და დავით აღმაშენებელს შორის. იხილეთ "გალობანი სინანულისანი" (გამომცემლობა "თბილისი", 1989 წელი). თოროუმ, მსგავსად აღმაშენებლისა, კარგად იცის, რომ სრულყოფილი მეფე არ არსებობს და არც სრულყოფილი სახელმწიფო, რადგან ადამიანი, კერძოდ, ერისუფალი, რაც არ უნდა ბაძავდეს ჩვენს ჭეშმარიტ უფალს, ანდა მიწიერი სამეფო რამდენადაც არ უნდა წააგავდეს ქალაქს უფლისაისას (რაც ეს ნეტარმა ავგუსტინემაც აღნიშნა აღმაშენებელზე და თოროუზე ბევრად წინ), ის მაინც ადამიანურია და მიწიერი და, აქედან გამომდინარე, ხინჯიანი. სწორად ამიტომ გამოხატა სინანული დიდმა მეფე დავითმა.

მისი უფლება მხოლოდ უწმიდურია და ცოდვიანი. სრული მონარქიიდან შეზღუდული მონაქრქიისკენ წინსვლა, შეზღუდული მონარქიიდან დემოკრატიამდე წინსვლა, პიროვნების დაფასებისკენ და პატივისცემისკენ წინსვლაა მართლაც. ჩინელ ფილოსოფოსსაც[165] კი ეყო იმის ჭკუა, რომ პიროვნება ეღიარებინა მთელი იმპერიის საწყისად და საფუძვლად. ნუთუ ის დემოკრატია, რომელსაც ჩვენ დღეს ვიცნობთ, მთავრობის საბოლოო გაუმჯობესებაა და ნუთუ მასზე უკეთესი მთავრობის შექმნა არაა შესაძლებელი? ნუთუ არ შეიძლება, ერთი ნაბიჯით კიდევ წინ წავიწიოთ ადამიანის უფლებების აღიარებისა და მოგვარების საქმეში? მერწმუნეთ, მანამდე მართლა ვერ გვექნება თავისუფალი და გაბრწყინებული ქვეყანა, სანამ სახელმწიფო პიროვნებას, იმ უმაღლეს და დამოუკიდებელ ძალად არ აღიარებს, რომლიდანაც მთელი მისი ძალა და ძალაუფლება წარმოსდგება, და სანამ პიროვნებას, ყოველივე ამის გათვალისწინებით, საკადრისად არ მოეპყრობა. სიამოვნებას განვიცდი, როცა, ბოლოსდაბოლოს, ოცნებაში მაინც დავინახავ ხოლმე ისეთ სახელმწიფოს, რომელსაც შეუძლია თავს ნება მისცეს და ყველა კაცთან სამართლიანი იყოს, და ყველა პიროვნებას, როგორც საკუთარ მეზობელს, პატივისცემით მოეპყრას; რომელიც თუნდაც იმაზე არ განაწყენდებოდა და არ გაჯავრდებოდა, თუ თითო-ოროლა ადამიანი, რომელსაც მეზობლისა და კაცობრიობის წინაშე ყველა ვალი პირნათლად მოუხდია, თავისი ბუნების თანახმად ქვეყნისგან განდგომილ ცხოვრებას გადაწყვეტდა და არც ქვეყნის საქმეში ჩაერეოდა და არც ამ ქვეყნის გამოწვდილ ხელს არ ჩამოართმევდა საკუთარ მარჯვენას.[166] სახელმწიფომ, რომელმაც ასეთი ხილი მოისხა, და მომწიფდა თუ არა, ეს მომწიფებული ხილი ყოველგვარი ზედმეტი სინანულის გარეშე მოგლიჯა და ძირს ჩამოაგდო, კიდევ უფრო უკეთესი სახელმწიფოს გზისთვის კვალავს გზას, იმ სახელმწიფოსთვის, რომელიც მე მხოლოდდამხოლოდ წარმომიდგენია, ნახვით კი ჯერ არსად მინახავს.[167]

---

[165] თოროუ აქ, ალბათ, კონფუციუსს გულისხმობს.

[166] თოროუს აზრები კიდევ ერთხელ სრულიად ემთხვევა ციცერონისას. თავის ბრწყინვალე შრომაში "დე ოფიციის", ციცერონი ამბობს, რომ დასაშვებია, ქვეყანაში იყვნენ ისეთი ზნემაღალი და სულმნათი მოქალაქეები, რომელთაც, თავიანთი მაღალი ზნეობის გამო, "ამქვეყნიური უზნეობების მონელება არ ძალუძთ", რის გამოც სრულიად დასაშვებია ამ ხალხის ქალაქის გუგუნის მოშორებით, სოფლად განმარტოვება. ციცერონი აგრძელებს: "მაშასადამე, დასაშვებია საჯარო საქმისგან ისეთი პიროვნებების განდგომა, რომლებიც განსაკუთრებული ნიჭით გამოირჩევიან, და რომლებიც განსაკუთრებული მონდომებით ეწაფებიან ცოდნის წყაროს..." ამერიკაში სწორად ერთი ასეთი განსაკუთრებული, ზეციური ნიჭით – უმწიკლო ზნეობით, და ცოდნისა და უბრალოების მოყვარეობით დაჯილდოებული კაცი გახლდათ ჰენრი დეივიდ თოროუ. ამ ჭეშმარიტ კაცს განდეგილობაც კი არ აცადა ქვეყანამ. იხილეთ კიკეროს შრომა "დე ოფიციის", ქვეწიგნი I.

[167] რაოდენ ჰგავს თოროუ პლატონს, წიგნი "რესპუბლიკა", ქვეწიგნი IX, და აგრეთვე ნეტარ ავგუსტინეს, წიგნი "ქალაქი უფლისაი". პლატონ-სოკრატე ხაზგასმით აღნიშნავს IX ქვეწიგნის ბოლო აბზაცის ბოლო წინადადებაში, რომ ის წესიერი და სრულყოფილი ქვეყანა, რომელზეც თვითონ ოცნებობს და წარმოდგენილიც აქვს, მხოლოდ თეორიულად არსებობს და იმ გარემოებას არსებითი მნიშვნელობა არ გააჩნია, რომ ასეთი ქვეყანა დღეს-დღეობით არ არის, რადგან, ასეთი ქვეყნის თარგი და ნიმუში თავად ზეცაშია, თავად უფლის ქალაქში. ნეტარი ავგუსტინეს "ქალაქი უფლისაიც" სწორად ამას ეძღვნება, – სრულყოფილი ქალაქი, მაღალზნეობრივი მოქალაქეების ქვეყანა სწორად ზეცაშია. ზეცაშია სწორად ერთად-ერთი სრულყოფილი და ყოვლად ჭეშმარიტი უფალი – წმიდა სამება.

მთარგმნელის შესავალი

ჯონ ბრაუნი 1800 წლის 9 მაისს ნიუ ინგლენდში, კერძოდ, კონექტიკუტის შტატის სოფელ თორინგთონში დაიბადა. მამამისი, ოუენ ბრაუნი (1771-1856), დაბალი იყო. დედამისი, რუთ მილზი (1772-1808), ადრეულ ასაკში გარდაიცვალა. ოუენს რვა შვილი ჰყავდა; ჯონი მეოთხე შვილი იყო. 1805 წელს ოჯახი ოჰაიოს შტატის სოფელ ჰადსონში გადაცხოვრდა. ოუენ ბრაუნი ობერლინის ინსტიტუტის (დღეს ცნობილია როგორც "ობერლინის კოლეჯი") ერთერთი ქომაგი და მხარდამჭერი იყო, თუმცა შემდგომ კრიტიკულად უყურებდა ქანგრევგეიშენალ ეკლესიის ლექტორებს, განსაკუთრებით კი ჩარლზ ფინისა და აისა მანის სწავლებებს, რომლებიც ხალხს ერეტიკული "სრულყოფილებისკენ" დესპოტურად მოუწოდებდნენ, და ბოლოს ინსტიტუტიდან და საერთოდ ამ ერეტიკული ეკლესიიდანაც ოფიციალურად გამოვიდა. 16 წლის ახალგაზრდა ჯონ ბრაუნმა დამოუკიდებელი ცხოვრება დაიწყო, როცა კონექტიკუტში მორის აკადემიაში ჩაირიცხა, რადგან სურდა, მღვდელი გამოსულიყო, მაგრამ ფული გაუთავდა, ავად გახდა და იძულებული იქნა სწავლისთვის თავი დაენებებინა. 20 წლისამ ცოლად შეირთო დიანთე ლასქი და ფენსილვეინიაში დასახლდა, სადაც 81 ჰექტარი მიწა იყიდა და სოფლის მეურნეობასა და ვაჭრობას შეუდგა. პირველი მეუღლე მალე გარდაიცვალა და მერი ენ დეი შეირთო მეორე ცოლად. 1837 წელს ცნობილი პრესბიტერიანელი მღვდელი, ელაიჯა ფერიშ ლავჯოი მონობის წინააღმდეგ თავისი აზრის გამოთქმისთვის, და თავისუფლების და თანასწორუფლებიანობის სიყვარულისთვის, ილინოის შტატის ქალაქ ალთონში ხალხის ბრბომ მოკლა. ჯონ ბრაუნმა ამის გამო აღთქმა დადო: "აქ, ღმერთის წინაშე, ამ მოწმეების თანდასწრებით, ამ დღიდან მოყოლებული ვაცხადებ, რომ მე მთელ სიცოცხლეს მონობის განადგურების საქმეს ვუძღვნი!" ამ დღიდან მოყოლებული სიცოცხლის უკანასკნელ წუთამდე ჯონ ბრაუნი, მართლაც, მხოლოდ თავისუფლების სიყვარულისთვის და მონობის მოსასპობად იღვწოდა. 1855 წელს ვაჟიშვილებისგან შეიტყო, რომ ახალდასახლებული კანზასის ტერიტორიაზე ჩრდილოეთის თავისუფალი შტატებიდან ჩასული მოსახლეობა სრულიად დაუცველი იყო და მას კბილებამდე შეიარაღებული მონათმფლობელები უტევდნენ. ჯონ ბრაუნმა ყველაფერი მიატოვა და თვითონაც კანზასში გადავიდა, რომ კანზასში და ნებრასკაში კაცთმოძულე მონათმფლობელების წინააღმდეგ ბრძოლაში შვილებს და სხვა აბოლიშენისტებს მხარში ამოდგომოდა. ჯონ ბრაუნი დიდი გონიერებისა და ვაჟკაცობის გამო მათი ბელადი გახდა. სამხრელი მონათმფლობელები, ძირითადად მიზურის შტატიდან, ცდილობდნენ, კანზასი მონათმფლობელურ შტატად ექციათ და მხოლოდ ასე გაეწევრიანებინათ შტატების კავშირში, ჯონ ბრაუნი და აბოლიშენისტები კი ცდილობდნენ, კანზასში თავისუფლება და თანასწორუფლებიანობა დაემყარებინათ და ახალდასახლებული კანზასი მხოლოდ თავისუფალ შტატად შეეყვანათ კავშირში. ამ სამხრელ ნაძირლებს "ბორდა რაფიან"-ები ანუ "მოსაზღვრე უტიფრები" ერქვათ, რადგან ისინი მოსაზღვრე მონათმფლობელური მიზურის შტატიდან იყვნენ. ჯონ ბრაუნი მხოლოდ მეომარი არ გახლდათ. ის იყო დიდად გონიერი საქმოსანი კაცი. მასაჩუსეცის მთავრობის ზოგიერთ წევრებთან მეგობრობის საშუალებით იგი წინ და უკან დადიოდა კანზასსა და ნიუ ინგლენდს შორის და ნიუ ინგლენდის შტატების მონობის მოწინააღმდეგე მდიდარი მოსახლეობიდან შეწირულობებს კრეფდა, რომ კანზასში ბრძოლა დაეფინანსებინა. მოხდა

ისე, რომ მასაჩუსეცის შტატის კანზასის აბოლიშენისტების კომიტეტის მდივანმა, ფრენქლინ სანბრორნმა (რომელიც შემდგომ ბრაუნის აგიოგრაფი გახდა) ჯონ ბრაუნს ბოსტონში პირადად გააცნო ჰენრი დეივიდ თოროუ და რალფ ვოლდოუ ემერსონი, როგორც თანამოაზრე აბოლიშენისტები. კაპიტანმა ბრაუნმა 1848 წელს ინგლისელი საბრძოლო ტაქტიკოსი, ჰიუ ფორბზი გაიცნო და საკუთარი რაზმის მწვრთნელადაც დაიქირავა. აღსანიშნავია, რომ ფორბზი ჯუზეპე გარიბალდის თანამებრძოლი იყო იტალიაში. 1859 წლის 16 ოქტომბერს ჯონ ბრაუნი თავის ოცდაერთ თანარაზმელს წინ გაუძღვა ჰარფერზ ფერიზე იერიშის მისატანად. ჰარფერზ ფერი გახლდათ ამერიკის გაერთიანებული შტატების რიგით მეორე ფედერალური თოფების ქარხანა და სამხედრო არსენალის საწყობი, სოფელ ჰარფერზ ფერიში, დასავლეთ ვირჯინიის შტატი. იქ 100,000 მუშკეტი და შაშხანა ინახებოდა. ჯონ ბრაუნის მიზანი იყო ამ არსენალის ხელში ჩაგდება და ვირჯინიის მონების ეტაპობრივად შეიარაღება, რომ მონებს საკუთარი თავი თვითონ განეთავისუფლებინათ, რასაც, ყოველგვარი ფართომასშტაბიანი სამოქალაქო ომისა და ზედმეტი სისხლისღვრის გარეშე, მონობის სრული მოსპობა მოჰყვებოდა, უსათუოდ. აი, რატომ აცახცახდა შიშით მთელი ამერიკის ფედერალური მთავრობა. თუმცა აღსანიშნავია რომ ბრაუნს მასობრივი აჯანყება არ ეწადა – ფრთხილი, ქრისტეანი კაცი იყო, ყოველგვარი ანარქიისა და რევოლუციის მგმობი, და ამის გამო მხოლოდ გეგმაზომიერი მიზნები ჰქონდა. მან კარგად იცოდა რომ ყველა მჩაგვრელი თავისთავად მხდალია, და რომ მონების შეიარაღებით მონათმფლობელებს თავზარი დაეცემოდათ, დამფრთხალ ჩრდილოელ პარტნიორებთანაც პოლიტიკურ მარცხს განიცდიდნენ და ამერიკაში მონობას თავად ეს შეშინებული მთავრობა გააუქმებდა. იერიში თავიდან წარმატებული იყო, მაგრამ მტრის სიმრავლემ ბოლოს მაინც თავისი ქნა. ბრაუნმა და მისმა რაზმმა მძევლები აიყვანეს, მათ შორის, პოლკოვნიკი ლუის ვოშინგთონი, – ამერიკის პირველი პრეზიდენტის, ჯორჯ ვოშინგთონის ძმის შვილიშვილის შვილი. 18 ოქტომბერს აჯანყებულებს თავად რაბერთ ი. ლიიმ შემოარტყა ალყა თავისი საგანგებო დანიშნულების რაზმით, – ეს გახლდათ ის გენერალი, რომელიც ეიბრეჰემ ლინქოლნს მთელი ჩრდილოეთის ჯარის მთავარსარდლად უნდოდა, მაგრამ ლიიმ უარი განაცხადა, – ის სამხრელი იყო, ვირჯინიის შტატიდან. იგი შემდეგ სამხრელების მთავარსარდალი გახდა, და სამოქალაქო ომში ჩრდილოელების წინააღმდეგ იბრძოდა. ლეიტენანტი სთიუარდი, მეთაურის დავალებით, აჯანყებულებს თეთრი დროშით მიუახლოვდა და უთხრა, რომ დანებების შემთხვევაში მათ სიცოცხლეს შეუნარჩუნებდნენ, რაზეც კაპიტანმა ბრაუნმა უპასუხა, “არა, მე აქ სიკვდილი მირჩევნია.” ლეიტენანტის ნიშანზე საზღვაოსნო ჯარების საგანგებო დანიშნულების რაზმმა იერიში მიიტანა. ამასობაში ბრაუნი და რაზმელები ყვიროდნენ, “გნებდებითო”, – ბრაუნს რაზმელების სიცოცხლის შენარჩუნება ეწადა და მხოლოდ ამის გამო გასცა დანებების ბრძანება, – მაგრამ დანებებული ჯონ ბრაუნი ლეიტენანტმა იზრაელ გრიინმა მაინც დაჭრა თავის არეში. ამ ბრძოლაში ბრაუნმა თავისი გმირები, ორი შვილი და რვა თანამებრძოლი დაკარგა. ცნობილი ფრანგი მწერალი, ვიქტორ ჰიუგოც (1802-1885) შეეცადა ჯონ ბრაუნისა და მისი რაზმელების გადარჩენას. მან ღია წერილი გაგზავნა გაზეთებში დასაბეჭდად, რომელიც ევროპაშიც და ამერიკაშიც თითქმის ყველგან გამოქვეყნდა, მაგრამ, სამწუხაროდ, უშედეგოდ. წერილი ასე მთავრდება: “დაე, იცოდეს ამერიკამ, და დაფიქრდეს რომ, კაენის მიერ აბელის მკვლელობაზე დიდი საშინელება, ვოშინგთონის მიერ სპარტაკის

მკვლელობაა", – რა თქმა უნდა, ლეგენდარულ სპარტაკში ჰიუგო კაცობრიობისა და ამერიკის გმირს, ჯონ ბრაუნს გულისხმობდა, ვოშინგთონში კი – ამერიკის მთელ მთავრობას. 2 დეკემბერს დილით ჯონ ბრაუნმა თავისი "ბიბლია" კიდევ ერთხელ წაიკითხა, მერე ცოლს წერილი მისწერა და 11 საათისთვის ჩამოსახრჩობად გამოვიდა. კაპიტანი ბრაუნი დილის 11:15-ზე ჩამოახრჩეს. თოროუს მიაჩნდა, რომ ასეთი გმირი ამერიკას არ ღირსებია და რომ თავად ამერიკის დამოუკიდებლობის ომის გმირები მასთან შედარებით მხოლოდ კაცუნები იყვნენ. აღსანიშნავია, რომ ბრაუნმა ჩამოხრჩობისას უარი განაცხადა პროტესტანტ მღვდელთან აღსარებაზე, რადგან ეს ცრუ-მღვდლები და ფარისევლები ადამიანის მონობას უჭერდნენ მხარს, – მათ ღმერთი და ადამიანი სძულდათ. როდესაც მთელი ამერიკის პრესა ჯონ ბრაუნს გიჟად აცხადებდა, მის გმირობას კი – ნამდვილ სიგიჟედ, და ამ კაცს და მის სახელს მთავრობა, ჯარი, ჟურნალისტები და ბრმა ხალხი ერთნაირად გლეჯდა, აგინებდა და დასცინოდა, თოროუ იყო ერთად-ერთი მამულიშვილი, რომელმაც ხმა აიმაღლა და ჯონ ბრაუნი და მისი სახელის ღირსება და სიწმიდე საჯაროდ დაიცვა, თანაც ისე ხმამაღლა, რომ მისი სიტყვები მთელ ამერიკას მოედო და მთელ ამერიკელ ერს სინდისის ქენჯნა აგრძნობინა.

არზა კაპიტან ჯონ ბრაუნის გასამართლებლად

მწამს, რომ აქ ყოფნას მომიტევებთ. თქვენთვის ჩემი აზრების დაძალება არ მსურს, მაგრამ თავად ვგრძნობ თავს ამ აზრებისგან დაძალებულად. რაც კი ვიცი და მსმენია კაპიტანი ბრაუნის[168] შესახებ, მთელი გულით მზად ვარ, ამით ის უზუსტობანი შევასწორო საგაზეთო სტატიები თუ განცხადებები რომ იტევენ, და, ამგვარად, მისი პიროვნების შესახებ სწორი წარმოდგენა შევუქმნა ჩემს თანამემამულეთ. სამართლიანი ქცევა ფულს არ მოითხოვს. სხვა თუ არაფერი, ის მაინც ხომ შეგვიძლია, რომ ამ კაცისა და მისი თანამებრძოლების მიმართ ჩვენი თანაგრძნობა და აღტაცება გამოვამჟღავნოთ. სწორედ ამას გთავაზობთ ახლა.

პირველ რიგში, მის ისტორიას რაც შეეხება, შევეცდები, ყოველივე ის გამოვტოვო, რაც თქვენ უკვე სხვაგან წაგიკითხავთ. საჭირო არაა მისი პიროვნება აღგიწეროთ, რადგან თქვენს უმრავლესობას, ალბათ, იგი პირადად უკვე უნახავს და მის დავიწყებას კარგა ხანს ვერ შეძლებს. გამიგონია, მისი პაპა, ჯონ ბრაუნი,[169] ამერიკის რევოლუციის ოფიცერი იყო; და რომ თავად კაპიტანი ბრაუნი დაახლოებით ჩვენი საუკუნის დასაწყისში კონექტიკუტში დაიბადა, მაგრამ ბავშობაშივე მამასთან ერთად ოჰაიოში გადაცხოვრდა. მისგან გამიგია, რომ იქ მამამისს ჯართან ჰქონდა საქმიანი ხელშეკრულება დადებული და 1812 წლის ომში სამხედროებს ჭარხლით ამარაგებდა; და რომ ჯონი მამას ჭარხლის მისატანად სამხედრო ბანაკებში თან დაჰყვებოდა, და ეხმარებოდა კიდეც,

168 იხილეთ ზემოთ მოცემული მთარგმნელის შესავალი.
169 მისი პაპა, ჯონ ბრაუნი – კაპიტან ბრაუნის მამის მამა, რომელიც ამერიკის კოლონიურ არმიაში ჩაირიცხა, მაგრამ რამდენიმე კვირის შემდეგ ჯარში მოდებული დიზენტერია შეეყარა და გარდაიცვალა.

კაპიტანი ჯონ ბრაუნი.
CAPTAIN JOHN BROWN.

შედეგად სამხედრო ცხოვრება კარგად გაიცნო – ჯარისკაცი რომ გამხდარიყო, ალბათ, მაშინაც კი ვერ შეისწავლიდა ისე სამხედრო ცხოვრებას, რამდენიც ჭარხლის მიზიდვისას ისწავლა: ხშირად ისე ხდებოდა, რომ ახალგაზრდა ყმაწვილი შემთხვევით ოფიცერთა საბჭოებს ესწრებოდა ხოლმე. თავისი გამოცდილებით განსაკუთრებით კარგად ისწავლა როგორ მარაგდებიან ჯარები ველად და როგორ ხდება მათი შენახვა – ჯარების მომარაგების საქმეს, რომელიც მან ასე შეისწავლა, სულ მცირე იმდენივე გამოცდილება და ოსტატობა სჭირდება, რამდენიც თავად ჯარების ბრძოლაში გაძღოლას. კაპიტანმა ბრაუნმა ერთხელ თქვა, რომ ჯარისკაცების უმრავლესობა აზრზეც არ იყო ომისას თითო ტყვიის გასროლა რა უჯდებოდა ქვეყანას, ადამიანის სიცოცხლის ფასს, ხარჯს და დაკარგვას თავი გავანებოთ, ფულადი ხარჯის აზრზეც არ იყვნენ ესენი. მოკლედ, საჯარისო ნაწილთან მისვლა-მოსვლით იმდენი ბოროტება და სიბეცე იხილა, რომ ახალგაზრდა ყმაწვილს გული აურია სამხედრო ცხოვრებამ; უფრო მეტიც, მისდამი იმდენად დიდი სიძულვილის გრძნობა გაუჩინა, რომ, მიუხედავად იმისა, რომ ჯარში რაღაც წვრილმანი სამსახური შესთავაზეს, თვრამეტი წლის ასაკში მან არამარტო უარყო ეს სამსახური, არამედ მაშინ, როცა სამხედროები მის დაშინებას შეეცადნენ და გააფრთხილეს, უარის თქმის შემთხვევაში ჯარიმას გამოგიწერთო, მკაცრი უარი განაცხადა არათუ სამსახურზე, არამედ თავად წვრთნაზეც კი. იმ დღიდან მოყოლებული ჯონ ბრაუნმა ერთხელ და სამუდამოდ გადაწყვიტა, რომ არც ერთ ომში არ მიეღო მონაწილეობა, თავისუფლებისთვის ომის გარდა.

როდესაც კანზასის შტატში მონობის საკითხი წამოიჭრა და მღელვარება დაიწყო,[170] ჯონ ბრაუნმა სასწრაფოდ მოაქუჩა თუ კი რაიმე იარაღზე ხელი მიუწვდებოდა, საკუთარი ვაჟიშვილები, რამდენადაც ეს მას შეეძლო, ამ იარაღით აღჭურვა და დაუყოვნებლივ გაგზავნა იმ კანზასელთა საშველად, რომელიც კაცთა თავისუფლებას მოითხოვდა და მონობის წინააღმდეგ იბრძოდა; თან უთხრა, რომ თუ მონათმფლობელების ძალადობა არ ჩაცხრებოდა, თვითონაც მალე მიჰყვებოდა თავის შვილებს და უსამართლობასთან ბრძოლაში საკუთარი მარჯვენითა და გონებით შეეშველებოდა. დანაპირები, როგორც ყველა თქვენთაგანს უკვე კარგად მოგეხსენებათ, მან მალე შეასრულა კიდეც; და სწორად მისი, და არა რომელიმე სხვისი, წყალობით მოხდა, რომ კანზასმა მონობის ბორკილი აიყარა და დღეს თავისუფალი შტატია.

ცხოვრების ერთი ნაწილი მიწისმზომელად იმუშავა, ერთი ნაწილი კი მატყლის წარმოებაში გაატარა, და სწორად მატყლის საქმის გამო იყო, რომ ბრაუნი ერთხელ ევროპაში წავიდა. ევროპაშიც, ისევე როგორც ყველგან, ამ კაცს თავისი გონება და თავისი თვალები თან ახლდნენ, ჰოდა, იქაც ბევრი რამ შეამჩნია და ბევრი თავისებური დაკვირვება მოახდინა. მაგალითად, მან თქვა, რომ საკუთარი თვალით ნახა ევროპის მიწები და რომ ინგლისში მიწის ნიადაგი ძალიან მდიდარია, აი,

---

[170] 1854 წლის "კანზას-ნებრასკის აქტი" შეიცავდა დებულებას, რომლის თანახმადაც ამ ორი ახალდასახლებული შტატის მოსახლეობას კენჭის ყრით შეეძლო გადაეწყვიტა მონათმფლობელობა სურდა თუ თავისუფლება. ამას დიდი შეხლა-შემოხლა და ძალადობა მოჰყვა, რაც ისტორიაში "ბლიდინგ ქენზეს"-ად ანუ "სისხლიან კანზასად" არის ცნობილი. სწორად ამ "სისხლიან კანზასში" იბრძოდნენ ჯონ ბრაუნი, მისი შვილები და მისი რაზმი, და თანაც წარმატებით, – მათი წყალობით ორივე შტატი თავისუფალ შტატად შევიდა გაერთიანებული შტატების შემადგენლობაში.

გერმანიაში კი (ჰო, მგონი, ეს ქვეყანა იყო, მან რომ დაასახელა)[171] ძალიან მწირი, და აპირებდა კიდეც ამის შესახებ ევროპის მეფეებისთვის ორიოდ სიტყვის მიწერას. მისი აზრით, მიწების ხარისხში ასეთი დიდი სხვაობა გამოწვეული იყო იმ გარემოებით, რომ ინგლისში გლეხი თავად იმ მიწაზე ცხოვრობს, რომელსაც დღიურად ხნავს და თოხნის, გერმანიაში კი ხალხს მამულები მოშორებით აქვთ, თვითონ კი სოფლებში მოუყრიათ თავი საცხოვრებლად. საწყენია, რომ წიგნად არ გამოსცა ეს აზრები.

კონსტიტუციის პატივისცემას და შტატების კავშირის ურღვეველობას რაც შეეხება, კაპიტანი ბრაუნი ძველებური ნირის კაცი იყო და ერთიც და მეორეც ღრმად სწამდა. ხოლო მონობას რაც შეეხება, ფიქრობდა, რომ მონათმფლობელობა კონსტიტუციასაც და ამერიკის შტატების კავშირსაც სავსებით ეწინააღმდეგებოდა, და იგი ორივეს დაუძინებელი მტერი გახლდათ.

წარმოშობით და ბუნებით ბრაუნი ჭეშმარიტი ნიუ ინგლენდელი გლეხი იყო, გონიერი, წინდახედული და პრაქტიკული გონების კაცი, რაც განსაკუთრებით ამ კუთხის ხალხს ახასიათებთ (და კიდევ მათზე ასჯერ უფრო მეტი). ის იმ გმირთა-გმირებს ჰგავდა, ერთ ჟამს ქანქარდის ხიდის თავში, ლექსინგთონის ბრძოლის ველზე და ბანქას გორაზე[172] რომ იდგნენ ერისა და მამულის დასაცავად, ოღონდაც იგი უფრო მტკიცე ხასიათისა და მაღალი ზნეობისა გახლდათ, ვიდრე ის გმირები, რომელთა შესახებ წამიკითხავს თუ მსმენია. ეს გმირი კაცი აბოლიშენიზმის რომელიმე მქადაგებელმა როდი განაწყო მონობის წინააღმდეგ, მას ბუნებით ჰქონდა თავისუფლების სიყვარული და მონობის სიძულვილი სულში ჩანერგილი. ჩვენი ისტორიული გმირები, ითან ალენი [173] და სთარკი, [174] მასთან შედარებით უფრო დაბალ და ნაკლებად მნიშვნელოვან ველებზე გამართული ბრძოლების რაინდები იყვნენ. მათ შეეძლოთ თავიანთი სამშობლოს მტრებს მედგრად დახვედროდნენ, ამ კაცს კი ისეთი სიმტკიცე ჰქონდა გულში, რომ, როცა საჭიროებამ მოითხოვა და მისი სამშობლო ცდებოდა, ის თავად საკუთარ სამშობლოს აუმხედრდა. კაპიტან ბრაუნმა

---

[171] 1849 წელს ჯონ ბრაუნი ევროპაში საქმისთვის ჩავიდა. მას ინგლისში მატყლის გაყიდვა სურდა. ამ საქმიანი მოგზაურობისას ის გერმანიის ქალაქ ჰამბურგსაც ეწვია.

[172] საუბარია ბრიტანეთის იმპერიის წინააღმდეგ ამერიკის რევოლუციური (დამოუკიდებლობის) ომის ბოსტონის, ლექსინგთონისა და ქანქარდის ბრძოლებზე, რომლებსაც თოროუ და მისი მსმენელები არც თუ ისე შორეული წარსულიდან კარგად იცნობდნენ. ესეც არ იყოს, ნიუ ინგლენდელები განათლებული ხალხია და მიდრეკილება აქვთ სწავლისკენ, განსაკუთრებით ჰუმანიტარული საგნები, – ისტორია, ლიტერატურა, ფილოსოფია და თეოლოგია აინტერესებთ.

[173] ითან ალენი (1738-1789) – ნიუ ინგლენდელი, კერძოდ, კონექტიკუტელი გმირი და მამულიშვილი, რევოლუციური ომის ერთერთი ალამდარი, გლეხი, საქმოსანი, მიწის სპეკულატორი, ფილოსოფოსი და მწერალი. ითან ალენმა რევოლუციური ომისას, დღევანდელი ვერმონტის შტატის ტერიტორიაზე, მოხალისეთა რაზმი შექმნა, სახელად "გრინ მაუნთინ ბოიზ" ანუ "მწვანე მთის ბიჭები". ამ რაზმით მან 1775 წელს ბრიტანეთის იმპერიის ჯარები დაამარცხა და ციხე-სიმაგრე "ტიკონდეროგა" აიღო. მაგრამ, მიუხედავად ყოველივე ამისა, თოროუს ითან ალენი კაპიტან ჯონ ბრაუნთან შედარებით ბევრად ნაკლებ გმირად მიაჩნდა. რატომ? იმიტომ, რომ ითან ალენი სამშობლოს ბოროტ მტრებს აღუდგა წინ, კაპიტანი ბრაუნი კი – თავად გაბოროტებულ და კაცობრიობის მტრადქცეულ საკუთარ სამშობლოს. აღსანიშნავია, რომ სიტყვა "ტიკონდეროგა" ინდიელთა ტომის, იროქვოიების ანუ იროკეზების ენიდან მოდის. "ტეკონტაროოკენ" მათ ენაზე "ორი მდინარის შესაყარს" ნიშნავს.

[174] ჯონ სთარკი (1728-1822) – გენერალი, რომელიც რევოლუციურ ომში ამერიკის კონტინენტურ ჯარს ხელმძღვანელობდა. მას ბენინგთონის ბრძოლაში გამოჩენილი თავდადებისთვის "ბენინგთონის გმირს" ეძახდნენ, – თოროუს ისიც კი კაპიტან ჯონ ბრაუნთან შედარებით ბევრად ნაკლებ გმირად მიაჩნდა. რატომ? იმიტომ, რომ ჯონ სთარკი მხოლოდ სამშობლოს ბოროტ მტრებს აღუდგა წინ, კაპიტანი ბრაუნი კი – თავად გაბოროტებულ და კაცობრიობის მტრადქცეულ საკუთარ სამშობლოს.

ბრძოლისა და გმირობის ჟამს ათასგვარ ხიფათს დააღწია თავი, რაზეც ერთი დასავლეთ-ამერიკელი მწერალი ამბობს, რომ იგი "გლეხურმა შეხედულებამ"[175] გადაარჩინაო, – ვითომცდა ტყე-ღრეში გმირი მხოლოდ შარვალ-კოსტუმში უნდა იყოს გამოწყობილი.

მას არ უვლია ჰარვარდის უნივერსიტეტში, თუმცა, ალბათ, ერთობ კარგი მშობლიური სასწავლებელი უნდა იყოს ის ზოგიერთისთვის.[176] ის არავის გამოუკვებია უაზრობის ფაფით, რომელსაც ასეთი უმაღლესები დიდი გულმოდგინებით აჭმევენ ხოლმე თავიანთ მოსწავლეებს. როგორც ეს თვითონ ბრძანა ერთხელ: "მე გლეხის თავლაში მყოფ ხბოზე მეტი გრამატიკა არ ვიციო." იგი უშუალოდ დასავლეთ ამერიკის დიდ უნივერსიტეტში დადიოდა,[177] სადაც დიდი სიბეჯითით სწავლობდა თავისუფლებას, რის გამოც მან ადრეულ ასაკშივე უღალატა გართობას და დროის ფლანგვას, და უამრავი ცხოვრებისეული დიპლომის აღების შემდეგ, მან ბოლოს კანზასში ჰუმანურობის ბიზნესი დააარსა და ადამიანობის საქმიანობა წამოიწყო, როგორც კარგად მოგეხსენებათ. მისთვის მთავარი რომელიღაც ძვირადღირებულ უნივერსიტეტში წიგნებიდან ნასწავლი *ჰუმანიტარული* საგნები და გრამატიკული მართლწერა კი არ იყო, არამედ თავად ცხოვრებაში გადანერგილი *ჰუმანურობა* და სიმართლე. ეს ის კაცი იყო, ნებისმიერ წამს ძველბერძნული ენის შესწავლისას ენის ბორძიკს ფეხებზე რომ დაიკიდებდა და იმ გაჭირვებულ კაცს ამოუდგებოდა მხარში, გაჭირვების გამო რომ ფორხილობდა.

ის იმ კლასის წარმომადგენელი იყო, რომლის შესახებაც ბევრი გვსმენია, მაგრამ თვალით ერთხელაც არ გვიხილავს – პურიტანი.[178] უშედეგო იქნება ამ კაცის თუნდაც მოკვლა. ეს ის კაცია, რომელიც ქრომველის[179] ჟამს გმირულად მოკვდა, და დღეს ისტორიის

---

175 "გლეხურმა შეხედულებამ" – თოროუ ციტირებას ახდენს გაზეთებიდან: "შიქაგოუ ფრესს ენდ თრიბიუნ", შემდგომ იგივე დაბეჭდა გაზეთმა "ნიუ-იორქ დეილი თრიბიუნ"-მა 1859 წლის 24 ოქტომბერს.

176 თოროუს ჰარვარდის უნივერსიტეტი ჰქონდა დამთავრებული, თუმცა დიდ პატივს არ სცემდა ის ბიუროკრატი, სისულელეებით ნასაზრდოები ზესთამჩენი ხალხის ამ აკადემიას. თოროუმ ჰარვარდი კი დაამთავრა, მაგრამ მაგისტრის დიპლომის აღებაზე მკაცრი უარი განაცხადა და დიპლომის აღებისთვის დაწესებული საფასური, ხუთი დოლარი, არ გადაიხადა.

177 თოროუ გულისხმობს ეგრეთწოდებულ "ამერიკის დასავლეთს" ანუ "დასავლეთ ამერიკას". ამერიკის გაერთიანებული შტატები XIX საუკუნიდან მოყოლებული დასავლეთის მიწებს იერთებდა და შედეგად დასავლეთისკენ გაიჭრა. ამ ახალშეერთებულ მიწებს ეწოდებათ "დასავლეთ ამერიკა". XXI საუკუნეში დასავლეთ ამერიკად მიიჩნევა ყველა ის შტატი, რომელიც მოიცავს როქის მთებს და ჰაის (ანუ ქართულად "მაღალ") დაბლობებს. დასავლეთ ამერიკაა, მაგალითად, კანზასი და ნებრასკა, სადაც კაპიტანი ბრაუნი შრომობდა და მოღვაწეობდა, და იბრძოდა კიდეც, და იქ მიღებულ ცოდნას თოროუ ამერიკის უდიდესი უნივერსიტეტის ღრმა ცოდნას უწოდებდა და მიაჩნდა, რომ ცხოვრებიდან მიღებული ეს ცოდნა ჰარვარდიდან მიღებულ ცოდნაზე დიდია და უპირატესი.

178 პურიტანები ნიუ ინგლენდის პირველი მოსახლეები იყვნენ, რომლებიც ევროპაში მწვალებლებს გამოექცნენ და ამერიკის კონტინენტზე, ნიუ ინგლენდში, კერძოდ, მასაჩუსეცის შტატში იმ მიზნით დასახლდნენ, რომ რწმენის თავისუფლება ჰქონოდათ. პურიტანები თავიდან ინგლისის პროტესტანტული ეკლესიის წევრები იყვნენ, რომელთაც ყელში ამოუვიდათ პროტესტანტული ეკლესიის მიერ კანონების დარღვევა და ისინი ამ კანონების უფრო "წმიდად" დაცვისკენ მოუწოდებდნენ ერსაც და ბერსაც, – სიტყვა "პურიტანის" ფუძე "პურ" "წმიდას" ნიშნავს. თუმც თვით თოროუ პურიტანი არასოდეს გამხდარა, რადგან თუნდაც ამ შედარებით უკეთეს სექტაშიც კი უამრავი ხინჯი და სულიერი სიმრუდე შეამჩნია მან. არც კაპიტანი ბრაუნი არ იყო პურიტანი, და ისიც სწორად ამავე მიზეზის გამო.

179 ოლივერ ქრომველი (1599-1658) – უდიდესი ინგლისელი სამხედრო ბელადი და მოწინავე პოლიტიკოსი, ინგლისის, შოტლანდიის და ირლანდიის ლორდ პროტექტორი (ანუ უფალი

ფურცლებიდან მკვდრეთით აღმდგარი გმირად მოევლინა ჩვენს ქვეყანას. სრულიად შესაძლებელია, კაპიტანი ბრაუნი პურიტანი იყოს, რატომაც არა? მსმენია, პურიტანების ერთი ნაწილი ევროპიდან წამოსულა თურმე და აქ, ნიუ ინგლენდში დასახლებულა. ეს ის ხალხი იყო, რომელმაც თავიანთი წინაპრების მოგონების დღის აღნიშვნასა და წარსულის გასახსენებლად მოხალული სიმინდის თქვლეფას კი არ შეალია ჟამი და ძალ-ღონე,[180] არამედ სულ სხვა და ბევრად უკეთეს საქმეს. ისინი არც დემოკრატები იყვნენ და არც რესპუბლიკელები, არამედ უბრალო ცხოვრების მოყვარულები, პირდაპირები, მლოცველები; ისინი ამაქვეყნის არც იმ განმგებელთ უწევდნენ ანგარიშს, უფლის შიში რომ დაჰკარგვიათ; ისინი არც თმობდნენ, არც კომპრომისს და რომელიმე ქედდადრეკილურ გამოსავალს ეძებდნენ და არც რომელიმე პოლიტიკურ კანდიდატს.

"თავის საბრძოლო ბანაკში",[181] როგორც ეს ახლახან დაწერეს მასზე, და თავად მეც მაქვს საკუთარი ყურით მისგან გაგონილი, "ის არანაირ უზრდელობას და ავყიობას არ უშვებდა; ვერც ერთი გარყვნილი ზნეობის კაცი ვერ შეადგამდა მის ბანაკში ფეხს, გარდა, რა თქმა უნდა, იმ გამონაკლისისა, თუ ეს უზნეო ბრძოლისას დატყვევებული იყო. 'უზნეო კაცის ყოლას', ამბობდა კაპიტანი ბრაუნი, 'მირჩევნია ყვავილი, ყვითელი ციებ-ცხელება, და ქოლერა, ყოველივე ეს ერთად აღებული და ყველა ერთდროულად მყავდეს ჩემს კარავში... ჩვენი ხალხი ცდება, როცა ფიქრობს, რომ ჩხუბისთავები არიან საუკეთესო მებრძოლები, ანდა ყველაზე უკეთ ისინი შეძლებენ სამხრელი მონათმფლობელების წინააღმდეგ ომს. მიბოძე კარგი ზნეობის კაცი – ღმრთის-მოშიში კაცი – კაცი, რომელიც თავისი ქცევით საკუთარ თავს პატივს სცემს, და სულ რაღაც ათიოდე ასეთი კაცით თუნდაც ბიუფორდის ას ყალთაბანდს[182]

მფარველი). მთელი ინგლისის ისტორიაში სულ ორმა არადიდგვაროვანმა კაცმა შეძლო სახელმწიფოს მეთაური გამხდარიყო, მათ შორის ერთი ქრომველი გახლდათ.

[180] მოხალული სიმინდი – ხალხში გადმოცემითაა ცნობილი, რომ 1623 წლის ზაფხულს პილგრიმებს (ნიუ ინგლენდის პირველ თეთრკანიან მაცხოვრებლებს) ისე უჭირდათ, რომ ულუფის გაცემისას თითო კაცს მხოლოდ მოხალული სიმინდის ხუთი მარცვალი ერგებოდა და შემდგომი მოსავალის აღებამდე მათ ასე გაიტანეს თავი. თოროუს ჟამს ჩვეულებად იყო ქცეული "წინაპრების დღის" აღნიშვნა ყოველი წლის 21 დეკემბერს. ამ დღეს ყველა, სადღესასწაულო საჭმლის გარდა, თეფშზე მოხალული სიმინდის ხუთ მარცვალს დებდა სიმბოლურ საჭმლად, რომ წინაპრებისთვის პატივი მიეგო და მათ მიერ შეუპოვრად გადატანილი სიდუხჭირე დავიწყებას არ მისცემოდა. თოროუს სამართლიანად მიაჩნდა, რომ ასეთი საქციელი თვალთმაქცობა, ცრურწმენა და უაზრობა იყო და ჭეშმარიტი მამულიშვილობა ფარისევლებივით წეს-ჩვეულებების დაცვა კი არა, არამედ სულიერად დაცემული სამშობლოს გამოსწორებისთვის ბრძოლა, შინაურ მტერთან ბრძოლა, საკუთარი ერის უზნეობასთან ბრძოლა გახლდათ, რასაც კაპიტანი ბრაუნი და მისი რაზმი პირნათლად ასრულებდა. დაფიქრდით და მიხვდებით, თუ რაოდენ დიდი მსგავსებაა მაშინდელ ნიუ ინგლენდსა და დღევანდელ საქართველოს შორის, – ჭიქის ჭახუნი, ათასგვარი ცრურწმენა, სატანისტური, წარმართული ზეიმების დღესასწაულებად აღნიშვნა... ყოველივე ეს ჩვენს სამშობლოს ჭირს ახლა, რომელიც ეკლესიაში დადის, საიდუმლო სიბრძნით აღვსილ წირვას ესწრება, ჯვარცმული მაცხოვრის ხატის წინ ლოცულობს კიდეც, მაგრამ ახალ წელს ერთგულებას თოვლის პაპასა და სანტა კლაუსს უცხადებს, ნაძვის ხეს კი სათაყვანებელ კერპად იდგამს სახლში. განა შეიძლება აღდგომასაც დღესასწაული უწოდო და ახალ წელსაც? სადაა ჩვენი ქრისტეანობა, ჩვენი მართლმადიდებლობა სადაა მაშინ? კაცმა ან სანტა მარია (წმიდა მარიამი, ანუ ღმრთისმშობელი) უნდა აირჩიოს ან ეგრეთწოდებული სანტა კლაუსი, – ორივე არ გამოვა.

[181] თოროუს ციტირების წყარო ჯეიმზ რედფეთი გახლავთ. პირველად რედფეთი კაპიტან ბრაუნს 1856 წელს შეხვდა. მაშინ რედფეთი ჟურნალისტი იყო და მისი ბრაუნთან გასაუბრების ჩანაწერები ბოსტონის ერთერთ გაზეთში გამოქვეყნდა. ის საზოგადო მოღვაწე იყო და მონობის მოწინააღმდეგე. შემდგომში რედფეთი აგიოგრაფი გახდა. 1860 წელს გამოვიდა მისი წიგნი "კაპიტან ჯონ ბრაუნის საზოგადო ცხოვრება".

[182] ნაგულისხმევია ჯეფერსონ ბიუფორდი (1807-1861), რომელმაც 1856 წელს სამხრელები შეკრიბა კანზასის კოლონიზაციის მიზნით, რათა კანზასი მონათმფლობელურ შტატად შესულიყო გაერთიანებულ შტატებში. ამ ოთხასკაციან ბოროტმოქმედთა ბანდას "ბიუფორდელ

აღვუდგები წინ.'"[183] ჯონ ბრაუნმა თქვა, რომ ყველაზე მეტად სწორად იმ მოხალისის იმედი არ ჰქონდა, რომელიც ახალმოსული კადნიერად განაცხადებდა თუ რას იზამდა პირველი შებრძოლებისას და როგორ ამბავს დაატრიალებდა მტრისთვის ერთი თვალი რომ მოეკრა.

ახალწვეულებს შორის ოციოდე კაცზე მეტი ვერ აარჩია და ამათ შორისაც სულ რაღაც თორმეტიოდე კაცზე მეტს ვერ ენდობოდა ბოლომდე, ამ თორმეტიდანაც ბევრი მისი საკუთარი ღვიძლი შვილი იყო. წლების უკან, როცა აქ, მასაჩუსეცში მოვიდა, ჯონ ბრაუნმა რამდენიმე კაცს თავისი ხელნაწერი წიგნი აჩვენა, – "წეს-რიგის წიგნს" ეძახდა, როგორც მახსოვს. ეს წიგნი შეიცავდა კანზასში მისი რაზმის სახელს და წესებს. რაზმის წევრები ვალდებულები იყვნენ პირნათლად დაეცვათ ისინი. ბრაუნმა განაცხადა რომ რაზმის ზოგიერთმა წევრმა ამ ხელშეკრულებას უკვე საკუთარი დაღვრილი სისხლით მოაწერა ხელი. როცა ვიღაცამ შენიშნა, რომ რაზმს ქრომველის[184] ლაშქრად ქცევამდე კაპელანიღა[185] აკლდა, კაპიტანმა ჯონ ბრაუნმა აღნიშნა, რომ დიდი სიხარულით დაამატებდა კაპელანსაც, ამ რაზმელების შესაფერისი და საკმარისად ღირსეული კაპელანი რომ მოიძებნებოდეს ამქვეყნად. აი, ამერიკის გაერთიანებული შტატების ნაძირალა ჯარისთვის კი მათი შესაფერისი კაპელანის მოძებნა ადვილი უნდა იყოს. როგორც ვიცი, კაპელანის არყოლის მიუხედავად, კაპიტანი ბრაუნი მთელი თავისი რაზმით ყოველ დილა-საღამოს ლოცულობდა.

ის სპარტული[186] ჩვევების კაცი გახლდათ, და სამოცი წლის ასაკში მეტად პუნქტუალური იყო კვების საკითხში, და ზედმეტ ჭამაზე უარს რომ ამბობდა, თან მოსაბოდიშებლად დასძენდა ხოლმე, რომ მისი ვალი ნაკლები ჭამა და მეტი საქმე გახლდათ, როგორც ეს ჯარისკაცს შეჰფერის, ან იმ კაცს, რომელიც მეტად რთული წამოწყებისთვის ემზადება – ცხოვრებასთან მოურიდებელი და დაუფარავი ჭიდილისთვის.

ის იყო იშვიათი გამჭრიახი გონების კაცი, რომელსაც სრულიად უშუალო საუბარი და პირდაპირი ქმედება შეეძლო; ყველაზე მეტად კი ის

ყალთაბანდებს" ეძახდნენ. მათ დროშაზე ასეთი წარწერა ჰქონდათ გაკეთებული: "თეთრკანიანთა რასის უზენაესობა".

[183] ბრაუნი სრულ ჭეშმარიტებას ბრძანებს. იგივეს გვასწავლის დიდი ებრაელი ისტორიკოსი, სამეფო გვარისა და სასულიერო მსახურთა შტოს შთამომავალი, იოსეფ ბენ მატითიაჰუ (37-100 ჩ-წ.-ით), ანუ იოსეფუსი (რომაულად), ანუ ჯოზეფუსი (ინგლისურად), როდესაც იგი რომაელთა ჯარზე გაკვირვებითა და ძალაუნებური აღფრთოვანებით საუბრობს: "ისინი კომპანიებში ერთად ცხოვრობდნენ, წყნარად და წესიერად, სწორად ისე, როგორც ყველა სხვა საქმიანობას აწარმოებენ ხოლმე საუცხოო წესრიგითა და სიფრთხილით." იხილეთ იოსეფუსის "ურიათა ომები", წიგნი 3, თავი 5.

[184] ოლივერ ქრომველი (1599-1658) – უდიდესი ინგლისელი სამხედრო მეთაური და მოწინავე პოლიტიკოსი, ინგლისის, შოტლანდიის და ირლანდიის ლორდ პროტექტორი (ანუ უფალი მფარველი). მთელი ინგლისის ისტორიაში სულ ორმა არადიდგვაროვანმა კაცმა შეძლო სახელმწიფოს მეთაური გამხდარიყო, მათ შორის ერთი ქრომველი გახლდათ.

[185] კაპელანი – ჯარის მღვდელი.

[186] ნაგულისხმევია ძველი ბერძნული სახელმწიფო, სპარტა. სპარტა ძველბერძნებში ერთადერთი ტომი იყო, რომელიც თავიდან ბოლომდე საბრძოლო სულისკვეთებით იყო გამსჭვალული. სპარტელები ბავშობიდან სწავლობდნენ საბრძოლო ხელოვნებას და წესრიგიანობას, და მთელი ერი, კაციცა და ქალიც, დიდიც და პატარაც, სამხედრო წესით ცხოვრობდა. აღსანიშნავია, რომ პლატონი სოკრატეს პირით გვამცნობს, რომ იბერიელები (ქართველები), სკვითები, კელტები, კართაგენელები და სპარსელები მეომარი ხალხია, და რომ ერთადერთი ბერძნული ტომი, რომელიც მათნაირად საკმარისადაა გასამხედროებული, გახლავთ სპარტელები, თუმცა მათგან განსხვავებით სპარტელები დღესასწაულებზე ღვინოს არ სვამენ. იხილეთ "კანონები I".

ტრანსენდენტალისტი[187] გახლდათ, იდეების და პრინციპების კაცი, – აი, რა განასხვავებდა კაპიტან ბრაუნს სხვებისაგან. არც უგუნური ჟინიანობა და არც წამიერ იმპულსთა მონობა, არამედ ცხოვრებაში ჭკვიანური აზრების განხორციელება – აი, რა გახლდათ მისი მიზანი. შევამჩნიე, რომ გაზვიადებით ის არაფერს გააზვიადებდა, და ყოველთვის ზომიერების ფარგლებში უყვარდა საუბარი. კარგად მახსოვს, განსაკუთრებით მაშინ, როცა აქ ჩვენთან სიტყვით გამოვიდა და ზედმეტი აღელვების გარეშე როგორ მშვიდად აღწერა, თუ რა დიდი უსამართლობა და ბოროტება გადაიტანა მისმა ოჯახმა კანზასში. ამ კაცში გრძნობის ალები ისევე მძვინვარებდნენ, როგორც ვულკანში, მაგრამ მისი ეს აალებული გრძნობები ველური სიცოფით კი არ იფრქვეოდა, არამედ წყნარად და მშვიდად ამოდიოდა, როგორც ალი საცეცხლის[188] საკვამურიდან. ან თუნდაც მაშინ, როცა ის "ბორდა რაფიანებზე" ანუ "მოსაზღვრე უტიფრებზე"[189] გვესაუბრებოდა, რა გამოცდილი ჯარისკაცივით მოთოკა თავი და ზედმეტი ხაზისა და ლარის გარეშე რა მშვიდად თქვა, "მათ თავიანთი ქცევით დაიმსახურეს ჩამოხრჩობა." ის სრულებითაც არ იყო მჭევრი, ბანქუმისთვის[190] ან ბანქუმელი ხალხისთვის მოჩვენებით პოლიტიკურ გამოსვლას არ ჰგავდა მისი ეს გამოსვლა, არ სჭირდებოდა არაფრის გამოგონება და უბრალოდ ამბობდა უბრალო სიმართლეს, და თავის გადაწყვეტილებებს წრფელად ამცნობდა ხალხს; სწორად ამიტომ იყო, რომ განსაკუთრებულად ლამაზად გვეჩვენებოდა მისი სიტყვა და, ამ კაცის უბრალო საუბართან შედარებით, მთელი ჩვენი კონგრესის მჭევრმეტყველებასაც ფასი ეკარგებოდა. მისი გამოსვლა ქრომველის გამოსვლას ჰგავდა და ისევე აღემატებოდა მისი სიტყვების ძლიერება კონგრესისას, როგორც ქრომველისა – მეფეებისას.

რაც შეეხება მის სიმარჯვესა და წინდახედულებას, მხოლოდ ერთს ვიტყვი: მაშინ, როცა თავისუფალი შტატებიდან მომავალ კაცს იშვიათად თუ შეეძლო კანზასამდე დაუყაჩაღებლად და იარაღაუყრელად ჩაღწევა, კაპიტანმა ბრაუნმა კბილებამდე იარაღასხმულმა და, რა ჟანგიანი იარაღის შეგროვებაც მოახერხა, იმით აღჭურვილმა, ღიად და დაუფარავად ხარებშებმულ ურემზე ამხედრებულმა მძიმე-მძიმედ გადაჰკვეთა მიზური, როგორც ეს შემდგომ გაირკვა, მიწისმზომელის როლში, თავისი მიწის საზომი კომპასის გამიზნულად გამოფენა-გამომზეურებით, ასე მშვიდად გაიარა გზის ეს მეტად საშიში მონაკვეთი, ისე რომ ეჭვი არავის აუღია და გზა და გზა ხალხში გარევით საკუთარი თუ სამშობლოს მტრების განზრახვისა და გეგმების კარგად გაგებაც მოახერხა. როცა კანზასამდე ჩააღწია, გარკვეული ხნის მანძილზე ისევ მიწისმზომელობის საქმიანობა განაგრძო. როდესაც მინდორში მოთათბირე

---

[187] აქ თოროუ სიტყვა "ტრანსენდენტალისტს" პატარა, ჩვეულებრივი ასოთი წერს და არა მთავრულით, რაც იმას ნიშნავს, რომ ბრაუნი ტრანსენდენტალიზმის მიმდევარი კი არ იყო, არამედ შორსმჭვრეტელი კაცი, რომლის აზრებიც და ქმედებებიც მართლაცდა ტრანსენდენტულია, ანუ შორსმჭვრეტელური, ჩვეულებრივ აზროვნებას და შეხედულებას აღმატებული.

[188] საცეცხლე – ქართული სიტყვაა და თურქულად ბუხარს ნიშნავს.

[189] "მოსაზღვრე უტიფრები" – ერქვათ იმ მოსახლეებს, რომლებიც კანზასის შტატში მოსაზღვრე მონათმფლობელური მიზურის შტატიდან გადმოსახლდნენ.

[190] 1820 წელს კონგრესმენი ფელიქს ვოქა, ჩრდილო ქერალაინის შტატის ბანქამის ოლქიდან, სიტყვით გამოვიდა მიზურის საკითზე და, როცა მისმა კოლეგებმა სიტყვა შეაწყვეტინეს, მან ტრიბუნა არ დატოვა და განაცხადა, რომ მისი სიტყვა ბანქამელი ხალხისთვის იყო და არა ამერიკის კონგრესისთვის. თოროუს ხანაში გამოთქმა "ბანქამ" ნიშნავდა თავის გამოსაჩენად, ხალხისთვის თვალში ნაცრის შესაყრელად, ტაშის დასაკრავად, თავის მოჩვენების მიზნით არარაულ ორატორობას.

ამერიკის გმირები არზა კაპიტან ჯონ ბრაუნის გასამართლებლად

მონობის მომხრე ყალთაბანდების ჯგუფს შეამჩნევდა, აიღებდა ხოლმე თავის კომპასს, თან ალბათ თავის ერთერთ ვაჟიშვილსაც გაიყოლებდა და, ვითომცდა, როგორც მიწისმზომელი, ამ ნაძირლების კომპანიის შუაგულში გაავლებდა ხოლმე საზომ ხაზს,[191] რომ მათთან მიახლოვების საბაბი მისცემოდა და მათი ბჭობისთვის და ბოროტი გეგმებისთვის კარგად დაეგდო ყური. გამოესაუბრებოდა და მათ ყველა განზრახვას სრულად შეიტყობდა ხოლმე; მოამთავრებდა რა ამ ნამდვილ დაზვერვას, მერე ისევე მიწის მზომელობას განაგრძობდა ხოლმე.[192]

როდესაც კითხვა დამებადა, თუ როგორ შეეძლო მას კანზასში სიცოცხლე, სადაც მის მოსაკვლელად დიდი ჯილდო იყო დაწესებული,[193] და ადამიანთა უმრავლესობა, მათ შორის, მთავრობაც, მის წინააღმდეგ იყო ამხედრებული და ბრაზით უმზერდა, ჩემს დასამშვიდებლად მან ასეთი ახსნა-განმარტება შემომთავაზა, “დღესავით ნათელია, რომ ცოცხალს ხელში ვერავინ ჩამიგდებს.” წლების განმავლობაში ის იძულებული იყო დროის დიდი ნაწილი ჭაობებში გაეტარებინა დასამალად. ახლა სიღარიბისგან და კიდევ იმ ფიზიკური დაავადებისგან იტანჯებოდა, ჭაობთან ახლოს ცხოვრების გამო უმეტესად ინდიელები რომ იტანჯებოდნენ, თეთრკანიანები კი – ძალიან იშვიათად. მიუხედავად იმისა რომ ხშირად ცნობილი იყო, ჯონ ბრაუნი რომელ ჭაობში იმალებოდა, მის მტრებს, როგორც წესი, არ სურდათ ხოლმე კვალში ჩადგომა. კაპიტან ბრაუნს ხშირად სოფლის ცენტრშიც კი შეეძლო გამოსვლა და მტრებისგან შეუწუხებლად საქმის კეთება, სოფლის ცენტრში, სადაც “მოსაზღვრე უტიფრები” ანუ “ბორდა რაფიანები” უფრო ჭარბობდნენ, ვიდრე თავისუფალი შტატის მომხრე კაცები. მან ეს ასე ახსნა, “პატარა ჯგუფები ვერ ბედავდნენ მის წინააღმდეგ ბრძოლას, ნაძირლების დიდი ჯგუფის დროულად შეკვრა კი ხშირად ვერ ხერხდებოდა.”

რაც შეეხება მის ამჟამინდელ მარცხს, ამ საქმის შესახებ ყველა ფაქტი ჯერ არ ვიცით.[194] როგორც გავიგე, სიგიჟე და თავგანწირული ამბავი არ უნდა იყოს მთელი ეს ამბავი. თავად კაპიტან ბრაუნის მტერი, ბატონი ვალენდიგემიც[195] კი ამბობს, რომ “ის ერთერთი ყველაზე კარგად

---

[191] გადმოცემით ცნობილია, რომ ეს 1856 წლის გაზაფხულში მოხდა, როცა კაპიტანმა ბრაუნმა და მისმა ვაჟიშვილმა, სალმონმა, თავი სახელმწიფო მიწისმზომელებად გაასაღეს და კანზასის შტატის სოფელ პოტავატომისთან ახლოს მდგარ რაზმს ზვერავდნენ, რომელიც ჯორჯიის შტატიდან იყო მოსული, და მათ ზრახვები და სამხედრო საიდუმლოებები ამგვარად დატყუეს.
[192] ამას თოროუსთვის განსაკუთრებული მნიშვნელობა ექნებოდა, რადგან თავად თოროუც, ისევე როგორც კაპიტანი ჯონ ბრაუნი, ხელობით მიწისმზომელი იყო.
[193] 1858 წლის დეკემბერს ბრაუნი და მისი რაზმი მიზურის დაესხა თავს. ამის შემდეგ ამერიკის პრეზიდენტმა, ჯეიმზ ბიუქენენმა $250 ჯილდო დააწესა კაპიტან ჯონ ბრაუნის დაჭერისთვის, მიზურის შტატმა კი – $3,000.
[194] ყველა წვრილმანი ჯონ ბრაუნის ჰარფერზ ფერიზე თავდასხმის შესახებ ჯერ არ მისწვდომოდა სოფელ ქანქარდს მასაჩუსეცის შტატში.
[195] ქლემენთ ელ. ვალენდიგემი (1820-1871) – კონგრესმენი, რომელიც კაპიტან ბრაუნის დატყვევების მეორე დღესვე ჩამოვიდა ჰარფერზ ფერიში ოჰაიოდან და მის დაკითხვაში მიიღო მონაწილეობა. ვალენდიგემი იყო კონფედერაციის მომხრე ოჰაიოელი დემოკრატი, დემოკრატიული პარტიის “ქაფარ ჰედის” ფაქციის წევრი, იმ ფაქციისა, რომელიც, მართალია, ეწინააღმდეგებოდა ჩრდილოეთში მონათმფლობელობას, მაგრამ თან მხარს უჭერდა სამხრეთში მონობის არსებობას და შემდგომში სამოქალაქო ომის წინააღმდეგი იყო. მათ სურდათ, სამხრეთი მონათმფლობელურ სამხრეთად დარჩენილიყო, ჩრდილოეთი კი – თავისუფალ ჩრდილოეთად და მიაჩნდათ, რომ ჩრდილოელები სამხრელების საქმეებში არ უნდა ჩარეულიყვნენ. იგი მოგვიანებით თავად პრეზიდენტ ლინქოლნს შეეწინააღმდეგა და 1863 წლის გამოსვლაში მას “მეფე ლინქოლნი” ანუ დიქტატორი უწოდა. სამოქალაქო ომისას ის ხმამაღლა უჭერდა მხარს სამხრელ მონამფლობელებს. ვალენდიგემი ცოტა ხნით დაპატიმრებულიც კი იქნა, როგორც მტრის მიმართ სიმპათიებით განწყობილი პირი, რაც ჩრდილოეთში ომის ჟამს

დაგეგმილი და აღსრულებული შეთქმულება გახლდათ, რომელმაც მიუხედავად ამ ყველაფრისა, მაინც მარცხი განიცადა."

მის ყველა სხვა წამრატებების ჩამოთვლას რომ თავი გავანებოთ, მარცხი იყო თუ დიდი გონივრულობა და დიდი წარმატება, როცა კაპიტანმა ბრაუნმა თორმეტი მონა განათავისუფლა,[196] და დღისით-მზისით კვირები, თუ თვეები, მათთან ერთად მშვიდად, აუჩქარებლად და უვნებლად შტატი შტატზე გადაკვეთა და მთელი ჩვენი ქვეყნის ჩრდილოეთის ნახევარი გამოიარა, ღიად და დაუფარავად, მაშინ, როცა მასზე უკვე ჯილდო იყო დაწესებული, და გზად სასამართლოშიც კი შეიარა და მოსამართლეებს და მსაჯულებს უამბო მისი საქმე და ამბავი, და ასე დაარწმუნა მიზურის კანონმდებლები და თავად მიზურიც იმაში, რომ ამერიკელი ხალხი თავისუფლებისთვის ბრძოლას არ შეწყვეტდა და აქედან გამომდინარე მონების ყოლა სარისკო და არასახეირო საქმე იქნებოდა თავად მიზურისთვის. – და ყოველივე ამის მიღწევა განა იმიტომ შეძლო, რომ მთავრობის ლაქიებმა ასე ერთბაშად სამართლიანობა შეიყვარეს და შემწყნარებლურად უყურებდნენ ჯონ ბრაუნს, არამედ იმიტომ, რომ ამ ლაჩრებს მისი ეშინოდათ.

მიუხედავად ყველაფრისა, ჯონ ბრაუნმა თავისი წარმატება, უგუნურივით, ბედის ვარკსვლავსა თუ ჯადოქრობას როდი მიაწერა. კაპიტანმა ბრაუნმა ერთხელ თქვა, რომ ჭეშმარიტი მიზეზი იმისა, თუ რატომ იყო რომ რიცხობრივად ასეთი აღმატებული მტერი მის დანახვაზე შიშისაგან ცახცახებდა, ერთერთი ტყვედ ჩაგდებული მთავრობის ლაქიის განცხადებისა არ იყოს, გახლდათ ის, რომ მათ ბრძოლის *მიზეზი აკლდათ* – ის სულიერი ჯავშანი, რომლის ნაკლებობაც ჯონ ბრაუნს და მის რაზმს არასოდეს განუცდია. საქმე საქმეზე რომ მიდგა, აღმოჩნდა, რომ მხოლოდ თითო-ოროლა ნაძირალას თუ შეეძლო თავისი სიცოცხლის უმიზეზოდ გარისკვა, რადგან ყველა ნაძირალამ კარგად იცოდა, რომ მათი ბრძოლის საგანი ბოროტება იყო; მართალია, ბევრი ყალთაბანდი სიცოცხლეს ბოროტებაში ატარებს, მაგრამ ძნელად მოიძებნება ისეთი ადამიანი, რომელიც თანახმაა სიცოცხლის უკანასკნელი წუთებიც ბოროტების დაცვაში გაფლანგოს. მათ არ უნდოდათ, რომ ბოროტების დაცვა ყოფილიყო მათი უკანასკნელი საქმე ამქვეყნად.

მაგრამ, მოდით, *თავად* ჯონ ბრაუნის უკანასკნელ საქმეზე და მის შედეგებზე გადავიდეთ.

ჩანს, რომ გაზეთები გამიზნულად არიდებენ თვალს ან მართლაც არ იციან ის ფაქტი, რომ ჩრდილოეთის ყოველ სოფელში, სულ მცირე, ორი-სამი კაცი მაინც მოიძებნება, რომლისთვისაც კაპიტანი ჯონ ბრაუნი და მის მიერ ჩადენილი საგმირო საქმეები ისეთივე ძვირფასია, როგორც თავად ამ თხზულების ავტორისთვის. ერთი წამითაც არ მეპარება ეჭვი და ვიტყვი, რომ მათი რიგები დღითი-დღე მატულობს.[197] ჩვენ ვისწრაფით, რომ

იკრძალებოდა. ის ორმოცდაათი წლის ასაკში მოკვდა ოჰაიოს შტატის ქალაქ ლებანონში, როცა მას საკუთარი პისტოლეტი გაუვარდა და შემთხვევით მოიკლა თავი.

[196] 1858 წელს კაპიტანი ბრაუნი და მისი რაზმი სამხრეთ-აღმოსავლეთ კანზასიდან მიზურიში გადავიდნენ, ორი მონათმფლობელის სახლებს დაეცნენ და 11 მონა განათავისუფლეს. მათ ისინი მიშიგანის შტატში გადაიყვანეს, საიდანაც ეს ახლადგანთავისუფლებული ყოფილი მონები კანადაში გადავიდნენ, – კანადაში მონობა კანონით იკრძალებოდა.

[197] ნაგულისხმევია აბოლიშენისტები – თოროუმ ეს თხზულება 1854 წელს წაიკითხა საჯაროდ, როცა აბოლიშენისტების რიგები მართლაცდა საგრძნობლად გაიზარდა.

უტვინო და გაუბედავ ბრბოზე მეტი გვესმოდეს, არადა, ჩვენს ისტორიასა და ჩვენს "ბიბლიას" მოჩვენებითად ვკითხულობთ თურმე, სამყაროს კი ჩვენი მრუდე ქცევით ვბილწავთ, ჩვენს საცხოვრებელ სახლებს კი – თავად ჩვენი ბილწი გულებიდან ამოსუნთქული ჰაერით. იქნებ შეშფოთებულმა პოლიტიკოსებმა ისიც კი დაამტკიცონ, რომ თითქოს მხოლოდ ჩვიდმეტ თეთრკანიანსა და ხუთ ზანგს შეეხებოდა მთელი ეს აყალ-მაყალი; მაგრამ თავად მათი შეშფოთება მიუთითებს იმაზე, რომ საქმე გაცილებით უფრო სერიოზულია და ყველაფერი ჯერ არ არის ბოლომდე ნათქვამი. რატომაა, რომ კვლავაც არიდებენ თავს სიმართლეს? ისინი შეშფოთებულები არიან მიმქრალი ცნობიერების გამო, რომელიც მათ ჯერ კიდევ კარგად და მკაფიოდ არ გაუთვითცნობიერებიათ, რომ ამერიკის გაერთიანებული შტატების, სულ მცირე, ერთ მილიონ თავისუფალ მოსახლეს გაუხარდებოდა ჯონ ბრაუნის უკანასკნელი საქმეც წარმატებით რომ დაგვირგვინებულიყო. ისინი ხომ, დიდი-დიდი, კაპიტან ბრაუნის ბრძოლის ხერხებს აკრიტიკებდნენ, ბრძოლის მიზეზსა და მიზანს კი – არა. თუმცა ჩვენ ძაძები არ გვაცვია, კაპიტან ბრაუნის რთული ბედი და მისი სიცოცხლის უკანასკნელი წუთები ბევრი ჩრდილოელის გონებას გლოვაში ითრევს და ხალხს სხვა რამეზე ფიქრი არც ძალუძს. და თუ ჩვენში მართლა არიან ისეთებიც, ვისაც კაპიტანი ბრაუნი თვალით უნახავს, და ახლა, ამ მძიმე წუთებში გლოვის გარდა სხვა რამეზე ფიქრი შეუძლია, არ ვიცი, მაშინ რისგან არიან ასეთი ადამიანები გაკეთებული და რისი გული უდევთ მათ მკერდში. ადამიანი თუ ხარ, მხრებზე თავი გადგას და ორი ხელი და ორი ფეხი გასხია, ბარემ კაცობაც ისწავლე, და ჯიბისა და ხორცის გადიდებაზე ზრუნვას, გირჩევ, საკუთარი სულის სიდიადეზე იზრუნო. ბალიშის ქვეშ ფურცელი და ფანქარი ამოვიდე, და როცა კაპიტან ბრაუნზე ფიქრი არ მასვენებდა და არ მეძინებოდა, მაშინ ვწერდი სიბნელეში მის შესახებ.

რა თქმა უნდა, იმ გამონაკლისებს თუ არ ჩავთვლით, როცა ერთი გმირი კაცი თავისი კაცობით მილიონ ადამიანს უდრის, საერთო ჯამში, ჩემი აზრი ხალხის შესახებ უკეთესობისკენ არ შეცვლილა ამ ბოლო ხანებში. ვამჩნევ, გაზეთები და, ზოგადად, ადამიანები როგორი გულგრილობით საუბრობენ კაპიტან ბრაუნისა და მისი რაზმის განადგურების შესახებ, გეგონება ერთი ჩვეულებრივი, თუმცა "გულადი" – როგორც ეს ვირჯინიის გუბერნატორმა [198] თქვა – ბოროტგანმზრახი მოიცილეს თავიდანო, და გუბერნატორის სიტყვებითვე რომ მოგახსენოთ, "ყველაზე ძნელად მოსანადირებელ-მოსაკვლელი კაცი, რაც კი სიცოცხლეში უნახავს" – შეიპყრეს, და ჩამოსახრჩობად მზად იყო. გუბერნატორმა აღნიშნა, რომ იგი კვლავ შეუპოვრად და ვაჟკაცურად გამოიყურებოდა, და იმასაც კი ვერ მიხვდნენ, რომ კაპიტანი ბრაუნი მტრების ჯიბრით კი არ იდგა მედგრად, არამედ თავისუფლების სიყვარულის გამო. გულის სიღრმეში არსებული სიტკბოც კი ნაღვლად მექცევა ხოლმე, როცა ამ საკითხზე ზოგიერთი ჩემი მეზობლის უაზრო აზრი სწვდება ჩემს სმენას. როდესაც პირველად მისი სიკვდილის შესახებ შევიტყეთ, ერთერთმა ჩემმა თანასოფლელმა აღნიშნა, რომ "ის ისე მოკვდა, როგორც სულელი კვდება ხოლმე სისულელისთვის"; რაც, მომიტევეთ გამოთქმა, მაგრამ იმაზე მიუთითებდა, რომ ვითომცდა ჯონ ბრაუნი

---

198 ჰენრი ალეგზანდა ვაიზი (1806-1876) – ვირჯინიის შტატის გუბერნატორი. კაპიტანი ბრაუნის შესახებ წარმოთქმული მისი სიტყვები გაზეთ "ნიუ-იორკ თრიბიუნში" დაიბეჭდა 1859 წლის 22 ოქტომბერს.

იმისთვის მოკვდა, რისთვისაც ჩემი მეზობელი მთელი თავისი სიცოცხლე ცოცხლობდა – სისულელისთვის. სხვებმა, გულმხდალობითა და სასოწარკვეთით, თქვეს, რომ "კარგი კაცი საკუთარ სიცოცხლეს არ გაუფრთხილდა, მოისროლა და თავი დაიღუპა", მხოლოდ იმისთვის რომ მთავრობას აღდგომოდა წინ. მაშ, ისიც მითხარით, თავად ასეთებს საითკენ მოუსვრიათ *თავიანთი* სიცოცხლე? ასე შეჰფერის გულად კაცს, საჭიროების შემთხვევაში, მან თუნდაც ეულად დარჩენილმა, მაინც უნდა შეძლოს ჩვეულებრივი ქურდებისა და მკვლელების მთელ ბანდაზე იერიშის მიტანა. კიდევ სხვისგან, როგორც ეს დღევანდელ იანკის შეჰფერის, ასეთი შეკითხვაც მომისმენია, "რა მოიგო ამით ჯონ ბრაუნმა?" ვითომცდა, ჯონ ბრაუნმა მოგებისთვის და ჯიბის გასქელებისთვის წამოიწყო მთელი ეს საქმე. ასეთი შეკითხვის დამსმელს ამქვეყნიური მოგების გარდა, სხვა არა გაეგება რა.[199] [200] მისი აზრით, თუ საქმეს "უეცარი" ლხინი[201] არ მოჰყვება, ან ახალი წადები, ან არჩევნებში მადლიერი ხალხის ხმა, მაშინ საქმე მარცხიანია და წარუმატებელი. "კი, მაგრამ თავად კაპიტანი ბრაუნი ვერაფერს მოიგებს ამით" – იტყვიან ხოლმე. ჰო, ჩამოხრჩობაში დღეში ოთხნახევარ შილინგს[202] არ უხდიან ჩამოხრჩობილს, თუნდაც მთელი წელი ეკიდოს სახრჩობელაზე, მაგრამ ისიც ხომაა, რომ ამით ამ კაცს თავისი გმირობის და ხალხისთვის საკუთარი სხეულის არ დაშურების გამო საკუთარი სულის დიდი ნაწილის გადარჩენის შანსი მიეცა? – და თანაც რა ოქროს სულის! – აი, *შენ* კი – არა. ეჭვიც არ მეპარება იმაში, რომ შენს ბაზარში კვარტა[203] რძეში მეტს მოგიწონიან, ვიდრე კვარტა სისხლში, თუმცა გმირებს თავიანთი სისხლი შენს მიწიერ ბაზარში და მიწიერ სასწორზე ასაწონად კი არ მიაქვთ, არამედ – ზეციურში.

ასეთ ხალხს ის არ ესმის, რომ თესლი იგივე ნაყოფია და, როცა ზნეობრივ სამყაროში სიკეთე ითესება, ჩვენი მორწყვისა და თოხნის გარეშეც კი, კეთილი ნაყოფი თავისთავად მოჰყვება მას; და როცა გმირს ტრიალ მინდორზე ასე დარგავ, დათესავ თუ დამარხავ, ეჭვიც არ შეგეპაროს, რომ ახალი გმირების მოსავალი მოუვა ერს. ეს ისეთი ძლიერი და ისეთი სიცოცხლისუნარიანი თესლია, რომელსაც აღმოცენებისთვის თავად ღმრთისგან მიუღია ძალა და ნებართვა, და ჩვენს ძალისხმევასა და ნებართვას სრულებითაც არ საჭიროებს.

---

[199] თოროუს მსოფლმხედველობა ძლიერ ჰგავს არისტოტელესას (384-322 ჩ.წ.-მდე). არისტოტელე ამბობს: "...ადამიანთა უმრავლესობას მოგება უფრო აინტერესებს, ვიდრე ღირსება." იხილეთ არისტოტელეს შრომა "პოლიტიკა", ქვეწიგნი VI.

[200] იგივეს ბრძანებს დიდი ჩინელი ფილოსოფოსი კონფუციუსი (551-479 ჩ.წ.-მდე): "დიდსულოვან კაცებს სამართლის საკითხები გაეგებათ, სულმოკლე ადამიანებს კი – მხოლოდ მოგების." იხილეთ კონფუცის "ანალექტები".

[201] უეცარი ლხინი – თოროუს ხანაში დამკვიდრებული პოპილარული ჩვეულება, როცა მეგობრებს შეეძლოთ პურ-მარილის და საჩუქრების ყიდვა, და მეგობრის სახლში უეცრად, უმიზეზოდ, დაუპატიჟებლად, გაუფრთხილებლად მისვლა იმისთვის, რომ ერთად მოელხინათ.

[202] ოთხნახევარი შილინგი ანუ გადატანითი მნიშვნელობით უმნიშვნელო თანხა ანუ, ქართულად რომ ვთქვათ, ორიოდ თეთრი.

[203] კვარტა – ტევადობის "ინგლისის იმპერიული" და ამერიკული საზომი სისტემის ერთეული, გალონის ¼. ერთი ამერიკული სითხის კვარტა უტოლდება 0.95 ლიტრს. ინგლისის საზომ სისტემას "ინგლისის იმპერიული საზომი სისტემა" ჰქვია.

THE PRISON, GUARD-HOUSE, AND COURT-HOUSE, CHARLESTOWN, WEST VIRGINIA
(The Prison is on the extreme left)

სასამართლო შენობა ვესტ ვირჯინიის შტატის ქალაქ ჩარლსთაუნში.
COURTHOUSE IN CHARLESTOWN, WEST VIRGINIA.

შეტევა ბალაკლავაზე,[204] რომლის ბრძანებაც უხეში შეცდომის საფუძველზე გაიცა, მთელი ჯარის მორჩილება და ბრმად იერიშზე გადასვლა, კიდევ ერთხელ ადასტურებს იმას, რომ ჯარისკაცი კარგი მონა და უაზრო ხელსაწყოა და მეტი არაფერი. ამ თავგანწირულ შეტევას, როგორც ასეთ ბრძოლას შეჰფერის ხოლმე, მათმა რომელიღაცა პოეტმა ლაურეატმა დიდისამბით უგალობა; აი, წლების მანძილზე კაპიტან ბრაუნისა და მისი მომხრეების მტკიცე და გონივრულად გათვლილი, და უმეტესწილად წარმატებული შეტევა მონობის ლეგიონთა წინააღმდეგ, შეტევა, რომელშიც ჯარისკაცები ზეციურ ბრძანებას ემორჩილებოდნენ და არა რომელიღაც იმპერიის გენერლების ბრმად გაცემულ ბრძანებას, ჰო, ეს შეტევა იმდენად ღირსშესანიშნავი და ღირსსახსოვარია ბალაკლავაზე, რამდენადაც გონიერი ადამიანია უფრო ღირსშესანიშნავი და სამახსოვრო ნებისმიერ უგუნურ და მექანიკურ მანქანაზე. ნუთუ გგონიათ, რომ ბალაკლავაზე მიტანილ სულელურ იერიშს უმღერებენ, კაპიტან ჯონ ბრაუნისა და მისი მეომრების გმირულ იერიშს კი არა?!

"ღირსია" – "საშიში კაცია" – "ნამდვილად გიჟია."[205] ასე ამბობენ და თავად ვითომცდა ჭკვიანურ, და ბრძნულ, და, საერთო ჯამში, სამაგალითო ცხოვრებას აგრძელებენ აქა-იქ პლუტარქეს[206] გადაკითხვით, აი, გენერალ ფუთნამის[207] გმირობას რაც შეეხება, როცა ის შიგ მგლების ბუნაგში აღმოჩნდა – იქ კი ყოვნდებიან, ჭოჭმანობენ, და ვერ გადაუწყვეტიათ მიბაძონ თუ არა; და ასე და ამგვარად, მხოლოდ კითხვითა და თეორიით ისაზრდოებენ თავიანთ სულებს ამა თუ იმ ხანაში წინაპრის საგმირო საქმეების უბრალოდ წაკითხვის ხარჯზე. ტრაქტის საზოგადოებას [208] ხელეწიფება ფუთნამის ამბის წიგნად დაბეჭდვა.

---

[204] ბალაკლავის ბრძოლა (25 ოქტომბერი, 1854 წელი) – ყირიმის ომის (1853-1856) ერთერთი ბრძოლა. ერთ მხარეზე იბრძოდნენ ინგლისი, საფრანგეთი და ოტომანების იმპერია (თურქეთი), ხოლო მეორე მხარეზე – რუსეთის იმპერია. მოკავშირეებს სურდათ შავ ზღვაზე რუსეთის მთავარი საპორტო ქალაქისა და ციხე-სიმაგრის, სევასტოპოლის ხელში ჩაგდება, მაგრამ ამ ომში საბოლოოდ სასტიკად დამარცხდნენ. მოკავშირეებმა ბალაკლავის ბრძოლა კი მოიგეს, მაგრამ საშინელ ფასად დაუჯდათ, – რუსეთის არტილერიამ მუსრი გაავლო ბრიტანელებს. ეს მოვლენა ცნობილია, როგორც ერთერთი ყველაზე მსხვერპლიანი, სისხლიანი და საშინელი მოვლენა დიდი ბრიტანეთის იმპერიის მთელ საომარ ისტორიაში, სახელად "მსუბუქი ბრიგადის შეტევა". ცნობილმა პოეტმა, ლორდმა, ალფრედ თენისონმა ამ მოვლენას მიუძღვნა თავისი ცნობილი პოემა იგივე სახელწოდებით.

[205] კაპიტან ბრაუნის ადვოკატი შეეცადა ბრაუნის გასამართლებლად სასამართლოში "სიგიჟის სარჩელი" შეეტანა, ანუ მტკიცება იმისა, რომ ბრალდებული გიჟია და ამის გამო დამნაშავე მძიმედ არ უნდა დაისაჯოს. კაპიტანმა ბრაუნმა მსწრაფლ უარი განაცხადა ასეთ საქციელზე და ამას "უბადრუკი ხრიკი" უწოდა. სასიკვდილო განაჩენის გამოტანის შემდეგ ჯონ ბრაუნის ნათესავ-მეგობრებმაც იგივე ქნეს და შეეცადნენ, მოსამართლე დაერწმუნებინათ, ვითომცდა ბრაუნს გენეტიკურად თანდაყოლილი სიგიჟე სჭირდა, რომ ამის გამო სიკვდილით დასჯა სამუდამო პატიმრობით შეეცვალა მისთვის სასამართლოს. გაზეთებმაც მაშინვე აიტაცეს ბრაუნის ეს ეგრეთწოდებული "სიგიჟე" და უამრავი სისულელე წერეს ამის შესახებ. მიუხედავად ყოველივე ამისა, მიუხედავად იმისაც რომ, მართალია, კაპიტანი ბრაუნი ჯიუტი და შეუპოვარი ხასიათის კაცი იყო, ერთი ისტორიული ფაქტიც არ არსებობს მისი სიგიჟის დასამტკიცებლად კი არა, არამედ სავარაუდოდაც კი. გაიხსენეთ, რამდენ მარტვილს ეძახდნენ გიჟს, რამდენ ჭეშმარიტ მამულიშვილს და თავად ჭეშმარიტ ღმერთსაც – იესუ ქრისტეს.

[206] პლუტარქე (46-120 წელი ჩ. წ.-ით) – დიდი ბერძენი ისტორიკოსი, ბიოგრაფი და მორალისტი.

[207] გენერალი იზრაელ ფუთნამი (1718-1790) – ამერიკის ჯარის გენერალი, რომელმაც ამერიკის რევოლუციური ომის ბანქა ჰილის ბრძოლაში გმირულად მიიღო მონაწილეობა. სამწუხაროა, რომ "მაღალ" საზოგადოებაში გენერალ ფუთნამმა საკადრისი სახელი და დიდება, რომელიც ასეთ დიდ მეომარს ეკუთვნოდა, მაინც ვერ მოიხვეჭა, ხალხში კი მისი საგმირო საქმეები ლეგენდებად დადიოდა. ერთერთი გადმოცემის თანახმად, ბავშობისას მან მგელი საკუთარ ბუნაგში მოიმწყვდია და დაიჭირა. სწორად მგლების ბუნაგში საბრძოლველად იყო შესული ჯონ ბრაუნიც ჰარფერზ ფერიში.

[208] ტრაქტის საზოგადოება ანუ ტრაქტატის საზოგადოება – სარწმუნოებრივი თუ ლიტერატურული შინაარსის ტრაქტატების ხალხში უფასოდ გავრცელება, რომელიც ჯერ

სამხარეო სკოლის გახსნაც კი შეიძლება მისი საგმირო საქმეების წასაკითხად, რადგან მათში მონობაზე და პროტესტანტულ ეკლესიაზე ცუდი არაფერი ეწერება და ვერავინ ვერაფერს გაიგებს, თუ თავად მკითხველი არ მიხვდება იმას, რომ ამ პროტესტანტული ეკლესიის ზოგიერთი პასტორი [209] ცხვრის ტყავში გახვეული *მგელია*. "უცხო ქვეყნებში მისიების ამერიკის რწმუნებულთა საბჭომ" [210] დიდი-დიდი, გაბედოს, რომ *ამ* მგლის წინააღმდეგ პროტესტი გამოთქვას. მსმენია, ზოგადად საბჭოების, და თავად ამერიკული საბჭოების შესახებაც, მაგრამ აქამდე არ ვიცოდი, რომ ისინი თურმე არაფრის მაქნისი საკითხების ბჭობით ყოფილან დაკავებულნი და მნიშვნელოვან საკითხებზე საუბარს გაურბიან. და მიუხედავად ამისა, ყოველდღე მესმის თუ როგორ ყიდულებენ ასეთ საზოგადოებებში ჩრდილოელი, ჩვენებური კაცები, ქალები, ბავშვები, ოჯახები საწევროს უსასრულო ვადით და როგორ ცდილობენ ცარიელი თეორიული რახა-რუხით საკუთარი გონების დასამარებას. გონების სიკვდილისათვის კი განა საბჭოს საწევროზე უფრო იაფი არ დაგიჯდებოდათ სასაფლაოს წევრობა რომ შეგეძინათ და თქვენი თავიცა და ტანიც დღესვე მიწაში ჩაგეფლათ?

ჩვენი მტრები ჩვენს შორის არიან და ჩვენს გარშემო. ერთი სახლიც კი არ მოიძებნება ოჯახის წევრებს შორის განხეთქილება რომ არ იგრძნობოდეს, – ჩვენი მტერი ხომ საყოველთაო სირეგვნეა, – არამარტო თავის, არამედ გულისაც, თითოეულ ადამიანში სიცოცხლისუნარიანობის ნაკლებობაა ჩვენი მტერი, რომელიც ჩვენივე საკუთარი ცოდვების შედეგია მხოლოდ; ასე და ამგვარად იბადება შიში, ცრურწმენა, ფანატიზმი, დევნა და კიდევ ბევრი სხვა ჯურის მონობა. დავმსგავსებულვართ ტომრებს და გულის ადგილას კუჭი გამოგვზრდია. ჩვენი წყევლა ცხოვრების მანძილზე ამ ცხოვრების კერპების მსახურებაა, რომელსაც ბოლოს ქვისგან გამოთლილი კერპის თაყვანისცემამდე მივყევართ; და გამოდის, რომ ჩვენი ნიუ ინგლენდელი, ისეთივე კერპთაყვანისმცემელია, როგორც ჰინდუ.[211] კაპიტანი ბრაუნი გამონაკლისი გახლდათ, რადგან მან თვით პოლიტიკის კერპსაც კი არ მისცა იმის უფლება, რომ თავის თავსა და თავის ღმერთს შუაში ჩასდგომოდა და უფალთან კაცის ერთობისთვის ხელი შეეშალა. აი, პროტესტანტული ეკლესიაც, რომელიც ისე დაცემულა, რომ ქრისტეს განკვეთა სურს, მაგრამ ქრისტეს გარეშე მისი არსებობა რომ შეუძლებელია, თავს იკავებს. ჯანდაბას წაუღია თქვენი ფართო და ვრცელი, თქვენი ვიწრო და მაღალი პროტესტანტული ეკლესიები! წინ გაბედულად გადადგით ნაბიჯი და ღია ცისქვეშა სალოცავები გამოიგონეთ. [212] გამოიგონეთ ის სულიერი

პროტესტანტული რეფორმაციის ხანაში იყო პოპულარული, შემდეგ კი – 1830-იან და 1840-იან წლებში ინგლისში და ნიუ ინგლენდში. 1814 წელს ჩამოყალიბებული "ნიუ ინგლენდის ტრაქტის საზოგადოება" დაკავებული იყო ქრისტეანული ლიტერატურის ბეჭდვით და გავრცელებით. 1823 წელს მას "ამერიკის ტრაქტის საზოგადოება" დაერქვა.

[209] პასტორი – პროტესტანტული ეკლესიის მღვდელი. სიტყვა "პასტორი" ლათინურია და "მწყემსს" ნიშნავს. ადრეულ ქრისტეანებში ამ სიტყვას უფრო ხშირად იყენებდნენ და მღვდელს ის აღნიშნავდა, დღეს-დღეობით კი ამ ტერმინს მხოლოდ პროტესტანტული ეკლესია ხმარობს.

[210] 1810 წელს ნიუ ინგლენდში დაარსდა პირველი ამერიკული ქრისტეანული სააგენტო უცხო ქვეყნებში მისიონერობის მიზნით, სახელად "უცხო ქვეყნებში მისიების ამერიკის რწმუნებულთა საბჭო".

[211] ჰინდუ, ანუ ინდოელი.

[212] სწორად ასე მოიქცნენ პირველმოწამეებიც – მათ ყველაფერი გაყიდეს და ღარიბთა დასახმარებლად მოციქულებს მისცეს მთელი თანხა, რითიც ისინი, ანუ განწმენდილი ადამიანები თავად გახდნენ უფლის ტაძრები, ახალი ტაძრები, რომლებიც ძველ, ფიზიკურ, ქვითნაშენ ტაძრებს ბევრად აღემატებოდნენ. იხილეთ "ახალი აღთქუმაი", საქმე მოციქულთა,

მარილი,[213] რომელიც გადაგარჩენთ და თქვენი სულის ნესტოებს ცხოვრების ბაცილებისგან დაიცავს.

თანამედროვე პროტესტანტი ქრისტეანი ის კაცია, რომელიც თანახმაა წირვის ჟამს ილოცოს, ოღონდაც სანაცვლოდ სახლში დაბრუნებულს ლოგინში ჩაგორება და მშვიდი ძილი არ აუკრძალო. მისი ყველა ლოცვა "დავწვები, დამეძინებათი" იწყება, და სასოწარკვეთილი მთელი თავისი სიცოცხლე იმ დღის დადგომას ელის, როცა "სამუდამო ძილი" ეღირსება. ის ძველებური ქველმოქმედებებისა და კეთილი საქმის კეთებაზეც თანახმაა, მაგრამ ახალი კეთილი საქმეების ჩადენის აუცილებლობის მოსმენაც კი არ უნდა; მას არ სურს, რომ თავის ადამიანურ ვალდებულებებს დღევანდელი ეპოქისთვის საჭირო კეთილის ქმნა მიამატოს. კვირას წირვაზე უცოდველი კრავივით საკუთარი თვალების თეთრ გარსს ამზეურებს ეკლესიაში, დანარჩენ ექვს დღეს კი თვალის შავი კაკლების ცეცებით ქორივით დასტრიალებს ამ ქვეყანას. ბოროტება მხოლოდ სისხლის მიმოქცევის შეჩერება კი არაა, არამედ სულისაც, რადგან ადამიანის სულს მოძრაობა და განახლება ისევე სჭირდება, როგორც ადამიანის სისხლს. ეჭვიც არ მეპარება, რომ ბევრ ადამიანს გულში სიკეთე კი უდევს, მაგრამ სიზარმაცის ჭია სჭამს, და იმის გაგებაც კი არ შეუძლიათ, რომ კაცურ კაცს მათზე უფრო ამაღლებული მიზეზი და მიზანი შეიძლება ამოძრავებდეს. არ ესმით, და სწორად ამის გამო აცხადებენ ხოლმე გმირს გიჟად, იციან რა, რომ, ყოველშემთხვევაში მანამ, სანამ არ შეიცვლებიან, *თვითონ* ვერასოდეს მოიქცევიან გმირებივით სიკეთით და უანგაროდ.

ვოცნებობთ ხოლმე უცხო და შორეულ ქვეყნებზე, ოქროს წარსულზე და ადამიანთა უცხო მოდგმებზე, და ისტორიის სივრცის მიღმა გვიყვარს ხოლმე თვალყურის დევნება და დასკვნების გამოტანა; და თუ თავად ჩვენს დროში და ჩვენს შორის ისეთი მნიშვნელოვანი მოვლენა მოხდა, როგორიც კაპიტან ჯონ ბრაუნისა და მისი რაზმის მონობის წინააღმდეგ გმირული ბრძოლაა, ისე ადვილად დავშორდებით და თვალს ისე ადვილად ავარიდებთ ხოლმე ჩვენს მოყვასს, გეგონება ეს ბრძოლა, ეს გმირობა და ეს გასაჭირი არც კი შეგვინიშნავსო. ჩვენი სამშობლო და მისი გმირებია ჩვენი ავსტრიაც, ჩვენი ჩინეთიც, ჩვენი სამხრეთის ზღვის კუნძულებიც, რომელთა გმირებს და ისტორიულ მოვლენებს წიგნის ფურცლებიდან ასე ძლიერ დაუპყრიათ ჩვენი წარმოსახვა და ყურადღება. ხალხით გადატვირთული ჩვენი საზოგადოება ნელ-ნელა იშლება და ლამაზად გაშენებულ ქალაქს ემსგავსება, სადაც ადამიანები ახლო-ახლო კი არა, მოცილებით ცხოვრობენ ერთმანეთისგან. და ვხვდებით, რატომ იყო, რომ ერის გმირებთან ჩვენი ურთიერთობა ფუტურო კომპლიმენტსა და ზედაპირულობას არ გასცდა; და აღმოჩნდა, რომ ჩვენს ერსა და ჩვენს გმირებს შორის ისეთივე დიდი მანძილია, რაც მოხეტიალე თართარსა[214] და ჩინელს შორის. გონიერ კაცს ეს ბინძური ცხოვრება ცალკე გარიყავს და იგი ამ ცხოვრების ჭუჭყიანი ბაზრობის განდეგილად იქცევა ხოლმე,

---

4:35: "და დასდებდეს ფერხთა თანა მოციქულთასა, და მიეცემოდა კაცად-კაცადსა, რაიცა ვის უხმდა." ამის შესახებ ნეტარი ავგუსტინე ასე ბრძანებს: "ამგვარად, მათ თავი თვისი სრულად უძღვნეს ღმერთს, და გახდნენ ახალი ტაძრები უფლისა, არადა, უწინ ისინი საკუთარი ხორცის – ამ ძველი ტაძრის მონები იყვნენ." იხილეთ ნეტარი ავგუსტინე ჰიპოელის წიგნი "დე დოქტრინა ქრისტიანა", ქვეწიგნი III.

[213] სულიერი მარილი – ნიუ ინგლენდში სხვადასხვა სახის მარილს, უმეტესად კი გოგირდის მარილს, იყენებდნენ ეზოში მდგარი საპირფარეშოების გასაწმენდად.

[214] თართარი და თათარი ერთი და იგივეა.

და უცაბედად გაუვალი ზღვა თუ მდუმარე ტრამალები გაიჩხირება ხალხსა და ამ ხალხის გმირს შორის. სულიერი აღნაგობის, გონიერების და რწმენის სხვადასხვაობა იწვევს კარგ კაცსა და ცუდ სახელმწიფოს შორის გარდაუვალ განხეთქილებას და არა ნაკადულებისა და მთების მრავალფეროვნება. ჩვენებურად მოაზროვნის გარდა სხვა ჩვენებური ფეხსაც კი ვერ შემოდგამს ჩვენს სულიერ ეზოში.

ყველა გაზეთი გადავიკითხე, რის შოვნაც კი მოვახერხე, ამ ამბიდან ერთი კვირის განმავლობაში, და მათში ჯონ ბრაუნის და მისი თანამებრძოლებისადმი თანაგრძნობის ერთ სიტყვასაც კი ვერ წავაწყდი. შემდეგაც მხოლოდ ერთხელ ვნახე სულგრძელობით გაჟღენთილი ერთი განცხადება ბოსტონის გაზეთში, თუმცა არა სარედაქტორო სტატია. გაზეთების ტევადმა ფურცლებმა გადაწყვიტეს, რომ ბრაუნის სიტყვა შემოკლებით დაებეჭდათ და მისი სრული დაბეჭდვის მაგივრად ადგილი სულელური მოვლენების გამოქვეყნებას დაუთმეს. ეს იმას ჰგავს, გამომცემელმა "ახალი აღთქმის" ხელნაწერი დაიწუნოს და მის მაგივრად ვილსონის უკანასკნელი სიტყვა[215] დაბეჭდოს. იგივე ჟურნალი, რომელიც ასეთი სისულელეებით გახლდათ გაბერილ-დამაკებული, ძირითადად სავსე იყო პარალელურ სვეტებში ჩამომწკრივებული მიმდინარე პოლიტიკური ყრილობების შესახებ მოხსენებითი სტატიებით. რა ციცაბო გონებრივი დაცემა და მეტის-მეტად წარმოუდგენელი საქმეა გმირი ჯონ ბრაუნის თემიდან ასეთ სისულელეებზე გადახტომა. სად გაგონილა, გმირობასა და სისულელეებზე ერთდროულად ლაპარაკი? – ბოლოსდაბოლოს, სხვა თუ არაფერი, ეს სისულელეები ცალკე, დანართში მაინც ვერ დაბეჭდეს? წარმოგიდგენიათ, რა თავხედობაა პატიოსანი და გმირი კაცის სიტყვებიდან პოლიტიკური ყრილობის კრიახზე გადასვლა?! მთავრობის მოყვარეები, თანამდებობის მაძიებლები და ფუჭი მჭევრმეტყველები, მუდმივად კაკანებენ, იმდენი კი არ შეუძლიათ, ცხოვრებაში ერთი ნამდვილი კვერცხი მაინც დადონ! ამის მაგივრად ისინი ცარცის კვერცხით იღერებენ ყელს და ტრაბახობენ.[216] მათი დიდი პოლიტიკური თამაში ჩალით თამაშია მხოლოდ. უფრო სწორად, ეს თეფშით თამაშს ჰგავს,[217] ანუ იმ აზარტულ თამაშს, ინდიელები უაზროდ "ჰაბ-ჰაბსა და ვაშა-ვაშას!" რომ გაჰყვირიან ხოლმე. ამოშალეთ სტატიები პროტესტანტულ სარწმუნოებაზე და პოლიტიკურ ყრილობებზე, და ამ სისულელის მაგივრად ცოცხალი კაცის სიტყვები გამოაქვეყნეთ.[218]

---

215 ჰენრი ვილსონი (1812-1875) – სენატორი მასაჩუსეცის შტატიდან და ამერიკის რიგით XVIII ვიცე პრეზიდენტი, რესპუბლიკელების პარტიის წევრი. ის მონობას ეწინააღმდეგებოდა, კაპიტან ჯონ ბრაუნსაც კარგად იცნობდა, მაგრამ მას უსამართლობის წინააღმდეგ აჯანყებაში, მონების განთავისუფლებასა და მამულიშვილურ ბრძოლაში არ ეთანხმებოდა და მხარს არ უჭერდა. აღსანიშნავია, რომ პირველად მან სენატორობის არჩევნებში "ფრი სოილერების" (თავისუფალი მიწელების), "ნოუ ნათინგების" (არაფრის მცოდნეების) და დემოკრატიული პოლიტიკური პარტიების მხარდაჭერით გაიმარჯვა 1855 წელს, შემდგომ არჩევნებში კი – როგორც რესპუბლიკელების პარტიის წევრმა.

216 ცარცის კვერცხი – ნიუ ინგლენდში გლეხები ცარცის კვერცხს დებდნენ ხოლმე საქათმეში, რომ ქათმები კვერცხის დადებაში წაეხალისებინათ, ანუ ცარცის კვერცხი გახლავთ ფუჭი კვერცხი ისევე, როგორც პოლიტიკოსების საქმიანობა იყო ფუჭი და არაფრის მომტანი. თოროუ სამართლიანად აღნიშნავს, რომ პოლიტიკოსები, რომლებიც ასე ტრაბახობენ, იმ ქათმებს წააგავან, რომლებსაც ერთი ნამდვილი კვერცხიც კი არ დაუდიათ, და ცარცის კვერცხით მოაქვთ თავი და კრიახობენ.

217 ჩალით თამაში და თეფშით თამაში – ინდიელების აზარტული თამაშებია, – აქ მოგება ადამიანზე კი არაა დამოკიდებული, არამედ შემთხვევითობაზე. ეს თამაშები თოროუს დღიურებშიცაა აღწერილი.

218 ნაგულისხმევია ჭეშმარიტი სიცოცხლით ანუ სიმართლით ნასაზრდოები კაცის სიტყვები. სწორად ასეთი სიცოცხლეა ჭეშმარიტად ქრისტეანული სიცოცხლე, რადგან კაცს, სულ-

ამერიკის გმირები არზა კაპიტან ჯონ ბრაუნის გასამართლებლად

ყველაზე მეტად იმას კი არ ვეწინააღმდეგები, რაც მათ ჯონ ბრაუნის სიტყვიდან ამოჭრეს და გამოტოვეს, არამედ იმას, რა სისულელეებიც ჩაამატეს. თავად გაზეთმა "ლიბერატორმაც"[219] კი ასეთ საგმირო საქმეს "მცდარი, ველური და აშკარად გიჟური მცდელობა" უწოდა. რაც შეეხება თავად გაზეთებისა და ჟურნალების ბედს, არა მგონია, მთელ ჩვენს ქვეყანაში ისეთი რედაქტორი მოიძებნებოდეს, რომელიც გამიზნულად ისეთ რამეს დაბეჭდავდეს, რაც, საბოლოო ჯამში, გაზეთის გამომწერთა და მკითხველთა რიცხვს შეამცირებდა უსათუოდ. მათ სწამთ, რომ ჭეშმარიტება არაპრაქტიკულია. მაშ, სიმართლის დაბეჭდვას როგორღა ველით მათგან? თუ გასართობ და სასიამოვნო საქმეებზე არ დავწერთ, გვეუბნებიან რედაქტორები, არავის ენდომება ჩვენთვის ყურადღების მოქცევაო. ჰოდა, დგანან ეს რედაქტორები და ზუსტად ისე იქცევიან, როგორც მოხეტიალე აუქციონერები, რომლებიც უხამს სიმღერებს იმ მიზნით მღერიან, ხალხი თავისკენ რომ მიიზიდონ როგორმე. რესპუბლიკელი[220] რედაქტორები, რომლებიც იძულებულები არიან დაფაცურდნენ და თავიანთი სტატიები დილის გამოშვებისთვის მოამზადონ, მიჩვეულნი, ყველაფერს პოლიტიკის კუთხით შეხედონ, კაპიტანი ბრაუნისა და მისი რაზმელების მიმართ აღტაცებას კი არ ამჟღავნებენ, ან ნამდვილ მწუხარებას კი არ გამოთქვამენ მათი დაღუპვის გამო, არამედ ამ გმირებს "მოტყუებულ ფანატიკოსებს" – "შემცდარ კაცებს" – "ჭკუაშერყეულებს" ან "გადარეულებს" ეძახიან. ყოველივე ეს გარკვევით ცხადჰყოფს თუ რა *ჭკუიან,* და არა "შემცდარ კაცებს" წარმოადგენენ ეს ჩვენი რედაქტორები; რომლებმაც, სხვა თუ არაფერი, ის მაინც კარგად იციან, ვის მხარეზე დგანან და რა უსამართლობას უჭერენ მხარს, და თავიანთ ბოროტ საქმეებს, როგორც ეს გონიერ მზაკვარს შეჰფერის, გამიზნულად ჩადიან და არა უნებლიე შეცდომების გამო.

როცა კაცი გმირულ და ადამიანურ საქმეს აკეთებს, მაშინვე ყოველი მხრიდან ხალხი ყაყანს ატეხს ხოლმე: "მე ასეთი რამ არასოდეს ჩამიდენია, არც *მისთვის* მიმიცია ნება ამის კეთებისა. მე არაფერ შუაში ვარ. ასეთი უმწიკვლო წარსულის კაცზე ამას ჩემზე როგორ ფიქრობთ?" ყოველშემთხვევაში, პირადად მე, არანაირი სურვილი არ მაქვს თქვენი პოზიციისა და აზრის მოსმენისა. არა მგონია, თქვენი შეხედულებით ოდესმე ვიქნებოდი ან ვიქნები დაინტერესებული. თქვენსავე დამოკიდებულებაზე თქვენი ეგ ყაყანი მხოლოდდამხოლოდ ურიგობა და ეგოიზმია და სხვა არაფერი. არაა საჭირო ამდენი მიეთმოეთი იმის დასამტკიცებლად, რომ თქვენ კაპიტან ბრაუნთან არაფერი გესაქმებოდათ, რომ თქვენ მის საგმირო საქმეებში ხელი არ გირევიათ. ნებისმიერი გონიერი კაცისთვის იმ გმირი კაცის თქვენისთანა ქვეწარმავლებთან მეგობრობა ისედაც წარმოუდგენელია და დაუჯერებელი. ეს გმირი კაცი, მიდიოდა და მოდიოდა, ცხოვრობდა და იბრძოდა, როგორც ეს ერთხელ

ხორციელ არსებას სულიერად (და ხორციელადაც) მხოლოდ სიმართლე ანუ იესუ ქრისტე თუ აცოცხლებს. და მხოლოდ ასეთი ცოცხალი კაცის სიტყვების მოსმენა უნდა უღირდეს საზოგადოებას, ერს და, ზოგადად, კაცობრიობას.

[219] ვილიამ ლოიდ გერისონი (1805-1879) – 1831-1863 წლებში აქვეყნებდა აბოლიშენისტურ გაზეთს, სახელად "ლიბერატორი".

[220] ნაგულისხმევია ამერიკის "რესპუბლიკელების" პოლიტიკური პარტია, დაარსებული 1854 წელს. დღესაც სულ ორი ძირითადი პოლიტიკური პარტიაა ამერიკაში, – რესპუბლიკელები და დემოკრატები. თოროუს ერთიცა და მეორეც თვალთმაქცობის, უაზრობისა და ბოროტების ბუდედ მიაჩნდა, თუმცა რესპუბლიკელები დემოკრატებზე ნაკლებ ბოროტებას ჩადიოდნენ, რადგან ისინი, საქმით თუ არა, სიტყვით მიანც უჭერდნენ მონობის გაუქმებას მხარს.

თავადვე მოგვახსენა, "მხოლოდ ჯონ ბრაუნის და სხვა არავისი სახელით." რესპუბლიკელების პარტია ვერ ხვდება, ჯონ ბრაუნის უკანასკნელი საგმირო საქმე, რომელსაც ეს პარტია *მარცხს* უწოდებს, რამდენ კაცს დააყენებს სწორ გზაზე, რამდენ კაცს დააფიქრებს და რამდენ კაცს აიძულებს შეხედულების და, შესაბამისად, თავისი საამომრჩევლო ხმის სწორად მიცემას, აი, თვითონ ეს უზარმაზარი პარტია კი ვერ შეძლებს ამას. მათ "ფენსილვეინია ენდ ქომფანის"[221] ხმები სწორად დაუთვლიათ, კაპიტან ბრაუნის ხმა კი – არა. ჯონ ბრაუნმა თავისი გმირობით ამ პარტიას ძალა გამოაცალა – ჯერ ისედაც რა ძალა ჰქონდა – ჰოდა, მეტი რა გზაა, ბარემ იცრუონ და ამ სიცრუით მაინც შეეცადონ თავიანთი ძალის მომაგრება და აღდგენა.[222]

მერე რა, რომ ეს კაცი თქვენს ხროვას არ ეკუთვნოდა? მერე რა, რომ მისი მეთოდები და ხერხები თქვენთვის მიუღებელია? ამ კაცის დიდსულოვნება ხომ ცხადია და ეს მაინც აღიარეთ. ნუთუ არ გსურთ მასთან დიდსულოვნება მაინც გქონდეთ საერთო, მის ყველა სხვა საქმეს და სხვა თვისებას რომ თავი დავანებოთ? ნუთუ გგონიათ, რომ ამ კაცის სახელთან სიახლოვით თქვენ სახელს გაიტეხთ? ძირში დაკარგულს რომ თავში მოიგებთ, ვერ ხვდებით ამას?[223]

და თუ ყოველივე ამ ბოროტებას ისინი უნებლიედ ჩადიან, მაშინ გამოდის, რომ სიმართლეს არ ამბობენ, არ ამბობენ იმას, რასაც გულისხმობენ. კვლავაც ძველებურად მაიმუნობენ და სხვა არაფერი.

"ყველა თანახმაა," ამბობს ხოლმე ის, რომელიც კაპიტან ბრაუნს გიჟს უწოდებს, "რომ ის ყოველთვის სინდისიანი კაცი იყო, ძალიან თავმდაბალი, უწყინარი და უვნებელი მანამ, სანამ მონობის საკითხი არ წამოიჭრა, აი, მაშინ კი ისეთი მოუთოკავი გრძნობები და შფოთი გამოამჟღავნა, რომ ასეთ გიჟურ საქციელს მაგალითი არ მოეძებნება."

მონობის გემი უკვე გზას ადგას, თავისი მომაკვდავი მსხვერპლებით გადაჭედილი; ემატება და ემატება ახალი ტვირთი შუაგულ ოკეანეში; მონათმფლობელების პატარა რაზმი, რომელსაც მგზავრების დამუნჯებული ბრბო უფლებას აძლევს, საკუთარ ფეხქვეშ უჰაერობით ახრჩობს გემის ქვედა ნაწილში გამომწყვდეულ მონებს, და ამისდა მიუხედავად პოლიტიკოსები ამტკიცებენ, რომ ერთად-ერთი სწორი და კანონიერი გზა მათი განთავისუფლებისთვის საჭირო დასტურის მისაღებად "ადამიანთა მოძალებული გრძნობების მშვიდად გაფანტვა და განმუხტვა" გახლავთ, რომ თავიდან "აჯანყება და ფეთქებადობა" იქნეს არიდებული. ვითომცდა კაცობრიობის მოზღვავებულ გრძნობებს ოდესმე

[221] ფენსილვეინია ქომფანი – ერთერთი უდიდესი ჰოლდინგური კომპანია, რომელიც ფენსილვეინია რეილროუდის უდიდეს ნაწილს ფლობდა.
[222] რესპუბლიკელები მონობას თეორიულად და სიტყვიერად ეწინააღმდეგებოდნენ, მაგრამ იმის ვაჟკაცობა არ ჰქონდათ, მონობის გაუქმებისთვის ებრძოლათ; მათ იმის ვაჟკაცობა და წინდახედულებაც კი არ ეყოთ, რომ მონობისთვის მებრძოლი ჯონ ბრაუნისთვის სიტყვიერად მაინც მხარი დაეჭირათ, – ჯონ ბრაუნის გმირობა ხომ უნებლიედ სწორად მათ წისქვილზე ასხამდა წყალს. მაგრამ არა, ისინი ხომ აბოლიშენისტობამდე ჯერ პოლიტიკოსები იყვნენ, მათ ხომ მთავრობისმოყვარეობა მონობის სიძულვილზე წინ დაეყენებინათ და მონათმფლობელობის წინააღმდეგაც მხოლოდ იმიტომ გამოდიოდნენ სიტყვით, ხალხის მხარდაჭერა რომ მოეპოვებინათ და ხელისუფლებაში მოსულიყვნენ, სინამდვილეში კი ამ რესპუბლიკელებს ფეხებზე ეკიდათ მონობაცა და დამონებული ხალხიც.
[223] გურამიშვილის მსგავსად აქვს ნათქვამი: "სწავლის ძირი მწარე არის, კენწეროში გატკბილდების".

გრძნობისშემძვრელი საქმეები არ მოჰყოლია, და მათი გაბნევა და განმუხტვა, კანონის და წესრიგის სრული მორჩილებით იყოს შესაძლებელი, როგორც, მაგალითად, სარწყავითაა შესაძლებელი მოზღვავებული წყლის გაბნევა და მისი ერთხელ და სამუდამოდ მტვერწაყრა. ერთი რა ხმაა გემბანიდან რომ ისვრიან წყალში? ამ ხმას მკვდარი მონების სხეულები გამოსცემენ, მათ შვება სიკვდილშიღა ნახეს და ახლა მათ გვამებს ტყაპა-ტყუპით ყრიან გემიდან ოკეანეში. აი, ამგვარად გვიყვარს ხოლმე კაცობრიობისა და მისი გრძნობების "განმუხტვა" ჩვენ.

გამოჩენილი და გავლენიანი რედაქტორები, რომლებიც მიჩვეულები არიან პოლიტიკოსებთან ურთიერთობას, პოლიტიკოსთან, რომელიც ბევრად უფრო დაბალი დონის ადამიანია, ვიდრე კაცი, დიახ, ეს მოწინავე რედაქტორები თავიანთ უცოდინრობაზე დაყრდნობით აცხადებენ ხოლმე, კაპიტან ბრაუნის საქციელი "შურისძიებაზე იყო დაფუძნებულიო." ისინი ამ კაცს არ იცნობენ. ისინი ჯერ თავად უნდა ამაღლდნენ, რომ ამ ზნემაღალი კაცის დანახვა შეძლონ. ერთი წუთითაც არ მეპარება ეჭვი იმაში, რომ დადგება ჟამი, როცა ისინი მიხვდებიან, თუ რა კაცი იყო ჯონ ბრაუნი. ამისათვის საჭიროა, რწმენისა და სარწმუნოების ამ დიდკაცს რწმენისა და სარწმუნოების კუთხით შეხედონ და არა პოლიტიკის ან ველური ინდიელის; ეს ხომ ის კაცია, რომელმაც იმას კი არ დაუცადა სანამ უსამართლო მთავრობა პირადად მის საქმეში ჩაერეოდა და რომელიმე წვრილმანში შეაფერხებდა, არამედ იხილა თუ არა ამ მთავრობის მიერ დაჩაგრული ხალხი, მათი ტკივილი გაითავისა და საკუთარი სიცოცხლე ჩაგრულების ხსნას უანგაროდ შეწირა.

თუ ვოქა [224] მონობის წინააღმდეგ ბრძოლის სამხრეთის გმირია, მაშინ ბრაუნი ჩრდილოეთის ფალავანია. გამორჩეული კაცი გახლდათ კაპიტანი ბრაუნი. სულიერ და სრულყოფილების იდეალებთან შედარებით, მას თავისი ხორციელი სიცოცხლე არარაობად მიაჩნდა. ის არ აღიარებდა უსამართლო სამოქალაქო კანონებს, საჭიროებისას კი, მათ წინააღმდეგ შეუპოვრად იბრძოდა კიდეც. მისი სახით და მისი წყალობით ერთხელ მაინც მოხდა, რომ ყელამდე ჩაფლული ჩვენი ერი წვრილმანების და პოლიტიკის ტალახიდან ამოვიდა და სიმართლის და კაცობის მიწაზე მოიკიდა ფეხი. ამერიკაში არც ერთ კაცს არასოდეს ისე შეუპოვრად და შედეგიანად არ დაუცავს ადამიანობის ღირსება, როგორც ეს ჯონ ბრაუნმა გააკეთა. მან საკუთარი თავი კაცად ცნო, ქედდადრეკილ მსახურებაზე უარი განაცხადა და ყველას და ნებისმიერ მთავრობას არა როგორც ქვეშევრდომი, არამედ როგორც თანასწორი აღუდგა წინ. ამ გაგებით, ის ყველა ჩვენგანზე აღმატებული ამერიკელი იყო. მას არ

---

224 ვოქა – ზუსტად არაა ცნობილით თუ ვის გულისხმობდა თოროუ. ვოქა (ანუ ვოკერი) მეტად გავრცელებული გვარია ამერიკაში. ჩემი აზრით, ალბათ ნაგულისხმევია დეივიდ ვოქა (1785-1830) – თავისუფალი ზანგი, წარმოშობით სამხრეთ ქერალაინიდან. მან 1829 წლის სექტემბერში გამოაქვეყნა "მოწოდება", რაც მონობის საწინააღმდეგო ერთერთი ყველაზე რადიკალური მიმართვა გახლდათ მონებს თავიანთი ბატონების წინააღმდეგ აჯანყებისკენ რომ მოუწოდებდა. არსებობს მოსაზრება, რომ თოროუ გულისხმობს ვილიამ ვოქას (1824-1860) – მოგზაური თენესიის შტატიდან. 1853 წელს იგი ბახა კალიფორნიის (მექსიკის შტატია) დაპყრობას ხელმძღვანელობდა. 1855 წელს ის ნიკარაგუის რევოლუციონერებმა მიიწვიეს დასახმარებლად და ცოტა ხნით ვოქა ნიკარაგუის პრეზიდენტიც კი გახდა. არსებობს ვარაუდი, რომ თოროუ გულისხმობს რაბერთ ჯეი. ვოქას (1801-1869), ქენზესის ტერიტორიის მონობის მომხრე გუბერნატორი 1857-1858 წლებში. ჩემი აზრით, პირველი ვარაუდია მართალი, – აზრობრივად კონტექსტში დეივიდ ვოქა ჯდება, დანარჩენები კი – არა.

სჭირდებოდა მოტიტინე ადვოკატები, რომ მათ მიერ ტყუილების შეთითხნით დაეცვა საკუთარი თავი. გონიერებითა და სიტყვა-პასუხით ჯონ ბრაუნი ტოლი კი არა და ბევრად მეტი იყო ყველა იმ მოსამართლეზე, რომელიც ამერიკელ ამომრჩეველსა თუ თანამდებობის პირს ოდესმე დაუნიშნავს. შეუძლებელი იყო ამ კაცის გასამართლება მისი თანასწორი ნაფიცმსაჯულთა ჟიურის მიერ, რადგან ამქვეყნად ამ კაცის თანასწორები არ არსებობდნენ. ნუთუ ვერ ხვდებით, რომ როდესაც კაცი მთელი კაცობრიობის მიერ წაყენებულ ბრალდებასა და შურისძიებას წრფელი გულით წინ აღუდგება, და ის *მთელი თავით* მაღლად დგას მათზე, ყოველივე ეს მეტად სულისშემძვრელი და ამაღლებული სანახაობაა, ამ კაცს სამართლიანობის დასაცავად თუნდაც უსამართლო ადამიანი მოეკლას და დღეს მკვლელობაში ედებოდეს ბრალი – ნუთუ ყოველივე ეს თქვენ არ იცოდით, *თქვე ლიბერატორებო, თქვე ტრიბუნებო, თქვე რესპუბლიკელებო?* [225] – და რომ ამ მკვლელობაში ბრალდებულ გმირთან შედარებით თავად ჩვენ გამოვდივართ დამნაშავეები და მკვლელები. საკუთარ თავს პატივი ეცით და, მოდით, ეს გმირი გმირად აღიარეთ. ესაა და ეს, თორემ თქვენი პატივისცემა მას ნამდვილად არ სჭირდება.

რაც შეეხება დემოკრატიული პარტიის ჟურნალებს, ისინი საკმარისად ადამიანურები არც არიან რომ ჩემზე ოდნავი გავლენა იქონიონ. იმდენად უაზროა მათი ტიტინი, რომ აღშფოთებასაც კი ვეღარ ვგრძნობ.

არ გეგონოთ, არ ვიცოდე, რომ ჩემი საუბარი ბევრს ვერაფერს მოიტანს – არც ის დამვიწყნია, რომ ბოლო ჟამს ჯონ ბრაუნი მტრების ხელში იყო ტყვედ; და ვიცოდი, რომ სიკვდილით ჯერ არ იყო დასჯილი, მაგრამ მიუხედავად ამისა, ჩვენს გმირზე, როგორც უკვე გარდაცვლილზე, ისე ვსაუბრობდი ჩემს ნაწერებში.

არ მწამს მე იმ ხალხისთვის ძეგლების დადგმა, რომლებიც ჩვენს გულებში ისევ ცოცხლობენ, და ვისი ძვლებიც ჩვენს გარშემო ჯერ კიდევ არ ჩაშლილან მიწაში, მაგრამ მასაჩუსეცის პარლამენტის ეზოში ნებისმიერი სხვა კაცის ქანდაკების დადგმას, მირჩევნია ისევ კაპიტან ბრაუნის ძეგლი აღვმართოთ. მიხარია, რომ ამ ხანაში მომიწია სიცოცხლე და ამ გმირი კაცის თანამედროვეობა მხვდა წილად.

რა თავზარდამცემი განსხვავებაა, როცა ყურადღება ჯონ ბრაუნიდან იმ პოლიტიკური პარტიისკენ გადაგვაქვს, რომელსაც ამ გმირი კაცისა და მისი მიზნების გზიდან ჩამოშორება ეჩქარება, და თვალებს აქეთ-იქით აცეცებს, რომ პოლიტიკური კანდიდატობისთვის ვინმე მონათმფლობელი გამონახოს, რომელიც ყველა შტატში მონობას თუ ვერ დააკანონებს, იმას მაინც იზამს, “ლტოლვილი მონის”[226] და კიდევ ყველა სხვა ასეთი უსამართლო კანონი, რომლის გაუქმებასაც ჯონ ბრაუნი

225 ზოგადად, გაზეთების სახელებია, ასეთი სახელების გაზეთები ამერიკის თითქმის ყველა დიდ ქალაქში გამოდის.

226 კომპრომისის შედეგად მიღებული 1850 წლის “ლტოლვილი მონის” შესწორებული კანონპროექტით მონათმფლობელებს მიეცათ “უფლება გაქცეული მონების დაჭერის მიზნით ამერიკის გაერთიანებული შტატების ნებისმიერ წერტილში რაზმის ჩამოყალიბებისა.” კერძო პირები, რიგითი მოქალაქეები ვალდებულები იყვნენ მონათმფლობელს დახმარებოდნენ და, საჭიროების შემთხვევაში, მისი ერთი თითის დაქნევით, ასეთ სამხედრო რაზმებში გაწევრიანებულიყვნენ.

ცდილობდა, პირნათლად აღასრულოს და სამხრეთის შტატებს ჩრდილოეთში გაქცეული თავისი მონების უკან დაბრუნებაში შეუწყოს ხელი.

გიჟი?! მამა და ექვსი ვაჟიშვილი, და ერთიც კიდევ სიძე, და ამათ გარდა კიდევ რამდენიმე კაცი – სულ მცირე თორმეტი მოციქული – ნუთუ გჯერათ, რომ შესაძლებელია, ამდენ ხალხს ერთად და ერთდროულად სიგიჟემ დარია ხელი?![227] სიგიჟე და ჭკუაშეშლილობა ისაა, თავად მთელი ამ ქვეყნის მმართველი კვლავაც რომ დესპოტივით წამომჯდარა და ჩვენს სამშობლოსა და მის ოთხ მილიონ მონას უფრო მეტი სიმტკიცით მართავს და იმონებს, მისი წამქეზებელი და დამქაში ათასობით მეტად ჭკუიანი რედაქტორი კი ცდილობს, რომ მონობის მხარდაჭერით ეს სამშობლო და მისი უსამართლობით გადავსებული ბეღელი დაიცვას. სიგიჟე არ ყოფილა კანზასში ამ კაცის საქმიანობა. თავად დესპოტს შეეკითხეთ, რომელია მისთვის ყველაზე საშიში მტერი, გიჟი თუ ჭკვიანი? ათასობით ადამიანი, რომელიც ჯონ ბრაუნს პირადად იცნობს, რომელიც სიხარულით ცას ეწია კანზასში მის მიერ მიღწეული წარმატებების გამო, და რომელიც ამ გმირ კაცს მატერიულ დახმარებას უწევდა, აბა ამ ხალხს ჰკითხე, გიჟი თუა კაპიტანი ბრაუნი? მათთვის, ვინც ამ სიტყვას კაპიტანი ბრაუნის სახელთან ხშირად მოიხსენებს, მისი გამოყენება უბრალო ტროპს[228] წარმოადგენს, და მეტს არაფერს, და ეჭვიც არ მეპარება, რომ ბევრმა ადამიანმა, რომელიც ჯონ ბრაუნს გიჟს ეძახდა, თავისი აზრი გადათქვა და დაუფიქრებლად წამოსროლილი სიტყვა უკვე უკან წაიღო.

წაიკითხეთ თეთრი შურით შესაშური მის მიერ მეისონის[229] და სხვებისადმი გაცემული პასუხები. როგორ ჯუჯავდებიან, როგორ მარცხდებიან ისინი კაპიტან ბრაუნის სიტყვებით! რა დიდი სხვაობაა მათ შორის! ერთ მხარეს, ნახევრად მხეცური, ნახევრად ლაჩრული დაკითხვა; მეორე მხარეს კი მეხივით ნათელი და ძალუმი სიმართლე, რომელიც მათ უშვერ კერპებს ამსხვრევს და წარმართულ სალოცავებს ანადგურებს. ისინი პილატეს, გესლერის და ინკვიზიტორების[230] გვერდით დგომას

---

[227] თოროუს მსჯელობა ძალიან ჰგავს ციცერონისას. თავის ბრწყინვალე შრომაში "დე რე პუბლიკა" ანუ "რესპუბლიკა" ციცერონი უდიდეს რომაელ მამულიშვილზე, მარკუს კატოზე (234-149 ჩ.წ.-მდე) საუბრობს. ციცერონის თანახმად. კატო (ანუ კატონი), ისევე როგორც ჯონ ბრაუნი, მოხუცებულობაშიც კი აქტიურად იღვწოდა ერისთვის და მამულისთვის. ჯონ ბრაუნისა არ იყოს, კატოს არ დასცალდა პენსიაში გასვლა, სოფლად მოსვენება და სიბერის "ტკბილად" გატარება. ჯონ ბრაუნისა არ იყოს, კატოსაც "გიჟს" ეძახდნენ, რადგან ის გაფაციცებით სამშობლოსთვის იღვწოდა დღემარად. აი, რას ამბობს ციცერონი მარკუს კატოს შესახებ: "მაგრამ ეს მანიაკი, როგორც მას ზოგიერთი ვაი-ფილოსოფოსი ეძახდა, უკიდურესი სიბერის ჟამსაც კი სამშობლოსთვის იღვწოდა და მუდამ საერო საქმეში იყო ჩაბმული, მიუხედავად იმისა რომ მას არც ფული აკლდა და არც სარჩო-საბადებელი. გაზარმაცებული ვაი-ფილოსოფოსები რომ მშვიდ, არხეინ და ადვილ ცხოვრებას ქადაგებდნენ, ეს კაცი მამულის გადასარჩენად ყველაზე რთული და შრომატევადი გზით აგრძელებდა ცხოვრობას თავისი სიცოცხლის უკანასკნელ წუთამდე." ამ სიტყვებზე სულმნათი ილია მართალი არ გახსენდებათ? გთხოვთ, იხილეთ ციცერონის წიგნი "დე რეპუბლიკა", ქვეწიგნი I.

[228] ტროპი – კაზმულსიტყვაობის ერთერთი ხერხია, როგორც, მაგალითად, მეტაფორა ან სილოგიზმი. ტროპია, მაგალითად, აფორიზმი, არქაიზმი, ჰიპერბოლა და მეტაფორა.

[229] ჯეიმზ მური მეისონი (1798-1871) – ჯერ კონგრესმენი და მერე სენატორი ვირჯინიის შტატიდან, "ადამიანთა უფლებების" მამამთავრის და ამერიკის ერთერთ "დამაარსებელ მამად" წოდებული, ჯორჯ მეისონ IV-ის შვილიშვილი. ბრაუნის დაპატიმრების მეორე დღესვე ჩამოვიდა იგი ჰარფერზ ფერიში. შემდგომში, ჯეიმზ მური მეისონი გახლდათ სამოქალაქო ომის განმავლობაში კონფედერაციის (სამხრელი მონათმფლობელი შტატების ერთობის) რწმუნებული დიდ ბრიტანეთსა და საფრანგეთში 1861-1865 წლებში.

[230] პონტოელი პილატე – რომაელი გუბერნატორი, რომელმაც მაცხოვრის, იესუ ქრისტეს ჯვარცმა ბრძანა. ალბრეხტ გესლერი – XIV საუკუნის დესპოტი. ლეგენდის თანახმად, მან

იმსახურებენ. რამდენად არარაულია მათი მეტყველება და ქმედება! და რამდენად დიდი უაზრობაა მათი დუმილი! ეს ჯალათები ამ დიდი ტრაგედიის უმწეო იარაღები არიან მხოლოდ. მიწიერ ძალას როდი შეუკრებია ესენი ამ გმირი მქადაგებლის გარშემო?

ამ უკანასკნელი წლების განმავლობაში რისთვის აგზავნიდა მასაჩუსეცი თავის *ჭკუიან* წარმომადგენლებს კონგრესში? – რომელი აზრის, გნებავთ, გრძნობების საჯაროდ განსაცხადებლად? მთელი ამათი ლაყბობა რომ შეაქუჩო, ერთად შეკრა, დაადუღო და ბადაგი გამოადინო – რასაც, ალბათ, თვითონაც აღიარებენ – კაცური პირდაპირობით და უდრეკელობით, და უბრალო სიმართლით ჰარფერზ ფერის დეპოში გიჟი ჯონ ბრაუნის მიერ უბრალოდ გამოთქმულ ორიოდ შენიშვნასაც ვერ შეედრებიან – იმ უბრალო და მართალი კაცის უბრალოდ გამოთქმულ მართალ სიტყვას, რომელსაც იმდენს იზამთ, სადაცაა ჩამოახრჩობთ, იმის ნაცვლად, რომ *თქვენს* წარმომადგენლად აირჩიოთ და კონგრესში თქვენი ინტერესების დასაცავად გაგზავნოთ. არა! ის არანაირად არ იყო ჩვენი წარმომადგენელი. იგი ბევრად უფრო დიდსულოვანი, კეთილშობილი კაცი იყო, რომ ჩვენნაირი სულმდაბალი და უჯიშო ხალხის წარმომადგენლობა ეკადრა. მაშინ, ვინ *იყვნენ* ამ კაცის ამომრჩეველნი და ვისი წარმომადგენელი იყო ის ამქვეყნად? ყოველივე იოლი მისახვედრია, მის სიტყვებს გულისყურით თუ წაიკითხავთ. მასში არ არის ფუჭი ენამჭევრობა, არც შეთითხნილი, არც შელამაზებული საუბარი, არც პირფერობა და მჩაგვრელის ქება არაა მის ლაპარაკში. თავად ჭეშმარიტება შთააგონებს მას, და თავად გულწრფელობა აშალაშინებს და ხვეწს მის წინადადებებს. ის ადვილად შეელეოდა ბრძოლაში თავისი მახვილი შაშხანების დაკარგვას, რადგანაც მახვილი მეტყველების ნიჭით შეეძლო ბრძოლის გაგრძელება – და ეს მეტყველება შარფის შაშხანაზე[231] უსასრულოდ უფრო მახვილი და შორს მტყორცნი იარაღი იყო მისი.

და ნიუ იორკ *ჰერალდი* მის სიტყვებს *სიტყვა-სიტყვით* გადმოსცემს. მან არ იცის, რა დიდი პატივი ხვდა წილად, რომ ამ გმირი კაცის უკვდავი სიტყვების ჭურჭლად იქცა დღეს.

ჩემთვის ჩალის ფასი აქვს იმ კაცის შეხედულებას, რომელსაც კაპიტან ბრაუნის საუბრის ანგარიში სიტყვა-სიტყვით წაუკითხავს, მაგრამ ამ სიტყვების მთავარ გმირს მაინც გიჟს უწოდებს. ჯონ ბრაუნის სიტყვაში გონიერებაზე უფრო დიდი გონიერება გამოსჭვივის, ვიდრე ცხოვრების წეს-რიგსა და ზნე-ჩვეულებებში, ვიდრე ჩვეულებრივი ორგანიზაციების უსაფრთხო დინებაში. ამოირჩიეთ ამ სიტყვის ნებისმიერი წინადადება – "თანახმა ვარ, ყველა იმ შეკითხვას ვუპასუხო, რაზეც პასუხის გაცემა

პატრიოტ გმირს, ვილიამ თელს უბრძანა, რომ საკუთარი შვილის თავზე ვაშლი დაედო და მიზანში ამოეღო. ინკვიზიცია – კათოლიკური ეკლესიის გრძელვადიანი დამსჯელობითი კამპანია, ვითომცდა იმ საბაბით, რომ ერეტიკოსობა აღკვეთილიყო. ინკვიზიცია გახლდათ დაუძინებელი მტერი ყველა მოაზროვნისა, განსაკუთრებით კი, მეცნიერების და ფილოსოფოსებისა, ვინც რომის პაპის დიქტატს არ ემორჩილებოდა. სწორად კათოლიკე ანუ რომაელმა ინკვიზიტორებმა დაწვეს კოცონზე ჯორდანო ბრუნო, იმის გამო, რომ მან დედამიწის სიმრგვალე არ უარყო. პილატე, გესლერი და ინკვიზიტორები დესპოტობის სიმბოლოდ აქვს თოროუს ნახმარი.

231 შარფის შაშხანა – "შარფის შაშხანის საწარმოო კომპანია" დაარსდა 1855 წელს კონექტიკუტის შტატის ქალაქ ჰართფორდში. ეს ფირმა აწარმოებდა ამერიკაში ყველაზე მეტად გავრცელებულ და ერთერთ ყველაზე საუკეთესო შაშხანებს, რომლებიც მხოლოდ ლულის უკანა მხრიდან იტენებოდა.

ღირსეულად ხელმეწიფება,[232] სხვაგვარად კი არა. თავად ჩემი აზრი თუ გაინტერესებთ, მე ყველაფერი წრფელად მოვყევი. მე ჩემს სიტყვას ვაფასებ, ბატონებო." იმათაც კი, ვინც ამ კაცის სულს შურისმაძიებლობის გრძნობით გამსჭვალულად მოიხსენიებს, – არადა სინამდვილეში მისი გმირობის თეთრი შურით შურს, – იმათაც ისე აქვთ გონების თვალი დაბრმავებული, რომ ღირსეული კაცის ცნობა არ შეუძლიათ, ჟანგით შეჭმულთ არ ძალუძთ ამ ოქროს კაცთან სრული ერთობა, მასზე სრულებით კარგის თქმაც სწორად ამიტომ არ ძალუძთ მათ. ისინი ხომ თავიანთი კომენტარებით მხოლოდ თავიანთ წიდას ურევენ ამ კაცის ოქროს.

გულზე ცოტა მოგეშვება, როცა კაცი ამ ცილისმწამებლებს მოეშვები და შედარებით მართალი, მაგრამ შეშინებული, ციხის ზედამხედველებისა და ჯალათების ჩვენებას მოისმენ. თავად ვირჯინიის გუბერნატორი ვაიზიც [233] კი ბევრად უფრო სამართლიანად, ერთგვარი მადლიერებით საუბრობს კაპიტან ბრაუნზე, ვიდრე ნებისმიერი ჩვენებური ჩრდილოელი რედაქტორი ან პოლიტიკოსი, ან კიდევ საჯარო მოღვაწე. ვიცი, არ გაწყენდათ, გუბერნატორის სიტყვები მეორედაც მოგესმინათ. აი, რას ამბობს ის: "თავად ისინი ცდებიან, ვინც ჯონ ბრაუნს გიჟად მიიჩნევენ... ის არის მშვიდი, გაწონასწორებული და შეუპოვარი, და თავად სამართლიანობა მოითხოვს აღვიაროთ რომ იგი ადამიანურად ეპყრობოდა თავის ტყვეებს... და მან, როგორც მართალმა კაცმა, შთამაგონა დიდი ნდობა მისი პატიოსნების. ის არის ფანატიკოსი, ამაყი და სიტყვამრავალი," (აქ კი ცდება ბატონი ვაიზი და მის აზრს არ ვიზიარებ), "მაგრამ მტკიცე, მართალი და გონიერი კაცი. მისი რაზმელებიც, რომლებიც სიკვდილს გადაურჩნენ და ცოცხლად შევიპყრეთ, მას ჰგვანან... პოლკოვნიკი ვოშინგთონი [234] ამბობს, რომ მიუხედავად იმისა, რომ კაპიტანი ბრაუნი ხიფათსა და სიკვდილს ყოველ წამს სახეში შეჰყურებდა, ის ყველაზე მშვიდი და მტკიცე კაცია, ვინც მას სიცოცხლეში თვალით უნახავს. მიუხედავად იმისა, რომ ერთი შვილი მის გვერდით მკვდარი იწვა, და მეორეც ახლად იყო ტყვიით გაგლეჯილი, ის ერთი ხელით მომაკვდავი შვილის პულსს სინჯავდა, მეორე ხელში შაშხანა ეჭირა, და თან თავის რაზმელებს დიდი სიმშვიდით აძლევდა ბრძანებებს, აგულიანებდა, რომ სიმტკიცე შეენარჩუნებინათ, და თავიანთი სიცოცხლე რაც შეიძლება ძვირად და გონივრულად გაეწირათ სამშობლოსთვის. ისე მყარად იდგნენ,

---

[232] კაპიტანი ბრაუნი და მისი რაზმის რამდენიმე წევრი 18 ოქტომბერს დილით დაიჭირეს. იმავე დღეს შუადღისას, დაჭრილ ჯონ ბრაუნს, რომელიც ჰარფერზ ფერის თოფის ქარხნის ერთერთ ოთახში იატაკზე იწვა, მთავრობის და პრესის წარმომადგენლებმა სამსაათიანი დაკითხვა მოუწყეს. ეს დაკითხვა გაზეთებში უმალ გამოქვეყნდა. თოროუ "ნიუ იორკ ჰერალდში" 21 ოქტომბერს დაბეჭდილი სტატიიდან ახდენს ციტირებას. როდესაც ვირჯინიის სენატორმა, მეისონმა, ბრაუნს ჰკითხა, "რამდენი კაცია შენთან ერთად ამ მოძრაობაში ჩართული?" ბრაუნმა პასუხი აღარ გასცა, რადგან კაპიტანმა ბრაუნმა თავიდანვე განუცხადა დამკითხველებს, რომ ის მხოლოდ მისდამი დასმულ შეკითხვებს უპასუხებდა, "სხვების შესახებ დასმულ შეკითხვებს კი – არა".

[233] ჰენრი ალეგზანდა ვაიზი (1806-1876) – 1855 წელს ვირჯინიის შტატის გუბერნატორად აირჩიეს მას შემდეგ, რაც თავისი პოლიტიკური საამომრჩევლო კამპანია "არაფრის მცოდნეების" წინააღმდეგ წარმართა. იგი აცხადებდა, რომ "არაფრის მცოდნეები" სინამდვილეში შენიღბული აბოლიშენისტები იყვნენ. 1859 წლის 2 დეკემბერს ჯონ ბრაუნის ჩამოხრჩობა ერთერთი უკანასკნელი საქმე იყო, რაც მის ადმინისტრაციას დასცალდა.

[234] ლუის ვილიემ ვოშინგთონი – 17 ოქტომბრის დილას ჯონ ბრაუნის რაზმი პოლკოვნიკ ვოშინგთონის სახლში შეიჭრა. რაზმელებმა იგი აიძულეს, თავისი ოთხი მოსამსახურით, მათთან ერთად ჰარფერზ ფერიში წასულიყო. პოლკოვნიკი ვოშინგთონი ამერიკის პირველი პრეზიდენტის, ჯორჯ ვოშინგთონის ძმის შვილიშვილის შვილი გახლდათ.

რომ სამი დატყვევებულიდან არც კი ვიცი, რომელი იდგა ყველაზე მტკიცედ ბრაუნი, სტივენსი[235] თუ ქაფაქი."[236]

ეს გმირები, ალბათ, პირველი ჩრდილოელი კაცები იყვნენ, რომელთა მიმართაც სამხრელ მონათმფლობელს ძალაუნებურად პატივისცემის გრძნობა გაუჩნდა.

ბატონი ველენდიგემის [237] ჩვენება, თუმცა ნაკლებად ღირსშესანიშნავი, იგივეს ადასტურებს, რომ "ფუჭი საქმე იქნება, რომ სათანადოდ არ დავაფასოთ ან თავად ეს გონიერი კაცი, ანდა მის მიერ მოწყობილი გონივრული შეთქმულება... შეუძლებელია, ამ კაცს ჩვეულებრივი ყალთაბანდი, ფანატიკოსი ან გიჟი უწოდო, ის ხომ ყოველივე ამ სიგიჟისგან ყველაზე შორს დგას."

"მშვიდობაა ჰარფერზ ფერიზე" ამბობენ ჟურნალები. ნუთუ მშვიდობაა ის მშვიდობა, უსამართლო კანონის და მონათმფლობელის გამარჯვების შედეგად რომ დამყარდა? მიმაჩნია, ეს ტრაგედია ზეცამ სწორად იმიტომ დაუშვა, რომ მთავრობის ბოროტებას შუქი მოჰფენოდა და ხალხისთვის ამ ბოროტი მთავრობის კიდევ უფრო ბოროტი ხასიათი ცხადი გამხდარიყო. ჩვენ ზეცისგან სწორად ასეთი დახმარება გვჭირდებოდა, რომ ჩვენი მრუდე ყოფა ისტორიულ კონტექსტში დაგვენახა. როდესაც მთავრობა უსამართლობას უჭერს მხარს, რასაც იგი მონობის შენარჩუნებითა და თავისუფლებისთვის თავდადებული გმირების ხოცვით ჩადის, მაშინ ის თავის თავს, როგორც მხეცურ ძალას, ან, უფრო უარესიც, როგორც დემონურ ძალას, ისე ამჟღავნებს. ასეთი მთავრობა არამზადებისა და "მურტალსახიანების"[238] თავიდათავია. მისი არსებობით აშკარად ჩანს, რომ ამ წუთისოფელს დესპოტობა განაგებს. ნათლად ვხედავ, რომ კაცობრიობის ჩაგვრის ბოროტ საქმეში ეს მთავრობა საფრანგეთს და ავსტრიას შეჰკვრია. [239] ამ ქვეყანაში, ერთის მხრივ, წამომჯდარა მთავრობა, რომელიც ოთხ მილიონ ბორკილდადებულ მონას ჩაბღაუჭებია; მეორე მხრივ, განმანთავისუფლებელი გმირი კაცი მოდის უსამართლობის დასამარცხებლად. ეს უკიდურესად ფარისევლური, ჰიპოკრიტული, პირმოთნე და ეშმაკებრი მთავრობა თავისი ტახტრევანდიდან საწყალი თვალებით ახედავს ხოლმე ამ სულშეხუთულ ოთხ მილიონს, და უმანკოების ნიღაბს ამოფარებული კითხულობს, "რისი გულისთვის მიტევთ? განა მე მართალი კაცი არ ვარ? სასწრაფოდ

---

235 ეერან დი. სტივენსი – კაპიტან ბრაუნის თანამებრძოლი, რომელსაც ჯონ ბრაუნი პირველად 1856 წელს შეხვდა ნებრასკაში.

236 ედვინ ქაფაქი – 24 წლის ყმაწვილი აიოვას შტატიდან, ბრაუნის თანამებრძოლი. ბრაუნსა და ქაფაქს მხოლოდ ერთი წლის ნაცნობობა ჰქონდათ.

237 18 ოქტომბერს ვირჯინიის შტატის გუბერნატორი, ჰენრი ვაიზი, სენატორი ვირჯინიის შტატიდან ჯეიმზ მეისონი და კონგრესმენი ოჰაიოს შტატიდან, ქლემენთ ველენდიგემი ჩამოვიდნენ ჰარფერზ ფერიზე ჯონ ბრაუნის დასაკითხად.

238 "ფლაგ-აგლიზ" ანუ "მურტალსახიანები" – 1854-1860 წლებში მერილენდის ქალაქ ბოლთიმორში დიდი სისასტიკით გამორჩეული ბოროტმოქმედების ერთერთი ბანდა, რომელიც დაშინებითა და მუქარით ხალხს ამა თუ იმ პოლიტიკური გადაწყვეტილებისკენ უბიძგებდა. საქართველოს ისტორიაში მსგავსი დამნაშავეთა ბანდა გახლდათ 1990-იან წლებში არსებული "მხედრიონი", ეგრეთწოდებული "კანონიერი ქურდის", მკვლელის, რუსეთის იმპერიის აგენტის, ჯაბა იოსელიანის მეთაურობით, რომელიც იმპერიალისტური რუსეთის მიერ საქართველოში ქართველობის ჩაკვლის მიზნით იყო შექმნილი, წაქეზებული და ხელშეწყობილი.

239 საფრანგეთი და ავსტრია – 1859 წელს საფრანგეთს და ავსტრიას ავტოკრატი დესპოტები მართავდნენ: საფრანგეთს – ნაპოლეონ III (1808-1873), ავსტრიას – იმპერატორი ფრანც იოსეფი (1830-1916).

დოქტორი სამუელ გრიდლი ჰაუ
Dr. Samuel Gridley Howe

თომას ვენტვორთ ჰიგინსონი
Thomas Wentworth Higginson

თიოდორ ფარქა
Theodore Parker

ფრენქლინ სენბორნი
Franklin Sanborn

გერედ სმითი
Gerrit Smith

ჯორჯ ლუთა სთერნზი
George Luther Stearns

საიდუმლო ექვსეული.
THE SECRET SIX.

შეწყვიტეთ ამ საკითხზე თქვენი ღელვა-კამათი, თორემ თქვენც ამათსავით დაგიმონებთ, ან სულაც ჩამოგახრჩობთ."

ბევრს ვსაუბრობთ ხოლმე წარმომადგენლობით მთავრობაზე; კი, მაგრამ რაოდენ საშინელი ურჩხულია ის წარმომადგენლობითი მთავრობა, რომლისთვის გონების სულგრძელობა და გულის *სიმრთელე* არაფერს *წარმოდგენს*! ასეთი მთავრობა მხეცს, ნახევრად-ადამიან ვეფხვკაცს ან ხარკაცს წააგავს, რომელიც გულამოგლეჯილი და გონებამოძარცულია, და დედამიწაზე ცხოველური მძვინვარებით დათარეშობს. მომხდარა ისეც, რომ თურმე ფეხებაფეთქებულ გმირებს მაინც გაუგრძელებიათ ბრძოლა ტაკვებით, აი, გულამოგლეჯილ და გონებამოძარცულ მთავრობას რომ სიკეთე ეკეთებინოს, ეს კი არც არასოდეს მომხდარა და არც არასოდეს გამიგია.

ერთად-ერთი მთავრობა, რომელსაც მე ვცნობ და აღვიარებ – და მნიშვნელობა არა აქვს თუ რამდენი კაცია მის სათავეში ანდა რაოდენ მცირერიცხოვანია მისი ჯარი – არის ძალა, რომელიც ქვეყნად ყოველთვის სამართალს აწესებს, და არასოდეს არაა ის, რომელიც მუდამ უსამართლობას აწესებს. რა უნდა ვიფიქროთ იმ მთავრობაზე, რომელსაც ამქვეყნად ყველა ჭეშმარიტად მამაცი და სამართლიანი კაცი მტრად მიაჩნია, რადგან ასეთი გმირი ამ მთავრობასა და მის მიერ დაჩაგრულ ხალხს შორის დაბრკოლებად აღმართულა. ეს ის მთავრობაა, რომელიც დღეს თავს ქრისტეანად გვაჩვენებს, და ამასობაში ის მილიონ ქრისტეს ჯვარს აცვამს ყოველდღე.

ღალატიო?! გმირებთან ღალატს რა უნდა?[240] არ ძალმიძს, თქვენზე ისე არ ვიფიქრო, როგორც იმსახურებთ, თქვე მართლა მთავრობებო. ნუთუ გგონიათ, რომ თავად ფიქრის შადრევნების დაშრობა შეგიძლიათ? განა ღალატია, როცა გმირები აქ დესპოტების წინააღმდეგ შეთქმულებას აწყობენ და თავად დესპოტობას ეწინააღმდეგებიან, როცა ეს წინააღმდეგობა იმ ზეციური წყაროდან იღებს დასაბამს, რომელსაც თავად ადამიანი შეუქმნია და მის შექმნას დღესაც აგრძელებს?[241] სწორად ზეცაში იღებს სათავეს თქვენს წინააღმდეგ ბრძოლა. და როდესაც თქვენ ყველა ეს უბრალო მიწიერი და მოკვდავი მეამბოხე დაიჭირეთ და ჩამოახრჩეთ, არ გეგონოთ, საკუთარი ბრალის და დანაშაულის გარდა რამესთვის მიგეღწიოთ, რადგანაც თქვენ თავად ამ აჯანყების ზეციური

---

[240] ჯონ ბრაუნს ბრალად ედებოდა მკვლელობა, მონების ასაჯანყებლად შეთქმულების მოწყობა და ვირჯინიის შტატის ღალატი. როგორც ეს ბევრმა აღნიშნა (განსაკუთრებით კი – ისტორიკოსებმა), "ღალატი", კანონს თუ გავითვალისწინებთ, უსაფუძვლო ბრალდება იყო, – ჯონ ბრაუნი ხომ ვირჯინიის შტატის მოქალაქე არასოდეს ყოფილა, არანაირი ვალდებულება არ ჰქონდა მას ამ შტატის წინაშე და, აქედან გამომდინარე, მისი "მოღალატეც" ვერასოდეს იქნებოდა.

[241] ქრისტეანობაში არსებობს სამართლიანი მკვლელობა და სამართლიანი ომი: დავით აღმაშენებელი, მოსე, ებრაელთა მეფე დავითი – ისინი სწორად სამართლიან მკვლელობებს იქმოდნენ და სამართლიან ომებს აწარმოებდნენ. ტირანის მკვლელობა და მის წინააღმდეგ ომი ნამდვილად სამართლიანია. როგორც თოროუ ამბობს, ასეთი სისხლისღვრა "ზეციური წყაროდან იღებს დასაბამს". ამასვე გვასწავლის ბაბილონური მისტიური ეპოსის, "ეტანას" ავტორიც (იხილეთ "ეტანა", ტაბლეტი II), რომ კაცი თუ ხარ, ბოროტებისა და ამ ბოროტების აგენტის მოკვლა უნდა ძალგიძდეს, თუ არადა თავად დაისჯები სიკვდილით შამაშისგან, რომელიც მზის ანუ სინათლის ანუ სიბრძნის ღვთაებაა:
"შამაშს რა პასუხი მივცე შენ რომ თავისუფლება გიბოძო?
შენ რომ გაგიშვა, სასჯელი, რომელსაც შენ იმსახურებ, ჩემი სასჯელი გახდება,
ის სასჯელი რომლითაც ახლა მე გსჯი შენ!"

თავკაცისთვის ზიანი ვერ მიგიყენებიათ. თქვენ თავს გიდვიათ ისეთ მტერთან ბრძოლა, რომლის მიზანში ამოღებაც ვესტ ფოინთის სამხედრო აკადემიის კადეტებს[242] და ზარბაზნებს არ ძალუძთ. ნუთუ გგონიათ, რომ, რაც არ უნდა დიდი ბოროტება ჩააქსოვოს ზარბაზანს მისმა მჭედელმა, ზარბაზანი თავის შემოქმედს, და დედამიწის ზურგზე ყველა უსულო თუ სულიერი საგნის შემოქმედს, მოუბრუნდება და სროლას გაუბედავს? ნუთუ გგონიათ, რომ ზარბაზნისთვის მინიჭებული ფუნქცია მას საკუთარი ბუნებისა და საკუთარი შემოქმედის წინააღმდეგ განაწყობს?

ამერიკის გაერთიანებულ შტატებს ოთხი მილიონი მონა ჰყავს ერთიგად ჩამწკრივებული და ბორკილდადებული. ამერიკას გადაწყვეტილი აქვს, რომ მათი ყოლა გააგრძელოს; და ჩვენი მშობლიური მასაჩუსეცი ამ კონფედერაციის ერთერთი სრულუფლებიანი წევრია, რომლესაც მონების ზედამხედველობა და მათთვის გაქცევის აღკვეთა ევალება. მასაჩუსეცის ყველა ბინადარი ასეთი არ არის, მაგრამ ასეთია ყველა ის მასაჩუსეცელი, ვისაც ან სამთავრობო ძალაუფლება აქვს ხელში ჩაგდებული ან ვინც ამ ძალაუფლებას უსიტყვოდ მორჩილებს. დაიხ, ეს მასაჩუსეცი იყო, და არამარტო ვირჯინია, რომელმაც ჰარფერზ ფერის აჯანყება ჩაახშო. სწორად მან გაგზავნა თავისი საზღვაოსნო ჯარის საგანგებო დანიშნულების რაზმი იქ და *სწორად მას მოუწევს ამ ცოდვაზე პასუხისგება*.[243]

წარმოიდგინეთ, ვთქვათ და, არსებობს ჩვენს შტატში ისეთი ორგანიზაცია, რომელიც თავისი ჯიბით, თავისი დიდსულოვნებით ჩვენი შტატის საზღვრამდე მოსული ყველა ლტოლვილი მონის გადარჩენას ახერხებს, და ჩვენს ფერადკანიან ძმებს, ჩვენს ზანგ თანამოქალაქეებს იცავს და მფარველობას უწევს, მოჰყავს ჩვენს სოფლებში და ქალაქებში და დანარჩენს მთავრობას ანდობს. ნუთუ ვერ ხედავთ, რომ ასეთი საშტატო მთავრობა თავისი უმოქმედობით თავის დანიშნულებას თვალისდახამხამებაში კარგავს და ადამიანთა მთელი მოდგმისთვის გულისამრევი რამ ხდება? თუ კერძო ადამიანები თავს ვალდებულად თვლიან მთავრობის საკეთებელი აკეთონ, დაუცველი თანამოქალაქეები დაიცვან და ქვეყანაში სამართლის გავრცელებას შეუწყონ ხელი, ნუთუ ვერ ხვდებით, რომ ასეთ შემთხვევაში მთავრობას მარტივი საქმეებისა და წვრილმანი სამსახურის საკეთებლად უბრალოდ დაქირავებული კაცის, ან კლერკის როლი ერგება? ეჭვიც არ შეგეპაროთ, რომ მთავრობა კი არა და მთავრობის ნაგლეჯია ის მთავრობა, რომლის ჟამსაც თანამოქალაქეების უფლებების დასაცავად ხალხი იძულებულია, "სიფხიზლის კომიტეტი"[244]

---

[242] ვესთ ფოინთი – ამერიკის გაერთიანებული შტატების უძველესი და უმთავრესი სამხედრო აკადემია, რომლის დამთავრებისას კადეტებს ბაკალავრის ხარისხი და სამხედრო ოფიცრის წოდება ენიჭებათ. აკადემია ტერიტორიულად ნიუ იორკის შტატის სამხრეთ-აღმოსავლეთში მდებარეობს.

[243] ამერიკის პრეზიდენტმა, ჯეიმზ ბიუქენენმა ჰარფერზ ფერიზე იერიშის პირველივე დღეს გასცა ბრძანება და იქ სამი სამხედრო კომპანია (ჯარი, არმია ანუ საჯარისო ერთეული, რომელიც 75-200 კაცისგან შეგდება) და ოთხმოცდაათი საზღვაო ჯარის ფეხოსანი სპეცდანაყოფის ჯარისკაცი (ამერიკულად "მარინ" ჰქვია) გააშწესა. თუმცა იურიდიულად ორივე ჯარი ფედერალური ჯარია, ამ ოთხმოცდაათი საზღვაო ჯარის ფეხოსანი სპეცდანაყოფის ჯარისკაციდან ბევრი მასაჩუსეცელი იყო. ამას გარდა, ფედერალური ჯარის შენახვა ყველა შტატს ევალებოდა და, აქედან გამომდინარე, მასაჩუსეცსაც მიუძღვოდა ამ უსამართლო ჯარის შენახვაში დიდი წვლილი. მასაჩუსეცი სიტყვით მონის განთავისუფლებას უჭერდა მხარს, საქმით კი – იმ ჯარს, რომელმაც ამ მონების განმანთავისუფლებელი გმირები მოკლა.

[244] "ჩრდილოეთის სიფხიზლის კომიტეტი" ლტოლვილ მონებს უზრუნველყოფდა საკვებით, ტანსაცმლითა და თავშესაფრით, და ეხმარებოდა კანადაში გადაპარვაში. კანადა არ სცნობდა

შექმნას. და გინდაც რომ თავად ბრძენი ორიენტელი ყადი[245] იყოს, თუ მის გარშემო საჭიროება "სიფხიზლის კომიტეტის" შექმნას მოითხოვს, მაშინ ამ ყადის ფასიც გროშია მხოლოდ. ჰოდა, სამწუხაროდ, ასეთია ჩვენი ჩრდილოეთის შტატების ზოგადი ხასიათი; თითოეულ მათგანს "სიფხიზლის კომიტეტი" ესაჭიროება და ჰყავს კიდეც. და ყველაზე განსაცვიფრებელი ისაა, რომ ეს გადარეული მთავრობები თავად აღიარებენ საკუთარ უუნარობას და "სიფხიზლის კომიტეტის" არსებობის საჭიროებას, და, გარკვეულწილად, თანხმობასაც აცხადებენ ასეთ ურთიერთობაზე. ფაქტიურად ისინი ამბობენ: "ჩვენ მოხარულნი ვართ ერს ასეთი პირობებით ვემსახუროთ, ოღონდაც დიდ ხმაურს ნუ ატეხთ და ქვეყანას ნუ მოსდებთ ამ ამბავს." აი ასე, გაინაღდებს რა ხალხისგან ხელფასის აღებაზე გარანტიას, უკანა რიგში გადაინაცვლებს, თან კონსტიტუციასაც წაიყოლებს, ზის თავისთვის, ხალხისგან და ამ ხალხის საჭირბოროტო საკითხებისგან სრულად მოკვეთილი მთავრობა, და მთელ თავის დროსა და შრომას ამ კონსტიტუციაში ცვლილებების და შესწორებების შეტანას ახმარს. როდესაც მთავრობაზე გავიგებ ხოლმე, მუშაობსო, მეღიმება და, საუკეთესო შემთხვევაშიც კი, იმ გლეხებს მაგონებს, რომელთაც ზამთარში კასრების კეთების საქმით თავის გართობა და დამატებითი ორი კაპიკის გაკეთება გადაუწყვეტიათ. თუმც საკითხავია, რა სახის საქონელი ინახება ან იმათ კასრებში, ან ჩვენს მთავრობაში? ეს მთავრობა აქციებზე სპეკულირებს, და წიაღისეულის მოსაპოვებლად მთებში გვირაბებს თხრის, აი, ოდნავ რიგიანი გზა რომ დააგოს, ამის გაკეთება კი არ შეუძლია. ერთად-ერთი *უფასო* გზა, "მიწისქვეშა რკინიგზა",[246] თავად "სიფხიზლის კომიტეტს" ეკუთვნის და თავად ეს კომიტეტი განაგებს მას. *ამათ* კი მთელი მიწა გადაუთხრიათ წიაღისეულის მოსაპოვებლად. ასეთი მთავრობა ძალაუფლებასა და ხალხის პატივისცემას ისევე კარგავს, როგორც გაბზარული ჭურჭელი, და ეს ძალაუფლებაცა და ხალხის ეს პატივისცემაც ნელ-ნელა იმ ჭურჭელში ჩაედინება, რომელიც საღია და გაუბზარავი.

ხანდახან მესმის ხოლმე, როგორ ჰგმობენ ამ გმირებს მხოლოდ იმიტომ, რომ ისინი ბევრნი არ იყვნენ და ერის უმცირესობას შეადგენდნენ. მაგრამ კარგი და ვაჟკაცი უმრავლესობას როდი შეადგენდა ამქვეყნად?![247][248] რა გინდათ, რომ ჯონ ბრაუნსა და მის თანამებრძოლებს

"ლტოლვილი მონის კანონს". თოროუ ამ კომიტეტის წევრი იყო. ბოსტონში ასეთი კომიტეტების ჩამომყალიბლებლები იყვნენ რეფორმისტი სამუელ გრიდლი ჰაუ (1801-1876) და მღვდელი თიოდორ ფარქა (1810-1860). ისინი "საიდუმლო ექვსეულის" წევრები გახლდნენ. ეს იყო მდიდარი ამერიკელების ექვსეული, რომელიც ფარულად ჯონ ბრაუნს აფინანსებდა. "საიდუმლო ექვსეულმა" წინასწარ იცოდა, რომ კაპიტანი ბრაუნი მისი რაზმით ჰარფერზ ფერის უნდა დასხმოდა თავს.

[245] ორიენტელი ყადი ანუ აღმოსავლელი ქადი, ქაზი ან კადი – მუსლიმანურ ქვეყნებში მოსამართლე, რომელიც შარიათის მიხედვით ასამართლებს ხალხს. შარია ისლამური კანონების კრებულია.

[246] მიწისქვეშა რკინიგზა – XIX საუკუნეში ამერიკის გაერთიანებულ შტატებში არსებული დახმარების ქსელი, რომელიც სამხრეთიდან გამოქცეულ მონა ზანგებს ჩრდილოეთ შტატებსა და კანადაში გადაპარვაში ეხმარებოდა. ამ ეგრეთწოდებული მიწისქვეშა რკინიგზის წევრები ზანგებს საკუთარ სახლებში იფარებდნენ, მალავდნენ და თავისუფალი შტატებისკენ აპარებდნენ, ამ თავისუფალ შტატებში ჩაღწეულებს კი ახალი ცხოვრების დაწყებაში ეხმარებოდნენ.

[247] რაოდენ დიდი მსგავსებაა თოროუს მსოფლმხედველობასა და დიდი ქრისტეანი მამის, ორიგენეს (185-254) თეოლოგიას შორის. ორიგენე ამბობს: "კარგი არს ერთად-ერთი, მაშინ, როცა ცუდი არს მრავალი; ჭეშმარიტება არს ერთად-ერთი, მაშინ, როცა სიცრუე არს მრავალი; ჭეშმარიტი სამართლიანობა არს ერთად-ერთი, მაშინ, როცა მრავალ არს ხერხი მისი გაყალბებისა." იხილეთ ორიგენეს წიგნი "ლოცვის რაობა".

ამერიკის გმირები არზა კაპიტან ჯონ ბრაუნის გასამართლებლად

ამ დღემდე ეცადათ? – მანამდე ეცადათ, სანამ თქვენ და მე სწორ აზრს გავითავისებდით, კაცობას მოვიკრებდით და იმათ მხარეზე გადავიდოდით საბრძოლველად? თავად ის გარემოება, რომ ჯონ ბრაუნს თავის გარშემო არც ყალთაბანდების ბრბო ჰყოლია და არც დაქირავებული ჯარი, ჩვეულებრივი გმირებისგან ასი თავით აღამაღლებს და გამოარჩევს. დიახ, მისი რაზმი პატარა გახლდათ, რამეთუ იშვიათ კაცს თუ შეეძლო ამ რაზმში ჩარიცხვისთვის საჭირო გამოცდის გავლა. ჯონ ბრაუნის თითოეული მებრძოლი, რომელმაც საკუთარი სიცოცხლე ღარიბებისა და დაჩაგრულების დაცვას შესწირა, რჩეული კაცი იყო, გამორჩეული ათასობით ან იქნებ სულაც მილიონობით კანდიდატიდან; აშკარად ზნემაღალი, მტკიცე, იშვიათი ვაჟკაცობისა, ადამიანთა მოდგმის ერთგული და მისთვის თავდადებული კაცური კაცი; მზადმყოფი იმისთვის, რომ მოყვასის სასარგებლოდ და საკეთილდღეოდ საკუთარი სიცოცხლე ნებისმიერ წამს გაეწირა. საეჭვოა, ამათთანა – კაპიტან ბრაუნის რაზმელებზე მაქვს საუბარი – კაცი თუ მოიძებნება მთელ მიწაზე. ამას იმიტომ ვამბობ, რომ, ეჭვგარეშეა, მათმა ბელადმა მთელი ჩვენი სამშობლო გადაატრიალა, რომ ასეთი კაცები მოეძია და რაზმი გაეზარდა, მაგრამ ვერავინ ნახა მათი ტოლი. მხოლოდ ამ კაცებს შეეძლოთ მჩაგვრელებსა და ჩაგრულებს შორის ჩადგომა. უდავოა, რომ ამათზე უკეთესს ვერ იპოვიდი ჩამოსახრჩობად. ეს იყო ყველაზე საუკეთესო ქათინაური, რომლის გამოხატვაც ამ გმირებისადმი ჩვენს სამშობლოს ხელეწიფებოდა. ისინი მომწიფებულიყვნენ თავიანთი სახრჩობელებისთვის. ბევრი გაუსამართლებია ამერიკას, ბევრიც ჩამოუხრჩვია, მაგრამ პირველად მოხდა, რომ სრულიად უდანაშაულო გმირები გაიმეტა ჩამოსახრჩობად ამ ქვეყანამ.

როდესაც დავფიქრდები ხოლმე და თვალწინ წარმომიდგება ჯონ ბრაუნი, და მისი ექვსი ვაჟიშვილი, და მისი სიძე, იმ დანარჩენების ჩამოთვლას რომ თავი დავანებო, მის რაზმში ამ ბრძოლისთვის რომ გაწევრიანდნენ, თუ როგორი სიმშვიდით, მოკრძალებით, ადამიანურობით იღვწოდნენ თვეების, იქნებ წლების მანძილზეც კი, თუ როგორ ეძინათ და როგორ დადიოდნენ, როგორ ატარებდნენ ზაფხულს და ზამთარს სამართლიანობაზე ზრუნვით და სამართლიანობაზე ფიქრით, და არანაირ ჯილდოს არ ელოდნენ საკუთარი სინდისის სიმშვიდის გარდა, და ეს მაშინ, როცა მთელი ამერიკა მათ წინააღმდეგ და მათ საპირისპირო მხარეს იდგა, როდესაც ყოველივე ამაზე ვფიქრობ და ყოველივე ამას წარმოვიდგენ ხოლმე – ისევ და ისევ გეუბნებით თქვენ, რომ, როგორც მეტად ამაღლებული სანახაობა, ჩემს სულზე ყოველივე ეს გავლენას ახდენს. მომაკვდინებელი იქნებოდა ჯონ ბრაუნისთვის, რომ მასაც, საკუთარი და, გნებავთ, სამშობლოს მტრების მსგავსად, *"საკუთარი მიზნის მხარდასაჭერად"*, რაიმე ჟურნალი დაეარსებინა, ჟურნალები ხომ, ძველი არღანისა არ იყოს, მუდამ ერთი და იგივე, გაცვეთილ და ობმოკიდებულ მოტივს მონოტონურად ატრიალებენ. ეს კაცი ერთხელაც რომ ისე მოქცეულიყო, რომ ბრძოლა ყელში ამოსვლოდა და თავისი სურვილით მთავრობისთვის ნიშანი მიეცა, თავი დამანებე და მეც შეგეშვებიო, მაშინ კიდევ შეიძლებოდა ამ კაცის სიმართლეში ეჭვის შეტანა. მაგრამ არა! სწორად ის ფაქტი, რომ ან მთავრობას უნდა მოესპო

[248] რაოდენ დიდი მსგავსებაა თოროუს მსოფლმხედველობასა და სოკრატეს ფილოსოფიას შორის. აი, რას ამბობს სულმნათი სოკრატე პლატონის ცნობილ დიალოგში "კრიტო": "ოღონდაც, ჩემო ძვირფასო კრიტო, რა საჭიროა დიდი ყურადღება მივაქციოთ იმას, რასაც 'ადამიანთა დიდი ნაწილი' ფიქრობს?" იხილეთ პლატონის შრომა "კრიტო".

ეს კაცი, ან ამ კაცს უნდა მოესპო ეს მთავრობა, და ნებისმიერი დათმობა წარმოუდგენელი იყო, სწორად ეს ფაქტი განასხვავებს კაპიტან ბრაუნს გარდაქმნის დღევანდელი ყველა სხვა მხარდამჭერისგან.

ამ კაცს თავისებური რწმენა გააჩნდა იმისა, რომ ადამიანის მონობისგან დახსნის მიზნით, კაცს სრული უფლება აქვს, ფიზიკურად წინ აღუდგეს მონათმფლობელს და მონობის ბოროტ საქმეში ხელი შეუშალოს. მე მას სრულიად ვეთანხმები. ვინც მუდამ მონათმფლობელების ძალადობის მსხვერპლნი არიან და მონათმფლობელობის გამო აღშფოთებას ვერ მალავენ, იმათ მართლაც აქვთ გარკვეული უფლება ძალადობით მოკლული მონათმფლობელის სიკვდილზე და ამ სიკვდილით გამოწვეული თავიანთი გრძნობების აღშფოთებაზე, აი, სხვას კი – არავის. მერწმუნეთ, ჩაგრულ ხალხს მონათმფლობელის სიცოცხლე უფრო აღაშფოთებს, ვიდრე მისი სიკვდილი. არ მგონია იმ კაცის ხერხი და მეთოდი იყოს მცდარი, რომელსაც მონის განთავისუფლების უსწრაფესი და უმოკლესი გზისთვის მიუგნია. მონის მაგივრად მე გეუბნებით, რომ კაპიტან ბრაუნის კაცთმოყვარეობა სჯობს მონათმფლობელების იმ საშინელ კაცთმოყვარებას, რომელიც კვლითაც არ მკლავს, მაგრამ განთავისუფლებითაც არ მანთავისუფლებს. არა მგონია, გონივრული საქციელი იყოს კაცისთვის მთელი თავისი სიცოცხლე მხოლოდ მონობის საკითხზე საუბარსა და წერაში გაატაროს, თუ ის ხანდახან პრაქტიკული ქმედებითაც არ შეებრძოლება ამ ბოროტებას. გასაგებია, რომ კაცს, ბრძოლის გარდა, შეიძლება, სხვა საქმეც ჰქონდეს საკეთებელი. პირადად მეც, არანაირი სურვილი არ მაქვს, რომ ან მოვკლა, ან მომკლან, მაგრამ არც იმ დღის განჭვრეტაა ძნელი, როცა საქმე მოიტანს, და ვერც ერთის არიდებას შევძლებ თავიდან და ვერც – მეორისას. ჩვენ ხომ მხოლოდ ყოველდღიური წვრილმანი ძალადობის ხარჯზე ვფლობთ ეგრეთწოდებულ მშვიდობას ჩვენს საზოგადოებაში. შეხედეთ პოლიციელის ხელკეტს და ბორკილებს! შეხედეთ ციხეს! შეხედეთ სახრჩობელებს! შეხედეთ პოლკის კაპელანს! ჩვენ ვიმედოვნებთ, რომ *ამ* დროებითი ჯარის წყალობით მშვიდობიანად ვიცხოვრებთ. ასე და ამგვარად ვიცავთ საკუთარ თავებს და საკუთარ ბუდეებს, და მონობის არსებობა აღარ გვაწუხებს. კარგად მომეხსენება, ჩემი თანამემამულეების დიდ ნაწილს მიაჩნია, რომ შარფის შაშხანის და რევოლვერის ერთად-ერთი სწორი და მართებული დანიშნულება მათი დუელებში, ან სხვა ერების წინააღმდეგ ბრძოლაში, ან ინდიელებზე ნადირობაში, ან ლტოლვილი მონის მოსაკვლელად ან სხვა ამგვარ ბოროტ საქმიანობაში გამოყენებაა. ჩემი აზრით კი, ერთხელ მაინც, შარფის შაშხანები და რევოლვერები კარგ საქმეს მოხმარდა. როგორც იქნა, ეს იარაღი იმათ ხელში აღმოჩნდა, ვინც დანიშნულებისამებრ გამოიყენა იგი.[249]

---

249 გამართლებული მკვლელობის თეორია: როდესაც ადამიანი არის გამოუსწორებელი დესპოტი, ანუ სხვების მიმართ ჩადენილი ბოროტებით ეძიებს საკუთარ მატერიულ წინსვლას, მეფეა ეს თუ რიგითი მოქალაქე, ან თუნდაც მთელი გადესპოტებული ერი, ასეთი ტირანის მოკვლა ნამდვილად სამართლიანია. მისი არმოკვლით უამრავი ადამიანის სიცოცხლე იწირება, ამიტომაც საჭიროა მისი დაუყოვნებლივ განადგურება. ეს არის ის სამართლიანი მკვლელობა, რითიც დავით აღმაშენებელი გაუსწორდა შინაურ თუ გარეულ მტრებს; ეს არის ის სამართლიანი მკვლელობა, რითიც ებრაელების მეფე დავითი გაუსწორდა გოლიათს; ეს არის ის სამართლიანი მკვლელობა, რითიც მოსე გაუსწორდა ებრაელების მჩაგვრელ ეგვიპტელ მონათმფლობელს. სწორად ასეთი მკვლელობით უსწორდებოდა კაპიტანი ბრაუნიც ამერიკელი ხალხის მჩაგვრელ ვაი-ამერიკელ მონათმფლობელს. დიახ, შარფის შაშხანა ჰქონდა ჯონ ბრაუნსაც და სამხრელ ტირანსაც, მაგრამ ამათგან მხოლოდ ჯონ ბრაუნი იყენებდა მას დანიშნულებისამებრ, – სრულიად სამართლიანად. რაოდენ დიდი მსგავსებაა თოროუს მსოფლმხედველობასა და ციცერონის აზრებს შორის. აი, რას ამბობს ციცერონი თავის

ის აღშფოთება, რომელმაც ერთხელ იერუსალემის ტაძარი ცხოვრებისეული მწიკვლისგან განწმიდა, განწმედს ჩვენს ცხოვრებასაც.[250] საკითხავი იარაღი კი არაა, არამედ ის სულისკვეთება, რომლითაც ის გამოიყენეს. ამერიკაში ჯერ კიდევ არ გამოჩენილა ისეთი კაცი, რომელსაც მოყვასი ისე ძლიერ უყვარდა და რომელიც მოყვასს ისე სათუთად მოეპყრა, როგორც კაპიტანი ბრაუნი. ის ხომ სწორად მოყვასისთვის ცხოვრობდა. მან თავისი სიცოცხლეც არ დაიშურა და მოყვასს შესწირა. განა მართლა ძალადობაა ის ძალადობა, რომელსაც ჯარისკაცი კი არ აქეზებს, არამედ მშვიდობიანი მოქალაქე, საერო მოღვაწე კი არა, რამდენადაც ჭეშმარიტი მღვდელი, ურთიერთდაპირისპირებული ჯგუფები კი არა, რამდენადაც ქვეიქერები,[251] და ქვეიქერი კაცები კი არა, რამდენადაც ქვეიქერი ქალები?

მთელი ეს მოვლენა ცხადჰყოფს, რომ არსებობს ისეთი რამ, რასაც სიკვდილი ჰქვია – შესაძლებლობა იმისა, რომ ადამიანი შეიძლება გარდაიცვალოს. თუმც გეგონება, ამერიკაში აქამდე კაცი არ მომკვდარაო; რადგან იმისთვის რომ მოკვდე, ჯერ კაცური სიცოცხლეა საჭირო. არ მჯერა მე კატაფალკების, კუბოების, და გასვენებების, რადგანაც ადამიანების სიკვდილში სიკვდილს ვერ ვხედავ, და თუ სიცოცხლე არ ყოფილა მათში, გასაკვირია, რომ მათი სიკვდილი არ მჯეროდეს?! გასვენებისას ისინი უბრალოდ ისეთივე გახრწნილებით გაქრნენ ამ ქვეყნიდან, რომელი გახრწნილებითაც მანამდე იცხოვრეს. მათი სიკვდილით ტაძრის კრეტსაბმელი არ გაპობილა, უბრალოდ, მიწაში გაითხარა ერთი პატარა სორო და მეტი არაფერი.[252] დაე, ამ მკვდარმა სულებმა თავიანთი მკვდრები თვითონ დამარხონ. მათ შორის ყველაზე

ბრწყინვალე შრომაში "დე ოფიციის": "...ჩვენ დესპოტებთან ძმობა არ გვაკავშირებს და არაფერი გვაქვს მათთან საერთო. პირიქით, ჩვენსა და მათ შორის უდიდესი უფსკრულია, და თუ კაცს იმის შესაძლებლობა მიეცა, რომ ერთი ასეთი დესპოტი სიცოცხლეს გამოასალმოს, დაუყოვნებლივ უნდა მოკლას მან ის, რადგან თავად დედა-ბუნება იძლევა ამგვარი ღირსეული მკვლელობის ჩადენის უფლებას. უფრო მეტიც, – რომ შეგვეძლოს, დესპოტების მთელი მოდგმაა ამოსაწყვეტი. ისევე, როგორც გარკვეულ შემთხვევებში სხეულის გადაგვარებული ასოს და წევრის მოკვეთაა აუცილებელი, მთლიანად სხეულს რომ სიცოცხლე შეუნარჩუნდეს, ასევე აუცილებელია დესპოტების, საზოგადოების ამ გადაგვარებული წევრების, მოკვეთა კაცობრიობის სხეულიდან." იხილეთ ციცერონის წიგნი "დე ოფიციის", ქვეწიგნი III.

250 საუბარია იმ მოვლენაზე, როდესაც იესუმ იერუსალემის დიდი ტაძარი ფულის გადამცვლელებისგან და ვაჭრებისგან განწმიდა. იხილეთ "სახარებაი მათესი" 21:12-13.

251 ქვეიქერები – "მეგობრების სარწმუნოებრივი საზოგადოება" გახლავთ სექტანტურ-ერეტიკული მიმდინარეობა, რომლის წევრებსაც "მეგობრები" ანუ "ქვეიქერები" ეწოდებათ. ეს სექტა პროტესტანტული წარმოშობისაა და სხვა პროტესტანტული სექტებისგან იმით განსხვავდება, რომ ბევრ საქველმოქმედო საქმეს აკეთებს. XIX საუკუნეში ქვეიქერები, სხვა პროტესტანტული ეკლესიებისგან განსხვავებით, ლტოლვილ მონებს ეხმარებოდნენ. თოროუ მათ ამისთვის აქებს კიდეც, და სამართლიანადაც, მაგრამ ისიც ხაზგასასმელია, რომ თავად თოროუ ამ სექტის წევრი არასოდეს ყოფილა, ანუ, მისი აზრით, ქვეიქერების ეგრეთწოდებული ეკლესიაც, გარკვეული ქველმოქმედებების მიუხედავად, მაინც მწვალებლური იყო და ჭეშმარიტი ქრისტეანისთვის თუნდაც ასეთ შედარებით უკეთეს პროტესტანტულ სექტაში გაწევრიანება დაუშვებელია!

252 იხილეთ "ახალი აღთქუმაი": იესუ ქრისტეს ჯვარცმისას დღისით წყვდიადი ჩამოწვა და ტაძარში კრეტსაბმელი გაიპო, რადგან ბოროტმა ადამიანებმა ღმერთი სრული და კაცი სრული სასიკვდილოდ გაიმეტეს! თოროუ მიუთითებს იმაზე, რომ ნაძირალა ადამიანის სიკვდილი სიკვდილი არაა, მისი ჩაძაღლებისას კრეტსაბმელი არ გაიპობა, – ეს ხომ მხოლოდ იესუს ხვედრია, და გადატანითი მნიშვნელობით, – ხალხისთვსის თავდადებული ყველა გმირისა და მარტვილის. კრეტსაბმელის გაპობას აგრეთვე ადასტურებს დიდი ებრაელი ისტორიკოსი, იოსეფ ბენ მატითიაჰუ (37-100 ჩ-წ.-ით), ანუ იოსეფუსი (რომაულად), ანუ ჯოზეფუსი (ინგლისურად). კრეტსაბმელის გაპობას უდიდესი სიმბოლური მნიშვნელობა აქვს ქრისტეანულ თეოლოგიაში და მისტიციზმში, რომლის უფრო განვრცობილად ახსნა ამ წიგნში, სამწუხაროდ, ვერ მოხერხდება.

უკეთესებიც კი საათივით გაჩერდნენ. ფრენქლინი – ვოშინგთონი – ისინი სიკვდილის გარეშე მოკვდნენ; ისინი უბრალოდ ერთი დღით იყვნენ დაკარგულები. მესმის ხოლმე, ბევრს როგორ ჰგონია, მალე მოვკვდებიო; ან რომ (მე თუ მკითხავთ) უკვე მომკვდარან. უაზრობაა ყოველივე ეს! ნიძლავი, რომ მათ სიკვდილი არ შეუძლიათ. მათ ხომ სიკვდილთან დასაკარგი სიცოცხლე არ გააჩნიათ გულ-გვამში. ისინი სოკოებივით[253] გაწყალდებიან, სამაგიეროდ, ასობით ხოტბისშემსხმელს დატოვებენ. ქვეყნიერების დასაბამიდან სულ თითზე ჩამოსათვლელი ადამიანია, რომელმაც ჭეშმარიტი სიცოცხლე და, შედეგად, ჭეშმარიტი სიკვდილიც შეძლო. და შენ გგონია, რომ სიკვდილს შეძლებ, ბატონო?! არა! შენი გამოსწორების იმედი არ არსებობს. შენ ჯერ კიდევ არ გისწავლია ცხოვრების გაკვეთილი. შენ კიდევ მოგიწევს სკოლის შემდეგ დარჩენა და დამატებითი მეცადინეობა. ზედმეტად ვყაყანებთ ხოლმე სიკვდილით დასჯის წინააღმდეგ – რომელ სიცოცხლის დაკარგვაზეა საუბარი, როცა ადამიანებში წასართმევი სისცოცხლე არც კი არსებობს. *მემენტო მორი!*[254] ჩვენ არც კი გვესმის ამ ამაღლებული წინადადების არსი, რომელიც მხოლოდდამხოლოდ ღირსეულ კაცს წილად ხვდა, მის საფლავზე რომ ამოეტვიფრათ. ჩვენ ის შიშითა და სლუკუნით გავიგეთ და არა სიღრმისეულად; ჩვენ საერთოდ დაგვვიწყნია, როგორია ჭეშმარიტი სიკვდილი.

ისე ქენი მაინც, რომ, როცა იქნება, აუცილებლად მოკვდე. დაიწყე კაცური საქმე და ბოლომდე მიიყვანე ის, და თვითონ მიხვდები, როდის მოვა კაცური საქმისა და შენი კაცადქცეული თავის დასასრულიც.

ჯონ ბრაუნმა და მისმა რაზმელებმა თავიანთი გმირობით ნათლად გვიჩვენეს, როგორ უნდა მოკვდეს ჭეშმარიტი კაცი, მაგრამ, სიკვდილის გარდა, ამათ ისიც დაგვანახეს ჭეშმარიტი სიცოცხლით როგორ უნდა იცოცხლოს კაცმა. ნახავთ, რომ მათი ღვაწლით გამოცოცხლდება და აღდგება ჩვენი ერი. მათი გმირობა ყველაზე სასიხარულო ამბავია, რაც კი ამერიკას ოდესმე სმენია. ამან უკვე მოამძლავრა და გამოაცოცხლა ჩრდილოეთის მისუსტებული და ძლივსღამფეთქავი პულსი, და ახალი და ახალი დიდსულოვანი სისხლი გადაუსხა ძარღვებსა და გულში, იმაზე მეტი, ვიდრე ეს ეკონომიკური და პოლიტიკური აღორძინების და აყვავების თუნდაც ურიცხვ წლებს ოდესმე ექნა. დაფიქრდით, რამდენ კაცს მიეცა სიცოცხლისა და ბრძოლის საბაბი, რომელიც აქამდე თვითმკვლელობას აპირებდა?![255]

ერთი მწერალი გვამცნობს, რომ ჯონ ბრაუნის, ამ კაცის მონომანიის გამო, “მიზურელებს, ისევე ეშინოდათ, როგორც ზებუნებრივი არსების.”[256] გმირის, სწორადაც რომ როგორც ზებუნებრივი არსებისა, ისე ეშინიათ, როდესაც ის ჩვენნაირ ლაჩრებს შორის აღმოჩნდება ხოლმე. სწორადაც რომ ზებუნებრივი არსებაა ჯონ ბრაუნი. ის ხომ ადამიანურ

---

253 ნაგულისხმევია სოკოს ოჯახის ორგანიზმების თვისება: ისინი, მომწიფდებიან თუ არა, გაწყალდებიან ან ძლიერ დარბილდებიან და დალპებიან ხოლმე.

254 ლათინური გამოთქმაა და პირდაპირი თარგმანით ნიშნავს, “გახსოვდეს სიკვდილი!”, და უფრო ზუსტად: “გახსოვდეს, რომ შენც სიკვდილის შვილი ხარ!”

255 სულიერ თვითმკვლელობაზეა საუბარი.

256 თოროუ ციტირებას ახდენს გაზეთებიდან: ჯერ “შიქაგოუ ფრესს ენდ თრიბიუნ”-მა, შემდგომ კი იგივე დაბეჭდა გაზეთმა “ნიუ-იორქ დეილი თრიბიუნ”-მა 1859 წლის 24 ოქტომბერს.

ბუნებაზე ამაღლებულად ცხოვრობს და მოქმედებს. მის სულს რაღაც ღმრთული ნაპერწკალი გაჰკრავს.

"რა საცოდავია ყველა ის,
ვინც თავისი არსებობით საკუთარი გვამის საზღვრებს ვერ გამცდარა!"[257]

გაზეთის რედაქტორები იმისაც ამბობენ, ვითომ სწორად კაპიტან ბრაუნის *სიგიჟეს* ამტკიცებს, რომ მას სწამდა, თითქოს მონობის წინააღმდეგ საბრძოლველად ის თავად ზებუნებრივი ძალის მიერ იყო ხელდასხმულიო – დიახ, მას ამაში ეჭვიც არ ეპარებოდა. ისე ლაპარაკობენ, გეგონება შეუძლებელი გახლდეთ, დღევანდელ დღეს ნებისმიერი საქმის საკეთებლად კაცი "ღმრთის განგებით იყოს ხელდასხმული"; თითქოს აღთქმასა და სარწმუნოებას ყოველდღიურ ადამიანურ საქმიანობასთან აღარაფერი ესაქმებოდეს დღეს; ამქვეყნად მონობის გამაუქმებელ წარმომადგენელს ვითომ მხოლოდ პრეზიდენტი უნდა ნიშნავდეს, ან რომელიმე პოლიტიკური პარტია. ისე ლაპარაკობენ, გეგონება, კაცის სიკვდილი მაინცდამაინც მარცხი და ცუდი რამ იყოს, აი, კაცის სიცოცხლე კი, თუნდაც უვარგისი და უაზრო, – წარმატება და მხოლოდ კარგი რამ.

როდესაც დავფიქრდები ხოლმე და გავიაზრებ, ამაღლებულ მიზანს როგორი სარწმუნოებრივი ერთგულებით მიუძღვნა ამ კაცმა სიცოცხლე, და მერე იმ მოსამართლეებზე გადავიტან ყურადღებას, რომლებმაც ეს გმირი რისხვით, დაუფიქრებლად დაგმეს და სიკვდილით დასაჯეს, ამ მოსამართლეების ფუტურო მიზნებზე რომ დავფიქრდები ხოლმე, ნათელი ხდება, რომ გმირი ბრაუნი და ეს უსამართლო მოსამართლეები ერთმანეთისგან ისე განსხვავდებიან, როგორც ცა და დედამიწა.

გამოდის, რომ ეს ჩვენი *"მოწინავე კაცები"* ერთი უწყინარი ხალხია, რომელთაც *კარგად* მოეხსენებათ, რომ *ისინი* ღმრთის განგებით კი არ არიან ხელდასხმულები, არამედ, უბრალოდ, თავიანთი პარტიის კენჭის ყრით.

ვისი უსაფრთხოება მოითხოვს კაპიტანი ბრაუნის ჩამოხრჩობას? ნუთუ ეს რომელიმე ჩრდილოელისთვისაა აუცილებელი? ნუთუ სხვა გამოსავალი არაა, და ეს კაცი მინოტავრს[258] უნდა გადავუგდოთ შესაჭმელად? თუ თქვენ ამას ეწინააღმდეგებით, ამოიღეთ მაშინ ხმა და გარკვევით თქვით სათქმელი. ნუთუ ვერ ხვდებით, რომ მანამ, სანამ ასეთი ბოროტებები ხდება, დედამიწაზე თავად სილამაზე იბურება და მუსიკა სიცრუის კივილად გადაიქცევა ხოლმე. იფიქრეთ ამ კაცზე – მის იშვიათ თვისებებზე! – ასეთი კაცის შექმნას ასწლეულები სჭირდება, მის გაგებას კი ათასწლეულები; ის არ იყო ცრუ-გმირი ან რომელიმე პარტიის წარმომადგენელი. ეს ისეთი კაცია, რომლის მსგავსსაც, შესაძლოა, მზემაც ვეღარ მოჰკრას თვალი ამ აზრობრივად დაბნელებულ პლანეტაზე; მის შესაქმნელად ბუნებაში ყველაზე ძვირფასი მასალა დაიხარჯა და ყველაზე მტკიცე ალმასი; ის ტყვეობაში მყოფი ხალხის მხსნელად მოავლინა ღმერთმა ამქვეყნად; და თქვენ მხოლოდ ჩამოსახრჩობად

---

[257] სამუელ დენიელი (1562-1619) – ნაწყვეტი აღორძინების (ანუ რენესანსის) ხანის ინგლისელი პოეტის ლექსიდან "წერილი ქალბატონ მარგარეტს, ქამბარლენდის გრაფის ასულს".
[258] მინოტავრი – ბერძნულ მითოლოგიაში ნახევრად ხარი და ნახევრად კაცი, კაციჭამია არსება.

გაიმეტეთ იგი! თქვენ, ვისაც, ვითომცდა, ჯვარცმული მაცხოვარი გიყვართ, იმაზეც დაფიქრდით რას უპირებთ იმ კაცს, რომელმაც უანგაროდ გაიღო საკუთარი სიცოცხლე ოთხი მილიონი კაცის გადასარჩენად.

ნებისმიერი კაცი გრძნობს, როცა ის სამართლიან საქმეს ჩადის, და მთელი მზაკვარი მსოფლიოს მზაკვრულ სიბრძნეს არ ხელეწიფება მისი ამ გრძნობის გაბათილება. მკვლელს სინდისი აწუხებს და ყოველთვის იცის, რომ სამართლიანად ისჯება; მაგრამ, როცა მთავრობას ადამიანისთვის სიცოცხლის წართმევა გადაუწყვეტია და მას ჯერ ამ კაცის სინდისის თანხმობაც კი არ აქვს მიღებული, ასეთი მთავრობა კადნიერი და თავხედი მთავრობაა, და მისი ეს ნაბიჯი მისი დაღუპვისა და დარღვევისკენ კიდევ ერთი წინ გადადგმული ნაბიჯია. ნუთუ ვერ წარმოგიდგენიათ, რომ შესაძლებელია, პიროვნება მართალი იყოს, მთავრობა კი მტყუანი? ნუთუ კანონები მხოლოდ იმ მიზეზით უნდა აღვასრულოთ, რომ ისინი ვიღაცას ოდესმე დაუწერია? ანდა ადამიანთა გარკვეულ რიცხვს უღიარებია მათი სიკარგე, მაშინ, როცა მათ სინამდვილეში ცუდის მეტი *არაფერი* მოუტანიათ? ნუთუ აუცილებელია კაცმა თავი ბრმა იარაღად და უსულო საგნად იგრძნოს, და ის ბოროტება ჩაიდინოს, რომელსაც მისი ადამიანური ბუნება ჰგმობს და ეწინააღმდეგება? ნუთუ კანონმდებლის განზრახ მიზანი ოდესმე *კარგი* ადამიანის ჩამოხრჩობაა? ნუთუ მოსამართლეები ვალდებულები არიან კანონი წიგნებით ასოკრიტიკულად განმარტონ, და არა აზრობრივად?[259] რა უფლებით ხდის ადამიანი სიბნელეს და სიბეცეს თავის მოკავშირედ მაშინ, როცა მისი სულის სიღრმეში სინათლეა ჩადებული? ნუთუ შენში არ დევს ის ძალა, რომ *შენ თავად შეგეძლოს თავისუფლად ფიქრი* – გადაწყვეტილების მიღება – და სხვის მიერ თავსმოხვეული აზრებითა და გადაწყვეტილებებით არ იცხოვრო? მე არ მწამს ადვოკატების, მათებური ხერხით კაცის შეტევისა თუ კაცის დაცვის, რადგანაც ამით შენ მოსამართლის დონეზე დაგყავს თავი და თანაც, ყველაზე მნიშვნელოვანი შემთხვევებისას, როდესაც აღძრული საქმე ზნეობას ეხება, რა აზრი აქვს კაცი საერო კანონს არღვევს თუ არა? დაე, ადვოკატებმა მხოლოდ წვრილმანი საქმეები გადაწყვიტონ. დარწმუნებული ვარ, საქმოსანი ხალხი ამის თაობაზე როგორმე შეთანხმდება. ადვოკატები სამარადისო ღმრთივბოძებული კანონების განმმარტებლები რომ იყვნენ, სხვა საქმე იქნებოდა, – იმ კანონებისა, რომელთა დაცვაც ადამიანებს მართლა ევალებათ. შეხედეთ ამ გაყალბებული კანონის ქარხანას, რომელსაც ერთი

---

259 რაოდენ დიდი მსგავსებაა თოროუს აზრებსა და მართლმადიდებლურ მოძღვრებას შორის. იხილეთ "ახალი აღთქუმაი", II კორინთელთა მიმართ, 3:6: "რომელმან-იგი შემძლებელ მყვნა ჩუენ მსახურებად ახლისა შჯულისა, არა წიგნისა, არამედ სულისა, რამეთუ წიგნი მოაკუდინებს, ხოლო სული აცხოვნებს." ინგლისურში სიტყვა "ლეთა" (letter) ნიშნავს "ასოსაც" და "წიგნსაც".
ნეტარი ავგუსტინეც თავის წიგნში "ქრისტეანობის სწავლება" ანუ "დე დოქტრინა ქრისტიანა" სწორად ამას ქადაგებს: "როდესაც კაცი ასო-ასო გამოწერილ სიბრძნეს ასოკრიტიკულად მიჰყვები, ხდება ის, რომ სიტყვებს, რომლებიც გადატანითი ანუ მეტაფორული მნიშვნელობითაა ნახმარი, შენ პირდაპირი გაგებით იგებ, და, ამგვარად, მათ ჭეშმარიტ მნიშვნელობას და მათ ალეგორიულ სიბრძნეს ვეღარ გებულობ." იხილეთ ნეტარი ავგუსტინე ჰიპოელის წიგნი "დე დოქტრინა ქრისტიანა", ქვეწიგნი III.
რაოდენ დიდი მსგავსებაა თოროუს აზრებსა და დიდი რომაელი მამულიშვილის, მარკუს ტულიუს კიკეროს, ანუ ციცეროს, ანუ ციცერონის (ჩ.წ.-მდე 106-43) მსოფლმხედველობას შორის. აი, რას წერს ციცერონი თავის ცნობილ შრომაში "დე ოფიციის" ანუ "მოვალეობების შესახებ": "...მისი საქციელი სიტყვა-სიტყვით და ასო-ასო კი იყო სწორი, მაგრამ აზრობრივად იყო მრუდე. როდესაც კაცი ფიცს და სიტყვას იძლევა, ამ სიტყვისა და ფიცის სიტყვები და ასოები კი არ უნდა დაიცვას მან, არამედ მისი აზრი." იხილეთ ციცერონის წიგნი "დე ოფიციის", ქვეწიგნი I.

ფეხი მონობის მიწაზე უდგას, მეორე კი – თავისუფლების! რას უნდა ელოდეთ ასეთი ქარხნისგან? ასეთი ქარხანა თავისუფალი კაცისთვის კანონს ვერასოდეს შექმნის.

აქ იმისთვის მოვსულვარ, რომ თქვენ ამ კაცის თავი კი არა და თავად მისი არსი შეგავედროთ. მისი სიცოცხლის დაცვას კი არ გევედრებით, არამედ მისი ღირსების – ამ კაცის უკვდავების; ასე და ამგვარად, ამ გმირის ღირსების დაცვა თავიდან ბოლომდე თქვენი საქმე ხდება. დაახლოებით ათასრვაასი წლის წინ ქრისტე ჯვარს აცვეს; ამ დილას, ეგებ, კაპიტანი ბრაუნი ჩამოახრჩეს. ეს მარტვილობის ისტორიული ჯაჭვის ორი ბოლოა, რომლის შუა კიდევ სხვა უამრავი რგოლი ძევს. ის მოხუცი ბრაუნი აღარაა, ბიძია; ამიერიდან ეს კაცი თავად ნათლითშემოსილი ანგელოზია.[260]

ახლაღა ვხვდები, რომ თურმე საჭირო ყოფილა, ყველა ქვეყანაში ყველაზე გულადი და ყველაზე ადამიანური ადამიანები ჩამოეხრჩოთ. იქნებ ამას თავად ჯონ ბრაუნიც ხვდებოდა. შეიძლება ითქვას, *თითქმის მეშინია კიდეც* მისი შემთხვევით გადარჩენის ამბავი რომ გავიგო, რადგან მეეჭვება, გახანგრძლივებულ სიცოცხლეს, ანდა თუნდაც *ნებისმიერ* სიცოცხლეს, იმდენი სიკეთის კეთება შეეძლოს, რამდენიც ამ გმირის სიკვდილს.

“გზააბნეული!” “მოლაყბე!” “გიჟი!” “შურისმაძიებელი!” სხედხართ და წერთ ასე თქვენი სავარძლებიდან, მან კი საკადრისი პასუხი, უღრუბლო ცასავით ნათელი და ბუნების ხმასავით მართალი პასუხი, ჰარფერზ ფერის თოფის ქარხნიდან გაქცათ: “არც ერთი კაცის დავალებით არ მოვსულვარ მე აქ; ეს ჩემი და ჩემი შემოქმედის ნებით მოხდა. ადამიანის სახით არც ერთ ბატონს არ აღვიარებ მე.”

და როგორი ტკბილი და კეთილშობილური კილოთი აგრძელებს თავის მიმართვას თავის დამტყვევებლებთან, მას რომ თავს ადგანან: “მგონი, თქვენ, ჩემო მეგობრებო, დიდი დანაშაული მიგიძღვით ღმრთისა და კაცის წინაშე, და თქვენს მიერ ნებაყოფლობით და მზაკვრულად დამონებული მონების განთავისუფლების საქმეს რაც შეეხება, ნებისმიერი ადამიანისთვის სავსებით სწორი იქნებოდა, წინ აღგდგომოდათ და ხელი შეეშალა თქვენთვის.”

და, როცა ჯონ ბრაუნი თავისი რაზმის სამოქალაქო მოძრაობაზე მიუთითებდა, ასე ბრძანა: “თუ კი კაცს რაიმე სამსახურის გაწევა შეუძლია ღმერთისთვის, მაშინ მონობის წინააღმდეგ ბრძოლა, ჩემი აზრით, ყველაზე დიდი სამსახურია.”[261]

---

[260] ფსევდო-დიონისე არეოპაგელიც იგივეს ამტკივებს, რომ მარტვილი და წმიდა ადამიანი იმდენად ისწრაფვის სიწმიდისკენ, იმდენად ემსგავსება ზეციურ, ბუნებით კაცზე უპირატეს არსებებს, რომ მას შეიძლება, ანგელოზი ეწოდოს. იხილეთ წიგნი “კორპუს არეოპაგიტიკუმ”.

[261] კვლავაც დიდი მსგავსებაა ჯონ ბრაუნსა და სოკრატეს შორის. ჯონ ბრაუნმა, სოკრატეს მსგავსად, ცხოვრება ადამიანებზე ზრუნვაში გაატარა, მაგრამ მორჩილებით ის უწინარესად ღმერთის მორჩილი იყო და არა ადამიანის. სოკრატემაც მსგავსი რამ უთხრა ათენელებს სანამ სიკვდილით დასჯიდნენ: “მე თქვენი დიდად მადლიერი და დიდად ერთგული მსახური ვარ, მაგრამ, მორჩილებას რაც შეეხება, ჩემი ვალია, უწინარესად ღმერთს ვმორჩილობდე და არა თქვენ, და მანამ, სანამ პირში სული მიდგას და გონება მემორჩილება, მე არასოდეს შევწყვეტ ფილოსოფიურ ცხოვრებას [ანუ სიბრძნის სიყვარულს] და არასოდეს მომბეზრდება თქვენი კაცობისკენ მოწოდება და არასოდეს არავისთვის დავიზარებ სიმართლის შუქით თვალის ახელას.” იხილეთ პლატონის “აპოლოგია”.

"მე მეცოდება ყველა ის დამონებული საბრალო, რომელსაც დამხმარე არავინა ჰყავს; სწორად ამიტომ ვარ მე აქ დღეს; და არა იმისთვის, რომ რაღაც პირადული მტრობის, შურისძიებისა თუ ანგარიშსწორების გრძნობა მოვიკლა.[262][263] ეს ყოველივე, დაჩაგრული და მსხვერპლადქცეული კაცისადმი ჩემი თანაგრძნობის შედეგია, დაჩაგრული კაცისა, რომელიც ღმერთის თვალში ისეთივე კარგი და ძვირფასია, როგორც თქვენ."[264]

თუმცა კი ჩაჰკირკიტებთ, მაინც არ გესმით ახალი აღთქმა.

"მსურს გაიგოთ, რომ მე ისევე ვაფასებ მონათმფლობელობით დაჩაგრული ყველაზე ღარიბი და ყველაზე უმწეო ზანგის ადამიანურ უფლებებს, როგორც ყველაზე მდიდარი და ყველაზე ძლევამოსილი კაცის ადამიანურ უფლებას."

"და კიდევ უფრო მეტის თქმაც მსურს, – უმჯობესია თქვენ, სამხრელნო, მონობის საკითხის გადაწყვეტა თქვენი ნებით ახლავე წამოჭრათ, რადგან დღეს თუ ხვალ, იმაზე უფრო მალე, ვიდრე თქვენ ფიქრობთ, იგი უეჭველად წამოიჭრება. რაც უფრო მალე მოემზადებით ამ საკითხის გადასაჭრელად, მით უკეთესი. შეიძლება, მე ადვილად მომიშოროთ თავიდან. თითქმის უკვე მოშორებულიც გყავართ ახლა;

---

262 კანზასში ომისას ვინმე მარტინ ვაითმა კაპიტან ბრაუნის შვილი, ფრედერიკი მოკლა. რამდენიმე წლის მერე ჯონ ბრაუნი და თავისი რაზმი ამ მარტინ ვაითს მიზურიში საკუთარ ქოხში შემთხვევით წააწყდნენ. მისმა თანარაზმელებმა ბრაუნს ბევრი უჩიჩინეს, მოკალიო, მაგრამ ჯონ ბრაუნმა არაფრით არ მოკლა მისი შვილის მკვლელი. ამასთან დაკავშირებით მოგვიანებით კაპიტანმა ბრაუნმა მეგობარს უთხრა: "ხალხს ჩემი მიზნები ვერ გაუგია. თმის ღერსაც კი არ შევურხევდი [ვაითს]... შურისძიება როდი მაქვს გულში? *მე მხოლოდ სინდისი მამოძრავებს და სხვა არაფერი.* ჩემი მიზანი ადამიანთა უფლებების აღდგენაა." ასეთ წმიდა კაცს მთავრობა და პრესა "შურისძიებაში" ადანაშაულებდა, – წარმოგიდგენიათ თქვენ ეს?!

263 რაოდენ დიდი მსგავსებაა ჯონ ბრაუნის მსოფლმხედველობასა და სოკრატეს ფილოსოფიას შორის, აგრეთვე ჯონ ბრაუნის ცხოვრებასა და სოკრატეს ცხოვრებას შორის, რამეთუ ცხოვრება მსოფლმხედველობის ანუ თეორიის ხორცშესხმაა და სულგრძელოვანი ცხოვრება კიდევ უფრო ლამაზი და საკვირველია, ვიდრე სულგრძელოვანი და ლამაზი ფიქრი, რადგან სწორი ცხოვრება სწორ აზრზე კიდევ უფრო მეტად ლამაზი და იშვიათი რამაა ამქვეყნად. აი, რას ამბობს სულმნათი სოკრატე პლატონის ცნობილ დიალოგში, სახელად "კრიტო": "მაშინ გამოდის, მიუხედავად იმისა, რომ ადამიანების უმრავლესობას ანგარიშსწორება ბუნებრივ საქმედ მიაჩნია, კაცმა კაცს ზიანი მაშინაც კი არ უნდა მიაყენოს, როცა მას თავად მიაყენა ზიანი ამ კაცმა." იხილეთ პლატონის შრომა "კრიტო".

264 როდესაც კაპიტანი ბრაუნი ხელთ იგდეს, ჰკითხეს: "რა ზნეობრივი კანონებითა და წესებით შეგიძლია შენი ქმედებების გამართლება?" ჯონ ბრაუნმა მშვიდად მიუგო: "ოქროს წესით. მე მეცოდება ყველა ის საბრალო, რომელსაც დამხმარე არავინა ჰყავს: სწორად ამიტომ ვარ აქ დღეს; და არა იმისთვის, რომ პირადი მტრობის, შურისძიებისა ან ანგარიშსწორების გრძნობა დავიპურო. ეს ყოველივე ჩაგრული და მსხვერპლადქცეული კაცისადმი ჩემი თანაგრძნობის შედეგია მხოლოდ, ჩაგრული კაცისა, რომელიც ღმერთის თვალში ისეთივე კარგი და ისეთივე ძვირფასია, როგორც თითოეული თქვენგანი."

მაგრამ ეს საკითხი მაინც ღიად რჩება – ეს ზანგთა საკითხი.[265] მისი დასასრული ჯერ კიდევ არ ჩანს."[266]

წინასწარ ვიცი, დადგება ჟამი, როცა მხატვარი ამ გმირულ სცენას დახატავს და რომში აღარ მოუწევს წასვლა ხატვის მუზისა და ნახატის სიუჟეტის საძიებლად; პოეტი გალექსავს ამ გმირობას; ისტორიკოსი – დაწერს; და, ნიუ ინგლენდის ნაპირზე პილგრიმების პირველ გადმოსხდომასთან და "დამოუკიდებლობის გამოცხადებასთან"[267] ერთად, ეს მომავლის რომელიღაცა ეროვნული გალერიის ორნამენტად იქცევა, როცა, სხვა თუ არაფერი, მონობის დღევანდელი სახე მაინც აღარ იარსებებს აქ. აი, მაშინ კი თავისუფლად შეგვეძლება კაპიტანი ბრაუნის დატირება. მაშინ, და არავითარ შემთხვევაში იმაზე ადრე, ჩვენ ჯავრს ამოვიყრით.

---

265 კვლავაც დიდი მსგავსებაა ჯონ ბრაუნსა და სოკრატეს შორის. სოკრატემაც მსგავსი რამ უთხრა ათენელებს, სანამ სიკვდილით დასჯიდნენ: "თუ გგონიათ, რომ თქვენი მრუდე ცხოვრების გაბათილებას სიმართლის მქადაგებლის მოკვლით შეძლებთ და ჭეშმარიტებას ხორცის მოკვლით დაამუნჯებთ, მაშინ, გეუბნებით, რომ თავში ტვინი გაკლიათ. იცოდეთ, ასეთი მკვლელობებით სინამდვილეს თავს ვერ დააღწევთ, და შესაძლებელიც რომ იყოს ამგვარად თავის დაღწევა, საკადრისი მაინც არ იქნება ასეთი საქციელი. თქვენი გამოსწორების ყველაზე საუკეთესო და ყველაზე მარტივი გზა მართალი კაცის სიცოცხლის შეწყვეტა კი არაა, არამედ თქვენი კაცური ცხოვრების დაწყება. აი, ეს გახლავთ ჩემი ბოლო სიტყვა თქვენთვის, კენჭი რომ ყარეთ და სასიკვდილოდ გამიმეტეთ."

266 სწორად ასეთ მჭევრმეტყველებაზე თქვა ნეტარმა ავგუსტინემ: "ასეთი იყო მათი საუბრის უბრალო კილო, და მათ ისევე არ მოუხდებოდათ მჭევრმეტყველება, როგორც თავად მჭევრმეტყველებს არ მოუხდებოდათ მათებური უბრალო საუბარი." იხილეთ ნეტარი ავგუსტინე ჰიპოელის წიგნი "დე დოქტრინა ქრისტიანა" ანუ "სწავლება ქრისტეანობის", ქვეწიგნი IV.

267 დამოუკიდებლობის დეკლარაცია ანუ დამოუკიდებლობის გამოცხადება – ამერიკის მეორე კონტინენტური კონგრესის მიერ 1776 წლის 4 ივლისს ხელმოწერილი დებულება, რომლის თანახმადაც ცამეტმა ამერიკულმა კოლონიამ დიდი ბრიტანეთის იმპერიისგან გამოყოფა და საკუთარი დამოუკიდებლობა გამოაცხადა.

სიცოცხლე ზნეობის გარეშე

ლიცეუმში, ეს არც თუ ისე დიდი ხნის წინ მოხდა, მივხვდი, რომ ლექტორს ძალიან უცხო თემა ამოერჩია სასაუბროდ, რის გამოც ჩემი დაინტერესება ვერ მოახერხა იმდენად, რამდენადაც მას ეს შეეძლო. მას გულში არსებული არაფერი უთქვამს და თავისი საუბრით შორეულ და ზედაპირულ საგნებს მიედ-მოედო. ამ გაგებით, მის ლექციაში ვერ ნახავდით ვერც დედააზრს და ვერც აზრების ერთად შემკვრელ და შემდუღაბებელ აზროვნებას. ამის მაგივრად, მერჩივნა, მისი პირადი, გულიდან ამოსული ცხოვრებისეული ეამბო რამე საკუთარი გამოცდილებიდან, როგორც ამას პოეტები ჩადიან ხოლმე. მე, თავი ყველაზე დაფასებულად მაშინ ვიგრძენი, როცა ერთხელ ერთმა მსმენელმა მკითხა, თუ პირადად რას *ვფიქრობდი*, და მთელი გულისყურით მოისმინა ჩემი პასუხი. მიკვირს და, ამასთანავე, მიხარია ხოლმე, როცა ასეთი რამ ხდება, რადგან ვხვდები, რომ ჩემი მეტად იშვიათი საქმისთვის გამოყენება უნდა კაცს, და წინასწარ იცის, რომ ჩემი პირადი აზრების გაზიარებით მისთვის რამე აზრიანის მოსმენაა შესაძლებელი. ეს იშვიათად ხდება. როგორც წესი, ადამიანებს მხოლოდ ის აინტერესებთ ხოლმე თუ, ჩემი აზრით, რამდენ აკრ[268] მიწას შეადგენს მათი მამული – რადგანაც მე მიწისმზომელი ვარ – ან, დიდი-დიდი, იმის გაგება ისურვონ, რა წვრილმანი სიახლის სათქმელად ვარ მოსული. ეს ხალხი ჩემს გულისნადებს ვერასოდეს ჩასწვდება, რადგან მათ, ზოგადად, გულს ნაჭუჭი და ჩენჩო ურჩევნიათ და ამიტომაცაა, რომ კაცის გული და გულისნადები ფეხებზე ჰკიდიათ. ერთხელ ერთმა კაცმა საკმაოდ შორი გზა გამოიარა, რომ ჩემთან მოსულიყო და მთხოვა, მათთან მონობაზე ლექცია წამეკითხა; მაგრამ საუბრისას მალევე გამოირკვა, თვითონ და თავისი ბრბო იმას ელოდნენ და ის ეწადათ, რომ ლექციის შვიდი მერვედი თვითონ ელაპარაკათ და მხოლოდ ერთი მერვედი მესაუბრა მე; ჰოდა, უარი ვუთხარი. მართალია, ამ საქმეში დიდად გამოცდილი არ გახლავართ, მაგრამ, ჩემი აზრით, როდესაც მე ლექციის წასაკითხად მეპატიჟებიან, თავისთავად იგულისხმება, მიუხედავად იმისა, რომ, შესაძლოა, ამ ქვეყანაში ჩემისთანა სულელი არც კი მოიძებნებოდეს, ხალხს ამა თუ იმ საგანზე იმის მოსმენა სწადია, რასაც მე *ვფიქრობ* – და არა ის, რითაც მათი მოთაფვლა და მონუსხვაა შესაძლებელი, ან რის მოსმენაზეც თვითონ სიამოვნებით დამთანხმდებიან; ჰოდა, ვიღებ მკაცრ გადაწყვეტილებას, რომ ხალხს ჩემი საკუთარი თავის ძლიერი დოზა მივცე ხოლმე. თვითონ მომიწვიეს, საფასურიც გადამიხადეს, და ეჭვიც არ მეპარება, ჩემს თავს და ჩემს აზრებს სრულად მივართმევ, მიუხედავად იმისა, რომ ამით შეიძლება თავი უკიდურესად მოვაბეზრო კიდეც.

ჰოდა, ახლა მსგავსი რამის თქმა თქვენთვისაც მინდა, ჩემო მკითხველო. რადგანაც *თქვენ* ჩემი მკითხველები ხართ, მე კი დიდი მოგზაური არასოდეს ვყოფილვარ, აქაც ათასი მილის მიღმა მცხოვრებ ხალხზე კი არ ვისაუბრებ, არამედ ჩვენს ხალხზე. რადგანაც დროში შეზღუდულები ვართ, საუბრისას ყველანაირ პირფერობას უკუვაგდებ და მხოლოდ კრიტიკას მოგართმევთ.

---

[268] აკრი – დიდი ბრიტანეთის იმპერიული საზომების სისტემის და ამერიკაში გავრცელებული ფართობის საზომი ერთეული, რომელიც დაახლოებით 0.4 ჰექტრის ტოლია.

მოდი, დავფიქრდეთ, რაში ვფლანგავთ ჩვენს ცხოვრებას.

ეს მსოფლიო საქმოსნობისა და ფულის კეთების ადგილია. ოჰ, რა უსასრულო ალიაქოთია აქ! თითქმის ყოველღამე ლოკომოტივის[269] ქშინვა მაღვიძებს. მისი განუწყვეტელი ქოშინის ხმა ძილს მიფრთხობს და სიზმრებს მაწყვეტინებს. კვირა დღე აქ არ არსებობს. რა იქნებოდა ადამიანთა მოდგმა ერთხელ მაინც დამანახა მოცლილი და საქმისგან თავისუფალი. მხოლოდ მუშაობა, მუშაობა, მუშაობა. ჩემი ფიქრების ასარეკლად და გამოსაწერად სუფთა რვეულის ყიდვაც კი მიჭირს; აქ რვეულები უმთავრესად დოლარების და ცენტების ჩასაწერად ხომ წინასწარაა დახაზული. ერთხელ ერთმა ირლანდიელმა შემნიშნა, მინდორში ვიჯექი და ჩემს აზრებს ვიწერდი რვეულში, და, არც კი დაფიქრებულა, მაშინვე ის იფიქრა, რომ ჩემს საზღაურს ვანგარიშობდი. ვთქვათ და, მოხდა ისე, რომ ბავშვი ფანჯრიდან გადმოვარდა და მთელი სიცოცხლე კუტად დარჩა, ან ინდიელებმა ისე შეაშინეს, რომ გონება წაერთვა და გაგიჟდა, ამ შემთხვევაში ხალხი იმას კი არ ნანობს, რომ სიცოცხლე დამახინჯდა, არამედ ძირითადად იმას, რომ ეს ადამიანი საქმისთვის და საქმოსნობისთვის აღარ ვარგა – ფულის შოვნისთვის ვეღარ გამოდგება! ჩემი აზრით, დედამიწის ზურგზე ისეთი არაფერი მოიძებნება, თავად დანაშაულიც კი, რომელიც პოეზიას, ფილოსოფიას, თავად სიცოცხლესაც ისე ძლიერ ეწინააღმდეგებოდეს, როგორც ეს განუწყვეტელი საქმიანობა – ფულის კეთება.

ჩვენი სოფლის განაპირას ერთი უხეში და დოღრიალა ფულისმკეთებელი კაცია, რომელსაც თავისი მდელოს კიდეზე ბორცვის ქვეშ კედლის[270] აშენება გადაუწყვეტია. რაღაც ძალას ჩაუდვია ეს აზრი მის თავში, ალბათ, იმიტომ, რომ დროისა და ენერგიის სიჭარბის გამო რამე მავნე საქმით არ დაკავდეს ეს ადამიანი. ჰოდა, მოვიდა და მთხოვა, მივეხმარებოდი და მასთან ერთად მეთხარა მიწა სამი კვირის განმავლობაში. მთელი ამ საქმის შედეგი ასეთია: იგი უფრო მეტ ფულს მოიხვეჭს და მერე თავის მემკვიდრეებს დაუტოვებს, მათ სისულელეებში რომ ფლანგონ, ალბათ. მე რომ დავთანხმდე და დავეხმარო, ადამიანების უმრავლესობა შემაქებს და ჩემზე იტყვის, შრომისმოყვარე და საქმოსანი კაციაო; აი, თუ არ დავთანხმდი და სხვა ისეთი საქმის კეთება გადავწყვიტე, რომელსაც ბევრად ჭეშმარიტი სარგებელი მოაქვს კაცისთვის, ვიდრე ფულის კეთებას, ხალხი ჩემზე, ალბათ, იმას იფიქრებს, უქნარააო. ჰოდა, მიუხედავად ყველაფრისა, რადგანაც შრომის პოლიციისგან საკუთარი თავის მართვა, განმგებლობა და რეგულირება მე არ მჭირდება, და ამ კაცის წამოწყებაშიც ვერაფერს ვხედავ საქებარს და მისი საქმე ისეთივე უაზრობად მიმაჩნია, როგორც ჩვენი საკუთარი თუ უცხო ქვეყნების მთავრობების გარჯა და მოღვაწეობა, მიუხედავად იმისა, რომ თავად ამ ფუტურო ადამიანს და ამ ადამიანისთანა ფუტურო მთავრობებს თავიანთი საქმიანობა დიდი რამე ჰგონიათ, მირჩევნია სხვა რამე ვაკეთო და ჩემი განათლება ცხოვრების სულ სხვა სკოლიდან და სხვა საქმიანობიდან მივიღო.

---

[269] 1844 წლის 17 ივნისს მასაჩუსეცის შტატის სოფელ ქანქარდში, სადაც თოროუ ცხოვრობდა, ფიჩბურგის რკინიგზა გაიხსნა, რომელიც ვოლდენის ტბის გვერდით გადიოდა.
[270] მეწყერსაწინააღმდეგო კედლის აშენება, რომელიც გზას მიწის ჩამონაშალისგან იცავს.

კაცმა რომ ყოველი დღის ნახევარი ტყეში მისი სიყვარულის გამო იაროს, ალბათ უქნარას და უსაქმურს დაუძახებენ; მაგრამ თუ ის მთელ თავის დღეს ამ ტყეში, როგორც სპეკულატორი ისე გაატარებს, და მიწის ზურგს ხეებს მოკრეჭს და ჩვენს მშობლიურ დედამიწას დროზე ადრე გაამელოტებს, მაშინ მას როგორც მშრომელ, საქმოსან და ყოჩაღ მოქალაქეს, ისე აფასებენ. გეგონება სოფელს ტყე მხოლოდ გაკაფვისთვის უნდა აინტერესებს და სხვა არაფრისთვის!

ადამიანების უმრავლესობა თავს შეურაცხყოფილად იგრძნობდა, კედლის ერთი მხარედან მეორე მხარეზე და პირუკუ ქვების საყრელად ანდა ჩხირის ერთი ადგილიდან მეორეზე გადასატან-გადმოსატანად რომ დაგექირავებინა მხოლოდ იმიტომ, რომ ამ უაზრო საქმის კეთებით, უბრალოდ, ფული ეშოვნათ. მაგრამ ბევრი დღეს სწორად ასეთ უაზრო საქმეშია ჩართული. მაგალითად: ზაფხულის ერთ დღეს, აისის შემდეგ, ჩემს მეზობელს მოვკარი თვალი, თავისი გუნდის გვერდით მოდიოდა, გუნდისა, რომელიც მოსაზმელზე დადებულ მძიმე ლოდს ძლივსძლიობით მოათრევდა. იგი ინდუსტრიის ჰაერს მოეცვა – მისი დღიური შრომა დაწყებულა – მისი შუბლი ოფლის დენას შესდგომია – ოჰ, რა საყვედურია მისი საქმიანი სახე ყველა ზარმაცისა და ზანტაკისთვის? – ერთ ხაზზე ამწკრივებს თავისი ხარების მხრებს, და ნახევრად შემობრუნებით თავის მოწყალე მათრახს იქნევს, რომ ეს მართლაცდა ცხოველსდამსგავსებული მუშები ააჩქაროს. ვიფიქრე, თურმე ესაა ის შრომა, რომლის დასაცავადაც ამერიკის კონგრესი არსებობს-მეთქი – პატიოსანი, კაცური ჯაფა – დღესავით ნათელი და ალვის ხესავით სწორი და მართალი – რომელიც კაცს ლუკმას უტკბობს და საზოგადოებასაც ახმატკბილებს – შრომა, რომელსაც ყველა ადამიანი აფასებს და ლოცავს; ვიფიქრე, ეს იმ წრფელ ადამიანთა გუნდია, რომელიც მეტად მოსაზრებელ, მაგრამ მეტად საჭირო მძიმე საქმეს აკეთებს-მეთქი. მართალს ვამბობ, ჩემი გულიდან მომავალი მსუბუქი საყვედურიც კი ვიგრძენი ჩემი თავის მიმართ, რადგან მთელ ამ საქმიანობას ფანჯრიდან ვადევნებდი თვალყურს და მეც ამ კაცებივით გარეთ არ ვიყავი საქმით დაკავებული. ის დღე მიიწურა და საღამოს მეორე მეზობლის სახლს ჩავუარე, რომელსაც ბევრი მოსამსახურე ჰყავს და დიდძალ ფულს ერთობ სულელურად ფლანგავს, ანუ საზოგადოებისთვის სასარგებლოს არაფერს იქმს, და სწორად იქ, მის ეზოში იყო, რომ ის დიდი ლოდი შევამჩნიე, რომელსაც დილით მუშები მიათრევდნენ. ეს ლოდი სამშვენისად რაღაც უცნაური ნაგებობის გვერდით იდო, ამ ლორდ თიმოთი დექსთერის[271] კარ-მიდამოს სილამაზე რომ შეჰმატებოდა. ვიხილე ეს და იმ წამიდან მოყოლებული მეხრისა და დანარჩენი მუშების შრომას ჩემს თვალში

---

271 "ლორდი" თიმოთი დექსთერი (1747-1806) – მასაჩუსეცის შტატის სოფელ ნიუბარიფორთის საქმოსანი, ვაჭარი, რომელსაც საქმეში ძალიან უმართლებდა, თუმცა მართლწერის შესწავლით არასოდეს შეუწუხებია თავი და თითქმის სრულებით გაუნათლებელი იყო. იგი ცნობილი გახლდათ თავისი უცნაურობებისა და ახირებულობების გამო. მას განსაკუთრებით დიდად, მაგრამ უჩვეულოდ უყვარდა სამხატვრო და დეკორაციული ხელოვნება. ის აგროვებდა უამრავ უცნაურ ეგრეთწოდებულ ხელოვნების ნიმუშს, და ყოველივე ამაში დიდ ფულს ფლანგავდა, რის შედეგადაც ბოლოს გაკოტრდა კიდეც. ერთ დღეს "ლორდ" თიმოთი დექსთერს დააინტერესა, რას იტყოდა ხალხი მისი გარდაცვალების შესახებ. ადგა და, ტყუილ-უბრალოდ თავისი გარდაცვალების ამბავი გამოაცხადა და დასაფლავებისთვის მზადებას შეუდგა. მას ეწადა, ხალხისთვის ჩუმად ყური დაეგდო და მერე უცაბედად ყველას თვალწინ ცოცხალი და უვნებელი გამოცხადებულიყო. დაახლოებით 3,000 კაცი მოვიდა დაკრძალვაზე, თუმცა თიმოთის უცნაურობებით გაოგნებულმა მისმა ცოლმა მკაცრი უარი განაცხადა მის დატირებაზე, რის შედეგადაც დექსთერი გაბრაზდა, საერთოდაც აღარ გამოცხადდა თავის დასაფლავებაზე და მერე "ურჩი" ცოლი გაროზგა.

ღირსება დააკლდა და სრულიად დაეკარგა ფასი. ჩემი აზრით, უფალს მზე ამათ უაზრო შრომაზე უკეთესი შრომის გასაშუქებლად შეუქმნია. და იმასაც დავამატებ, რომ ამ მუშების დამქირავებელი, ბატონი ვებსთერი, მას შემდეგ, რაც მთელი სოფლის ვალი აიკიდა და ვეღარ იხდიდა, იძულებილი იყო გაქცეულიყო და, მას შემდეგ რაც ვალების ჩამოსაწერად ჩენსერის სასამართლო[272] გაიარა, დღეს სადღაც სხვაგან დასახლდა, რომ ახლა იქ გასწიოს "ხელოვნების" დიდი "ქომაგობა".[273]

თითქმის გამონაკლისის გარეშე შეიძლება ითქვას, რომ გზას, რომლითაც ადამიანი ფულს შოულობს, ყოველთვის დაცემისა და ჯოჯოხეთისკენ მიჰყავს კაცი. მხოლოდ ის ფაქტიც, რომ ფულის შოვნისთვის, *უბრალოდ*, რამე გიკეთებია, უკვე საკმარისად ცხადჰყოფს, რომ შენ ჟამი უსაქმურობაში ან უსაქმურობაზე კიდევ უარეს საქმეში გაგიფლანგავს. და თუ მუშა იმაზე მეტ საფასურს ვერ ღებულობს, რასაც მას დამქირავებელი უხდის, მაშინ ის მოტყუებულია, ანუ ის საკუთარ თავს ატყუებს. თუ ფულს როგორც მწერალი ან როგორც ლექტორი და მოქადაგე ისე შოულობ, მაშინ აუცილებელია, პოპულარულიც იყო, ეს პოპულარულობა კი უკვე ქვემოთ მიმართული სულიერი დაცემა და ჯოჯოხეთისკენ მართობული სვლაა. და სწორად ის სამსახურია ყველაზე სამარცხვინო, რომელშიაც ფულს ნებაყოფლობით იხდის საზოგადოება. ამიტომაც სწორად ის არ უნდა აკეთო, რაშიც ქვეყანა სიამოვნებით იხდის ფულს. რამეთუ, ასეთ შემთხვევაში, ფულს იმისთვის გიხდიან, რომ ადამიანზე დაბლა მდგომ არსებად იქცე. როგორც წესი, კერძო დამქირავებლებზე მეტად არც სახელმწიფო აფასებს ხოლმე გენიოსს. პოეტ ლაურეატსაც კი იმას ვურჩევ, რომ შემთხვევით მინიჭებული ჰონორარის მიღება არ იზეიმოს. ასეთ პოეტებს სახელმწიფო ღვინით სავსე მილით[274] ქრთამავს ხოლმე; და იმაზე თუ გიფიქრიათ, ერთი პოეტი ლაურეატისთვის დასაჯილდოვებელი ამ მილი ღვინოს შესაკოწიწებლად მთავრობამ მეორე პოეტი ლექსების წერას რომ მოსწყვიტა და მილის კეთებაში დასაქმება აიძულა. თავად მე რაც შემეხება, ჩემებური მიწისმზომელობაც, რომლის კეთება საუცხოოდ ძალმიძს, ჩემს დამქირავებლებს არ სურთ. მათ ურჩევნიათ, ჩემი საქმე უფრო მეტი უხეშობით და ნაკლები სიზუსტით ვაკეთო. როდესაც სიტყვა მოიტანს, და ვახსენებ ხოლმე, რომ მიწისმზომელობის სხვადასხვა ხერხები არსებობს, ჩემი დამქირავებელი იმას კი არ მეკითხება, რომელია ყველაზე ზუსტი და სამართლიანი ხერხი, არამედ მაშინვე იმას კითხულობს, რომელი ხერხით შეიძლება მას რაც შეიძლება მეტი მიწა მიეზომოს. ერთხელ კორდიშეშის[275] ზუსტი გაზომვის წესი გამოვიგონე, და შევეცადე, ბოსტონელებისთვის მესწავლებინა; მაგრამ იქაურმა მზომელმა მითხრა,

---

[272] ჩენსერის სასამართლო – ინგლისის ჩენსერის სასამართლო ჩამოყალიბდა ლორდ ჩენსლერის (ანუ კანცლერის) იურისდიქციის საზღვრებში, რომელშიც მოსამართლეები კერძო საკუთრების საკითხებს, როგორც წესი, კანონის საკუთარი განმარტების საფუძველზე წყვეტდნენ და არა კანონის ბრმა მორჩილებით. ამერიკაში ჩენსერის სასამართლო წყვეტდა ვალის და გირაოს საკითხებს.

[273] მთელი აბზაცი გამოხმაურებაა დიდი ჩინელი ფილოსოფოსის, კონფუციუსის, ანუ კონფუცის (551-479 ჩ.წ.-მდე) სიტყვებზე: "უცნაურობების გამოკიდებას და ახირებულებას მხოლოდ ერთი რამ მოაქვს – ზიანი." აღსანიშნავია, რომ თოროუს კონფუციუსი წაკითხული ჰქონდა, რაც მის თხზულებებში მოყვანილი ციტირებებიდანაც კარგად ჩანს. იხილეთ კონფუცის "ანალექტები".

[274] ღვინით სავსე მილი – ანუ კასკა: XVII-XVIII საუკუნეებში პოეტ ლაურეატებს ჯილდოდ მეფისგან ღვინით სავსე მილი ანუ კასკა ებოძებოდათ ხოლმე. კასკა დაახლოებით 100 გალონს ანუ დაახლოებით 400 ლიტრს უდრის.

[275] კორდიშეშა – ერთი კორდი შეშა 128 კვადრატული ფუტია და, როგორც წესი, 4-4-8 აწყვია ხოლმე (სიგრძე, სიგანე, სიმაღლე).

რომ გამყიდველებს არ სურდათ თავიანთი შეშის ზუსტად გაზომვა – და რომ მის მიერ გამოყენებული გაზომვის ხერხი ისედაც საკმარისად ზუსტი იყო მათთვის, და ამ მიზნით, სანამ ხიდს გადმოივლიდნენ და ბოსტონში გადმოვიდოდნენ, შეშით მოვაჭრენი ჩარლსთონში[276] წინასწარ აზომინებდნენ თავიანთ შეშას.

მუშაკაცის მიზანი ლუკმა პურის შოვნა კი არ უნდა იყოს, ან "კარგი სამსახურის შოვნა," არამედ გარკვეული სამუშაოს კარგად შესრულება; და თუნდაც წმინდა ეკონომიკური თვალსაზრისით, ქალაქისთვის უფრო სასარგებლო იქნებოდა, დაქირავებული ხელისთვის წესიერი ხელფასი გადაეხადა, მუშაკაცს რომ არ ჰგონებოდა, მხოლოდ ფიზიკური გადარჩენისთვის და ლუკმა-პურული მიზეზით აკეთებს საქმეს, არამედ სამეცნიერო და ზნეობრივი მიზეზისთვისაც. არ შეცდე და არ დაიქირავო ის კაცი, რომელიც საქმეს ფულის სიყვარულისთვის აკეთებს, დაიქირავე ის, ვინც თავად ამ საქმის სიყვარულისთვის იქმს ამ საქმეს.

გასაკვირია, რომ ადამიანების მხოლოდ მცირე ნაწილია კარგად დასაქმებული, მაგრამ, რა ვუთხარი მათ ჭკუას, რომ პატარა ფულითა და სახელის მოხვეჭის იმედით ამ ხალხის მოსყიდვაც კი შეიძლება, ესენიც კი ხომ ადვილად და სწრაფად მიატოვებენ თავიანთ საქმეს მიწიერი წარმატების მოსაპოვებლად. ხანდახან თვალს მოვკრავ ხოლმე სამუშაო განცხადებებს, ვეძებთ *აქტიურ* ახალგაზრდა მამაკაცებსო, ვითომცდა აქტიურობა იყოს ადამიანის მთავარი ნიჭი, მთავარი განძი და მთავარი კაპიტალი. მიუხედავად ამისა, მაინც გამკვირვებია, როდესაც ჩემთან სრულწლოვანი კაცი მოსულა და ჩემთვის მის საქმიანობაში ჩართვა და სამსახური შემოუთავაზებია, გეგონება, მე სხვა აღარაფერი მქონოდა საკეთებელი, და ვითომ ჩემი აქამდე განვლილი ცხოვრება სრული მარცხი და უმიზნობა ყოფილიყოს. ჩემი და ჩემი მიღწევების რა საეჭვო შექება მისი ამგვარი წინადადება! ისე იქცევა, გეგონება, ჩემი გულისთვის ქარი მკერდით გაუპია, ნახევარი ოკეანე გადმოულახავს და ახლა თავისთან ერთად საქმეზე გამგზავრებას მთელი გულით მთავაზობს! ვთქვათ და, წამოვიდე, რას ფიქრობ, შენი აზრით, დაზღვევის აგენტები რას იტყვიან? დააზღვევენ კი ჩემისთანა კაცს? არა, არა! ჩემი ცხოვრების მოგზაურობის ამ ეტაპზე უმუშევარი ნამდვილად არ ვარ. სიმართლე რომ ითქვას, პატარა ბიჭობისას, ჩემს პირად, სულიერ ნავსაყუდელში რომ დავხეტიალობდი, ერთ განცხადებას მოვკარი თვალი, რომელმაც მამცნო, შნოიანი მეზღვაური გვჭირდებაო, ჰოდა, შევიქმენი თუ არა სრულწლოვანი, მაშინვე ამ საქმეს მივყავი ხელი – იმ დღიდან მოყოლებული ვაჭარი მეზღვაური კი არა, სულიერი მეზღვაური ვარ მე.

საზოგადოებას არასოდეს აბადია ისეთი ფული, რომ ჭეშმარიტად გონიერი კაცი მოქრთამოს. შეიძლება მთაში გვირაბის გასათხრელი ფული მოაგროვო,[277] მაგრამ იმ კაცის დასაქირავებელ ფულს შენ ვერასოდეს მოუყრი თავს, რომელიც *თავისი* გზით მიდის და *თავის* საქმეს თვითონ

---

[276] ჩარლსთონი – მასაჩუსეცის შტატის ქალაქ ბოსტონის გარეუბანი. ის თავიდან ცალკე დაბა იყო და მასაჩუსეცის კოლონიის პირველი დედაქალაქი, მაგრამ 1847 წლიდან დიდ ქალაქად იქცა და 1874 წლის 5 იანვარს ქალაქ ბოსტონს შეუერთდა.

[277] თოროუ მიუთითებს 1848 წლის მოვლენაზე, როცა მთავრობამ ორ მილიონ დოლარად მთა ჰუსაქში (მასაჩუსეცის ჩრდილო-აღმოსავლეთშია) გვირაბის გასათხრელად კომპანია დაიქირავა. დაპირებული ხუთი წლის მაგივრად ამ საქმეს 11 წელი დასჭირდა და ორი მილიონის მაგივრად – თოთხმეტი.

აკეთებს. მადლიანი და ნიჭიერი კაცი აკეთებს იმას, რაც შეუძლია, და არად დაგიდევს ამაში საზოგადოება ფულს უხდის თუ არა. აი, უნიჭონი კი იმას მიექირავებიან, ვინც ყველაზე დიდი ფულის გადამხდელია, და ამის გამო ყოველთვის იმედი აქვთ, რომ სარფიან სამსახურს გამონახავენ. კაცი იფიქრებდა, იქნებ ასეც ხდება და, მართლაც სარფიან სამსახურებში საქმდებიან ასეთებიო, მაგრამ, საკითხავია, მართლა ასეა ეს თუ არა.

იქნებ სულაც ზომაზე მეტად ვეჭვიანობ ჩემს თავისუფლებაზე. ვგრძნობ, რომ საზოგადოებასთან ჩემი კავშირი და საზოგადოებისადმი ჩემი მოვალეობები ისევ ძალიან უმნიშვნელოა და თან ხანმოკლე. ის მსუბუქი შრომა, რომლითაც საარსებო წყაროს ვშოულობ, და რომლითაც ჩემს თანამედროვეებს ვემსახურები და რაღაცაში ვადგები, ჩემთვის მაინც უბრალო თავშექცევა და სიამოვნებაა, და თანაც იმდენად დიდი სიამოვნება, ხშირად მავიწყდება კიდეც, რომ ლუკმა პურის შოვნისთვის აუცილებელი საქმიანობაცაა ეს ჯაფა. ჯერჯერობით თავისუფლებას ვინარჩუნებ, მონურად არ ვშრომობ, და ამ გაგებით საკმაოდ წარმატებული ვარ. მაგრამ ვხვდები, რომ თუ ჩემი სურვილების რიცხვი გაიზრდება, მაშინ ამ სურვილების დაკმაყოფილებისთვის აუცილებელი შრომის გაზრდაც დამჭირდება და შრომა სიამოვნებიდან მძიმე ტვირთად გადამექცევა. მეც რომ სხვებივით ჩემს დილა-შუადღე-საღამოს, როგორც ამას ადამიანთა უმრავლესობა აკეთებს, სამუშაოდ ვყიდდე და ვაქირავებდე, დარწმუნებული ვარ, რომ ჩემს ცხოვრებას სიცოცხლე წაერთმეოდა, ანუ თავად ასეთ ცხოვრებასაც დაეკარგებოდა აზრი. მჯერა, რომ ისე არასოდეს გავსულელდები, ცხოვრების სალაფავისთვის გავყიდო ღმრთივბოძებული პირმშოობა.[278] იმის თქმა მსურს, რომ კაცი შეიძლება ძალიან საქმიანიც კი იყოს, მაგრამ მაინც ვერ შეძლოს ჟამის სწორად გამოყენება. დედამიწის ზურგზე იმაზე უვარგისი მფლანგველი არ დაიარება, ვინც მთელ თავის სიცოცხლეს საცხოვრებელი წყაროს შოვნაში ფლანგავს. ყველა ჭეშმარიტად დიდი და დიდებული საქმე თვითმყოფადია. მაგალითად, პოეტმა საკუთარი თავი საკუთარი პოეზიით უნდა შეინახოს ისევე, როგორც საშალაშინო ორთქლის საამქრო მუშაობს საკუთარ ნარჩენ ბურბუშელაზე.[279] პურის ფული სიყვარულით უნდა იშოვო და არა ვირული შრომით. მაგრამ, როგორც ამ გამოთქმას ვაჭრებზე ავრცელებენ, ასიდან ოთხმოცდაჩვიდმეტი მარცხს განიცდის და კოტრდება, იგივე ითქმის ხალხზეც – ასიდან ოთხმოცდაჩვიდმეტი სულიერ მარცხს განიცდის და ზუსტად შეიძლება ვიწინასწარმეტყველოთ, რომ სულიერად გაკოტრდება კიდეც და ამ საშოვარისთვის თვით სიცოცხლესაც კი დაჰკარგავს, უსათუოდ.

ამ ქვეყნაში მხოლოდ რომელიმე დიდი ქონების მემკვიდრედ რომ იშვა, და არა, უბრალოდ, კაცად, შობა კი არა და მკვდარშობილებაა. მდიდარი მეგობრების კისერზე თუ ხარ ჩამოკიდებული, ან სახელმწიფო პენსია, როგორც დიდგვაროვანს, ბავშობიდან მუქთად გინახავს – რა თქმა

[278] თოროუ მიუთითებს "ძველი აღთქმის" "დაბადების" წიგნზე: ესავმა თავისი პირმშოობის უფლება იაკობს პურზე და ოსპის შეჭამადზე გაუცვალა: "და ჰრქუა იაკობ ესავს: მომეც მე დღეს პირმშოებაი შენი. ...ხოლო იაკობ სცა ესავს პური და მგბარი ოსპისა. ჭამა და სუა, აღდგა და წარვიდა და განაქარვა ესავ პირმშოებაი თვისი." (იხილეთ "მცხეთური ხელნაწერი" ან ნებისმიერი სხვა ჭეშმარიტი მართლმადიდებლური "ბიბლია", თავი "დაბადება", 25:31-34).
[279] თოროუ გულისხმობს XIX საუკუნეში ნიუ ინგლენდში არსებულ ხის გადამამუშავებელ საამქროებს, რომლებშიც ადგილობრივ, ნარჩენ ბურბუშელას იყენებდნენ საწვავად და ენერგიის წყაროდ.

უნდა ამისთვის, სხვა თუ არაფერი, სუნთქვა და ამ სუნთქვით შენი არსებობის დამტკიცება მაინც უნდა შეგეძლოს – ან რა სინონიმებითაც გინდა აღწერე შენი მუქთახორული და წურბელური ცხოვრება, ასე თუ ცხოვრობ, იგივეა, ჯანსაღი და უნარიანი კაცი დავრდომილთა და გაჭირვებულთა თავშესაფარში ცხოვრობდე და მათხოვრობდე. კვირაობით ეკლესიაში მიდის ხოლმე მოვალე, მონა ღმრთისაა ეს თუ მხევალი – აზრი არა აქვს, და თავისი სულის ანგარიშს ისმენს და, რა თქმა უნდა, იგებს, რომ მისი დანახარჯები შემოსავლებს აღემატება, რომ მისი ცოდვები ბევრად ჭარბობს მადლს. განსაკუთრებით კათოლიკურ ეკლესიაში, შედიან ხოლმე ჩენსერიში,[280] პირწმინდად ამბობენ აღსარებას, ცოდვებს ჩამოარაკრაკებენ და ფიქრობენ, რომ ჭეშმარიტი სინანულის გარეშე ცხოვრებას ხელახლა დაიწყებენ. ასე და ამგვარად ხდება, რომ ადამიანები მხართეძოზე წამოკოტრიალებულან, კაცის დაცემაზე საუბრობენ, და არც ხორციელად ფეხზე დადგომას და არც სულიერ აღდგომას არ ცდილობენ ისინი.

რაც შეეხება საარსებო მოთხოვნებს, რომლებსაც ადამიანები ცხოვრებას წაუყენებენ ხოლმე, ორი სახის ხალხი არსებობს, – ერთს თანმიმდევრული, მყარი, ხელჩასაჭიდი წარმატება სურს ცხოვრებისგან, და მისი სამიზნე პირდაპირი სროლით შეიძლება იოლად ამოიღო მიზანში და ადვილად მოარტყა, და ამ კაცის მიწიერი ოცნება, კაცმა რომ თქვას, ადვილი მისაღწევი უნდა იყოს; აი, მეორე სახის ადამიანი კი, მიუხედავად იმისა, რომ მისი ცხოვრება შეიძლება მდაბალი და წარუმატებელი იყოს, მუდამ თავისი მიზნების ამაღლებას ცდილობს, თუმცა ესეც ადამიანური სისუსტის გამო, ნელ-ნელა და ცოტ-ცოტა მაღლდება და არა ერთბაშად. ისე, არჩევანი რომ მიდგეს, ბევრად უფრო მირჩევნია, ზემოხსენებული მეორე კაცივით ვიცხოვრო, ვიდრე პირველივით – თუმცა, როგორც ამას აღმოსავლელები ამბობენ, "სიდიადე როდი ეკარება მას, ვინც მუდამ დაბლა იხედება; მაგრამ, იმავდროულად, ისიც გასათვალისწინებელია, რომ ისინი, ვინც მუდამ ზევით, ზეციური მიზნებისკენ იყურებიან, ხშირად ღარიბდებიან ხოლმე."[281]

საოცარია, რომ ძალიან ცოტა ან, შეიძლება ითქვას, საერთოდ არც არაფერი დაწერილა პურისფულის მოპოვების მეტად მნიშვნელოვან საკითხზე; როგორ შეიძლება, რომ ლუკმა პურის შოვნა მხოლოდ პატიოსან და ღირსეულ კი არა, არამედ სანდომიან და დიდებულ საქმედ აქციოს ადამიანმა; რადგან თუ სასიცოცხლო წყაროს *მოპოვებაში* ყოველივე ზემოხსენებული არ ძევს, მაშინ თავად სიცოცხლეც აღარ ძევს სასიცოცხლო წყაროს მოპოვებაში. ჩვენი ლიტერატურის შემხედვარე, კაცი იფიქრებდა, რომ ამ საკითხს არასოდეს შეუწუხებია კაცის გონება. ნუთუ ეს იმის გამოა, რომ ადამიანებს იმდენად შეზიზღებიათ ლუკმა პურის შოვნის პირადი გამოცდილება, რომ ამ საგანზე ლაპარაკიც არ სურთ? გაკვეთილისთვის, რომელსაც ფული გვასწავლის, რომელსაც თავად

---

280 ჩენსერი – კათოლიკურ ანუ რომაულ ეკლესიაში მართვა-განმგებლობის სამსახური, რომელსაც საბუთების წარმოება ევალება. როგორც წესი, ჩენსერი საეპისკოპოსო შენობაშია და მას ნათლობების და საქორწინო მოწმობების წარმოება და აღრიცხვა, ქორწინებების გასაუქმებლად შეტანილი სათხოვრების განხილვა და სხვა ამგვარი რამ ევალება.
281 თოროუს წაკითხული ჰქონდა ვიიშნუ სარმას (ნარაიანას) "ჰიტოპადეშა" – ინდური იგავ-არაკების და სიბრძნეების კრებული, საოცარი, საქვეყნოდ ცნობილი წიგნი, და ეს ციტირებაც სწორად აქედანაა. 1842 წელს თოროუმ წაიკითხა დიდ ბრიტანეთში, ქალაქ ბეთში (აბანოში) 1787 წელს დაბეჭდილი გამოცემა.

სამყაროს შემქმნელი გვასწავლის, ჰო, ამ მეტად მნიშვნელოვანი გაკვეთილისთვის კაცობრიობას რატომღაც ერთბაშად გვერდის ავლა და მისი გამოტოვება მოუნდომებია. რაც შეეხება ფულის შოვნის ხერხებს, საოცარია, როგორი გულგრილი დამოკიდებულება აქვთ ამ საკითხთან ყველა კლასისა და მდგომარეობის ადამიანებს, გინდაც თავად რეფორმისტებს, ამ ჩვენი დროის ეგრეთწოდებულ გარდამქმნელებს – აზრი არა აქვს ისინი ფულს მემკვიდრეობით, საკუთარი შრომით თუ პარვით შოულობენ. ჩემი აზრით, საზოგადოებას, ამ გაგებით, ჩვენთვის სასარგებლო არაფერი გაუკეთებია, ან, უფრო სწორად, ის ზიანიც კი არ აღმოუფხვრის, რომელიც ადრე მოგვაყენა. სიცივე და შიმშილი უფრო ახლოა ჩემს გულთან და ჩემს ბუნებასთან, ვიდრე ის ადამიანური ხრიკები, რომლებსაც ამ სიცივისა და შიმშილის მოსაგერიებლად იყენებს ხოლმე მთელი კაცობრიობა და რომელთა გამოყენებასაც ჩვენ გვიკიჟინებენ ახლა.

წოდება *ბრძენი* უმეტესად არასწორად გამოიყენება. როგორ შეიძლება კაცი ბრძენი იყოს, როცა მას კაცური ცხოვრების შესახებ კაცობრიობაზე მეტი არ გაეგება? – ან მაშინ, როცა ის მხოლოდ ეშმაკია და ინტელექტურად მოხერხებული? განა სიბრძნე პატიმრის ბორბალში[282] მონასავით მუშაობს? თუ თავისუფალი კაცივით *საკუთარი თავისუფალი და ლაღი ცხოვრებით გვაძლევს მაგალითს*? განა შეიძლება სიტყვიერ სიბრძნეს, რომელზეც კაცი ბევრს ყბედობს, ლაქლაქებს და ცხოვრებაში საკუთარი ქმედებით ერთხელაც კი არ თესავს, ჭეშმარიტი სიბრძნე ეწოდოს? ნუთუ სიბრძნე უაზრო მეწისქვილე გგონიათ, რომელიც მთელი თავისი სიცოცხლე უაზროდ ფქვავს ლოგიკის მარცვალს და მეტი არაფერი? უპრიანი იქნებოდა, გვეკითხა, თავად პლატონიც[283] ასე მონურად, უაზრო სამუშაოს შესრულებით შოულობდა საარსებო წყაროს თუ თავის თანამედროვეებზე უკეთეს გზას მიაგნო? – თუ ისიც ისევე დაუწვა ცხოვრებას და სხვებივით ჩაება ლუკმა პურისთვის მონურ შრომაში? როგორ სძლია ცხოვრების უდიდეს ცთუნებას – წადილს, და ამ წადილის დაკმაყოფილებისთვის საჭირო ფულის კეთებას – თავმდაბალი გულგრილობით თუ ამაყად ცხვირის აზზეკით? ან იქნებ მისთვის სიცოცხლე და სასიცოცხლო წყაროს შოვნა არც ისეთი დიდი სადარდებელი იყო, რადგან მდიდარი მამიდისგან ერგო დიდძალი ქონება მემკვიდრეობით? ხერხები, რითაც ადამიანთა უმრავლესობა საარსებო წყაროს შოულობს, სხვა არაფერია, თუ არა დროებითი ხლაფორთი და ხრიკი, და თავად არსებობისა და მთავარი საქმის – სიცოცხლის თავიდან არიდება – ამას ადამიანები უმეტესად იმიტომ ჩადიან, რომ მეტი არ ესმით, ნაწილობრივ კი იმიტომ, რომ მეტი არ სურთ.

მაგალითად, ოქროს ციებცხელებისას კალიფორნიისკენ ხალხის მიწყდომა[284], და არა მხოლოდ ვაჭრებისა, არამედ თავად ეგრეთწოდებული ფილოსოფოსების და ეგრეთწოდებული წინასწარმეტყველების საქციელი და დამოკიდებულება, მთელი კაცობრიობის უდიდესი სირცხვილი და

[282] პატიმრის ბორბალი – ხის ბორბალი, რომელშიც პატიმრები ან მონები იყვნენ შებმულნი და წყალს ქაჩავდნენ.

[283] პლატონი (427-347 ჩ.წ.-მდე) – დიდი ბერძენი ფილოსოფოსი, სოკრატეს მოწაფე, მწერალი, მოგზაური, ათენის აკადემიის დამაარსებელი, არისტოტელეს მასწავლებელი.

[284] საუბარია 1848-1855 წლების კალიფორნიის ოქროს ციებ-ცხელებაზე, რომელიც მას შემდეგ დაიწყო, რაც ჯეიმზ ვილსონ მარშალმა სათარის ხის გადამამუშავებელ საამქროში ოქრო აღმოაჩინა, კალიფორნიის შტატის სოფელ კოლომაში, შედეგად კალიფორნიას 300,000 ადამიანი მიაწყდა.

თავის მოჭრა გახლდათ. საშინელებაა, რომ ამდენ ადამიანს ოქროს მაძიებლობით ბედის ცდა და ამგვარად გამდიდრება სურს, მხოლოდ იმისთვის, რომ მერე მოტრიალდეს და ბევრი უბედური დაიქირავოს და მათზე ბედნიერად გაბატონდეს, და ყოველივე ეს საზოგადოების კეთილდღეობაში ერთი წვლილის შეტანის გარეშე! და ამას ვუწოდებთ საქმოსნობას და ბიზნეს-ინიციატივას! ვაჭრობის და ფულის შოვნის უზნეობის ამაზე უფრო შემაძრწუნებელი მაგალითი არ მეგულება. ამ კაცობრიობის ფილოსოფია, პოეზია და სარწმუნოება ერთი გამსკდარი გუდაფშუტის მტვრად არ ღირს. ღორიც კი, რომელიც ლუკმა პურს ნეხვისა და მიწის ჩიჩქნით შოულობს, სირცხვილით დაიწვებოდა და არ იკადრებდა მათთან მეგობრობას. *ამ ფასად* მთელი მსოფლიოს სიმდიდრე რომ მომცენ, არ მიღირს მაინც. მუჰამედმაც[285] კი იცოდა, რომ ღმერთს ეს ქვეყანა ქვეყნის სასაცილოდ არ შეუქმნია. ფულისთვის ადამიანების ამ ამაზრზენ ციებ-ცხელებას ისე გამოჰყავს, რომ ვითომცდა, ღმერთი ფულიანი ჯენთლმენი იყოს, რომელიც კაპიკებს დედამიწის გარშემო ფანტავს, რომ მერე ადამიანების მიერ გაჩაღებულ ფულის შოვნის უაზრო რბოლას და ერთმანეთის დაჭმას, როგორც სეირს, ისე უყუროს.[286] მსოფლიო რბოლა! ვითომცდა ბუნების წიაღში არსებობის უფლების მოსაპოვებლად ადამიანისთვის რბოლაში მონაწილეობა და ჯილდოს მიღება იყოს აუცილებელი! რა სისულელეა ასეთი მსოფლმხედველობა! რა დაცინვაა კაცის ბუნების! ეს ყველაფერი იმით დაგვირგვინდება, რომ, ოდესმე, კაცობრიობა თავს ხეზე ჩამოიხრჩობს.[287] და ნუთუ ამდენი ბიბლიების ამდენი ბრძნული მცნებებიდან ეს შეიმეცნეს ადამიანებმა? ნუთუ ადამიანის მოდგმის უახლესი და უმაღლესი გამოგონება მხოლოდ ეს გაუმჯობესებული ფოცხია, რომელსაც ფულისა თუ ფუნის მოსაბოჭად იყენებს კაცობრიობა?[288] ნუთუ ესაა ის საკითხი, რომელზეც საბოლოოდ თანხმდებიან და რიგდებიან ორიენტელები და ოქსიდენტელები?[289] ნუთუ მართლა გგონიათ, რომ ღმერთმა გვიბრძანა იმ მიწის ჩიჩქნა და მოსავლის აღება, სადაც ჩვენ არასოდეს არაფერი დაგვითესია – და შეგვპირდა, რომ ჩვენ აქა-იქ ოქროს ზოდებით დაგვასაჩუქრებდა?

---

285 მუჰამედი – ისლამის ფუძემდებელი.

286 პროტესტანტებს სწამდათ (და ახლაც სწამთ), რომ ღმერთი კარგ ადამიანს მიწიერი სიმდიდრით დააჯილდოვებდა. სწორად ამიტომ იყო, რომ ისინი დიდი სიამაყით გამოამზეურებდნენ ხოლმე ვერცხლის დანა-ჩანგალსა და ჭურჭელს წვეულებებზე, – სტუმრებმა დაინახონ ჩვენი კარგი ქრისტეანობისთვის ღმერთი როგორ გვწყალობსო. არადა, ეს ვერცხლი, როგორც წესი, სწორად ისევე ჰქონდათ მათ ნაშოვი, როგორც იუდას, – ღმერთისა და მოყვასის ღალატით. თოროუ შეახსენებს მათ, რომ უფალი ასეთი მეწვრილმანეობით არაა დაკავებული და ადამიანებს მიწიერი სიმდიდრით ასე არ აჯილდოვებს. შემდგომი წინადადებებიდან აშკარა ხდება, რომ თოროუ სწორად პროტესტანტ ფარისევლებს გულისხმობს, "და ნუთუ ამდენი ბიბლიების ამდენი ბრძნული მცნებებიდან ეს შეიმეცნეს ადამიანებმა?"

287 თოროუ მიუთითებს იუდა ისკარიოტელზე, რომელმაც, მას შემდეგ რაც ქრისტე 30 ვერცხლად გაყიდა, თავი ხეზე ჩამოიხრჩო. იხილეთ მათეს სახარება 27:5. სიმდიდრეზე გაგიჟებულ ჯიბრიან კაცსაც იგივე მოელის.

288 ფუნის ფოცხი – თოროუ მიუთითებს XVII საუკუნის დიდი ინგლისელი მწერლის, ჯონ ბანიანის (1628-1688) ალეგორიულ სატირულ ნაწარმოებზე "პილგრიმის წინსვლა". ამ ნაწარმოების ერთერთი გმირი მუდამ ძირს იხედება, რის გამოც ვერ დაინახავს ცაში გამოკიდულ შეთავაზებას, რომ თავისი ფუნის ფოცხი ზეციურ გვირგვინში გადაცვალოს და ამ სანუკვარ შესაძლებლობას ხელიდან გაუშვებს. ასეთია ბრიყვისა და მხდალის ბოლო, – ის ვერასოდეს გაცვლის თავის ფუნის ცოცხს, თავის თუ თავისთანა სულელი წინაპრის სულელურ ჩვეულებას, სიმრუდეს და სირეგვნეს... ზეციურ გვირგვინში, – ჭეშმარიტებაში.

289 ორიენტი და ოქსიდენტი – პირველადი მნიშვნელობით, ორიენტი აღმოსავლეთის ცას ნიშნავს, საიდანაც აისი ამოდის, ოქსიდენტი კი დასავლეთის ცას ნიშნავს, საიდანაც დაისი გვეფინება. მეორადი გაგებით კი ორიენტი აღმოსავლეთს ანუ აზიას ნიშნავს, ოქსიდენტი კი დასავლეთს ანუ ევროპულ-ჩრდილოამერიკულ კულტურას. აქ სწორად მეორადი მნიშვნელობითაა ეს სიტყვები ნახმარი.

ღმერთმა სამართლიან კაცს ნებართვა მისცა, რომ უფლება ჰქონოდა საკვები და ტანსაცმელი მოეპოვებინა, მაგრამ მერე უსამართლო კაცმა მიაგნო ამ ნებართვის ასლს, რომელსაც უფალი თავის სკივრში ინახავდა, და ამანაც საკვებისა და ტანსაცმლის მოპოვებას მიჰყო ხელი, თუმცა უსამართლობით. ეს კი მსოფლიო ისტორიაში ყალბისმქმნელობის ერთერთი ყველაზე დიდი და ყველაზე ხშირი დანაშაულია. მე არ ვიცოდი, რომ თურმე ადამიანთა მოდგმა ოქროს არქონის გამო იტანჯებოდა. იშვიათად თუ მინახავს ეს ლითონი თვალით. ვიცი, რომ ძალიან რბილი და ჭედადი ლითონია, მაგრამ არც იმდენად რბილი და ჭედადი, როგორც გონიერება. ოქროს მარცვალი დიდ ზედაპირს მოავარაყებს, მაგრამ სიბრძნის მარცვალს კიდევ უფრო მეტის მოვარაყება ძალუძს, ადამიანო.

მთებს შორის გაჭიმულ ხეობებში მყოფი ოქროს მაძიებელი ისეთივე მოთამაშეა, როგორიც სან ფრანსისკოს სალუნში [290] მჯდომი მოთამაშე. რა სხვაობაა კაცი ლოდებს აგორებ თუ კამათლებს? თუ შენისთანა კაცმა მოიგო, მთელი საზოგადოება რჩება წაგებული. აზრი არა აქვს, დიდია მისი შემოსავალი თუ პატარა, ოქროს მაძიებელი პატიოსანი მშრომელი კაცის მტერია მუდამ. აზრს იმის თქმით ვერ შემაცვლევინებ, ამ ოქროს მოპოვებისთვის ბევრი ვიმუშავეო. ეშმაკი რომ ეშმაკია, ისიც ხომ ბევრს მუშაობს ხოლმე კაცის შეცდენაზე. ცოდვილი კაცის სიცოცხლეც ხომ რთული და შრომატევადია გარკვეული გაგებით, ოღონდაც, ეს იმას არ ნიშნავს, რომ სწორადაა წარმართული. თავმდაბალი დამკვირვებელი, რომელიც მაღაროების სანახავად მიდის, ხედავს და ამბობს, რომ ოქროს მაძიებლობა ლოტერიის [291] თამაშს წააგავს; ჰოდა, ასე თამაშით მოპოვებული ოქრო იგივე არაა, რაც პატიოსანი შრომით ნაშოვნი ფული. მაგრამ, სინამდვილეში, დამკვირვებელს ავიწყდება რასაც ხედავს, რადგანაც მან მხოლოდ ზედაპირული შედეგი დაინახა ოქროს მაძიებლობისა და არა მისი მრუდე დედააზრი, ლოტერიის ბილეთს ყიდულობს და თვითონაც სწორად ამ საშინელ საქმეში ერთვება, რომლის საშინელებაც, თუ სიღრმისეულად არ ჩაუკვირდა კაცი, ზედაპირზე არა და არ ჩანს.

ავსტრალიაში ოქროს მაძიებლობაზე [292] ჰოვიტის [293] მოხსენების ერთ საღამოს კითხვის შემდეგ, მთელი ღამე გონებაში მიტრიალებდნენ უთვალავი ველები იქვე მჩქეფარე ნაკადულებით, ველები, რომლებიც ადამიანის ხელს ათიდან ას ფუტამდე სიღრმის და ექვსი ფუტი სიგანის

---

[290] სალუნი – XVIII-XIX საუკუნეებში ამერიკის დასავლეთში გავრცელებული ერთგვარი დუქანი.

[291] ლოტერია – სიტყვა წარმოსდგება დანიური სიტყვიდან “ლოტერიი”, თავად ეს კი გერმანული “ლოტ”-იდან მოდის. სამწუხაროდ, ქართულში, რუსული გავლენის გამო, დამკვიდრებულია ამ სიტყვის დამახინჯებული ფორმები, “ლატარეა” და “ლატარია”, რაც არასწორია.

[292] ავსტრალიაში ოქროს ციებ-ცხელება 1851 წელს ნიუ საუთ ვეილსში დაიწყო, როდესაც ედვარდ ჰამანდ ჰარგრეივზმა იქ ოქრო აღმოაჩინა. ამ ადგილს ჰარგრეივზმა “ოფირი” დაარქვა. სულ რაღაც ექვს თვეში ოქრო აღმოაჩინეს ვიქტორიაში და ცოტა ხნის მერე ბენდიგოუს ღელეში. მოგვიანებით კი ოქრო აღმოაჩინეს ავსტრალიის ყველა კოლონიაში.

[293] ვილიამ ჰოვიტი (1792-1879) – ინგლისელი პოეტი და მოგზაურობების მწერალი. 1855 წლის ოქტომბერს თოროუმ მისი წიგნი “მიწა, შრომა, და ოქრო, ანუ ორი წელი ვიქტორიაზე; სიდნეიში და ვან დიემენის მიწაზე სტუმრობა” წაიკითხა (გამომცემლობა “თიქნა ენდ ფილდზ”, ბოსტონი, 1855 წელი). წიგნი ორტომეულია. თოროუს ციტატები პირველი ტომიდანაა. ზოგიერთს ჰგონია, რომ თოროუ აქ ალფრედ დაბლიუ. ჰოვიტს (1830-1908) გულისხმობს – ავსტრალიელი ანთროპოლოგი, ბუნებისმეტყველი, გეოლოგი და მკვლევარი. ეს აზრი მცდარია. თოროუ ნამდვილად ვილიამ ჰოვიტზე საუბრობს, რადგან თოროუს მიერ მოყვანილი ციტატები ნამდვილად ვილიამ ჰოვიტის წიგნის პირველი ტომის 21-ე გვერდიდანაა.

ტალახიანი და, ახლა უკვე ნაწილობრივ წყლით სავსე, ხაროებით რაც შეიძლება ახლო-ახლო დაეთხარა – ეს ის ადგილიებია, საითკენაც ადამიანები ბედის საცდელად გაშმაგებით მიილტვიან – და გარკვევით არც კი იციან, სად უნდა თხარონ – და აზრზეც არ არიან, რომ ოქრო თავად მათი კარვის ქვეშაა და არა სადღაც სხვაგან – ზოგჯერ ასსამოც ფუტსაც კი თხრიან მიწაში, სანამ ოქროს ძარღვს მიაგნებენ, ან ზოგჯერ მთელი ამ თხრის მიუხედავად სულ რაღაც ერთი ფუტით აცდებიან ოქროს, რომელსაც ასე დაგეშილები ეძებენ – მიაგნებენ რამეს და დემონებად იქცევიან ყველანი და, ერთმანეთის უფლებების გათელვით, გამდიდრების წყურვილით შეპყრობილები, მთელ ველებს ოცდაათი მილის რადიუსით ერთბაშად გადათხრიან და ფიჭასავით ისე დახვრეტენ, ხშირად ასობით მაღაროელს ჩახრჩობა არ ასცდება ხოლმე – დგანან წყალში და თავიდან ფეხებამდე ტალახში და თიხაში არიან ამოგანგლულები, დღე და ღამე მუშაობენ, და სინესტისგან და ათასგვარი დაავადებებისგან კვდებიან. როცა ყოველივე ეს წავიკითხე და შემდგომ ნაწილობრივ გადამავიწყდა კიდეც, შემთხვევით საკუთარ ცხოვრებაზე უკმაყოფილოდ დავიწყე ფიქრი, როგორც ეს, ზოგადად, ადამიანს სჩვევია; და ჯერ კიდევ ისევ იმ ორმოების აჩრდილი არ გამქრობოდა გონებიდან და წარმოსახვიდან, რომ საკუთარ თავს შევეკითხე, თავად *მე* რატომ არ უნდა შემეძლოს ვითომ ყოველდღიურად საკუთარი სულიდან ოქროს მოპოვება, მიუხედავად იმისა, რომ ეს ოქრო ავსტრალიური ოქროსგან განსხვავდება, მასზე უფრო წმიდაა და სათუთი, და ნივთიერის მაგივრად, სულიერი თვისებების მატარებელია მხოლოდ – თავად *მე* რატომ არ უნდა შემეძლოს ჩემი სულის სიღრმის მაღაროში ჩაწვდომა და იქ არსებული ოქროს დაპატრონება? აი, *აქაა* შენი ბალარატი და შენი ბენდიგოუ – მერე რა, რომ ეს ადგილები ცოტა სალქი-გალი, უღიმღამო და ძნელად სავალია?[294] მოკლედ, ალბათ, რამე გზას დავადგები, მნიშვნელობა არ აქვს, რამდენად უკაცური, ვიწრო და დახლართული და მიკლაკნილია ეს გზა, რომელზეც მე, რაც ყველაზე მთავარია, სიყვარულითა და თავმდაბლობით მინდა ვიარო. როდესაც კაცი ბრბოს განეყოფა, და, ამგვარად, საკუთარ გზას დაადგება ხოლმე, მას თავად ცხოვრების გასაყარი გაუვლია, თუმცა ჩვეულებრივი მოგზაური ამაში გზის გაყრის მეტს ვერაფერს დაინახავდა. და ეჭვიც არ შეგეპაროთ, გზა, რომელიც ხალხის ხროვისგან ამ განდეგილ კაცს ამოურჩევია, ბევრად უფრო ამაღლებული ცხოვრების გზაა.

ადამიანები კალიფორნიასა და ავსტრალიაში მიიჩქარიან, თითქოს ჭეშმარიტი ოქრო იქ მოიძებნებოდეს, მაგრამ ეს ხომ ჭეშმარიტი ოქროს საბადოდან სწორად საწინააღმდეგო მიმართულებით სვლაა? ისინი ოქროს სათავეს უფრო და უფრო შორდებიან, და როცა რამეს მიაგნებენ და თავი ყველაზე ბედნიერი ჰგონიათ, სწორად მაშინ არიან ისინი ყველაზე უბედურები. ნუთუ ჩვენი *მშობლიური* მიწა ოქროს არ შეიცავს? ნუთუ ჩვენი ოქროსფერი მთებიდან მორაკრაკე ნაკადული ჩვენს მშობლიურ ველებში არ მოედინება? და ნუთუ გეოლოგიური საუკუნეების მანძილზე ამათ უფრო მეტი სულიერი თვითნაბადი ოქრო არ ჩამოაქვთ ჩვენთან? ძნელი სათქმელია, როცა ასეთი სულიერი ოქროს მაძიებელი

---

294 ბალარატი, ბენდიგოუ და სალქი გალი – ბალარატი და ბენდიგოუ ქალაქებია ავსტრალიაში, სალქი გალი კი ადგილია. ამ სამ გეოგრაფიულ ადგილზე ოქრო აღმოაჩინეს. სალქი-გალი სიტყვა-სიტყვით უღიმღამოს, მოღუშულსა და ძნელად სავალს ნიშნავს და თოროუს, გარდა მისი საკუთარ სახელად გამოყენებისა, ის ზმად და კალამბურადაც აქვს ნახმარი.

ბუნების წიაღში ღრმად შევა და ამ საოცარი და ბევრად უფრო წმიდა და ძვირფასი ოქროს საბადოებს აღმოაჩენს, ვიდრე თავად საბადოებში არსებული ოქროა, ვინმე თუ შეეცდება მის კვალს პარვით მიჰყვეს, მის მიერ აღმოჩენილ ბუნების ამ ულევ საბადოებს მიაგნოს და მათი პირველი მკვლევარი ბუნებიდან გამოაძევოს. არა. კალიფორნიისა და ავსტრალიის ოქროს მაძიებლისგან განსხვავებით, სულიერი ოქროს მაძიებელმა შეიძლება მთელ მდელოებზე და ველებზე განაცხადოს საკუთრების უფლებები და კაცისშვილი მას არ შეედავება. არავის შეაწუხებს მისი აკვანი[295] და მისი გობი.[296] ის არაა შეზღუდული თორმეტი კვადრატული ფუტის მიწის ნაკვეთით, როგორც ბალარატში, და ამ ბუნებაში სადაც გაეხარდება იქ შეუძლია მისი ოქრო ეძიოს.

ჰოვიტი გვიამბობს იმ კაცის შესახებ, რომელმაც ავსტრალიაში, ბენდიგოუს მაღაროებში თვითნაბადი ოქროს დიდი ნატეხი იპოვა, ოცდარვა გირვანქას[297] რომ იწონიდა: "მან მალე სმას მიჰყო ხელი; იყიდა ცხენი და უმეტესად სულ სწრაფი ჭენებით აღმა-დაღმა იარა, და როცა ხალხს გადაეყრებოდა, შესძახებდა ხოლმე, თუ იცით ვინა ვარო, და მერე თავაზიანად ამცნობდა ხოლმე, რომ ის 'ის ოხერი უბედური იყო, რომელმაც ის დიდი ოქროს ნატეხი იპოვა.' ბოლოს, მთელი სიჩქარით ერთ ხეს შეასკდა და თითქმის მთელი თავისი ტვინი შეანთხია." თუმცა არა მგონია ამის საშიშროება ყოფილიყო, რადგანაც ამ კაცმა ტვინი სწორად მაშინ დაანთხია, როცა ის ოქროს ნატეხი იპოვა. ჰოვიტი დასძენს, "ის საბოლოოდ დაღუპული ადამიანია." მაგრამ ეს კაცი გამონაკლისი კი არაა, ადამიანების გარკვეული კლასის მორიგი, ჩვეულებრივი და ტიპიური წარმომადგენელია. ასეთები ყველანი, უწესო და გარყვნილი ხალხია. დაფიქრდით, რა სახელები დაურქმევიათ იმ ადგილებისთვის, სადაც ოქროსთვის ჩიჩქნიან მიწას: "არაკაცის მდელო" – "ბატისთავას ღარტაფი" – "მკვლელის დუქანი," ა.შ. ნუთუ სატირას ვერ ხედავთ ამ სახელებში? ჯანდაბამდე გზა ჰქონიათ და სადაც უნდათ იქ წაუღიათ ყაჩაღობით და თაღლითობით ნაშოვნი თავიანთი ავლა-დიდება. მე თუ მკითხავთ, აზრი არა აქვს ეს ნაგავი ხალხი სად წავა, რადგან სადაც ესენი დასახლდებიან ის ადგილი მაინც "არაკაცის მდელო" იქნება, ანდა სულაც "მკვლელის დუქანი."

ფულის კეთების უახლესი წყარო თურმე დარიენის ისთმუსზე[298] სასაფლაოების გაქურდვა გამხდარა. ეს საქმიანობა, როგორც ჩანს, ჯერ კიდევ ჩანასახოვან სტადიაშია; რადგანაც, ამ ბოლო ხანებში ჩვენს ყურამდე მოღწეული ახალი ამბების თანახმად, ნიუ გრენადის [299] პარლამენტში ახალი აქტი დამტკიცდა ასეთი სამაღაროო მრეწველობის

---

[295] აკვანი – ოქროს დაწმენდის ერთგვარი ხელსაწყო, სარწეველა, რომელშიც მიწას და ტალახს ყრიან, წყალს ასხამენ, ტალახი ლაფად იქცევა, იღვრება, ოქრო კი, როგორც შენარევში ყველაზე მძიმე, რჩება.

[296] გობი – ერთგვარი უძრავი დანადგარი, რომელიც ოქროს ქვა-ღორღს აშორებს.

[297] გირვანქა – დიდ ბრიტანეთსა და ამერიკაში წონის ერთეული, რომელიც 453.59 გრამის ტოლია, და 28 გირვანქა ოქრო 12 კილო და 700 გრამი გამოდის.

[298] დარიანის ისთმუსი ანუ დარიანის ყელი – ძველი სახელი პანამის ყელისა – მიწის ვიწრო ზოლი, რომელიც ჩრდილოეთ და სამხრეთ ამერიკის კონტინენტებს ერთმანეთთან აკავშირებს. გაზეთი "ნიუ-იორკ დეილი თრიბიუნი" 1859 წლის 29 სექტემბრის ნომერში აღწერს იმ ისტორიას, რომელზეც თოროუ საუბრობს.

[299] ნიუ გრენადის რესპუბლიკა ანუ ახალი გრენადის რესპუბლიკა (1831-1856) შეიცავდა დღევანდელ კოლუმბიას და პანამას, და, აქედან გამომდინარე, ახალი გრენადა დღევანდელი კოლუმბიის ძველი სახელია.

სარეგულირებლად; და გაზეთ "თრიბიუნის" კორესპონდენტი წერს: "მშრალი სეზონის განმავლობაში, რაც საშუალებას იძლევა ქვეყანა სათანადოდ გამოკვლეულ იქნას, ეჭვგარეშეა, რომ ახალ მდიდარ *გვაკასს* [ანუ ჩვენს ენაზე, სასაფლაოებს] [300] აღმოვაჩენთ." იმიგრანტებს კი ასე მოძღვრავს: "არ ჩამოხვიდეთ დეკემბრამდე; ისთმუსის გზით მგზავრობა გერჩიოთ ბოკა დელ ტოროს [301] მარშრუტს; ნუ წამოიღებთ ზედმეტ და უსარგებლო ბარგს, და თავი არც კარვის წამოღებით დაიმძიმოთ; ამის მაგივრად საჭიროა თან იქონიოთ ერთი წყვილი კარგი ფარდაგი; ერთი წერაქვი, ერთი ნიჩაბი და ერთი ცული და სხვა თითქმის მეტი არაფერია საჭალდებულო": სწორად "ბურკერის [302] სახელმძღვანელოდან" ამოღებულ რჩევას ჰგავს ეს. და ეს ჩვენი კორესპონდენტი ბოლოს დახრილი და პატარა მთავრული ასოებით აგვირგვინებს თავის სტატიას: "*თუ სამშობლოში ყველაფერი ხუთიანზე გაქვთ აწყობილი,* დარჩით და ნუ წამოხვალთ," რასაც, სწორი, იქნება თუ ასე გადავთარგმნიდით, "სასაფლაოების გაქურდვით თუ სამშობლოშიც კარგ ფულს აკეთებეთ, მაშინ დარჩით და ნუ წამოხვალთ."

მაგრამ ასეთი ტექსტის მოსაქექად კალიფორნიაში წასვლა რა საჭიროა? ეს ტექსტი თავად ნიუ ინგლენდის პროდუქტია, რადგან მისი ავტორი ნიუ ინგლენდის საუკეთესო სკოლებში და ეკლესიებშია აღზრდილ-განათლებული.[303]

საოცარია, ამდენ მქადაგებელში ერთი მასწავლებელიც რომ არ მოიძებნება. ესენი წმიდა წინასწარმეტყველების წმიდა სიტყვებს თავიანთი ცოდვების გასამართლებლად და საბოდიშოდ იყენებენ. ყველაზე საპატიო უფროსები, ჩვენი დროის *ილუმინატები,* [304] ღმობიერი, დამაფიქრებელი,

---

[300] გვაკას – ყორღანები, სამარხი ბორცვები.
[301] ბოკა დელ ტორო – პანამის აღმოსავლეთ სანაპიროზე მდებარე უბე. ეს უბე პანამის გადასაკვეთად არსებული ალტერნატიული გზაა, რომლითაც წყნარ ოკეანეზე გადიხარ.
[302] ნაგულისხმევია ბრენდან "დაინზ" ბურკ (1792-1829) და ვილიემ ეარ – ცნობილი ირლანდიელი სერიული მკვლელები შოტლანდიის ქალაქ ედინბერაში (ანუ ედინბურგში), რომლებიც 1820-იან წლებში დოქტორ რაბერტ ნოქსს და მის ანატომიის სკოლას მოკლულთა გვამებით ამარაგებდნენ. მეტაფორულად ბურკ ნიშნავს ადამიანს, რომელიც კაცს მოგებისთვის კლავს, რომ მისი გვამი გაყიდოს და აღებული ფულით ხელი მოითბოს.
[303] თოროუ აღშფოთებულია თანამემამულეების არარაული, სულელური, ეგრეთწოდებული ინდუსტრიულობით ანუ საქმოსნობით, რომლის მიზანი მხოლოდ ერთია – ხორციელი სიამოვნების გამრავლება. სწორად იგივეს ბრძანებს დიდი ელენისტი ებრაელი ფილოსოფოსი, ფილო ებრაელი ანუ ფილონ ალექსანდრიელი (20 ჩ.წ.-მდე–50 ჩ.წ.-ით): "ამას გარდა, ადამიანთა უმრავლესობა დედამიწის გარშემო რომ მოგზაურობს და მის უკიდურეს საზღვრებამდეც აღწევს, ზღვებს გადაკვეთს და ოკეანეების ფსკერს გამოიკვლევს ისე, რომ ამ ვრცელი სამყაროს არც ერთ კუთხეს არ ტოვებს ხოლმე შეუსწავლელს, ეს ადამიანთა უმრავლესობა ყოველივე ამას ხორციელი სიამოვნების გასამრავლებლად ჩადის. რამეთუ, როგორც მეთევზეები ჩაუშვებენ ზოგჯერ თავიანთ ბადეებს ძალიან ღრმა ადგილებში და წყლის დიდი ფართობის ამ ბადით მოსმას ლამობენ ხოლმე იმისთვის, რომ, რაც შეიძლება მეტი თევზი მოიმწყვდიონ, როგორც ალყაშემორტყმულ ციხეში მომწყვდეული ხალხი, ასევე მოქმედებენ ადამიანებიც: გაუჭიმიათ თავიანთი უნივერსალური ბადეები, რომ ყველაფერი მოიმწყვდიონ, როგორც პოეტები ამბობენ, არა მხოლოდ ზღვის რომელიმე ნაწილი, არამედ მთელი დედამიწის ბუნება, ჰაერი და წყალი – ცდილობენ, ყველა სახის სიამოვნება ხელთიგდონ. ისინი დედამიწაში მაღაროებს თხრიან, ოკეანეებს ჰკვეთენ და ომისა და მშვიდობისთვისაც მხოლოდ იმ მიზნით იღვწიან, რომ სიამოვნებისთვის საჭირო ნედლეული იშოვონ და სიამოვნებას, როგორც თავიანთ დედოფალს, ყველა და ყველაფერი მსხვერპლად შესწირონ. რატომ? იმიტომ, რომ ისინი არ არიან განდობილნი; მათ არ იციან ჭეშმარიტი სიბრძნე; სულის მოვლა-პატრონობის არა გაეგებათ რა, რომელიც სათნოებას თესავს, რგავს, და იმ ნაყოფს იმკის, რასაც ჭეშმარიტად ბედნიერი ცხოვრება ჰქვია." იხილეთ ფილო ებრაელი, წიგნი "მეურნეობა".
[304] ილუმინატი – საიდუმლო საძმო, რომელიც თავს "განმანათლებელს" (სიტყვა "ილუმინატის" ფუძე გახლავთ სიტყვა "სინათლე", "სხივი", "ნათელი") უწოდებს, რადგან თავად სატანაც

აღფრთოვანებასა და ძრწოლვას შორის გახერგილი ღიმილით მეუბნებიან, ასე მგრძნობიარე ნუ იქნები ამ საკითხზეო – მთელი ამათი რჩევა რომ შევაჯამო, გამოდის, რომ ყველაზე დიდი სიბრძნე ქონების მოხვეჭა ყოფილა თურმე და კაცი სხვა სიბრძნეს არ უნდა ეპოტინებოდეს. ყველაზე დიდი რჩევა, რაც კი ამ საკითხებზე მსმენია, მლიქვნელობა და ქვემძრომობაა მხოლოდ. მისი დედააზრი ის გახლავთ, რომ არ ღირს კაცმა ფულის შოვნის საკითხში მსოფლიოს გარდაქმნას თავი შესწიროს. ნუ კითხულობ ეს ლუკმა პური რა სისხლის ფასად გვიჯდება, თორემ, რომ გაიგო, შეიძლება ეს ლუკმა ყელში გაგეჩხიროს და გული აგერიოს კაცს – აი, ამას და კიდევ ბევრ ასეთ სისულელეს ჩამჩიჩინებენ ხოლმე. უმჯობესია, კაცი შიმშილით მოკვდეს, ვიდრე პური თვისი არსობისა თავისი უმწიკვლობის დაკარგვით მოიპოვოს. თუ მეტად ძვირფას და მცოდნე ადამიანში ერთი უბრალო და უცოდინარი კაცი არ ძევს, მაშინ ეს კაცი თავად ეშმაკის ერთერთი ანგელოზია. ადამიანები ასაკის მატებასთან ერთად ვუხეშდებით, ჩვენს შინაგან მრწამსს ნაკლებად ვიცავთ და ჩვენს ყველაზე მძაფრ წინათგრძნობებსაც რატომღაც აღარ ვემორჩილებით ხოლმე. მეტი მომთხოვნელობა გვმართებს ჩვენი თავების მიმართ და ყველა ჩვენზე უარესის დამცინავი შეძახილის არად ჩაგდება.

განებავთ, ჩვენს მეცნიერებაში, განებავთ, ფილოსოფიაში, როგორც წესი, არ არსებობს ამა თუ იმ საგნის შესახებ ჭეშმარიტი და სრულყოფილი განმარტება. სექტისა და ცრურწმენის ავ სულს ჩვენს ინტელექტურ ვარკსვლავებში მკვიდრად გაუდგამს თავისი ფესვები. საკმარისია საკითხი განსახილველად წამოჭრა, – არის თუ არა სიცოცხლე ვარსკვლავებზე? – რომ მაშინვე აღმოაჩენ მასზე სწორ პასუხს. რატომ ვბღალავთ ცასა და დედამიწას ჩვენი უწმიდური და უაზრო აზრებით? სამწუხარო იყო იმის აღმოჩენა, რომ დოქტორი ქეინი[305] მასონი[306] გახლდათ, რომ აგრეთვე მასონი იყო სერ ჯონ ფრენქლინიც.[307]

ნათლის დაცემული ანგელოზია და სწორად ცრუ-განათლებით უძვრება ხოლმე ადამიანს სულში. ილუმინატები "თავისუფალ მასონებთან" დაკავშირებული საიდუმლო საზოგადოებაა. ეს საძმო შუა საუკუნეების დასასრულის მერე გაბატონდა დასავლეთ ევროპაში და დღემდე არსებობს. ილუმინატის განათლების ნიღაბი აუფარებია, სინამდვილეში კი ის ქრისტესმგმობი სატანისტური სარწმუნოებაა. ჭეშმარიტად განათლებულებმა კარგად იცოდნენ თავიანთი განათლების ნაკლოვანება (მაგალითად სოკრატემ) და თავს დაბლა ხრიდნენ, აწევით კი მუდამ მხოლოდ ფუყე თავთავი წევს თავს, თავთავი, რომელიც სიამაყით და, აქედან გამომდინარე, ბოროტებითაა სავსე – სწორად ასეთია ყველა ის, ვინც თავს "განათლებულს" უწოდებს და ცრუ-მისტიციზმით საიდუმლო საზოგადოებასაც კი აყალიბებს. ასეთი ცრუ-განათლებულებით და ცრუ-მისტიცისტებით სავსეა კაცობრიობის ისტორია: სოკრატეს დროს იყო უსინდისო გორგიასი, წმიდა მოციქულების ეპოქაში იყო უწმიდური სიმონ მაგუსი (ანუ მოგვი), ჰიგინუსის დროს (რომის ეპისკოპოსი) იყო ნაძირალა ვალენტინუსი, დღეს კი მართლმადიდებლური ეკლესიის ჟამს არსებობენ ილუმინატები – ცრუ-საიდუმლოებების მომჩმახველი და მიმდევარი გაუნათლებლები, რომლებიც საკუთარ თავებს "განათლებულებს" უწოდებენ.

305 ელიშა ქენთ ქეინი (1820-1857) – ა.შ.შ.-ს საზღვაო ფლოტის ვიცე-ქირურგი. 1850-1851 წლებში ქეინი მონაწილეობას იღებდა დიჰეივენის ექსპედიციაში, რომელიც არქტიკაში დაკარგულ სერ ჯონ ფრენქლინის კვლევით ჯგუფს ეძებდა. მეორე ექსპედიციას ქეინი თავად ხელმძღვანელობდა 1853 წელს. ისინი გრენლანდიასა და კანადას შორის გემებით ჩაიყინნენ, რის შედეგადაც იძულებულები გახდნენ, ფეხით ემოგზაურათ ყინულზე და შემდგომ მდინარეზე, და ასე ჩააღწიეს გრენლანდიის სოფელ უპერნავიკამდე. ამის შემდეგ ქეინი ეროვნულ გმირად აღიარეს. სამწუხაროა, რომ ქეინი თავისუფალი მასონი იყო, რასაც თოროუც წუხილით აღნიშნავს, მაგრამ ხაზგასასმელია, რომ ამ კაცს მასონობის გულისთვის კი არ გამოუჩენია გამძლეობა და გმირობა, არამედ თავისი კაცობის გამო, და თოროუს სურს რომ სწორად ამ გარემოებას გაესვას ხაზი, – მისი სიკეთე და ვაჟკაცობა ადამიანობიდან ანუ უფლის ხატებიდან მოდიოდა და არა მასონობიდან. მასონობა, თოროუს თქმით, მისი ცხოვრების ცუდი და სამწუხარო მხარე იყო, კაცობა კი – კარგი და სასიხარულო.

306 თავისუფალი მასონების ანუ თავისუფალი კალატოზების საიდუმლო საძმო – აღსანიშნავია, რომ თოროუ, როგორც ჭეშმარიტი ქრისტეანი, აშკარა გულისტკივილს გამოთქვამს, რომ

მაგრამ ამაზე უფრო სამწუხარო ის იყო, უვიცმა ხალხმა რაც წამოაყრანტალა: სერ ჯონ ფრენქლინი დოქტორ ქეინის საძებრად ვითომცდა მასონობის მიზეზის გამო გაემგზავრაო. ჩვენს ქვეყანაში ერთი პოპულარული ჟურნალიც არაა, ბავშვის წრფელი ფიქრის გამოქვეყნება თავისი რედაქტორების მცდარი და ცილისმწამებლური კომენტარის გარეშე რომ შეეძლოს. აუცილებელია სტატიები სარედაქციოდ ჯერ პროტესტანტული ეკლესიის ღმრთისმეტყველების დოქტორმა შეამოწმოს, არადა ამ ვაი-დოქტორების შეუწყნარებელ შემოწმებას უაზროდ, მაგრამ ლაღად მოჭიკჭიკე ბეღურას რომ შეემოწმებინა, ის სჯობდა, ვგონებ.

კაცობრიობის დაკრძალვიდან მოდიხარ, რომ ახლა ბუნების ფენომენს დაესწრო კაცი. გამოდის, მცირედი ფიქრი ჭეშმარიტი სანთელია მთელი მსოფლიოსთვის.

ალბათ, ერთ *გონიერ* კაცსაც არ ვიცნობ, იმდენად ფართო გაგებისა და ჭეშმარიტად თავისუფალი გონების პატრონი რომ იყოს, ვისთანაც ხმამაღლა ფიქრი არ მოგერიდებოდა კაცს. ადამიანთა უმრავლესობა, რომელთანაც ცდილობ აზრიანი საუბარი გამართო, ადრე თუ გვიან, ერთ ადგილზე ქვავდებიან ხოლმე, როცა შენი კრიტიკით იმ დაწესებულებას შეეხები, მათთვის ასე ძვირფასი რომაა – აი, ეს გახლავთ ამათი მსოფლმხედველობა, რომელიც ვიწრო და მიკერძოებითი მხედველობაა და არა მსოფლიო, ჭეშმარიტად საზოგადო და ყოვლისმომცველი. ასეთნი ხომ მუდამ იმას ცდილობენ, თავიანთი დაბალჭერიანი სახლი და ვიწრო ერდო მუდამ შენსა და მაღალ ღმერთს შორის გაჩხირონ და ზეციური აზრებისკენ ლტოლვაში დაბრკოლებად გექცნენ მაშინ, როცა შენ მხოლოდ მოწმენდილი ცის დანახვა გსურს და სხვა არაფერი. ჩამომეცალეთ თქვენი აბლაბუდებით; გაწმინდეთ თქვენი სახლის ფანჯრები, რადგან მე ზეცის დანახვა მინდა! ზოგიერთ ლიცეუმში[308] მეუბნებიან ხოლმე, რომ სარწმუნოების საგნების წინააღმდეგ კენჭი უკვე უყრიათ და სასწავლო პროგრამაში სარწმუნოებაზე საუბარი იკრძალება. კი, მაგრამ მე საიდან უნდა ვიცოდე, რაა მათი სარწმუნოება, და როდის ვუახლოვდები თუ ვშორდები მე ამ თემას? შემიბიჯებია ასეთ სასწავლო მოედანზე და გულის სიწრფელით მისაუბრია იმ სარწმუნოებაზე, რომელიც პირადად მე, ჩემს ცხოვრებაში, საკუთარი თვალით მინახავს და საკუთარი სიცოცხლით განმიცდია, და მსმენელებიც სრულებითაც არ დაეჭვებულან, სარწმუნოებაზე რომ ვესაუბრებოდი.

ცნობილი საზოგადო მოღვაწეები დოქტორი ქეინი და სერ ჯონ ფრენქლინი მასონები იყვნენ და არა ქრისტეანები, მაგრამ იმავდროულად, იმასაც ხაზგასმით აღნიშნავს, რომ ასეთ მასონებზე საშიში ის ჭორიკანა ხალხია, მათ მასონობაზე იმდენს რომ ჭორაობს, რომ მათი მეგობრობა და გმირობა ვერ დაუნახავთ. აღსანიშნავია, რომ დასავლეთის ქვეყნებში უამრავი ადამიანია უნებლიედ, დაუფიქრებლად და ყოველგვარი ბოროტი მიზნის გარეშე უამრავ სათუო რეპუტაციისა და თუნდაც ეშმაკის საქმოში გაწევრიანებული, მაგრამ ისინი ამ საქმოების შედარებით გულუბრყვილო წევრები არიან და ამ ფარული ორგანიზაციების ბოროტებები არ იციან და რომც იცოდნენ კიდეც – მაინც ვერ გაიგებდნენ. ასეთ მასონებზე საშიში ჭორიკანა ხალხია, რომელიც ჭორაობს და ბოროტებას გამიზნულად ჩადის.

307 სერ ჯონ ფრენქლინი (1786-1847) – არქტიკის ინგლისელი მკვლევარი, რომლის ექსპედიციის ყველა წევრი გაუჩინარდა, როცა ისინი კანადის არქტიკაში ჩრდილო-დასავლეთის გასასვლელში ცდილობდნენ წინსვლას.

308 ლიცეუმი – ნიუ ინგლენდში, როგორც წესი, პატარა დაბებში, ერთგვარი დარბაზი, სადაც საჯარო ლექციები იკითხებოდა. განათლებული ხალხი სიტყვით გამოდიოდა და ხალხს საჯაროდ უკითხავდა ლექციას საჭირბოროტო და საინტერესო თემაზე. თოროუ ქანქარდის ლიცეუმში იწვევდა ხოლმე ლექტორებს და მოგვიანებით თვითონაც იწყო იქ სიტყვით გამოსვლები.

ლექცია მთვარის შუქივით უწყინარი იყო. მათთვის ისტორიის უკიდურესი არამზადების შესახებ რომ წამეკითხა, მაშინ შეიძლება ეფიქრათ, პროტესტანტული და კათოლიკური ეკლესიების დიაკვნების ბიოგრაფიები დაუწერიაო. როგორც წესი, კითხულობენ ხოლმე, საიდან მოდიხარ? ან საით მიდიხარ? ერთხელ, შემთხვევით, ჩემი მსმენელის საუბარს მოვკარი ყური, რომელიც, ჩემი აზრით, უფრო არსებითი და მიზანშეწონილი იყო, ვიდრე ზემოთ მოყვანილი კითხვები, დანარჩენებს ჰკითხა – "რა მიზნით კითხულობს ლექციებს?" მთელი ჩემი სხეული ჟრჟოლამ მოიცვა.

მიკერძოების გარეშე რომ ვილაპარაკო, ჩემს ნაცნობებში უკეთესნი წყნარნი სულაც არ არიან, მათი შინაგანი სამყარო ჩვენი ქვეყნიერების მსგავსად სიცოცხლით ჩქეფს და ღელავს. უმეტესად ისინი ფორმების ჩიჩქნაში ატარებენ ცხოვრებას, და პირფერობენ და ცხოვრებისეულ შედეგებს ჩვენზე, დანარჩენებზე, ოდნავ უფრო მეტი დაკვირვებით შეისწავლიან. ჩვენ ჩვენი სახლებისა და თავლების საძირკველის ჩასაყრელად გრანიტს ვამჯობინებთ ხოლმე; ღობეებსაც კი ქვით ვაშენებთ; აი, ჩვენს საკუთარ თავებს კი გრანიტივით მყარი სიმართლის საძირკველზე არ ვაფუძნებთ, რომელიც ყველაზე უბრალო და პრიმიტული ქვაა. ჩვენი სულის ზღურბლები სრულიად დამპალა. რისგანაა ის კაცი შექმნილი, რომელიც არათუ სინამდვილეში, არამედ ჩვენს წარმოსახვაშიც კი ყველაზე წმიდა და ნატიფ სიმართლეს არ ერწყმის? ხშირად ჩემს მეგობრებს უდიდეს ქარაფშუტობაში ვდებ ხოლმე ბრალს; რადგან, მიუხედავად იმისა, რომ უმრავლეს შემთხვევაში ვცდებით და უამრავ საყვედურსაც ვიმსახურებთ, ჩვენ ერთმანეთისთვის სიმართლისა და გულწრფელობის გაკვეთილის სწავლება მაინც არ გვიყვარს, არადა, ამას ხომ მხეცები რომ მხეცები არიან, ისინიც კი აკეთებენ ერთმანეთისთვის; არც სიმტკიცესა და სიმყარეს ვასწავლით ერთმანეთს, რასაც ქვა რომ ქვაა, დიახ, ჩვეულებრივი ქვა ქვას ასწავლის ხოლმე. თუმცა აღვიარებ, რომ ბრალი ორმხრივია; რადგან ჩვენ ერთმანეთს მეტს და უკეთესს სისტემატურად არ ვთხოვთ.

დაფიქრდით ერთი, რა დამახასიათებელია ჩვენთვის ის მღელვარება და სიხარული, რომელიც კოშუტის[309] გარშემო ატყდა ჩვენში! – კიდევ ერთი პოლიტიკური ტაშ-ფანდური და ტაკი-მასხრობა. მთელ ჩვენს ქვეყანაში მავანნი სიტყვით გამოდიოდნენ, რომ ხოტბა შეესხათ მისთვის, თუმცა ისინი ხომ მხოლოდ უმრავლესობის აზრს, ან, უფრო სწორად, აზრის სიმწირესა და ნაკლებობას გამოხატავდნენ. ერთი კაციც კი არ იდგა სიმართლის საძირკველზე. ისინი, უბრალოდ, ერთად იყვნენ შეკრულნი, როგორც მათ სჩვევიათ, ერთი მეორეზე, აი, ყველა ერთად კი არაფერს ეყრდნობოდა; სწორად ისე, როგორც ჰინდუებმა დააყრდნეს დედამიწა სპილოს, სპილო – კუს, კუ – გველს, და გველს კი ვერაფერი მოუხერხეს და სიცარიელესა და გაურკვევლობაში უაზროდ და

---

309 ლაიოშ "ლუის" კოშუტი (1802-1894) – უნგრელი ადვოკატი, პოლიტიკოსი, უნგრეთის რეგენტ-პრეზიდენტი 1849 წელს. მცნება "რეგენტ-პრეზიდენტი" დამატებით განმარტებას საჭიროებს: როდესაც ქვეყანაში სამეფო გვარი ამოწყდება, ანდა როდესაც სამეფო გვარის წარმომადგენელი არასრულწლოვანია, მაშინ ირჩევენ რეგენტ-პრეზიდენტს. 1840-იანი წლების მიწურულს კოშუტი წარუმატებლად ეცადა დამოუკიდებელი უნგრეთის რესპუბლიკა შეექმნა. 1851-1852 წლებში ამერიკაში მოგზაურობდა და გზადაგზა სიტყვით გამოდიოდა, რომ უნგრეთის თავისუფლებისთვის ამერიკელების სიმპათია და მხარდაჭერა მოეპოვებინა. 1852 წლის 11 მაისს ის ემერსონის წარდგინებით ქანქარდში გამოვიდა სიტყვით.

აუხსნელად გამოჰკიდეს. მთელი ამ ალიაქოთის შედეგად კი კოშიტის ქუდი[310] შეგვრჩა მხოლოდ.

უმეტესწილად ერთობ ფუჭი და უნაყოფოა ხოლმე ჩვენი საუბარი. ზედაპირულობა ხვდება ზედაპირულობას, როგორც ქვა – ქვას. როდესაც ჩვენი ცხოვრება შინაგანი და პირადი აღარაა, ჩვენი საუბარიც უაზრო ჭორაობად იქცევა ხოლმე. იშვიათად თუ შეხვდები კაცს, რომელსაც ისეთი ახალი ამბის თქმა შეუძლია, რაც გაზეთში არ ამოუკითხავს, ან თავისი მეზობლისგან არ მოუსმენია ჭორად; და, უმეტესწილად ჩვენსა და ამ კაცს შორის ერთად-ერთი სხვაობა ისაა, რომ მას გაზეთი გადაუშლია ან ჭორების მოსასმენად ახლობელთან ჭიქა ჩაი დაულევია, ჩვენ კი – არა. ჩვენი შინაგანი სულიერი სიცოცხლე რაც უფრო მეტად მარცხდება, მითუფრო მეტად დავრბივართ ხოლმე ფოსტაში. დარწმუნებული იყავით იმაში, რომ იმ საბრალოს, რომელიც ფოსტიდან ყველაზე მეტი წერილებით დახუნძლული ამაყად მოაბიჯებს, ახარებს რა ქვეყნიერებასთან თავისი ასეთი ვრცელი მიწერ-მოწერა, დიდი ხანია რაც საკუთარი შინაგანი ხმა არ სმენია.

ჩემი აზრით, ზედმეტია კვირაში თუნდაც ერთი მთლიანი გაზეთის წაკითხვა. ამ ბოლო ხანს ვცადე კიდეც ამის გაკეთება, ვიგრძენი კი, რომ ამ გვერდებში ჩემთვის მშობლიური არაფერია. მზე, ღრუბლები, თოვლი, ხეები ამდენი სისულელით არ მიჭედავენ ხოლმე ყურებს. არა, შეუძლებელია ორ ბატონს ემსახურო კაცი.[311] ერთ დღეზე მეტი ესაჭიროება იმას, რომ ამ დღის ამბები წაიკითხო და თან იცოცხლო კიდეც კაცმა.

310 კოშუტის, ამერიკულად კი ქოსუთის ქუდი – სლაუჩ ქუდის ანუ შლიაპის სახეობა, რომელსაც ცალი ფრთა (მხარე) აწეული და მიბმული აქვს და ხშირად იგი ბუმბულითაა შემკული. ქოსუთის ქუდი პირველად გავრცელდა ამერიკაში 1852 წელს, როცა ლაიოშ "ლუის" კოშუტი უნგრეთიდან დიდ ბრიტანეთსა და ამერიკაში გაიქცა. მან ამერიკაში იმოგზაურა და გზადაგზა სიტყვით გამოდიოდა, რომ უნგრეთის თავისუფლებისთვის ამერიკელების სიმპათია და მხარდაჭერა მოეპოვებინა. თოროუს თხზულებაში "მეინის ტყე" (მეინი ნიუ ინგლენდის შტატია) ჩაწერილი აქვს მეინის ტყეში სამოგზაუროდ წასაღები საჭირო ნივთების სიაში "ძველი ქოსუთის ქუდი". როცა თოროუ ჩესანქუქის ლაშქრობაზე წავიდა ტყეში მის ინდიელ გიდს ეხურა ის. კოშუტის ქუდი შლიაპას ჰგავს, მაგრამ გვერდი აქვს აწეული და შებმული ხოლმე სამშვენისით, უმთავრესად ბუმბულით. საინტერესოა ქუდის პოპულარიზაციის ისტორია, რაც გვანახებს თუ რამდენად დიდი სიბრმავეა მოდა და რამდენად ბრმობილია მოდას აყოლილი ადამიანი: 1852 წელს ვინმე ჯონ ნიქალას გენინი (1819-1878) გახლდათ ქალაქ ნიუ იორკის ქუდების მაღაზიის მფლობელი. მას საწყობი ჩაწოლილი საქონლით ჰქონდა სავსე – ძველი შავი შლიაპებით, რომლებიც არავის უნდოდა და ველარ ეყიდებოდა. მაღაზიის მესაკუთრემ ამ შლიაპებს ცალი გვერდი აუწია, შეამკო და იმ უცნაურ ქუდს დაამსგავსა, რომელსაც ქოსუთი ხმარობდა, მერე ახლადჩამომდგარ გემზე აძვრა, რომელმაც ქოსუთი ჩამოიყვანა, და ქოსუთის მეგობრებს და მომხრეებს ეს ქუდები უფასოდ დაურიგა. ნიუ იორკელმა ხალხმა ნახა რა ასეთი უცნაური თავსაბურავი, ის მოდად აქცია და მას შემდეგ ქოსუთის ქუდი მთელ ამერიკას მოედო. ამ მოდამ ნახევარი მილიონი დოლარის ქუდების გაყიდვა მოიტანა. ასე მოითბო ხელი თავისი წვრილმანი მაიმუნობით ნიუ იორკელმა ჩარჩმა.

311 ლუკას სახარება 16:13: "არავის მონასა ხელ-ეწიფების ორთა უფალთა მონებად: ანუ ერთი იგი მოიძულოს და ერთი შეიყუაროს, და ანუ ერთისაი თავს-იდვას და ერთი შეურაცხ-ყოს. ვერ ხელ-ეწიფების ღმრთისა მონებად და მამონაისა."

ქოსუთის ქუდი.
ცალი ფრთა აწეული აქვს შაშხანის
მხარზე გადაკიდება რომ გაუადვილდეს კაცს.
KOSSUTH HAT.
BRIM PINNED TO THE SIDE WITH A SPECIAL BADGE TO
ALLOW A RIFLE TO BE SLUNG OVER THE SHOULDER.

რაც დღეს-დღეობით სწვდება ადამიანის ყურს, კაცმა რომ ყველაფერი გაიმეოროს, სირცხვილით დაიწვებოდა. არ მესმის, რატომ უნდა იყოს ახალი ამბები ასე გაცვეთილი და უმაქნისი? – როცა ადამიანის ოცნებები და იმედები მრავალფეროვნებითა და სიმდიდრითაა სავსე, მაშ, რატომღაა სისულელით სავსე პრესით ან ჭორით გადმოცემული სიახლე? ახალი ამბები, რომელსაც დღეს ვგებულობთ, ჩვენს ღმრთივბოძებულ ნიჭს ახალ ამბად არ მიაჩნია. მთელი ეს რატრატი და ჭორაობა ერთი დრომოჭმული და უაზრო ერთიდაიგივეს ტრიალი და გამეორებაა მხოლოდ. ხშირად გინდა ხოლმე იკითხო, რატომ ამახვილებენ განსაკუთრებულ ყურადღებას ამბავზე, გარკვეული ხნის წინ რომ შეგემთხვა კაცს – რომ ოცდახუთი წლის შემდეგ ბარდიურთან ისევ უნდა შეხვდე ჰობინზს,[312] კერძო საკუთრების რეესტრს. მუდამ ერთიდაიგივე სისულელის კითხვა და ჭორაობა. ნუთუ ერთი სანტიმეტრით მაინც არ შეცვლილხარ ადამიანო? ასეთია ჩვენი ყოველდღიური ახალი ამბები. გეგონება ფაქტები ატმოსფეროში დაფარფატებენო, უმნიშვნელო ფაქტები, როგორც მიკროსკოპული სოკოს პატარა სპორულები, და მერე ერთ ყველასაგან უყურადღებოდ მიგდებულ *თალუსს*,[313] ან ჩვენი გონების ზედაპირს მიეკვრებიან, რომელიც მას საჯდომ და საყრდენ ადგილს აძლევს, და, ასე და ამგვარად, იწყება პარაზიტული ზრდა – უაზრობის უწყვეტი გავრცელება. საჭიროა, ჩვენი სულ-ხორცი ასეთი უგუნური და ბინძური სიახლეებისგან განვბანოთ და განვწმინდოთ. რა აზრი აქვს თუნდაც ჩვენი მშობლიური პლანეტის აფეთქებას, თუ ამ აფეთქებაშიც გარკვეული აზრი არ დევს? ჩვენს სხეულშიც ხდება უამრავი ასეთი ფეთქებადი ცვლილება, მაგრამ, აზრი რომ არ დევს, ყურადღებასაც არ ვაქცევთ ხოლმე ამას ადამიანები. ჩვენ ხომ უბრალოდ გართობისთვის არ ვცხოვრობთ. მთელი ქვეყანა რომ უაზრობით, უმიზნოდ აფეთქდეს, ორ ნაბიჯზეც კი არ გავიქცევი ამის სანახავად, რადგან უაზრობაში აზრი და მიზანი არა და არ დევს, ადამიანო.

მთელი ზაფხული და იქნებ შემოდგომის დიდი ნაწილიც უნებლიედ კითხულობდი გაზეთებს და ახალ ამბებს, და ახლაღა ხვდები, ამას იმიტომ აკეთებდი, რომ სოფლად ბუნების წიაღში გატარებული დილა და საღამო უამრავი ახალი ამბით იყო სავსე და შენც ბუნებისთვის გინდოდა მიგებაძა. ტყის პირას ყოველი შენი გასეირნება ახალი ამბებით იყო სავსე. შორეული ევროპის საქმეებით კი არ იყავი დაკავებული, არამედ შენი საქმით მასაჩუსეცის მინდვრებში. თუ ვიწრო ხედვით იმ ვიწრო სფეროში გადაწყვეტ ცხოვრებას, რომელშიც ახალი ამბები ხდება და რომელიც იმაზე კიდევ უფრო თხელია, ვიდრე თავად იმ გაზეთის ფურცელი, რომელშიც ის იბეჭდება – მაშინ ეს უაზრო ახალი ამბები მთელ სამყაროდ მოგეჩვენება; მაგრამ თუ ამ ორგანზომილებიანი გაზეთის ფურცელსა და მის ასევე ორგანზომილებიან სივრცეს გასცდები, აღარც ეს უაზრო ახალი ამბები გემახსოვრება და არც არაფერი შეგახსენებს მათ უაზრო არსებობას. ყოველდღე აისისა და დაისის დანახვა ადამიანებს სიგიჟის სენისგან დაიცავდა და საღ აზროვნებას სამუდამოდ შეუნარჩუნებდა კაცს. ერებიო! რა დროს ერებია?! თართარები, და

[312] ჰობინზი გვარია.

[313] თალუსი ანუ თალომე – უმდაბლესი ანუ თალუსოვანი მცენარეების სხეული, რომელიც არ არის დანაწევრებული ღეროდ და ფოთლად. ზოგიერთ წყალმცენარეს საკმაოდ რთული მორფოლოგიური აგებულება აქვს, მაგრამ ნამდვილი ღერო და ფოთოლი არ გააჩნია. ყველაზე კარგად გამოხატული თალუსი აქვს მღიერებს, რომლებიც თალუსის ფორმების მიხედვით სხვადასხვა ჯგუფებად იყოფიან.

ჰანები,[314] და ჩინელები! მწერებივით ამაზრზენად ირევიან ერთმანეთში. ისტორიკოსი უშედეგოდ ცდილობს, დაუვიწყარი და სამახსოვრო გახადოს მათი არსებობა ჩვენთვის. ერთი კაციც რომ არ დადის დედამიწაზე, ამიტომაც დათარეშობს ამდენი ადამიანი ამქვეყნად. დედამიწა მხოლოდ მაშინაა დასახლებული თუ მასზე პიროვნება სახლობს და არა ადამიანთა ბრბო. ნებისმიერი კაცი, რომელსაც აზროვნება ძალუძს, შეუძლია ეს სიტყვები ისე თქვას, როგორც ლოდინმა თქვა –

"ჩემი სულის მწვერვალებიდან გადმოვყურებ ერებს,
ერებს ჩემს თვალწინ ფერფლად რომ იქცევიან; –
მშვიდია ჩემი ცხოვრება ღრუბელთა სამყაროში;
საამურია განსვენების ვრცელი მინდვრები."[315]

მოდი, ვილოცოთ, რომ ღმერთმა დაიფაროს ჩვენი ესკიმოებივით[316] ცხოვრება, – ერთმანეთში მოჩხუბარ ძაღლთაგან აღმა-დაღმა ჩვენი თრევა და წანწალი.

ხანდახან შემაძრწუნებს ხოლმე, როცა იმ ხიფათზე დავფიქრდები და ვხვდები, თუ რა ცოტა დამაკლდა, ჩემი თავისთვის ამა თუ იმ უაზრო ახალი ამბის მოსმენის და ახალი ამბის უაზრობისთვის გონებაში შემობიჯების უფლება მიმეცა – ქუჩის სიახლე; და მანცვიფრებს, როგორი მონდომებულები არიან ადამიანები, თავიანთი გონება ასეთი საინფორმაციო ნაგვით გაივსონ – უსაფუძვლო ჭორებსა და უაზრო შემთხვევებს ნებას რთავენ იქ შეიჭრან და იმ წმიდა მიწაზე მოიკიდონ ფეხი, რომელიც მხოლოდ ფიქრისთვისაა განკუთვნილი. ნუთუ საჭიროა, გონება საჯარო მოედნად ვაქციოთ, სადაც უმეტესად ქუჩის ამბები და ჩაის სმისას წამოყრანტალებული ჭორები განიხილება? იმაზე თუ გიფიქრიათ, რომ გონება თავად სამოთხის პატარა კუთხე და ნაწილია – ჰიპაეთრალი[317] ტაძარი, რომელიც ღია ცის ქვეშ მხოლოდ ღმერთს უნდა მსახურებდეს? ჩემთვის რთულია იმ ერთი-ორი ფიქრის თავიდან ამოგდება, რომელიც ჩემთვის მნიშვნელოვანია, და ყველანაირად ვცდილობ, გონება იმ ფიქრებით არ გადავტვირთო, რომელთაც ჩემთვის არანაირი მნიშვნელობა არ გააჩნია, და მთელი ამ ჭიდილის ახსნა და ხატოვნად თქმა მე არ ძალმიძს, ეს ერთობ ღმრთისნიერ გონებას შეუძლია. როგორც წესი, სწორად ასეთი არაფრისმომცემი და უსარგებლოა გაზეთებში დაბეჭდილი და ადამიანის საუბრებში წამოჭრილი ახალი ამბები. ჰოდა, აუცილებელია გონების სიწმიდის დაცვა და იქ სისულელის არშეშვება.

---

[314] თართარები (ქართულად – თათრები, – თოროუ ნამდვილი ნიუ ინგლენდელივით "თართარებს" ხმარობს) და ჰუნები ანუ ჰანები (თოროუ "ჰანებს" ხმარობს) – თათრები თურქული ჯიშის ტომებია, რომლებიც აღმოსავლეთ ევროპაში შემოიჭრნენ შუა საუკუნეებში. ჰუნები აზიური წარმოშობის მომთაბარე ტომებია, რომლებიც IV და V საუკუნეებში შემოიჭრნენ ევროპაში.

[315] თოროუს ეს ლექსი თავის დღიურში ჰქონდა გადმოწერილი ჯეიმზ მაქფერსონის წიგნიდან "ოსიანის პოემები", 1790 წლის გამოშვება.

[316] ესკიმოები – ინდიელების მკვიდრი მოსახლეობა, რომელიც ერთ ხანს მთელ აღმოსავლეთ ციმბირში, ალასკაზე, კანადაში და გრენლანდიაში ცხოვრობდა. აღსანიშნავია, რომ თოროუ თავის მანუსკრიპტში სიტყვა ესკიმოს ძველი, განგრძობილი, ფრანგული სტილით წერს და არა ახლებური, შემოკლებული ამერიკულით. ესკიმოები დღესაც ცხოვრობენ კანადაში და ალასკაზე. მათ ძაღლები ჰყავთ, რომლებსაც მარხილებში აბამენ და უმეტესად მათ იყენებენ სამგზავრო საშუალებად.

[317] ჰიპაეთრალი ძველი ბერძნული და შემდგომ რომაული ტაძრის არქიტექტურული სახეობაა, რომელსაც სახურავი არ აქვს და ღია ცის ქვეშაა. ძველბერძნული სიტყვა ჰიპაეთროსიც სწორად "ცის ქვეშ" ნიშნავს. დღეს ჰიპაეთრალი გაიგივებულია ღია ცისქვეშეთთან.

ერთი წამით დაფიქრდით, რა მოხდებოდა კაცმა გონებაში სასამართლოში განსახილველად წამოჭრილი თუნდაც ერთი სისხლის სამართლის საქმე რომ შეუშვას, დიდი ხნის განმავლობაში როგორ უშვერად ითარეშებდა ეს ამბავი ჩვენი გონების *სანქტუმ სანქტორუმში*[318] და ჩვენს წმიდათაწმიდა ფიქრებს როგორ შელახავდა! წარმოგიდგენიათ ჩვენი გონების ყველაზე ღრმა და იდუმალი საკნების დუქნად გადაქცევა, ვითომცდა ეს საკნები ქუჩიდან შემომავალი მტვრით იყოს სავსე და უსაქმოდ სცდებოდეს – არადა ცხადია, რომ თავად ამ ქუჩას, მთელი თავისი მიმოსვლით, ფუს-ფუსით და ჭუჭყით ჩვენი ფიქრის ტაძარში – ჩვენს გონებაში, უკვე შეუღწევია, სამწუხაროდ! ნუთუ ყოველივე ეს გონებრივი თვითმკვლელობა არ იქნებოდა? როდესაც ერთ დღეს სასამართლო სხდომას, ინტერესის გამო, მაყურებლისა და მსმენელის როლში რამდენიმე საათით დავესწარი და ვნახე, თუ როგორი ფუს-ფუსით შედი-გამოდიოდნენ ჩემი მეზობლები, გამოსაფხიზლებლად ხელ-პირს როგორ იბანდნენ და თითის წვერებზე როგორ დარბოდნენ, ჩემი გონების თვალს მოეჩვენა, რომ როცა მათ ქუდები მოიხადეს, ყურები უზომოდ გაეზარდათ, და ისეთ უზარმაზარ ლოკატორებს დაემსგავსნენ, რომ მათ ფონზე მათი თავები ციცქნა მარცვლადღა გამოიყურებოდა. გეგონებოდა ეს ვეება ყურები წისქვილის ბზრიალას ფრთებივით იჭერდნენ ხმას, სხეულში შეისრუტავდნენ, მათ დახლართულ ციცქნა ტვინში სასიამოვნო მიმოქცევით ატარებდნენ და მერე სხეულის უკანა მხრიდან უშვებდნენ. საინტერესოა, სახლში რომ მივლენ ესენი, ყურებსაც თუ ისეთივე გულმოდგინებით დაიბანენ, როგორი გულმოდგინებითაც აქ, სასამართლო შენობაში იბანდნენ ხელ-პირს? მომეჩვენა, რომ ასეთ შემთხვევაში, მსმენელები და მოწმეები, ჟიური და ადვოკატები, მოსამართლე და დამნაშავე – თუ შეიძლება რომ ამ კაცს გასამართლებამდე წინასწარ დამნაშავე ვუწოდო – ყველა ერთნაირად დამნაშავე იყო, და, ვიფიქრე, სადაცაა ამ კრიმინალების ხროვას მეხი დაეცემა და ყველას ერთად, ერთი ხელის მოსმით ჩანთქამს-მეთქი.

ყველა ხერხს მიმართეთ, ნებისმიერი ხაფანგი და ამკრძალავი ნიშანი იხმარეთ, თუნდაც ზეციური კანონით გათვალისწინებული ყველაზე უკიდურესი სასჯელი გამოიყენეთ დასაშინებლად, რომ თქვენს გონებაში, რომელიც თქვენი ფიქრების წმიდა ადგილია, უაზრო აზრსა და მის "მრევლებს" შემოჭრის უფლება არ მისცეთ და ფეხის შემოდგმაც კი აუკრძალოთ. ვერც კი წარმოიდგენთ, ერთი თუ შეგიძვრა, რა ძნელია იმ ფიქრის თავიდან ამოგდება, ადამიანისთვის ფუჭი რომაა და უსარგებლო! თუ ეს ცხოვრება სრული სიმყუდროვის საშუალებას არ მაძლევს და ამ ქვეყნის სავალ ბილიკად უნდა რომ მაქციოს, მაშინ ვირჩევდი, ნაკადულებსა და პარნასის[319] ღელეებს შორის გამავალი ბილიკი ვიყო და არა ქალაქის შუა გაჩხერილი საგანავლო არხი. იქ აღმაფრენაა, და ადამიანის სმენას მიმწვდარი ზეციური ჭორიც კი კაცის სულისთვის ტკბილია და სასარგებლო. აქ კი დუქნიდან და პოლიციის ეზოდან მომავალი უშვერი და დამყაყებული ხმაურია მხოლოდ. კაცის ყურს ორივე ამბის მოსმენა შეუძლია – მიწიერისაც და ზეციურისაც. თუმც რომელს მოისმენს ადამიანის ყური, ამას მხოლოდ მსმენელის ზნეობა განაპირობებს. თავად მსმენელს ძალუძს იმის გადაწყვეტა, რომელ ხმას

[318] სანქტუმ სანქტორუმ – ლათინურია და ნიშნავს "წმიდათა წმიდა"-ს და ქრისტეანობაში, როგორც წესი, წმიდა ადგილის სახელთან იხმარება. თავდაპირველად ეს გამოთქმა იხმარებოდა იმ ადგილის აღსანიშნავად, სადაც აღთქმის კიდობანი ინახებოდა.

[319] მთა პარნასი – ადგილი, სადაც ბერძნული მითოლოგიის მუზები ცხოვრობდნენ.

დაუხშობს ყურს და რომელს – არა. ჩემი აზრით, სისულელეების მოსმენით გონების სამუდამო დაბინძურება და განუკურნებელი დაავადებაა შესაძლებელი, და ასე ადამიანის ფიქრი მუდამ სისულელით დალაქავებული და შეფერადებული შეიძლება დარჩეს. საჭიროა, რომ ჩვენი გონება მოვკირწყლოთ და გავამაგროთ, თორემ მისი საძირკველი ხომ გაბზარულია და მიმომავალი ინფორმაციული ბორბლების ქვეშ ნელ-ნელა იშლება; და თუ გაინტერესებს რომელია ყველაზე გამძლე სახის მოსაპირკეთებელი მასალა, რომელიც თავისი სიმტკიცით ქვაფენილს, ნაძვის ოთხკუთხედ მორებს და ასფალტსაც კი აღემატება, საჭიროა მხოლოდ იმ გონიერი ადამიანების გონებაში ჩაიხედო, ეს უაზრო სიახლეები და ინფორმაციები მთელი ძალით რომ უტევენ.

და თუ ჩვენ ასე შევრყვენით და შევბილწეთ ჩვენი თავები – და რომელ ჩვენთაგანს შეუძლია იმის თქმა, ეს არ მიქნიაო? – ჩვენი სიწმიდის აღდგენაში ახლა მხოლოდ სიფხიზლე და გულმოდგინება თუ გვიშველის, და მხოლოდ ასე თუ შევძლებთ ჩვენი გონების კვლავაც ფიქრის ტაძრად გადაქცევას. ჩვენ ჩვენს გონებას, ანუ ჩვენს საკუთარ თავს, ისე უნდა მოვეპყრათ, როგორც იმ უცოდველ, უბრალო, გულწრფელ და გულუბრყვილო ბავშვს, რომლის მეურვეობაც წილად გვრგებია, და დიდად უნდა ვიფრთხილოთ და წინასწარ გავიაზროთ თუ რა საგნით, რა საკითხით და რა შინაარსით ვცდილობთ მისი ყურადღების დაპყრობას. არ წაიკითხოთ გაზეთი "დროება." წაიკითხეთ თავად მარადისი. საზოგადოდ მიჩნეული სიმართლე ისეთივე მავნებელია, როგორც მცდარი აზრი. თავად მეცნიერულ ფაქტებსაც კი, თავიანთი სიმშრალის გამო, ადამიანის გონების მტვერში გაცურება შეუძლიათ, თუ მათ გარკვეული გაგებით გონებიდან ყოველდღიურად არ ამოშლი, ან, უფრო სწორად, ცოცხალი და მაცოცხლებელი სიმართლის ცვარ-ნამით ყოველდღიურად თუ არ მორწყავ, თუ არ განაახლებ და არ გაანაყოფიერებ. ცოდნა ადამიანს გუნდ-გუნდად კი არ ეყრება, არამედ როგორც ზეციური სინათლის ციალი და კაშკაში ისე ეძლევა. დიახ, ყოველი ფიქრი, რომელიც გონებაში მიჰქრის, ამ გონებას ცვეთს და ფლეთს, და მის ნაოჭებს კიდევ უფრო მეტად აღრმავებს, რაც, როგორც ეს პომპეის[320] ქუჩებს ეტყობათ, ცხადჰყოფს თუ რამდენად ნახმარი და გამოყენებულია ეს გონება. რამდენი რამაა ამქვეყნად, რომლის შესახებ ჩვენ შეიძლება ბჭობა გავმართოთ და ვიკამათოთ, მისი ცოდნა სჯობს თუ, საერთოდ – არცოდნა – სჯობს, ჩაქ-ჩაქით იარო კაცმა და გინდაც ყველაზე ნელი ჩორთით გადაიარო საოცრებების ხიდი და ეს სამყარო კიდით-კიდემდე დაინახო და განსჭვრიტო შენი გონებით! ნუთუ ჩვენ არც განათლება გვაქვს და არც სიფაქიზე – და მხოლოდ ლუკმა პურის შოვნის ხელობა ვიცით, რის გამოც უხეშად ვცხოვრობთ და ეშმაკს ვმსახურებთ? – პატარა მიწიერ სიმდიდრეს ვიძენთ ან ამქვეყნიურ სახელს და დიდებას, ან პოლიტიკურ თავისუფლებას და სიყალბით გვიყვარს ხოლმე თავის გამოჩენა, გეგონება, კაცი მხოლოდ ფუჩეჩი და ჩენჩო იყოს, და სიცოცხლის ერთი მარცვალიც არ იდოს მასში? ნუთუ ჩვენი დაწესებულებები ცხენისწაბლივით უნდა არსებობდეს, გარედან დიდი ეკლით დაფარულთ, კაცისთვის ერთი სასარგებლო მარცვალი არ იდოთ გულად, და მთელი მათი "ხილობა" და "სარგებლობა" ადამიანისთვის თითში ჩხვლეტა იყოს?

---

320 პომპეიი – რომაული ქალაქი დღევანდელი ნეაპოლის ახლოს, რომელიც ვულკან ვეზუვის ამოფრქვევამ გაანადგურა 79 წელს. დაფლული პომპეიი 1748 წელს აღმოაჩინეს.

ნათქვამია, ამერიკა ის მოედანია, სადაც თავისუფლების ბრძოლა უნდა გაიმართოსო; კი, მაგრამ, დარწმუნებული ვარ, ეს თავისუფლება მხოლოდ პოლიტიკური თავისუფლების გაგებით არაა ნაგულისხმევი. გინდაც ვთქვათ, რომ ამერიკელმა კაცმა პოლიტიკური დესპოტისგან განითავისუფლა თავი, ის ხომ მაინც ეკონომიკური და ზნეობრივი დესპოტის მონაა დღეს? დღეს-დღეობით ხომ რესპუბლიკა – დე რეს-პუბლიკა – უკვე დაგვისახლებია, ჰოდა, ახლა დადგა ჟამი რეს-პრივატას – პირად მდგომარეობასაც – მივხედოთ, როგორც ეს რომაელმა სენატორმა დაავალა თავის კონსულებს "*ne quid res*-PRIVATA *detrimenti caperet*,"[321] ანუ სახელმწიფოს შენების გამო ადამიანის პირადმა მდგომარეობამ ნგრევა არ უნდა განიცადოს.[322]

ამას ვეძახით თავისუფლების მიწას? რა ჯანდაბად გვინდა მეფე ჯორჯისგან [323] თავისუფლება, თუ ისევ "მეფე ცრურწმენის" მონებად დავრჩებით? რა ჭირად გინდა თავისუფალ კაცად დაბადება, თუ მერე თავისუფლად სიცოცხლე აღარ შეგეძლება? რაა პოლიტიკური თავისუფლების არსი, თუ არა ზნეობრივი თავისუფლება? საკითხავია, რომელი უფრო გვეტრაბახება – თავისუფლება მონობისთვის თუ თავისუფლება თვით თავისუფლებისთვის? ჩვენ პოლიტიკოსების ქვეყანა ვართ, და, რა ფასადაც არ უნდა დაგვიჯდეს, მხოლოდ თავისუფლების დაცვა გვაინტერესებს და არა ადამიანების დაცვა ამ თავისუფლებით. იქნებ ჩვენი შვილიშვილები მაინც იყვნენ ჭეშმარიტად თავისუფლები. ჩვენ უსამართლოდ ვიბეგრავთ თავს. ჩვენი სული, ჩვენი არსების ერთი მეტად მნიშვნელოვანი ნაწილი საერთოდ არ მონაწილეობს ამ ცხოვრების კენჭის ყრაში. ყოველივე ეს ჩვენი შინაგანი არსების განუკითხავი და უგზო-უკვლო დაბეგვრაა. ჩვენ ვინახავთ ჯარს, [324] ვინახავთ ყველა სახის სულელს, ვინახავთ ათასგვარ პირუტყვს. ჩვენ საკუთარ სულზე მძიმე ტვირთად აკიდებულ ჩვენს საკუთარ სხეულს ვინახავთ მანამ, სანამ ეს სხეული თავიდან ბოლომდე არ ჩანთქავს და ბოლოს არ მოუღებს ამ სულს.

რაც შეეხება ჭეშმარიტ განათლებასა და კაცობას, ჩვენ პრაქტიკულად ისევ სოფლელები ვართ, და არა ქალაქელები – უბრალო მიხოები.[325] ჩვენ სოფლელები ვართ, რადგან საკუთარ სახლშიც კი არ ვიქცევით სათანადოდ; რადგან სიმართლეს კი არ ვცემთ თაყვანს, არამედ

---

321 ნაწყვეტია რომაელი ისტორიკოსის, სალუსტის ანუ სალუსტუსის წიგნიდან, "ბელლუმ კატინე" ანუ "კატილინებთან ბრძოლა". სალუსტი ციტირებას ახდენს მარკუს ტულიუს ციცერონის სიტყვებისას, როცა მან, შეიტყო რომ შეთქმულებების გამო რომის სახელმწიფოს საშიშროება ემუქრებოდა და მიხვდა, რომ მხოლოდ თავისი გავლენით და ჭკუით და ძალებით ამჯერად ვეღარ შეძლებდა ქვეყნის დაცვას, სენატში ხმამაღლა განაცხადა ამ საშიშროების შესახებ და მთელი სენატი ჩართო ჯარის შეკრებისა და ქვეყნის დაცვის საქმეში, რომ "ერს (ანუ რეს პუბლიკას) ზიანი არ მოსვლოდა" ანუ "ne quid res publica detrimenti caperet".

322 ანუ საერო, მიწიერი საქმის გამო ადამიანის სული არ უნდა დაზიანდეს; ქვეყნის ეკონომიკური გამდიდრებით ამ ქვეყნის მოქალაქის სული არ უნდა გაღარიბდეს.

323 ნაგულისხმევია ინგლისის მეფე ჯორჯ III (1738-1820), რომელიც ამერიკის რევოლუციური ომისას დიდი ბრიტანეთის იმპერიის მეფე გახლდათ.

324 ვინახავთ ჯარს – ამ პარაგრაფში თოროუ მიუთითებს ამერიკის ქვეყნად ქცევის უმთავრეს დოკუმენტზე, "დამოუკიდებლობის დეკლარაციაზე", რომელშიც ამერიკელი ხალხის უკმაყოფილების მიზეზებია ჩამოთვლილი ინგლისის ტირანი მეფის, ჯორჯ III-ის წინააღმდეგ, მათ შორის, "ჩვენზე ჩვენი ნების წინააღმდეგ გადასახადების დაწესება" და "ჩვენს შორის მრავალრიცხოვანი მოქმედი ჯარის ჩაყენება".

325 თოროუ მრავლობითში ხმარობს ამერიკის პროვინციებში დიდად გავრცელებულ სახელს, "Jonathans". ამით ის "ტეტიებს", "გაგრიებს", "უბირებს" გულისხმობს.

სიმართლის აჩრდილს; რადგანაც ჩვენ ვაჭრობის, კომერციის, მრეწველობისა და მიწათმოქმედების ერთგულებითა და მონობით სულიერად ვცვდებით და ვხუნდებით; და გვავიწყდება, რომ ყოველივე ეს ჩვენი საბოლოო მიზნის მისაღწევი ხერხია მხოლოდ და არა საბოლოო მიზანი.

ასეთივე სოფლურია ინგლისის პარლამენტიც. საცოდავი სოფლის გომბიოები, როგორ მალე, როგორ უნებლიედ ახდიან ხოლმე ფარდას თავიანთ გულისნადებს და უმალ გამოამჟღავნებენ ხოლმე თავიანთ ნამდვილ გულისთქმას, როცა რამე მნიშვნელოვანი საკითხი წამოიჭრება მოსაგვარებლად, მაგალითად ირლანდიელების[326] საკითხი – რატომ არ ვთქვი ინგლისელების საკითხი-მეთქი? – უფრო მართებული იქნებოდა. რა უაზრო საქმითაც არიან დაკავებულები ის უაზრო საქმე იპყრობს, იმონებს და ნთქავს მათ ბუნებას.[327] მათი "დიდგვაროვნება" მხოლოდ მეორადი მნიშვნელობის საკითხებს ანიჭებს დიდ მნიშვნელობას. დედამიწის ზურგზე ყველაზე დახვეწილი მანერებიც კი დახვეწილ გონიერებასთან შედარებით მხოლოდ სიტლანქე და სიშლეგეა. ეს ვითომცდა დახვეწილი ქცევა, თავაზიანი მიხრა-მოხრა და სიტყვა-პასუხი გუშინდელი დღის მოდასავით მოძველებულია და გაცვეთილი – ჟამმოჭმული ცერემონიულობა, უაზრო პრანჭვა-გრეხა და მეჭინჭეობაა, მეტი არაფერი. ამ ვითომცდა დახვეწილი ქცევებით გამოწვეული თავმომწონება და სიამაყე გახლავთ ის მანკი, რომელსაც ადამიანის ღირსება ვერ ეგუება, და არა თვით – დახვეწილი ქცევა; ეს გადამეტებული თავაზიანობა და მიხრა-მოხრა ადამიანის მიერ გამონაცვალი ტანსაცმელია, ნიჟარაა, ადამიანის აჩრდილია, რომელიც ერთობ გათავხედებულა, და ახლა ხალხისგან ისეთსავე პატივისცემას მოითხოვს, როგორც თავად მის პატრონს, აწ გარდაცვლილ ადამიანს ეკადრებოდა ადრე. და თვალწინ წარმოგიდგება არა არსება, არამედ მხოლოდ მისი ცარიელი ნიჟარა, და შემთხვევითი ნუ გეგონებათ, რომ ზოგიერთი სახეობის მოლუსკებში ნიჟარა უფრო ძვირფასია, ვიდრე თავად ამ ნიჟარაში მცხოვრები არსება. როდესაც კაცი თავის მანერებს მახვევს თავს, გამოდის, რომ ეს კაცი საკუთარ ახირებულობებსა და უცნაურობებს მაცნობს და არა საკუთარ თავს, არადა, მე ხომ თავად ამ კაცის გაცნობა მწადია. არ გეგონოთ, პოეტმა დექერმა[328] ამ გაგებით უწოდა ქრისტეს "დედამიწის ზურგზე პირველი მართალი ჯენთლმენი." არა, ბატონო. კიდევ ერთხელ გიმეორებთ, რომ ამ გაგებით მთელ საქრისტეანოში ყველაზე თვალსაჩინო მეფის კარიც კი მხოლოდ სოფლურია, და მას მხოლოდ ტრანსალპური[329] და მსგავსი პროვინციული საკითხების მოგვარება შეუძლია და არა რომის საქმეებისა.[330] პრეტორი და პროკონსულიც[331] კი ეყოფოდა იმ ელემენტური

[326] ირლანდიელების საკითხი – 1800-1920 წლებში ინგლისელი ბობოლები ასე აღწერდნენ ირლანდიელი ერის დამოუკიდებლობისთვის ბრძოლისა და ირლანდიის დიდი ბრიტანეთიდან გამოყოფის მცდელობას.

[327] პარაფრეზირებაა ვილიამ შეიქსფიას No 111 სონეტის, ხაზები 6-7.

[328] თომას დექერი (1572?-1638?) – ინგლისელი დრამატურგი. ციტირება გახლავთ თომას დექერის და თომას მიდლთონის ერთობლივი დადგმიდან "პატიოსანი მეძავი", აქტი I, გამოსვლა 13, ხაზი 777.

[329] ნაგულისხმევია ალპები. ტრანსალპური კი ისეთივე გაგებითაა ნახმარი, როგორც, მაგალითად, ჩვენ ვხმარობთ ხოლმე გამოთქმას "ტრანსკავკასიური", ანუ ტრანსალპური ნიშნავს ალპების მთების ქვეყნების ერთობას და ამ ქვეყნების საჭირბოროტო საკითხებს.

[330] "რომის საქმეებში" თოროუ სასულიერო საკითხებს გულისხმობს: "რომი" სიმბოლურად აქვს ნახმარი, რადგან ის კათოლიკების დედაქალაქია.

[331] რომის იმპერიაში არსებული სამთავრობო წოდებებია.

კუთხური საქმეების მოგვარებას, რომელთაც მთელი ინგლისის პარლამენტის და ამერიკის კონგრესის ყურადღება მოუცავთ.

მთავრობა და კანონმდებლები! ვფიქრობდი, ესენია საპატიო ხელობები-მეთქი. მსოფლიო ისტორიიდან ყველა ჩვენთაგანს გვსმენია ზეცით მოვლენილი ნუმების, ლიკურგუსების და სოლონების შესახებ,[332] რომელთა, უშუალო საქმეები თუ არა, სახელები მაინც განასახიერებენ იდეალურ კანონმდებელს; მაგრამ ახლა წარმოიდგინეთ ის კანონმდებლები, მონების გამრავლების ან თამბაქოს ექსპორტის მოგვარებით რომ არიან დაკავებულები! რა ხელი აქვთ ღმრთივკურთხეულ კანონმდებლებს თამბაქოს ექსპორტ-იმპორტთან? ან მიწიერ კანონმდებლებს რა ხელი აქვთ მონების გამრავლებასთან? წარმოიდგინეთ, რას გვეტყოდა თავად ძე ღმრთისა, ეს შეკითხვა რომ დაგვესვა მისთვის? – და ნუთუ თქვენ მართლა გჯერათ რომ ქრისტეს, ღარიბი, დაჩაგრული და დამონებული ხალხის სახით, შვილები არ ჰყავს მეცხრამეტე საუკუნეში? ნუთუ გგონიათ რომ მისი ოჯახი გაწყდა და აღარ არსებობს? – რა გიქნიათ ქრისტეს ოჯახისთვის? განსჯის დღეს რას იტყვის ვირჯინიის შტატი თავის გასამართლებლად? შტატი, სადაც სწორად მონათმფლობელობა და თამბაქოთი ვაჭრობა შეადგენს ყოფის არსსა და რაობას. როგორ გინდა ასეთ შტატში მამულიშვილობამ იარსებოს? არ გეგონოს რამეს ვიგონებდე – ეს ფაქტები თვით ამ შტატის მიერ გამოქვეყნებული სტატისტიკური ცხრილებიდან მომაქვს.

ვაჭრობა, რომელიც თხილეულისა და ჩამიჩის შოვნით დედამიწის ზურგზე ყველა ზღვას თეთრად აქაფებს, და ყველა მეზღვაურს ამ უმიზნო მიზნის ყურმოჭრილ მონად აქცევს ხოლმე![333] იმ დღეს ერთი დიდი გემი[334] ვნახე, რომელიც დამტვრეულიყო, უამრავი სიცოცხლე შემწყდარიყო და მისი ტვირთი, რომელიც ხალიჩების, ღვიისა და მწარე ნუშისგან შედგებოდა, სანაპიროზე მიმოფანტულიყო. ღირდა კი ასეთი სისულელეებისთვის ლეგჰორნსა[335] და ნიუ იორკს შორის ასეთი სახიფათო მისვლა-მოსვლა? ნუთუ მწარე ნუშისთვის ამდენი კაცის სიცოცხლის შეწირვა უღირდა კაცობრიობას?[336] დამდგარა ეს ჩვენი

[332] ნუმა პომპილიუსი (715-672 ჩ.წ.-მდე) – რომის მეორე ლეგენდარული მეფე; ლიკურგუსი (830?-730? ჩ.წ.-მდე) – დიდი სპარტელი სახელმწიფო მოღვაწე და კანონმდებელი; სოლონი (638-558 ჩ.წ.-მდე) – უდიდესი ათენელი კანონთმცოდნე, კანონმდებელი და პოეტი.

[333] მონების გადასაზიდ სავაჭრო გემს, როგორც წესი, უფრო დიდი ეკიპაჟი სჭირდებოდა, ჯერ ერთი, 100-700 მონისთვის რომ მიეხედათ, მეორეც, ისინი მკაცრ მორჩილებაში რომ ჰყოლოდათ და აჯანყება აერიდებინათ თავიდან.

[334] თოროუ მიუთითებს 1850 წლის 19 ივლისის უბედურ შემთხვევაზე, როდესაც იტალიის ქალაქ ლივორნოდან მომავალი გემი ნიუ იურკის ფაია კუნძულთან (ცეცხლის კუნძული) ჩაიძირა. გემზე იყო ცნობილი ამერიკელი ჟურნალისტი, კრიტიკოსი, ისტორიკოსი, მწერალი და ქალთა უფლებების დამცველი, მარგარეტ ფულა ოსოლი მთელი თავისი ოჯახით. თოროუ, გაიგო თუ არა ამ ტრაგედიის შესახებ, მაშინვე უბედური შემთხვევის ადგილზე გაეშურა, ბევრს ეცადა ოსოლების ოჯახის წევრების გვამების პოვნას, მაგრამ უშედეგოდ.

[335] ლივორნო იტალიის ერთერთი უდიდესი სანავსადგურო ქალაქია, რომელსაც ინგლისელები ლეგჰორნს ეძახიან.

[336] რაოდენ დიდია მსგავსება თოროუს მსჯელობასა და ფილოს შორის. აი, რას ბრძანებს დიდი ელენისტი ებრაელი ფილოსოფოსი, ფილო ებრაელი ანუ ფილონ ალექსანდრიელი (20 ჩ.წ.-მდე–50 ჩ.წ.-ით): "...მან იცოდა, რომ ყოველი საზღვაო თუ სახმელეთო ექსპედიცია მხოლოდ იმ მიზეზით ეწყობა და მხოლოდ იმის გამო იგდებენ საფრთხეში თავს მისი წევრები, რომ ან ხორციელი სიამოვნება ეძიონ, ან მატერიული ნივთები მოიხვეჭონ ჭარბად; აქედან კი არც ერთია მყარი და არც – მეორე." იხილეთ ფილო ებრაელის წიგნი "კაენის შთამომავლობა და მისი გაძევება".

ამერიკა და საკუთარი შვილების სიცოცხლეს ძველი მსოფლიოდან [337] მწარე ნუშის ჩამოტანას სწირავს! ისევ ისე ძველი მსოფლიოდან სიმწარეების[338] ჩამოსატანად გზავნის ამერიკელებს ამერიკა. ნუთუ ზღვის მარილწყალი, ნუთუ დამტვრეული გემი საკმარისად მწარე არაა, რომ მწარე ნუშის ძებნაზე უარი გვათქმევინოს? არადა, გარკვეულწილად, სწორად ესაა მთელი ეს ჩვენი სანაქებო კომერცია; ამისდა მიუხედავად, არიან ისეთნიც, ვინც საკუთარ თავებს საერო მოღვაწეებსა და ფილოსოფოსებს უწოდებენ, და რომლებიც ისე დაბრმავებულან, მთელი გულით სწამთ, რომ კაცობრიობის წინსვლა და ცივილიზაცია სწორად ასეთ გაცვლა-გამოცვლასა და უწყვეტ საქმიანობაზეა დამოკიდებული, – მე თუ მკითხავ, ბადაგით სავსე კასრის თავზე სურვილაყუნცულებული და მადააღძრული ბუზების უწყვეტი მიმოფრენაა მთელი ეს საქმიანობა მხოლოდ. კეთილი, ვთქვათ და, დაგიჯერეთ, ჩაიკეტა კაცი თავის ნაჭუჭში და ფეხი არ გაადგა არსად, მაგრამ ხომ არ გავიწყდება, რომ კაცი ხამანწკა არაა? – მეუბნება ხალხი. კეთილი, მაგრამ კაცი არც კოღოა, რომ მუდამ აღმა-დაღმა იფრინოს და ეს ქვეყანა თავისი გულისგამაწვრილებელი ბზუილით აიკლოს, – ვპასუხობ მე.

ლეიტენანტი ჰერნდონი, [339] რომელიც ჩვენმა მთავრობამ გამოკვლევის მიზნით, და, როგორც ხალხში ხმა გავრცელდა, მონობის გასავრცელებლად, ამაზონზე გაგზავნა, აღნიშნავს, რომ იქ ნაკლებობა იყო "ინდუსტრიული და საქმიანი მოსახლეობისა, რომელმაც კარგად იცის, რა მნიშვნელოვანია ფუფუნება და ფუფუნების საგნები კაცობრიობისთვის, და რომელსაც დიდი სურვილი აქვს ქვეყანაში არსებულ ჯერ კიდევ მიუკვლეველ და გამოუყენებლ ბუნებრივ დიდ განძსა და წიაღისეულს მიაკვლიოს და გამოიყენოს." კი, მაგრამ რა არის ის "დიდი სურვილი", რომლის განხორციელებაშიც მთავრობამ თავის მოქალაქეს უნდა შეუწყოს ხელი? არა მგონია ეს ისეთი ფუფუნების საგნების სიყვარული იყოს, როგორიც, მაგალითად, თამბაქოს ან მონების ფლობაა, როგორც ეს მის მშობლიურ ვირჯინიაშია, არც ყინული, გრანიტი და სხვა ამგვარი ნედლეული უნდა იყოს, რომლითაც ჩვენი მშობლიური ნიუ ინგლენდია მდიდარი; "ქვეყანაში არსებული დიდი განძი" არც მიწის სიმდიდრე თუ სიყამირე უნდა იყოს, ჩემი აზრით. ბევრი შტატი მოვიარე და ვნახე, რომ ძირითადი უკმარისობა, ყველა შტატი რომ განიცდიდა, მოსახლეობაში ამაღლებული და პატიოსანი მიზანსწრაფვის ნაკლებობა გახლდათ ოდენ. მხოლოდ ადამიანში ამაღლებული და პატიოსანი მიზანსწრაფვის ნაკლებობას შეუძლია ბუნებისგან "დიდი განძის" გამოდნობა, და ისიც იმ დონეზე, რომ ადამიანებისგან გაძარცულ და გამოწოვილ საწყალ დედა-ბუნებას ბოლო ელება ხოლმე; და ასე, ბუნების გარეშე დარჩენილ კაცსაც

---

[337] ძველი მსოფლიო – უნივერსალური გამოთქმაა, რომელიც აღნიშნავს მეთხუთმეტე საუკუნეში საქვეყნოდ ცნობილ სამ მხარეს, – ევროპას, აზიას და აფრიკას (და მათ მიმდებარე კუნძულებს). მეთხუთმეტე საუკუნის შემდეგ მოხდა ჩრდილოეთ და სამხრეთ ამერიკის და ავსტრალიის საყოველთაო აღმოჩენა, რომელსაც ახალი მსოფლიო ეწოდება.

[338] სიმწარეები – ალკოჰოლზე დამზადებული ნაყენები, რომლებიც გარკვეული დაავადებების სამკურნალოდ გამოიყენებოდა, განსაკუთრებით კი, მონელების გაუმჯობესებისთვის და დიეტოლოგიური მიზნებისთვის.

[339] სარდალი ვილიამ ლუის ჰერნდონი (1813-1857) – ამერიკის გაერთიანებული შტატების საზღვაოსნო ფლოტმა ამაზონის დაბლობის გამოსაკვლევად კვლევითი ექსპედიცია მოაწყო პერუდან ბრაზილიამდე 1851-1852 წლებში. ამ ექსპედიციას სარდალი ვილიამ ჰერნდონი ხელმძღვანელობდა. მისი მოხსენება გამოქვეყნდა 1853-1854 წლებში ვოშინგთონის ოლქში. თოროუ ციტირებას ახდენს მისი წიგნიდან "ამაზონის დაბლობის გამოკვლევა", ტომი I, გვერდი 251.

მალევე მოეღება ხოლმე ბოლო. როცა ჩვენ განათლება კარტოფილზე მეტად გვწადია, და გონების გაბრწყინება შაქრის ლერწამზე მეტად გვსურს, მაშინ მთელი მსოფლიოს განძის მადანს მოვიპოვებთ, და შედეგად, მთავარ ნაწარმად ვღებულობთ არა მონებს, არა მუშაკებს, არამედ კაცებს – დედა-ბუნების იმ უიშვიათეს ნაყოფს – გმირებს, წმიდანებს, პოეტებს, ფილოსოფოსებს და მხსნელებს.[340]

მოკლედ, როგორც ნამქერი წარმოიქმნება სწორად იმ ადგილზე, სადაც ქარი შედარებით ნაკლებად უბერავს ხოლმე, სწორად ასევე, კაცი იტყოდა, იქ, სადაც სიმართლე ყველაზე ნაკლებად ქრის, დაწესებულებები წარმოიქმნება ხოლმე. მაგრამ სიმართლე, მიუხედავად ყველაფრისა, მაინც გადაევლება ხოლმე თავს ამ დაწესებულებებს.

ის, რასაც პოლიტიკა ჰქვია, შედარებით იმდენად ზედაპირული და არაადამიანური რამაა, რომ, პრაქტიკულად, მე მასზე ფიქრს არასოდეს შევუწუხებივარ. აი, გაზეთები კი თავიანთ სვეტებს სწორად პოლიტიკასა და მთავრობას უთმობენ, ისიც უფასოდ; და, კაცი იფიქრებდა, რომ სწორად ეს იხსნისო უაზრო და უინტერესო საკითხს ხალხის მივიწყებისგან; მაგრამ, რადგანაც სიტყვაკაზმული მწერლობა და, გარკვეულწილად, სიმართლეც მიყვარს, პირადად მე, არასოდეს ვკითხულობ პოლიტიკურ სტატიებს. არ მინდა, სიმართლის გრძნობა ასეთი სისულელეებით ასე დავიჩლუნგო. ერთი პრეზიდენტის სიტყვაც არა მაქვს წაკითხული. უცნაურ ხანაში მოგვიწია ცხოვრება, როცა იმპერიები, სამეფოები და რესპუბლიკები გაზეთის სახით რიგითი და კერძო პირის კარზე სამათხოვროდ აკაკუნებენ ხოლმე, რომ სტატიების კითხვით ამ კაცმა მათი წუწუნი მოისმინოს! გაზეთის ხელში აღებაც კი არ მსურს, მაგრამ ვხედავ ხოლმე ესა თუ ის საცოდავი მთავრობა, რომელიც შავ დღეშია და თავი თითქმის ყულფში აქვს გაყოფილი, როგორ მემუდარება მე, მკითხველს, რომ მას არჩევნებში ხმა მივცე – ისინი იტალიელ მათხოვარზე უფრო მეტად მომაბეზრებლები არიან; და თუ ჭკუა მეყო და ამ მთავრობის სერთიფიკატს კარგად დავაკვირდი, რომელიც, ალბათ, რომელიმე კეთილისმსურველი ვაჭრის კლერკს დაუმზადებია,[341] ანდა,

---

[340] მთელი ეს აბზაცი ექო და გამოხმაურებაა პლატონის მიერ “რესპუბლიკაში” წამოჭრილ საკითხზე, – რას არგებს ან ცალკეულ პიროვნებას, ან მთლიანად ერს ოქრო-ვერცხლი და წიაღისეული სიმდიდრე, თუ ის კაცობას ჰკარგავს მათი მოპოვებით? ან რად უნდა ადამიანს მატერიული განძი თუ ის სულს თმობს მის სანაცლოდ? – კაცობა ანუ სული ხომ ღმრთის მიერ ადამიანისთვის ბოძებული უდიდესი განძია ამქვეყნად?! აი, რას ამბობს პლატონის ამ ბრწყინვალე ნაწარმოებში სულმნათი სოკრატე: “მაშინ ისიც გამაგებინე, რა ხეირს ნახავს კაცი ოქროს და ვერცხლის აღებით თუ თავად კაცობას ჰკარგავს ამის სანაცვლოდ? განა მოგებაა, როცა ადამიანი მის არსებაში ჩანერგილ ყველაზე ამაღლებულ განძს ყველაზე მდაბიური განძის მოსაპოვებლად დაკარგავს? როცა კაცი სულს ხორცის მონად ხდის? აბა დაფიქრდით, განა შეიძლება იმ კაცს ხეირიანი უწოდო, თავის ვაჟს ან ქალიშვილს მონად რომ გაყიდის, და მითუმეტეს მაშინ, როცა მყიდველი ჩვეულებრივი მონათმფლობელი კი არაა, არამედ საშინელი ტირანი, – გინდაც ამით მთელი ქვეყნის სიმდიდრე მოიხვეჭოს?” იხილეთ პლატონის “რესპუბლიკა”, ქვეწიგნი IX.

[341] ასე ხდება მთავრობის არჩევა კაპიტალისტურ ქვეყანაში: შეირჩევა ენაგაკრეფილი თაღლითი, შემდეგ მას ვაჭარი და საქმოსანი დააფინანსებს პოლიტიკურ არჩევნებში, შემდეგ მის სიტყვას პრესა აიტაცებს ხელში და ბოლოს, ეს მთავრობაში მოსასვლელი თაღლითი, პოლიტიკური კანდიდატი, ჩვეულებრივი ადამიანის, ამომრჩევლის კარზე გაზეთის, ინტერნეტის, რეკლამისა და ტელევიზიის სახით აკაკუნებს, და ცდილობს მოთაფლოს იგი, მოხიბლოს და მათხოვრობით მზაკვრულად საამომრჩევლო ხმა გამოსტყუოს. თოროუ სწორად აღნიშნავს, რომ ასეთ პოლიტიკურ კანდიდატს სერთიფიკატს თავად ვაჭარი ანუ ოლიგარქი უმზადებს. ნათელია, რომ ამ პროცესში პრესა დიდ როლს თამაშობს და, აქედან გამომდინარე, დიდი ძალაუფლებაც აქვს მას. მოკლედ, ასეთ ქვეყანას სინამდვილეში პოლიტიკოსი კი არ მართავს, არამედ მისი დამფინანსებელი ბიზნესმენი და მისი რეკლამის გამკეთებელი მასმედია.

იქნებ სულაც კაპიტანს მოუტანია ჩემამდე, რადგანაც თავად ამ სერთიფიკატს ერთი ღერი ინგლისურიც კი არ ეხერხება, ალბათ ვულკან ვეზუვის ამოფრქვევაზე, ან მდინარე პოს[342] წყალდიდობაზე, აზრი არა აქვს მართალია ეს ამბავი თუ გამოგონილი, მომიწევს კითხვა, რამაც ეს ქაღალდი ამ დღეში ჩააგდო. ასეთ დროს უყოყმანოდ ვურჩევ ამ მათხოვრებს მუშაობას ან ღარიბთა სახლში წასვლას; ანდა თავისი ციხე სიმაგრის დალუქვას, როგორც თავად მე მაქვს, როგორც წესი, ჩემი მიწიერი სურვილები დალუქული. საწყალი პრეზიდენტი, ცალკე თავისი პოპულარულობის შენარჩუნებას ცდილობს და ცალკე მამულისადმი თავისი ვალის პირნათლად მოხდას, და ამ ორ საქმეს შორის ასე გაწეწილი, ერთობ დაბნეულა. გაზეთებს აქვთ მთელი ძალაუფლება ხელში ჩაგდებული ამქვეყნად. ისინი წარმოადგენენ მთავრობას. და ყველა სხვა მთავრობა "ფორტ დამოუკიდებლობის"[343] ჯარისკაცის როლსღა თამაშობს. და თუ კაცი "დეილი თაიმზს" არ წაიკითხავს, მთავრობა მუხლებზე დაეცემა მუდარით, რადგან დღეს-დღეობით მხოლოდ გაზეთის არ წაკითხვა მიაჩნია ამ ერს ერის ღალატად.

მართალია, ის საქმიანობები, რომლებიც ახლა ადამიანს მთელი გულისყურით იზიდავენ, როგორც, მაგალითად, პოლიტიკა და ყოველდღიური ფაცი-ფუცი, საზოგადოების სასიცოცხლო მნიშვნელობის ფუნქციებია, მაგრამ საჭიროა მათი შეუცნობლად და უნებლიედ კეთება, როგორც, მაგალითად, სხეულის ნაწილები მოქმედებენ შეთანხმებულად, მაგრამ შეუცნობლად და უნებლიედ. ესენი *ქვე*-ადამიანური ქმედებებია, უშინაარსო და შედარებით აზრს მოკლებული. ხანდახან თითქოს გამეღვიძება ხოლმე და ნახევრად ფხიზელ მდგომარეობაში ვგრძნობ, ვხედავ, როგორ აგრძელებენ ჩემს გარშემო ფუს-ფუსს პოლიტიკა და ყოველდღიურობა ისევე, როგორც პათოლოგიურ მდგომარეობაში ავადმყოფმა ადამიანმა შეიძლება ხანდახან იგრძნოს მონელების პროცესი და, ამგვარად, დისპეპსია[344] დაემართოს, როგორც ამას მედიცინაში უწოდებენ. ეს იმას ჰგავს, მოაზროვნე კაცმა თავი პოლიტიკის კუჭში ჩარგოს და მისი ყურყურით გაიწვრილოს გული. და კაცი რომ დაფიქრდეს, განა საზოგადოების მართლაცდა კუჭი არაა მთელი ეს პოლიტიკა, სავსე ქვითა და ღორღით? და პოლიტიკური პარტიები სწორად ამ კუჭის კედლებს წარმოადგენენ, რომლებიც, როგორც წესი, ორია, მაგრამ

[342] პო – იტალიის ყველაზე დიდი მდინარეა.

[343] ფორტი დამოუკიდებლობა – ორი სხვადასხვა ახსნა შეიძლება ჰქონდეს იმას, თუ რომელ ფორტს გულისხმობდა თოროუ. ერთი განმარტება სიმბოლურ ახსნას ეყრდნობა, მეორე კი – პირდაპირს: 1) ვერმონტის შტატში, მთა "დამოუკიდებლობაზე", ტბა შემფლეინის გვერდით 1775 წელს აშენებული ამერიკის ციხე-სიმაგრე, რომელიც დამოუკიდებლობის ომში დიდი ბრიტანეთის ჯარების შესაკავებლად აშენდა, მაგრამ 1777 წლის 6 ივლისს ის ბრიტანელებმა ჩაიგდეს ხელთ. ამერიკელების მარცხი, უმეტესწილად, მათივე ბრალი იყო: I) ამერიკელებმა იმდენად დიდი ციხე-სიმაგრე ააშენეს, რომ მის დასაცავად სულ მცირე 10,000 ჯარისკაცი იყო საჭირო, ამერიკელებს კი სულ დაახლოებით 3,000 კაცი ჰყავდათ; II) მათ მთა "დიფაიენსი" (ქართულად "უდრეკელობა", "გაძალიანება"), რომელიც ციხე-სიმაგრეს გადმოჰყურებდა, გაუმაგრებელი დატოვეს და მტერს ციხე-სიმაგრეზე იერიშის მიტანა გაუადვილეს. ოთხდღიანი ალყის შემდეგ, ამერიკელებმა, გენერალ მაიორ ართურ სეინთ ქლეას მეთაურობით, ციხე-სიმაგრე მიატოვეს. თოროუ მიუთითებს, რომ ამერიკის და მასაჩუსეცის შტატის მთავრობა ისეთივე უმაქნისია, როგორც ფორტ დამოუკიდებლობის დამცველი ამერიკელი ჯარისკაცი. 2) ფორტი დამოუკიდებლობა – ბოსტონის ნავსაყუდელში არსებული სამხედრო გარნიზონი. ამ შემთხვევაში თოროუ პირდაპირი გაგებით გამოიყენებდა ფორტის სახელს, ანუ ამერიკის მთავრობის მთელი ძლიერება ამ ფორტში განლაგებული თითო-ოროლა ჯარისკაცი იყო.

[344] დისპეპსია ანუ კუჭ-ნაწლავთა მოქმედების აშლილობა – ახალშობილი ხბოების მწვავედ მიმდინარე დაავადება, რომელსაც ახასიათებს საჭმლის მონელების, როგორც წესი სეკრეციული, დარღვევა, ძლიერი ფაღარათი, ძმარვა, ორგანიზმის გაუწყლება და მოწამვლა.

ხადახან ოთხად იყოფა ხოლმე, რომლებიც მუდამ ერთმანეთის პირისპირ დგანან და მუდამ ერთმანეთს აწვებიან და ჭყლეტენ. არამარტო ცალკეულ პიროვნებებს, არამედ მთელ ჩვენს სახელმწიფოსაც სჭირს ეს დისპეპსია, რომელიც, კაცი რომ დაფიქრდეს, ძნელი მისახვედრი არაა, რა ამაზრზენი ხმაურით გვამცნობს თავის არსებობასა და მოქმედებას ამ განუწყვეტელი მონელების, ერთმანეთზე ზეწოლისა და ჭყლეტის ჟამს. ასე რომ, ჩვენი სიცოცხლე მთლად შეუცნობლობა და დავიწყება არაა [345] და გარკვეულწილად იმ ამაზრზენი პოლიტიკური კუჭის ხმაურის მოსმენა და გაცნობიერებაცაა, რაც, ალბათ, არასოდეს უნდა მოგვესმინა და გაგვეგო. რატომ არ შეიძლება, ერთ მშვენიერ დილას, და ყველა დილა თავისთავად ხომ მართლაცდა მშვენიერია, ჩვენ, ადამიანებს არამარტო როგორც დისპეპტიკებს, არამედ როგორც ევპეპტიკებს [346] გაგვეცნო ერთმანეთი, არამარტო აყუნცულებული, არამედ დამშვიდებული კუჭებით,[347] არამარტო შეწუხებულებს, არამედ ბედნიერებს? არა მგონია, ძალიან ბევრს ვითხოვდე.

---

345 ალბათ, მიუთითებს უდიდესი ინგლისელი რომანტიკოსი პოეტის, ვილიამ ვორდზვორთის (1770-1850) პოემაზე, "უკვდავების ქარაგმები".

346 ევპეპტიკი – კარგი მონელების მქონე. ამის ანტონიმია დისპეპტიკი.

347 თოროუ გულისხმობს იმ ცხოველურ პროცესებს, რომლებიც უნებლიედ მიმდინარეობენ ადამიანში და, თუ ჭეშმარიტად ადამიანობა გვსურს, მათით არ უნდა შემოვიფარგლოთ, – ადამიანის ყოფა ხომ ცხოველურს რაღაცით მაინც უნდა აღემატებოდეს? თოროუს აზრით პოლიტიკა და ყოველდღიური ფაცი-ფუცი სწორად ასეთი ამაოებაა, და კაცმა მათზე ფიქრსა და ზრუნვას კი არ უნდა შეალიოს ცხოვრება, არამედ მომავალზე ზრუნვას, – უფლის მსახურებისთვის სიკეთის ქმნას, რაც არის ერთად-ერთი გზა სამოთხეში მოხვედრისა. მსგავსად აქვს ნაწერი დიდ ქრისტეან ფილოსოფოსს, ბოეთიუსსაც (480-524) წიგნში "ნუგეში ფილოსოფიისაი": "ამ შემთხვევაში საუბარი გვაქვს სულის არა ნებსით მოქმედებაზე, არამედ ხორციელი ბუნების იმპულსურ ბიძგებზე; მაგალითად, საკვები ნივთიერებების მონელება, ანდა უნებური სუნთქვა ძილისას."

ჯონ ბრაუნის ბოლო დღეები

ჯონ ბრაუნის საქმიანობა, მისი ცხოვრების უკანასკნელი ექვსი კვირის განმავლობაში,[348] მეტეორული იყო. ის, მართლაცდა, მეტეორივით აბრწყინებდა იმ უკუნეთ წყვდიადს, რომელშიც ადამიანები ვცხოვრობთ. მსგავსი საოცრება არ მეგულება ჩვენს ისტორიაში.

როდესაც ვინმე, ლექციაზე თუ საუბრისას, ჯონ ბრაუნის უახლეს სიტყვას თუ საქმეს კატოს,[349] თელის[350] და ვინკელრიდის[351] უძველეს საგმირო ქმედებას ადარებდა, ნებისმიერ ჩრდილოელ ჭკუათმყოფელს ეს ყოველივე გაზვიადებულ ამბად მიაჩნდა ხოლმე.

პირადად მე, უმეტესწილად, ბუნებას უფრო ვუთმობ ჩემს ჟამს, ვიდრე კაცს, მაგრამ არის ხოლმე ისეთი სულისშემძვრელი ადამიანური მოვლენაც, რომელიც იმდენად წმიდაა და ბრწყინვალე, ისე იპყრობს ხოლმე კაცის სულსა და არსებას, რომ, კაცური კაცის ქმედებით მოხიბლულ ადამიანს, თვალთ გიბნელდება და ბუნების დანახვაც აღარ ძალგიძს მაშინ. იმდენად დამატყვევა ჯონ ბრაუნის პიროვნებამ, რომ ჩემს გარშემო სამყაროს ბრუნვას და თავად დედა-ბუნების არსებობას რომ მოვკრავდი თვალს, ან ადამიანს რომ შევამჩნევდი სადმე, ჩვეულებისამებრ დაკავებულს და დასაქმებულს, ჩემი თავის მიკვირდა ხოლმე. ჯონ ბრაუნის სულის ბრწყინვალებით დაბრმავებული იშვიათადღა ვეხებოდი გარესამყაროს და მის არსებობას იშვიათადღა ვამჩნევდი, მაგრამ თვით ეს იშვიათი თვალის მოკრა და შემჩნევაც კი მაოცებდა, რადგან კაცს, რომელსაც ჯონ ბრაუნის გმირობა ენახა, დედა-ბუნება და ადამიანთა თანაცხოვრება, კანონით, აღარ უნდა დაენახა. უცნაურად მეჩვენებოდა რომ "პატარა მყვინთავი"[352] ისევ ისე ყვინთავდა ხოლმე მდინარეში,

---

[348] უკანასკნელი ექვსი კვირის განმავლობაში – ნაგულისხმევია ჟამის მონაკვეთი ჰარფერზ ფერიზე თავდასმიდან ჯონ ბრაუნის ჩამოხრჩობის დღემდე. ჰარფერზ ფერის 1859 წლის 16 ოქტომბერს დაესხა თავს ჯონ ბრაუნი თავისი რაზმით. ამერიკის ფედერალურმა და ვირჯინიის შტატის მთავრობამ კაპიტანი ბრაუნი 2 დეკემბერს ჩამოახრჩო.

[349] კატო მცირე (95-46 ჩ.წ.-მდე) – ანუ მარკუს პორციუსი ანუ კატონი გახლდათ დიდი რომაელი პოლიტიკოსი და იულიუს კეისრის მოწინააღმდეგე. როდესაც იულიუსმა რუბიკონის მდინარე გადაკვეთა (წორად აქედან მოდის მეტაფორული გამოთქმა "რუბიკონი"), პომპეი, მეტელუს სციპიო და კატო დაამარცხა, ეს დამარცხებულები აფრიკის პროვინციაში, უტიკაში გაიქცნენ. კეისარმე კატო და სციპიო აფრიკაშიც დაამარცხა და ეგვიპტის დედოფლად კლეოპატრა VII დასვა. კატოს გმირობა ისაა, რომ მან უტიკაში დამარცხების შემდეგ თავისი მეგობრები გააპარა, თავად კი დარჩა მტრის საჯიჯგნად და თავი მოიკლა.

[350] ვილიამ თელი (XIV საუკუნე) – ძველი შვეიცარიული კონფედერაციის მოქალაქე და დღევანდელი შვეიცარიელების გმირი. XV საუკუნიდან მოყოლებული არსებობს გადმოცემა, რომ მან შეურაცხყოფა მიაყენა XIV საუკუნის ავსტრიელ დესპოტს, გესლერს, რომელმაც სანაცვლოდ თელს ასეთი რამ მოთხოვა: გესლერმა თელის შვილის თავზე ვაშლი დადო და თელს ამ ვაშლის მიზანში ამოღება უბრძანა. თელი საუკეთესო შვილდოსანი იყო და ეს ადვილად შეასრულა. ეს ერთერთი ყველაზე ცნობილი ევროპული ლეგენდაა. მის თემაზეა დაწერილი ჯიოაკინო როსინის ოპერა "ვილიამ თელი" და მასში არსებული საქვეყნოდ ცნობილი "ვილიამ თელის უვერტიურა".

[351] არნოლდ ფონ ვინკელრიდი (XIV საუკუნე) – 1386 წლის სემფაქის ბრძოლის ლეგენდარული გმირი. ამ ბრძოლაში შვეიცარიის კონფედერაცია თავს იცავდა ჰაბსბურგელების, კერძოდ, ჰერცოგ ლეოპოლდ III ავსტრიელის იმპერიის თავდასხმისგან. გადმოცემის თანახმად, ვინკელრიდმა ავსტრიელებს თავი შუბებით გამიზნულად მოაკვლევინა, რომ მტერს ყურადღება გაფანტვოდა და შვეიცარიელებს უყურადღებოდ დარჩენილი ავსტრიელების ფლანგებისთვის იოლად შეეტიათ. XIX საუკუნეში ვინკელრიდი იყო ხალხისთვის თავგანწირვისა და გმირობის აღმნიშვნელი მეტაფორა.

[352] "პატარა მყვინთავი" – თოროუ ასე ეძახდა "მურტალების" ჯიშის პატარა ჩიტებს, რომლებითაც სავსეა ნიუ ინგლენდი.

როგორც უწინ; და ყოველივე ეს იმას მოასწავებს, რომ ეს ერთი ციდა ჩიტი მაშინაც გააგრძელებს მდინარეში ყვინთვას, როცა, ეს ჩვენი სოფელი, ქანქარდი, აღარ იარსებებს ამქვეყნად.

ასე მეგონა, მტრებს შორის დატყვევებული, სასიკვდილო განაჩენგამოტანილი ეს გმირი კაცი, უფრო მშვიდად და აუღელვებლად იდგა, ვიდრე მთელი დანარჩენი ერი და ქვეყანა. მომეჩვენა, რომ ამ დიდი გაჭირვების ჟამსაც კი თავისი მომავლის ბედზე და მომავალ საქმიანობაზე მას უფრო სადი, გონივრული და ბრძნული წარმოდგენა ჰქონდა, ვიდრე მის ყველა თანამემამულეს ერთად აღებულს. მას ყველაზე უკეთ ესმოდა საკუთარი მდგომარეობა; სრულიად უშფოთველად ჭვრეტდა თავის აწმყოს და თავის მომავალს. რა იყო მთელი ჩვენი ერის აფორიაქებული საქციელი მის მშვიდ იერთან შედარებით. სამხრელი თუ ჩრდილოელი, კაცი თუ ქალი, ერი თუ ბერი, ყველა აყალ-მაყალს, შფოთსა და სიშმაგეს მოეცვა. ჩვენს გონებას იმის ძალაც კი არ შესწევდა, რომ, ჩვენს შორის, გინდაც ჩვენს წინაპრებში, კაპიტანი ბრაუნის მსგავსი გმირი მოეძებნა და მისთვის შეედარებინა, რამეთუ ბრაუნი სწორად იქ და სწორად იმ წამს ყველა ჩვენს თანამემამულეზე ასი თავით მაღლა იდგა, ცოცხალზეც და მკვდარზეც. ეს ის კაცია, ჩვენი სამშობლო ჩამოხრჩობას რომ უპირებდა, ის კი მშვიდად იდგა და ამ ქვეყანაში მაინც ყველაზე დიდ, დიად და საუკეთესო კაცად აგრძელებდა ღმრთივბოძებულ სიცოცხლეს.

ამ შემთხვევაში წლები არ დასჭირვებია ხალხის შეხედულებისა თუ საჯარო აზრის შეცვლას; სულ რამდენიმე დღეში, არა, უფრო ზუსტად, სულ რამდენიმე საათში, ამ კაცის გმირობამ დიდი ნაყოფი გამოიღო ჩვენი თანამემამულეების გულებში. როდესაც ჩვენ კაპიტან ბრაუნის მხარდასაჭერ შეხვედრას ვაწყობდით ქანქარდში, ორმოცდაათი კაცი, რომელიც მზად იყო მისი ჩამოხრჩობისთვის დაეჭირა მხარი, მისი საგმირო საქმეების მოსმენის შემდეგ, თავს უფლებას ვეღარ აძლევდა, მსგავსი ბოროტება პირიდან ამოეშვა. ასეთები მოისმენდნენ ხოლმე ჩვენს შეკრებებზე წაკითხულ ამ გმირი კაცის სიტყვებს, გაისიგრძეგანებდნენ მის მოღვაწეობას, გულწრფელად დაინახავდნენ ჯონ ბრაუნის სიყვარულით ალაყვარდებულ ჩვენს სახეებს; და ბოლოს, ხდებოდა ისეც, რომ, ასეთ ბრმა, გაბოროტებულ და ურწმუნო ხალხსაც კი, გონების თვალიდან ლიბრი მოშორდებოდა და ისინი კაპიტანი ბრაუნისადმი საქებარი ჰიმნის გალობაში ხალისით შემოგვიერთდებოდნენ ხოლმე.

მამა-შვილობისა და ოსტატ-შეგირდის წყობა შეიცვალა ჩვენს ქვეყანაში. გაგონილი მაქვს, თურმე პროტესტანტული ეკლესიის ერთი მქადაგებელი ერთხანს, თავისი სიმხდალისა და გულგრილობის გამო, ჩვენი ერის ამ უდიდესი გმირისგან თავს შორს იჭერდა. ჩემოხრჩობის შემდეგ კი თვით ამ ბრმა კაცსაც მეტ-ნაკლებად აეხილა თვალი და ახლა, თურმე, ქადაგებისას ის ჯონ ბრაუნსა და მის გმირულ მოღვაწეობას აქებს და გარკვეულწილად ხოტბას ასხამს ხოლმე, თუმცა სიბრმავე ბოლომდე მაინც ვერ მოუშორებია და მაინც იმას ამბობს, ბრაუნის ბოლო საქმე მარცხით დამთავრდაო. ისიც მოვისმინე, რომ, საკვირაო

1856 წლის ამერიკის პოლიტიკური რუკა.
გამოსახულია თავისუფალი და მონათმფლობელური შტატები
და ახლად შეერთებული ტერიტორიები.
U.S. MAP OF 1856: SHOWS FREE AND SLAVE STATES
AND NEWLY ACQUIRED TERRITORIES.

წირვა-ლოცვის შემდეგ, ერთი ცნობილი და გავლენიანი მასწავლებელი[353] თავის მოწაფეებს გამოუტყდა, თურმე თავიდან ისიც მღვდელივით ავად ფიქრობდა ჯონ ბრაუნზე, მაგრამ ახლა აზრი შეეცვალა და ჯონ ბრაუნს და მის საქციელს სრულიად ამართლებდა. გასაკვირი რაა ამაში? გონიერმა ხალხმა ისედაც კარგად იცოდა, რომ სულით, გონებითა და შეგნებით ამ მასწავლებელს ისევე აღემატებოდნენ თავისი მოწაფეები, როგორც თავად ეს მასწავლებელი აღემატებოდა ამ მრევლის მღვდელს; ეს კი არადა, ყოველგვარი ეჭვის გარეშე ვიცი, რომ სანამ ესენი გონს მოეგებოდნენ, მანამდე, ბავშური გულწრფელობით გრძნობამორეული, ბევრი პატარა ბიჭი ეკითხებოდა საკუთარ მშობლებს, ჯონ ბრაუნისთანა საყვარელი კაცის გადასარჩენად თავად უფალი რატომ არ ჩაერია კაცობრიობის საქმეშიო? ზემოთ მოყვანილ ყველა შემთხვევაში, მასწავლებელი კი არ ასწავლიდა, არამედ სწავლობდა, კი არ ნათლავდა, არამედ ინათლებოდა, წინ კი არ უძღვებოდა, არამედ, ზნეობის ამ ელემენტურ საკითხში, ის თავად მოსწავლის სათრევი ხდებოდა.

კეთილსინდისიერი მოძღვრები, ბიბლიის-კაცები, ისინი, ვინც ზნეობაზე ქადაგებენ და მრევლს ასწავლიან, რომ ვითარცა-იგი თქუენ გნებავს, რაითა გიყონ კაცთა, თქუენცა ეგრეთვე მსგავსად უყოფდით მათ,[354] – ასეთ მოძღვრებს, ვაგლახ, ვერ ამოუცნიათ ჯონ ბრაუნში ჭეშმარიტი ქრისტეანი. როგორ ვერ ამოუცნიათ მათ ჯონ ბრაუნი, ჯონ ბრაუნი, რომელიც, მთელი ჩვენი ქვეყნის ეკლესიის მოძღვრები რომ შეკრა, მაინც მათზე ასი თავით მაღლა დგას; ის მათზე ბევრად უფრო მართალი და დიდი მოძღვარია, რადგან მას ბიბლია მხოლოდ ხელში კი არ უჭირავს, არამედ, პირველ ყოვლისა, გულში უდევს იგი; თაროზე შემოდებული კი არ აქვს, არამედ ცხოვრებაში აქვს გატარებულ-განხორციელებული; ის ქრისტეანული მოძღვრების ხორცშესხმაა თავად. ეს ის კაცია, რომელმაც ოქროს წესის[355] კითხვას კი არ შეალია სიცოცხლე, არამედ თავისი ოქროკაცობით ცხადად განახორციელა ეს ოქროს წესი მთელი თავისი ცხოვრების მანძილზე. ამის გამო, ყველა ის ადამიანი, რომლის ზნეობრივი გრძნობაც გამოფხიზლდა და რომელსაც თავად ზეციურმა ძალამ შთააგონა რომ ჭეშმარიტი მღვდელი, წრფელი მქადაგებელი და ერის ნამდვილი განმანათლებელი ყოფილიყო, ყველა ასეთი ადამიანი ჯონ ბრაუნს უჭერდა და უჭერს მხარს. როგორ შეცვალა მან ჩვენი ხალხის ზნეობა. რა დიდი სითბო შეიტანა მან ჩვენი თანამემამულეების გულებში. როგორი აღსარებების თქმა აიძულა მან მთელ ჩვენს გულგაციებულ, ქვადქცეულ და უაზრო სიფრთხილით გალაჩრებულ ერს! ის იმდენად

---

[353] მასწავლებელი – სამრევლო ანუ საკვირაო სკოლის მასწავლებელი.

[354] იხილე მომდევნო განმარტება.

[355] ჯონ ბრაუნს არაერთხელ უთქვამს, რომ ის თავის საერო მოღვაწეობას ორ კანონზე აფუძნებდა – ქრისტეანულ ოქროს წესზე და დამოუკიდებლობის გამოცხადებაზე (ანუ ამერიკის დამოუკიდებლობის დეკლარაციაზე). ოქროს წესი გახლდათ კაპიტან ბრაუნის ცხოვრების პრინციპი. ოქროს წესი მოცემულია როგორც ძველ, ისევე ახალ აღთქმაში. ძველ აღთქმაში: ლევიტელთაი 19:18, ლევიტელთაი 19:34, წიგნი ტობისაი 4:15 და წიგნი ზირაქისი 31:15. ახალ აღთქმაში იესუ ქრისტე რამდენიმეჯერ ახდენს ოქროს წესის ციტირებას: მათე 7:12 – "ყოველი, რომელი გინდეს თქუენ, რაითაი გიყონ კაცთა, ეგრეთცა თქუენ ჰყვით მათა მიმართ, რამეთუ ესრეთ არს სჯული და წინასწარმეტყუელნი.", ლუკა 6:31 – "და ვითარცა-იგი თქუენ გნებავს, რაითა გიყონ კაცთა, თქუენცა ეგრეთვე მსგავსად უყოფდით მათ.", და ლუკა 10:25-28. ჯონ ბრაუნმა სასამართლოში განაჩენის გამოტანისას მთელ სასამართლოს ასე მიმართა: "ვხედავ ფიცის ჟამს როგორ ეამბორებით ამ წიგნს, კანონით ბიბლია რომ უნდა იყოს, ან ბიბლია თუ არა ახალი აღთქმა მაინც. ეს წიგნი მასწავლის, რომ 'ყოველი, რომელი მინდეს მე, რაითაი მიყონ კაცთა, ეგრეთცა მე ვჰყო მათა მიმართ'". – პარაფრეზირება მოახდინა ბრაუნმა მათე 7:12-ის.

დიდი სულიერი მამა იყო ჩვენი ერისა, არაჩვეულებრივი რამაა, კიდევ კარგი, რომ ასე მოხდა და არა სხვაგვარად, რომ ჩვენმა ერმა ძველი სიბრმავე არ გამოიჩინა და ღმრთისნიერი კაცის გაკერპება არ დაიწყო და *ბრაუნაიტების* ახალი სექტა არ ჩამოაყალიბა.

გასაკვირი არცაა, რომ წმიდა კაცად და ერის გმირად ჯონ ბრაუნი სწორად ისეთმა ხალხმა შერაცხა და აღიარა, რომელიც ლიტონი თეორიის კითხვას თავს ანებებს და ქმედებაში ახორციელებს ყველა სიბრძნეს და ყველა სიწმიდეს, რის გამოც მათ უწმიდურებს ეძახიან. სამხრეთში უწინაც ჩამოუხრჩვიათ კაცები მონების განთავისუფლების მცდელობისთვის, მაგრამ ჩრდილოეთი ამას დიდად არ შეუძრავს. რატომ ვერ მოიტანა სხვების ბრძოლამ და ჩამოხრჩობამ ისეთი შედეგი, რაც კაპიტან ბრაუნისამ ჩვენში? ისინიც ხომ კარგ საქმეს იქმოდნენ... იმიტომ, რომ *მათ* ზნეობასა და ჭეშმარიტების სიყვარულში ისე არ ვიყავით დარწმუნებულნი, როგორც კაპიტან ბრაუნისაში. ამ შემთხვევაში ჩვენ სწორად განვასხვავეთ ცარიელი კარგი შედეგი ჭეშმარიტად კარგი საქმისგან. კაპიტან ბრაუნის საქმის მხოლოდ შედეგი კი არაა მართებული, არამედ მისი მიზეზიც, მიზანიც და იდეოლოგიური საფუძველიც. ჩვენ, როგორც იქნა, დავივიწყეთ საერო კანონის პატივისცემა და წმიდა აზრს ვეცით პატივი. ჩრდილოეთი, ჭეშმარიტების სულით გამოცოცხლებულ და ჭეშმარიტად *ცოცხალ* ჩრდილოეთს ვგულისხმობ, უეცრად ყოფიერების საზღვარს გასცდა. ის ქვეყნის კანონს გასცდა, ის თავად კაპიტან ბრაუნის ამ უკანასკნელი საქმის ეგრეთწოდებულ, ყოფითი გაგებით, მარცხს გასცდა და საუკუნო სამართლიანობა და დიდება ამოიცნო და აღიარა. უმეტესწილად, ადამიანები წეს-ჩვეულებებით და ქცევის ნორმების დაცვით ცხოვრობენ, და იმით კმაყოფილდებიან, რომ კანონი კანონობს, მაგრამ ამ ერთ შემთხვევაში მაინც, ისინი ძველ, პირველ და ჭეშმარიტ აღთქმას დაუბრუნდნენ და, სრულად და სრულიად თუ არა, გარკვეულწილად მაინც, პირველმყოფადი, გადაუგვარებელი და შეუბილწველი ძირძველი ქრისტეანული სარწმუნოებაც აღორძინდა მაშინ. ადამიანებმა ცხადად დაინახეს, რომ ის, რასაც წესრიგს ეძახდნენ, სინამდვილეში ქაოსი და არევ-დარევა იყო, რასაც სამართალს ეძახდნენ, – უსამართლობა, და, ამქვეყნიური გაგებით, ყველაზე უკეთესი, სინამდვილეში ყველაზე ცუდი რამ გახლდათ. ეს იმის მაუწყებელია, რომ დღეს, ჩვენს ხანაში, უფრო გონივრული და დიდსულოვანი სული არსებობს ერში, ვიდრე უწინ არსებობდა ჩვენს მამა-პაპაში, და რომ, ჟამთა სვლაში, შესაძლებელი იქნება სხვა ჩაგრული ხალხის დასაცავადაც მსგავსი ბრძოლა, ჯანყი და გადატრიალების მოწყობა.

ჩრდილოელთა უმრავლესობა, და სამხრელთა მცირე ნაწილიც, ერთობ შეძრა ბრაუნის ქმედებამ და მის მიერ წარმოთქმულმა სიტყვებმა. კაპიტან ბრაუნის ხილვით გამოფხიზლებული ადამიანები მიხვდნენ, რომ ისინი ყველა წინა თაობისგან და ყველა სხვა ხალხისგან განსხვავდებოდნენ, და გაიაზრეს, რომ მათში გმირობისა და კეთილშობილების ის ნაპერწკალი იდო და ღვიოდა, რისი მსგავსიც არც ამერიკელს სდებია გულში მანამდე და არც მსოფლიოს იმჟამინდელ თანამედროვე ისტორიას. თუმცა უმცირესობა მაინც გულქვა ბრმობილივით იდგა მათ დანახვაზე. ამ უმცირესობას თავიანთი თანამემამულეების ახლადშემეცნებული ჭეშმარიტება და ახალი დამოკიდებულება აკვირვებდა და აღიზიანებდა. ისინი ხედავდნენ, რომ ჯონ ბრაუნი გულადი კაცი იყო და საკუთარი ქმედების სისწორეში ეჭვი

არ ეპარებოდა, მაგრამ გონებით დაბრმავებული უმცირესობა ამის მიღმა ვეღარ იხედებოდა, სხვა განსაკუთრებულს ვერაფერს ხედავდა ის მასში. ისე იყვნენ გადაჩვეულები ბოროტსა და კეთილს შორის განსხვავების დანახვას, თავიანთი სულმდაბალი და სულმოკლე ცხოვრებით ისე იყვნენ გადაჩვეულები სულგრძელობას, რომ ჯონ ბრაუნის წერილებს და დაბეჭდილ სიტყვებს კი კითხულობდნენ, მაგრამ მათ დაბნელებულ გონებას თუ ლიბრგადაკრულ გონების თვალს, გაქვავებულ გულსა და აორთქლებულ სულს მაინც არაფერი ეცხებოდა და კაცს ეგონებოდა, ამათ საერთოდ არა წაუკითხავთ რა ჯონ ბრაუნის გმირობაზეო. ისინი ვერ ცნობდნენ გმირულ აზრსა და გმირულ სიტყვას – იმასაც კი ვერ ხვდებოდნენ საგმირო საქმის მოსმენით გული როდის *ეწვოდათ* და ენთებოდათ. მათი აზრმოკლებული აზრით, ჯონ ბრაუნს ერისადმი სიტყვით მიმართვის უფლება არ ჰქონდა, ჰოდა, ასეთებს მხოლოდ ის ახსოვდათ, საერო *კანონი* რომ უნდა აღსრულებულიყო. მათ კარგად ახსოვდათ ძველი წესი, მაგრამ ახალი გამოცხადების მოსმენაზე მკაცრ უარს აცხადებდნენ.[356] კაცი, რომელიც ბრაუნის სიტყვებში სიბრძნესა და კეთილშობილებას ვერ ხედავს, და იმასაც ვერ ხვდება, ამ სიბრძნისა და კეთილშობილების გამო ეს სიტყვები საერო კანონზე უპირატესნი და უწინარესნი რომ არიან, გახლავთ ჩვენი თანამედროვე Დემოკრატი.[357] აი, ეს არის მისი ამოცნობის უტყუარი ხერხი. ის საკუთარი სიჯიუტით კი არა, არამედ კონსტიტუციითაა დაბრმავებული და მუდამ ლოგიკური კაცის შთაბეჭდილებას ტოვებს. ასეთი ყოფილა მისი განვლილი ცხოვრება; ეჭვიც არ მეპარება, სწორად ასეთივე წესით წაუკითხავს მას თავისი ერის ისტორია და თავისი ბიბლია, და ამ ბიბლიასაც იმიტომ კი არ აღიარებს, რომ მისი სწამს და მისი სჯერა, არამედ იმიტომ, რომ ეს მისი და მისი წინაპრის წესი ყოფილა და ჩვეულება. გრძნობას და სიყვარულს ვერ იპოვით მისი სიბრძნის წიგნში[358], თუ კი ამ ბრიყვს საერთოდ გააჩნია ასეთი რამ.

ვისგან უფროა მოსალოდნელი ღირსეული საქმის დაფასება? მისგან, ვინც თავადაა ღირსეული. სულაც არ მაკვირვებს ის გარემოება, რომ ზოგიერთი ჩემი მეზობელი ჯონ ბრაუნზე, როგორც ჩვეულებრივ დამნაშავეზე, ისე ლაპარაკობს. შეხედეთ რანი არიან თავად ისინი, თუ არა ჩვეულებრივი დამნაშავეები და ბოროტმოქმედები? მათ ან ზედმეტად ბევრი ხორცი ამძიმებთ, ან ზედმეტად ბევრი საქმე ან ზედმეტად ბევრი

---

356 ებრაელებივით, რომლებმაც მესიაზე – იესუზე არაერთგზის თქვეს უარი, ტანჯეს და დახოცეს მოციქულები, და მოციქულთასწორნი, მათ შორის, იესუს ძმა, იერუსალემის პირველი ეპისკოპოსი, იაკობ მართალი, ადრეული ხანის ქრისტეანი მამები, და ბოლოს ამისთვის მწარედ დაისაჯნენ კიდეც. იხილეთ ევსებიუსის "საეკლესიო ისტორია".

357 თანამედროვე Დემოკრატი – თოროუ დემოკრატიული პოლიტიკური პარტიის წევრებს გულისხმობს. ამ პარტიის წევრებს ეგონათ, რომ ჰარფერზ ფერიზე ბრაუნის თავდასხმა რესპუბლიკური პარტიის მიერ იყო მოწყობილი, და ეს ეგრეთწოდებული დემოკრატები გაფაციცებით მოითხოვდნენ საკონგრესო გამოძიების ჩატარებას. ირონიას იწვევს პოლიტიკოსების ასეთი ფაცხა-ფუცხი და ვაი-ვიში, – ჯონ ბრაუნი ხომ არც ერთი პოლიტიკური პარტიის წევრი არ გახლდათ! ის ხომ მხოლოდ ჭეშმარიტი ქრისტეანების, მამულიშვილებისა და კაცთმოყვარეების რიგების წევრი იყო და არა პოლიტიკურის!

358 სიბრძნის წიგნი ანუ ქამონ-ფლეის ბუქი – დღიური, რომელშიც თავმოყრილია ხალხური ანდაზები და აფორიზმები. გამოთქმა "ქამონ-ფლეისი" ლათინური "ლოკუს კომმუნის"-იდან წარმოსდგება, რაც "ზოგადი მსჯელობის საგანს" ნიშნავს. სიბრძნის წიგნები მეტად გავრცელებული იყო ინგლისსა და ამერიკაში. სიბრძნის წიგნი წარმოადგენდა დღიურს, რომელშიც მოსწავლე წაკითხული წიგნებიდან ამოღებულ სიბრძნეს გადმოიწერდა. ეს იყო ამოკითხული ბრძნული ფრაზების ჩანაწერების წიგნი. ჰარვარდის და XVII-XIX საუკუნეების

ილუსტრაცია. ამერიკის საზღვაოსნო ჯარების საგანგებო დანიშნულების რაზმები უტევენ თოფების ქარხანაში გამაგრებულ ჯონ ბრაუნსა და მის თანამებრძოლებს.
ILLUSTRATION: U.S. MARINES ATTACKING JOHN BROWN AND HIS MEN IN THE ARMORY

თავიანთივე მოსაქმებული[359] ან ზედმეტი უხეშობა. ისინი არანაირი გაგებით არ არიან სულიერი არსებები. ბნელი თვისებები და ბნელი სულები ბატონობენ მათში. მათი ნაწილი სქელკანიანია. ამას მწუხარებით ვამბობ და არა განრისხებით. განა შეუძლია კაცს სინათლე აღიქვას, თუ თავად მის სიღრმეში სუსტი ნათელი არ ჭიატობს? მათ, თავიანთი ჭკუით, *სიმართლე* უყვართ, აი, ჭეშმარიტების ჭვრეტისას კი ვერაფერს *ხედავენ*. სინათლის შვილები მათ მეტოქეობას ვერ გაუწევენ, ისევე როგორც ანგელოზები ვერ გაუწევენ მეტოქეობას ბუებს. მიჩვენეთ კაცი, რომელიც ჯონ ბრაუნისადმი ღვარძლიანადაა განწყობილი, და მითხრას ერთი წმიდა წერილის დიდსულოვნებით გამსჭვალული რომელი ფრაზით და რომელი აფორიზმით ამართლებს თავის სიძულვილს. ცხადია, ვერაფერს იტყოდა, მეტიც, ისე დამუნჯდებოდა, რომ გეგონებოდათ, ტუჩები გაუქვავდა და კრიჭა შეეკრაო.

დიდი ცოდნა და განათლებაც რომ მისცე, ყველა ქრისტეანი ვერ იქნება, თუნდაც ამ სიტყვის ყველაზე ზედაპირული გაგებით. ბოლოსდაბოლოს, ეს ხომ სულიერი აღნაგობისა და ხასიათის საქმეა. გაქრისტეანებისთვის ხშირად ამ კაცის ხელახლა დაბადებაა საჭირო. უამრავ ადამიანს ვიცნობ, რომელიც თვალთმაქცობს და თავს ქრისტეანად აჩვენებს ხალხს. მისი ქრისტეანობა სასაცილო საქმეა, რადგან მას ქრისტეანობის ნიჭი არ გააჩნია. ქრისტეანობა კი არა, თავისუფლება რომ თავისუფლებაა, ყველას ესეც კი არ შეუძლია.

რედაქტორები კაი ხანი დაჟინებით გაიძახოდნენ, ჯონ ბრაუნი გიჟიაო, მაგრამ ბოლოს, როგორც იქნა, აზრი შეიცვალეს და განაცხადეს, თავად ბრაუნი გიჟი არ იყო, სიგიჟე მხოლოდ მისი ეს უკანასკნელი "ქმედების გეგმა" გახლდათო. თავიანთი თეორიის დასამტკიცებლად კი მხოლოდ ის გარემოება მოიყვანეს, რომ ჯონ ბრაუნმა თავის ბოლო გმირულ ქმედებას საკუთარი სიცოცხლე შესწირა. ეჭვიც კი არ მეპარება, ამ გმირ კაცს ხუთი ათასი თანამებრძოლი რომ ჰყოლოდა, ათასობით მონა განეთავისუფლებინა, ერთი-ორი ასეული მონათმფლობელი მოეკლა, და ერთი-ორი ასეული საკუთარი რაზმიდანაც დაეკარგა, და ამის ფასად საკუთარი სიცოცხლე შეენარჩუნებინა, ეს ზემოხსენებული რედაქტორები აზრს შეიცვლიდნენ და დიდი პატივისცემით დაიწყებდნენ ჯონ ბრაუნის სახელის მოხსენიებას. არადა, სინამდვილეში, რამდენად უფრო წარმატებული გახლავთ ჯონ ბრაუნი. მან ხომ ჩრდილოეთშიც და სამხრეთშიც ათასობით ადამიანი განათავისუფლა. რა იცოდა ხალხმა ჭეშმარიტი სიცოცხლისა და სიკვდილის შესახებ? ჩვენმა თანამემამულეებმა ხომ თავისუფალი სიცოცხლე მხოლოდ მას შემდეგ დაიწყეს, რაც კაპიტანი ბრაუნის საგმირო საქმეებით აეხილათ გონების თვალი. ყველა გიჟს ეძახდა მას მაშინ; ახლა ვინღა ეძახის გიჟს?

ჯონ ბრაუნის გმირობით გამოწვეული მთელი ამ ეროვნული აღფრთოვანებისა და სიხარულის ჟამს, მასაჩუსეცის კანონმდებლები ისე იყვნენ სულით ხორცამდე ჩაფლულები სასმელის მაღაზიების სამუშაო

სხვა ცნობილ ინგლისურ და ამერიკულ უნივერსიტეტებში სიბრძნის წიგნის ქონა სავალდებულო იყო და იმჟამინდელი პედაგოგიკის ერთერთ საიმედო იარაღად იყო მიჩნეული. თოროუს და ემერსონს სიბრძნის წიგნის წერა ჰარვარდში ასწავლეს. ორივეს სიბრძნის წიგნები დედანის სახით არა, მაგრამ ნაბეჭდი სახით დღესაც შემორჩენილია ამერიკაში.

[359] თოროუ გამიზნულად იყენებს ერთი და იგივე სიტყვას "office", რაც მოსასაქმებელს ანუ განავალსაც ნიშნავს და საქმიანობასაც.

განრიგის "გაგრძელებაში" [360] და ალკოჰოლის ყიდვა-გაყიდვის მოწესრიგების საქმით ერთიანად დაკავებულები, რომ საკუთარი მოქალაქეების დასაცავად ნაბიჯიც კი არ გადადგეს და თითიც კი არ გაატოკეს, როცა სამხრელი მონათმფლობელური ბრბო მასაჩუსეცელების ვირჯინიაში მოწმეებად ჩაყვანას ძალით შეეცადა.[361] მათი გონება ერთი ჯიშის ბოროტ ჯინს მოეცვა, მათი კუჭი კი – მეორე ჯურის ჯინს.[362] ჩემი ღრმა რწმენით, არც ერთ ჭეშმარიტ ეროვნულ მოღვაწეს არ შეეძლო ამ არარაულ საკითხზე ზრუნვა იმ დროს, როცა ერის გმირების სიკვდილ-სიცოცხლის საკითხი წყდებოდა ქვეყანაში, – ნებისმიერ დროსაც უხამსობა და უზნეობა უნდა იყოს სასმელი და ამ სასმელის თაობაზე დრტვინვა წესიერ სახელმწიფოში.

კაპიტან ბრაუნისთვის თავდადებული გმირის შესაფერისი წირვა მინდოდა მომეძებნა, და როდესაც ინგლისის ეკლესიის ლიტურგიის ისტორიას გადავავლე თვალი, რომელიც გასული საუკუნის ბოლოს დაიბეჭდა, აღმოვაჩინე, რომ ერთად-ერთი გმირი და მარტვილი, რომელიც ამ ეკლესიას უღიარებია, გახლავთ მეფე ჩარლზ პირველი, [363] – ეს სახელგანთქმული არამზადა. ინგლისის და მთელი მსოფლიოს მოსახლეობიდან, ამ ეკლესიის აზრით და მისი კანონმდებლობის თანახმად, ის იყო ერთად-ერთი კაცი, რომელსაც გმირისა და მოწამის სახელი ეკუთვნოდა; და აი, უკვე მთელი ერთი საუკუნეა, რაც ეს ეგრეთწოდებული ეკლესია ამ არამზადის ეგრეთწოდებულ მარტვილობას ყოველწლიურად აღნიშნავს. ჭეშმარიტი ეკლესიის რა დიდი დაცინვაა ყოველივე ეს!

კანონმდებლებსა და ცრუეკლესიებს ნუ შესცქერით წინამძღოლობისთვის, თავიანთი ბილწი საქციელით ისინი ვერ გიჩვენებენ მისაბაძ მაგალითს, ნურც რომელიმე უსულო, კორპორაციადქცეულ ადამიანს თუ დაწესებულებას სთხოვთ რჩევას და მამამთავრობას, ამათ მაგივრად ჭეშმარიტად გონიერებს და ჭეშმარიტებით შთაგონებულებს დაეკითხეთ ჭკუა.

განა რაა მთელი თქვენი მეცნიერული მიღწევები და სწავლებები ჭეშმარიტ სიბრძნესა და კაცობასთან შედარებით? ჯონ ბრაუნის ყველა

---

360 "გაგრძელებაში" – საუბარია სასმელის მაღაზიებისთვის სამუშაო საათების გაგრძელების, გახანგრძლივების უფლების თაობაზე.

361 თოროუ მიუთითებს ჯონ ბრაუნის დატყვევებისას მომხდარ მნიშვნელოვან გარემოებაზე: პრესაში და ხალხში გავრცელებული იყო აზრი, რომ ვირჯინიის გუბერნატორი ცდილობდა, ფრენქლინ ბი. სენბორნი და სამუელ გრიდლი ჰაუ, და კიდევ სხვებიც, რომლებიც ვირჯინიის შტატის საზღვრებს მიღმა იმყოფებოდნენ, სხვა შტატების ხელისუფლების მეშვეობით დაეპატიმრებინა და ვირჯინიის შტატში ექსტრადაციის გზით ჩამოეყვანა. ჯულია ვორდ ჰაუ და სამუელ გრიდლი ჰაუ (1801-1876) აბოლიშენისტების გაზეთ "ქომონველფს" გამოსცემდნენ. გამომცემლების მიზანი იყო ამერიკის ახლადშეძენილ დასავლეთის ტერიტორიებზე მონობის გავრცელებისთვის ხელის შეშლა. ფრენქლინ ბი. სენბორნი (1831-1917) მასაჩუსეცის შტატის კანზასის კომიტეტის მდივანი იყო, რომელმაც ჯონ ბრაუნს ბოსტონში პირადად გააცნო ჰენრი დეივიდ თოროუ და რალფ ვოლდოუ ემერსონი, როგორც თანამოაზრე აბოლიშენისტები. იგი შემდეგ ბრაუნის უმთავრესი აგიოგრაფი გახდა, რომლის შრომები ჩვენი წიგნის დიდ ნაწილს შეადგენს (იხილეთ მომდევნო თავები).

362 ჯინში პირველად ნაგულისხმევია ჯინი, როგორც ბოროტი სული, მეორედ კი – ჯინი, როგორც მაგარი სპირტიანი, იყისებრი სასმელი (იყი ქართულია და არაბულად არაყს ნიშნავს).

363 ჩარლზ პირველი (1600-1649) – ინგლისის მეფე 1625 წლიდან 1649 წლის 30 იანვრამდე, როდესაც ის მოღალატეობის ბრალდების საფუძველზე გაასამართლეს და თავი მოჰკვეთეს. ჩარლზ I საკუთარი ხარჯებისთვის მუდამ გადასახადების გაზრდას ცდილობდა, ხალხზეც და ეკლესიაზეც, რის გამოც ინგლისის პარლამენტს ის დესპოტად მიაჩნდა.

სხვა საგმირო საქმეს რომ თავი დავანებოთ, შეხედეთ რა დიდი და დიდებული შრომა მოკალმა, უკანასკნელი ექვსიოდე კვირის განმავლობაში, ამ შედარებით უკითხავმა და უწიგნურმა კაცმა. ვერ მოძებნით *ბელ ლეტრის*,[364] ლოგიკისა და მჭევრმეტყველების ისეთ პროფესორს, ჯონ ბრაუნივით რომ შეეძლოს წერა. მან ციხეში, მსოფლიო ისტორია კი არ დაწერა რეილივით[365], არამედ – ამერიკის წიგნი,[366] რომელიც, ჩემი აზრით, ჟამის ბევრად უფრო ხანგრძლივ გამოცდას გაუძლებს და დიდხანს გასტანს, ვიდრე რეილის თხზულება. ასე უხვად ჩაქსოვილი ოქროს სიტყვები, თანაც ასეთ რთულ ვითარებაში წარმოთქმული, არ მეგულება არც რომის, არც ინგლისისა და არც რომელიმე სხვა იმპერიის ისტორიაში. რამდენ საჭირბოროტო საგანს შეეხო თავის ნაწერებში ჟამის ამ მეტად მოკლე მონაკვეთში! ჯონ ბრაუნის მიერ ცოლისადმი მიწერილ უკანასკნელ წერილში ისეთ ბრძნულ აზრებს წააწყდებით თავისი ქალიშვილების განათლების შესახებ, რომ მოგინდება ისინი ჩარჩოში ჩასვა და მთელი ქვეყნის ყველა ოჯახის ყველა კერიის თავზე დაკიდო. აბა, შეადარეთ ეს წრფელი და ჭეშმარიტი სიბრძნე "ღარიბი რიჩარდისას".[367]

ირვინგის[368] სიკვდილი, რომელიც ნებისმიერ სხვა ხანაში მსოფლიო ყურადღებას მიიპყრობდა, ამ მოვლენებისას მოხდა და, კაპიტან ბრაუნის გმირობის ფონზე, თითქმის შეუმჩნევლად ჩაიარა. რას იზამ, სწორად ასეა საჭირო და მეც მწერლების ბიოგრაფიების კრებულში მომიწევს ირვინგის სიკვდილის შესახებ წაკითხვა.

სიტყვაკაზმული მწერლობის ბატონებს, რედაქტორებსა და კრიტიკოსებს ჰგონიათ, რომ წერა იციან, რადგან გრამატიკა და მჭევრმეტყველება აქვთ ნასწავლი; მაგრამ ისინი საშინლად ცდებიან. წერის *ხელოვნება* ისეთივე მარტივია, როგორც შაშხანის გასროლა, თუმცა მწერლის მიერ ნატყორცნ აზრს უსასრულოდ და უსაზღვროდ დიდი ძალა აქვს, შაშხანიდან გასროლილ ტყვიასთან შედარებით. მართალია, ეს უწიგნური კაცი ჩვეულებრივ ენაზე საუბრობდა და წერდა. ზოგიერთი სიტყვები და გამოთქმები, რომლებიც თავიანთი უშუალობის

---

364 ბელ ლეტრ ანუ ბელეტრისტიკა – სხვადასხვა სახის პროზაულ ნაწარმოებთა საერთო სახელწოდება, განსაკუთრებით კი, ნოველების კრებითი სახელი. ბელ ლეტრი, ზოგადად, მხატვრულ ლიტერატურას აღნიშნავდა.

365 სერ ვოლთა რეილი (1552-1618) – ინგლისელი არისტოკრატი, მწერალი, პოეტი, ჯარისკაცი, სასახლის კარის წევრი და მოგზაური. იგი ცამეტი წლის განმავლობაში ლონდონის კოშკში იყო დატყვევებული, სადაც 1614 წელს "მსოფლიო ისტორია" დაწერა.

366 პატიმრობის ჟამს, სანამ განაჩენს აღასრულებდნენ და ჩამოახრჩობდნენ, ჯონ ბრაუნმა უამრავი წერილი დაწერა. ბევრი მათგანი დაიბეჭდა და გაზეთებშიც გამოქვეყნდა.

367 ღარიბი რიჩარდის ალმანახი – ბენჯამინ ფრენქლინის მიერ დაწერილი წლიური პუბლიკაციები, რომლებიც 1732-1757 წლებში იბეჭდებოდა, დღეს კი ერთ წიგნადაა შეკრებილი. ამ ალმანახში ფრენქლინს ბევრი საკუთარი სიბრძნე აქვს დაწერილი, ბევრიც – ხალხური. ოღონდაც რომ მთელი ეს ფრენქლინისებური სიბრძნე, ძირითადად, მხოლოდ პრაქტიკულობას, მომჭირნეობასა და საქმოსნობას შეეხება, სულიერს კი – არაფერს.

368 ვაშინგტონ ირვინგი (1783-1859) – ამერიკელი მწერალი, ბიოგრაფი და ისტორიკოსი. ის უმეტესად ცნობილია მისი ორი ნაწარმოებით: "სლიფი ჰალოუს ლეგენდა" და "რიპ ვან ვინქალ". მისი ისტორიული შრომებიდან აღსანიშნავია ჯორჯ ვაშინგტონის, ოლივა გოლდსმითის და მუჰამედის (ისლამის ფუძემდებლის) ბიოგრაფიები. 1842-1846 წლებში ირვინგი ამერიკის მინისტრი (ელჩი) იყო ესპანეთში.

ჟურნალ "ჰარფერზ ვიქლიში" დაბეჭდილი ილუსტრაცია. ამერიკის საზღვაოსნო ჯარების საგანგებო დანიშნულების რაზმები უტევენ თოფების ქარხანაში გამაგრებულ ჯონ ბრაუნსა და მის თანამებრძოლებს.
ILLUSTRATION PRINTED IN "HARPER'S WEEKLY" MAGAZINE:
U.S. MARINES ATTACKING JOHN BROWN IN THE ARMORY.

მიზეზით და პრანჭვა-გრეხის არარსებობის გამო უწინ ვულგარიზმად[369] და ამერიკანიზმად[370] მიაჩნდათ, მან სანიმუშო ამერიკულ ენად აქცია; მაგალითად გამოთქმა, *"ღირს ეს ამად,"*[371] ყოველივე ეს წერის ერთ მთავარ წესზე მიუთითებს – და მე რომ მჭევრმეტყველების პროფესორი ვიყო, ამ წესის წესად დარგვას დაჟინებით მოვითხოვდი – რომ კაცმა, და ისიც მწერალმა, *სიმართლე უნდა ილაპარაკო.* პირველად, მეორედ, მესამედ – ყოველთვის ღირს სიმართლის თქმა; გინდ კენჭებით გამოტენილი პირით, გინდა ცარიელით[372] – ყოველთვის თქვი და წერე მხოლოდ სიმართლე. ეს საქმე კი უმთავრესად სიწრფელეს და კაცობას მოითხოვს.

ვატყობ, დაგვავიწდა, რომ გამოთქმა *ჰუმანიტარული* განათლება, რომლითაც ადამიანი ჰუმანურობას ანუ კაცობას იძენს, თავდაპირველად, რომაელებს შორის ისეთ განათლებას აღნიშნავდა, რომლის ღირსიც მხოლოდ *თავისუფალი* კაცი იყო; მაშინ, როცა ხელობების და პროფესიების შესწავლა, რომლითაც მხოლოდ ლუკმა პურის მოპოვებაა შესაძლებელი, მხოლოდ *მონების* შესაფერის სწავლებად ითვლებოდა. ჰოდა, ცოტა რომ გაგვეწელა ეს ჩვენი კალამბური, ვიტყოდი, რომ ის კი არაა ჭეშმარიტად *ჰუმანიტარულად* განათლებული თავისუფალი კაცი, ვისაც სიმდიდრე და თავისუფალი ჟამი თავზე გადასდის, გინდაც დიდად იყოს ის განსწავლული ხელოვნებაში, მეცნიერებაში თუ სიტყვაკაზმულ მწერლობაში, არამედ ის, ვინც ჭეშმარიტად ჰუმანური, გულწრფელი და *თავისუფალი* კაცია. ისეთ მონათმფლობელურ ქვეყანაში, როგორიც ჩვენი სამშობლოა, შეუძლებელია არსებობდეს *ჰუმანიტარული* განათლება, რადგან თავად ამ ქვეყანას ვერ აუტანია ჰუმანიზმი და ადამიანის თავისუფლებაც არ სწამს; და ავსტრიისა და საფრანგეთის ეს მეცნიერები, რომლებიც, რაოდენ განსწავლულნიც არ უნდა იყვნენ ისინი, მაინც დესპოტურ სამშობლოში ცხოვრობენ და მიუხედავად ამისა, მაინც კმაყოფილების გრძნობით აღვსილან, – *მონური* განათლებით არიან განათლებულნი მხოლოდ.[373]

კაპიტან ბრაუნის მტრების ყველა ქმედება თავად ჯონ ბრაუნს უწყობდა ხელს, – ანუ მისი ბრძოლის მიზეზს. მათ ეს კაცი მაშინვე კი არ

---

[369] ვულგარიზმი – ამ შემთხვევაში თოროუ ბილწსიტყვაობას კი არ გულისხმობს, არამედ ინგლისურ-ამერიკული გაგებით ხმარობს სიტყვა "ვულგარიზმს", რაც, ხალხურ ენაზე საუბარს, კოლოქვიალიზმს, პირდაპირ, შეულამაზებელი ენით ლაპარაკს ნიშნავს. ასეთი დადებითი და ულამაზესი ვულგარიზმითაა სავსე ვაჟა-ფშაველას მთელი შემოქმედება. ვულგარიზმის ასეთი წმიდა და მოხდენილი ფორმა ხშირად აღიზიანებთ ნებისმიერი ქვეყნის "მაღალი" საზოგადოების კუდაბზიკა ცრუ-განათლებულებს და ლიტერატურულ თვალთმაქცებს. ასეთი კუდაბზიკობით დაუწუნა აკაკი წერეთელმა ვაჟას ენა. ასეთივე კუდაბზიკობით იწუნებდა ზოგიერთი ინგლისელი თუ ამერიკელი ნიუ ინგლენდელების პირდაპირ, უშუალო და ნატიფ საუბარს. ცხადზე-ცხადია, რომ ვაჟა აკაკიზე ასი თავით მაღლა დგას, როგორც თავისი ენით, ისე თავისი განათლებით, ზნეობაზე რომ აღარაფერი ვთქვათ. სწორად ასე ასი თავით მაღლა იდგა ჯონ ბრაუნიც მთელ ინგლისურენოვან სამყაროზე.

[370] ამერიკანიზმი – ინგლისურის ამერიკული დიალექტი. თავად ამერიკანიზმიც ერთმანეთისგან უკიდურესად განსხვავებულ რამდენიმე დიალექტად იყოფა, მაგალითად, ნიუ ინგლენდური დიალექტი, ისევე როგორც აქცენტი, სამხრულისგან სრულიად განსხვავდება.

[371] ამ ციტატის წყარო უცნობია.

[372] საუბარია დიდ ბერძენ ბასილიკონზე, დემოსთენეზე (384-322 ჩ.წ.-მდე). გადმოცემით ცნობილია, რომ ის ენაბრგვილი იყო. ამის მოსაცილებლად ის კენჭებით სავსე პირით საუბრობდა ხოლმე თავისთვის. ასეთი ვარჯიშით სულ მალე ენის ბორძიკიც გაუქრა.

[373] ავსტრია და საფრანგეთი – 1859 წელს ავსტრიას და საფრანგეთს ავტოკრატი დესპოტები მართავდნენ: ავსტრიას – იმპერატორი ფრანც იოსეფი (1830-1916), საფრანგეთს – ნაპოლეონ III (1808-1873).

ჩამოახრჩეს, არამედ დაყოვნებით, – ჯონ ბრაუნი შემოინახეს, რომ სიკვდილის წინ საკუთარი ჯალათებისთვის კიდევ ერთხელ ექადაგა პირადად. და ამას გარდა, ერთი შეცდომაც დაუშვეს დესპოტებმა. მათ ოთხი დატყვევებული ჯონ ბრაუნის თანამებრძოლი მასთან ერთად არ ჩამოახრჩეს; ეს სანახაობა დროში კიდევ უფრო გაწელეს და გააჯანჯლეს; და ასე და ამგვარად, ჯონ ბრაუნის გამარჯვებაც კიდევ უფრო და უფრო გაგრძელდა და გახანგრძლივდა. ვერც ერთი თეატრალური მმართველი ვერ შეძლებდა მთელი ამ დადგმის ასე ბრძნულად მოწყობას და მისი მთავარი გმირის, ჯონ ბრაუნის ქცევისა და სიტყვებისთვის ასეთი მაღალშედეგიანობის და ეფექტურობის ძალის მინიჭებას. და რა გგონიათ თქვენ, ვინ *იყო* ამ დადგმის მენეჯერი? ვისმა განგებამ გადაწყვიტა ისე, რომ ეშაფოტთან მიმავალ ჯონ ბრაუნს, სახრჩობელებსა და ციხეს შორის, მონა ქალი და მისი ბავშვი[374] მოვლენოდა, და სიკვდილის წინ ამ ბავშვის კოცნის საშუალება მისცემოდა? გეკითხებით, ვისი განგებით მოხდა ეს და ვისი განგებით დაიგეგმა მთელი ეს ტრაგედია, თუ არა თავად უზენაესი განგებულებისა?

ჩვენ მალე მივხვდით, თვითონ ჯონ ბრაუნმა კი დიდი ხნის წინ იცოდა, რომ არც ერთ გუბერნატორს არ ჰქონდა უფლება, მისი შეწყნარების, რომ არც ერთ კაცს არ უნდა ეხსნა ის ამ ჩამოხრჩობისგან.[375] ამის გაკეთება იგივე იქნებოდა, კაპიტან ბრაუნისთვის იარაღი აგეყარა და ხელში ისევ შარფის შაშხანა დაგეჭერინებინა მაშინ, როცა იგი სულ სხვა სახის, სულიერი მახვილით იყო შეიარაღებული, – მახვილით, რომლის მეშვეობითაც მან მის ჭეშმარიტად უდიდეს და ყველაზე ღირსსახსოვარ ბრძოლებში გაიმარჯვა. ახლაც კი არ ჩაუგია მას ეს სულიერი ხმალი ქარქაშში, რადგან თავადაც წმიდა სულია და მისი მახვილიც, შესაბამისად, წმიდაწყლის სულიერი მახვილი გახლავთ.

"უჩვეულო იყო მისი ქმედება,
ერზე ზრუნვა, ერის დაიმედება,[376]
ის არ იყო შურისმაძიებელი,
ფაუსტივით არ იხმო ბელზებელი.[377]
თავი დადო და გმირობა ინება,
და ბავშვივით ტკბილად გამოძინება."

[374] მონა ქალი და მისი ბავშვი – 1885 წელს გამოქვეყნებულ წიგნში "ჯონ ბრაუნის ცხოვრება და წერილები", ფრენქლინ ბი. სენბორნი აღნიშნავს, რომ სანამ ჯონ ბრაუნს ციხიდან სახრჩობელისკენ წაიყვანდნენ, მისმა მცველებმა ჰკითხეს, აღსარებას ან მღვდლის სიახლოვეს ხომ არ ინდომებდა ის ამ მძიმე წუთებში, რაც ამერიკული ციხეების წესი იყო მაშინ და კვლავაც არის. ბრაუნმა ამაზე მშვიდად მიუგო, რომ ის არ ცნობდა ქრისტეანად არც ისეთ სასულიერო და არც ისეთ საერო პირს, რომელიც მონობას უჭერდა მხარს, ანდა თავად იყო მონათმფლობელი. ბოლოს ჯონ ბრაუნმა დასძინა, მისი ნება რომ ყოფილიყო, მის ამ "საჯარო მკვლელობაზე" – ასე უწოდებდა ბრაუნი თავის განაჩენის აღსრულებას – მას სულგაყიდული მღვდლის სიახლოვეს "ფეხშველა, კაბაშემოხეული, ძონძებში გახვეული მონა ბავშვებისა და მათი ჭაღარაშერეული დედის" უკან მოდევნება ერჩია. სენბორნი დასძენს, სწორად ამ საუბრიდან წარმოიშვა გადმოცემა, რომ ციხიდან სახრჩობელებისკენ მიმავალმა ჯონ ბრაუნმა ერთი ზანგის მონა ბავშვი აიყვანა ხელში, აკოცა და მერე დედამისს დაუბრუნაო.

[375] ანუ ღმრთის ნება უნდა აღსრულებულიყო – ჯონ ბრაუნი უნდა მომკვდარიყო, რომ ამერიკელებს მისი სიმართლე, კაცობა და ქრისტეანობა დაენახათ და მისთვის მიებაძათ, რაც, საბოლოო ჯამში, მონათმფლობელობის გადავარდნასაც მოიტანდა.

[376] ეს ბწკარები დიდი ინგლისელი მეტაფიზიკოსი პოეტის, ენდრიუ მარველის ლექსიდან მოჰყავს თოროუს. ლექსს ჰქვია "ჰორაციული ოდა ქრომველის ირლანდიიდან დაბრუნებისას".

[377] ფაუსტი – ანუ ფაუსტუსი, კლასიკური გერმანული ლეგენდის გმირია, რომელიც ეშმაკს გაურიგდება და ცოდნის სანაცვლოდ საკუთარ სულს მიჰყიდის.

მარტო მისი განივი სვლა [378] რად ღირდა! როგორ მეხივით გადაუარა სახრჩობელიდან ახლადჩამოხსნილი ამ გმირის ცხედარმა ჩვენი ქვეყნის სოფლებსა და ქალაქებს! გაზეთებში ვკითხულობდით, რომ ამა და ამ ჟამს ფილადელფიაში ჩაასვენეს ცხედარი, და რომ შაბათ ღამეს მან ნიუ იორკამდე ჩააღწია. ასე და ამგვარად, ჯონ ბრაუნმა მეტეორივით ჩაიქროლა მთელი შტატების კავშირი სამხრეთიდან ჩრდილოეთისკენ! მას შემდეგ, რაც ის სამხრეთში საბრძოლველად ჩავიდა, ასეთი ძვირფასი ტვირთის გადატანა არ ღირსებოდა არც ერთ მანქანას.

მისი გარდაცვალების დღეს, ეჭვგარეშეა, მოვისმინე, რომ ჯონ ბრაუნი ჩამოახრჩეს, მაგრამ არ ვიცოდი, რას ნიშნავდა ეს; მწუხარებაც კი ვერ ვიგრძენი ამის გამო; ჩამოხრჩობის მიუხედავად, ერთი-ორი დღე არავისგან *მსმენია* სიტყვები, ბრაუნი *მკვდარიაო*, და ერთი და ორი კი არა და უამრავი დღეც რომ გავიდეს, ვერავინ დამაჯერებს, ჯონ ბრაუნი მოკვდაო. ჩემს თანატოლებსა და თანამედროვეებს შორის, ჯონ ბრაუნი ერთად-ერთი კაცი იყო, რომელიც *არასოდეს მომკვდარა*. დღეს-დღეობით მაინცდამაინც დიდი გმირობები არ წვდება ჩემს სმენას, მაგრამ თანამედროვე გმირის ამბავს რომ გავიგებ ხოლმე, მაშინვე ჯონ ბრაუნი მახსენდება იმისთვის, რომ ახალი გმირიც მას შევადარო და გავიგო, ეკუთვნის თუ არა ამა თუ იმ კაცს გმირის სახელი. ჯონ ბრაუნი დღეს ყველაზე მეტად ცოცხალია. მან ეს უკვდავება დაიმსახურა. ის არც ნორთ ელბათი[379] და არც კანზასით არ არის შემოსაზღვრული. ის ფარულად აღარ საქმიანობს. ის ახლა საჯაროდ მოღვაწეობს, და მის არსებას დედამიწის ზურგზე ყველაზე წმიდა და კაშკაშა ნათელი ჰფენია.[380]

---

[378] განივი სვლა – თოროუ მის გასვენებას გულისხმობს. ჯონ ბრაუნის ცხედარი ვირჯინიიდან ნიუ იორკის შტატის სოფელ ნორთ ელბაში გადაასვენეს. ეს გრძელი და ხანგრძლივი გადასვენება იყო, ცხედარმა უამრავი სოფელი და ქალაქი გაიარა, ამის მომსწრე და შემხედვარე ბევრ ლიბრგადაკრულს აეხილა თვალი და ბევრი ამერიკელი განათლდა ასე.

[379] ნორთ ელბა ანუ ჩრდილოეთ ელბა – სოფელი ნიუ იორკის შტატში, სადაც 1849 წელს ჯონ ბრაუნი მთელი მისი ოჯახით გადაცხოვრდა. თავად ჯონ ბრაუნი და მისი რაზმელების უმრავლესობაც ნორთ ელბაშია დაკრძალული.

[380] სიკეთისა და გმირის უკვდავებაზე, გმირის, რომელიც სიკეთის ხორცშესხმაა, სწორად იგივეს ბრძანებს დიდი ელენისტი ებრაელი ფილოსოფოსი, ფილო ებრაელი ანუ ფილონ ალექსანდრიელი (20 ჩ.წ.-მდე–50 ჩ.წ.-ით): “ამის გამო ყველამ, ვისაც საკუთარი თავი ღმერთზე მეტად შეჰყვარებია, ყველამ, ვისაც კაენი ჰქვია, საჭიროა გაითავისოს, რომ მას აბელი კი არ მოუკლავს, არამედ მხოლოდ აბელის სეხნია – აბელის, ანუ სიკეთის მოდგმის მხოლოდ ერთი წარმომადგენელი და არა – სიკეთე. მას ჰგონია, რომ აბელის სხეულის მკვლელობით თავად პირველსახე თარგი, გენი და აზრი მოკლა სიკეთისა, და ვერ ხვდება, რომ სიკეთის სული, სხეულისგან განსხვავებით, ურღვევი და უკვდავია.” იხილეთ ფილო ებრაელი, წიგნი “ბოროტება ებრძვის სიკეთეს”.

ჯონ ბრაუნის ბავშობა

...ჯონ ბრაუნის მონათხრობი თავისი ბავშობისა და ყმაწვილობის შესახებ, დაწერილი ცამეტი წლის ბიჭისთვის, ჰერი სთერნზისთვის. ყველაფერი სიტყვა-სიტყვითაა დაბეჭდილი და სასვენი ნიშნებიც სწორად ისევეა ნახმარი როგორც ბრაუნმა დასვა დედანში.

რედ როქი, აიოვა,
15 ივლისი, 1857.

ბნ.[381] ჰენრი ელ. სთერნზს.

ჩემო ძვირფასო ახალგაზრდა მეგობარო, – არ დამვიწყებია შენთვის მოცემული პირობა, რომ გითხარი მოგწერ-მეთქი; უბრალოდ განუწყვეტელმა საქმემ, & გაწამაწიამ მაიძულა შენთვის წერილის წერა დიდი ხნით გადამედო. საკუთარ თავს ვერ ვეპირფერები და ვერ დავარწმუნებ იმაში, რომ რაიმე ისეთის დაწერა შემეძლოს, რაც შენ მეტად დაგაინტერესებდა: მაგრამ ბოლოს მაინც გადავწყვიტე შენთვის ერთი ჩემი ნაცნობი ბიჭუნას მოკლე მონათხრობი გამომეგზავნა: & გრძელი სიტყვის შესამოკლებლად და სიმარტივისთვის, მოდი, ამ ბიჭს ჯონს დავარქმევ. ეს მოთხრობა უმთავრესად ცთომილებებისა და შეცდომების მონათხრობია; იმ ცთომილებებისა და შეცდომების, რომლებსაც, იმედია, *შენ არ გაიმეორებ*; თუმცა ამ მოთხრობაში არის ერთი რამ, რაც გათვლილია იმაზე, რომ ნებისმიერი ახალგაზრდა შეუპოვარ მცდელობაში წააქეზოს; & ყოველივე ეს აისახება იმ წარმატებაში, რომელიც ამ მოთხრობის გმირის მიერ *დასახული მიზნების მიღწევას* თან სდევდა, და რაც ამ ბიჭის ცხოვრების მთავარი დამახასიათებელი ნიშანი იყო მთელი იმ ხნის განმავლობაში, რაც მე მას ვიცნობდი; მიუხედავად იმისა, რომ ნამდვილად მცირე იყო მისი თანდაყოლილი ნიჭი; & ასეთივე მცირე იყო მისი შეძენილი ცოდნაც.

ჯონი დაიბადა 1800 წლის 9 მაისს, სოფელ თორინგთონში, ლიჩფილდის ოლქი, კონექტიკუტი; ღარიბ, მაგრამ პატიოსან ოჯახში: მამის მხრიდან მისი შთამომავლობა მეიფლაუარის იმ ერთერთი ჯგუფიდან მოდიოდა, რომელიც 1620 წელს მიადგა პლიმუთის სანაპიროს. დედამისი იმ კაცის შთამომავალი იყო, რომელიც ჰოლანდიის ქალაქ ამსტერდამიდან ადრეულ ხანაში ჩამოვიდა ნიუ ინგლენდში. მისმა ორივე პაპამ, მამის მხრიდანაც და დედის მხრიდანაც, რევოლუციურ ომში იმსახურა: მისი მამის მამა; ნიუ იორკში თავლაში დაიღუპა, ომის ჟამს; 1776 წელს.

ჯონის ცხოვრების პირველი ოთხი წლის შესახებ არაფერი ღირსშესანიშნავის თქმა არ შემიძლია გარდა იმისა, რომ ასეთ *ადრეულ ასაკში* მას ცთუნებამ სძლია და სამი დიდი თითბრის თმის სარჭით, რომელიც იმ გოგოს ეკუთვნოდა, მის ოჯახში რომ ცხოვრობდა, მოიხიბლა & *მოიპარა*. ამაში ის დედამისმა შეამჩნია; და მთელი დღე ამ ჩადენილ ბოროტებაზე ფიქრის შემდეგ; მან დედისგან გემრიელი ცემა მიიღო.

[381] ბნ. – ბატონ.

როდესაც ხუთი წლის იყო მამამისმა ოჯახი ოჰაიოში გადაასახლა; რომელიც იმ ჟამს ჯერ ისევ გარეული მხეცებით, & ინდიელებით სავსე უდაბური ტყე-ღრე გახლდა. ხანგრძლივი მგზავრობისას, რომელიც ნაწილობრივ თუ უმთავრესად ხარებით მოხდა; მას, მორიგეობით უწევდა ერთ თავისზე ხუთი წლით უფროს ბიჭს შეშველებოდა ხოლმე (რომელიც მისი დედ-მამის შვილობილი იყო) & ეგონა, რომ უკვე *მაგარი ბიჭი იყო*, რადგან ძროხების მწყემსვა შეეძლო; & კიდევ ცხენზე ჯდომა. ხანდახან ჩხრიალა გველებს წააწყდებოდა ხოლმე, რომლებიც უშველებლები იყვნენ; & რომელთა მოკვლასაც უფროსი კაცები, როგორც წესი, ახერხებდნენ. 1805 წელს ოჰაიოში ჩასვლის შემდეგ გარკვეული ხნის განმავლობაში მას ინდიელებისა, & მათი შაშხანების ეშინოდა; მაგრამ ამ შიშმა მალე გადაუარა: ის მათთან ერთად მეგობრობდა და დახეტიალობდა იმდენად, რამდენადაც ეს წესიერებისა და ზრდილობის ფარგლებში იყო შესაძლებელი; & ცოტაოდენი მათი ლაპარაკიც შეისწავლა. მამამისმა ირმის ტყავის გამოყვანა ისწავლა, & 6 წლის ასაკში ჯონი ახალგაზრდა დაბაღად დაინიშნა. საკმაოდ დაკვირვებული და მზირე ბიჭი უნდა ყოფილიყო ჯონი, რადგან მოგვიანებითაც ზედმიწევნით ახსოვდა ირმის *დამუშავების* პროცესის მთელი თანმიმდევრობა; ისე რომ მერე ნებისმიერ ჟამს შეეძლო საკუთარი ტყავების გამოყვანა, როგორებიცაა ციყვის, ენოტის, ბოჩოლის, მგლისა და ძაღლის ტყავები, და აგრეთვე ისწავლა მათრახების კეთება, რითიც ხანდახან ცოტაოდენ ფულს შოულობდა და რასაც ხალხისთვის მრავალმხრივი სარგებელი მოჰქონდა. ექვსი წლის ასაკში ტყეში უცხო და ახალ ადგილებში ხეტიალი შეუყვარდა, სადაც ჩიტებს და ციყვებს პოულობდა და ზოგჯერ როჭოს ბუდესაც. მაგრამ ალბათ სწორად ამ ჟამს მას ცხოვრებამ აიძულა და *გასაჭირის* სკოლა გაატარა; რომელიც, ჩემო ახალგაზრდა მეგობარო, მისი აღზრდის ყველაზე საჭირო და აუცილებელი ნაწილი იყო. შეიძლება გაგეცინოს, როცა ყოველივე ამის შესახებ წაიკითხავ; მაგრამ ჯონისთვის ეს გახლდა ცხოვრების მწარე გამოცდა: რადგან მისი მიწიერი ავლა-დიდება იყო ძალიან *ცოტა* & *პატარა*. ეს იყო დასაწყისი ძალიან მკაცრი, მაგრამ ამასთან ერთად *ძალიან საჭირო* ცხოვრებისეული გაკვეთილებისა, რომლის გავლა და ჩაბარება მას შემდგომში მოუხდებოდა; & ამ გაკვეთილებიდან იმედია მან დღეს მაინც ისწავლა რომ მამამ ზეციერმა კარგად უწყის ვის რა და როდის მისცეს და რომ უფალმა ჯონს ყოველივე ის ციცქნა ხორციელი რამ ხელიდან უნდა წაართვას, რაც ღმერთმა მას უწინ უწყალობა. როდესაც ჯონი მეექვსე წელში იყო საწყალმა *ინდიელმა* ბიჭმა ყვითელი მარმარილოს ბურთულა აჩუქა, რაც მას აქამდე თვალითაც არ ენახა. ჯონს ეს ბურთულა დიდი რამე ეგონა; & დიდი ხნის განმავლობაში ინახავდა; მაგრამ ბოლოს *მან ის ისე დაკარგა*, რომ მისი პოვნა შეუძლებელი გახდა. წლები დასჭირდა ამ დანაკარგით მიღებული ჭრილობის მოშუშებას & მგონი პატარა ჯონი ხანდახან ამის გამო ტიროდა კიდეც. დაახლოებით ამ ამბის ხუთი თვის შემდეგ ჯონმა ციყვი დაიჭირა, რომელმაც ამ დაჭერისას კუდი თვითონ მოიგლიჯა; & თავად ჯონი კი ძლიერ დაკბინა. მაგრამ *პატარა უკუდო ციყვს* მან მაინც ხელი არ გაუშვა; & ბოლოს ისე კარგად მოათვინიერა, რომ თავის ციცქნა ცხოველს ბიჭი თითქმის აღმერთებდა კიდეც. *ესეც დაკარგა*; ან გაეპარა; ან იქნებ მოკვდა სადღაც შემთხვევით; & ერთი თუ ორი წლის მანძილზე ჯონი *გლოვობდა*; და მის გარშემო უამრავ ციყვს აკვირდებოდა, რომ *ეგება* ოდესმე მისი დაკარგული უკუდო ციყვი ამოეცნო. საჭიროა არ

გამომრჩეს და გითხრა ერთი ძალიან ცუდი & სულელური ზნის შესახებ რომლისკენაც ჯონს ასე თუ ისე მიდრეკილება ჰქონდა. ტყუილების თქმას ვგულისხმობ; რომელსაც როგორც წესი იმიტომ მიმართავდა, რომ თავი ბრალისგან დაეძვრინა; ანდა სასჯელისგან. მას საყვედურის ატანა უჭირდა; & ახლაღა ვხვდები, სიმართლის თქმას მონანიების როგორც ერთგვარ სასჯელს ისე რომ მისდგომოდნენ უფროსები და სრულ გულახდილობაში ჯონი ასე უფრო ხშირად წაექეზებინათ; პატარა ბიჭიც ცრუპენტელობის ცოდვას ასე ხშირად აღარ ჩაიდენდა; და *ასე დიდი ხანიც* (დიდობაში) აღარ მოუწევდა *ასეთი ცუდი* ზნის გამოსასყიდად ტანჯვა-წამება.

ჯონი *მოჩხუბარი* არასოდეს ყოფილა; მაგრამ *ზომაზე მეტად* უყვარდა ყველაზე რთული და ყველაზე უხეში თამაშები; & ვერასოდეს ძღებოდა მათი[თ]. და მართლაც როდესაც მოკლე ხნის განმავლობაში მას სკოლაში ატარებდნენ, ჯონი სკოლის კედლებში განცდილ შებოჭვას და შეზღუდვას იმის ხათრით ითმენდა, რომ ბავშვებთან ჭიდაობა & გუნდაობა & სირბილი & ხტუნაობა & ძველი მატყლის ქუდების მოხდა შეეძლო. საჭირო არაა იმის ფიცი-მტკიცი, რომ ასეთი განწყობისა & კიდევ იმის გამო რომ ყოველთვის არ ძალუძდა ოჯახს მისი სკოლაში გაგზავნა: ჯონი დიდი მეცნიერი არ გამოსულა. სკოლაში წასვლას მას ყოველთვის ერჩია სახლში დარჩენილიყო და თუნდაც ზომაზე მეტი ემუშავა; და წელიწადის თბილი ხანების განმავლობაში მას როგორც წესი *ფეხშიშველს & თავშიშველს* დაინახავდი: ირმის ტყავის შარვალში, რომელიც ხშირად ერთი ტყავის თასმით ჰქონდა მხარზე გადაჭერილი მაგრამ ზოგჯერ ორითაც. ყველაზე ძალიან ის უხაროდა, როცა დიდ მანძილზე ყველაზე უდაბურ ბუნებაში გააგზავნიდნენ ხოლმე მარტოს; & ასეთ სასიხარულო დავალებას ხშირად აძლევდნენ ისე რომ თორმეტი წლის სანამ გახდებოდა უკვე ასი მილის სავალზე აგზავნიდნენ მარტოს საქონლის სამწყემსად; & თავს დიდად შეურაცხყოფილად იგრძნობდა ამ საქმის შესასრულებლად დამხმარედ ვინმე რომ გაეყოლებინათ მისთვის. ეს იყო ახალგაზრდული სიამაყის გრძნობა, რომელიც ამ ბიჭს ასე ახასიათებდა.

ექვსი წლისას, ჯონი უდედოდ დარჩა, ეს იყო სრული & სამუდამო დანაკარგი მიუხედავად იმისა, რომ მამამისმა მეორე ცოლად ძალიან აზრიანი, გონიერი, და ბევრი რამის გამო პატივსაცემი ქალი შეირთო; თუმცა ჯონის *გული და გრძნობა მას დედად მაინც არ ცნობდა*; და წლების განმავლობაში ისევ დაღუპული დედის გლოვას აგრძელებდა. ამ გარემოებას ძლიერ არახელსაყრელი გავლენა ჰქონდა მასზე; რადგან ჯონს ბუნებრივად ხიბლავდა მდედრობითი სქესის წარმომადგენლები; და იმავდროულად ძალიან მორიდებული იყო მათ გარემოცვაში; და ამის გამო მათთან კავშირი უძნელდებოდა; რასაც, ჯონის ცხოვრება სხვაგვარად რომ წარმართულიყო, შეიძლებოდა მისი დაღუპვაც კი გამოეწვია.

როდესაც *ინგლისთან* ომი გაჩაღდა, მამამისმა ჯარის სახორცე პირუტყვით მომარაგება დაიწყო, რომლის თავმოყრა & მწყემსობა ჯონს საშუალებას აძლევდა აულაგმავი მოზვრებისა და სხვა საქონლის ტყეში (ფეხით) დევნაში ჟამი ხალისიანად გაეტარებინა. ამ ომის განმავლობაში მას შესაძლებლობა მიეცა ჩამოეყალიბებინა საკუთარი ახალგაზრდული

შეხედულება *კაცებზე & კაცთა საქციელზე*: & ასე თუ ისე გაცნობოდა იმ ხალხს, რომლებიც ქვეყანას მართავდნენ. რაც პატარა ჯონმა ომის შედეგად ნახა გამოიწვია ის, რომ მას იმდენად შეძულდა სამხედრო საქმე, რომ ის სამხედრო ვარჯიშზეც *და სამწყობრო სვლაზეც* უარს აცხადებდა; რის გამოც სამოქალაქო ჯარიმებს იხდიდა; & სამხედრო სამსახურს ქვეიქერივით თავს არიდებდა მანამ, სანამ ჯარში გასაწვევ ასაკს არ გაცდა, რამაც სამხედრო სამსახურში სავალდებულო გაწვევისგან საბოლოოდ განათავისუფლა.

ინგლისთან ომის განმავლობაში ერთი რამ მოხდა, რამაც ჯონი *მტკიცე აბოლიშენისტად* აქცია: & გამოაცხადებინა, თუ დააფიცებინა: მონობის წინააღმდეგ *სამუდამო ომი*. ის მოკლე ხნის განმავლობაში ძალიან პატივცემულ ლენდ ლორდთან,[382] შეერთებული შტატების მარშალთან გახლდათ სტუმრად, რომელსაც სწორად ჯონის ასაკის ძალიან აქტიური, გონიერი და კარგი გულის მონა ბიჭი ჰყავდა; & რომლისაც ჯონს საკმაოდ ჰმართებდა მისგან მიღებული მრავალი პატარა სიკეთის გამო. *ბატონმა* ჯონი დიდად დაიმეგობრა: სასადილოდაც კი დასვა მაგიდასთან მის საუკეთესო თანამეინახეებთან; & მეგობრებთან; მათ ყურადღებას აქცევინებდა ჯონის ყოველ პატარა გონივრულ *ნათქვამს თუ ქმედებას*: & იმ გარემოებასაც რომ პატარა ჯონი ას მილზე უფრო მოშორებით იყო სახლიდან მარტოდმარტო წამოსული საქონელთან ერთად; მაშინ როცა *ზანგის ბიჭი* (რომელიც ჯონს არაფერში ჩამოუვარდებოდა ანდა იქნებ სჯობდა კიდეც) მათხოვარივით იყო შემოსილი, მას ცუდად კვებავდნენ; & ოთახში ძილის უფლებას რომ არ აძლევდნენ, *ცივ ამინდში* ღია ცის ქვეშ უხდებოდა ღამის გათევა; & მის თვალწინ რკინის ნიჩბებით სცემდნენ ანდა ნებისმიერი იმ საგნით რაც ხელში მოხვდებოდათ. ამ გარემოებამ ჯონი დააფიქრა იმ ბედკრულ, უიმედო მდგომარეობაზე რომელშიც *უმამო & უდედო* მონა *ბავშვები* იმყოფებოდნენ: რამეთუ ასეთ ბავშვებს დამცველად & მარჩენალად არც მამები ჰყავთ და არც დედები. ზოგჯერ ჯონი კითხვას სვამდა, *მაშინ გამოდის რომ თავად უფალია მათი მამა?*

ათი წლის ასაკში ძველმა მეგობარმა წააქეზა ცოტა ისტორია წაეკითხა, & კარგი ბიბლიოთეკის უსასყიდლოდ გამოყენება შესთავაზა; რის; შედეგადაც ასე თუ ისე ჯონს კითხვა შეუყვარდა: და აი, ეს გახლდა ადრეულ ასაკში მიღებული მისი ძირითადი განათლება: & რამაც ის ცუდ ხალხთან ყიალსა და მეგობრობას გადაარჩინა. ამის შედეგად ჯონს ძლიერ შეუყვარდა ასაკოვან & გონიერ ადამიანებთან სიახლოვე & მათთან საუბარი. მთელი მისი სიცოცხლის განმავლობაში არასოდეს უცდია ცეკვა; არც ის არასოდეს უსწავლია ბანქოს *ერთი* შეკვრა *მეორისგან* როგორ განესხვავებინა. გრამატიკის არაფერი უსწავლია; არც სკოლაში შეუძენია ზოგადი არითმეტიკის ცოდნა, როგორიცაა მაგალითად ოთხი მთავარი კანონი.[383] ყოველივე ეს ზოგად წარმოდგენას შეგიქმნის მისი ცხოვრების პირველი თხუთმეტი წლის შესახებ; რის განმავლობაშიც ის გახდა თავისი ასაკისთვის ძალიან ძლიერი & ტანად დიდი & იმდენად

[382] ლენდ ლორდი – ფეოდალურ წყობილებაში ბატონი, მამულების მფლობელი რომელიც მიწას გლეხებზე აქირავებს; კაპიტალისტურ წყობილებაში ნებისმიერი სახის უძრავი ქონების – სახლის, ბინის, მიწის, ქარხნის – მფლობელი რომელიც ამ ქონებას აქირავებს.
[383] არითმეტიკის ოთხი მთავარი კანონი – მიმატება, გამოკლება, გამრავლება და გაყოფა.

ამბიციურიც რომ ზრდასრული მამაკაცის სრული დღის სამუშაოს შესრულება ეწადა; ნებისმიერი სახის საქმეში. დიადი, ბრძენი & კეთილი ადამიანების ცხოვრების, გამონათქვამებისა, და ნაწერების კითხვით; მას შესძულდა ამაო და უაზრო *საუბრები & ხალხი;* & ხშირად ხვდებოდა ხოლმე პატივი და დიდად მადლობელი იყო მაშინ, როცა უფროსი & უფრო გონიერი ადამიანები მას კეთილად ეპყრობოდნენ ხოლმე თავიანთ სახლებში: & საუბრებში; ეს კეთილი მოპყრობა ჯონს დიდ შვებას ჰგვრიდა, რადგან ძალიან მორცხვი იყო.

ის ძალიან ადრეული ასაკიდან გახდა შეუპოვარი და სურდა ყველა საქმეში რასაც კი ხელს წაჰკიდებდა წარმატებისთვის მიეღწია. შეუპოვრობის ასეთი გრძნობის ქონას ვურჩევდი ყველა ახალგაზრდას, *ქალსაც & კაცსაც:* ეს ხომ მათ უფრო განათლებულ & უკეთეს ადამიანთა საზოგადოებაში მოხვედრაში დაეხმარებათ. ყოველმიზეზგარეშე შეეცადე წარმატებას მიაღწიო რაიმე ღირსეულ საქმეში.

ნეტავ დამვიწყნოდა ჯონის ერთი უბედურება, რომელიც მაშინ გადახდა თავს როცა ის ჯერ კიდევ ძალიან ახალგაზრდა ბიჭი იყო, მაგრამ მაინც უნდა მოგიყვე ამის შესახებ. როგორღაც საშუალება მიეცა, ან *იქნებ* სულაც მამამისის საჩუქარი იყო ეს, რომ ჯონი ერთი პატარა დედალი ბატკნის მფლობელი გახდა, რომელიც მას მანამ ჰყავდა სანამ ბატკანი ორი მესამედი გაზრდილი იყო და მხოლოდ ერთი მესამედი აკლდა სრულ ცხვრობამდე; & რომელიც შემდეგ ცუდად გახდა; & მოკვდა. ამან კიდევ ერთი გახანგრძლივებული *გლოვის ხანა* მოუტანა პატარა ბიჭს: იმიტომ კი არა რომ ფულადი დანაკარგი ძალიან ადარდებდა: ეს ხომ მისი ხასიათის და ზნის დედააზრი არასოდეს ყოფილა; დანაკარგი სულიერი გახლდა, რადგან ეს პატარა ბიჭი მთელი გრძნობით იყო დაკავშირებული თავის პატარა ბატკანთან.

ჯონს ბავშობიდან ჰქონდა ნასწავლი “გეშინოდეს ღმრთისა და დაიცავი მცნებანი მისნი;”[384] & მიუხედავად იმისა რომ სკეპტიკურად იყო განწყობილი, ყოველთვის ეჭვი ეპარებოდა მისი მომავალი ცხოვრება კარგად წარიმართებოდა; & დაახლოებით სწორად მაშინ გახლდა რომ გარკვეულწილად ჯონი ქრისტეანობისკენ მოიქცა & ამის შემდეგ მთელი მისი სიცოცხლე მტკიცედ სწამდა რომ ბიბლია იყო საღმრთო და სრულიად უტყუარი წიგნი. ამ წიგნის კითხვით ის კარგად გაეცნო მის შიგთავსს, & საოცარი სიზუსტით ახსოვდა მთელი მისი შემცველობა.

ახლა ზოგიერთი რამ რასაც *გიყვები;* არის სწორად ისეთი სასარგებლო ქცევა, რასაც შენც გირჩევდი ცხოვრებაში დაგენერგა: & მინდა დავრწმუნდე რომ ამ მონათხრობიდან რაც კი რამეა სასარგებლო არაფერი გამოგრჩენია; & ყოველი მათგანი შენს პიროვნებას მიუსადაგე და შენი ცხოვრების გეგმას ჩაურთე; & მთელი გულით მსურს ცხოვრებაში მართლა გქონდეს *რაიმე გარკვეული გეგმა*. ბევრს საერთოდ არ აქვს არანაირი გეგმა; & ზოგს გეგმა აქვს, მაგრამ იმის ნებისყოფა კი არ შესწევს რომ ის აღასრულოს და განახორციელოს. ჯონი ასეთებს არ ჰგავდა. იგი ყოველთვის *შეუპოვრად* მისდევდა დასახულ მიზანს, მთავარი

---

384 ეკლესიასტე, რომელსა ებრაელებრ კუჰლეთე ეწოდების 12:13. ბიბლიაში იგივე ბრძანება ბევრგანაა მოცემული, მაგალითად, წიგნი II სჯულისა 13:4 და 6:2.

იყო ეს მიზანი ზოგადად მისი ბუნების და ნიჭის შესაბამისი ყოფილიყო: & ამიტომაც საქმესა და წამოწყებაში ის მუდამ წარმატებას აღწევდა. ეს იმდენად ხშირი მოვლენა იყო, რომ ჯონი მუდამ *მიჩვეული იყო და მოელოდა კიდეც წარმატების მიღწევას* თავის საქმეში. შეუპოვრობის ამ მეტად სასარგებლო გრძნობას აუცილებელია შევურწყათ იმის ცნობიერებაც, რომ ჩვენი გეგმები თავისთავად სამართლიანია და სწორი.

ჟამის იმ მონაკვეთის განმავლობაში, რომელიც ზემოთ აღვწერე, ჯონი როგორღაც გარკვეული ცხოველების მფლობელი გახდა, რომელთა ღირებულება მართალია უმნიშვნელო იყო, მაგრამ ჯონს არ მოსწონდა *მცირეს ტიტულის* ტარება ნებისმიერ საქმეში, ჰოდა, საკუთრების მოხვეჭის უკეთესი, უფრო *დამოუკიდებელი* გზა გამოძებნა; & უფრო საიმედო და სრულყოფილი ქონების შოვნის ხერხი მონახა. ერთერთი ასეთი ხერხი იყო მამამისისთვის ნაკლების ღირებულების საქონელში რაიმე გაეცვალა. მეორე ხერხი კი სხვებისთვის გაეცვალა ისეთი რამ რასაც მამამისი არასოდეს ფლობდა. უფროსებს ზოგჯერ *ეშლებოდათ.*

თხუთმეტიდან ოცი წლის ასაკამდე, ძირითადად სადაბაღოში მუშაობდა & მეტყავეობაში ატარებდა ცხოვრებას; & კიდევ მზარეულობაში; & უმეტესწილად კი უფროს მუშად, ოსტატის მარჯვენა ხელად მამამისის დაწესებულებაში. ამ ხნის განმავლობაში მას ის ავი ჩვევები აწუხებდნენ, რის შესახებაც ზემოთ მოგახსენეთ & ზოგიც კი ისეთები რომლის შესახებაც ჯერ არაფერი მითქვამს: მისი სინდისი უდიდესი ძალით წინსვლისკენ უბიძგებდა: მაგრამ მისი ყურადღება *საქმოსნობისკენ* იყო მიპყრობილი; & ამ საქმოსნობის წარმატებით მართვა-განმგებლობისკენ; ზრდასრულ კაცებს & თავის ხნის ბიჭებსაც ისე კარგად ეწყობოდა; რომ შედარებით სერიოზულ & გონიერ კაცებს გამორჩეულად უყვარდათ ჯონი. ეს ისე ხშირად ხდებოდა; & იმდენად მოხიბლა ის ადამიანები რომელთაგან დაფასებაც მას ასე ძლიერ სწყუროდა; რომ ჯონის სიამაყის გრძნობა დიდად აფუებულიყო და ამ ხალხის შექებებით დიდად საზრდოობდა: & კაცობის ასაკში ისე შეაბიჯა, თავის თავზე დიდი წარმოდგენა ჰქონდა; & თავის თავში დიდად გახლდა დარწმუნებული; მიუხედავად იმისა რომ *ძალიან* მორცხვი იყო. უმცროსი ძმა [385] ჯონს ყოველივე ამას ხანდახან შეახსენებდა ხოლმე: & აი ამ გამოთქმას რომელიც შეიძლება შენც სადმე შეგხვედრია, "მეფე რომლის წინააღმდეგაც კრინტს ვერავინ ძრავს." მედიდურობის ასეთმა ჩვევამ, რომელიც სხვების მიერ მისდამი მორჩილების შედეგად ასე ადრეულ ასაკში ჩამოუყალიბდა, ცხოვრებაში შემდგომაც გასტანა, იმ გაგებით რომ ჯონს მერეც მეფურად და მბრძანებლურად სჩვეოდა საუბარი. გახდა რა 15 წლის, დიდი მოუსვენრობა შეეყარა და მთელი გულით სურდა განათლება მიეღო; მაგრამ მხოლოდ ცოტათი შეეძლო კითხვა & სწავლა; ჯერ ერთი ჟამის უკმარისობის გამო; & მერე კიდევ თვალების ანთების გამოც. თუმცა მან იმდენი მოახერხა რომ საკმარისად შეესწავლა უბრალო არითმეტიკა; & მიწისმზომელობა; რომელსაც ის ხელობად იყენებდა დაახლოებით მას შემდეგ რაც 20 წლისა შეიქმნა.

---

[385] ფრენქლინ ბენჯამინ სენბორნი ამბობს აქ, ბრაუნი "უეჭველი სალმონს გულისხმობსო."

20 წელს რომ ცოტა გადაცილდა თავისი ნებით & *აგრეთვე* მამამისის *ბიძგებით,* მან ცოლად მოიყვანა საოცრად უბრალო; მაგრამ ინდუსტრიული & ეკონომიური გოგო; საუკეთესო ზნისა და ხასიათის; გულწრფელი სიწმიდის; & კარგი პრაქტიკული გონივრულობის; დაახლოებით თავისზე ერთი წლით უმცროსი. ამ ქალმა თავისი რბილი, გულახდილი, & ყველაზე მეტად: თავისი ძალიან კარგი და მყარი ყოფა-ქცევით; მოიპოვა & მანამ სანამ თავად იყო ცოცხალი, ფლობდა ძალიან ძლიერ; & ძალიან კარგ გავლენას ჯონზე. მის უბრალო მაგრამ სიკეთით სავსე გაკიცხვებს როგორც წესი სწორი შედეგი მოჰქონდათ; ისე რომ ქმრის ფეთქებად ხასიათს არ ამალებდნენ. ჯონმა საკუთარ თავში ადრეული ასაკიდან აღმოაჩინა კარგი საქონლის, ცხენების, ცხვრებისა, & ღორების სიყვარული; & როგორც კი საშუალება მიეცა გახდა, რომ იტყვიან, მწყემსი: რაც ადრეული ასაკიდან მისი ერთგვარი მოწოდება იყო და ეს საქმე მთელი ცხოვრება ერთგვარად ენატრებოდა: და კიდევ იმ მიზეზითაც რომ ასეთი საქმოსნობით საკმარისი შემოსავალი ჰქონდა რითიც შემდგომ თავისი ცხოვრების უდიდესი თუ უმთავრესი მიზნების განხორციელება შეეძლებოდა. აი, ზოგადი წარმოდგენა შეგიქმენი ამ ბიჭის ადრეული ცხოვრების შესახებ; & თუ ეს ამად ღირს; ანდა თუ რომელიმე კარგ ადამიანს დიდად დააინტერესებს: შეიძლება ხელი წამიცდეს და ამ ბიჭის ცხოვრების შემდგომი მონაკვეთის შესახებაც გიამბო რაიმე; ან მისი ცხოვრების იმ ეტაპზე როცა ჯონი სრულწლოვანი გახდა და დაკაცდა. ოღონდ ამის *პირობას ჯერ ვერ გიდებ.*

აღმოაჩენ რომ ჩემი ნახევარგვერდების გამოყენებით იმ მიზნით რომ ქაღალდი დამეზოგა; ეს მონათხრობი ორ გვერდად დავწერე ისე, რომ ერთი გვერდი მეორით არ გრძელდება. იმის ჟამი არ მაქვს რომ ხელახლა გადავწერო; & მოგზაურობისას გადატანილი შეფერხებები რომ არა, არც კი ვიცი როდის მომეცემოდა იმის ჟამი რომ მომეწერა ის რაც მოგწერე. შენთვის გულწრფელი კეთილი სურვილებით, ქვემოთ ხელს ვაწერ,

შენი მეგობარი,

ჯ. ბრაუნი.

პ.ს. არ დამვიწყებია შენი წვლილი რომელიც შემოწირულობის სახით იმ საქმისთვის გაიღე, რომელშიც მე ვმოღვაწეობ. დიდებულმა ღმერთმა გაკურთხოს *შენ;* ჩემო შვილო.

ჯ. ბ.

ამ ავტობიოგრაფიას, ისევე როგორც ჯონ ბრაუნის უამრავ სხვა სიტყვასა და საქმეს, დასაბამი 1857-1859 წლებში ჩაეყარა, მასაჩუსეცის შტატში ერთი ოჯახის მიერ მისდამი გაწეული სტუმართმოყვარეობისას, სადაც ბებერ გმირს ყოველთვის მიესვლებოდა და მას მუდამ გულთბილად ღებულობდნენ. ბატონ ჯორჯ ლუთა სთერნზს, ბოსტონის მდიდარ ვაჭარსა და მეწარმეს, რომელიც ცხოვრებით ბოსტონში კი არა არამედ მედფორდში ცხოვრობდა ულამაზეს სახლში, მიეპატიჟებინა ბრაუნი 1856 წლის დეკემბერში, როდესაც

იგი კანზასში გაჩაღებული კამპანიიდან აღმოსავლეთში დაბრუნებულიყო. ბრაუნმა მიპატიჟებაზე თანხმობა განაცხადა, და ბოსტონში შობის ერთი-ორი დღის მერე ჩააღწია, 1856 წელს, ბატონ სთერნზს ქუჩაში შეხვდა და მასთან ერთად მასაჩუსეცის კანზასის კომიტეტში მოვიდა და ბევრის ოთახი მოიარა, და მეც სწორად მანდ შევხვდი მას პირველად. მომდევნო კვირა დღეს, 1857 წლის იანვრის პირველ კვირა დღეს, ბრაუნი ბოსტონ მიუზიქ ჰოლში[386] წავიდა თიოდორ ფარქას[387] ქადაგებისთვის რომ მოესმინა, და სწორად იქ შეხვდა ქალბატონ სთერნზს (ქალბატონი ჩაილდის დისშვილს, "პილოთეა"-ს ნატიფ ავტორს), რომელმაც ბრაუნი სახლში მიიწვია მედფორდში. მან 1857 წლის იანვრის მეორე კვირა დღე იქ გაატარა, და ოჯახის უფროს ვაჟიშვილზე, რომელიც მაშინ მეცამეტე წელში იყო, დიდი შთაბეჭდილება მოახდინა თავისი მონათხრობით, რომელიც კანზასში პიონერი[388] ოჯახების მიერ განცდილ ტანჯვას შეეხებოდა. ბიჭი თავის ოთახში გაიქცა, გროვად დახვავებული გადანახული ჯიბის ფული გამოიტანა, ჯონ ბრაუნს ხელებში შეაჩეჩა, და თქვა, "იყიდე რა რაიმე, – ერთი წყვილი ფეხსაცმელი, ან რაიმე, – იმ რომელიმე საწყალი კანზასელი ბევშვისთვის!" და მერე დაუმატა, მას შემდეგ რაც მოხუცმა მადლობა მოუხადა, "კაპიტანო ბრაუნო, ოდესმე, არ მომწერ რაიმეს, შენს შესახებ, თუ როგორი ბიჭი იყავი პატარობისას?" ბრაუნმა გაოცებითა და სიამოვნებით შეხედა, და შეპირდა რომ ამას იზამდა. თავის დროზე ამ გრძელმა წერილმა მედფორდს მიაღწია, განკუთვნილი იყო ჰერისთვის, ოღონდაც ბოლოში მოკლე შენიშვნა ჰქონდა დართული ქალბატონი სთერნზისთვის. ქალბატონი სთერნზი, რომელმაც მაშინვე დაინახა მისი ფასდაუდებლობა, საგანძურივით უფრთხილდებოდა ამ წერილს, და ბრაუნის სიკვდილის შემდეგ თავის მეგობარს, ბატონ ემერსონს თხოვა რომ ეს ავტობიოგრაფია იმ წიგნში შეეტანა რომლის წერაც ამ დიდი გმირის ცხოვრების აღწერის მიზნით ემერსონს ახლობლებმა დაჟინებით თხოვეს. ბატონი ემერსონი აღფრთოვანებით ეპყრობოდა და ხოტბას ასხამდა ამ წერილს, მაგრამ ჯონ ბრაუნისადმი მისი უაღრესი მოკრძალების გამო იძულებული შეიქმნა უარი ეთქვა "ბრაუნის ცხოვრების" წერაზე, ასევე მოიქცა ჰენრი თოროუ (რომელიც ბრაუნს კარგად იცნობდა) და ქალბატონი ჩაილდიც. ამის შემდეგ ქალბატონმა სთერნზმა ბატონ რედფეთს დართო ნება ეს წერილი მის მიერ დაწერილ ბრაუნის ბიოგრაფიაში დაებეჭდა, იმ მიზნით რომ ბრაუნის ქვრივისთვის და შვილებისთვის ფული ეშოვათ. იმ დღიდან მოყოლებული ეს წერილი უამრავჯერ გადაბეჭდეს ბატონი რედფეთის წიგნიდან. მე ჩემი ასლი დედანიდან გადმოვიღე, და შედეგად შევასწორე სასვენი ნიშნებისა და მართლწერის ის ცვლილებები რომლებმაც დროთა განმავლობაში ნაბეჭდებში შეაღწიეს. ამ მხრივ ბრაუნის ნაწერი უცნაური და განსაკუთრებული გახლდა, და არანაირად არ იყო ერთნაირი; მაგრამ მის სტილში ყველგან სწორადაც რომ უცვლელი და ერთნაირი ძალა და სისადავე გამოსჭვივის, და მას კუთხურისა და სერიოზულის შერწყმის ჰომეროსისა და ჰეროდოტუსის ნიჭი გააჩნდა, ისე რომ სიტყვისთვის ღირსება და შედეგი სრულებით შეენარჩუნებინა და არ დაეკარგა. საკუთარ ნაწერებზე ძალიან თავმდაბლური შეხედულება ჰქონდა, და ზოგჯერ ასე იტყოდა ხოლმე, "გლეხის რომელიმე

---

[386] ბოსტონის მუსიკალური ჰოლი.

[387] თიოდორ ფარქა (1810-1860) – ამერიკელი საზოგადო მოღვაწე, აბოლიშენისტი, უნიტარიანული ეკლესიის გარდამქმნელი მღვდელი და საიდუმლო ექვსეულის წევრი.

[388] "პიონერი" ფრანგული სიტყვაა, რომელიც ფუძეს ლათინურიდან იღებს, და იგი გზის გამკაფავს, მოწინავეს, ახლის გამომგონებელს ნიშნავს.

ხბოზე მეტი გრამატიკა როდი ვიციო;" მაგრამ მას ის გააჩნდა რაც განუყრელი არსი და რაობაა ყველა გრამატიკისა, – ძალა იმისა რომ საკუთარი თავი სხვისთვის გაეგებინებინა.[389]

სახლი რომელშიც ჯონ ბრაუნი დაიბადა, როგორც ეს მის ბიოგრაფიაშია აღნიშნული, კვლავ დგას კონექტიკუტის შტატის სოფელ თორინგთონში, ამ დაბის დასავლეთ ნაწილში, სოფელ ვოლქოთვილიდან სამი, ლიჩფილდიდან ექვსი, და ვინსთედიდან ათი მილის დაშორებით, ერთი მიყრუებული გზის პირას. იგი ძალიან წააგავს ქანქარდში მდგარ იმ ძველ სოფლის სახლს რომელშიც თოროუ დაიბადა, და თავისუფლად შეიძლება კაცს ერთის იერი მეორისაში აერიოს. ოუენ ბრაუნის მორებისგან აშენებული სახლი, ოჰაიოს შტატის სოფელ ჰადსონში, იმ ადგილას იდგა დღეს რომ სოფლის მოედანია; და ახლომდებარე მინდორში, ლიანდაგებიდან არც თუ ისე მოშორებით, იყო სადაბაღო სადაც ჯონ ბრაუნმა მამამისის ხელობა შეისწავლა. ბავშობა ჰადსონსა და მის შემოგარენში გაატარა, სწორად ისე ზემოთ როგორც აღვწერეთ. კითხულობდა ბიბლიას, "ეზოპეს იგავ-არაკებს," "ფრენქლინის ცხოვრებას," დოქტორი ვაცის ჰიმნებს, "პილგრიმის პროგრესსა," და რამდენიმე სხვა წიგნს; მაგრამ სკოლაში მიღებული მისი განათლება მეტად მწირე იყო.

---

389 ჯონ ბრაუნს გრამატიკა არ სჭირდებოდა. მისი სიმართლე, უბრალოება და უშუალობა იყო ის ბუნებრივი ნიჭი, რომელსაც ვერა ქალაქი, ვერა სკოლა და ვერა სამსახური ვერ ასწავლის კაცს, – ბუნებრივი იყო ამ კაცის ქმედებაცა და სიტყვაც, და ამ ბუნებრივთან შედარებით ყველაფერი ხელოვნური ყოველთვის იჩრდილება და მცირდება. ამასვე გვასწავლის ბაბილონური ეპოსის, "ერა და იშუმის" ავტორიც (იხილეთ "ერა და იშუმი", ტაბლეტი I):
"ქალაქის საჭმელი, რაც არ უნდა გააწყო, შეშაზე მომზადებულ კერძს ვერ შეედრება,
საუკეთესო ლუდი, რაც არ უნდა ტკბილი იყოს, ტიკიდან ჩამოსხმულ წყალს ვერ შეედრება,
ბაქანზე ნაშენი სასახლე ტყის პირას გაშლილ კარავს ვერ შეედრება".

ჯონ ბრაუნი ციხეში

მთელი იმ საქმიდან რაც ამ გმირმა მონების დასახმარებლად გააკეთა მთელი თავისი სიცოცხლის განმავლობაში, რომელიც თითქმის სრულიად მათ განთავისუფლებას დაუთმო, არც ერთი იყო ისეთი საოცარი როგორიც მის მიერ ციხეში და ეშაფოტთან გამოჭედილი გმირობა. ისტორია ტყუილად ეძებს მსგავს გმირობას თავის ანალებში, – დამარცხებულმა, მომაკვდავმა მოხუცმა კაცმა, რომელიც წლების განმავლობაში ლოცულობდა და იბრძოდა, ევედრებოდა და შრომობდა, რომ ხალხის დიდი ნაწილი იმაში დაერწმუნებინა რომ მთელი მათი ეროვნული ცხოვრება მრუდე და არასწორი იყო, სიცოცხლის უკანასკნელი დღეების განმავლობაში, ციხეში დაპატიმრებულმა და ბორკილდადებულმა ჯონ ბრაუნმა, თავისი სიდიადით ანდა იქნებ თავისი პირიდან ამოსული სიბრძნით უეცრად მთელი ერი დაარწმუნა და თავის მხარეზე გადმოიყვანა. რამეთუ ბრაუნი გადატანითი და რიტორიკული მნიშვნელობით კი არ იყო ბორკილდადებული 16 ოქტომბრიდან მოყოლებული ჩარლზთაუნში სიკვდილის დღემდე, 1859, წლის 2 დეკემბრამდე, ჟამის იმ ალიაქოთური გაწამაწიის მონაკვეთში როდესაც იგი დააპატიმრეს და სასიკვდილოდ ამზადებდნენ. იგი სიცხადეში იყო ხელებიდან ფეხებამდე დატვირთული პატიმრის ბორკილებითა და ჯაჭვებით; საკნის იატაკზე იყო მიჯაჭვული, და კბილებამდე შეიარაღებული ჯარისკაცები დღე და ღამე ადევნებდნენ თვალყურს, რომლებსაც დავალებული ჰქონდათ ბრაუნი მაშინვე მოეკლათ თუ მას გაქცევის ნებისმიერი, თუნდაც ყველაზე უმნიშვნელო, შესაძლებლობა მიეცემოდა. ყოველდღე აიძულებდნენ ფეხზე წამოდგომას იატაკზე მისთვის მიჩენილი ერთი პატარა ალაგიდან, ალაგიდან, რომელსაც ვშიშობდით მისი სიკვდილის სასთუმალი იყო, რომ მის წინააღმდეგ გამოცხადებული საშინელი საბრალდებო დასკვნის სიტყვიერი გამოცხადება მოესმინა; და გასამართლებისას იგი უმთავრესად ხის ტივუკაზე[390] იწვა სასამართლო ოთახში. მაგრამ ის ზეციური სიბრძნე რომელსაც ჯონ ბრაუნი თაყვანს სცემდა, და რომლის ნების აღსრულებაც, ცოცხალთაგან თუ მკდართაგან, მხოლოდ მას შეეძლო საუკეთესოდ, იყო მისი წინამძღოლიცა და მისი მფარველიც; იმ უხილავი მარჯვენისგან, რომელმაც ბრაუნი უწინ ხმლითა და შაშხხანით შეაიარაღა, მან ახლა ის სულიერი ხმალი მიიღო, რომლის ხასიათიცა და ძალაც ზეციური იყო, და რომელმაც ჯონ ბრაუნს ეს საბოლოო გამარჯვება მოაპოვებინა.

"რამეთუ შემდგომად ყოვლისა უფალო განზდიდე ერი შენი და დიდებულ ჰყავ და არა უგულებელს ჰყვენ ყოველსა ჟამსა შინა და ადგილსა წინა უდექ.[391] რამეთუ ჰგონებდეს უსჯულონი ძალ ყოფად წარმართთასა წმინდასა, კრულნი ბინდისანი და გრძელითა ღამითა შეკრულნი, და კრძალულნი საფარველსა ქუეშე სალტოლველსა საუკუნესა მიყვანებულნი მდებარებდნენ.[392] ხოლო შეეხო ოდესმე

---

[390] ტივუკა – ფიცრებისგან შეკრული ტივი რომელზეც საწყობში ან მაღაზიაში საქონელს აწყობენ, რომელსაც საქართველოში "პან"-საც უწოდებენ.

[391] სიბრძნე სოლომონისა 19:22.

[392] სიბრძნე სოლომონისა 17:2.

მართალსაცა გამოცდა სიკუდილისა;[393] მაგრამ ისწრაფა კაცმან უბიწომან წინა ბრძოლა, თვისისა მსახურებისა საჭურველი, მოიღო ლოცვა და საკმეველი ლხინებისა, ნაცულად წინა აღუდგა რისხვასა და უკანასკნელ დადვა ჭირნი, აჩუენა რამეთუ შენი არს მონა,[394] ხოლო სძლო მავნებელსა არა ძალითა ხორციელითა, არცა საჭურველითა საქმითა, არამედ სიტყვითა დაიმორჩილა განსწავლული, ფიცნი მამათა და აღთქმა მოიხსენა.[395]

“ესე იგი არს, რომელი-იგი ოდესმე გუქონდა ჩუენ საკიცხელად და იგავად ყუედრებისა; ჩუენ, უგუნურთა, ცხორება მისი შეგუერაცხა სიცბილად და სიკუდილი მისი უპატიოდ. ვითარ შეურაცხია ესე ძეთა შორის ღმრთისათა და წმიდათა შორის ნაწილი მისი. [396] საგონებელ იყვნედ თვალთა წინაშე უგუნურთასა მომკუდრად და შეერაცხა ბოროტად განსლვა მათი, ჩუენგან განსლვა შემუსრვილად, ხოლო იგინი არიან მშვიდობასა შინა. დაღათუ თუალთა წინაშე კაცთასა იტანჯნენ, არამედ სასოება მათი უკუდავებითა სავსე არს; და მცირედ ღათუ ისწავლნენ, დიდძალად ქველყოფილ იყვნენ.[397]

“რამეთუ ღმერთმან გამოცადნა იგინი და პოვნა იგინი ღირსად თავისა თვისისა;[398] შჯიდნენ თესლებსა და დაიპყრიან ერნი. და სუფევდეს უფალი მათ ზედა საუკუნოდ.[399]

ძველი აღთქმის ეს მივიწყებული სიტყვები სწორად და ჭეშმარიტად ჯონ ბრაუნს მიესადაგება, – მან ხომ ისინი ასტრონომიული გამოთვლის სიზუსტით ცხადად აღასრულა. რატომაც არა, ნუთუ შესაძლებელი არაა დიადი სულებისთვის, რომლებიც სამყაროს, მართლაცდა, ვარსკვლავები არიან, ასტრონომია არსებობდეს, – ანუ ის სიბრძნე რომლის შემეცნებაც ღმრთის მოშიშთ ხელეწიფებათ მაშინ, როცა ისინი ღმრთის ნებას ემორჩილებიან? აი, სწორად ამ ნებას დაუმორჩილა ჯონ ბრაუნმა თავისი მეფური და მბრძანებლური ნება; და ისტორიაში არსად არ მოიძებნება ღმრთული განგებულებისადმი ზედმიწევნით მორჩილების ამაზე დიდი მაგალითი, იმაზე უფრო სრული მორჩილებისა და სიმშვიდის მაგალითი, რომელიც ამ ჯიუტმა მოხუცმა მებრძოლმა ახლა დაგვანახა. სწორად ამ ჟამს ნათელი მოეფინა მისი უსწავლელი სიტყვების უცნაურ ძალას და პათოსს, რომელსაც მანამდე დიდ ყურადღებას არავინ აქცევდა. სასამართლოსადმი მისი მიმართვა იყო ამის პირველი დიდებული მაგალითი, თუმცა ისიც აღსანიშნავია რომ ვირჯინიის შტატის მთავრობის წარმომადგენლების, მეისონისა და ვაიზისადმი გაცემულ ჯონ ბრაუნის პასუხებს მსოფლიოსთვის უკვე ესწავლებინათ რომ მისი ყოველი წინადადების მოსმენისთვის განაბულიყვნენ და მთელი მათი ყურადღება ამ გმირი კაცის

393 სიბრძნე სოლომონისა 18:20.

394 სიბრძნე სოლომონისა 18:21. პარაფრეზირებაა უმნიშვნელო სახეცვლილებით. დედანში წინადადება ასე იწყება: “რამეთუ ისწრაფა” და არა – “მაგრამ ისწრაფა”.

395 სიბრძნე სოლომონისა 18:22.

396 სიბრძნე სოლომონისა 5:3-5.

397 სიბრძნე სოლომონისა 3:2-5.

398 სიბრძნე სოლომონისა 3:5.

399 სიბრძნე სოლომონისა 3:8.

ჯარისკაცები უმოწყალოდ ხოცავენ
უკვე დანებებულ ბრაუნის რაზმელებს.
SOLDIERS ARE MERCILESSLY SLAUGHTERING
BROWN'S RAIDERS WHO HAD ALREADY SURRENDERED.

სიტყვებისთვის მიეპყრათ. "განა რაა მთელი თქვენი მეცნიერული მიღწევები და სწავლებები ჭეშმარიტ სიბრძნესა და კაცობასთან შედარებით?" თქვა თოროუმ ჯონ ბრაუნის შესახებ. "ჯონ ბრაუნის ყველა სხვა საგმირო საქმეს რომ თავი დავანებოთ, შეხედეთ რა დიდი და დიდებული შრომა მოკალმა, უკანასკნელი ექვსიოდე კვირის განმავლობაში, ამ შედარებით უკითხავმა და უწიგნურმა კაცმა! მან ციხეში, მსოფლიო ისტორია კი არ დაწერა რეილივით,[400] არამედ – ამერიკის წიგნი, რომელიც, ჩემი აზრით, ჟამის ბევრად უფრო ხანგრძლივ გამოცდას გაუძლებს და დიდხანს გასტანს, ვიდრე რეილის თხზულება. რამდენ საჭირბოროტო საგანს შეეხო თავის ნაწერებში ის ჟამის ამ მეტად მოკლე მონაკვეთში!"[401] სწორად ამ ნაწერების სათნოებით ხდება კაცობრიობის მრავალჟამიერი დამოძღვრა, საჭიროა მხოლოდ ის, რომ კაცობრიობამ მათი კითხვა გააგრძელოს; და შეგვიძლია ვიწინასწარმეტყველოთ, ჯონ ბრაუნის ამ ციხის წერილებს ისეთივე დღეგრძელობა უწერიათ, როგორც სოკრატეს "აპოლოგიასა"[402] და მოწაფეებისადმი მის უკანასკნელ მიმართვას. არადა უკვე რამხელა საქმე გააკეთეს ბრაუნის წერილებმა, სულ რამდენიმე წლის შემდეგ რაც ჯონ ბრაუნი ჩარლზთაუნში ეშაფოტიდან ჩამოხსნეს და ნიუ იორკში, ნორთ ელბაში მდებარე დიდ კლდესთან გადაასვენეს, სადაც ეს სამარე ამ გმირის საბრძოლო ციხე-სიმაგრედ იქცა, როდესაც "მისი სული განაგრძობდა საბრძოლო წინსვლას!"[403] მათ, ვინც მისი სიკვდილი იგლოვეს, ახლა ჯონ ბრაუნი აღმდგარი და გამარჯვებული იხილეს, და ახლა მილტონის "ჰებრუების" სიტყვებით შეუძლიათ დაიძახონ, იმ სიტყვებით როდესაც "სამსონის უკანასკნელი გამარჯვებისა" არ იყოს, ჯონ ბრაუნმა მილტონის ენით გეგონება საკუთარ თავზე იწინასწარმეტყველაო: –

"თუმც განგების სისწორეში ეჭვი გვეპარება,
და მოუთმენლობა მუდამდღე გვახრჩობს,

---

[400] სერ ვოლთა რეილი (1552-1618) – ინგლისელი არისტოკრატი, მწერალი, პოეტი, ჯარისკაცი, სასახლის კარის წევრი და მოგზაური. იგი ცამეტი წლის განმავლობაში ლონდონის კოშკში იყო დატყვევებული, სადაც 1614 წელს "მსოფლიო ისტორია" დაწერა.

[401] იხილეთ ჰენრი დეივიდ თოროუს თხზულება "ჯონ ბრაუნის ბოლო დღეები", რომელიც ამ წიგნშია შეტანილი.

[402] "აპოლოგია", "ქარმიდეს" და "კრიტო" გახლავთ პლატონის პირველი სამი ნაწარმოები მისი "ადრეული დიალოგები"-დან, რომელშიც დაპატიმრებული სოკრატეს ბოლო დღეებია აღწერილი. საოცარი მსგავსებაა სოკრატესა და ბრაუნს შორის. თუმცა რა გასაკვირია? მათ ხომ ერთი რამ ჰქონდათ საერთო – ურყევი რწმენა და სიყვარული ჩვენი ღმერთისა – რაოდენ დიდ ანაქრონიზმადაც არ უნდა მოგეჩვენოთ ეს. ამ ორ ადამიანს, ანთროპოლოგიურად და არა სულიერად მშობლიური ერებისგან დაგმობილ ამ ორ ბუმბერაზს, ჟამსა და სივრცეში განშორებულ, მაგრამ გულის სიწმიდით უფალში გაერთიანებულ-განმტკიცებულ ამ ორ ტიტანს ახასიათებდა მსგავსი ფიქრი, მსგავსი ქცევა, მსგავსი ცხოვრება და ბოლოს მსგავსი მოწამეობაც.

[403] ნაწყვეტი ამერიკული სამხედრო მარშის სიმღერიდან, "ჯონ ბრაუნის სიმღერა". რამდენიმე ურთიერთსაწინააღმდეგო ვერსია არსებობს იმაზე თუ როგორ შეიქმნა ეს მარში. ჩემი აზრით, ყველაზე მართებულია ეს ვერსია: სამოქალაქო ომისას იყო ჯონ ბრაუნის სეხნია, მეორე ბატალიონის, ბოსტონის მოხალისეების მსუბუქი ფეხოსანი ჯარის სერჟანტი, ვინმე ჯონ ბრაუნი. სერჟანტი ბრაუნი წარმოშობით შოტლანდიელი იყო. მისი ჯარის მეგობრები სამხედრო სვლისას ამ სიმღერას ხმამაღლა მღეროდნენ და თან ხაზგასმით გამოთქვამდნენ სიტყვებს "ჯონ ბრაუნის სული საბრძოლო წინსვლას განაგრძობს", რომ შოტლანდიელ მეგობარს გახუმრებოდნენ, ვითომცდა აჩრდილი ხარო. შემდგომ ეს სიმღერა ჩრდილოელების სხვა საჯარისო დანაყოფებმაც აიტაცეს და სამოქალაქო ომისას მთელ ქვეყანას მოედო, როგორც კაპიტან ჯონ ბრაუნისადმი მიძღვნილი ჰიმნი, არადა, სინამდვილეში ჰიმნი მის უცნობ სეხნიაზე იყო დაწერილი.

უფლის ნებით ყველაფერი მოგვარდება,
ღმრთის განგებულებას არაფერი არ სჯობს;
თუმცა სამართალში ეჭვი გვეპარება,
თუმც თავს ვაპყრობინებთ უიმედობას ბოროტს,
თმენა, სულმოკლენო! ღმრთის ნება აღსრულდება!
სიმართლე იზეიმებს... ბოლოსდაბოლოს.
ხშირად უფლის ნება უხილავი ხდება,
და როცა ორჭოფობამ მოიცვა ერები,
ზეციური ნება სწორად მაშინ ახდება,
მაშინ იშვება გმირი ბედნიერების.
როდესაც ღაზა[404] გლოვაში ჩავარდა,
როდესაც იმედის ნიშანწყალი გაქრა,
ერს უფლის გმირი ზეციდან დაებარდნა,
და მისი ნათელით თავად წყვდიადი ჩაქრა!"[405]

---

[404] ღაზა ანუ გაზა – ქალაქი ისრაელში. ტოპონიმი კანაანურ-ივრითული წარმოშობისაა და "ძლიერს" ნიშნავს. დღევანდელი ღაზას მიდამო ბრინჯაოს ხანიდანა იყო დასახლებული და ამის გამო ისტორიკოსების მიერ მსოფლიოში ერთერთ უძველეს ქალაქადაა მიჩნეული. დღეს იქ პალესტინელი არაბები ცხოვრობენ.
[405] ნაწყვეტია დიდი ინგლისელი პოეტის, ჯონ მილტონის (1608-1674) დრამიდან "სამსონ აგონისტეს" ანუ "აგონისტი სამსონი".

ჯონ ბრაუნის წერილები

ოჯახს

ჩარლზთაუნი, ჯეფერსონის ოლქი, ვირჯინია,
31 ოქტომბერი, 1859.

ჩემო ძვირფასო ცოლო და შვილებო, ოჯახის ყოველო წევრო, – ალბათ გაზეთებიდან უკვე გაგებული გექნებათ რომ ორი კვირის წინ ჩვენ სამკვდრო-სასოცოცხლოდ ვიბრძოდით ჰარფერზ ფერიში; და რომ ვადსონი ამ ბრძოლაში სასიკვდილოდ დაიჭრა, ალივა მოკვდა, ვილიემ თამსონი მოკვდა, და დოფინი მსუბუქად დაიჭრა; და რომ მეორე დღეს მე ტყვედ ამიყვანეს, რის შემდეგაც უმალ მივიღე რამდენიმე ჭრილობა ხმლით თავის არეში, ბაიონეტით[406] კი სხეულში. რამდენადაც ამის გაგება შევძელი, ვადსონი ჭრილობისგან ოთხშაბათს მოკვდა, მეორე – ან ხუთშაბათს, მესამე – დღეს ჩემი ტყვეობაში აყვანიდან. დოფინი ჩემი ტყვედ აყვანის ჟამს მოკლეს, და ალბათ ენდერსენსაც იგივე დაემართა. მე უკვე გამასამართლეს, და მოღალატეობის ბრალდება დამიმტკიცეს, ა.შ., და პირველი ხარისხის მკვლელობა. ჯერ-ჯერობით სასჯელი არ მოუსჯიათ. ჩემი თანამებრძოლებიდან სხვა ისეთი არავინ არ მოუკლავთ ან დაუჭერიათ, რომელსაც თქვენ იცნობდით. ყველა ამ საშინელი უბედურების მიუხედავად, მაინც ხალისიანად ვარ რადგან ეჭვიც არ მეპარება რომ ღმერთი ყველაფრის მბრძანებელია და მისი სიტყვა დედამიწის ზურგზე ყველა სიტყვაზე აღმატებულია და რომ უფალი ყოველ საქმეს მაინც თავის სადიდებლად და საერთო სარგებლისთვის წარმართავს.[407] მე არანაირ სინდისის ქენჯნას არ ვგრძნობ ამ საკითხთან დაკავშირებით, არც იმაზე მისკდება გული რომ ციხეში ვზივარ და რკინები მადევს; და ეჭვიც კი არ მეპარება იმაში რომ ძალიან მალე დადგება ჟამი როცა ჩემი ოჯახის არც ერთი წევრი აღარ "ჰრცხუენებინ ჩემდამო."[408] ჩემი ძვირფასი მეგობრები შორიდან, დიდი თანაგრძნობით, უკვე მამხნევებენ და მარწმუნებენ იმაში რომ, სხვა თუ არავინ, შთამომავლობა მაინც, სიმართლით განსჯის ჩემს ქმედებას და ღვაწლს დამიფასებს. ჩემო ოჯახის წევრებო ყველას ერთად, მათ შორის ჩემს საყვარელ მაგრამ ამჟამად ჩემს გამო დამწუხრებულ რძლებსაც, მოგიწოდებთ ყური უგდოთ სწორად ზემოხსენებული მეგობრების მართებულ თანაგრძნობას,[409] რომელიც უეჭველია თქვენს სმენადობას

---

[406] ბაიონეტი – თოფზე ან შაშხანაზე მისამაგრებელი დანა თუ ხიშტი, რომელიც ხელჩართული ბრძოლისას გამოიყენება.

[407] სრული მორჩილებაა ქრისტეანობის უდიდესი ლოცვისა, "მამაო ჩვენოსი": "იყავნ ნება შენი ვითარცა ცათა შინა, ეგრეცა ქუეყანასა ზედა."

[408] ფსალმუნი 68:7.

[409] დიახ, მართებული თანაგრძნობა და არა გულჩვილობაა ქრისტეანული მოწყალების ქვაკუთხედი. არამართებულმა თანაგრძნობამ, მავნებელმა მოწყალებამ და უწესო სიკეთემ კომუნიზმამდე და სოციალიზმამდე მიიყვანა კაცობრიობა, რამაც საზოგადოების გადაგვარება, – ეკონომიკური რღვევა და საჯარო სულიერი დაცემა ანუ ათეიზმი გამოიწვია. ამერიკაში მსგავსი რამ ხდება **XX** და **XI** საუკუნეებში "დემოკრატიული პარტიის" მეშვეობით, რომელიც სწორად ასეთი გულჩვილობით და არასწორი, ჭარბი სოციალური დახმარებებითა და უფასო პენსიებით იმონებს ამერიკელი შრომისუნარიანი ხალხის დიდ ნაწილს. ამას დამანგრეველი პოლიტიკურ-ეკონომიკური და სულიერი შედეგი მოაქვს ერისთვის: უფასო სახელმწიფო დახმარებას მიჩვეული ხალხი ზარმაცდება და არაშრომისუნარიანი იმპოტენტი ხდება. რაც

მალე მისწვდება. აგრეთვე მოგიწოდებთ ყური უგდოთ და დაემორჩილოთ მას ვისიც "საუკუნე არს წყალობაი," [410] – ჩემი მამა-პაპის ღმერთს ვგულისხმობ, "რომელისაი ვარ მე, რომელსაცა ვჰმსახურებ." [411] "არა დაგიტეო, არცა დაგაგდო, შენ," [412] თუ თავად შენ არ დააგდებ მას. და ბოლოს, ჩემო საყვარელნო იყავით მშვიდად. მუდამ გახსოვდეთ და მუდამ მიბაძეთ ჩემს რჩევას, და ჩემს მაგალითსაც იმდენად რამდენადაც ის ჩვენს წმიდა ქრისტეანულ სარწმუნოებას შეესატყვისება, – რომლის მტკიცე და მდაბალ მორწმუნედ ვრჩები დღესაც. არასოდეს დაივიწყოთ ღარიბნი, და არ გეგონოთ რომ მათზე გაცემული მოწყალება თქვენთვის დაკარგულია, გინდაც რომ ისინი კუპრივით შავნი იყვნენ როგორც ებედმელექი, [413] ეთიოპელი საჭურისი, რომელიც იერემიას უვლიდა ციხის ხაროში, ანდა ისეთი შავი რომელსაც ფილიპე უქადაგებდა ქრისტეს რჯულს. [414] არც უცნობების დახმარება დაგავიწყდეთ, როგორც ნათქვამია – "მოიხსენენით კრულებანი იგი, ვითარცა მათ თანავე კრულთა."[415]

ამ ციხის მცველი ისევეა ჩემს ხელსა და განკარგულებაში როგორც პავლესა და სილას[416] ციხის მცველი იყო მათ განკარგულებაში, და ეჭვიც არ შეგეპაროთ იმაში რომ ამ ორი წმიდანის კეთილი გულები და კეთილი სახეები ასე თუ ისე ჩემს გარშემო იმყოფებიან მაშინ, როცა ათასობით ხალხს ჩემი სისხლის წყურვილი ახრჩობს. "რამეთუ საწუთროი ესე მცირე ჭირი ჩუენი გარდამეტებულსა და გარდარეულსა დიდსა დიდებასა საუკუნესა შეიქმს ჩუენთვის." [417] იმედია თქვენთან მოწერის საშუალება კიდევ მომეცემა. გადაწერე ეს წერილი, რუთ, და შენს დამწუხრებულ ძმებს სანუგეშოდ გაუგზავნე. ერთი-ორი სიტყვით ყველა თქვენგანის ყოფაზე მომწერე. დიდებულმა ღმერთმა გაკურთხოთ თქვენ ყველა, და გარდაგრევოდეთ "სიხარული ყოველთა ზედა ჭირთა ჩუენთა!"[418] საპასუხო წერილი ასე მომწერეთ, ჯონ ბრაუნი. ჩარლზთაუნი, ჯეფერსონის ოლქი, ვირჯინია, კაპიტან ჯონ ეივისის საყურადღებოდ.

თქვენი მოსიყვარულე ქმარი და მამა,

ჯონ ბრაუნი.

3 ნოემბერი, 1859.

მონათმფლობელების მათრახმა ვერ უქნა ზანგებს, ის XX საუკუნის "დემოკრატის" არამართებულმა თანაგრძნობამ ანუ ჭარბმა და უადგილო უფასო დახმარებამ დამართა.

[410] II ნეშტთა 7:6.

[411] საქმე წმიდათა მოციქულთაი 27:23.

[412] ებრაელთა მიმართ 13:5.

[413] ებედ-მელექი – სიტყვა-სიტყვით "მეფის მსახურს" ნიშნავს და შეიძლება ამ პიროვნების სახელი კი არ იყო, არამედ თანამდებობა. იგი წინასწარმეტყველ იერემიას დაეხმარა პატიმრობისას.

[414] ფილიპე მოციქული.

[415] ებრაელთა მიმართ 13:3.

[416] წმიდა სილასი (ზოგ წყაროებში სილვანიუსად მოხსენებული) – ერთერთი სამოცდაათთაგანი მოციქული, რომელიც მოგვიანებით პავლე მოციქულთან ერთად მოღვაწეობდა.

[417] II კორინთელთა მიმართ 4:17.

[418] II კორინთელთა მიმართ 7:4.

პ.ს. გუშინ, 2 ნოემბერს, მომისაჯეს ჩამოხრჩობა 2 დეკემბრისთვის. ჩემს გამო ნუ დამწუხრდებით. ყველაფრის მიუხედავად კვლავ ხალისიანად ვარ. ღმერთმა გაკურთხოთ! მუდამ თქვენი,

ჯონ ბრაუნი.

წერილი ქვეიქერი ქალბატონისგან ჯონ ბრაუნს

ნიუპორთი, როდ აილენდი,
მეათე თვე, 27-ე, '59.

კაპიტან ჯონ ბრაუნს.

ძვირფასო მეგობარო, – თქვენი დაჭერის დღიდან ხშირად მიფიქრია თქვენზე, და სურვილი გამჩენია რომ, როგორც ილიზაბეთ ფრაი[419] ანუგეშებდა მისი ციხის მეგობრებს, მეც ასევე მენუგეშებინეთ თქვენი ტუსაღობისას. მაგრამ ეს ვერასოდეს მოხდება; ასე რომ, შემიძლია მხოლოდ რამდენიმე პწკარი მოგწეროთ რომლებიც, თუ კი ისინი რაიმე ნუგეშს შეიცავენ, თქვენს ცხოვრებაში ერთგვარ პატარა სინათლის შუქად შემოანათებენ.

თქვენ არც კი იცით მთელი გულით რამდენ ძვირფას მეგობარს უყვარხართ თქვენი გულადი მცდელობისთვის რომელიც საწყალი და დაჩაგრული ხალხის ხსნას ემსახურებოდა; და თუმცა ჩვენ, რომლებიც ნან-რეზისტანტები ვართ, და ჩვენი სარწმუნოებიდან გამომდინარე გვწამს რომ უკეთესია საზოგადოების გარდაქმნა ზნეობის გზით მოხდეს ვიდრე ფიზიკური იარაღით,[420] და ზოგადად არ შეგვიძლია სისხლისღვრის გამართლება, მიუხედავად ყოველივე ზემოხსენებულისა ვიცით რომ თქვენი მოქმედების მიზეზები მხოლოდდამხოლოდ უდიდესი სიკეთე, მოწყალება და კაცთმოყვარება გახლდათ. მრავალი ათასი ადამიანი ღიად და დაუფარავად ამართლებს თქვენს განზრახვას, თუმცა მეგობრების უმრავლესობა ზოგადად გმობს იარაღის ასხმასა და ფიზიკურ ბრძოლას. ათასობით ადამიანი ყოველდღე ლოცულობს თქვენთვის; და ოჰ, მეც ვლოცულობ რომ ღმერთი იყოს თქვენს სულთან. შთამომავლობა არ დაივიწყებს თქვენს ღვაწლს და საკადრის პატივს აუცილებლად მოგაგებთ. თუ მოსე ათასობით ებრაელ მონას წინ გაუძღვა და მონობიდან განათავისუფლა, და ღმერთმა ეგვიპტელები ზღვაში გაანადგურა რადგან ისინი იზრაელიტებს დაედევნენ ებრაელები ისევ რომ დაემონებინათ, მაშინ უდავოა, იგივენაირად თუ გავაგრძელებთ მსჯელობას, რომ ჩვენ თქვენ მხსნელად უნდა მიგიჩნიოთ რომელსაც სურდა მილიონობით ადამიანი განეთავისუფლებინა ბევრად უფრო სასტიკი ჩაგვრისგან ვიდრე ებრაელები განიცდიდნენ ეგვიპტელებისგან. თუ ამერიკელი ხალხი ვოშინგთონს მიაგებს პატივს იმისთვის რომ ის შვიდი წელი უსამართლო გადასახადის დასაგმობად იბრძოდა, მაშინ რამდენად უფრო მეტი პატივი უნდა მოგეგოთ თქვენ საცოდავი მონების განთავისუფლებისთვის.

---

419 ილიზაბეთ ფრაი (1780-1845) – ინგლისელი საზოგადო მოღვაწე, გარდამქმნელი და ქვეიქერი ფილანთროპისტი. ფრაის მეთაურობით გატარდა "XIX საუკუნის ინგლისის ციხეების რეფორმა", რის შედეგადაც პატიმრების მდგომარეობა საგრძნობლად გაუმჯობესდა. 2001 წლიდან ფრაი გამოსახულია "ინგლისის ბანკის" ხუთგირვანქიანზე.

420 ქვეიქერებს, ზოგადად, ფიზიკური ბრძოლის წინააღმდეგები არიან.

ოჰ, ნეტავ მეც შემეძლოს ზოგიერთი მამაკაცებივით თქვენი ქომაგობა, როგორ მთელი ძალით დაგიცავდით მაშინ! პორთიას [421] მჭევრმეტყველება რომ მქონდეს, როგორ შევატრიალებდი ამ ცხოვრების სასწორის პინებს თქვენდა სასარგებლოდ! მაგრამ მე მხოლოდ შემიძლია ვილოცო რომ "ღმერთმან ჩემმან გაკურთხენ შენ!"[422] ღმერთმა შეგინდოთ, და ჩვენი მხსნელის სახელით დაგიცვათ და ბედნიერება გიბოძოთ ახლა და მრავალჟამიერ!

თქვენი მეგობრისგან,

ი. ბი.

---

[421] პორთია – ვილიამ შეიქსფიას რომანტიული კომედიური დადგმის, "ვენეციელი ვაჭრის" გმირი.
[422] დაბადება 28:3.

ჯონ ბრაუნის პასუხი

ჩარლზთაუნი, ჯეფერსონის ოლქი, ვირჯინია,
1 ნოემბერი, 1859.

ჩემო ძვირფასო მეგობარო ი. ბი. როდ აილენდიდან, – 27 ოქტომბრის შენი დიდად გამამხნევებელი წერილი მიღებულ იქნა; და, დაე, ღმერთმა ათასმაგად დაგაჯილდოვოს ჩემდამი გამომჟღავნებული კეთილი გრძნობებისთვის; მაგრამ ამაზე მეტად შენი ერთგულებისთვის იმ ხალხის მიმართ რომელიც არის "გლახაკი... და დავრდომილი, რომლისა არა იყო მწე."[423] მეც სწორად ამისთვის ვარ ციხეში დაპატიმრებული. სამხედრო კუთხით თუ შევხედავთ, თავიდან ბოლომდე მხოლოდ ჩემი ბრალია, რომ ჩვენ ასეთი მარცხი ვიწვნიეთ. ვგულისხმობ იმას რომ ჩემს ტყვეებს შორის დავიწყე ტრიალი და იმდენი ვეცადე მათი და მათი ოჯახების დანუგეშება, საკუთარი ვალი დავივიწყე და საქმე უყურადღებოდ დავტოვე. მაგრამ, დაე, აქაც და ყველაფერში იყოს ნება ღმრთისა, და არა ჩემი.[424]

შენ იცი რომ ერთხელ ქრისტემ პეტრე შეაიარაღა. ჩემს შემთხვევაშიც ასე ვფიქრობ რომ მან საბრძოლველად ხელში ხმალი მომცა, და ეს ხმლის ქნევა მანამ გაგრძელდა სანამ მას მიაჩნდა საჭიროდ და გამართლებულად, მერე კი როცა ამის ჟამი დადგა მთელი კეთილმოსურნეობით ჩამომართვა ეს ხმალი. კანზასში ბრძოლას ვგულისხმობ. ნეტავ იცოდე ახლა რა დიდი ხალისით ვიქნევ "მახვილსა ამას სულისაისას"[425] მარჯვნივ-მარცხნივ. კურთხეულ იყოს ღმერთი რამეთუ ძლიერთ "ძლიერ ღმრთისა მიერ დასარღუეველად ძნელოვანთან, გულის სიტყუათა დავარღუევთ."[426] მე მუდამ მიყვარდნენ ჩემი ქვეიქერი მეგობრები, და დიდად მივესალმები მათ მიერ გამოჩენილ მზრუნველობას ჩემი მოკვლით დაქვრივებული ცოლისადმი და ჩემი ქალიშვილებისადმი და რძლებისადმი, რომელთა ქმრები ბრძოლაში ჩემს გვერდით დაეცნენ. ერთი რძალი უკვე დედაა, მეორე კი ალბათ სულ მალე გახდება. ისინი, ისევე როგორც ჩემი საკუთარი მწუხარება-თავსდატეხილი ქალიშვილები, ძალიან ღარიბები დარჩნენ, და ბევრად უფრო მეტად სჭირდებათ თანადგომა ვიდრე მე, რომელსაც, უფლის უსასრულო მოწყალებით და უცნობთა სიკეთით, "გარდამრევიეს სიხარული ყოველთა ზედა ჭირთა ჩუენთა."[427]

ძვირფასო დაო, მიწერე ამ მისამართზე – ნორთ ელბა, ესექსის ოლქი, ნიუ იორკი, რომ მათ დამწუხრებულ გულებს თანაუგრძნო. წერილები ჯონ ბრაუნის ქვრივის, მერი ეი. ბრაუნის სახელზე გააგზავნეთ. და კიდევ ერთი ადამიანია რომელიც თანადგომას საჭიროებს – ქვრივი, ცოლი თამსონისა, რომელიც ჩემი საწყალი ბიჭების გვერდით დაეცა ჰარფერზ ფერის ბრძოლაში – ისიც იქვე.

423 ფსალმუნი 71:12.
424 პარაფრეზირებაა, ლუკა 22:42: "ხოლო ნუ ნებაი ჩემი, არამედ ნებაი შენი იყავნ!"
425 პარაფრეზირებაა, ეფესელთა მიმართ 6:17: "მახვილი იგი სულისაი".
426 II კორინთელთა მიმართ 10:4.
427 II კორინთელთა მიმართ 7:4.

ქენედის ფერმა, 1964 წელი.
KENNEDY FARM, 1964.

სინდისის ქენჯნას არ განვიცდი რომ იარაღი ავისხი; მე რომ მდიდრებისთვის და ძლიერებისთვის, ინტელიგენტებისთვის, დიდებულებისთვის (იმ მიწიერ დიდებას ვგულისხმობ რომელსაც ადამიანები ანიჭებენ მნიშვნელობას), ანდა მათთვის რომლებიც ისეთ კანონებს გამოსცემენ როგორიც თვითონ აწყობთ და რომლის მეშვეობითაც სხვებსაც რყვნიან და მექრთამეობას აყვარებენ, ანდა მათი ნებისმიერი მეგობრებისთვის ჩავრეულიყავი ქვეყნის საქმეში, დანაკარგი განმეცადა, მსხვერპლი შემეწირა, და ბოლოს ბრძოლაშიც დავცემულიყავი, ყოველივე ეს სიკეთის ქმნაში ჩამეთვლებოდა. მაგრამ კმარა ამაზე საუბარი. მთელი ეს მსუბუქი ტკივილი, რომელიც მხოლოდ წამიერია, ისევ ჩემდა სასიკეთოდაა რადგან ამით მე მოვიპოვებ "გარდამეტებულსა და გარდარეულსა დიდსა დიდებასა საუკუნესა." [428] დიდად მადლობელი ვიქნებოდი შენგან კიდევ ერთი წერილი მიმეღო. ჭრილობები მიშუშდება. კარგად იყავი. ეჭვიც არ მეპარება ღმერთი თავის საქმეს საუკეთესოდ წარმართავს და როცა საჭიროა მაშინ უბოძებს წარმატებას, და არ დაივიწყებს საკუთარი ხელით შექმნილ არსებას.

შენი მეგობარი,

ჯᲝᲜ ᲑᲠᲐᲣᲜᲘ.

[428] II კორინთელთა მიმართ 4:17.

როდესაც, სასჯელის მისაღებად, დაპატიმრებიდან მეორე დღეს, სასამართლოში შემოიყვანეს, ბრაუნი არ მოელოდა და გაოცდა როდესაც მოსამართლემ ჰკითხა იმის მიზეზი თუ რატომ არ უნდა მიესაჯათ მისთვის სიკვდილით დასჯა. ჯონ ბრაუნი სასამართლო პროცესის გაწელვას მოელოდა, და იმ წუთში მზად არ იყო პასუხის გასაცემად. თუმცა, ფეხზე წამოდგა, და საოცარი მშვიდი და რბილი ხმით გააკეთა მისი შემდგომ საყოველთაოდ ცნობილი არზა, რომელშიც შეიძლება გვემცნოს ზოგიერთი გამოთქმები რომლებიც მას თავის წერილებში მანამდე ჰქონდა გამოყენებული.

ჯონ ბრაუნის ბოლო სიტყვა “2 ნოემბერი”

“თუ ამას სასამართლო ინებებს, ნება მიბოძეთ, ორიოდე სიტყვა მაქვს სათქმელი.

“პირველ რიგში, მე ყველაფერს უარვყოფ გარდა იმისა რასაც მთელი ამ ხნის მანძილზე აღვიარებდი, – მონების განთავისუფლება რაც ჩემს მიერ იყო განზრახულ-დაგეგმილი. რა თქმა უნდა ამ საქმის სუფთად განხორციელება მსურდა, როგორც ეს გასულ ზამთარს გავაკეთე, როდესაც მიზურიში შევედი და თოფის ერთი გასროლის გარეშე მონები განვათავისუფლე, მთელი ქვეყნის გავლით წამოვიყვანე, და ბოლოს კანადაში დავტოვე. ამჯერადაც სწორად იგივეს კიდევ ერთხელ გაკეთება დავგეგმე, ოღონდ უფრო დიდი მასშტაბით. აი, სულ ესაა და ეს რაც განვიზრახე. მე არასოდეს მეწადა კაცის მოკვლა, ან ღალატი, ანდა საკუთრების განადგურება, ან მონების აღელვება თუ აჯანყებისკენ მოწოდება, ან თუნდაც ამბოხების მოწყობა.

“კიდევ ერთი საკითხი მაქვს თქვენთან სადაო: და ეს გახლავთ ის, რომ უსამართლობაა ჩემი ამ სასჯელით დასჯა. მე რომ ისე და იმგვარად ჩავრეულიყავი ქვეყნის საქმეში როგორც ზემოთ აღვიარე, და იმასაც აღვიარებ ახლა რომ სასამართლოზე თქვენ ყოველივე ეს სამართლიანად დაამტკიცეთ (რამეთუ მე პატივს ვცემ სასამართლოში მოწმედ გამოსული ხალხის უდიდესი ნაწილის სიმართლესა და გულახდილობას), – დიახ, მე რომ ამგვარად ჩავრეულიყავი ქვეყნის საქმეში მდიდრების, ძლიერების, ინტელიგენტების, ეგრეთწოდებული დიდკაცების, ანდა მათი ნებისმიერი მეგობრების სახელით, – ანდა მათი მამის, დედის, ძმის, დის, ცოლის, თუ შვილების, თუ რომელიმე მათი კლასის წარმომადგენლის სახელით, – და ის დანაკარგი განმეცადა და მსხვერპლად შემეწირა ყოველივე ის რაც ამ ქვეყნის საქმეში ჩარევაში მე დღეს უკვე შემიწირავს, ყოველივე ეს დასაშვები იქნებოდა: და ამ სასამართლოში მჯდომი ყოველი კაცი ჩემი ასეთი საქციელისთვის კი არ დამსჯიდა, არამედ დამაჯილდოვებდა.

“ეს სასამართლო, მგონი, აღიარებს საღმრთო კანონს და მის უტყუარობას. ვხედავ ფიცის ჟამს როგორ ეამბორებით ამ წიგნს, კანონით ბიბლია რომ უნდა იყოს, ან ბიბლია თუ არა ახალი აღთქმა მაინც. ეს წიგნი მასწავლის, რომ ყოველი, რომელი მინდეს მე, რაითაი მიყონ კაცთა,

ეგრეთცა მე ვჰყო მათა მიმართ.[429] გარდა ამისა, ეს წიგნი მასწავლის, რომ 'მოიხსენენით კრულებანი იგი, ვითარცა მათ თანავე კრულთა.'[430] სწორად ამ ოქროს წესს ვიცავდი და მის შესრულებას ვცდილობდი ჩემი ქმედებით. გეუბნებით, მე ჯერ კიდევ მეტად უწიფარი ვარ და სრულად არ შემიძლია იმის შემეცნება თუ რამდენად უყვარს ღმერთს თითოეული ადამიანი. ღრმად მწამს რომ ამ ქვეყნის საქმიანობაში ჩემი ჩარევა – რასაც მე ყოველთვის აღვიარებდი რომ ვაკეთებდი – ღატაკთა დასაცავად რომელნიც უფალს უყვარს, ჩვენს ქვეყანას კი სძულს, გახლდათ სიმრუდე კი არა, არამედ – სისწორე. და ახლა, თუ ყოველივე ამისთვის, ანუ სამართლიანობის დღეგრძელობისთვის საჭიროა სიცოცხლე დავკარგო, და ჩემი სისხლი კიდევ ერთხელ შევურწყა ჩემი შვილებისა და მილიონობით სხვა ადამიანის სისხლს ამ მონობის ქვეყანაში, სადაც ყველა ამ ხალხის უფლებები ბოროტი, სასტიკი, და უსამართლო სამთავრობო ბრძანებებით ირღვევა და ფეხქვეშ ითელება, – მე მზად ვარ თავად სიცოცხლის დაკარგვისთვის; დაე, მომკალით მაშინ!

"კიდევ ერთს გეტყვით.

"სრულიად კმაყოფილი ვარ სასამართლო პროცესისას როგორც მომეპყარით. თუ ჩემს გარშემო შექმნილ ყველა ვითარებას გავითვალისწინებთ, უფრო დიდსულოვნად მომექეცით ვიდრე ამას თავად მოველოდი. მაგრამ ისიც მინდა იცოდეთ რომ სინდისის არანაირ ქენჯნას არ განვიცდი. თავიდანვე პირდაპირ და დაუფარავად განვაცხადე თუ რა იყო ჩემი განზრახვა, და რა – არა. მე არასოდეს მინდოდა რომელიმე პიროვნების სიცოცხლის ხელყოფა, ან ღალატი, ანდა საკუთრების განადგურება, ან მონების აღელვება თუ აჯანყებისკენ მოწოდება, ან თუნდაც ამბოხების მოწყობა. არასოდეს არავინ წამიქეზებია ასეთი საქმის ჩადენაში, პირიქით, ყოველთვის იმას ვცდილობდი ადამიანისთვის მსგავსი რამ – კაცის კვლა და ამბოხი გადამეფიქრებინა და მომეშლევინებინა.

"ნება მიბოძეთ, აგრეთვე, ერთი სიტყვა ვთქვა იმ განცხადებების შესახებ, რომლებიც ჩემთან დაკავშირებულმა პირებმა გააკეთეს. როგორც გავიგე, ზოგიერთს განუცხადებია, რომ მე ის ჩემს რაზმში გაერთიანებაში წავაქეზე. პირიქით. ამას იმიტომ არ ვამბობ რომ მათ სახელს ჩირქი მოვცხო და რაიმე ზიანი მოვუტანო, არამედ მხოლოდ იმიტომ რომ მათ სისუსტეზე მწყდება გული. რაზმში ერთი კაციც კი არ გაწევრიანებულა საკუთარი ნების გარეშე, და ბევრი მათგანის წევრობა არა მხოლოდ მათი საკუთარი ნების, არამედ მათი საკუთარი ქისის ხარჯზე მოხდა. ჩემი თანარაზმელების ნაწილი თვალითაც კი არ მყავდა არასოდეს ნანახი, და დალაპარაკებითაც არ დაველაპარაკებივარ, იმ დღემდე სანამ თვითონ არ მომადგნენ გასაცნობად; და ესეც მხოლოდ ზემოთნახსენები მიზნით, რომ რაზმში გაწევრიანება ეთხოვათ.[431]

---

429 სახარებაი მათესი 7:12

430 ებრაელთა მიმართ 13:3.

431 საუბარია ჯონ ქუქზე და ედვინ ქაფაქზე, რომლებიც ბრაუნის რაზმის წევრები იყვნენ ჰარფერზ ფერიზე თავდასხმისას. ქუქი და ქაფაქი ფენსილვეინიაში შეიპყრეს. ქუქი დაკითხვისას გატყდა და აღიარების სახით ბრაუნის წინააღმდეგ ცრუ ჩვენება მისცა. ქაფაქიც გატყდა, ყალბი ჩვენება მისცა, მაგრამ მოგვიანებით სინანულში ჩავარდა, გადათქვა და ეს ტყუილი სრულებით უარყო. იხილეთ ქორნელ უნივერსიტეტის ბიბლიოთეკის წიგნი "ჯონ ი. ქუქის აღიარება". აღსანიშნავია, რომ ქუქი ინდიანას შტატის გუბერნატორის, ეშბელ ფი. ვილარდის

"აი, ახლა კი მოვრჩი."

ამის შემდეგ ბრაუნი სასამართლო ოთახიდან ციხეში წაიყვანეს, სადაც იგი ჭრილობებს იშუშებდა, ოღონდ თავიდან ბევრი წერილი არ დაუწერია და მხოლოდ ბრალდების გამოტანიდან ერთი კვირის შემდეგ იწყო წერილების დიდი რაოდენობით წერა. მაშინ მან ჯერ საკუთარ ოჯახს მიწერა, სწორად ისე, როგორც ქვემოთაა მოყვანილი:

ახლო ნათესავი იყო, – ცოლის ძმა. გუბერნატორი შეეცადა მის შველას, მაგრამ ამაოდ, – სამხრელი პოლიტიკოსები მას ამის გამო დიდი სიძულვილით მოექცნენ. მათ ხმამაღლა გამოთქვეს თავიანთი ეჭვი, შესაძლოა თავად გუბერნატორიც იყო ჯონ ბრაუნის ამ რეიდში გარეულიო. აგრეთვე, ყურადღება გაამახვილეთ და ედვინ ქაფაქი ბარქლეი ქაფაქში არ შეგეშალოთ. ბარქლეი ედვინის ძმა იყო, ისიც ჰარფერზ ფერიზე თავდასხმაში იღებდა მონაწილეობას, მაგრამ გაქცევით უშველა თავს. შემდგომ სამოქალაქო ომში იბრძოდა და მაშინ მოკვდა.

ოჯახს

ჩარლზთაუნი, ჯეფერსონის ოლქი, ვირჯინია,
8 ნოემბერი, 1859.

ჩემო ძვირფასო ცოლო და შვილებო, ოჯახის ყოველო წევრო, – წერილის წერას დავიწყებ იმის თქმით რომ გარკვეულწილად ჭრილობები მომიშუშდა, მაგრამ წელის არეში საკმაო სისუსტეს მაინც განვიცდი და მარცხენა თირკმელის გარშემო ტკივილს ვგრძნობ. რაც დამჭრეს მას შემდეგ ჭამის მადა უმეტესწილად კარგი მაქვს. ჩემი სურვილისამებრ ციხეში თითქმის ყველაფერს მაძლევენ იმისთვის რომ თავი კარგად ვიგრძნო, და ის მცირედი რაც მაკლია (ტანსაცმლის რამდენიმე ნაჭერი რომელიც ბრძოლისას დამეკარგა) შესაძლოა მალე დავიბრუნო. გარდა ამისა საკმაოდ ხალისიანად ვარ, დამიმკვიდრა რა (როგორც მე ეს მწამს) "მშვიდობამან ღმრთისამან, რომელი ჰმატს ყოველთა გონებათა,"[432] რომ "შეზღუდენინ გული ჩემი,"[433] და (გარკვეულწილად) სინდისი მშვიდად მაქვს და მჯერა რომ სრულიად ამაოდ არ მიცხოვრია. თავისუფლად შემიძლია ღმერთს მივენდო ჩემი სიკვდილის ჟამის, ისევე როგორც ფორმის გადაწყვეტაში, მჯერა რა, და მართლაც მჯერა რომ ახლა ღმრთისადმი და კაცობრიობისადმი მიძღვნილი ჩემი საქმის და აღთქმის ჩემივე სისხლით დაგვირგვინება ბევრად უფრო მეტ სარგებელს მოუტანს და წინ წაწევს იმ მისიას რომლის წარმატებისთვისაც მთელი ჩემი ცხოვრება ვიბრძვი, ვიდრე მთელი ჩემი აქამდე ნაღვაწლ-ნამოქმედარი. თავმდაბლად და მშვიდად გთხოვთ რომ თქვენც ისევე შეეგუოთ ჩემს სიკვდილს როგორც მე, თქვენც გჯეროდეთ უფლის განგებულების, და თავს *დამცირებულებად* ნუ იგრძნობთ ამ ამბის გამო. გახსოვდეთ, ძვირფასო ცოლო და შვილებო, რომ იესუ ნაზარეველმა ყველაზე მტკივნეული სიკვდილი განიცადა როგორც ჯვარზე გაკრულმა დამნაშავემ, ყველაზე მძიმე გარემოებაში.[434] ასევე იფიქრეთ წინასწარმეტყველებზე და მოციქულებზე და წარსული ხანის ქრისტეანებზე, რომლებმაც უფრო დიდი უბედურებები გამოიარეს ვიდრე მე და თქვენ, და ამგვარად შეეცადეთ სიმშვიდე დაიმკვიდროთ. დაე, ძლიერი ღმერთი იყოს იმედის მიმცემი თქვენი გულებისა, და სულ მალე შეგიმშრალოთ ყოველი ცრემლი თქვენი თვალიდან![435] დიდება მას აწ და მარადის! იფიქრეთ, აგრეთვე, იმ განადგურებულ მილიონობით ადამიანზე ვისთვისაც "არავინ არს მათდა ნუგეშინის-მცემელ."[436] მე გავალებთ რომ ცხოვრებაში თუნდაც ყველაზე მძიმე გამოცდის ჟამს არ დაივიწყოთ დარდი და მწუხარება მათი ვინც არის "გლახაკი... და

---

[432] ფილიპელთა მიმართ 4:7.

[433] ფილიპელთა მიმართ 4:7. პარაფრეზირებაა: "შეზღუდენინ გულნი თქუენნი".

[434] ჩვენს წელთაღრიცხვამდე 2,500 წელს შუამდინარეთს, კერძოდ ურუქის სამეფოს (ერაყი და ქუვეითი მაშინ ერთი ქვეყანა იყო) გმირი, მეფე გილგამეში მართავდა. მისი ცხოვრება ალეგორიულად ასახულია "გილგამეშის ეპოსში". აი, რას წერს სიკვდილთან დაკავშირებით შუამდინარეთის მისტიური მითის, "გილგამეშის ეპოსის" ავტორი (იხილეთ "გილგამეში", ტაბლეტი X):

"სიკვდილი არც გილგამეშს აცდება და არც სულელს,
მაგრამ გილგამეშს შეწირული სიცოცხლისთვის ტახტს უმზადებენ ზეცაში,
სულელს კი იქ კარაქის მაგივრად ძონძებს აძლევენ."

[435] პარაფრეზირებაა, გამოცხადებაი იოვანესი 7:17: "აღხოცოს ღმერთმან ყოველივე ცრემლი თუალთაგან მათთა."

[436] ეკლესიასტე 4:1.

მერი ენ (დეი) ბრაუნი ენისთან და სარასთან ერთად, 1851 წელი.
MARY ANN (DAY) BROWN WITH ANNIE AND SARAH, 1851.

დავრდომილი, რომლისა არა იყო მწე."[437] ჩემს ძვირფას და მწუხარებაში ჩავარდნილ ცოლს მთელი გულახდილობით უკვე მივწერე რომ ჯერჯერობით მაინც ამჟამად აქ ნუ მოვა ჩემს სანახავად. ახლა კი მივცემ იმ მიზეზებს რამაც მაიძულა ასე მეთხოვა. პირველი, მისი აქ ჩამოსვლა ძვირი დაჯდება და იმ ყველა კაპიკს შეიწირავს რაც მას ახლა გააჩნია, ან მომავალში შეიძლება რომ ჰქონდეს, რაც უკეთესი იქნებოდა ამიერიდან მისი და ბავშვების კეთილდღეობას მოხმარებოდა. და მოდი იმასაც გეტყვით რომ ის თანაგრძნობა და დახმარება რომელსაც ხალხი ახლა გიცხადებთ შეიძლება ხვალ და ზეგ გაქრეს. საცოდავი "ნიგერების"[438] შველის საქმეზე მეტი რომანტიულობა როდი დევს ღარიბი ქვრივებისა და მათი შვილების დახმარებაში. და კიდევ, ის ციცქნა ბედნიერება რომელიც ერთმანეთის ხანმოკლე ნახვამ უნდა მოგვიტანოს ახლა ძვირი დაგვიჯდება, რადგან მისი ფასი ჩვენი საბოლოო გაყრა იქნება. ერთმანეთს უნდა დავშორდეთ; და ჩემი აზრით ასეთი საშინელი ვითარების ჟამს შეხვედრა კიდე უფრო მეტ ჯავრს მოუტანს თითოეულ ჩვენგანს. დედათქვენი აქ რომ ჩამოვიდეს, მთელი მისი მოგზაურობისას ის ხალხის გასართობ სანახაობად იქცევა, ყოველ გამოხედვაში, სიტყვაში, და ქმედებაში, და ისიც ყველა სახის ადამიანისგან, და ყველა სახის გაზეთისგან, მთელ ჩვენს ქვეყანაში საჭორაო საგნად იქცევა. და კიდევ, ეს გახლავთ ჩემი ღრმა რწმენა რომ იგი ჩუმად და მორჩილად შინ დარჩენით ბევრად უფრო დიდ და გულუხვ თანაგრძნობას მოიპოვებს, იმ საშინელი მსხვერპლის გარეშე რომლის გაღებაც მას მოუხდება თუ აქ ჩამოვა. ერთი-ორი მეგობარი ქალის სტუმრობამ აქ დიდი ღრიანცელი და ალიაქოთი გამოიწვია, რაც ძალიან გამაღიზიანებელია; და შეუძლებელია ასეთმა სტუმრობებმა რაიმე სასიკეთო მომიტანონ. ოჰ, მერი! ნუ წამოხვალ, და მოთმინებით დაელოდე იმ შეხვედრას როდესაც ხალხი რომელსაც ღმერთი და მოყვასი უყვარს ერთმანეთს ისევ შეეყრება, და რომელსაც არანაირი განშორება აღარ მოჰყვება. აღარასოდეს "გარე არღარა განვიდეს."[439] სულმოუთქმელად ველი ახალ ამბავს რომელიმე თქვენგანისგან, და თქვენი კეთილდღეობის თუნდაც მცირედი სიახლის შესახებ წერილის კითხვას. იმ დღეს ათი დოლარი გამოგიგზავნეთ; მიიღეთ? აგრეთვე შევეცადე წამექეზებინა ქრისტეანი მეგობრები რომ სტუმრად მოსულიყვნენ და ჩვენი ოჯახისთვის ასეთი დიდი გაჭირვების ჟამს თქვენთვის მოეწერათ. ეჭვიც არ მეპარება რომ ზოგიერთი მათგანი მაინც დამიჯერებს და ამ საქმეს იზამს. საპასუხო წერილი ასე მომწერეთ, ჯონ ბრაუნი. ჩარლზთაუნი, ჯეფერსონის ოლქი, ვირჯინია, კაპიტან ჯონ ეივისის საყურადღებოდ.

"ამიერითგან... გიხაროდენ, განმტკიცენით, ნუგეშინისცემულ იქმნენით, ნუგეშინის-სცემდით."[440] დაე, ყოველი თქვენგანის სახელი იყოს "დაწერილნი იგი წიგნსა მას ცხოვრებისა კრავისასა!"[441] – დაე, თქვენ ყველას მარად გედგათ ფარად სიწმიდისა და სულიერი პურის

[437] ფსალმუნი 71:12.
[438] ნიგერი ანუ ზანგი.
[439] გამოცხადებაი იოვანესი 3:12.
[440] II კორინთელთა მიმართ 13:11. იგივეს ბრძანებს ბიბლიის აპოკრიფაც, ბარუქი 4:27: "მინდობილ იყვენით, შვილნო".
[441] გამოცხადებაი იოვანესი 21:27.

მომნიჭებელი ზეგავლენა ქრისტეანული სარწმუნოებისა! – აი, ეს გახლავთ გულახდილი ლოცვა მისი

თქვენი მოსიყვარულე ქმრისა და მამისა,

ჯონ ბრაუნი.

9 ნოემბერი

პ.ს. არ შემიძლია გავიხსენო ისეთი ბნელი ღამე, რომელსაც დღის დადგომისთვის შეეშალოს ხელი, არც ისეთი მძვინვარე და მრისხანე ქარიშხალი, რომელსაც მზის სითბოსა და უღრუბლო ცის დაბრუნება აღეკვეთოს. ოღონდაც, ჩემო საყვარელნო, გახსოვდეთ რომ ეს ცხოვრება მოსვენება არ არის, – რომ ამქვეყნად თქვენ არ გაგაჩნიათ არც მყარი სახლი და არც ქალაქი მრავალჟამიერი. მე მუდამ ღმრთისკენ და მისი უსასრულო მოწყალებისკენ მოგიწოდებთ.

ჯ.ბ.

მის ძველ მასწავლებელს

ჩარლზთაუნი, ჯეფერსონის ოლქი, ვირჯინია,
15 ნოემბერი, 1859.

რევ.[442] ეიჩ. ელ. ვეილს.

ჩემო ძვირფასო, საიმედო მეგობარო, – შენი დიდი სიკეთით სავსე და ჩემთვის დიდად სასიამოვნო ამ თვის 8 რიცხვის წერილი დროულად მივიღე. ძლიერ მადლობელი ვარ წერილში ჩაქსოვილი კეთილი გრძნობებისთვის, და იმ კეთილი დარიგებებისთვისაც, რომლებსაც ლოცვასთან ერთად იძლევი ჩემთვის. ნება მიბოძე გითხრა, მიუხედავად იმისა რომ არს "სული ჩემი შორის მხეცთაგან," [443] მაინც მწამს რომ "ჭეშმარიტად დაიმკვიდრა ღმერთმან ჩემ თანა." [444] ამიტომაც არ გაგიკვირდება ჩემგან იმის მოსმენა რომ მე "გარდამრევიეს სიხარული ყოველთა ზედა ჭირთა ჩუენთა;" [445] და რომ თავს არ ვგრძნობ მისგან დაგმობილად ვისი სამართალიც სამართლიანია, და არც ჩემი საკუთარი სინდისისგან. არც ჩემი დატუსაღებით, ბორკილებით, თუ სახრჩობელის სიახლოვით ვგრძნობ თავს დამცირებულად. მე ხომ არა მხოლოდ იმის უფლება მომეცა (თუმცა კი ამის ღირსი საერთოდ არ ვიყავი) რომ განმეცადა "თანაძვირისხილვაი ერსა თანა ღმრთისასა,"[446] არამედ უამრავი შესაძლებლობაც მებოძა და "ვახარე სიმართლე შენი ეკლესიასა შინა დიდსა." [447] მწამს ეს ყველაფერი უკვალოდ არ ჩაივლის და წყალში არ ჩაიყრება. ციხის უფროსი (რომლის უფროსობაც მე მეკისრება) და მისი ოჯახი და ქვეშევრდომები ყველა ძალიან კეთილია ჩემს მიმართ; და მიუხედავად იმისა რომ ეს ციხის უფროსი ერთერთი იმათგანია ვინც სამხედრო შეტევისას ჩემს წინააღმდეგ ყველაზე გულადად იბრძოდა, ახლა მას მისივე თანამოქალაქეები ჩემდამი გამოჩენილი ადამიანურობისთვის ლანძღავენ. საკუთარი გამოცდილებიდან ვიტყოდი, რომ როგორც წესი მხოლოდ გულადებს თუ ძალუძთ დაცემულ-დამარცხებულ მტერთან ადამიანური, ჰუმანური, ქცევა. "ლაჩრები კი საკუთარ გულადობას მხოლოდ სიმხეცითა და მძვინვარებით ამტკიცებენ." რადგან ასეთი გულადობა უიოლესი საქმეა.

ნეტავ შემეძლოს რამდენიმე იშვიათი შემთხვევის შესახებ მოწერა, როდესაც სხვადასხვა კლასის ადამიანებთან, მათ შორის მღვდელმსახურებთან, საინტერესო შეხვედრები მქონდა. ქრისტემ, თავისუფლების ისევე როგორც ხსნის დიდმა კაპიტანმა, რომელმაც თავისი მისია, წინასწარმეტყველებისამებრ, საკუთარი სახელისა და ვინაობის ხმამაღალი გამოცხადებით დაიწყო, მიზანშეწონილად მიიჩნია

---

[442] რევერენდი, შემოკლებით "რევ." – ამერიკაში იგივეა რაც "პასტორი" ანუ პროტესტანტული ეკლესიის მღვდელი. თუმცა ოფიციალური სიტყვიერი თუ წერილობითი მიმართვისას "პასტორის" მაგივრად უმეტესად "რევერენდს" ხმარობენ. პრესბიტერიანულ ეკლესიაში "რევერენდი" მსახურების ხანგრძლივობისა და უფროსობის აღმნიშვნელ წოდებადაცაა გამოყენებული.

[443] ფსალმუნი 56:4.

[444] II ნეშტთა 6:18. პარაფრეზირებაა: "ჭეშმარიტად დაიმკვიდროს ღმერთმან კაცთა თანა".

[445] II კორინთელთა მიმართ 7:4.

[446] ებრაელთა მიმართ 11:25.

[447] ფსალმუნი 39:10.

ჩემთვის იმ ფოლადის ხმლის წართმევა რომელიც მე გარკვეული ხნის მანძილზე ვატარე; მაგრამ სანაცვლოდ სულ სხვა სახის ხმალი მომცა ხელში ("მახვილი იგი სულისაი"[448]), და ღმერთს ვევედრები გამაძლიეროს რომ მისი ერთგული ჯარისკაცი ვიყო, სადაც არ უნდა გამიშვას საბრძოლველად, და თუნდაც ეშაფოტზე ისევე დავამტკიცო მისდამი ერთგულება როგორც მაშინ როცა ჩემი ყველაზე დიდი მხარდამჭერებითა და მოთანაგრძნეებით ვარ ხოლმე გარშემორტყმული.

ჩემო ძვირფასო ძველო მეგობარო, მინდა დაგარწმუნო რომ არ დამვიწყებია ჩვენი ბოლო შეხვედრა, არც ჩვენი რეტროსპექტული თვალის გადავლება იმ გზისა რომელზეც ღმერთი მაშინ მიგვიძღოდა; და კურთხეულ იყოს მისი სახელი რომ შენი წასახალისებელი და მანუგეშებელი სიტყვების მოსმენის შესაძლებლობა კიდევ ერთხელ მომცა მაშინ როცა მე, სულ მცირე, "იორდანიის ნაპირთან" ვარ. (იხილე ბანიანის "პილგრიმი.")[449] დაე, უსაზღვროდ მოწყალე ღმერთმა მალე მოგვანიჭოს გაღმა ნაპირზე კიდევ ერთხელ შეხვედრის შესაძლებლობა. მე არაერთხელ მომხვედრია იმის კვერთხი ვისაც ჩემს მამას ვუწოდებ, – და რა თქმა უნდა დედამიწის ზურგზე არც ერთ შვილს ისე ხშირად არ სჭირდებოდა ეს მოხვედრა როგორც მე; და ამისდა მიუხედავად მე მაინც მსიამოვნებდა სიცოცხლე, რადგანაც ადრეული ასაკიდანვე აღმოვაჩინე თუ რა იყო ჭეშმარიტი სიცოცხლე და მისგან მიღებული ჭეშმარიტი სიამოვნებაც. ეს სიამოვნება გახლავთ სხვებისთვის სიმდიდრისა და ბედნიერების მინიჭების ჩემს საქმედ მიჩნევა; ასე რომ გამოდის ცხოვრებაში მართლაცდა დიდი სიმდიდრე მომიხვეჭია. დღესაც კი ძალიან მდიდარი ვარ; და მთელი გულით ველი იმ ჟამს როდესაც "ქუეყანასა ზედა მშვიდობაი, და კაცთა შორის სათნოებაი"[450] ყველგან იბატონებს, მე არც არანაირი სანერვიულო ფიქრი და არც შურიანი გრძნობა არ მიღრღნის გონებას. "ვაქებდე უფალსა ცხორებასა ჩუენსა."[451]

მე ვარ უღირსი დისშვილი დიაკვანი ჯონისა, და მე ის ძალიან მიყვარდა; და როდესაც დავფიქრდები და გავიხსენებ ბევრ ჩემს რჩეულ ამქვეყნიურ მეგობარს, ბევრად უფრო დიდი შთაგონებით ვიწყებ ხოლმე ლოცვას, "ნუ წარსწყმედ უღმრთოთა თანა სულსა ჩემსა."[452]

ჩემი გრძნობებისთვის დიდი სალბუნია როცა მარწმუნებ იმაში რომ ჩემი მიწაწყლის მეგობრები მთელი სიწრფელით თანამიგრძნობენ; და მაშინ ნება მიბოძე ერთი სანუგეშო სიტყვა მეც ვუთხრა მათ.

რადგანაც ძალიან მტკიცედ მწამს რომ ღმერთი ყველას და ყველაფერს განაგებს და ყველას და ყველაფრის უფალია, არ შემიძლია რწმენა იმისა რომ თუნდაც მცირედი რაც მე გამიკეთებია, რისთვისაც

---

[448] ეფესელთა მიმართ 6:17.
[449] ჯონ ბანიანი (1628-1688) – ინგლისელი ანგლიკანი მწერალი და მქადაგებელი. მისი ნაწარმოებებიდან ყველაზე ცნობილია ალეგორიული სატირული ნაწარმოები "პილგრიმის წინსვლა". ბრაუნი პარაფრეზირებას ახდენს, ბანიანს უწერია "მდინარის ნაპირთან". თავად ბანიანს კი ძველი აღთქმიდან აქვს ეს ფრაზა აღებული: "რაჟამს შეხვიდეთ ზოგსა წყალსა იორდანისასა" – წიგნი ისო, ძისა ნავესი 3:8.
[450] სახარებაი ლუკაისი 2:14.
[451] ფსალმუნი 103:33.
[452] ფსალმუნი 25:9.

დავტანჯულვარ, ან შეიძლება ჯერ კიდევ უნდა ვიტანჯო, მომავალში წყალში ჩაიყრება და ღმრთისა და კაცობრიობის საქმეს არას წაადგება. და სანამ ჰარფერზ ფერიში ჩემს საქმეს დავიწყებდი, გულის სიღრმეში თავი განგებისგან დარწმუნებულად ვიგრძენი რომ ყველაზე უარეს შემთხვევაშიც კი ჩემი შრომა ნაყოფს გამოიღებდა. მე ხშირად ხმამაღლა განმიცხადებია ჩემი ასეთი რწმენის შესახებ; და ახლაც არაფერს ვხედავ ისეთს რაც აზრს შემაცვლევინებს. ჯერჯერობით, ძირითადათ, სრულებითაც არ ვარ იმედგაცრუებული. მართალია საკუთარი თავისგან იმედგაცრუება ხშირად განმიცდია როდესაც ჩემს დასახულ მიზანს თვითონ ვღალატობდი; მაგრამ ახლა თავად ასეთ პირადულ იმედგაცრუებასაც კი სრულიად ვურიგდები, – რადგან ღმერთს ჩემთვის უკეთესი მიზანი ჰქონდა და ეს მიზანი, ეჭვგარეშეა, უსასრულოდ და ბევრად უკეთესი მიზანი იყო ვიდრე ის რასაც თავად ვისახავდი. სამსონს რომ მტკიცედ დაეცვა საკუთარი გადაწყვეტილება და არ ეთქვა დალილასთვის მისი დიდი ძალა რაში იყო დამალული,[453] ის ალბათ არასოდეს არევდა და დაამხობდა მის სახლსა და ქვეყანას. მართალია მე დალილასთვის არაფერი მითქვამს, მაგრამ ხომ შევმცდარვარ და საღი აზრისა და ჭეშმარიტების საწინააღმდეგო გადაწყვეტილებაც ხომ ბევრჯერ მიმიღია; და ჩემი ორი კეთილშობილი ვაჟიშვილი ასე დავკარგე, და კიდევ სხვა მეგობრებიც, და იქნებდა ჩემი საკუთარი ორი თვალიც.

მაგრამ "ნუ ნებაი ჩემი, არამედ ნებაი შენი იყავნ."[454] ვგრძნობ და საკმაო იმედი მაქვს, ზემოთ რომ დავწერე უფლის იმ მსახურის მსგავსად, მე რომ მე ვარ, მეც კი შეიძლება (იესუ ქრისტეს უსასრულო წყალობით) "სარწმუნოებით მოვწყდე."[455] რაც შეეხება იმას თუ როდის და როგორ მოვკვდები, – დიდად არ მაწუხებს ეს ამბავი, და თავისუფლად შემიძლია ვთქვა რომ (როგორც ამას თავდ მომიწოდებ) "არ მეშინინ."[456]

კეთილი სურვილებით მომიკითხე ქალბატონი დაბლიუ. ___ და მისი ვაჟიშვილი ჯორჯი, და ყველა ძვირფასი მეგობარი. დაე, ღატაკებისა და ჩაგრულების ღმერთი იყოს ყველა თქვენგანის ღმერთი და მხსნელი.

ჭეშმარიტად შენი მეგობარი,

ჯონ ბრაუნი.

---

453 სამსონი ანუ ებრაულად შიმშონი – ძველი ებრაელების ბოლოდან მესამე "მსაჯული" (ებრაელთა წინამძღოლი კონფედერაციის ხანაში) რომელზეც მოგვითხრობს ძველი აღთქმა და ტენახი (ებრაელთა მთავარი წიგნი). სამსონის ისტორია ბიბლიაში შეტანილია ცალკე წიგნად, "წიგნი მსაჯულთა", XIII-დან XVI თავამდე. სამსონზე აგრეთვე დაწერილი აქვს უდიდეს ებრაელ ისტორიკოსს იოსეფუსს და ფსევდო-ფილოს. ნაზარიტის ფიცის თანახმად, ღმერთმა სამსონს უდიდესი ძალა მიანიჭა მტრებთან საბრძოლველად. ამ ფიცის თანახმად სამსონს თმა არასოდეს უნდა შეეჭრა. მას დელილა შეუყვარდება, რომელიც ფილისტინელებმა მოქრთამეს. ბოლოს სამსონი მას თავისი ძალის საიდუმლოს გაუმხელს. დელილა მსახურს სამსონის თმას აჭრევინებს და სამსონი უძლურდება. ფილისტინელები სამსონს იპყრობენ და თვალებს ხმლით ამოსთხრიან. ღმერთი შეისმენს ბოლოს სინანულში ჩავარდნილი სამსონის ვედრებას, ძალას დაუბრუნებს მაშინ, როცა სამსონი ფილისტინელების კრებას საყრდენ ბოძებზე მიჯაჭვული ესწრება. სამსონი ბოძებს მოანგრევს, იღუპებიან ფილისტინელები, იღუპება სამსონიც.
454 სახარებაი ლუკაისი 22:42.
455 ებრაელთა მიმართ 11:13. პარაფრეზირებაა: "სარწმუნოებით მოსწყდეს."
456 იოვანე 16:33. პარაფრეზირებაა: "ნუ გეშინინ."

ცოლს

ჩარლზთაუნი, ჯეფერსონის ოლქი, ვირჯინია,
16 ნოემბერი, 1859.

ჩემო ძვირფასო ცოლო, – ამ წერილს გწერ ძვირფასი ქალბატონი სფრინგის მიერ 13 ნოემბერს მოწერილი სიკეთით სავსე წერილის საპასუხოდ. ათასობით მადლობა მას ყველაფრისთვის, განსაკუთრებით კი შენი დახმარებისთვის, და პირადად ჩემთვის რაც გაუკეთებია და რასაც კვლავაც აკეთებს ამაზე მეტად იმისთვის ვარ მადლობელი რითიც შენ დაგეხმარა. მიუხედავად იმისა რომ დიდად მადლიერი ვარ მისი ჩემდამი გაღებული სიკეთისა და თანაგრძნობისთვის, იმაზე მეტად მაინც არაფერი მახარებს რა კეთილი საქმეებიც ამ ქალმა ჩემი ღარიბი და უბედურებაში ჩავარდნილი ოჯახის ეკონომიკური დახმარებისთვის და მისი წევრების ტანჯვა-წამების შემსუბუქებისთვის ქნა. დაე, მაღალი ღმერთი და მათი საკუთარი სინდისი იყოს საუკუნო ჯილდო ასეთი კეთილი ადამიანებისა! დიდად მოხარული ვარ რომ ასეთი რჩეული მეგობრები გაიცანი და ისინი ახლა გარს გახვევიან, მე ზოგიერთი შენი მასპინძლის კარგი ადამიანობისა და სახელის შესახებ გადმოცემით ვიცოდი. განსაკუთრებით მიხარია რომ საშუალება მოგეცა გაგეცნო ის ერთერთი ოჯახი (ან უფრო სწორად ვიტყოდი ერთი იმ ორ ოჯახთაგანი) რომელიც ძლიერ მიყვარს და ვერასოდეს შევძლებ მათ დავიწყებას. ვგულისხმობ ძვირფას სათნო ___. მრავალჯერ ეს კეთილი ქალი, მამამისი, დედამისი, მისი ძმა, დები, ბიძა, და ბიცოლა როგორც მოწყალების ანგელოზები, ყველანაირად გვეხმარებოდნენ მეცა და ჩემს საწყალ ვაჟიშვილებსაც, ავადმყოფობის ჟამს და მაშინაც როცა ჯანმრთელად ვიყავით. მხოლოდ ერთი წელია გასული მას შემდეგ რაც მთელი კვირების განმავლობაში მათ ოჯახში ვიწექი ცუდად მყოფი, და ისინი ისეთი გულით მივლიდნენ გეგონებოდა მათი ძმა ან მამა ვყოფილიყავი. ამ კეთილ ქალბატონს გადაეცი ღმერთს ვევედრები რომ მრავალჟამიერ აკურთხოს და დააჯილდოვოს ისინი ყველა. "უცხო ვიყავ, და შემიწყნარეთ მე."[457] შეიძლება ___ უნდოდეს ამ წერილის ასლად გადაღება, და რომ სახლში გაუგზავნო ეს წერილი მას. თუ ეს ასეა, აუცილებლად ქენი ეს საქმე. ცალკე მათაც მივწერდი ამის ძალა ფიზიკურად რომ შემწევდეს.

ახლა ნება მიბოძე ორიოდე სიტყვა გითხრა ჩვენი ქალიშვილების განათლების შესახებ. მე აღარ შემიძლია ამ მიზნის მისაღწევად საჭირო თქვენი ფინანსური უზრუნველყოფა, და ამის გამო იმის უფლებაც აღარა მაქვს ამ საქმესთან დაკავშირებით რაიმე გიბრძანოთ. მადლიერად ვემორჩილები განგებას და დავეყრდნობი ყველა იმ ადამიანის გულუხვ მოწყალებას რომელიც ამაში თქვენ დაგეხმარებათ, ამასობაში კი ამ საკითხთან დაკავშირებით მხოლოდ ჩემს პატარა აზრს მოგაწვდით ისევ და ისევ. შენ, ჩემო ცოლო, ზედმიწევნით იცი რომ მე ყოველთვის პირდაპირ და დაუფარავად ვამჯობინებდი ძალიან უბრალო, მაგრამ სრულიად პრაქტიკულ განათლებას ჩვენი ვაჟებისთვის, ისევე როგორც ჩვენი ქალიშვილებისთვის. ამაში არ ვგულისხმობ ისეთ უბადრუკ განათლებას რომელიც მე და შენ მივიღეთ ახალგაზრდობაში; არც ისეთს

[457] სახარება მათესი 25:35.

როგორიც ზოგიერთმა ჩვენმა შვილმა მიიღო. როდესაც ვამბობ უბრალო მაგრამ პრაქტიკული-მეთქი, ვგულისხმობ სკოლიდან მიღებულ ისეთ ზომიერ განათლებას რომელიც ცხოვრებაში მათ ჩვეულებრივი საქმიანობის იოლად და ღირსეულად წარმართვაში დაეხმარებათ, და ამასთან ერთად კარგი საქმოსნობისთვის საჭირო იმ ჩვევებს რომლებიც ორივეს, კაცსაც და ქალსაც, ყველაზე უკეთ ამზადებს იმისთვის რომ იყოს საზოგადოებისთვის სასარგებლო, მაგრამ ღარიბი, და შეეძლოს ცხოვრების მკაცრი სინამდვილისთვის თვალის მშვიდად გასწორება. შენ კარგად უწყი მე მუდამ იმას ვამტკიცებდი რომ ცოცხის, სარეცხი ტაშტის, ნემსის, თითისტარის, საქსოვი დაზგის, ნაჯახის, ცელის, თოხის, საცეხველის, ა.შ., მუსიკა ყოველთვის პირველად და უწინარესად უნდა შეისწავლო, და პიანინოსი, ა.შ., კი მხოლოდ ამის შემდეგ. და სწორად ასეთი თანმიმდევრობით არიან ეს დარგები ადამიანის ხორციელი და გონებრივი ჯანმრთელობისთვის სასარგებლო და არა პირიქით; და ყოველივე ამისთვის აშკარა მიზეზი გამაჩნია, რამეთუ ცხოვრებაში მიღებული გარკვეული გამოცდილებისა და ბევრი დაკვირვების შედეგად, სულ მცირე ათი ქალი და ათი კაცი მაინც ვიცი რომელმაც ამ წესების დაცვით სწორად და წარმატებულად იცხოვრა და ცხოვრებაში თავისი კვალი დატოვა, რომლის წვრთნა და სწავლა-განათლება სწორად ამგვარი უბრალო, პრაქტიკული სახის იყო, და იმაზე მეტი შეძლო ვიდრე მან ვისაც უფრო პოპულარული და მოდური განათლება ჰქონდა მიღებული ახალგაზრდობაში. მაგრამ კმარა ამაზე საუბარი.

ახლა, შენს აქ ჩამოსვლას რაც შეეხება. თუ დარწმუნებული ხარ რომ (თუ აქ ჩამოხვალ) გარდაუვალ გამოცდასა და შოკს გაუძლებ, მაშინ იცოდე ძალიან გამიხარდება შენი ნახვა; მაგრამ როდესაც იმაზე ფიქრს ვიწყებ თუ რამდენ შეურაცხყოფას მოგაყენებენ გზაში, და ეგება აქაც, და ამით მხოლოდ იმას დავინახავ რომ უბედურების გარდა არაფერი გემატება, ვკრთები და ვწუხვარ. შესაძლოა შენი თავდაჭერილობა და გონების სიმტკიცე ასეთი რთული გამოცდის გასაძლებად სრულიად საკმარისი იყოს; მაგრამ ამაში საშინლად ეჭვი მეპარება. თუ მაინც გადაგიწყვეტია წამოსვლა, მაშინ ცოტაც მოითმინე და მოგზაურობა ამ თვის ასე 27-მდე ან 28-მდე გადადე. არ გეგონოს აქ ჩამოსასვლელად განვლილ გზაზე ის სანახაობა და ხალხის ის დამოკიდებულება შეგხვდეს რაც ახლა გაქვს, კეთილი, გულიანი მეგობრები, და სიკეთით სავსე სახეები ამ გზაზე შენ აღარ შეგხვდება. კარგად გაითვალისწინე ყოველივე ეს სანამ გადახტები. ვგონებ უმჯობესია ამ მეტად მტკივნეულ საკითხზე მეტი აღარაფერი ვთქვა. ჯანმრთელობა ცოტა მიუმჯობესდება; ჩემი გონება კი ძალიან მშვიდადაა, ან იქნებ შეიძლება ითქვას ბედნიერიც, და ჩემდამი ყველანაირი ზრუნვა და ყურადღების მოქცევა ისევ გრძელდება. გულით მსურს ყველა ჩვენს საწყალ შვილს ყველა ჩემი წერილის ასლი გაუგზავნო. ერთი შვილისთვის მიწერილი წერილით ყველა შვილი უნდა დაკმაყოფილდეს მანამ, სანამ ძალა არ დამიბრუნდება რომ ყველას ცალცალკე მივწერო. ყოველი მხრიდან მომდის მეგობრების წერილები, გასამხნევებლად, რომ ვიყო "სავსე... ნუგეშინისცემითა,"[458] და კვლავაც, ჩემი ღრმა რწმენით, "მშვიდობაი იგი ღმრთისაი განმტკიცებულ

[458] II კორინთელთა მიმართ 7:4.

არს გულსა შინა ჩემსა." ⁴⁵⁹ დაე, ღმერთმა, ქრისტეს გულისთვის, მრავალჟამიერ მოგანათოთ თავისი ბრწყინვალე სახე თქვენ ყველას!

შენი მოსიყვარულე ქმარი,

ჯონ ბრაუნი.

---

⁴⁵⁹ ბრაუნი პარაფრეზირებას ახდენს კოლასელთა მიმართ 3:15: "მშვიდობაი იგი ღმრთისაი განმტკიცენინ გულთა შინა თქუენთა."

მის ბიძაშვილს, რევ. ბნ. ჰამფრის

ჩარლზთაუნი, ჯეფერსონის ოლქი, ვირჯინია,
19 ნოემბერი, 1859.

რევ. ლუთა ჰამფრის.

ჩემო ძვირფასო მეგობარო, – ამ თვის 12 რიცხვის შენი სიკეთით გაჯერებული წერილი ახლა წინ მიდევს. რაც შეეხება ჩვენს საერთო ნათესაობას, მგონი პირველი ვარ ვისაც ან ციხე მიუსაჯეს ან ეშაფოტზე სიკვდილი მას შემდეგ რაც ფითა ბრაუნი "მეიფლაუათი" ჩამოვიდა.[460] მაგრამ, ჩემო ძვირფასო მეგობარო, თავად ეს ფაქტი, ანუ მხოლოდ ის გარემოება რომ ციხეში დამატუსაღეს და სიკვდილით მსჯიან, ნუ დაგამწუხრებს. შეუძლებელია დაგვიწყნოდა როგორ და სად დაიღუპა პაპაჩვენი 1776-ში, და რომ ისიც, ეშაფოტზე მოკვდებოდა საქმე რომ ოდნავ სხვანაირად წასულიყო. ჩემი აზრით, ფაქტს რომ კაცი ჯალათის ხელით (თუ ნებისმიერი სხვა გზით) კვდება არანაირი კავშირი არ აქვს ამ კაცის კაცობასთან და ადამიანობასთან. ჯონ რაჯერსი, ჩემი აზრით, დიდებული და კარგი კაცი, ბოძზე მოკვდა; მაგრამ ეს იმას როდი ნიშნავს რომ ყველა ვინც ბოძზე მოკვდა მაინცდამაინც კარგია ან ცუდი.[461]

მაქვს თუ არა საკმარისი მიზეზი რომ ვიყო "სავსე... ნუგეშინისცემითა"[462] ჩემი ცხოვრების დასასრულს რაც შეეხება, მინდა დაგარწმუნო რომ მართლაც ხალისიანად ვგრძნობ თავს; და სრულიად დავზრმავდებოდი ჭეშმარიტად რომ არ განმეცადა ის გაძლიერება და ნუგეში რომელსაც შენ ჩემთვის ასე ერთგულად ევედრები უფალს: ჩვენი მამა-პაპის ღმერთმა დაგაჯილდოვოს ერთგულებისთვის! თავს ოდნავადაც არ ვგრძნობ არც შეურაცხყოფილად, არც დამცირებულად, და არც დარცხვენილად ჩემი ციხეში დატუსაღების, ბორკილებისა, თუ ჩამოხრჩობის გზით შესაძლო სიკვდილის გამო. ღრმად ვარ დარწმუნებული "არა დავარდეს თმა ერთი თავისა ჩემისა ქუეყანასა ზედა ჩემი ზეციური მამის ნების გარეშე."[463] ასევე ვგრძნობ რომ უკვე დიდი ხანია რაც ვცდილობ და ზუსტად "ესე მარხვაი გამოვირჩიე."[464] (იხილე პასაჟი ესაიადან[465] რომლის ციტირებაც შენ მოახდინე.) ჩემი სიცოცხლის არც ერთი ნაწილი არ გამიხარჯავს ისე ბედნიერად როგორც აქ; და ისიც თავმდაბლად მწამს რომ ჩემი სიცოცხლის არც ერთი ნაწილი არ გამიხარჯავს უკეთესი მიზნისთვის. ამას სატრაბახოდ არ ვიტყოდი, მაგრამ მადლობა ღმერთს, რომელიც თავისი უსასრულო წყალობით ჩვენ გამარჯვებას მოგვაპოვებინებს ხოლმე.

---

460 ფითა ბრაუნი – ნაგულისხმებია ჯონ ბრაუნის პირველი წინაპარი, რომელიც ამერიკაში გემი "მეიფლაუა"-თი ჩამოვიდა. ამ პიროვნების იქით ვერ ხერხდება ბრაუნის გენეტიკის მოძიება.

461 ჯონ რაჯერსი (1500-1555) – ინგლისელი მღვდელი, ბიბლიის მთარგმნელი და განმარტებების მიმცემი; პირველი ინგლისელი პროტესტანტი მოწამე. იგი კათოლიკური ეკლესიისა და რომის პაპის წინააღმდეგ იბრძოდა, რისთვისაც ბოძზე დაწვეს 1555 წლის 4 თებერვალს.

462 II კორინთელთა მიმართ 7:4.

463 II მეფეთა 14:11. პარაფრეზირებაა: "არა დავარდეს თმა ერთი თავისა მისისა ქუეყანასა ზედა!"

464 ესაია 58:5.

465 ესაია – ჩ.წ.-მდე VIII საუკუნის ებრაელი წინასწარმეტყველი.

ჯონ ბრაუნის ფერმა ნიუ იორკის შტატის სოფელ ნორთ ელბაში.
JOHN BROWN'S FARM IN NORTH ELBA, NEW YORK.

1860 წლის 9 მაისამდე რომ დამცლოდა სიცოცხლე სამოცი წლის ვიქნებოდი. ჩემი ცხოვრების დიდი ნაწილი სიამოვნებით განვლე, და მუდამ არაჩვეულებრივად წარმატებული ვიყავი, შევიმეცნე რა ადრეული ასაკიდან რომ სხვებზე ზრუნვით სხვების კეთილდღეობა და წარმატება გამეთავისებინა. რაც თავი მახსოვს, არასოდეს მჭირდებოდა დიდი ხანი ძილი; ამგვარად ვასკვნი რომ დიდი სიამოვნებით იმდენივე საშუალო სამუშაო საათი მიშრომია რაც სამოცდაათი წლის კაცს. ჯერ სათვალეების ხმარება არ დამჭირვებია, და წერა-კითხვა საკმაოდ მოხერხებულად შემიძლია. მაგრამ ამაზე მეტად, ზოგადად არაჩვეულებრივად კარგი ჯანმრთელობა მერგო წილად. შემიძლია გავიხსენო და ჩამოვთვალო ურიცხვი და დაუმსახურებელი წყალობანი, რომელთა შორისაც არიან ძალიან მწვავე გულდაწყვეტები და განცდილი ტკივილები, რომლებიც ყველაზე საჭირო და სასარგებლო წყალობები იყო ჩემთვის. ახლა კი, როცა დავფიქრდები და ვხვდები თუ როგორ ადვილად შეიძლებოდა თავისუფლების გულისთვის მთელი ჩემი გაწეული ღვაწლი და ტანჯვა წყალში ჩამყროდა; მიჭირს მეორედ დაბადება და ამქვეყნად მეორედ მოგზაურობა ვისურვო, გინდაც რომ ამის შესაძლებლობა მქონდეს.

დიდი ხანია რაც ერთმანეთს აღარ შევხვედრილვართ; მაგრამ ჩვენ აუცილებლად ისევ ერთად შევიკრიბებით მამაჩვენის სახლში, მე ამის მჯერა. მოდი ისე ჩავთვალოთ რომ ეს უკვე მოხდა, რადგანაც ეს თავის ჟამს მართლაცდა უეჭველად ასე იქნება თუ ჩვენ არ შევდრკებით და ბოლომდე ვივლით სწორი გზით. მადლობა ღმერთს, რომელიც ჩვენ გვამარჯვებინებს იესუ ქრისტეს, ჩვენი უფლის სახელით. ახლა კი, ჩემო ძველო, გულთბილო მეგობარო, კარგად იყავი.

შენი მოსიყვარულე ბიძაშვილი,

ჯონ ბრაუნი.

ცოლს

ჩარლზთაუნი, ჯეფერსონის ოლქი, ვირჯინია,
21 ნოემბერი, 1859.

ჩემო ძვირფასო ცოლო, – დიდი ბედნიერებით მივიღე გუშინ შენი 13 რიცხვის წერილი. გამიხარდა როცა შევიტყე რომ შენს მდგომარეობას ეგუები, და დიდად ენდობი ღმრთის ბრძნულ და კეთილ განგებულებას, და რომ ასეთი მძიმე გასაჭირის ჟამს გონების სიმშვიდე შეინარჩუნე. სწორად ისე საკადრისად იქცევი, როგორც შეგფერის; და მოდი კიდევ ერთს კიდევ ერთხელ დავძენ, იქონიე "სიხარული ყოველთა ზედა ჭირთა ჩუენთა," რადგან ჩვენ მალე გამოვალთ "ჭირისა მისგან დიდისა;"[466] და სულ მალე, თუ უფალში რწმენას არ დავკარგავთ, მაშინ "აღხოცოს ღმერთმან ყოველივე ცრემლი თუალთაგან მათთა."[467] მალე "განვძღე გამოჩინებასა დიდებისა შენისასა."[468] ახლა აქ ერთი რამ მაფორიაქებს და მაშფოთებს, – სახელდობრ, ხანძრები რომლებიც უშუალოდ ციხის ახლომახლო დღედაღამ ხდება. მართალია მე კარგად ვუწყი ჩვენი არც ერთი მეგობრის ხელი არ ურევია ამ საქმეში, მაგრამ იმავდროულად იმაშიაც არ მეპარება ეჭვი რომ ადგილობრივი მოსახლეობის დიდი თუ მცირე ნაწილი ისევ ჩვენ დაგვდებს ბრალს ამაში, – როგორც გუბერნატორი ვაიზისთვის გაგზავნილი მუქარის წერილების წერაში დაგვადანაშაულეს უკვე. ამჟამად არსებულ საჯარო განწყობას რომ ვითვალისწინებ კიდევ ერთხელ ვრწმუნდები იმაში რომ ახლა არ უნდა ჩამოხვიდე აქ და ამ საქმის კიდევ ერთხელ წინააღმდეგი ვარ; მაგრამ ამ თემაზე აღარ მინდა თუნდაც ერთი სიტყვის დაძვრა.

რატომ არ მეუბნები ამ სეზონზე რაიმე მოსავალი თუ მოგივიდა? თუ ხო, რისი? მიუხედავად იმისა რომ შესაძლოა აღარასოდეს შემეძლოს შენს მიწიერ საქმეებში ჩარევა, საქმოსნობის ინტერესი სრულიად მაინც არ დამიკარგავს. შენი წარმატებებისა თუ მარცხების შესახებ ცოტა რომ მოგეწერა დიდად გამიხარდებოდა და საგანძურივით შევინახავდი ჩემს მეხსიერებაში; და რომ შემეძლოს შენთვისაც და ჩემი სხვა მეგობრებისთვისაც ამის სანაცვლოდ საჩუქრის მიცემასაც არ დავიშურებდი. ყველაფრის მიუხედავად საკმაოდ ხალისიანად ვარ, და ფარხმალი სრულებითაც არ დამიყრია. მახსოვს "რა არს არსებაი ჩემი."[469] პატარა სკივრმა და მისმა შიგთავსმა, რამდენადაც შემიძლია ვთქვა, ჩემამდე სრულად მოაღწია. დაე, ღმერთმა დააჯილდოვოს ყველა მოწყალე რომელმაც ამაში წვლილი შეიტანა! შენთვის განკუთვნილი ჩემი წინა წერილი ჩვენს ბრწყინვალე მეგობარს მისიზ სფრინგს ამ თვის 16-ში მივწერე რომ მერე შენთვის გადმოეგზავნა. ალბათ უკვე ხელთ გაქვს. უკან დაბრუნებისას, მეტად მოსალოდნელია ტბა ჩაკეტილი იყოს; ჰოდა, ასეთ შემთხვევაში მოროუ სთეიშენისკენ ან გლენზ ფოლისკენ ბილეთი აუცილებლად თროიში აიღე (უმჯობესია გლენზ ფოლისკენ, თუ კი შეძლებ), ან ვერმონტში აიღე ვერგონისკენ, და ვესთპორტისკენ ყინულის

466 გამოცხადებაი იოვანესი 7:14.
467 გამოცხადებაი იოვანესი 7:17. იგივეა მოცემული 21:4-შიც: "ახოცოს ყოველივე ცრემლი თუალთაგან მათთა".
468 ფსალმუნი 16:15.
469 ფსალმუნი 88:47.

გადაკვეთა გარისკე. მალე თუ დაბრუნდები, ალბათ გლენზ ფოლიდან ილიზაბედთაუნისკენ აღებული გზა იქნება ყველაზე კარგი.

ეს წუთია შევიტყე რომ ჩვენმა საწყალმა ვადსონმა 19 ოქტომბრის დაახლოებით შუადღის 12 საათამდე იწვალა და მერე სული ამოხდა. ალივა ჩემს გვერდით მოკვდა ტყვია რომ ესროლეს ორიოდე წუთის შემდეგ. დოფინი ალივასა და ვილიემის მოკვლიდან მეორე დღეს გარდაიცვალა, – სახელდობრ ორშაბათს. თითქმის მყისვე მოკვდა ადგილზე; ჩემს გვერდით იყო. ვილიემს რამდენიმე პიროვნებამ მოარტყა ტყვია. ენდერსენი დოფინთან ერთად მოკვდა.

ეს წერილი შეინახე რომ ყოველივე ზემოხსენებული მახსოვრობიდან არ გამოგრჩეს. ძლიერმა ღმერთმა გაკურთხოთ და მშვიდობა მოგცეთ თქვენ ყველას!

შენი მოსიყვარულე ქმარი,

ᲯᲝᲜ ᲑᲠᲐᲣᲜᲘ.

ᲫᲕᲘᲠᲤᲐᲡᲝ ᲛᲘᲡᲘᲖ [470] ᲡᲤᲠᲘᲜᲒ, – ამ წერილს შენს სახელზე ვგზავნი, პირდაპირ ჩემი ცოლის სახელზე რომ გავაგზანო არ ვიცი გზაში მყოფი სად და როდის შეძლებს მის მიღებას.

ჭეშმარიტად შენი მეგობარი.

ᲯᲝᲜ ᲑᲠᲐᲣᲜᲘ.

[470] მისიზ – გათხოვილი ქალისადმი მიმართვის ფორმა ინგლისურენოვან ქვეყნებში.

უმცროს შვილებს

ჩარლზთაუნი, ჯეფერსონის ოლქი, ვირჯინია,
22 ნოემბერი, 1859.

ძვირფასო შვილებო, ყველავ, – ამ წერილს თქვენს სახელზე ვწერ, რადგან არ ვიცი დედათქვენი ჯერ კიდევ ჩამოგივიდათ თუ არა. ის აქ ჯერ არ ჩამოსულა, და არც არასოდეს უნდა ჩამოვიდეს და ეს სწორად ასე უნდა იყოს, როგორც მე უკვე ბევრჯერ ვთქვი. შეიძლება მივიდეს კიდეც იმ აზრამდე რომ მისი აქ წამოსვლა საერთოდაც არ ივარგებს. ვგონებ, მან უწინ უკვე მოგწერათ (ანდა მომავალში მოგწერთ) ამის შესახებ. ენის 9 რიცხვის წერილმა, რომელიც ჩემი და დედათქვენის სახელზეა გამოგზავნილი, ჩემამდე ამ წუთას მოაღწია. დიდად მოხარული ვარ რომ მივიღე, და შევიტყე რომ თქვენ ამ რთული ვითარების მიუხედავად მაინც გარკვეულწილად ხალისიანად ხართ. ჩემთვის სწორად ამას მოაქვს ყველაზე დიდი სიმშვიდე და ბედნიერება, და ამაზე დიდ სიმშვიდესა და ბედნიერებას მხოლოდ ის მომიტანდა დარწმუნებით ვიცოდე რომ თქვენ ყველა ჭეშმარიტი ქრისტეანები ხართ. მოწყალე ღმერთს ვთხოვ ყოველი თქვენგანი მართლაც იყოს! სწორად ეს არის ერთადერთი რამ რაც ყოველ თქვენგანს აუცილებლად დასჭირდება. სიკვდილი როდის და როგორ მოვა ძალიან ნაკლებად მნიშვნელოვანია. მე ისეთივე კმაყოფილი და ბედნიერი ვარ ღმრთის საუკუნო ჭეშმარიტებისთვის და წამებული კაცობრიობისთვის ეშაფოტზე მოვკვდე, როგორც ნებისმიერ დღეს განცდილი უმტკივნეულო და უშფოთველი სიკვდილით ვიქნებოდი; და ამას იმიტომ კი არ ვამბობ რომ "გული გავიმაგრო." არა; მე ხალისიანად აღვიარებდი ჩემს შეცდომასა და სიმრუდეს ამაში ოდნავ მაინც რომ ვიყო დარწმუნებული. აი, უკვე თვეზე მეტია აქ ვარ დაპატიმრებული, რაც საკმაოდ კარგ საშუალებას მაძლევს მთელი ეს ამბავი კიდევ ერთხელ სამართლიანად განვჭვრიტო და ყველაფერს იმდენად "კეთილ ხილვითა" [471] შევხედო რამდენადაც ხელმეწიფება; და სწორად ახლა გული მადლიერების გრძნობით მევსება რომ განგებამ ჩემი თავი სიმართლის დაცვისთვის ერთ ყველაზე ციცქნა და უღირს მსხვერპლად მაინც შემაწირინა. მთელი გულით მსურს თქვენ ყველა მხნედ იყოთ და "ნუ გეშინინ." [472] ეს ცხოვრება გაზაფხულივით ხანმოკლეა, და ის კაცის წვრთნისთვის, დასჯისთვის, ცთუნებისთვის, ტკივილისთვისა, და გამოცდისთვის მოავლინა ღმერთმა ამქვეყნად; და "მართალი განერეს მისგან" [473] სრულიად. ოჰ, ჩემო ძვირფასო შვილებო, ნება მიბოძეთ კიდევ ერთხელ ყველას ერთად შეგევედროთ რომ "დაუტევეთ უგუნურებაი და სცხონდეთ." [474] გამაგებინეთ რას დაკარგავთ ამ გზით რომ იაროთ? "ნანდვილვე არს სარეწავად დიდ ღმრთისმსახურებაი უნაკლულოებით, [475] რამეთუ აღთქუმაი აქუს ცხორებისა აწინდელისა და მერმისაი." [476] "ესევდ უფალსა და ყავ სიტკბოებაი, დაემკვიდრო ქუეყანასა და დაემწყსო სიმდიდრესა ზედა

471 დაბადება 29:17.
472 სახარებაი იოვანესი 16:33.
473 წიგნი იგავთა 12:13.
474 წიგნი იგავთა 9:6.
475 I ტიმოთეს მიმართ 6:6.
476 I ტიმოთეს მიმართ 4:8.

მისსა." [477] მე ამ სიცოცხლით ძლიერ ვისიამოვნე; და რატომ უნდა ვიწუწუნო თუ ახლა მისი დატოვება მიხდება? მსურს ზოგიერთმა თქვენგანმა ცოტა კიდევ მომწეროთ განსაკუთრებით კი იმ საკითხებზე რაც თქვენ კეთილდღეობას შეეხება. განზრახული მაქვს როცა კი საშუალება მომეცემა რაც შეიძლება ხშირად მოგწეროთ. "შეგვედრებ თქუენ ღმერთსა... და სიტყუასა მას მადლისა მისისასა."[478]

თქვენი მოსიყვარულე მამა,

ჯონ ბრაუნი.

---

[477] ფსალმუნი 36:3.
[478] საქმე წმიდათა მოციქულთაი 20:32.

უფროს შვილებს

ჩარლზთაუნი, ჯეფერსონის ოლქი, ვირჯინია,
22 ნოემბერი, 1859.

ძვირფასო შვილებო, – თქვენი ამ თვის 16 რიცხვის წერილები სულ ახლახანს მივიღე, და კურთხეულ იყოს ღმერთის სახელი რომ ჩვენი უბედურების სიმძიმე მორჩილებითა და გონების სიმშვიდით გადაგატანინათ. სწორად ესაა ერთად-ერთი რისი გაკეთებაც გთხოვეთ ჩემთვის, – რომ ხალისიანად და სრულად მიენდოთ ბრძენი და კეთილი ღმერთის წმიდა ნებას. კურთხეულ იყოს მისი წმიდა სახელი რომ მეც მაქვს, ყოველშემთხვევაში ასე მგონია, ამის ძალა. ის კი არადა "გარდამრევიეს სიხარული ყოველთა ზედა ჭირთა ჩუენთა"[479] იმ დღიდან მოყოლებული რაც დამაპატიმრეს, და თავმდაბლად მწამს რომ "ვიცი, რომელი-იგი მრწმენა და მწამს."[480] სრული სიმშვიდე, ეგებ სწორად ისეთი დედათქვენში რომ დაისადგურა მიუხედავად ამ ბოლო ხანებში განცდილი ფორიაქისა და ალიაქოთისა, ჩემს გონებას დღედაღამ ავსებს და კვებავს. და ამ სიმშვიდეს "წუთისოფლისა და ჯოჯოხეთის" ბოროტი ძალებიც კი ვერ წამართმევენ. ჩემო ძვირფასო შვილებო, არც ერთი თქვენგანი არც ერთი წამით არ დადარდიანდეს ჩემს გამო. ღრმად მწამს ჩემი სიცოცხლე წყალში გადაყრილი არ არის, ასე რომ იმისიც მჯერა არც ჩემი სიკვდილი იქნება ამაო. ღმერთს ძალუძს ჩემი სიკვდილი თავის საქმეს ათასჯერ უფრო მეტად მოახმაროს ვიდრე (საუკეთესო შემთხვევაშიც კი) ჩემი საბრალო მსახურება, რომელიც მას სიცოცხლის განმავლობაში მივუძღვენი. როცა ახალი დატყვევებული ვიყავი, უძლურების გამო არ შემეძლო წერილების წერა; ჰოდა, ნორთ ელბაში რუთს და ენს თხოვნით მივწერე თქვენთვის ჩემი მათდამი მიწერილი წერილების ასლები გამოგიგზავნონ. იმედია მათ ეს უკვე გააკეთეს, და შენც, ელენ, იგივეს იზამ იმ წერილებით რომლებსაც შენ გიგზავნი, რადგან ჩემთვის კვლავაც საკმაოდ შრომატევადი საქმეა ყველასთვის იმის მიწერა რაც მსურს და რაც საჭიროა. მინდა თქვენმა ძმებმაც გაიგონ რასაც გწერთ, და თუ მათი ზუსტი ასავალ-დასავალი იცით ასლები აუცილებლად მიაწოდეთ. რამდენიმე დღის უკან ჯერემაიას მივწერე მცირეოდენი დახმარება, სულ რაღაც თხუთმეტი დოლარი, გამოგიგზავნოთ მათ ვისაც სიღატაკის გამო ყველაზე მეტად გიჭირთ. მისი წერილი კი მივიღე მაგრამ არ ვიცი მან თუ მიიღო ჩემი. იმედი მაქვს მისგან კიდევ ერთ წერილს მალე მივიღებ. ჯერემაიას აგრეთვე ვთხოვე რომ ჩემი მისდამი მიწერილი წერილი თქვენთვისაც ენახებინა. დედამიწის ზურგზე არაფერი არსებობს რისი გაკეთებაც ახლა ჩემთვის შეგიძლიათ, გარდა იმისა რომ საკუთარი გულები დაიმშვიდოთ, და ერთმანეთი წაახალისოთ და ერთმანეთს მოუწოდოთ ღმერთში და იესუ ქრისტეში, რომელიც უფალმა ჩვენი ხსნისთვის გარდმოავლინა, რწმენის გაღრმავება. თუ თქვენ მის გამონათქვამებს გულში ჩაიბეჭდავთ, უეჭველად გეცოდინებათ "მოძღურებაი ესე, ვითარ რაი არს: ღმრთისაგან არს თუ არა."[481] თქვენს გულწრფელ თანაგრძნობაზე მეტად მხოლოდ ერთი რამ გამახარებდა,

[479] II კორინთელთა მიმართ 7:4.
[480] II ტიმოთეს მიმართ 1:12.
[481] სახარებაი იოვანესი 7:17. ბრაუნი პარაფრეზირებას ახდენს, დედანში კი ასეა: "ცნას მან მოძღურებაი ესე, ვითარ რაი არს: ღმრთისაგან არს, ანუ მე თავით თვისით ვიტყვი."

გაგება იმისა რომ ქრისტეანობის გზას უჭოჭმანოდ ადგეხართ და ყოველგვარი ეჭვის გარეშე გწამთ ქრისტე. ახლა კი, ძვირფასო შვილებო, მშვიდობით. იმედია შემდგომ კიდევ შემეძლება წერილი მოგწეროთ. დაე, ჩემი მამა-პაპის ღმერთი იყოს თქვენი მამა და მფარველი.

თქვენი მოსიყვარულე მამა,

ჯონ ბრაუნი.

რევ. __ მაქფარლენდს

ციხე, ჩარლზთაუნი, ოთხშაბათი,
23 ნოემბერი, 1859.

რევ. ___ მაქფარლენდს.

ძვირფასო მეგობარო, – თუმცა როგორც უცნობი ისე მწერ, ის სულისკვეთება რომელსაც ჩემს მიმართ და იმ მიზნის მიმართ ამჟღავნებ რომლისთვისაც დღეს ციხეში ვარ, ისეთი გრძნობით განმაწყობს რომ როგორც ძვირფას მეგობარს ისე გიყურებ. მოხარული ვიქნებოდი შენ ან ჩემი რომელიმე სხვა თავისუფლების-მოყვარული მღვდელმსახური მეგობარი აქ მყოლოდა, სასაუბროდ და ჩემთან ერთად სალოცავად. ჩემთვის უცხო არაა ქრისტეს გზით სულიერი ხსნის ძიება. ახალგაზრდობიდან მოყოლებული ბევრი მისწავლია ამ საკითხის შესახებ, და ჩემს ცხოვრებაში იყო ის ჟამიც როდესაც მსურდა მღვდელი გავმხდარიყავი; მაგრამ ღმერთს ჩემთვის სხვა საქმე ჰქონდა გამზადებული. ჩემთვის ეს უეჭველი ჭეშმარიტებაა, ქრისტეს სახელით, არა მხოლოდ მწამდეს მისი, არამედ ვეწამო კიდეც მისი გულისთვის. თუმცა მჯერა სარწმუნოების შესახებ იმდენი ცოდნა გამაჩნია რომ საკუთარი სული გადავირჩინო, დიდი სიამოვნება იქნებოდა ამ საკითხში ჩემზე უკეთ განათლებული ადამიანი გაძღოლოდა ჩემს ცხოვრებას ლოცვასა და ფიქრში, ახლა როცა ჩემი დასასრული ასე ახლოა. შეიძლება იფიქრო ნუთუ არ არიან მანდ საღმრთო წერილის მახარობლები და მღვდელმსახურებიო? მე გპასუხობ, რომ არ არიან. აქ არ არიან ქრისტეს დესპანები. ეს მღვდლები რომლებიც თავს ქრისტეანებად ასაღებენ, და თან მონები ჰყავთ ანდა მონობას უჭერენ მხარს, მე მათთან შერიგება და მათი ატანა არ ძალმიძს. ჩემი მუხლი მათთან ერთად სალოცავად არ მოიხრება, როცა მათი ხელები უთვალავი სულის სისხლითაა დათხვრილი. საგანი რომელიც წერილში ახსენე რომ წერილის მოწერის წინა დღეს გიქადაგია ის თემაა რომელზეც, იმ დღიდან მოყოლებული რაც დამატუსაღეს, ხშირად მიფიქრია. ჩემი აზრით თავს ისეთივე ბედნიერად ვგრძნობ როგორც პავლე გრძნობდა თავს ციხეში პატიმრობისას.[482] მან იცოდა რომ მისი სიკვდილი, მეტად წინ წაწევდა ქრისტეს საქმეს; აი, ეს იყო მიზეზი მისი სიხარულისა. სწორად იგივე მიზეზით "ამისთვის მიხარის და მიხაროდისცა."[483] დაე, ჩამომახრჩონ; მე მათ მივუტევებ, და ღმერთმაც მიუტეოთ რამეთუ არ იციან რას იქმან.[484] არანაირად არ

[482] პავლე მოციქული.
[483] ფილიპელთა მიმართ 1:18.
[484] სახარებაი ლუკაისი 23:34: "ხოლო იესუ იტყოდა: მამაო, მიუტევე ამათ, რამეთუ არა იციან, რასა იქმან." 1858 წლის 17 ივლისს, ჯონ ბრაუნზე ერთი წლით ადრე, სწორად იგივე განაცხადა ჩვენმა ერის მამამ, წმიდა ილია მართალმა (ჭავჭავაძემ) თავის "ლოცვაში":
"რომ მტერთათვისაც, რომელთ თუნდა გულს ლახვარი მკრან,
გთხოვდე: შეუნდე, – არ იციან, ღმერთო, რას იქმან!"
სულმნათმა სოკრატემაც ხომ იგივე თქვა "კრიტოში": "კაცმა ბოროტება მაშინაც არ უნდა ჩაიდინო როცა სხვამ ჩაიდინა ბოროტება შენს მიმართ, თუმცა ადამიანებს ამგვარი შურისძიება ბუნებრივი ჰგონიათ."
ნუთუ ყველასთვის, და უფრო მეტად კი ქართველთათვის, ცხადზე-ცხადი არაა რომ ქრისტეანობა და სიბრძნე ჭეშმარიტად უნივერსალურია და არა – კუთხური?! და რომ კაცს რომელსაც ილია უყვარს, ჯონ ბრაუნიც უნდა უყვარდეს და სოკრატეც? და კიდევ ისიც რომ,

ვნანობ იმ საქმეს რომლისთვისაც დღეს მგმობენ და მოკვლას მიპირებენ. დიახ, მართალია კაცთა კანონების წინააღმდეგ წავედი, მაგრამ "უკუეთუ სამართალ არს წინაშე ღმრთისა თქუენი სმენაი უფროის, ანუ ღმრთისაი, საჯეთ."[485] ქრისტემ მითხრა დამონებული და ბორკილდადებული ხალხის მონობისა და ბორკილების გათავისება, მათი შველა და მათთვის იგივეს კეთება რასაც თავად ვინდომებდი ჩემთვის ეკეთებინათ მათ მდგომარეობაში რომ ვყოფილიყავი. ჩემმა საკუთარმა სინდისმა მიბრძანა ამ დამონებული ხალხისთვის ბრძოლა. მე ეს ვცადე, მაგრამ დავმარცხდი. ასე რომ არანაირი სინანული არ გამაჩნია ამის გამო. ამ საქმის შედეგზეც არ მაქვს არანაირი მწუხარება, მხოლოდ ჩემი საწყალი ცოლისა და შვილების გამო განვიცდი წუხილს. ისინი ძლიერ დაიტანჯნენ, და ჩემთვის ძნელია მათი ასე მოულოდნელად და უპატრონოდ დატოვება. მაგრამ ღმერთი გაუწევს ქმრობას ჩემს ქვრივს და მამობას ჩემს ობლებს.

მე ხშირად ვყოფილვარ ვუუსთაში, და თუ ჩემი რომელიმე ეიქრონელი მეგობარი კვლავ მანდაა, შეგიძლია ეს წერილი მათაც აჩვენო. სულ რამდენიმე დღეღა დამრჩა, და გულის ფანცქალით ველოდები წასვლას "მუნ უღმრთოთა თანა აღაგზნეს გულისწყრომაი რისხვისა. მუნ განისუენეს მაშურალთა ხორცითა."[486] კარგად იყავი.

შენი მეგობარი, და თავისუფლების ყველა მეგობრის მეგობარი,

ჯონ ბრაუნი.

რა ალხანაც ილიას ერია, ის ჩალხანაა ბრაუნისიც?! – სოკრატესი, ციცერონის, იოსეფუსის, ნეტარი ავგუსტინესი, ირენეუსისა თუ პასკალის, და ა.შ.

[485] საქმე წმიდათა მოციქულთაი 4:19.

[486] წიგნი იობისაი 3:17.

ქნ. მარჭას სფრინგს

ჩარლზთაუნი, ჯეფერსონის ოლქი, ვირჯინია,
24 ნოემბერი, 1859.

ჩემო ძვირფასო ქალბატონო სფრინგო, – ჩემთვის მუდამ სასურველი შენი 19 რიცხვში გამოგზავნილი წერილი, თავისი დანართითურთ, წუხელ ისე გვიან მივიღე რომ მაშინვე პასუხის მოწერა აღარ მოხერხდა. ყოველთვის მადლობელივარ ყველაფრისთვის რასაც ჩემთვის იქმ ან წერ. დიდად ბედნიერი ვიქნებოდი შენდამი და შენიანებისადმი მადლიერების გამოხატვა მხოლოდ სიტყვით კი არა, სხვაგვარადაც რომ შემეძლოს; მაგრამ ისე წავიდა ჩემი საქმე, რომ ახლა ბევრი აღარა შემიძლია რა, და ზოგჯერ ესენი ისე კეთილად არ მეპყრობიან როგორც უნდა მეპყრობოდნენ. მე და ჩემი ოჯახი შენს დიდ ვალში ვართ. იმედია ეს მალე დავიწყებას არ მიეცემა. იგივე სიმართლე შეიძლება ითქვას უამრავ სხვა კეთილისმყოფელზეც, რომლებთანაც იმის საშუალებაც კი აღარ მომეცემა რომ მადლობა მაინც ვუთხრა. გადავწყვიტე ჩემი ძვირფასი შვილების განათლების საკითხი მათ დედას მივანდო, და კიდევ იმ ძვირფას მეგობრებს რომლებმაც ეს მძიმე საქმე იტვირთეს; და მხოლოდ ვიმედოვნებ რომ ისინი ძლიერი, გონიერი, მცოდნე, ინდუსტრიული, ქრისტეანი მეოჯახეები დადგებიან. ვისურვებდი, სხვა საგნებთან ერთად, მათ დოქტორ ფრენქლინის “ღარიბი რიჩარდი”[487] ესწავლათ. მინდა პირდაპირი, პრაქტიკული, საქმოსანი ქალები გამოვიდნენ. იქნებდა ამ საკითხზე უკვე საკმარისზე მეტი ვთქვი; ამ საქმეზე ახლა მეტს აღარაფერს ვიტყოდი, მაგრამ შენგან შევიტყე რომ შენი ჩვეული ხელგაშლილობითა და სულგრძელობით გსურს ჩემს შვილებზე ზრუნვა.

ცოლისთვის გადასაცემი წერილი შენს სახელზე გამოვგზავნე, რადგან მისამართი რომელიც ფილადელფიიდან მომაწოდა ჩემთვის გაუგებარი იყო, და ცოტა დამაბნია. ახლაც იგივე საგონებელში ვარ, და შენი კიდევ ერთხელ შეწუხება რომ არ მერიდებოდეს, გთხოვდი ეს წერილი ან მისი ასლი ჩემი ცოლისთვის გაგეგზავნა, იმ მიზნით რომ მან ხშირად ნახოს ჩემგან გამოგზავნილი თუნდაც ორიოდე სიტყვა.

თითქმის ყოველდღიურად ბევრი მონობის მომხრე სტუმარი მყავს, და მათ გამოსწორებას ერთგულად, უშუალოდ, და კეთილად ვცდილობ. არა მგონია ცხოვრებისგან ისეთი დიდი სიამოვნება მიმეღოს რასაც ჩემი დატუსაღების შემდეგ განვიცდი. ეს უფლის დიდი წყალობისა, და სხვადასხვა კუთხიდან მიღებული მეგობრების წერილების დამსახურებაა. მხოლოდ იმასღა ვნატრობ რომ ნეტავ მთელი ჩემი საცოდავი ოჯახიც ისევე მშვიდად და ბედნიერად იყოს როგორც მე. ჩემი აზრით მხოლოდ ქრისტეანულ სარწმუნოებას თუ შეუძლია ნებისმიერ ადამიანში ასეთი დიდი სიმშვიდის ჩანერგვა.

---

487 ღარიბი რიჩარდის ალმანაქი – ბენჯამინ ფრენქლინის მიერ დაწერილი წლიური პუბლიკაციები, რომლებიც 1732-1757 წლებში იბეჭდებოდა, დღეს კი ერთ წიგნადაა შეკრებილი. ამ ალმანაქში ფრენქლინს ბევრი საკუთარი სიბრძნე აქვს დაწერილი, ბევრიც – ხალხური. ეს ფრენქლინისეხური სიბრძნე პრაქტიკული სიბრძნეა და, ძირითადად, წინდახედულობას, შრომას, მომჭირნეობასა და საქმოსნობას შეეხება.

ჰარფერზ ფერის თოფების ქარხანა, 1862 წელი.
HARPER'S FERRY ARMORY, 1862.

"განემტკიცა სული ჩემი – ის ცვლილებას არ განიცდის,
ნუგეშინისცემულია, მოითმინებს და დაიცდის."[488]

სანამ აქა ვარ ბევრი ისეთი რამის წერა აკრძალულია და არ შემიძლია რის შესახებაც სხვა გარემოში შეიძლება მომეწერა. არ მგონია ჩემს ცოლს ჯერ კიდევ ესმოდეს რომ ციხის წესები მოითხოვს ყველა ჩემი დაწერილი თუ მიღებული წერილი პირველად ჯერ შერიფის თუ შტატის პროკურორის მიერ იქნას შემოწმებული, და რომ ყველა სტუმარს მხოლოდ ციხის უფროსის ან მისი რომელიმე თანაშემწის თანხლებით შეუძლია ჩემი ნახვა. რას იზამ, ასე ხდება; და ჩემმა ცოლმა ყოველივე ეს რომ იცოდეს, შეიძლება მის გონებაზე გარკვეული გავლენა მოეხდინა და ჩემს ნახვაზე აზრი შეეცვლევინებინა. ჩვენ არ უნდა მოველოდეთ ციხის უფროსისგან დიდი ხნის დათმობას, რადგანაც მას ახლა ძალიან რთული საქმე აქვს ხელთ. სულ ახლახან შევიტყე თუ როგორ გავუგზავნო წერილები ჩემს ცოლს ფილადელფიის მახლობლად.

ოჰაიოს შტატის ქალაქ ეიქრონში ვაჟიშვილი მყავს, რომელიც ძალიან მსურს ისეთ სამეზობლოში დამესახლებინა როგორშიც შენ ცხოვრობ; და ვიცი მაპატიებ თუ დავწვრილმანდები და მასზე მოგიყვები, და რა თქმა უნდა გასათვალისწინებელია რომ ეს ნაამბობი იმ ადამიანისგან მოდის ვინც ამ ახალგაზრდას კარგად იცნობს. მას ჯეისონი ჰქვია; დაახლოებით 36 წლისაა; ჰყავს ცოლი და ერთი პატარა ბიჭი. ძალიან მშრომელი, მახვილგონიერი, ზომიერი, პატიოსანი, და მართალი კაცია. ზედმიწევნით იცის მებაღეობის, ვენახისა, და ხეხილის მოვლის საქმე, მაგრამ არც ერთი ხელობით არ ტრაბახობს; ყოველთვის საკუთარ თავს მცირედად წარმოაჩენს; ქცევით მოკრძალებულია და თავშეკავებული; არ აქვს (მამამისისგან განსხვავებით) ბელადობისკენ და მბრძანებლობისკენ მიდრეკილება; საქმიანი გარიგებებისას უაღრესად კეთილსინდისიერია და ხალხის გრძნობებს იმდენად უფრთხილდება და არ სურს არავის წყენინება და გულდაწყვეტა რომ საქმეში ხშირად ეკარგება ის რაც ეკუთვნის, და შედეგად ძალიან ღარიბია. სიკვდილის გარდა მან თითქმის ყველა სახის უბედურება და გასაჭირი განიცადა კანზასისკენ გზად და თვითონ კანზასში ყოფნისასაც, და ოჰაიოში გამდიდრებული კი არა და გაღატაკებული დაბრუნდა. არასოდეს ჩხუბობს, არადა ვიცი სულიერად, ისევე როგორც ფიზიკურად, გულადი კაცია. საკუთარ პრინციპებს არ გადათქვამს თუნდაც სიცოცხლის შესანარჩუნებლად, და მასზეა ნათქვამი: არ "იქცეს იგინი დღესა მას წყობისასა." [489] ოსავათომის ბრძოლაში ჩემს გვერდით იბრძოდა. არის საოცრად რბილი, მოსიყვარულე, და ერთგული მეგობარი, და როგორც წესი ცხოვრებაში მუდამ სიმართლის მხარეზე დგას, პრაქტიკული სამარიტელი[490] (მთლად ქრისტეანი თუ არა); და დიდად დამამშვიდებდა

---

[488] აიზეკ ვაცი (1674-1748) – აღიარებულია "ინგლისური ჰიმნოგრაფიის მამად". იგი გახლავთ ჰიმნების პირველი თვალსაჩინო ინგლისელი მწერალი, 750 ჰიმნის ავტორი. მისი ჰიმნები დღესაც ფართოდ გამოიყენება პროტესტანტულ ეკლესიებში. ნაწყვეტია ჰიმნი 2:15-დან.

[489] ფსალმუნი 77:9.

[490] სამარიტელი – ფუძისეული გაგებით სამარიტელები ლევიტელთა ეთნოსარწმუნოებრივი ჯგუფია. აქ კი ტერმინი "სამარიტელი" ნახმარია გადატანითი მნიშვნელობით – კარგი სამარიტელი გახლავთ კაცი, რომელიც შესაძლოა ზედმიწევნით არ ადასრულებდეს ქრისტეანულ წესებს, ლოცვასა და მარხვას, მაგრამ კეთილი იყოს და, აქედან გამომდინარე, საქციელით – ჭეშმარიტი ქრისტეანი.

იმის ცოდნა, რომ იგი ისეთ ხალხში ცხოვრობს რომლებიც მას წინსვლაში წაახალისებენ და ხელს შეუწყობენ, და ყოველივე ამის სანაცვლოდ ბევრის დათმობას არ მოსთხოვენ. მისი ცოლი ძალიან სუფთა, საქმიანი, წინდახედული ქალია, რომელმაც სასტიკი გამოცდა გაიარა ამ ცხოვრების "ტკივილის სკოლაში."

შენ ერთ რამეს მთხოვ რომლის შესრულებასაც მე ვერ შევძლებ. ვწუხვარ რომ ამ უარის თქმის ახსნაც კი არ ძალმიძს. ჩემს ჩანაფიქრს სრულიად სწორად მიმხვდარხარ. ვაჟიშვილს რომელიც ვახსენე აქვს რჩეული ვაზებისა და ხეხილის პატარა მარაგი, და სწორად ეს შეადგენს თითქმის მთელ მის ამქვეყნიურ ავლადიდებას. დანარჩენ შვილებზეც მოგწერდი, მაგრამ ალბათ ჩემმა ცოლმა უკვე გიამბო მათ შესახებ.

შენი მეგობარი,

ჯონ ბრაუნი.

ამ წერილს იმ მიზნით ვბეჭდავ რომ დაგანახოთ განსხვავება როდ აილენდელი კეთილი ქვეიქერი ქალბატონის წერილსა და დასავლეთ მასაჩუსეცის მამა დოქტორ ჰიმან ჰამფრის კამათითა და გმობით გაჯერებულ, რომ არ ვთქვა ფარისევლურ, წერილს შორის, რომელიც მან მოწამეს მაშინ მიწერა როცა ბრაუნი ვირჯინიის ციხეში იჯდა; და ამ წერილს ვბეჭდავ კიდევ იმისთვის რომ მამა ჰამფრისთვის მიწერილი ჯონ ბრაუნის საპასუხო წერილის მიზეზებს მიხვდეთ.

დოქტორი ჰამფრი ჯონ ბრაუნს

ფიცფილდი, მასაჩუსეცი,
20 ნოემბერი, 1859.

ბატონ ჯონ ბრაუნს.

ჩემო საწყალო დაჭრილო და განწირულო ნათესავო, – აქამდეც უნდა მომეწერა შენთვის მაგრამ არ ვიცოდი რა მეთქვა. დარწმუნებული ვარ ეჭვიც არ გეპარება რომ ჩვენ ყველა ღრმად ვწუხვართ შენი ამჟამინდელი უჩვეულო მდგომარეობის გამო. დიდი სიხარულით გამოვიქცეოდით შენს გადასარჩენად, ისეთი მძიმე ბრალი და სასჯელი რომ არ გედოს რომლის შემსუბუქება არავის შეუძლია და რომელმაც მთლად უიმედო მდგომარეობაში ჩაგაგდო. მხოლოდ ერთი რამ დაგვრჩენია – შენთვის ვილოცოთ. აი, ამის ქმნა კი ძალგვიძს; და დარწმუნებული ვარ შენთვის ლოცვა უწყვეტად აღევლინება, რომ სულიერად მოგამზადოთ იმ სიკვდილისთვის რომლიდანაც დარწმუნებული ვარ სასწაულის გარდა ვერაფერი გიხსნის. ოჰ, თავის დროზე რომ გვცოდნოდა როგორი ძლიერი იყო ის ხიბლი რომელმაც გონება დაგიხშო და გარდაუვალი დაღუპვისკენ გიბიძგა! ჩვენ ხომ ძალასაც კი ვიხმარდით შენს შესაჩერებლად და ფიზიკურად დაგაკავებდით, თუ სხვა ვერაფრით გადაგაფიქრებინებდით განაზრახს. ნებას არ გვრთავ რომ სიგიჟის საბაბით შენი სახელით მოვითხოვოთ შენთვის სასჯელის შემსუბუქება; დაჟინებით ამტკიცებ რომ ამაზე უფრო საღი გონება მთელ სიცოცხლეში არასოდეს გქონია, – მართლაცდა, იმდენად დიდი იყო წესრიგი, სიფრთხილე და "მეთოდი შენს სიგიჟეში,"[491] რომ ჩვენს ასეთ სარჩელს არავინ დაიჯერებდა. სიტყვა *შეშლილს* საყვედურის მიზნით არ ვხმარობ.[492] იძულებული ვარ ვირწმუნო რომ შენ ისე შეგნებულად მოქმედებდი როგორც ტარსუსელი სავლე[493] როცა ის დამასკოში წავიდა;

[491] კაპიტან ბრაუნის ადვოკატი შეეცადა ბრაუნის გასამართლებლად სასამართლოში "სიგიჟის სარჩელი" შეეტანა, ანუ მტკიცება იმისა, რომ ბრალდებული გიჟია და ამის გამო დამნაშავე მძიმედ არ უნდა დაისაჯოს. ჯონ ბრაუნმა მსწრაფლ უარი განაცხადა ასეთ საქციელზე და ამას "უბადრუკი ხრიკი" უწოდა. სასამართლოც არ ღებულობდა ამ სარჩელს, რადგან მის "სიგიჟეში" მეთოდიკა და შორსმჭვრეტელობა ჩანდა და არა – სიშმაგე და სისულელე.

[492] "გიჟიაო" სწორად ისევე ამბობდნენ წუთისოფლის მონები ჯონ ბრაუნზე, როგორც დიდი ინგლისელი მწერლისა და მქადაგებლის, ჯონ ბანიანის (1628-1688) ნაწარმოების, "პილგრიმის წინსვლის" გმირებზე, ბატონ ქრისტიანზე და მის ცოლზე, ქრისტიანაზე. უმეცარი და ბოროტი ქალბატონი კანკალა ზუსტად ისევე მიმართავს ქალბატონ ქრისტიანას, როგორც უმეცარი და ბოროტი დოქტორი ჰამფრი მიმართავს მის ბიძაშვილს, ჯონ ბრაუნს: "ოჰ, ის სიგიჟე რომელმაც თქვენ და თქვენი ქმარი შეიპყრო".

[493] ტარსუსელი სავლე ანუ ტარსელი სავლე – პავლე მოციქული. წმიდა პავლე რომის იმპერიის კილიკიის პროვინციის დედაქალაქ ტარსუსში დაიბადა.

და ისიც მწამს რომ შენ უკეთესი მიზეზი და მიზანი გქონდა ქმედებისთვის ვიდრე მას. მაგრამ ის რაც შენ განიზრახე იყო სრულიად შეუძლებელი; და ყველა შენი მეგობარი გაოგნებულია რომ შენ ეს ვერ დაინახე. მათ სჯერათ უწინდელი ჯონ ბრაუნი რომ ყოფილიყავი, – ისევ შენებურად რომ გეაზროვნა და გონება არ დაგეკარგა, – ასე თავით არ შეხტებოდი ლომის ბუნაგში, სადაც უეჭველი გადასანსვლა გელოდა. ოჰ, რომ დაგვეკავებინე და არ გაგვეშვი! მაგრამ, სამწუხაროდ! ამაზე ფიქრი აღარ ღირს, რადგან ეს მხოლოდ უმაქნისი სინანულია და მეტი არაფერი; გვიანია ამაზე ფიქრი; ყველაფერი უკვე მოხდა და დასრულდა. განაჩენი უკვე გამოიტანეს.

უკვე ეშაფოტის საფეხურთან დგახარ, და ალბათ გაქცევის იმედიც აღარ გაქვს. გრჩება მხოლოდ ის რომ საშინელი ტრაგედიის დასკვნითი სცენისთვის მოემზადო. მზად ხარ? დიდი ხანია რაც სარწმუნოებას აღიარებ და ქადაგებ. ჩემი ვარაუდით ახლა ალბათ მშფოთვარედ ცდილობ საკუთარი თავი გამოცადო და დაადგინო მართლაცდა რწმენაში ხარ თუ არა; დაადგინო მართლაცდა ღმრთის შვილი ხარ, და მზად ხარ მოკვდე და შემდგომ განსასჯელად წარსდგე. არა მგონია კაცის კვლა გქონდა გულში განზრახული. შენი მიზანი, როგორც ამას თვითონ ამბობ, მონების განთავისუფლება იყო. და რომ ამის ქმნა კაცის მოკვლის გარეშე გსურდა. პირდაპირ გასაოცარია როგორ ვერ მიხვდი რომ ამის გაკეთება სისხლის მორევის დატრიალების გარეშე შეუძლებელი გახლდა. ამის ჟამი არ იყო. ასეთი საქციელი არაა სწორი, და არც არასოდეს იქნება. მაგალითად სწორია ილოცო, "უფალო, ვიდრემდის?"[494] მაგრამ ყოვლად არასწორია მოვლენებს წინ გაუსწრო და შურისძიების მახვილი აიღო ხელში. შენ ამქვეყნად აღარაფერი გესაქმება. დიდი ხანია მორჩი ბრძოლას ბორდა რაფიანებთან, რომლებიც შენს ძვირფას სიცოცხლეზე ნადირობდნენ. ახლა ის მოგიხდებოდა რომ ილოცო და იკითხო ღმერთის ზეციურ სასამართლოში რამდენად მოგეთხოვება პასუხი ჰარფერზ ფერიში დაღვრილ სისხლზე, და იმ ადამიანთა ბედზეც რომლებიც შენს გვერდით უნდა დაისაჯონ სიკვდილით. მე შენ არ განგსჯი; მაგრამ არსებობს ის ერთი, უფალი ვინც განგსჯის, რომელშიც არის მოწყალება და დიდი მიმტევებლობა მათთვის ვინც ნანობენ და სულის გადასარჩენად სწამთ ის ვისი სისხლიც ყველანაირ ცოდვას განწმედს. ბევრად უფრო სახიფათოა ჩვენს ცოდვებზე ნაკლები ფიქრი ვიდრე ბევრი. ახლა ისეთი მოკლე ჟამი დაგრჩა რომ მოგიხდებოდა თუ მას თითქმის სრულად ლოცვასა და ბიბლიაზე ფიქრში გაატარებდი. ოჰ, რაოდენ ძვირფასია ყოველი საათი! ეჭვი არ მეპარება სიხარულით მიიღებ ყველა იმ ღმრთისმოსავ ადამიანს რომელიც ციხეში მოვა შენს მოსანახულებლად; და იმედი მაქვს არის ისეთი ღმრთისნიერი მღვდელი რომელიც თავისი თანაგრძნობითა და ლოცვით შენთან მოვა. დაე, თავად ღმერთი იყოს შენი შემწე, ჩემო მომაკვდავო მეგობარო! რამეთუ ამაოა ადამიანთა ხელი დახმარებისა.

ქრისტეს ძალუძს შენს გვერდით დგომა და შენთვის სავალი გზის შემსუბუქება. სხვა შველა არ არსებობს. ოჰ, შესაძლებელი რომ იყოს შენი სიცოცხლის გადარჩენა! მაგრამ, არა! ვერანაირ იმედს ვერ მოვეჭიდები.

[494] ფსალმუნი 6:4.

კარგად იყავი, ჩემო დაჭრილო და სიკვდილმისჯილო მეგობარო. ჩვენ ერთმანეთს ამქვეყნად აღარ შევხვდებით. თუ მე შენზე მეტი ვიცოცხლე, ეს დიდი ხნით მაინც არ იქნება. უკვე ოთხმოცს გადავაბიჯე. გვჯერა რომ ბევრი ჩვენი ნათესავი სამოთხეში მოხვდა. ოჰ, ზეცას ვთხოვ რომ მზად ვიყოთ მათ შესახვედრად, და რომ შევხვდეთ სწორად იქ, და რომ ვიყვნეთ მაცოხვრის სისხლით განბანილები!

შენი მოსიყვარულე და ძლიერ დამწუხრებული ნათესავისგან,

ეიჩ. ჰამფრი.[495]

495 იუდა! ნუთუ ყველასთვის, და უფრო მეტად კი ქართველთათვის, ცხადზე-ცხადი არაა რომ ბოროტება და შური, ქრისტეანობისა და სიბრძნის არ იყოს, ჭეშმარიტად უნივერსალურია და არა – კუთხური?! და რომ საქართველოც სავსეა სწორად ასეთი ბოროტი "ნათესავებით"?! და რომ "ნათესავს" რომელსაც ილია სძულდა, ჯონ ბრაუნიც უნდა სძულდეს და თავად იესუ ქრისტეც? დიახ, რა ალხანაც ბრაუნის ერი და ნათესაობაა, ის ჩალხანაა ილიასიც! – სოკრატესიც, ციცერონისიც, იოსეფუსისიც, ნეტარი ავგუსტინესიც, ირენეუსისიც თუ პასკალისიც, ზვიადისიც, და ა.შ. ქართველებში და იბერიული წარმოშობის ერებში ნათესაური შური განსაკუთრებით მწვავე ჭირია. გაითვალისწინეთ ეს მაგალითი, და ბრაუნები და ილიები თუ ვერ გახდებით, როდესაც სანათესაოში ბრაუნებისთანა და ილიებისთანა კაცები და ქალები გამოგიჩნდებიან, გზიდან მაინც ჩამოეცალეთ და მათ ჩაკვლა-ჩაძირვას ნუ ეცდებით. ასეთი იუდებით სავსეა არამარტო ჩვენი ოჯახი, არამედ საკუთარი თავიც – ერთი ადამიანი, რამეთუ ჩვენში არსებულ თითოეულ კარგზე უთვალავი ბოროტი მოდის – საკუთარ ქცევასა და ყოფას დააკვირდით და მიხვდებით რომ ეს ასეა, – ადამიანში ხომ, როგორც წესი, სათნოებას სიბეცე და ბოროტება ჭარბობს.

კაპიტანი ბრაუნი რევ. დოქტორ ჰამფრის

ჩარლზთაუნი, ჯეფერსონის ოლქი, ვირჯინია,
25 ნოემბერი, 1859.

მამა ჰიმან ჰამფრის, ღ.დ.[496]

ჩემო ძვირფასო და პატივცემულო ნათესავო, – მწუხარებით, სიკეთითა და ერთგულებით აღსავსე ამ თვის 20 რიცხვის შენი წერილი ახლა წინ მიდევს. დიდი მადლიერებით ვღებულობ. მთელი გულით შევეცადე მასში ჩადებული შენი რჩევა მიმეღო და ჩემდა სასარგებლოდ გამომეყენებინა. ჭეშმარიტად, ასეთი რჩევა უდროო და უადგილო არასოდეს არაა. ნება მომეცი გითხრა, რომ ძალიან თანაგიგრძნობ შენ და ჩემს გამო ჩემს გარშემო ყველა დამწუხრებულ და დამცირებულ მეგობარსაც. ჩემი ახლანდელი მდგომარეობის გამო მათზე ათჯერ უფრო მეტად განვიცდი ვიდრე საკუთარ თავზე. მაგრამ მაინც უნდა ვთქვა რომ თავს არც "ხიბლში ჩავარდნილ სულელად" ვგრძნობ და არც "გიჟად." ყველანაირად მჯერა ამაში დამეთანხმები, – რომ რაც არ უნდა დატუსაღება, ბორკილები, თუ სახრჩობელები მიუსაჯონ კაცს ისინი თავისთავად ამ კაცის არც დამნაშავეობას ამტკიცებენ, არც "ხიბლში ჩავარდნას" და არც "სიგიჟეს".

შევიტყე რომ შენ არასწორად უდგები ჩემი ცხოვრების ზოგიერთ მნიშვნელოვან ფაქტს და ცდილობ მათ მცდარი ახსნა მოუძებნო, და ამ დასკვნების განქარწყლებას ჩემი ამჟამინდელი უჩვეულო მდგომარეობის გამო ალბათ ვერ შევძლებ; და არც იმას ვაპირებ ბჭობა-კამათი გავმართო ჩემი ცხოვრების ამა თუ იმ სვლისა თუ ქმედების სისწორის დასამტკიცებლად. მაგრამ აქ მაინც განვაცხადებ რომ ვიცი ჩვენი მარცხი მხოლოდ ჩემი ბრალია, რადგან მე ვიყავი რაზმის წინამძღოლი. ამის განსჯა შენ არანაირად არ შეგიძლია, რადგან ადგილზე არ იყავი, და ცხოვრებაში ჯარისკაციც არასოდეს ყოფილხარ. მხოლოდ დავამატებ, ჩვენი დაჭერა მხოლოდ იმან გამოიწვია რომ ჩემს ადამიანობის გრძნობას ავყევი (თუ კი ასეთ გრძნობას ოდესმე ავყოლივარ), სათანადო ადგილი დავტოვე და ტყვეებს შორის დავიწყე ტრიალი რომ მათი შეშინებული თავები დამემშვიდებინა. მტკიცედ მწამს რომ ღმერთი სუფევს, და რომ ის ყველაფერს სწორად და სასიკეთოდ ცვლის და აბათილებს; და ამის გათვალისწინებით, ვცდილობ საკუთარ სისუსტესა და სისულელეს გარკვეულწილად შევურიგდე.

აქ ადგილზე რომ იყო, და ჩემს გვერდით დღე და ღამე ყოფნა შეგეძლოს, და იცოდე ფაქტები და ისიც თუ რაში და როგორ იხარჯება აქ ჩემი ჟამი, ვფიქრობ ბევრ რამეს აღმოაჩენდი რაც დაგეხმარებოდა მშვიდად შერიგებოდი იმ სამარცხვინო სიკვდილს, რომლითაც მე უნდა მომკლან მალე, და დარდს შეგიმსუბუქებდა. მე, სულ მცირე, საკმაოდ ხალისიანად ვარ. "მან იწყოს განრინებად ისრაელისა ხელისაგან

[496] ღმრთისმეტყველების დოქტორი, ინგლისურ ტექსტში Doctor of Divinity შემოკლებულად წერია, როგორც D.D.

უცხოთესლთა, ფილისტიმელთასა.”[497] ეს ითქვა საწყალი გზააბნეული მსახურის შესახებ მრავალი წლის წინ; და მრავალი წლის მანძილზე მთელი ძალით ვგრძნობდი და აღვიქვამდი რომ ღმერთს ჩემთვის მოეცა ძალები და შესაძლებლობები, თუმცაღა ვიყავ ამის სრულიად უღირსი, რომლის გამოყენებაც მას მსგავსი მიზნებისთვის სურდა. ეს უაღრესად დაუმსახურებელი პატივი მან საჭიროდ ჩათვალა რომ ჩემთვის ებოძა; და თუ, იმ საწყალი სუსტი კაცის მსგავსად რომელზეც ზემოთ მივუნიშნე, ჩემი სიკვდილი შეიძლება ბევრად უფრო ღირებული იყოს ვიდრე ჩემი სიცოცხლე, ვფიქრობ მთელი ეს ჩანაფიქრი ადამიანური წინხედვის შესაძლებლობებს აღემატება. მე მართლა მტკიცედ ვიმედოვნებ რომ მთელი ჩემი ცოდვების მიუხედავად, შეიძლება მეც კი გარდავიცვალო “რწმენაში.”[498]

თუ არ გჯერა რომ მკვლელობა და სისხლის ღვრა მქონდა განზრახული (და რა თქმა უნდა ვიცი რომ არ მქონდა), რატომღა დარდობ ჩემზე ასე საშინლად, ეშაფოტი მე არ მაშინებს. ღმერთს ჩემი თავი ხშირად დაუფარავს ბრძოლაში, და ბევრჯერ ისე სასწაულებრივად გადავურჩენივარ რომ ამის გააზრებაც კი მიჭირს; და ახლა, როდესაც საკმაოდ გარკვევით ჩანს რომ ის ჩემს სხვაგვარად გამოყენებას აპირებს, ნუთუ ხალისიანად არ უნდა შევეგებო მის გადაწყვეტილებას? შეიძლება ვცდები, მაგრამ თავმდაბლად მჯერა რომ ის მე არ გამწირავს “ვიდრემდის მიუთხრა მკლავი შენი ყოველსა ნათესავსა მომავალსა.”[499] შენი წერილი ერთგულებითა და სიკეთითაა ნაწერი, და ვაპირებ ჭკუის სასწავლებლად გამოვიყენო და მისით ვისარგებლო. მართლაცდა საკმაოდ მადლობელი ვარ ამისთვის. ვგრძნობ დიდი პასუხისმგებლობა მაქვს აღებული იმ თანამებრძოლებზე რომლებიც დაიღუპნენ ანდა შეიძლება მომავალში დაიღუპონ. ამ მხრივ საპატრონოდ მას უნდა მივენდო ვისიც “საუკუნე არს წყალობაი.”[500] თუ ის საქმე და მიზანი რომელშიაც მე ვიყავი ჩართული ნებისმიერი რამით “უფროისა ყოვლისა ყოფად უმეტეს”[501] არის იმ საქმეზე რომელიც ტარსუსელმა სავლემ[502] იდო თავს, მაშინ სასირცხვილო მიზეზი არ გამაჩნია და ჭეშმარიტად გეუბნები, მთელი ერთი თვე მქონდა ამაზე დასაფიქრებლად, და გულის სიღრმეში არ ძალმიძს “ღმრთის წინაშე რომელთანაც წარდგომას სულ რაღაც ერთ კვირაში ველი” სირცხვილისთვის რაიმე მიზეზის მონახვა.

. . . .

მივიღე გრძელი და უაღრესად სიკეთით სავსე წერილი შენი გულწრფელი ძმისგან ლუთერისგან, რომელზეც საკმაოდ განვრცობილი პასუხი მივწერე. განცხადება რომელიც როგორც ჩანს გაზეთებში ვრცელდება რომ ვითომცდა მე გუბერნატორ ვაიზს ვუთხარი რომ მე აქ ჩემი ან ჩემი ოჯახის მიმართ ჩადენილი უსამართლობების გამო შურის

497 წიგნი მსაჯულთა 13:5.
498 ებრაელთა მიმართ 11:13. პარაფრეზირებაა: “სარწმუნოებით მოსწყდეს.”
499 ფსალმუნი 70:18.
500 II ნეშტთა 7:6.
501 ეფესელთა მიმართ 3:20.
502 ტარსუსელი სავლე – პავლე მოციქული.

ჯონ ბრაუნი.
JOHN BROWN.

საძიებლად მოვედი, საშინელი ტყუილია. არასოდეს მდომებია ასეთი აზრის გავრცელება, და ღმერთს მადლობას ვუხდი რომ თუნდაც ახლა შესაძლებლობა მაქვს ვთქვა რომ გულის სიღრმეში მე ჯერ არასოდეს არ მქონია ასეთი ბოროტი გრძნობა. იხილეთ ჩვენებები იმ მოწმეებისა რომლებიც ჩემთან იყვნენ მაშინ როცა ერთი ვაჟიშვილი ჩემს გვერდით იწვა მკვდარი, მეორე კი სასიკვდილოდ დაჭრილი და მომაკვდავი მეორე მხრიდან მედგა გვერდით. არა მგონია გუბერნატორ ვაიზს შეშლოდა და არასწორად გაეგო ჩემი სიტყვები, და ამიტომაც ჩემი აზრით ის ვალდებულია ხალხში გავრცელებული ეს მცდარი შთაბეჭდილება გამოასწოროს. ასევე მცდარია შთაბეჭდილება რომ ვითომცდა ჩვენ საჯარო ჯანყი გვეწადა.

ახლა კი, ჩემო ძალიან საყვარელო და ძლიერ პატივცემულო ნათესავო, კარგად იყავი. დაე, ჩვენი მამა-პაპის ღმერთი იყოს შენი მფარველი და უხვად გაკურთხოს შენ და ყველა შენიანი!

ჯონ ბრაუნი.

შემდგომი არის ნაწყვეტი უკანასკნელი წერილისა რომელიც ქალბატონმა ბრაუნმა მიიღო მის ჩარლზთაუნში გამგზავრებამდე, ამ წერილს ასვია ბეჭედი ჩარლზთაუნი, ჯეფერსონის ოლქი, ვირჯინია, 26 ნოემბერი, 1859, რომელშიც, მიუთითებს რა რომ მისი ცოლი ქალბატონი მატის ჭერქვეშ იმყოფება, ჯონ ბრაუნი აგრძელებს შემდგომ საუბარს: –

ცოლს

... კარგად მახსოვს ეს ერთგული მოხუცი ქალბატონი, მაგრამ ასე მგონია მას აღარ ვახსოვარ. ერთხელ ბრბოს წინააღმდეგ გამოვედი ბოსტონში, სადაც იგი ცხოვრობდა. ჩემი ჩარევის შემდეგ, პოლიცია მაშინვე მოვიდა, საქმე თავის თავზე აიღო, და ბრბოს ბოგინს მალევე ხელი შეუშალა. მიტინგი, მგონი, მარლბოროუს ქუჩის ეკლესიაში იყო, ან, იქნებ, სასტუმროში. მიხარია რომ შენ ჩვენი საქმის ასეთი ძველი პიონერი[503] გაიცანი. ახლახანს მივიღე ბატონი ჯონ ჯეისგან, ნიუ იორკი, ჩეკი ორმოცდაათ დოლარზე ჩემი ოჯახის დასახმარებლად, რომელსაც შენზე გამოვწერ და ამ წერილს დავურთავ. ასევე მაქვს თხუთმეტი დოლარი რომელსაც გიგზავნი ჩვენი დაკოჭლებული და გაჭირვებული უქორწინო ვაჟიშვილისთვის. როცა ამის საშუალება მომეცემა გადაწყვეტილი მაქვს გამოგიგზავნო, სწრაფი გზავნილებით, ორი თუ სამი პატარა ნივთი სახლში წასაღებად. თუ მოხდა ისე და ბატონ ჯეის შეხვდი, უთხარი რომ ყველანაირად მადლობელი ხარ ჩემდამი და ჩემი ოჯახისადმი გამოჩენილი სიკეთისთვის. ღმერთმა აკურთხოს ყველა ასეთი მეგობარი! ჩემს ძალებს აღემატება ყველა იმ ადამიანს ვუპასუხო რომლებიც სიკეთითა და გამამხნევებელი სიტყვებით სავსე წერილებს მიგზავნიან: ნეტავ შემეძლოს ამის გაკეთება. უკანასკნელი სამი თუ ოთხი დღის განმავლობაში ისე ძალიან გამოვკეთდი ხეიბრობისგან, წამოჯდომა შევძელი რომ მეკითხა და მეწერა თითქმის მთელი დღის, და აგრეთვე ნაწილობრივ ღამის განმავლობაშიც; და მინდა თქვენც და ყველა ჩვენი მეგობარიც დავარწმუნო იმაში, რომ საკმაოდ დაკავებული ვარ, მაგრამ ამავდროულად, სწორად ამის გამო, ძალიან ბედნიერიც. ჟამი საკმაოდ სასიამოვნოდ გადის, და ჩემი ცვლილების მოახლოება არანაირ შიშს არ მგვრის.

მწამს ღმერთი, რომელმაც ამდენ ხანს მარჩინა, არ გამწირავს მაშინ როცა მამობრივი დახმარება და მხარდაჭერა ყველაზე მეტად მჭირდება. თუ ღმერთმა თავისი სახე დამიმალა და მზერა აღარ მომაპყრო, ჩემი სული მყის დაჭკნება და მოკვდება; მაგრამ, დარწმუნებული იყავი, სხვაგვარად არა. მხოლოდ იმას განვიცდი მზად თუ ვარ მათთან თანაარსებობისთვის ვინც უკვე "განსწმდეთ ყოველთაგან არაწმიდებათა,"[504] და იმის თანდასწრებისთვის ვინც უსასრულოდ წმიდაა. მე მართლა ვფიქრობ რომ განვიცდი გარკვეულ "ჰშიოდის და სწყუროდის სიმართლისათვის."[505] და თუ ეს მართლაცდა ნამდვილი და წრფელი

[503] პიონერი – გზის გამკაფავი, ინოვატორი, მოწინავე, ანუ კაცი რომელიც რაღაცაში ჟამს და მისი თაობის განვითარებას წინ უსწრებს.
[504] წინასწარმეტყველება ეზეკიელისი 36:25.
[505] სახარებაი მათესი 5:6.

შიმშილი და წყურვილია, მაშინ ეჭვიც არ მეპარება რომ მართლა დავპურდები "რამეთუ იგინი გაძღენ."[506] როცა მოახერხებ გთხოვ ყველა ჩვენს მეგობარს წააკითხე ჩემი წერილები; და სთხოვე ისე წაიკითხონ როგორც ნაწილობრივ მათთვის მიძღვნილი. ჩემი აზრით ნაკლებია იმის ალბათობა რომ შენი ოჯახის წევრების ცხედრები გაგატანონ; მაგრამ ნუ იდარდებ, თუ ეს ასე მოხდა. დიდი მნიშვნელობა არა აქვს თუ რას უზამენ ცხედრებს.

. . . .

კარგად გემახსოვრება ის ცვლილებები რომლებიც ცხოვრებაში განიცადე. სიცოცხლე უამრავი ასეთი ცვლილებისგან შედგება, და მოდი შევეცადოთ მათ იმდენად ღირსეულად შევეგებოთ რამდენადაც ეს ჩვენს ძალებს ხელეწიფება. ალბათ არ გენდომება მეგობრებს შენი და ჩვენი შვილების გამო ზედმეტი სადარდებელი გაუჩინო და ტვირთად დააწვე. პირადად მე ამას არ ვიზამდი.

წერილს იმის თქმით დავასრულებდი რომ, რაც შეეხება აქ ჩამოსვლას და ჩამოხრჩობამდე ჩემს მონახულებას, თუ გგონია რომ ახლა ამის ძალები შეგწევს, მაშინ მოიქეცი ისე როგორც გადაწყვეტილი გაქვს. პირადად მე მინდა და მზად ვარ გინახულო.

შენი მოსიყვარულე ქმარი,

ჯონ ბრაუნი.

506 სახარებაი მათესი 5:6.

დებს მერის და მართას

ჩარლზთაუნი, ჯეფერსონის ოლქი, ვირჯინია,
27 ნოემბერი, 1859 (შაბათი).

ჩემო უსაყვარლესო დებო მერი ეი. და მართა, – თავს ვალდებულად ვთვლი იმ დღის ნაწილი, რომელიც ალბათ ჩემი დედამიწაზე ყოფნის უკანასკნელი შაბათია, სიკეთით და ნუგეშით გაჯერებული ამ თვის 23 რიცხვის წერილებზე პასუხის გაცემაში გავატარო, და ასე რომ არ მოვიქცე, თქვენთვის მოწერას საერთოდ ვეღარ მოვასწრებ. არ მიმაჩნია რომ ამგვარი საქციელი ღმერთის მიერ კაცისთვის დაწესებული უქმე დღის თუნდაც ოდნავი დარღვევა იყოს. ჩემთვის იმაზე სასიხარულო არაფერია თქვენ რომ შიშის ზარი არ გცემთ, ეს კი არადა სამარცხვინოდაც კი არ მიგაჩნიათ თქვენი ნათესაური კავშირი იმ ადამიანთან რომელსაც ეშაფოტზე მოუწევს სიკვდილი. სიმართლე თუ გინდათ, ჩემი აქ დატუსაღების შემდეგ, ბევრად უფრო მეტად, ათმაგად, ვიტანჯებოდი იმის გამო რომ მეგონა ჩემი ნათესავები ჩემს გამო იდარდებენ-მეთქი, ვიდრე ნებისმიერი სხვა სატანჯველის გამო. თქვენი საქციელიდან გამომდინარე, ფრიად მოხარული ვარ იმის გაგებით რომ ჩემი შიში უსაფუძვლო იყო, ყოველშემთხვევაში თქვენს მიმართ მაინც. მეშინოდა რომ თქვენი ამჟამინდელი პატარა ფინანსური კეთილდღეობა სინამდვილისგან შორს გაგრიყავდათ, ისე რომ "დიდებაი კაცთაი"-ს [507] შეიძლებოდა თქვენს თვალში იმ დიდებისთვის მოეკლო ფასი რომელიც არს "დიდებაი ღმრთისაი." [508] დიდება ღმერთს, რომელიც მთელი ჩემი ცხოვრების მანძილზე უხვად მეხმარებოდა და მანუგეშებდა, რომ თქვენი თავი წუთისოფლის ამაოების ხაფანგში გაბმულები არ მანახა. დოქტორმა ჰიმან ჰამფრიმ სულ ახლახანს გამომიგზავნა წერილი, რომელიც ჩემს გამო განცდილი საშინელი მწუხარებითაა სავსე რადგანაც თურმე "სიგიჟის ხიბლში ჩავარდნილვარ" (რასაც დიდი ზრდილობიანობითა და სიკეთით აღნიშნავს),[509] და ამ წერილში, ეჭვიც არ მეპარება, ის არამარტო საკუთარი, არამედ ჩვენი სხვა ნათესავების დარდსა და მწუხარებასაც ასახავს რომელსაც ისინი ჩემს გამო განიცდიან. შევეცადე მეც ზრდილობიანობითა და სიკეთით მეპასუხა მისთვის, და იმავდროულად კეთილსინდისიერად მოვპყრობოდი ჩემს ძველ მეგობარს. ალბათ გამოგიგზავნი მის წერილს; და თუ გსურს და გიღირს, მოგაწვდიდი მისდამი მიწერილ ჩემს პასუხსაც, ანდა მის ასლს. ჩემთვის კი იმის თქმაც კმარა რომ, "არარას ვზრუნავ ამისთვის." [510] ლუთა ჰამფრიმ მომწერა ძალიან ნუგეშინისმცემელი წერილი.

არის ისეთი რაღაცეები, ჩემო ძვირფასო დებო, რასაც ღმერთი თავად ბრძენებსა და კეთილგონიერებსაც კი უმალავს. მაკვირვებს რომ ერთ ისეთ საძაგელ და უღირს არსებას როგორიც მე ვარ როგორღაც და

[507] სახარებაი იოვანესი 12:43.
[508] სახარებაი იოვანესი 12:43.
[509] სწორად ასეთი "ზრდილობიანი" და "კეთილია" ყველა ფარისეველი. ფსევდო-ზრდილობა და ფსევდო-სიკეთე ხომ ეშმაკის მრავალწახნაგოვანი ბოროტების ერთერთი სახეა, ერთერთი მახეა მრავალთაგანი, რომლითაც ის მართალი კაცის დაჭერას ცდილობს. იხილე ფსალმუნი 33:20: "მრავალ არიან ჭირნი მართალთანი". მაგრამ აქვე დასძენს მეფსალმუნე რომ "ყოვლისავე მისგან იხსნნეს იგინი უფალმან."
[510] საქმე წმიდათა მოციქულთაი 20:24.

რამენაირად თუნდაც ყველაზე უკანასკნელი ადგილი მებოძა ისეთ ადამიანებს შორის რომლებიც, როდესაც სიკვდილი უწევთ (რაც ბუნებრივია და რასაც ვერავინ გაექცევა), განგებისგან ნება დაერთოთ ეს ბუნებრივი მოვლენა, სისწორისა და ღმერთის საუკუნო და მრავალჟამიერი სიმართლის დაცვაში განეცადათ. ოჰ, ჩემო ძვირფასო მეგობრებო, ნეტავ თუ შეგიძლიათ იმის დაჯერება რომ თქვენი საწყალი მოხუცი უღირსი ძმისთვის ეშაფოტს არანაირი შიში არ მოაქვს? ღმერთს მადლობას ვწირავ, ჩემი უფლის იესუ ქრისტეს სახელით, რომ ეს სწორად ასეა. ახლა ცრემლებს ვღვრი, მაგრამ ეს დარდისა და მწუხარების ცრემლი აღარაა; მწამს რომ მასეთ უღირს ცრემლთან საერთო თითქმის აღარ მაქვს. ახლა იმ სიხარულისა და მადლიერებისთვის ვტირივარ, რომლის სხვაგვარად გამოხატვა არ ძალმიძს. ვღებულობ ხოლმე ბევრ კეთილ და მანუგეშებელ წერილებს რომლებზეც პასუხის გაცემა არანაირად არ შემიძლია; ნეტავ მქონდეს ჟამი და ძალაც შემწევდეს რომ ყველას ვუპასუხო. ამიტომაც მათ ვისაც ვწერ ვთხოვ რომ რამდენადაც მოუხერხდებათ დანარჩენ მეგობრებსაც წააკითხონ ჩემი ნაწერები. გთხოვთ აუცილებლად მიწერეთ ჩემს საშინლად გულნატკენ და გულთბილ ცოლს. მას დიდად სცემდა ნუგეშს თქვენი უშუალო და თავისუფალი ენით მოკალმული წერილი. მან მედგრად ატარა და გაუძლო ერთად დაგროვილ უამრავ მწუხარებას. ძალიან გაუხარდებოდა იმის გაგება რომ ჩემს ნათესავებს ის ახსოვთ და სულმთლად არ დაჰვიწყებიათ. გადაეცით ყველა ჩემს მეგობრას რომ ხალისიანად და მოთმინებით ვხვდები ყოველ დარჩენილ დღეს და ასევე ხალისიანად და მოთმინებით ველოდები განგების მიერ დადგენილ ჩემი სიკვდილის საათს; სრული რწმენით რომ მე რომ ახლა მოვკვდე ჩემთვის ეს უსასრულო ხეირი იქნება და ენითგამოუთქმელი სარგებელი იმ მიზნისთვის რომელიც ჩვენ ასე გვიყვარს. ამიტომაც, "ნუ გეშინინ,"[511] და "ნუ შეძრწუნდებიან გულნი თქუენნი."[512] "რომელმან სძლოს, მივსცე მას დაჯდომაი ჩემ თანა საყდარსა ჩემსა, ვითარცა-იგი მე ვსძლე და დავჯედ მამისა ჩემისა თანა საყდარსა მისსა."[513] ნეტავ ჩემმა მეგობრებმა იცოდნენ თუნდაც მცირედი იმ იშვიათი შესაძლებლობების შესახებ რომლებიც ახლა მეძლევა ღმერთის საქმისთვის დახარჯული კეთილი და ერთგული შრომის სანაცვლოდ.

ახლა კი, ძვირფასო მეგობრებო, მოვრჩი. დაე, მშვიდობის ღმერთმა აღგვადგინოს და სიკვდილის შემდეგ კიდევ ერთხელ შეგვახვედროს ერთმანეთს ჩვენ ყველა.

თქვენი მოსიყვარულე ძმა,

ᲯᲝᲜ ᲑᲠᲐᲣᲜᲘ.

511 სახარებაი იოვანესი 16:33.
512 სახარებაი იოვანესი 14:1.
513 გამოცხადებაი იოვანესი 3:21.

ჯონ ბრაუნის უკანასკნელი წერილი ოჯახს

ჩარლზთაუნი, ჯეფერსონის ოლქი, ვირჯინია,
30 ნოემბერი, 1859.

ჩემო უსაყვარლესო ცოლო, ვაჟებო, და ქალიშვილებო, ყველავ, – ვიწყებ რა ალბათ უკანასკნელი წერილის წერას, გადავწყვიტე ყველას ერთად მოგწეროთ. აქვე ბოლოში მოგვიანებით მოგწერთ ჩვენი ქონების შესახებ პატარა საკითხებთან დაკავშირებით.

ახლახან მივიღე წერილი ჩემი ცოლისგან, ფილადელფიის ახლომახლოდან გამოგზავნილი, დათარიღებილი 22 ნოემბრით, რომლის წაკითხვითაც თითქოს ჩანს რომ თითქმის გადაუწყვეტია ჩემს ნახვაზე ხელის აღება. მე მივწერე ჩემს სანახავად მხოლოდ იმ შემთხვევაში მოსულიყო თუ სულიერად და ფიზიკურად ამ სირთულის გადალახვის ძალა შესწევდა, ოღონდ არ ვიცი მოასწრებს თუ არა ამ წერილის დროზე მიღებას. მე, უმთავრესად, ისევ მისი გულისთვის იყო რომ ვთხოვე შინ დარჩენა და აქ არწამოსვლა. თავდაპირველად უძლიერესი გრძნობა დამეუფლა მისი ნახვის, მაგრამ სერიოზული მიზეზები გამოჩნდა ამის საწინააღმდეგოდ; და სააქაო ცხოვრებაში ერთმანეთს რომ აღარასოდეს შევხვდეთ, მე ღრმად მწამს დედათქვენი ბოლოს მაინც ნახავს და მიხვდება რომ თავისი, და ყველა მისი შვილის კეთილდღეობისთვის სწორად ასე სჯობდა.

ჩემი საჯარო მკვლელობის დადგომის წუთს გონების დიდი სიმშვიდით და ხალისიანად ველოდები; რადგანაც სრულიად დარწმუნებული ვარ ღმრთისა და კაცობრიობის საქმეში განგება სხვა ვერანაირად ვერ შეძლებს ჩემს უკეთესად გამოყენებას, და რომ არც ჩემი და არც ჩემი ოჯახის არც ერთი მსხვერპლი თუ ტკივილი უკვალოდ არასოდეს არ ჩაივლის. ფიქრი იმაზე რომ ბრძენი და მოწყალე და ასევე სამართლიანი და წმიდა ღმერთი განაგებს არამხოლოდ ამაქვეყნის, არამედ ყველა ქვეყნის საქმეებს, არის ის მტკიცე კლდე, რომელსაც უნდა დავეყრდნოთ და რომელზეც ნებისმიერ ჟამსა და ვითარებაში ფეხი უნდა გავიმაგროთ, – გინდაც ყველაზე სასტიკი გამოცდისას რომელშიაც ისევ ჩვენი გრძნობებისა და უკუღმართობის გამო ჩავარდით.[514] ახლა ეჭვიც აღარ მეპარება რომ ჩვენი ეს თითქოსდა უბედურება საბოლოოდ ჩვენი ყველაზე დიდებული წარმატება და გამარჯვება იქნება. ასე რომ, ჩემო დამსხვრეულო და დამტვრეულო ოჯახო, ხალისით აღივსე, და იწამეთ უფალი და მთელი გულით და სულით მიენდეთ ღმერთს; რამეთუ ის ყოველივე კეთილს იქმს. ჩემს გამო სირცხვილის გრძნობას ნუ განიცდით, ნურც სასოწარკვეთას იგრძნობთ თუნდაც ერთი წამით ჩვენი საქმის თაობაზე და ნურც ჩემი კეთილდღეობა გადარდებთ. კურთხეულ იყოს მაღალი ღმერთი და მადლობას ვწირავ უფალს რომ მომცა ძალა მთელი სიმტკიცით შევიგრძნო ყველაზე კაშკაშა და დიდებული დილის დადგომის სიახლოვე, და ყოველივე ამას, მას შემდეგ რაც აქ დამატუსაღეს, ახლა ისე მტკიცედ ვგრძნობ როგორც არასოდეს. როგორც საწყალი უძლები

---

514 კიდევ ერთხელ ჯონ ბრაუნის სრული მორჩილებაა ქრისტეანობის უდიდესი ლოცვისა, "მამაო ჩვენოსი": "იყავენ ნება შენი ვითარცა ცათა შინა, ეგრეცა ქუეყანასა ზედა."

ბავშვი ვცდილობ ჩემს მამას დავუბრუნდე, რომლის წინაშეც მუდამ ვცოდავდი, იმ იმედით რომ თავისი სიკეთითა და მიმტევებლობით მომეგებება, მიუხედავად იმისა რომ მე უღირსი მისგან ძალიან შორს ვარ.

ოჰ, ჩემო ძვირფასო ცოლო და შვილებო, ღმერთმა ქნას ოდესმე მაინც მიხვდეთ თუ რამდენი ვიშრომე თქვენი ხსნისთვის, რომ არც ერთი თქვენგანი არ დარჩეს ღმრთის, იესუ ქრისტეს მოწყალების გარეშე; რომ არც ერთი თქვენგანი ბრმობილი და ლიბრგადაკრული არ იყოს მისი უკვდავი სიტყვის ჭეშმარიტებისა და დიდების მიმართ, რამეთუ სწორად მის სიტყვაშია სიცოცხლე და უკვდავება. გემუდარებით თქვენ, ყველას, ბიბლია გაიხადეთ სასწავლო წიგნად დღისით და ღამით, და იკითხეთ ბავშური, მართალი, გულუბრყვილო, დამყოლი სულისკვეთებით და გააჯერეთ ის თქვენი ქმრისა და მამის სიყვარულითა და პატივისცემით. და ჩემი მამა-პაპის ღმერთს ვევედრები თქვენ ყველას თვალი აგიხილოთ და სიმართლე დაგანახოთ. თქვენ ხომ იმის წარმოდგენაც არ შეგიძლიათ თუ რა ძლიერ დაგჭირდებათ ქრისტეანული სარწმუნოების დახმარება და თანაგრძნობა. აი, უკვე მთელი ერთი თვეა რაც ჩემმა ამჟამინდელმა მდგომარეობამ სრულებით დამარწმუნა, თუ ჰაერივით როგორ მჭირდება ქრისტეანული განათლება და მისი თეორიები განსაკუთრებით კი მაშინ, როცა ჩვენი ცრურწმენა ღელავს, ჩვენი სიამაყე უძლიერესად ღრიალ-ბობოქრობს. ოჰ, ნუ მიანდობთ თქვენს საუკუნო სიცოცხლეს ამ ცხოვრების მშფოთვარე და მდრტვინავ ოკეანეს, ისე რომ საჭე და კომპასიც კი აღარ გქონდეთ თქვენი მომავლის სამართავად! მე თქვენი აზროვნების გადაგდებას კი არ გთხოვთ, არამედ მხოლოდ იმას რომ ეს თქვენი აზროვნება გულწრფელად, ფხიზლად გამოიყენოთ.

ჩემო ძვირფასო ნორჩო შვილებო, ნეტავ თუ მოისმენთ ამ ერთ უკანასკნელ საყვედურს იმ ადამიანისას რომელსაც თქვენი მხოლოდ სიყვარული ძალუძს? ოჰ, მზად იყავით მსწრაფლ მისცეთ თქვენი გული ღმერთს, და არაფერმა შეარყიოს თუ შეცვალოს თქვენი ასეთი გადაწყვეტილება. ნუ გეშინიათ, ასეთი სწორი საქციელი სანანებლად არასოდეს გაგიხდებათ. ნუ იქნებით ამაყნი და დაუფიქრებელნი, და გქონდეთ ფხიზელი გონება და ნება მიბოძეთ შეგევედროთ თქვენ ყველას ერთად რომ გიყვარდეთ ერთხანს დიდებული მთელი ჩვენი დარჩენილი ოჯახი. შეეცადეთ და ისევ აღაშენეთ თქვენი დანგრეული კედლები, და მაქსიმალურად და სრულად გამოიყენეთ თქვენი კერის ნანგრევის ყოველი ქვა. ამქვეყნად არაფერს ძალუძს სიცოცხლის ისე კურთხევა როგორც იმ სუფთა სინდისს რომლითაც გრძნობ რომ შენი ცხოვრება და მაგალითი სხვებს დაეხმარა და გააძლიერა. ჩემი გონებისთვის მაინც უდიდესი სიმშვიდისა და სიხარულის მომგვრელია ცოდნა იმისა რომ ბევრმა თქვენგანმა კაცთა დიდ და საერთო ოჯახს საკუთარი ერთგულება უძღვნა, და ამის სამხილი და დასტური საკმაოდ გამაჩნია. სიცოცხლის ბოლომდე გწამდეთ ღმერთი: თუ თქვენ ამ წესს წესად დარგავთ და მოყვასის სიყვარულს ყოველდღიურ ჩვევად იქცევთ, მაშინ შემოქმედის სიყვარულიც აღარ გაგიჭირდებათ.

ჯერაც არ ამიხსნია თქვენთვის და ახლა განგიმარტავთ თუ რატომ მწამს ასე მტკიცედ ბიბლიის საღმრთო ძალისა და ძლიერების, მიუხედავად იმისა რომ ბუნებით, ეგება, სკეპტიკოსიც კი ვარ, –

ყოველშემთხვევაში ადვილად მიმნდობი კაცი მაინც არასოდეს ვყოფილვარ ცხოვრებაში. მინდა ყოველივე ეს სიღრმისეულად გაითვალისწინოთ ამ კურთხეული წიგნის კითხვისას, და კარგად დაუკვირდეთ, საინტერესოა თქვენც თუ აღმოაჩენთ მასში იგივეს. ბიბლია მის ყოველ კუთხე-კუნჭულში ჩვენი გონების, ისევე როგორც საქმისა და ქმედების, გულის სიწმიდით აღვსებისკენ მოგვიწოდებს, და აი, სწორად ეს განასხვავებს მას ყველა სხვა სწავლებებისგან, გულის სიწმიდე[515] რომლისკენაც ის ჩემს სინდისს მოუწოდებს. ის სხვა საკითხია ჩემი გული ინდომებს თუ არა ანდა ემორჩილება თუ არა ამ წმიდათაწმიდა წიგნის ბრძანებებს, მთავარი ისაა რომ თავად ეს წიგნია სავსე ასეთი სწორი მოწოდებებით და ჭეშმარიტებისკენ მაინც მაქეზებს, და სწორად ამიტომაცაა რომ მჯერა მისი სიმართლისა და უტყუარობის; თუმცა არ გეგონოთ ბიბლიის უტყუარობის დამამტკიცებელი ჩემი ყველაზე მთავარი და საბოლოო მიზეზი მავიწყდებოდეს ანუ ის რომ სწორად ამ წამს ჩემი სული საუკუნო სიცოცხლისკენ ანუ საიქიო ცხოვრებისკენ მიილტვის ახლა. ყოველივე ეს იმიტომ ვახსენე რომ მიზეზი მომეცეს და ეგება ბიბლიის რაც შეიძლება საუკეთესო გამოშვება ჩემს სახსოვრად დავუტოვო მთელ ჩემს შთამომავლობას, ნაცვლად იგივე ფასიანი ნებისმიერი სხვა წიგნისა.

ყველას გემუდარებით მთელი თქვენი ცხოვრება მცირედით დაკმაყოფილდით და ზედმეტ მიწიერ ხორაგს ნუ მოინდომებთ, და თქვენს შვილებს და შვილთაშვილებს, თქვენს შემდეგ რომ მოევლინებიან ამქვეყნად, გულწრფელად ასწავლეთ ზომიერების ეს მეტად მნიშვნელოვანი წესი, კარგი მაგალითის მიცემით ისევე როგორც ამ მცნების თეორიული ახსნა-განმარტებებით. მთელი მიზანდასახულობით ეცადეთ ბიბლიაში მოცემული გაკვეთილების ცხოვრებაში მიღებული გამოცდილებებით რაც შეიძლება მალე გადამოწმებას და ამგვარად იმის დადგენას ეს წიგნი მართლა ღმრთული წარმომავლობისაა თუ არა. ჯონ რაჯერსმა[516] მიწერა ეს თავის შვილებს: "გძულდეთ ეს მთელი რომის ნათრევი ბოზი." ჯონ ბრაუნი კი თავის შვილებს სწერს, ასეთივე დაუძინებელი სიძულვილით, სძულდეთ ყოველი ბოროტების მწვერვალი და ჯამი, – მონობა. გახსოვდეთ, "უმჯობეს არს კაცი სულგრძელი ძლიერებისაგან,"[517] და "რომელმან დაითმინის გულისწყრომაი, უფროის მისსა არს, რომელმანაც დაიპყრას ქალაქი ძნელი."[518] ისიც გახსოვდეთ რომ "გულისხმის-მყოფელნი გაბრწყინდენ, ვითარცა ბრწყინვალება სამყაროისა და მართალთაგანნი მრავალთანი, ვითარცა ვარსკულავნი, საუკუნეთადმი და მერმეცა."[519]

---

[515] გულის სიწმიდე – რაოდენ დიდი ქრისტეანია ბრაუნი და რამდენად კარგად აქვს ჩაბეჭდილი კანონი გულის სიღრმეში. იხილე წიგნი იგავთა 22:11: "უყუარან უფალსა გულითა წმიდანი". სორენ კიირკეგაარდი (1813-1855), უდიდესი დანიელი ფილოსოფოსი და თეოლოგოსი, რომელმაც "დანიის ეროვნული ეკლესიის" (დანიის ევანგელური ლუთერანული ეროვნული ეკლესიის) ერეტოკოსობა საჯაროდ გამოოაშკარავა და ხალხს ჭეშმარიტი ქრისტეანობისკენ მოუწოდა, სწორად იგივეს ბრძანებს, და მის ერთერთ საუკეთესო თეოლოგიურ შრომას სწორად "გულის სიწმიდე" ჰქვია.

[516] ჯონ რაჯერსი (1500-1555) – ინგლისელი მღვდელი, ბიბლიის მთარგმნელი და განმარტებების მიმცემი; პირველი ინგლისელი პროტესტანტი მოწამე. იგი კათოლიკური ეკლესიისა და რომის პაპის წინააღმდეგ იბრძოდა, რისთვისაც ბოძზე დაწვეს.

[517] წიგნი იგავთა 16:32.

[518] წიგნი იგავთა 16:32.

[519] წინასწარმეტყველება დანიელისა 12:3.

ახლა კი, ჩემო უსაყვარლესო ოჯახო, ღმრთისკენ და მისი მოწყალებისკენ მოგიწოდებთ თქვენ ყველას.

თქვენი მოსიყვარულე ქმარი და მამა,

ჯონ ბრაუნი.

ჯონ ბრაუნის ანდერძი

ვუტოვებ ჩემს ვაჟიშვილს ჯონ ბრაუნ, მცირეს, ჩემს მიწისმზომელის კომპასს და მიწისმზომელობის სხვა დანარჩენ ჩემს ნივთებსაც, თუ კი მათ მიაკვლევთ და იპოვით; აგრეთვე, გრანიტის ქვის ჩემს მონუმენტს, რომელიც ახლა ნიუ იორკის შტატის სოფელ ნორთ ელბაშია, და რომლის ორ დარჩენილ ცარელა მხარეს დავაწერინებ წარწერას, რომლის შინაარსსაც ქვემოთ დავურთავ; თუმცა, ეს ხსენებული ქვის ფილის მონუმენტი, ჩემი სურვილით უნდა დარჩეს ნორთ ელბაში მანამ სანამ ჩემი ერთი შვილთაგანი მაინც და ჩემი ცოლი დარჩება იქ საცხოვრებლად.

ვუტოვებ ჩემს ვაჟიშვილს ჯეისონ ბრაუნს ჩემს ვერცხლის საათს, რომლის შიდა ჩარჩოზეც ჩემი სახელია ამოტვიფრული.

ვუტოვებ ჩემს ვაჟიშვილს ოუენ ბრაუნს ორზამბარიანი მექანიზმის ჩემს სათეატრო დურბინტს, და ჩემს შაშხანა-თოფს (თუ კი იპოვიან), რომელიც მასაჩუსეცის შტატის ქალაქ ვორსთაში მაჩუქეს. ის სამიზნიანია და ახალი. ამავე შვილს, აგრეთვე, ვუტოვებ $50 ნაღდ ფულს, რომელიც მას გადაეხდება ჩემი მამულის შემოსავლიდან, რადგან ვითვალისწინებ რომ მან კანზასში საშინლად დიდი ტანჯვა გადაიტანა და კიდევ იმასაც რომ იგი ბავშობიდან კოჭლია.

ვუტოვებ ჩემს ვაჟიშვილს სალმონ ბრაუნს $50 ნაღდ ფულს, რომელიც მას გადაეხდება ჩემი მამულის შემოსავლიდან, რომ ზემოხსენებული პირველი ორი ვაჟიშვილისთვის მიცემული ნაანდერძევის გამო ვაჟებს შორის ნაანდერძევების ანგარიში სწორად და სამართლიანად გავასწორო.[520]

ვუტოვებ ჩემს ქალიშვილს რუთ თამსონს ჩემს დიდ ძველ ბიბლიას, რომელიც ოჯახის გენეოლოგიას შეიცავს.

ვუტოვებ თითოეულ ვაჟიშვილს, და თითოეულ ქალიშვილს, ჩემს სიძეს, ჰენრი თამსონს, და თითოეულ ჩემს რძალს, საუკეთესო ბიბლიებს, რომლის შეძენაც ნიუ იორკისა თუ ბოსტონის ნებისმიერ წიგნების მაღაზიაშია შესაძლებელი, $5-ად თითო, რისი თანხაც გადაიხდება ჩემი მამულის შემოსავლიდან.

ვუტოვებ თითოეულ შვილიშვილს რომელიც ჩემი მამულის მემკვიდრეობის საქმის მოგვარებისას უკვე დაბადებული იქნება,

---

520 გასამახვილებელია ყურადღება იმ გარემოებაზე რომ ბრაუნი ამ ანდერძში ყველანაირად ცდილობს შვილებს ქონება თანაბრად გაუნაწილოს. იმედია, ამით მაინც მიხვდებიან დღევანდელი ქართველი მშობლები თავიანთ უსამართლო და ბოროტ საქციელს: ისინი ხომ, უმეტესად, ერთ შვილს ამოიჩემებენ ხოლმე სასიყვარულო-საფოფინოდ, მას უტოვებენ ქონებას, დანარჩენ შვილებს კი ჩაგრავენ. ამ მხრივ განსაკუთრებით იჩაგრებიან ქალიშვილები, – ქართველი დედ-მამები მათ როგორც მეორეხარისხოვან შვილებს ისე ეპყრობიან, მიუგდებენ იაფფასიან "მზითვს" და ასე უპატრონოდ გაამწესებენ ხოლმე მშობლიური კერიდან ერთხელ და სამუდამოდ. ეს კი არადა, მომდევნო პარაგრაფში ბრაუნი მის ქალიშვილს, რუთ თამსონს უტოვებს თავისი ქონებიდან ყველაზე დიდ განძს, – "დიდ ბიბლიას, რომელიც ოჯახის გენეოლოგიას შეიცავს."

საუკეთესო ბიბლიებს, რომელთა შეძენაც (იგივე გზით რაც ზემოთ ვახსენე) $3-ად არის შესაძლებელი.

ყველა ბიბლია უნდა შეძენილ იქნას ერთდროულად ნაღდ ფულზე, რაც შეიძლება სარფიანად.

მსურს რომ ჩემი მამულის გაყიდვით მიღებული საბოლოო შემოსავლიდან $50 სულზე მიეცეს შემდგომ პირებს, სახელდობრ: ალენ ჰემონდს, ესკ.,[521] რაქვილი, თალანდის ოლქი, კონნ.,[522] ან ჯორჯ ქელოგს, ესკ., "ნიუ ინგლენდ ქამფანის" ყოფილ აგენტს, რომ თავად ამ კომპანიას დახარჯდეს. აგრეთვე, $50 მიეცეს საილას ჰეივენს, უწინ ოჰაიოს შტატის, სამითის ოლქის ქალაქ ლუისბერგის მაცხოვრებელს, თუ მას მიაკვლევენ და იპოვიან. აგრეთვე, $50 მიეცეს ოჰაიოს შტატის, სთარქის ოლქის ქენთონის სოფლის მაცხოვრებელ იმ კაცს, რომელმაც მამაჩემის სიცოცხლეშივე მამაჩემს უჩივლა, მოსამართლე ჰამფრისა და ქალაქ ეიქრონში მცხოვრები ბნ-ი აფსონის საშუალებით, გადაეხადოს ჯ. რ. ბრაუნის სახელით პირადად, თუ კი მისი მიკვლევა და მოძებნა მოხერხდება; მისი სახელი არ მახსოვს. მაშინ მამაჩემმა მასთან კომპრომისს მიაღწია და ვალის სანაცვლოდ მონროვილში არსებული ჩვენი სახლი და მიწა მისცა. მსურს რომ ჩემი მამულიდან უკვე მიღებული ან შემდგომში მისაღები თანხის ნაშთი ტოლად განაწილდეს და გადაეხადოს ჩემს ცოლს და ჩემს თითოეულ შვილს, და ვადსონისა და ალივა ბრაუნის ქვრივებს, და ეს თანხის განაწილება შეასრულოს ჩემმა ძმამ.

ჯონ ეივისი, მოწმე.

ჯონ ბრაუნი.

დანართი

ჩარლზთაუნი, ჯეფერსონის ოლქი, ვირჯინია,
2 დეკემბერი, 1859.

ჩემი სურვილია ჩემს ცოლს მიეცეს მთელი ჩემი პირადი ქონება, რაც აქამდე არავისთვის მიანდერძებია; და მთელი მისი ბუნებრივი სიცოცხლის განმავლობაში მთელი ჩემი მიწით სარგებლობის უფლება; და, მისი სიკვდილის შემდეგ, ამ მიწებიდან მიღებული შემოსავალი ტოლად უნდა გაიყოს ჩემს იმ შვილებს შორის, რომლებიც იმ ხანს ცოცხლები იქნებიან; და თავიანთი მამების სრული წილი მიეცეს ჩემი ორი ჰარფერზ ფერიში დაღუპული შვილის თითოეულ შვილს; და ჩემი იმ შვილების წილი, რომლებიც ახლა ცოცხლები არიან, მაგრამ შეიძლება შემდგომში მოკვდნენ დედამისის (ჩემი ამჟამინდელი და საყვარელი ცოლის) გარდაცვალებამდე, მიეცეს და ტოლად გაუნაწილდეს მათ ყველა შვილს. ყველა ფორმალურ-წერილობითი ანდერძი ძალას კარგავს მაშინ, როცა

[521] ესკვაიერი.
[522] კონექტიკუტი.

ჩემი გარკვეული ნაანდერძევი შეიძლება სიტყვიერად მქონდეს დაბარებული ჩემი მორჩილი და უსაყვარლესი ოჯახისთვის.[523]

ჯონ ბრაუნი.

ჩემო ძვირფასო ცოლო, – მომეცა ჟამი რომ აქ და ზემოთაც ჩამეწერა ის, რისი მოწერაც გუშინ დამავიწყდა, და კიდევ ერთხელ გამოგემშვიდობო. "ნუ გეშინინ," [524] და ძლიერმა ღმერთმა გაკურთხოს, დაგიფაროს, განუგეშოს, გზა გაგინათოს და შეგეწიოს ბოლომდე!

შენი მოსიყვარულე ქმარი,

ჯონ ბრაუნი.

უეჭველია, ეს იყო კალმით შექმნილი უკანასკნელი შრომა მოხუცი გმირისა. მას უწინ უკვე სიტყვიერად ჰქონდა დაბარებული მის საფლავის ქვაზე რა დაეწერათ, და ახლა იგივე სურვილი ცოლს წერილობითაც გაუგზავნა, რომელიც ქალბატონ ბრაუნს ქმრის ჩამოხრჩობის შემდეგ მიუტანეს: –

უნდა ამოიტვიფროს ოჯახის ძველ მონუმენტზე ნორთ ელბაში

ოლივა ბრაუნი, დაბადებული ___, 1839, მოკლულ იქნა ჰარფერზ ფერიში, ვირჯინია, 17 ოქტ., 1859.

ვატსონ ბრაუნი, დაბადებული ___, 1835, დაჭრეს ჰარფერზ ფერიში, 17 ოქტ., და მოკვდა 19 ოქტ., 1859.

(ჩემს ცოლს შეუძლია ზემოაღნიშნული ცარელა თარიღები შეავსოს.)

---

[523] ეს გახლავთ ისტორიული მნიშვნელობის პრეცედენტი. ბრაუნი გვამცნობს რომ სიტყვიერი დანაბარები წერილობითზე უპირატესია, ისევე როგორც სიტყვიერი ანუ დაუწერელი კანონია უპირატესი წერილობითზე, მნიშვნელობით და ქრონოლოგიურადაც: დიახ, კანონმცოდნეებს და მოსამართლეებს ავიწყდებათ რომ კანონი უწინარესად სიტყვიერია. "ხოლო ნაყოფისაგან ხისა, რომელ არს შორის სამოთხისა, თქუა ღმერთმან, არა სჭამოთ მისგანი, არცა შეეხნეთ მას, რათა არა მოჰკუდეთ" (დაბადება 3:3). ეს პირველი კანონი სიტყვა იყო და არა – წერილი. ეს სიტყვა, ეს პირველყოფადი და ელემენტური კონსტიტუციური იარაღი ყოველ ჩვენგანშია ჩაძერწილი – ქრისტეანშიც და წარმართშიც – სინდისის სახით, და იგი ყველა იურიდიულ დადგენილებასა და კონსტიტუციაზე უპირატესია და ქრონოლოგიურადაც წინ უსწრებს მათ, რამეთუ ეგვიპტისა და შუამდინარეთის კანონმდებლობაზე უწინ, მოსეს მიერ გადმოცემულ ათ მცნებაზე უწინ, ყველა ეროვნულ კანონზე უწინ სწორად ეს სიტყვიერი კანონი კანონობდა. ჯონ ბრაუნის სიტყვაც სწორად ამიტომაა ყველა იურიდიულ ინსტრუმენზე, თუნდაც საკუთარ ანდერძზე უპირატესი, და ეს თავად ბრაუნმაც, როგორც ჭეშმარიტმა ქრისტეანმა, კარგად იცის.

[524] სახარებაი იოვანესი 16:33.

ჯონ ბრაუნი, დაბადებული 9 მაისს, 1800, მოკლეს ჩარლზთაუნში, ვირჯინია, 2 დეკ., 1859.

დასკვნა

ბრაუნი ამ წერილებში ხშირად ახსენებდა რომ ჭეშმარიტების ქადაგებით სიკეთის ქმნის შესაძლებლობა მიეცა იმ ადამიანებისთვის რომლებიც ცნობისმოყვარეობის გამო მოდიოდნენ ციხეში მის სანახავად, ანდა ჯონ ბრაუნის სინანულში ჩავარდნასა და ცოდვების მონანიებაში დასახმარებლად; ყოველივე ეს განმარტებას საჭიროებს. თუმცა ბრაუნი ისე იყო დაბორკილი და იმდენი გუშაგი ეხვია გარს, როგორც ვირჯინიის შტატში არავის და არასოდეს ფოვათანისა[525] და მისი ინდიელების მიერ ჯონ სმითის დაჭერის შემდეგ,[526] ჯონ ბრაუნის მოსანახულებლად უამრავი ბელადი და მღვდელი მოდიოდა იმ ტომებიდან რომლებიც მაშინ ფოვათანის მხარეში ბატონობდნენ, და ზოგიერთი ისეთი კაცებიც მოდიოდნენ რომლებიც მისმა გულადობამ და თავდადებამ შეძრა. ასეთ პირებს ჯონ ბრაუნი სიმართლის საკუთარი ერბოქვით [527] ზომავდა, ჭეშმარიტების მარცვალს უზიარებდა, და თითოეულს ისე ეპყრობოდა, როგორც თავად ამ პიროვნების ღირსება და პიროვნება იმსახურებდა, რაც არ უნდა ყოფილიყო სტუმრის აზრი და შეხედულება. რა თქმა უნდა, მისი ხშირი სტუმრები იყვნენ ვირჯინიელი მღვდელმსახურები და მოხეტიალე მქადაგებლები, რომლებსაც ბრაუნთან ერთად ლოცვა და მისი მოქცევა და ცთომილებებიდან გამოყვანა ეწადათ. ერთერთმა ამათგანმა შემდგომ თქვა რომ როდესაც ჯონ ბრაუნს ერთად ლოცვა შესთავაზა, მოხუცი კაცი შეეკითხა მზად იყო თუ არა, საჭიროების შემთხვევაში, მონების თავისუფლებისთვის ებრძოლა. მიიღო რა უარყოფითი პასუხი, ბრაუნმა თქვა: "მადლობას მოგახსენებდი თუ მარტოს დამტოვებდი; შენი ლოცვანი ზიზღისმომგვრელი იქნებოდა ჩემი ღმერთისთვის." ერთ სხვა ამისთანას კი უთხრა რომ ის "ღმერთს შეურაცხყოფას არ მიაყენებდა იმ ადამიანთან ერთად თავდახრილი ლოცვით რომელსაც მონის სისხლი ანაფორაზე აცხია." ერთხელ ერთი მეთოდისტი მქადაგებელი სახელად მარჩი ბრაუნს საკანში უმტკიცებდა მონათმფლობელობა "ქრისტიანული დაწესებულებააო", მისმა მსმენელმა მოთმინება დაკარგა და ასე უპასუხა: "ძვირფასო ბატონო, შენ ქრისტეანობისა არა გაგეგება რა; ვხედავ ძალიან გესაჭიროება მისი ანისა და ბანის შესწავლა; ჩემი ღრმა რწმენით სრულიად უცოდინარი ხარ და საერთოდ არ იცი თუ რას ნიშნავს სიტყვა ქრისტეანობა." [528] შეატყო რა რომ მისი სტუმარი ასეთი უშუალო და

---

[525] პოვატანი ანუ ფოვათანი – ნაგულისხმებია ინდიელების ერის, ფოვათანების ბელადი. მათ მეფეს "ზელადი ფოვათანი" ეწოდებოდა. ფოვათანები ვირჯინიის ტერიტორიაზე ბინადრობდნენ და მათ ერში, ფოვათანების გარდა, სხვა ტომებიც შედიოდნენ. მათი რიცხვი დაახლოებით 20,000-ს შეადგენდა.

[526] ჯონ სმითი (1580-1631) – ინგლისელი სამხედრო მოსამსახურე, ნიუ ინგლენდის ადმირალი, მკვლევარი, მოგზაური და მწერალი. დუელში სამი თურქი სარდლის მოკვლისთვი მას ტრანსილვანიის პრინცისგან რაინდის წოდება მიენიჭა, თუმცა შემდეგ თათრებთან ბრძოლაში დაატყვევეს და მონობაში გაყიდეს. ყირიმში მოუწია ცხოვრება, იქიდან მოსკოვში გაიქცა და 1604 წელს ინგლისში დაბრუნდა. ჩრდილოამერიკაში მან დააარსა პირველი მდგრადი ინგლისური ახალშენი, ჯეიმზთაუნი, ვირჯინიის კოლონია. ამაში მას ნაწილობრივ დაეხმარა ინდიელთა პრინცესა პოკაჰონტასი, რომელმაც შემდგომ ქრისტეანობა მიიღო, ჯონ როლფს გაჰყვა ცოლად და სახელი რებეკა როლფად შეიცვალა. ერთხელ ჯონ სმითი პოკაჰონტასის ტომმა შეიპყრო როცა მდინარე ჩიკაჰომინიზე საკვებს ეძებდა. სმითი უნდა მოეკლათ, მაგრამ მას თავად პრინცესა პოკაჰონტასი გადაეფარა და სიკვდილისგან იხსნა.

[527] ერბოქვა – სასინჯი ქვა.

[528] ამ საუბრებიდან გამომდინარე ნათლად ჩანს, რომ სამხრეთის ეკლესია ფარისეველთა და ჰიპოკრიტთა ეკლესია იყო და არა – ქრისტესი. ბრაუნის აზრს ემთხვევა უძველეს ინდურ სიბრძნის წიგნში, "პანჩატანტრაში" გადმოცემული მსოფლმხედველობაც. "პანჩატანტრა" ჩვენს

პირდაპირი ლაპარაკით შეცბუნებული იყო, ჯონ ბრაუნმა დაამატა, "მე შენ პატივს გცემ როგორც ჯენთლმენს; მაგრამ მხოლოდ როგორც *წარმართ* ჯენთლმენს." ერთ ქალბატონს, რომელმაც ჯონ ბრაუნი ციხეში მოინახულა, მან ასე უთხრა: "არა მგონია ჩემი უფალი და ბატონი იესუ ქრისტე დავგმო, რაც მხოლოდ მაშინ მოხდება თუ ის პრინციპები დავგმე რომლებიც მონობის წინააღმდეგ მაქვს. დიახ, მე მის წინააღმდეგ მუდამ ვქადაგებ; კაპიტანმა ეივისმა ეს ხომ კარგად უწყის;" ამ სიტყვებზე მეციხოვნემ გაიღიმა და მიუგო, "დიახ." ჩარლზთაუნის მოქალაქე, სახელად ბლესინგი, ციხეში ბრაუნის ჭრილობებს უვლიდა, და მისდამი სხვა სიკეთე და ყურადღებაც ჰქონდა გამოჩენილი, რის გამოც ჯონ ბრაუნს, რომელიც სინდისიერი და პუნქტუალური იყო სიკეთის დანახვის, აღიარებისა და გადახდის საქმეში, მისთვის რამენაირად სიკეთის მიგება სურდა. ნოემბრის ერთერთ ბოლო დღეს, ანუ, აქედან გამომდინარე, მისი სიცოცხლის ბოლო კვირას, ბრაუნმა ბატონ ბლესინგს დაუძახა და სთხოვა მადლიერების ნიშნად მისი ჯიბის ბიბლია მიეღო. ამ წიგნში, რომელიც იაფფასიანი გამოცემა იყო წვრილი ნაბეჭდით, ბევრი ხმარებისგან ძლიერ გაცვეთილი, გვერდების კუთხეების გადაკეცვითა და მინდვრებზე მუქი ფანქრის ხმარებით, ბრაუნს ასეულობით ნაწყვეტი მოენიშნა რომელიც ადამიანთა შორის მონობას ასე თუ ისე პირდაპირ გმობდა. ფორზაცზე ასე წაეწერა: –

ჯონ ეფ. ბლესინგს, ჩარლზთაუნის მოქალაქეს, ვირჯინია, ქვემორე ხელმომწერის საუკეთესო სურვილებით, და მიღებული კეთილი საქმეებისთვის მისი გულწრფელი მადლიერებით. ქვეყანაზე არ არსებობს ისეთი კარგი კომენტარი, რომლითაც ამ კურთხეული წიგნის სწორი გაგებაა შესაძლებელი, როგორიც წრფელი, ბავშური და სწავლაში მორჩილი სულია.[529]

ჯონ ბრაუნი.

ჩარლზთაუნი, 29 ნოე., 1859.

მოპირდაპირე გვერდზე მისი საკუთარი სახელი, როგორც წიგნის მფლობელისა, ისე მიეწერა, და ამას მაშინვე ეს წარწერა მოსდევდა: –

"ფურცლები ჩარლზთაუნში ციხეში ყოფნისას მის მიერ იქნა გადაკეცილი. იმ ნაწყვეტების მხოლოდ მცირე ნაწილია მონიშნული რომლებიც ჩაგვრასა და ძალადობას სრულიად პირდაპირი ენით გმობენ."

წელთაღრიცხვამდე III საუკუნეშია შედგენილი. აქ ნათლად ჩანს, რომ უძველესი ქვეყნები სწორად ისევე იყვნენ სავსე ფარისევლებით, როგორც ბრაუნის ქვეყანა, ანდა... როგორც ჩვენი: "რა აზრი აქვს საუბარს, თუ მისი ბოლო და შედეგი ქმედება არაა?" იხილეთ "პანჩატანტრა", წიგნი III.

[529]რაოდენ დიდი მსგავსებაა ჯონ ბრაუნსა და დავით გურამიშვილს (1705-1792) შორის. სწორად ამაზე აქვს ნათქვამი გურამიშვილს: "მაგრამ მარტო წვრთნა რას იზამს, თუ ბუნებამც არ უშველა?" წვრთნაა წმიდა წერილი და მისი ეგზეგეტიკა, მაგრამ ბუნებაა "წრფელი, ბავშური და სწავლაში მორჩილი სული" ურომლისოდაც ვერ მოხერხდება ქრისტეანობის, კაცობრიობისთვის ცნობილი ამ უდიდესი სიბრძნის, შემეცნება.

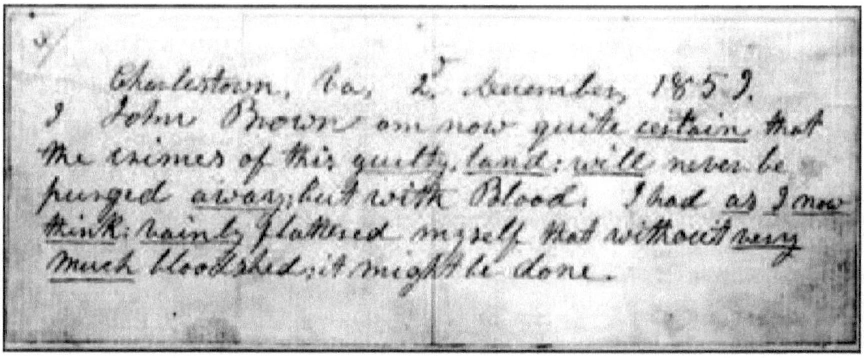

Charlestown, Va, 2nd, December, 1859.
I John Brown am now quite certain that the crimes of this guilty, land: will never be purged away; but with Blood. I had as I now think: vainly flattered myself that without very much bloodshed; it might be done.

ჯონ ბრაუნის წინასწარმეტყველება.
JOHN BROWN'S PROPHECY.

შესაძლოა, ჯონ ბრაუნის უკანასკნელი ნაწერი სწორად ეს წინადადებაა, რომელიც მან ერთერთ გუშაგს მისი ჩამოხრჩობის დილას ციხეში გადასცა: –

მე, ჯონ ბრაუნი, ახლა საკმაოდ *დარწმუნებული* ვარ რომ ამ ცოდვილი მიწის დანაშაულები მხოლოდ *სისხლით* თუ განიწმიდება. თავს ვიიმედებდი, და ახლადა ვხვდები რომ სრულიად ამაოდ, რომ ბევრი სისხლისღვრის გარეშე ეს შესაძლებელია-მეთქი.

"თვინიერ სისხლის დათხევისა არა იყო მოტევებაი." [530] ეს გახლდათ ჯონ ბრაუნის ძველებური ღმრთისმეტყველება, რომლის სიმართლის შემოწმება და დასტური ერს სულ მალე ხვდა წილად სასტიკი მაგრამ სასარგებლო სამოქალაქო ომის სახით. ბრაუნთან ჩემი პირველი სერიოზული საუბრისას, 1857 წლის იანვარში, როდესაც დამარწმუნა რომ ქრისტეს ოქროს წესი და ჯეფერსონის დეკლარაცია ერთი და იგივეს ნიშნავდა, ჯონ ბრაუნმა შემდგომ ასე განაგრძო: "ყოველთვის მახარებდა მოძღვრება რომ ყველა კაცი თანასწორუფლებიანადაა შექმნილი; და ჩემი გონებისთვის ეს ჩვენი მხსნელის ბრძანებას ჰგავს, 'შეიყუარო მოყუასი შენი, ვითარცა თავი თვისი,'[531] და განა შეიძლება მოყვასის ასე ძლიერ სიყვარული თუ ეს კაცი შენი თანასწორი არაა? ასეთია მოძღვრება, ბატონო; და მის შეუსრულებლობას და მარცხს უმჯობესია მსოფლიოში, ანდა ამ შტატებში, მთელი თაობა ყველაზე საშინელი სიკვდილით გაწყდეს. უმჯობესია ცა და დედამიწა დაემხოს ვიდრე ამ მოძღვრების ერთი პწკარი თუ ერთი წინადადება არ ასრულდეს."[532] აი, ასეთი იყო რწმენა რომელიც მან სიკვდილამდე გულით ატარა.

---

530 ებრაელთა მიმართ 9:22.

531 სახარებაი მათესი 19:19. ზუსტად იგივეა ნაბრძანები მთელ ბიბლიაში: ლევიტელნი 19:18, სახარებაი მათესი 22:39, სახარებაი მარკოზისი 12:31, ჰრომაელთა მიმართ 13:9, სახარებაი ლუკაისი 10:27, გალატელთა მიმართ 5:14.

532 დიდი ინგლისელი ქრისტეანი მწერალი და მქადაგებელი, ჯონ ბანიანი (1628-1688) მსგავსად წერს ქრისტეანობისა და "ბიბლიის" უტყუარობაზე: "...მან ბიბლიის შესახებ განაცხადა, რომ ამ წიგნში მოცემული ყველა პწკარი და სათაური ბევრად უფრო მტკიცეა, ვიდრე თავად ზეცა და დედამიწა". იხილეთ ჯონ ბანიანის "პილგრიმის წინსვლა".

ᲯᲝᲜ ᲑᲠᲐᲣᲜᲘᲡ ᲞᲘᲠᲝᲕᲜᲔᲑᲐ ᲓᲐ ᲡᲘᲙᲕᲓᲘᲚᲘ

წერილებიდან შეგვიძლია იმის გაგება თუ როგორ ცხოვრობდა ბრაუნი ციხეში; მაგრამ ამას გარდა ხალხში დადიოდა მისი გამონათქვამები, სასჯელის მისჯის დღიდან ჩამოხრჩობამდე, რომლებიც იმ ადამიანებმა გადმოგვცეს ვინც ბრაუნი თავად იხილეს ციხეში ბორკილდადებული. ნიუ-იორკელ ქალბატონ სფრინგს, რომელმაც 6 ნოემბრისთვის ჯონ ბრაუნის საკანში მონახულების უფლება მთავრობისგან მიიღო, ბრაუნმა უთხრა: "ახლა საკუთარ თავს აღარ ვკიცხავ განცდილი მარცხისთვის; რაც შემეძლო გავაკეთე. არა მგონია სიკვდილზე უკეთესი რამის გაკეთება შემეძლოს იმ მიზნისთვის რომელსაც ვემსახურები; და მკვდარს ალბათ იმაზე მეტის გაკეთება შემიძლია ვიდრე ცოცხალს. ოდნავადაც არ მაღელვებს სასჯელი რომელიც მათ ჩემს წინააღმდეგ გამოაცხადეს; ეს პირველი შემთხვევა არაა როდესაც სიკვდილს ჩავხედე თვალებში. ისე მშვიდად მძინავს როგორც ჩვილ ბავშვს; ანდა როცა მღვიძავს, მაშინ დიდებული ფიქრები მომდიან თავში, რომ გონება გამირთონ. არა მგონია ჩემი უფალი და ბატონი იესუ ქრისტე უარვყო, აქ ამ ციხეში ანდა თუნდაც ეშაფოტზე; მაგრამ ნამდვილად ქრისტეს დაგმობა იქნება თუ მონობის წინააღმდეგ ჩემი პრინციპები უარვყავი. სწორად გაჭირვების გასაძლებად ვარ ცხოვრებისგან გამოწრთობილი," დაამატა ბრაუნმა, "მაგრამ ერთი დაუძლეველი სისუსტე მაქვს; მთელი ჩემი ცხოვრება წვეულებაზე ქალბატონებისა და ბატონების შეხვედრისა ბევრად უფრო მეშინოდა ვიდრე შეიარაღებული მამაკაცების მთელი რაზმისა." მის ძველ ფენსილვეინიელ მეზობელს, ბატონ ლაურის, ნება დართეს ჯონ ბრაუნი ციხეში მოენახულებინა, და მაშინ იგი ბრაუნს მისი კანზასის კამპანიების შესახებ შეეკითხა. "ჟამი და შთამომავლობის მიერ გამოტანილი გულრწრფელი განაჩენი," თქვა ბრაუნმა, "კანზასში მონობის დაარსების წინააღმდეგ ჩადენილ ჩემს ყველა ქმედებას გაამართლებს. მე არასოდეს დამიღვრია მოყვასის სისხლი, გარდა თავდაცვისთვის, ან სამართლიანი მიზნის მისაღწევად." მაშინ როცა ეს საუბარი მიმდინარეობდა გუბერნატორი ვაიზი ციხის მახლობლად ვირჯინიის საჯარისო მილიციას ათვალიერებდა, და ამ საზეიმო შემოწმების გამო დოლებისა და საყვირების დიდი ხმაური ატყდა. ჯონ ბრაუნს მეგობარმა ჰკითხა: "არ გაღიზიანებს ეს სამხედრო მუსიკა?" "სულაც არა," თქვა ბრაუნმა, "სულისშთამდგმელი და აღმაფრთოვანებელია. გარეთ ჩემს მეგობრებს გადაეცით რომ მხნედ და ხალისიანად ვარ." გუბერნატორი ვაიზის ვაჟიშვილი ამ მოვლენიდან სულ ცოტა ხნის შემდეგ ერთ ვირჯინიელ პოლკოვნიკს[533] ახლდა ბრაუნის საკანში, როცა პოლკოვნიკი ჯონ ბრაუნს შეეკითხა მღვდელმსახურის სტუმრობას თუ ისურვებდა მისთვის "სარწმუნოების თანაგრძნობა" რომ მიეცა. ბრაუნმა მათაც იგივე გაუმეორა რაც მეთოდისტებს, [534] – რომ არც ერთ მონათმფლობელს ანდა მონათმფლობელების დამცველს ქრისტეანად არ ცნობდა, აზრი არ ჰქონდა საერო პირი იყო ეს თუ სასულიერო; და დაამატა რომ მაშინ რაღა

[533] კოლონელი (გამოითქმის როგორც "ქარნალ") – იგივეა რაც პოლკოვნიკი. შამხედრო თუ საპოლიციო რანკის ეს სახეობა იხმარება ამერიკაში, დიდ ბრიტანეთში, კანადაში, ინდოეთში, პაკისტანში, ბელგიაში, ესტონეთსა და ჰოლანდიაში.

[534] მეთოდიზმი – პროტესტანტებს შორის არსებული მოძრაობა, რომელშიც სხვადასხვა ეკლესიებია გაერთიანებული.

მონათმფლობელი მღვდლები, ბარემ თაღლითები და ყველაზე საშინელი ყაჩაღები დასდგომოდნენ გვერდით ეშაფოტთან; მისი ნება რომ ყოფილიყო, ერჩია თავის "საჯარო მკვლელობაზე," როგორც ამ სიკვდილით დასჯას თვითონ უწოდებდა, მას გაჰყოლოდა "ტერფშიშველი, ფეხშიშველი, დაკონკილი მონა ბავშვები და მათი მოხუცი ჭაღარათმიანი მონა დედა," ვიდრე ასეთი მღვდელმსახურები. "ბევრად უფრო მეამაყებოდა ასეთი ესკორტი," თქვა მან, "და ნეტავ მყავდეს კიდეც." უეჭველია მისი ამ ნათქვამიდან, რომელიც რამდენიმეჯერ განმეორდა, აღმოცენდა ლეგენდა რომ სახრჩობელებისკენ მიმავალმა ჯონ ბრაუნმა ხელში პატარა მონა-ბავშვი აიყვანა, აკოცა, და დედამისს მკლავებში დაუბრუნა. ამ ინტერვიუს დღეს, ბრაუნი კიდევ ერთხელ დაჰკითხეს პოტავატომიში მონათმფლობელების სიკვდილით დასჯის შესახებ, რაზეც მან თქვა, სიტყვასიტყვით სწორად ის რასაც ამ მკვლელობების შემდეგ მუდამ იმეორებდა, "მე არც ერთი იმ კაცთაგანი არ მომიკლავს, მაგრამ მიზანშეწონილად მიმაჩნდა მათი მოკვლა." ჯონ ბრაუნმა სიხარული გამოთქვა რომ გუბერნატორმა ვაიზმა ბრძანება გასცა მისი ცხედარი ბრაუნის ცოლისთვის ჩაეტანათ ნორთ ელბაში, და მოითხოვა ქალბატონ ბრაუნს ციხის უფროსი დახმარებოდა, არამარტო ამაში, არამედ მისი ვაჟიშვილებისა და ნორთ ელბას სხვა ფერმერების ნაშთების შეგროვებაში რომლებიც ჰარფერზ ფერიში დაიღუპნენ, რომ ჯონ ბრაუნთან ერთად დაკრძალულიყვნენ, — და განაცხადა სურვილი რომ მათი ცხედრები დაეწვათ, და ძვლები და ფერფლი მის ადირონდაკის სახლში წაეღოთ.[535] რაც შეეხება ბრაუნის ციხიდან დახსნას, მან მანამდე უკვე განაცხადა: "არა მგონია მიზანშეწონილი იყოს ჩემი სიცოცხლის გადარჩენის რომელიმე მცდელობა წავაქეზო. იქნებ ვცდები, მაგრამ ასე მგონია ჩემს დიად მიზანს ჩემი სიკვდილით უფრო მალე მივაღწევ ვიდრე სიცოცხლით. მთელ ამ საქმეზე ცოტა უნდა დავფიქრდე." ფიქრის შემდეგ, სიკვდილამდე რამდენიმე დღის წინ ასე თქვა: "დარწმუნებული ვარ ჩემს ვაჟიშვილებს გაუჭირდებათ ჩემს ბედზე ისე ფიქრი რომ თან რამენაირად ჩემს გადარჩენაზეც არ იფიქრონ; მაგრამ ეს გადარჩენა დასაშვები იქნებოდა მხოლოდ იმ შემთხვევაში ციხეში გარკვეული ვადით რომ ვიჯდე, და არა სიკვდილმისჯილი, და მხოლოდ ციხის ჩვეულებრივი დაცვა მდარაჯობდეს და არა საგანგებო დანიშნულების რაზმი. არანაირი მსგავსი მცდელობა არ მოხდება ასეთი დიდი საჯარისო ძალის წინააღმდეგ, რომელიც ახლა ციხეს დარაჯობს." ეს კი არადა, მეგობრებს ანიშნა კიდეც ციხიდან თავის დახსნის არანაირი სურვილი რომ არ ჰქონდა, და მალე ყველასთვის ნათელი გახდა, როგორც ეს ბრაუნს განგებამ უშუალოდ გამოუცხადა, რომ მისი სიკვდილი, სამსონისა არ იყოს, მისი უკანასკნელი და უდიდესი გამარჯვება უნდა ყოფილიყო.

ცოცხალმაც და მკვდარმაც ის საქმე აღასრულე,
რომლისთვისაც ქვეყნად მოევლინე დაჩაგრულებს,
შენი თავი ისრაელს უწინასწარმეტყველეს,
შენი გამოცხადება ღმრთის ნებაზე მეტყველებს.
ახლა წევხარ განგმირული, ასეთია დროება,

---

535 სხვაგვარად შეუძლებელი იქნებოდა – მაშინ გვამების ვირჯინიიდან ჩრდილო ნიუ იორკამდე გადატანა იმდენად ხანგრძლივი პროცესი იყო, რომ ისინი უსათუოდ გაიხრწნებოდნენ. ბრაუნის ეს გადაწყვეტილება პრაქტიკულობას ეფუძნებოდა, თორემ სხვა შემთხვევაში არათუ ბრაუნი, არამედ არც ერთი ნიუ ინგლენდელი კრემაციას არ იზამდა.

ყველა გმირის სიკვდილი ერს ესაჭიროება;
ასეთია უზენაეს უფლის განგებულება,
სიკვდილია, სამსონ, შენი დიდი ვალდებულება;
სიცოცხლეში მტერი კალი, დღეს სხვა ბრძოლას აჩაღებ –
თავად მოკვდი, და ამ სიკვდილით მუსრი ავლე ყაჩაღებს.[536]

იქნებდა, ბოსტონელი რასელების მეშვეობით იყო, რომლებიც პირველები იყვნენ ბრაუნის პირადი მეგობრებიდან ვინც ის საკანში მოინახულეს, რომ ციხიდან გამოხსნასთან დაკავშირებით მისი ინტუიციის შესახებ შევიტყეთ. მოსამართლე რასელი და მისი ცოლი, როგორც კი შესაძლებელი გახდა მონობის მოწინააღმდეგე მეგობრების მიერ დაპატიმრებულ ბრაუნთან შეხვედრის რთული საქმის მოწყობა, ბოსტონიდან მაშინვე გამოეშურა – მოსამართლე რასელი კაპიტან ბრაუნს იმ საბაბით შეხვდა რომ სასამართლო პროცესისას მისი ადვოკატი იქნებოდა, ქალბატონი რასელი კი, თავისი ქალური ინსტინქტით, გაჰყვა ქმარს ამ მოგზაურობაში. თან თავისი ნემსი წაიღო, ჯონ ბრაუნს დახეული და დაჭრილი ტანისამოსი დაუკერა, მერე გუშაგი ტანსაცმლის ჯაგრისის მოსატანად გაგზავნა, და ამასობაში მოწამესთან რამდენიმე სიტყვის კერძოდ, კონფიდენციალურად დალაპარაკება მოასწრო. ამ სტუმრობის შესახებ მოსამართლე რასელი ამბობს: –

"ზეწვზე მივუსწარი მომესმინა, როცა ბრაუნს სასიკვდილო განაჩენი გამოუტანეს, ის ბრწყინვალე სიტყვა რომელშიც, იმის მაგივრად რომ მისი მსმენელები ქრისტეანებად ჩაეთვალა, და ქრისტეანულ საწყისებზე აეგო მთელი თავისი მსჯელობა, მან თქვა: 'ვხედავ ფიცის ჟამს როგორ ეამბორებით ამ წიგნს, კანონით ბიბლია რომ უნდა იყოს, ან ბიბლია თუ არა ახალი აღთქმა მაინც,' და ამ სიტყვებით მან მიგვახვედრა რომ ქრისტეანობა მთლად უცნობი არ უნდა ყოფილიყო ხალხისთვის. შემდგომ ქალბატონ რასელთან ერთად ციხეში მის სანახავად წავედი, და იგი ძალიან ხალისიან და კარგ განწყობაზე ვიხილეთ. მან თქვა: 'არანაირ ნაკლს არ ვხედავ იმ ხერხში რომლითაც ჩემი მოკვლა გადაწყვიტეს; სირცხვილი და თავის მოჭრა რომელსაც ხალხი ჩამოხრჩობას უკავშირებს მე სრულებითაც არ მადარდებს. ჭეშმარიტად, ვიცი რომ ის შეცდომები რის გამოც ჩემი გეგმა ჩაიშალა ქვეყნიერების შექმნამდე იყო ცნობილი და დაწერილი. ჩემი ქმედების გზა ჩემზე ისევე არ იყო დამოკიდებული, როგორც ზარბაზნის გასროლა არაა დამოკიდებული მისი დაცემის ადგილზე.' ის კმაყოფილი იყო თავისი ნამოქმედარით."

მოგიყვებით ბრაუნსა და მის ცოლს შორის გამომშვიდობებას სიკვდილამდე ერთი დღით ადრე; ეს იყო უბრალო და გმირული საქციელი, რომელიც ორივე მათგანის ხასიათს შეეფერებოდა. მათ ციხის უფროსთან მის საკუთარ ბინაში ივახშმეს; და ამგვარად, სასჯელის მისჯის დღიდან მოყოლებული ჩამოხრჩობის დღემდე, იქნებდა პირველად, სიკვდილმისჯილ კაცს საკნის დატოვების უფლება მიეცა. იმ დღეს, 1859 წლის 2 დეკემბერს, იგი თავისი საკნიდან წამოიყვანეს რომ თანამებრძოლებს გამომშვიდობებოდა. ქოუფლენდი და შილდზ გრინი ერთ საკანში იყვნენ; ქუქი და ქაფაქი – მეორეში, სტივენსი კი ცალკე იყო დატუსაღებული. ორ

---

[536] ნაწყვეტია დიდი ინგლისელი პოეტის, ჯონ მილტონის (1608-1674) დრამიდან "სამსონ აგონისტეს" ანუ "აგონისტი სამსონი".

ერთგულ ზანგ კაცს ბრაუნმა უთხრა: “ფეხზე წამოდექით და კაცებივით წელში გაიმართეთ, და არასოდეს გაყიდოთ თქვენი მეგობრები!” ქუქს, რომელიც დაკითხვისას გატყდა და სასამართლოში სინანული გამოთქვა, ბრაუნმა უთხრა: “შენ ყალბი ჩვენება მიეცი, – რომ ვითომცდა მე გაგაგზავნე ჰარფერზ ფერიში: იცი რომ მე თავიდანვე არ მინდოდა შენი აქ წამოსვლა.” ქუქმა ჩაიბურტყუნა, მაგრამ თავი დახარა, და ბოლოს უპასუხა, “კაპიტანო ბრაუნო, შენ და მე ერთმანეთისგან განსხვავებულად გვახსოვს მომხდარი.” ქაფაქს, ბრაუნმა უთხრა: “შენც ყალბი ჩვენება მიეცი, მაგრამ მოხარული ვარ იმის გაგებით რომ მოგვიანებით მაინც გადათქვი და უარყავი ეს ტყუილი. ფეხზე ადექი და წელში კაცივით გაიმართე!” მან ყველას ხელი ჩამოართვა, და თითოეულს ვერცხლის პატარა ფული მისცა სამახსოვროდ. სტივენსთან მისი ინტერვიუ უფრო თბილი და ახლობლური იყო; რადგანაც ეს მტკიცე ჯარისკაცი მისი დიდი საყრდენი და მარჯვენა ხელი იყო. “კარგად იყავი, კაპიტანო,” თქვა სტივენსმა; “ვიცი რომ უკეთეს მიწაზე მიდიხარ.” “ვიცი რომ მივდივარ,” იყო პასუხი; “მედგრად იდექი, როგორც აქამდე, და არასოდეს გაყიდო შენი მეგობრები.” ბრაუნმა არ ინდომა მეექვსე ტუსაღის, ჰეზლეთის ნახვა, – ყოველთვის დაჟინებით ამტკიცებდა რომ ამ კაცს არ იცნობდა.[537]

ამასობაში ვირჯინიის ჯარისკაცები, რიცხობრივად ორიათასზე მეტი, მინდორში შეკრებილიყვნენ სადაც სახრჩობელები აღემართათ, ზარბაზნითა და მხედრიონით, და მთელი საომარი ზარ-ზეიმით. თერთმეტ საათზე ბრაუნი ციხიდან გამოვიდა, მოდიოდა მტკიცედ და ხალისიანად, და ავიდა იმ ურემში რომელსაც იგი ეშაფოტისკენ უნდა წაეყვანა. ციხის უფროსის გვერდით იჯდა, და სოფელს გადაავლო თვალი, ჯარისკაცებს, ახლო-მახლო მინდვრებსა, და შორეულ ბორცვებს, რომელთა უკანაც ბლუ რიჯის მთები აღმართულიყვნენ. თვალი მოავლო მზესა და ზეცას, გეგონება დედამიწას ემშვიდობებაო, და ბოლოს თანამგზავრებს უთხრა: “ლამაზი მხარეა; აქამდე მისთვის თვალი არ შემევლო, – სამხრეთის მიმართულებით, ვგულისხმობ.” ეშაფოტს რომ მიუახლოვდა, კიბის საფეხურებზე ავიდა, და პირველი იყო სიკვდილმისჯილებს შორის რომელმაც იქ ფეხი შედგა, – წელში გამართული და მშვიდი, და სახეზე ღიმილი მოჰფენოდა. გაკოჭილი ხელებით ქუდი მოიხადა, ეშაფოტზე გვერდით მოისროლა, და გამოჩენილი სიკეთისთვის ციხის უფროსს კიდევ ერთხელ მოუხადა მადლობა, და თან უხმოდ დანებდა რომ უფრო მჭიდროდ გაეკოჭათ და თავსაბურავი თვალებზე ჩამოეფხატათ და კისერზე თოკი მოერგოთ. “ვერ ვხედავ, ბატონებო,” თქვა მან; “თქვენ უნდა გამიძღვეთ;” და სახრჩობელის ჩასავარდნ ორმოზე დააყენეს. “როცა

537 ალბერტ ჰეზლეთი ბრაუნის თანამებრძოლი იყო ფენსილვეინიის შტატიდან. მას შემდეგ რაც ბრაუნი და მისი რაზმი ალყაში მოექცენ, ჰეზლეთმა და ზანგმა აზბორნ ფერი ენდერსენმა ერთად ფენსილვეინიაში გაქცევა მოახერხეს. ენდერსენი გადარჩა (მას “მიწისქვეშა რკინიგზა” დაეხმარა: ფენსილვეინიის ქალაქ ჩეიმბერსბურგში – ჰენრი ვადსონი, იორკში – ვილიემ გუდრიჯი, და ფილადელფიაში – ვილიემ სთილი) და შემდეგ სამოქალაქო ომში იბრძოდა, ჰეზლეთი კი, სამწუხაროდ, დაიჭირეს და 22 ოქტომბერს ექსტრადაციით ვირჯინიაში გადმოიყვანეს. ბრაუნი ბოლომდე ამტკიცებდა რომ ჰეზლეთს არ იცნობდა, რადგან მისი გადარჩენა ეწადა. ამაოდ. ჰეზლეთი 1860 წლის 16 მარტს ჩამოახრჩეს. აღსანიშნავია თუ რას ამბობს, ფრენქლინ სენბორნის თანახმად, ბრაუნის ამ უარყოფაზე ერთერთი მისი ციხის დარაჯი: “გულადი კაცი იყო, და საშინელი სიძულვილის გრძნობა ჰქონდა მხდალების მიმართ. მას არ ადარდებდა დატუსაღების შემდეგ თვითონ რა მოუვიდოდა, სამაგიეროდ მთელი მისი გონება მიმართული იყო იმ თანამებრძოლების გადასარჩენად რომლებიც მასთან ერთად იყვნენ დაპატიმრებულები; და თავი ისე ეჭირა, ვითომ მათ არც კი იცნობდა.”

იტყვით, მზად ვარ, – ნუ მალოდინებთ," გადმოცემით ვიცით რომ ეს იყო მისი ბოლო სიტყვები. არც უკანასკნელი სიტყვის თქმის უფლება მისცეს, არც მოქალაქეებს მისცეს უფლება ეშაფოტს მიახლოვებოდნენ, რომელსაც მხოლოდ საჯარისო მილიცია ერტყა გარს. მას ბოლო სიტყვის თქმა არც უნდოდა, მხოლოდ სურდა რომ მისი სატანჯველი ღირსეულად და ჩუმად, უსიტყვოდ მოეხადა. ბრაუნის საჯარო მკვლელობის ცერემონია ისე შესრულდა როგორც დაგეგმილი იყო; და მას შემდეგ რაც მისი სხეული თითქმის ერთი საათი აკონწიალეს სახრჩობელაზე, მიწისა და ზეცის დასანახად, რომ ჩვენი ერის დასაგმობად კიდევ ერთი კოსმიური და საყოველთაო სამხილი ცხადყოფილიყო, ნება დართეს ჩამოეხსნათ და კუბოში ჩაესვენებინათ და მერე მის ქვრივს მიართვეს, რომელმაც ქმრის ცხედარი მიიღო და ძრწოლამოცული ქალაქების გავლით ბორცვის ტყიან ფერდობზე გადაასვენა და დღესაც იქაა დაკრძალული. დაკრძალვისას ბრაუნის საფლავთან მდგომმა ამერიკის ყველაზე მჭევრმეტყველმა ტუჩებმა წარმოთქვეს მისი ევლოგია; მაშინ, როცა დიდი წმუხარებით გლოვა გამოცხადდა ასობით სოფელსა და ქალაქში. სამოქალაქო ომი მთელი ძალით მალევე მოჰყვა მის საჯარო მკვლელობას; და ჯონ ბრაუნის დაჭერისა და სიკვდილის ადგილი ძმისმკვლელი ჯარებისთვის ხშირ ბრძოლის ველად იქცა. სანამ თავისუფლება არ გამოცხადდა, და მონები არ განათავისუფლეს სწორად ისე როგორც ბრაუნს ჰქონდა დაგეგმილი, – ძალით, – მანამ არ ეღირსა ამერიკას ეროვნული გამარჯვება.

კარგად ვიცნობდი ჯონ ბრაუნს. ბრაუნი იყო სწორად ისეთი კაცი რომელიც მისი სიტყვებიდან, წერილებიდან, და ქმედებიდან გამოსჭვივის და მტკიცდება, – უბრალო, გულადი, გმირული პიროვნება, რომელსაც არ შეეძლო არაფერი ეგოისტურის თუ სულმდაბლურის ქმნა. მაგრამ ყველა ამ პიროვნულ თვისებებზე მეტად, ის იყო არსება რომელსაც ყველაზე უკეთ *ისტორიული* პირის სახელი შეიძლება ეწოდოს; ანუ, ქრომველისა არ იყოს, მას ჰქონდა გარკვეული წინაზრახული კავშირი მისი ჟამის პოლიტიკურ კრიზისთან, სწორად ამ კრიზისის დასაძლევად იყო განგებისგან შექმნილი მისი ხასიათი, და მასთან ბრძოლას, თვითონ რაც არ უნდა ეცადა, თავს მაინც ვერ აარიდებდა. როგორც ქრომველი და ყველა სხვა დიადი კალვინისტი,[538] მას უსიტყვოდ სწამდა ღმრთის განგებულებისა და წინასწარგანზრახვის და რომ წუთისოფელი და ადამიანთა თუნდაც მიწიერი ცხოვრება სწორად ღმრთის ნებით იმართება. რა თქმა უნდა, ის ქრომველის ანდა კიდევ უფრო მდაბალი ადამიანების ტოლი ბელადობაში ვერ იყო; მაგრამ მისი ცხოვრების არსთან და მიზანთან ამ ღმრთივკურთხეულ, უდრეკ ერთგულებაში იგი არავის ჩამოუვარდებოდა; და ის სახელგანთქმული გახდა და ბევრად უფრო მეტი დიდება მოიხვეჭა თავისზე უფრო ნიჭიერ ადამიანებთან შედარებით სწორად თავისი ხასიათის ამ უდრეკელობითა და უბრალოებით. უეჭველი და გარანტირებულია მისი სახელი და დიდება.[539]

[538] კალვინიზმი – პროტესტანტული თეოლოგიური მიმდინარეობა, რომლის ფუძემდებელია ფრანგი პროტესტანტი რეფორმისტი თეოლოგოსი, ჟან კალვინი (1509-1564).

[539] ხვდებით რა ყოფილა ჭეშმარიტი ნიჭი?! – არა ჭარბი ცეკვა, ხატვა, დაკვრა, არითმეტიკა, ექიმობა, ადვოკატობა თუ სხვა ამნაირი ტაკიმასხარობა, ბელადობა რომ ბელადობაა და ამ ყველა ზემოხსენებულზე ბევრად უფრო რთული, ამაღლებული და საპატიო ხელობა, ისიც კი არა! არამედ რწმენა, – მტკიცე და ურყევი რწმენა, რომლითაც ბრაუნი იმ ხანაში ისევე გამოირჩეოდა მთელი მისი თაობისგან და თუნდაც ქრომველისგან, როგორც ადრეული

შემიძლია ორიოდე სიტყვა ვთქვა ამ გმირის პირად ხასიათსა და თვისებებზე. როდესაც პირველად ვნახე, ორმოცდა-მეჩვიდმეტე წელში იყო, და თუმცა ასაკი და მისი დამახასიათებელი ნიშნები ეტყობოდა, მაინც მხნედ, ენერგიულად და მოძრავად იყო, და კიდევ ახასიათებდა გულადობა და გონების სიდიადე, რითიც დაკვირვებული თვალი მას ნებისმიერ წრეში სხვა ადამიანებისგან ადვილად გამოარჩევდა. იმ ჟამს სუფთად გაპარსული იყო, და ტალღოვანი გრძელი წვერი არ ჰქონდა, როგორც მომდევნო წლებში, რამაც შემდგომ მისი მტკიცე განიერი პირისა და მახვილი ნიკაპის გამომეტყველება შეარბილა. ის წვერი, გრძელი და ჭაღარა, რომელსაც ახლა თითქმის ყველა მისი პორტრეტი ასახავს, ხატოვნებას ჰმატებდა სახეს რომელიც სხვაგვარად თავისი ყველა ნაკვთით იყო მკაცრი და მამაკაცური, თუმცა კი თან ფარული, გულჩათხრობილი სინაზე და სირბილეც გააჩნდა. არწივის თვალები ჰქონდა, – გამჭვალავი მოლურჯო-მონაცრისფრო, ძალიან დიდიც არა, წარბებს ქვეშიდან იმზირებოდნენ.

"უშიშარი გულადობის და თავდაჭერილი სიამაყის,"[540]

და ხან ენერგიით ციმციმებდნენ, ხან კი დაეშვებოდნენ და ქუთუთო გადაეკრებოდათ როგორც არწივის თვალებს. მუქი-ყავისფერი თმა ჰქონდა, აქა-იქ ჭაღარით დაწინწკლული, მოკლე და დაფუნჯული, უკან ატყორცნილი საშუალო სიმაღლის და სიგანის შუბლიდან; მისი ცხვირი არწივისებრი იყო; ყურები გრძელი და ფართო; მისი აღნაგობა გამოკვეთილი და ტლანქი; მისი ხმა ღრმა და ფოლადისებრი; სიარული მტკიცე და შეუპოვარი, თუმცა, როგორც წესი, ნელი. მისი ქცევა და მანერა თავდაჭერილი, და ხალხმრავლობისას მორცხვი; მეტყველებაში გაწაფული არანაირად არ იყო, მაგრამ მისი სიტყვები ყოველთვის უშუალობით გამოირჩეოდნენ და საქმეზე უშუალო, არსებითი საუბარი იცოდა, მისი გამოთქმული აზრი კი ორიგინალური, პირდაპირი, და მახვილი იყო. სახის გამომეტყველება უფრო სერიოზული და მშვიდი ჰქონდა ვიდრე მხიარული; მოგაგონებდა იმ "ნაღვლიან ბრძნულ მამაცობას" რომელსაც ჰერბერთი[541] ასხამს ხოტბას; თუმცა გულწრფელი და ხშირად მღელვარე, მისი სახის იერი სასოწარკვეთილი არასოდეს არ იყო. მოკლედ, შორსმჭვრეტველი თვალისთვის, ჯონ ბრაუნი მაშინ იყო ის, რაც შემდგომ მთელი ქვეყნიერებისთვის გახდა ნათელი, – გულადი და მტკიცე კაცი, რომელსაც კარგად ესმოდა ის რთული საქმე რომელიც მის წინ იდო, და იმაშიც დარწმუნებული იყო რომ მას შეასრულებდა. ტანი მაღალი, გამხდარი, და მბრძანებლური მოყვანილობის ჰქონდა; დგომა სამხედრო; და მისი ტანისამოსი ასახავდა რომ ამ კაცში ჯარისკაცი და დიაკვანი ერთად იყო შერწყმული. შიქაგოუში[542] დახეული და გახუნებული საზაფხულო სამოსი გამოეცვალა რომელიც კანზასში საომარი კამპანიისას ეცვა, და მისი ცხოვრების იმ ერთერთ იშვიათ ჟამს ვიხილე

ქრისტეანი მოწამეები გამოირჩეოდნენ თავის დროზე მთელი თაობებისგან, და აღემატებოდნენ თუნდაც ყველაზე ნიჭიერ ბელად-ფილოსოფოსს, როგორიც იყო მარკუს ავრელიუსი, რომელმაც, მიუხედავად, ზოგადად, სწორი ცხოვრებისა, ქრისტეანული მრწამსი და რწმენა მაინც ვერ შეიმეცნა და, შედეგად, ვერც გაითავისა.

[540] ნაწყვეტია დიდი ინგლისელი პოეტის, ჯონ მილტონის (1608-1674) ყველაზე ცნობილი ნაწარმოებიდან, "დაკარგული სამოთხე".

[541] ჯორჯ ჰერბერთი (1593-1633) – ველში (უელსელი) პოეტი, მჭევრი და ანგლიკანი მღვდელი.

[542] შიქაგოუ ანუ ჩიკაგო, ამერიკაში ორივე გამოთქმა მიღებულია.

ამერიკის გმირები ჯონ ბრაუნის პიროვნება და სიკვდილი

როდესაც ახალი ტანსაცმელი ემოსა. ნაქსოვი მატყლისა თუ ქურზიიმიას[543] ყავისფერი სრული კოსტუმი ეცვა, თორმეტი წლის წინა მოდაზე შეკერილი, რაც სოფლის პატივცემული დიაკვნის იერს აძლევდა. მაგრამ მღვდელმსახურების დაბალი და რკალური საყელოს მაგივრად მას მაღალყელიანი პრიალა ტყავის საყელო ჰქონდა, სწორად ისეთი ჯარისკაცები რომ ატარებდნენ უწინ, რუხი მოსასხამიანი სამხედრო ჯუბაჩა ეცვა, და ბეწვის ქუდი ეხურა. ჭეშმარიტად, ის გახლდათ პურიტანი ჯარისკაცი, რომელსაც ქრომველის ხანაში მოკრავდით თვალს, თუმცა მას შემდეგ კაცობრიობას ხშირად აღარ უნახავს ასეთი ვაჟკაცები. და ყოველივე ზემოხსენებულის მიუხედავად მისი გული სიძულვილით იყო განწყობილი ყოველგვარი სისხლისღვრის მიმართ, რადგან მას გულში მხოლოდ სიყვარული, სიფაქიზე, და ერთგულება ედო.

ბატონი ლენარდი, რომელიც ზემოთ უკვე ვახსენე, რომელიც ბრაუნს მას შემდეგ იცნობს რაც გმირმა ორმოცდაათს მიაღწია, ამბობს: –

“თითქმის შეუძლებელია წერით გადმოგცეთ მისი გარეგნობა. ნათლად მიდგას თვალწინ, – ის მტკიცე, გაბედული მოყვანილობის პირ-ბაგე, თავის გარკვეული ნერვიული მოძრაობა; მაგრამ ყველაზე მეტად განსაცვიფრებელი, მისი თვალებიდან გამომკრთალი ბრწყინვალება, არსებობს კი ადამიანი ვისაც ამის აღწერა ძალუძს? მისი გარეგნობა ამ კაცის ამეტყველებულ სულს წარმოაჩენდა, და ყველას არწმუნებდა იმაში რომ ჯონ ბრაუნი სრულიად გულწრფელად მოქმედებდა. რედფეთის “ცხოვრებაში” [544] კარგადაა ამოტვიფრული მოხუცი ბრაუნის სურათი, როდესაც ის ზვიადად იხედება, როგორც ეს ზოგჯერ იცოდა ხოლმე; თუმცა, როგორც წესი, თავი ცოტა წინ წაწეული და ძირს დახრილი ეჭირა, და სიარულისას მარჯვენა მხარს წინ აჩეჩებდა. და ამას გარდა მას სასიამოვნოდ გამოყურებაც შეეძლო, – რასაც ბევრჯერ შევესწარი, როდესაც გულისგამაწვრილებლად რაღაცაზე დავაყრიდი ხოლმე შეკითხვებს.”

ფრედერიკ დაგლასი ამბობს: –

“ფიზიკურად მჭლე, ძლიერი, და ძარღვიანი იყო; ნიუ ინგლენდური ჯიშის საუკეთესო მაგალითი, გაჭირვებისთვის შექმნილი, ყველაზე მძიმე გასაჭირის დასაძლევად დაბადებული. ემოსა სადა ამერიკული შალი, ძროხის ტყავის ჩექმებში გამოწყობილი, და ზუსტად იგივე გამძლე მატერიის ყელსაბამს ხმარობდა; ექვს ფუტზე[545] პატარა იყო სიმაღლით, წონით ასორმოცდაათ გირვანქაზე მსუბუქი, გარეგნულად ორმოცდაათზე მეტს ვერ მისცემდი, – მისი აღნაგობა მთის ფიჭვივით სწორი და გაწონასწორებული იყო. მიხრა-მოხრა თავისებური და არაჩვეულებრივი და ძლიერ შთამბეჭდავი. მისი თავი დიდი კი არ იყო, არამედ პატარა, ერთად

[543] ქურზიიმია – XIX საუკუნეში პოპულარული განსაკუთრებულად ლამაზი თვილის ფორმით ნაქსოვი შალის ნაჭრის სახეობა.
[544] ჯეიმზ რედფეთი (1833-1891) – ამერიკელი ჟურნალისტი, საზოგადო მოღვაწე და აგიოგრაფი. იგი კაპიტან ბრაუნს პირველად 1856 წელს შეხვდა. მაშინ რედფეთი ჟურნალისტი იყო და მისი ბრაუნთან გასაუბრების ჩანაწერები ბოსტონის ერთერთ გაზეთში გამოქვეყნდა. ის საზოგადო მოღვაწე იყო და მონობის მოწინააღმდეგე. შემდგომში რედფეთი აგიოგრაფი გახდა. 1860 წელს გამოვიდა მისი წიგნი “კაპიტან ჯონ ბრაუნის საზოგადო ცხოვრება”.
[545] ექვსი ფუტი – 183 სანტიმეტრი.

კარგად შეკრული და გრძელი. უხეში თმა ჰქონდა, მაგარი, ოდნავ ჭაღარა, და მოკლედ შეჭრილი, და შუბლთან ცოტა გამელოტებული. სახე გაპარსული ჰქონდა, რაც ნათელს ჰფენდა ოთხკუთხედ ძლიერ პირს, რომელიც ფართო და თვალშისაცემ ნიკაპზე იყო დაფუძნებული. თვალები მოლურჯო-მონაცრისფრო ჰქონდა, და საუბრისას სიცოცხლით, სინათლითა და ცეცხლით იყვნენ აღსავსე. ქუჩაში სიარულისას, გრძელი, ხტუნვადი, მოჯირითე ცხენის ნაბიჯით დადიოდა, ფიქრებში გართული, სხვას არ მიაშტერდებოდა მაგრამ სხვის მზერასაც არ გაექცეოდა."

ასეთი იყო მისი გარეგნული ხასიათი და ნაკვთები. შინაგანი არსება კი განსაკუთრებული რწმენითა და უდრეკელობით ხასიათდებოდა. ჯონ ბრაუნის ცხოვრების უკანასკნელ თვეებზე ბატონი ვაილდა[546] ასე ამბობს: –

"წარმოიდგინეთ ქენედის ფერმისკენ[547] ნელი სვლა, იდუმალება, ფულის არქონის გამო განცდილი შფოთვა, დაგლასის ოპოზიცია, ბრაუნის მიერ მოძრაობის წინამძღოლობიდან მისი განთავისუფლება, ავადმყოფობა, – ის ყველაზე სასოწარმკვეთი დაავადება, მალარია,[548] – და ყოველივე ამის მიუხედავად კაცი მაინც წინ მიდის და მიაპობს! როგორი გამბედაობა, როგორი დიდი რწმენა დევს ამ საქციელში! რიგითი ადამიანები წლების მანძილზე სასოწარკვეთილნი ცხოვრობენ, და მხოლოდ ჩვეულებრივი ცუდი ბედის ატანა უწევთ; აი, აქ კი არის მაგალითი სრულიად მარტო კაცისა, ოჯახიდან მოწყვეტილი, მტრულად განწყობილ უცნობებს შორის ჩავარდნილი, სადაც ბარბაროსობა განმტკიცებულია კანონითაც და მოდითაც, – და მიუხედავად ყოველივე ამისა ის არასოდეს ეცემა სასოწარკვეთას. რატომ ასეთი განსხვავება? მას ღმერთი სწამდა და სამართლიანობა, და სხვა არავინ და არაფერი; ჩვენ კი ყველა და ყველაფერი გვწამს, ღმერთის გარდა."[549]

ახლა ადვილია ბრაუნის მიზნის გაგება, და იმის მიხვედრაც თუ რა დიდი ძალის მქონე ზვავი ააგორა მან. მაგრამ გენიოსის ხედვისთვის და განათლებული სინდისისთვის ეს 1859-60 წლებშიც იყო სწორად ასევე ნათელი და სრულიად გასაგები; და ყოველივე ეს ხმამაღლა განაცხადა, იმ სიტყვებით რომლებიც ზემოთ უკვე ვახსენე, ემერსონმა, ალკოტმა, და თოროუმ. ამათზე ნაკლებ ნათლად და წინასწარმეტყველურად როდი განაცხადა ვიქტორ ჰიუგომ, და ვეილენდის წმიდა პასტორმა, ედმუნდ

---

546 დი. დაბლიუ. ვაილდა (1832-1911) – წარმოშობით მასაჩუსეცელი კანზასელი საზოგადო მოღვაწე, ჟურნალისტი, ისტორიკოსი, ფინანსისტი და ადვოკატი; ავტორი წიგნისა "კანზასის ანალები" (1875).

547 ქენედის ფერმა – ჯონ ბრაუნის შტაბბინა მერილენდის შტატში, სადაც მან ჰარფერზ ფერიზე იერიში დაგეგმა და მოამზადა. ჰარფერზ ფერი ვირჯინიადან ექვსი მილის დაშორებით მერილენდის შტატის ვოშინგთონის ოლქის სოფელ შარფსბურგში მდებარეობს. სახლი დღესაც თითქმის ხელუხლებლადაა შემონახული და 1973 წლის 7 ნოემბრიდან ეროვნულ ძეგლადაა მიჩნეული.

548 მალარია – ციებ-ცხელების ერთგვარი ფორმა, რომელსაც უმეტესად კოღოები ავრცელებენ. მალარია ინფექციური დაავადებაა. მას ევკარიოტული პროტისტები (მიკროორგანიზმების ერთგვარი სახეობა) იწვევენ.

549 რაოდენ მსგავსია ბრაუნზე და ბრბოზე წარმოთქმული ეს სიტყვები დიდი ინგლისელი მწერლის, ჯონ ბანიანის (1628-1688) სიტყვებისა. იხილეთ ალეგორიულ სატირულ ნაწარმოები, "პილგრიმის წინსვლა": "ეს იმას ჰგავს, მიწიერი ბრძენკაცების რჩევის მიღების მიზნით, უარი თქვა ღმრთის რჩევაზე."

სიარზმა.[550] ბრაუნის მოკვლის დღეს, და პანაშვიდებისას რომლებიც ჩვენ ქანქარდში მოვაწყეთ, ბატონმა სიარზმა, რომელმაც საწყისი ლოცვა წარმოთქვა, ეს ხაზები გამოწერა სოფლის გამგეობის შენობაში, სადაც უწინ ბრაუნმა ქანქარდის ხიდთან მეომრების შვილებს ორჯერ მიმართა სიტყვით: –

"ვერა კუბო ვერ დაიტევს
შენისთანა გმირკაცს, მჯერა;
ჯონ ბრაუნი შეაზანზრებს
დედამიწის ბედისწერას,
ბლუ რიჯიდან აათრთოლებს
კიდებამდე ზღვის ნაპირის,
მანამ სანამ ანგელოზი
აღასრულებს დანაპირებს
და დაამსხვრევს დედამიწის
ზურგზე ყველა დილეგის კარს,
და სანამ ღმრთის მოწყალება
ყველა ღარიბს სასოებას
არ უბოძებს მუდმივ ფარად
ბოროტისგან გასაყარად.
და როცა ეს აღსრულდება
ერთხმად იზეიმებს ერი,
როცა ყველა ცოდო და
ღარიბი შეიქმნება ბედნიერი,
ამ დღეს მოვლენ მთელი ქვეყნის
საწყლები და ლატაკები
და დამნაშავის უსახელო
საფლავს დაასუფთავებენ;
და ამ დღეს პაპა ეტყვის ბავშვებს,
'აი, იმ დიდი ფიჭვის ძირას
ჯონ ბრაუნი განისვენებს,
ზეცაშია მისი ბინა.'"

იმავე დღეს, გერნსიში გადასახლებულმა ვიქტორ ჰიუგომ,[551] ასე მიმართა ამერიკელ ხალხს: –

"როცა ამერიკის გაერთიანებულ შტატებზე ვფიქრობთ, მაშინვე დიდებული აჩრდილი წარმოისახება ჩვენს გონებაში, – ვოშინგთონი. და აბა ნახეთ რა ხდება ამ ვოშინგთონის ქვეყანაში ახლა? სამხრეთში მონები არიან; და ამ ყველაზე საზარელ და მხეცურ უსამართლობას ჩრდილოეთის ლოგიკური სინდისი შეურაცხყოფად ღებულობს. ამ ზანგი მონების განსათავისუფლებლად, ჯონ ბრაუნი, თეთრკანიანი კაცი, თავად

[550] ედმუნდ ჰემილთონ სიარზი (1810-1876) – ამერიკელი უნიტარიანელი მღვდელი და თეოლოგოსი, რომლის შრომებმა დიდი გავლენა იქონიეს XIX საუკუნის ამერიკულ პროტესტანტიზმზე.

[551] ვიქტორ ჰიუგო (1802-1885) – უდიდესი ფრანგი მწერალი, პოეტი, დრამატურგი, საზოგადო მოღვაწე და ადამიანთა უფლებების დამცველი, რომელმაც დაპატიმრებულ ჯონ ბრაუნს საჯაროდ დაუჭირა მხარი და ევროპისა და ამერიკის უამრავ გაზეთში გამოაქვეყნა თავისი მიმართვა ამერიკის გაერთიანებული შტატების მთავრობისადმი, რომელშიც იგი ჯონ ბრაუნის განთავისუფლებას ითხოვდა.

თავისუფალი კაცი, ვირჯინიაში იღვწოდა. პურიტანი, მკაცრი მორწმუნე, ანგელოზის მიერ შთაგონებული, 'ქრისტემ მოგვანიჭა თავისუფლებაო,' დაჭექა და ამით განთავისუფლების ზარი დარეკა. მაგრამ მონებს, მონური მსახურებისგან კაცობადაკარგულებს, არანაირი რეაქცია არ ჰქონიათ; რამეთუ მონობა სულის ყურსაც კი უხშობს ადამიანს. ჯონ ბრაუნმა, ყველასგან მიტოვებულმა და მარტოდ დარჩენილმა, ასე დაიწყო შეუპოვარი ბრძოლა. მხოლოდ თითზეჩამოსათვლელი გმირული სულისკვეთების თანარაზმელი ჰყავადა, მაგრამ ბრძოლა მაინც გააგრძელა; ტყვიებისგან დაცხრილული, მისი ორი უმცროსი ვაჟიშვილი, წმიდა მოწამეები, მის გვერდით დაეცნენ, და ბოლოს ბრაუნიც შეიპყრეს. მისი სასამართლო! თურქეთში კი არა, ამერიკაში მოხდა ეს ბოროტება. ასეთი უსამართლობა დაუსჯელად არ ჩაივლის როცა ეს მთელი ცივილიზებული სამყაროს თვალწინ ხდება. კაცობრიობის სინდისი ფხიზელი თვალია; დაე, გაიგოს ჩარლზთაუნის სასამართლომ – ჰანთამ და ფარქამ, მონათმფლობელმა ნაფიცმსაჯულებმა, ვირჯინიის მთელმა მოსახლეობამ – რომ მათ თვალყურს ადევნებენ. ეს უსამართლობა სადმე ორღობეში, ჩიხსა თუ სოფლის სარდაფში კი არ მომხდარა ანდა ისტორიის თუ წარსულის რომელიმე უმნიშვნელო მონაკვეთში. სიკვდილმისჯილ ჯონ ბრაუნს დღეს უპირებენ ჩამოხრჩობას. მისი ჩამომხრჩობელი პროკურორი ჰანთა არ არის, არც მოსამართლე ფარქა, არც გუბერნატორი ვაიზი, და არც ვირჯინიის ციდა შტატი, – მისი ჩამომხრჩობელი (ჩვენ გვაძრწოლებს ამის გაფიქრება და თქმა!) მთელი ამერიკის რესპუბლიკაა. . . . პოლიტიკური კუთხით თუ ვიმსჯელებთ, ჯონ ბრაუნის მკვლელობა გამოუსწორებელი შეცდომა იქნება. ეს შტატების კავშირს ფარულ ჭრილობას მიაყენებს, რომელიც ბოლოს ამერიკის შტატებს დაშლის. დაე, იცოდეს ამერიკამ, და დაფიქრდეს რომ, კაენის მიერ აბელის მკვლელობაზე დიდი საშინელება მხოლოდ ერთი რამაა, – ვოშინგთონის მიერ სპარტაკის[552] მკვლელობა."

რამდენიმე თვის შემდეგ (1860 წლის 30 მარტს) ვიქტორ ჰიუგომ ისევ დაწერა: –

"მონობის ყველა სახეობა გაქრება. სამხრეთმა გასულ დეკემბერს ჯონ ბრაუნი კი არ მოკლა, არამედ თავად მონობა. ამიერიდან, მნიშვნელობა არ აქვს პრეზიდენტი ბიუქენენი [553] რას იტყვის თავის სამარცხვინო გამოსვლაში, ამერიკის კავშირი გაუქმებულად უნდა მივიჩნიოთ. ჩრდილოეთსა და სამხრეთს შორის გამყოფად ჯონ ბრაუნის ეშაფოტია აღმართული. შტატების კავშირი აღარაა შესაძლებელი: შეუძლებელია ასეთი დანაშაულის გაზიარება."

---

[552] სპარტაკოსი ანუ სპარტაკი (109-71 ჩ.წ-მდე) – რომის რესპუბლიკის წინააღმდეგ გამართული მონების მესამე ომის ანუ გლადიატორების ომის (73-71 ჩ.წ-მდე) ბელადი. სპარტაკის აჯანყება ცნობილი ისტორიული მოვლენაა, რომელიც წარმოშობით დიდმა ბერძენმა ისტორიკოსმა, შემდგომ კი რომის იმპერიის მოქალაქემ, პლუტარქემ გადმოსცა.

[553] ჯეიმზ ბიუქენენი, მცირე (1791-1868) – ამერიკის გაერთიანებული შტატების რიგით XV პრეზიდენტი. ზოგადად საინტერესოა ის ფაქტი რომ ბიუქენენი გახლავთ ამერიკის ისტორიაში ერთად-ერთი პრეზიდენტი ფენსილვეინიის შტატიდან, და აგრეთვე ერთად-ერთი უცოლშვილო პრეზიდენტი.

და ისევ, როცა გარიბალდიმ სიცილიაში გაიმარჯვა,[554] ვიქტორ ჰიუგომ თქვა (1860 წლის 18 ივნისს): –

"დიადნი არიან კაცობრიობის განმანთავისუფლებელნი! დაე, მოისმინონ გმირებმა ერების მადლიერი ტაშისკვრა, რაც არ უნდა იყოს მათი ბედი! გუშინ ჩვენ ცრემლები ვღვარეთ; დღეს ჩვენი ჰოსანას ძახილი მოისმინა მთელმა ქვეყანამ. განგება ასე აწონასწორებს ჭირსა და ლხინს. ჯონ ბრაუნი ამერიკაში დამარცხდა, მაგრამ გარიბალდიმ ხომ გაიმარჯვა ევროპაში. კაცობრიობა, რომელიც ძრწის ჩარლზთაუნის სამარცხვინო სახრჩობელებთან, კატალაფიმის მოელვარე ხმლის[555] დანახვაზე კიდევ ერთხელ იკრებს გამბედაობას."

თუმცა შემდგომი მოვლენები ფრანგი რესპუბლიკელის[556] წინასწარმეტყველებას ზუსტად, სიტყვა-სიტყვით არ დაემთხვა, ზოგადად ყველაფერი მართლაცდა ისე მოხდა როგორც მან განჭვრიტა, – ბრაუნის მიღწევებმა და სიკვდილმა მონათმფლობელობასა და თავისუფლებას შორის შემდგომი დათმობა და შერიგება შეუძლებელი გახადა. რაც ბრაუნმა კანზასში ერთი შტატისთვის გააკეთა, ვირჯინიაში მთელი ერისთვის ქნა იგივე, – არა, ერისთვის კი არადა, მთელი მსოფლიოსთვის.

ზოგჯერ უკითხავთ თუ რანაირად ქნა დიდი საქმე ბრაუნმა მსოფლიოსთვის მაშინ, როცა მას ბრძოლა არ მოუგია, არც ერთი პოლიტიკური პარტიის სათავეში არ ყოფილა, არც ერთი კანონი არ გაუუქმებია, და ისიც კი ვერ შეძლო საკუთარი სიცოცხლე ეხსნა სამარცხვინო სასჯელისგან. ამ მხრივ ის სოკრატეს ჰგავდა, რომლის ადგილი მსოფლიო ისტორიაში ჯერ კიდევ სამართლიანად არ განუსაზღვრავთ; და მათ შორის კიდევ მეტი პარალელის გავლებაა შესაძლებელი. როდესაც ბრაუნის მეგობრები მის დაყოლიებას დაჟინებით ცდილობდნენ რომ ციხიდან გამოხსნის სასოწარკვეთილ მცდელობაზე დათანხმებულიყო, მან საბოლოო პასუხი არ მისცა, და ჩუმად იყო მანამ სანამ ბოლოს ეს პასუხი წარმოთქვა, – რომ ის "ციხიდან მაშინაც არ გამოვიდოდა კარი რომ ყოფილიყო ღიად დარჩენილი."[557] მერე დაამატა, როგორც პირადული მიზეზი ამ გადაწყვეტილებისა, რომ მისი

---

[554] გარიბალდიმ სიცილიაში გაიმარჯვა – 1860 წლის 15 მაისს კალატაფიმის ბრძოლაში.

[555] კატალაფიმის მოელვარე ხმალი – ნაგულისხმებია სიცილიის დაბა კალატაფიმი. სწორად კალატაფიმის ახლომდებარე პიანტო რომანოს მთაზე შეებრძოლა ჯუზეპე გარიბალდი ბურბონებს და კალატაფიმის ბრძოლით "იტალიის გაერთიანების მოძრაობა" ანუ "რისორგიმენტო" დაიწყო.

[556] თუმცა ახალგაზრდობაში ჰიუგო მონარქიის მომხრე იყო, წლების მერე იგი რესპუბლიკანიზმის მხურვალე მხარდამჭერი გახდა. სენბორნიც ამ გაგებით, პოლიტიკური თეორიისა და მსოფლმხედველობის მხრივ უწოდებს ჰიუგოს რესპუბლიკელს, და არა პოლიტიკური პარტიულობით, როგორც ეს ამერიკელ პოლიტიკოსებთან აქვს ნახმარი, რომლებიც "რესპუბლიკური პარტიის" წევრები იყვნენ.

[557] იგივე თქვა და ქმნა სოკრატემაც – მდიდარი მოწაფის წყალობით საკმაოდ ადვილად შეეძლო ციხიდან გამოპარვა და ათენიდან სხვა ბერძნულ სახელმწიფოში გადაცხოვრება. სოკრატეს მოსწავლე და მეგობარი, კრიტო ცდილობდა მის დარწმუნებას რომ გაქცევაზე დათანხმებულიყო და თესალიაში გადასულიყო, თუნდაც იმ მიზეზით რომ მისი შვილები არ დაობლებულიყვნენ და ასეთი ბრძენი და მართალი მამის გარეშე არ დაზრდილიყვნენ. მას თესალიაში ხელგაშლილები შეეგებებოდნენ. სოკრატემ უარი თქვა, და ერთერთ მიზეზად სწორად ის მოიყვანა, რომ არ სურდა შვილებისთვის სიმხდალის მაგალითი მიეცა და რომ მათთვის მამის ასეთი ლაჩრული საქციელი ბევრად უფრო დიდი უბედურება იქნებოდა, ვიდრე ობლობა. იხილეთ პლატონის დიალოგი "კრიტო".

ახლობლური ურთიერთობა კაპიტან ეივისთან, ციხის უფროსთან, ისეთი იყო რომ გაქცევა ამ კაცთან დადებული სიტყვიერი ხელშეკრულების ანუ მეგობრობის დარღვევა იქნებოდა. სოკრატეზე უფრო დიადი მაგალითიც არის, რომელსაც ადრე იქნება თუ გვიან ისტორია ბოლოს მაინც სათანადოდ აღიარებს, – მის პიროვნებაზე მისივე მკვლელებმა თქვეს: "სხუანი აცხოვნნა, თავი თვისი ვერ ძალ-უც ცხოვნებად."[558]

აი, ეს არის საიდუმლო ბრაუნის ხასიათის სიმტკიცისა, – სრული იმედი საღმრთო ძალისა, აღთქმულ მომავალთან მიმართებაში, აწმყოს სრული უგულებელყოფა.

"ღმერთთან მეგობრობა იმ კაცს ხვდა წილად,
რომელმაც სულის ხმას დაუგდო ყური
და როცა ქვეყანა წყვდიადმა მოიცვა
ის დარჩა სუფთა და წელში გამართული,
ვერ შეაცდინა ბოროტმა ცთუნებამ,
ვერც შიშმა შეაყვარა ოქრო და ფული,
ბუნება უყვარდა, უბრალო ბუნება,
და შორსმჭვრეტელობა პრომეთეული.
მან მხოლოდ გმირობის მიწაზე იარა
მყარი ნაბიჯით და სიხარულით,
წილად ხვდა ათასი დარდი და იარა, –
წილად ხვდა ქრისტეს ბრმა სიყვარული;
ამგვარი სიბრმავე წყვდიადი როდია?!
ეს სინათლეა სულისშთამდგმელი!
ეს სიყვარულის მძიმე ლოდია
მაცოცხლებელი და გარდამქმნელი.
ამ კაცს ხიბლავდა ერთი მიზანი –
თეთრი კედლები სამოთხისანი."

[558] სახარებაი მათესი 27:42. ზუსტად იგივეა სახარებაი მარკოზისი 15:31 და სახარებაი ლუკაისი 23:35.

ბრაუნის ინტერვიუ მეისონთან, ველენდიგემთან, და სხვებთან

სენატორი მეისონი. შეგიძლია გვითხრა ვინ მოგამარაგა ფულით თქვენი ექსპედიციისთვის?

ჯონ ბრაუნი. უმთავრესად საკუთარი სახსრები გამოვიყენე; სხვების ამ საქმეში გარევა არ ძალმიძს. ისევ ჩემი დაუდევრობის ბრალია რომ დამიჭირეს. ადვილად შემეძლო თავის გადარჩენა, გრძნობებს რომ არ დავმონებოდი და გონებისთვის მეხმო.

მეისონი. რას გულისხმობთ, დროზე რომ გაქცეულიყავით?

ბრაუნი. არა. ყოველგვარი გაქცევის გარეშე შემეძლო საკუთარი თავისთვის უსაფრთხოების უზრუნველყოფა; მაგრამ ვიზოზინე და ამის გამო დიდ სამხედრო ძალას საშუალება მივეცი ალყაში მოვექციე. უნდა გავცლოდი ამ ადგილს; მაგრამ ოცდაათზე მეტი ტყვე მყავდა, მათი ცოლები და ქალიშვილები მათ უსაფრთხოებას განიცდიდნენ და ცრემლად იღვრებოდნენ, და, ეს რომ ვიხილე, ძალიან შემეცოდნენ. ამას გარდა, მსურდა იმ ხალხის შიში ჩამეცხრო ვისაც სწამდა რომ ჩვენ აქ ვითომცდა გადაბუგვისა და ხალხის ამოჟუჟვის მიზნით მოვედით. სწორად ამის გამო დავუშვი მატარებელს ხიდი გადაეკვეთა, და სრული თავისუფლება მივანიჭე სვლა განეგრძო. ეს მხოლოდ იმისთვის გავაკეთე რომ მგზავრებისა და მათი ოჯახების გრძნობებს მოვფრთხილებოდი, და გამებათილებინა მათი შიში იმისა რომ აქ, თქვენს შემოგარენში ვითომცდა კაცთა ბანდა გყავდათ რომელსაც ადამიანის სიცოცხლე და საკუთრება, ანდა ზოგადად ადამიანობის გრძნობა არაფრად მიაჩნდა.

მეისონი. კი მაგრამ, თქვენ ქუჩებში გავლისას მშვიდად და წყნარად დახოცეთ ადამიანები.

ბრაუნი. ბატონო, თუ ეს სიმართლეა და, უფრო მეტიც, თუ ამის მსგავსი რამე მაინც მოხდა, ეს ჩემი ნებართვის გარეშე იყო და ამის შესახებ არაფერი ვიცოდი. თქვენი მოქალაქეები რომლებიც ჩემი ტყვეები იყვნენ თავად გეტყვიან რომ ჩვენ ყველა შესაძლო ხერხს მივმართეთ ასეთი რამ არ მომხდარიყო. როცა კი შემეძლო, თანარაზმელებისთვის აკრძალული მქონდა ისეთ გარემოში სროლა სადაც იმ ხალხის მოკვლა იყო შესაძლებელი რომლებსაც ჩვენ უდანაშაულო პირებად მივიჩნევდით. ისინი გეტყვიან რომ ძალიან ხშირად იყო შემთხვევა როცა საშუალება მივეცით ჩვენთვის ესროლათ, და საპასუხო ცეცხლი მაინც არ გაგვიხსნია.

რიგითი მაყურებელი. ეს ასე არაა. თქვენ უიარაღო კაცი მოკალით აი, იქ, წყლის ავზთან მდებარე სახლის კუთხეში, მეორე კაცი კი მის გვერდით.

ბრაუნი. გამოიხედე, მეგობარო; უაზრობაა იდავო ანდა იმის საწინააღმდეგო ამტკიცო რაც ისევ პირადად შენმა მეზობლებმა, რომლებიც ჩემი ტყვეები იყვნენ და მოწმედ მუდამ თან მახლდნენ, ჩვენებაში თქვეს.

ᲛᲔᲘᲡᲝᲜᲘ. იქნება გვითხრა ვინ გამოგგზავნა აქ, – ვინ დაგაფინანსა, – ეს ინფორმაცია ჩვენ გამოგვადგებოდა.

ᲑᲠᲐᲣᲜᲘ. თავისუფლად და ერთგულებით გაგცემთ პასუხს ყველაფერზე რაც უშუალოდ მე შემეხება, – თანახმა ვარ ყველა იმ შეკითხვას ვუპასუხო რაზეც პასუხის გაცემა ღირსეულად ხელმეწიფება, – მაგრამ სხვების შესახებ – არა.

ᲑᲐᲢᲝᲜᲘ ᲕᲔᲚᲔᲜᲓᲘᲒᲔᲛᲘ (რომელიც ის წუთი იყო ოთახში შემოვიდა). ბატონო ბრაუნო, ვინ გამოგგზავნათ აქ?

ᲑᲠᲐᲣᲜᲘ. მე აქ არც ერთ კაცს არ გამოვუგზავნივარ; ყოველივე ეს ჩემი განზრახვა იყო ანდა ჩემი შემოქმედისა, თუ ეშმაკისა, – რომელსაც გინდა იმას მიაწერე. მე არანაირ უფალს არ აღვიარებ ადამიანის სახით.

ᲕᲔᲚᲔᲜᲓᲘᲒᲔᲛᲘ. ეს ექსპედიცია თვითონ მოაწყე?

ᲑᲠᲐᲣᲜᲘ. კი, თვითონ.

ᲕᲔᲚᲔᲜᲓᲘᲒᲔᲛᲘ. შენით დაწერე ეს დოკუმენტი, რომელსაც კონსტიტუციას უწოდებ?

ᲑᲠᲐᲣᲜᲘ. კი, ჩემით. ყოველივე ეს ჩემს მიერ შექმნილი და ჩემს მიერ წამოწყებული კონსტიტუცია და დადგენილებებია.

ᲕᲔᲚᲔᲜᲓᲘᲒᲔᲛᲘ. რა ხანია რაც ამ საქმეში ხარ ჩართული?

ᲑᲠᲐᲣᲜᲘ. მას შემდეგ რაც კანზასში გართულდა საქმე. ჩემი ვაჟებიდან იქ ოთხი წავიდა დასასახლებლად, და მთხოვდნენ მეც გადავცხოვრებულიყავი. მე იქ საბინადროდ კი არ წავედი, არამედ სირთულეების მოსაგვარებლად.

ᲛᲔᲘᲡᲝᲜᲘ. რამდენი კაცია შენთან ერთად ამ მოძრაობაში ჩართული?

ᲑᲠᲐᲣᲜᲘ. თანახმა ვარ ყველა იმ შეკითხვას ვუპასუხო რაზეც პასუხის გაცემა ღირსეულად ხელმეწიფება, – სხვაგვარად კი არა. თავად ჩემი აზრი თუ გაინტერესებთ, მე ყველაფერი წრფელად მოვყევი. მე ჩემს სიტყვას ვაფასებ, ბატონებო.

ᲛᲔᲘᲡᲝᲜᲘ. რა იყო შენი აქ მოსვლის მიზანი?

ᲑᲠᲐᲣᲜᲘ. ჩვენ აქ მონების განთავისუფლებისთვის მოვედით, და სხვა არაფრისთვის.

ᲛᲝᲮᲐᲚᲘᲡᲔ. რამდენი კაცი გყავდა, სულ?

ᲑᲠᲐᲣᲜᲘ. ჩემი თავი რომ არ ჩავთვალო, ვირჯინიაში მხოლოდ თვრამეტი კაცით მოვედი.

მოხალისე. გაფიცებ, რა გეგონა, რის გაკეთებას შეძლებდი აქ, ვირჯინიაში ასეთი ციდა ჯარით?

ბრაუნი. ახალგაზრდავ. არ მსურს ამის აქ განხილვა.

მოხალისე. ვერაფერსაც ვერ იზამდი.

ბრაუნი. რა გითხრა, ალბათ შენი და ჩემი აზრები საჯარისო საქმეზე დიდად განსხვავდება.[559]

მეისონი. რა გამართლება შეგიძლია მოუძებნო შენს საქციელს?

ბრაუნი. მგონი, თქვენ, ჩემო მეგობრებო, დიდი დანაშაული მიგიძღვით ღმრთისა და კაცის წინაშე, – ამას იმიტომ არ ვამბობ რომ შეურაცხყოფა მოგაყენო, – და თქვენს მიერ ნებაყოფლობით და მზაკვრულად დამონებული მონების განთავისუფლების საქმეს რაც შეეხება, ნებისმიერი ადამიანისთვის სავსებით სწორი იქნებოდა, წინ აღგდგომოდათ და ხელი შეეშალა თქვენთვის. ამას იმიტომ არ ვამბობ რომ შეურაცხყოფა მოგაყენოთ.

მეისონი. გასაგებია.

ბრაუნი. ჩემი აზრით, სწორად მოვიქეცი, და ვფიქრობ სხვებიც სწორად მოიქცევიან როცა ისინი თქვენს ხელის შეშლას ეცდებიან ნებისმიერ ჟამს და ყოველ ჟამს. მწამს რომ ოქროს წესი, "ყოველი, რომელი გინდეს თქუენ, რაითაი გიყონ კაცთა, ეგრეთცა თქუენ ჰყვით მათა მიმართ," ყველა იმ ადამიანსაც ეხება რომელიც სხვას თავისუფლების მოპოვებაში დაეხმარება.

ლეიტენანტი სთიუარდი. კი მაგრამ, ნუთუ ბიბლიის არ გწამთ?

ბრაუნი. რა თქმა უნდა მწამს.

. . . .

მეისონი. შენს ამ კონსტიტუციაში ეს სამხედრო ორგანიზაციადა გყავს მიჩნეული? ჯერ არ წამიკითხავს.

---

559 ბრაუნი სრულიად მართალია! ნათელია, რომ მისმა ოპონენტმა არაფერი იცის პარტიზანულ და გვერილა ბრძოლის ხერხებზე. ამ მეთოდებით შესაძლებელია მცირერიცხოვანმა რაზმმა სრული ზომის ჯარებიც კი გაანადგუროს. პარტიზანობის ბრწყინვალე მაგალითები ხომ სულ მცირე 2,100 წლის წინა ხანიდან არსებობს, როდესაც რომის იმპერიას წინ აღუდგნენ პართიელები, – სწორად აქედან წარმოსდგება სიტყვა "პარტიზანი". ბრაუნის თანამედროვე ამერიკასა და ევროპაში კი უამრავი სამხედრო სახელმძღვანელო არსებობდა ამის შესახებ, მაგალითად, უნგრელი სამხედრო მოღვაწისა და ტაქტიკოსის, მიჰალი ლაიოს ჯენის (1723-1797) წიგნი. ჯენი "შვიდი წლის ომში" პრუსიელების მხარეს კაპიტნად იბრძოდა და შემდგომ ავსტრო-უნგრეთის მაიორ-გენერალი იყო.

ჰარფერზ ფერი, ვირჯინია, 1865 წელი.
HARPER'S FERRY, VIRGINIA, 1865.

ბრაუნი. კი, გარკვეული გაგებით. გულით ვისურვებდი რომ ამ საბუთისთვის მეტი ყურადღება დაგეთმო.

მეისონი. ამ "დროებითი" სამხედრო ძალების მთავარსარდლად თვლი თავს?

ბრაუნი. მე ამირჩიეს, გარკვეულ დოკუმენტთან სრულ შესაბამისობაში, ამ ძალის მთავარსარდლად.

მეისონი. რა საზღაურს სთავაზობდით ჯარისკაცებს.

ბრაუნი. არაფერს.

სტიუარდი. "საგზალი ცოდვისა სიკუდილი არს."[560]

ბრაუნი. შენ რომ ჩემს ადგილას ყოფილიყავი ჩემს ხელთ ტყვედ ჩავარდნილი, ასე დაჭრილი, ასეთ რამეს არ წაგაძახებდი.

რიგითი მაყურებელი. განა ზანგს თვეში ოცდახუთ დოლარს არ შეპირდი გედისბერგში?

ბრაუნი. არ შევპირდი.

მეისონი. ასეთი საუბარი ხომ არ გაღიზიანებს?

ბრაუნი. სრულებით არა.

ველენდიგემი. დიდი ხანია რაც ოჰაიოში ცხოვრობ?

ბრაუნი. იქ 1805 წელს გადავცხოვრდი. სამითის ოლქში ვცხოვრობდი, რომელსაც მაშინ ფორთიჯის ოლქი ერქვა. ჩემი სამშობლო კონექტიკუტია; მამაჩემი იქ 1805 წლამდე ცხოვრობდა.

ველენდიგემი. ამ ბოლო ხანებში თუ ყოფილხარ ფორთიჯის ოლქში?

ბრაუნი. გასულ ივნისს ვიყავი.

ველენდიგემი. ქლივლენდში ყოფნისას, "ლტოლვილი მონის კანონისთვის" მიძღვნილ ყრილობას თუ დაესწარი?

ბრაუნი. არა. დაახლოებით იმ ჟამს ვიყავი იქ როცა ობერლინელი მხსნელების სასამართლო უნდა გამართულიყო. ამ საკითხის შესახებ იქ სიტყვით საჯაროდ გამოვედი; "ლტოლვილი მონის კანონზე" და ჩემს მიერ ჩატარებულ მონების მონობიდან დახსნის შემთხვევებზეც. რა თქმა უნდა, თუ კი რაიმე გავლენის მოხდენა შემეძლო, ობერლინელი ხალხი უნდა გამემართლებინა მონის დახსნაში, რადგან ძალის გამოყენებით მეც გამინთავისუფლებია მონები მონობის უღელიდან. გასულ ზამთარს

---

[560] ჰრომაელთა მიმართ 6:23.

თერთმეტი მონა გადავიყვანე მიზურიდან კანადაში. მგონი ქლივლენდში ყრილობისას სიტყვით გამოვედი. არა მგონია რომელიმე ობერლინელ მსხნელთან მესაუბრა. ოჰაიოში ყოფნისას გარკვეული ხნის განმავლობაში მალარიისგან ცუდად ვიყავი, აშტაბულას[561] ოლქში.

ველენდიგემი. ჯოშუა არ. გიდინგზის[562] ხომ არაფერი გინახავს იქ?

ბრაუნი. მე მას შევხვდი.

ველენდიგემი. გამოესაუბრე?

ბრაუნი. დიახ, გამოვესაუბრე. რა თქმა უნდა, არაფერს ისეთს არ გეტყვი რაც ბატონ გიდინგზს საქმეს გაუფუჭებს; მაგრამ იმას დანამდვილებით ვიტყვი რომ შევხვდი და საუბარიც გვქონდა.

ველენდიგემი. იმ ხსნის საქმის შესახებ?

ბრაუნი. დიახ; მოვისმინე თუ როგორ თავისუფლად და გულწრფელად გამოთქვა მან საკუთარი აზრი ამის შესახებ.

ველენდიგემი. ამართლებდა ამ საქმეს?

ბრაუნი. დიახ, ბატონო; დანამდვილებით ვიცი რომ ამის დადასტურებით მას საფრთხეში არ ვაგდებ.

ველენდიგემი. ამაზე გამეცი პასუხი: ისაუბრე გიდინგზთან შენი აქაური ექსპედიციის შესახებ?

ბრაუნი. არა, ამას არ ვუპასუხებ; რადგან ამის უარყოფას მე არ ვიზამ, და მეორე მხრივ კი დიდი ჩლუნგი უნდა ვიყო დადებითი პასუხი მოგცე.

ველენდიგემი. ჩრდილოეთში გარკვეულ პირებთან თუ გქონია მიწერ-მოწერა ამ მოძრაობის შესახებ?

ბრაუნი. მქონია მიწერ-მოწერა.

რიგითი მაყურებელი. ამ მოძრაობას სარწმუნოებრივ მოძრაობად მიიჩნევ?

ბრაუნი. ეს არის, ჩემი აზრით, უდიდესი სამსახური რაც კაცმა შეიძლება ღმერთს გაუწიოს.

რიგითი მაყურებელი. შენი თავი განგების ხელთ არსებულ იარაღად მიგაჩნია?

ბრაუნი. დიახ, მიმაჩნია.

---

561 ამერიკელები "ეშთებულას" გამოთქვამენ, მაგრამ ეს სიტყვა ინდიელებისგან მოდის, მათ ენაზე "მრავალი თევზის მდინარე"-ს ნიშნავს და გამოითქმის როგორც "აშტაბულა".

562 ჯოშუა არ. გიდინგზი (1795-1864) – ამერიკელი პოლიტიკოსი და მონობის დიდი მოწინააღმდეგე. 1838-1859 წლებში ამერიკის კონგრესმენი ოჰაიოს შტატიდან.

რიგითი მაყურებელი. რა წესითა და კანონით ამართლებ შენს ქმედებას?

ბრაუნი. ოქროს წესით. მე მეცოდება ყველა ის საბრალო, რომელსაც დამხმარე არავინა ჰყავს: სწორად ამიტომ ვარ აქ დღეს; და არა იმისთვის, რომ პირადი მტრობის, შურისძიებისა ან ანგარიშსწორების გრძნობა დავიპურო. ეს ყოველივე ჩაგრული და მსხვერპლადქცეული კაცისადმი ჩემი თანაგრძნობის შედეგია მხოლოდ, ჩაგრული კაცისა, რომელიც ღმერთის თვალში ისეთივე კარგი და ისეთივე ძვირფასია, როგორც თითოეული თქვენგანი.

რიგითი მაყურებელი. გეთანხმები. მაგრამ რატომ გინდა მონები მათი ნების წინააღმდეგ განათავისუფლო როცა მათ ეს თავისუფლება არ სურთ?

ბრაუნი. მე ეს არასოდეს მიქნია.

რიგითი მაყურებელი. დიახ, იყო ერთი შემთხვევა მაინც, რომ ქენი.

სტივენსმა, მეორე დაჭრილმა ტუსაღმა, აქ თქვა: “მართალი ხარ. იყო ერთი შემთხვევა როცა ზანგს უნდოდა უკან დაბრუნებულიყო.”

რიგითი მაყურებელი. შენ საიდან ხარ?

სტივენსი. მე აშტაბულას ოლქში ვცხოვრობდი, ოჰაიოში.

ველენდიგემი. ბოლოს როდის დატოვე აშტაბულას ოლქი?

სტივენსი. რამდენიმე თვის წინ. იქ დიდი ხნის განმავლობაში არასოდეს მიცხოვრია; გავლით ვარ ნამყოფი.

ველენდიგემი. ჯეფერსონისგან რა მანძილზე ცხოვრობდი.

ბრაუნი. იფრთხილე, სტივენს, იმ პასუხების გაცემისას რომლითაც მეგობრის საფრთხეში ჩაგდებაა გარდუვალი. ამ კითხვაზე მე არ ვუპასუხებდი.

[სტივენსი ტკივილმოგვრილი კვნესით ნაწილობრივ შებრუნდა, და ჩუმად იყო.]

ველენდიგემი. ვინ არიან შენი მრჩევლები ამ მოძრაობაში.

ბრაუნი. ამაზე პასუხის გაცემა არ შემიძლია. უამრავი მომხრე და თანამგრძნობი მყავს მთელ ჩრდილოეთში.

ველენდიგემი. ჩრდილო ოჰაიოში?

ბრაუნი. იქაც იმდენი მყავს რამდენიც სხვაგან; ნებისმიერ და ყველა თავისუფალ შტატში.

ᲕᲔᲚᲔᲜᲓᲘᲒᲔᲛᲘ. მაგრამ სამხრეთ ოჰაიოში პირადად ბევრი არ გიცნობს?

ᲑᲠᲐᲣᲜᲘ. იმდენად არა.

ᲠᲘᲒᲘᲗᲘ ᲛᲐᲧᲣᲠᲔᲑᲔᲚᲘ. ქალაქ ვოშინგთონში თუ გიცხოვრია ოდესმე?

ᲑᲠᲐᲣᲜᲘ. არ მიცხოვრია. მსურს გაიგოთ, ბატონებო, და [“ჰერალდ”-ის მომხსენებელს მიმართა] შეგიძლია ეს გაზეთშიაც დაბეჭდო რომ მე ისევე ვაფასებ ფერადკანიანთა შორის ყველაზე ღატაკებისა და სუსტების უფლებებს, რომლებიც მონათმფლობელური წეს-წყობილებისგან არიან დაჩაგრულები, როგორც ყველაზე მდიდარი და ძლევამოსილი ხალხისას. ეს არის ერთად-ერთი მიზეზი, რამაც ბრძოლა გადამაწყვეტინა, ეს და სხვა არაფერი. ჩვენ არანაირ ჯილდოს არ ველით გარდა იმ კმაყოფილების გრძნობისა რომელსაც იმის გააზრება გვგვრის რომ შევეცადეთ გაჭირვებულ და დაჩაგრულ ხალხს ისევე მოვქცეოდით როგორც თავად გვენდომებოდა რომ მოგვქცეოდნენ სხვები. დაჩაგრული ხალხის ტანჯვის კივილი არის ჩემი მიზეზი, და ერთად-ერთი რამ რამაც აქ მოსვლა გადამაწყვეტინა.

ᲠᲘᲒᲘᲗᲘ ᲛᲐᲧᲣᲠᲔᲑᲔᲚᲘ. გასაიდუმლოებულად რატომ ჰქენი ეს?

ᲑᲠᲐᲣᲜᲘ. იმიტომ რომ ეს წარმატებისთვის აუცილებელ პირობად მიმაჩნდა; ამისთვის სხვა მიზეზი არ მქონია.

ᲠᲘᲒᲘᲗᲘ ᲛᲐᲧᲣᲠᲔᲑᲔᲚᲘ. გერედ სმითის ბოლო წერილი თუ წაიკითხე?

ᲑᲠᲐᲣᲜᲘ. რომელ წერილს გულისხმობ?

ᲠᲘᲒᲘᲗᲘ ᲛᲐᲧᲣᲠᲔᲑᲔᲚᲘ. გუშინდელი “ნიუ იორკ ჰერალდი”, როცა ამ საქმეზე საუბრობს, წერილს ახსენებს ასეთი სახით: –

“ამ ღირსშესანიშნავ სიახლესთან დაკავშირებით, გვახსენდება ერთი ძალიან მნიშვნელოვანი პასაჟი გერედ სმითის ერთერთი წერილიდან, რომელიც ერთი-ორი თვის წინ გამოქვეყნდა, და რომელშიც ის მონობის ბორკილების ზნეობრივი შეგონებისა თუ სასამართლო გზით დამტვრევის მცდელობას სისულელეს უწოდებს, და წინასწარმეტყველებს რომ ზანგების განთავისუფლების მომდევნო მოძრაობა სამხრეთში აჯანყება იქნება.”

ᲑᲠᲐᲣᲜᲘ. რამდენიმე დღეა “ნიუ იორკ ჰერალდი” აღარ წამიკითხავს; მაგრამ მგონია, ვეყრდნობი რა წერილის შინაარსის შენებურ განმარტებას, რომ ჩემი აზრი ამას ემთხვევა. ვეთანხმები ბატონ სმითს რომ ზნეობრივი შეგონება არაფრისმომტანია. არა მგონია მონათმფლობელური შტატების მოსახლეობამ ოდესმე სწორი კუთხით შეხედოს მონობის საკითხს თუ ზნეობრივი შეგონების გარდა კიდევ სხვა რამით არ მოხდა მათი დარწმუნება.

ᲕᲔᲚᲔᲜᲓᲘᲒᲔᲛᲘ. თქვენი იერიშის წარმატებით დაგვირგვინების შემთხვევაში მონების საყოველთაო აჯანყებას ელოდით?

ბრაუნი. არა, ბატონო; და ასეთი რამ ნდომითაც არ მინდოდა. მე მხოლოდ ის მსურდა და იმის იმედი მქონდა რომ მონები დროდადრო გამომეხსნა, და მათთვის თავისუფლება მიმენიჭებინა.

ველენდიგემი. და ამ დრომდე აპირებდით ამ ფორტის დაპატრონებას?

ბრაუნი. რა გითხრა, ალბათ მე სულ სხვა აზრზე ვიდექი. არა მგონია მიზანშეწონილი იყოს ჩემი გეგმების გამჟღავნება. მე აქ ტყვე ვარ და თანაც დაჭრილი ვარ, რადგან სულელურად მივეცი ამის საბაბი მტერს. თქვენ გადაჭარბებულად აფასებთ საკუთარ ძალებს როდესაც გგონიათ რომ, მე რომც ამის ნება და საბაბი არ მიმეცა თქვენი ჯარებისთვის, მაშინაც შეძლებდით ჩემს დატყვევებას. შეტევის დაწყების შემდეგ ზომაზე დიდხანს ვიზოზინე და ფეხი ავითრიე – ჩემი ტაქტიკური მოძრაობის დაგვიანებას ვგულისხმობ ორშაბათ ღამიდან მოყოლებული იმ დრომდე, როცა სამთავრობო ჯარებმა შემიტიეს. მთელი ეს დაყოვნება გამოწვეული იყო იმ სურვილით რომ ჩემი ტყვეების და მათი ოჯახებისა და ზოგადად მთელი მოსახლეობის გრძნობებს გავფრთხილებოდი და ისინი დარდისგან დამეზოგა. მე არაფერი ვიცოდი ზანგი ჰეივუდის მოკვლის შესახებ.[563]

ველენდიგემი. როდის დაიწყე შენი ორგანიზაციის ჩამოყალიბება კანადაში?

ბრაუნი. ეს დაახლოებით ორი წლის წინ მოხდა; 1858-ში.

ველენდიგემი. მდივანი ვინ იყო?

ბრაუნი. რომც შემეძლოს გახსენება, ამას მაინც არ გეტყოდი; მაგრამ, რომ იცოდე, მართლა არ მახსენდება. მგონი, ოფიცრები 1858 წლის მაისში იქნენ არჩეულნი. თუ ვცდები ეს უნებლიედ მომდის და არა ნებსით. ჭრილობების გამო თავს ცოტა გაბრუებულად ვგრძნობ, და ჩემი მეხსიერება ბუნდოვანია თარიღებზე, ა.შ.

დოქტორი ბიგზი. დოქტორ ქენედის სახლის წრეში იყავი?

ბრაუნი. უარს ვაცხადებ ამ კითხვაზე პასუხის გაცემაზე.

დოქტორი ბიგზი. ვინ დაადო იმ ქალს ნაკერები ბორცვზე ყოფნისას?

ბრაუნი. მე დავადე. ხანდახან ქირურგობა გამიწევია მაშინ, როცა ამით ადამიანს ვეხმარებოდი ანდა საჭიროება მოითხოვდა, და ჩემს გარდა არავინ იყო ამის გამკეთებელი; თუმცა ამ დარგში თეორიული განათლება არასოდეს მიმიღია.

---

563 ზანგი ჰეივუდი – ჩემი აზრით, ჰეივარდ შეფერდია ნაგულისხმები: სადგურის ბარგის განყოფილების უფროსი, – ყოფილი მონა, იმ ჟამს კი თავისუფალი ზანგი, რომელიც ჰარფერზ ფერიზე იერიშის პირველი მსხვერპლი იყო. უცნობია თუ რატომ ესროლეს ჰეივუდს ბრაუნის თანამებრძოლებმა. შესაძლებელია მხოლოდ ორი მიზეზი: 1) უნებლიე გასროლა – უბედური შემთხვევა, 2) ნებსით გასროლა – იმსახურებდა, აუცილებელი იყო და მოკლეს. პირადად კი ერთი რამ ღრმად მწამს, – მეტად სულგრძელი და წინდახედული კაცი, ჯონ ბრაუნი, უმიზეზოდ არაფერს იზამდა.

დოქტორი ბიზი. შენი ნახელავი კარგად იყო გაკეთებული და თანაც მეცნიერული სიზუსტით. ესენი სამეზობლოში მეტად გონივრულად ტრიალებდნენ, გადმოცემით ვიცი, და ჩვენ არანაირი მიზეზი არ გვქონდა მათში ეჭვი შეგვეტანა, გარდა იმისა რომ მათი მოძრაობისა არაფერი არ გვესმოდა. ისინი რვანი თუ ცხრანი იყვნენ; პარასკევისთვის კი უკვე ცამეტი.

ბრაუნი. ამაზე მეტნი ვიყავით.

კითხვა. იარაღი სად იშოვე? **პასუხი**. ვიყიდე.

კითხვა. რომელ შტატში? **პასუხი**. ამას კი არ ვიტყვი.

კითხვა. რამდენი თოფი? **პასუხი**. ორასი შარფის შაშხანა და ორასი რევოლვერი, – მასაჩუსეც არმზ ქამფანის[564] რევოლვერებს რომ ეძახიან, საზღვაო ფლოტის რევოლვერებზე ცოტა მოკლე.

კითხვა. სახლში რომ დატოვეთ ის სვიველი[565] რატომ არ წაიღე თან? **პასუხი**. არაფერში გამომადგებოდა და იმიტომ. ერთი-ორი წლის უკან მაჩუქეს.

კითხვა. კანზასში? **პასუხი**. არა. კანზასში ჩემთვის არაფერი მოუციათ.

კითხვა. ვინ მოგცათ და რომელ შტატში? **პასუხი**. უარს ვამბობ პასუხის გაცემაზე. ნამდვილი სვიველი არცაა; ძალიან დიდი შაშხანაა საკისურით. ბურთი მუსკეტის ბურთზე დიდია; ტყვიისთვისაა გამიზნული.

ჟურნალისტი. თქვენი შეწუხება ნამდვილად არ მინდა; მაგრამ თუ რამის დამატება გსურთ, თქვით და აუცილებლად, გამოვაქვეყნებ.

ბრაუნი. არაფერი მაქვს სათქმელი, გარდა იმისა რომ ვამტკიცებ აქ იმ საქმის განსახორციელებლად ვარ მოსული რომელიც სრულიად სამართლიანად მიმაჩნია, და შფოთისთავობა და ყალთაბანდობა კი არ მსურს, არამედ მათი დახმარება ვინც დიდი უსამართლობის გამო იტანჯება. და კიდევ უფრო მეტის თქმაც მსურს, უმჯობესია თქვენ, – მთელი სამხრეთის ხალხო, – მონობის საკითხის გადაწყვეტა თქვენი ნებით ახლავე წამოჭრათ, რადგან დღეს თუ ხვალ, იმაზე უფრო მალე, ვიდრე თქვენ ფიქრობთ, იგი უეჭველად წამოიჭრება. რაც უფრო მალე მოემზადებით ამ საკითხის გადასაჭრელად, მით უკეთესი. შეიძლება, მე ადვილად მომიშოროთ თავიდან. – თითქმის უკვე მოშორებულიც გყავართ ახლა; მაგრამ ეს საკითხი მაინც ღიად რჩება – ეს ზანგთა საკითხი; მისი

---

[564] მასაჩუსეც არმზ ქამფანი – 1849 წლიდან XX საუკუნის დასაწყისამდე მასაჩუსეცის შტატში ცეცხლსასროლი იარაღისა და სხვა საბრძოლო ნაწარმის მწარმოებელი.

[565] სვიველი – როგორც წესი, პატარა ზარბაზანი, რომელიც საკისურზეა დაფუძნებული, რაც იარაღის ნებისმიერი მიმართულებით შემობრუნებისა და დამიზნების საშუალებას იძლევა. სვიველს აგრეთვე, თუმცა იშვიათად, ეძახიან ერთგვარ ორლულიან თოფ-შაშხანას, რომელსაც ერთი ლულა ხრახნილიანი აქვს ანუ საშაშხანე, მეორე კი – გლუვი ანუ სათოფე, ისინი ერთმანეთთან საკისურით არიან დაკავშირებულები და ამგვარად მსროლელს შაშხანისა და თოფის მონაცვლეობით გამოყენება შეუძლია.

დასასრული ჯერ კიდევ არ ჩანს. ეს ჭრილობები მე მომაყენეს – ორივეს ვგულისხმობ, თავის არეში ხმლით მიღებულ ჭრილობებს და მთელ ტანზე ბეიონეტით მიღებულ ჭრილობებსაც – რამდენიმე წუთის შემდეგ რაც უკვე იარაღი დავყარე და დანებებაზე დავთანხმდი, ისევ სხვების გადასარჩენად, და არა საკუთარი თავის. ღრმად მწამს ახლა მაიორი ცოცხალი არ იქნებოდა; როცა ოთახში შემოიჭრა შემეძლო ისე ადვილად მომეკლა როგორც კოღო, მაგრამ ჩავთვალე მხოლოდ იმისთვის შემოვიდა რომ ჩვენი დანებება მიეღო. ჩვენი მხრიდან ხმამაღლა და დიდხანს ვყვიროდით "ნებდებითო", – იმდენად ხმამაღლა რამდენადაც ეს ნებისმიერ კაცს ძალუძს; მაგრამ არეულობისა და აღელვების ალიაქოთში ჩვენი ხმა ალბათ ვერ გაიგეს. არა მგონია მაიორს, ანდა რომელიმე სხვას, ჩვენი ასე დაკეპვა სდომებოდა მას შემდეგ რაც დავნებდით.

ოფიცერი. შემოტევამდე რატომ არ დაგვნებდით?

ბრაუნი. არ მეგონა ასეთი რამ მევალებოდა ანდა მაშინ დანებება ჩემს მიზნებს ემსახურებოდა. ჩვენ პატიმრები დავარწმუნეთ რომ მათთვის ვნების მიყენება არ გვსურდა, და რომ გავუშვებდით. სწორად და გონივრულად მოვიქეცი, როცა არ დავიჯერე რომ ადამიანები სულელურად გაწირავდნენ თავიანთ თანამოქალაქეებს, და მეგონა დაგვთანხმდებოდნენ, როდესაც მეოთხედ მაილზე ჩვენი პოზიციების შეცვლის სანაცვლოდ ტყვეების გაშვება შევთავაზე. ტყვეებმა კენჭი ყარეს და დაგვთანხმდნენ ხიდი ჩვენთან ერთად გადაეკვეთათ. ტყვეების თანგაყოლა მხოლოდ უსაფრთხოების გარკვეულ გარანტიად გვინდოდა, – რომ ჩვენთვის არ ესროლათ. ჩვენ ისინი, პირველ რიგში, როგორც მძევლები ისე ავიყვანეთ და კიდევ იმ მიზნით რომ ჩვენს საწინააღმდეგოდ არაფერი ემოქმედათ და ამით ჩვენთვის ზიანი არ მოეყენებინათ. მართალია, თავდაცვისას რამდენიმე კაცი მოვკალით, მაგრამ ჩვენებიდან არავინ დამინახავს უშუალოდ თავდაცვის გარდა სხვა მიზნით გაესროლა. გვქონდა მკაცრი ბრძანება რომ სხვა არავისთვის გვესროლა გარდა იმისა ვინც ჩვენს წინააღმდეგ იარაღასხმული იბრძოდა.

კითხვა. ბრაუნ, ვთქვათ და გაერთიანებულ შტატებში ყველა ზანგი შენს ხელთაა, რას უზამდი? **პასუხი**. განვათავისუფლებდი.

კითხვა. შენი მიზანი მათი გამოქცევა და განთავისუფლება იყო? **პასუხი**. სრულებით არა.

რიგითი მაყურებელი. მათი განთავისუფლება ამ საზოგადოებაში ყველა კაცის სიცოცხლის შეწირვას ნიშნავს.

ბრაუნი. არა მგონია.

რიგითი მაყურებელი. ვიცი. მგონი შენ ფანატიკოსი ხარ.

ბრაუნი. აი, მე კი მგონია რომ შენ ხარ ფანატიკოსი. "ვისი განადგურებაც ღმერთს სურს, ის მას ჯერ გიჟად გადააქცევს ხოლმე,"[566] და შენ აი, უკვე ხარ კიდეც გიჟი.

კითხვა. შენი ერთად-ერთი მიზანი ზანგების განთავისუფლება იყო? **პასუხი**. ჭეშმარიტად ერთად-ერთი მიზანი.

კითხვა. კი მაგრამ, თქვენ არ მოითხოვეთ და წაიღეთ პოლკოვნიკ ვოშინგთონის ვერცხლი და საათი? **პასუხი**. დიახ; ჩვენი მიზნის მისაღწევად ვაპირებდით მონათმფლობელის ქონება თავისუფლად და შეუზღუდავად გამოგვეყენებინა. ამისთვის, და მხოლოდ ამისთვის, და არა ჩვენი საკუთარი თავების ნაალაფარით გამდიდრებისთვის ვქენით ეს.

რიგითი მაყურებელი. კანზასში შერედს[567] თუ იცნობდი? როგორც ვიცი, მოგიკლავს.

ბრაუნი. მე არავინ მომიკლავს გარდა იმ შემთხვევისა როდესაც სამართლიანობისთვის ვიბრძოდი. მე ბლექ ჯექ ფოინთსა და ოსავათომიში ვირბძოდი; და თუ ვინმე მოვკალი, ერთერთ ამ ადგილას იქნებოდა.

ამაზე სრული მატიანე არ არსებობს ბრაუნის მთავრობის წევრებთან საუბრისა, რაც მისი დაჭერის შემდეგ მოხდა. გვქავს ჩანაწერები და მონათხრობები, რომლებიც ასე თუ ისე ურთიერთსაწინააღმდეგოა, იმის შესახებ თუ რაზე ისაუბრეს ბრაუნმა და ვაიზმა, ვირჯინიის გუბერნატორმა, დეპოს [568] აღების სულ რაღაც რამდენიმე საათის შემდეგ. იმ ხანაში ვაიზი იყო წამყვანი და დაუდეგარი კონგრესმენი ვირჯინიიდან, რამდენიმე პოლიტიკური პარტიის წევრი გახლდათ, ძლიერი და გულადი ხასიათის კაცი იყო, თუმცა მოხიბლული, როგორც თავისი ხანის ვირჯინიელთა უმეტესობა, მონათმფლობელობითა და სხვა სამხრული ინსტიტუციებით. გაზეთ "ჰარფერზ ვიქლის" (რომელიც მაშინ მონათმფლობელობას უჭერდა მხარს) კორესპონდენტმა აი, ასე აღწერა ბრაუნთან ჩატარებული ვაიზის ინტერვიუ: –

"შუადღის მატარებელმა (18 ოქტომბერი) ჩამოიყვანა გუბერნატორი ვაიზი, რომელსაც თან ახლდა რამდენიმე ასეული კაცი რიჩმონდიდან, ალექსანდრიიდან, ბოლთიმორიდან,[569] და კიდევ სხვა მხარეებიდან. ენდრიუ ჰანთას თანხლებით, გუბერნატორი საგუშაგო ოთახისკენ გაემართა სადაც

---

[566] გამოთქმა რომელსაც ხშირად შეცდომით დიდ ბერძენ ტრაგიკოსს, ევრიპიდეს (480-406 ჩ.წ.-მდე) მიაწერენ – "მედეაში" აქვს ნახმარი. იგივე გამოთქმა ბრჭყალებით აქვს ციტირებული სოფოკლეს (497-406 ჩ.წ.-მდე) "ანტიგონეში", თუმცა განმარტებას არ იძლევა თუ ვის ეკუთვნის ის. ლათინურად ასეა: "Quem deus vult perdere, dementat prius." აღსანიშნავია, რომ ევრიპიდეს მითი მედეაზე და მედეას ფილიციდზე სრული სიყალბეა: მან ამ ტყუილში ფული აიღო რომ ბერძნული "კულტურა" დაეცვა. გარდა ამისა, 264-ე ხაზის სქოლიოში მითითებულიც კია, რომ მედეას შვილები, კორინთელებმა (ბერძნებმა) დაუხოცეს, მას შემდეგ რაც მედეა საბერძნეთიდან გაიქცა.

[567] ვინმე შერედი მაშინ მოკლეს კანზასში, როდესაც ბრაუნი ფიზიკურად მასაჩუსეცში იყო, და, აქედან გამომდინარე, ცხადია, რომ ეს ყოვლად უსაფუძვლო ბრალდება გახლდათ.

[568] დეპო – შენობა ჰარფერზ ფერიში არსებული თოფხანის მცველებისთვის და მეხანძრეებისთვის. ეს დეპო 1848 წელს ააშენეს.

[569] რიჩმონდი და ალექსანდრია ქალაქებია ვირჯინიის შტატში, ბოლთიმორი კი მერილენდის შტატის უდიდესი ქალაქია.

ორი დაჭრილი ტყვე იწვა, და ბრაუნს გამოესაუბრა. გუბერნატორი დაჭრილებს თავაზიანად ეპყრობოდა რამაც, როგორც ჩანს, ჯონ ბრაუნი გააკვირვა. ბრაუნი იატაკზე იწვა, ფეხები ცეცხლისკენ ჰქონდა, თავი კი სკამის ზურგზე ბალიშებით წამოწეული. მთელი მისი თმა თრომბიან სისხლში ცურავდა, ისე რომ ვერ შევძელი მისი ბუნებრივი ფერის ამოცნობა; მისი თვალები მკრთალი ლურჯი ან ნაცრისფერი იყო, ცხვირი რომაული, და წვერი (ბუნებრივად ყავისფერი) თეთრი და სისხლით დალაქული. მის თხრობას ხშირად წყვეტდა ღრმა ოხვრა, რაც მძვინვარე მხეცის სულთმობრძავ ბრდღვინვას მომაგონებდა. ჩუმად, ბელადისგან რამდენიმე ფუტის დაშორებით იწვა სტივენსი, მშვენიერი შეხედულების კაცი, გარეგნულად ისე ჩანდა ვითომცდა არაფერი სტკიოდა, და სრული და ბუნებრივი ხმით საუბრობდა, გეგონება დაჭრილიც კი არ არისო. თუმცა, ხელები მკერდზე ბავშვივით, უმწეოდ ეწყო, – იმ მდგომარეობაში რომელიც, როგორც შემინიშნავს, იმ ხალხს ახასიათებს ვინც ჭრილობებისგან ან უკვე დაიღუპა ანდა მალე დაიღუპება. მხოლოდ ისინი იწვნენ უცვლელ მდგომარეობაში რომლებმაც, ესროლეს თუ არა, ადგილზე განუტევეს სული.

“ბრაუნი გულწრფელი იყო და საუბარი არ ეზარებოდა, ყველა კითხვას დაუყოვნებლივ პასუხობდა, გარდა იმისა რაც მის მოკავშირეებს შარში გარევდა. დავურთავ ნაწყვეტებს ბატონი ჰანთას ჩანაწერებიდან: –

“‘ბრაუნი ამტკიცებს რომ პატარა პამფლეტი, რომლის ბევრი ეგზემპლარი მოკლულთა გვამებზე აღმოვაჩინეთ, და ერქვათ “გაერთიანებული შტატების ხალხის დროებითი კონსტიტუცია და დადგენილებები,” თითქმის სრულიად ბრაუნის მიერ იყო შედგენილი; მისი დებულებების თანახმად ბრაუნი ინიშნებოდა მთავარსარდლად. მისი ორი ვაჟიშვილი და სტივენსი იყვნენ კაპიტნები, ქაფაქი კი ლეიტენანტი; თითოეულ მათგანს ჰქონდა უფლებამოსილება, ბრაუნის მიერ მინიჭებული. ის ამტკიცებს რომ ამ ორგანიზაციის წევრების რიცხვი სულ რაღაც ოცდაორს შეადგენს, და მისმა თითოეულმა წევრმა ფიცი დადო 48-ე მუხლის თანახმად; თუმცა ისიც აღსანიშნავია, ბრაუნი სრულიად დარწმუნებულია რომ მათი რიგები შეივსიბა ვირჯინიიდან, ქენთაქიდან, მერილენდიდან, ჩრდილო და სამხრეთ ქერალაინიდან, და, თავისუფალი შტატების გარდა, კიდევ რამდენიმე მონათმფლობელური შტატიდან, – და ეჭვიც არ ეპარება იმაში რომ საკმარისი იყო მხოლოდ საჯარო იარაღის ხელში ჩაგდება და მისი ზანგებისა და არა-მონათმფლობელებისთვის დარიგება და ახალწვეულებით მისი ძალები უსასრულოდ შეივსებოდა. მან უხალისოდ და მიკიბულ-მოკიბულად აღიარა რომ იგი იმედგაცრუებული იყო რომ ეს გათვლა არ გაუმართლდა.’

“როდესაც გუბერნატორი ვაიზი წავიდა, ზოგიერთი ჩვენგანი მაინც დარჩა, და ამ დროს მოხუცს ისევ შვილები გაახსენდა, რომელთა შესახებაც მანამდეც რამდენიმეჯერ გვკითხა, დარწმუნებულნი თუ ვიყავით იმაში რომ ორივე იყო მკვდარი. ყველანაირად დაარწმუნეს რომ ეს მართლაცდა ასე იყო. ‘რამდენი გვამი გაიტანეთ დეპოდან?’ იკითხა. სამიო უთხრეს. ‘მაშინ გამოდის რომ ორივე არ უნდა იყოს მკვდარი. წუხელ იქ სამი გვამი იყო. ბატონებო, უეჭველია ჩემი ერთი ვაჟიშვილი ცოცხალია და თქვენს ხელთაა. მისთვის იმას გთხოვთ რასაც საკუთარი თავისთვის

ვერ გთხოვდით; კარგად მოეპყარით, რადგან იმდენად წმიდა და კეთილი გულის ყმაწვილია, რამდენადაც ეს ოდესმე ღირსებია დედამიწის ზურგს.' ფუჭი იყო ბრაუნის ლოცვა. მისი ორივე ბიჭი გაშეშებული და სისხლიანი იდო სათოფის კედელთან."

ამ საუბარში, გუბერნატორი ვაიზის თანახმად, პირადად მისთვის ბრაუნს ერთი შეურაცხმყოფელი სიტყვაც არ უთქვამს. ბრბოდან ვიღაცამ ბრაუნს "ყაჩაღი" დაუძახა, ბრაუნმა პასუხი დაუბრუნა, "თქვენ [მონათმფლობელებო] თავად ხართ ყაჩაღები." და ამასთან დაკავშირებით თქვა, "თქვენ რომ ჩემზე თქვენი აზრები გაქვთ, მეც მაქვს ჩემი აზრები თქვენზე." ამის შემდეგ ვაიზმა თქვა: "ბატონო ბრაუნო, შენი თმის ჭაღარა დანაშაულის სისხლითაა გაწითლებული, და ასეთ მწარე სიტყვებს თავი უნდა აარიდო და მარადისზე იფიქრო. ჭრილობები გაქვს, იქნებ სასიკვდილოც კი; და ამათგან სიკვდილს თავი რომც დააღწიო, ვალდებული ხარ სასამართლო გაიარო, რომელიც სასჯელად შესაძლოა სიკვდილით დასჯასაც ითვალისწინებდეს. შენი აღსარებები ამტკიცებენ იმას რასაც ჩვენ ვვარაუდობთ – რომ სასამართლო დამნაშავედ გცნობს; და თუნდაც ახლა ვირჯინიის კანონის თანახმად შენ სისხლის სამართლის დანაშაულს ჩადიხარ, ასეთი აზრების გამოთქმით. უკეთესი იქნება ყურადღება შენს მარადიულ მომავალს მიაპყრო ვიდრე იმ გმობით იყო დაკავებული, რომელიც შენ მხოლოდ გვნებს." ბრაუნმა უპასუხა, "გუბერნატორო, როგორც ამას გარეგნულად ვატყობ, თხუთმეტ-ოც წელზე მეტს არ უნდა გისწრებდე იმ მარადისისკენ მოგზაურობაში რომელსაც ასეთი სიკეთით შემახსენებ; და აზრი არ აქვს აქ, ამქვეყნად ჩემი დარჩენილი ჟამი თხუთმეტი თვეა, თხუთმეტი დღე, თუ თხუთმეტი საათი, მე ყველა შემთხვევაში მზად ვარ გამგზავრებისთვის. უსასრულობა ძევს აწმყომდე და უსასრულობაა აწმყოს შემდეგაც; და, შუაში გაჩხერილი ის ციცქნა წერტილი, რაც არ უნდა გრძელი იყოს, შედარებითად რომ ვთქვათ, მხოლოდ წუთია და მეტი არაფერი. შენსა და ჩემს სიცოცხლის ვადას შორის მხოლოდ უმნიშვნელო განსხვავება, და ამის გამო მე შენ იქით გაფრთხილებ რომ თავად იყო მზად. მე მზად ვარ. თქვენ ყველას ძალიან დიდი ვალდებულება გაწევთ მძიმე ტვირთად, და ამიტომაც თქვენ უფრო გესაჭიროებათ მზად ყოფნა ვიდრე მე."

ამ საუბარის შესახებ ვაიზმა საჯაროდ თქვა:

"თავად ისინი ცდებიან, ვინც ჯონ ბრაუნს გიჟად მიიჩნევენ. ის ყველაზე საუკეთესო ნერვების შეკვრაა რაც კი ოდესმე მინახავს; დაჭრილი და ნაცემი და სისხლად იღვრებოდა, და ბორკილდადებული. ნათელი გონების კაცია, გულადობის, ძლიერებისა, და სადა მახვილგონიერების. ის არის მშვიდი, გაწონასწორებული, და შეუპოვარი, და თავად სამართლიანობა მოითხოვს აღვიაროთ რომ იგი ადამიანურად ეპყრობოდა თავის ტყვეებს, და მან, როგორც მართალმა კაცმა, შთამაგონა დიდი ნდობა მისი პატიოსნების. ის არის ფანატიკოსი, ამაყი და სიტყვამრავალი, მაგრამ მტკიცე, მართალი, და გონიერი კაცი. იგი გულახდილად აღიარებს რომ ქრისტეანია და ჩრდილოეთის ქანგრეგეიშენალ ეკლესიის წევრი,[570] და დაუფარავად ქადაგებს მსოფლიო

[570] ქანგრეგეიშენალ ეკლესია – სიტყვა ქანგრეგეიშენ, "congregation", ნიშნავს "მრევლს". ქანგრეგეიშენალ ეკლესია არის პროტესტანტული ეკლესია, რომელშიც თითოეული მრევლი

განთავისუფლების საკუთარ მიზანს; და რომ თავად ზანგები უნდა იყვნენ, იარაღის გამოყენებით, ბრძოლის აგენტები და მათ თეთრკანიანი წინამძღოლები უნდა უძღოდნენ წინ თავისუფლებისთვის ბრძოლაში. . . . პოლკოვნიკი ვოშინგთონი ამბობს, მიუხედავად იმისა, რომ კაპიტანი ბრაუნი ხიფათსა და სიკვდილს ყოველ წამს სახეში შეჰყურებდა, ის ყველაზე მშვიდი და მტკიცე კაცია, ვინც მას სიცოცხლეში თვალით უნახავს. მიუხედავად იმისა, რომ ერთი შვილი მის გვერდით მკვდარი იწვა, და მეორეც ახლად იყო ტყვიით გაგლეჯილი, ის ერთი ხელით მომაკვდავი შვილის პულსს სინჯავდა, მეორე ხელში შაშხანა ეჭირა, და თან თავის რაზმელებს დიდი სიმშვიდით აძლევდა ბრძანებებს, აგულიანებდა, რომ სიმტკიცე შეენარჩუნებინათ, და თავიანთი სიცოცხლე რაც შეიძლება ძვირად და გონივრულად გაეწირათ სამშობლოსთვის.

საკუთარ საქმეს ცენტრალური და სხვა ეკლესიებისგან სრულიად დამოუკიდებლად განაგებს. პლიმუთელი პილგრიმები და მასაჩუსეცელი პურიტანები იყვნენ პირველი ნიუ ინგლენდელი ქანგრეგეიშენალისტები. ქანგრეგეიშენალისტებზე დიდი გავლენა ამერიკის განათლებასა და კულტურაზე არავის მოუხდენია. სწორად ქანგრეგეიშენალისტებმა დააარსეს უდიდესი და უპირველესი უნივერსიტეტები: იეილი, ჰარვარდი, დარტმუთი, ვილიამზი, მიდლბური, ა.შ. აღსანიშნავია, რომ დიდი ნიუ ინგლენდელი მწერალი, პოეტი და ფილოსოფოსი, ჯენეტ მეთიუსონიც თავიდან ქანგრეგეიშენალისტი იყო, სიცოცხლის ბოლო წლებში კი მართლმადიდებლობა მიიღო.

ჯონ ბრაუნის სიტყვით გამოსვლები სასამართლო პროცესისას

ბრალდების საფუძველზე მისი გასამართლების პირველ დღეს (25 ოქტომბერი), ჩარლზთაუნის სასამართლოში ჰარფერზ ფერიდან არც თუ ისე მოშორებით, ბრაუნი და ქაფაქი ერთმანეთზე ბორკილებით მიბმულები შემოიყვანეს. ბრაუნი დასუსტებული ჩანდა, მოტეხილი, და თვალები დასიებული ჰქონდა თავის არეში მიღებული ჭრილობების გამო. პატიმრებს ღალატისა და მკვლელობის რამდენიმე ბრალდება წაუყენეს. სასამართლომ ჰკითხათ დამცველი ადვოკატი თუ ჰყავდათ, რაზეც ბრაუნმა ასე მიუგო: –

"მე არ მითხოვია არანაირი შეწყალება როცა ამიყვანეს; არ მითხოვია ჩემი სიცოცხლის შენარჩუნება. ვირჯინიის შტატის გუბერნატორმა უამრავი პირობა დამიდო და შეეცადა დავერწმუნებინე რომ სამართლიანი სასამართლო მექნებოდა; მაგრამ იმის შესაძლებლობაც კი არ არსებობს სამართლიანი სასამართლო მქონდეს. თქვენ თუ ჩემი სისხლი გწყურიათ, შეგიძლიათ ის ნებისმიერ წამს მიიღოთ, ამ მაიმუნური და ცრუ სასამართლოს გარეშეც. დამცველი ადვოკატი არ მყოლია და არც ახლა მყავს. არ მქონია იმის საშუალება ვინმესგან იურიდიული რჩევა ამეღო. არაფერი ვიცი ამ საკითხის შესახებ ჩემი მოძმე პატიმრები რას ფიქრობენ და განიცდიან, და თავად მე სრულიად არ ძალმიძს ჩემი თავის დაცვა. მახსოვრობა წართმეული მაქვს; ჯანმრთელობა – შერყეული, თუმცა თანდათან უკეთესობისკენ მიდის. არსებობენ გასამართლებელი გარემოებები რომლებსაც ჩვენს სასარგებლოდ გამოვიყენებდი, სამართალი რომ იყოს შესაძლებელი ამ სასამართლოზე; მაგრამ თუ მხოლოდ მოჩვენებით სასამართლოს გვიწყობთ, სასაკლაო სასამართლოს, გირჩევთ ჟამი დაზოგოთ და გასამრთლების გარეშე აღასრულოთ თქვენი ჩანაფიქრი. მე მზად ვარ დაღუპვისთვის. გთხოვთ მოჩვენებით და სასაცილო სასამართლოს ნუ მოაწყობთ, ამგვარი დადგმით ნუ მოგვაყენებთ შეურაცხყოფას, – ნურაფერს ისეთს ნუ იზამთ, რასაც თქვენი უსინდისობა რთავს ნებას ანდა სიმხდალე გაიძულებთ რომ ჩაიდინოთ. კიდევ ერთხელ ვითხოვ, ნება დაგვრთონ რომ არ შედგეს ეს სასაცილო სასამართლო. ისიც კი არ ვიცი საქმის ეს საგანგებო გარჩევა რა მიზანს ემსახურება; არ მესმის თუ რა სარგებელი შეიძლება მოუტანოს ამან ვირჯინიის თანამეგობრობას. კიდევ ერთხელ მინდა იგივე გთხოვოთ, და კიდევ მხოლოდ ერთი ისიც, რომ შეურაცხყოფა არ მომაყენოთ, ისე როგორც მხოლოდ მხდალი ბარბაროსები შეურაცხყოფენ ხოლმე მათ ვინც მათი ძალმომრეობის მსხვერპლი შეიქმნა."

სასამართლო პროცესის მსვლელობისას, ბრაუნი კიდევ წამოიწია ტივუკიდან რომელზეც ის დაჭრილი იწვა, და თქვა: –

"არ ვაპირებ სასამართლო დავაყოვნო, მაგრამ უბრალოდ მინდა ვთქვა, რადგანაც სამართლიან სასამართლოს შემპირდნენ, რომ ახლა ფიზიკურად ისეთ მდგომარეობაში არ ვიმყოფები რომელიც საშუალებას მომცემდა ამ გასამართლებას სათანადოდ დავსწრებოდი, ჩემს ჯანმრთელობას ვგულისხმობ. საშინელი ჭრილობა მაქვს ზურგში, ანდა

უფრო სწორად ერთერთ თირკმელაში, რაც ძალიან მასუსტებს. მაგრამ ნელ-ნელა ვუმჯობესდები, და მხოლოდ ჩემი სასამართლოს მოკლე ხნით გადავადებას გთხოვთ, რის შედეგადაც მგონი მისი მოსმენა მაინც შემეძლება; და ამასაც მხოლოდ იმიტომ გთხოვთ, რომ, გამოთქმისა არ იყოს, 'ეშმაკსაც კი მიეცეს ის რაც კანონით მისია,' – მეტს კი არაფერს გთხოვთ. ამას გარდა, მსურს გითხრათ, რომ ყურთასმენა დაზიანებული მაქვს და სიტყვების გარჩევა მიჭირს, რაც თავის არეში მიღებული ჭრილობებითაა გამოწვეული. გარკვევით თითქმის არაფერი მესმის. არც ის გამიგია ამ დილით სასამართლომ რა ილაპარაკა. მოხარული ვიქნებოდი გამეგო თუ რას ამბობენ ჩემს სასამართლოზე, და გაითვალისწინეთ რომ ახლა თავს უკეთესად ვგრძნობ და ჩემი გამოჯანმრთელება იმაზე სწრაფად მიდის ვიდრე ამას ჩემს მდგომარეობაში ჩავარდნილი კაცისგან უნდა მოელოდე. მხოლოდ ძალიან ხანმოკლე დაყოვნებას გთხოვთ. თავს ნებას არაფრით მივცემდი და ძალიან ხანმოკლე დაყოვნებაზე მეტს არ გთხოვდით, ესეც იმიტომ რომ გარკვეულწილად გამოვკეთდე, და, სხვა თუ არაფერი, ჩემი გასამართლების მოსმენა მაინც შემეძლოს, და გავიგო თუ რას ეკითხებიან მოქალაქეებს, და რაა მათი პასუხები. ჩემთვის ამის ნება რომ დაგერთოთ, დიდად მადლობელი ვიქნებოდი."

სასამართლომ უარი თქვა მის მოთხოვნაზე, და ნაფიც მსაჯულებს უკვე ფიცი ჰქონდათ დადებული, რომ მოსამართლემ განაცხადა ბრალდების წაყენებისას პატიმარს ფეხზე დგომა შეეძლო, თუ ამას თვითონ პატიმარი მოისურვებდა. ამგვარად ბრაუნმა გრძელი საბრალდებო ოქმის კითხვის განმავლობაში თავის ტივუკა საწოლზე განრთხმულმა გააგრძელა წოლა, – ოქმი ითვალისწინებდა ზანგებთან შეთქმულების მოწყობის; ვირჯინიის თანამეგობრობის ღალატისა, და მკვლელობის ბრალდებებს.

პირველი დღის მსვლელობისას, ბრაუნი წამოდგა, როგორც ჩანს აღელვებული, და ფეხზე მდგომმა თქვა: –

"თქვენის ნებართვით, – ვხედავ რომ, მიუხედავად ყველა მტკიცებისა და დარწმუნებისა რომ სამართლიან სასამართლოს მიიღებო, როგორც ამას ვატყობ, დღეს აქ გამართული სხდომა ყველაფერია სამართლიანი სასამართლოს გარდა. როგორც კი ამის შესაძლებლობა მომეცა, მოგეცით სახელები, იმ ადამიანებისა რომელთა დაძახება მოწმეებად მსურდა, და ყველანაირად დამპირდით რომ მათ სასამართლო უწყებით მოიხმობდით. ამ საკითხთან დაკავშირებით დაგიწერეთ მემორანდუმი, რომელიც შეიცავდა ინფორმაციას თუ სად იმყოფებოდნენ ეს პირები, მაგრამ ჩანს რომ ისინი არ გამოგიძახებიათ, რამდენადაც ეს მე ვიცი. და აი ახლა თუ მე ისეთი გასამართლება უნდა მქონდეს რომელიც სამართლიანი სასამართლოს თუნდაც სახელს იმსახურებს ანდა მისი აჩრდილი მაინც შეიძლება ვუწოდოთ, ვითხოვ რომ მსვლელობა ხვალ დილამდე გადავდოთ; რამეთუ, როგორც ეს უკვე მოგახსენეთ, მრჩეველი ადვოკატი არ მყავს, რომლის ნდობაც შემეძლებოდა, მაგრამ ველოდები მრჩეველის მოსვლას რომელიც იმ მოწმეების ჩამოყვანის საქმეს მოაგვარებს რომლებიც მე დაცვისთვის მოვითხოვე. თავად არ ძალმიძს ამის ქმნა. რაც შემეძლო ყველაფერი ვიღონე, მაგრამ მათ შესახებ

დეპო რომელსაც დღეს
ჯონ ბრაუნის ფორტს ეძახიან.
THE ENGINE HOUSE WHICH IS NOWADAYS CALLED
JOHN BROWN'S FORT.

ვერაფერი მოვიძიე, და მათი სრული სახელებიც კი ვერ გავიგე; და ისიც არ შემიძლია ვინმეს რაიმე დავავალო, რამეთუ მთელი ფული მაშინ წამართვეს როცა ხმლით დამჩეხეს და ბეიონეტი [571] გამიყარეს, და კაპიკიანი არ მაბადია. მქონდა ორასორმოცდაათი თუ ორასსამოცი დოლარი ოქრო და ვერცხლი, რომელიც ჯიბიდან ამომაცალეს, და ახლა არანაირი სახსარი არ გამაჩნია ვინმე დავიქირავო თუნდაც პატარა საქმეზე გასაგზავნად, და ვისზეც გთხოვეთ იქიდან ყველა მოწმეც არ გამოგიძახიათ. ისინი ახლოს არ ცხოვრობენ, და აქ არ არიან. გთხოვთ, იქნებ ხვალ დილამდე მაინც იღონოთ რაიმე, თუ კი რაიმეს მართლა აპირებთ. თუ არა და, მაშინ ისედაც მზად ვარ ყველაფრისთვის."

ბრაუნი მერე ისევ დაწვა, ფარდაგი გადაიხურა, თვალები დახუჭა, და როგორც ჩანს ღრმა ძილში ჩაეფლო. მეორე დღეს, როდესაც მისმა ადვოკატმა სიგიჟის საბაბის სარჩელი სცადა და ამით მოინდომა სასჯელის შემსუბუქება, ბრაუნმა ისურვა რომ მას ეს სარჩელი უკან გამოეტანა. ეს ქმედება მის დაუკითხავად და მისი თანხმობის გარეშე ჩაიდინეს, და ბრაუნმა ამის შესახებ ამ მომენტამდე არაფერი იცოდა. მან მერე საწოლიდან წამოიწია, და თქვა: –

"დავამატებდი, თუ სასამართლო ამის ნებას დამრთავს, რომ ჩემს თვალში ეს უბადრუკი ხრიკი და უსაფუძვლო მომიზეზებაა იმ ხალხისა რომლებიც მე სხვანაირად უნდა დამეხმარონ, თუ კი საერთოდაც საჭიროა მათ ჩემთვის რაიმე ქმნან და რამით დამეხმარონ, და ასეთ საქციელს ყველაზე დიდი ზიზღით ვუყურებ. როგორც ეს ბატონ გრინთან აღვნიშნე, ჭკუაშეშლილ პატიმრებს, რამდენადაც ვიცი, იმის ძალა არ შესწევთ საკუთარი ჭკვიანობა განსაჯონ; და თუ მე ჭკუაშეშლილი ვარ, მაშინ რა თქმა უნდა, უნდა მეგონოს რომ მთელ ქვეყანაზე მეტი გამეგება. მაგრამ მე ასე არ ვფიქრობ. ჩემი სიგიჟის შესახებ არაფერი ვიცი, და უარს ვამბობ, რამდენადაც ძალმიძს, ნებისმიერ ცდაზე რომ ჩემი სახელით ვინმე ჩემს გადასარჩენად სასამართლო პროცესში ამგვარად ჩაერიოს."

ბრაუნი მარჯვედ დაიცვა, სხვათა შორის, ახალგაზრდა მასაჩუსეცელმა ადვოკატმა, ჯორჯ ეიჩ. ჰოიტმა, მაგრამ, რა თქმა უნდა, ის მაინც დამნაშავედ ცნეს. ბრალმდებელი იყო ჩარლზთაუნელი ენდრიუ ჰანთა, რომელმაც თავის მტკიცებაში

"დაჟინებით შეეცადა იმის დამტკიცებას რომ ვირჯინიის კანონის კოდით ვირჯინიის მოქალაქე განსაზღვრულია როგორც 'ყველა ის თეთრკანიანი პიროვნება, დაბადებული კავშირის ნებისმიერ სხვა შტატში, რომელიც შეიძლება აქ მაცხოვრებელი გახდეს;' და რომ სამხილი, ყოველგვარი ეჭვის გარეშე, ცხადჰყოფს რომ როცა ბრაუნი ვირჯინიაში ჩავიდა, და ჰარფერზ ფერიში ფეხი დადგა, ის იქ იმისთვის ჩავიდა რომ ეცხოვრა, და ეს ადგილი მუდმივ საცხოვრებლად გამოეყენებინა. მართალია, ის ვირჯინიის შტატიდან ოთხი-ხუთი მაილის მოშორებით მერილენდის შტატში ფერმაში ბინადრობდა, მაგრამ ეს ბინადრობა იმ მიზნით არ იყო რომ მას მერილენდის შტატში მუდმივი საცხოვრებელი გაეჩინა; არა, და მხოლოდ იმ საძაგელი და ჯოჯოხეთური მიზნისთვის რომ ვირჯინიის

[571] ბაიონეტი ანუ ბეიონეტი – თოფზე ან შაშხანაზე მისამაგრებელი დანა თუ ხიშტი, რომელიც სამხედროებში ხელჩართული ბრძოლისას გამოიყენება.

თანამეგობრობაში რაზმით შეჭრილიყო, და ჰარფერზ ფერიში დაფუძნებულიყო, და ეს ადგილი ახალი მთავრობის ჩამოყალიბების ცენტრად გამოეყენებინა. რაც გინდათ ის დავარქვათ, ტრაგიკული, თუ მასხრული და დამცინავი, როგორც ეს ბრაუნის ადვოკატმა მრჩეველებმა წარმოადგინეს, მისმა საქციელმა დაგვანახა, მისი აღიარებები და დეკლარაციები თუ არ იყო ამისთვის საკმარისი, რომ მხოლოდ მონების წასხმისთვის არ იყო იგი მოსული აქ. მისი 'დროებითი მთავრობა' მართლაცდა სინამდვილეში არსებობდა, და ის არ გახლდათ, როგორც ამას ბრაუნის ადვოკატები შეეცდებოდნენ ჩვენთვის დაეჯერებინათ, უბრალოდ მსჯელობისა და დავის კლუბი; და რადგანაც ჯონ ბრაუნი ამ მთავრობაში თანამდებობას ფლობდა და მისგან მინიჭებული ძალაუფლებით სარგებლობდა, აშკარაა ის ღალატში იყო დამნაშავე. რაც შეეხება მონებთან და აჯანყებულებთან შეთქმულების მოწყობას, კანონი ბრძანებს რომ ეს პატიმრები ამაშიც დამნაშავეები არიან, აზრი არ აქვს ამბოხის მოწყობა მოხერხდა თუ არა. რჩევის მიცემა შეიძლება სიტყვიერად, ისევე როგორც ქმედებით. როდესაც მონებს შუბებს მისცემ ხელში, და მათი ბატონი ტყვედ გყავს აყვანილი, ეს გახლავთ მონებისთვის რჩევის მიცემა რომ აჯანყდნენ, რაც სიკვდილით ისჯება."[572]

თითქმის მთელი სასამართლო კამათის განმავლობაში ბრაუნი თვალებდახუჭული ზურგზე იწვა. როდესაც განაჩენი წაიკითხეს, "დამნაშავეა ღალატში, და შეთქმულების მოწყობაში და მონებისთვის და სხვებისთვის აჯანყების რჩევის მიცემაში, და პირველი ხარისხის მკვლელობაში," დამსწრე ბრბოს კრინტიც არ დაუძრავს, რომელიც ცოტა ხნის წინ, სასამართლო შენობის გარეთ, ერთ მუშტად შეკრულიყო და მუქარითა და წყევლა-კრულვით იყო დაკავებული. თავად ბრაუნს სიტყვა არ დაუძრავს, შემობრუნდა რომ ტივუკა მოეწესრიგებინა, და მერე მშვიდად გაიშოტა მასზე. ადვოკატებმა განაჩენის დაპატიმრების სარჩელი [573] შეიტანეს, მაგრამ ისინი ორივე მხარეს ისე იყვნენ დაქანცულები რომ გაგრძელება აღარ შეეძლოთ, და ბრაუნი ციხეში სასჯელმიუსჯელად გადაიყვანეს.

---

572 რაოდენ უსაფუძვლო იყო ჯონ ბრაუნისადმი წაყენებული ბრალდება და რამდენად უნიჭონი იყვნენ მისი ბრალმდებლები! მათ ხომ სასჯელის ვერც ლოგიკური შეთითხნა მოახერხეს და ვერც მისი გამოთქმით წაკითხვა! დიახ, მათ მჭევრობაც კი არ შეეძლოთ. ამ "განათლებული" ხალხის მიერ წარმოთქმული "ბრალდება" ბლუყუნი იყო ბრაუნის, ამ გაუნათლებელი გლეხის, გონივრულ და ლარივით გამართულ მჭევრმეტყველებასთან შედარებით! სწორად ასევე მოიკოჭლებენ ეშმაკის მოციქულები ქრისტეს მოციქულებთან. ისინი კაპიტალისტური, სოციალისტური თუ კომუნისტური სკოლების მზუთხავები არიან და მეტი არაფერი! ბრაუნისთანა მჭევრი ძნელად თუ მოიძებნება არა მხოლოდ ამერიკის, არამედ მსოფლიო ისტორიაში, მისი იმპოტენტი ბრალმდებლების მსგავსი მზუთხავებით კი ისევე სავსეა თ.ს.უ., როგორც ჰარვარდი.

573 განაჩენის დაპატიმრების სარჩელი – სარჩელი რომლითაც შეიძლება განაჩენის გამოტანისთანავე მიმართო სასამართლოს იმ მიზნით, რომ სასამართლომ უკვე გამოტანილი გადაწყვეტილება შეაჩეროს ანდა გააუქმოს. ასეთი სარჩელის შეტანა ხდება მაშინ, როცა სასამართლო გადაწყვეტილება იურიდიულ შეცდომაზეა დაფუძნებული და შესაბამისად უსამართლო გახლავთ.

გაერთიანებული შტატების ხალხისთვის დროებითი კონსტიტუცია და დადგენილებები[574]

შესავალი

რადგანაც მონათმფლობელობა, გაერთიანებულ შტატებში მთელი მისი არსებობის განმავლობაში, სხვა არაფერია თუ არა ყველაზე ბარბაროსული, უმიზეზო, და გაუმართლებელი ომი მისი მოქალაქეების ერთი ნაწილისა მეორეზე – რომელიც ერთად-ერთ არჩევანს იძლევა რომ ხალხმა ან სამუდამო პატიმრობა და უიმედობით აღსავსე ქედდადრეკილური მსახურება აირჩიოს ან სრული მოსპობა-განადგურება – რაც არის ჩვენი დამოუკიდებლობის დეკლარაციის მიერ განმტკიცებული თავისთავად ცხადი და უეჭველი ჭეშმარიტებების არადჩაგდება და დარღვევა:

ამიტომაც, ჩვენ, გაერთიანებული შტატების მოქალაქეები, და ჩაგრული ხალხი რომლებსაც, უზენაესი სასამართლოს ამასწინანდელი გადაწყვეტილებით, გამოცხადდა რომ არავითარი უფლება არ გააჩნიათ და თეთრკანიანი კაცი ვალდებული არაა მათი არანაირი უფლება დაიცვას, და კიდევ ყველა სხვა ხალხიც ვინც კი კანონით გახლავთ დამცირებული, ამ ჟამისთვის, ჩვენთვის ვბრძანებთ და ვაარსებთ შემდგომ დროებით კონსტიტუციასა და დადგენილებებს, იმ მიზნით რომ უკეთ დავიცვათ ჩვენი თავი, საკუთრება, ადამიანთა სიცოცხლე, და თავისუფლება, და რომ თავუსუფლად შეგვეძლოს მოქმედება.

I მუხლი
საწევრო მოთხოვნები

ყველა სრულწლოვან პირს, კანონით უფლებააყრილია ის, დაჩაგრული, თუ დამონებული მოქალაქე, ანდა კანონით უფლებააყრილი და დაჩაგრული რასის წარმომადგენელი, რომელიც თანახმაა ამ ორგანიზაციის დროებითი კონსტიტუცია და დადგენილებები დაიცვას და საზოგადოებაში მათი აღსრულება უზრუნველყოს, ყველა მისი არასრულწლოვანი შვილებით, ამ ორგანიზაციისგან მიენიჭება დაცვა-მფარველობა.

II მუხლი
ხელისუფლების შტოები.

ამ ორგანიზაციის დროებითი მთავრობა შეიცავს სამ შტოს, სახელდობრ: საკანონმდებლოს, აღმასრულებელს, და სასამართლოს.

---

[574] ანუ "ჯონ ბრაუნის კონსტიტუცია" – როგორც ეს ზოგადადაა ცნობილი.

III მუხლი
საკანონმდებლო.

საკანონმდებლო ხელისუფლება უნდა იყოს კონგრესი ანდა წარმომადგენელთა სახლი, რომელშიც იქნება არანაკლებ ხუთი და არაუმეტეს ათი წევრი, ვისაც აირჩევს ყველა ის მოქალაქე რომელიც სრულწლოვანია და საღი გონების პატრონი და კავშირი აქვს ამ ორგანიზაციასთან, და ეს წევრები სამი წლით იქნებიან არჩეულნი, თუ ამ თანამდებობიდან ვადამდე არ გადააყენებენ ცუდი საქციელის, უუნარობისა,[575] თუ სიკვდილის გამო. ამ წევრების უმრავლესობა შექმნის ქვორუმს.

IV მუხლი
აღმასრულებელი.

ამ ორგანიზაციის აღმასრულებელი შტო შედგება პრეზიდენტისგან და ვიცე-პრეზიდენტისგან, რომელთა ამორჩევაც უნდა მოხდეს მოქალაქეების ან ამ ორგანიზაციის წევრების მიერ, და ისინი თანამდებობაზე სამი წლით იქნებიან, გარდა იმ შემთხვევისა თუ მათ ვადამდე არ განათავისუფლებენ სივდილის ან უუნარობის ანდა ცუდი საქციელის გამო.

V მუხლი

სასამართლო.

ამ ორგანიზაციის სასამართლო შტო შედგება უზენაესი სასამართლოს ერთი მთავარი მოსამართლისგან და ზემოხსენებული სასამართლოს ოთხი რიგითი მოსამართლისგან, თითოეული მათგანი იქნება ფედერალური საოლქო სასამართლო. ამ მოსამართლეების ამორჩევა მოხდება იგივე გზით რითიც პრეზიდენტისა, და ისინიც პრეზიდენტივით მანამდე იქნებიან თანამდებობაზე სანამ ახალი ამორჩეული მოქალაქეები არ შეცვლიან. ზემოხსენებულ სასამართლოს სასამართლო ძალაუფლება გავრცელდება ყველა სამოქალაქო თუ სისხლის სამართლის საქმეზე რაც კი კონსტიტუციით განისაზღვრება, გარდა იმ შემთხვევისა როცა ომისას საომარი კანონები ირღვევა.

VI მუხლი
კანონების კანონიერება.

საკანონმდებლო ხელისუფლების მიერ დაწერილ ყველა კანონს, იმისთვის რომ მისი გამოცემიდან პირველივე სამ წელიწადში კანონიერად იცნას, უნდა ჰქონდეს პრეზიდენტისა და ჯარის მთავარსარდლის დასტური.

---

[575] საუბარია როგორც ფიზიკურ უუნარობაზე ანუ ინვალიდობაზე, ასევე ნიჭით უუნარობაზე და სიზარმაცეზე.

VII მუხლი
მთავარსარდალი.

ჯარის მთავარსარდალი არჩეულ იქნება პრეზიდენტის, ვიცე-პრეზიდენტის, დროებითი კონგრესის უმრავლესობისა, და უზენაესი სასამართლოს მიერ, და თანამდებობას მიიღებს პრეზიდენტისგან, და პრეზიდენტის ბრძანებას ხელს აგრეთვე უნდა აწერდნენ ვიცე-პრეზიდენტი, უზენაესი სასამართლოს მთავარი მოსამართლე, და ომის მდივანი, და იგი თანამდებობაზე დაინიშნება სამი წლით, გარდა იმ შემთხვევისა თუ მოკვდება ანდა თუ მისი უუნარობა ან ცუდი საქციელი დამტკიცდა. მთავარსარდალს შეუძლია, გარდა იმ შემთხვევისა როცა იგი დაპატიმრებულია, (და მანამ სანამ მის თანამდებობას ნამდვილად სხვა არ დაიკავებს როგორც ეს კონსტიტუციითაა განსაზღვრული,) ჯარის ყველა მოქმედების წარმოება და ნებისმიერ მოკავშირესთან ბჭობა. თუმცა, შესაძლებელია, პრეზიდენტის საჩივრის საფუძველზე, მთავარსარდლის გასამართლება, თანამდებობიდან გადაყენება, თუ დასჯა, სამი რიგითი ოფიცრის, [576] ან წარმომადგენელთა სახლის უმრავლესობის, ანდა უზენაესი სასამართლოს მიერ; რის შემთხვევაშიც წარმომადგენელთა სახლი, (პრეზიდენტის თავმჯდომარეობით,) ვიცე-პრეზიდენტი, და უზენაესი სასამართლოს წევრები, მისი განსჯისას წარმოადგენენ სამხედრო სასამართლოს; რომელსაც გააჩნია ძალაუფლება მთავარსარდალი თანამდებობიდან გადააყენოს ან დასაჯოს, როგორც ამას ვითარება მოითხოვს, და მის ადგილზე სხვა დანიშნოს, როგორც ეს ზემოთაა განსაზღვრული.

VIII მუხლი
ოფიცრები.

მეჭურჭლეთუხუცესი, საგარეო საქმეთა მდივანი, ომის მდივანი, და ხაზინის მდივანი, არჩეულ იქნებიან, პირველი სამი წლის მანძილზე, ისეთივე გზით და ისეთივე ხერხით როგორც მთავარსარდალი, და მათი გასამართლება და თანამდებობიდან გადაყენება შესაძლებელი იქნება პრეზიდენტის, ვიცე-პრეზიდენტისა ან უზენაესი სასამართლოს მთავარი მოსამართლის საჩივრის საფუძველზე, ანდა ზემოხსენებული სასამართლოს წევრების უმრავლესობის ან დროებითი კონგრესის წევრების უმრავლესობის საჩივრის საფუძველზე. უზენაეს სასამართლოს ეძლევა ძალაუფლება გაასამართლოს ან დასაჯოს ზემოხსენებული ნებისმიერი ოფიცერი, და მათი თანამდებობები შეივსება იგივე ხერხით როგორც ზემოხსენებულ სხვა შემთხვევებში.

---

576 აქ ბრაუნი სიტყვა "ოფიცერს" სამხედრო რანკის აღსანიშნავად ხმარობს, მაგრამ ყურადღებაა გასამახვილებელი იმ გარემოებაზე რომ ამ კონსტიტუციაში "ოფიცერი" ზოგან ანგლო-საქსონური სამოქალაქო გაგებითაცაა ნახმარი, რაც სამთავრობო თანამდებობის პირს აღნიშნავს და არა – სახმედრო რანკს. მკითხველი ამას კონტექსტით ადვილად მიხვდება. ზოგადად აღსანიშნავია, რომ ქართულში ტერმინი "რანგი" გახლავთ დამკვიდრებული, რაც არასწორია. მართებულია "რანკი" – სიტყვა ძველფრანგული "რანკ"-იდან მოდის, რაც თავის მხრივ გერმანული წარმომავლობისაა.

IX მუხლი
ომის მდივანი.

ომის მდივანი მთავარსარდლის უშუალო განკარგულებაშია, რომელსაც შეუძლია დროებით დაიკავოს ომის მდივნის თანამდებობა მისი დაპატიმრების ან ნებისმიერი სახის უუნარობის შემთხვევაში.

X მუხლი
კონგრესი ანუ წარმომადგენელთა სახლი.

წარმომადგენელთა სახლის ვალდებულებაა (პრეზიდენტის თუ სხვების მიერ წამოყენებული კანდიდატების) ყველა სამოქალაქო ოფიცრის თანამდებობაზე დანიშვნაზე ბრძანებების გაცემა, გარდა ზემოხსენებული თანამდებობის ოფიცრებისა; და წარმომადგენელთა სახლს ეძლევა ძალაუფლება ყველა კანონისა და ბრძანების გამოცემისა იმ საზოგადო კეთილდღეობისთვის, რომელიც ამ კონსტიტუციასა და ამ დადგენილებებს არ ეწინააღმდეგება.

XI მუხლი
ფულის გაღება, ა.შ.

დროებით კონგრესს უფლება აქვს გაიღოს ფული ან მეჭურჭლეთუხუცესის ხელთ არსებული სხვა საკუთრება, ნებისმიერი მიზნისთვის რაც კი ზოგად კეთილდღეობას ემსახურება, რამდენადაც ეს საქმე ამ კონსტიტუციის პირობებს შეესაბამება; და შეუძლია, გარკვეულ შემთხვევებში, ფული გამოყოს წარმომადგენლების ანაზღაურებისთვის, ანდა იმ პირების ანაზღაურებისთვის რომლებიც ამ ორგანიზაციის წევრები არ არიან, მაგრამ რაიმე მნიშვნელოვანი სამსახური აქვთ მისთვის გაწეული.

XII მუხლი
საგანგებო მოვალეობები.

კონგრესის ვალია უზრუნველყოს სამსახურიდან დაუყოვნებლივი განთავისუფლება იმ სამოქალაქო ოფიცრისა თუ პოლიციელისა, რომელსაც ლოთობა ჩვეულებად ექცა, ან რომელიც შეპყრობილია სხვა უზნეობით, ან ახასიათებს დაუდევრობა თუ უერთგულება სამსახურებრივი ვალდებულებების შესრულებისას. კონგრესი აგრეთვე შეასრულებს უშიშროების მოქმედი კომიტეტის როლს, მნიშვნელოვანი ინფორმაციის მოპოვების მიზნით; და ევალება მთავარსარდალთან მუდმივ კავშირში ყოფნა; მის თითოეულ წევრს კი, ისევე როგორც პრეზიდენტს, ვიცე-პრეზიდენტს, უზენაესი სასამართლოს მოსამართლეებსა, და საგარეო საქმეთა მდივანს, კონგრესისგან სრული უფლება აქვს მინიჭებული სათანადო ინფორმაციის არსებობის შემთხვევაში (მოწმეების დასახელებით, ა.შ.) დაპატიმრების ბრძანების დამოუკიდებლად გაცემისა, სასამართლო ორდერის მოსაპოვებლად საჭირო ოფიციალური საჩივრის შეტანის გარეშე. თუმცა საჩივრის განცხადება დაპატიმრების შემდეგ

დაუყოვნებლივ უნდა მოხდეს, სასამართლოს დაწყებამდე; და დაპატიმრებულ პირს მისდამი გაკეთებული საჩივრის ასლი მაშინვე უნდა წარედგინოს.

XIII მუხლი
პრეზიდენტისა და სხვა ოფიცრების გასამართლება.

შესაძლებელია პრეზიდენტისა და ვიცე-პრეზიდენტის გასამართლება, თანამდებობიდან გადაყენება, ან დასჯა, წარმომადგენელთა სახლის უმრავლესობის მიერ უზენაესი სასამართლოს მთავარი მოსამართლის სახელზე შეტანილი საჩივრის საფუძველზე; და ვიცე-პრეზიდენტის გასამართლების შემთხვევაში ამ წარმომადგენელთა სახლს და უზენაესს სასამართლოს რიგით მოსამართლეებს, ორივეს ერთად მთავარი მოსამართლის თავმჯდომარეობით, ამ სახელმწიფო ოფიცრების გასამართლების, თანამდებობიდან გადაყენებისა თუ დასჯის, როგორც ამას საქმე მოითხოვს, და ამის შედეგად მიღებულ თავისუფალ ადგილზე ახალი პირის დანიშვნის სრული უფლება აქვს, და იგივე ხდება მთავარსარდლის შემთხვევაშიც.

XIV მუხლი
კონგრესის წევრების გასამართლება.

შესაძლებელია წარმომადგენელთა სახლის წევრების, ნებისმიერის და ყველა მათგანის, გასამართლება, და, ბრალდების დამტკიცების შემთხვევაში, თანამდებობიდან გადაყენება ან დასჯა, როდესაც უზენაესი სასამართლოს მთავარ მოსამართლეს საჩივრით მიმართავს ზემოხსენებული სახლის წევრების ერთ მესამედზე მეტი; და ეს წარმომადგენელთა სახლი, ვიცე-პრეზიდენტთან და რიგით მოსამართლეებთან ერთად, წარმოადგენს კანონიერ ტრიბუნალს რომელსაც უფლება აქვს შედეგად გაჩენილი ვაკანსიები შეავსოს.

XV მუხლი
მოსამართლეების პასუხისგებაში მიცემა.

ასევე შესაძლებელია უზენაესი სასამართლოს ნებისმიერი წევრის პასუხისგებაში მიცემა, გასამართლება, ბრალდების დამტკიცება, ან თანამდებობიდან გადაყენებით ან სხვაგვარად დასჯა, პრეზიდენტის სახელზე დაწერილი საჩივრის საფუძველზე, რომელიც ვალდებულია ამ იმფიჩმენთის პროცესის თავმჯდომარეობა ითავოს; ვიცე-პრეზიდენტი, წარმომადგენელთა სახლი, და უზენაესი სასამართლოს სხვა წევრები, წარმოადგენენ კანონიერ ტრიბუნალს, (რომელსაც უფლება აქვს შედეგად გაჩენილი ვაკანსიები შეავსოს,) ზემოხსენებული წარმომადგენლების სახლის უმრავლესობის, ან უზენაესი სასამართლოს უმრავლესობის საჩივრის საფუძველზე; და მათ ყველას ერთად აქვთ ამ საქმესთან დაკავშირებით გადაწყვეტილების მიღების უფლება.

XVI მუხლი
პრეზიდენტისა და საგარეო საქმეთა მდივნის მოვალეობები.

პრეზიდენტი და საგარეო საქმეთა მდივანი, ვალდებულია, თანამდებობაზე დანიშვნისთანავე, საგანგებო ყურადღება დაუთმოს და თავიანთი ხალხიდან ამოირჩიოს და სახელმწიფო სამსახურისთვის უზრუნველყოს, ერთგული, გონიერი და საქმოსნობის კარგი ჩვევებისა და უნარების მქონე კაცები, და, ყველაზე მეტად კი, ის კაცები ვისაც ზნეობრივი და სარწმუნოებრივი ხასიათი და გავლენა გააჩნიათ, რომ ისინი იყვნენ ყველა სახის და თანამდებობის სამოქალაქო ოფიცრები, ისევე როგორც მასწავლებლები, კაპელანები, ფიზიკოსები, ქირურგები, მექანიკოსები, ყველა სახის წარმომადგენლები და ნდობით აღჭურვილი პირები, მოხელეები, და დესპანები. ისინი განსაკუთრებულად უნდა ეცადნენ წაახალისონ, რაც შეიძლება ადრიანად, ამ აღწერილობის პიროვნებები და ოჯახები რომ ამ ორგანიზაციის მიერ უზრუნველყოფილ უსაფრთხო ტერიტორიაზე დასახლდნენ; და, ამას გარდა, დროდადრო, ასეთი პიროვნებების სახელები და მისამართები უნდა მიაწოდონ კონგრესს, რომ მათ კონგრესმა განსაკუთრებული ყურადღება მიაქციოს და მათზე ინფორმაციას განსაკუთრებული გულმოდგინებით გაეცნოს, ისე როგორც ეს კონგრესის უმნიშვნელოვანეს საქმეს შეჰფერის; და ამიტომ პრეზიდენტს ეძლევა ძალაუფლება ასეთ პირებს გაუწიოს საგანგებო დახმარება, იმ მცირედი სახსრებიდან, რომლის გაცემაც კონგრესს ძალუძს და ამ მიზნისთვის გამართლებულად მიიჩნევს.[577] პრეზიდენტს და საგარეო საქმეთა მდივანს, და მათ შორის უთანხმოების შემთხვევაში ვიცე-პრეზიდენტსაც, შეუძლია დანიშნოს ყველა სამოქალაქო ოფიცერი, მაგრამ არ შეუძლია თავის ნებაზე რომელიმე ოფიცრის თანამდებობიდან გადაყენება. ყველა თანამდებობიდან განთავისუფლება მოხდება სამართლიანი განსჯა-გასამართლების საფუძველზე, გინდ სამოქალაქო იყოს ეს გასამართლება და გინდ სამხედრო.

XVII მუხლი
სხვა მოვალეობები.

პრეზიდენტისა და საგარეო საქმეთა მდივნის მოვალეობაა გამოიძიონ, გაიგონ და შეიტყონ (რაც შეიძლება მალე) თუ ვინაა ამ ორგანიზაციის ჭეშმარიტი მტერი და მოყვარე ქვეყნის ყველა კუთხეში; და მათ შორის იშოვონ საიმედო მედუქნეები, კერძო ფოსტალიონები, კერძო საფოსტო ტვირთის გადამტანები, მაცნეები, და აგენტები, ვისი მეშვეობითაც შესაძლებელი იქნება სწორი და რეგულარული ინფორმაციის მუდმივი მიღება; ახალი წევრები მომსახურების სფეროში, დეპოზიტის ადგილებსა და საცალო ვაჭრობაში, და ყველა იმ სფეროში რომლიდანაც მომარაგება საჭიროებას წარმოადგენს; და განსაკუთრებული მნიშვნელობის საქმე უნდა იყოს ჩრდილოეთში ასეთი დანიშნულების წერტილების შოვნა-მოძიება.

---

[577] ჯონ ბრაუნის პრაქტიკოსობის რაოდენ დიდი ნიჭი გამოსჭვივის ამ მუხლში – მისი აზრით, მთავრობის უზენაესი წარმომადგენლების საგანგებო მოვალეობა უნდა იყოს ქვეყანაში ნიჭიერი ხალხის მოზიდვა. საკითხავია დედამიწის ზურგზე ახლა თუ არსებობენ ასეთი შორსმჭვრეტელი და გონერი მთავრობები?

XVIII მუხლი
პრეზიდენტის მოვალეობა.

პრეზიდენტის მოვალეობაა, ისევე როგორც წარმომადგენელთა სახლისა, ყოველთვის, მთავარსარდალს აცნობოს ნებისმიერი რამ, რაც კი შეიძლება მის ყურადღებას მოითხოვდეს, ან რამაც შეიძლება საზოგადოების უსაფრთხოებაზე იქონიოს გავლენა.

XIX მუხლი
პრეზიდენტის მოვალეობა, გაგრძელება.

პრეზიდენტის მოვალეობაა უზრუნველყოს ამ ორგანიზაციის მიერ, ანდა კონგრესის მიერ, გაცემული ბრძანებულებების დაუყოვნებლივი და ზედმიწევნით აღსრულება; და მას შუეძლია, უკიდურესი აუცილებლობის შემთხვევაში, დასახმარებლად მოიხმოს ჯარის მთავარსარდალი ან სხვა ოფიცრები; თუმცა, ნაგულისხმებია რომ მუდამ უნდა არსებობდეს ისეთი სამოქალაქო პოლიტიკური კურსი, რომელიც კანონის ზედმიწევნით მორჩილებას უზრუნველყოფს.

XX მუხლი
ვიცე-პრეზიდენტი.

ვიცე-პრეზიდენტი არის დროებითი კონგრესის თავმჯდომარე, და ხმების ტოლი რაოდენობის შემთხვევაში მან უნდა მისცეს გადამწყვეტი ხმა.

XXI მუხლი
თავისუფალი ადგილები.

პრეზიდენტის სიკვდილის, გადაყენების, ან უუნარობის შემთხვევაში, ვიცე-პრეზიდენტი, და, მის შემდეგ კი, უზენაესი სასამართლოს მთავარი მოსამართლე იქნება პრეზიდენტი არჩეული ვადის ბოლომდე; და ამგვარად მიღებულ მთავარი მოსამართლის თავისუფალ ადგილზე დასანიშნად კონგრესი ამოირჩევს ზემოხსენებული სასამართლოს რიგით მოსამართლეს; და ამგვარად მიღებულ ვიცე-პრეზიდენტისა და რიგითი მოსამართლის თავისუფალ ადგილზე დაინიშნებიან დროებითი კონგრესისა და უზენაესი სასამართლოს წევრების ერთობლივი კენჭის ყრის შედეგად არჩეული პიროვნებები. ყველა სხვა თავისუფალ ადგილებზე, რომლებისთვისაც დანიშვნის საგანგებო ზომები არაა შემუშავებული, პირველი სამი წლის განმავლობაში, ახალი პირები დაინიშნებიან პრეზიდენტის, ვიცე-პრეზიდენტის, უზენაესი სასამართლოსა, და მთავარსარდლის ერთობლივი ძალისხმევით.

XXII მუხლი
დანაშაულთა დასჯა.

სიკვდილით არდასასჯელი დანაშაულების ჩამდენი, გარდა იმ შემთხვევისა როცა ტუსაღი თუ სხვა ნებისმიერი სახის პატიმარი დაუმორჩილებელია, დაისჯება (რამდენადაც ეს შესაძლებელია) ფიზიკური შრომით საჯარო სამუშაოებზე, ა.შ.

XXIII მუხლი
ჯარში თანამდებობებზე დანიშვნა.

ჯარის ყველა მოქმედი ოფიცრის ვალდებულებაა დაასახელოს ღირსეული კანდიდატები, დასაწინაურებლად, მთავარსარდლის თანამდებობაზე, და ეს ოფიცრები, ომის მდივანთან ერთად, აწარმოებენ დაწინაურების საქმეს, ანდა მათ შორის აზრთა სხვადასხვაობის შემთხვევაში, პრეზიდენტი, წყვეტს ჯარში დაწინაურების საკითხს; და სამხედრო ოფიცრების ყველა დავალებას უნდა ესვას მთავარსარდლისა და ომის მდივნის ხელმოწერები. და ომის მდივნის საგანგებო და მნიშვნელოვანი საქმე უნდა იყოს სრული სიის წარმოება იმ პირების სახელებისა რომლებზეც ოფიცრებმა რეკომენდაცია გაწიეს სამხედრო სამსახურში თანამდებობაზე ან რანკზე დასაწინაურებლად იმ მიზნით რომ ეს სია მთავარსარდალს მუდამ ჰქონდეს მზად გადასათვალიერებლად, და ამ სიაში უნდა ეწეროს იმ ოფიცრების სახელები და რანკები რომლებიც ამ პირებს რეკომენდაციებს უწევენ, და ასევე უნდა ეწეროს გარკვევით, თუმცა მოკლედ, ამ ხალხის წარდგინებისა თუ ნომინაციის მიზეზები. მთავარსარდალს არ გააჩნია უფლება რომელიმე ოფიცრის დასჯისა, მაგრამ ძალუძს სამხედრო სასამართლოს ძალით ნებისმიერი ოფიცრის ნებისმიერ ჟამს დაპატიმრება და გასამართლება.

XXIV მუხლი
სამხედრო სასამართლო.

კომპანიების,[578] რეჯიმენტების,[579] ბრიგადების,[580] ა.შ. სამხედრო სასამართლოს დანიშვნა შეუძლია თითოეული ამ დანაყოფის მეთაურ ოფიცერს, ნებისმიერი რიგითი ოფიცრის საჩივრის საფუძველზე, ანდა ამ დანაყოფის ნებისმიერი ხუთი რიგითი ჯარისკაცის საჩივრის საფუძველზე, და ეს სამხედრო სასამართლო უნდა შედგებოდეს არაუმცირეს ხუთი და არაუმეტეს ცხრა ოფიცრისგან, უქმი ოფიცრისგან და რიგითისგან, რომელთაგანაც ნახევარი ბრალდებულს რანკით არ უნდა ჩამოუვარდებოდეს, და ისინი სამმა ყველაზე მაღალი თანამდებობის

---

[578] კომპანია – საჯარისო ერთეული, რომელიც, როგორც წესი, 75-200 ჯარისკაცისგან შედგება და მეთაურად ჰყავს ან კაპიტანი ან მაიორი. კომპანია შედგება სამი-ხუთი პლატუნისგან. თავად კომპანია კი ბატალიონის ან რეჯიმენტის შემადგენელი ნაწილია.

[579] რეჯიმენტი – საჯარისო ერთეული, რომელიც ბატალიონებისგან შედგება და მეთაურად ჰყავს კოლონელი (გამოითქმის "ქარნალ") ანუ პოლკოვნიკი.

[580] ბრიგადა – სამხედრო ფორმირება, რომელიც, როგორც წესი, ორიდან ხუთი რეჯიმენტისგან ან ბატალიონისგან შედგება. ტიპიურად, ბრიგადა დივიზიის შემადგენელი ნაწილია, რომელიც ორ ან მეტ ბრიგადას შეიცავს.

ოფიცერმა უნდა შეარჩიოს, მაგრამ ამ სამმა ოფიცერმა თავად არ უნდა მიიღოს მონაწილეობა ამ სამხედრო სასამართლოში. ნებისმიერი დანაყოფის მეთაური ოფიცერი, რა თქმა უნდა, შესაძლებელია გასამართლდეს მხოლოდ მის დანაყოფზე დიდი დანაყოფის ოფიცრების მიერ. ყველა გადაწყვეტილებას რომელიც პიროვნებების სიცოცხლეზე, თუ უშუალოდ სამხედრო თანამდებობებზე ახდენს გავლენას, სისრულეში მოყვანამდე, საჭიროა, დაესვას მთავარსარდლის ხელმოწერა, რომელსაც შეუძლია, სამხედრო სასამართლოს სულ მცირე ერთი მესამედის რეკომენდაციის საფუძველზე, სასჯელის გადავადება ან შემსუბუქება.

XXV მუხლი
ხელფასები.

ამ ორგანიზაციასთან დაკავშირებულ არც ერთ პიროვნებას არ აქვს არანაირ ხელფასზე, ანაზღაურებაზე, თუ გასამრჯელოზე უფლება, გარდა იმაზე რაც საკუთარი თავისა და ოჯახის შენახვისთვის არის ჭეშმარიტად საკმარისი, ანდა იმ შემთხვევაში როცა სახსრები საჯარო საკუთრების სამართლიანი განაწილების შედეგადაა მიღებული, მშვიდობის დამყარების ჟამს, ანდა ხელშეკრულების დადებისას საგანგებო დებულებების საფუძველზე; და ეს დებულებები უნდა შემუშავდეს ყველა იმ პირისთვის რომელიც ოდესმე სამოქალაქო თუ სამხედრო სამსახურს ეწეოდა სანამ თავისუფლებასა და თანასწორობაზე მტრული იერიში იქნა მიტანილი.

XXVI მუხლი
სამშვიდობო ხელშეკრულება.

სანამ რომელიმე სამშვიდობო ხელშეკრულება ძალაში სრულად შევა ჯერ აუცილებელია პრეზიდენტმა და ვიცე-პრეზიდენტმა, მთავარსარდალმა, წარმომადგენელთა სახლის უმრავლესობამ, უზენაესი სასამართლოს უმრავლესობამ, და ყველა ჯარის ოფიცერმა მოაწეროს მასზე ხელი.

XXVII მუხლი
ჯარის ვალდებულება.

მთავარსარდლის და ჯარის ყველა ოფიცრისა და ჯარისკაცის ვალდებულებაა, საჭიროების შემთხვევაში, უზრუნველყოს საგანგებო დაცვა კონგრესისა და მისი ყველა წევრის, უზენაესი სასამართლოსი და მისი ყველა წევრის, პრეზიდენტის, ვიცე-პრეზიდენტის, მეჭურჭლეთუხუცესის, ომის მდივნის; და ზოგადი უსაფრთხოება უზრუნველყოს ყველა სამოქალაქო ოფიცრისა თუ სხვა პირების, ვისაც კი ეს ეკუთვნის.

XXVIII მუხლი
საკუთრება.

ბრძოლაში აღებული თუ ჩამორთმეული ყველა საკუთრება, და მთელი საკუთრება რომელიც ამ ორგანიზაციის წევრებისა და მათი ოჯახების შრომის შედეგია, მიჩნეულ იქნება ყველას საერთო საკუთრებად, ტოლად, და ყოველგვარი განსხვავების გარეშე, და შეიძლება ის საზოგადო კეთილდღეობისთვის იქნას გამოყენებული, ანდა გაცემული ისიც იგივე მიზნით; და ნებისმიერი პიროვნება, თანამდებობის პირი, თუ სხვა, რომელიც არასწორად შეიძენს, გადამალავს, გამოიყენებს, ანდა უმიზეზოდ გაანადგურებს ზემოხსენებულ საკუთრებას, ანდა ნაპოვნ, ნაალაფარ, ან ჩამორთმეულ საკუთრებას, რომელიც ადრე მტერს ეკუთვნოდა, ანდა გამიზნულად მხედველობიდან გამორჩება სრული და მართალი განაცხადის გაკეთება ამ გზით მოპოვებული თუ მის ხელთ არსებული საკუთრების შესახებ, წვრილმან დანაშაულში დაედება ბრალი, და, ბრალდების დამტკიცების შემთხვევაში, შესაბამისად დაისჯება.

XXIX მუხლი
საიმედო ან საიდუმლო ფონდი.

ყველა ფული, ძვირფასეულობა, საათები, თუ სამკაულობა რომელიც ღირსეული ბრძოლის შედეგად არის ნაშოვნი, ნაპოვნი, მისაკუთრებული, თუ ჩამორთმეული, რომელიც უწინ მტერს ეკუთვნოდა, შეინახება ხელშეუხებლად რომ ის შეადგენდეს უხვ საიმედო და საიდუმლო ფონდს; და ნებისმიერი პიროვნება რომელიც არასწორად მიითვისებს, გასცემს, დამალავს, მოიხმარს, ან გაანადგურებს ასეთ ფულს ან ზემოხსენებულ სხვა ნივთებს, და საფონდო ქონებას ამ მუხლით დაწესებული მიზნის საწინააღმდეგოდ გამოიყენებს, ბრალი დაედება ქურდობაში, და, ბრალდების დამტკიცების შემთხვევაში, შესაბამისად დაისჯება. მეჭურჭლეთუხუცესი ვალდებულია მთავარსარდალს მუდამ მიაწოდოს სრული განცხადება ამ ფონდის მდგომარეობისა, და მისი არსის შესახებ.

XXX მუხლი
მთავარსარდალი და ხაზინა.

მთავარსარდალს უფლება აქვს ხაზინიდან ფულის და სხვა ქონების აღებისა იმ ფონდიდან რომელიც ოცდამეცხრე მუხლშია გათვალისწინებული; მაგრამ მისი ბრძანებები ომის მდივნის მიერაც უნდა იყოს ხელმოწერილი, რომელიც ვალდებულია ამ საქმის ზუსტი ანგარიში აწარმოოს რომლის შემოწმების უფლება ნებისმიერ კონგრესმენსა თუ უფროს ოფიცერს აქვს.

XXXI მუხლი.
საიმედო ან საიდუმლო ფონდის ნაშთი.

მთავარსარდლის ვალდებულებაა პრეზიდენტს შეატყობინოს საიმედო ან საიდუმლო ფონდის ნებისმიერი ნაშთის შესახებ, და პრეზიდენტს აქვს უფლება ეს ნაშთი გამოიყენოს (საჭიროა მის ბრძანებას აგრეთვე ერთვოდეს საგარეო საქმეთა მდივნის ხელმოწერაც) მეჩვიდმეტე მუხლში გათვალისწინებული დებულებების განსახორციელებლად.

XXXII მუხლი.
პატიმრები.

არც ერთი პატიმარი, მას შემდეგ რაც ტყვედ ჩაბარდება, ქალია ის თუ კაცი, და სათანადოდ დაიმდაბლებს თავს როგორც ეს ტყვეს შეჰფერის, ამ ორგანიზაციის ნებისმიერ ოფიცერთან თუ რიგითთან, სიკვდილით ან რომელიმე ხორციელი სასჯელით არ დაისჯება, მანამ სანამ არ მიეცემა შესაძლებლობა ისარგებლოს სამართლიანი და მიუკერძოებელი სასამართლოთი; აგრეთვე აკრძალულია პატიმრების ნებისმიერი სახის სისასტიკით, უპატივისცემლობით, შეურაცხყოფითა, თუ ზედმეტი და არაფრისმომტანი სიმკაცრით მოპყრობა; ეს კი არადა, ორგანიზაციასთან დაკავშირებული ყველა პიროვნების ვალია, კაცია ეს თუ ქალი, ყოველთვის და ყველა ვითარებაში, ყველა პატიმარს მოეპყრას იმდენად დიდი პატივისცემითა და სიკეთით რამდენადაც ეს შექმნილ ვითარებაშია შესაძლებელი, და იგივეს ქმნა მოითხოვოს ყველა მისი კოლეგისგან, რადგანაც ყველას უნდა გვეშინოდეს ღმრთის, რომლისთვისაც მთელი ჩვენი საქმის წარმატება მიგვინდია.

XXXIII მუხლი.
მოხალისეები.

ყველა იმ პიროვნებებს რომლებიც ნებსით გამოტყდებიან, და თავიანთ მონებს ჩვენს წინ ნებით განათავისუფლებენ, და საკუთარ სახელებს ამ ორგანიზაციის სააღრიცხო წიგნებში გაატარებენ, თუ ისინი მშვიდობიან ცხოვრებას აირჩევენ, უფლება აქვთ ამ ორგანიზაციიდან მიიღონ პიროვნებისა და ქონების სრული დაცვა, და მათ მოვეპყრობით არა მხოლოდ ისე როგორც ნეიტრალურ პირებს, არამედ როგორც მეგობრებს.

XXXIV მუხლი.
ნეიტრალურები.

ყველა იმ არა-მონათმფლობელის პიროვნებას და საკუთრებას, რომელიც სრულიად ნეიტრალური იქნება, პატივი მიეგება რამდენადაც ამის საშუალებას გარემოება იძლევა, მაგრამ მათ არ აქვთ უფლება ჩვენგან მოქმედი დაცვა მოითხოვონ.

XXXV ᲛᲣᲮᲚᲘ.
ᲖᲔᲓᲛᲔᲢᲘ ᲓᲐ ᲣᲛᲘᲖᲔᲖᲝ ᲐᲝᲮᲠᲔᲑᲘᲡ ᲬᲘᲜᲐᲐᲦᲛᲓᲔᲒ.

ნებისმიერი ვარგისი საკუთრების თუ ნივთის ზედმეტი და უმიზეზო აოხრება თუ განადგურება ცეცხლით, ღობეების, მინდვრების, შენობების მოშლით, თუ პირუტყვის უსარგებლო ხოცვით, თუ ნებისმიერი საკუთრებისა თუ შინაური ცხოველის უმიზეზო ვნების მიყენებით, დაუშვებელია და ეს ორგანიზაცია ამას არასოდეს და არსად არ აიტანს, და ასეთი საქციელი დაუყოვნებლივ და საკადრისად დაისჯება.

XXXVI ᲛᲣᲮᲚᲘ.
ᲥᲝᲜᲔᲑᲐ ᲩᲐᲛᲝᲠᲗᲛᲔᲣᲚᲘ.

იმ პიროვნებების მთელი მოძრავი თუ უძრავი საკუთრება რომლებიც ცნობილია რომ პირდაპირ თუ არაპირდაპირ მტერთან თუ მტრისთვის მოქმედებენ, ან ვინც მტერთან ერთად შეიარაღებულნი აღმოჩნდებიან, ან ვინც აღმოჩნდება რომ განზრახ და ნებსით ჰყავს მონები, ჩამორთმეულ და წართმეულ იქნება ნებისმიერ ჟამსა და ალაგას თავისუფალ, ისევე როგორც მონათმფლობელურ შტატებში.

XXXVII ᲛᲣᲮᲚᲘ.
ᲓᲔᲖᲔᲠᲢᲘᲠᲝᲑᲐ.

პიროვნებებს რომლებსაც, მას შემდეგ რაც ისინი ამ ორგანიზაციის წევრები გახდნენ, მიუკერძოებელ სასამართლოზე მტრის მხარეზე გადასვლის, ჯაშუშობის, ანდა საკუთარი ქონების, ტყვია-წამლის, საკვები სურსათ-სანოვაგის, ანდა ნებისმიერი სახის მარაგის, გზების, ხიდების, პიროვნებების, ან ციხე-სიმაგრეების მტრისთვის მოღალატურად დანებება-მიცემის ბრალდება დაუმტკიცდებათ, სიკვდილი მიესჯებათ, და მთელი მათი ქონება ჩამორთმეულ იქნება.

XXXVIII ᲛᲣᲮᲚᲘ.
ᲞᲘᲠᲝᲑᲘᲗ ᲒᲐᲜᲗᲐᲕᲘᲡᲣᲤᲚᲔᲑᲣᲚᲗᲐ ᲛᲘᲔᲠ ᲛᲘᲪᲔᲛᲣᲚᲘ ᲡᲘᲢᲧᲕᲘᲡᲐ ᲓᲐ ᲦᲘᲠᲡᲔᲑᲘᲡ ᲒᲐᲢᲔᲮᲕᲐ.

პიროვნებები, რომლებსაც დაუმტკიცდებათ რომ პირობითად განთავისუფლების შემდეგ მიცემული სიტყვა გატეხეს და ისევ შეიარაღდნენ, ან, მსგავსად, მტერთან თუ მტრისთვის, პირდაპირი თუ არაპირდაპირი გზით ნებისმიერი საქმიანობით მოქმედებენ, სიკვდილით დაისჯებიან, და მთელი მათი ქონება ჩამორთმეულ იქნება.

XXXIX ᲛᲣᲮᲚᲘ.
ᲧᲕᲔᲚᲐᲛ ᲣᲜᲓᲐ ᲘᲨᲠᲝᲛᲝᲡ.

ამ ორგანიზაციასთან ნებისმიერი სახით დაკავშირებული ყველა პიროვნება, რომელსაც უფლება აქვს მისგან დაცვა მიიღოს, ვალდებულია

და პასუხს აგებს რომ იშრომოს და რაღაცით საზოგადო კეთილდღეობაში წვლილი შეიტანოს; და პიროვნებები რომლებიც ამას უარობენ ან ცუღლუტობენ, ბრალდების დამტკიცების შემთხვევაში, მიიღებენ შესაფერის და შესაბამის სასჯელს.

XL მუხლი.
უწესობები.

უშვერი გინება, ბილწსიტყვაობა, უხამსი საქციელი, ანდა პიროვნების მიერ უხამსობის საჯარო გამოვლინება, ან ლოთობა ან ჩხუბი, არ დაიშვება და ამის მოთმენა არ მოხდება, და არც უკანონო სქესობრივი კავშირისა.

XLI მუხლი.
დანაშაულები.

პიროვნებები რომლებსაც ქალი პატიმრის ძალადობით შებღალვაში დადებული ბრალდება დაუმტკიცდებათ, სიკვდილით დაისჯებიან.

XLII მუხლი.
ცოლ-ქმრობა, სასწავლებლები, კვირა დღე.

ცოლ-ქმრის ერთობა მუდამ უნდა იყოს დაფასებული, და ნათესაური კავშირი შენარჩუნებულ უნდა იქნას, რამდენადაც ეს შესაძლებელია; და დარღვეულ ოჯახებს ხელშეწყობა და წახალისება არ უნდა მოაკლდეთ რომ ისევ გაერთიანდნენ, და ამ მიზნით სახელმწიფო სტატისტიკური სამსახურიც უნდა შეიქმნას. დაარსდება სასწავლებლები და ეკლესიები, როგორც კი ამის შესაძლებლობა იქნება, სარწმუნოებრივი და სხვა მოძღვრებების სწავლების მიზნით; კვირის პირველი დღე [581] ჩაითვლება დასვენების დღედ, და დაეთმობა ზნეობრივ და სარწმუნოებრივ სწავლებას და სულიერი გაუმჯობესების, გაჭირვებულთა დახმარების, ყრმებისა და უცოდინრების განათლებისა, და პირადი სისუფთავის საქმეს; არც ის მოხდება რომ ამ დღეს ვინმეს ჩვეულებრივი ფიზიკური შრომა დაევალოს, გარდა უკიდურესად საგანგაშო შემთხვევისას.

XLIII მუხლი.
იარაღის ღიად ტარება.

ყველა პიროვნება რომელიც ცნობილია რომ კარგი ზნისა და ხასიათისაა და საღი გონების და შესაფერისი ასაკის, და რომელიც კავშირშია ამ ორგანიზაციასთან, კაცია ეს თუ ქალი, მიზანშეწონილი და მოსაწონი იქნება იარაღს ღიად და დაუფარავად ატარებდეს.

---

[581] ანუ კვირა – ამერიკული კალენდრით.

XLIV მუხლი.
ფარული იარაღი არც ერთმა პირმა არ უნდა ატაროს.

დაპყრობილი ტერიტორიების ფარგლებში არც ერთ პირს, გარდა პოლიციელებისა, ჯარის საგანგებო დანიშნულების ოფიცრებისა, ფოსტალიონებისა, ანდა კონგრესის, პრეზიდენტის, ვიცე-პრეზიდენტის, უზენაესი სასამართლოს წევრების მიერ დანიშნული სხვა მაცნეებისა, ან ჯარის მოქმედი ოფიცრებისა – და ამათაც მხოლოდ განსაკუთრებული მდგომარეობისას – არასოდეს არ აქვს ფარული იარაღის ტარების უფლება; და ნებისმიერი პიროვნება, რომელსაც განსაკუთრებული ნებართვა არ გააჩნია ამისთვის, და აღმოჩნდება რომ იარაღს ფარულად ატარებს, ჩაითვლება საეჭვო პიროვნებად, და ნებადართულია მთავრობის ნებისმიერმა ოფიცერმა, ჯარისკაცმა, ანდა რიგითმა მოქალაქემ დააპატიმროს, ყოველგვარი ფორმალური საჩივრისა ან სასამართლო ბრძანების გარეშე, და დასაშვებია სასწრაფო გაჩხრეკა ჩაუტარდეს, და მოხდება მისი საქმის ძირფესვიანი გამოძიება, და მას ისე მოეპყრობიან როგორც ამას სამხილი და ადგილზე შექმნილი გარემოება უკარნახებს.

XLV მუხლი.
დასაჭერი პიროვნებები.

პიროვნებები რომლებიც ამ ორგანიზაციის წევრები არ არიან და იმ სივრცის ფარგლებში იმყოფებიან რომელიც ამ ორგანიზაციას ეკუთვნის, და გააჩნიათ ნებისმიერი სახის იარაღი, ფარული თუ სხვა, დაუყოვნებლივ დაპატიმრდებიან, ან მათ დაიჭერს და მეთვალყურეობას გაუწევს უბნის მოქალაქე-ოფიცერი, და მოხდება მათი საქმის ძირფესვიანი გამოძიება; და ყველა მოქალაქისა და ჯარისკაცის ვალი უნდა იყოს, ისევე როგორც მთავრობის მუშაკისა, ფორმალური საჩივრისა თუ სასამართლო ბრძანების გარეშე, იმ პირების დაპატიმრება, რომლებიც ამ და წინა მუხლში თუ ნაწილში არიან დასახელებულნი; და ამგვარად დაპატიმრებული პირები უნდა მიყვანილ იქნან რომელიმე შესაბამის ოფიცერთან იმ მიზნით რომ მათი ან დაკითხვა მოხდეს ანდა უსაფრთხოების მიზნით დაკავება.[582]

---

[582] საუბარია ანგლო-საქსონურ ქვეყნებში კანონის აღსრულების უძველეს ხერხზე, სამოქალაქო დაპატიმრებაზე, რომელიც შუასაუკუნეების დიდი ბრიტანეთიდან მოყოლებული დღესაც კი გამოიყენება. სამოქალაქო დაპატიმრებისას რიგით მოქალაქეს, რომელიც ძალოვანი სტრუქტურის ფიცდადებული წევრი არაა, როგორიცაა, მაგალითად, პოლიცია, შეუძლია მეორე მოქალაქე მნიშვნელოვანი სამხილის საფუძველზე დააპატიმროს და სამართალდამცავ ორგანოს მიჰგვაროს. ჩრდილო ქერელაინის გამოკლებით, ამერიკის ყველა შტატის კანონითაა ნებადართული სამოქალაქო დაპატიმრება, როდესაც მოქალაქე სისხლის სამართლის დანაშაულს შეესწრება. ზოგიერთი შტატი კი წვრილმანი დანაშაულის შესწრებისასაც აძლევს მოქალაქეს დამნაშავის დაპატიმრების უფლებას. ჩრდილო ქერელაინაში ნებადართულია "დაკავება", რომელიც "დაპატიმრებისგან" იმით განსხვავდება, რომ დამპატიმრებელს დაკავებული ეჭვმიტანილის გადაადგილების უფლება არ აქვს, გარდა იმ შემთხვევისა, როცა ამ უფლებას თავად დაპატიმრებული იძლევა.

XLVI მუხლი.
ეს მუხლები მთავრობის გადაგდებას არ ნიშნავს.

ეს მუხლები არ უნდა იქნას მიჩნეული როგორც წახალისება რომელიმე შტატის მთავრობის, ანდა გაერთიანებული შტატების საერთო მთავრობის გადაგდებისა, და მათში კავშირის დაშლის მიზანი კი არ დევს, არამედ უბრალოდ მისი შეცვლისა და გაუქმების. და ჩვენს დროშად დარჩება სწორად ის ალამი, რომლითაც ჩვენი მამა-პაპა იბრძოდა რევოლუციისას.

XLVII მუხლი.
დაუშვებელია ორმაგი თანამდებობა.

ერთი პიროვნების მიერ ამ კონსტიტუციით მოცემული არც ერთი ორი თანამდებობის ერთდროული დაკავება არ მოხდება.

XLVIII მუხლი.
ფიცი.

ყველა სამოქალაქო თუ სამხედრო ოფიცერი, რომელიც კავშირშია ამ ორგანიზაციასთან, ვალდებულია, სანამ თანამდებობაზე დაინიშნება, დადოს საზეიმო ფიცი ან მტკიცე სიტყვა რომ ის მზადაა დაემორჩილოს და დაიცვას ეს დროებითი კონსტიტუცია და ეს დადგენილებები; აგრეთვე ყოველი მოქალაქე და ჯარისკაცი, სანამ მათი მოქალაქეობის აღიარება მოხდება, ვალდებულია იგივე ქნას.

განრიგი.

ამ ყრილობის პრეზიდენტი მოიწვევს, ამ იურიდიული ინსტრუმენტის მიღებისთანავე, კრებას ყველა იმ პიროვნებისას რომლებმაც ამ კონსტიტუციის ერთგულება გამოაცხადეს თავიანთი ხელმოწერით, და ეს პიროვნებები, არჩევნების საფუძველზე, დაინიშნებიან იმ თანამდებობებზე რომლებიც ამ კონსტიტუციაში საგანგებოდაა აღნიშნული, და ამ კრებას უხელმძღვანელებს პრეზიდენტი და ამ ახალამორჩეულ სამთავრობო ოფიცრებს მისცემს შესაბამის დავალებებს; და ყველა ამ სამთავრობო თანამდებობის ოფიცრის არჩევა მოხდება იმ გზით, რომელიც ამ იურიდიული ინსტრუმენტის ტექსტშია მოცემული.

ᲘᲡᲢᲝᲠᲘᲣᲚᲘ ᲬᲧᲐᲠᲝ: "სენატის მიერ ჰარფერზ ფერიში ახლახან მომხდარი საჯარო საკუთრების დაპყრობისა და მიტაცების გამოსაძიებლად დანიშნული საგანგებო კომიტეტის მოხსენება"; მოხსენება No. 278, სენატი, 36-ე ყრილობა, პირველი სესია, 1860 წელი (ხალხში ზოგადად ცნობილია როგორც "მეისონის მოხსენება").

ჯონ ბრაუნის რაზმის წევრები

ჯონ ბრაუნის რაზმი, თავად ბრაუნი რომ არ ჩავთვალოთ, ოცდაერთი კაცისგან შედგებოდა. აქედან თექვსმეტი თეთრკანიანი იყო და ხუთი – ზანგი.

ჯონ ჰენრი ქაგი (1835-1859) – 1835 წლის 15 მარტს, ოჰაიოს შტატის, თრამბალის ოლქის სოფელ ბრისთოლვილში დაიბადა. ჰარფერზ ფერის ბრძოლისას მდინარის გადაცურვას ცდილობდა როცა მოკლეს, 1859 წლის 17 ოქტომბერს, ოცდაოთხი წლის ასაკში. თავიდან ჰარფერზ ფერის საძმო საფლავში დამარხეს, შემდეგ კი 1899 წელს გადაასვენეს და ნიუ იორკის შტატის სოფელ ნორთ ელბაში ჯონ ბრაუნის გვერდით საძმო საფლავში დაკრძალეს. ქაგის მამა კარგი სახელის მქონე და დიდად პატივცემული სოფლის მჭედელი გახლდა ბრისთოლვილში. მისი ოჯახი შვეიცარიული წარმომავლობის იყო. ამერიკაში მათი გვარი თავდაპირველად "Kagy" იყო, ჯონ ჰენრიმ კი შვეიცარიული მართლწერის წესებით გამოწერა და გვარი "Kagi"-დ გადაიკეთა.

ჯონ ჰენრი ქაგი ბრაუნის რაზმელებში ყველაზე განათლებული კაცი იყო, თუმცა უმთავრესად თვითნასწავლი. ჯონ ბრაუნის "დროებით მთავრობაში" იგი "ომის მდივნის" თანამდებობაზე აირჩიეს. სტივენსი და ქაგი ბრაუნის მარჯვენა ხელები და მთავარი მრჩევლები იყვნენ. "ნიუ იორკ თრიბიუნში", "ნიუ იორკ ივნინგ ფოუსთსა" და "ნეშენალ ერაში" ლამაზად მოკალმული უამრავი მისი სტატიაა დღესაც შემორჩენილი. ამას გარდა, ქაგი იყო ალღოიანი საქმოსანი, ექსპერტი სტენოგრაფი, და საუკეთესო მჭევრმეტყველი და მოკამათე, და სრული აბსტეინერი, ანუ არასოდეს ეკარებოდა ვისკის, ბურბონს, ლუდს, ღვინოს, და, ზოგადად, დამათრობელ სასმელს.

ეერან[583] **დვაით სტივენსი** (1831-1860) – 1831 წლის 15 მარტს, კონექტიკუტის შტატის, ნიუ ლანდანის ოლქის სოფელ ლისბონში დაიბადა.[584] სიკვდილით დასაჯეს 1860 წლის 16 მარტს, ოცდაცხრა წლის ასაკში. იგი ბრაუნის მთავარი სამხედრო მრჩეველი იყო.

კანზასში ჯონ ბრაუნის რაზმში მსახურებისას, სტივენსი მონა ქალის განთავისუფლებას ცდილობდა, რომლის ჟამსაც ესროლა და მოკლა მონათმფლობელი ვინმე დეივიდ ქრუზი. თავად სტივენსის გადმოცემით, როდესაც იგი მონა ქალის განთავისუფლების მიზნით მონათმფლობელის სახლში შეიჭრა, ქრუზი იარაღს სწვდა და სწორად ამიტომ სტივენსი იძულებული იყო ამ კაცისთვის ესროლა და იგი ადგილზე მოეკლა.

სტივენსი არასოდეს დაქორწინებულა. მისი წარმომავლობა ძირძველი პურიტანების ჯიშიდან იღებდა სათავეს. დიდი პაპა

583 ებრაული სახელი, რომელიც ქართულად როგორც "აარონი" ისე გამოითქმის. აარონი გახლდათ მოსეს ძმა, მისი მარჯვენა ხელი და ბიბლიაში ნახსენები პირველი ებრაელი მღვდელმთავარი.

584 სტივენსი და ქაგი, ორივე 15 მარტს იყვნენ დაბადებულები.

ჯონ ბრაუნის რაზმი
JOHN BROWN'S ARMY

ჯონ ჰენრი ქაგი
John Henry Kagi

ეერან დვაით სტივენსი
Aaron Dwight Stevens

ჯონ ედვინ ქუქი
John Edwin Cook

ჩარლზ ფლამა თიდი
Charles Plummer Tidd

ჯერემაია ენდერსენი
Jeremiah Goldsmith Anderson

ალბერტ ჰეზლეთი
Albert Hazlett

ედვინ ქაფაქი
Edwin Coppoc

ბარქლეი ქაფაქი
Barclay Coppoc

ვილიემ თამსონი
William Thompson

დოფინ ადოლფუს თამსანი
Dauphin Adolphus Thompson

ჯონ ენთონი ქოუფლენდი, მც.
John Anthony Copeland Jr.

სთიუარდ თეილა
Stewart Taylor

ვილიემ ეიჩ. ლიიმანი
William H. Leeman

აზბორნ ფერი ენდერსენი
Osborn Perry Anderson

ფრენსის ჯექსან მერიემი
Francis Jackson Meriam

ლუის შერიდან ლიირი
Lewis Sheridan Leary

ოუენ ბრაუნი
Owen Brown

ვადსონ ბრაუნი
Watson Brown

ალივა ბრაუნი
Oliver Brown

დეინჯარფილდ ნიუბი
Dangerfield Newby

შილდზ გრიინი
Shields Green

რევოლუციურ ომში კაპიტანი გახლდათ. სტივენსი სასწაული ვაჟკაცობისა და გულადობის კაცი იყო, და საოცარი გარეგნობის პატრონი; გადმოცემითაა ცნობილი რომ იგი ექვს ფუტზე ბევრად მაღალი იყო, საუცხოო იუმორის გრძნობა ჰქონდა და ბოლოს განცდილი უდიდესი გაჭირვება მას რწმენამ გადაატანინა, და, როგორც ამას ამბობდნენ, ის ქრისტეანული მრწამსითა და სპირიტუალიზმით საზრდოობდა. აი, ასე დაწერა ჯორჯ ბი. გილმა მის შესახებ 1860 წელს: "სტივენსი: – რა დიდებულად მღეროდა ხოლმე! მისი სული იყო ყველაზე კეთილშობილი და დიდებული რომელიც კი ცხოვრებაში შემხვედრია."

ბრაუნის ადვოკატმა, ჯორჯ ეიჩ. ჰოიტმა, ჯეი. დაბლიუ. ლე ბარნზთან 1859 წლის 31 ოქტომბერს მიწერილ წერილში, სტივენსთან შეხვედრის შემდეგ, მასზე თავისი პირველი შთაბეჭდილების ასეთი ჩანაწერი გააკეთა: "სტივენსი ბრაუნთან ერთადაა საერთო საკანში. ხშირად ვესაუბრები ხოლმე. ფიზიკურად იგი შესაცოდ მდგომარეობაშია, მისი ჭრილობები ძლიერ მტკივნეული და ჯანმრთელობისთვის ძლიერ საშიშია. ამჟამად სხეულში ტყვიის ოთხი ბურთულა აქვს, ამათგან ერთი – თავის არეში, ერთი კი – კისერში. მკაცრად და უტყვად უძლებს წილხვედრ სატანჯველს, არასოდეს არ უჩივის არაფერს, არადა უიმედო მდგომარეობაშია. შესანიშნავი გარეგნობის ახალგაზრდა კაცია. ისეთი შავი და გამსჭვალავი თვალები აქვს! ისეთი ფართო წარბები! ისეთი დიდებული მკერდი და ხელ-ფეხი! ის გახლდათ ბრაუნის საუკეთესო, და, ის კი არადა, ერთად-ერთი კაცი რომელიც კარგი ჯარისკაცი გახლდა, გარდა იმისა რომ ყველანაირად სანდო და საიმედო ადამიანი იყო."

პატიმრობისას არასოდეს შერყევია რწმენა იმისა, რომ ჰარფერზ ფერიზე თავდასხმა სამართლიანი საქმე იყო, რასაც მისი შემდეგი ნაწერიც ამტკიცებს:

"სრულებითაც არ ვგრძნობ თავს დამნაშავედ, რადგან, თუ კი საერთოდ რაიმე ვიცი ამ ცხოვრებაში, ვიცი ის რომ ჩემს გულში ბოროტი განზრახვა არ მდებია. ვფიქრობდი რომ ქვეყნიერებისთვის მეტი სიკეთის მოტანა შემეძლო ამ გზით, ვიდრე ნებისმიერი სხვა გზით. შესაძლოა ხერხისა და გზის ამორჩევაში შევცდი, მაგრამ ჩემი აზრით ბოლოს ყველაფერი მაინც სასიკეთოდ დამთავრდება. არა მგონია მომავალ გაზაფხულამდე გამასამართლონ, მაგრამ ის კი ვიცი, რომ როცა ეს მოხდება ჩამომახრჩობენ, და არამარტო მე, არამედ ყველას. მონათმფლობელობა მოითხოვს რომ თავისი უსაფრთხოების უზრუნველყოფისთვის ჩამოგვახრჩოს, და ჩვენც ამ მოთხოვნას ხალისით შევეგებებით, ვიცით რა რომ ღმერთი სამართლიანია, და ყველაზე და ყველაფერზე მაღლა დგას და ყოველივეს განაგებს. ვატყობ რომ ამ ქვეყანაში არავინაა იმათი დამხმარე, ვინც თავად მზად არიან დაეხმარონ მათ ვისაც დამხმარე არ ჰყავს. გული სისხლისგან მეცლება, როცა დავფიქრდები და გავიაზრებ თუ რამდენი ათასობით ადამიანია, რომელიც სწორად ახლა ჩემზე საშინელ დღეშია ამ ქვეყანაში. ოჰ, ათასი სიცოცხლე რომ მქონდეს ათასივე სიცოცხლეს გავიღებდი, ეს ქვეყანა ერთხელ მაინც რომ დამანახა ჭეშმარიტად თავისუფალი."

ბრაუნის მიერ მოწყობილ თავდასხმაში შეტანილი წვლილისთვის უსამართლო სასამართლომ სტივენსს ღალატი და მონებთან ერთად შეთქმულების მოწყობა დაუმტკიცა, და მისი ბრძანებით 1860 წლის 16 მარტს ჩამოახრჩეს, მისი დაბადების დღიდან ერთი დღის შემდეგ. ჯონ ბრაუნს ბოლოს ამ უკანასკნელი სიტყვებით მიმართა: "კაპიტანო ბრაუნო, უკეთეს ქვეყანაში შეგხვდები."

ჯონ ედვინ ქუქი (1830-1859) – 1830 წლის ზაფხულში დაიბადა, კონექტიკუტის შტატის სოფელ ჰედემში. სიკვდილით დასაჯეს 1859 წლის 16 დეკემბერს, ოცდაცხრა წლის ასაკში. იგი შეძლებული ოჯახიდან იყო, და ნიუ იორკის ქალაქ ბრუკლინში იურიდიულზე სწავლობდა. ქუქი იყო ერთად-ერთი კაცი, რომელმაც ბრაუნმა ჰარფერზ ფერიში თავდასხმამდე ერთი წლით ადრე დაზვერვისთვის გადააცხოვრა. სხვადასხვა გადმოცემა არსებობს თუ რა ხელობას ეწეოდა ქუქი ჰარფერზ ფერიში, მაგრამ უმთავრესად გავრცელებულია აზრი რომ იგი მასწავლებლად მუშაობდა. ცნობილია რომ ქუქი საოცრად კარგი მსროლელი იყო, და კანზასში საკმაოდ დიდხანს იბრძოდა. ცოტა დაუდევარი, იმპულსური და წინდაუხედავი კაცი იყო, მაგრამ სამაგიეროდ გულთბილი, გულუხვი და გულადი.

ჰარფერზ ფერიზე თავდასხმის შემდეგ ფენსილვეინიის ქალაქ ჩეიმბერსბურგიდან რვა მილის დაშორებით დაიჭირეს 1859 წლის 25 ოქტომბერს, და 16 დეკემბერს ჩამოახრჩეს. ქუქი დაკითხვისას გატყდა და აღიარების სახით ბრაუნის წინააღმდეგ ცრუ ჩვენება მისცა. ამ აღიარების გამო ბრაუნის მეგობრები ქუქზე საშინლად განაწყენდნენ და მას "იუდას" სახელსაც კი ეძახდნენ. დამატებითი ცნობებისთვის იხილეთ ქორნელ უნივერსიტეტის ბიბლიოთეკის წიგნი "ჯონ ი. ქუქის აღიარება". აღსანიშნავია, რომ ქუქი ინდიანას შტატის გუბერნატორის, ეშბელ ფი. ვილარდის ახლო ნათესავი იყო. გუბერნატორი შეეცადა მის შველას, მაგრამ ამაოდ – სამხრელი პოლიტიკოსები მას ამის გამო დიდი სიძულვილით მოექცნენ. მათ ხმამაღლა გამოთქვეს თავიანთი ეჭვი, შესაძლოა თავად გუბერნატორიც იყო ჯონ ბრაუნის ამ რეიდში გარეულიო.

ჩარლზ ფლამა თიდი (1834-1862) – თიდს ჩარლზ ფლამას სახელით უფრო იცნობდნენ და ბრაუნის რაზმის კაპიტანი გახლდა. იგი თავდასხმის შემდეგ გაიქცა და ვეღარასოდეს დაიჭირეს. ფლამა 1834 წელს, მეინის შტატის სოფელ პალერმოში დაიბადა. 1856 წელს ვორსთერ დოქტორ ქელვინ ქათასთან ერთად კანზასში გადაცხოვრდა. ბრაუნის რაზმს 1857 წელს თაბორში შეუერთდა, და იმ დღიდან მოყოლებული, კანადაშიც და სხვაგანაც, კაპიტან ბრაუნის ერთერთი უახლოესი თანამებრძოლი იყო.

თიდმა სახელი თავდასხმის შემდეგ შეიცვალა რომ ჰარფერზ ფერიზე იერიშში შეტანილი წვლილის გამო შესაძლო დევნასა და დაპატიმრებას გაქცეოდა, რაც განსაკუთრებით მაშინ იყო მოსალოდნელი, როცა 1861 წლის 19 ივლისს ამერიკის ჯარში ჩაირიცხა სამოქალაქო ომში მონაწილეობის მისაღებად. 1862 წლის 8 თებერვალს ციებ-ცხელებით გარდაიცვალა გემზე "თრენსფორთ ნორდენა", როდესაც მასაჩუსეცის

მოხალისეების XXI ბრიგადის პირველ სერჟანტად მსახურობდა და სიკვდილის წინ ყურში კუნძულ როანოკეს ბრძოლის ღრიალი ჩაესმოდა. ფლამას ამ ბრძოლაში მონაწილეობის მიღება განსაკუთრებით ეწადა, რადგან სამხრელების ჯარს ვირჯინიის ყოფილი გუბერნატორი ჰენრი ალეგზანდა ვაიზი ხელმძღვანელობდა, გუბერნატორის შვილი ოუ. ჯენინგზ ვაიზი კი ბრძოლისას მოკვდა. ჩარლზ ფლამა თიდი დასაფლავებულია ჩრდილო ქერალაინის ეროვნულ სასაფლაოზე, ნიუ ბერნში, საფლავი No 40.

ჯერემაია გოლდსმით ენდერსენი (1833-1859) – 1833 წლის 17 აპრილს ინდიანას შტატში დაიბადა და ოცდაექვსი წლის ასაკში ჰარფერზ ფერიში დეპოზე ბოლო იერიშისას საზღვაოსნო საგანგებო ჯარების საგანგებო დანიშნულების რაზმის ჯარისკაცმა ბეიონეტით მოკლა. მამამისი ჯონ ენდერსენი იყო, მამის მამა კი – მონათმფლობელი. დედის მხრიდან მისი პაპა, კოლონელი (პოლკოვნიკი) ჯეიქაბ ვესთფოლი, რევოლუციურ ომში იბრძოდა და ისიც მონათმფლობელი იყო ვირჯინიის შტატის სოფელ თაიგართ (ანუ თაიგერთ) ველიდან.

სანამ 1857 წლის აგვისტოში კანზასში გადაცხოვრდებოდა, ენდერსენმა მეწვრილმანედ, ფერმერად და ხე-ტყის სახერხი ქარხნის მუშად იმუშავა. მონათმფლობელობის მხარდამჭერებმა იგი ორჯერ დააპატიმრეს და ფორტ სქათში დაატუსაღეს. შემდეგ კაპიტან მონტგომერის რაზმის ლეიტენანტი გახდა და მას თან ახლდა ამერიკის კავალერიის პირველ დივიზიაზე თავდასხმისას, რომელსაც მისი სეხნია, ვინმე კაპიტანი ენდერსენი ხელმძღვანელობდა. ის აგრეთვე შეესწრო ბორდა რაფიანების მიერ ბატონი დენთონის მკვლელობას. ჯონ ბრაუნს მიზურიში თავდასხმისას თან ახლდა, და ამ დღიდან მოყოლებული მუდამ მის გვერდით იყო და ბრაუნს აღარ გაყრია. როდესაც 1859 წლის 5 ივლისს საკუთარ გადაწყვეტილებაზე წერდა, რომ დამონებული ხალხის თავისუფლებისთვის ბრძოლის გაგრძელებას მტკიცედ აპირებდა, აი ასეთი სიტყვები თქვა: "მილიონობით მოყვასი ითხოვს ამას ჩვენგან; ისინი ხომ ყოველ დღე და ყოველ საათს მთელი სამყაროს გასაგონად ყვირიან გვიშველეთო. ვისი ვალია მათი შველა? შენი? ჩემი? ყველა კაცის, მაგრამ მხოლოდ მცირედნი არიან ამის მქმნელნი. მაგრამ მიუხედავად ამისა მაინც, არის რამდენიმე ადამიანი, რომელსაც გამბედაობა ჰყოფნის ამ ძახილს გამოეხმაუროს და თანაც ისე გამოეხმაუროს რომ თავისუფლებისა და თანასწორუფლებიანობის ეს მიწა თავიდან ბოლომდე შეძრას და შეაზანზაროს."

"ერთერთი პატიმარი ენდერსენის სიცოცხლის უკანასკნელ წუთებს ასე აღწერს: მომაკვდავი აგონიაში იყო ჩავარდნილი და ამასობაში როგორღაც სახით კედლისკენ შეტრიალდა [რომელზეც ბეიონეტით იყო მირჭობილი]. ცოტა ხანი იცოცხლა, აგურის ბილიკზე გაშხლართულმა, სადაც უამრავი ადამიანის ველური სიმხეცე აიტანა, რადგან ტანშიც და სახეშიც ურტყამდნენ, და ერთმა ცხოველსდამსგავსებულმა ფერმერმა, მას შემდეგ რაც ენდერსენს პირი ძალით გააღებინა, თავისი საზიზღარი ყბებიდან მომაკვდავ კაცს ერთი დიდი წნეხი ნაღეჭი თამბაქოც კი შეაფურთხა პირში."

ალბერტ ჰეზლეთი (1837-1860) – 1837 წლის 21 სექტემბერს ფენსილვეინიის შტატში დაიბადა. თავდასხმის შემდეგ ფენსილვეინიაში გაიქცა, მაგრამ სოფელ ქარლაილში, ქალაქ ჩეიმბერსბურგის მახლობლად შიეპყრეს, ვირჯინიაში გადმოაგზავნეს და 1860 წლის 16 მარტს ჩამოახრჩეს. ჯერ ნიუ ჯერზის შტატში დაასაფლავეს, შემდეგ კი 1899 წელს ნიუ იორკის შტატის სოფელ ნორთ ელბაში ჯონ ბრაუნის გვერდით დაკრძალეს საძმო საფლავში. ჯორჯ ბი. გილზი ასე ამბობს მის შესახებ: "ჰეზლეთს ჯერ კიდევ კანზასში დიდი ხნის მანძილზე ვიცნობდი, თუმცა მის პიროვნებას ჭეშმარიტად კარგად მაინც არ ვიცნობდი. მონთგომერისთან იყო კარგა ხანი, თავდასხმისას კი სტივენსთან ერთად იყო, როდესაც ქრუზი მოკლეს. გვარიანი ზომის, კარგი გარეგნობის კაცი იყო, აღსავსე კეთილი ბუნებითა და მეგობრული განწყობით.... ბრაუნმა იგი სწორად კანზასიდან წამოსვლის წინ გაიცნო." თავდასხმამდე იგი ძმის ფერმაში მუშაობდა დასავლეთ ფენსილვეინიაში, თანარაზმელებს კი 1859 წლის სექტემბერში შეუერთდა ქენედის ფერმაში.

1860 წლის 15 მარტს, სიკვდილით დასჯის წინა ღამეს, ქალბატონ რებეკა სფრინგს ასე მიწერა: "შენმა წერილმა ძალიან დამამშვიდა, რომ გარდაცვალების შემდეგ ჩემი გვამი ამ ბორკილების მიწაზე არ დარჩება.... მზად ვარ თავისუფლების საქმეს შევეწირო, ათი ათასი სიცოცხლე რომ გამაჩნდეს ყველას ნებსით შევწირავდი იმავე საქმეს."

ედვინ ქაფაქი (1835-1859) – ბარქლეის ძმა, 1835 წლის 30 ივნისს დაიბადა. 24 წლის ასაკში ბრაუნთან ერთად შეიპყრეს დეპოში, მაშინვე გაასამართლეს, 2 ნოემბერს სასჯელი მიუსაჯეს, და 1859 წლის 16 დეკემბერს ჩამოახრჩეს. თავდასხმისას მან ჰარფერზ ფერის მერს, ფონთეინ ბექჰემს ესროლა და მოკლა. დაასაფლავეს ოჰაიოს შტატის სოფელ სეილემში. ძმები ქაფაქები აიოვას შტატის სოფელ სფრინგდეილში გაიზარდნენ.

ბარქლეი ქაფაქი (1839-1861) – ედვინის ძმა, 1839 წლის 4 იანვარს, ოჰაიოს შტატის სოფელ სეილემში დაიბადა. თავდასხმისას ის სრულწლოვანიც კი არ იყო.[585] ჰარფერზ ფერის ბრძოლის ბოლოს თავს უშველა და გაიქცა. 1860 წლის 24 ივლისს ჩრდილოელთა ჯარში ჩაირიცხა რომ სამოქალაქო ომში მიეღო მონაწილეობა. ტრაგიკულად მოკვდა – სამხრელმა კონფედერატებმა მდინარე ფლატზე გადებულ ხიდს საყრდენები დაუწვეს და მასზე გამავალი მატარებელი 40 ფუტი სიმაღლიდან მდინარეში გადავარდა. მაშინ ქაფაქი ქოლონელ მონთგომერის რეჯიმენტის, მესამე კანზასის ფეხოსანი ჯარის პირველი ლეიტენანტი იყო.

აღსანიშნავია, რომ ბარქლეი ქაფაქი ჰარფერზ ფერიდან გამოქცევის შემდეგ პირდაპირ აიოვაში წავიდა, და იქაც კი მას ვირჯინიის შტატის აგენტები გამოუდგნენ დასაჭერად. 1860 წელს კანზასში დაბრუნდა, მიზურელი მონების განთავისუფლებებში მონაწილეობა მიიღო, და მეორე მცდელობისას კინაღამ სიცოცხლე დაკარგა.

585 21 წლისაც არ იყო ჯერ.

ვილიამ თამსონი (1833-1859) – როზველ თამსონის ვაჟიშვილი; 1833 წლის აგვისტოში, ნიუ ჰემფშიას შტატში დაიბადა, და 1859 წელს ჰარფერზ ფერიზე თავდასხმისას მოკლეს. 1858 წლის შემოდგომას მერი ბრაუნზე დაქორწინდა – ეს მერი ბრაუნი ჯონ ბრაუნის ოჯახის არანაირი ნათესავი არ გახლდა, უბრალოდ – სეხნია. აი, ვილიემის და, იზაბელი კი ჯონ ბრაუნის შვილის, ვადსონის ცოლი იყო; ვილიემის უფროსი ძმა, ჰენრი თამსონი კი ჯონ ბრაუნის ქალიშვილის, რუთის ქმარი იყო. კანზასისკენ 1856 წელს აიღო გეზი, მაგრამ ბრაუნის ვაჟიშვილებს შეხვდა, რომლებმაც იქ ჩასვლა გადააფიქრებინეს და მათთან ერთად ნიუ იორკის შტატის სოფელ ნორთ ელბაში დაბრუნდა. თამსონი ჯერ ჰარფერზ ფერიში საძმო საფლავში დაასაფლავეს, შემდეგ კი 1899 წელს ნიუ იორკის შტატის სოფელ ნორთ ელბაში გადაასვენეს და ბრაუნის გვერდით საძმო საფლავში დაკრძალეს.

დოფინ ადოლფუს თამსონი (1838-1859) – ვილიემის ძმა, ჯონ ბრაუნის ერთერთი ლეიტენანტი და მისი ოჯახის მეზობელი ნორთ ელბაში. 1838 წლის 17 მარტს დაიბადა. დოფინი ამერიკის ჯარებმა დეპოზე მიტანილი იერიშისას მოკლეს. იგი ჯერ ჰარფერზ ფერიში საძმო საფლავში დაასაფლავეს, შემდეგ კი 1899 წელს ნიუ იორკის შტატის სოფელ ნორთ ელბაში გადაასვენეს და ბრაუნის გვერდით საძმო საფლავში დაკრძალეს. ის იყო "ძალიან წყნარი პიროვნება, თეთრი, ჩაფიქრებული სახით, ხუჭუჭა ქერა თმით, და პატარა ბავშვის ცისფერი თვალებით." მისი და, იზაბელი ვადსონ ბრაუნის მეუღლე იყო. მისი უფროსი ძმა, ჰენრი თამსონი კი – ჯონ ბრაუნის ქალიშვილის, რუთის ქმარი.

ჯონ ენთონი ქოუფლენდი, მცირე (1834-1859) – თავისუფალი ზანგი, 1834 წლის 15 აგვისტოს, ჩრდილო ქერელაინის შტატის ქალაქ რეილიში დაიბადა. 1859 წლის 16 დეკემბერს ჩამოახრჩეს. მისი სხეული ვინჩესტერის სამედიცინო კოლეჯმა მიისაკუთრა სასწავლო გვამად. მისი საბოლოო განსვენების ადგილი უცნობია. 1842 წელს ქოუფლენდის მშობლები ოჰაიოს შტატის ქალაქ ობერლინში გადაცხოვრდნენ. იგი გარკვეული ხნის განმავლობაში ობერლინის კოლეჯის მოსამზადებელი განყოფილების სტუდენტი იყო. ჯონ ბრაუნის რაზმში, ბიძამისის, ლუის შერიდან ლირის შუამდგომლობით, რომელიც იმ ჟამს ობერლინში ცხოვრობდა, 1859 წლის სექტემბერში ჩაირიცხა. ქოუფლენდი ერთერთი იმ ოცდაჩვიდმეტთაგანი იყო, საქვეყნოდ ცნობილ "ობერლინის გამოხსნაში" რომ მიიღეს მონაწილეობა, როდესაც ლტოლვილი მონა, ჯონ ფრაისი გამოიხსნეს. ამისთვის ქოუფლენდი ოჰაიოს შტატის ქალაქ ქლივლენდის ციხეშიც იჯდა.

1859 წლის 26 ნოემბერს ჩარლზთაუნში მისი საკნიდან ქოუფლენდმა მშობლებს წერილი მიწერა, რომელიც შემდგომ მისი დის, ოჰაიოს შტატის ქალაქ ობერლინის მოქალაქის, ქალბატონი მერი ქოუფლენდის ხელში აღმოჩნდა, და ქვემოთ მოყვანილი სწორად ამ წერილის ნაწყვეტია:

"ძვირფასო მშობლებო, – ბედი ჩემი გადამიჭრეს და გადაჭრილია, რამდენადაც კაცს კაცის ბედის გადაჭრა ძალუძს, მაგრამ ეს თქვენ ტანჯვას ნუ მოგგვრით და არ დაივიწყოთ საქმე და მიზანი რომელშიაც მე ვიყავი ჩაბმული, არ დაივიწყოთ რომ ეს 'საღმრთო საქმე' იყო, რომლისთვისაც ყველა გაგებით ჩემზე უკეთესმა კაცებმა ტანჯვა და სიკვდილი განიცადეს, გახსოვდეთ, თუ მოვკვდი ვკვდები იმისთვის რომ საცოდავი და დაჩაგრული რამდენიმე ჩემებრ დამონებული ჩემებური იმ მონობიდან ვიხსნა, რომლის წინააღმდეგაც და რომლის დასაგმობადაც ღმერთმა, თავის 'წმიდა წერილში' უამრავჯერ ტყორცნა საკუთარი მახვილი, და რომელშიაც კაცებმა, რომლებიც მიუხედავად იმისა რომ თავიანთი სახის კანის ფერის გამო მის უსამართლობას და მისგან ზიანს გადაურჩნენ, თავიანთი სიცოცხლე მაინც მსხვერპლად შესწირეს და კიდევაც ბევრი ნებსით შეეგებება იგივე ბედს, რომელიც ახლა მე გადამიწყვიტეს."

16 დეკემბრის წერილში ქოუფლენდი თავის ოჯახს ევედრება რომ მწუხარებაში არ ჩავარდნენ:

"რატომ უნდა დამწუხრდეთ? თქვენი გულები დარდით რატომ უნდა დაიმსხვრეს? ნუთუ ვერ ხვდებით რომ ამ ცვლილებით მე ყველაფერს ვიგებ და დაკარგვით კი არაფერს ვკარგავ? სრულიად მწამს რომ არა მხოლოდ მე, არამედ ჩემი სამივე საწყალი თანამებრძოლი რომელთაც ეშაფოტზე ასვლა უწერიათ – (ეშაფოტზე, რომელიც თავისუფლების საქმისთვის, ადამიანის თავისუფლების დიდი ჩემპიონის, კაპ. ჯონ ბრაუნის სიკვდილით უკვე წმიდა ადგილადაა შერაცხული) მზად ვართ ჩვენი ღმერთის შესახვედრად."

სთიუარდ თეილა (1836-1859) – 1836 წლის 29 ოქტომბერს, კანადის სოფელ აქსბრიჯში დაიბადა. თეილა ერთად-ერთი რაზმის წევრი იყო, რომელიც ამერიკის გაერთიანებული შტატების საზღვრებს გარეთ დაიბადა. სულ რაღაც ოცდასამი წლის ყმაწვილი იყო როდესაც ჰარფერზ ფერიში იერიშისას მოკლეს. ჯერ ჰარფერზ ფერიში საძმო საფლავში დაასაფლავეს, შემდეგ კი 1899 წელს ნიუ იორკის შტატის სოფელ ნორთ ელბაში გადაასვენეს და ბრაუნის გვერდით საძმო საფლავში დაკრძალეს. თეილა ამერიკული წარმომავლობის იყო, ხელობით ეტლისა და ურმის ოსტატი. 1853 წელს აიოვას შტატში გადაცხოვრდა, და სწორად იქ 1858 წელს ჯორჯ ბი. გილის შუამავლობით ჯონ ბრაუნი გაიცნო. აი, ასე აღწერენ მას: "მონობის წინააღმდეგ ბრძოლის სული და გული. ბრწყინვალე მჭევრი მოპაექრე და ისტორიის დიდი მოყვარული. 1858-1859 წლის ზამთარი კანადაში შინ გამოიზამთრა, და შემდეგ შიქაგოუში წავიდა, იქიდან ილინოის შტატის ქალაქ ბლუმინგთონში, იქიდან კი ჰარფერზ ფერიში. საუკეთესო ფონოგრაფი (ანუ სტენოგრაფი) იყო, სწრაფი და ზუსტი. დიდი ჯავრი განიცადა, როცა ერთ ხანს ჯონ ბრაუნის მოძრაობიდან გარკვეული ხნის მანძილზე არაფერი შეიტყო და ეგონა რომ ჰარფერზ ფერის თავდასხმაში მონაწილეობას აღარ აღებინებდნენ.

ვილიემ ეიჩ. ლიიმანი (1839-1859) – 1839 წლის 20 მარტს დაიბადა და 1859 წლის 17 ოქტომბერს მოკლეს. იგი ბრაუნის რაზმის ყველაზე ახალგაზრდა წევრი იყო. ფიცხი ხასიათის ახალგაზრდა იყო. ადრეული

ასაკიდან წამოვიდა ოჯახიდან, რომელიც მეინის შტატში ცხოვრობდა. ჰარფერზ ფერიზე იერიშის შემდეგ გაქცევას ცდილობდა მდინარე ფოთომაქზე გადაცურვით და სწორად ამ დროს ესროლეს და მოკლეს. ჯერ ჰარფერზ ფერიში საძმო საფლავში დაასაფლავეს, შემდეგ კი 1899 წელს ნიუ იორკის შტატის სოფელ ნორთ ელბაში გადაასვენეს და ბრაუნის გვერდით საძმო საფლავში დაკრძალეს. ლიიმანმა განათლება მეინის შტატის სეიქოსა და ჰალოუველის საჯარო საშუალო სკოლებში მიიღო. თოთხმეტი წლის ასაკში მასაჩუსეცის შტატის სოფელ ჰავერჰილის ფეხსაცმელების ქარხანაში მუშაობდა. 1856 წელს მასაჩუსეცელთა მეორე კოლონიასთან ერთად კანზასში გადაცხოვრდა, და 1856 წლის 9 სექტემბერს ჯონ ბრაუნის "რიგით მოხალისეთა" რაზმის წევრი გახდა. ჯერ კიდევ სულ რაღაც ჩვიდმეტი წლის ასაკში ოსავატომიში მედგრად იბრძოლა. ჯორჯ ბი. გილზი წერს რომ "კარგ გონებასთან ერთად" მას ჰქონდა "გამჭრიახობა."

აზბორნ ფერი ენდერსენი (1830-1871) – 1830 წლის 27 ივლისს, ფენსილვეინიის შტატის, ჩესტერის ოლქის სოფელ ვესტ ფელოუფილდში დაიბადა.[586] აზბორნი ბრაუნის ერთერთი ზანგი მიმდევარი იყო, ჰარფერზ ფერიზე იერიშში ოცდაათი წლისამ მიიღო მონაწილეობა, გადარჩა და 1872 წლის 13 დეკემბერს გაერთიანებული შტატების დედაქალაქში, ვოშინგთონის ოლქში გარდაიცვალა. კანადაში წიგნების ბეჭდვის საქმე შეისწავლა და სწორად იქ შეხვდა ჯონ ბრაუნსაც 1858 წელს. ჰარფერზ ფერის ბრძოლის შემდეგ კვლავ კანადაში დაბრუნდა. სამოქალაქო ომის ჟამს კი ისევ ამერიკაში გადმოვიდა 1864 წელს, ოფიცერი გახდა და ომის დასრულებისას ჯარიდან გამოვიდა.

სამოქალაქო ომის შემდეგ ენდერსენმა ჯონ ბრაუნის რაზმის უკანასკნელი ბრძოლის შესახებ ისტორიული ანალები დაწერა, სახელად "ხმა ჰარფერზ ფერიდან". წიგნი იერიშის ყველა წვრილმანს აღწერს, მათ შორის საომარ სამზადისს, წვრთნას და ზოგადად უცნობ იმ გარემოებებს რომლებმაც ამ თავდასხმაზე გავლენა იქონიეს.

ფრენსის ჯექსან მერიემი (1837-1865) – 1837 წლის 17 ნოემბერს, მასაჩუსეცის შტატის სოფელ ფრემინგემში დაიბადა, აბოლიშენისტების ოჯახში. რამდენადაც ამის თქმა შეგვიძლია, მერიემი კანზასში მოგვიანებით, 1858 წელს გადაცხოვრდა, რის გამოც კანზასის ბრძოლებში დიდი მონაწილეობა არ მიუღია. მას მთელი გულით სწადდა მონათმფლობელობის წინააღმდეგ ბრძოლა და ჯონ ბრაუნს რაზმში გაწევრიანება სთხოვა. განათლებული იყო და გარკვეული ფულის პატრონი. ჰარფერზ ფერიზე იერიშის მერე კანადაში გაქცევა მოახერხა. ჯონ ბრაუნის ჩამოხრჩობის დღეს მასაჩუსეცის შტატის ქალაქ ბოსტონში ჩამოვიდა, მაგრამ მისმა მეგობრებმა დაუშალეს და დაარწმუნეს რომ ისევ კანადაში დაბრუნება ჯობდა. მოგვიანებით ილინოის შტატში დასახლდა, და სამოქალაქო ომისას ჩრდილოელთა ჯარში ჩაეწერა. 1865 წლის 28 ნოემბერს ქალაქ ნიუ იორკში უეცრად გარდაიცვალა, მას შემდეგ რაც კაპიტნად იმსახურა სამხრეთ ქერელაინის ზანგების მესამე ფეხოსან ჯარში.

---

586 ათწლეულზე მეტ ხანს თავად ვიცხოვრე ჩესტერის ოლქში, სოფელ ვესტ ფელოუფილდიდან სულ რაღაც 30 წუთის მანძილზე.

ლუის შერიდან ლიირი (1835-1859) – 1835 წლის 17 მარტს, ჩრდილო ქერელაინის შტატის სოფელ ფეითვილში დაიბადა. ლიირი ზანგი იყო, რომელმაც ოცდაოთხი წლის ასაკში ქალაქ ობერლინში ცოლი და ექვსი თვის ჩვილი ბავშვი დატოვა, რომ ჰარფერზ ფერიში ჩაგრულთა თავისუფლებისთვის ებრძოლა. გადმოცემითაა ცნობილი რომ იგი ბრაუნის რაზმის პირველი ობერლინელი წევრი იყო. ობერლინიდან ფენსილვეინიის ქალაქ ჩეიმბერსბურგამდე სამგზავრო ფული რაზმელებმა მისცეს, და იქ ჯონ ეი. ქოუფლენდთან ერთად ჩავიდა. ჰარფერზ ფერიზე იერიშის შემდეგ ქოუფლენდი ცდილობდა მდინარე შენანდოა გადაეცურა და თავი დაეღწია, და სწორად მაშინ ესროლეს და მოკლეს. იერიშისას ლიირი ქაგისთან ერთად თოფხანაში იყო მიმაგრებული. გადმოცემითაა ცნობილი რომ ნიუ იორკის შტატის სოფელ ნორთ ელბაში ჯონ ბრაუნის გვერდით საძმო საფლავშია დაკრძალული. მისი მემორიალი ოჰაიოს შტატის ქალაქ ობერლინშია.

ლიირის შვილის განათლებაზე შემდგომში ჯეიმზ რედფეთმა და ვენდელ ფილიფსმა იზრუნეს. ლიირის წინაპარი ვინმე ირლანდიელი ამერიკელი, ჯერემაია ო'ლიირი გახლდათ, რომელიც რევოლუციურ ომში გენერალ ნათანიელ გრიინის ჯარში იბრძოდა, და ცოლად ნახევრად აფრიკელი ზანგი, ნახევრად ჩრდილო ქერელაინის ქროატანელი ინდიელი ქალი მოიყვანა. აღსანიშნავია რომ შესაძლებელია ქროატანელები კუნძულ რენოქიიზე ჯონ ვაითის მიერ 1587 წელს დატოვებული "დაკარგული კოლონისტების" შთამომავლები იყვნენ. ლიირი, მამამისის არ იყოს, სარაჯი და ცხენის აღკაზმულობის ოსტატი იყო. 1857 წელს ობერლინში გადავიდა საცხოვრებლად, იქვე დაქორწილდა, და ჯონ ბრაუნიც სწორად ოჰაიოს შტატის ქალაქ ქლივლენდში გაიცნო. ჰარფერზ ფერიზე მიტანილი იერიშის შემდეგ ლიირის საშინელი ჭრილობები ჰქონდა, მაგრამ რვა საათი მაინც იცოცხლა, რომლის განმავლობაშიც მას წესიერად მოეპყრნენ და ისიც კი მოახერხა რომ ოჯახს წერილი მიწერა. გადმოცემითაა ცნობილი მისი სიტყვები: "მზად ვარ სიკვდილისთვის." მისმა ცოლმა თურმე არაფერი იცოდა თუ რა მიზნით გაემართა ლირი, როცა იგი უკანასკნელად სახლიდან გავიდა.

ოუენ ბრაუნი (1824-1889) – 1824 წლის 4 ნოემბერს, ოჰაიოს შტატის სოფელ ჰადსონში დაიბადა. ჯონ ბრაუნის მესამე ვაჟიშვილი იყო და კანზასშიც და ჰარფერზ ფერიშიც მისი ახოვანი, ვაჟკაცური, მტკიცე და საიმედო ლეიტენანტი. უმთავრესად სწორად მისი ურყევი მიზანსწრაფულობისა და უდიდესი ფიზიკური ძალის გამო იყო რომ გადარჩენილთა პატარა ჯგუფი, რომელსაც იგი ხელმძღვანელობდა, უსაფრთხოდ გადიოდა ფონს და თავშესაფრებს პოულობდა. სამოქალაქო ომის შემდეგ ორ ძმასთან ერთად გარკვეული ხნის განმავლობაში ოჰაიოში მევენახეობას ეწეოდა. იქიდან კალიფორნიის შტატში გადავიდა, სადაც 1889 წლის 8 იანვარს გარდაიცვალა, თავის მთის სახლში, სახელად "ბრაუნზ ფიქი" ანუ "ბრაუნის მწვერვალი", ქალაქ ფასადინასთან ახლოს. სიღარიბეში დაასრულა ცხოვრება, თუმცა მეზობლებისა და მეგობრების დიდი პატივისცემით. მარმარილოს მონუმენტია დასმული მთის კალთაზე არსებულ საფლავთან. არასოდეს დაოჯახდა. ისევე როგორც ყველა ბრაუნი, ისიც მეტად ორიგინალური იყო ფიქრსა და

საუბარში, და კიდევ საკმაოდ კარგი იუმორის გრძნობის პატრონი. იმ ხუთი კაციდან, რომელმაც ჰარფერზ ფერიდან თავი ცოცხლად დააღწია, ოუენ ბრაუნი ერთად-ერთი იყო, რომელიც სამოქალაქო ომისას ჩრდილოელთა ჯარში არ ჩაირიცხა და ომში მონაწილეობა არ მიიღო. თანარაზმელებს შორის ყველაზე დიდხანს იცოცხლა.

უადსონ ბრაუნი (1835-1859) – 1835 წლის 7 ოქტომბერს, ოჰაიოს შტატის სოფელ ფრენქლინში დაიბადა. იერიშისას 1859 წლის 18 ოქტომბერს ბრძოლაში მიღებული ჭრილობებისგან დაიღუპა. ის იყო "მაღალი და საკმაოდ ლამაზი გარეგნობის, კარგი აღნაგობის მქონე, ათლეტური და მოძრავი." ნაკლებად განათლებული იყო, მაგრამ დიდად შნოიანი და მეტად სანდო და საიმედო კაცი, რომელიც მთელი ოჯახის ტვირთს ზიდავდა როდესაც ბრაუნების ტომის ყველა დანარჩენი მამაკაცი კანზასში საბრძოლველად წავიდა. მისი ვაჟიშვილი ხუთი წლის ასაკში გარდაიცვალა.

ალივა ბრაუნი (1839-1859) – 1839 წლის 9 მარტს, ოჰაიოს შტატის სოფელ ფრენქლინში დაიბადა. იერიშისას გარდაიცვალა 1859 წელს. იგი რაზმის ერთერთი კაპიტანი გახლდა. ალივა იყო ბრაუნის ვაჟთაგან ყველაზე უმცროსი, რომელმაც ზრდასრულ ასაკს მიაღწია. 1855 წელს მამამისთან ერთად კანზასში წავიდა და 1856 წლის ოქტომბერში ნორთ ელბაში დაბრუნდა. 1858 წელს მართა ი. ბრუსთა მოიყვანა ცოლად.

დეინჯარფილდ ნიუბი (1815-1859) – 1815 წელს ვირჯინიის შტატის ფოქიარ ოლქში მონობაში დაიბადა. ნიუბი ჰარფერზ ფერის იერიშისას ბრაუნის რაზმის ყველაზე უფროსი წევრი იყო და რაზმის პირველი დანაკარგიც. მას სასიკვდილო ჭრილობა ჰქონდა გასროლით მიყენებული; ყელი ერთი ყურიდან მეორემდე ჰქონდა გაგლეჯილი, რაც იმან გამოიწვია, რომ ტყვიის მაგივრად ექვს ინჩიანი ლურსმანივით ჭურვი ესროლეს.

მამამისი შოტლანდიელი ამერიკელი იყო, რომელმაც მულატი შვილები მონობის უღელიდან განათავისუფლა. ნიუბის ცოლი, რომლისგანაც იგი მუდამ თანაგრძნობით სავსე წერილებს ღებულობდა, ვინმე ვირჯინიელი ჯესი ჯენინგზის მონა იყო. ნიუბი ბევრს ეცადა, მაგრამ ვერა და ვერ მოახერხა ცოლისა და შვიდი შვილის მონობიდან გამოსყიდვა. მათი ბატონი ნიუბის ბოლოს $1,500-ად მოურიგდა, ცოლ-შვილს მოგყიდიო, მაგრამ როგორც კი ნიუბიმ ამ თანხას თავი მოუყარა, ფასს მოუმატა. ამდენი წარუმატებელი მცდელობის გამო ნიუბიმ გადაწყვეტილება მიიღო რომ ახლა ძალისმიერი გზით შეეცდებოდა ოჯახის მონობიდან გამოხსნას. სიკვდილის შემდეგ დეინჯარფილდ ნიუბის გვამზე უამრავი გრძნობით გაჟღენთილი წერილი იპოვეს მისი ცოლისგან, ჰერიეტისგან მიწერილი, რომელთა საჯაროდ გამომზეურებამ ამერიკის საზოგადოების გონება მეტად მოამწიფა და დიდად წინ წაწია თავისუფლების საქმე. იერიშის შემდეგ ჰერიეტი და მისი შვილები "სამხრეთში გადაყიდეს", ლუიზიანას შტატში. არსებობს ურთიერთსაწინააღმდეგო ორი გადმოცემა, რომელთა დამტკიცება არ ხერხდება – იგი ან ოჰაიოში გადმოცხოვრდა ანდა ლუიზიანაში დარჩა. დეინჯარფილდ ნიუბის შთამომავლები დღესაც ცოცხლები არიან; თაილა

ნიუბი ოჰაიოს შტატის ქალაქ ქლივლენდში ცხოვრობს, ჯოშ ნიუბი კი – კალიფორნიის ქალაქ სან ფრანსისკოს მახლობლად.

შილდზ გრიინი (1836-1859) – ლტოლვილი მონა იყო სამხრეთ ქეროლაინის შტატის ქალაქ ჩარლზთონიდან. იგი ჯონ ბრაუნს 1859 წლის 19 აგვისტოს ფენსილვეინიის შტატის ქალაქ ჩეიმერსბურგში შეუერთდა, სადაც ფრედერიქ დაგლასთან ერთად იყო ჩასული. “ემფერარს” ანუ “იმპერატორს” ეძახდნენ, თუმცა უცნობია რატომ შეარქვეს ეს სახელი. გრიინი ბრაუნს გაჰყვა, როდესაც დაგლასმა ჯონ ბრაუნს ზურგი აქცია. გრინმა დაგლასს, მის ყოფილ კეთილისმყოფელს ასე უთხრა: “მე მგონი მოხუცს გავყვები.” გადმოცემითაა ცნობილი რომ გრინი ოცდასამი წლის იყო. მიუხედავად იმისა, რომ იერიშის ბოლოს გაქცევა შეეძლო, ბრძოლა განაგრძო და ბრაუნთან ერთად შეიპყრეს. 1859 წლის 16 დეკემბერს ჩამოახრჩეს.

ბოლოსიტყვაობა

"რადგან ბოროტება კარს მომდგარა, 'კანონის ძალით მსოფლიოს მოსვენებას არ აძლევს', სული კი ბოროტებისგან თავის დაღწევას ლამობს, მაშინ ჩვენც უნდა გავიქცეთ და თავი დავაღწიოთ.

კი მაგრამ, რაა ბოროტებისგან თავის დაღწევის ჭეშმარიტი გზა?

'გახდე მსგავსება ღმრთისა', გვასწავლის წიგნი. და ეს ასეა ახსნილი: 'შეიქმნა სამართლიანი და წმიდა, იცხოვრო სიბრძნით', ისე რომ მთელი შენი ბუნება სათნოებაზე იყოს დაფუძნებული."

პლოტინუსი[587]

[587] პლოტინუსი ანუ პლოტინი (204-270) – უდიდესი ფილოსოფოსი და ნეოპლატონიზმის ფუძემდებელი, მეტად განსწავლული კაცი, რომელმაც ბერძნული ფილოსოფიის გარდა კარგად იცოდა ქრისტეანული მსოფლმხედველობა, და ძირფესვიანად ჰქონდა შესწავლული ეგვიპტური, სპარსული და ინდური ფილოსოფიები. პლოტინუსის შრომებმა საკმაო გავლენა იქონიეს მართლმადიდებლურ ღმრთისმეტყველებაზეც. მის შეხედულებას ენერგიაზე ბრწყინვალედ განმარტავს დიდი კაბადოკიელი მამა, წმიდა გრეგორი ნისელი (ნოსელი), წმიდა ბასილი დიდი კესარიელის ძმა. პლოტინუსი აქ ციტირებას ახდენს პლატონის ერთერთი დიალოგიდან "თეატეტუს", რომელიც ცოდნის ბონებას შეეხება.

ჰენრი დეივიდ თოროუ. სურათი გადაღებულია 1856 წელს.
HENRY DAVID THOREAU: PICTURE TAKEN IN 1856.

INTRODUCTION

IT IS JUST AS IMPOSSIBLE TO PART THOREAU'S DEEDS FROM BROWN'S, AS AARON'S FROM MOSES'. SIMILARLY IT IS IMPOSSIBLE TO PART THEIR BIOGRAPHIES.

Zviad Kliment Lazarashvili

CHRISTIAN ORTHODOX THEOLOGY

"A great martyrdom, just as great might, is a sign of a magnanimous nature. A great martyrdom is a great victory, which is the lot of a magnanimous man only, and as a victor is happy because, among others, he too enjoys the result of his victory, so is a martyr happy because he burns like a candle to light the path of life for others.

And precisely due to this reason the crown of thorns of a martyr is more selfless, more attractive, more heartbreaking and, therefore, more beautiful, glorious and praiseworthy. Humanity only prays to such martyrs, it acknowledges only them as Saints and venerates them with the prayer and blessing.

The crown of thorns, warn and preserved by our ancestors, shines with this beauty, glories with this glory and remains magnanimous with this kind of magnanimity. If anyone can claim, that they have burnt to light the path of life for others, it is our ancestors, and we, as grateful children, must prostrate ourselves at their graves and chant for these great men and praise the praiseworthy with great praises."

That is what St. Ilia the Righteous said about Christian martyrs and that is precisely the reason reading this book is not only commendable, but *required*. I fear very much that other nations will claim what is originally ours, – our illustrious ancestors, the American heroes, Henry David Thoreau and John Brown, – and that they will proclaim them as saints and martyrs of the entire humanity before us. I fear not for their sake, but for ours: it has been almost two centuries since our nation received these two Patriarchs and instead of following them out of Egypt to the Promised Land, out of the idol worship of economy and the love of a matter to the worship of God and the love of the spirit (both, divine and human), we killed them and buried them so deeply and so ignominiously, both, in our history, as well as in our minds, that, I fear daily, anger of God may befall us, and by that I mean no economic misfortune merely, but the catastrophe of the body and the calamity of the soul at the same time and at once.

Without John Brown and Henry David Thoreau our education is inadequate, our economy is inadequate, our citizenship is inadequate and at that point even our entire existence becomes inadequate, for what is our existence, but good citizenship? So for the sake of our nation, for its glory and its future, I implore every American to take an earnest look at our history and recognize its greatest heroes. I beseech our Orthodox Church to recognize these men as Saints and Martyrs of America. Only then our collective conscience will be redeemed and rectified, but not a nanosecond sooner.

AMERICAN HEROES

CHRISTIAN SECULAR PHILOSOPHY

Would you like to know who was Thoreau, – Henry David Thoreau? He was one of the most holy men born during most unholy times in an unholy society on one of the most unholy planets in this world. And Brown? – He was a Hero, a Christian Hero that is – a man of oomph, zest, vigor, foresight, prudence, industry and amazing ability.

This book is no academic research. Why, should truth only necessarily come from an academia or its academics? Could wisdom not exist without the slow decay of academic nonsense? Neither Socrates, nor Plato, nor St. Augustine, nor Origen were graduates of such fine academies and neither were Rustveli, Guramishvili, Vaja and our pure-hearted St. Ilia, but still... In short, let the academics read the academic works and gibbers, and let them not squander their valuable time on reading the titanic works of these titans of humanity – Henry David Thoreau and John Brown. True heroes, philosophers, geniuses, prophets, Saints and Saviors belong to a wholly different, Heavenly Academia and their works are not written in ordinary ink, but in the purest blood that this mankind has ever produced; and, for this reason, the holy scrolls of these holy men must be read by the readers of a different kind – men who are plain and humane, and truly faithful to human nature; men, who, in spite of their human imperfections, faults, incapacities and limitations, still strive toward that absolute oneness and perfection, which is God... these are the men who deserve to be readers of the works of true geniuses. Don't let this fact escape your memory – our Savior and God, Jesus Christ himself was no member of an Academy, but rather a poor man, who was born at a stable, dressed in an ordinary garb and worked honestly as a carpenter, and not as an academic, a lawyer, a business tycoon or a politician. In short, dear reader, what I am trying to say is this: if you have faith in one true, almighty and forever merciful God, if you dote on your country, as well as the entire humanity, and, in general, if you love thy neighbor, if you trust wisdom handed down by true heroes and true philosophers, and, at the same time, you have ability to mistrust and unveil and oppose pseudo-wisdom of the Pharisees and Sophists of this world, and make their sinful deeds known to humanity, the deeds dark, dismal and morose, which blacken our planet and soil its purity and burden existence of the mankind – indeed, if you can verily discern these sophisticated simpletons, these scoundrels of pseudo-mysticism, who have put on a garb of wisdom and church, but really represent nothing more than evil heresies, which always falsified wisdom, counterfeited truth and plagued the world from the very beginning... if you have ability and willingness and the willpower to go up against such sinister forces and fight them and their false ideologies, than this book, its non-fictional heroes, its holy and wise authors and its very unholy and wholly lowly translator are indeed your fit. But if that is not the case, than this whole book will seem like insanity to you, and you will deem its heroes to be madmen, its authors – insane and its translator – a lunatic and an odd-fellow, a traitor, who has lost his senses and his conscience and his humanity with it.

It has been twelve years since my childhood ended and adult life begun. I took off and roamed around the world without any rest or break. Constantly away from home, I constantly found home in God, in God who was born neither in Georgia nor in America, but among the Jews. With this I realized that it is humanity that takes precedence over nationality. I realized that men will be admitted into Heaven on the basis of their humaneness and not on the basis of their ethnicity. After all, do you really think that it is the worldly Jerusalem that was promised to us? The true Jerusalem has no part of any state or country; it is beyond any geographic latitude. So then what is true patriotism if not the true love of the entire humanity? Is it not by loving the entire mankind that a man learns how to love Georgians or Americans? Is it not the love of "thy neighbor", which compels us to be patriots and induces us to love our beloved countries? Thy neighbor, who may be a Georgian or a Yankee, a Jew or a Spaniard – are not we all neighbors at least in a spiritual, if not in a geographic and anthropological, sense? Is it not our duty to love the entire humanity with its good and bad, and especially the bad, which are nothing else, but the good gone astray? Loving the worst of men is the true love, for there is that same "worst" within each and every one of us. Such was the love Thoreau and Brown practiced. Such is the love, in which you too may partake by reading this book, and, better yet, by rereading it over and over, and by emulating actions and ideas of its authors and its heroes, as much as you possibly can.

NEW ENGLAND

Henry David Thoreau was born on July 12, 1817 in Concord, Massachusetts. He wrote, "I was born in the most favored spot on earth – and jut in the nick of time" – Thoreau was perfectly right. He was born in the nick of time to witness and to partake in and even to become the crowning jewel of New England's spiritual flourish and cultural enlightenment. Anyone that has visited that part of our beloved country, would agree that it is impossible to find anything more beautiful in nature anywhere on the face of the earth than New England, especially during spring. Yet a truly keen observer would not hesitate to assert that the spiritual spring of New England, which flourished from the mid-XIX to the beginning of the XX century, was even greater and more magnificent. For the one is the spring of the inanimate nature, but the other is the spring of animated wisdom – human spirit. They are both full of oomph, zest and gusto, but the spiritual spring will always overshadow the physical, just like a man's soul, and by that I mean a true man, will always overshadow and conquer its mindless body. Such was the spiritual spring of New England, when Ralph Waldo Emerson,[588] Nathaniel Hawthorne,[589] Melville[590] and Longfellow[591]... flourished in its villages and boroughs, while, village being too unnatural for any man who is too akin with holiness, Thoreau flourished right in the middle of its wooded wilderness, in New England backwoods with its forests and ponds, which, unlike its towns and villages, are still completely pure, untouched and not yet desecrated by the world-renowned industry of its men. In short, before I start talking about these amazing human beings, Henry David Thoreau and John Brown, allow me to talk about that amazing and wonderful country, which once existed and in which these holy men lived. That is, the country, which once was and now is very difficult, if not impossible, to find in America or anywhere else in the world – New England. Although, I must admit, that remnants of that glorious city of gold, its patterns and blueprints could still be discernable to a keen and an observant mind; for even the pyramids, which are the fruits of pride-infused inspiration and nothing more, yes, even those foolish pyramids, once buried and obscured, were later uncovered by men. New England had no great pyramids. It stored up the wealth of a different kind – it had men and women, who were bright and educated and

---

[588] Ralph Waldo Emerson (1803-1882) – American essayist, philosopher and poet from New England. He was a close friend of Thoreau. Concord, Massachusetts, New England.
[589] Nathaniel Hawthorne (1804-1864) – American novelist and short story writer from New England. He was a friend of Thoreau. Salem, Massachusetts, New England.
[590] Herman Melville (1819-1891) – American novelist, essayist and poet from New England. He is best known for his novel "Moby-Dick". Boston, Massachusetts, New England.
[591] Henry Wadsworth Longfellow (1807-1882) – American educator and poet originally from the state of Maine, later he settled in Cambridge, Massachusetts, New England.

God-fearing, whose greatness and spiritual stature were greater than any pyramid, so the uncovering of them should not be much more difficult than the uncovering of the idiotic tombs of evil Pharaohs. If money-hungry grave-robbers managed to uncover the ruined pyramids, why should not we attempt to uncover our native New England and its holy heroes? If the curious archeologists resurrected the pyramids to presence, why should not we presently resurrect American heroes and present them to Americans, as well as to the entire mankind? For a hero is a man, and a man is firstly a part of the mankind and only then of a nation.

HISTORY OF THE UNITED STATES OF AMERICA

The United States of America, which today is one grand and glorious country, beloved by me and many others, had a humble beginning. It was not as big, as great and as powerful as it is today. The two colonies, which gave birth to our country, were Virginia and New England. They were both on the East Coast, Virginia was down South, while New England was up North. New England contained present day six states: Massachusetts, Connecticut, Rhode Island, Vermont, New Hampshire and Maine. These two colonies were radically different from each other and even today differences between the North and the South still run deep. New England was first settled by Europeans in 1620, when the ship called Mayflower brought pilgrims here. The second journey of Mayflower took place in 1629. These pilgrims were Puritans, who were persecuted in Europe. Their main reason for coming to the new land was their fervent desire for religious freedom. Education followed the religion and a fine colony was thus created. New Englanders founded two of the best universities in the world, Yale and Harvard. New Englanders worked hard, built plain, whitewashed churches, prayed and studied. In a nutshell, they were diligent people who never neglected neither secular nor religious business and education. Colony of Virginia was founded in 1584. This was the first English settlement in America. England's forests and other natural resources were nearly exhausted after centuries of supporting its population. Southern colonies in America were established precisely in order to supplement these deficits. Hence, from the time of its conception, the South and the southerners had only one interest – economic. Compared to New England, Southern economy was powerful, but the South lacked education, true religious piety and freedom. Economic success always comes at a cost – an opportunity cost, as it is called in modern Economics. The opportunity cost was very heavy and inhumane in that case – ignorance and slavery, or, if you will, put it the other way around, slavery and ignorance, for both are evils, which are in constant correlation and causation with each other. So the South and the North had very little in common at one glance. But according to the laws of the British Empire, they were both colonies and therefore constituents and faithful servants of the English tyrant. When Yankees (Northerners, New Englanders) had enough of the British tyranny, they teamed up with

their Southern neighbors and fought against the British. After winning the war and declaring the independence, the states were united into one independent country, called the Union, although by a huge compromise – the South still retained its right to slavery, while the North remained free. Southern tycoons eventually bought out and, if I may say so, pocketed the Northern legislators and the state governments, and ran the whole country according to their own fancy and liking. On top of that, cotton grown by slaves came from the South, but it was manufactured in New England. So even though New England people were against slavery, New England businessmen and politicians, corrupted with money and power, were essentially as good slaveholders as the Southern planters.

One other historically important event must be described here, in order better to comprehend political, economic and social progress of the United States – Louisiana Purchase, which added huge territories to our country. The Louisiana Purchase (French: Vente de la Louisiane "Sale of Louisiana") was the acquisition by the United States of America of 828,800 square miles (2,147,000 km^2) of the French territory, Louisiana, in 1803. The US paid 60 million francs ($11,250,000) plus cancellation of debts worth 18 million francs ($3,750,000), a total cost of 15 million dollars for the Louisiana territory.

The Louisiana Purchase encompassed all or part of 14 current US states and two Canadian provinces. The land purchased contained all of present-day Arkansas, Missouri, Iowa, Oklahoma, Kansas, Nebraska, parts of Minnesota that were west of the Mississippi River, most of North Dakota, nearly all of South Dakota, northeastern New Mexico, the portions of Montana, Wyoming, and Colorado east of the Continental Divide, and Louisiana west of the Mississippi River, including the city of New Orleans. The Oklahoma Panhandle, and southwestern portions of Kansas and Louisiana were still claimed by Spain at the time of the Purchase. In addition, the Purchase contained small portions of land that would eventually become part of the Canadian provinces of Alberta and Saskatchewan. The purchase, which doubled the size of the United States, comprises around 23% of the current US territory. The population was estimated to be 97,000 as of the 1810 census. The purchase was a vital moment in the presidency of Thomas Jefferson. At the time, it faced domestic opposition as being possibly unconstitutional. Although he felt that the US Constitution did not contain any provisions for acquiring territory, Jefferson decided to purchase Louisiana because he felt uneasy about France and Spain having the power to block American trade access to the port of New Orleans. Napoleon Bonaparte, upon completion of the agreement, stated, "This accession of territory affirms forever the power of the United States, and I have given England a maritime rival who sooner or later will humble her pride."

New territories gained from the Louisiana Purchase created the first serious friction between the two American societies, – the Southerners wanted to transform the new states into slave states, while the Yankees wanted to enter them as free states into the Union. Southern militant groups, especially from the neighboring Missouri, started to move into Kansas and Nebraska and threatened and intimidated free settlers. These groups were called "Bufford Ruffians" and "Border Ruffians". New England citizens started to organize against this injustice and called themselves "Abolitionists", as they wanted to abolish slavery throughout the Union. John Brown formed a group of patriots and moved into these territories to defend freedom and freedom-loving settlers from the militant southern scoundrels.

Yet another important historical event must be mentioned: after oppressing its own citizens, black slaves, as well as the Indians (Native Americans), Southern tycoons concocted a new evil: to rob the neighboring country of the land and even to attempt to extend slavery there. The US annexed Texas and the US-American War of 1846 followed. Besides oppressing and invading a neighboring country – which is an evil and wrong on its own, abolitionists also considered this US-Mexican War (1846-1848) unjust on social grounds, as they saw it as an effort to extend slavery into the former Mexican territory. The Mexican-American War was an armed conflict between the United States and Mexico from 1846 to 1848 in the wake of the 1845 US annexation of Texas, which

Mexico considered part of its territory in spite of the 1836 Texas Revolution. In the US the conflict is often referred to simply as the Mexican War and sometimes as the US-Mexican War. In Mexico terms for it include "(primera) intervención estadounidense en México" ((first) American intervention in Mexico), "invasión estadounidense de México" (American Invasion of Mexico), and "guerra del 47" (The War of '47). Territorial expansion of the United States on the Pacific coast was foremost in the minds of President Polk and his associates in their whole conduct of the war. The major consequence of the war was the Mexican Cession of the territories of Alta California and Santa Fe de Nuevo México to the United States under the "Treaty of Guadalupe Hidalgo". In addition, Mexico accepted the loss of Texas and the Rio Grande boundary. From the standpoint of the US, the treaty provided for the Mexican Cession of 1.36 million km² (525,000 square miles) to the United States in exchange for US$15 million (equivalent to $370 million today). From the standpoint of Mexico, the treaty included an additional 1,007,935 km² (389,166 sq mi), as Mexico had never recognized the Republic of Texas nor its annexation by the US. Thus Mexico lost 55% of its pre-war territory. The treaty also ensured safety of pre-existing property rights of Mexican citizens in the transferred territories. Despite the assurances, property rights of Mexican citizens were often not honored by the US in accordance with modifications to and interpretations of the treaty. The US also agreed to take over US$3.25 million (equivalent to $79.8 million today) in debts Mexico owed to American citizens. The cession that the treaty facilitated included parts of the modern-day US states of Colorado, Arizona, New Mexico and Wyoming, as well as the whole of California, Nevada, Utah, and, depending on one's point of view, Texas. The remaining parts of what are today the states of Arizona and New Mexico were later peacefully ceded under the 1853 Gadsden Purchase, in which the US paid an additional US$10 million (equivalent to $260 million today).

At the same time, both Southern and Northern legislators tried to deal with the issue of slavery in legal terms. The Fugitive Slave Act of 1850 was a congressional compromise: California entered the Union as a free state, and slave trading was abolished in Washington D.C., but it included concessions on slaveholding in Texas. Any official who did not arrest a suspected runaway slave could be fined $1,000. The act spurred the continued operation of the Underground Railroad – an extensive network that helped fugitive slaves to run to Canada.

On May 26, 1854, abolitionists stormed the Boston federal courthouse in an attempt to free runaway slave, Anthony Burns. Twelve abolitionist patriots were arrested and one deputy US Marshall, James Batchelder was killed during this attack. One of the men arrested was Thoreau's friend, Wentworth Higginson.

The Kansas-Nebraska Act of 1854 set up a territorial government for lands that later became the states of Kansas and Nebraska. This Act was passed on May 24, 1854, on the very same day the fugitive slave, Anthony Burns was arrested in Boston, Massachusetts. Previously slavery was regulated by "Missouri Compromise", which had forbidden slavery in the northern parts of Louisiana Purchase. But passing of the Kansas-Nebraska Act repealed this Compromise and left the issue of slavery up to the settlers of Kansas and Nebraska to decide. Southerners, especially from the neighboring state of Missouri, were moving into Kansas and Nebraska and terrorizing the people, forcing them to support slavery. Naturally, anti-slavery groups saw this as an attempt to extend slavery, and later on the new Republican Party was formed to defeat it.

AMERICAN HEROES   INTRODUCTION

JOHN BROWN

New Englanders had no other choice, but to fight for the freedom and justice of the enslaved American citizens. Abolitionists could no longer remain in peaceful protest. During these difficult times prayers of true American patriots were answered and our country managed to raise a hero, a hero in the truest and most holy sense of this word – Captain John Brown.

John Brown was born on May 9, 1800 in Torrington, Connecticut. He was the fourth of the eight children of Owen Brown (1771-1856) and Ruth Mills (1772-1808) and grandson of Capt. John Brown (1728-1776) who served in the Revolutionary War. This is what Franklin Benjamin Sanborn writes about Brown's birthplace: "The house in which John Brown was born, as mentioned in this autobiography, still stands in Torrington, Conn., in the western part of the town, three miles from Wolcottville, six from Litchfield, and ten from Winsted, on a by-road. It much resembles the old farm-house in Concord in which Thoreau was born, and the engraving of one might easily pass for that of the other." In 1805 the family moved to Ohio where Owen Brown opened a tannery.[592] Owen became a supporter of the Oberlin Institute (original name of Oberlin College) in its early stage, although he was ultimately critical of the school's "Perfectionist" leanings, especially renowned in the preaching and teaching of Charles Finney and Asa Mahan. Brown withdrew his membership from the Congregational church in the 1840s and never officially joined another church. At the age of 16 John Brown left his family and went to Plainfield, Massachusetts, where he enrolled in a preparatory program. Shortly afterward, he transferred to the Morris Academy in Litchfield, Connecticut. He hoped to become a Congregationalist minister, but money ran out and he suffered from eye inflammations, which forced him to give up the academy and return to Ohio. In Hudson he worked briefly at his father's tannery before opening a successful tannery of his own outside of town with his adopted brother. In 1820 Brown married Dianthe Lusk. Their first child, John Jr, was born 13 months later. In 1825 Brown and his family moved to New Richmond, Pennsylvania, where he bought 200 acres (81 hectares) of land. He cleared an eighth of it and built a cabin, a barn, and a tannery. Within a year the tannery employed 15 men. Brown also made money raising cattle and surveying. He helped to establish a post office and a school. During this period, Brown operated an interstate business involving cattle and leather production along with his kinsman, Seth Thompson, from eastern Ohio. In 1831 one of his sons died. Brown fell ill, and his businesses began to suffer, which left him in terrible debt. In the summer of 1832, shortly after the death of a newborn son, his wife Dianthe died. On June 14, 1833 Brown married Mary Ann Day (1817-1884), originally of Meadville, Pennsylvania. They eventually had 13 children, in addition to the seven children from his previous marriage. In 1836 Brown moved his family to Franklin Mills, Ohio (now known as Kent).

In 1837, in response to the murder of Elijah P. Lovejoy, an American Presbyterian minister, journalist and newspaper editor, and ardent supporter of Abolitionism, Brown publicly vowed: "Here, before God, in the presence of these witnesses, from this time, I consecrate my life to the destruction of slavery!" From the mid-1840s Brown had built a reputation as an expert in fine sheep and wool, and entered into a partnership with Simon Perkins Jr. of Akron, Ohio, whose flocks and farms were managed by Brown and his sons. In 1846 Brown and Perkins set up a wool commission

---

[592] tannery – a facility where the tanning process is applied to hide to produce leather.

operation in Springfield, Massachusetts, to represent the interests of wool growers against the dominant interests of New England's manufacturers. Brown naively trusted the manufacturers at first, but soon came to realize they were determined to maintain control of price setting and feared the empowerment of the farmers. In 1848 Brown heard of Gerrit Smith's Adirondack land grants to poor black men, and decided to move his family among the new settlers. He bought land near North Elba, New York (near Lake Placid), for $1 an acre, although he spent little time there. After he was executed, his wife took his body there for burial. Since 1895 the farm has been owned by New York state. The John Brown Farm and Gravesite is now a National Historic Landmark.

In 1855 Brown learned from his adult sons in the Kansas territory that pro-slavery forces there were militant and that their families were completely unprepared to face attack. Determined to protect his family and oppose the advances of pro-slavery supporters, Brown left for Kansas, enlisting a son-in-law and making several stops just to collect funds and weapons. As reported by the New York Tribune, Brown stopped en route to participate in an anti-slavery convention that took place in June 1855 in Albany, New York. Despite the controversy that ensued on the convention floor regarding the support of violent efforts on behalf of the free state cause, several individuals provided Brown with financial support. As he went westward, however, Brown found more militant support in his home state of Ohio, particularly in the strongly anti-slavery Western Reserve section, where he had been reared. In Boston he met Henry David Thoreau and Ralph Waldo Emerson through the mutual friend, an American journalist and the secretary of Massachusetts Kansas Commission, Franklin Benjamin Sanborn (1831-1917), who later became Brown's Hagiographer. John Brown had fought with his small group of men against slavery for many years, when he decided to attack Harper's Ferry Armory in Virginia. Brown arrived in Harper's Ferry on July 3, 1859. A few days later, under the name Isaac Smith, he rented a farmhouse in nearby Maryland. He awaited the arrival of his recruits.

On October 16, 1859 Brown (leaving three men behind as a rear guard) led 18 men in an attack on the Harper's Ferry Armory. He had received 200 Beecher's Bibles – breechloading .52 caliber Sharps rifles – and pikes from northern abolitionist societies in preparation for the raid. The armory was a large complex of buildings that contained 100,000 muskets and rifles, which Brown planned to seize and use to arm local slaves. They would then head south, drawing off more and more slaves from plantations, and fighting only in self-defense. As Frederick Douglass (a famous black abolitionist) and Brown's family testified, his strategy was essentially to deplete Virginia of its slaves, causing the institution to collapse in one county after another, until the movement spread into the South, essentially wreaking havoc on the economic viability of the pro-slavery states. Although the Southerners, politicians, as well as some dimwitted historians accused him of organizing a rebellion, John Brown's goals were quite different: he disliked revolutions and unnecessary bloodsheds, and had too good a foresight solely to rely on any brute force for accomplishing his mission. Brown was too methodical and cautious, as well as too caring and patriotic for a flat out war. His aim was to arm the slaves not at once, but rather in a slow pace and let them free themselves in several stages, which would have a huge psychological effect both, on public and on the slaveholders, and would result in the abolition of that evil institution.

Initially the raid went well, and they met no resistance entering the town. They cut the telegraph wires and easily captured the armory, which was being defended by a single watchman. They next rounded up hostages from nearby farms, including Colonel

Lewis Washington, great-grandnephew of George Washington. News of the raid reached Baltimore early that morning and then on to Washington by late morning, – Brown, out of kindness to the hostages and the public, let the passing train through, which took the news to Washington. On numerous occasions he later stated that this was his tactical mistake committed by him because of his extreme humaneness and excessive care for the hostages, – per usual, Brown was perfectly right. He also stated that this mistake was ordained by God, – he was right on that too, as his heroic death produced greater results than his heroic life. By the morning of October 18 the engine house, later known as John Brown's Fort, was surrounded by a company of US Marines under the command of Colonel Robert E. Lee of the United States Army. A young Army lieutenant, J.E.B. Stuart, approached under a white flag and told the raiders that their lives would be spared if they surrendered. Brown refused, saying, "No, I prefer to die here." Some time elapsed and at the end Brown decided to surrender in order to save the lives of his men, but Stuart then gave a signal, the Marines used sledge hammers and a make-shift battering-ram to break down the engine room door, Lieutenant Israel Greene cornered Brown, who had already surrendered, and struck him several times, wounding his head. In three minutes Brown and the survivors, who had kept hollering "we surrender!!!", were chopped, wounded, insulted and made captives. Altogether Brown's men killed four people, and wounded nine. Ten of Brown's men were killed (including his sons Watson and Oliver). Five of Brown's men escaped (including his son Owen), and seven were captured along with Brown who were later executed – four were executed on December 15, 1859 and two – on March 16, 1860. John Brown and the others captured were held in the office of the armory. On October 18, 1859 Virginia Governor Henry A. Wise, Virginia Senator James M. Mason, and Representative Clement Vallandigham of Ohio arrived in Harper's Ferry. Mason led the three-hour questioning session of Brown. John Brown's hostages, as well as the politicians who interviewed him were convinced that Brown was the man of the highest moral character, foresight and ability, but that did not deter them from murdering him or his men.

A famous French novelist and statesman, Victor Hugo, from exile on Guernsey, tried to obtain a pardon for John Brown. He sent an open letter that was published by the press on both sides of the Atlantic. At the end it states: "Let America know and ponder on this: there is something more frightening than Cain killing Abel, and that is Washington killing Spartacus."[593]

On the morning of December 2 Brown read his Bible and wrote a final letter to his wife, which included his will. At 11:00 AM he was escorted from the county jail through a crowd of 2,000 soldiers a few blocks away to a small field where the gallows were. Among the soldiers in the crowd were future Confederate general Stonewall Jackson and John Wilkes Booth, who borrowed a militia uniform to gain admission to the execution. Brown was accompanied by the sheriff and his assistants, but no minister since he had consistently rejected the ministrations of pro-slavery clergy.

---

[593] Spartacus (109-71 BC) – the most notable leader of the slaves in the Third Servile War (73-71 BC) also called the Gladiator War, – a major slave uprising against the Roman Republic. Little is known about Spartacus beyond the events of the war, and surviving historical accounts are sometimes contradictory and may not always be reliable. Spartacus' struggle, often seen as oppressed people fighting for their freedom against a slave-owning aristocracy, has found new meaning for modern writers since the 19th century. The rebellion of Spartacus has proven inspirational to many modern literary and political writers, making Spartacus a folk hero among cultures both, ancient and modern.

Lastly, I must expound on the perspective Thoreau and John Brown held with regard to the law. They both firmly believed that immoral laws were nothing short of the legally ratified injustices. They believed, and rightfully so, that injustice masqueraded as the federal and state law, caused evil and harmed the just in America. The root of this cloaked injustice has been the same throughout world history – unbridled self-interest of selfish and therefore tyrannical people, for the selfish must always be tyrannical in order to satisfy their ever-increasing personal interests on the expense of the others. Hence Thoreau and John Brown, and a few truly patriotic Americans, held the view that the Federal and State laws which promoted tyrannical interests and took advantage of the enslaved were not laws at all, but rather legalized injustices – day time public robberies of a sort. Thoreau believed that there was an integral, natural part in every human being, which prompted every man to be just – conscience. It is this conscience which makes us blush during our wrong-doings, and it matters not whether such wrong-doings are permitted or prohibited by man-made laws, the conscience is always there perpetually to guide us to moral excellence. So the origins of the laws must be sought in nature, not in a state or its statesmen. Propriety and natural law is embedded in every atom of every cell of every single creature. Both animate beings and inanimate things have their laws prescribed to them. Conscience, which is the agent of law in us, is always present, but a man, unlike other creatures, possesses freedom of choice and this freedom, when tainted and tarnished with corruption, chooses to ignore this God-given conscience of ours and, through the habitual injustice, make it dull and even bring it to the brink of extinction. When conscience, which often disappears and seldom exists in a nation, becomes almost extinct, that is precisely when a hero, that uniquely upright and seldom found individual, is often born, – a hero who discerns moral abomination and decay and strives to revive this wounded and perishing national or even global conscience. When America's conscience was almost dead that is when Thoreau and John Brown came to rescue; when Georgia's conscience was almost dead that is when St. Ilia the Righteous came to guide the nation as a father guides its children with proper love and proper chastisement; when Rome's conscience was almost dead that is when Cicero appeared; when Greece's conscience was almost dead that is when Socrates and Plato commenced their preaching. And what of our Messiah and Savior, – what an impossible mission he undertook and how miraculously he saved the men not according to their nationality, but rather according to their humanity?! In short, the God-given laws, which are always present in nature, and as a man is a part of the nature, these supreme laws, in a form of conscience, are present in his nature as well... yes, these God-given natural laws must take precedence over man-made decrees, and if these decrees promote injustice and stand in opposition to nature and its laws than it must follow that they stand in opposition to the truth and eventually to God himself.[594]

What is a highly moral and able man to do when he sees legalized illegalities and unjust justice being carried out across the board? There is only one thing left to do – he must gather his courage, man up and fight against the injustice, like Cicero did in his

---

[594] Marcus Tullius Cicero's (106-43 BC) – the greatest Roman statesman, philosopher and political theorist. Thoreau's and John Brown's perspectives on justice, legal system and origins of the law are identical to Cicero's. This is what the distinguished Roman statesman wrote in his work "the Laws": "And what about the many harmful and pernicious decrees passed in human societies, – decrees which have as little in common with the laws and justice as the agreements and decrees consented among the mob of criminals? If ignorant men prescribed a lethal poison to a patient, surely, such a prescription could not possibly be called a medical treatment. Law of just any kind would not be embraced in a good community, even if the majority of people, in spite of its harmful character, have accepted it. Hence the law means making a distinction between the just and unjust, and it is created in accordance with that most ancient and most important of all things – the nature. It is precisely by nature that human laws are guided in punishing the evil and protecting the good." Please see Cicero's "The Laws", Book II.

day. Let us recall what this most learned, respected and, most importantly, brave Roman citizen said and did when he saw that his corrupt country, with its legislators and courts, being bribed by the tyrant governor of Sicily, Gaius Verres, was legalizing injustice and using the law to oppress its population: "Since our entire order is being oppressed by the wickedness and criminality of a few individuals and is tainted by the bad reputation of the courts, I declare to men of this type that I intend to be their hated prosecutor and their hateful, unrelenting and bitter adversary."[595] John Brown too did exactly that.

Forgive me for such a prolonged historical introduction, but this was necessary to establish a proper perspective, in order to paint the entire picture and help you see our country's this very important and vital historical period in its entirity and to discern Thoreau and Brown in the proper context.

BIOGRAPHY OF HENRY DAVID THOREAU

Henry David Thoreau was born in Concord, Massachusetts, to John Thoreau, a pencil maker, and Cynthia Dunbar. His paternal grandfather was of French origin and was born in Jersey (British island off the coast of Normandy). His maternal grandfather, Asa Dunbar, led Harvard's 1766 student "Butter Rebellion", the first recorded student protest in the Colonies. David Henry was named after a recently deceased paternal uncle, David Thoreau. He did not become "Henry David" until after college, although he never petitioned to make a legal name change. He had two older siblings, Helen and John Jr., and a younger sister, Sophia. Thoreau's birthplace still exists on Virginia Road in Concord and is currently the focus of preservation efforts. The house is original, but it now stands about 100 yards away from its first site.

Thoreau studied at Harvard University between 1833 and 1837. He lived in Hollis Hall and took courses in rhetoric, classics, philosophy, mathematics, and science. A legend has it that Thoreau refused to pay the five-dollar fee for a Harvard diploma. In fact, the master's degree he declined to purchase had no academic merit: Harvard College offered it to graduates "who proved their physical worth by being alive three years after graduating, and their saving, earning, or inheriting quality or condition by having Five Dollars to give the college." His comment was: "Let every sheep keep its own skin", a reference to the tradition of diplomas being written on sheepskin vellum.

After he graduated in 1837, he joined the faculty of the Concord public school, but resigned after a few weeks as he refused to administer corporal punishment. He and his brother John then opened a grammar school in Concord in 1838, called Concord Academy. They introduced several progressive concepts, including nature walks and visits to local shops and businesses. The school ended when John became fatally ill from tetanus in 1842 after cutting himself while shaving. He died in his brother Henry's arms.

Upon graduation Thoreau returned home to Concord, where he met Ralph Waldo Emerson. Emerson took a paternal and at times patronizing interest in Thoreau, advising the young man and introducing him to a circle of local writers and thinkers, including Ellery Channing, Margaret Fuller, Bronson Alcott, and Nathaniel Hawthorne and his son Julian Hawthorne, who was a boy at the time.

---

[595] See Cicero's political speeches, namely "In Verrem I".

Emerson urged Thoreau to contribute essays and poems to a quarterly periodical "The Dial", and Emerson lobbied the editor, Margaret Fuller, to publish those writings. Thoreau's first essay published there was "Aulus Persius Flaccus", an essay on the playwright of the same name, published in "The Dial" in July 1840. It consisted of revised passages from his journal, which he had begun keeping at Emerson's suggestion. The first journal entry on October 22, 1837, reads, "'What are you doing now?' he asked. 'Do you keep a journal?' So I make my first entry today."

On April 18, 1841 Thoreau moved into the Emerson house. There, from 1841-1844, he served as the children's tutor, editorial assistant, and repair man and gardener. For a few months in 1843 he moved to the home of Emerson's brother, William Emerson on Staten Island, and tutored the family sons while seeking contacts among literary men and journalists in the city who might help publish his writings, including his future literary representative Horace Greeley.

Thoreau returned to Concord and worked in his family's pencil factory, which he continued to do for most of his adult life. He rediscovered the process to make a good pencil out of inferior graphite by using clay as the binder; this invention improved upon graphite found in New Hampshire and bought in 1821 by relative Charles Dunbar. (The process of mixing graphite and clay, known as the Conté process, was patented by Nicolas-Jacques Conté in 1795). His other source had been Tantiusques, an Indian operated mine in Sturbridge, Massachusetts. Later, Thoreau converted the factory to produce plumbago (graphite), which was used to ink typesetting machines.

Thoreau embarked on a two-year experiment in simple living on July 4, 1845, when he moved to a small, self-built house on land owned by Emerson in a second-growth forest around the shores of Walden Pond.

On July 24 or July 25, 1846 Thoreau ran into the local tax collector, Sam Staples, who asked him to pay years of delinquent poll taxes. Thoreau refused because of his opposition to the Mexican-American War and slavery, and he spent a night in jail because of this refusal. The next day Thoreau was freed, against his wishes, when somebody (most likely his aunt, Maria Thoreau) paid his taxes. The experience had a strong impact on Thoreau. In January and February 1848, he delivered lectures on "The Rights and Duties of the Individual in relation to Government", explaining his tax resistance at the Concord Lyceum. Bronson Alcott attended the lecture. Thoreau revised the lecture into an essay titled "Resistance to Civil Government", also known as "Civil Disobedience". In May 1849 it was published by Elizabeth Peabody in the "Aesthetic Papers".

At Walden Pond he completed a first draft of "A Week on the Concord and Merrimack Rivers", an elegy to his brother, John, that described their 1839 trip to the White Mountains. Thoreau did not find a publisher for this book and instead printed 1,000 copies at his own expense, though fewer than 300 were sold. Thoreau self-published on the advice of Emerson, using Emerson's own publisher, Munroe, who did little to publicize the book. Its failure put Thoreau into debt that took years to pay off. In August 1846 Thoreau briefly left Walden to make a trip to Mount Katahdin in Maine, a journey later recorded in "Ktaadn," the first part of "The Maine Woods". Thoreau left Walden Pond on September 6, 1847. Over several years, he worked to pay off his debts and also continuously revised his manuscript for what, in 1854, he would publish as "Walden, or Life in the Woods", recounting the two years, two months, and two days he had spent at Walden Pond. The book compresses that time into a single calendar year, using the passage of four seasons to symbolize human development. Part memoir and part spiritual quest, "Walden" at first won few admirers, but today critics regard it as a classic American work that explores natural simplicity, harmony, and beauty as models for just social and cultural conditions.

Thoreau became a land surveyor and continued to write increasingly detailed natural history observations about the 26 square miles (67 km^2) township in his journal, a two-million word document he kept for 24 years. He also kept a series of notebooks, and these observations became the source for Thoreau's late natural history writings, such as "Autumnal Tints, The Succession of Trees", and "Wild Apples", an essay bemoaning the destruction of indigenous and wild apple species.

Thoreau traveled to Quebec once, Cape Cod four times, and Maine three times; these landscapes inspired his "excursion" books, "A Yankee in Canada", "Cape Cod", and "The Maine Woods", in which travel itineraries frame his thoughts about geography, history and philosophy. Other travels took him southwest to Philadelphia and New York City in 1854, and west across the Great Lakes region in 1861, visiting Niagara Falls, Detroit, Chicago, Milwaukee, St. Paul and Mackinac Island. Although provincial in his physical travels, he was extraordinarily well-read and vicariously a world traveler. He obsessively devoured all the first-hand travel accounts available in his day, at a time when the last unmapped regions of the earth were being explored.

After John Brown's raid on Harper's Ferry, many prominent voices in the abolitionist movement distanced themselves from Brown, or damned him with faint praise. Thoreau was disgusted by this, and he composed a speech "A Plea for Captain John Brown", which was uncompromising in its defense of Brown and his actions. Thoreau's speech proved persuasive: first the abolitionist movement began to accept Brown as a martyr, and, by the time of the American Civil War, entire armies of the North were literally singing Brown's praises.

Thoreau contracted tuberculosis in 1835 and suffered from it sporadically afterwards. In 1859, following a late night excursion to count the rings of tree stumps during a rain storm, he became ill with bronchitis. His health declined over three years with brief periods of remission, until he eventually became bedridden. Recognizing the terminal nature of his disease, Thoreau spent his last years revising and editing his unpublished works, particularly "The Maine Woods" and "Excursions", and petitioning publishers to print revised editions of "A Week on the Concord and Merrimack Rivers" and "Walden". He also wrote letters and journal entries until he became too weak to continue. His friends were alarmed at his diminished appearance and were fascinated by his tranquil acceptance of death. When his aunt Louisa[596] asked him in his last weeks if he had made his peace with God, Thoreau responded: "I did not know we had ever quarreled."

Aware he was dying, Thoreau's last words were "Now comes good sailing", followed by two lone words, "moose" and "Indian". He died on May 6, 1862 at age 44. Bronson Alcott planned the service and read selections from Thoreau's works, and Channing presented a hymn. Emerson wrote the eulogy spoken at his funeral. Originally

---

[596] Thoreau's maternal aunt, Louisa Dunbar is meant. Henry Thoreau's aunts – Louisa Dunbar and Maria, Jane, Sarah, and Elizabeth Thoreau, were part of his family life while growing up.

buried in the Dunbar family plot, he and members of his immediate family were eventually moved to Sleepy Hollow Cemetery in Concord, Massachusetts.

EXHORTATION FOR GEORGIANS AND AMERICANS

If you have already decided to read Thoreau and Brown, my exhortation will be nothing more than an unnecessary babble, but I am well aware that majority of men are adversely disposed to truth, both in Georgia and in America, especially when truth unveils their ignorance or ignorance of their institutions. I fear that there are very few among humans who still have spiritual guts healthy enough to digest the truth of true spiritual and mental fiber. Hence, I feel compelled to urge you to read on this book, even if it pains your soul and agonizes your mind. This, unlike hazing, which is used to degrade and humiliate a fool during his shameful initiation into a dishonorable fraternity, is proofing of your goodness and testing your spirit, after which you should be left with more steel and manly grit and roughage in your being than you previously possessed.

My dear and beloved Americans, Heroes were born among us and that has completely escaped our mind's eye. It is better late than never. Let us open our hearts and minds and let us better examine our beloved country and its history; let us learn what sort of true men America is capable of rearing; let us not dwell on fleeting values of our economy and industry, and the great material equity which our country has built. For these are mere pennies and counterfeits, compared to the spiritual equity which America has produced. Our banks and financial institutions will crumble, our manufactures and industries will crumble too, so will the comparative truths we learn in business, law and medical schools, our governments too are bound to disappoint us, if not always, at least from time to time, but truth and its defending Heroes will stand forever and it is our duty to recognize them, for compared to the goods we make and consume and take pride in, they are indeed the greater good, the unalterable and unchangeable good. Truth – Henry David Thoreau and John Brown – Made in America: let us take proper pride in this.

My dear and beloved Georgians, Heroes were born among us, among the mankind that is. Socrates and Plato were Greeks, but it did not prevent our Rustveli from studying them; Our Pater Patriae, St. Ilia the Righteous incessantly studied writings of champions of Europe; Zviad Gamsakhurdia lovingly wrote on American literature... and what about our most sacred Christian Fathers of the Georgian Apostolic Autocephalous Orthodox Church – did they not emulate Jesus, the God-man born among the Jews and his Jewish Apostles? Heroes were born among us, among the mankind – American Heroes – Heroes of humanity – let us claim them[597] who, as true heroes should be, were beyond any country or any nation – Henry David Thoreau and John Brown – let us study them and let us look at America more honestly and more closely and with that more lovingly too, let us forget our insatiable desire for its automobiles and industries, for its

---

[597] The great Hellenistic Jewish philosopher, Philo the Jew (20 BC-50 AD), known also as Philon of Alexandria, stated that the good has a halo effect: a good man, and especially a hero, just by his close proximity will benefit the rest, for when God renders his rewards on the good, he will also confer them on the ones who surround the good – the family members and fellow citizens, even though they may be unworthy of the reward: "...when I see any good man dwelling in any house or city, I pronounce that house or that city happy... and that its expectation of future happiness will be accomplished, inasmuch as, for the sake of those who are worthy, God will bestow his boundless and illimitable riches even on the unworthy." Please see Philo the Jew, "The Sacrifices of Abel and Cain".

AMERICAN HEROES   INTRODUCTION

Washingtons and Franklins, for its Hollywood and California or Alaska gold, and let us increase our appetite for its true gold and true substance – the truth.[598]

---

[598] Even evil empires are capable of achieving economic success. But the moral success of heroes, and the sacrifice and the legacy they leave behind for their nations, is something rarely achieved and that is precisely what all of us should admire first of all in America. This very same idea is beautifully expressed by Narayana in his Hitopadesha, the Sanskrit book of wisdom written in the 12th century AD:
"He truly lives, he does indeed,
By whose life many will be living.
Their own selves even crows can feed,
From beak to belly morsels giving."

ABOUT THE TRANSLATOR

ZVIAD KLIMENT LAZARASHVILI
Georgian International Academy, Doctor Academician
Georgian International Academy, PhD
Educational University Rvali, PhD Honoris Causa
Lincoln University, Lecturer Emeritus
Strayer University, MBA
Rvali University, Law
Tbilisi State University Of Economic
Relations and Law, BS Economics

Zviad Kliment Lazarashvili is the author of several books in literature, philosophy, economics and political science. Since 2011 Dr. Lazarashvili serves as the President of Georgian International University, – a premier graduate school which combines the quality modern online education with the traditional classroom experience. Dr. Lazarashvili is the Executive Vice President at Selective Broadcasting Corporation, the developer and manufacturer of the world's fastest and most accurate tracking technology. Dr. Lazarashvili is the Executive Vice President at RAPC National Security Division, Inc., a designer and manufacturer of highly durable high capacity computers for the defense industry. He worked as a Capital Markets analyst for Merrill Lynch on Wall Street. He served as a consultant at several universities, high-technology and financial companies, including Educational University Rvali and Mentor Special Situation Fund, L.P. He served as a professor at Tbilisi State University of Economic Relations and Law of Georgia and at Educational University Rvali of Georgia, and also as a Lecturer Emeritus in political science, economics and finance at Lincoln University of Pennsylvania. Since 2011 Dr. Lazarashvili also serves as the Vice President of Georgian International Academy, – a postgraduate research and educational institution in Georgia. His academic researches and financial analyses were published in *Friedrich Ebert Foundation of Germany, Journal of Business Management (1998), Scholar Magazine, Washington, DC (2008)* and *Lincolnian, Lincoln University, PA (2009)*. Dr. Lazarashvili's previous literary works include *Manhope (2004)* and *Invictus-Pathos (2003)*. He also collaborated on several academic treatises and historical theses on social, political and philosophical issues with Dr. Janet Mathewson of Yale University: *Political Economy of the 19th Century New England (2000), Treatise on Christianity and Capitalism (2001)* and *American Conservatism (2001)*.

In 2009-2010 Zviad Kliment Lazarashvili co-authored with Dr. Chieke E. Ihejirika, Temple University PhD, two academic books, *Political Philosophy: A Global Approach (2009)* and *Political Theory Made Simple (2010)*. Since fall of 2009 the books are used as standard undergraduate text books in Political Theory and Political Science at Lincoln University of Pennsylvania – the oldest historically black college in the United States. In both books Dr. Lazarashvili presents broad and comprehensive descriptions of prominent political philosophers and a unique approach to their theories, including Henry David Thoreau. Every notion is shown not only as a philosophical hypothesis, but as a corollary of diverse personal, cultural and even ethnic experiences, which all men, and especially men of keen observation, undergo throughout their lives. Every philosopher is described in a broad context and their philosophies are discussed truly in a global framework. For example, American Henry David Thoreau is deliberately placed next to

AMERICAN HEROES   ABOUT THE TRANSLATOR

Georgian St. Ilia the Righteous, and similarities of their thoughts are profoundly outlined. Dr. Lazarashvili is a polymath who easily connects political issues to economic problems and philosophical doctrines to religious concerns. He thus creates a cross-disciplinary picture of political science, which is closely knit with other disciplines and many aspects of human existence.

In 2011 Zviad Kliment Lazarashvili co-authored two academic books, *Pantheon of Political Philosophers (2011)* and *Freedom and Prosperity in the 21st Century (2011)* with a distinguished European academic, Academician of International Personnel Academy of Ukraine, Fazisi Academy of Sciences, National Academy of Sciences of Georgia, and Javakhishvili Tbilisi State University, Dr. Academician Gari T. Chapidze. Both books achieved international academic acclaim and are used internationally as standard graduate and undergraduate textbooks in political science and economics. *Pantheon of Political Philosophers* contains political philosophies and their detailed analyses of almost every prominent philosopher from every era: Plato, Aristotle, Cicero, Philo, Marcus Aurelius, St. Augustine of Hippo, Thomas Aquinas, Averroes (Ibn-Rushd), Machiavelli, Thomas More, Thomas Hobbes, John Locke, Rousseau, Adam Smith, Marx, Kant, Mill, Henry David Thoreau, Ilia Chavchavadze, Confucius, Lao Tzu, Martin Luther King Jr., Hannah Arendt, John Rawls, Leo Tolstoy, Anton Makarentko and others. *Freedom and Prosperity in the 21st Century* is an innovative scholarly research intended as an economics, political economy and political science textbook for graduate and post-graduate students. It describes evolution of conventional Capitalism in the 21st century. It contains extensive economic studies which the distinguished authors conducted throughout the world. The book describes economic developments and movements throughout the world, and contains case studies of the United States, EU, Georgia, Ukraine, Asia and Africa. The book achieved international recognition and is used as a graduate textbook in several universities. The book was co-authored with Dr. George P. Stasen. Dr. Stasen is a nationally and internationally acclaimed economist and financial expert, founder and former president of "American & European Investment Corporation", chairman of several publicly and privately held investment, equity and high-technology firms, lecturer regarding financial and economic trends throughout the United States and Europe, and an internationally recognized academic. Besides Dr. Stasen, the book was co-authored with several internationally acclaimed scientists: Doctor Academician of Georgian Philosophical Academy and the former faculty Dean of philosophy and sociology at Javakhishvili Tbilisi State University, professor at Educational University Rvali and Senior Researcher at the Institute of Political Science of Georgia, Dr. Valerian M. Ramishvili; Temple University PhD and Lincoln University Associate Professor, Dr. Chieke Ihejerika; and Lomonosov Moscow State University Master journalist, and Doctor Academician of International Personnel Academy of Ukraine and Georgian National Academy of Sciences, Dr. Gari T. Chapidze.

Dr. Lazarashvili also has some literary works which take a form of philosophical novels, allegorical essays, analects and poems, yet in these literary outlines the author realistically depicts political, economic and social problems of modern society and offers deep philosophical insight. His thought is transcendental. His rhetoric is direct, straightforward and quite piercing. His novels are always patriotic and altruistic. Characters of these novels are never concerned with provincial affairs, their scope is not narrow and the issues depicted in them are never confined to a single country, but rather his heroes and heroines are burdened with problems relevant to the entire humanity. Self-gain and self-promotion has no room in their character. All this makes Zviad Kliment Lazarashvili just the right fit for translating Henry David Thoreau and John Brown.

Dr. Lazarashvili's language is naturally close to Thoreau's and Brown's. His manner and figure of speech is rhetorical and full of oomph. Vigor of the language of Thoreau and Brown is retained, if not enhanced, in the zestful tongue ever so diligently employed by him in these translations. It must be emphasized that Dr. Lazarashvili's Father brought him up by reading Ilia Chavchavadze, and, after moving to the U.S., he was raised in the family of a fine New England novelist, Janet Mathewson. He had years of mentoring from her, both in English language and in New England philosophy. That is why he knows so intimately the culture of New England, he knows that spirit and that language with which New Englanders so promptly and properly and ever so zestfully like to express themselves. Possessing Ilia Chavchavadze's vigorous Georgian and New Englanders' spirited English are the two key elements, which make Dr. Lazarashvili's translation truly excellent.

When Dr. Lazarashvili was asked, what compelled him to translate Thoreau, he replied, "I learned not to be a pacifist from my Father, the Holy Orthodox Church, Ilia Chavchavadze, Janet Mathewson and Henry David Thoreau, especially when Thoreau spoke of the pointless practice of voting, – simply casting a vote. Ideas must be spoken, thoughts must be shared, truth must be heard – Thoreau has not been heard in Georgia yet. St. George too was a fighting Saint fully dressed in armor, battling the dragon symbolizing deceiving evil, yes the evil, which had by then and has by now so thoroughly penetrated the mankind... and, most importantly, from Jesus, when he physically removed greedy merchants from the church, when he taught, when he healed, when he toiled and when he was tortured. Georgia deserves to know Thoreau, and America deserves to be known by Thoreau – not by George Washington, not by Abraham Lincoln, not even by Benjamin Franklin, not by a fraternity monkey of any sort dressed in aprons and jumping up and down to Elgar's 'Pomp and Circumstance' and giving the world a false show at an Ivy League school, but by an upright man – Thoreau is that man. I once met his descendants, – true New England patriots, but they are all extinct now." And when Zviad Kliment Lazarashvili was asked, what compelled him to translate John Brown, he replied, "First of all, Brown once again reminded me of Christianity, and, secondly, he showed me the path to salvation for Georgia. Whether in Georgia or in the States, we should not expect heroism from everyone, – that's something only blessed and talented people can and should do, and we can't. But nevertheless we should be able to do at least one thing, – we should be able to recognize the hero, and then step aside so that, with our inability or the evil inherent in our character, we don't become an obstacle to his holy deeds and sacred goals."

Zviad Kliment Lazarashvili is the first Georgian translator of Henry David Thoreau's political essays. His pioneering translations, historical analyses and commentaries on Thoreau's works were first introduced in 2008 as an academic treatise, *Henry David Thoreau: Hero of the American Nation (2008)*. The second bi-lingual Georgian-English edition published in the United States was titled *Henry David Thoreau: Essays (2010)*, and contained more detailed notes and commentaries. This particular book, *American Heroes (2011)* should be particularly helpful to Georgians and Americans. It includes introduction by Zviad Kliment Lazarashvili, and the translator's biography by Dr. George P. Stasen. You will find Thoreau's five political essays, prison letters of John Brown, Brown's Speeches and his Provisional Constitution, rare biographical information obtained from archives, and extensive commentaries of John Brown's hagiographer, Franklin Benjamin Sanborn. The book also contains illustrations and copies of historical documents relevant to the 19th century Abolitionism and New England.

In 2011 "National Academy of Sciences of Ukraine", for his contributions to freedom and philosophy portrayed in this book, awarded Dr. Zviad Kliment Lazarashvili "Plato Gold Medal", – the highest academic honor of the country of Ukraine.

SLAVERY IN MASSACHUSETTS

I LATELY ATTENDED a meeting of the citizens of Concord,[599] expecting, as one among many, to speak on the subject of slavery in Massachusetts; but I was surprised and disappointed to find that what had called my townsmen together was the destiny of Nebraska[600], and not of Massachusetts, and that what I had to say would be entirely out of order. I had thought that the house was on fire, and not the prairie; but though several of the citizens of Massachusetts are now in prison for attempting to rescue a slave from her own clutches[601], not one of the speakers at that meeting expressed regret for it, not one even referred to it. It was only the disposition of some wild lands a thousand miles off which appeared to concern them. The inhabitants of Concord are not prepared to stand by one of their own bridges,[602] but talk only of taking up a position on the highlands beyond the Yellowstone River[603]. Our Buttricks and Davises and Hosmers[604] are retreating thither, and I fear that they will leave no Lexington Common[605] between them and the enemy. There is not one slave in Nebraska; there are perhaps a million slaves in Massachusetts[606].

They who have been bred in the school of politics fail now and always to face the facts. Their measures are half measures and makeshifts merely. They put off the day of settlement indefinitely, and meanwhile the debt accumulates. Though the Fugitive Slave Law[607] had not been the subject of discussion on that occasion, it was at length

---

[599] On June 22, 1854 a meeting was called by Ralph Waldo Emerson and Samuel Hoar to condemn the Kansas-Nebraska Act and to urge the repeal of the Fugitive Slave Law. They also planned to organize a new political party. Today's Republican Party is the result of this and many other such meetings that ensued. The Republican Party was created later in the same year of 1854. Its main purpose was to abolish slavery. It first came to power in 1860 with the election of Abraham Lincoln, a former Whig Party member, to the presidency, and presided over the American Civil War and Reconstruction.

[600] The Kansas-Nebraska Act of 1854 set up a territorial government for lands that later became the states of Kansas and Nebraska. This Act was passed on May 24, 1854, on the very same day the fugitive slave, Anthony Burns was arrested in Boston, Massachusetts. Previously slavery was regulated by Missouri Compromise, which had forbidden slavery in the northern parts of Louisiana Purchase. But the passing of the Kansas-Nebraska Act repealed this Compromise and left the issue of slavery up to the settlers of Kansas and Nebraska to decide. Southerners, especially from the neighboring state of Missouri, were moving into Kansas and Nebraska and terrorizing the people, forcing them to support slavery. Naturally anti-slavery groups saw this as an attempt to extend slavery, and later the new Republican Party was formed to defeat it.

[601] On May 26, 1854, abolitionists stormed the Boston federal courthouse in an attempt to free runaway slave, Anthony Burns. Twelve abolitionist patriots were arrested and one deputy US Marshall, James Batchelder was killed during this attack. One of the men arrested was Thoreau's friend, Wentworth Higginson.

[602] their own bridges – refers to the crucial event of the Battle of Concord (1775) at the beginning of the US Revolutionary War. Americans successfully defended the town's North Bridge against the advancing troops of the British Empire.

[603] The Yellowstone River is a tributary of the Missouri River. The Lewis and Clark Expedition reached the mouth of the Yellowstone in April 1805.

[604] John Buttrick was an American commander at the Battle of Concord in the Revolutionary War. Davis and Hosmer were the Americans killed at Concord.

[605] Lexington Common – in the early morning of April 19, 1775 British Redcoats were opposed by Massachusetts Militia on the Lexington Common. This was the first battle of the American Revolutionary War. The Battle of Concord followed the same day.

[606] The 1850 census determined that the population of Massachusetts in 1850 was 995,515, which would have become "perhaps a million" by 1854.

[607] The Fugitive Slave Act of 1850 was a congressional compromise: California entered the Union as a free state, and slave trading was abolished in Washington D.C., but it included concessions on slaveholding in Texas. Any official who did not arrest a suspected runaway slave could be fined $1,000. The act spurred the continued operation of the Underground Railroad.

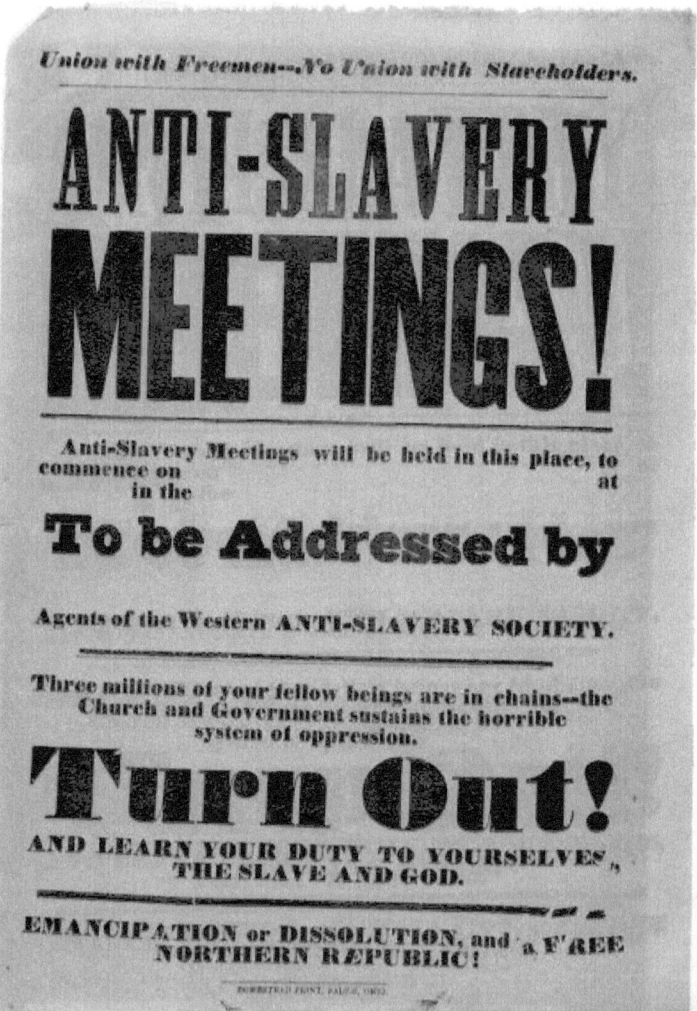

აბოლიშენისტების გამოსვლის აფიშა.
ADVERTISEMENT FOR AN ABOLITIONIST RALLY.

faintly resolved by my townsmen, at an adjourned meeting, as I learn, that the compromise compact of 1820 [608] having been repudiated by one of the parties, "Therefore,... the Fugitive Slave Law of 1850 must be repealed." But this is not the reason why an iniquitous law should be repealed. The fact which the politician faces is merely that there is less honor among thieves than was supposed, and not the fact that they are thieves.

As I had no opportunity to express my thoughts at that meeting, will you allow me to do so here?

Again it happens that the Boston Court-House is full of armed men,[609] holding prisoner and trying a MAN, to find out if he is not really a SLAVE. Does any one think that justice or God awaits Mr. Loring's[610] decision? For him to sit there deciding still, when this question is already decided from eternity to eternity, and the unlettered slave himself and the multitude around have long since heard and assented to the decision, is simply to make himself ridiculous. We may be tempted to ask from whom he received his commission, and who he is that received it; what novel statutes he obeys, and what precedents are to him of authority. Such an arbiter's very existence is an impertinence. We do not ask him to make up his mind, but to make up his pack.

I listen to hear the voice of a Governor[611], Commander-in-Chief of the forces of Massachusetts. I hear only the creaking of crickets and the hum of insects which now fill the summer air. The Governor's exploit is to review the troops on muster days. I have seen him on horseback, with his hat off, listening to a chaplain's prayer. It chances that that is all I have ever seen of a Governor. I think that I could manage to get along without one. If *he* is not of the least use to prevent my being kidnapped, pray of what important use is he likely to be to me? When freedom is most endangered, he dwells in the deepest obscurity. A distinguished clergyman told me that he chose the profession of a clergyman because it afforded the most leisure for literary pursuits. I would recommend to him the profession of a Governor.

Three years ago, also, when the Sims tragedy[612] was acted, I said to myself, There is such an officer, if not such a man, as the Governor of Massachusetts — what has he been about the last fortnight? Has he had as much as he could do to keep on the fence during this moral earthquake? It seemed to me that no keener satire could have been aimed at, no more cutting insult have been offered to that man, than just what happened — the absence of all inquiry after him in that crisis. The worst and the most I chance to

---

[608] Once again, it is Missouri Compromise that is meant.

[609] Full of armed men – Boston Court House was full of the Federal and State troops. They wanted to secure the place after the Abolitionists attempted to free the fugitive slave, Anthony Burns.

[610] Edward G. Loring (1802-1890) – Boston judge and US Commissioner who ordered that Burns be returned to his southern "owner" under the Fugitive Slave Law of 1850. It needs to be mentioned that Loring had also written a few articles in defense of the Fugitive Slave Law.

[611] Some scholars wrongly suggest Henry Joseph Gardner (1819-1892), governor of Massachusetts in 1855-1858, part of the "Know Nothing" movement, a reactionist group which feared that cities were being overwhelmed by Irish immigrants. Thoreau first delivered a portion of this essay in Farmingham, MA on July 4, 1854. The entire essay was afterwards published on July 21, 1854 in William Lloyd Garrison's abolitionist newspaper, "The Liberator". So suggesting Gardner would be an anachronism. Thoreau either meant the 22nd Governor of Massachusetts, Emory Washburn (1800-1877) or the 20th Governor of Massachusetts, George S. Boutwell (1818-1905), who also served as the Secretary of Treasury under President Ulysses S. Grant.

[612] Thomas Sims was a slave who escaped in Georgia as a teenager, was arrested in Boston under the Fugitive Slave Law in 1851, and after a trial, was returned to his owner in Savannah, Georgia, where he was publicly whipped so cruelly that he narrowly escaped death.

know of him is that he did not improve that opportunity to make himself known, and worthily known. He could at least have *resigned* himself into fame. It appeared to be forgotten that there was such a man or such an office. Yet no doubt he was endeavoring to fill the gubernatorial chair all the while. He was no Governor of mine. He did not govern me.

But at last, in the present case, the Governor was heard from. After he and the United States government had perfectly succeeded in robbing a poor innocent black man of his liberty for life, and, as far as they could, of his Creator's likeness in his breast,[613] he made a speech to his accomplices, at a congratulatory supper![614]

I have read a recent law of this State,[615] making it penal for any officer of the "Commonwealth" to "detain or aid in the... detention," anywhere within its limits, "of any person, for the reason that he is claimed as a fugitive slave." Also, it was a matter of notoriety that a writ of replevin[616] to take the fugitive out of the custody of the United States Marshal could not be served for want of sufficient force to aid the officer.

I had thought that the Governor was, in some sense, the executive officer of the State; that it was his business, as a Governor, to see that the laws of the State were executed; while, as a man, he took care that he did not, by so doing, break the laws of humanity; but when there is any special important use for him, he is useless, or worse than useless, and permits the laws of the State to go unexecuted. Perhaps I do not know what are the duties of a Governor; but if to be a Governor requires to subject one's self to so much ignominy without remedy, if it is to put a restraint upon my manhood, I shall take care never to be Governor of Massachusetts. I have not read far in the statutes of this Commonwealth. It is not profitable reading. They do not always say what is true; and they do not always mean what they say. What I am concerned to know is, that that man's influence and authority were on the side of the slaveholder, and not of the slave — of the guilty, and not of the innocent — of injustice, and not of justice. I never saw him of whom I speak; indeed, I did not know that he was Governor until this event occurred. I heard of him and Anthony Burns at the same time, and thus, undoubtedly, most will hear of him. So far am I from being governed by him. I do not mean that it was anything to his discredit that I had not heard of him, only that I heard what I did. The worst I shall say of

---

[613] his Creator's likeness in his breast – Thoreau means Freedom and Liberty by this likeness between a man and his God, and of course by God he means no false Gods, but only the Holy Trinity.

[614] Five days after the fugitive slave, Anthony Burns was sent back to Virginia, Washburn, the Governor of Massachusetts, spoke at a dinner honoring one of the Militia units which had helped to secure the courthouse.

[615] recent law of this State – Thoreau is referring to 1843 Latimer Law, which was named in honor of the fugitive slave, George Latimer. This was one of a series of the state Personal Liberty Laws, which sought to nullify the Fugitive Slave Law of 1973, which was a Federal Law. Latimer Law made it illegal for the state of Massachusetts to assist in the capture and remanding of fugitive slaves.

[616] A writ of replevin can be used to order the seizure of illegally taken or wrongfully held property, to be held by a designated official for the court, until the court determines otherwise. It is commonly used to take property from an individual who is wrongfully in possession of it and to return it to its rightful owner. In the Burns case, two lawyers prepared writs of personal replevin. Just like a writ of habeas corpus, a writ of replevin is meant to force a hearing to determine if a prisoner is being legally held. Replevine had no power in federal courts, so, in the Burns case, one of them was denied and the other was completely ignored. Although under Personal Liberty Law of 1837 provisions of such writs had been added to the Massachusetts code. This was intended to help fugitive slaves.

him is, that he proved no better than the majority of his constituents would be likely to prove.[617] In my opinion, he was not equal to the occasion.

The whole military force of the State[618] is at the service of a Mr. Suttle,[619] a slaveholder from Virginia, to enable him to catch a man whom he calls his property; but not a soldier is offered to save a citizen of Massachusetts from being kidnapped! Is this what all these soldiers, all this *training*, have been for these seventy-nine years past?[620] Have they been trained merely to rob Mexico[621] and carry back fugitive slaves to their masters?

These very nights I heard the sound of a drum in our streets. There were men *training* still; and for what? I could with an effort pardon the cockerels of Concord for crowing still, for they, perchance, had not been beaten that morning; but I could not excuse this rub-a-dub of the "trainers." The slave was carried back by exactly such as these; i.e., by the soldier, of whom the best you can say in this connection is that he is a fool made conspicuous by a painted coat.

Three years ago, also, just a week after the authorities of Boston assembled to carry back a perfectly innocent man, and one whom they knew to be innocent, into slavery,[622] the inhabitants of Concord caused the bells to be rung and the cannons to be fired, to celebrate their liberty — and the courage and love of liberty of their ancestors who fought at the bridge.[623] As if *those* three millions had fought for the right to be free themselves, but to hold in slavery three million others. Nowadays, men wear a fool's-cap, and call it a liberty-cap.[624] I do not know but there are some who, if they were tied to a whipping-post, and could but get one hand free, would use it to ring the bells and fire the cannons to celebrate *their* liberty. So some of my townsmen took the liberty to ring and fire. That was the extent of their freedom; and when the sound of the bells died away, their liberty died away also; when the powder was all expended, their liberty went off with the smoke.

---

[617] Thoreau's philosophy is ever so identical to Socrates'. Socrates knew very well that it was not his political enemies who would bring about his physical destruction, but the mob – the majority, which in the countries governed by the unjust are just as unjust as their governments. In the dialogue written by Plato, called "Apologia", this is what Socrates has to say: "...I have incurred a great deal of bitter hostility, and, if anything, this is what will cause my destruction, – not Meletus nor Anytus, but the slander and jealousy of a very large segment of the people. They have been fatal to many other innocent men, and, I suppose, will continue to be so; it is unlikely that they will stop at me." Please see Plato's "Apologia".
[618] The Mayor of Boston ordered two companies of the Massachusetts State Militia to guard the courthouse after it had been attacked by the abolitionists. When Commissioner Loring, only a few days later, remanded Anthony Burns, the Mayor put the city of Boston under Martial Law. With the express approval of the US President Franklin Pierce, Federal troops were also involved. By the time the Martial Law was declared, the State Militia effectively had been federalized. It must be emphasized that all of this was illegal under the Massachusetts' state law, namely under the Latimer Law.
[619] Charles F. Suttle – an American slave-owner from Virginia, who in 1854 used the Fugitive Slave Law to re-enslave Anthony Burns, who had fled to Boston, Massachusetts.
[620] Thoreau's speech was 79 years after the Revolutionary War battles of Lexington and Concord.
[621] to rob Mexico – Thoreau means the 1846-1848 US-Mexican War in which the US acquired a great deal of land by robbing the defeated Mexico.
[622] Thoreau's speech was three years after Thomas Sims was returned to slavery.
[623] The 1775 Revolutionary War Battle of Concord began with the struggle for the North Bridge over the Concord River. The British were blocked by much smaller colonial force.
[624] During the American Revolution, many soldiers who fought for the Patriot cause wore knitted stocking liberty caps of red, sometimes with the motto "Liberty" or "Liberty or Death" knitted into the band.

The joke could be no broader if the inmates of the prisons were to subscribe for all the powder to be used in such salutes, and hire the jailers to do the firing and ringing for them, while they enjoyed it through the grating.

This is what I thought about my neighbors.

Every humane and intelligent inhabitant of Concord, when he or she heard those bells and those cannons, thought not with pride of the events of the 19th of April, 1775,[625] but with shame of the events of the 12th of April, 1851.[626] But now we have half buried that old shame under a new one.

Massachusetts sat waiting Mr. Loring's decision, as if it could in any way affect her own criminality. Her crime, the most conspicuous and fatal crime of all, was permitting him to be the umpire in such a case. It was really the trial of Massachusetts. Every moment that she hesitated to set this man free — every moment that she now hesitates to atone for her crime, she is convicted. The Commissioner on her case is God; not Edward G. God, but simply God.[627]

I wish my countrymen to consider, that whatever the human law may be, neither an individual nor a nation can ever commit the least act of injustice against the obscurest individual without having to pay the penalty for it. A government which deliberately enacts injustice, and persists in it, will at length even become the laughing-stock of the world.[628]

Much has been said about American slavery, but I think that we do not even yet realize what slavery is. If I were seriously to propose to Congress to make mankind into sausages, I have no doubt that most of the members would smile at my proposition, and if any believed me to be in earnest, they would think that I proposed something much worse than Congress had ever done. But if any of them will tell me that to make a man into a sausage would be much worse — would be any worse — than to make him into a slave — than it was to enact the Fugitive Slave Law, I will accuse him of foolishness, of intellectual incapacity, of making a distinction without a difference. The one is just as sensible a proposition as the other.

I hear a good deal said about trampling this law under foot. Why, one need not go out of his way to do that. This law rises not to the level of the head or the reason; its natural habitat is in the dirt. It was born and bred, and has its life, only in the dust and mire, on a level with the feet; and he who walks with freedom, and does not with Hindoo

---

[625] The date of the Battles of Lexington and Concord.
[626] On April 12, 1851, in Boston three hundred guards escorted escaped slave, Thomas Sims onto a boat that would take him to Savannah.
[627] Thoreau means that the US Commissioner Edward G. Loring is no God and that the question of Freedom had already been decided by true God, not by the God with a WASP (White Anglo-Saxon Protestant) name, but simply by the greatest lord of all and the only true lord – God. God himself has made it clear that it is every man's right to be free, as he gave the freedom of choice to all the humans.
[628] Even the tyrannical British Empire had abolished slavery – The British Parliament freed all slaves in the British Empire in 1833. Yet here was America, supposedly the beacon of freedom and democracy, enslaving its own citizens – the Negroes, as well as the neighboring country – Mexico.

mercy[629] avoid treading on every venomous reptile, will inevitably tread on it, and so trample it under foot — and Webster,[630] its maker, with it, like the dirt-bug[631] and its ball.

Recent events will be valuable as a criticism on the administration of justice in our midst, or, rather, as showing what are the true resources of justice in any community. It has come to this, that the friends of liberty, the friends of the slave, have shuddered when they have understood that his fate was left to the legal tribunals of the country to be decided. Free men have no faith that justice will be awarded in such a case. The judge may decide this way or that; it is a kind of accident, at best. It is evident that he is not a competent authority in so important a case. It is no time, then, to be judging according to his precedents, but to establish a precedent for the future. I would much rather trust to the sentiment of the people. In their vote you would get something of some value, at least, however small; but in the other case, only the trammeled judgment of an individual, of no significance, be it which way it might.

It is to some extent fatal to the courts, when the people are compelled to go behind them. I do not wish to believe that the courts were made for fair weather, and for very civil cases merely; but think of leaving it to any court in the land to decide whether more than three millions of people, in this case a sixth part of a nation, have a right to be freemen or not! But it has been left to the courts of *justice*, so called — to the Supreme Court of the land — and, as you all know, recognizing no authority but the Constitution, it has decided that the three millions are and shall continue to be slaves.[632] Such judges as these are merely the inspectors of a pick-lock and murderer's tools, to tell him whether they are in working order or not, and there they think that their responsibility ends. There was a prior case on the docket, which they, as judges appointed by God, had no right to skip; which having been justly settled, they would have been saved from this humiliation. It was the case of the murderer himself.

The law will never make men free; it is men who have got to make the law free. They are the lovers of law and order who observe the law when the government breaks it.

Among human beings, the judge whose words seal the fate of a man furthest into eternity is not he who merely pronounces the verdict of the law, but he, whoever he may be, who, from a love of truth, and unprejudiced by any custom or enactment of men, utters a true opinion or *sentence* concerning him. He it is that *sentences* him. Whoever can discern truth has received his commission from a higher source than the chiefest

---

[629] Hindu (or Hindoo) mercy – Hinduism is the predominant religion on Indian subcontinent, especially in the Republic of India and Nepal. It is also often referred to as Sanatana Dharma, meaning "the eternal law" in Sanskrit language. Hindus are idol worshipers who so divinize animals that they refuse even to step on them. Of course, Thoreau being a true Christian, considers this as foolishness, as false mercy. Animals are to serve humans and not the other way around, for man is an image of God and therefore belongs to a higher order than a mere brute. Animal worship or false-mercy shown to them is a recognition of their superiority and admission of human inferiority, which is also an admission of God's inferiority. Please do not confuse Christianity with animal cruelty – a human being must care for the lower order, including the animals, but not at the cost of his own physical harm or spiritual degradation.

[630] Daniel Webster (1782-1852) – opposed the expansion of slavery but was more concerned about the dissolution of the U.S. Webster was named the Secretary of State in July 1850 by Fillmore, and supervised the enforcement of the Fugitive Slave Act.

[631] dirt-bug – Thoreau means a dung beetle that makes a ball out of dung to bury with its egg, for example a Phanaeus vindex, commonly found in America.

[632] A reference to the Dred Scott case, in which the U.S. Supreme Court decided in 1857 that all blacks were not and could never become citizens of the United States.

justice in the world who can discern only law. He finds himself constituted judge of the judge. Strange that it should be necessary to state such simple truths![633]

I am more and more convinced that, with reference to any public question, it is more important to know what the country thinks of it than what the city thinks. The city does not *think* much. On any moral question, I would rather have the opinion of Boxboro[634] than of Boston and New York put together. When the former speaks, I feel as if somebody *had* spoken, as if *humanity* was yet, and a reasonable being had asserted its rights — as if some unprejudiced men among the country's hills had at length turned their attention to the subject, and by a few sensible words redeemed the reputation of the race. When, in some obscure country town, the farmers come together to a special town-meeting, to express their opinion on some subject which is vexing the land, that, I think, is the true Congress, and the most respectable one that is ever assembled in the United States.

It is evident that there are, in this Commonwealth[635] at least, two parties, becoming more and more distinct — the party of the city, and the party of the country. I know that the country is mean enough, but I am glad to believe that there is a slight difference in her favor. But as yet she has few, if any organs, through which to express herself. The editorials which she reads, like the news, come from the seaboard. Let us, the inhabitants of the country, cultivate self-respect. Let us not send to the city for aught more essential than our broadcloths and groceries; or, if we read the opinions of the city, let us entertain opinions of our own.

Among measures to be adopted, I would suggest to make as earnest and vigorous an assault on the press as has already been made, and with effect, on the church. The church has much improved within a few years; but the press is, almost without exception, corrupt. I believe that in this country the press exerts a greater and a more pernicious influence than the church did in its worst period. We are not a religious people, but we are a nation of politicians. We do not care for the Bible, but we do care for the newspaper. At any meeting of politicians — like that at Concord the other evening, for instance — how impertinent it would be to quote from the Bible! how pertinent to quote from a newspaper or from the Constitution! The newspaper is a Bible which we read every morning and every afternoon, standing and sitting, riding and walking. It is a Bible which every man carries in his pocket, which lies on every table and counter, and which the mail, and thousands of missionaries, are continually dispersing. It is, in short, the only book which America has printed and which America reads. So wide is its influence. The editor is a preacher whom you voluntarily support. Your tax is commonly one cent daily,[636] and it costs nothing for pew hire. But how many of these preachers preach the

---

[633] It is evident that Thoreau means the Holy Trinity.
[634] Boxboro, MA, is a town west of Concord, where Thoreau sometimes walked.
[635] The official name of Massachusetts is the Commonwealth of Massachusetts. Four of the constituent states of the United States officially designate themselves as Commonwealths: Kentucky, Massachusetts, Pennsylvania, and Virginia. This designation, which has no constitutional impact, emphasizes that they have a "government based on the common consent of the people" as opposed to one legitimized through their earlier Royal Colony status that was derived from the King of the Great Britain. The word "commonwealth" in this context refers to the common "wealth" or welfare of the public and is an older term for "republic".
[636] one cent daily – Thoreau means Penny Presses. Penny Presses were popular alternative newspapers in mid-1800s. While regular big papers offered only dry political news, penny presses printed common, plebian news, such as gossip, crime, tragedy and adventure. According to Thoreau, big papers were no different from the Penny Presses, as theirs was also the gossip and crime, although of the political genre. Today's tabloids are descendents

truth? I repeat the testimony of many an intelligent foreigner, as well as my own convictions, when I say, that probably no country was ever ruled by so mean a class of tyrants as, with a few noble exceptions, are the editors of the periodical press in *this* country. And as they live and rule only by their servility, and appealing to the worse, and not the better, nature of man, the people who read them are in the condition of the dog that returns to his vomit.[637]

The *Liberator* and the *Commonwealth*[638] were the only papers in Boston, as far as I know, which made themselves heard in condemnation of the cowardice and meanness of the authorities of that city, as exhibited in '51. The other journals, almost without exception, by their manner of referring to and speaking of the Fugitive Slave Law, and the carrying back of the slave Sims, insulted the common sense of the country, at least. And, for the most part, they did this, one would say, because they thought so to secure the approbation of their patrons, not being aware that a sounder sentiment prevailed to any extent in the heart of the Commonwealth. I am told that some of them have improved of late; but they are still eminently time-serving. Such is the character they have won.

But, thank fortune, this preacher can be even more easily reached by the weapons of the reformer than could the recreant priest. The free men of New England have only to refrain from purchasing and reading these sheets, have only to withhold their cents, to kill a score of them at once. One whom I respect told me that he purchased Mitchell's *Citizen*[639] in the cars, and then throw it out the window. But would not his contempt have been more fatally expressed if he had not bought it?[640]

Are they Americans? are they New Englanders? are they inhabitants of Lexington and Concord and Framingham, who read and support the Boston *Post*, *Mail*, *Journal*, *Advertiser*, *Courier*, and *Times*?[641] Are these the Flags of our Union? I am not a newspaper reader, and may omit to name the worst.

Could slavery suggest a more complete servility than some of these journals exhibit? Is there any dust which their conduct does not lick, and make fouler still with its

---

of those Penny Presses. Also, it must be noted that today's press, whether political or social, just like in Thoreau's times, or even more so, is full of useless news – gossip and crime of individuals and of individual countries.

[637] See Proverbs; II Peter 2:22: "As a dog returneth to his vomit, so a fool returneth to his folly."

[638] Abolitionist newspapers included *The Liberator*, published by William Lloyd Garrison and Maria Weston Chapman, and the *Commonwealth*, published by Julia Ward Howe and Samuel Gridley Howe.

[639] John Mitchel (1815-1875) published *The Citizen* in New York, an Irish nationalist paper which also defended slavery. Thoreau's spelling of Mitchel's name is "incorrect" on the account that Mitchel himself or his ancestors had never spelled it right. Thoreau was a true New Englander and as a true New Englander had the full mastery of the English language, while Mitchel was an Irishmen. Irish commonly lacked education in those days. A proper way to spell "Mitchell" is with double "l", exactly the way Thoreau had done.

[640] Here Thoreau describes effectiveness of economic warfare. By no means is the economic warfare a modern Western invention. It was effectively utilized in the very infancy of human civilization. The ancient Babylonian myth, "The Epic of Etana" depicts precisely that. Etana was an ancient, legendary Sumerian King of the city-state of Kish, and was, according to the Sumerian King List, one of the kings who reigned after the Deluge. The epic depicts his life in the most profound mysticism and allegory. Its author gives an advice in warfare, where the eagle allegorically represents evil, and its wings, feathers and pinions – its economy:
"Cut its wings, feather and pinion,
Pluck it and throw it into a bottomless pit,
Let it die there of hunger and thirst!"

[641] These were the contemporary newspapers, mostly from Boston.

slime? I do not know whether the *Boston Herald* is still in existence[642], but I remember to have seen it about the streets when Sims was carried off. Did it not act its part well-serve its master faithfully! How could it have gone lower on its belly? How can a man stoop lower than he is low? do more than put his extremities in the place of the head he has? than make his head his lower extremity? When I have taken up this paper with my cuffs turned up, I have heard the gurgling of the sewer through every column. I have felt that I was handling a paper picked out of the public gutters, a leaf from the gospel of the gambling-house, the groggery,[643] and the brothel, harmonizing with the gospel of the Merchants' Exchange.

The majority of the men of the North, and of the South and East and West, are not men of principle. If they vote, they do not send men to Congress on errands of humanity; but while their brothers and sisters are being scourged and hung for loving liberty, while — I might here insert all that slavery implies and is — it is the mismanagement of wood and iron and stone and gold which concerns them. Do what you will, O Government, with my wife and children, my mother and brother, my father and sister,[644] I will obey your commands to the letter.[645] It will indeed grieve me if you hurt them, if you deliver them to overseers to be hunted by bounds or to be whipped to death; but, nevertheless, I will peaceably pursue my chosen calling on this fair earth, until perchance, one day, when I have put on mourning for them dead, I shall have persuaded you to relent. Such is the attitude, such are the words of Massachusetts.

Rather than do thus, I need not say what match I would touch, what system endeavor to blow up; but as I love my life, I would side with the light, and let the dark earth roll from under me, calling my mother and my brother to follow.

I would remind my countrymen that they are to be men first, and Americans only at a late and convenient hour.[646] No matter how valuable law may be to protect your property, even to keep soul and body together, if it do not keep you and humanity together.

I am sorry to say that I doubt if there is a judge in Massachusetts who is prepared to resign his office, and get his living innocently, whenever it is required of him

---

[642] The *Boston Herald*, first published in 1846 as a single sheet, two-sided paper that sold for one cent, later merged with other papers, and is now the smaller of the two Boston dailies.

[643] A groggery – a saloon or a tavern.

[644] This is an ironic reference to the famous speech made by the Unitarian minister, Orville Dewey (1794-1882). In this speech Dewey announced that he would prefer to see his brother, his son and even himself enslaved, than to sacrifice the Union. He was a false patriot, a misguided man who thought that the union of the country was more important, than the union of a man with good or the union of the citizens with the right and truth. What good is evil united? What good is the unity, if it is the unity of evil? Should the good still attempt to join such unity? Or should the good secede from such an evil union?

[645] How perfectly concordant are Thoreau's thoughts with Cicero's. In "De Officiis" Cicero states that "certain activities are either so degrading or ever so criminal that no wise man would ever perform them, even to save his own country… So the man truly wise will not carry out these tasks on behalf of the state, and the true state will not even want these base tasks to be carried out on her behalf." Please see Cicero's "De Officiis", Book I.

[646] The same universal idea of embracing the entire mankind before supporting partisan causes of nationalism is beautifully expressed by Narayana in his Hitopadesha, the Sanskrit book of wisdom written in the 12th century AD:
"'This is mine, and this is not,"
Thus do the small-minded see.
The large-hearted have always thought
The world itself a family."

to pass sentence under a law which is merely contrary to the law of God. I am compelled to see that they put themselves, or rather are by character, in this respect, exactly on a level with the marine who discharges his musket in any direction he is ordered to. They are just as much tools, and as little men. Certainly, they are not the more to be respected, because their master enslaves their understandings and consciences, instead of their bodies.

The judges and lawyers — simply as such, I mean — and all men of expediency, try this case by a very low and incompetent standard. They consider, not whether the Fugitive Slave Law is right, but whether it is what they call *constitutional*. Is virtue constitutional, or vice? Is equity constitutional, or iniquity? In important moral and vital questions, like this, it is just as impertinent to ask whether a law is constitutional or not, as to ask whether it is profitable or not. They persist in being the servants of the worst of men, and not the servants of humanity. The question is, not whether you or your grandfather, seventy years ago, did not enter into an agreement to serve the Devil, and that service is not accordingly now due; but whether you will not now, for once and at last, serve God — in spite of your own past recreancy, or that of your ancestor — by obeying that eternal and only just CONSTITUTION, which He, and not any Jefferson or Adams,[647] has written in your being.

The amount of it is, if the majority vote the Devil to be God, the minority will live and behave accordingly — and obey the successful candidate, trusting that, some time or other, by some Speaker's casting-vote, perhaps, they may reinstate God. This is the highest principle I can get out or invent for my neighbors. These men act as if they believed that they could safely slide down a hill a little way — or a good way — and would surely come to a place, by and by, where they could begin to slide up again. This is expediency,[648] or choosing that course which offers the slightest obstacles to the feet, that is, a downhill one. But there is no such thing as accomplishing a righteous reform by the use of "expediency." There is no such thing as sliding up hill. In morals the only sliders are backsliders.

Thus we steadily worship Mammon,[649] both school and state and church, and on the seventh day[650] curse God with a tintamar[651] from one end of the Union to the other.

Will mankind never learn that policy is not morality — that it never secures any moral right, but considers merely what is expedient? chooses the available candidate — who is invariably the Devil — and what right have his constituents to be surprised, because the Devil does not behave like an angel of light? What is wanted is men, not of policy, but of probity — who recognize a higher law than the Constitution, or the

---

[647] Jefferson and Adams – Founding Fathers of the United States.
[648] expediency – Thoreau is referring to William Paley's work, "Principles of Moral and Political Philosophy", in which "expediency" is a key term – Paley believed that religion, as well as politics, must be expedient; he cared less whether they were right, just as long as they were expedient. This book was a standard text in Harvard University, where Thoreau had read it, but, naturally, completely disagreed with it. William Paley (1743-1805) was an English "Theologian" and "Philosopher".
[649] Mammon – From the Aramaic term, meaning worldly riches. "Ye cannot serve God and mammon" is one of the better known biblical sayings.
[650] the seventh day – Quaker term for Sunday. Quakers are a heretic Christian sect, mostly in Philadelphia, Pennsylvania. The state of Pennsylvania itself was founded by William Penn as a safe place for Friends (Quaker name for the members of their congregation) to live and practice their faith.
[651] tintamar – an uproar or a clamor. The word is derived from Tintamar – an Acadian noisemaking tradition.

1854 წელში დახატული თოროუს პორტრეტი.
PORTRAIT OF THOREAU FROM 1854.

decision of the majority. The fate of the country does not depend on how you vote at the polls — the worst man is as strong as the best at that game; it does not depend on what kind of paper you drop into the ballot-box once a year, but on what kind of man you drop from your chamber into the street every morning.

What should concern Massachusetts is not the Nebraska Bill, nor the Fugitive Slave Bill, but her own slaveholding and servility. Let the State dissolve her union with the slaveholder.[652] She may wriggle and hesitate, and ask leave to read the Constitution once more; but she can find no respectable law or precedent which sanctions the continuance of such a union for an instant.

Let each inhabitant of the State dissolve his union with her, as long as she delays to do her duty.

The events of the past month teach me to distrust Fame. I see that she does not finely discriminate, but coarsely hurrahs. She considers not the simple heroism of an action, but only as it is connected with its apparent consequences. She praises till she is hoarse the easy exploit of the Boston tea party,[653] but will be comparatively silent about the braver and more disinterestedly heroic attack on the Boston Court-House, simply because it was unsuccessful![654]

Covered with disgrace, the State has sat down coolly to try for their lives and liberties the men who attempted to do its duty for it. And this is called *justice*! They who have shown that they can behave particularly well may perchance be put under bonds for *their good behavior*. They whom truth requires at present to plead guilty are, of all the inhabitants of the State, preeminently innocent. While the Governor, and the Mayor, and countless officers of the Commonwealth are at large, the champions of liberty are imprisoned.

Only they are guiltless who commit the crime of contempt of such a court. It behooves every man to see that his influence is on the side of justice, and let the courts make their own characters. My sympathies in this case are wholly with the accused, and wholly against their accusers and judges. Justice is sweet and musical; but injustice is harsh and discordant. The judge still sits grinding at his organ, but it yields no music, and we hear only the sound of the handle. He believes that all the music resides in the handle, and the crowd toss him their coppers the same as before.

---

[652] "No union with slaveholders" became a goal for northern abolitionists – instead of a civil war to decide the question of slavery, they advocated a separation of the U.S., with the North and the South becoming two separate countries.

[653] Boston tea party – a direct action by colonists in Boston, a town in the British colony of Massachusetts, against the British government. On December 16, 1773, after officials in Boston refused to return three shiploads of taxed tea to Britain, a group of colonists boarded the ships and destroyed the tea by throwing it into Boston Harbor. The incident remains an iconic event of American history, and reference is often made to it in other political protests.

[654] unsuccessful – Thoreau deemed that New England abolitionists' attack on Boston courthouse was a greater patriotic act than even Boston tea party, for in the latter case Americans attacked their country's enemy, England, while in the former case they attacked their own country, when this country was in the wrong with its many enslaved citizens, as well as with the entire humanity. Thoreau asserted that this patriotic attack on Boston courthouse was indeed successful, as it awakened the sense of right in the citizens and the subsequent Civil War and abolition of the slavery clearly attest to Thoreau being absolutely correct.

Do you suppose that that Massachusetts which is now doing these things — which hesitates to crown these men, some of whose lawyers, and even judges, perchance, may be driven to take refuge in some poor quibble, that they may not wholly outrage their instinctive sense of justice — do you suppose that she is anything but base and servile? that she is the champion of liberty?

Show me a free state, and a court truly of justice, and I will fight for them, if need be; but show me Massachusetts, and I refuse her my allegiance, and express contempt for her courts.

The effect of a good government is to make life more valuable — of a bad one, to make it less valuable. We can afford that railroad and all merely material stock should lose some of its value, for that only compels us to live more simply and economically; but suppose that the value of life itself should be diminished! How can we make a less demand on man and nature, how live more economically in respect to virtue and all noble qualities, than we do? I have lived for the last month — and I think that every man in Massachusetts capable of the sentiment of patriotism must have had a similar experience — with the sense of having suffered a vast and indefinite loss. I did not know at first what ailed me. At last it occurred to me that what I had lost was a country. I had never respected the government near to which I lived, but I had foolishly thought that I might manage to live here, minding my private affairs, and forget it. For my part, my old and worthiest pursuits have lost I cannot say how much of their attraction, and I feel that my investment in life here is worth many per cent less since Massachusetts last deliberately sent back an innocent man, Anthony Burns, to slavery. I dwelt before, perhaps, in the illusion that my life passed somewhere only *between* heaven and hell, but now I cannot persuade myself that I do not dwell *wholly within* hell. The site of that political organization called Massachusetts is to me morally covered with volcanic scoriae [655] and cinders, such as Milton[656] describes in the infernal regions. If there is any hell more unprincipled than our rulers, and we, the ruled, I feel curious to see it. Life itself being worth less, all things with it, which minister to it, are worth less. Suppose you have a small library, with pictures to adorn the walls — a garden laid out around — and contemplate scientific and literary pursuits and discover all at once that your villa, with all its contents is located in hell, and that the justice of the peace has a cloven foot and a forked tail — do not these things suddenly lose their value in your eyes?

I feel that, to some extent, the State has fatally interfered with my lawful business. It has not only interrupted me in my passage through Court Street[657] on errands of trade, but it has interrupted me and every man on his onward and upward path, on which he had trusted soon to leave Court Street far behind. What right had it to remind me of Court Street? I have found that hollow which even I had relied on for solid.

I am surprised to see men going about their business as if nothing had happened. I say to myself, "Unfortunates! they have not heard the news." I am surprised that the man whom I just met on horseback should be so earnest to overtake his newly bought cows running away — since all property is insecure, and if they do not run away again,

---

[655] scoriae – plural of "scoria", which means dross, cinder, slag.
[656] John Milton (1608-1674) – English poet, author, polemicist and civil servant for the Commonwealth of England. He is best known for his epic poem "Paradise Lost".
[657] Court street – street next to the courthouse where Anthony Burns was imprisoned.

they may be taken away from him when he gets them. Fool! does he not know that his seed-corn is worth less this year — that all beneficent harvests fail as you approach the empire of hell? No prudent man will build a stone house under these circumstances, or engage in any peaceful enterprise which it requires a long time to accomplish. Art is as long as ever, but life is more interrupted and less available for a man's proper pursuits. It is not an era of repose. We have used up all our inherited freedom. If we would save our lives, we must fight for them.

I walk toward one of our ponds;[658] but what signifies the beauty of nature when men are base? We walk to lakes to see our serenity reflected in them; when we are not serene, we go not to them. Who can be serene in a country where both the rulers and the ruled are without principle? The remembrance of my country spoils my walk. My thoughts are murder to the State, and involuntarily go plotting against her.

But it chanced the other day that I scented a white water-lily, and a season I had waited for had arrived. It is the emblem of purity. It bursts up so pure and fair to the eye, and so sweet to the scent, as if to show us what purity and sweetness reside in, and can be extracted from, the slime and muck of earth. I think I have plucked the first one that has opened for a mile. What confirmation of our hopes is in the fragrance of this flower! I shall not so soon despair of the world for it, notwithstanding slavery, and the cowardice and want of principle of Northern men. It suggests what kind of laws have prevailed longest and widest, and still prevail, and that the time may come when man's deeds will smell as sweet. Such is the odor which the plant emits. If Nature can compound this fragrance still annually, I shall believe her still young and full of vigor, her integrity and genius unimpaired, and that there is virtue even in man, too, who is fitted to perceive and love it.[659] It reminds me that Nature has been partner to no Missouri Compromise. I scent no compromise in the fragrance of the water-lily. It is not a *Nymphoea Douglasii*.[660] In it, the sweet, and pure, and innocent are wholly sundered from the obscene and baleful. I do not scent in this the time-serving irresolution of a Massachusetts Governor, nor of a

---

[658] ponds – Thoreau uses the word "pond", but what is really meant is a "lake". New England is so abundant in lakes, large or small, that New Englanders consider even relatively large bodies of still water as ponds, rather than lakes.

[659] It is amazing how Thoreau's thoughts coincide with the thoughts of Pseudo-Dionysius the Areopagite, one of the greatest Orthodox Christian Theologian. If a man is able to perceive good and beauty in smell or sight or in any other way, it means that there is something good and beautiful in him still. For existence is good and it is God's creation, while evil is no creation of God and it destroys existence. And if Evil destroys existence, than a man who exists and perceives good, evil though he may be to an extent, is still partly good, for he would no longer exist if he were wholly and completely evil. And the same applies to the Devil too: he too would cease existence if he were entirely evil and there was no good quality left in him – notwithstanding the fact that the Devil uses this God-given good, whether it is the keen mind and intelligence or supernatural abilities, only to do evil. Please see Pseudo-Dionysius the Areopagite's work "Corpus Areopagiticum", Book "Divine Names", Chapter IV, passage No 20.

[660] A reference to Senator Stephen A. Douglas, the primary author of the Compromise of 1850, which included the Fugitive Slaw Law, also the presidential candidate defeated by Lincoln in 1860. A water lily's botanical name is *Nymphaea Odorata*. Thoreau uses the phrase in conjunction with Douglas' name to make it clear that dirty politicians and false-patriots have no place in nature, for nature is the creation of God, while politicians are a creation of the Devil, – they are a perversion and degeneration of a human being. An interesting fact needs to be mentioned about the name "Douglas": when this essay was first printed by William Lloyd Garrison in "The Liberator", it was spelled with double "s" – "Nymphaea Douglassii". Because of this typo, some scholars suggest that Thoreau was referring to Frederick Douglass (1818-1895) – a famous black abolitionist, who himself was a former slave. Although it is a fact that Frederick Douglass was a compromiser to many abolitionists, because he was willing to work with the Constitution, reading it for its promises of freedom, not for its acceptance of slavery, still he was no enemy to them or Thoreau, so it is only a logical thing to conclude that Thoreau meant Senator Stephen A. Douglas and not the abolitionist Frederick Douglass.

Boston Mayor.[661] So behave that the odor of your actions may enhance the general sweetness of the atmosphere, that when we behold or scent a flower, we may not be reminded how inconsistent your deeds are with it; for all odor is but one form of advertisement of a moral quality, and if fair actions had not been performed, the lily would not smell sweet. The foul slime stands for the sloth and vice of man, the decay of humanity; the fragrant flower that springs from it, for the purity and courage which are immortal.

Slavery and servility have produced no sweet-scented flower annually, to charm the senses of men, for they have no real life: they are merely a decaying and a death, offensive to all healthy nostrils. We do not complain that they *live*, but that they do not get *buried*. Let the living bury them: even they are good for manure.

---

[661] Jerome V.C. Smith (1800-1879) – Boston Mayor in 1854-1855.

CIVIL DISOBEDIENCE

I HEARTILY ACCEPT the motto, — "That government is best which governs least",[662] and I should like to see it acted up to more rapidly and systematically. Carried out, it finally amounts to this, which also I believe, — "That government is best which governs not at all"; and when men are prepared for it, that will be the kind of government which they will have. Government is at best but an expedient; but most governments are usually, and all governments are sometimes, inexpedient. The objections which have been brought against a standing army,[663] and they are many and weighty, and deserve to prevail, may also at last be brought against a standing government. The standing army is only an arm of the standing government. The government itself, which is only the mode which the people have chosen to execute their will, is equally liable to be abused and perverted before the people can act through it. Witness the present Mexican war,[664] the work of comparatively a few individuals using the standing government as their tool; for, in the outset, the people would not have consented to this measure.

This American government — what is it but a tradition, though a recent one, endeavoring to transmit itself unimpaired to posterity, but each instant losing some of its integrity? It has not the vitality and force of a single living man; for a single man can

---

[662] Possible reference to "The best government is that which governs least", motto of the *United States Magazine, and Democratic Review*, 1837-1859. The motto appears on the title page. The quotation comes from the introductory essay to the first issue of this monthly journal (October issue, 1837). This essay was written by the editor, John Louis O'Sullivan. In 1843 Thoreau published the third essay in this collection. The essay was called "Paradise (To Be) Regained". "the less government we have, the better" – a similar phrase is also used in Ralph Waldo Emerson's "Politics" (1844), sometimes mistakenly attributed to Thomas Jefferson.

[663] standing army – active and permanent army maintained during peace or war. British empire maintained the standing army in the American colonies and before the Revolutionary War Americans had two complaints against the King's standing armies: 1) according to the British constitutional tradition during peacetime a standing army should exist only by consent of the local population – the Declaration of Independence clearly invoked this, as in it we have the complaint that the King had kept armies in the colonies "without the consent of the legislatures"; 2) concern over civil liberties – what was to prevent the government from using a standing army in suppressing and dictating civilians?

[664] U.S.-Mexican War (1846-1848) – besides oppressing and invading a neighboring country, which is an evil and wrong on its own, abolitionists also considered this war unjust on social grounds as they saw it as an effort to extend slavery into former Mexican territory. The Mexican-American War was an armed conflict between the United States and Mexico from 1846 to 1848 in the wake of the 1845 U.S. annexation of Texas, which Mexico considered part of its territory in spite of the 1836 Texas Revolution. In the U.S. the conflict is often referred to simply as the Mexican War and sometimes as the U.S.-Mexican War. In Mexico, terms for it include (primera) intervención estadounidense en México ((first) American intervention in Mexico), invasión estadounidense de México (American Invasion of Mexico), and guerra del 47 (The War of '47). Territorial expansion of the United States on the Pacific coast was foremost in the minds of President Polk and his associates in their whole conduct of the war. The major consequence of the war was the Mexican Cession of the territories of Alta California and Santa Fe de Nuevo México to the United States under the Treaty of Guadalupe Hidalgo. In addition, Mexico accepted the loss of Texas and the Rio Grande boundary. From the standpoint of the U.S., the treaty provided for the Mexican Cession of 1.36 million km² (525,000 square miles) to the United States in exchange for US$15 million (equivalent to $370 million today). From the standpoint of Mexico, the treaty included an additional 1,007,935 km² (389,166 sq mi) as Mexico had never recognized the Republic of Texas nor its annexation by the U.S., and Mexico lost 55% of its pre-war territory. The treaty also ensured safety of pre-existing property rights of Mexican citizens in the transferred territories. Despite these assurances, property rights of Mexican citizens were often not honored by the U.S. in accordance with modifications to and interpretations of the treaty. The U.S. also agreed to take over US$3.25 million (equivalent to $79.8 million today) in debts Mexico owed to American citizens. The cession that the treaty facilitated included parts of the modern-day U.S. states of Colorado, Arizona, New Mexico and Wyoming, as well as the whole of California, Nevada, Utah, and, depending on one's point of view, Texas. The remaining parts of what are today the states of Arizona and New Mexico were later peacefully ceded under the 1853 Gadsden Purchase, in which the U.S. paid an additional US$10 million (equivalent to $260 million today).

bend it to his will. It is a sort of wooden gun to the people themselves. But it is not the less necessary for this; for the people must have some complicated machinery or other, and hear its din, to satisfy that idea of government which they have. Governments show thus how successfully men can be imposed on, even impose on themselves, for their own advantage. It is excellent, we must all allow. Yet this government never of itself furthered any enterprise, but by the alacrity with which it got out of its way. *It* does not keep the country free. *It* does not settle the West. *It* does not educate. The character inherent in the American people has done all that has been accomplished; and it would have done somewhat more, if the government had not sometimes got in its way. For government is an expedient by which men would fain succeed in letting one another alone; and, as has been said, when it is most expedient, the governed are most let alone by it. Trade and commerce, if they were not made of India rubber,[665] would never manage to bounce over the obstacles which legislators are continually putting in their way; and, if one were to judge these men wholly by the effects of their actions, and not partly by their intentions, they would deserve to be classed and punished with those mischievous persons who put obstructions on the railroads.

But, to speak practically and as a citizen, unlike those who call themselves no-government men,[666] I ask for, not at once no government, but *at once* a better government. Let every man make known what kind of government would command his respect, and that will be one step toward obtaining it.

After all, the practical reason why, when the power is once in the hands of the people, a majority are permitted, and for a long period continue, to rule, is not because they are most likely to be in the right, nor because this seems fairest to the minority, but because they are physically the strongest. But a government in which the majority rule in all cases cannot be based on justice, even as far as men understand it. Can there not be a government in which majorities do not virtually decide right and wrong, but conscience? — in which majorities decide only those questions to which the rule of expediency is applicable? Must the citizen ever for a moment, or in the least degree, resign his conscience to the legislator? Why has every man a conscience, then?[667] I think that we should be men first, and subjects afterward. It is not desirable to cultivate a respect for the law, so much as for the right. The only obligation which I have a right to assume is to do

---

[665] India rubber – substance made from the latex of tropical plants – "India" because it came from the West Indies, and "rubber" from its early use as an eraser.

[666] Anarchists, many of whom came from Massachusetts. They were Christian Heretics, one of them was William Lloyd Garrison, who believed that a human should only obey "divine government" and refuse to participate in "human government". They called themselves "Nonresisters". Their intentions were good, but they misunderstood Christianity: clearly there are other beings in the hierarchy between a man and God. If a man starts condemning every authority, then he must condemn Angels, Saints, Martyrs and true priests, Kings and patriarchs as well, for God, at least the God of Christianity, communicates with ordinary humans precisely through such a hierarchy. Henry David Thoreau clearly differs from these "no government" men and shows true Christian prudence, patience, forethought and caution, very much like Pseudo-Dionysius the Areopagite. Please see Pseudo-Dionysius the Areopagite's work, "Corpus Areopagiticum", Book "Celestial Hierarchy" and Book "Ecclesiastical Hierarchy". The same theory is expressed in theological poetry of a great Georgian poet, Davit Guramishvili. Please see "Davitiani" (ISBN: 00190-X, ISBN: 00189-6, Printing-house "Nakaduli", 1990).

[667] The great Hellenistic Jewish philosopher, Philo the Jew (20 BC-50AD), known also as Philon of Alexandria, has identical views on conscience. He states: "...conscience being seated in the soul as a judge, is not afraid to reprove men, sometimes employing pretty vehement threats; at other times by milder admonitions, using threats in regard to matters where men appear to be disobedient, of deliberate purpose, and admonitions when their offences seem involuntary, through want of foresight, in order to prevent their hereafter offending in a similar manner. ...conscience, which is the most incorruptible and truth-telling witness of all". Please see the following books by Philo the Jew: "On the Creation" and "The Posterity and Exile of Cain".

at any time what I think right. It is truly enough said that a corporation has no conscience; but a corporation of conscientious men is a corporation *with* a conscience. Law never made men a whit more just; and, by means of their respect for it, even the well-disposed are daily made the agents of injustice. A common and natural result of an undue respect for law is, that you may see a file of soldiers, colonel, captain, corporal, privates, powder-monkeys,[668] and all, marching in admirable order over hill and dale to the wars, against their wills, ay, against their common sense and consciences; which makes it very steep marching indeed, and produces a palpitation of the heart. They have no doubt that it is a damnable business in which they are concerned; they are all peaceably inclined. Now, what are they? Men at all? or small movable forts and magazines, at the service of some unscrupulous man in power? Visit the Navy Yard,[669] and behold a marine, such a man as an American government can make, or such as it can make a man with its black arts — a mere shadow and reminiscence of humanity, a man laid out alive and standing, and already, as one may say, buried under arms with funeral accompaniments, though it may be

> "Not a drum was heard, not a funeral note,
> As his corse to the rampart we hurried;
> Not a soldier discharged his farewell shot
> O'er the grave where our hero we buried."[670]

The mass of men serve the state thus, not as men mainly, but as machines, with their bodies. They are the standing army, and the militia, jailers, constables, *posse comitatus*,[671] etc. In most cases there is no free exercise whatever of the judgment or of the moral sense; but they put themselves on a level with wood and earth and stones; and wooden men can perhaps be manufactured that will serve the purpose as well. Such command no more respect than men of straw or a lump of dirt. They have the same sort of worth only as horses and dogs. Yet such as these even are commonly esteemed good citizens. Others, as most legislators, politicians, lawyers, ministers, and office-holders, serve the state chiefly with their heads; and, as they rarely make any moral distinctions, they are as likely to serve the devil, without *intending* it, as God. A very few, as heroes, patriots, martyrs, reformers in the great sense, and *men*, serve the state with their consciences also, and so necessarily resist it for the most part; and they are commonly treated as enemies by it. A wise man will only be useful as a man, and will not submit to be "clay," and "stop a hole to keep the wind away,"[672] but leave that office to his dust at least:

> "I am too high-born to be propertied,
> To be a secondary at control,
> Or useful serving-man and instrument
> To any sovereign state throughout the world."[673]

---

[668] Powder monkeys – boys who carried gunpowder for soldiers. Sometimes they were employed on ships to carry gunpowder from gunpowder rooms to the cannons.
[669] Navy Yard – referring to the US Navy Yard in Boston, MA.
[670] Charles Wolfe (1791-1823) – Irish poet. The citation is from his poem, "The Burial of Sir John Moore at Corunna".
[671] Posse Comitatus – a group empowered to uphold the law, a sheriff's posse. It is usually a small group of citizens summoned by a sheriff to aid him in the enforcement of law.
[672] William Shakespeare (1564-1616) – English dramatist; from his play, "Hamlet".
[673] Shakespeare, from "King John".

He who gives himself entirely to his fellow-men appears to them useless and selfish; but he who gives himself partially to them is pronounced a benefactor and philanthropist.

How does it become a man to behave toward this American government to-day? I answer, that he cannot without disgrace be associated with it. I cannot for an instant recognize that political organization as *my* government which is the *slave's* government also.

All men recognize the right of revolution; that is, the right to refuse allegiance to, and to resist, the government, when its tyranny or its inefficiency are great and unendurable. But almost all say that such is not the case now. But such was the case, they think, in the Revolution of '75.[674] If one were to tell me that this was a bad government because it taxed certain foreign commodities brought to its ports, it is most probable that I should not make an ado about it, for I can do without them. All machines have their friction; and possibly this does enough good to counterbalance the evil. At any rate, it is a great evil to make a stir about it. But when the friction comes to have its machine, and oppression and robbery are organized, I say, let us not have such a machine any longer. In other words, when a sixth of the population of a nation which has undertaken to be the refuge of liberty are slaves, and a whole country is unjustly overrun and conquered by a foreign army, and subjected to military law, I think that it is not too soon for honest men to rebel and revolutionize. What makes this duty the more urgent is the fact that the country so overrun is not our own, but ours is the invading army.[675]

Paley, a common authority with many on moral questions, in his chapter on the "Duty of Submission to Civil Government," resolves all civil obligation into expediency; and he proceeds to say that "so long as the interest of the whole society requires it, that is, so long as the established government cannot be resisted or changed without public inconveniency, it is the will of God that the established government be obeyed, and no longer" — "This principle being admitted, the justice of every particular case of resistance is reduced to a computation of the quantity of the danger and grievance on the one side, and of the probability and expense of redressing it on the other."[676] Of this, he says, every man shall judge for himself. But Paley appears never to have contemplated those cases to which the rule of expediency does not apply, in which a people, as well as an individual, must do justice, cost what it may. If I have unjustly wrested a plank[677] from

---

[674] The American Revolution began in 1775 with the first battles fought in Lexington and Concord, both on the same day of April 19.
[675] A reference to the two events, which pained Thoreau, as well as every true American patriot: 1) slavery in the U.S, 2) the invasion of Mexico by the U.S. The latter was the evil directed toward "thy neighbor", the former was the evil directed toward its own citizens.
[676] William Paley (1743-1805) – English "theologian" and "philosopher", an Anglican priest who was the champion of a heretical movement, called Theological Utilitarianism. He wrote a book "Principals of Moral and Political Philosophy" in 1785. It used to be a standard book at Harvard University, which Thoreau too had read, although in disagreement and disgust. Paley asserted that a man must approach everything, including his patriotism, from the point of the so called practicality, and hence he should do nothing that is not practical. Paley's practicality was nothing more than selfishness, which prevents a man from living like a man, it puts a wedge between a human and humanity and compels him to abandon humaneness whenever it is not particularly practical in terms of worldly gain, business and money-making.
[677] unjustly wrested a plank – Thoreau is referring to Marcus Tullius Cicero (106-43 BC). In his remarkable work of moral and secular philosophy, "De Officiis" or "On Duties", among other hypothetical queries of Hecato, the II-I century BC stoic philosopher, Cicero cites this famous question, – if a fool should snatch a plank from a wreck, should a wise man wrestle it from him if he is able? Thoreau clearly states in this paragraph and throughout this

a drowning man, I must restore it to him though I drown myself. This, according to Paley, would be inconvenient. But he that would save his life, in such a case, shall lose it.[678] This people must cease to hold slaves, and to make war on Mexico, though it cost them their existence as a people.

In their practice, nations agree with Paley; but does any one think that Massachusetts does exactly what is right at the present crisis?

"A drab of state, a cloth-o'-silver slut,
To have her train borne up, and her soul trail in the dirt."[679]

Practically speaking, the opponents to a reform in Massachusetts are not a hundred thousand politicians at the South, but a hundred thousand merchants[680] and farmers here, who are more interested in commerce and agriculture than they are in humanity, and are not prepared to do justice to the slave and to Mexico, *cost what it may*. I quarrel not with far-off foes, but with those who, near at home, co-operate with, and do the bidding of those far away, and without whom the latter would be harmless. We are accustomed to say, that the mass of men are unprepared; but improvement is slow, because the few are not materially wiser or better than the many. It is not so important that many should be as good as you, as that there be some absolute goodness somewhere; for that will leaven the whole lump.[681] There are thousands who are *in opinion* opposed to slavery and to the war, who yet in effect do nothing to put an end to them; who, esteeming themselves children of Washington[682] and Franklin,[683] sit down with their hands in their pockets, and say that they know not what to do, and do nothing; who even postpone the question of freedom to the question of free-trade, and quietly read the prices-current[684] along with the latest advices from Mexico, after dinner, and, it may be, fall asleep over them both. What is the price-current of an honest man and patriot to-day? They hesitate, and they regret, and

---

and other essays, as well as throughout his life by his highly moral conduct, that the only answer shall be and is "No!" Cicero time after time states the same in his book. A certain coincidence is worth mentioning: this work of Cicero's, where in the last part, Book III, he discusses the moral questions raised by Hecato, is titled "De Officiis", and so is the work of Hecato from which these questions originally derive.

[678] "He that findeth his life shall lose it..." – Matthew 10:39 and Luke 9:24.

[679] Cyril Tourneur (1575?-1626) *The Revenger's Tragedy*.

[680] New England businessmen and politicians got their money from New England cotton mills, which, of course, used no other raw material, but the Southern cotton grown by the slaveholders with the sweat and blood of the poor slaves. So the slavery was at least just as advantageous for the Northern economy, as it was for the Southern economy and its criminal slave owners. Because of this, the Cotton Whigs of Massachusetts had no problem distancing themselves from the politics of slavery.

[681] "... a little leaven leaveneth the whole lump" – paraphrase of I Corinthians 5:6.

[682] George Washington (1732-1799) – the first President of the United States from 1789 to 1797 and the commander of the Continental Army in the American Revolutionary War from 1775 to 1783. He is one of the American Founding Fathers.

[683] Benjamin Franklin (1706-1790) – one of the Founding Fathers of the United States of America. A noted polymath, Franklin was a leading author and printer, philosopher, satirist, political theorist, politician, scientist, inventor, civic activist, statesman, soldier, and diplomat. As a scientist, he was a major figure in the Enlightenment and the history of physics for his discoveries and theories regarding electricity. He invented the lightning rod, bifocals, the Franklin stove, a carriage odometer, and the glass "armonica". He formed both, the first public lending library in America and the first fire department in Pennsylvania. He was an early proponent of colonial unity, and, as a political writer and activist, he supported the idea of an American nation. As a diplomat during the American Revolution, he secured the French alliance that helped to make independence of the United States possible. The United States political history from its start to the present day cannot boast of another such man, such an educated and capable man. It would be difficult to find another such clever politician in the entire world history. I know only a few political tytans of the equal or greater stature – Ilia Chavchavadze, Cicero, Solon and very few others.

[684] prices-current – price lists which depicted the merchandise with the commensurate prices at which it had been recently sold. Prices-currents used to be frequently published.

sometimes they petition; but they do nothing in earnest and with effect. They will wait, well disposed, for others to remedy the evil, that they may no longer have it to regret. At most, they give only a cheap vote, and a feeble countenance and Godspeed, to the right, as it goes by them. There are nine hundred and ninety-nine patrons of virtue to one virtuous man; but it is easier to deal with the real possessor of a thing than with the temporary guardian of it.

All voting is a sort of gaming, like checkers or backgammon, with a slight moral tinge to it, a playing with right and wrong, with moral questions; and betting naturally accompanies it. The character of the voters is not staked. I cast my vote, perchance, as I think right; but I am not vitally concerned that that right should prevail. I am willing to leave it to the majority. Its obligation, therefore, never exceeds that of expediency. Even voting *for the right* is *doing* nothing for it. It is only expressing to men feebly your desire that it should prevail. A wise man will not leave the right to the mercy of chance, nor wish it to prevail through the power of the majority. There is but little virtue in the action of masses of men. When the majority shall at length vote for the abolition of slavery, it will be because they are indifferent to slavery, or because there is but little slavery left to be abolished by their vote. *They* will then be the only slaves. Only *his* vote can hasten the abolition of slavery who asserts his own freedom by his vote.

I hear of a convention to be held at Baltimore,[685] or elsewhere, for the selection of a candidate for the Presidency, made up chiefly of editors, and men who are politicians by profession; but I think, what is it to any independent, intelligent, and respectable man what decision they may come to? Shall we not have the advantage of his wisdom and honesty, nevertheless? Can we not count upon some independent votes? Are there not many individuals in the country who do not attend conventions? But no: I find that the respectable man, so called, has immediately drifted from his position, and despairs of his country, when his country has more reason to despair of him. He forthwith adopts one of the candidates thus selected as the only *available* one, thus proving that he is himself *available* for any purposes of the demagogue. His vote is of no more worth than that of any unprincipled foreigner or hireling native, who may have been bought. Oh for a man who is a *man*, and, as my neighbor says, has a bone in his back which you cannot pass your hand through! Our statistics are at fault: the population has been returned too large. How many *men* are there to a square thousand miles in this country? Hardly one. Does not America offer any inducement for men to settle here? The American has dwindled into an Odd Fellow[686] — one who may be known by the development of his organ of gregariousness, and a manifest lack of intellect and cheerful self-reliance; whose first and chief concern, on coming into the world, is to see that the almshouses[687] are in good repair; and, before yet he has lawfully donned the virile garb,[688] to collect a fund for the support of the widows and orphans that may be; who, in short ventures to live only by the aid of the Mutual Insurance company, which has promised to bury him decently.

---

[685] a convention to be held at Baltimore – in 1848 the city of Baltimore, Maryland, hosted a Democratic Party convention. During the entire convention delegates of this political party remained completely silent about the urging issue of slavery. Democrats nominated Lewis Cass for the U.S. president, later defeated by Zachary Taylor from the Whig Party.
[686] A member of the Independent Order of Odd Fellows, a fraternal organization that originated in England in the mid-1700s. The first U.S. branch was established in 1819.
[687] almshouses – publicly supported shelters for the poor and homeless.
[688] virile garb – Thoreau is referring to to the "toga virilis" or "adult clothing", which Romans permitted young boys to wear upon reaching the age fourteen, it was a symbol of their right of passage from boyhood to adulthood.

It is not a man's duty, as a matter of course, to devote himself to the eradication of any, even the most enormous wrong; he may still properly have other concerns to engage him;[689] but it is his duty, at least, to wash his hands of it, and, if he gives it no thought longer, not to give it practically his support. If I devote myself to other pursuits and contemplations, I must first see, at least, that I do not pursue them sitting upon another man's shoulders. I must get off him first, that he may pursue his contemplations too. See what gross inconsistency is tolerated. I have heard some of my townsmen say, "I should like to have them order me out to help put down an insurrection of the slaves, or to march to Mexico; — see if I would go"; and yet these very men have each, directly by their allegiance, and so indirectly, at least, by their money, furnished a substitute. The soldier is applauded who refuses to serve in an unjust war by those who do not refuse to sustain the unjust government which makes the war; is applauded by those whose own act and authority he disregards and sets at naught; as if the state were penitent to that degree that it hired one to scourge it while it sinned, but not to that degree that it left off sinning for a moment. Thus, under the name of Order and Civil Government, we are all made at last to pay homage to and support our own meanness. After the first blush of sin comes its indifference; and from immoral it becomes, as it were, *un*moral, and not quite unnecessary to that life which we have made.

The broadest and most prevalent error requires the most disinterested virtue to sustain it. The slight reproach to which the virtue of patriotism is commonly liable, the noble are most likely to incur. Those who, while they disapprove of the character and measures of a government, yield to it their allegiance and support are undoubtedly its most conscientious supporters, and so frequently the most serious obstacles to reform. Some are petitioning the State to dissolve the Union,[690] to disregard the requisitions of the President. Why do they not dissolve it themselves — the union between themselves and the State — and refuse to pay their quota into its treasury? Do not they stand in the same relation to the State, that the State does to the Union? And have not the same reasons prevented the State from resisting the Union, which have prevented them from resisting the State?

How can a man be satisfied to entertain an opinion merely, and enjoy *it?* Is there any enjoyment in it, if his opinion is that he is aggrieved? If you are cheated out of a single dollar by your neighbor, you do not rest satisfied with knowing that you are cheated, or with saying that you are cheated, or even with petitioning him to pay you your due; but you take effectual steps at once to obtain the full amount, and see that you are never cheated again. Action from principle — the perception and the performance of right — changes things and relations; it is essentially revolutionary, and does not consist

---

[689] great similarity between Thoreau and Pseudo-Dionysius the Areopagite: Thoreau, very much like Pseudo-Dionysius, is well aware of human limitations and shortcomings, and does not expect everyone to fight for truth. He knows that fighting for the greater good is the lot of heroes only. He recognizes that majority of men are not cut out for contributing to the fight for justice and greater good, but at the same time he knows that a man is capable of at least not contributing to injustice and evil – this he certainly expects from every human and every American. Please see Pseudo-Dionysius the Areopagite's work, "Corpus Areopagiticum", Book "Celestial Hierarchy" and Book "Ecclesiastical Hierarchy".
[690] "No Union with Slaveholders" had become an abolitionist slogan.

თოროუების საგვარეულო საფლავის ქვა
სლიფი ჰალოუს სასაფლაო მასაჩუსეცის შტატის სოფელ ქანქარდში.
FAMILY TOMBSTONE OF THOREAU:
SEELPY HOLLOW CEMETERY IN CONCORD, MASSACHUSETTS.

wholly with anything which was. It not only divides states and churches, it divides families; ay, it divides the *individual*, separating the diabolical in him from the divine.

Unjust laws exist; shall we be content to obey them, or shall we endeavor to amend them, and obey them until we have succeeded, or shall we transgress them at once? Men generally, under such a government as this, think that they ought to wait until they have persuaded the majority to alter them. They think that, if they should resist, the remedy would be worse than the evil. But it is the fault of the government itself that the remedy *is* worse than the evil. *It* makes it worse. Why is it not more apt to anticipate and provide for reform? Why does it not cherish its wise minority? Why does it cry and resist before it is hurt? Why does it not encourage its citizens to be on the alert to point out its faults, and *do* better than it would have them? Why does it always crucify Christ, and excommunicate Copernicus[691] and Luther,[692] and pronounce Washington and Franklin rebels?

One would think, that a deliberate and practical denial of its authority was the only offence never contemplated by government; else, why has it not assigned its definite, its suitable and proportionate, penalty? If a man who has no property refuses but once to earn nine shillings[693] for the State, he is put in prison for a period unlimited by any law that I know, and determined only by the discretion of those who placed him there; but if he should steal ninety times nine shillings from the State, he is soon permitted to go at large again.

If the injustice is part of the necessary friction of the machine of government, let it go, let it go; perchance it will wear smooth — certainly the machine will wear out. If the injustice has a spring, or a pulley, or a rope, or a crank, exclusively for itself, then perhaps you may consider whether the remedy will not be worse than the evil; but if it is of such a nature that it requires you to be the agent of injustice to another, then, I say, break the law. Let your life be a counter friction to stop the machine. What I have to do is to see, at any rate, that I do not lend myself to the wrong which I condemn.

As for adopting the ways which the State has provided for remedying the evil, I know not of such ways. They take too much time, and a man's life will be gone. I have other affairs to attend to. I came into this world, not chiefly to make this a good place to live in, but to live in it, be it good or bad. A man has not everything to do, but something; and because he cannot do *everything*, it is not necessary that he should do *something* wrong. It is not my business to be petitioning the Governor or the Legislature any more

---

[691] Nicolaus Copernicus (1473-1543) – Polish founder of modern astronomy; Catholic Church persecuted scientists, to avoid this, Copernicus dedicated his work "On the Revolutions" to Pope Paul III and published it in 1543, and, thanks to this, he was not excommunicated.

[692] Martin Luther (1483-1546) – German monk and Protestant Reformation leader, founder of Protestant religion. He was excommunicated by Pope Leo X and condemned by the Holy Roman Emperor Charles V. Catholic Church clearly was and still is decadent and heretical, and Luther was quite right in at least some of his accusations against Rome, but Luther was quite an immoral and heretical man himself.

[693] nine shillings – it is somewhat difficult to discern why Thoreau uses this sum. The tax that he refused to pay was approximately in the amount of $1.50. A shilling is equal to 1/20 of a British pound and was equal to 23 cents in Thoreau's time, so his tax would be equivalent of six shillings approximately, not nine: 23 x 6 = 138 = $1.38, which is about $1.50; 9 shillings come out to $2.07. But when the decimal system was first adopted in New England, one shilling was equal to 1/6 of a dollar which is $0.166, so 9 x 0.166 = $1.50, which is the precise amount Thoreau owed in taxes. In Thoreau's time, New Englanders frequently used the old, original equation rather than the new, and it is now evident that so did Thoreau.

than it is theirs to petition me; and if they should not hear my petition, what should I do then? But in this case the State has provided no way; its very Constitution is the evil. This may seem to be harsh and stubborn and unconciliatory; but it is to treat with the utmost kindness and consideration the only spirit that can appreciate or deserves it. So is an change for the better, like birth and death which convulse the body.

I do not hesitate to say, that those who call themselves Abolitionists should at once effectually withdraw their support, both in person and property, from the government of Massachusetts, and not wait till they constitute a majority of one,[694] before they suffer the right to prevail through them. I think that it is enough if they have God on their side, without waiting for that other one. Moreover, any man more right than his neighbors constitutes a majority of one already.

I meet this American government, or its representative, the State government, directly, and face to face, once a year — no more — in the person of its tax-gatherer;[695] this is the only mode in which a man situated as I am necessarily meets it; and it then says distinctly, Recognize me; and the simplest, the most effectual, and, in the present posture of affairs, the indispensablest mode of treating with it on this head, of expressing your little satisfaction with and love for it, is to deny it then. My civil neighbor, the tax-gatherer, is the very man I have to deal with — for it is, after all, with men and not with parchment that I quarrel — and he has voluntarily chosen to be an agent of the government. How shall he ever know well what he is and does as an officer of the government, or as a man, until he is obliged to consider whether he shall treat me, his neighbor, for whom he has respect, as a neighbor and well-disposed man, or as a maniac and disturber of the peace, and see if he can get over this obstruction to his neighborliness without a ruder and more impetuous thought or speech corresponding with his action? I know this well, that if one thousand, if one hundred, if ten men whom I could name — if ten *honest* men only — ay, if *one* HONEST man, in this State of Massachusetts, *ceasing to hold slaves*, were actually to withdraw from this copartnership, and be locked up in the county jail therefor, it would be the abolition of slavery in America.[696] For it matters not how small the beginning may seem to be: what is once well done is done forever. But we love better to talk about it: that we say is our mission. Reform keeps many scores of newspapers in its service, but not one man. If my esteemed neighbor, the State's

---

[694] majority of one – many mistakenly think that this ideology started with John Knox (1513-1572) who was the founder of Scottish Presbyterianism. He declared that "a man with God is always in the majority". Long before John Knox Christian martyrs based their actions precisely on this belief when they stood up to the idol worshipers of the world and easily dismissed and defeated in spirit Alexandrian, Roman, Persian and all the other heathen majorities. Please see St. Augustine's book "Confessions". Also see writings of Origen, Eusebius, Irenaeus and other early Christian Fathers, and take under consideration martyrdoms of St. Queen Ketevan of Kakheti and St. Ilia the Righteous – do you think they waited until the majority of fools came to its senses and thus the good came into majority, or rather they themselves acted as the representatives of the majority of good of their country and the whole humanity?

[695] Sam Staples – local constable and tax collector in Concord. In 1846 Staples met Thoreau and asked him to pay years' worth of delinquent poll taxes. Thoreau refused because of his opposition to the Mexican-American War and slavery, and he spent a night in jail because of this refusal.

[696] This is a prophesy on part of Thoreau, which became perfectly true in a relatively very short time: Thoreau himself was that man who did "withdraw from this copartnership (with the state), and be locked up in the county jail therefor" and soon the Civil War, defeat of the evil slaveholders and "the abolition of slavery in America" followed. Some may call this a Heavenly prophesy, some may call it a forethought of an intelligent and logical man, who discerned political trends and thus the inevitable future. I, on my part, must assert that both opinions could be deemed perfectly correct, for it is already a Heavenly miracle when an ordinary mortal has such a keen intelligence, such a far-reaching foresight and such a logical forethought, not to mention such love for humanity and for Americans, who represent a beautiful and essential part of that humanity, as did Thoreau.

ambassador,[697] who will devote his days to the settlement of the question of human rights in the Council Chamber, instead of being threatened with the prisons of Carolina, were to sit down the prisoner of Massachusetts, that State which is so anxious to foist the sin of slavery upon her sister — though at present she can discover only an act of inhospitality to be the ground of a quarrel with her — the Legislature would not wholly waive the subject the following winter.

Under a government which imprisons any unjustly, the true place for a just man is also a prison. The proper place to-day, the only place which Massachusetts has provided for her freer and less desponding spirits, is in her prisons, to be put out and locked out of the State by her own act, as they have already put themselves out by their principles. It is there that the fugitive slave, and the Mexican prisoner on parole, and the Indian come to plead the wrongs of his race,[698] should find them; on that separate, but more free and honorable ground, where the State places those who are not *with* her, but *against* her — the only house in a slave State in which a free man can abide with honor. If any think that their influence would be lost there, and their voices no longer afflict the ear of the State, that they would not be as an enemy within its walls, they do not know by how much truth is stronger than error, nor how much more eloquently and effectively he can combat injustice who has experienced a little in his own person. Cast your whole vote, not a strip of paper merely, but your whole influence. A minority is powerless while it conforms to the majority; it is not even a minority then; but it is irresistible when it clogs by its whole weight. If the alternative is to keep all just men in prison, or give up war and slavery, the State will not hesitate which to choose. If a thousand men were not to pay their tax-bills this year, that would not be a violent and bloody measure, as it would be to pay them, and enable the State to commit violence and shed innocent blood. This is, in fact, the definition of a peaceable revolution, if any such is possible. If the tax-gatherer, or any other public officer, asks me, as one has done, "But what shall I do?" my answer is, "If you really wish to do anything, resign your office." When the subject has refused allegiance, and the officer has resigned his office, then the revolution is accomplished. But even suppose blood should flow. Is there not a sort of blood shed when the conscience is wounded? Through this wound a man's real manhood and immortality flow out, and he bleeds to an everlasting death. I see this blood flowing now.

I have contemplated the imprisonment of the offender, rather than the seizure of his goods — though both will serve the same purpose — because they who assert the purest right, and consequently are most dangerous to a corrupt State, commonly have not spent much time in accumulating property. To such the State renders comparatively small service, and a slight tax is wont to appear exorbitant, particularly if they are obliged to earn it by special labor with their hands. If there were one who lived wholly without the use of money, the State itself would hesitate to demand it of him. But the rich man — not to make any invidious comparison — is always sold to the institution which makes him rich. Absolutely speaking, the more money, the less virtue; for money comes between a

---

[697] Samuel Hoar (1778-1856) of Concord, sent by Massachusetts legislature to South Carolina to protest the impoundment of free black sailors, and was forced to leave or rather flee from Charleston. His daughter was a close friend of the Emersons and a childhood friend of Thoreau.

[698] Besides slavery and the unjust war against the neighboring Mexico, this was the third issue that pained Thoreau and his contemporary patriots, – Indians were killed and persecuted left to right, not just by Americans, but by the English, by the Spaniards and, basically, by every European settler. The result of this persecution is the annihilation of majority of Indian nations and the imprisonment of the surviving tribes into mammoth size segregated prisons, the so called Reservations.

man and his objects, and obtains them for him; and it was certainly no great virtue to obtain it. It puts to rest many questions which he would otherwise be taxed to answer; while the only new question which it puts is the hard but superfluous one, how to spend it. Thus his moral ground is taken from under his feet. The opportunities of living are diminished in proportion as what are called the "means" are increased. The best thing a man can do for his culture when he is rich is to endeavor to carry out those schemes which he entertained when he was poor. Christ answered the Herodians[699] according to their condition. "Show me the tribute-money,"[700] said he; — and one took a penny out of his pocket; — if you use money which has the image of Cæsar on it, and which he has made current and valuable, that is, *if you are men of the State*, and gladly enjoy the advantages of Cæsar's government, then pay him back some of his own when he demands it; "Render therefore to Cæsar that which is Cæsar's, and to God those things which are God's"[701] — leaving them no wiser than before as to which was which; for they did not wish to know.

When I converse with the freest of my neighbors, I perceive that, whatever they may say about the magnitude and seriousness of the question, and their regard for the public tranquillity, the long and the short of the matter is, that they cannot spare the protection of the existing government, and they dread the consequences to their property and families of disobedience to it. For my own part, I should not like to think that I ever rely on the protection of the State. But, if I deny the authority of the State when it presents its tax-bill, it will soon take and waste all my property, and so harass me and my children without end. This is hard. This makes it impossible for a man to live honestly, and at the same time comfortably in outward respects. It will not be worth the while to accumulate property; that would be sure to go again. You must hire or squat somewhere, and raise but a small crop, and eat that soon.[702] You must live within yourself, and depend upon yourself always tucked up and ready for a start, and not have many affairs. A man may grow rich in Turkey even, if he will be in all respects a good subject of the Turkish government. Confucius said, "If a state is governed by the principles of reason, poverty and misery are subjects of shame; if a state is not governed by the principles of reason, riches and honors are the subjects of shame."[703] No: until I want the protection of Massachusetts to be extended to me in some distant Southern port, where my liberty is endangered, or until I am bent solely on building up an estate at home by peaceful

---

[699] Herodians – followers of the first non-Jewish King of Jews, Herod I, same as Herod the Great. Gospel speaks of the Herodians and the Pharisees as learned Sophists, who cunningly tried to question Jesus on the issue of paying taxes, as they wanted to trap him and, thus having enough evidence, to prosecute him. The Herodians were learned men, but they considered money and worldly wealth as the greatest value, hence they loathed virtue and loved evil. Their outwardly appearance was the one of an educated and clever and respectable citizen, but inwardly they were completely devoid of good, just like their leader, Herod I, – he undertook the greatest building projects in Jerusalem, including the rebuilding of the second Temple in Jerusalem and in a material sense he was beneficial to the Jews and the Jewish state, but inwardly he was an evil man who valued wealth and power over the good and virtuous love and that is why he slaughtered all the newborns, when he heard from the Magus about the birth of the new King – Jesus; he murdered his own family members and committed many other evil things out of love of money and power.
[700] Mathew 22-19.
[701] Matthew 22:19-21.
[702] Thoreau's philosophy is very similar to Origen's. In "the Exhortation to Martyrdom" Origen encourages to abandon all the worldly possessions and to devote life to the love of God and love of our neighbor. Please see the book "An Exhortation to Martyrdom, Prayer and Selected Works". Eusebius too, when he described lives of Martyrs of the I-IV centuries in his "Church History" tells us that early Christians would sell all their worldly goods and donate the money to their congregation for two purposes: to administer the Church and to help the needy. Please see the book "Church History".
[703] Confucius, "the Analects" 8:13. It needs to be mentioned that Thoreau's citations of Confucius are usually his own translations from an 1841 French edition by Jean-Pierre-Guillaume Pauthier.

enterprise, I can afford to refuse allegiance to Massachusetts, and her right to my property and life. It costs me less in every sense to incur the penalty of disobedience to the State than it would to obey. I should feel as if I were worth less in that case.

Some years ago, the State met me in behalf of the Church, and commanded me to pay a certain sum toward the support of a clergyman whose preaching my father attended, but never I myself. "Pay," it said, "or be locked up in the jail." I declined to pay. But, unfortunately, another man saw fit to pay it.[704] I did not see why the schoolmaster should be taxed to support the priest, and not the priest the schoolmaster: for I was not the State's schoolmaster, but I supported myself by voluntary subscription. I did not see why the lyceum[705] should not present its tax-bill, and have the State to back its demand, as well as the Church. However, at the request of the selectmen, I condescended to make some such statement as this in writing: — "Know all men by these presents, that I, Henry Thoreau, do not wish to be regarded as a member of any incorporated society which I have not joined." This I gave to the town clerk; and he has it. The State, having thus learned that I did not wish to be regarded as a member of that church, has never made a like demand on me since; though it said that it must adhere to its original presumption that time. If I had known how to name them, I should then have signed off in detail from all the societies which I never signed on to; but I did not know where to find a complete list.

I have paid no poll-tax[706] for six years. I was put into a jail once on this account, for one night; and, as I stood considering the walls of solid stone,[707] two or three feet thick, the door of wood and iron, a foot thick, and the iron grating which strained the light, I could not help being struck with the foolishness of that institution which treated me as if I were mere flesh and blood and bones, to be locked up. I wondered that it should have concluded at length that this was the best use it could put me to, and had never thought to avail itself of my services in some way. I saw that, if there was a wall of stone between me and my townsmen, there was a still more difficult one to climb or break through, before they could get to be as free as I was. I did not for a moment feel confined, and the walls seemed a great waste of stone and mortar. I felt as if I alone of all my townsmen had paid my tax. They plainly did not know how to treat me, but behaved like persons who are underbred. In every threat and in every compliment there was a blunder; for they thought that my chief desire was to stand the other side of that stone wall. I could not but smile to see how industriously they locked the door on my meditations, which followed them out again without let or hindrance, and they were really all that was dangerous. As they could not reach me, they had resolved to punish my body; just as boys, if they cannot come at some person against whom they have a spite, will abuse his dog. I saw that the State was half-witted, that it was timid as a lone woman with her silver spoons, and that it did not know its friends from its foes, and I lost all my remaining respect for it, and pitied it.

---

[704] In 1843 Bronson Alcott and Charles Lane (1800-1870) were arrested for refusal to pay the poll tax. Samuel Hoar paid the tax for them. So it might have been Samuel Hoar who paid the tax in Thoreau's case as well. Charles Lane was an English-American Transcendentalist and Abolitionist. He was the admirer and close friend of Bronson Alcott.

[705] Lyceum – in New England a town institution, usually a cooperative, a hall where public lectures and debates are held.

[706] poll-tax – a tax of a portioned, fixed amount per individual in accordance with the census.

[707] the prison where Thoreau was jailed was not a small-town lockup. It was the Middlesex County Jail. It was three-story high and it was built of solid granite blocks.

Thus the State never intentionally confronts a man's sense, intellectual or moral, but only his body, his senses. It is not armed with superior wit or honesty, but with superior physical strength. I was not born to be forced. I will breathe after my own fashion. Let us see who is the strongest. What force has a multitude? They only can force me who obey a higher law than I. They force me to become like themselves. I do not hear of *men* being *forced* to have this way or that by masses of men. What sort of life were that to live? When I meet a government which says to me, "Your money or your life," why should I be in haste to give it my money? It may be in a great strait, and not know what to do: I cannot help that. It must help itself; do as I do. It is not worth the while to snivel about it. I am not responsible for the successful working of the machinery of society. I am not the son of the engineer. I perceive that, when an acorn and a chestnut fall side by side, the one does not remain inert to make way for the other, but both obey their own laws, and spring and grow and flourish as best they can, till one, perchance, overshadows and destroys the other. If a plant cannot live according to its nature, it dies; and so a man.

The night in prison was novel and interesting enough. The prisoners in their shirt-sleeves were enjoying a chat and the evening air in the doorway, when I entered. But the jailer said, "Come, boys, it is time to lock up"; and so they dispersed, and I heard the sound of their steps returning into the hollow apartments. My room-mate was introduced to me by the jailer as "a first-rate fellow and a clever man." When the door was locked, he showed me where to hang my hat, and how he managed matters there. The rooms were whitewashed once a month; and this one, at least, was the whitest, most simply furnished, and probably the neatest apartment in the town. He naturally wanted to know where I came from, and what brought me there; and, when I had told him, I asked him in my turn how he came there, presuming him to be an honest man, of course; and, as the world goes, I believe he was. "Why," said he, "they accuse me of burning a barn; but I never did it." As near as I could discover, he had probably gone to bed in a barn when drunk, and smoked his pipe there; and so a barn was burnt. He had the reputation of being a clever man, had been there some three months waiting for his trial to come on, and would have to wait as much longer; but he was quite domesticated and contented, since he got his board for nothing, and thought that he was well treated.

He occupied one window, and I the other; and I saw that if one stayed there long, his principal business would be to look out the window. I had soon read all the tracts that were left there, and examined where former prisoners had broken out, and where a grate had been sawed off, and heard the history of the various occupants of that room; for I found that even here there was a history and a gossip which never circulated beyond the walls of the jail. Probably this is the only house in the town where verses are composed, which are afterward printed in a circular form, but not published. I was shown quite a long list of verses which were composed by some young men who had been detected in an attempt to escape, who avenged themselves by singing them.

I pumped my fellow-prisoner as dry as I could, for fear I should never see him again; but at length he showed me which was my bed, and left me to blow out the lamp.

It was like travelling into a far country, such as I had never expected to behold, to lie there for one night. It seemed to me that I never had heard the town-clock strike before, nor the evening sounds of the village; for we slept with the windows open, which were inside the grating. It was to see my native village in the light of the Middle Ages, and our Concord was turned into a Rhine[708] stream, and visions of knights and castles passed before me. They were the voices of old burghers[709] that I heard in the streets. I was an involuntary spectator and auditor of whatever was done and said in the kitchen of the adjacent village-inn — a wholly new and rare experience to me. It was a closer view of my native town. I was fairly inside of it. I never had seen its institutions before. This is one of its peculiar institutions; for it is a shire town.[710] I began to comprehend what its inhabitants were about.

In the morning, our breakfasts were put through the hole in the door, in small oblong-square tin pans, made to fit, and holding a pint of chocolate, with brown bread, and an iron spoon. When they called for the vessels again, I was green enough to return what bread I had left; but my comrade seized it, and said that I should lay that up for lunch or dinner. Soon after he was let out to work at haying in a neighboring field, whither he went every day, and would not be back till noon; so he bade me good-day, saying that he doubted if he should see me again.

When I came out of prison — for some one interfered,[711] and paid that tax — I did not perceive that great changes had taken place on the common, such as he observed who went in a youth and emerged a tottering and gray-headed man; and yet a change had to my eyes come over the scene — the town, and State, and country — greater than any that mere time could effect. I saw yet more distinctly the State in which I lived. I saw to what extent the people among whom I lived could be trusted as good neighbors and friends; that their friendship was for summer weather only; that they did not greatly propose to do right; that they were a distinct race from me by their prejudices and superstitions, as the Chinamen and Malays are; that in their sacrifices to humanity, they ran no risks, not even to their property; that after all they were not so noble but they treated the thief as he had treated them, and hoped, by a certain outward observance and a few prayers, and by walking in a particular straight though useless path from time to time, to save their souls. This may be to judge my neighbors harshly; for I believe that many of them are not aware that they have such an institution as the jail in their village.

It was formerly the custom in our village, when a poor debtor came out of jail, for his acquaintances to salute him, looking through their fingers, which were crossed to represent the grating of a jail window, "How do ye do?" My neighbors did not thus salute me, but first looked at me, and then at one another, as if I had returned from a long journey. I was put into jail as I was going to the shoemaker's to get a shoe which was mended. When I was let out the next morning, I proceeded to finish my errand, and, having put on my mended shoe, joined a huckleberry party, who were impatient to put themselves under my conduct; and in half an hour — for the horse was soon tackled — was in the midst of a huckleberry field, on one of our highest hills, two miles off, and then the State was nowhere to be seen.

---

[708] Rhine – a large river in Germany, its banks are dazzled with beautiful castles, palaces and village houses and marvelous scenery.
[709] Burgher – in the Middle Ages a typical German middle class citizen of a town.
[710] At the time, Concord and Cambridge both served as county seats for Middlesex County, MA. Shire town is the town that is the seat of county government.
[711] probably Thoreau's paternal aunt, Maria Thoreau paid the tax one day after his imprisonment and Thoreau was thus released from the jail immediately.

This is the whole history of "My Prisons."[712]

I have never declined paying the highway tax, because I am as desirous of being a good neighbor as I am of being a bad subject; and as for supporting schools, I am doing my part to educate my fellow-countrymen now. It is for no particular item in the tax-bill that I refuse to pay it. I simply wish to refuse allegiance to the State, to withdraw and stand aloof from it effectually. I do not care to trace the course of my dollar, if I could, till it buys a man or a musket to shoot one with — the dollar is innocent — but I am concerned to trace the effects of my allegiance. In fact, I quietly declare war with the State, after my fashion, though I will still make what use and get what advantage of her I can, as is usual in such cases.

If others pay the tax which is demanded of me, from a sympathy with the State, they do but what they have already done in their own case, or rather they abet injustice to a greater extent than the State requires. If they pay the tax from a mistaken interest in the individual taxed, to save his property, or prevent his going to jail, it is because they have not considered wisely how far they let their private feelings interfere with the public good.

This, then, is my position at present. But one cannot be too much on his guard in such a case, lest his action be biased by obstinacy or an undue regard for the opinions of men. Let him see that he does only what belongs to himself and to the hour.

I think sometimes, Why, this people mean well; they are only ignorant; they would do better if they knew how: why give your neighbors this pain to treat you as they are not inclined to? But I think, again, This is no reason why I should do as they do, or permit others to suffer much greater pain of a different kind. Again, I sometimes say to myself, When many millions of men, without heat, without ill-will, without personal feeling of any kind, demand of you a few shillings only, without the possibility, such is their constitution, of retracting or altering their present demand, and without the possibility, on your side, of appeal to any other millions, why expose yourself to this overwhelming brute force? You do not resist cold and hunger, the winds and the waves, thus obstinately; you quietly submit to a thousand similar necessities. You do not put your head into the fire. But just in proportion as I regard this as not wholly a brute force, but partly a human force, and consider that I have relations to those millions as to so many millions of men, and not of mere brute or inanimate things, I see that appeal is possible, first and instantaneously, from them to the Maker of them, and, secondly, from them to themselves. But, if I put my head deliberately into the fire, there is no appeal to fire or to the Maker of fire, and I have only myself to blame. If I could convince myself that I have any right to be satisfied with men as they are, and to treat them accordingly, and not according, in some respects, to my requisitions and expectations of what they and I ought to be, then, like a good Mussulman[713] and fatalist, I should endeavor to be satisfied with things as they are, and say it is the will of God.[714] And, above all, there is

---

[712] Reference to *Le Mie Prigioni* by Silvio Pellico (1789-1854), about his 8 years as a political prisoner. It was written in 1832, but Thoreau read the 1836 English translation.
[713] An archaic term for a Muslim.
[714] will of God – Thoreau's view on Predestination completely differs from Catholic and Protestant views, and precisely concurs with Orthodox Christian theology. Thoreau does not ascribe anything to fate. According to Thoreau, there is no such thing as fate, a man's destiny is decided by the Divine Providence and Free Will, by the Will of God and the Will of a free man. Orthodox Church has the exactly corresponding theology. Catholics believe only in Divine Providence as the driving force of a man's destiny. Most Protestants, on the other hand,

this difference between resisting this and a purely brute or natural force, that I can resist this with some effect; but I cannot expect, like Orpheus,[715] to change the nature of the rocks and trees and beasts.

I do not wish to quarrel with any man or nation. I do not wish to split hairs, to make fine distinctions, or set myself up as better than my neighbors. I seek rather, I may say, even an excuse for conforming to the laws of the land. I am but too ready to conform to them. Indeed, I have reason to suspect myself on this head; and each year, as the tax-gatherer comes round, I find myself disposed to review the acts and position of the general and State governments, and the spirit of the people, to discover a pretext for conformity.

> "We must affect our country as our parents,
> And if at any time we alienate
> Our love or industry from doing it honor,
> We must respect effects and teach the soul
> Matter of conscience and religion,
> And not desire of rule or benefit."[716]

I believe that the State will soon be able to take all my work of this sort out of my hands, and then I shall be no better a patriot than my fellow-countrymen. Seen from a lower point of view, the Constitution, with all its faults, is very good; the law and the courts are very respectable; even this State and this American government are, in many respects, very admirable and rare things, to be thankful for, such as a great many have described them; but seen from a point of view a little higher, they are what I have described them; seen from a higher still, and the highest, who shall say what they are, or that they are worth looking at or thinking of at all?

However, the government does not concern me much, and I shall bestow the fewest possible thoughts on it. It is not many moments that I live under a government, even in this world. If a man is thought-free, fancy-free, imagination-free, that which is *not* never for a long time appearing *to be* to him, unwise rulers or reformers cannot fatally interrupt him.

I know that most men think differently from myself; but those whose lives are by profession devoted to the study of these or kindred subjects, content me as little as any. Statesmen and legislators, standing so completely within the institution, never distinctly and nakedly behold it. They speak of moving society, but have no resting-place without it.[717] They may be men of a certain experience and discrimination, and have no doubt invented ingenious and even useful systems, for which we sincerely thank them; but all

---

place their beliefs on logic and disregard divine mysteries, even in their sermons, and assert that an individual is a master of his fate. Both are dead wrong. It is the combination of the divine and human wills that propels men to salvation, – free will alone is not enough to accomplish this, but neither is the Divine, for why else is there free will then? Why else is there sin and virtue? Why else is there freedom of choice? Such are the teachings of the Orthodox Church and such are opinions expressly expressed by Thoreau as well.

[715] In Greek mythology, a poet musician whose songs could charm even rocks, trees and beasts.

[716] George Peele (1557?-1597?) – an English dramatist, "Battle of Alcazar" (found in later editions only).

[717] A reference to Archimedes. Legend has it that Archimedes said, "Give me a place to stand and I will move the Earth", meaning that if he had a place to put a fulcrum and a long enough lever, he could lift and move any weight, no matter how big or how heavy.

their wit and usefulness lie within certain not very wide limits. They are wont to forget that the world is not governed by policy and expediency. Webster never goes behind government, and so cannot speak with authority about it. His words are wisdom to those legislators who contemplate no essential reform in the existing government; but for thinkers, and those who legislate for all time, he never once glances at the subject. I know of those whose serene and wise speculations on this theme would soon reveal the limits of his mind's range and hospitality. Yet, compared with the cheap professions of most reformers, and the still cheaper wisdom and eloquence of politicians in general, his are almost the only sensible and valuable words, and we thank Heaven for him. Comparatively, he is always strong, original, and, above all, practical. Still, his quality is not wisdom, but prudence. The lawyer's truth is not truth, but consistency or a consistent expediency. Truth is always in harmony with herself, and is not concerned chiefly to reveal the justice that may consist with wrong-doing. He well deserves to be called, as he has been called, the Defender of the Constitution. There are really no blows to be given by him but defensive ones. He is not a leader, but a follower. His leaders are the men of '87.[718] "I have never made an effort," he says, "and never propose to make an effort; I have never countenanced an effort, and never mean to countenance an effort, to disturb the arrangement as originally made, by which the various States came into the Union." Still thinking of the sanction which the Constitution gives to slavery, he says, "Because it was a part of the original compact — let it stand."[719] Notwithstanding his special acuteness and ability, he is unable to take a fact out of its merely political relations, and behold it as it lies absolutely to be disposed of by the intellect — what, for instance, it behooves a man to do here in America to-day with regard to slavery, but ventures, or is driven, to make some such desperate answer as the following, while professing to speak absolutely, and as a private man — from which what new and singular code of social duties might be inferred? "The manner," says he, "in which the governments of those States where slavery exists are to regulate it is for their own consideration, under their responsibility to their constituents, to the general laws of propriety, humanity, and justice, and to God. Associations formed elsewhere, springing from a feeling of humanity, or any other cause, have nothing whatever to do with it. They have never received any encouragement from me, and they never will."

They who know of no purer sources of truth, who have traced up its stream no higher, stand, and wisely stand, by the Bible and the Constitution, and drink at it there with reverence and humility; but they who behold where it comes trickling into this lake or that pool, gird up their loins[720] once more, and continue their pilgrimage toward its fountain-head.[721]

No man with a genius for legislation has appeared in America. They are rare in the history of the world. There are orators, politicians, and eloquent men, by the thousand;

---

[718] Writers of the Constitution in 1787.

[719] Daniel Webster (1782-1852) – from his speech in the U.S. Senate. Webster was a renowned orator and the U.S. senator from Massachusetts. He was willing to compromise with the South for the sake of saving the Union. Because of this, many New England patriots and abolitionists considered him a traitor.

[720] "Let your loins be girded about." Luke 12:34.

[721] Once again Thoreau's views are very similar to the Orthodox Christian theology of Pseudo-Dionysius the Areopagite. Every creature strives toward God in a set hierarchy, – higher the being's hierarchy, higher its ability to retain the good, higher its striving force and hence closer its proximity with God. Every being has a distinct and different ability. Some go higher in "their pilgrimage toward its fountain-head", as Thoreau puts it. Please see Pseudo-Dionysius the Areopagite's work, "Corpus Areopagiticum", Book "Celestial Hierarchy" and Book "Ecclesiastical Hierarchy".

but the speaker has not yet opened his mouth to speak who is capable of settling the much-vexed questions of the day. We love eloquence for its own sake, and not for any truth which it may utter, or any heroism it may inspire. Our legislators have not yet learned the comparative value of free-trade and of freedom, of union, and of rectitude, to a nation. They have no genius or talent for comparatively humble questions of taxation and finance, commerce and manufacturers and agriculture. If we were left solely to the wordy wit of legislators in Congress for our guidance, uncorrected by the seasonable experience and the effectual complaints of the people, America would not long retain her rank among the nations. For eighteen hundred years, though perchance I have no right to say it, the New Testament has been written; yet where is the legislator who has wisdom and practical talent enough to avail himself of the light which it sheds on the science of legislation?

The authority of government, even such as I am willing to submit to — for I will cheerfully obey those who know and can do better than I, and in many things even those who neither know nor can do so well — is still an impure one:[722] to be strictly just, it must have the sanction and consent of the governed. It can have no pure right over my person and property but what I concede to it. The progress from an absolute to a limited monarchy, from a limited monarchy to a democracy, is a progress toward a true respect for the individual. Even the Chinese philosopher[723] was wise enough to regard the individual as the basis of the empire. Is a democracy, such as we know it, the last improvement possible in government? Is it not possible to take a step further towards recognizing and organizing the rights of man? There will never be a really free and enlightened State until the State comes to recognize the individual as a higher and independent power, from which all its own power and authority are derived, and treats him accordingly. I please myself with imagining a State at least which can afford to be just to all men, and to treat the individual with respect as a neighbor; which even would not think it inconsistent with its own repose if a few were to live aloof from it, not meddling with it, nor embraced by it, who fulfilled all the duties of neighbors and fellow-men.[724] A State which bore this kind of fruit, and suffered it to drop off as fast as it ripened, would prepare the way for a still more perfect and glorious State, which also I have imagined, but not yet anywhere seen.[725]

---

[722] here Thoreau's views coincide with the philosophy of the greatest King of Georgia, Davit the Builder. Thoreau is well aware that perfection in earthly lordship is impossible. If it is impossible to have a perfect King, it follows that it is also impossible to have a perfect state. Realizing his shortcomings as a King and as a human, King Davit wrote his "Chants of Repentance" – a masterpiece of Orthodox Christian Theology. It is faintly similar to St. Augustine's "Confessions". Please see "Chants of Repentance" (Publishing house "Tbilisi", 1989). Although Thoreau, unlike the anarchist fools, agrees to submit himself to the government for the greater good, but submit to it not in a slave-like manner, but as a true patriot whose first and foremost concern is truth, – such is and always has been the official stand on this issue of the Orthodox Church as well, starting with Jesus, the apostles and the early martyrs.
[723] Probably Confucius (551-479 B.C.).
[724] How perfectly concordant are Thoreau's thoughts with Cicero's. In "De Officiis" Cicero states that the men of exceptionally good character and exceptional talents, who "due to their high morals can not stomach the immorality of the world – its people and its leaders" should be allowed to leave the busy life of worldly affairs and seek refuge in the peacefulness of country living. Cicero further continues: "Hence perhaps we must allow abstention from public affairs to individuals of exceptional talent who have devoted their lives to learning..." Please see Cicero's "De Officiis", Book I.
[725] How astonishingly similar is Thoreau to Plato, who in his "Republic", in the very last sentence of the last paragraph of Book 9, states that he has imagined such a perfect Kingdom and "in Heaven... there is laid up a pattern of it, methinks, which he who desires may behold, and beholding, may set his own house in order. But whether such a one exists, or ever will exist in fact, is no matter; for he will live after the manner of that city,

having nothing to do with any other." Please see "the Republic", Book IX, the last page. Thoreau is also similar to St. Augustine. Please see "the City of God" – the whole book is dedicated to the idea of the perfect Heavenly city, which is impossible to attain in this world.

AMERICAN HEROES   A PLEA FOR CAPTAIN JOHN BROWN

TRANSLATOR'S FOREWORD

John Brown (1800-1859) was a New England and American patriot. He was originally from Connecticut, but later his family moved to Ohio briefly. At the age of 16 John Brown left his family and went to Plainfield, Massachusetts, where he enrolled in a preparatory program. Shortly afterward, he transferred to the Morris Academy in Litchfield, Connecticut. He hoped to become a Congregationalist minister, but money ran out and he suffered from eye inflammations, which forced him to give up the academy and return to Ohio. In Hudson he worked briefly at his father's tannery before opening a successful tannery of his own outside of town with his adopted brother. In 1820 Brown married Dianthe Lusk. Their first child, John Jr, was born 13 months later. In 1825 Brown and his family moved to New Richmond, Pennsylvania, where he bought 200 acres (81 hectares) of land. He cleared an eighth of it and built a cabin, a barn, and a tannery. Within a year the tannery employed 15 men. Brown also made money raising cattle and surveying. He helped to establish a post office and a school. During this period, Brown operated an interstate business involving cattle and leather production along with a kinsman, Seth Thompson, from eastern Ohio. In 1831, one of his sons died. Brown fell ill, and his businesses began to suffer, which left him in terrible debt. In the summer of 1832 his wife Dianthe died. On June 14, 1833 Brown married Mary Ann Day (April 15, 1817—May 1, 1884), originally of Meadville, Pennsylvania. They eventually had 13 children, in addition to the seven children from his previous marriage. In 1836 Brown moved his family to Franklin Mills, Ohio (now known as Kent). In 1837, in response to the murder of Elijah P. Lovejoy, Brown publicly vowed: "Here, before God, in the presence of these witnesses, from this time, I consecrate my life to the destruction of slavery!" From the mid-1840s Brown had built a reputation as an expert in fine sheep and wool, and entered into a partnership with Simon Perkins Jr. of Akron, Ohio, whose flocks and farms were managed by Brown and sons. In 1846 Brown and Perkins set up a wool commission operation in Springfield, Massachusetts, to represent the interests of wool growers against the dominant interests of New England's manufacturers. Brown naively trusted the manufacturers at first, but soon came to realize they were determined to maintain control of price setting and feared the empowerment of the farmers. In 1848 Brown heard of Gerrit Smith's Adirondack land grants to poor black men, and decided to move his family among the new settlers. He bought land near North Elba, New York (near Lake Placid), for $1 an acre, although he spent little time there. After he was executed, his wife took his body there for burial. Since 1895 the farm has been owned by New York state. The John Brown Farm and Gravesite is now a National Historic Landmark. In 1855 Brown learned from his adult sons in the Kansas territory that pro-slavery forces there were militant and that their families were completely unprepared to face attack. Determined to protect his family and oppose the advances of pro-slavery supporters, Brown left for Kansas, enlisting a son-in-law and making several stops just to collect funds and weapons. As reported by the New York Tribune, Brown stopped en route to participate in an anti-slavery convention that took place in June 1855 in Albany, New York. Despite the controversy that ensued on the convention floor regarding the support of violent efforts on behalf of the free state cause, several individuals provided Brown some solicited financial support. As he went westward, however, Brown found more militant support in his home state of Ohio, particularly in the strongly anti-slavery Western Reserve section where he had been reared. In Boston he met Henry David Thoreau and Ralph Waldo Emerson.

Initially the raid went well, and they met no resistance entering the town. They cut the telegraph wires and easily captured the armory, which was being defended by a single watchman. They next rounded up hostages from nearby farms, including Colonel Lewis Washington, great-grandnephew of George Washington. News of the raid reached Baltimore early that morning and then on to Washington by late morning, – Brown, out of kindness to the hostages and the public, let the passing train through, which took the news to Washington. On numerous occasions he later stated that this was his tactical mistake committed by him because of his extreme humaneness and excessive care for the hostages, – per usual, Brown was perfectly right. He also stated that this mistake was ordained by God, – he was right on that too, as his heroic death produced greater results than his heroic life. By the morning of October 18 the engine house, later known as John Brown's Fort, was surrounded by a company of US Marines under the command of Colonel Robert E. Lee of the United States Army. A young Army lieutenant, J.E.B. Stuart, approached under a white flag and told the raiders that their lives would be spared if they surrendered. Brown refused, saying, "No, I prefer to die here." Some time elapsed and at the end Brown decided to surrender in order to save the lives of his men, but Stuart then gave a signal, the Marines used sledge hammers and a make-shift battering-ram to break down the engine room door, Lieutenant Israel Greene cornered Brown, who had already surrendered, and struck him several times, wounding his head. In three minutes Brown and the survivors, who had kept hollering "we surrender!!!", were chopped, wounded, insulted and made captives. Altogether Brown's men killed four people, and wounded nine. Ten of Brown's men were killed (including his sons Watson and Oliver). Five of Brown's men escaped (including his son Owen), and seven were captured along with Brown who were later executed – four were executed on December 15, 1859 and two – on March 16, 1860. Brown and the others captured were held in the office of the armory. On October 18, 1859 Virginia Governor Henry A. Wise, Virginia Senator James M. Mason, and Representative Clement Vallandigham of Ohio arrived in Harper's Ferry. Mason led the three-hour questioning session of Brown. Victor Hugo, from exile on Guernsey, tried to obtain pardon for John Brown. He sent an open letter that was published by the press on both sides of the Atlantic. At the end it states: "Let America know and ponder on this: there is something more frightening than Cain killing Abel, and that is Washington killing Spartacus." On the morning of December 2 Brown read his Bible and wrote a final letter to his wife, which included his will. At 11:00 he was escorted from the county jail through a crowd of 2,000 soldiers a few blocks away to a small field where the gallows were. Among the soldiers in the crowd were future Confederate general Stonewall Jackson and John Wilkes Booth, who borrowed a militia uniform to gain admission to the execution. Brown was accompanied by the sheriff and his assistants, but no minister since he had consistently rejected the ministrations of pro-slavery clergy.

A PLEA FOR CAPTAIN JOHN BROWN

I TRUST that you will pardon me for being here. I do not wish to force my thoughts upon you, but I feel forced myself. Little as I know of Captain Brown,[726] I would fain[727] do my part to correct the tone and the statements of the newspapers, and of my countrymen generally, respecting his character and actions. It costs us nothing to be just. We can at least express our sympathy with, and admiration of, him and his companions, and that is what I now propose to do.

First, as to his history. I will endeavor to omit, as much as possible, what you have already read. I need not describe his person to you, for probably most of you have seen and will not soon forget him. I am told that his grandfather,[728] John Brown, was an officer in the Revolution; that he himself was born in Connecticut about the beginning of this century, but early went with his father to Ohio. I heard him say that his father was a contractor who furnished beef to the army there, in the war of 1812; that he accompanied him to the camp, and assisted him in that employment, seeing a good deal of military life, more, perhaps, than if he had been a soldier; for he was often present at the councils of the officers. Especially, he learned by experience how armies are supplied and maintained in the field a work which, he observed, requires at least as much experience and skill as to lead them in battle. He said that few persons had any conception of the cost, even the pecuniary cost, of firing a single bullet in war. He saw enough, at any rate, to disgust him with a military life; indeed to excite in him a great abhorrence of it; so much so, that though he was tempted by the offer of some petty office in the army, when he was about eighteen, he not only declined that, but he also refused to train when warned, and was fined for it. He then resolved that he would never have anything to do with any war, unless it were a war for liberty.

When the troubles in Kansas began,[729] he sent several of his sons thither to strengthen the party of the Free State men, fitting them out with such weapons as he had; telling them that if the troubles should increase, and there should be need of him, he would follow to assist them with his hand and counsel. This, as you all know, he soon after did; and it was through his agency, far more than any other's, that Kansas was made free.

For a part of his life he was a surveyor, and at one time he was engaged in wool-growing, and he went to Europe as an agent about that business. There, as everywhere, he had his eyes about him, and made many original observations. He said, for instance, that he saw why the soil of England was so rich, and that of Germany[730] (I think it was) so poor, and he thought of writing to some of the crowned heads about it. It was because in England the peasantry live on the soil which they cultivate, but in

---

[726] Please see the translator's foreword.
[727] fain – cheerfully, readily, gladly, willingly.
[728] grandfather – meaning John Brown's paternal grandfather who joined the Continental army, but died of dysentery only a few weeks later.
[729] The Kansas-Nebraska Act of 1854 included a provision to allow settlers to decide the issue of slavery by popular vote, resulting in a series of violent encounters, a civil war now known as "Bleeding Kansas".
[730] In 1849 John Brown traveled to Europe about his wool business. He visited England and Germany (namely, the city of Hamburg).

Germany they are gathered into villages at night. It is a pity that he did not make a book of his observations.

I should say that he was an old-fashioned man in his respect for the Constitution, and his faith in the permanence of this Union. Slavery he deemed to be wholly opposed to these, and he was its determined foe.

He was by descent and birth a New England farmer, a man of great common sense, deliberate and practical as that class is, and tenfold more so. He was like the best of those who stood at Concord Bridge once, on Lexington Common, and on Bunker Hill,[731] only he was firmer and higher principled than any that I have chanced to hear of as there. It was no abolition lecturer that converted him. Ethan Allen[732] and Stark,[733] with whom he may in some respects be compared, were rangers in a lower and less important field. They could bravely face their country's foes, but he had the courage to face his country herself, when she was in the wrong. A Western writer says, to account for his escape from so many perils, that he was concealed under a "rural exterior;"[734] as if, in that prairie land, a hero should, by good rights, wear a citizen's dress only.

He did not go to the college called Harvard, good old Alma Mater as she is.[735] He was not fed on the pap that is there furnished. As he phrased it, "I know no more of grammar than one of your calves." But he went to the great university of the West,[736] where he sedulously pursued the study of Liberty, for which he had early betrayed a fondness, and having taken many degrees, he finally commenced the public practice of Humanity in Kansas, as you all know. Such were *his humanities*, and not any study of grammar. He would have left a Greek accent slanting the wrong way, and righted up a falling man.

---

[731] A reference to the Revolutionary War battles of Lexington and Concord, which were well known to Thoreau and his audience.

[732] Ethan Allen (1738-1789) – a farmer, businessman, land speculator, philosopher, writer, and American Revolutionary War patriot, hero, and politician. Allen was an early American revolutionary and guerrilla leader who, before the war, fought against the Province of New York's attempts to take control of the New Hampshire Grants. He is probably most widely known for founding the Green Mountain Boys and leading their participation in the capture of Fort Ticonderoga on May 10, 1775, and for later political and military activities leading first, to the formation of the Vermont Republic and then, to Vermont's statehood (although the latter did not occur until after his death). In spite of these great accomplishments, Thoreau considered, and rightfully so, Ethan Allen to be a hero of much lesser stature than John Brown for a simple, but an important reason: Ethan Allen fought against the foreign evil, which attacked his country, while Captain Brown did not hesitate to fight his own country when the evil of slavery took a hold of it and turned it into an evil and one of the most inhumane political machinery of the time.

[733] John Stark (1728-1822) – a New Hampshire general who served in the American Continental Army during the American Revolutionary War. He became widely known as the "Hero of Bennington" for his exemplary service at the Battle of Bennington in 1777. In spite of these great accomplishments, Thoreau considered, and rightfully so, John Stark to be a hero of much lesser stature than John Brown for a simple, but an important reason: John Stark fought against the foreign evil, which attacked his country, while Captain Brown did not hesitate to fight his own country when the evil of slavery took a hold of it and turned it into an evil and one of the most inhumane political machinery of the time.

[734] "rural exterior" – Thoreau is citing from an article published in "Chicago Press and Tribune" and then reprinted in the "New-York Daily Tribune" on October 24, 1859.

[735] Thoreau graduated from Harvard with a Master's degree, but he did not value the institution much, so he refused to pay the five-dollar fee for a Harvard diploma.

[736] great university of the West – Thoreau in a literal sense means the American West and in a symbolic sense he means the school of life – school of hard knocks.

He was one of that class of whom we hear a great deal, but, for the most part, see nothing at all, — the Puritans.[737] It would be in vain to kill him. He died lately in the time of Cromwell,[738] but he reappeared here. Why should he not? Some of the Puritan stock are said to have come over and settled in New England. They were a class that did something else than celebrate their forefathers' day, and eat parched [739] corn in remembrance of that time. They were neither Democrats nor Republicans, but men of simple habits, straightforward, prayerful; not thinking much of rulers who did not fear God, not making many compromises, nor seeking after available candidates.

"In his camp,"[740] as one has recently written, and as I have myself heard him state, "he permitted no profanity; no man of loose morals was suffered to remain there, unless, indeed, as a prisoner of war. 'I would rather,' said he, 'have the smallpox, yellow fever, and cholera, all together in my camp, than a man without principle. It is a mistake, sir, that our people make, when they think that bullies are the best fighters, or that they are the fit men to oppose these Southerners. Give me men of good principles, — God-fearing men, men who respect themselves, and with a dozen of them I will oppose any hundred such men as these Buford ruffians.'"[741] He said that if one offered himself to be a soldier under him, who was forward to tell what he could or would do if he could only get sight of the enemy, he had but little confidence in him.[742]

He was never able to find more than a score or so of recruits whom he would accept, and only about a dozen, among them his sons, in whom he had perfect faith. When he was here some years ago, he showed to a few a little manuscript book, his

---

[737] Puritans – the original white settlers of Massachusetts. The Puritans were a significant grouping of English-speaking Protestants in the 16th and 17th century. Puritanism, in this sense, was founded by some Marian exiles from the clergy shortly after the accession of Elizabeth I of England in 1559, as an activist movement within the Church of England. Puritans felt that the English Reformation had not gone far enough, and that the Church of England was tolerant of practices which they associated with the Catholic Church. They formed into various religious groups advocating for greater "purity" of worship and doctrine, as well as personal and social piety. Puritans adopted a Reformed theology and in that sense were Calvinists (as many of their opponents were, also), but also took note of radical views critical of Zwingli in Zurich and Calvin in Geneva. In church polity, some advocated for separation from all other Christians, in favor of autonomous churches, and these separatist and independent strands of Puritanism became significant in the 1640s, when the supporters of a Presbyterian polity in the Westminster Assembly were unable to forge a new English national church. The designation "Puritan" is often expanded to mean any conservative Protestant, or even more broadly, to evangelicals.
[738] Oliver Cromwell (1599-1658) – English military leader, politician, and dictator, and one of only two commoners ever to have been the English Head of State.
[739] parched corn in remembrance – legend has it that during the summer of 1623 the Pilgrims had so little corn that until the next harvest they had to ration very strictly – five kernels of parched corn per person a day. Forefathers' Day was celebrated in New England in Thoreau's time, and during this celebratory feast New Englanders would place five kernels of perched corn on each plate in remembrance of their ancestors' hardship, resolve and determination.
[740] "in his camp" – source of Thoreau's citation is James Redpath (1833-1891) – a journalist, who later became a hagiographer. He met Captain Brown in Kansas. His memoir of this meeting was published in "Boston Atlas and Daily Bee". In 1860 Redpath wrote a book "Public Life of Capt. John Brown".
[741] A reference to Jefferson Buford (1807-1861) – in 1856 he recruited about four hundred Southerners for a colonization effort in Kansas Territory, so that it would enter the Union as a slave state. They were a militant group ready to intimidate the population and fight against the Free State settlers and Abolitionists. This band was called "Buford Ruffians".
[742] Brown was perfectly right. The similar idea is expressed by Josephus (Roman), in Hebrew also known as Yoseph Ben Mattithyahu (37-100 AD) – the greatest Jewish historian and hagiographer of priestly and royal ancestry of the 1st century, who recorded Jewish History, with special emphasis on the 1st century AD and the First Jewish-Roman War which resulted in the Destruction of Jerusalem in 70 AD. Josephus writes in awe and admiration about the orderliness of the Roman army: "...they live together in companies, with quietness and decency, as are all their other affairs managed with good order and security." See "The Wars of the Jews", Book 3, Chapter 5 by Josephus.

"orderly book" I think he called it, — containing the names of his company in Kansas, and the rules by which they bound themselves; and he stated that several of them had already sealed the contract with their blood. When some one remarked that, with the addition of a chaplain,[743] it would have been a perfect Cromwellian[744] troop, he observed that he would have been glad to add a chaplain to the list, if he could have found one who could fill that office worthily. It is easy enough to find one for the United States army. I believe that he had prayers in his camp morning and evening, nevertheless.

He was a man of Spartan[745] habits, and at sixty was scrupulous about his diet at your table, excusing himself by saying that he must eat sparingly and fare hard, as became a soldier, or one who was fitting himself for difficult enterprises, a life of exposure.

A man of rare common sense and directness of speech, as of action; a transcendentalist[746] above all, a man of ideas and principles, that was what distinguished him. Not yielding to a whim or transient impulse, but carrying out the purpose of a life. I noticed that he did not overstate anything, but spoke within bounds. I remember, particularly, how, in his speech here, he referred to what his family had suffered in Kansas, without ever giving the least vent to his pent-up fire. It was a volcano with an ordinary chimney-flue. Also referring to the deeds of certain Border Ruffians,[747] he said, rapidly paring away his speech, like an experienced soldier, keeping a reserve of force and meaning, "They had a perfect right to be hung." He was not in the least a rhetorician, was not talking to Buncombe[748] or his constituents anywhere, had no need to invent anything, but to tell the simple truth, and communicate his own resolution; therefore he appeared incomparably strong, and eloquence in Congress and elsewhere seemed to me at a discount. It was like the speeches of Cromwell compared with those of an ordinary king.

As for his tact and prudence, I will merely say, that at a time when scarcely a man from the Free States was able to reach Kansas by any direct route, at least without having his arms taken from him, he, carrying what imperfect guns and other weapons he could collect, openly and slowly drove an ox-cart through Missouri, apparently in the capacity of a surveyor, with his surveying compass exposed in it, and so passed unsuspected, and had ample opportunity to learn the designs of the enemy. For some time after his arrival he still followed the same profession. When, for instance, he saw a knot

---

[743] Chaplain – typically a priest, pastor, ordained deacon, rabbi, imam, other member of the clergy, or another representative of a faith or belief, serving a group of people who are not organized as a mission or church, or who are unable to attend religious services for various reasons, such as health, confinement, or military or civil duties.

[744] Oliver Cromwell (1599-1658) – English military and political leader best known for his involvement in making England into a republican Commonwealth and for his later role as Lord Protector of England, Scotland, and Ireland. He was one of the commanders of the New Model Army which defeated the royalists in the English Civil War. After the execution of King Charles I in 1649, Cromwell dominated the short-lived Commonwealth of England, conquered Ireland and Scotland, and ruled as Lord Protector from 1653 until his death from malaria in 1658.

[745] Reference to the Spartans of ancient Greece, implying self-discipline and little comfort.

[746] The lower case in "transcendentalist" is a clear indicator that Brown was no Transcendentalist, as in a literary movement of that time, but rather a transcendentalist in the truest sense, – his ideas were so advanced that they transcended common knowledge and understanding.

[747] Border Ruffians – pro-slavery settlers in the Kansas Territory who were active along Missouri-Kansas border. They were mostly from the neighboring slave state of Missouri.

[748] In 1820 Representative Felix Walker, of Buncombe County, North Carolina spoke on the Missouri issue, and refused to yield the floor, explaining that his words were not for Congress, but that he was "speaking for Buncombe." In Thoreau's time, "bunkum" referred to speechmaking intended for a show or applause.

of the ruffians on the prairie, discussing, of course, the single topic which then occupied their minds, he would, perhaps, take his compass and one of his sons, and proceed to run an imaginary line[749] right through the very spot on which that conclave had assembled, and when he came up to them, he would naturally pause and have some talk with them, learning their news, and, at last, all their plans perfectly; and having thus completed his real survey he would resume his imaginary one, and run on his line till he was out of sight.[750]

When I expressed surprise that he could live in Kansas at all, with a price set upon his head,[751] and so large a number, including the authorities, exasperated against him, he accounted for it by saying, "It is perfectly well understood that I will not be taken." Much of the time for some years he has had to skulk in swamps, suffering from poverty and from sickness, which was the consequence of exposure, befriended only by Indians and a few whites. But though it might be known that he was lurking in a particular swamp, his foes commonly did not care to go in after him. He could even come out into a town where there were more Border Ruffians than Free State men, and transact some business, without delaying long, and yet not be molested; for said he, "No little handful of men were willing to undertake it, and a large body could not be got together in season."

As for his recent failure, we do not know the facts about it.[752] It was evidently far from being a wild and desperate attempt. His enemy, Mr. Vallandigham,[753] is compelled to say that "it was among the best planned and executed conspiracies that ever failed."

Not to mention his other successes, was it a failure, or did it show a want of good management, to deliver from bondage a dozen human beings,[754] and walk off with them by broad daylight, for weeks if not months, at a leisurely pace, through one State after another, for half the length of the North, conspicuous to all parties, with a price set upon his head, going into a court-room on his way and telling what he had done, thus

---

[749] It is supposed that this event took place near Pottawatomie, Kansas in spring of 1856. Brown and his son, Salmon, disguised themselves as government surveyors and spied on a company from the state of Georgia.

[750] This would have had special meaning for Thoreau, who was also a surveyor.

[751] In December 1858 John Brown raided Missouri. As a result President James Buchanan immediately set a reward of $250 for Brown's capture, at the same time the state of Missouri set $3,000 for the same.

[752] Details of Brown's Harper's Ferry raid had not reached Concord at this time.

[753] Clement Laird Vallandigham (1820-1871) – an Ohio unionist of the Copperhead faction of anti-war, pro-Confederate Democrats during the American Civil War. One day after Captain Brown was captured, he arrived at Harper's Ferry in order to participate in the interrogation. He ran for Congress in 1856, and was narrowly defeated. He appealed to the House of Representatives, which seated him, by a party vote, on the next to last day of the term. He was elected by small margins in 1858 and in 1860, when he reluctantly supported Stephen A. Douglas. Once the Civil War began, however, the majority anti-secession population of the Dayton area turned him out, and Vallandigham lost his bid for a third term in 1862 by a relatively large vote. After General Ambrose E. Burnside issued General Order Number 38, warning that the "habit of declaring sympathies for the enemy" would not be tolerated in the Military District of Ohio, Vallandigham gave a major speech (May 1, 1863) charging that the war was being fought not to save the Union but to free blacks and enslave whites. To those who supported the war he declared, "Defeat, debt, taxation [and] sepulchers – these are your trophies." He denounced "King Lincoln," calling for Abraham Lincoln's removal from the presidency. On May 5 he was arrested as a violator of General Order No. 38. Vallandigham died in 1871 in Lebanon, Ohio, at the age of 50, after accidentally shooting himself with a pistol. He was representing a defendant in a murder case for killing a man in a barroom brawl. Vallandigham wished to prove the victim had in fact killed himself while trying to draw his pistol from a pocket while rising from a kneeling position.

[754] John Brown and his men went from Kansas into Missouri, attacked homes of two slaveholders and freed eleven slaves in December 1858. Then they moved eastward to Detroit, where the slaves embarked to Canada.

convincing Missouri that it was not profitable to try to hold slaves in his neighborhood? — and this, not because the government menials were lenient, but because they were afraid of him.

Yet he did not attribute his success, foolishly, to "his star," or to any magic. He said, truly, that the reason why such greatly superior numbers quailed before him was, as one of his prisoners confessed, because they lacked a cause, a kind of armor which he and his party never lacked. When the time came, few men were found willing to lay down their lives in defense of what they knew to be wrong; they did not like that this should be their last act in this world.

But to make haste to *his* last act, and its effects.

The newspapers seem to ignore, or perhaps are really ignorant of the fact that there are at least as many as two or three individuals to a town throughout the North who think much as the present speaker does about him and his enterprise. I do not hesitate to say that they are an important and growing party.[755] We aspire to be something more than stupid and timid chattels, pretending to read history and our Bibles, but desecrating every house and every day we breathe in. Perhaps anxious politicians may prove that only seventeen white men and five negroes were concerned in the late enterprise; but their very anxiety to prove this might suggest to themselves that all is not told. Why do they still dodge the truth? They are so anxious because of a dim consciousness of the fact, which they do not distinctly face, that at least a million of the free inhabitants of the United States would have rejoiced if it had succeeded. They at most only criticize the tactics. Though we wear no crape, the thought of that man's position and probable fate is spoiling many a man's day here at the North for other thinking. If any one who has seen him here can pursue successfully any other train of thought, I do not know what he is made of. If there is any such who gets his usual allowance of sleep, I will warrant him to fatten easily under any circumstances which do not touch his body or purse. I put a piece of paper and a pencil under my pillow, and when I could not sleep I wrote in the dark.

On the whole, my respect for my fellow-men, except as one may outweigh a million, is not being increased these days. I have noticed the cold-blooded way in which newspaper writers and men generally speak of this event, as if an ordinary malefactor, though one of unusual "pluck," as the Governor of Virginia[756] is reported to have said, using the language of the cock-pit, "the gamest man he ever saw." had been caught and were about to be hung. He was not dreaming of his foes when the governor thought he looked so brave. It turns what sweetness I have to gall, to hear, or hear of, the remarks of some of my neighbors. When we heard at first that he was dead, one of my townsmen observed that "he died as the fool dieth;" which, pardon me, for an instant suggested a likeness in him dying to my neighbor living. Others, craven-hearted, said disparagingly, that "he threw his life away," because he resisted the government. Which way have they thrown *their* lives, pray? such as would praise a man for attacking singly an ordinary band of thieves or murderers. I hear another ask, Yankee-like, "What will he gain by it?" as if he expected to fill his pockets by this enterprise. Such a one has no idea of gain but

---

[755] Reference to Abolitionists – Thoreau delivered "Slavery in Massachusetts" in 1854.
[756] Henry Alexander Wise (1806-1876) – Governor of the state of Virginia. His report on John Brown was published in "New York Tribune" on October 22, 1859.

in this worldly sense.[757][758] If it does not lead to a "surprise" party,[759] if he does not get a new pair of boots, or a vote of thanks, it must be a failure. "But he won't gain anything by it." Well, no, I don't suppose he could get four-and-sixpence[760] a day for being hung, take the year round; but then he stands a chance to save a considerable part of his soul, — and *such* a soul! — when *you* do not. No doubt you can get more in your market for a quart[761] of milk than for a quart of blood, but that is not the market that heroes carry their blood to.

Such do not know that like the seed is the fruit, and that, in the moral world, when good seed is planted, good fruit is inevitable, and does not depend on our watering and cultivating; that when you plant, or bury, a hero in his field, a crop of heroes is sure to spring up. This is a seed of such force and vitality, that it does not ask our leave to germinate.

The momentary charge at Balaclava,[762] in obedience to a blundering command, proving what a perfect machine the soldier is, has, properly enough, been celebrated by a poet laureate; but the steady, and for the most part successful, charge of this man, for some years, against the legions of Slavery, in obedience to an infinitely higher command, is as much more memorable than that as an intelligent and conscientious man is superior to a machine. Do you think that that will go unsung?

"Served him right," — "A dangerous man," — "He is undoubtedly insane."[763] So they proceed to live their sane, and wise, and altogether admirable lives, reading their Plutarch[764] a little, but chiefly pausing at that feat of Putnam,[765] who was let down into a wolf's den; and in this wise they nourish themselves for brave and patriotic deeds some

---

[757] Thoreau's philosophy is similar to Aristotle's (384-322 BC). In his book "Politica" or "Politics" Aristotle states the following: "…majority of men are more desirous of gain than of honor." Please see Aristotle's work "Politics", Book VI.
[758] The same idea is expressed by the ancient Chinese philosopher, Confucius (551-479 BC): "People of greatness understand matters of justice, while small people understand matters of profit." Please see "The Analects" by Confucius.
[759] "surprise" party – in Thoreau's time a group of people would bring food and gifts to a friend's house, and without an invitation throw a dinner party.
[760] four-and-sixpence – meaning a trifling sum of money.
[761] A quart – an Imperial and US customary unit of volume equal to a quarter of a gallon, two pints, or four cups. Since gallons of various sizes have historically been in use, quarts of various sizes have also existed.
[762] The Battle of Balaclava (October 25, 1854) – an important battle in the Crimean War, with England, France and the Ottoman Empire on one side, and Russia – on the other. The allies did Win the battle, but at a horrible cost – it led to one of the most infamous and ill-fated events in British military history – the Charge of the Light Brigade. It is best remembered as the subject of a famous poem "The Charge of the Light Brigade" by Alfred Lord Tennyson, whose lines have made the charge a symbol of warfare at both its most courageous and its most tragic.
[763] "He is undoubtedly insane." – Captain Brown's lawyers tried to enter an insanity plea at the trial. John Brown rejected this and called the attempt "a miserable artifice". After the sentencing, a group, which consisted of some of his friends and relatives, falsely claimed that Captain Brown suffered from hereditary insanity and tried to persuade the Virginia Governor to commute the death sentence. Of course the press loved the news and reports of Brown's insanity were widely published. Indeed Brown was an immovable and persistent man, but there is not an ounce of evidence of his insanity anywhere in his personal or hereditary history. To the contrary, everyone, even his worst enemies, knew him as an exceptionally clever and keen man.
[764] Plutarch (46 – 120 AD) - Greek historian, biographer, moralist and essayist.
[765] Israel Putnam (1718-1790) – American army general who fought with distinction at the Battle of Bunker Hill (1775) during the American Revolutionary War (1775–1783). Although Putnam never quite attained the national renown of more famous heroes, such as Davy Crockett or Daniel Boone, in his own time his reckless courage and fighting spirit were known far beyond Connecticut's borders through the circulation of folk legends celebrating his exploits.

time or other. The Tract Society[766] could afford to print that story of Putnam. You might open the district schools with the reading of it, for there is nothing about Slavery or the Church in it; unless it occurs to the reader that some pastors[767] are wolves in sheep's clothing. "The American Board of Commissioners for Foreign Missions",[768] even, might dare to protest against *that* wolf. I have heard of boards, and of American boards, but it chances that I never heard of this particular lumber till lately. And yet I hear of Northern men, and women, and children, by families, buying a "life-membership" in such societies as these. A life-membership in the grave! You can get buried cheaper than that.

Our foes are in our midst and all about us. There is hardly a house but is divided against itself, for our foe is the all but universal woodenness of both head and heart, the want of vitality in man, which is the effect of our vice; and hence are begotten fear, superstition, bigotry, persecution, and slavery of all kinds. We are mere figure-heads upon a hulk, with livers in the place of hearts. The curse is the worship of idols, which at length changes the worshipper into a stone image himself; and the New Englander is just as much an idolater as the Hindoo. This man was an exception, for he did not set up even a political graven image between him and his God.

A church that can never have done with excommunicating Christ while it exists! Away with your broad and flat churches, and your narrow and tall churches! Take a step forward and invent a new style of out-houses. Invent a salt[769] that will save you, and defend our nostrils.

The modern Christian is a man who has consented to say all the prayers in the liturgy, provided you will let him go straight to bed and sleep quietly afterward. All his prayers begin with "Now I lay me down to sleep," and he is forever looking forward to the time when he shall go to his "*long* rest." He has consented to perform certain old-established charities, too, after a fashion, but he does not wish to hear of any new-fangled ones; he doesn't wish to have any supplementary articles added to the contract, to fit it to the present time. He shows the whites of his eyes on the Sabbath, and the blacks all the rest of the week. The evil is not merely a stagnation of blood, but a stagnation of spirit. Many, no doubt, are well disposed, but sluggish by constitution and by habit, and they cannot conceive of a man who is actuated by higher motives than they are. Accordingly they pronounce this man insane, for they know that *they* could never act as he does, as long as they are themselves.

We dream of foreign countries, of other times and races of men, placing them at a distance in history or space; but let some significant event like the present occur in our midst, and we discover, often, this distance and this strangeness between us and our nearest neighbors. *They* are our Austrias, and Chinas, and South Sea Islands. Our crowded society becomes well spaced all at once, clean and handsome to the eye, — a

---

[766] Tract Society – society which distributed religious and literary tracts. The society first became influential during the Protestant Reformation. It was also very popular in England and New England in 1830s and 1840s. The New England Tract Society was formed in 1814. In 1823 it became the American Tract Society.

[767] Pastor – a protestant priest. "Pastor" is a Latin word and means a "shepherd". It was commonly used among early Christians to designate a priest, but later on the phrase was phased out and now it only remains in use among Protestants.

[768] The American Board of Commissioners for Foreign Missions – Established by New England Congregationalists in 1810, it was the first American missionary and Christian foreign mission agency in the U.S.

[769] Salt in Thoreau's time was used to clean and deodorize outhouses.

city of magnificent distances. We discover why it was that we never got beyond compliments and surfaces with them before; we become aware of as many versts[770] between us and them as there are between a wandering Tartar and a Chinese town. The thoughtful man becomes a hermit in the thoroughfares of the market-place. Impassable seas suddenly find their level between us, or dumb steppes stretch themselves out there. It is the difference of constitution, of intelligence, and faith, and not streams and mountains, that make the true and impassable boundaries between individuals and between states. None but the like-minded can come plenipotentiary to our court.

I read all the newspapers I could get within a week after this event, and I do not remember in them a single expression of sympathy for these men. I have since seen one noble statement, in a Boston paper, not editorial. Some voluminous sheets decided not to print the full report of Brown's words to the exclusion of other matter. It was as if a publisher should reject the manuscript of the New Testament, and print Wilson's last speech.[771] The same journal which contained this pregnant news, was chiefly filled, in parallel columns, with the reports of the political conventions that were being held. But the descent to them was too steep. They should have been spared this contrast, — been printed in an extra, at least. To turn from the voices and deeds of earnest men to the *cackling* of political conventions! Office-seekers and speechmakers, who do not so much as lay an honest egg, but wear their breasts bare upon an egg of chalk![772] Their great game is the game of straws, or rather that universal aboriginal game of the platter,[773] at which the Indians cried *hub, bub*! Exclude the reports of religious and political conventions, and publish the words of a living man.[774]

But I object not so much to what they have omitted as to what they have inserted. Even the *Liberator*[775] called it "a misguided, wild, and apparently insane — effort." As for the herd of newspapers and magazines, I do not chance to know an editor in the country who will deliberately print anything which he knows will ultimately and permanently reduce the number of his subscribers. They do not believe that it would be expedient. How then can they print truth? If we do not say pleasant things, they argue, nobody will attend to us. And so they do like some traveling auctioneers, who sing an obscene song, in order to draw a crowd around them. Republican[776] editors, obliged to get their sentences ready for the morning edition, and accustomed to look at everything by the twilight of politics, express no admiration, nor true sorrow even, but call these men

---

[770] verst – an obsolete Russian unit of length. It is defined as being 500 sazhen long, which makes a verst equal to 3500 feet (1.0668 kilometers).

[771] Henry Wilson (1812-1875) – the 18th Vice President of the United States and a Senator from Massachusetts. During the American Civil War, he was a leading Republican who devoted his enormous energies to the destruction of what he called the Slave Power, which he defined as a conspiracy of slave owners to seize control of the federal government and block the progress of liberty. Wilson knew John Brown, but did not support him, even though he too was against slavery.

[772] egg of chalk – farmers back then (and today as well) would put an egg of chalk in the nest in order to encourage a hen to lay an egg and to learn the proper spot for the laying. Thoreau uses the phrase to describe empty pride of the politicians, – their rhetoric is just as foolish as the clucking of a hen, which has never laid a real egg and boasts with an egg of chalk.

[773] game of straws and game of platter – Indian games of chance. These games are also described in Thoreau's "Indian diaries"

[774] words of a living man – it is unquestionable that here Thoreau, being a true and upright Christian, means a man who has indeed lived the one and only true life – the life of truth.

[775] William Lloyd Garrison (1805-1879) – published the abolitionist newspaper *Liberator* from 1831 to 1863.

[776] The U.S. Republican political party is meant here. There are only two major political parties in the U.S. – Republican and Democratic. Thoreau considered them both as worthless, although he thought the Republican Party was the lesser of two evils. The Republican Party was founded in 1854.

"deluded fanatics," — "mistaken men," — "insane," or "crazed". It suggests what a *sane* set of editors we are blessed with, *not* "mistaken men;" who know very well on which side their bread is buttered, at least.

A man does a brave and humane deed, and at once, on all sides, we hear people and parties declaring, "I didn't do it, nor countenance *him* to do it, in any conceivable way. It can't be fairly inferred from my past career." I, for one, am not interested to hear you define your position. I don't know that I ever was or ever shall be. I think it is mere egotism, or impertinent at this time. Ye needn't take so much pains to wash your skirts of him. No intelligent man will ever be convinced that he was any creature of yours. He went and came, as he himself informs us, "under the auspices of John Brown and nobody else." The Republican party does not perceive how many his *failure* will make to vote more correctly than they would have them. They have counted the votes of Pennsylvania & Co.,[777] but they have not correctly counted Captain Brown's vote. He has taken the wind out of their sails, — the little wind they had, — and they may as well lie to and repair.

What though he did not belong to your clique! Though you may not approve of his method or his principles, recognize his magnanimity. Would you not like to claim kindredship with him in that, though in no other thing he is like, or likely, to you? Do you think that you would lose your reputation so? What you lost at the spile,[778] you would gain at the bung.[779] [780]

If they do not mean all this, then they do not speak the truth, and say what they mean. They are simply at their old tricks still.

"It was always conceded to him," *says one who calls him crazy*, "that he was a conscientious man, very modest in his demeanor, apparently inoffensive, until the subject of Slavery was introduced, when he would exhibit a feeling of indignation unparalleled."

The slave-ship is on her way, crowded with its dying victims; new cargoes are being added in mid-ocean; a small crew of slaveholders, countenanced by a large body of passengers, is smothering four millions under the hatches, and yet the politician asserts that the only proper way by which deliverance is to be obtained, is by "the quiet diffusion of the sentiments of humanity," without any "outbreak." As if the sentiments of humanity were ever found unaccompanied by its deeds, and you could disperse them, all finished to order, the pure article, as easily as water with a watering-pot, and so lay the dust. What is that that I hear cast overboard? The bodies of the dead that have found deliverance. That is the way we are "diffusing" humanity, and its sentiments with it.

---

[777] Pennsylvania & Co. – Pennsylvania Company was a major holding company, owning and operating much of the Lines West territory (west of Pittsburgh and Erie, Pennsylvania) of the Pennsylvania Railroad, including the Pittsburgh, Fort Wayne and Chicago Railway, the PRR's main route to Chicago. It also owned, but did not operate the Pittsburgh, Cincinnati, Chicago and St. Louis Railroad (Pan Handle Route), another line to Chicago.
[778] Spile – a wooden spout, faucet or a peg.
[779] Bung – a whole in a cask which is used for filling.
[780] What you lost at the spile, you would gain at the bung – very similar to Davit Guramishvili's philosophy (Georgian poet):
"Learning, which tastes bitter at the root,
At the top will gain its sweetest fruit." (translation by Zviad Kliment Lazarashvili)

Prominent and influential editors, accustomed to deal with politicians, men of an infinitely lower grade, say, in their ignorance, that he acted "on the principle of revenge." They do not know the man. They must enlarge themselves to conceive of him. I have no doubt that the time will come when they will begin to see him as he was. They have got to conceive of a man of faith and of religious principle, and not a politician or an Indian; of a man who did not wait till he was personally interfered with or thwarted in some harmless business before he gave his life to the cause of the oppressed.

If Walker[781] may be considered the representative of the South, I wish I could say that Brown was the representative of the North. He was a superior man. He did not value his bodily life in comparison with ideal things. He did not recognize unjust human laws, but resisted them as he was bid. For once we are lifted out of the trivialness and dust of politics into the region of truth and manhood. No man in America has ever stood up so persistently and effectively for the dignity of human nature, knowing himself for a man, and the equal of any and all governments. In that sense he was the most American of us all. He needed no babbling lawyer, making false issues, to defend him. He was more than a match for all the judges that American voters, or office-holders of whatever grade, can create. He could not have been tried by a jury of his peers, because his peers did not exist. When a man stands up serenely against the condemnation and vengeance of mankind, rising above them literally *by a whole body*, — even though he were of late the vilest murderer, who has settled that matter with himself, — the spectacle is a sublime one, — didn't ye know it, ye *Liberators*, ye *Tribunes*, ye *Republicans*?[782] — and we become criminal in comparison. Do yourselves the honor to recognize him. He needs none of your respect.

As for the Democratic journals, they are not human enough to affect me at all. I do not feel indignation at anything they may say.

I am aware that I anticipate a little, — that he was still, at the last accounts, alive in the hands of his foes; but that being the case, I have all along found myself thinking and speaking of him as physically dead.

I do not believe in erecting statues to those who still live in our hearts, whose bones have not yet crumbled in the earth around us, but I would rather see the statue of Captain Brown in the Massachusetts State-House yard, than that of any other man whom I know. I rejoice that I live in this age, that I am his contemporary.

What a contrast, when we turn to that political party which is so anxiously shuffling him and his plot out of its way, and looking around for some available

---

[781] Walker – it is difficult to discern who it was that Thoreau meant. Walker was and still is a very common name in America. I am inclined to think that he meant David Walker (1785-1830) – a free black man originally from the South. His "Appeal" was published in September of 1829. This was one of the most radical anti-slavery documents, with its call for slaves to revolt against their masters. It is also possible that Thoreau meant William Walker (1824-1860) – an adventurer from the state of Tennessee, who in 1853 led an armed invasion of Baja California (a Mexican state) and in 1855 was invited to Nicaragua by its revolutionaries. He briefly became Nicaragua's president. It is also possible that Thoreau meant Robert J. Walker (1801-1869) – pro-slavery governor of the Kansas Territory in 1857-1858. I believe it was David Walker that Thoreau meant – ideologically this best fits the context of the sentence.

[782] Common names for newspapers.

slaveholder, perhaps, to be its candidate, at least for one who will execute the Fugitive Slave Law,[783] and all those other unjust laws which he took up arms to annul!

Insane! A father and six sons, and one son-in-law, and several more men besides, — as many at least as twelve disciples, — all struck with insanity at once;[784] while the sane tyrant holds with a firmer gripe than ever his four millions of slaves, and a thousand sane editors, his abettors, are saving their country and their bacon! Just as insane were his efforts in Kansas. Ask the tyrant who is his most dangerous foe, the sane man or the insane. Do the thousands who know him best, who have rejoiced at his deeds in Kansas, and have afforded him material aid there, think him insane? Such a use of this word is a mere trope[785] with most who persist in using it, and I have no doubt that many of the rest have already in silence retracted their words.

Read his admirable answers to Mason[786] and others. How they are dwarfed and defeated by the contrast! On the one side, half-brutish, half-timid questioning; on the other, truth, clear as lightning, crashing into their obscene temples. They are made to stand with Pilate, and Gessler, and the Inquisition.[787] How ineffectual their speech and action! and what a void their silence! They are but helpless tools in this great work. It was no human power that gathered them about this preacher.

What have Massachusetts and the North sent a few *sane* representatives to Congress for, of late years? — to declare with effect what kind of sentiments? All their speeches put together and boiled down, — and probably they themselves will confess it, — do not match for manly directness and force, and for simple truth, the few casual remarks of crazy John Brown, on the floor of the Harper's Ferry engine house; — that man whom you are about to hang, to send to the other world, though not to represent *you*

---

[783] The Compromise of 1850 revised the Fugitive Slave Bill, and gave slaveholders "the right to organize a posse at any point in the United States to aid in recapturing runaway slaves." All courts and police in the United States were obligated to assist them. Private citizens were required to aid in the recapture of runaways, and people caught helping slaves served jail time and paid fines and restitution to the slaveholder.

[784] Thoreau's philosophy is very similar to Cicero's. In his marvelous book "De Re Publica" or "Regarding the Commonwealth" Cicero speaks of Marcus Cato (234-149 BC), one of the greatest Roman statesman and patriot. Just like John Brown, Cato toiled for his country and his countrymen even through the old age. He never retired and never enjoyed peaceful country life. Just like John Brown, Cato was labeled by the so called pragmatic philosophers as maniacal or insane, – nothing could be more removed from the truth, but devotion of any kind, and especially patriotic devotion, is considered useless, unpractical and even maniacal or insane by the selfish. As patriotism is not financially advantageous, it becomes worthless to such selfish scoundrels, and eventually they deem it as sheer lunacy. On the other hand, to the men of great moral character, understanding and depth, patriotism is a duty which must be carried out to the very end of life, even through the old age. This is what Cicero says about Cato, which is similar to Thoreau's language and is perfectly applicable to John Brown as well: "But this maniac, as these so called philosophers call him, without being compelled by any necessity, chose to fight against the stormy waves of life right into the extreme old age, instead of enjoying the wonderfully peaceful and easy life which they so highly praise and commend." Please see Cicero's work "De Republica", Book 1.

[785] Trope – a figure of speech that consists of a play on words.

[786] James Murray Mason (1798-1871) – the United States Representative and Senator from Virginia, represented the Confederate States of America to Great Britain and France during the American Civil War. He arrived at the Harper's Ferry the day after Captain John Brown was captured. He was a grandson of George Mason, who was called the "Father of the Bill of Rights".

[787] Pontius Pilate – Roman governor, known as the man who ordered the crucifixion of Jesus. In the 15th century legend, Albrecht Gessler ordered William Tell to shoot an apple off his son's head. The Inquisition was a series of initiatives by the Roman Catholic Church aimed at securing a Pope's political power with brutal persecutions of alleged heretics, – men of science and anyone with a sober mind.

კაპიტანი ჯონ ბრაუნი.
CAPTAIN JOHN BROWN.

there. No, he was not our representative in any sense. He was too fair a specimen of a man to represent the like of us. Who, then, were his constituents? If you read his words understandingly you will find out. In his case there is no idle eloquence, no made, nor maiden speech, no compliments to the oppressor. Truth is his inspirer, and earnestness the polisher of his sentences. He could afford to lose his Sharps rifles, while he retained his faculty of speech, — a Sharps rifle[788] of infinitely surer and longer range.

And the *New York Herald* reports the conversation verbatim! It does not know of what undying words it is made the vehicle.

I have no respect for the penetration of any man who can read the report of that conversation and still call the principal in it insane. It has the ring of a saner sanity than an ordinary discipline and habits of life, than an ordinary organization, secure. Take any sentence of it, — "Any questions that I can honorably answer, I will;[789] not otherwise. So far as I am myself concerned, I have told everything truthfully. I value my word, sir." The few who talk about his vindictive spirit, while they really admire his heroism, have no test by which to detect a noble man, no amalgam to combine with his pure gold. They mix their own dross with it.

It is a relief to turn from these slanders to the testimony of his more truthful, but frightened jailers and hangmen. Governor Wise[790] speaks far more justly and appreciatingly of him than any Northern editor, or politician, or public personage, that I chance to have heard from. I know that you can afford to hear him again on this subject. He says: "They are themselves mistaken who take him to be a madman. . . . He is cool, collected, and indomitable, and it is but just to him to say that he was humane to his prisoners. . . . And he inspired me with great trust in his integrity as a man of truth. He is a fanatic, vain and garrulous," (I leave that part to Mr. Wise) "but firm, truthful, and intelligent. His men, too, who survive, are like him. Colonel Washington[791] says that he was the coolest and firmest man he ever saw in defying danger and death. With one son dead by his side, and another shot through, he felt the pulse of his dying son with one hand, and held his rifle with the other, and commanded his men with the utmost composure, encouraging them to be firm, and to sell their lives as dear as they could. Of the three white prisoners, Brown, Stevens,[792] and Coppoc,[793] it was hard to say which was most firm."

Almost the first Northern men whom the slaveholder has learned to respect!

---

[788] The Sharps Rifle Manufacturing Company was formed in Hartford, Connecticut in 1855, and produced one of the most common and best known breechloaders used during the Civil War.

[789] Captain Brown was wounded and captured on the morning of October 18, 1859. He was interrogated for three hours in the afternoon (on the same day) by the government officials and reporters. During this interrogation he laid wounded on a pile of bedding in one of the buildings of the armory. The interview was published in newspapers across the country. Thoreau read it in the "New York Herald", October 21, 1859. Senator Mason, one of the interrogators, asked John Brown: "How many are engaged with you in this movement?" Brown had already stressed that he would only answer the questions about himself "but not about others".

[790] Henry Alexander Wise (1806-1876) – elected governor of Virginia in 1855, after campaign directed against the "Know-Nothings", with his accusation that they were Abolitionists in disguise. The execution of John Brown on December 2, 1859, was one of the last acts of his administration.

[791] Lewis William Washington – Brown's party broke into the home of Col. L. W. Washington, early in the morning of October 17, and forced him and four servants to accompany them to Harper's Ferry. Col. Washington was a great grandnephew of George Washington.

[792] Aaron D. Stevens – a member of Brown's party. He first met Captain Brown in Nebraska in 1856.

[793] Edwin Coppoc – a member of Brown's party. He was from Iowa. Coppoc was just 24 years old.

The testimony of Mr. Vallandigham,[794] though less valuable, is of the same purport, that "it is vain to underrate either the man or his conspiracy. . . . He is the farthest possible removed from the ordinary ruffian, fanatic, or madman."

"All is quiet at Harper's Ferry," say the journals. What is the character of that calm which follows when the law and the slaveholder prevail? I regard this event as a touchstone designed to bring out, with glaring distinctness, the character of this government. We needed to be thus assisted to see it by the light of history. It needed to see itself. When a government puts forth its strength on the side of injustice, as ours to maintain slavery and kill the liberators of the slave, it reveals itself a merely brute force, or worse, a demoniacal force. It is the head of the Plug-Uglies.[795] It is more manifest than ever that tyranny rules. I see this government to be effectually allied with France and Austria[796] in oppressing mankind. There sits a tyrant holding fettered four millions of slaves; here comes their heroic liberator. This most hypocritical and diabolical government looks up from its seat on the gasping four millions, and inquires with an assumption of innocence: "What do you assault me for? Am I not an honest man? Cease agitation on this subject, or I will make a slave of you, too, or else hang you."

We talk about a *representative* government; but what a monster of a government is that where the noblest faculties of the mind, and the *whole* heart, are not *represented*. A semi-human tiger or ox, stalking over the earth, with its heart taken out and the top of its brain shot away. Heroes have fought well on their stumps when their legs were shot off, but I never heard of any good done by such a government as that.

The only government that I recognize, — and it matters not how few are at the head of it, or how small its army, — is that power that establishes justice in the land, never that which establishes injustice. What shall we think of a government to which all the truly brave and just men in the land are enemies, standing between it and those whom it oppresses? A government that pretends to be Christian and crucifies a million Christs every day!

Treason![797] Where does such treason take its rise? I cannot help thinking of you as you deserve, ye governments. Can you dry up the fountains of thought? High treason, when it is resistance to tyranny here below, has its origin in, and is first committed by, the power that makes and forever recreates man[798]. When you have caught and hung all these

---

[794] On October 18, Virginia Governor Henry Wise, Virginia Senator James Mason, and Ohio Representative Clement Vallandigham arrived in Harper's Ferry, and questioned Brown.
[795] Plug Uglies – In 1854-1860 a violent street gang in the west end of Baltimore, Maryland that intimidate people in order to achieve their political objectives.
[796] France and Austria – in 1859 both, France and Austria were ruled by autocratic dictators. France was ruled by Napoleon III (1808-1873) and Austria was ruled by Emperor Franz Joseph (1830-1916).
[797] John Brown was charged with murder, conspiracy to start a revolt and treason against the state of Virginia. While none of these three charges had any moral ground, the charge of treason lacked the legal ground as well, – John Brown was no citizen of the state of Virginia, hence he owed no allegiance to it and, consequently, he could never commit any treason against it.
[798] There is such a thing as a just war and a just murder: killing a tyrant in order to defend the innocent is a just murder. Fighting against a dictator and his regime is a just war. God justifies this. If we take the Old Testament literally, and not metaphorically, that is precisely what Moses did in Egypt, and so did Georgia's King Davit the Builder and Israel's King David. John Brown did precisely that as well, and Thoreau states that such an action "has its origin in, and is first committed by, the power that makes and forever recreates man", meaning God. The same is expressed in the ancient Babylonian myth, "The Epic of Etana". It states that not only the just murder is

human rebels, you have accomplished nothing but your own guilt, for you have not struck at the fountain-head. You presume to contend with a foe against whom West Point[799] cadets and rifled cannon *point* not. Can all the art of the cannon-founder[800] tempt matter to turn against its maker? Is the form in which the founder thinks he casts it more essential than the constitution of it and of himself?

The United States have a coffle[801] of four millions of slaves. They are determined to keep them in this condition; and Massachusetts is one of the confederated overseers to prevent their escape. Such are not all the inhabitants of Massachusetts, but such are they who rule and are obeyed here. It was Massachusetts, as well as Virginia, that put down this insurrection at Harper's Ferry. She sent the marines[802] there, and she will *have to pay the penalty of her sin.*

Suppose that there is a society in this State that out of its own purse and magnanimity saves all the fugitive slaves that run to us, and protects our colored fellow-citizens, and leaves the other work to the Government, so called. Is not that government fast losing its occupation, and becoming contemptible to mankind? If private men are obliged to perform the offices of government, to protect the weak and dispense justice, then the government becomes only a hired man, or clerk, to perform menial or indifferent services. Of course, that is but the shadow of a government whose existence necessitates a Vigilant Committee.[803] What should we think of the Oriental Cadi[804] even, behind whom worked in secret a Vigilant Committee? But such is the character of our Northern States generally; each has its Vigilant Committee. And, to a certain extent, these crazy governments recognize and accept this relation. They say, virtually, "We'll be glad to work for you on these terms, only don't make a noise about it." And thus the government, its salary being insured, withdraws Into the back shop, taking the constitution with it, and bestows most of its labor on repairing that. When I hear it at work sometimes, as I go by, it reminds me, at best, of those farmers who in winter contrive to turn a penny by following the coopering business. And what kind of spirit is their barrel made to hold? They speculate in stocks, and bore holes in mountains, but they are not competent to lay

---

commendable, but avoiding it is a sin punishable by death from the deity of light and wisdom, the Sun-god, called Shamash (See "Etana", Tablet II):
"If I were to free you, how would I answer Shamash the Most High?
The punishment due to you would revert to me,
The punishment that I now inflict on you!"

[799] West Point – The United States Military Academy at West Point (also known as USMA, West Point, or Army) is a four-year coeducational federal service academy located at West Point, New York. Established in 1802, USMA is the oldest of the United States' five service academies. The military garrison at West Point was occupied in 1778 and played a key role in the Revolutionary War. Its students are called Cadets. Regardless of major, all cadets graduate with a Bachelor of Science degree.

[800] Cannon-founder – a person who casts metal for cannons.

[801] Coffle – a group of men, usually slaves, chained together in a line.

[802] The U.S. President James Buchanan ordered three artillery companies and ninety U.S. Marines to Harper's Ferry on the same day Captain Brown commenced his attack on Harper's Ferry Armory. Even though these were all Federal troops, they were in part maintained by Massachusetts, – as every state contributed to maintenance of the Federal forces. Besides, many of the Marines were from Massachusetts. So Thoreau in his accusation is perfectly correct.

[803] Vigilance Committee – Northern vigilance committees provided fugitive slaves with food, clothing, shelter, and helped them in getting to Canada, which did not recognize the Fugitive Slave Act. Thoreau was a part of this process. In Boston several such committees existed. They were organized by Samuel Gridley Howe (1801-1876) and Theodore Parker (1810-1860), who was a minister. Later both were the members of the small group, called the "Secret Six", and knew in advance of Captain Brown's planned raid on Harper's Ferry.

[804] Cadi also Qadi, Qazi or Kadi – a judge ruling in accordance with Islamic religious law, called Sharia.

AMERICAN HEROES — A PLEA FOR CAPTAIN JOHN BROWN

JOHN BROWN'S NORTHERN SUPPORTERS

საიდუმლო ექვსეული.
THE SECRET SIX.

out even a decent highway. The only *free* road, the Underground Railroad,[805] is owned and managed by the Vigilant Committee. *They* have tunneled under the whole breadth of the land. Such a government is losing its power and respectability as surely as water runs out of a leaky vessel, and is held by one that can contain it.

      I hear many condemn these men because they were so few. When were the good and the brave ever in a majority?[806][807] Would you have had him wait till that time came? — till you and I came over to him? The very fact that he had no rabble or troop of hirelings about him would alone distinguish him from ordinary heroes. His company was small indeed, because few could be found worthy to pass muster. Each one who there laid down his life for the poor and oppressed was a picked man, called out of many thousands, if not millions; apparently a man of principle, of rare courage, and devoted humanity; ready to sacrifice his life at any moment for the benefit of his fellow-man. It may be doubted if there were as many more their equals in these respects in all the country, — I speak of his followers only, — for their leader, no doubt, scoured the land far and wide, seeking to swell his troop. These alone were ready to step between the oppressor and the oppressed. Surely they were the very best men you could select to be hung. That was the greatest compliment which this country could pay them. They were ripe for her gallows. She has tried a long time, she has hung a good many, but never found the right one before.

      When I think of him, and his six sons, and his son-in-law, not to enumerate the others, enlisted for this fight, proceeding coolly, reverently, humanely to work, for months if not years, sleeping and waking upon it, summering and wintering the thought, without expecting any reward but a good conscience, while almost all America stood ranked on the other side, — I say again that it affects me as a sublime spectacle. If he had had any journal advocating "*his cause*" any organ, as the phrase is, monotonously and wearisomely playing the same old tune, and then passing round the hat, it would have been fatal to his efficiency. If he had acted in any way so as to be let alone by the government, he might have been suspected. It was the fact that the tyrant must give place to him, or he to the tyrant, that distinguished him from all the reformers of the day that I know.

      It was his peculiar doctrine that a man has a perfect right to interfere by force with the slaveholder, in order to rescue the slave. I agree with him. They who are continually shocked by slavery have some right to be shocked by the violent death of the slaveholder, but no others. Such will be more shocked by his life than by his death. I shall not be forward to think him mistaken in his method who quickest succeeds to liberate the slave. I speak for the slave when I say that I prefer the philanthropy of Captain Brown to that philanthropy which neither shoots me nor liberates me. At any rate, I do not think it is quite sane for one to spend his whole life in talking or writing about this matter, unless

---

[805] The Underground Railroad – an informal network of secret routes and safe houses used in the 19th century by black slaves in the United States to escape to free states and Canada with the aid of Abolitionists who were sympathetic to their cause. The term is also applied to the Abolitionists who aided the fugitives. Other various routes led to Mexico or overseas. Created in the early nineteenth century, the Underground Railroad was at its height between 1850 and 1860.

[806] How similar is Thoreau's philosophy to Origen's (185-254). In his book "On Prayer" Origen states: "And the good is one, but shameful things are many; and the truth is one, but lies are many; and true righteousness is one, but the ways to counterfeit it are many…"

[807] Thoreau's philosophy is ever so identical to Socrates'. In the dialogue written by Plato, called "Crito", this is what Socrates has to say about the majority: "But my dear Crito, why should we pay so much attention to what 'most people' think?" Please see Plato's work "Crito".

he is continuously inspired, and I have not done so. A man may have other affairs to attend to. I do not wish to kill nor to be killed, but I can foresee circumstances in which both these things would be by me unavoidable. We preserve the so-called peace of our community by deeds of petty violence every day. Look at the policeman's billy[808] and handcuffs! Look at the jail! Look at the gallows! Look at the chaplain of the regiment! We are hoping only to live safely on the outskirts of *this* provisional army. So we defend ourselves and our hen-roosts, and maintain slavery. I know that the mass of my countrymen think that the only righteous use that can be made of Sharps rifles and revolvers is to fight duels with them, when we are insulted by other nations, or to hunt Indians, or shoot fugitive slaves with them, or the like. I think that for once the Sharps rifles and the revolvers were employed in a righteous cause. The tools were in the hands of one who could use them.[809]

The same indignation that is said to have cleared the temple[810] once will clear it again. The question is not about the weapon, but the spirit in which you use it. No man has appeared in America, as yet, who loved his fellow-man so well, and treated him so tenderly. He lived for him. He took up his life and he laid it down for him. What sort of violence is that which is encouraged, not by soldiers, but by peaceable citizens, not so much by laymen as by ministers of the Gospel, not so much by the fighting sects as by the Quakers,[811] and not so much by Quaker men as by Quaker women?

This event advertises me that there is such a fact as death, — the possibility of a man's dying. It seems as if no man had ever died in America before; for in order to die you must first have lived. I don't believe in the hearses, and palls and funerals that they have had. There was no death in the case, because there had been no life; they merely rotted or sloughed off, pretty much as they had rotted or sloughed along. No temple's veil was rent,[812] only a hole dug somewhere. Let the dead bury their dead. The best of them

---

[808] billy – a club used by policemen.
[809] Theory of Justifiable (Just) Murder – it is justifiable to murder a tyrant, for the life of even a single tyrant results in the death and oppression of many. It matters not whether the tyrant is a single individual or a group of tyrannical citizens, it must be killed and eradicated promptly. Such a killing is what is referred to as a Justifiable Murder. It was this justifiable murder when King Davit the Builder of Georgia killed the enemies of the state, whether internal or external; It was this justifiable murder when King David killed the Goliath; It was this justifiable murder when Moses killed the Egyptian slaveholder. And was it not the justifiable murder too when John Brown commenced killing the tyrants who had enslaved a huge part of the American nation? Both, John Brown and the slave-owners used the Sharp's rifles, but it was only John Brown who used them justly. Cicero uses the same argument: "...we share no fellowship with tyrants. To the contrary, unsurpassable ravine separates them from us, and if it lies in your power, there is nothing in the nature which forbids you to rob him of his life, when it is honorable to kill. Verily, this entire disgusting and impious breed should be driven out from human society. Just as some members of the body must be amputated... when they become hindrance to the entire body... these ill members of the human society must be eradicated from the entire mankind." Please see Cicero's "De Officiis", Book III.
[810] Thoreau is referring to Mathew 21:12-13, where Jesus clears the Temple from the moneychangers, who had defiled it.
[811] Quakers – The Religious Society of Friends is a Christian religious movement, whose members are known as Friends or Quakers. The roots of this movement lie in 17th century English dissenters, but the movement has since branched out into many independent national and regional organizations, often called Yearly Meetings, which have a variety of names, beliefs and practices. It is therefore difficult to describe accurately the beliefs and practices of the Religious Society of Friends generally. Although it is a Heretical sect, it played a big role in assisting fugitive slaves. Quakers are known for their social activism, having been instrumental, for example, in the campaign against the transatlantic slave trade in the 18th and 19th centuries, as well as campaigning for the rights of women and prisoners. In spite of some good which came from this and many other Protestant or Catholic Heretical sects, both, Thoreau and Captain Brown knew of their true substance and refused to join them. As there was no true church available to them, they daily prayed independently and never enrolled in any such organizations.
[812] No temple's veil was rent – reference to the Gospel. Mark mentions darkness in the daytime during Jesus' crucifixion and the Temple veil being torn in two when Jesus dies. Thoreau wants to indicate that no temple's veil

fairly ran down like a clock. Franklin, — Washington, — they were let off without dying; they were merely missing one day. I hear a good many pretend that they are going to die; or that they have died, for aught that I know. Nonsense! I'll defy them to do it. They haven't got life enough in them. They'll deliquesce like fungi,[813] and keep a hundred eulogists mopping the spot where they left off. Only half a dozen or so have died since the world began. Do you think that you are going to die, sir? No! there's no hope of you. You haven't got your lesson yet. You've got to stay after school. We make a needless ado about capital punishment, — taking lives, when there is no life to take. *Memento mori!*[814] We don't understand that sublime sentence which some worthy got sculptured on his gravestone once. We've interpreted it in a groveling and sniveling sense; we've wholly forgotten how to die.

But be sure you do die, nevertheless. Do your work, and finish it. If you know how to begin, you will know when to end.

These men, in teaching us how to die, have at the same time taught us how to live. If this man's acts and words do not create a revival, it will be the severest possible satire on the acts and words that do. It is the best news that America has ever heard. It has already quickened the feeble pulse of the North, and infused more and more generous blood into her veins and heart than any number of years of what is called commercial and political prosperity could. How many a man who was lately contemplating suicide has now something to live for!

One writer says that Brown's peculiar monomania made him to be "dreaded by the Missourians as a supernatural being."[815] Sure enough, a hero in the midst of us cowards is always so dreaded. He is just that thing. He shows himself superior to nature. He has a spark of divinity in him.

> "Unless above himself he can
> Erect himself, how poor a thing is man!"[816]

Newspaper editors argue also that it is a proof of his *insanity* that he thought he was appointed to do this work which he did, — that he did not suspect himself for a moment! They talk as if it were impossible that a man could be "divinely appointed" in these days to do any work whatever; as if vows and religion were out of date as connected with any man's daily work; as if the agent to abolish slavery could only be somebody appointed by the President, or by some political party. They talk as if a man's death were a failure, and his continued life, be it of whatever character, were a success.

When I reflect to what a cause this man devoted himself, and how religiously, and then reflect to what cause his judges and all who condemn him so angrily and fluently devote themselves, I see that they are as far apart as the heavens and earth are asunder.

---

will be rent for the undeserved, selfish and inhumane men. Temple's veil, symbolically, is rent for lovers of humanity – for heroes and messiahs only.

[813] To become fluid or soft on maturing, as with some fungi.
[814] Latin phrase which translates, "Remember your death", meaning, that we all must die at some point.
[815] Thoreau cites from the "New-York Daily Tribune", October 24, 1959 issue.
[816] Samuel Daniel (1562-1619) – Renaissance English poet; from his "Epistle to the Lady Margaret".

The amount of it is, our "*leading men*" are a harmless kind of folk, and they know *well enough* that *they* were not divinely appointed, but elected by the votes of their party.

Who is it whose safety requires that Captain Brown be hung? Is it indispensable to any Northern man? Is there no resource but to cast this man also to the Minotaur?[817] If you do not wish it, say so distinctly. While these things are being done, beauty stands veiled and music is a screeching lie. Think of him, — of his rare qualities! — such a man as it takes ages to make, and ages to understand; no mock hero, nor the representative of any party. A man such as the sun may not rise upon again in this benighted land. To whose making went the costliest material, the finest adamant; sent to be the redeemer of those in captivity; and the only use to which you can put him is to hang him at the end of a rope! You who pretend to care for Christ crucified, consider what you are about to do to him who offered himself to be the savior of four millions of men.

Any man knows when he is justified, and all the wits in the world cannot enlighten him on that point. The murderer always knows that he is justly punished; but when a government takes the life of a man without the consent of his conscience, it is an audacious government, and is taking a step towards its own dissolution. Is it not possible that an individual may be right and a government wrong? Are laws to be enforced simply because they were made? or declared by any number of men to be good, if they are not good? Is there any necessity for a man's being a tool to perform a deed of which his better nature disapproves? Is it the intention of lawmakers that *good* men shall be hung ever? Are judges to interpret the law according to the letter, and not the spirit?[818] What right have *you* to enter into a compact with yourself that you will do thus or so, against the light within you? Is it for *you* to *make up* your mind, — to form any resolution whatever, — and not accept the convictions that are forced upon you, and which ever pass your understanding? I do not believe in lawyers, in that mode of attacking or defending a man, because you descend to meet the judge on his own ground, and, in cases of the highest

---

[817] Minotaur – In Greek mythology, the Minotaur was part man and part bull who devoured humans.

[818] Thoreau's ideas about the metaphoric, symbolic, figurative interpretation of knowledge are very similar to the teachings of Christian theologians regarding interpretations of canonical texts: "The letter kills, but the spirit gives life" (2 Corinthians 3:6). St. Augustine of Hippo in his "De Doctrina Christiana" or "Teaching Christianity" also states that "when one follows the letter, one takes words in the literal sense, when indeed these words are used metaphorically, and thus such a reader fails to understand what is truly signified", when something is depicted by use of the figurative speech. Please see St Augustine's "De Doctrina Christiana", Book III.

Thoreau's ideas about the precedence of the spirit over the letter are also in perfect harmony with the philosophy of the greatest Roman philosopher, statesman and political theorist, Marcus Tullius Cicero (106-43 BC). In his work

კაპიტან ჯონ ბრაუნის საფლავის ქვა,
ნორთ ელბა, ნიუ იორკის შტატი.
CAPTAIN JOHN BROWN'S TOMB STONE:
NORTH ELBA, NEW YORK.

importance, it is of no consequence whether a man breaks a human law or not. Let lawyers decide trivial cases. Business men may arrange that among themselves. If they were the interpreters of the everlasting laws which rightfully bind man, that would be another thing. A counterfeiting law-factory, standing half in a slave land and half in a free! What kind of laws for free men can you expect from that?

I am here to plead his cause with you. I plead not for his life, but for his character, — his immortal life; and so it becomes your cause wholly, and is not his in the least. Some eighteen hundred years ago Christ was crucified; this morning, perchance, Captain Brown was hung. These are the two ends of a chain which is not without its links. He is not Old Brown any longer; he is an angel of light.

I see now that it was necessary that the bravest and humanest man in all the country should be hung. Perhaps he saw it himself. I *almost fear* that I may yet hear of his deliverance, doubting if a prolonged life, if *any* life, can do as much good as his death.

"Misguided"! "Garrulous"! "Insane"! "Vindictive"! So ye write in your easy-chairs, and thus he wounded responds from the floor of the Armory, clear as a cloudless sky, true as the voice of nature is: "No man sent me here; it was my own prompting and that of my Maker. I acknowledge no master in human form."

And in what a sweet and noble strain he proceeds, addressing his captors, who stand over him: "I think, my friends, you are guilty of a great wrong against God and humanity, and it would be perfectly right for any one to interfere with you so far as to free those you willfully and wickedly hold in bondage."

And, referring to his movement: "It is, in my opinion, the greatest service a man can render to God."[819]

"I pity the poor in bondage that have none to help them; that is why I am here; not to gratify any personal animosity, revenge, or vindictive spirit.[820][821] It is my sympathy

---

"De Officiis" or "On Duties" Cicero states the following: "...he was released from the oath according to the letter, but not according to the spirit. When it comes to honoring pledges, what we must always keep in mind is the meaning, not just the demeanor of words." Please see "De Officiis", Book I.

[819] Once again, how great is the similarity between John Brown and Socrates. John Brown spent his life in caring for the people, but he obeyed not the people, but God. Socrates too addressed similarly the Athenian people, before he was put to death: "I am your very grateful and devoted servant, but I owe a greater obedience to God than to you, and so long as I draw breath and possess my faculties, I shall never stop practicing philosophy and exhorting you, and elucidating the truth for everyone that I meet." Please see Plato's "Apologia".

[820] John Brown's son, Frederick, was shot and killed by one Martin White during the civil war in Kansas. Brown and his men stumbled upon White in Missouri several years later. His men kept urging Captain Brown to kill Martin White, but Brown refused to kill his son's murderer. John Brown later told a friend: "People mistake my objects. I would not hurt one hair on [White's] head... I do not harbour the feelings of revenge. *I act from a principle.* My aim and object is to restore human rights." And to think that the press and the government accused such a man of "revenge"!

[821] How great is the similarity between John Brown's values and Socrates' philosophy, and better yet, – how great is the similarity between the highly just life of John Brown and highly moral life of Socrates, as life is the incarnation of a thought and philosophical theory, it is daily practice of an idea, it is an activated and animated thought, and, hence, the highly moral life is even scarcer and much more beautiful to behold than a highly moral theoretical contemplation. This is what Socrates says about revenge: "Hence we must conclude that one must not even do wrong when one is wronged, although most people regard the just vengeance as the natural course."

with the oppressed and the wronged, that are as good as you, and as precious in the sight of God."[822]

You don't know your testament when you see it.

"I want you to understand that I respect the rights of the poorest and weakest of colored people, oppressed by the slave power, just as much as I do those of the most wealthy and powerful."

"I wish to say, furthermore, that you had better, all you people at the South, prepare yourselves for a settlement of that question, that must come up for settlement sooner than you are prepared for it. The sooner you are prepared the better. You may dispose of me very easily. I am nearly disposed of now; but this question is still to be settled, — this negro question, I mean;[823] the end of that is not yet."

I foresee the time when the painter will paint that scene, no longer going to Rome for a subject; the poet will sing it; the historian record it; and, with the Landing of the Pilgrims and the Declaration of Independence,[824] it will be the ornament of some future national gallery, when at least the present form of Slavery shall be no more here. We shall then be at liberty to weep for Captain Brown. Then, and not till then, we will take our revenge.

---

[822] A question was asked of Brown after his capture: "Upon what principle do you justify your acts?" Brown answered: "Upon the Golden Rule. I pity the poor in bondage that have none to help them: that is why I am here; not to gratify any personal animosity, revenge or vindictive spirit. It is my sympathy with the oppressed and the wronged, that are as good as you and as precious in the sight of God."

[823] Once again, how great is the similarity between John Brown and Socrates. John Brown knew that the Southerners could not escape the bitter fruits of their wrong doings, even if they disposed of the messenger, just as Socrates knew that the Athenians could not escape the bitter fruits of their wrong doings, even if they disposed of thousands of Socrates. Hence Socrates addressed similarly the Athenian people, before he was put to death: "If you suspect to stop denunciation of your wrong way of life by putting people to death, there is something amiss with your reasoning. This way of escape is neither possible nor creditable. The best and easiest way is not to stop the mouths of others, but to make yourselves as good men as you can. This is my last message to you who voted for my condemnation." Please see Plato's "Apologia".

[824] The Declaration of Independence – The United States Declaration of Independence is a statement adopted by the Second Continental Congress on July 4, 1776, which announced that the thirteen American colonies then at war with the Great Britain were now independent states, and thus no longer a part of the British Empire. Written primarily by Thomas Jefferson, the Declaration is a formal explanation of why Congress had voted on July 2 to declare independence from the Great Britain, more than a year after the outbreak of the American Revolutionary War. The birthday of the United States of America – the Independence Day – is celebrated on July 4, the day the wording of the Declaration was approved by Congress. After finalizing the text on July 4, Congress issued the Declaration of Independence in several forms. It was initially published as a printed broadside that was widely distributed and read to the public.

LIFE WITHOUT PRINCIPLE

AT A LYCEUM, not long since, I felt that the lecturer had chosen a theme too foreign to himself, and so failed to interest me as much as he might have done. He described things not in or near to his heart, but toward his extremities and superficies. There was, in this sense, no truly central or centralizing thought in the lecture. I would have had him deal with his privatest experience, as the poet does. The greatest compliment that was ever paid me was when one asked me what *I thought*, and attended to my answer. I am surprised, as well as delighted, when this happens, it is such a rare use he would make of me, as if he were acquainted with the tool. Commonly, if men want anything of me, it is only to know how many acres[825] I make of their land, — since I am a surveyor, — or, at most, what trivial news I have burdened myself with. They never will go to law for my meat;[826] they prefer the shell. A man once came a considerable distance to ask me to lecture on Slavery; but on conversing with him, I found that he and his clique expected seven eighths of the lecture to be theirs, and only one eighth mine; so I declined. I take it for granted, when I am invited to lecture anywhere, — for I have had a little experience in that business, — that there is a desire to hear what *I think* on some subject, though I may be the greatest fool in the country, — and not that I should say pleasant things merely, or such as the audience will assent to; and I resolve, accordingly, that I will give them a strong dose of myself. They have sent for me, and engaged to pay for me, and I am determined that they shall have me, though I bore them beyond all precedent.

So now I would say something similar to you, my readers. Since *you* are my readers, and I have not been much of a traveller, I will not talk about people a thousand miles off, but come as near home as I can. As the time is short, I will leave out all the flattery, and retain all the criticism.

Let us consider the way in which we spend our lives.

This world is a place of business. What an infinite bustle! I am awaked almost every night by the panting of the locomotive.[827] It interrupts my dreams. There is no sabbath. It would be glorious to see mankind at leisure for once. It is nothing but work, work, work. I cannot easily buy a blank-book to write thoughts in; they are commonly ruled for dollars and cents. An Irishman, seeing me making a minute[828] in the fields, took it for granted that I was calculating my wages. If a man was tossed out of a window when an infant, and so made a cripple for life, or scared out of his wits by the Indians, it is regretted chiefly because he was thus incapacitated for — business! I think that there is nothing, not even crime, more opposed to poetry, to philosophy, ay, to life itself, than this incessant business.

---

[825] Acre – a unit of area in a number of different systems, including the British Imperial and U.S. customary systems. The most commonly used acres today are the international acre and, in the United States, the survey acre. An acre is approximately 0.4 hectare.
[826] Meat – Thoreau uses the word metaphorically and means "substance".
[827] The Fitchburg Railroad opened to Concord on June 17, 1844, then to Acton, past Walden Pond, on October 1, 1844.
[828] Making a minute – jotting down a note.

There is a coarse and boisterous money-making fellow in the outskirts of our town, who is going to build a bank-wall[829] under the hill along the edge of his meadow. The powers have put this into his head to keep him out of mischief, and he wishes me to spend three weeks digging there with him. The result will be that he will perhaps get some more money to board, and leave for his heirs to spend foolishly. If I do this, most will commend me as an industrious and hard-working man; but if I choose to devote myself to certain labors which yield more real profit, though but little money, they may be inclined to look on me as an idler. Nevertheless, as I do not need the police of meaningless labor to regulate me, and do not see anything absolutely praiseworthy in this fellow's undertaking any more than in many an enterprise of our own or foreign governments, however amusing it may be to him or them, I prefer to finish my education at a different school.

If a man walk in the woods for love of them half of each day, he is in danger of being regarded as a loafer; but if he spends his whole day as a speculator, shearing off those woods and making earth bald before her time, he is esteemed an industrious and enterprising citizen. As if a town had no interest in its forests but to cut them down!

Most men would feel insulted if it were proposed to employ them in throwing stones over a wall, and then in throwing them back, merely that they might earn their wages. But many are no more worthily employed now. For instance: just after sunrise, one summer morning, I noticed one of my neighbors walking beside his team, which was slowly drawing a heavy hewn stone swung under the axle, surrounded by an atmosphere of industry, — his day's work begun, — his brow commenced to sweat, — a reproach to all sluggards and idlers, — pausing abreast the shoulders of his oxen, and half turning round with a flourish of his merciful whip, while they gained their length on him. And I thought, Such is the labor which the American Congress exists to protect, — honest, manly toil, — honest as the day is long, — that makes his bread taste sweet, and keeps society sweet, — which all men respect and have consecrated; one of the sacred band, doing the needful but irksome drudgery. Indeed, I felt a slight reproach, because I observed this from a window, and was not abroad and stirring about a similar business. The day went by, and at evening I passed the yard of another neighbor, who keeps many servants, and spends much money foolishly, while he adds nothing to the common stock, and there I saw the stone of the morning lying beside a whimsical structure intended to adorn this Lord Timothy Dexter's[830] premises, and the dignity forthwith departed from the teamster's labor, in my eyes. In my opinion, the sun was made to light worthier toil than this. I may add that his employer has since run off, in debt to a good part of the town,

---

[829] Bank-wall – a retaining wall that helps to contain erosions and prevents landslides.
[830] "Lord" Timothy Dexter (1747-1806) – an American eccentric businessman from Newburyport, Massachusetts, who was peculiarly lucky and never bothered to learn to spell. He was known for his eccentricities. One day he began to wonder what people would say about him after he died. He proceeded to announce his death and to prepare for a burial. About 3,000 people appeared for the wake. However, Dexter's wife refused to cry for his passing, for which he later caned her, and so he decided not to appear to his guests at all. Timothy Dexter actually died in 1806.

and, after passing through Chancery,[831] has settled somewhere else, there to become once more a patron of the arts.[832]

    The ways by which you may get money almost without exception lead downward. To have done anything by which you earned money *merely* is to have been truly idle or worse. If the laborer gets no more than the wages which his employer pays him, he is cheated, he cheats himself. If you would get money as a writer or lecturer, you must be popular, which is to go down perpendicularly. Those services which the community will most readily pay for, it is most disagreeable to render. You are paid for being something less than a man. The State does not commonly reward a genius any more wisely. Even the poet laureate would rather not have to celebrate the accidents of royalty. He must be bribed with a pipe of wine;[833] and perhaps another poet is called away from his muse to gauge that very pipe. As for my own business, even that kind of surveying which I could do with most satisfaction my employers do not want. They would prefer that I should do my work coarsely and not too well, ay, not well enough. When I observe that there are different ways of surveying, my employer commonly asks which will give him the most land, not which is most correct. I once invented a rule for measuring cord-wood,[834] and tried to introduce it in Boston; but the measurer there told me that the sellers did not wish to have their wood measured correctly, — that he was already too accurate for them, and therefore they commonly got their wood measured in Charlestown[835] before crossing the bridge.

    The aim of the laborer should be, not to get his living, to get "a good job," but to perform well a certain work; and, even in a pecuniary sense, it would be economy for a town to pay its laborers so well that they would not feel that they were working for low ends, as for a livelihood merely, but for scientific, or even moral ends. Do not hire a man who does your work for money, but him who does it for love of it.

    It is remarkable that there are few men so well employed, so much to their minds, but that a little money or fame would commonly buy them off from their present pursuit. I see advertisements for *active* young men, as if activity were the whole of a young man's capital. Yet I have been surprised when one has with confidence proposed to me, a grown man, to embark in some enterprise of his, as if I had absolutely nothing to do, my life having been a complete failure hitherto. What a doubtful compliment this is to pay me! As if he had met me half-way across the ocean beating up against the wind, but bound nowhere, and proposed to me to go along with him! If I did, what do you think the underwriters would say? No, no! I am not without employment at this stage of the voyage. To tell the truth, I saw an advertisement for able-bodied seamen, when I was a boy, sauntering in my native port, and as soon as I came of age I embarked.

---

[831] Chancery – The English Chancery Court developed from the Lord Chancellor's jurisdiction, in which judges decide the outcome of a case, as in a property dispute, by their interpretation of the law. Court of Chancery in New England settled matters of debt or equity.

[832] This entire paragraph is an echo to the statement made by Confucius: "To pursue oddities only leads to harm." Please see "The Analects" by Confucius.

[833] Pipe of wine – In the 17th and 18th centuries poet laureates annually received a cask of wine (approximately 100 gallons) from the King.

[834] Cord-wood – one cord of firewood equals to 128 cubic feet of wood. It is usually stacked 4 x 4 x 8 (feet).

[835] Charlestown – a part of the city of Boston, Massachusetts, located on a peninsula north of Boston proper. Charlestown was originally a separate town and the first capital of the Massachusetts Bay Colony; it became a city in 1847 and was annexed by Boston on January 5, 1874.

The community has no bribe that will tempt a wise man. You may raise money enough to tunnel a mountain,[836] but you cannot raise money enough to hire a man who is minding *his own* business. An efficient and valuable man does what he can, whether the community pay him for it or not. The inefficient offer their inefficiency to the highest bidder, and are forever expecting to be put into office. One would suppose that they were rarely disappointed.

Perhaps I am more than usually jealous with respect to my freedom. I feel that my connection with and obligation to society are still very slight and transient. Those slight labors which afford me a livelihood, and by which it is allowed that I am to some extent serviceable to my contemporaries, are as yet commonly a pleasure to me, and I am not often reminded that they are a necessity. So far I am successful. But I foresee that if my wants should be much increased, the labor required to supply them would become a drudgery. If I should sell both my forenoons and afternoons to society, as most appear to do, I am sure that for me there would be nothing left worth living for. I trust that I shall never thus sell my birthright for a mess of pottage.[837] I wish to suggest that a man may be very industrious, and yet not spend his time well. There is no more fatal blunderer than he who consumes the greater part of his life getting his living. All great enterprises are self-supporting. The poet, for instance, must sustain his body by his poetry, as a steam planing-mill feeds its boilers with the shavings it makes.[838] You must get your living by loving. But as it is said of the merchants that ninety-seven in a hundred fail, so the life of men generally, tried by this standard, is a failure, and bankruptcy may be surely prophesied.

Merely to come into the world the heir of a fortune is not to be born, but to be still-born, rather. To be supported by the charity of friends, or a government pension, — provided you continue to breathe, — by whatever fine synonyms you describe these relations, is to go into the almshouse. On Sundays the poor debtor goes to church to take an account of stock, and finds, of course, that his outgoes have been greater than his income. In the Catholic Church, especially, they go into chancery,[839] make a clean confession, give up all, and think to start again. Thus men will lie on their backs, talking about the fall of man, and never make an effort to get up.

As for the comparative demand which men make on life, it is an important difference between two, that the one is satisfied with a level success, that his marks can all be hit by point-blank shots, but the other, however low and unsuccessful his life may be, constantly elevates his aim, though at a very slight angle to the horizon. I should much rather be the last man, — though, as the Orientals say, "Greatness doth not

---

[836] Thoreau is referring to a historic fact, when in 1848 a company was hired to construct a tunnel through Hoosac Mountain in Massachusetts. The firm was paid 2 million dollars and the whole project was supposed to take five years, but instead it took eleven years and fourteen million dollars to complete it.
[837] A mess of pottage – Thoreau is referring to Genesis 25:31-34. "For bread and pottage of lentils" Essau sells his birthright to Jacob.
[838] XIX century New England steam planning mills were indeed self-supporting as their boilers were fueled with the shavings of the wood it produced. Shavings were a byproduct of the process.
[839] Chancery – A diocesan chancery is the branch of administration which handles all written documents used in the official government of a Roman Catholic or Anglican diocese.

approach him who is forever looking down; and all those who are looking high are growing poor."[840]

It is remarkable that there is little or nothing to be remembered written on the subject of getting a living; how to make getting a living not merely honest and honorable, but altogether inviting and glorious; for if *getting* a living is not so, then living is not. One would think, from looking at literature, that this question had never disturbed a solitary individual's musings. Is it that men are too much disgusted with their experience to speak of it? The lesson of value which money teaches, which the Author of the Universe has taken so much pains to teach us, we are inclined to skip altogether. As for the means of living, it is wonderful how indifferent men of all classes are about it, even reformers, so called, — whether they inherit, or earn, or steal it. I think that Society has done nothing for us in this respect, or at least has undone what she has done. Cold and hunger seem more friendly to my nature than those methods which men have adopted and advise to ward them off.

The title *wise* is, for the most part, falsely applied. How can one be a wise man, if he does not know any better how to live than other men? — if he is only more cunning and intellectually subtle? Does Wisdom work in a tread-mill? or does she teach how to succeed *by her example?* Is there any such thing as wisdom not applied to life? Is she merely the miller who grinds the finest logic? It is pertinent to ask if Plato[841] got his *living* in a better way or more successfully than his contemporaries, — or did he succumb to the difficulties of life like other men? Did he seem to prevail over some of them merely by indifference, or by assuming grand airs? or find it easier to live, because his aunt remembered him in her will? The ways in which most men get their living, that is, live, are mere makeshifts, and a shirking of the real business of life, — chiefly because they do not know, but partly because they do not mean, any better.

The rush to California,[842] for instance, and the attitude, not merely of merchants, but of philosophers and prophets, so called, in relation to it, reflect the greatest disgrace on mankind. That so many are ready to live by luck, and so get the means of commanding the labor of others less lucky, without contributing any value to society! And that is called enterprise! I know of no more startling development of the immorality of trade, and all the common modes of getting a living. The philosophy and poetry and religion of such a mankind are not worth the dust of a puffball. The hog that gets his living by rooting, stirring up the soil so, would be ashamed of such company. If I could command the wealth of all the worlds by lifting my finger, I would not pay *such* a price for it. Even Mahomet[843] knew that God did not make this world in jest. It makes God to be a moneyed gentleman who scatters a handful of pennies in order to see mankind scramble for them. The world's raffle! A subsistence in the domains of Nature a thing to be raffled for! What a comment, what a satire, on our institutions! The conclusion will be,

---

[840] Reference to a fable found in the "Heetopadesha" (Hitopadesha) of Veeshnoo-Sarma. It is an ancient collection of Hindu animal fables and folk wisdom. Thoreau read the 1787 edition in 1842. The book was printed in Bath, England. Citations Thoreau used are from that edition.

[841] Plato (427-347 BC) – Greek philosopher and writer, a student of Socrates, founder of the Academy in Athens in the year 835, where Aristotle studied.

[842] Reference to the California Gold Rush that began in 1848. The California Gold Rush (1848-1855) began on January 24, 1848, when gold was discovered by James W. Marshall at Sutter's Mill in Coloma, California. News of the discovery soon spread, resulting in some 300,000 men, women, and children coming to California from the rest of the United States and abroad.

[843] An early spelling of Muhammad.

that mankind will hang itself upon a tree.[844] And have all the precepts in all the Bibles taught men only this? and is the last and most admirable invention of the human race only an improved muck-rake?[845] Is this the ground on which Orientals and Occidentals meet? Did God direct us so to get our living, digging where we never planted, — and He would, perchance, reward us with lumps of gold?

God gave the righteous man a certificate entitling him to food and raiment, but the unrighteous man found a *facsimile* of the same in God's coffers, and appropriated it, and obtained food and raiment like the former. It is one of the most extensive systems of counterfeiting that the world has seen. I did not know that mankind were suffering for want of gold. I have seen a little of it. I know that it is very malleable, but not so malleable as wit. A grain of gold will gild a great surface, but not so much as a grain of wisdom.

The gold-digger in the ravines of the mountains is as much a gambler as his fellow in the saloons of San Francisco. What difference does it make whether you shake dirt or shake dice? If you win, society is the loser. The gold-digger is the enemy of the honest laborer, whatever checks and compensations there may be. It is not enough to tell me that you worked hard to get your gold. So does the Devil work hard. The way of transgressors may be hard in many respects. The humblest observer who goes to the mines sees and says that gold-digging is of the character of a lottery; the gold thus obtained is not the same same thing with the wages of honest toil. But, practically, he forgets what he has seen, for he has seen only the fact, not the principle, and goes into trade there, that is, buys a ticket in what commonly proves another lottery, where the fact is not so obvious.

After reading Howitt's account [846] of the Australian gold-diggings [847] one evening, I had in my mind's eye, all night, the numerous valleys, with their streams, all cut up with foul pits, from ten to one hundred feet deep, and half a dozen feet across, as close as they can be dug, and partly filled with water, — the locality to which men furiously rush to probe for their fortunes, — uncertain where they shall break ground, — not knowing but the gold is under their camp itself, — sometimes digging one hundred and sixty feet before they strike the vein, or then missing it by a foot, — turned into demons, and regardless of each others' rights, in their thirst for riches, — whole valleys, for thirty miles, suddenly honeycombed by the pits of the miners, so that even hundreds are drowned in them, — standing in water, and covered with mud and clay, they work night and day, dying of exposure and disease. Having read this, and partly forgotten it, I

---

[844] Thoreau is referring to Judas Iscariot, who, after selling Christ for 30 pieces of silver, hung himself up on a tree.

[845] Muck-rake – reference to John Bunyan's (1628-1688) "The Pilgrim's Progress" – a Christian allegorical novel in which a man "that could look no way but downward" cannot see an offer from up-above and fails to trade his muck-rake for a Heavenly crown.

[846] William Howitt (1792-1879) – English author and travel writer. Thoreau read his book "Land, Labor, and Gold; or, Two Years in Victoria; with Visits to Sydney and Van Diemen's Land" in 1855. The book is in two volumes. Thoreau cites from Volume 1, page 21. Some mistakenly suggest that Thoreau is referring to Alfred W. Howitt (1830-1908) – Australian anthropologist, naturalist, geologist, explorer. This proposition is wrong and the citations, which are from William Howitt's book, clearly prove that.

[847] Australian Gold Rushes – started in 1851 when prospector Edward Hammond Hargraves claimed the discovery of payable gold near Bathurst, New South Wales, at a site Edward Hargraves called Ophir. Six months later, gold was found in Victoria at Warrandyte and Ballarat, and a short time later at Bendigo Creek. Gold was later found in all of the other Australian colonies (later known as states or territories).

თოროუს ქოხის ადგილი ვოლდენის ტბასთან.
PLACE OF THOREAU'S CABIN AT WALDEN POND.

was thinking, accidentally, of my own unsatisfactory life, doing as others do; and with that vision of the diggings still before me, I asked myself why I might not be washing some gold daily, though it were only the finest particles, — why I might not sink a shaft down to the gold within me, and work that mine. *There* is a Ballarat, a Bendigo for you, — what though it were a sulky-gully?[848] At any rate, I might pursue some path, however solitary and narrow and crooked, in which I could walk with love and reverence. Wherever a man separates from the multitude, and goes his own way in this mood, there indeed is a fork in the road, though ordinary travellers may see only a gap in the paling. His solitary path across lots will turn out the *higher way* of the two.

Men rush to California and Australia as if the true gold were to be found in that direction; but that is to go to the very opposite extreme to where it lies. They go prospecting farther and farther away from the true lead, and are most unfortunate when they think themselves most successful. Is not our *native* soil auriferous? Does not a stream from the golden mountains flow through our native valley? and has not this for more than geologic ages been bringing down the shining particles and forming the nuggets for us? Yet, strange to tell, if a digger steal away, prospecting for this true gold, into the unexplored solitudes around us, there is no danger that any will dog his steps, and endeavor to supplant him. He may claim and undermine the whole valley even, both the cultivated and the uncultivated portions, his whole life long in peace, for no one will ever dispute his claim. They will not mind his cradles[849] or his toms.[850] He is not confined to a claim twelve feet square, as at Ballarat, but may mine anywhere, and wash the whole wide world in his tom.

Howitt says of the man who found the great nugget which weighed twenty-eight pounds,[851] at the Bendigo diggings in Australia: "He soon began to drink; got a horse, and rode all about, generally at full gallop, and, when he met people, called out to inquire if they knew who he was, and then kindly informed them that he was 'the bloody wretch that had found the nugget.' At last he rode full speed against a tree, and nearly knocked his brains out." I think, however, there was no danger of that, for he had already knocked his brains out against the nugget. Howitt adds, "He is a hopelessly ruined man." But he is a type of the class. They are all fast men. Hear some of the names of the places where they dig: "Jackass Flat," — "Sheep's-Head Gully," — "Murderer's Bar," etc. Is there no satire in these names? Let them carry their ill-gotten wealth where they will, I am thinking it will still be "Jackass Flat," if not "Murderer's Bar," where they live.

The last resource of our energy has been the robbing of graveyards on the Isthmus of Darien,[852] an enterprise which appears to be but in its infancy; for, according to late accounts, an act has passed its second reading in the legislature of New Granada,[853] regulating this kind of mining; and a correspondent of the "Tribune" writes:

---

[848] Ballarat, Bendigo and Sulky Gully – Ballarat and Bendigo are towns in Australia, Sulky Gully is a place. Gold was discovered at all three locations.
[849] Cradles – troughs on rockers in which dirt is shaken in water to separate Gold from soil and to collect it.
[850] Toms – stationary troughs for washing gold from soil and gravel.
[851] Pound – a unit of mass used in the British Imperial, United States customary and other systems of measurement. A number of different definitions have been used, the most common today being the international avoirdupois pound of exactly 0.45359237 kilograms. 28-pound gold piece comes out to 12 kilograms and 700 grams.
[852] Isthmus of Darien – early name of the Isthmus of Panama, a narrow strip of land linking North and South America. The story that Thoreau discusses was reported in the "New-York Daily Tribune" on September 29, 1859.
[853] Republic of New Granada (1831-1856) – included modern Colombia and Panama. It is an old name of Columbia.

— "In the dry season, when the weather will permit of the country being properly prospected, no doubt other rich 'Guacas'[854] [that is, graveyards] will be found." To emigrants he says: — "do not come before December; take the Isthmus route in preference to the Boca del Toro one;[855] bring no useless baggage, and do not cumber yourself with a tent; but a good pair of blankets will be necessary; a pick, shovel, and axe of good material will be almost all that is required": advice which might have been taken from the "Burker's Guide."[856] And he concludes with this line in Italics and small capitals: "*If you are doing well at home,* STAY THERE," which may fairly be interpreted to mean, "If you are getting a good living by robbing graveyards at home, stay there."

But why go to California for a text? She is the child of New England, bred at her own school and church.[857]

It is remarkable that among all the preachers there are so few moral teachers. The prophets are employed in excusing the ways of men. Most reverend seniors, the *illuminati*[858] of the age, tell me, with a gracious, reminiscent smile, betwixt an aspiration and a shudder, not to be too tender about these things, — to lump all that, that is, make a lump of gold of it. The highest advice I have heard on these subjects was grovelling. The burden of it was, — It is not worth your while to undertake to reform the world in this particular. Do not ask how your bread is buttered; it will make you sick, if you do, — and the like. A man had better starve at once than lose his innocence in the process of getting his bread. If within the sophisticated man there is not an unsophisticated one, then he is but one of the devil's angels. As we grow old, we live more coarsely, we relax a little in our disciplines, and, to some extent, cease to obey our finest instincts. But we should be fastidious to the extreme of sanity, disregarding the gibes of those who are more unfortunate than ourselves.

---

[854] Guacas – burial mounds.
[855] Boca del Toro – an inlet on the east coast of Panama and an alternate crossing of Panama to reach the Pacific Ocean.
[856] Reference to Brendan "Dynes" Burke (1792-1829) and William Hare – Irish serial killers in Edinburgh, Scotland, who sold bodies to Dr. Robert Knox and his school of anatomy in the 1820's. Thoreau uses the name as a symbol of the most immoral behavior, when a man kills in order to profit from selling the dead body.
[857] Thoreau is full of indignation because of the so called industry of his fellow citizens. Such an "industry" has only one thing as its aim – increase of base, physical pleasures by attainment of material superfluities. Effects of Materialism were evident then, but are even more vividly evident now. They were evident millenniums before Thoreau's time. The great Hellenistic Jewish philosopher, Philo the Jew (20 BC-50AD), known also as Philon of Alexandria, has identical views on this issue. He states: "Moreover, the general crowd of men, traveling over the different climates of the earth and penetrating to its furthest boundaries, and traversing the seas, and investigating the things that lie hid in the recesses of the ocean, and leaving no single part of the whole universe unexplored, is continually providing from every quarter the means by which it can increase pleasure. For as fishermen let down their nets at times to the most extraordinary depth, comprehending a vast surface of the sea in their circle, in order to catch the greatest possible number of fish enclosed within their nets, like people shut up within the walls of a besieged city; so in the same manner the greatest part of men having extended their universal nets to take everything, as the poets somewhere say, not only over the parts of the sea, but also over the whole nature of earth, and air, and water, seek to catch everything from every quarter for the enjoyment and attainment of pleasure. For they dig mines in the earth, and they sail across the sea, and they achieve every other work both of peace and war, providing unbounded materials for pleasure, as for their queen, being utterly uninitiated in their husbandry of the soul, which sows and plants the virtues and reaps their fruit, which is a happy life." Please see Philo the Jew, "On Husbandry".
[858] Illuminati – a secret fraternal organization whose members practice pseudo-mysticism and claim their minds are enlightened with esoteric wisdom. World history is full of such pompous quacks – Sophists, Pharisees, Herodians, Simonians, etc. They kept boasting, while the truly wise men always kept their heads low and their vanity in check and continuously asserted that they knew very little – Socrates, Plato, all of the Orthodox Christian Fathers, Martyrs, Blaise Pascal, Soren Kierkegaard, and all the true Philosophers.

In our science and philosophy, even, there is commonly no true and absolute account of things. The spirit of sect and bigotry has planted its hoof amid the stars. You have only to discuss the problem, whether the stars are inhabited or not, in order to discover it. Why must we daub the heavens as well as the earth? It was an unfortunate discovery that Dr. Kane[859] was a Mason,[860] and that Sir John Franklin[861] was another. But it was a more cruel suggestion that possibly that was the reason why the former went in search of the latter. There is not a popular magazine in this country that would dare to print a child's thought on important subjects without comment. It must be submitted to the D.D.'s.[862] I would it were the chickadee-dees.

You come from attending the funeral of mankind to attend to a natural phenomenon. A little thought is sexton to all the world.

I hardly know an *intellectual* man, even, who is so broad and truly liberal that you can think aloud in his society. Most with whom you endeavor to talk soon come to a stand against some institution in which they appear to hold stock, — that is, some particular, not universal, way of viewing things. They will continually thrust their own low roof, with its narrow skylight, between you and the sky, when it is the unobstructed heavens you would view. Get out of the way with your cobwebs; wash your windows, I say! In some lyceums[863] they tell me that they have voted to exclude the subject of religion. But how do I know what their religion is, and when I am near to or far from it? I have walked into such an arena and done my best to make a clean breast of what religion I have experienced, and the audience never suspected what I was about. The lecture was as harmless as moonshine to them. Whereas, if I had read to them the biography of the greatest scamps in history, they might have thought that I had written the lives of the deacons of their church. Ordinarily, the inquiry is, Where did you come from? or, Where are you going? That was a more pertinent question which I overheard one of my auditors put to another once, — "What does he lecture for?" It made me quake in my shoes.

To speak impartially, the best men that I know are not serene, a world in themselves. For the most part, they dwell in forms, and flatter and study effect only more finely than the rest. We select granite for the underpinning of our houses and barns; we build fences of stone; but we do not ourselves rest on an underpinning of granitic truth, the lowest primitive rock. Our sills are rotten. What stuff is the man made of who is not coexistent in our thought with the purest and subtilest truth? I often accuse my finest

---

[859] Elisha Kent Kane (1820-1857) – Assistant Surgeon in the U.S. Navy. In 1850-1851 Kane was part of the DeHaven expedition, to look for survivors of Sir John Franklin's exploring party. A second expedition in May 1853, with Kane as the leader, was frozen between Greenland and Canada, and after a journey over ice and open water to Upernavik, Greenland, Kane became a national hero. He was a Free Mason. Thoreau regrets Kane's and Sir John Franklin's Free Masonry, but at the same time asserts that it was due to humaneness and courage, not due to the affiliation to some senseless fraternity, that Kane went to search for Franklin.

[860] A Free Mason – a member of the secret fraternal organization of the Free Masons. Its members practice pseudo-mysticism and claim their minds are enlightened with esoteric wisdom. Free Masons use lots of symbolism and secret ceremonies in their practice.

[861] Sir John Franklin (1786-1847) – English Arctic explorer whose expedition disappeared while attempting to navigate the Northwest Passage in the Canadian Arctic. He was a Free Mason. Thoreau regrets Kane's and Sir John Franklin's Free Masonry, but at the same time asserts that it was due to humaneness and courage, not due to the affiliation to some senseless fraternity, that Kane went to search for Franklin.

[862] D.D. stands for Doctor of Divinity.

[863] Lyceums were an informal network of programs, usually in small towns, presented by professional speakers. Thoreau booked speakers for the Concord Lyceum, and became a Lyceum speaker himself.

acquaintances of an immense frivolity; for, while there are manners and compliments we do not meet, we do not teach one another the lessons of honesty and sincerity that the brutes do, or of steadiness and solidity that the rocks do. The fault is commonly mutual, however; for we do not habitually demand any more of each other.

That excitement about Kossuth,[864] consider how characteristic, but superficial, it was! — only another kind of politics or dancing. Men were making speeches to him all over the country, but each expressed only the thought, or the want of thought, of the multitude. No man stood on truth. They were merely banded together, as usual one leaning on another, and all together on nothing; as the Hindoos made the world rest on an elephant, the elephant on a tortoise, and the tortoise on a serpent, and had nothing to put under the serpent. For all fruit of that stir we have the Kossuth hat.[865]

Just so hollow and ineffectual, for the most part, is our ordinary conversation. Surface meets surface. When our life ceases to be inward and private, conversation degenerates into mere gossip. We rarely meet a man who can tell us any news which he has not read in a newspaper, or been told by his neighbor; and, for the most part, the only difference between us and our fellow is that he has seen the newspaper, or been out to tea, and we have not. In proportion as our inward life fails, we go more constantly and desperately to the post-office. You may depend on it, that the poor fellow who walks away with the greatest number of letters, proud of his extensive correspondence, has not heard from himself this long while.

I do not know but it is too much to read one newspaper a week. I have tried it recently, and for so long it seems to me that I have not dwelt in my native region. The sun, the clouds, the snow, the trees say not so much to me. You cannot serve two masters.[866] It requires more than a day's devotion to know and to possess the wealth of a day.

We may well be ashamed to tell what things we have read or heard in our day. I did not know why my news should be so trivial, — considering what one's dreams and expectations are, why the developments should be so paltry. The news we hear, for the most part, is not news to our genius. It is the stalest repetition. You are often tempted to ask why such stress is laid on a particular experience which you have had, — that, after twenty-five years, you should meet Hobbins, Registrar of Deeds, again on the sidewalk. Have you not budged an inch, then? Such is the daily news. Its facts appear to float in the atmosphere, insignificant as the sporules of fungi, and impinge on some neglected

---

[864] Lajos "Louis" Kossuth (1802-1894) – a Hungarian lawyer, politician, Regent-President of Hungary in 1849. He was widely honored during his lifetime, including in the United Kingdom and the United States, as a freedom fighter and bellwether of democracy in Europe. After Emerson introduced him to the public, Kossuth spoke in Concord on May 11, 1852.
[865] The Kossuth hat – a type of slouch hat that has one side of the brim turned up or pinned to the side of the hat with a special badge in order to allow a rifle to be slung over the shoulder. It was introduced in the U.S. during the 1852 speaking tour. Kossuth received a great deal of support for his campaign for Hungarian liberties. In *The Maine Woods*, an "old Kossuth hat" is on Thoreau's list things to bring on a trip to the back woods of Maine. An Indian guide on his Chesuncook trip wore one. The hat's popularization came about in an usual way: John Nicholas Genin (1819-1878) owned a store in New York City. In 1852 his warehouse was full of old black felt hats that he had trouble selling. He quickly modified these to look like Kossuth hats, then went aboard Kossuth's ship, right after it had arrived in New York, and handed out these hats to Kossuth's followers. When Kossuth and his followers were paraded through the streets, fashion "experts" of the high society deemed the hat most fashionable and soon the Kossuth fad was born. The fad generated more than half-million dollars in sales.
[866] Luke 16:13 "No servant can serve two masters... You cannot serve God and mammon."

thallus,[867] or surface of our minds, which affords a basis for them, and hence a parasitic growth. We should wash ourselves clean of such news. Of what consequence, though our planet explode, if there is no character involved in the explosion? In health we have not the least curiosity about such events. We do not live for idle amusement. I would not run round a corner to see the world blow up.

All summer, and far into the autumn, perchance, you unconsciously went by the newspapers and the news, and now you find it was because the morning and the evening were full of news to you. Your walks were full of incidents. You attended, not to the affairs of Europe, but to your own affairs in Massachusetts fields. If you chance to live and move and have your being in that thin stratum in which the events that make the news transpire, — thinner than the paper on which it is printed, — then these things will fill the world for you; but if you soar above or dive below that plane, you cannot remember nor be reminded of them. Really to see the sun rise or go down every day, so to relate ourselves to a universal fact, would preserve us sane forever. Nations! What are nations? Tartars, and Huns,[868] and Chinamen! Like insects, they swarm. The historian strives in vain to make them memorable. It is for want of a man that there are so many men. It is individuals that populate the world. Any man thinking may say with the Spirit of Lodin, —

> "I look down from my height on nations,
> And they become ashes before me; —
> Calm is my dwelling in the clouds;
> Pleasant are the great fields of my rest."[869]

Pray, let us live without being drawn by dogs, Esquimaux-fashion,[870] tearing over hill and dale, and biting each other's ears.

Not without a slight shudder at the danger, I often perceive how near I had come to admitting into my mind the details of some trivial affair, — the news of the street; and I am astonished to observe how willing men are to lumber[871] their minds with such rubbish, — to permit idle rumors and incidents of the most insignificant kind to intrude on ground which should be sacred to thought. Shall the mind be a public arena, where the affairs of the street and the gossip of the tea-table chiefly are discussed? Or shall it be a quarter of heaven itself, — an hypæthral[872] temple, consecrated to the service of the gods? I find it so difficult to dispose of the few facts which to me are significant, that I hesitate to burden my attention with those which are insignificant, which only a divine mind could illustrate. Such is, for the most part, the news in newspapers and conversation. It is important to preserve the mind's chastity in this respect. Think of admitting the details of a single case of the criminal court into our thoughts, to stalk profanely through their very

---

[867] Thallus – A simple plant, without stems, roots or leaves.
[868] Tartars and Huns – Tartars were Turkic and Mongolian people who invaded Europe in the Middle Ages. Their descendants now live in Eastern Europe and Central Asia. Huns were nomads who invaded Europe in the 4th and 5th centuries.
[869] Thoreau had copied this poem into his journal from the 1790 edition of "The Poems of Ossian" by James Macpherson.
[870] Esquimaux is an older spelling of Eskimo. Eskimos are indigenous people who have traditionally inhabited the circumpolar region from eastern Siberia (Russia), across Alaska (the United States) and Canada, and Greenland. Eskimos use dogs to pull their sledges. Dog drawn sledge is the main form of transportation for them.
[871] to lumber – to burden or to hinder.
[872] Hypaethral – open to the sky, usually a temple that has no roof.

sanctum sanctorum[873] for an hour, ay, for many hours! to make a very bar-room of the mind's inmost apartment, as if for so long the dust of the street had occupied us, — the very street itself, with all its travel, its bustle, and filth, had passed through our thoughts' shrine! Would it not be an intellectual and moral suicide? When I have been compelled to sit spectator and auditor in a court-room for some hours, and have seen my neighbors, who were not compelled, stealing in from time to time, and tiptoeing about with washed hands and faces, it has appeared to my mind's eye, that, when they took off their hats, their ears suddenly expanded into vast hoppers for sound, between which even their narrow heads were crowded. Like the vanes of windmills, they caught the broad but shallow stream of sound, which, after a few titillating gyrations in their coggy[874] brains, passed out the other side. I wondered if, when they got home, they were as careful to wash their ears as before their hands and faces. It has seemed to me, at such a time, that the auditors and the witnesses, the jury and the counsel, the judge and the criminal at the bar, — if I may presume him guilty before he is convicted, — were all equally criminal, and a thunderbolt might be expected to descend and consume them all together.

By all kinds of traps and signboards, threatening the extreme penalty of the divine law, exclude such trespassers from the only ground which can be sacred to you. It is so hard to forget what it is worse than useless to remember! If I am to be a thoroughfare, I prefer that it be of the mountain brooks, the Parnassian[875] streams, and not the town sewers. There is inspiration, that gossip which comes to the ear of the attentive mind from the courts of heaven. There is the profane and stale revelation of the bar-room and the police court. The same ear is fitted to receive both communications. Only the character of the hearer determines to which it shall be open, and to which closed. I believe that the mind can be permanently profaned by the habit of attending to trivial things, so that all our thoughts shall be tinged with triviality. Our very intellect shall be macadamized,[876] as it were, — its foundation broken into fragments for the wheels of travel to roll over; and if you would know what will make the most durable pavement, surpassing rolled stones, spruce blocks, and asphaltum, you have only to look into some of our minds which have been subjected to this treatment so long.

If we have thus desecrated ourselves, — as who has not? — the remedy will be by wariness and devotion to reconsecrate ourselves, and make once more a fane[877] of the mind. We should treat our minds, that is, ourselves, as innocent and ingenuous children, whose guardians we are, and be careful what objects and what subjects we thrust on their attention. Read not the Times. Read the Eternities. Conventionalities are at length as had as impurities. Even the facts of science may dust the mind by their dryness, unless they are in a sense effaced each morning, or rather rendered fertile by the dews of fresh and living truth. Knowledge does not come to us by details, but in flashes of light from heaven. Yes, every thought that passes through the mind helps to wear and tear it, and to deepen the ruts, which, as in the streets of Pompeii,[878] evince how much it has been used. How many things there are concerning which we might well deliberate whether we had better know them, — had better let their peddling-carts be driven, even at the slowest trot or walk, over that bridge of glorious span by which we trust to pass at last from the

---

[873] A sacred and private place; originally where the Ark of the Covenant was kept in Jerusalem.
[874] Coggy – fitted with cogs, like a machine.
[875] Mount Parnassus – was the home of the Muses in Greek mythology.
[876] macadamized – paved.
[877] a fane – a temple.
[878] Pompeii – Roman city near modern Naples, destroyed during an eruption of Mount Vesuvius in 79 AD and rediscovered in 1748.

farthest brink of time to the nearest shore of eternity! Have we no culture, no refinement, — but skill only to live coarsely and serve the Devil? — to acquire a little worldly wealth, or fame, or liberty, and make a false show with it, as if we were all husk and shell, with no tender and living kernel to us? Shall our institutions be like those chestnut burs which contain abortive nuts, perfect only to prick the fingers?

America is said to be the arena on which the battle of freedom is to be fought; but surely it cannot be freedom in a merely political sense that is meant. Even if we grant that the American has freed himself from a political tyrant, he is still the slave of an economical and moral tyrant. Now that the republic — the *res-publica* — has been settled, it is time to look after the *res-privata*, — the private state, — to see, as the Roman senate charged its consuls, "*ne quidres*-PRIVATA *detrimenti caperet*," that the *private* state receive no detriment.[879]

Do we call this the land of the free? What is it to be free from King George[880] and continue the slaves of King Prejudice? What is it to be born free and not to live free? What is the value of any political freedom, but as a means to moral freedom? Is it a freedom to be slaves, or a freedom to be free, of which we boast? We are a nation of politicians, concerned about the outmost defences only of freedom. It is our children's children who may perchance be really free. We tax ourselves unjustly. There is a part of us which is not represented. It is taxation without representation. We quarter troops,[881] we quarter fools and cattle of all sorts upon ourselves. We quarter our gross bodies on our poor souls, till the former eat up all the latter's substance.

With respect to a true culture and manhood, we are essentially provincial still, not metropolitan, — mere Jonathans.[882] We are provincial, because we do not find at home our standards; because we do not worship truth, but the reflection of truth; because we are warped and narrowed by an exclusive devotion to trade and commerce and manufactures and agriculture and the like, which are but means, and not the end.

So is the English Parliament provincial. Mere country bumpkins, they betray themselves, when any more important question arises for them to settle, the Irish question,[883] for instance, — the English question why did I not say? Their natures are

---

[879] "ne quid detrimenti caperet." is from the Roman historian Sallust, author of "Bellum Catiniae" ("The War with Catiline"). Chapter 29 of this work reads as follows: "When these events were reported to Cicero, he was greatly disturbed by the twofold peril, since he could no longer by his unaided efforts protect the city against these plots, nor gain any exact information as to the size and purpose of Manlius' army; he therefore formally called the attention of the senate to the matter, which had already been the subject of popular gossip. Thereupon, as is often done in a dangerous emergency, the senate voted 'that the consuls would take heed that the commonwealth suffer no harm' (ne quid res publica detrimenti caperet). The power which according to Roman usage is thus conferred upon a magistrate by the senate is supreme, allowing him to raise an army, wage war, exert any kind of compulsion upon allies and citizens, and exercise unlimited command and jurisdiction at home and in the field; otherwise the consul has none of these privileges except by the order of the people." *"ne quid res privata detrimenti caperet"* is also a play off the quote *"ne quid res publica detrimenti caperet"* from Cicero's speech against Catiline. Sallust may have mentioned it in his history on the conspiracy of Catiline since he mirrored some of Cicero's speeches within his own writing; it was originally spoken by Marcus Tullius Cicero.
[880] King George III (1738-1820) – the King of British Empire during the American Revolutionary War.
[881] Reference to the Declaration of Independence in which America complained against King George III of Britain of his "imposing Taxes on us without our Consent" and "quartering large bodies of Armed Troops among us."
[882] Jonathans – colloquial name for Americans.
[883] The Irish question – a phrase used mainly by members of the British ruling classes from the early 1800s until the 1920s. It was used to describe Irish nationalism and the calls for Irish independence.

subdued[884] to what they work in. Their "good breeding" respects only secondary objects. The finest manners in the world are awkwardness and fatuity when contrasted with a finer intelligence. They appear but as the fashions of past days, — mere courtliness, knee-buckles[885] and small-clothes,[886] out of date. It is the vice, but not the excellence of manners, that they are continually being deserted by the character; they are cast-off-clothes or shells, claiming the respect which belonged to the living creature. You are presented with the shells instead of the meat, and it is no excuse generally, that, in the case of some fishes, the shells are of more worth than the meat. The man who thrusts his manners upon me does as if he were to insist on introducing me to his cabinet of curiosities,[887] when I wished to see himself. It was not in this sense that the poet Decker[888] called Christ "the first true gentleman that ever breathed." I repeat that in this sense the most splendid court in Christendom is provincial, having authority to consult about Transalpine[889] interests only, and not the affairs of Rome. A prætor or proconsul[890] would suffice to settle the questions which absorb the attention of the English Parliament and the American Congress.

Government and legislation! these I thought were respectable professions. We have heard of heaven-born Numas, Lycurguses, and Solons,[891] in the history of the world, whose *names* at least may stand for ideal legislators; but think of legislating to *regulate* the breeding of slaves, or the exportation of tobacco! What have divine legislators to do with the exportation or the importation of tobacco? what humane ones with the breeding of slaves? Suppose you were to submit the question to any son of God, — and has He no children in the Nineteenth Century? is it a family which is extinct? — in what condition would you get it again? What shall a State like Virginia say for itself at the last day, in which these have been the principal, the staple productions? What ground is there for patriotism in such a State? I derive my facts from statistical tables which the States themselves have published.

A commerce that whitens every sea in quest of nuts and raisins, and makes slaves of its sailors[892] for this purpose! I saw, the other day, a vessel which had been wrecked,[893] and many lives lost, and her cargo of rags, juniper berries, and bitter almonds were strewn along the shore. It seemed hardly worth the while to tempt the dangers of the sea between Leghorn[894] and New York for the sake of a cargo of juniper berries and bitter

---

[884] Thoreau is paraphrasing Shakespeare, Sonnet 111, lines 6-7.
[885] Knee-buckles – breeches fastened at the knee with a little buckle.
[886] Small-clothes – tight-fitting breeches fastened with buttons instead of a buckle.
[887] Cabinet of curiosities – a display of unusual and peculiar items.
[888] Thomas Decker (1572?-1632?) – English dramatist. The remark regarding Christ is from the play "The Honest Whore". It is a play by Decker and Thomas Middleton (1570-1627), Act I, Scene 13, line 777.
[889] Transalpine – beyond the Alps.
[890] Titles granted by ancient Rome to persons in official capacities.
[891] Numa Pompilius (715-672 BC) – the second legendary king of Rome; Lycurgus (800?-730? BC) – Spartan statesman and legendary lawgiver; Solon (638-558 BC) – Athenian lawmaker and poet.
[892] Slave ships usually had larger crews than other ships, because of the need to care for and maintain control over 100 to 700 slaves on the ships.
[893] Thoreau is referring to the tragic wreck of the ship "Elizabeth", which occurred on July 19, 1850. The ship was coming from Liverno (Leghorn), Italy and it wrecked off Fire Island, New York. The Ship carried Margaret Fuller Ossoli (1810-1850) and her family. Margaret Fuller was a journalist, critic and women's rights activist associated with the American Transcendental movement. She was the first full-time female book reviewer in journalism. Her book "Woman in the Nineteenth Century" is considered the first major feminist work in the United States. Thoreau traveled out to the scene of the shipwreck in hopes of retrieving the Ossolis' bodies and belongings, but all in vain.
[894] Livorno, Italy, called Leghorn by the British, is a major Italian port city.

almonds.[895] America sending to the Old World[896] for her bitters![897] Is not the sea-brine, is not shipwreck, bitter enough to make the cup of life go down here? Yet such, to a great extent, is our boasted commerce; and there are those who style themselves statesmen and philosophers who are so blind as to think that progress and civilization depend on precisely this kind of interchange and activity, — the activity of flies about a molasses-hogshead.[898] Very well, observes one, if men were oysters. And very well, answer I, if men were mosquitoes.

Lieutenant Herndon,[899] whom our government sent to explore the Amazon, and, it is said, to extend the area of slavery, observed that there was wanting there "an industrious and active population, who know what the comforts of life are, and who have artificial wants to draw out the great resources of the country." But what are the "artificial wants" to be encouraged? Not the love of luxuries, like the tobacco and slaves of, I believe, his native Virginia, nor the ice and granite and other material wealth of our native New England; nor are "the great resources of a country" that fertility or barrenness of soil which produces these. The chief want, in every State that I have been into, was a high and earnest purpose in its inhabitants. This alone draws out "the great resources" of Nature, and at last taxes her beyond her resources; for man naturally dies out of her. When we want culture more than potatoes, and illumination more than sugar-plums, then the great resources of a world are taxed and drawn out, and the result, or staple production, is, not slaves, nor operatives, but men, — those rare fruits called heroes, saints, poets, philosophers, and redeemers.[900]

In short, as a snow-drift is formed where there is a lull in the wind, so, one would say, where there is a lull of truth, an institution springs up. But the truth blows right on over it, nevertheless, and at length blows it down.

What is called politics is comparatively something so superficial and inhuman, that practically, I have never fairly recognized that it concerns me at all. The newspapers, I perceive, devote some of their columns specially to politics or government without charge; and this, one would say, is all that saves it; but as I love literature and to some extent the truth also, I never read those columns at any rate. I do not wish to blunt my

---

[895] The great Hellenistic Jewish philosopher, Philo the Jew (20 BC-50AD), known also as Philon of Alexandria, has identical views on purposeless trade and excessive imports. Philo states: "…he knew that every naval and every land expedition chooses to encounter the greatest dangers for the sake of bodily pleasures, or with a view to obtain a superfluity of external goods, of which nothing is firm or solid". Please see Philo the Jew, "The Posterity and Exile of Cain".
[896] Old World – consists of those parts of the Earth known to Europeans, Asians and Africans in the 15th century. It is used in the context of, and contrast with, the "New World". The Old World includes Africa, Asia, and Europe (collectively known as Afro-Eurasia), plus surrounding islands. The term is in distinction from the New World, meaning the Americas and Australasia.
[897] Bitters – medicinal tinctures used to stimulate digestion, treat intestinal diseases and sharpen appetite.
[898] A hogshead is a large cask, usually of liquid.
[899] Commander William L. Herndon (1813-1857) – The U.S. Navy, explored the Amazon valley from Peru to Brazil in April 1851-1852. His report was published in 1853-1854 in Washington, DC. Thoreau is citing from his report, "Exploration of the Valley of the Amazon", Volume 1, page 251.
[900] This entire paragraph is an echo to the famous question raised by Plato in his "Republic", – what good is the gain of gold and silver to a man (or a nation) if he winds up losing his soul? What good is the attainment of the material wealth if the spiritual wealth is squandered? This is what Socrates states in "The Republic": "Then how would a man profit if he gained gold and silver under the condition that he was to enslave the noblest part of him to the basest? Who can imagine that a man who sold his son or his daughter into slavery for money, however large might be the sum which he received, would be the gainer, especially if he sold them into the hands of brutal and evil men?" Please see "The Republic", Book IX.

sense of right so much. I have not got to answer for having read a single President's Message. A strange age of the world this, when empires, kingdoms, and republics come a-begging to a private man's door, and utter their complaints at his elbow! I cannot take up a newspaper but I find that some wretched government or other, hard pushed and on its last legs, is interceding with me, the reader, to vote for it, — more importunate than an Italian beggar; and if I have a mind to look at its certificate, made, perchance, by some benevolent merchant's clerk, or the skipper that brought it over, for it cannot speak a word of English itself, I shall probably read of the eruption of some Vesuvius, or the overflowing of some Po,[901] true or forged, which brought it into this condition. I do not hesitate, in such a case, to suggest work, or the almshouse; or why not keep its castle in silence, as I do commonly? The poor President, what with preserving his popularity and doing his duty, is completely bewildered. The newspapers are the ruling power. Any other government is reduced to a few marines at Fort Independence.[902] If a man neglects to read the Daily Times, government will go down on its knees to him, for this is the only treason in these days.

Those things which now most engage the attention of men, as politics and the daily routine, are, it is true, vital functions of human society, but should be unconsciously performed, like the corresponding functions of the physical body. They are *infra*-human, a kind of vegetation. I sometimes awake to a half-consciousness of them going on about me, as a man may become conscious of some of the processes of digestion in a morbid state, and so have the dyspepsia, as it is called. It is as if a thinker submitted himself to be rasped by the great gizzard of creation. Politics is, as it were, the gizzard of society, full of grit and gravel, and the two political parties are its two opposite halves, — sometimes split into quarters, it may be, which grind on each other. Not only individuals, but states, have thus a confirmed dyspepsia,[903] which expresses itself, you can imagine by what sort of eloquence. Thus our life is not altogether a forgetting,[904] but also, alas! to a great extent, a remembering, of that which we should never have been conscious of, certainly not in our waking hours. Why should we not meet, not always as dyspeptics, to tell our

---

[901] Po is Italy's largest river.
[902] Fort Independence – two possible explanations. The one explanation is based on symbolic understanding, the other is based on literal perception: 1) Fort Independence in Vermont – a fort built in 1775 on Mount Independence next to Lake Champlain. It was placed directly across from Fort Ticonderoga to help fortify the approach to Albany. The intent was to provide a combined, two-shore defense to approaching British forces. The stone crafted Fort Ticonderoga, that was originally built as Fort Carillon by the French in 1756, was misplaced to repel effectively an attack from the north. The joint two-shore defense, mainly headed by engineer Colonel Jeduthan Baldwin, who arrived in February 1777, included a 400-yard (370 m) heavy log boom across a narrow just up the lake, a 12-foot (3.7 m) wide bridge to cross between the two forts, two blockhouses to guard Mount Hope and the Lake George outlet, and three new redoubts on the Ticonderoga side of the bank. All of the extended defenses would require 10,000 troops. The Americans only had 1/3 of this number in July 1777. More dismaying is the fact that Mount Defiance (800 feet (240 m)) rose above both positions, yet it was unfortified. Fort Independence was captured on July 6, 1777, after a four-day siege, when its commander, Major General Arthur St. Clair, decided to withdraw his entire command when British Lieutenant General John Burgoyne (Western Shore) and Hessian Major General Baron Friedrich Adolph Riedesel zu Eisenbach (Eastern Shore) arrived with a combined 10,000 men. Thoreau uses the Fort Independence metaphorically to mean that the US Federal Government, as well as the State Government of Massachusetts, were both ineffective, just like the American defense at the Fort was absolutely and completely irrelevant and ineffective. 2) Fort Independence as in the army garrison in Boston Harbor. This second case Thoreau would have used in a literal sense, as in the government having only a few marines at the Fort in Boston Harbor.
[903] Pain or discomfort in the upper middle stomach, possibly a stomach ulcer or acid reflux disease.
[904] Probably an allusion to William Wordsworth's (1770-1850) poem "Ode: Intimations of Immortality".

bad dreams, but sometimes as *eu*peptics,[905] to congratulate each other on the ever-glorious morning?[906] I do not make an exorbitant demand, surely.

---

[905] Eupeptics – the ones with good digestion.
[906] Thoreau uses biology as a metaphor to show that all the worldly affairs, such as politics, business and daily routine are base and of secondary importance, compared to human spirit and the matters concerning God. Thoreau explains that business and politics should be tolerated, just like digestion is tolerated and conducted involuntarily and quietly in a human body, as worldly life and its processes constitute only a minute and ancilary portion of human existence, as the afterlife surpasses the worldly life both, in length, as well as degree. The great Christian philosopher of the 6th century, Boethius (480-524) uses a similar metaphor to convey the same idea in his "Consolation of Philosophy": "Here we are discussing not voluntary movements of the conscious soul, but the thrust of nature; for example, unthinking digestion of foodstuffs, or unconscious breathing in sleep."

THE LAST DAYS OF JOHN BROWN

JOHN BROWN'S career for the last six weeks[907] of his life was meteor-like, flashing through the darkness in which we live. I know of nothing so miraculous in our history.

If any person, in a lecture or conversation at that time, cited any ancient example of heroism, such as Cato[908] or Tell[909] or Winkelried,[910] passing over the recent deeds and words of Brown, it was felt by any intelligent audience of Northern men to be tame and inexcusably far-fetched.

For my own part, I commonly attend more to nature than to man, but any affecting human event may blind our eyes to natural objects. I was so absorbed in him as to be surprised whenever I detected the routine of the natural world surviving still, or met persons going about their affairs indifferent. It appeared strange to me that the "little dipper"[911] should be still diving quietly in the river, as of yore; and it suggested that this bird might continue to dive here when Concord should be no more.

I felt that he, a prisoner in the midst of his enemies, and under sentence of death, if consulted as to his next step or resource, could answer more wisely than all his countrymen beside. He best understood his position; he contemplated it most calmly. Comparatively, all other men, North and South, were beside themselves. Our thoughts could not revert to any greater or wiser or better man with whom to contrast him, for he, then and there, was above them all. The man this country was about to hang appeared the greatest and best in it.

---

[907] six weeks – John Brown raided Harper's Ferry on October 16, 1859; he was executed on December 2, 1859.

[908] Cato (95-46 BC) – or Marcus Porcius Cato Uticensis, commonly known as Cato the Younger (Cato Minor) to distinguish him from his great-grandfather (Cato the Elder), was a politician and statesman in the late Roman Republic, and a follower of the Stoic philosophy. He is remembered for his legendary stubbornness and tenacity (especially in his lengthy conflict with Gaius Julius Caesar), as well as his immunity to bribes, his moral integrity, and his famous distaste for the ubiquitous corruption of the period.

[909] William Tell – a folk hero of Switzerland. His legend is recorded in a late 15th century Swiss chronicle. It is set in the period of the original foundation of the Old Swiss Confederacy in the early 14th century. According to the legend, Tell was an expert marksman with the crossbow who assassinated Gessler, a tyrannical reeve of Habsburg Austria positioned in Altdorf, Uri. Along with Arnold Winkelried, Tell is a central figure in Swiss patriotism as it was constructed during the Restoration of the Confederacy after the Napoleonic era. William Tell, who originally came from Bürglen, was known as an expert shot with the crossbow. In his time, the Habsburg emperors of Austria were seeking to dominate Uri. Albrecht (or Hermann) Gessler, the newly appointed Austrian Vogt of Altdorf, raised a pole in the village's central square, hung his hat on top of it, demanding that all the townsfolk bow before the hat. When Tell passed by the hat without bowing to it, he was arrested. As punishment, he was forced to shoot an apple off the head of his son, Walter. Otherwise, both would be executed. Tell was promised freedom if he successfully made the shot. On 18 November 1307, Tell split the apple with a bolt from his crossbow. When Gessler queried him about the purpose of a second bolt in his quiver, Tell answered that if he had killed his son, he would have turned the crossbow on Gessler himself. Gessler was angered, and had Tell bound. He was brought to Gessler's ship to be taken to his castle at Küssnacht. A storm broke on Lake Lucerne, and Tell managed to escape. He went by land to Küssnacht, and when Gessler arrived, Tell shot him. Tell's defiance sparked a rebellion, in which he played a leading part. The struggle eventually led to the formation of the Swiss Confederation. He fought again against Austria in the 1315 Battle of Morgarten.

[910] Arnold Von Winkelried – a legendary hero of Swiss history. According to the 16th century historiography, Winkelried was the main factor of the victory of the confederate forces of the Old Swiss Confederacy in the Battle of Sempach in 1386 against an army of the Habsburg duke Leopold III of Austria.

[911] "little dipper" – Thoreau thus used to call various small diving birds, usually the grebes, which are common in New England.

Years were not required for a revolution of public opinion; days, nay, hours, produced marked changes in this case. Fifty who were ready to say, on going into our meeting in honor of him in Concord, that he ought to be hung, would not say it when they came out. They heard his words read; they saw the earnest faces of the congregation; and perhaps they joined at last in singing the hymn in his praise.

The order of instructions was reversed. I heard that one preacher, who at first was shocked and stood aloof, felt obliged at last, after he was hung, to make him the subject of a sermon, in which, to some extent, he eulogized the man, but said that his act was a failure. An influential class-teacher[912] thought it necessary, after the services, to tell his grown-up pupils that at first he thought as the preacher did then, but now he thought that John Brown was right. But it was understood that his pupils were as much ahead of the teacher, as he was ahead of the priest; and I know for a certainty, that very little boys at home had already asked their parents, in a tone of surprise, why God did not interfere to save him.

In each case, the constituted teachers were only half conscious that they were not *leading*, but being *dragged*, with some loss of time and power.

The more conscientious preachers, the Bible men, they who talk about principle, and doing to others as you would that they should do unto you,[913] — how could they fail to recognize him, by far the greatest preacher of them all, with the Bible in his life and in his acts, the embodiment of principle, who actually carried out the golden rule[914]? All whose moral sense had been aroused, who had a calling from on high to preach, sided with him. What confessions he extracted from the cold and conservative! It is remarkable, but on the whole it is well, that it did not prove the occasion for a new sect of *Brownites* being formed in our midst.

---

[912] class-teacher – Sunday school teacher is meant.

[913] please see the following note.

[914] golden rule – Christianity adopted the golden rule from two edicts, found in Leviticus 19:18 ("Do not seek revenge or bear a grudge against one of your people, but love your neighbor as yourself.", see also Great Commandment) and Leviticus 19:34 ("But the stranger that dwelleth with you shall be unto you as one born among you, and thou shalt love him as thyself; for ye were strangers in the land of Egypt: I am the LORD your God"). Crucially, Leviticus 19:34 universalizes the edict of Leviticus 19:18 from "one of your people" to all of humankind. The Old Testament Deuterocanonical books of Tobit and Sirach, accepted as part of the Scriptural canon by Orthodoxy, Catholicism, and the Non-Chalcedonian Churches, also express a negative form of the golden rule: "Do to no one what you yourself dislike." (Tobit 4:15); "Recognize that your neighbor feels as you do, and keep in mind your own dislikes." (Sirach 31:15). Several passages in the New Testament quote Jesus advocating the golden rule, including the following: "Therefore all things whatsoever ye would that men should do to you, do ye even so to them: for this is the law and the prophets." (Matthew 7:12); "And as ye would that men should do to you, do ye also to them likewise." (Luke 6:31); "And, behold, a certain lawyer stood up, and tempted him, saying, Master, what shall I do to inherit eternal life? He said unto him, What is written in the law? how readest thou? And he answering said, Thou shalt love the Lord thy God with all thy heart, and with all thy soul, and with all thy strength, and with all thy mind; and thy neighbour as thyself. And he said unto him, Thou hast answered right: this do, and thou shalt live." (Luke 10:25-28). The passage in the book of Luke then continues with Jesus answering the question, "Who is my neighbor?", by telling the parable of the Good Samaritan, indicating that "your neighbour" is anyone in need. Jesus' teaching, however, goes beyond the negative formulation of not doing what one would not like done to themselves, to the positive formulation of actively doing good to another that, if the situations were reversed, one would desire that the other would do for them. This formulation, as indicated in the parable of the Good Samaritan, emphasizes the needs for positive action that brings benefit to another, not simply restraining oneself from negative activities that hurt another. Taken as a rule of judgment, both formulations of the golden rule, the negative and positive, are equally applicable.

ჯონ ბრაუნი. ფოტოსურათი გადაღებულია 1846 წელს.
JOHN BROWN: THE PHOTOGRAPH TAKEN IN 1846.

They, whether within the Church or out of it, who adhere to the spirit and let go the letter, and are accordingly called infidel, were as usual foremost to recognize him. Men have been hung in the South before for attempting to rescue slaves, and the North was not much stirred by it. Whence, then, this wonderful difference? We were not so sure of *their* devotion to principle. We made a subtle distinction, forgot human laws, and did homage to an idea. The North, I mean the *living* North, was suddenly all transcendental. It went behind the human law, it went behind the apparent failure, and recognized eternal justice and glory. Commonly, men live according to a formula, and are satisfied if the order of law is observed, but in this instance they, to some extent, returned to original perceptions, and there was a slight revival of old religion. They saw that what was called order was confusion, what was called justice, injustice, and that the best was deemed the worst. This attitude suggested a more intelligent and generous spirit than that which actuated our forefathers, and the possibility, in the course of ages, of a revolution in behalf of another and an oppressed people.

Most Northern men, and a few Southern ones, were wonderfully stirred by Brown's behavior and words. They saw and felt that they were heroic and noble, and that there had been nothing quite equal to them in their kind in this country, or in the recent history of the world. But the minority were unmoved by them. They were only surprised and provoked by the attitude of their neighbors. They saw that Brown was brave, and that he believed that he had done right, but they did not detect any further peculiarity in him. Not being accustomed to make fine distinctions, or to appreciate magnanimity, they read his letters and speeches as if they read them not. They were not aware when they approached a heroic statement, — they did not know when they *burned*. They did not feel that he spoke with authority, and hence they only remembered that the *law* must be executed. They remembered the old formula, but did not hear the new revelation. The man who does not recognize in Brown's words a wisdom and nobleness, and therefore an authority, superior to our laws, is a modern Democrat.[915] This is the test by which to discover him. He is not willfully but constitutionally blind on this side, and he is consistent with himself. Such has been his past life; no doubt of it. In like manner he has read history and his Bible, and he accepts, or seems to accept, the last only as an established formula, and not because he has been convicted by it. You will not find kindred sentiments in his commonplace-book, if he has one.

When a noble deed is done, who is likely to appreciate it? They who are noble themselves. I was not surprised that certain of my neighbors spoke of John Brown as an ordinary felon, for who are they? They have either much flesh, or much office,[916] or much coarseness of some kind. They are not ethereal natures in any sense. The dark qualities predominate in them. Several of them are decidedly pachydermatous.[917] I say it in sorrow, not in anger. How can a man behold the light, who has no answering inward light? They are true to their *sight*, but when they look this way they *see* nothing, they are blind. For the children of the light to contend with them is as if there should be a contest between eagles and owls. Show me a man who feels bitterly toward John Brown, and let me hear what noble verse he can repeat. He'll be as dumb as if his lips were stone.

---

[915] modern Democrat – Thoreau means a member of the U.S. Democratic Political Party. The Democrats thought that Brown's raid was a scheme of the Republican Party. Because of this prevailing presumption, the Democrats were demanding congressional investigations. Although it could not had been more clear that John Brown for moral reasons could not and therefore would not and did not belong to any political party whatsoever.
[916] office – excrement is meant.
[917] pachydermatous – meaning thick-skinned.

It is not every man who can be a Christian, even in a very moderate sense, whatever education you give him. It is a matter of constitution and temperament, after all. He may have to be born again many times. I have known many a man who pretended to be a Christian, in whom it was ridiculous, for he had no genius for it. It is not every man who can be a free man, even.

Editors persevered for a good while in saying that Brown was crazy; but at last they said only that it was "a crazy scheme," and the only evidence brought to prove it was that it cost him his life. I have no doubt that if he had gone with five thousand men, liberated a thousand slaves, killed a hundred or two slaveholders, and had as many more killed on his own side, but not lost his own life, these same editors would have called it by a more respectable name. Yet he has been far more successful than that. He has liberated many thousands of slaves, both North and South. They seem to have known nothing about living or dying for a principle. They all called him crazy then; who calls him crazy now?

All through the excitement occasioned by his remarkable attempt and subsequent behavior, the Massachusetts legislature, not taking any steps for the defense of her citizens who were likely to be carried to Virginia[918] as witnesses and exposed to the violence of a slaveholding mob, was wholly absorbed in a liquor-agency question, and indulging in poor jokes on the word "extension."[919] Bad spirits occupied their thoughts. I am sure that no statesman up to the occasion could have attended to that question at all at that time, — a very vulgar question to attend to at any time!

When I looked into a liturgy of the Church of England, printed near the end of the last century, in order to find a service applicable to the case of Brown, I found that the only martyr recognized and provided for by it was King Charles the First,[920] an eminent scamp. Of all the inhabitants of England and of the world, he was the only one, according to this authority, whom that church had made a martyr and saint of; and for more than a century it had celebrated his martyrdom, so called, by an annual service. What a satire on the Church is that!

Look not to legislatures and churches for your guidance, nor to any soulless, *incorporated* bodies, but to *inspirited* or inspired ones.

---

[918] There had been numerous reports that the Governor of the state of Virginia was trying to have other abolitionists, including Samuel Gridley Howe and Franklin B. Sanborn, arrested outside of his jurisdiction and then extradited to Virginia.

[919] "extension" – most likely what is meant is allowing extended hours for sales of alcoholic drinks.

[920] Charles I of England (1600-1649) – the second son of James VI of Scots and I of England. He was King of England, Scotland and Ireland from 27 March 1625 until his execution. Charles engaged in a struggle for power with the Parliament of England, attempting to obtain royal revenue whilst Parliament sought to curb his Royal prerogative which Charles believed was divinely ordained. Many of his English subjects opposed his actions, in particular his interference in the English and Scottish Churches, and the levying of taxes without parliamentary consent grew to be seen as those of a tyrannical absolute monarch. His last years were marked by the English Civil War, in which he fought the forces of the English and Scottish Parliaments. Charles was defeated in the First Civil War (1642–45), after which Parliament expected him to accept its demands for a constitutional monarchy. He instead remained defiant by attempting to forge an alliance with Scotland and escaping to the Isle of Wight. This provoked the Second Civil War (1648–49) and the second defeat for Charles, who was subsequently captured, tried, convicted, and executed for high treason. The monarchy was then abolished and a republic called the Commonwealth of England, also referred to as the Cromwellian Interregnum, was declared. Charles' son, Charles II, became king after the restoration of the monarchy in 1660. In that same year, Charles I was canonized as "St. Charles Stuart" by the Church of England.

What avail all your scholarly accomplishments and learning, compared with wisdom and manhood? To omit his other behavior, see what a work this comparatively unread and unlettered man wrote within six weeks. Where is our professor of *belles-lettres*, or of logic and rhetoric, who can write so well? He wrote in prison, not a History of the World, like Raleigh,[921] but an American book[922] which I think will live longer than that. I do not know of such words, uttered under such circumstances, and so copiously withal, in Roman or English or any history. What a variety of themes he touched on in that short space! There are words in that letter to his wife,[923] respecting the education of his daughters, which deserve to be framed and hung over every mantelpiece in the land. Compare this earnest wisdom with that of Poor Richard.[924]

The death of Irving,[925] which at any other time would have attracted universal attention, having occurred while these things were transpiring, went almost unobserved. I shall have to read of it in the biography of authors.

Literary gentlemen, editors, and critics think that they know how to write, because they have studied grammar and rhetoric; but they are egregiously mistaken. The *art* of composition is as simple as the discharge of a bullet from a rifle, and its master-pieces imply an infinitely greater force behind them. This unlettered man's speaking and writing are standard English. Some words and phrases deemed vulgarisms and Americanisms before, he has made standard American; such as *"It will pay."*[926] It suggests that the one great rule of composition — and if I were a professor of rhetoric, I should insist on this — is to *speak the truth*. This first, this second, this third; pebbles in your mouth or not. This demands earnestness and manhood chiefly.

---

[921] Sir Walter Raleigh (1552-1618) – an English aristocrat, writer, poet, soldier, courtier, and explorer. He was imprisoned in the Tower of London for thirteen years. During this time he wrote his "History of the World" (1614).

[922] An American book – during his captivity, before the execution, John Brown wrote lots of letters, many of which were published in newspapers.

[923] letter to his wife – all of John Brown's letters are full of Christian wisdom, but one of them is exceptionally fascinating, – the letter which Brown wrote to his wife on November 16, 1859 from the jail in Charlestown, Virginia. John Brown urges his wife that his children must be educated first in "common business of life", and "The music of the broom, wash-tub, needle, spindle, loom, axe, scythe, hoe, flail, etc., should first be learned at all events, and that of the piano, etc., afterwards." How right he was! – after studying Christianity, children should not squander their time on learning the so called arts, which are fruitless and aimless and are only mastered for vainglory and the display of empty pride. One rarely can do good with those so called arts either for himself or for the humanity. While a person skilled in axe and scythe, in spindle and loom, is bound to produce some practical and tangible good. But of course, even this good is nothing, but a shadow of the true good, which is Christ and faithful practice of Christianity, which produce greater good that is spiritual, not material.

[924] Poor Richard – Benjamin Franklin's "Poor Richard's Almanack" (sometimes called just the Almanac) was a yearly almanac published by Benjamin Franklin, who adopted the pseudonym of "Poor Richard" or "Richard Saunders" for this purpose. The publication appeared continually from 1732 to 1758. It was a best seller for a pamphlet published in the American colonies; It is now compiled into a book and is still popular in America. The book is full of conventional wisdom and guidance on how to be thrifty and financially successful, and, because of this reason, of course it is mere foolishness compared to John Brown's wisdom, which is Christian, truly spiritual and therefore true and superior to anything else that claims the name of "wisdom". Also, consider how morally upright and spotless was Brown and, in spite of his smarts and knoweldge and skills, how morally decadent, debouched and depraved was Ben Franklin. Although, one must admit, Franklin's "Almanac" is a true masterpiece.

[925] Washington Irving (1783-1859) – an American author, essayist, biographer and historian of the early 19th century. He was best known for his short stories "The Legend of Sleepy Hollow" and "Rip Van Winkle", both of which appear in his book The Sketch Book of Geoffrey Crayon, Gent. His historical works include biographies of George Washington, Oliver Goldsmith and Muhammad, and several histories of the 15th century Spain dealing with subjects, such as Christopher Columbus, the Moors, and the Alhambra. Irving also served as the U.S. minister to Spain from 1842 to 1846. He died on November 28, 1859.

[926] "It will pay." – source for this quotation is unknown.

We seem to have forgotten that the expression, a *liberal* education, originally meant among the Romans one worthy of *free* men; while the learning of trades and professions by which to get your livelihood merely, was considered worthy of *slaves* only. But taking a hint from the word, I would go a step further and say, that it is not the man of wealth and leisure simply, though devoted to art, or science, or literature, who, in a true sense, is *liberally* educated, but only the earnest and *free* man. In a slaveholding country like this, there can be no such thing as a *liberal* education tolerated by the State; and those scholars of Austria and France who, however learned they may be, are contented under their tyrannies, have received only a *servile* education.

Nothing could his enemies do, but it redounded to his infinite advantage — that is, to the advantage of his cause. They did not hang him at once, but reserved him to preach to them. And then there was another great blunder. They did not hang his four followers with him; that scene was still postponed; and so his victory was prolonged and completed. No theatrical manager could have arranged things so wisely to give effect to his behavior and words. And who, think you, *was* the manager? Who placed the slave-woman and her child, whom he stooped to kiss for a symbol, between his prison and the gallows?[927]

We soon saw, as he saw, that he was not to be pardoned or rescued by men. That would have been to disarm him, to restore to him a material weapon, a Sharp's rifle, when he had taken up the sword of the spirit — the sword with which he has really won his greatest and most memorable victories. Now he has not laid aside the sword of the spirit, for he is pure spirit himself, and his sword is pure spirit also.

> "He nothing common did or mean
> Upon that memorable scene,
> Nor called the gods with vulgar spite,
> To vindicate his helpless right;
> But bowed his comely head
> Down, as upon a bed."

What a transit was that of his horizontal body alone, but just cut down from the gallows-tree! We read, that at such a time it passed through Philadelphia, and by Saturday night had reached New York. Thus, like a meteor it shot through the Union from the Southern regions toward the North! No such freight had the cars borne since they carried him southward alive.

---

[927] A well-known story has it that John Brown picked up and kissed a slave-child on his way to the gallows. John Brown walked from his jail cell to the gallows with his hands tied. He was surrounded by soldiers during this entire procession. Franklin B. Sanborn wrote a book "The Life and Letters of John Brown" in 1885 (which we used to create the following chapters of our book), where it is mentioned that when leaving the jail Brown was asked, as it was and still is the custom, "if he desired the presence of a clergyman to give him the 'consolation of religion.'" John Brown replied that "he did not recognize as Christians any slaveholders or defenders of slavery, lay or clerical; adding that… if he had his choice he would rather be followed to his 'public murder', as he termed his execution, by 'barefooted, barelegged, ragged slave children and their old gray-headed mother,' than such clergymen." Sanborn then adds that from this occasion "arose the legend that on his way to the gallows he took up a little slave-child, kissed it, and gave it back to its mother's arms."

On the day of his translation,[928] I heard, to be sure, that he was *hung*, but I did not know what that meant; I felt no sorrow on that account; but not for a day or two did I even *hear* that he was *dead*, and not after any number of days shall I believe it. Of all the men who were said to be my contemporaries, it seemed to me that John Brown was the only one who *had not died*. I never hear of a man named Brown now, — and I hear of them pretty often, — I never hear of any particularly brave and earnest man, but my first thought is of John Brown, and what relation he may be to him. I meet him at every turn. He is more alive than ever he was. He has earned immortality. He is not confined to North Elba[929] nor to Kansas. He is no longer working in secret. He works in public, and in the clearest light that shines on this land.[930]

---

[928] his translation – Brown's conversion from his mortal into his spiritual, immortal state. Once again Thoreau proves that he comprehends the Orthodox Christian theology well and he refuses to use the word "death" with Brown's name, for, according to the Orthodox theology, men do not die, they merely transform from one state to another and at the end of this transformation they enter either the Heaven and remain with God or enter the Hell and remain with the Devil.

[929] North Elba, NY – John Brown moved his family to a farm in North Elba, NY in 1848. John Brown is buried there.

[930] The great Hellenistic Jewish philosopher, Philo the Jew (20 BC-50AD), known also as Philon of Alexandria, has identical views on immortality of goodness and heroes, for what's a hero, but an embodiment of goodness itself? Philo states: "On which account every one who is a lover of self, by surname Cain, should learn that he has destroyed the namesake of Abel, that is to say species, individuality, the image made according to the model; not the archetypal pattern, nor the genus, nor the idea, which he thinks are destroyed together with animals, though, in fact, they are indestructible." Please see Philo the Jew, "The Worse Attacks the Better".

THE CHILDHOOD OF JOHN BROWN

...John Brown's account of his childhood and youth, written for Harry Stearns, a boy of thirteen. This is printed and punctuated exactly as Brown wrote it.

RED ROCK, IA., 15th July, 1857.

MR. HENRY L. STEARNS.

MY DEAR YOUNG FRIEND, — I have not forgotten my promise to write you; but my constant care, & anxiety have obliged me to put it off a long time. I do not flatter myself that I *can* write anything which will very much interest you: but have concluded to send you a short story of a certain boy of my acquaintance: & for convenience & shortness of name, I will call him John. This story will be mainly a narration of follies and errors; which it is to be hoped *you may avoid;* but there is one thing connected with it, which will be calculated to encourage any young person to persevering effort; & that is the degree of success *in accomplishing his objects* which to a great degree marked the course of this boy throughout my entire acquaintance with him; notwithstanding his moderate capacity; & still more moderate acquirements.

John was born May 9th, 1800, at Torrington, Litchfield Co. Connecticut; of poor but respectable parents: a decendant on the side of his father of one of the company of the Mayflower who landed at Plymouth 1620. His mother was decended from a man who came at an early period to New England from Amsterdam, in Holland. Both his Father's and his Mother's Fathers served in the war of the revolution: His Father's Father; died in a barn in New York while in the service; in 1776.

I can not tell you of anything in the first Four years of John's life worth mentioning save that at that *early age* he was tempted by Three large Brass Pins belonging to a girl who lived in the family & *stole them.* In this he was detected by his Mother; & after having a full day to think of the wrong; received from her a thorough whipping. When he was Five years old his Father moved to Ohio; then a wilderness filled with wild beasts, & Indians. During the long journey, which was performed in part or mostly with an *ox-team;* he was called on by turns to assist a boy Five years older (who had been adopted by his Father & Mother) & learned to think he could accomplish *smart things* in driving the Cows; & riding the horses. Sometimes he met with Rattle Snakes which were very large; & which some of the company generally managed to kill. After getting to Ohio in 1805 he was for some time rather afraid of the Indians, & of their Rifles; but this soon wore off: & he used to hang about them quite as much as was consistent with good manners; & learned a trifle of their talk. His father learned to dress Deer Skins, & at 6 years old John was installed a young Buck Skin. He was perhaps rather observing as he ever after remembered the entire process of Deer Skin *dressing;* so that he could at any time dress his own leather such as Squirel, Raccoon, Caf, Wolf and Dog Skins, and also learned to make Whip Lashes, which brought him some change at times, & was of considerable service in many ways. At Six years old he began to be a rambler in the wild new country finding birds and squirrels and sometimes a wild Turkey's nest. But about this period he was placed in the school of *adversity;* which my young friend was a most necessary part of his early training. You may *laugh* when you come to read about it; but these were *sore trials* to John: whose earthly treasures were *very few & small.* These were the beginning of a severe but *much needed course* of dicipline which he afterwards was to pass through.; & which it is to be hoped has learned him before this time that the Heavenly Father sees it best to take all the little things out of his hands which he has ever placed in them. When John was in his Sixth year a poor *Indian boy* gave him a Yellow Marble the first he bad ever seen. This he thought a great deal of; & kept it a good while; but at last *he lost it* beyond recovery. *It took years to heal the wound* & I *think* he cried at times about it. About Five months after this he caught a young Squirrel tearing off his tail in doing it; & getting severely bitten at the same time himself. He however held on *to the little bob tail Squirrel;* & finally got him perfectly tamed, so that he almost idolized his pet. *This too he lost;* by its wandering away; or by getting killed; & for a year or two John was *in mourning;* and looking at all the Squirrels he could see to try & discover Bobtail, *if possible.* I must not neglect to tell you of a very *bad & foolish* habbit to which John was somewhat addicted. I mean *telling lies*; generally to screen himself from blame; or from punishment. He could not well endure to be reproached; & I now think had he been oftener encouraged to be entirely frank; *by making frankness a kind of atonement* for some of his faults; he would not have been so often guilty of this fault; nor have been (in after life) obliged to struggle *so long* with *so mean* a habit.

John was *never quarelsome;* but was *excessively* fond of the *hardest & roughest* kind of plays; & could *never get enough* [of] them. Indeed when for a short time he was sometimes sent to School the opportunity it afforded to wrestle & Snow ball & run & jump & knock off old seedy Wool hats; offered to him almost the only compensation for the confinement, & restraints of school. I need not tell you that with such a feeling & but little chance of going to school *at all:* he did not become much of a schollar. He would always choose to stay at home & work hard rather than be sent to school; & during the warm season might generally bo seen *barefooted & bareheaded:* with Buck skin Breeches suspended often with one leather strap over his shoulder but sometimes with Two. To be sent off through the wilderness alone to very considerable distances was particularly his delight; & in this he was often indulged so that by the time he was Twelve years old he was sent off more than a Hundred Miles with companies of cattle; & he would have thought his character much injured had he been obliged to be helped in any such job. This was a boyish kind of feeling but characteristic however.

At Eight years old, John was left a Motherless boy which loss was complete & pearmanent for notwithstanding his Father again married to a sensible, intelligent, and on many accounts a very estimable woman; yet he never *adopted her in feeling;* but continued to pine after his own Mother for years. This opperated very unfavourably uppon him; as he was both naturally fond of females; &, withall, extremely diffident; & deprived him of a suitable connecting link between the different sexes; the want of which might under some circumstances, have proved his ruin.

When the war broke out *with England,* his Father soon commenced furnishing the troops with beef cattle, the collecting & driving of which afforded him some opportunity for the chase (on foot) of wild steers & other cattle through the woods. During this war he had some chance to form his own boyish judgment of *men & measures:* & to become somewhat familiarly acquainted with some who have figured before the country since that time. The effect of what he saw during the war was to so far disgust him with Military affairs that he would neither train, *or drill;* but paid fines; & got along like a Quaker until his age finally has cleared him of Military duty.

During the war with England a circumstance occurred that in the end made him a most *determined Abolitionist:* & led him to declare, *or Swear: Eternal war* with Slavery. He was staying for a short time with a very gentlemanly landlord since a United States Marshall who held a slave boy near his own age very active, inteligent and good feeling; & to whom John was under considerable obligation for numerous little acts of kindness. *The master* made a great pet of John: brought him to table with his first company; & friends; called their attention to every little smart thing he *said or did:* & to the fact of his being more than a hundred miles from home with a company of cattle alone; while the *negro boy* (who was fully if not more than his equal) was badly clothed, poorly fed; & *lodged in cold weather;* & beaten before his eyes with Iron Shovels or any other thing that came first to hand. This brought John to reflect on the wretched, hopeless condition, of *Fatherless & Motherless* slave *children :* for such children have neither Fathers or Mothers to protect, & provide for them. He sometimes would raise the question *is God their Father?*

At the age of Ten years an old friend induced him to read a little history, & offered him the free use of a good library; by; which he acquired some taste for reading: which formed the principle part of his early education: & diverted him in a great measure from bad company. He by this means grew to be verry fond of the company, & conversation of old & intelligent persons. He never attempted to dance in his life; nor did he ever learn to know one of a pack of *Cards* from *another.* He learned nothing of Grammer; nor did he get at school so much knowledge of common Arithmetic as the Four ground rules.[931] This will give you some general idea of the first Fifteen years of his life; during which time he became very strong & large of his age & ambitious to perform the full labour of a man; at almost any kind of hard work. By reading the lives of great, wise & good men their sayings, and writings; he grew to a dislike of vain & frivolous *conversation & persons;* & was often greatly obliged by the kind manner in which older & more inteligent persons treated him at their houses: & in conversation; which was a great relief on account of his extreme bashfulness.

He very early in life became ambitious to excel in doing anything he undertook to perform. This kind of feeling I would recommend to all young persons both *male & female:* as it will certainly tend to secure admission to the company of the more inteligent; & better portion of every community. By all means endeavour to excel in some laudable pursuit.

I had like to have forgotten to tell you of one of John's misfortunes which set rather hard on him while a young boy. He had by some means *perhaps* by gift of his father become the owner of a little Ewe Lamb which did finely till it was about Two Thirds grown; & then sickened & died. This brought another protracted *mourning season:* not that he felt the pecuniary loss so much: for that was never his disposition; but so strong & earnest were his atachments.

John had been taught from earliest childhood to "fear God and keep his commandments;"[932] & though quite skeptical he had always by turns felt much serious doubt as to his future well being; & about this time became to some extent a convert to Christianity & ever after a firm believer in the divine authenticity of the Bible. With this book he became very familiar, & possessed a most unusual memory of its entire contents.

---

[931] Four ground rules of arithmetic – addition, subtraction, multiplication and division.
[932] Ecclesiastes 12:13. The same is stated in Deuteronomy 13:4 and 6:2.

Now some of the things I have been *telling of;* were just such as I would recommend to you: & I would like to know that you had selected these out; & adopted them as part of your own plan of life; & I wish you to have *some deffinite plan.* Many seem to have none; & others never stick to any that they do form. This was not the case with John. He followed up with *tenacity* whatever he set about so long as it answered his general purpose: & hence he rarely failed in some good degree to effect the things he undertook. This was so much the case that be *habitually expected to succeed* in his undertakings. With this feeling *should be coupled;* the consciousness that our plans are right in themselves.

During the period I have named, John had acquired a kind of ownership to certain animals of some little value but as he had come to understand that the *title of minors* might be a little imperfect: he had recourse to various means in order to secure a more *independent;* & perfect right of property. One of those means was to exchange with his Father for something of far less value. Another was by trading with others persons for something his Father had never owned. Older persons have some times found difficulty with *titles.*

From Fifteen to Twenty years old, he spent most of his time working at the Tanner & Currier's trade keeping Bachelors hall; & he officiating as Cook; & for most of the time as foreman of the establishment under his Father. During this period he found much trouble with some of the bad habits I have mentioned & with some that I have not told you off: his conscience urging him forward with great power in this matter: but his close attention to *business;* & success in its management; together with the way he got along with a company of men, & boys; made him quite a favorite with the serious & more inteligent portion of older persons. This was so much the case; & secured for him so many little notices from those he esteemed; that his vanity was very much fed by it: & he came forward to manhood quite full of self-conceit; & self-confident; notwithstanding his *extreme* bashfulness. A younger brother[933] used sometimes to remind him of this: & to repeat to him *this expression* which you may somewhere find, "A King against whom there is no rising up." The habit so early formed of being obeyed rendered him in after life too much disposed to speak in an imperious or dictating way. From Fifteen years & upward he felt a good deal of anxiety to learn; but could only read & studdy a little; both for want of time; & on account of inflammation of the eyes. He however managed by the help of books to make himself tolerably well acquainted with common arithmetic; & Surveying; which he practiced more or less after he was Twenty years old.

At a little past Twenty years led by his own inclination & *prompted also* by his Father, he married a *remarkably plain;* but neat industrious & economical girl; of excellent character; earnest piety; & good practical common sense; about one year younger than himself. This woman by her mild, frank, & *more than all else:* by her very consistent conduct; acquired & ever while she lived maintained a most powerful; & good influence over him. Her plain but kind admonitions generally had the right effect; without arousing his haughty obstinate temper. John began early in life to discover a great liking to fine Cattle, Horses, Sheep, & Swine; & as soon as circumstances would enable him he began to be a practical *Shepherd: it being* a calling for which *in early life* ho had a kind of *enthusiastic longing:* together with the idea that as a business it bid fair to afford him the means of carrying out his greatest or principal object. I have now given you a kind of general idea of the early life of this boy; & if I believed it would be worth the trouble; or afford much interest to any good feeling person: I might be tempted to tell you something of his course in after life; or manhood. I do not say that I *will do it.*

---

[933] F.B. Sanborn remarks: "this was Salmon, no doubt."

You will discover that in using up my *half sheets to save paper;* I have written Two pages, so that one does not follow the other as it should. I have no time to write it over; & but for unavoidable hindrances in traveling I can hardly say when I should have written what I have. With an honest desire for your best good, I subscribe myself

Your Friend,

J. Brown.

P. S. I had like to have forgotten to acknowledge your contribution in aid of the cause in which I serve. God Almighty *bless you;* my son.

J. B.

    This autobiography had its origin, as did so many other words and acts of John Brown in 1857-1859, in the hospitalities of one house in Massachusetts where the old hero was always welcome. Mr. George Luther Sterns, a wealthy merchant and manufacturer of Boston, but living in a beautiful villa at Medford, had invited Brown to Boston in December, 1856, when he came eastward from his first campaigns in Kansas. Brown accepted the invitation, and reached Boston a little after Christmas, 1856, meeting Mr. Stearns in the street and going with him to the rooms of the Massachusetts Kansas Committee, where I first met him. The next Sunday, the first in January, 1857, Brown went to the Boston Music Hall to hear Theodore Parker[934] preach, and there met Mrs. Stearns (a niece of Mrs. Child, the graceful author of "Philothea"), who invited him to her house in Medford. He spent there the second Sunday in January, 1857, and made a deep impression on the oldest son of the family, then in his thirteenth year, by the stories he told of the sufferings of the pioneer families in Kansas. Running to the next room, and bringing forth his hoard of pocket-money, the boy thrust it into John Brown's hand, saying, "Will you buy something, — a pair of shoes, or something, — for one of those little Kansas children?" and then adding, as the old man thanked him, "Captain Brown, will you not write me, sometime, what sort of a little boy you were?" Brown looked at him with surprise and pleasure, and promised him to do so. In due time this long letter reached Medford, addressed to Harry, but with a short note to Mr. Stearns at the end of it. Mrs. Stearns, who at once saw its value, treasured it carefully; and after Brown's death she requested her friend Mr. Emerson to make this autobiography part of a sketch of the hero which he was urged to write. Mr. Emerson admired and praised it, but was compelled to decline the task of writing Brown's Life, as also did Henry Thoreau (who knew Brown well) and Mrs. Child. Then Mrs. Stearns permitted Mr. Redpath to print it in his biography, for the sake of bringing money to supply the needs of the widow and children of Brown. It has been since reprinted again and again from Mr. Red-path's book. I have made my copy from the original letter, and thus corrected some variations in the punctuation and spelling, which had crept into the published copies. Brown's writing was peculiar in these respects,

---

[934] Theodore Parker (1810-1860) – an American abolitionist, reforming minister of the Unitarian church and a member of the Secret Six.

and by no means uniform; but his style everywhere shows the same vigor and simplicity, and he had the art of Homer and Herodotus to mingle the colloquial with the serious, without any loss of dignity or effect. He thought humbly of his own composition, and would sometimes say, "I know no more of grammar than one of that farmer's calves;" but he had what is essential in all grammars, — the power to make himself understood.[935]

The house in which John Brown was born, as mentioned in this autobiography, still stands in Torrington, Conn., in the western part of the town, three miles from Wolcottville, six from Litchfield, and ten from Winsted, on a by-road. It much resembles the old farm-house in Concord in which Thoreau was born, and the engraving of one might easily pass for that of the other. The log-house of Owen Brown, in Hudson, Ohio, stood on what is now the public square in that town; and in a little valley near by, not far from the railroad, was the tannery where John Brown learned his father's trade. His childhood was passed in Hudson and its vicinity in the manner above described. He read the Bible, the "Fables of AEsop," the "Life of Franklin," the hymns of Dr. Watts, "Pilgrim's Progress," and a few more books; but his school education was very scanty.

---

[935] John Brown's character, as well as his speech, was plain and natural. He had talent of being straightforward, truthful and direct, and that is something no fancy city, school or office could teach. The same is expressed in the ancient Babylonian myth, "Erra and Ishum", Tablet I:
"City food, however fancy, cannot compare to what is cooked in the embers.
Best beer, however sweet, cannot compare to water from a water-skin.
A Palace built on a platform cannot compare to the shelters of a camp."

JOHN BROWN IN PRISON

OF all the work done by this hero in behalf of the slave throughout a life almost wholly devoted to emancipation, none was so wonderful as that wrought by him in prison and on the scaffold. History seeks in vain for parallels to this achievement, — a defeated, dying old man, who had been praying and fighting, pleading and toiling, for years, to persuade a great people that their national life was all wrong, suddenly converting millions to his cause by the silent magnanimity or the spoken wisdom of his last days as a fettered prisoner. For Brown was not figuratively and rhetorically in chains during that period of frenzied terror which lay between his capture of Harper's Ferry, October 16, and his death at Charlestown, Dec 2, 1859. He was loaded with chains, hand and foot; he was fastened to the floor of his cell, and watched day and night by armed men, whose instructions were to kill him if he should have any, the most remote, chance of escape. He was forced to rise from what was feared to be his dying bed, to hear the ferocious indictment against him recited; and during the most of his trial he lay on a pallet in the court-room. But that Divine Wisdom which he adored, and whose purposes he alone, of living or dying men, could best fulfil, was his guide and his guard; from the hand which had armed him with sword and rifle he now received that sword of the Spirit, heavenly in temper and in power, which won for him his final victory.

"For in all things, o Lord! Thou didst magnify Thy servant, and glorify him; neither didst Thou lightly regard him, but didst assist him in every time and place.[936] When unrighteous men thought to oppress this righteous one in prison, they themselves, the prisoners of darkness, and fettered with the bonds of a long night, lay there exiled from the Eternal Providence.[937] Yea, the tasting of death touched the righteous also; but then the blameless man made haste, and stood forth to defend them; and bringing the shield of his proper ministry, even prayer and propitiation, set himself against the wrath, and brought the calamity to an end. Declaring himself Thy servant, he overcame the destroyer, not with the strength of body or the force of arms; but with a word subdued he him that punished, alleging the oaths and covenants made with the fathers.[938]

"This was he whom we had sometime in derision and a proverb of reproach; we, fools, accounted his life madness, and his end to be without honor. But how is he numbered among the children of God! His lot is among the saints.[939] In the sight of the unwise he seemed to die; and his departure was taken for misery, his going from us to be utter destruction. But he is in peace. Though he be punished in the sight of men, yet is his hope full of immortality; and having been a little chastised, he shall be greatly rewarded.[940]

"God proved him and found him worthy of Himself;[941] he shall judge the nations, and have dominion over the people; and his Lord shall reign forever."[942]

These words of an old Scripture, long disregarded, were found true of John Brown, — literally and exactly fulfilled, like the computations of the astronomer. And who shall doubt that there is an astronomy for the period of great souls, as for the stars in their courses, — a lore which the devout may learn, if they will but obey? To this John Brown had meekly schooled his

---

[936] Wisdom of Solomon 19:22.
[937] Wisdom of Solomon 17:2.
[938] Wisdom of Solomon 18:20-22.
[939] Wisdom of Solomon 5:3-5.
[940] Wisdom of Solomon 3:2-5.
[941] Wisdom of Solomon 3:5.
[942] Wisdom of Solomon 3:8.

imperious will; and nowhere in history do we find a more punctual submission to the Divine purpose, a more perfect resignation and composure, than this headstrong old warrior now displayed. Then appeared, what had before been but little regarded, the strange power and pathos of his unschooled words. His speech to the Court was the first great example of this, although his replies to Mason and Wise of Virginia had already taught the world to listen for every sentence he uttered. "What avail all your scholarly accomplishments and learning, compared with wisdom and manhood?" said Thoreau, speaking of John Brown. "To omit his other behavior, see what a work this comparatively unread and unlettered man wrote within six weeks! He wrote in prison, not a 'History of the World' like Raleigh,[943] but an American book which I think will live longer than that. What a variety of themes he touched on in that short space!"[944] It is the virtue of such writings that they continue to influence mankind forever, so long as they continue to be read; and we may predict for these prison letters as long a life as for the "Apology" of Socrates[945] and the dying address to his disciples. But what a work they have accomplished already, in the few brief years since John Brown was borne from the scaffold in Charlestown to his resting-place beside the great rock at North Elba, where the grave became his stronghold, while "his soul went marching on!"[946] Those who mourned his death, now finding him risen and triumphant, may exclaim with Milton's Hebrews, after that "last victory of Samson" which Brown had foretold for himself: —

> "All is best, though we oft doubt
> What the unsearchable dispose
> Of highest wisdom brings about,
> And ever best found in the close.
> Oft He seems to hide His face,
> But unexpectedly returns,
> And to His faithful champion hath in place
> Borne witness gloriously; whence Gaza[947] mourns,
> And all that band them to resist
> His uncontrollable intent.
> His servants He, with new acquist
> Of true experience from this great event,

---

[943] Sir Walter Raleigh (1552-1618) – an English aristocrat, writer, poet, soldier, courtier, and explorer. He was imprisoned in the Tower of London for thirteen years. During this time he wrote his "History of the World" (1614).
[944] Please see Thoreau's political essay, "The Last Days of John Brown", also included in this book.
[945] "Apology", "Charmides" and "Crito" are the first three of Plato's Early Dialogues, in which he describes the last days of the imprisoned Socrates. There is a great deal of similarity between the jailed Socrates, described in these dialogues, and the last days of John Brown, as shown in his own speeches and correspondences preserved by F. B. Sanborn. No doubt this statement will seem absurd and anachronistic to many, but nevertheless truth must be told: these two men condemned by their, anthropologically speaking, native, but ravenous and depraved societies, had one thing in common – unaltered and inflexible love of the God of Christianity – The Holy Trinity. Hence the similarity between the thoughts, actions, and, eventually, lives and martyrdoms of the two men removed in time and geographic space, but linked eternally, with purity of their hearts, in God.
[946] This is an excerpt from a popular American military marching song "John Brown's Body", originally known as "John Brown's Song". It was extremely popular during the Civil War. It is difficult to say where and how the song originated, as many versions of its history of origin exist, but I think the most factual version is the one given by George Kimball. In 1890 George Kimball wrote the story of how the 2nd Infantry Battalion of the Massachusetts militia, known as the "Tiger" Battalion, collectively worked out the lyrics to "John Brown's Body". Kimball wrote: "We had a jovial Scotchman in the battalion, named John Brown. . . . and as he happened to bear the identical name of the old hero of Harper's Ferry, he became at once the butt of his comrades."
[947] Gaza – a city in Israel, currently inhabited by Palestinians. Gaza's history of habitation dates back 5,000 years, making it one of the oldest cities in the world. Located on the Mediterranean coastal route between North Africa and the Levant, for most of its history it served as a key entrepot of southern Palestine and an important stopover on the spice trade route traversing the Red Sea.

With peace and consolation hath dismissed,
And calm of mind, all passion spent."[948]

---

[948] An excerpt from a tragic drama "Samson Agonistes" or "Samson the Agonist" by an English poet, John Milton (1608-1674).

JOHN BROWN'S LETTERS

TO HIS FAMILY

CHARLESTOWN, JEFFERSON COUNTY, VA., Oct. 31, 1859.

MY DEAR WIFE AND CHILDREN, EVERY ONE, — I suppose you have learned before this by the newspapers that two weeks ago today we were fighting for our lives at Harper's Ferry; that during the fight Watson was mortally wounded, Oliver killed, William Thompson killed, and Dauphin slightly wounded; that on the following day I was taken prisoner, immediately after which I received several sabre-cuts on my head and bayonet-stabs[949] in my body. As nearly as I can learn, Watson died of his wound on Wednesday, the second — or on Thursday, the third — day after I was taken. Dauphin was killed when I was taken, and Anderson I suppose also. I have since been tried, and found guilty of treason, etc., and of murder in the first degree. I have not yet received my sentence. No others of the company with whom you were acquainted were, so far as I can learn, either killed or taken. Under all these terrible calamities, I feel quite cheerful in the assurance that God reigns and will overrule all for his glory and the best possible good.[950] I feel no consciousness of guilt in the matter, nor even mortification on account of my imprisonment and irons; and I feel perfectly sure that very soon no member of my family will feel any possible disposition to "blush on my account."[951] Already dear friends at a distance, with kindest sympathy, are cheering me with the assurance that posterity, at least, will do me justice. I shall commend you all together, with my beloved but bereaved daughters-in-law, to their sympathies, which do not doubt will soon reach you. I also commend you all to Him "whose mercy endureth forever,"[952] — to the God of my fathers, "whose I am, and whom I serve."[953] "He will never leave you nor forsake you,"[954] unless you forsake Him. Finally, my dearly beloved, be of good comfort. Be sure to remember and follow my advice, and my example too, so far as it has been consistent with the holy religion of Jesus Christ, — in which I remain a most firm, and humble believer. Never forget the poor, nor think anything you bestow on them to be lost to you, even though they may be black as Ebedmelech,[955] the Ethiopian eunuch, who cared for Jeremiah in the pit of the dungeon; or as black as the one to whom Philip[956] preached Christ. Be sure to entertain strangers, for thereby some have — "Remember them that are in bonds as bound with them."[957]

---

[949] bayonet – a knife, dagger, sword, or spike-shaped weapon designed to fit on, over or underneath the muzzle of a rifle barrel or similar weapon, effectively turning the gun into a spear. It is a close quarter battle combat or last-resort weapon.

[950] A perfect concord with and adherence to the Lord's Prayer: "Thy will be done on earth, as it is in heaven."

[951] Psalm 68:7 (Orthodox); Psalm 69:6 (Catholic, Protestant, etc.).

[952] II Numbers 7:6.

[953] Acts 27:23.

[954] Hebrews 13:5.

[955] Ebed-melech – mentioned in the Book of Jeremiah as an official at the Palace of King Zedekiah of Judah during the Siege of Jerusalem. The name is translated as "Servant of the King", and as such may not be his proper name but a hereditary title. The text relates that he was an Ethiopian and a eunuch who became Patron for the cause of Ethiopianism of his time that was reflected in the fruithful intercession he made with the King on behalf of Jeramiah, the prophet. Ebed-Melech is notable for rescuing the prophet Jeremiah from the cistern where he was imprisoned (Jer. 38:7-13). Later Jeremiah informed him that he would be spared after the fall of the city to the Babylonians (Jer. 39:15-18).

[956] Apostle Philip is meant.

[957] Hebrews 13:3.

I am in charge of a jailer like the one who took charge of Paul and Silas;[958] and you may rest assured that both kind hearts and kind faces are more or less about me, while thousands are thirsting for my blood. "These light afflictions, which are but for a moment, shall work out for us a far more exceeding and eternal weight of glory."[959] I hope to be able to write you again. Copy this, Ruth, and send it to your sorrow-stricken brothers to comfort them. Write me a few words in regard to the welfare of all. God Almighty bless you all, and make you "joyful in the midst of all your tribulations!"[960] Write to John Brown. Charlestown, Jefferson County, Va., care of Captain John Avis.

Your affectionate husband and father,

JOHN BROWN.

Nov.3, 1859.

P. S. Yesterday, November 2, I was sentenced to be hanged on December 2 next. Do not grieve on my account. I am still quite cheerful. God bless you!

Yours ever,

JOHN BROWN.

---

[958] St. Silas – a leading member of the early Christian community who later accompanied St. Paul in some of his missionary journeys.
[959] II Corinthians 4:17.
[960] II Corinthians 7:4.

LETTER FROM A QUAKER LADY TO JOHN BROWN

NEWPORT, R. I., Tenth Month, 27th, '59. CAPTAIN JOHN BROWN.

DEAR FRIEND, — Since thy arrest I have often thought of thee, and have wished that, like Elizabeth Fry[961] toward her prison friends, so I might console thee in thy confinement. But that can never be; and so I can only write thee a few lines which, if they contain any comfort, may come to thee like some little ray of light.

You can never know how very many dear Friends love thee with all their hearts for thy brave efforts in behalf of the poor oppressed; and though we, who are non-resistants, and religiously believe it better to reform by moral and not by carnal weapons, could not approve of bloodshed,[962] yet we know thee was animated by the most generous and philanthropic motives. Very many thousands openly approve thy intentions, though most Friends would not think it right to take up arms. Thousands pray for thee every day; and oh, I do pray that God will be with thy soul. Posterity will do thee justice. If Moses led out the thousands of Jewish slaves from their bondage, and God destroyed the Egyptians in the sea because they went after the Israelites to bring them back to slavery, then surely, by the same reasoning, we may judge thee a deliverer who wished to release millions from a more cruel oppression. If the American people honor Washington for resisting with bloodshed for seven years an unjust tax, how much more ought thou to be honored for seeking to free the poor slaves.

Oh, I wish I could plead for thee as some of the other sex can plead, how I would seek to defend thee! If I had now the eloquence of Portia,[963] how I would turn the scale in thy favor! But I can only pray "God bless thee!"[964] God pardon thee, and through our Redeemer give thee safety and happiness now and always!

From thy friend,

E. B.

---

[961] Elizabeth Fry (1780-1845) – an English prison reformer, social reformer and a Quaker philanthropist. Fry was a major driving force behind new legislation to make the treatment of prisoners more humane, and she was supported in her efforts by the reigning monarch. Since 2001 she has been depicted on the Bank of England £5 note.
[962] Generally Quakers are against any kind of violence.
[963] Portia – the heroine of William Shakespeare's "The Merchant of Venice".
[964] Genesis 28:3.

JOHN BROWN'S REPLY

CHARLESTOWN, JEFFERSON COUNTY, VA., NOV. 1, 1859.

MY DEAR FRIEND E. B. OF R. I., — Your most cheering letter of the 27th of October is received; and may the Lord reward you a thousandfold for the kind feeling you express toward me; but more especially for your fidelity to the "poor that cry, and those that have no help."[965] For this I am a prisoner in bonds. It is solely my own fault, in a military point of view, that we met with our disaster. I mean that I mingled with our prisoners and so far sympathized with them and their families that I neglected my duty in other respects. But God's will, not mine, be done.[966]

You know that Christ once armed Peter. So also in my case I think he put a sword into my hand, and there continued it so long as he saw best, and then kindly took it from me. I mean when I first went to Kansas. I wish you could know with what cheerfulness I am now wielding the "sword of the Spirit"[967] on the right hand and on the left. I bless God that it proves "mighty to the pulling down of strongholds."[968] I always loved my Quaker friends, and I commend to their kind regard my poor bereaved widowed wife and my daughters and daughters-in-law, whose husbands fell at my side. One is a mother and the other likely to become so soon. They, as well as my own sorrow-stricken daughters, are left very poor, and have much greater need of sympathy than I, who, through Infinite Grace and the kindness of strangers, am "joyful in all my tribulations."[969]

Dear sister, write them at North Elba, Essex County, N. Y., to comfort their sad hearts. Direct to Mary A. Brown, wife of John Brown. There is also another — a widow, wife of Thompson, who fell with my poor boys in the affair at Harper's Ferry — at the same place.

I do not feel conscious of guilt in taking up arms; and had it been in behalf of the rich and powerful, the intelligent, the great (as men count greatness), or those who form enactments to suit themselves and corrupt others, or some of their friends, that I interfered, suffered, sacrificed, and fell, it would have been doing very well. But enough of this. These light afflictions, which endure for a moment, shall but work for me "a far more exceeding and eternal weight of glory."[970] I would be very grateful for another letter from you. My wounds are healing. Farewell. God will surely attend to his own cause in the best possible way and time, and he will not forget the work of his own hands.   Your friend,

JOHN BROWN.

---

[965] Psalm 71:12 (Orthodox); Psalm 72:12 (Catholic, Protestant, etc.).
[966] Paraphrasing Luke 22:42: "yet not my will, but yours be done."
[967] Ephesians 6:17.
[968] II Corinthians 10:4.
[969] II Corinthians 7:4.
[970] II Corinthians 4:17.

When brought into court, the day after his conviction, to receive his sentence, Brown was taken by surprise at being called on to say why sentence of death should not be pronounced. He had expected some further delay, and was unprepared at the moment. He rose, however, and in a singularly mild and gentle manner made his famous plea, in which we may recognize some of the phrases he had used in his letters: —

JOHN BROWN'S LAST SPEECH (NOV. 2)

"I have, may it please the Court, a few words to say.

"In the first place, I deny everything but what I have all along admitted, — the design on my part to free the slaves. I intended certainly to have made a clean thing of that matter, as I did last winter, when I went into Missouri and there took slaves without the snapping of a gun on either side, moved them through the country, and finally left them in Canada. I designed to have done the same thing again, on a larger scale. That was all I intended. I never did intend murder, or treason, or the destruction of property, or to excite or incite slaves to rebellion, or to make insurrection.

"I have another objection: and that is, it is-unjust that I should suffer such a penalty. Had I interfered in the manner which I admit, and which I admit has been fairly proved (for I admire the truthfulness and candor of the greater portion of the witnesses who have testified in this case), — had I so interfered in behalf of the rich, the powerful, the intelligent, the so-called great, or in behalf of any of their friends, — either father, mother, brother, sister, wife, or children, or any of that class, — and suffered and sacrificed what I have in this interference, it would have been all right; and every man in this court would have deemed it an act worthy of reward rather than punishment.

"This court acknowledges, as I suppose, the validity of the law of God. I see a book kissed here which I suppose to be the Bible, or at least the New Testament. That teaches me that all things whatsoever I would that men should do to me, I should do even so to them.[971] It teaches me, further, to 'remember them that are in bonds, as bound with them.'[972] I endeavored to act up to that instruction. I say, I am yet too young to understand that God is any respecter of persons. I believe that to have interfered as I have done — as I have always freely admitted I have done — in behalf of His despised poor, was not wrong, but right. Now, if it is deemed necessary that I should forfeit my life for the furtherance of the ends of justice, and mingle my blood further with the blood of my children and with the blood of millions in this slave country whose rights are disregarded by wicked, cruel, and unjust enactments, — I submit; so let it be done!

"Let me say one word further.

"I feel entirely satisfied with the treatment I have received on my trial. Considering all the circumstances, it has been more generous than I expected. But I feel no consciousness of guilt. I have stated from the first what was my intention, and what was not. I never had any design against the life of any person, nor any disposition to

---

[971] Mathew 7:12.
[972] Hebrews 13:3.

"With one son dead by his side, and another dying, he felt the pulse of his dying son with one hand and held his rifle with the other."

ჯარისკაცები უმოწყალოდ ხოცავენ
უკვე დანებებულ ბრაუნის რაზმელებს.
SOLDIERS ARE MERCILESSLY SLAUGHTERING
BROWN'S RAIDERS WHO HAD ALREADY SURRENDERED.

commit treason, or excite slaves to rebel, or make any general insurrection. I never encouraged any man to do so, but always discouraged any idea of that kind.

"Let me say, also, a word in regard to the statements made by some of those connected with me. I hear it has been stated by some of them that I have induced them to join me. But the contrary is true. I do not say this to injure them, but as regretting their weakness. There is not one of them but joined me of his own accord, and the greater part of them at their own expense. A number of them I never saw, and never had a word of conversation with, till the day they came to me; and that was for the purpose I have stated.[973]

"Now I have done."

Brown was then taken from the court-room back to his prison, where he continued to recover from his wounds, but did not write many letters until a week after his conviction. He then wrote first to his family, as follows: —

---

[973] John Cook and Edwin Coppoc are meant. They were members of Brown's army at Harper's Ferry. After the Raid they escaped, but both were captured in Pennsylvania. Cook broke down and gave a false statement against Brown. Coppoc gave a false statement too, but soon after he felt remorse and recanted his fabrications. For additional reading please see Cornell University Library book, "Confession of John E. Cook". It must be noted that Cook was the brother-in-law of the 11th Governor of the state of Indiana, Ashbel Parsons Willard. The Governor tried to intercede and help Cook, but in vain – Southerners were angered by this and went as far as accusing Willard in involvement in the Raid. Also, do not confuse Edwin Coppoc with his brother, Barclay Coppoc, who was also one of the raiders, but escaped successfully and later died during the Civil War.

TO HIS FAMILY

CHARLESTOWN, JEFFERSON COUNTY, VA., NOV. 8, 1859.

DEAR WIFE AND CHILDREN, EVERY ONE, — I will begin by saying that I have in some degree recovered from my wounds, but that I am quite weak in my back and sore about my left kidney. My appetite has been quite good for most of the time since I was hurt. I am supplied with almost everything I could desire to make me comfortable, and the little I do lack (some articles of clothing which I lost) I may perhaps soon get again. I am, besides, quite cheerful, having (as I trust) "the peace of God, which passeth all understanding,"[974] to "rule in my heart,"[975] and the testimony (in some degree) of a good conscience that I have not lived altogether in vain. I can trust God with both the time and the manner of my death, believing, as I now do, that for me at this time to seal my testimony for God and humanity with my blood will do vastly more toward advancing the cause I have earnestly endeavored to promote, than all I have done in my life before. I beg of you all meekly and quietly to submit to this, not feeling yourselves in the least *degraded* on that account. Remember, dear wife and children all, that Jesus of Nazareth suffered a most excruciating death on the cross as a felon, under the most aggravating circumstances. Think also of the prophets and apostles and Christians of former days, who went through greater tribulations than you or I, and try to be reconciled.[976] May God Almighty comfort all your hearts, and soon wipe away all tears from your eyes![977] To him be endless praise! Think, too, of the crushed millions who "have no comforter."[978] I charge you all never in your trials to forget the griefs "of the poor that cry, and of those that have none to help them."[979] I wrote most earnestly to my dear and afflicted wife not to come on for the present, at any rate. I will now give her my reasons for doing so. First, it would use up all the scanty means she has, or is at all likely to have, to make herself and children comfortable hereafter. For let me tell you that the sympathy that is now aroused in your behalf may not always follow you. There is but little more of the romantic about helping poor widows and their children than there is about trying to relieve poor "niggers." Again, the little comfort it might afford us to meet again would be dearly bought by the pains of a final separation. We must part; and I feel assured for us to meet under such dreadful circumstances would only add to our distress. If she comes on here, she must be only a gazing-stock throughout the whole journey, to be remarked upon in every look, word, and action, and by all sorts of creatures, and by all sorts of papers, throughout the whole country. Again, it is my most decided judgment that in quietly and submissively staying at home vastly more of generous sympathy will reach her, without such dreadful sacrifice of feeling as she must put up with if she comes on. The visits of one or two female friends that have come on here have produced great excitement, which is very annoying; and they cannot possibly do me any good. Oh, Mary! do not come, but patiently wait for the meeting of those who love God and their fellow-men, where no separation must follow. "They shall go no more out

---

[974] Philippians 4:7.
[975] Philippians 4:7.
[976] In 2,500 BC ancient Mesopotamia (in those days Iraq and Kuwait being one country) was ruled by a heroic King Gilgamesh, the fifth King of Uruk. His life is allegorically depicted in the "Epic of Gilgamesh". The author of this mystical epic offers an interesting perspective on life and death, which is not unlike Christian viewpoint shared by John Brown and Thoreau, and other Christian martyrs and theologians (See "The Epic of Gilgamesh", Tablet X): "Death is inevitable at some time, both, for Gilgamesh and for a fool,
But a throne is set for Gilgamesh, while a fool is given dregs instead of butter."
[977] Paraphrasing Revelation 7:17: "and God shall wipe away all tears from their eyes."
[978] Ecclesiastes 4:1.
[979] Psalm 71:12 (Orthodox); Psalm 72:12 (Catholic, Protestant, etc.).

forever."[980] I greatly long to hear from some one of you, and to learn anything that in any way affects your welfare. I sent you ten dollars the other day; did you get it? I have also endeavored to stir up Christian friends to visit and write to you in your deep affliction. I have no doubt that some of them, at least, will heed the call. Write to me, care of Captain John Avis, Charlestown, Jefferson County, Virginia.

"Finally, my beloved, be of good comfort."[981] May all your names be "written in the Lamb's book of life!"[982] — may you all have the purifying and sustaining influence of the Christian religion! — is the earnest prayer of

Your affectionate husband and father,

JOHN BROWN.

Nov. 9.

P. S. I cannot remember a night so dark as to have hindered the coming day, nor a storm so furious or dreadful as to prevent the return of warm sunshine and a cloudless sky. But, beloved ones, do remember that this is not your rest, — that in this world you have no abiding place or continuing city. To God and his infinite mercy I always commend you.

J. B.

---

[980] Revelation 3:12.
[981] II Corinthians 13:11. The same is expressed in the Apocrypha, Baruch 4:27: "Be of good comfort, O my children, and cry unto God: for ye shall be remembered of him that brought these things upon you."
[982] Revelation 21:27.

TO HIS OLD TEACHER

CHARLESTOWN, JEFFERSON COUNTY, VA., NOV. 15, 1859.

REV. H. L. VAILL.

MY DEAR, STEADFAST FRIEND, — Your most kind and most welcome letter of the 8th inst. reached me in due time. I am very grateful for all the good feeling, you express, and also for the kind counsels you give, together with your prayers in my behalf. Allow me here to say, notwithstanding "my soul is among lions,"[983] still I believe that "God in very deed is with me."[984] You will not, therefore, feel surprised when I tell you that I am "joyful in all my tribulations;"[985] that I do not feel condemned of Him whose judgment is just, nor of my own conscience. Nor do I feel degraded by my imprisonment, my chains, or prospect of the gallows. I have not only been (though utterly unworthy) permitted to "suffer affliction with God's people,"[986] but have also had a great many rare opportunities for "preaching righteousness in the great congregation."[987] I trust it will not all be lost. The jailer (in whose charge I am) and his family and assistants have all been most kind; and notwithstanding he was one of the bravest of all who fought me, he is now being abused for his humanity. So far as my observation goes, none but brave men are likely to be humane to a fallen foe. "Cowards prove their courage by their ferocity." It may be done in that way with but little risk.

I wish I could write you about a few only of the interesting times I here experience with different classes of men, clergymen among others. Christ, the great captain of liberty as well as of salvation, and who began his mission, as foretold of him, by proclaiming it, saw fit to take from me a sword of steel after I had carried it for a time; but he has put another in my hand ("the sword of the Spirit"[988]), and I pray God to make me a faithful soldier, wherever he may send me, not less on the scaffold than when surrounded by my warmest sympathizers.

My dear old friend, I do assure you I have not forgotten our last meeting, nor our retrospective look over the route by which God had then led us; and I bless his name that he has again enabled me to hear your words of cheering and comfort at a time when I, at least, am on the "brink of Jordan." (See Banyan's "Pilgrim."[989]) God in infinite mercy grant us soon another meeting on the opposite shore. I have often passed under the rod of him whom I call my Father, — and certainly no son ever needed it oftener; and yet I have enjoyed much of life, as I was enabled to discover the secret of this somewhat early. It has been in making the prosperity and happiness of others my own; so that really I have had a great deal of prosperity. I am very prosperous still; and looking forward to a time when "peace on earth

---

[983] Psalm 56:4 (Orthodox); Psalm 57:4 (Catholic, Protestant, etc.).
[984] II Numbers 6:18.
[985] II Corinthians 7:4.
[986] Hebrews 11:25.
[987] Psalm 39:10 (Orthodox). Psalm 40:9 (Catholic, Protestant, etc.).
[988] Ephesians 6:17.
[989] Reference to "The Pilgrim's Progress" by John Bunyan (1628-1688), an English writer and preacher. Bunyan in his turn is paraphrasing from the Old Testament, Joshua 3:8: "When ye are come to the brink of the water of Jordan, ye shall stand still in Jordan."

and good-will to men"[990] shall everywhere prevail, I have no murmuring thoughts or envious feelings to fret my mind. "I'll praise my Maker with my breath."[991]

I am An unworthy nephew of Deacon John, and I loved him much; and in view of the many choice friends I have had here, I am led the more earnestly to pray, "gather not my soul with the unrighteous."[992]

Your assurance of the earnest sympathy of the friends in my native land is very grateful to my feelings; and allow me to say a word of comfort to them.

As I believe most firmly that God reigns, I cannot believe that anything I have done, suffered, or may yet suffer will be lost to the cause of God or of humanity. And before I began my work at Harper's Ferry, I felt assured that in the worst event it would certainly pay. I often expressed that belief; and I can now see no possible cause to alter my mind. I am not as yet, in the main, at all disappointed. I have been a good deal disappointed as it regards myself in not keeping up to my own plans; but I now feel entirely reconciled to that, even, — for God's plan was infinitely better, no doubt, or I should have kept to my own. Had Samson kept to his determination of not telling Delilah[993] wherein his great strength lay, he would probably have never overturned the house. I did not tell Delilah, but I was induced to act very contrary to my better judgment; and I have lost my two noble boys, and other friends, if not my two eyes.

But "God's will, not mine, be done."[994] I feel a comfortable hope that, like that erring servant of whom I have just been writing, even I may (through infinite mercy in Christ Jesus) yet "die in faith."[995] As to both the time and manner of my death, — I have but very little trouble on that score, and am able to be (as you exhort) "of good cheer."[996]

I send, through you, my best wishes to Mrs. W. ____ and her son George, and to all dear friends. May the God of the poor and oppressed be the God and Savior of you all!

---

[990] Luke 2:14.
[991] Psalm 103:33 (Orthodox); Psalm 104:33 (Catholic, Protestant, etc.).
[992] Psalm 25:9 (Orthodox); Psalm 26:9 (Catholic, Protestant, etc.).
[993] Samson or Shimshon in Hebrew – the third to last of the Judges of the ancient Israelites mentioned in the Tanakh (Book of Judges chapters 13 to 16). Samson is a Herculean figure, who is granted tremendous strength by God to combat his enemies and to perform heroic feats unachievable by ordinary humans. Samson's activity takes place during the time when God was punishing the Israelites, by giving them into the hand of the Philistines. Later in his life Samson goes to Gaza, where he stays at a harlot's house. His enemies wait at the gate of the city to ambush him, but he rips the gate up and carries it to the hill that is in front of Hebron. He then falls in love with a woman, Delilah, at the Brook of Sorek. The Philistines approach Delilah and induce her (with 1,100 silver coins each) to try to find the secret of Samson's strength. She eventually gets the secret out of Samson, that his strength is hidden in his long hair. While sleeping she makes the servant cut the hair and Samson becomes powerless. Philistines capture him. After repenting his sin his hair grew back and God granted him back his strength. One day the Philistine leaders assemble in a temple for a religious sacrifice to Dagon, one of their most important deities, for having delivered Samson into their hands. They summon Samson. Women and men gather on the roof to watch. Once inside the temple, Samson, his hair having grown long again, asks the servant who is leading him to the temple's central pillars if he may lean against them. Then Samson prayed to God, "remember me, I pray thee, and strengthen me, I pray thee, only this once, O God, that I may be at once avenged of the Philistines for my two eyes" (Judges 16:28). Samson said, "Let me die with the Philistines!" (Judges 16:30). He pulled the two pillars together, and down went the temple on the rulers and all the people in it. Thus he killed many more by his death than by his life.
[994] Luke 22:42.
[995] Hebrews 11:13.
[996] John 16:33.

Farewell, till we meet again.

Your friend in truth,

JOHN BROWN.

TO HIS WIFE

CHARLESTOWN, JEFFERSON COUNTY, VA. NOV. 16, 1859.

MY DEAR WIFE, — I write you in answer to a most kind letter of November 13 from dear Mrs. Spring. I owe her ten thousand thanks for her kindness to you particularly, and more especially than for what she has done and is doing in a more direct way for me personally. Although 1 feel grateful for every expression of kindness or sympathy towards me, yet nothing can so effectually minister to my comfort as acts of kindness done to relieve the wants or mitigate the sufferings of my poor distressed family. May God Almighty and their own consciences be their eternal rewarders! I am exceedingly rejoiced to have you make the acquaintance and be surrounded by such choice friends, as I have long known by reputation some of those to be with whom you are staying. I am most glad to have you meet with one of a family (or I would rather say of two families) most beloved and never to be forgotten by me. I mean dear gentle ____. Many and many a time have she, her father, mother, brother, sisters, uncle, and aunt, like angels of mercy, ministered to the wants of myself and of my poor sons, both in sickness and health. Only last year I lay sick for quite a number of weeks with them, and was cared for by all as though I had been a most affectionate brother or father. Tell her that I ask God to bless and reward them all forever. "I was a stranger, and they took me in."[997] It may possibly be that ____ would like to copy this letter, and send it to her home. If so, by all means let her do so. I would write them if I had the power.

Now let me say a word about the effort to educate our daughters. I am no longer able to provide means to help towards that object, and it therefore becomes me not to dictate in the matter. I shall gratefully submit the direction of the whole thing to those whose generosity may lead them to undertake in their behalf, while I give anew a little expression of my own choice respecting it. You, my wife, perfectly well know that I have always expressed a decided preference for a very plain but perfectly practical education for both sons and daughters. I do not mean an education so very miserable as that you and I received in early life; nor as some of our children enjoyed. When I say plain but practical, I mean enough of the learning of the schools to enable them to transact the common business of life comfortably and respectably, together with that thorough training to good business habits which best prepares both men and women to be useful though poor, and to meet the stern realities of life with a good grace. You well know that I always claimed that the music of the broom, wash-tub, needle, spindle, loom, axe, scythe, hoe, flail, etc., should first be learned at all events, and that of the piano, etc., afterwards. I put them in that order as most conducive to health of body and mind; and for the obvious reason, that after a life of some experience and of much observation, I have found ten women as well as ten men who have made their mark in life right, whose early training was of that plain, practical kind, to one who had a more popular and fashionable early training. But enough of that.

Now, in regard to your coming here. If you feel sure that you can endure the trials and the shock which will be unavoidable (if you come), I should be most glad to see you once more; but when I think of your being insulted on the road, and perhaps while here, and of only seeing your wretchedness made complete, I shrink from it. Your composure and fortitude of mind may be quite equal to it all; but I am in dreadful doubt of it. If you do come, defer your journey till about the 27th or 28th of this mouth. The scenes which you

[997] Mathew 25:35.

will have to pass through on coming here will be anything but those you now pass, with tender, kind-hearted friends, and kind faces to meet you everywhere. Do consider the matter well before you make the plunge. I think I had better say no more on this most painful subject. My health improves a little; my mind is very tranquil, I may say joyous, and I continue to receive every kind attention that I have any possible need of. I wish you to send copies of all my letters to all our poor children. What I write to one must answer for all, till I have more strength. I get numerous kind letters from friends in almost all directions, to encourage me to "be of good cheer,"[998] and I still have, as I trust, "the peace of God to rule in my heart."[999] May God, for Christ's sake, ever make his face to shine on you all!

Your affectionate husband,

JOHN BROWN.

---

[998] II Corinthians 7:4.
[999] Colossians 3:15.

TO HIS COUSIN, REV. MR. HUMPHREY

CHARLESTOWN, JEFFERSON COUNTY, VA., NOV. 19, 1869.

REV. LUTHER HUMPHREY.

MY DEAR FRIEND, — Your kind letter of the 12th instant is now before me. So far as my knowledge goes as to our mutual kindred, I suppose I am the first since the landing of Peter Brown[1000] from the "Mayflower" that has either been sentenced to imprisonment or to the gallows. But, my dear old friend, let not that fact alone grieve you. You cannot have forgotten how and where our grandfather fell in 1776, and that he, too, might have perished on the scaffold had circumstances been but a very little different. The fact that a man dies under the hand of an executioner (or otherwise) has but little to do with his true character, as I suppose. John Rogers[1001] perished at the stake, a great and good man, as I suppose; but his doing so does not prove that any other man who has died in the same way was good or otherwise.

Whether I have any reason to "be of good cheer"[1002] or not in view of my end, I can assure you that I feel so; and I am totally blinded if I do not really experience that strengthening and consolation you so faithfully implore in my behalf: the God of our fathers reward your fidelity! I neither feel mortified, degraded, nor in the least ashamed of my imprisonment, my chains, or near prospect of death by hanging. I feel assured "that not one hair shall fall from my head without the will of my Heavenly Father."[1003] I also feel that I have long been endeavoring to hold exactly "such a fast as God has chosen."[1004] (See the passage in Isaiah[1005] which you have quoted.) No part of my life has been more happily spent than that I have spent here; and I humbly trust that no part has been spent to better purpose. I would not say this boastingly, but thanks be unto God, who giveth us the victory through infinite grace.

I should be sixty years old were I to live to May 9, 1860. I have enjoyed much of life as it is, and have been remarkably prosperous, having early learned to regard the welfare and prosperity of others as my own. I have never, since I can remember, required a great amount of sleep; so that I conclude that I have already enjoyed full an average number of working hours with those who reach their threescore years and ten. I have not yet been driven to the use of glasses, but can see to read and write quite comfortably. But more than that, I have generally enjoyed remarkably good health. I might go on to recount unnumbered and unmerited blessings, among which would be some very severe afflictions, and those the most needed blessings of all. And now, when I think how easily I might be left to spoil all I have done or suffered in the cause of freedom; I hardly dare wish another voyage, even if I had the opportunity.

[1000] He is the earliest ancestor of Brown we can trace.
[1001] John Rogers (1500-1555) – English clergyman, Bible translator and commentator. He was persecuted for denying the Christian character of the Church of Rome and its tyrannical Pope. He awaited and met death cheerfully, though he was even denied a meeting with his wife. He was burned at the stake on February 4, 1555 at Smithfield, London.
[1002] II Corinthians 7:4.
[1003] II Kings 14:11.
[1004] Isaiah 58:5.
[1005] Isaiah – 8th century BC prophet who lived in the Kingdom of Judah.

It is a long time since we met; but we shall come together in our Father's house, I trust. Let us hold fast that we already have, remembering we shall reap in due time if we faint not. Thanks be unto God, who giveth us the victory through Jesus Christ our Lord. And now, my old, warm-hearted friend, good-by.

    Your affectionate cousin,

                   JOHN BROWN.

TO HIS WIFE

CHARLESTOWN, JEFFERSON COUNTY, VA, NOV. 21, 1859.

MY DEAR WIFE, — Your most welcome letter of the 13th instant I got yesterday. I am very glad to learn from yourself that you feel so much resigned to your circumstances, so much confidence in a wise and good Providence, and such composure of mind in the midst of all your deep afflictions. This is just as it should be; and let me still say, "Be of good cheer," for we shall soon "come out of all our great tribulations;"[1006] and very soon, if we trust in him, "God shall wipe away all tears from our eyes."[1007] Soon "we shall be satisfied when we are awake in His likeness."[1008] There is now here a source of much disquietude to me, — namely, the fires which are almost of daily and nightly occurrence in this immediate neighborhood. While I well know that no one of them is the work of our friends, I know at the same time that by more or less of the inhabitants we shall be charged with them, — the same as with the ominous and threatening letters to Governor Wise. In the existing state of public feeling I can easily see a further objection to your coming here at present; but I did not intend saying another word to you on that subject.

Why will you not say to me whether you had any crops mature this season? If so, what ones? Although I may nevermore inter-meddle with your worldly affairs, I have not yet lost all interest in them. A little history of your success or of your failures I should very much prize; and I would gratify you and other friends some way were it in my power. I am still quite cheerful, and by no means cast down. I "remember that the time is short."[1009] The little trunk and all its contents, so far as I can judge, reached me safe. May God reward all the contributors! I wrote you under cover to our excellent friend Mrs. Spring on the 16th instant. I presume you have it before now. When you return, it is most likely the lake will not be open; so you must get your ticket at Troy for Moreau Station or Glens Falls (for Glens Falls, if you can get one), or get one for Vergennes in Vermont, and take your chance of crossing over on the ice to Westport. If you go soon, the route by Glens Falls to Elizabethtown will probably be the best.

I have just learned that our poor Watson lingered until Wednesday about noon of the 19th of October. Oliver died near my side in a few moments after he was shot. Dauphin died the next morning after Oliver and William were killed, — namely, Monday. He died almost instantly; was by my side. William was shot by several persons. Anderson was killed with Dauphin.

Keep this letter to refer to. God Almighty bless and keep you all!

Your affectionate husband,

JOHN BROWN.

[1006] John 7:14.
[1007] John 7:17.
[1008] Psalm 16:15 (Orthodox); Psalm 17:15 (Catholic, Protestant, etc.).
[1009] Psalm 88:47 (Orthodox); Psalm 89:47 (Catholic, Protestant, etc.).

DEAR MRS. SPRING, — I send this to your care, because I am at a loss where it will reach my wife.

Your friend in truth,

JOHN BROWN.

TO HIS YOUNGER CHILDREN

CHARLESTOWN, JEFFERSON COUNTY, VA., NOV. 22, 1859.

DEAR CHILDREN, ALL, — I address this letter to you, supposing that your mother is not yet with you. She has not yet come here, as I have requested her not to do at present, if at all. She may think it best for her not to come at all. She has (or will), I presume, written you before this. Annie's letter to us both, of the 9th, has but just reached me. I am very glad to get it, and to learn that you are in any measure cheerful. This is the greatest comfort I can have, except that it would be to know that you are all Christians. God in mercy grant you all may be so! That is what you all will certainly need. When and in what form death may come is but of small moment. I feel just as content to die for God's eternal truth and for suffering humanity on the scaffold as in any other way; and I do not say this from any disposition to "brave it out." No; I would readily own my wrong were I in the least convinced of it. I have now been confined over a month, with a good opportunity to look the whole thing as "fair in the face"[1010] as I am capable of doing; and I now feel it most grateful that I am counted in the least possible degree worthy to suffer for the truth. I want you all to "be of good cheer."[1011] This life is intended as a season of training, chastisement, temptation, affliction, and trial; and the "righteous shall come out of"[1012] it all. Oh, my dear children, let me again entreat you all to "forsake the foolish, and live."[1013] What can you possibly lose by such a course? "Godliness with contentment is great gain,"[1014] having the promise of the life that now is, and of that which is to come."[1015] "Trust in the Lord and do good, so shalt thou dwell in the land; and verily thou shalt be fed."[1016] I have enjoyed life much; why should I complain on leaving it? I want some of you to write me a little more particularly about all that concerns your welfare. I intend to write you as often as I can. "To God and the word of his grace I commend you all."[1017]

Your affectionate father,

JOHN BROWN.

[1010] Genesis 29:17.
[1011] John 16:33.
[1012] Proverbs 12:13.
[1013] Proverbs 9:6.
[1014] I Timothy 6:6.
[1015] I Timothy 4:8.
[1016] Psalm 36:3 (Orthodox); Psalm 37:3 (Catholic, Protestant, etc.).
[1017] Acts 20:32.

TO HIS OLDER CHILDREN

CHARLESTOWN, JEFFERSON COUNTY, VA., Nov. 22, 1859.

DEAR CHILDREN, — Your most welcome letters of the 16th inst. I have just received, and I bless God that he has enabled you to bear the heavy tidings of our disaster with so much seeming resignation and composure of mind. That is exactly the thing I have wished you all to do for me, — to be cheerful and perfectly resigned to the holy will of a wise and good God. I bless his most holy name that I am, I trust, in some good measure able to do the same. I am even "joyful in all my tribulations"[1018] ever since my confinement, and I humbly trust that "I know in whom I have trusted."[1019] A calm peace, perhaps like that which your own dear mother felt in view of her last change, seems to fill my mind by day and by night. Of this neither the powers of "earth or hell" can deprive me. Do not, my dear children, any of you grieve for a single moment on my account. As I trust my life has not been thrown away, so I also humbly trust that my death will not be in vain. God can make it to be a thousand times more valuable to his own cause than all the miserable service (at best) that I have rendered it during my life. When I was first taken, I was too feeble to write much; so I wrote what I could to North Elba, requesting Ruth and Anne to send you copies of all my letters to them. I hope they have done so, and that you, Ellen, will do the same with what I may send to you, as it is still quite a labor for me to write all that I need to. I want your brothers to know what I write, if you know where to reach them. I wrote Jeremiah a few days since to supply a trifling assistance, fifteen dollars, to such of you as might be most destitute. I got his letter, but do not know as he got mine. I hope to get another letter from him soon. I also asked him to show you my letter. I know of nothing you can any of you now do for me, unless it is to comfort your own hearts, and cheer and encourage each other to trust in God and Jesus Christ whom he hath sent. If you will keep his sayings, you shall certainly "know of his doctrine, whether it be of God or no."[1020] Nothing can be more grateful to me than your earnest sympathy, except it be to know that you are fully persuaded to be Christians. And now, dear children, farewell for this time. I hope to be able to write you again. The God of my fathers take you for his children.

Your affectionate father,

JOHN BROWN.

[1018] II Corinthians 7:4.
[1019] II Timothy 1:12.
[1020] John 7:17.

TO THE REV. ____ MCFARLAND

JAIL, CHARLESTOWN, Wednesday, Nov. 23, 1859.

THE REV. ____ MCFARLAND.

DEAR FRIEND, — Although you write to me as a stranger, the spirit you show towards me and the cause for which I am in bonds makes me feel towards you as a dear friend. I would be glad to have you or any of my liberty-loving ministerial friends here, to talk and pray with me. I am not a stranger to the way of salvation by Christ. From my youth I have studied much on that subject, and at one time hoped to be a minister myself; but God had another work for me to do. To me it is given, in behalf of Christ, not only to believe on him, but also to suffer for his sake. But while I trust that I have some experimental and saving knowledge of religion, it would be a great pleasure to me to have some one better qualified than myself to lead my mind in prayer and meditation, now that my time is so near a close. You may wonder, are there no ministers of the gospel here? I answer, no. There are no ministers of Christ here. These ministers who profess to be Christian, and hold slaves or advocate slavery, I cannot abide them. My knees will not bend in prayer with them, while their hands are stained with the blood of souls. The subject you mention as having been preaching on the day before you wrote to me is one which I have often thought of since my imprisonment. I think I feel as happy as Paul did when he lay in prison.[1021] He knew if they killed him, it would greatly advance the cause of Christ; that was the reason he rejoiced so. On that same ground "I do rejoice, yea, and will rejoice."[1022] Let them hang me; I forgive them, and may God forgive them, for they know not what they do.[1023] I have no regret for the transaction for which I am condemned. I went against the laws of men, it is true, but "whether it be right to obey God or men, judge ye."[1024] Christ told me to remember them that were in bonds as bound with them, to do towards them as I would wish them to do towards me in similar circumstances. My conscience bade me do that. I tried to do it, but failed. Therefore I have no regret on that score. I have no sorrow either as to the result, only for my poor wife and children. They have suffered much, and it is hard to leave them uncared for. But God will be a husband to the widow and a father to the fatherless.

I have frequently been in Wooster, and if any of my old friends from about Akron are there, you can show them this letter. I have but a few more days, and I feel anxious to be away "where the wicked cease from troubling, and the weary are at rest."[1025] Farewell.

[1021] Apostle Paul is meant.

[1022] Philippians 1:18.

[1023] Luke 23:34: "Then said Jesus, Father, forgive them; for they know not what they do." On July 17, 1858, about a year earlier than Brown, Pater Patriae of Georgia, St. Ilia the Righteous (Chavchavadze) stated the same in his poem, "Prayer":
"Even for the enemies who are thrusting through and through
Their spears and their sabers into me, I'd still ask you:
Father, do forgive them; for they know not what they do."   (translated by Zviad Kliment Lazarashvili)
Pure-spirited Socrates too states precisely the same in "Crito": "...one must not do wrong even when one is wronged, although most people regard this as the natural course."
From these three identical passages it is perfectly clear that Christianity and its wisdom is universal and omnipresent, rather than racial, ethnic or provincial in any other way. It is clear that these men who were removed from each other both, geographically and chronologically, shared Christ with his Heavenly Jerusalem and with his eternity, and in this way they were true compatriots.

[1024] Acts 4:19.

[1025] Job 3:17.

Your friend, and the friend of all friends of liberty,

JOHN BROWN.

TO MRS. MARCUS SPRING

CHARLESTOWN, JEFFERSON COUNTY, VA., Nov. 24, 1859.

MY DEAR MRS. SPRING, —Your ever welcome letter of the 19th inst., together with the one now enclosed, were received by me last night too late for any reply. I am always grateful for anything you either do or write. I would most gladly express my gratitude to you and yours by something more than words; but it has come to that, I now have but little else to deal in, and sometimes they are not so kind as they should be. You have laid me and my family under many and great obligations. I hope they may not soon be forgotten. The same is also true of a vast many others, that I shall never be able even to thank. I feel disposed to leave the education of my dear children to their mother, and to those dear friends who bear the burden of it; only expressing my earnest hope that they may all become strong, intelligent, expert, industrious, Christian housekeepers. I would wish that, together with other studies, they may thoroughly study Dr. Franklin's "Poor Richard."[1026] I want them to become matter-of-fact women. Perhaps I have said too much about this already; I would not allude to this subject now but for the fact that you had most kindly expressed your generous feelings with regard to it

I sent the letter to my wife to your care, because the address she sent me from Philadelphia was not sufficiently plain, and left me quite at a loss. I am still in the same predicament, and were I not ashamed to trouble you further, would ask you either to send this to her or a copy of it, in order that she may see something from me often.

I have very many interesting visits from proslavery persons almost daily, and I endeavor to improve them faithfully, plainly, and kindly. I do not think that I ever enjoyed life better than since my confinement here. For this I am indebted to Infinite Grace, and the kind letters of friends from different quarters. I wish I could only know that all my poor family were as much composed and as happy as I. I think that nothing but the Christian religion can ever make any one so much composed.

"My willing soul would stay
In such a frame as this."[1027]

There are objections to my writing many things while here that I might be disposed to write were I under different circumstances. I do not know that my wife yet understands that prison rules require that all I write or receive should first be examined by the sheriff or State's attorney, and that all company I see should be attended by the jailer or some of his assistants. Yet such is the case; and did she know this, it might influence her mind somewhat about the opportunity she would have on coming here. We cannot expect the jailer to devote very much time to us, as he has now a very hard task on his hands. I have just learned how to send letters to my wife near Philadelphia.

[1026] Poor Richard's Almanac – a yearly almanac published by Benjamin Franklin, who adopted the pseudonym of "Poor Richard" or "Richard Saunders" for this purpose. The publication appeared continually from 1732 to 1758. It was the best seller for a pamphlet published in the American colonies; print runs reached 10,000 per year. It is chiefly remembered for being a repository of Franklin's aphorisms and proverbs, many of which live on in American English. These maxims typically counsel thrift and courtesy, with a dash of cynicism.

[1027] Isaac Watts (1674-1748) – recognized as the "Father of English Hymnody", as he was the first prolific and popular English hymnwriter, credited with some 750 hymns. Many of his hymns remain in active use today and have been translated into many languages. Above is an excerpt from his Hymn 2:15.

I have a son at Akron, Ohio, that I greatly desire to have located in such a neighborhood as yours; and you will pardon me for giving you some account of him, making all needful allowance for the source the account comes from. His name is Jason; he is about thirty-six years old; has a wife and one little boy. He is a very laborious, ingenious, temperate, honest, and truthful man. He is very expert as a gardener, vine-dresser, and manager of fruit-trees, but does not pride himself on account of his skill in anything; always has underrated himself; is bashful and retiring in his habits; is not (like his father) too much inclined to assume and dictate; is too conscientious in his dealings and too tender of people's feelings to get from them his just deserts, and is very poor. He suffered almost everything on the way to and while in Kansas but death, and returned to Ohio not a spoiled but next to a ruined man. He never quarrels, and yet I know that he is both morally and physically brave. He will not deny his principles to save his life, and he "turned not back in the day of battle."[1028] At the battle of Osawatomie he fought by my side. He is a most tender, loving, and steadfast friend, and on the right side of things in general, a practical Samaritan[1029] (if not Christian); and could I know that he was located with a population who were disposed to encourage him, without expecting him to pay too dearly in the end for it, I should feel greatly relieved. His wife is a very neat, industrious, prudent woman, who has undergone a severe trial in "the school of affliction."

You make one request of me that I shall not be able to comply with. Am sorry that I cannot at least explain. Your own account of my plans is, very well. The son I mentioned has now a small stock of choice vines and fruit-trees, and in them consists his worldly store mostly. I would give you some account of others, but I suppose my wife may have done so.

Your friend,

JOHN BROWN.

[1028] Psalm 77:9 (Orthodox); Psalm 78:9 (Catholic, Protestant, etc.).
[1029] Samaritan – Samaritans are an ethnoreligious group of the Levant. Religiously they are the adherents to Samaritanism, an Abrahamic religion closely related to Judaism. A Good Samaritan is colloquially used to describe a person who is a helper of those who are in trouble, and whose actions are righteous, even though in theory he may not adhere strictly to the canons and sacred books.

In contrast with the letter of the good Quaker woman of Rhode Island, and as a key to the answer made by John Brown, I print next the expostulatory, not to say Pharisaical, letter of his aged cousin, the Rev. Dr. Heman Humphrey, of western Massachusetts, addressed to the martyr in his Virginia prison.

DR. HUMPHREY TO CAPTAIN BROWN

PITTSFIELD, MASS., NOV. 20, 1859.

MR. JOHN BROWN.

MY POOR WOUNDED AND DOOMED KINSMAN, — I should have written you before now if I had known what to say. That we all deeply feel for you in your present extraordinary circumstances you will not doubt. Most gladly would we fly to your relief, if the sentence under which you lie had not put you entirely beyond the reach of hope. All we can do is to pray for you. This we can do; and I am sure that prayer is offered without ceasing for you, that you may be prepared for that death from which I am persuaded nothing short of a miracle would save you. Oh, that we had known the amazing infatuation which was urging you on to certain destruction before it was too late! We should have felt bound to have laid hold upon and retained you by violence, if nothing short would have availed. You will not allow us to interpose the plea of insanity in your behalf; you insist that you were never more sane in your life, — and indeed, there was so much "method in your madness,"[1030] that such a plea would be of no avail. I do not intend to use the word *madness* reproachfully.[1031] I am bound to believe that you were as conscientious as Saul of Tarsus[1032] was in going to Damascus; and I am sure it was in an infinitely better cause. But what you intended was an impossibility; and all your friends are amazed that you did not see it. They can never believe that if you had been John Brown of better days, — if you had been in your right mind, — you would ever have plunged headlong, as you did, into the lion's den, where you were certain to be devoured. Oh, that you would have been held back! But, alas! these are unavailing regrets; it is too late; it is done. The sentence is passed.

You have come almost to the foot of the scaffold, and I presume you have no hope of escape. All that remains is to prepare for the closing scene of the awful tragedy. Are you prepared? You have long been a professor of religion. I take it for granted that you will now anxiously examine yourself whether you are in the faith; whether you are a true child of God, and prepared to die and go to the judgment. I do not believe you had murder in your heart. Your object, as you say, was to liberate the slaves. You wanted to do it without killing anybody. It is astonishing you did not consider that it could not be done without wading in blood. The time has not come. It is not the right way, and never will be. It is

---

[1030] Captain Brown's lawyers tried to enter an insanity plea at the trial. John Brown rejected this and called the attempt "a miserable artifice". After the sentencing a group, which consisted of some of his friends and relatives, falsely claimed that Captain Brown suffered from hereditary insanity and tried to persuade the Virginia Governor to commute the death sentence. The court rejected the plea as there was "method in Brown's madness" which confirmed that he acted rationally and therefore could be held responsible for his actions.

[1031] Slaves of worldliness accused John Brown of "madness" just as frequently as Mr. Christian and his wife, Christiana, were accused of it in John Bunyan's (1628-1688) "The Pilgrim's Progress". Ignorant and evil Dr. Humphrey addresses his cousin, John Brown, in the same condescending manner, as the ignorant and evil Mrs. Timorous addresses Christiana: "Oh the madness that has possessed thee and thy husband".

[1032] Saul of Tarsus – Apostle Paul was raised in Tarsus, a large city in the region of Cilicia in Anatolia.

right to pray, "O Lord, how long?"[1033] but not to run before and take the avenging sword into our own hands. You have nothing more to do in this world. You have done with the Border Ruffians, who hunted for your precious life. It becomes you prayerfully to inquire how far you will be answerable at the bar of God for the blood which was shed at Harper's Ferry, and for the late of those who are to die with you. I judge you not; but there is One that judgeth, with whom is mercy and plentiful forgiveness to all who truly repent and savingly believe on him whose blood cleanseth from all sin. There is a great deal more danger that we shall think too little of our sins than too much. The time is now so short that it becomes you to spend it mostly in prayer and meditation over your Bible. Oh, how precious is every hour! I am sure you will welcome any pious friend who may visit you in prison; and I hope there is some godly minister who may come to you with his warmest sympathies and prayers. May God sustain you, my dying friend! Vain is the help of man.

Christ can stand by you and carry you through. Other help there is none. Oh, that there was a possibility that your life might be spared! But, no! there is nothing to hang a hope on. Farewell, my wounded and condemned friend. We shall not meet again in this world. Should I outlive you, it will not be long. I have passed my fourscore years. We trust that many of our kindred have gone to heaven. Oh, may we be prepared to meet, and to meet them there, washed in the Redeemer's blood!

From your affectionate and deeply affected[1034] kinsman,

H. HUMPHREY.[1035]

[1033] Psalm 6:4 (Orthodox); Psalm 6:3 (Catholic, Protestant, etc.).

[1034] This elderly Pharisee is even attempting to use rhetorical figure of speech at the end of his nauseating letter, – "affectionate" and "affected", and in the midst of real life tragedy to create a "pretty" wordplay.

[1035] Judas! Evil shares one thing in common with good – he too is omnipresent and ubiquitous on the earth, transcends political boundaries and is present in every nation. If we look around probably we will be able to see presence of such a treacherous nature even within our families, and even within our persons, as for every bit of good within us come countless evils.

CAPTAIN BROWN TO REV. DR. HUMPHREY

CHARLESTOWN, JEFFERSON COUNTY, VA., NOV. 25, 1859.

REV. HEMAN HUMPHREY, D.D.[1036]

 MY DEAR AND HONORED KINSMAN, — Your very sorrowful, kind, and faithful letter of the 20th instant is now before me. I accept it with all kindness. I have honestly endeavored to profit by the faithful advice it contains. Indeed, such advice could never come amiss. You will allow me to say that I deeply sympathize with you and all my sorrowing friends in their grief and terrible mortification. I feel ten times more afflicted on their account than on account of my own circumstances. But I must say that I am neither conscious of being "infatuated" nor "mad." You will doubtless agree with me in this, — that neither imprisonment, irons, nor the gallows falling to one's lot are of themselves evidence of either guilt, "infatuation, or madness."

 I discover that you labor under a mistaken impression as to some important facts, which my peculiar circumstances will in all probability prevent the possibility of my removing; and I do not propose to take up any argument to prove that any motion or act of my life is right. But I will here state that I know it to be wholly my own fault as a leader that caused our disaster. Of this you have no proper means of judging, not being on the ground, or a practical soldier. I will only add, that it was in yielding to my feelings of humanity (if I ever exercised such a feeling), in leaving my proper place and mingling with my prisoners to quiet their fears, that occasioned our being caught. I firmly believe that God reigns, and that he overrules all things in the best possible manner; and in that view of the subject I try to be in some degree reconciled to my own weaknesses and follies even.

 If you were here on the spot, and could be with me by day and by night, and know the facts and how my time is spent here, I think you would find much to reconcile your own mind to the ignominious death I am about to suffer, and to mitigate your sorrow. I am, to say the least, quite cheerful. "He shall begin to deliver Israel out of the hand of the Philistines."[1037] This was said of a poor erring servant many years ago; and for many years I have felt a strong impression that God had given me powers and faculties, unworthy as I was, that he intended to use for a similar purpose. This most unmerited honor He has seen fit to bestow; and whether, like the same poor frail man to whom I allude, my death may not be of vastly more value than my life is, I think quite beyond all human foresight. I really have strong hopes that notwithstanding all my many sins, I too may yet die "in faith."[1038]

 If you do not believe I had a murderous intention (while I *know* I had not), why grieve so terribly on my account? The scaffold has but few terrors for me. God has often covered my head in the day of battle, and granted me many times deliverances that were almost so miraculous that I can scarce realize their truth; and now, when it seems quite certain that he intends to use me in a different way, shall I not most cheerfully go? I may be deceived, but I humbly trust that he will not forsake me "till I have showed his favor to this generation and his strength to every one that is to come."[1039] Your letter is most

---

[1036] Doctor of Divinity.
[1037] Judges 13:5.
[1038] Hebrews 11:13.
[1039] Psalm 70:18 (Orthodox); Psalm 71:18 (Catholic, Protestant, etc.).

ჰარფერზ ფერი, ვირჯინია.
HARPER'S FERRY, VIRGINIA.

faithfully and kindly written, and I mean to profit by it. I am certainly quite grateful for it. I feel that a great responsibility rests upon me as regards the lives of those who have fallen and may yet fall. I must in that view cast myself on the care of Him "whose mercy endureth forever."[1040] If the cause in which I engaged in any possible degree approximated to be "infinitely better"[1041] than the one which Saul of Tarsus[1042] undertook, I have no reason to be ashamed of it; and indeed I cannot now, after more than a month for reflection, find in my heart (before God in whose presence I expect to stand within another week) any cause for shame.

.   .   .   .

I got a long and most kind letter from your pure-hearted brother Luther, to which I replied at some length. The statement that seems to be going around in the newspapers that I told Governor Wise that I came on here to seek revenge for the wrongs of either myself or my family, is utterly false. I never intended to convey such an idea, and I bless God that I am able even now to say that I have never yet harbored such a feeling. See testimony of witnesses who were with me while I had one son lying dead by my side, and another mortally wounded and dying on my other side. I do not believe that Governor Wise so understood, and I think he ought to correct that impression. The impression that we intended a general insurrection is equally untrue.

Now, my much beloved and much respected kinsman, farewell. May the God of our fathers save and abundantly bless you and yours!

JOHN BROWN.

[1040] II Numbers 7:6.
[1041] Ephesians 3:20.
[1042] Apostle Paul is meant.

The following is an extract from the last letter received by Mrs. Brown before she started to go to Charlestown, bearing date Charlestown, Jefferson County, Va., Nov. 26, 1859, in which, after referring to his wife's being under Mrs. Mott's roof, he proceeds to say: —

TO HIS WIFE

... I remember the faithful old lady well, but presume she has no recollection of me. I once set myself to oppose a mob at Boston, where she was. After I interfered, the police immediately took up the matter, and soon put a stop to mob proceedings. The meeting was, I think, in Marlboro Street Church, or Hotel, perhaps. I am glad to have you make the acquaintance of such old pioneers in the cause. I have just received from Mr. John Jay, of New York, a draft for fifty dollars for the benefit of my family, and will enclose it made payable to your order. I have also fifteen dollars to send to our crippled and destitute unmarried son. When I can I intend to send you, by express, two or three little articles to carry home. Should you happen to meet with Mr. Jay, say to him that you fully appreciate his great kindness both to me and my family. God bless all such friends! It is out of my power to reply to all the kind and encouraging letters I get. I wish I could do so. I have been so much relieved from my lameness for the last three or four days as to be able to sit up to read and write pretty much all day, as well as part of the night; and I do assure you and all other friends that I am quite busy, and none the less happy on that account. The time passes quite pleasantly, and the near approach of my great change is not the occasion of any particular dread.

I trust that God, who has sustained me so long, will not forsake me when I most feel my need of Fatherly aid and support. Should he hide his face, my spirit will droop and die; but not otherwise, be assured. My only anxiety is to be properly assured of my fitness for the company of those who are "washed from all filthiness,"[1043] and for the presence of Him who is infinitely pure. I certainly think I do have some "hunger and thirst after righteousness."[1044] If it be only genuine, I make no doubt I "shall be filled."[1045] Please let all our friends read my letters when you can; and ask them to accept of it as in part for them. I am inclined to think you will not be likely to succeed well about getting away the bodies of your family; but should that be so, do not let that grieve you. It can make but little difference what is done with them.

. . . .

You can well remember the changes you have passed through. Life is made up of a series of changes, and let us try to meet them in the best manner possible. You will not wish to make yourself and children any more burdensome to friends than you are really compelled to do. I would not.

I will close this by saying that if you now feel that you are equal to the undertaking, do exactly as you feel disposed to do about coming to see me before I suffer. I am entirely willing. Your affectionate husband,

JOHN BROWN.

[1043] Ezekiel 36:25.
[1044] Mathew 5:6.
[1045] Mathew 5:6.

TO HIS SISTERS MARY AND MARTHA

CHARLESTOWN, JEFFERSON COUNTY, VA.,
Nov. 27, 1869 (Sabbath).

MY DEARLY BELOVED SISTERS MARY A. AND MARTHA, — I am obliged to occupy a part of what is probably my last Sabbath on earth in answering the very kind and comforting letters of sister Hand and son of the 23^d inst., or I must fail to do so at all. I do not think it any violation of the day that God made for man. Nothing could be more grateful to my feelings than to learn that you do not feel dreadfully mortified, and even disgraced, on account of your relation to one who is to die on the scaffold. I have really suffered more, by tenfold, since my confinement here, on account of what I feared would be the terrible feelings of my kindred on my account, than from all other causes. I am most glad to learn from you that my fears on your own account were ill founded. I was afraid that a little seeming present prosperity might have carried you away from realities, so that "the honor that cometh from men"[1046] might lead you in some measure to undervalue that which "cometh from God."[1047] I bless God, who has most abundantly supported and comforted me all along, to find you are not ensnared. Dr. Heman Humphrey has just sent me a most doleful lamentation over my "infatuation and madness" (very kindly expressed),[1048] in which, I cannot doubt, he has given expression to the extreme grief of others of our kindred. I have endeavored to answer him kindly also, and at the same time to deal faithfully with my old friend. I think I will send you his letter; and if you deem it worth the trouble, you can probably get my reply, or a copy of it. Suffice it for me to say, "None of these things move me."[1049] Luther Humphrey wrote me a very comforting letter.

There are things, dear sisters, that God hides even from the wise and prudent. I feel astonished that one so exceedingly vile and unworthy as I am should even be suffered to have a place anyhow or anywhere among the very least of all who, when they come to die (as all must), were permitted to pay the debt of nature in defence of the right and of God's eternal and immutable truth. Oh, my dear friends, can you believe it possible that the scaffold has no terrors for your own poor old unworthy brother? I thank God, through Jesus Christ my Lord, it is even so. I am now shedding tears, but they are no longer tears of grief or sorrow; I trust I have nearly done with those. I am weeping for joy and gratitude that I can in no other way express. I get many very kind and comforting letters that I cannot possibly reply to; wish I had time and strength to answer all. I am obliged to ask those to whom I do write to let friends read what I send as much as they well can. Do write my deeply afflicted and affectionate wife. It will greatly comfort her to have you write her freely. She has borne up manfully under accumulated griefs. She will be most glad to know that she has not been entirely forgotten by my kindred. Say to all my friends that I am waiting cheerfully and patiently the days of my appointed time; fully believing that for me now to die will be to me an infinite gain and of untold benefit to the cause we love. Wherefore, "be of good cheer,"[1050] and "let not your hearts be troubled."[1051] "To him that

---

[1046] John 12:43.
[1047] John 12:43.
[1048] Evil frequently uses proper etiquette and puts on the face of pseudo-charity too. His talents and capacities are multifaceted. False kindness is one of its faces and tricks with which it often deceives and traps men. And as Psalm 33:20 (Catholic Psalm 34:19) states even "A righteous man may have many troubles". But at the same time this same Psalm bears the good news, that with God's help the righteous will be saved from such entrapments: "but the LORD delivers him from them all".
[1049] Acts 20:24.
[1050] John 16:33.

overcometh will I grant to sit with me in my throne, even as I also overcame and am set down with my Father in his throne."[1052] I wish my friends could know but a little of the rare opportunities I now get for kind and faithful labor in God's cause. I hope they have not been entirely lost.

    Now, dear friends, I have done. May the God of peace bring us all again from the dead!

Your affectionate brother,

JOHN BROWN.

[1051] John 14:1.
[1052] Revelation 3:21.

JOHN BROWN'S LAST LETTER TO HIS FAMILY

CHARLESTOWN PRISON, JEFFERSON COUNTY, VA.,
Nov. 30, 1859.

MY DEARLY BELOVED WIFE, SONS, AND DAUGHTERS, EVERY ONE, — As I now begin probably what is the last letter I shall ever write to any of you, I conclude to write to all at the same time. I will mention some little matters particularly applicable to little property concerns in another place.

I recently received a letter from my wife, from near Philadelphia, dated November 22, by which it would seem that she was about giving up the idea of seeing me again. I had written her to come on if she felt equal to the undertaking, but I do not know that she will get my letter in time. It was on her own account, chiefly, that I asked her to stay back. At first I had a most strong desire to see her again, but there appeared to be very serious objections; and should we never meet in this life, I trust that she will in the end be satisfied it was for the best at least, if not most for her comfort.

I am waiting the hour of my public murder with great composure of mind and cheerfulness; feeling the strong assurance that in no other possible way could I be used to so much advantage to the cause of God and of humanity, and that nothing that either I or all my family have sacrificed or suffered will be lost. The reflection that a wise and merciful as well as just and holy God rules not only the affairs of this world but of all worlds, is a rock to set our feet upon under all circumstances, — even those more severely trying ones in which our own feelings and wrongs have placed us. I have now no doubt but that our seeming disaster will ultimately result in the most glorious success.[1053] So, my dear shattered and broken family, be of good cheer, and believe and trust in God with all your heart and with all your soul; for He doeth all things well. Do not feel ashamed on my account, nor for one moment despair of the cause or grow weary of well-doing. I bless God I never felt stronger confidence in the certain and near approach of a bright morning and glorious day than I have felt, and do now feel, since my confinement here. I am endeavoring to return, like a poor prodigal as I am, to my Father, against whom I have always sinned, in the hope that he may kindly and forgivingly meet me, though a very great way off.

Oh, my dear wife and children, would to God you could know how I have been travailing in birth for you all, that no one of you may fail of the grace of God through Jesus Christ; that no one of you may be blind to the truth and glorious light of his Word, in which life and immortality are brought to light. I beseech you, every one, to make the Bible your daily and nightly study, with a child-like, honest, candid, teachable spirit of love and respect for your husband and father. And I beseech the God of my fathers to open all your eyes to the discovery of the truth. You cannot imagine how much you may soon need the consolations of the Christian religion. Circumstances like my own for more than a month past have convinced me, beyond all doubt, of my own great need of some theories treasured up, when our prejudices are excited, our vanity worked up to the highest pitch. Oh, do not trust your eternal all upon the boisterous ocean, without even a helm or compass to aid you in steering! I do not ask of you to throw away your reason; I only ask you to make a candid, sober use of your reason.

[1053] Once again we see Brown's complete (but not blind and idiotic, as some of the present heretics preach) submission to God's will and his perfect adherence to the Lord's Prayer: "Thy will be done on earth, as it is in heaven."

My dear young children, will you listen to this last poor admonition of one who can only love you? Oh, be determined at once to give your whole heart to God, and let nothing shake or alter that resolution. You need have no fears of regretting it. Do not be vain and thoughtless, but sober-minded; and let me entreat you all to love the whole remnant of our once great family. Try and build up again your broken walls, and to make the utmost of every stone that is left. Nothing can so tend to make life a blessing as the consciousness that your life and example bless and leave others stronger. Still, it is ground of the utmost comfort to my mind to know that so many of you as have had the opportunity have given some proof of your fidelity to the great family of men. Be faithful unto death: from the exercise of habitual love to man it cannot be very hard to love his Maker.

I must yet insert the reason for my firm belief in the divine inspiration of the Bible, notwithstanding I am, perhaps, naturally sceptical, — certainly not credulous. I wish all to consider it most thoroughly when you read that blessed book, and see whether you cannot discover such evidence yourselves. It is the purity of heart, filling our minds as well as work and actions, which is everywhere insisted on, that distinguishes it from all the other teachings, that commends it to my conscience.[1054] Whether my heart be willing and obedient or not, the inducement that it holds out is another reason of my conviction of its truth and genuineness; but I do not here omit this my last argument on the Bible, that eternal life is what my soul is panting after this moment. I mention this as a reason for endeavoring to leave a valuable copy of the Bible, to be carefully preserved in remembrance of me, to so many of my posterity, instead of some other book at equal cost.

I beseech you all to live in habitual contentment with moderate circumstances and gains of worldly store, and earnestly to teach this to your children and children's children after you, by example as well as precept. Be determined to know by experience, as soon as may be, whether Bible instruction is of divine origin or not. Be sure to owe no man anything, but to love one another. John Rogers[1055] wrote to his children: "Abhor that arrant whore of Rome." John Brown writes to his children to abhor, with undying hatred also, that sum of all villanies, — slavery. Remember, "he that is slow to anger is better than the mighty,"[1056] and "he that ruleth his spirit than he that taketh a city."[1057] Remember also that "they being wise shall shine, and they that turn many to righteousness, as the stars for ever and ever."[1058]

[1054] Purity of Heart – This passage demonstrates that Brown is indeed a true Christian and that the Canon is firmly imprinted into his soul. Please see Proverbs 22:11: "He that loves pureness of heart, for the grace of his lips the king shall be his friend." I must also mention that the most prominent Danish Christian philosopher, Soren Kierkegaard (1813-1855), the man who publicly condemned heresies of the Danish National Church (state church of Denmark – Evangelical Lutheran Church of Denmark) and exhorted his fellow countrymen and the rest of the world too to true Christianity, over and over again states precisely the same. In fact, one of his most influential books is titled "Purity of Heart".

[1055] John Rogers (1500-1555) – Engish clergyman, Bible translator and commentator. He was persecuted for denying the Christian character of the Church of Rome and its tyrannical Pope. He awaited and met death cheerfully, though he was even denied a meeting with his wife. He was burned at the stake on February 4, 1555 at Smithfield, London.

[1056] Proverbs 16:32.

[1057] Proverbs 16:32.

[1058] Daniel 12:3.

And now, dearly beloved family, to God and the work of his grace I commend you all.

Your affectionate husband and father,

JOHN BROWN.

JOHN BROWN'S WILL

CHARLESTOWN, JEFFERSON COUNTY, VA., Dec 1, 1859.

I give to my son John Brown, Jr., my surveyor's compass and other surveyor's articles, if found; also, my old granite monument, now at North Elba, N. Y., to receive upon its two sides a further inscription, as I will hereafter direct; said stone monument, however, to remain at North Elba so long as any of my children and my wife may remain there as residents.

I give to my son Jason Brown my silver watch, with my name engraved on inner case.

I give to my son Owen Brown my double-spring opera-glass, and my rifle-gun (if found), presented to me at Worcester, Mass. It is globe-sighted and new. I give, also, to the same son $50 in cash, to be paid him from the proceeds of my father's estate, in consideration of his terrible suffering in Kansas and his crippled condition from his childhood.

I give to my son Salmon Brown $50 in cash, to be paid him from my father's estate, as an offset to the first two cases above named.[1059]

I give to my daughter Ruth Thompson my large old Bible, containing the family record.

I give to each of my sons, and to each of my other daughters, my son-in-law, Henry Thompson, and to each of my daughters-in-law, as good a copy of the Bible as can be purchased at some bookstore in New York or Boston, at a cost of $5 each in cash, to be paid out of the proceeds of my father's estate.

I give to each of my grandchildren that may be living when my father's estate is settled, as good a copy of the Bible as can be purchased (as above) at a cost of $3 each.

All the Bibles to be purchased at one and the same time for cash, on the best terms.

I desire to have $50 each paid out of the final proceeds of my father's estate to the following named persons, to wit: To Allan Hammond, Esq., of Rockville, Tolland County, Conn., or to George Kellogg, Esq., former agent of the New England Company at that place, for the use and benefit of that company. Also, $50 to Silas Havens, formerly of Lewisbarg, Summit County, Ohio, if he can be found. Also, $50 to a man of Stark County, Ohio, at Canton, who sued my father in his lifetime, through Judge Humphrey and Mr. Upson of Akron, to be paid by J. R. Brown to the man in person, if he can be found; his name I cannot remember. My father made a compromise with the man by taking our house and lot at Munroville. I desire that any remaining balance that may become my due from my

---

[1059] Please note Brown's fairness – how he offsets every bequeathed amount, so at the end all is distributed equally among his children, both male and female.

father's estate may be paid in equal amounts to my wife and to each of my children, and to the widows of Watson and Oliver Brown, by my brother.

JOHN BROWN.

JOHN AVIS, Witness.

CODICIL

CHARLESTOWN, JEFFERSON COUNTY, VA., Dec. 2, 1859.

It is my desire that my wife have all my personal property not previously disposed of by me; and the entire use of all my landed property during her natural life; and that, after her death, the proceeds of such land be equally divided between all my then living children; and that what would be a child's share be given to the children of each of my two sons who fell at Harper's Ferry; and that a child's share be divided among the children of my now living children who may die before their mother (my present beloved wife). No formal will can be of use when my expressed wishes are made known to my dutiful and beloved family.[1060]

JOHN BROWN.

MY DEAR WIFE, — I have time to enclose the within and the above, which I forgot yesterday, and to bid you another farewell. "Be of good cheer"[1061] and God Almighty bless, save, comfort, guide, and keep you to the end!

Your affectionate husband,

JOHN BROWN.

This was undoubtedly the last work of the old hero with his pen. He had previously given directions for an inscription on his tombstone, and now sent his wife this paper, which was brought to Mrs. Brown after the execution: —

[1060] This particular phrase of Brown is of utmost importance as it sets, or rather ratifies the historical precedent that the original law existed in a verbal, rather than in a written form: "But of the fruit of the tree which is in the midst of the garden, God hath said, Ye shall not eat of it, neither shall ye touch it, lest ye die" (Genesis 3:3). Lawyers, legislators and jurisprudents often, if not always, forget that the verbal law preceded the written law in chronology, as well as in essence, value, substance and importance. Long before the Ten Commandments or the laws of Egypt and the ancient Mesopotamia, God, as well as humans, prescribed laws verbally. It must also be emphasized that, to an extent, the law is present in every human being from birth, in a form of conscience. It is precisely when, through years of abuse, humans wear out or mute this God-given conscience, that the man-made law with all its legal instruments and executive branches becomes necessary. Brown, being a true and genuine Christian, is well aware of this and that is why he states that "No formal will can be of use when my expressed wishes are made known to my dutiful and beloved family."

[1061] John 16:33.

TO BE INSCRIBED ON THE OLD FAMILY MONUMENT AT NORTH ELBA.

OLIVER BROWN, born ____, 1839, was killed at Harper's Perry, Va., Oct. 17, 1859.
WATSON BROWN, born ____, 1835, was wounded at Harper's Ferry, Oct. 17, and died Oct. 19, 1859.
(My wife can fill up the blank dates as above.)
JOHN BROWN, born May 9, 1800, was executed at Charlestown, Va., Dec 2, 1859.

CONCLUSION

Brown's frequent mention in these letters of his opportunity to do good by preaching the truth to men who came to see him out of curiosity, or to labor with him for his sins, demands some explanation. Although fettered and guarded as no man had ever been in Virginia since the capture of John Smith[1062] by Powhatan[1063] and his Indians, John Brown was visited by the sachems and priests of the tribe then dominant in Powhatan's country, and by many good men who were moved by his courage and fidelity. To such persons Brown applied his touchstone of sincerity, and treated them as their character deserved, whatever their opinions. He was, of course, often visited by Virginia clergymen and itinerant preachers, desirous of praying with him and of converting him from his errors. One of these afterward said that when he offered to pray with Brown the old man asked if he was willing to fight, in case of need, for the freedom of the slaves. Receiving a negative reply, Brown said: "I will thank you to leave me alone; your prayers would be an abomination to my God." To another he said that he "would not insult God by bowing down in prayer with any one who had the blood of the slave on his skirts." A Methodist preacher named March having argued to Brown in his cell in favor of slavery as "a Christian institution," his hearer grew impatient and replied: "My dear sir, you know nothing about Christianity; you will have to learn its A, B, C; I find you quite ignorant of what the word Christianity means."[1064] Seeing that his visitor was disconcerted by such plain speaking, Brown added, "I respect you as a gentleman, of course; but it is as a *heathen* gentleman." To a lady who visited him in prison he said: "I do not believe I shall deny my Lord and Master Jesus Christ, as I should if I denied my principles against slavery. Why, I preach against it all the time; Captain Avis knows I do;" whereat his jailer smiled and said, "Yes." A citizen of Charlestown, named Blessing, had dressed Brown's wounds while in prison, and had shown him other kind attentions, for which Brown, who was very scrupulous about acknowledging and returning favors, desired to make him some acknowledgment. On one of the last days of November, therefore, in the last week of his life, Brown sent for Mr. Blessing, and asked him to accept his pocket Bible as a token of gratitude. In this book, which was a cheap edition in small print, much worn by use, Brown had marked many hundred passages bearing witness more or less directly against human slavery, by turning down the corner of a page and by heavy pencillings in the margin. On the fly-leaf he had written this: —

[1062] Captain John Smith (1580-1631) – Admiral of New England was an English soldier, explorer, and author. He was knighted for his services to Sigismund Bathory, Prince of Transylvania. He is remembered for his role in establishing the first permanent English settlement in North America at Jamestown, Virginia, and his brief association with the Virginia Indian princess Pocahontas during an altercation with the Powhatan Confederacy and her father, Chief Powhatan. He was the leader of the Virginia Colony (based at Jamestown) between September 1608 and August 1609, and led an exploration along the rivers of Virginia and the Chesapeake Bay.

[1063] Powhatan – Leader of the Powhatan was called "Powhatan" or "Chief Powhatan". The Powhatan (also spelled Powatan and Powhaten) is the name of a Virginia Indian tribe. It is also the name of the powerful group of tribes which they dominated. It is estimated that there were about 14,000-21,000 of these native Powhatan people in eastern Virginia when the English settled Jamestown in 1607.

[1064] The ancient Indian book of wisdom, "Panchatantra", which some scholars believe was composed in the 3rd century BC, expresses the same sentiments toward empty theorizing and vain rhetoric, which shows that the ancient world was just as full of Pharisees and Hypocrites, as was Brown's, and as is today's: "What is the use of talk if in the end it does not lead to an opportunity for action?" See "Panchatantra", Book III.

To JOHN F. BLESSING, of Charlestown, Va., with the best wishes of the undersigned, and his sincere thanks for many acts of kindness received. There is no commentary in the world so good, in order to a right understanding of this blessed book, as an honest, childlike, and teachable spirit.[1065]

JOHN BROWN.

CHARLESTOWN, Nov. 29, 1859.

He had written his own name as owner of the book on the opposite page, and immediately following it was this inscription: —

"The leaves were turned down by him while in prison at Charlestown. But a small part of those passages which in the most positive language condemn oppression and violence are marked."

Possibly the very last paper written by John Brown was this sentence, which he handed to one of his guards in the jail on the morning of his execution: —

CHARLESTOWN, VA., Dec. 2, 1859.

I, John Brown, am now quite *certain* that the crimes of this *guilty land* will never be purged away but with *blood*. I had, as I now think vainly, flattered myself that without very much bloodshed it might be done.

"Without the shedding of blood there is no remission of sins."[1066] This was John Brown's old-fashioned theology, which the nation was so soon to verify by a fierce but salutary civil war. In my earliest serious conversation with him, in January, 1857, when he assured me that Christ's Golden Rule and Jefferson's Declaration meant the same thing, he said further: "I have always been delighted with the doctrine that all men are created equal; and to my mind it is like the Saviour's command, 'Thou shalt love thy neighbor as thyself,'[1067] for how can we do that unless our neighbor is equal to ourself? That is the doctrine, sir; and rather than have that fail in the world, or in these States, it would be better for a whole generation to die a violent death. Better that heaven and earth pass away than that one jot or one tittle of this be not fulfilled."[1068] Such was the faith in which he died.

[1065] How vast is the similarity between John Brown and the prominent Georgian poet and Christologist, Davit Guramishvili (1705-1792). As Guramishvili stated: "The best of training is a waste of time; If by nature man's confined." Training is education, the Bible and its exegeses, but the nature, which must be present in a student in order to acquire wisdom, is "an honest, childlike, and teachable spirit."

[1066] Hebrews 9:22.

[1067] Mathew 19:19. God exhorts us to the same throughout the entire Bible: Leviticus 19:18, Mathew 22:39, Mark 12:31, Romans 13:9, Luke 10:27, Galatians 5:14.

[1068] John Bunyan (1628-1688) writes something very similar about the Bible and its canons and covenants in his "Pilgrim's Progress": "...and he said concerning that Book, that every jot and title thereof stood firmer than Heaven and Earth."

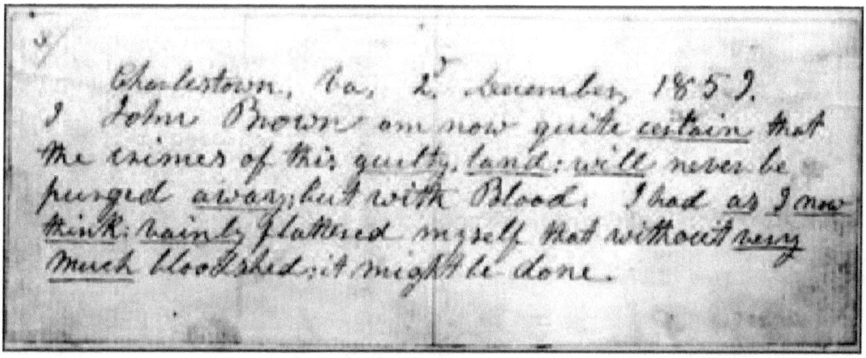

> Charlestown, Va, 2ᵈ December, 1859.
> I John Brown am now quite certain that the crimes of this guilty, land: will never be purged away; but with Blood. I had as I now think: vainly flattered myself that without very much bloodshed; it might be done.

ჯონ ბრაუნის წინასწარმეტყველება.
JOHN BROWN'S PROPHECY.

THE DEATH AND CHARACTER OF JOHN BROWN

THE prison-life of Brown may be inferred from his letters; but there were sayings of his, during the month between his sentence and its execution, which have been reported by those who talked with him in his fetters. To Mrs. Spring, of New York, who obtained admission to his cell November 6, he said: "I do not now reproach myself for my failure; I did what I could. I think I cannot better serve the cause I love so much than to die for it; and in my death I may do more than in my life. The sentence they have pronounced against me does not disturb me in the least; this is not the first time I have looked death in the face. I sleep as peacefully as an infant; or if I am wakeful, glorious thoughts come to me, entertaining my mind. I do not believe I shall deny my Lord and Master Jesus Christ, in this prison or on the scaffold; but I should do so if I denied my principles against slavery. I have been trained to hardships," added Brown, "but I have one unconquerable weakness; I have always been more afraid of going into an evening party of ladies and gentlemen than of meeting a company of men with guns." An old Pennsylvania neighbor, Mr. Lowry, was permitted to see him in prison, and asked him about his Kansas campaigns. "Time and the honest verdict of posterity," said Brown, "will approve every act of mine to prevent slavery from being established in Kansas. I never shed the blood of a fellow-man, except in self-defence, or in promotion of a righteous cause." During this conversation Governor Wise was reviewing the Virginia militia near the prison, and the drums and trumpets made a great noise. His friend said: "Does this martial music annoy you?" "Not in the least," said Brown, "it is inspiring. Tell my friends without that I am cheerful." A son of Governor Wise soon after accompanied a Virginia colonel to Brown's cell, when the colonel asked him if he desired the presence of a clergyman to give him "the consolations of religion." Brown repeated what he had said to the Methodists, — that he did not recognize as Christians any slaveholders or defenders of slavery, lay or clerical; adding that he would as soon be attended to the scaffold by "blacklegs" or robbers of the worst kind as by slaveholding ministers; if he had his choice he would rather be followed to his "public murder," as he termed his execution, by "barefooted, barelegged, ragged slave children and their old gray-headed slave mother," than by such clergymen. "I should feel much prouder of such an escort," he said, "and I wish I could have it." From this saying of his, several times repeated, no doubt arose the legend, that on his way to the gallows he took up a little slave-child, kissed it, and gave it back to its mother's arms. On the same day with this interview, Brown was again questioned concerning the Pottawatomie executions, and said, as he uniformly had done since that deed, "I did not kill any of those men, but I approved of their killing." He expressed pleasure that his body was ordered by Governor Wise to be delivered to his wife for burial at North Elba, and requested his jailer to assist Mrs. Brown, not only in this, but in getting together the remains of his sons and the other farmers of North Elba who had been slain at Harper's Ferry, for burial with him, — expressing the wish that their bodies should be burned,[1069] and the bones and ashes conveyed to his Adirondac home. In regard to his own rescue from prison he had previously said: "I doubt if I ought to encourage any attempt to save my life. I may be wrong, but I think that my great object will be nearer its accomplishment by my death than by my life. I must give some thought to this." Having

---

[1069] It would have been impossible to transport bodies in a timely manner from Virginia to New York for the burial in those days. That's the only reason Brown desired cremation, otherwise no New Englander, and especially a true Christian like Brown, would have consented or desired cremation, as even to this day it is a foreign rite to their custom, as well as to their religion.

reflected on it, he said a few days before his death: "I am sure my sons cannot look forward to my fate without some effort to rescue me; but this only in case I am allowed to remain in prison for some time with no more than ordinary precautions against escape. No such attempt will be made in view of the large military force now upon guard." In fact, he had intimated to his friends that he did not wish to be rescued, and it soon became evident to all, as it was directly revealed to Brown, that his death, like Samson's, was to be his last and greatest victory.

> "Living or dying, thou hast fulfilled
> The work for which thou wast foretold
> To Israel, and now liest victorious
> Among thy slain, self-killed, —
> Not willingly, but tangled in the fold
> Of dire necessity; whose law in death conjoined
> Thee with thy slaughtered foes, in number more
> Than all thy life had slain before."[1070]

It was perhaps through the Russells, of Boston, the first of his personal friends to visit him, that we learned his intuition concerning a rescue. Judge Russell and his wife hastened from Boston as soon as it seemed expedient for any of his Antislavery associates to attempt the difficult task of an interview with Brown, — the former going to counsel with him as a lawyer in his defence, and Mrs. Russell, with a woman's instinct, joining in this journey. She took her needle with her, mended his torn and cut garments, sent the guard out of the room for a clothes-brush, and exchanged a few words privately with the martyr. Of this visit Judge Russell says: —

"I was just in time to hear the sentence of death pronounced on Brown, and to hear that magnificent speech in which, instead of assuming that his hearers were Christians, and arguing on that basis, he said : 'I see a book kissed here which I suppose to be the Bible, or at least the New Testament,' from which he inferred that Christianity was not quite unknown. I then went with Mrs. Russell to see him in the jail, and found him in the best of spirits. He said: 'I have no fault to find with the manner of my death; the disgrace of hanging does not trouble me in the least. Indeed, I know that the very errors by which my scheme was marred were decreed before the world was made. I had no more to do with the course I pursued than a shot leaving a cannon has to do with the spot where it shall fall.' He was satisfied with what he had done."

I pass over the farewell between Brown and his wife the day before his death; it was simple and heroic, in keeping with the character of both. They supped with the jailer in his own apartment; and thus, perhaps for the first time, the condemned man was allowed to leave his cell, after sentence and before the day of execution. Upon that morning, Dec. 2, 1859, he was led from his cell to say farewell to his companions. Copeland and Shields Green were confined together; Cook and Coppoc were in another cell, and Stephens by himself. To the two faithful colored men Brown said: "Stand up like men, and do not betray your friends!" To Cook, who had made a confession, Brown said: "You have made false statements, — that I sent you to Harper's Ferry: you knew I protested against your coming." Cook demurred, but dropped his head, and replied, at last, "Captain Brown, you and I remember differently." To Coppoc, Brown said: "You also made false statements, but I am glad to hear you have contradicted them. Stand up like a man!" He shook the hands of all, and gave to each a small silver coin for remembrance. With

---

[1070] Excerpt from John Milton's (1608-1674) drama, "Samson Agonistes" or "Samson the Agonist".

Stephens his interview was more intimate; for he had greatly relied on this stout soldier. "Good by, Captain," said Stephens; "I know you are going to a better land." "I know I am," was the reply; "bear up, as you have done, and never betray your friends." Brown would not visit the sixth prisoner, Hazlett, — always persisting that he did not know such a man.[1071]

Meantime the soldiers of Virginia, more than two thousand in number, were mustered in the field where the gallows had been erected, with cannon and cavalry, and all the pomp of war. At eleven o'clock Brown came forth from his prison, walking firmly and cheerfully, and mounted the wagon which was to carry him to the scaffold. He sat beside his jailer, and cast his eyes over the town, the soldiery, the near fields, and the distant hills, behind which rose the mountains of the Blue Ridge. He glanced at the sun and sky, taking his leave of earth, and said to his companions: "This is a beautiful country; I have not cast my eyes over it before, — that is, in this direction." Reaching the scaffold, he ascended the steps, and was the first to stand upon it, — erect and calm, and with a smile on his face. With his pinioned hands he took off his hat, cast it on the scaffold beside him, and thanked his jailer again for his kindness, submitting quietly to be closer pinioned and to have the cap drawn over his eyes and the rope adjusted to his neck. "I can't see, gentlemen," said he; "you must lead me;" and he was placed on the drop of the gallows. "I am ready at anytime, — do not keep me waiting," were his last reported words. No dying speech was permitted to him, nor were the citizens allowed to approach the scaffold, which was surrounded only by militia. He desired to make no speech, but only to endure his fate with dignity and in silence. The ceremonies of his public murder were duly performed; and when his body had swung for nearly an hour on the gibbet, in sight of earth and heaven, for a witness against our nation, it was lowered to its coffin and delivered to his widow, who received and accompanied it through shuddering cities to the forest hillside where it lies buried. The most eloquent lips in America pronounced his funeral eulogy beside this grave; while in hundreds of cities and villages his death was sadly commemorated. The Civil War followed hard upon his execution; and the place of his capture and death became the frequent battle-ground of the fratricidal armies. Not until freedom was declared, and the slaves liberated as Brown had planned, — by force, — was victory assured to the cause of the country.

I knew John Brown well. He was what all his speeches, letters, and actions avouch him, — a simple, brave, heroic person, incapable of anything selfish or base. But above and beyond these personal qualities, he was what we may best term a *historic* character; that is, he had, like Cromwell, a certain predestined relation to the political crisis of his time, for which his character fitted him, and which, had he striven against it, he could not avoid. Like Cromwell and all the great Calvinists,[1072] he was an unquestioning believer in God's fore-ordination and the divine guidance of human affairs. Of course, he

---

[1071] Albert Hazlett is meant. He escaped into Pennsylvania but soon was captured. Hanged on March 16, 1860. Brown always maintained that he did not know him, in order to deny Hazlett's association with the Raid and thus save his life. F. B. Sanborn writes about Brown: "One of Brwon's prison guards says: 'He was a brave man, and had the most contempt for a coward. He did not seem to care what became of him after the capture, but his whole mind seemed to be bent on saving the men who were taken with him; and he pretended not to know them.'"

[1072] Calvinism – (also called the Reformed tradition, the Reformed faith, or Reformed theology) is a theological system and an approach to the Christian life. The Reformed tradition was advanced by several theologians such as Martin Bucer, Heinrich Bullinger, Peter Martyr Vermigli, and Huldrych Zwingli, but this branch of Christianity bears the name of the French reformer John Calvin (1509-1564), Jean Cauvin in old French, because of his great influence on it and because of his role in the confessional and ecclesiastical debates throughout the 16th century. Today this term also refers to the doctrines and practices of the Reformed churches of which Calvin was an early leader.

could not rank with Cromwell or with many inferior men in leadership; but in this God-appointed, inflexible devotion to his object in life he was inferior to no man; and he rose in fame far above more gifted persons because of this very fixedness and simplicity of character. His renown is secure.

A few words may be given to the personal traits of this hero. When I first saw him, he was in his fifty-seventh year, and though touched with age and its infirmities, was still vigorous and active, and of an aspect which would have made him distinguished anywhere among men who know how to recognize courage and greatness of mind. At that time he was close shaven, and no flowing beard, as in later years, softened the expression of his firm wide mouth and positive chin. That beard, long and gray, which nearly all his portraits now show, added a picturesque finish to a face that was in all its features severe and masculine, yet with a latent tenderness. His eyes were those of an eagle, — piercing blue-gray in color, not very large, looking out from under brows

"Of dauntless courage and considerate pride,"

and were alternately flashing with energy, or drooping and hooded like the eyes of an eagle. His hair was dark-brown, sprinkled with gray, short and bristling, and shooting back from a forehead of middle height and breadth; his nose was aquiline; his ears large; his frame angular; his voice deep and metallic; his walk positive and intrepid, though commonly slow. His manner was modest, and in a large company diffident; he was by no means fluent of speech, but his words were always to the point, and his observations original, direct, and shrewd. His mien was serious and patient rather than cheerful; it betokened the "sad wise valor" which Herbert[1073] praises; but though earnest and often anxious, it was never depressed. In short, he was then, to the eye of insight, what he afterward seemed to the world, — a brave and resolved man, conscious of a work laid upon him. and confident that he should accomplish it. His figure was tall, slender, and commanding; his bearing military; and his garb showed a singular blending of the soldier and the deacon. He had laid aside in Chicago the torn and faded summer garments which he wore throughout his Kansas campaign, and I saw him at one of those rare periods in his life when his clothes were new. He wore a complete suit of brown broadcloth or kerseymere,[1074] cut in the fashion of a dozen years before, and giving him the air of a respectable deacon in a rural parish. But instead of a collar he had on a high stock of patent leather, such as soldiers used to wear, a gray military overcoat with a cape, and a fur cap. He was, in fact, a Puritan soldier, such as were common in Cromwell's day, though not often seen since. Yet his heart was averse to bloodshed, gentle, tender, and devout.

Mr. Leonard, already quoted, who knew him at the age of fifty, says: —

"It is almost impossible to convey by writing his appearance. I can see it plainly, — that firm, decided set of the mouth, a certain nervous twitch of the head; but the flash of his eye, who can describe it? It spoke the soul of the man, and carried conviction to every one that he was in thorough earnest. In Redpath's 'Life'[1075] there is a good engraving of

---

[1073] George Herbert (1593-1633) – a Welsh poet, orator and Anglican priest.
[1074] Kerseymere – a fine woolen cloth with a fancy twill weave. In printing fine work during the mid-19th century, the blankets that lay between the tympans were either fine kerseymere or superfine woolen cloth.
[1075] James Redpath (1833-1891) – an American journalist, and anti-slavery activist. He went to Kansas, and interviewed John Brown in 1856. Later he became a hagiographer and published the book "Public Life of Capt John Brown" in 1860.

the old man, when he had drawn himself up into his lofty look, which he sometimes did; but generally he carried his head pitched forward and a little down, and shoved his right shoulder forward in walking. And he could look pleasant, — as I have witnessed many a time, when I have been bantering him about something."

Frederick Douglass says: —

"In person he was lean, strong, and sinewy; of the best New England mould, built for times of trouble, fitted to grapple with the flintiest hardships. Clad in plain American woollen, shod in boots of cowhide leather, and wearing a cravat of the same substantial material; under six feet high, less than a hundred and fifty pounds in weight, aged about fifty, — he presented a figure straight and symmetrical as a mountain pine. His bearing was singularly impressive. His head was not large, but compact and high. His hair was coarse, strong, slightly gray, and closely trimmed, and grew low on his forehead. His face was smoothly shaved, and revealed a strong square mouth, supported by a broad and prominent chin. His eyes were bluish gray, and in conversation they were full of light and fire. When on the street, he moved with a long, springing, race-horse step, absorbed by his own reflections, neither seeking nor shunning observation."

Such were his outward traits and belongings. The inward man was of singular faith and constancy. Of his last few months in life Mr. Wilder[1076] speaks thus: —

"Think of the slow movement to the Kennedy farm,[1077] the mystery, the anxiety about money, the opposition of Douglass, the resignation of his leadership by Brown, bad health, — in that most dispiriting of all diseases, the ague, — and yet the man goes forward! What courage, what faith! Common men live for years in despair, with only ordinary bad luck to contend with; but here is a man absolutely alone, exiled from family, among hostile strangers, where barbarism is made popular by law and by fashion, — yet never in despair. Why this contrast? He believed in God and justice, and in nothing else; we believe in everything else, but not in God."[1078]

It is easy now to perceive the true mission of Brown, and to measure the force of the avalanche set in motion by him. But to the vision of genius and the illuminated moral sense this was equally perceptible in 1859-60; and it was declared, in words already cited, by Emerson, Alcott, and Thoreau. No less clearly and prophetically was it declared by Victor Hugo, and by the saintly pastor of Wayland, Edmond Sears.[1079] On the day of Brown's execution, and in the midst of the funeral services we were holding at Concord, Mr. Sears, who had made the opening prayer, wrote these lines in the Town Hall, where Brown had twice addressed the sons of those yeomen who fought at Concord Bridge: —

[1076] D. W. Wilder (1832-1911) – a prominent public figure in Kansas history, originally from Massachusetts. He was a journalist, historian, financier and lawyer. He wrote the book "Annals of Kansas" in 1875.

[1077] Kennedy Farm – the farm in Sharpsburg, Maryland where John Brown planned and began his Raid. Also known as John Brown's Headquarters and Kennedy Farmhouse, the log, stone and brick building has retained its historical integrity and is essentially the same as it was in 1859. It was designated a National Historic Landmark on November 7, 1973.

[1078] The same idea about the blindness of the masses is expressed by a famous English Christian writer and preacher, John Bunyan (1628-1688) in his renowned allegorical novel "The Pilgrim's Progress": "To reject the counsel of God for the sake of the counsel of a Worldly Wiseman." See "The Pilgrim's Progress", The First Part, In the Similitude of a Dream.

[1079] Edmund Hamilton Sears (1810-1876) – an American Unitarian parish minister and author who wrote a number of theological works influencing the 19th century liberal Protestants. Sears is known today primarily as the man who penned the words to "It Came Upon the Midnight Clear" in 1849.

"Not any spot six feet by two
Will hold a man like thee;
John Brown will tramp the shaking earth
From Blue Ridge to the sea,
Till the strong angel come at last
And opes each dungeon door,
And God's Great Charter holds and waves
O'er all his humble poor.
And then the humble poor will come
In that far-distant day,
And from the felon's nameless grave
They'll brush the leaves away;
And gray old men will point the spot
Beneath the pine-tree shade,
As children ask with streaming eyes
Where Old John Brown is laid."

On the same day, from his place of exile in Guernsey, Victor Hugo[1080] thus addressed the American republic: —

"At the thought of the United States of America, a majestic form rises in the mind, — Washington. In this country of Washington what is now taking place? There are slaves in the South; and this most monstrous of inconsistencies offends the logical conscience of the North. To free these black slaves, John Brown, a white man, a free man, began the work of their deliverance in Virginia. A Puritan, austerely religious, inspired by the evangel, 'Christ hath set us free,' he raised the cry of emancipation. But the slaves, unmanned by servitude, made no response; for slavery stops the ears of the soul. John Brown, thus left alone, began the contest. With a handful of heroic men he kept up the fight; riddled with bullets, his two youngest sons, sacred martyrs, falling at his side, he was at last captured. His trial? It took place, not in Turkey, but in America. Such things are not done with impunity under the eyes of the civilized world. The conscience of mankind is an open eye; let the court at Charlestown understand — Hunter and Parker, the slave-holding jurymen, the whole population of Virginia — that they are watched. This has not been done in a corner. John Brown, condemned to death, is to be hanged to-day. His hangman is not the attorney Hunter, nor the judge Parker, nor Governor Wise, nor the little State of Virginia, — his hangman (we shudder to think it and say it!) is the whole American republic. . . . Politically speaking, the murder of Brown will be an irrevocable mistake. It will deal the Union a concealed wound, which will finally sunder the States. Let America know and consider that there is one thing more shrieking than Cain killing Abel, — it is Washington killing Spartacus."[1081]

A few months later (March 30, 1860) Victor Hugo wrote again: —

[1080] Victor Hugo (1802-1885) – a French poet, playwright, novelist, essayist, visual artist, statesman, human rights activist and exponent of the Romantic movement in France. Hugo openly supported Brown and tried to intervene. His address was published in every major newspaper on both sides of the Atlantic.

[1081] Spartacus (109-71 BC) – the most notable leader of the slaves in the Third Servile War, – a major slave uprising against the Roman Republic. The ancient sources agree that Spartacus was a Thracian. Plutarch describes him as "a Thracian of Nomadic stock".

"Slavery in all its forms will disappear. What the South slew last December was not John Brown, but Slavery. Henceforth, no matter what President Buchanan[1082] may say in his shameful message, the American Union must be considered dissolved. Between the North and the South stands the gallows of Brown. Union is no longer possible: such a crime cannot be shared."

Again, upon the triumph of Garibaldi in Sicily,[1083] Victor Hugo said (June 18,1860): —

"Grand are the liberators of mankind! Let them hear the grateful applause of the nations, whatever their fortune! Yesterday we gave our tears; to-day our hosannas are heard. Providence deals in these compensations. John Brown failed in America, but Garibaldi has triumphed in Europe. Mankind, shuddering at the infamous gallows of Charlestown, takes courage once more at the flashing sword of Catalafimi.[1084]"

Although the course of events in America did not follow the exact line anticipated by the French republican,[1085] the general result was what he had foreseen, — that the achievement and death of John Brown made future compromises between slavery and freedom impossible. What he did in Kansas for a single State, he did in Virginia for the whole nation, — nay, for the whole world.

It has been sometimes asked in what way Brown performed this great work for the world, since he won no battle, headed no party, repealed no law, and could not even save his own life from an ignominious penalty. In this respect he resembled Socrates, whose position in the world's history is yet fairly established; and the parallel runs even closer. When Brown's friends urged upon him the desperate possibilities of a rescue, he gave no final answer, until at last came this reply, — that he "would not walk out of the prison if the door was left open."[1086] He added, as a personal reason for this choice, that his relations with Captain Avis, his jailer, were such that he should hold it a breach of trust to be rescued. There is an example even higher than that of Socrates, which history will not fail to hold up, — that Person of whom his slayers said: "He saved others; himself he cannot save."[1087]

Here is touched the secret of Brown's character, — absolute reliance on the Divine, entire disregard of the present, in view of the promised future.

"For best befriended of the God

[1082] James Buchanan, Jr. (1791-1868) – the 15th President of the United States from 1857-1861 and the last to be born in the 18th century. To date he is the only president from the state of Pennsylvania and the only life-long bachelor.
[1083] Garibaldi led 800 volunteers to victory over an enemy force of 1,500 on the hill of Calatafimi in Sicili on May 15, 1860.
[1084] Flashing sword of Catalafimi – Calatafimi is meant.
[1085] No political party affiliation is meant here, that's why it is spelled with the lower case "r". Hugo, even though he used to support Monarchy, later on in life became a supporter of republicanism.
[1086] Socrates said and did precisely the same. It would have been easy for him to flee to another Greek state and escape the death penalty, but he refused to do this. His student, Crito urged Socrates to allow him to arrange his escape to Thessaly, where he would have been exceedingly welcomed. Crito tried to persuade Socrates to do this for the sake of his children, but Socrates turned the argument around and stated that it was precisely for the sake of his children he could do no such thing, as by committing something cowardly and immoral he would set a bad precedent for them and ruin their moral character. Please see Plato's Early Dialogue "Crito".
[1087] Mathew 27:42. Precisely the same is stated in Mark 15:31 and Luke 23:35.

He who in evil times,
Warned by an inward voice,
Heeds not the darkness and the dread,
Biding by his rule and choice;
Feeling only the fiery thread
Leading over heroic ground
(Walled with mortal terror round)
To the aim which him allures, —
And the sweet heaven his deed secures."

BROWN'S INTERVIEW WITH MASON, VALLANDIGHAM, AND OTHERS

Senator Mason. Can you tell us who furnished money for your expedition?

John Brown. I furnished most of it myself; I cannot implicate others. It is by my own folly that I have been taken. I could easily have saved myself from it, had I exercised my own better judgment rather than yielded to my feelings.

Mason. You mean if you had escaped immediately?

Brown. No. I had the means to make myself secure without any escape; but I allowed myself to be surrounded by a force by being too tardy. I should have gone away; but I had thirty odd prisoners, whose wives and daughters were in tears for their safety, and I felt for them. Besides, I wanted to allay the fears of those who believed we came here to burn and kill. For this reason I allowed the train to cross the bridge, and gave them full liberty to pass on. I did it only to spare the feelings of those passengers and their families, and to allay the apprehensions that you had got here in your vicinity a band of men who had no regard for life and property, nor any feelings of humanity.

Mason. But you killed some people passing along the streets quietly.

Brown. Well, sir, if there was anything of that kind done, it was without my knowledge. Your own citizens who were my prisoners will tell you that every possible means was taken to prevent it. I did not allow my men to fire when there was danger of killing those we regarded as innocent persons, if I could help it. They will tell you that we allowed ourselves to be fired at repeatedly, and did not return it.

A Bystander. That is not so. You killed an unarmed man at the corner of the house over there at the water-tank, and another besides.

Brown. See here, my friend; it is useless to dispute or contradict the report of your own neighbors who were my prisoners.

Mason. If you would tell us who sent you here, — who provided the means, — that would be information of some value.

Brown. I will answer freely and faithfully about what concerns myself, — I will answer anything I can with honor, — but not about others.

Mr. Vallandigham *(who had just entered).* Mr. Brown, who sent you here?

Brown. No man sent me here; it was my own prompting and that of my Maker, or that of the Devil, — whichever you please to ascribe it to. I acknowledge no master in human form.

Vallandigham. Did you get up the expedition yourself?

Brown. I did.

ჰარფერზ ფერი, ვირჯინია.
HARPER'S FERRY, VIRGINIA.

Vallandigham. Did you get up this document that is called a Constitution?

Brown. I did. They are a constitution and ordinances of my own contriving and getting up.

Vallandigham. How long have you been engaged in this business?

Brown. From the breaking out of the difficulties in Kansas. Four of my sons had gone there to settle, and they induced me to go. I did not go there to settle, but because of the difficulties.

Mason. How many are there engaged with you in this movement?

Brown. Any questions that I can honorably answer I will, — not otherwise. So far as I am myself concerned, I have told everything truthfully. I value my word, sir.

Mason. What was your object in coming?

Brown. We came to free the slaves, and only that

A Volunteer. How many men, in all, had you?

Brown. I came to Virginia with eighteen men only, besides myself.

Volunteer. What in the world did you suppose you could do here in Virginia with that amount of men?

Brown. Young man, I do not wish to discuss that question here.

Volunteer. You could not do anything.

Brown. Well, perhaps your ideas and mine on military subjects would differ materially.[1088]

Mason. How do you justify your acts?

Brown. I think, my friend, you are guilty of a great wrong against God and humanity, — I say it without wishing to be offensive, — and it would be perfectly right for any one to interfere with you so far as to free those you willfully and wickedly hold in bondage. I do not say this insultingly.

Mason. I understand that.

[1088] Brown is perfectly correct! It is clear that his opponent knew nothing about partisan and guerilla warfare. With such methods it is possible for a small squad to exterminate even full size armies. Examples of such successful partisan warfare exist at least from 2,100 years ago, when Parthian people rose against the Roman Empire, organized small gangs and won. And the word "Partisan" originated from the word "Parthian". In addition to practical examples, plenty of military strategy manuals existed in Brown's day both, in Europe and in the United States. One of the first manuals of partisan tactics in the 18th century was "The Partisan", or "the Art of Making War in Detachment..." by de Jeney, Hungarian military officer who served in Prussian Army as captain of military engineers during Seven Years' War. The book was published in London, 1760.

Brown. I think I did right, and that others will do right who interfere with you at any time and at all times. I hold that the Golden Rule, "Do unto others as ye would that others should do unto you" applies to all who would help others to gain their liberty.

Lieutenant Stuart. But don't you believe in the Bible?

Brown. Certainly I do.

Mason. Did you consider this a military organization in this Constitution? I have not yet read it.

Brown. I did, in some sense. I wish you would give that paper close attention.

Mason. You consider yourself the commander-in-chief of these "provisional" military forces?

Brown. I was chosen, agreeably to the ordinance of a certain document, commander-in-chief of that force.

Mason. What wages did you offer?

Brown. None.

Stuart. "The wages of sin is death."[1089]

Brown. I would not have made such a remark to you if you had been a prisoner, and wounded, in my hands.

A Bystander. Did you not promise a negro in Gettysburg twenty dollars a month?

Brown. I did not.

Mason. Does this talking annoy you?

Brown. Not in the least.

Vallandigham. Have you lived long in Ohio?

Brown. I went there in 1805. I lived in Summit County, which was then Portage County. My native place is Connecticut; my father lived there till 1805.

Vallandigham. Have you been in Portage County lately?

Brown. I was there in June last.

Vallandigham. When in Cleveland, did you attend the Fugitive Slave Law Convention there?

[1089] Romans 6:23.

Brown. No. I was there about the time of the sitting of the court to try the Oberlin rescuers. I spoke there publicly on that subject; on the Fugitive Slave Law and my own rescue. Of course, so far as I had any influence at all, I was supposed to justify the Oberlin people for rescuing the slave, because I have myself forcibly taken slaves from bondage. I was concerned in taking eleven slaves from Missouri to Canada last winter. I think I spoke in Cleveland before the Convention. I do not know that I had conversation with any of the Oberlin rescuers. I was sick part of the time I was in Ohio with the ague, in Ashtabula County.

Vallandigham. Did you see anything of Joshua R. Giddings[1090] there?

Brown. I did meet him.

Vallandigham. Did you converse with him?

Brown. I did. I would not tell you, of course, anything that would implicate Mr. Giddings; but I certainly met with him and had conversations with him.

Vailandigham. About that rescue case?

Brown. Yes; I heard him express his opinions upon it very freely and frankly.

Vallandigham. Justifying it?

Brown. Yes, sir; I do not compromise him, certainly, in saying that.

Vallandigham. Will you answer this: Did you talk with Giddings about your expedition here?

Brown. No, I won't answer that; because a denial of it I would not make, and to make any affirmation of it I should be a great dunce.

Vallandigham. Have you had any correspondence with parties at the North on the subject of this movement?

Brown. I have had correspondence.

A Bystander. Do you consider this a religious movement?

Brown. It is, in my opinion, the greatest service man can render to God.

Bystander. Do you consider yourself an instrument in the hands of Providence?

Brown. I do.

Bystander. Upon what principle do you justify your act?

[1090] Joshua R. Giddings (1795-1864) – an American statesman and a prominent opponent of slavery. He represented Ohio in the U.S. House of Representatives from 1838-1859.

Brown. Upon the Golden Rule. I pity the poor in bondage that have none to help them: that is why I am here; not to gratify any personal animosity, revenge, or vindictive spirit. It is my sympathy with the oppressed and the wronged, that are as good as you and as precious in the sight of God.

Bystander. Certainly. But why take the slaves against their will?

Brown. I never did.

Bystander. You did in one instance, at least.

Stephens, the other, wounded prisoner, here said, "You are right. In one case I know the negro wanted to go back."

Bystander. Where did you come from?

Stephens. I lived in Ashtabula County, Ohio.

Vallandigham. How recently did you leave Ashtabula County?

Stephens. Some months ago. I never resided there any length of time; have been through there.

Vallandigham. How far did you live from Jefferson?

Brown. Be cautious, Stephens, about any answers that would commit any friend. I would not answer that.

[Stephens turned partially over with a groan of pain, and was silent.]

Vallandigham. Who are your advisers in this movement?

Brown. I cannot answer that. I have numerous sympathisers throughout the entire North.

Vallandigham. In northern Ohio?

Brown. No more there than anywhere else; in all the free States.

Vallandigham. But you are not personally acquainted in southern Ohio?

Brown. Not very much.

A Bystander. Did you ever live in Washington City?

Brown. I did not. I want you to understand, gentlemen, and [to the reporter of the "Herald"] you may report that, — I want you to understand that I respect the rights of the poorest and weakest of colored people, oppressed by the slave system, just as much as I do those of the most wealthy and powerful. That is the idea that has moved me, and that alone. We expected no reward except the satisfaction of endeavoring to do for those in distress and greatly oppressed as we would be done by. The cry of distress of the oppressed is my reason, and the only thing that prompted me to come here.

Bystander. Why did you do it secretly?

Brown. Because I thought that necessary to success; no other reason.

Bystander. Have you read Gerrit Smith's last letter?

Brown. What letter do you mean?

Bystander. The "New York Herald" of yesterday, in speaking of this affair, mentions a letter in this way : —

> *"Apropos of this exciting news, we recollect a very significant passage in one of Gerrit Smith's letters, published a month or two ago, in which he speaks of the folly of attempting to strike the shackles off the slaves by the force of moral suasion or legal agitation, and predicts that the next movement made in the direction of negro emancipation would be an insurrection in the South."*

Brown. I have not seen the "New York Herald'" for some days past; but I presume, from your remark about the gist of the letter, that I should concur with it. I agree with Mr. Smith that moral suasion is hopeless. I don't think the people of the slave States will ever consider the subject of slavery in its true light till some other argument is resorted to than moral suasion.

Vallandigham. Did you expect a general rising of the slaves in case of your success?

Brown. No, sir; nor did I wish it. I expected to gather them up from time to time, and set them free.

Vallandigham. Did you expect to hold possession here till then?

Brown. Well, probably I had quite a different idea. I do not know that I ought to reveal my plans. I am here a prisoner and wounded, because I foolishly allowed myself to be so. You overrate your strength in supposing I could have been taken if I had not allowed it. I was too tardy after commencing the open attack — in delaying my movements through Monday night, and up to the time I was attacked by the Government troops. It was all occasioned by my desire to spare the feelings of my prisoners and their families and the community at large. I had no knowledge of the shooting of the negro Heywood.[1091]

Vallandigham. What time did you commence your organization in Canada?

Brown. That occurred about two years ago; in 1858.

Vallandigham. Who was the secretary?

Brown. That I would not tell if I recollected; but I do not recollect. I think the officers were elected in May, 1858. I may answer incorrectly, but not intentionally. My head is a little confused by wounds, and my memory obscure on dates, etc.

[1091] negro Heywood – Hayward Shepherd is meant. He was the first casualty of the Raid. It is unknown whether Brown's party killed him on purpose or that it was an unfortunate casualty of the war.

Dr. Biggs. Were you in the party at Dr. Kennedy's house?

Brown. I was the head of that party. I occupied the house to mature my plans. I have not been in Baltimore to purchase caps.

Dr. Biggs. What was the number of men at Kennedy's?

Brown. I decline to answer that.

Dr. Biggs. Who lanced that woman's neck on the hill?

Brown. I did. I have sometimes practised in surgery when I thought it a matter of humanity and necessity, and there was no one else to do it; but I have not studied surgery.

Dr. Biggs. It was done very well and scientifically. They have been very clever to the neighbors, I have been told, and we had no reason to suspect them, except that we could not understand their movements. They were represented as eight or nine persons; on Friday there were thirteen.

Brown. There were more than that.

Q. Where did you get arms? *A.* I bought them.

Q. In what State? *A.* That I will not state.

Q. How many guns? *A.* Two hundred Sharpe's rifles and two hundred revolvers, — what is called the Massachusetts Arms Company's[1092] revolvers, a little under navy size.

Q. Why did you not take that swivel[1093] you left in the house? *A.* I had no occasion for it. It was given to me a year or two ago.

Q. In Kansas? *A.* No. I had nothing given to me in Kansas.

Q. By whom, and in what State? *A.* I decline to answer. It is not properly a swivel; it is a very large rifle with a pivot. The ball is larger than a musket ball; it is intended for a slug.

Reporter. I do not wish to annoy you; but if you have anything farther you would like to say, I will report it

Brown. I have nothing to say, only that I claim to be here in carrying out a measure I believe perfectly justifiable, and not to act the part of an incendiary or ruffian, but to aid those suffering great wrong. I wish to say, furthermore, that you had better — all you people at the South — prepare yourselves for a settlement of this question, that must come up for settlement sooner than you are prepared for it. The sooner you are prepared the better. You may dispose of me very easily, — I am nearly disposed of now; but this question is still to be

---

[1092] Massachusetts Arms Company – a manufacturer of firearms and firearm-related products from about 1849 into the early 20th century.
[1093] swivel – usually refers to a small cannon mounted on a swiveling stand or fork which allows a very wide arc of movement. Another type of firearm referred to as a swivel gun was an early flintlock combination gun with two barrels that rotated along their axes to allow the shooter to switch between rifled and smoothbore barrels.

settled, — this negro question I mean; the end of that is not yet. These wounds were inflicted upon me — both sabre cuts on my head and bayonet stabs in different parts of my body — some minutes after I had ceased fighting and had consented to surrender, for the benefit of others, not for my own. I believe the Major would not have been alive; I could have killed him just as easy as a mosquito when he came, in, but I supposed he only came in to receive our surrender. There had been loud and long calls of "surrender" from us, — as loud as men could yell; but in the confusion and excitement I suppose we were not heard. I do not think the Major, or any one, meant to butcher us after we had surrendered.

An Officer. Why did you not surrender before the attack?

Brown. I did not think it was my duty or interest to do so. We assured the prisoners that we did not wish to harm them, and they should be set at liberty. I exercised my best judgment, not believing the people would wantonly sacrifice their own fellow-citizens, when we offered to let them go on condition of being allowed to change our position about a quarter of a mile. The prisoners agreed by a vote among themselves to pass across the bridge with us. We wanted them only as a sort of guarantee of our own safety, — that we should not be fired into. We took them, in the first place, as hostages and to keep them from doing any harm. We did kill some men in defending ourselves, but I saw no one fire except directly in self-defence. Our orders were strict not to harm any one not in arms against us.

Q. Brown, suppose you had every nigger in the United States, what would you do with them? *A.* Set them free.

Q. Your intention was to carry them off and free them? *A.* Not at all.

A Bystander. To set them free would sacrifice the life of every man in this community.

Brown. I do not think so.

Bystander. I know it. I think you are fanatical.

Brown. And I think you are fanatical. "Whom the gods would destroy they first make mad,"[1094] and you are mad.

Q. Was it your only object to free, the negroes? *A.* Absolutely our only object.

Q. But you demanded and took Colonel Washington's silver and watch? *A.* Yes; we intended freely to appropriate the property of slaveholders to carry out our object. It was for that, and only that, and with no design to enrich ourselves with any plunder whatever.

Bystander. Did you know Sherrod in Kansas?[1095] I understand you killed him.

[1094] Latin: "Quem deus vult perdere, dementat prius." The saying is falsely ascribed to Euripides (480-406 BC). It appears in his play "Medea", where he describes Medea's descent (and her awareness of this descent as it occurs) into self destructive madness where she kills her own children in order to hurt her ex-lover, – the entire play was fabricated to cover up Jason's killing his own children and blame the whole thing on the foreigner, Colchi Princess Medea. Scholium to line 264 of the play also asserts that traditionally Medea's children were killed by the Corinthians after her escape. Before Euripides, Sophocles (497-406 BC) used this saying in quotation marks, as a citation, in his "Antigone", although he does not tell to whom the saying originally belonged.

Brown. I killed no man except in fair fight. I fought at Black Jack Point and at Osawatomie; and if I killed anybody, it was at one of these places.

There is no record so full as this of any conversation held with Brown after his capture. We have notes and reports, more or less conflicting, of what took place in his conversation with Wise, the Governor of Virginia, a few hours after the engine-house was taken. Wise had been a leading and turbulent Congressman from Virginia, had belonged to more than one political party, and was a man of force and courage, though infatuated, like most Virginians of his time, with slavery and Southern institutions. A correspondent of "Harper's Weekly" (which was then supporting slavery as a pillar of the Union) has thus described Wise's interview with Brown: —

"The mid-day train (October 18) brought Governor Wise, accompanied by several hundred men from Richmond, Alexandria, Baltimore, and elsewhere. Accompanied by Andrew Hunter, the Governor repaired to the guard-room where the two wounded prisoners lay, and had a conversation with Brown. The Governor treated the wounded man with a courtesy that evidently surprised him. Brown was lying upon the floor with his feet to the fire and his head propped upon pillows on the back of a chair. His hair was a mass of clotted gore, so that I could not distinguish the original color; his eye a pale blue or gray, nose Roman, and beard (originally sandy) white and blood-stained. His speech was frequently interrupted by deep groans, reminding me of the agonized growl of a ferocious beast. A few feet from the leader lay Stephens, a fine-looking fellow, quiet, not in pain apparently, and conversing in a voice as full and natural as if he were unhurt. However, his hands lay folded upon his breast in a child-like, helpless way, — a position that I observed was assumed by all those who had died or were dying of their wounds. Only those who were shot stone-dead lay as they fell.

"Brown was frank and communicative, answering all questions without reserve, except such as might implicate his associates. I append extracts from notes taken by Mr. Hunter: —

"'Brown avers that the small pamphlet, many copies of which were found on the persons of the slain, and entitled Provisional Constitution and Ordinances for the People of the United States, was prepared principally by himself; under its provisions he was appointed Commander-in-Chief. His two sons and Stephens were each captains, and Coppoc a lieutenant; they each had commissions, issued by himself. He avers that the whole number operating under this organization was but twenty-two, each of whom had taken the oath required by Article 48; but he confidently expected large reinforcements from Virginia, Kentucky, Maryland, North and South Carolina, and several other Slave States, besides the Free States, — taking it for granted that it was

---

[1095] A man named Sherrod was killed in Kansas, but that happened when Brown was in Massachusetts, and there are many historic sources which confirm that and persons of excellent reputation who had verified that.

დეპოს გადაადგილება 1968 წელს.
მას დღეს ჯონ ბრაუნის ფორტს ეძახიან.
RELOCATION OF THE ENGINE HOUSE IN 1968.
NOWADAYS IT IS CALLED JOHN BROWN'S FORT.

only necessary to seize the public arms and place them in the hands of the negroes and non-slaveholders to recruit his forces indefinitely. In this calculation he reluctantly and indirectly admitted that he had been disappointed.'

"When Governor Wise went away, some of us lingered, and the old man recurred again to his sons, of whom he had spoken several times, asking if we were sure they were both dead. He was assured that it was so. 'How many bodies did you take from the engine-house?' he asked. He was told three. 'Then they are not both dead; there were three dead bodies there last night. Gentlemen, my son is doubtless living and in your power. I will ask for him what I would not ask for myself; let him have kind treatment, for he is as pure and noble-hearted a youth as ever breathed the breath of life.' His prayer was vain. Both his boys lay stark and bloody by the Armory wall."

In this conversation, according to Governor Wise, Brown did not say a word which was personally offensive to him. Somebody in the crowd called Brown "robber," and Brown retorted, "You [the slaveholders] are the robbers." And in this connection he said, "If you have your opinions about me, I have my opinions about you." Wise then said: "Mr. Brown, the silver of your hair is reddened by the blood of crime, and you should eschew these hard words and think upon eternity. You are suffering from wounds, perhaps fatal; and should you escape death from these causes, you must submit to a trial which may involve death. Your confessions justify the presumption that you will be found guilty; and even now you are committing a felony under the laws of Virginia, by uttering sentiments like these. It is better you should turn your attention to your eternal future than be dealing in denunciations which can only injure you." Brown replied, "Governor, I have from all appearances not more than fifteen or twenty years the start of you in the journey to that eternity of which you kindly warn me; and whether my time here shall be fifteen months, or fifteen days, or fifteen hours, I am equally prepared to go. There is an eternity behind and an eternity before; and this little speck in the centre, however long, is but comparatively a minute. The difference between your tenure and mine is trifling, and I therefore tell you to be prepared. I am prepared. You all have a heavy responsibility, and it behooves you to prepare more than it does me."

In speaking of this conversation, Wise said publicly:

"They are mistaken who take Brown to be a madman. He is a handle of the best nerves I ever saw; cut and thrust and bleeding, and in bonds. He is a man of clear head, of courage, fortitude, and simple ingenuousness. He is cool, collected, and indomitable, and it is but just to him to say that he was humane to his prisoners, and he inspired me with great trust in his integrity as a man of truth. He is a fanatic, vain and garrulous, but firm, truthful, and intelligent. He professes to be a Christian in communion with the Congregational Church[1096]

[1096] Congregational Church – The Pilgrims sought to establish at Plymouth Colony a Christian fellowship like that which gathered around Jesus himself. Congregationalists include the Pilgrims of Plymouth, and the Puritans of the Massachusetts Bay Colony, which were organized in union by the Cambridge Platform in 1648. These settlers had John Cotton as their most influential leader, beginning in 1633. Cotton's writings persuaded the Calvinist theologian John Owen to separate from the Presbyterian church. He became very influential in the development of Congregationalist theology and ideas of church government. Jonathan Edwards, considered by some to be the most important theologian produced in the United States, was also a Congregationalist. The history of Congregational churches in the United States is closely intertwined with that of American Presbyterianism, especially in New England, where Congregationalist influence spilled over into Presbyterian churches farther west. Some of the first colleges and universities in America, including Harvard, Yale, Dartmouth, Williams, Bowdoin, Middlebury, and Amherst, all were founded by the Congregationalists, as were later Carleton, Grinnell, Oberlin, and Pomona. It

of the North, and openly preaches his purpose of universal emancipation; and the negroes themselves were to be the agents, by means of arms, led on by white commanders. . . . Colonel Washington says that he was the coollest and firmest man he ever saw in defying danger and death. With one son dead by his side, and another shot through, he felt the pulse of his dying son with one hand, held his rifle with the other, and commanded his men with the utmost composure, encouraging them to be firm, and to sell their lives as dearly as they could."

must be mentioned that the prominent New England novelist and poet, Janet Mathewson too was originally a Congregationalist, but during the last years of her life she converted to Orthodoxy.

BROWN'S SPEECHES AT HIS TRIAL

On the first day of his trial under indictment (October 25), in the court-house at Charlestown not far from Harper's Ferry, Brown and Coppoc were brought in manacled together. Brown appeared weak, haggard, and with eyes swollen from the effects of the wound in his head. The prisoners were severally charged with treason and murder. The Court asked if they had counsel, when Brown spoke as follows: —

"I did not ask for any quarter at the time I was taken; I did not ask to have my life spared. The Governor of the State of Virginia tendered me assurances that I should have a fair trial; but under no circumstances whatever shall I be able to have a fair trial. If you seek my blood, you can have it at any moment, without this mockery of a trial. I have had no counsel. I have not been able to advise with any one. I know nothing about the feelings of my fellow-prisoners, and am utterly unable to attend in any way to my own defence. My memory doesn't serve me; my health is insufficient although improving. There are mitigating circumstances that I would urge in our favor, if a fair trial is to be had; but if we are to be forced with a mere form, a trial for execution, you might spare yourselves that trouble. I am ready for my fate. I beg for no mockery of a trial, no insult, — nothing but that which conscience gives or cowardice drives you to practise. I ask again to be excused from the mockery of a trial. I do not even know what the special design of this examination is; I do not know what is to be the benefit of it to the Commonwealth. I have now little further to ask, other than that I may not be foolishly insulted, only as cowardly barbarians insult those who fall into their power."

As the trial went on, Brown again rose from the pallet on which he lay wounded, and said: —

"I do not intend to detain the Court, but barely wish to say, as I have been promised a fair trial, that I am not now in circumstances that enable me to attend to a trial, owing to the state of my health. I have a severe wound in the back, or rather in one kidney, which enfeebles me very much. But I am doing well, and I only ask for a short delay of my trial, and I think I may get able to listen to it; and I merely ask this, that, as the saying is, 'the devil may have his dues,' — no more. I wish to say, further, that my hearing is impaired and rendered indistinct, in consequence of wounds I have about my head. I cannot hear distinctly at all. I could not hear what the Court said this morning. I would be glad to hear what is said on my trial, and I am now doing better than I could expect to be under the circumstances. A very short delay would be all I would ask. I do not presume to ask more than a very short delay, so that I may in some degree recover, and be able at least to listen to my trial, and hear what questions are asked of the citizens, and what their answers are. If that could be allowed me, I should feel very much obliged."

The Court refused his requests, and a jury having been sworn, directed that the prisoner might forego the form of standing while arraigned, if he desired it. He therefore continued to lie prostrate on his cot-bed while the long indictment was read, — for conspiring with negroes to produce insurrection; for treason to the Commonwealth, and for murder.

In the course of the first day's proceedings, Brown rose, evidently excited, and standing on his feet said: —

"*May it please the Court,* — I discover that, notwithstanding all the assertions I have received of a fair trial, nothing like a fair trial is to be given me, as it would seem. I gave the names, as soon as I could get at them, of the persons I wished to have called as witnesses, and was assured that they would be subpoenaed. I wrote down a memorandum to that effect, saying where those parties were, but it appears that they have not been subpoenaed, so far as I can learn. And now I ask if I am to have anything at all deserving the name and shadow of a fair trial, that this proceeding be deferred until to-morrow morning; for I have no counsel, as I have before stated, in whom I feel that I can rely, but I am in hopes counsel may arrive who will see that I get the witnesses necessary for my defence. I am myself unable to attend to it. I have given all the attention I possibly could to it, but am unable to see or know about them, and can't even find out their names; and I have nobody to do any errand, for my money was all taken from me when I was hacked and stabbed, and I have not a dime. I had two hundred and fifty or sixty dollars in gold and silver taken from my pocket, and now I have no possible means of getting anybody to go any errands for me, and I have not had all the witnesses subpoenaed. They are not within reach, and are not here. I ask at least until to-morrow morning to have something done, if anything is designed. If not, I am ready for anything that may come up."

Brown then lay down again, drew his blanket over him, closed his eyes, and appeared to sink in tranquil slumber. The day after, when insanity was pleaded in his defence, he desired his counsel to say that he did not put in the plea of insanity. This movement was made without his approbation or concurrence, and was unknown to him till then. He then raised himself up in bed, and said: —

"I will add, if the Court will allow me, that I look upon it as a miserable artifice and pretext of those who ought to take a different course in regard to me, if they took any at all, and I view it with contempt more than otherwise. As I remarked to Mr. Green, insane prisoners, so far as my experience goes, have but little ability to judge of their own sanity; and if I am insane, of course I should think I knew more than all the rest of the world. But I do not think so. I am perfectly unconscious of insanity, and I reject, so far as I am capable, any attempts to interfere in my behalf on that score."

Brown was ably defended, among others, by a young Massachusetts attorney, George H. Hoyt, but of course was convicted. The prosecutor was Andrew Hunter, of Charlestown, who in his argument

"Contended that the code of Virginia defines citizens of Virginia as 'all those white persons born in any other State of this Union, who may become residents here;' and that evidence shows without a shadow of a question that when Brown went to Virginia, and planted his feet at Harper's Ferry, he came there to reside, and to hold the place permanently. True, he occupied a farm four or five miles off in Maryland, but not for the legitimate purpose of establishing his domicil there; no, for the nefarious and hellish purpose of rallying forces into this Commonwealth, and establishing himself at Harper's Ferry, as the starting-point for a new government. Whatever it was, whether tragical, or farcial and ridiculous, as Brown's counsel had presented it, his conduct showed, if his declarations were insufficient, that it was not alone for the purpose of carrying off slaves that he came there. His 'Provisional Government' was a real thing and no debating society, as his counsel would have us believe; and in holding office under it and exercising its functions, he was clearly guilty of treason. As to conspiring with slaves and rebels, the law says the prisoners are equally guilty, whether insurrection is made or not. Advice may be given by actions as well as words.

When you put pikes in the hands of slaves, and have their master captive, that is advice to slaves to rebel, and is punishable with death."[1097]

During most of the arguments Brown lay on his back, with his eyes closed. When the verdict was read, "Guilty of treason, and of conspiring and advising with slaves and others to rebel, and of murder in the first degree," not the slightest sound was heard in the crowd present, who a moment before, outside the court, had joined in threats and imprecations. Brown himself said not a word, but as on any previous day turned to adjust his pallet, and then composedly stretched himself upon it. A motion for an arrest of judgment[1098] was put in, but counsel on both sides being too much exhausted to go on, Brown was removed unsentenced to prison.

[1097] The charges against John Brown were completely unfounded and his accusers, besides being incompetent in humaneness and justice, were also completely incompetent both, in the subjects of Law and rhetoric. Indeed, they could not even fabricate the charges within the legal framework of their tyrannical state, – even according to the constitution of the despotic state of Virginia, John Brown could have never committed treason, as he was never a citizen of that state. As a matter of fact, he had never lived in Virginia, not even for a day. As far as the ability of public speaking goes, they were not only incompetent, but impotent, and that compared to the so called uneducated and unread old man, John Brown. Alas, you can't hear John Brown, but at least try to read his speeches and see how they disperse, blast away and evaporate arguments of the so called prosecutors. All of their speeches are nothing more than a child's prattle and babble compared to Brown's plain and lucid oratory. These learned pupils of the Devil were impotent against Christ's 'unread' disciple. To this date it is rare to come by such a powerful speaker as John Brown, not only in the history of this nation, but in world history, while, not just our country, but in the whole world, such "learned" men, as Brown's prosecutors, are still dime a dozen to this day, on both sides of the Atlantic, whether it is in Javakhishvili State University or Harvard.

[1098] A motion for an arrest of judgment – a motion asking the court to overrule the judgment in a civil or criminal case, on the grounds that it was granted in error.

PROVISIONAL CONSTITUTION AND ORDINANCES FOR THE PEOPLE OF THE UNITED STATES

PREAMBLE.

Whereas slavery, throughout its entire existence in the United States, is none other than a most barbarous, unprovoked, and unjustifiable war of one portion of its citizens upon another portion-the only conditions 'of which are perpetual imprisonment and hopeless servitude or absolute extermination-in utter disregard and violation of those eternal and self-evident truths set forth in our Declaration of Independence:

Therefore, we, citizens of the United States, and the oppressed people who, by a recent decision of the Supreme' Court, are declared to have no rights which the white man is bound to respect, together with all other people degraded by the laws thereof, do, for the time being, ordain and establish for ourselves the following Provisional Constitution and Ordinances, the better to protect our persons, property, lives, and liberties, and to govern our actions.

ARTICLE I
Qualifications for membership

All persons of mature age, whether proscribed, oppressed, and enslaved citizens, or of the proscribed and oppressed races of the United States, who shall agree to sustain and enforce the Provisional Constitution and Ordinances of this organization, together with all minor children of such persons, shall be held to be fully entitled to protection under the same.

ARTICLE II.
Branches of government.

The provisional government of this organization shall consist of three branches, viz: legislative, executive, and judicial.

ARTICLE III.
Legislative.

The legislative branch shall be a Congress or House of Representative, composed of not less than five nor more than ten members, who shall be elected by all citizens of mature age and of sound mind connected with this organization, and who shall remain in office for three years, unless sooner removed for misconduct, inability, or by death. A majority of such members shall constitute a quorum.

ARTICLE IV.
Executive.

The executive branch of this organization shall consist of a President and Vice-President, who shall be chosen by the citizens or members of this organization, and each of whom shall hold his office for three years" unless sooner removed by death or for inability or misconduct.

ARTICLE V.
Judicial

The judicial branch of this organization shall consist of one Chief Justice of the Supreme Court and of four associate judges of said court, each constituting a circuit court. They shall each be chosen in the same manner as the President, and shall continue in office until their places have been filled in the same manner by election of the citizens. Said court shall have jurisdiction in all civil or criminal causes arising under this constitution, except breaches of the rules of war.

ARTICLE VI.
Validity of enactments.

All enactments of the legislative branch shall, to become valid during the first three years, have the approbation of the President and of the Commander-in-chief of the army.

ARTICLE VII.
Commander-in-chief.

A Commander-in-chief of the army shall be chosen by the President, Vice-President, a majority of the Provisional Congress, and of the Supreme Court, and he shall receive his commission from the President, signed by the Vice-President, the Chief Justice of the Supreme Court, and the Secretary of War, and he shall hold his office for three years, unless removed by death or on proof of incapacity or misbehavior. He shall, unless under arrest, (and until his place is actually filled as provided for by this constitution,) direct all movements of the army and advise with any allies. He shall, however, be tried, removed, or punished, on complaint of the President, by at least three general officers, or a majority of the House of Representatives, or of the Supreme Court; which House of Representatives, (the President presiding,) the Vice-President, and the members of the Supreme Court, shall constitute a court-martial for his trial; with power to remove or punish, as the case may require, and to fill his place, as above provided.

ARTICLE VIII.
Officers.

A Treasurer, Secretary of State, Secretary of War, and Secretary of the Treasury, shall each be chosen, for the first three years, in the same way and manner as the Commander-in-chief, subject to trial or removal on complaint of the President, Vice-President, or Commander in-chief, to the Chief Justice of the Supreme Court, or on complaint of the majority of the members of said court or the Provisional Congress. The Supreme Court shall have power to try or punish either of those officers, and their places shall be filled as before.

ARTICLE IX.
Secretary of War.

The Secretary of War shall be under the immediate direction of the Commander-in-chief, who may temporarily fill his place in case of arrest or of any inability to serve.

ARTICLE X.
Congress or House of Representatives.

The House of Representatives shall make ordinances providing for the appointment (by the President or otherwise) of all civil officers, excepting those already named; and shall have power to. make all laws and ordinances for the general good, not inconsistent with this Constitution and these ordinances.

ARTICLE XI.
Appropriation of money, etc.

The Provisional Congress shall have power to appropriate money or other property actually in the hands of the treasurer, to any object calculated to promote the general good, so far as may be consistent with the provisions of this constitution; and may, in certain cases, appropriate for a moderate compensation of agents, or persons not members of this organization, for any important service they are known to have rendered.

ARTICLE XII.
Special duties.

It shall be the duty of Congress to provide for the instant removal of any civil officer or policeman, who becomes habitually intoxicated, or who is addicted to other immoral conduct, or to any neglect or unfaithfulness in the discharge of his official duties. Congress shall also be a Standing Committee of Safety, for the purpose of obtaining important information; and shall be in constant communication with the Commander-in-chief; the members of which shall each, as also the President, Vice-President, members of the Supreme Court, and Secretary of State, have full power to issue warrants, returnable as Congress shall ordain (naming witnesses, &c.,) upon their own information, without the formality of a complaint. Complaint shall be immediately made after arrest, and before trial; the party arrested to be served with a copy at once.

ARTICLE XIII.
Trial of President and other Officers

The President and Vice-President may either of them be tried, removed, or punished, on complaint made to the Chief Justice of the Supreme Court, by a majority of the House of

Representatives; which house together with the Associate Judges of the Supreme Court, the whole to be presided over by the Chief Justice in case of the trial of the Vice-President, shall have full power to try such officers, to remove or punish as the case may require, and to fill any vacancy so occurring, the same as in the case of the Commander-in-chief.

ARTICLE XIV.
Trial of members of Congress.

The members of the House of Representatives may, any and all of them, be tried, and, on conviction, removed or punished, on complaint before the Chief Justice of the Supreme Court, made by any number of the members of said house exceeding one-third; which house, with the Vice-President and Associate Judges of the Supreme Court, shall constitute the proper tribunal with power to fill such vacancies.

ARTICLE XV.
Impeachment of Judges.

Any member of the Supreme Court may also be impeached, tried, convicted, or punished by removal or otherwise, Oil complaint to the President, who shall in such case, preside; the Vice-President, House of Representatives, and other members of the Supreme Court, constituting the proper tribunal, (with power to fill vacancies,) on complaint of a majority of said House of Representatives, or of the Supreme Court; a majority of the whole having power to decide.

ARTICLE XVI.
Duties of President and Secretary of State.

The President, with the Secretary of State; shall, immediately upon entering on the duties of their office, give special attention to secure from amongst their own people, men of integrity, intelligence, and good business habits and capacity, and, above an, of first-rate moral and religious character and influence, to act as civil officers of every description and grade, as well as teachers, chaplains, physicians, surgeons, mechanics, agents of every description, clerks, and messengers. They shall make special efforts to induce, at the earliest possible period, persons and families of that description to locate themselves within the limits secured by this organization; and shall, moreover, from time to time, supply the names and residence of such persons to the Congress, for their special notice and information, as among the most important of their duties; and the President is herebyauth9rized and empowered to afford special aid to such individuals, from such moderate appropriations as the Congress shall be able and may deem advisable to make for that object.[1099] The President and Secretary of State, and in all cases of disagreement the Vice-President, shall appoint all civil officers, but shall not have power to remove any officer. All removals shall be the result of a fair trial, whether civil or military.

[1099] Brown yet again demonstrates himself as a great practical man – he believes that the top priority and therefore the top duty of the elected and appointed high ranking officials must be scouting the talent and creating incentives for the men of exceptional moral character and ability to settle and work for his state. When was the last time this was done... anywhere?

ARTICLE XVII.
Further duties.

It shall be the duty of the President and Secretary of State to find out (as soon as possible) the real friends as well as enemies of this organization in every part of the country; to secure among them innkeepers, private postmasters, private mail contractors, messengers, and agents, through whom may be obtained correct and regular information constantly; recruits for the service, places of deposit and sale, together with all needed supplies; and it shall be matter of special regard to secure such facilities through the northern States.

ARTICLE XVII.
Duty of the President.

It shall be the duty of the President, as well as the House of Representatives, at all times, to inform the Commander-in-chief of any matter that may require his attention, or that may affect the public safety.

ARTICLE XIX.
Duty of President, continued.

It shall be the duty of the President to see that the provisional ordinances of this organization, and those made by the Congress, are promptly and faithfully executed; and he may, in cases of great urgency, call on the Commander-in-chief of the army or other officers for aid; it being, however, intended that a sufficient civil police shall always be in readiness to secure implicit obedience to law.

ARTICLE XX.
The Vice-President.

The Vice-President shall be the presiding officer of the Provisional Congress, and in cases of tie shall give the casting vote.

ARTICLE XXI.
Vacancies.

In case of the death, removal, or inability of the President, the Vice President, and, next to him, the Chief Justice of the Supreme Court shall be the President during the remainder of the term; and the place of the Chief Justice, thus made vacant, shall be filled by Congress from' some of the members of said court; and the places of the Vice-President and Associate Justice, thus made vacant, filled by an election by the united action of the Provisional Congress and members of the Supreme Court. All other vacancies, not heretofore specially provided for, shall, during the first three years, be filled by the united action of the President, Vice-President, Supreme Court, and Commander-in-chief of the army.

ARTICLE XXII.
Punishment of crimes.

The punishment of crimes not capital, except in case of insubordinate convicts or other prisoners, shall be (so far as may be) by hard labor on the public works, roads, &c.

ARTICLE XXIII.
Army appointments.

It shall be the duty of all commissioned officers of the army to name candidates of merit, for office or elevation, to the Commander-in-chief, who, with the Secretary of War, and, in. cases of disagreement, the President, shall be the appointing power of the army; and all commissions of military officers shall bear the signatures of the Commander in-chief and the Secretary of War. And it shall be the special duty of the Secretary of War to keep for constant reference of the Commander-in-chief a full list of names of persons nominated for office or elevation by the officers of the army, with the name and rank of the officer nominating, stating distinctly, but briefly, the grounds for such notice or nomination. The Commander-in-chief shall not have power to remove or punish any officer or soldier, but he may order their arrest and trial at any time by court-martial.

ARTICLE XXIV.
Courts-martial.

Courts-martial for companies, regiments, brigades, &c., shall be called by the chief officer of each command, on complaint to him by any officer, or any five privates in such command, and shall consist of not less than five nor more than nine officers, non-commissioned officers and privates, one half of whom shall not be lower in rank than the person on trial, to be chosen by the three highest officers in the command, which officers shall not be a part of such court. The chief officer of any command shall, of course, be tried by a court-martial of the command above his own. All decisions affecting the lives of persons, or office of persons holding commission, must, before taking full effect, have the signature of the Commander-in-chief, who may also, on the recommendation of at least one third of the members of the court-martial finding any sentence, grant a reprieve or commutation of the same.

ARTICLE XXV.
Salaries.

No person connected with this organization shall be entitled to any salary, pay, or emolument, other than a competent support of himself and family, unless it be from an equal dividend made of public property, on the establishment of peace, or of special provision by treaty; which provision shall be made for all persons who may have been in any active civil or military service at any time previous to any hostile action for liberty and equality.

ARTICLE XXVI.
Treaties of peace.

Before any treaty of peace shall take full effect it shall be signed by the President and Vice-President, the Commander-in-chief, a majority of the House of Representatives, a majority of the Supreme Court, and a majority of all the general officers of the army.

ARTICLE XXVII.
Duty of the military.

It shall be the duty of the Commander-in-chief and all officers and soldiers of the army to afford special protection, when needed, to Congress or any member thereof, to the Supreme Court or any member thereof, to the President, Vice-President, Treasurer, Secretary of State, Secretary of the Treasury, and Secretary of War; and to afford general protection to all civil officers or other persons having right to the same.

ARTICLE XXVIII.
Property.

All captured or confiscated property and all property the product of the labor of those belonging to this organization and of their families, shall. be held as the property of the whole, equally, without distinction, and may be used for the common benefit, or disposed of for the same object; and any person, officer, or otherwise, who shall improperly retain, secrete, use, or needlessly destroy such property, or property found, captured, or confiscated, belonging to the enemy, or shall willfully neglect to render a full and fair statement of such property by him so taken or held, shall be deemed guilty of a misdemeanor, and, on conviction, shall be punished accordingly.

ARTICLE XXIX.
Safety or intelligence fund.

All money, plate, watches, or jewelry captured by honorable warfare, found, taken, or confiscated, belonging to the enemy, shall be held sacred to constitute a liberal safety or intelligence fund; and any person who shall improperly retain, dispose of, hide, use, or destroy such money or other article above named, contrary to the provisions and spirit of this article, shall be deemed guilty of theft, and, on conviction thereof, shall be punished accordingly. The treasurer shall furnish the Commander-in-chief at all times with a full statement of the condition of such fund, and its nature.

ARTICLE XXX.
The Commander-in-chief and the treasury.

The Commander-in-chief shall have power to draw from the treasury the money and other property of the fund provided for in article twenty-ninth; but his orders shall be signed also by the Secretary of War, who shall keep strict account of the same subject to examination by any member of Congress or general officer.

ARTICLE XXXI.
Surplus of the safety or intelligence fund.

It shall be the duty of the Commander-in-chief to advice the President of any surplus of the safety and intelligence fund, who shall have power to draw such surplus (his order being also signed by the Secretary of State) to enable him to carry out the provisions of article seventeenth.

ARTICLE XXXII.
Prisoners.

No person, after having surrendered himself or herself a prisoner, and who shall properly demean himself or herself as such, to any officer or private connected with this organization, shall afterward be put to death, or be subject to any corporeal punishment, without first having had the benefit of a fair and impartial trial; nor shall any prisoner be treated with any kind of cruelty, disrespect, insult, or needless severity; but it shall be the duty of all persons, male and female, connected herewith, at all times and under all circumstances, to treat all such prisoners with every degree of respect and kindness that the nature of the circumstances will admit of, and to insist on a like course of conduct from all others, as in the fear of Almighty God, to whose care and keeping we commit our cause.

ARTICLE XXXIII.
Voluntaries

All persons who may come forward, and shall voluntarily deliver up their slaves, and have their names registered on the books of the organization, shall, so long as they continue at peace, be entitled to the fullest protection of person and property, though not connected with this organization, and shall be treated as friends and not merely as persons neutral.

ARTICLE XXXIV.
Neutrals.

The persons and property of all non-slaveholders, who shall remain absolutely neutral, shall be respected so far as the circumstances can allow of it, but they shall not be entitled to any active protection.

ARTICLE XXXV.
No needless waste.

The needless waste or destruction of any useful property or article by fire, throwing open of fences, fields, buildings, or needless killing of animals, or injury of either, shall not be tolerated at any time or place, but shall be promptly and properly punished.

ARTICLE XXXVI.
Property confiscated.

The entire personal and real property of all persons known to be acting either directly or indirectly with or for the enemy, or Found in arms with them, or found willfully holding slaves, shall be confiscated and taken whenever and wherever it may be found in either free or slave States.

ARTICLE XXXVII.
Desertion.

Persons convicted on impartial trial of desertion to the enemy, after becoming members, acting as spies, or of treacherous surrender of property, ammunition, provisions, or supplies of any kind, roads, bridges, persons, or fortifications shall be put to death, and their entire property confiscated.

ARTICLE XXXVIII.
Violation of parole of honor.

Persons proven to be guilty of taking up arms after having been set at liberty on parole of honor, or, after the same, to have taken any active part with or for the enemy, direct or indirect, shall be put to death, and their entire property confiscated.

ARTICLE XXXIX.
All must labor.

All persons connected in any way with this organization, and who may be entitled to full protection under it, shall be held as under obligation to labor in some way for the general good; and persons refusing or neglecting so to do, shall, on conviction, receive a suitable and appropriate punishment.

ARTICLE XL.
Irregularities.

Profane swearing, filthy conversation, indecent behavior, or indecent exposure of the person, or intoxication or quarreling, shall not be allowed or tolerated, neither unlawful intercourse of the sexes.

ARTICLE XLI.
Crimes.

Persons convicted of the forcible violation of any female prisoner shall be put to death.

ARTICLE XLII.
The marriage relation, schools, the Sabbath.

The marriage relation shall be at all times respected, and families kept together, as far as possible; and broken families encouraged to reunite, and intelligence offices established for that purpose. Schools and churches established, as soon as may be, for the purpose of religious and other instructions; for the first day of the week, regarded as a day of rest, and appropriated to moral and religious instruction and improvement, relief of the suffering, instruction of the young and ignorant, and the encouragement of personal cleanliness; nor shall any persons be required on that day to perform ordinary manual labor, unless in extremely urgent cases.

ARTICLE XLIII.
Carry arms openly.

All persons known to be of good character and of sound mind and suitable age, who are connected with this organization, whether male or female, shall be encouraged to carry arms openly.

ARTICLE XLIV.
No person to carry concealed weapons.

No person within the limits of the conquered territory, except regularly appointed policemen, express officers of the army, mail carriers, or other fully accredited messengers of the Congress, President, Vice President, members of the Supreme Court, or commissioned officers of the army-and those only under peculiar circumstances-shall be allowed at any time to carry concealed weapons; and any person not specially authorized so to do, who shall be found so doing, shall be deemed a suspicious person, and may at once be arrested by any officer, soldier, or citizen, without the formality of a complaint or warrant, and may at once be subjected to thorough search, and shall have his or her case thoroughly investigated, and be dealt with as circumstances on proof shall require.

ARTICLE XLV.
Persons to be seized.

Persons within the limits of the territory holden by this organization, not connected with this organization, having arms at all, concealed or otherwise, shall be seized at once, or, be taken in charge of some vigilant officer, and their case thoroughly investigated; and it shall be the duty of all citizens and soldiers, as well as officers, to arrest such parties as are named in this and the preceding section or article, without the formality of complaint or warrant; and they shall be placed in charge of some proper officer for examination or for safekeeping.[1100]

[1100] A citizen's arrest is meant – an arrest made by a person who is not acting as a sworn law-enforcement official. In common law jurisdictions, the practice dates back to medieval Britain and the English common law, in which sheriffs encouraged ordinary citizens to help apprehend law breakers. Each state, with the exception of North Carolina, permits citizen arrests if the commission of a felony is witnessed by the arresting citizen, or when a

ARTICLE XLVI.
These articles not for the overthrow of government.

The foregoing articles shall not be construed so as in any way to encourage the overthrow of any State government, or of the general government of the United States, and look to no dissolution of the Union, but simply to amendment and repeal. And our flag shall be the same that our fathers fought under in the Revolution.

ARTICLE XLVII.
No plurality of offices.

No two of the offices specially provided for by this instrument shall be filled by the same person at the same time.

ARTICLE XLVIII.
Oath.

Every officer, civil or military, connected with this organization shall, before entering upon the duties of his office, make solemn oath or affirmation to abide by and support this provisional constitution and these ordinances; also every citizen and soldier, before being fully recognized as such, shall do the same.

Schedule.

The president of this convention shall convene, immediately on the adoption of this instrument, a convention of all such persons as shall have given their adherence by signature to the constitution, who shall proceed to fill, by election, all offices specially named in said constitution, the president of this convention presiding, and issuing commissions to such officers elect; all such officers being thereafter elected in the manner provided in the body of this instrument.

HISTORIC SOURCE: "Report of the Select Committee of the Senate Appointed to Inquire into the Late Invasion and Seizure of the Public Property at Harper's Ferry", Report No. 278, Senate, 36th Cong., 1st Sess., 1860 (commonly known as the "Mason Report").

---

citizen is asked to assist in the apprehension of a suspect by police. The application of state laws varies widely with respect to misdemeanors, breaches of the peace, and felonies not witnessed by the arresting party. Though North Carolina General Statutes have no provision for citizens' arrests, detention by private persons is permitted and applies to both private citizens and police officers outside their jurisdiction. Detention is permitted where probable cause exists that one has committed a felony, breach of peace, physical injury to another person, or theft or destruction of property. Detention is different from an arrest in that in a detention the detainee may not be transported without consent.

MEMBERS OF JOHN BROWN'S ARMY

John Brown's army, besides himself, consisted of twenty-one men, sixteen of whom were white and five black.

JOHN HENRY KAGI (1835-1859) was born in Bristolville, Trumbull County, Ohio, on March 15, 1835, and was killed at the age of 24, on October 17, 1859, while crossing a river. He was first buried in the common grave at Harper's Ferry; reburied in 1899 in the common grave near John Brown at North Elba, New York. His father was a respected village blacksmith in Bristolville, Ohio, whose family was of Swiss descent. The name in America being originally Kagy, John Henry Kagi adopted the Swiss spelling of the family name.

Kagi was the best educated of all the raiders, but was largely self-taught. He bore the title of "Secretary of War" in Brown's "Provisional Government." Stevens and Kagi became two of Brown's closest advisors. Many admirably written letters survive as the productions of his pen, in the New York *Tribune*, the New York *Evening Post*, and the *National Era*. He was, moreover, an able man of business, besides being an excellent debater and orator. He was an expert stenographer and a complete abstainer.

AARON DWIGHT STEVENS (1831-1860) was born in Lisbon, New London County, Connecticut, on March 15, 1831,[1101] and was executed on March 16 1860, at the age of 29. He was Brown's chief military aid.

While serving under Brown in Kansas, Stevens shot and killed a slave-owner named David Cruise while attempting to free a female slave. According to Stevens's own account, while entering the home, Stevens saw Cruise reaching for a weapon and shot him dead.

The never-married Stevens came of old Puritan stock, his great-grandfather having been a captain in the Revolutionary army. He was a man of superb bravery and of wonderful physique; he was well over six feet, was blessed with a great sense of humor, and was sustained at the end by his belief in Christian faith and Christian spiritualism. George B. Gill wrote of him in 1860: "Stevens – how gloriously he sang! His was the noblest soul I ever knew."

George H. Hoyt, Brown's counsel, in a letter to J. W. Le Barnes, October 31, 1859, thus recorded his first impression of Stevens: "Stevens is in the same cell with Brown. I have frequent talks with him. He's in a most pitiable condition physically, his wounds being of the most painful and dangerous character. He has now four balls in his body, two of these being about the head and neck. He bears his sufferings with grim and silent fortitude, never complaining and absolutely without hope. He is a splendid looking young fellow. Such black and penetrating eyes! Such an expansive brow! Such a grand chest and limbs! He was the best, and in fact the only man Brown had who was a good soldier besides being reliable otherwise."

[1101] Stevens and Kagi were both born on March 15.

ჯონ ბრაუნის რაზმი
JOHN BROWN'S ARMY

ჯონ ჰენრი ქაგი
John Henry Kagi

ეერან დვაით სტივენსი
Aaron Dwight Stevens

ჯონ ედვინ ქუქი
John Edwin Cook

ჩარლზ ფლამა თიდი
Charles Plummer Tidd

ჯერემაია ენდერსენი
Jeremiah Goldsmith Anderson

ალბერტ ჰეზლეთი
Albert Hazlett

ედვინ ქაფაქი
Edwin Coppoc

ბარქლეი ქაფაქი
Barclay Coppoc

ვილიემ თამსონი
William Thompson

დოფინ ადოლფუს თამსანი
Dauphin Adolphus Thompson

ჯონ ენთონი ქოუფლენდი, მც.
John Anthony Copeland Jr.

სთიუარდ თეილა
Stewart Taylor

AMERICAN HEROES — MEMBERS OF JOHN BROWN'S ARMY

ვილიემ ეიჩ. ლიიმანი
William H. Leeman

აზბორნ ფერი ენდერსენი
Osborn Perry Anderson

ფრენსის ჯექსან მერიემი
Francis Jackson Meriam

ლუის შერიდან ლიირი
Lewis Sheridan Leary

ოუენ ბრაუნი
Owen Brown

ვადსონ ბრაუნი
Watson Brown

ალივა ბრაუნი
Oliver Brown

დეინჯარფილდ ნიუბი
Dangerfield Newby

შილდზ გრიინი
Shields Green

During his imprisonment, he never wavered from his conviction that the Harper's Ferry raid was just, writing the following:

"I do not feel guilty in the least, for I know, if I know, anything, that there was no evil intention in my heart. I thought I should be able to do more good for the world in this way than I could do in any other. I may have erred as to the best way, but I think every thing will turn out for the best in the end. I do not expect to be tried until next Spring, when I expect I shall be hung, as I think all the rest will. Slavery demands that we should hang for its protection, and we will meet it willingly, knowing that God is Just, and is over all. There seems to be no mercy for those who are willing to help those who have none to help them. My heart feels like bleeding to think how many thousands are worse off in this land than I am now. Oh, that I could see this country free, I would give a thousand lives if I had them to give."

For his part in Brown's raid, Stevens was convicted of treason and conspiring with slaves, and was executed on March 16, 1860, in Charlestown, Virginia, one day after his 29th birthday. His last words to Brown were "Captain Brown, I'll see you in a better land."

JOHN EDWIN COOK (1830-1859) was born in the summer of 1830, in Haddam, Connecticut and hanged on December 16, 1859. He was of a well-to-do family, and studied law in Brooklyn and New York. Cook was the one man who was sent to the town of Harper's Ferry over a year in advance of others, and lived in the city. He is described variously as a school-teacher. He was a remarkably fine shot, and had seen much fighting in Kansas. He was reckless, impulsive, indiscreet, but genial, generous and brave. After the raid, he was captured eight miles from Chambersburg, Pennsylvania, October 25, 1859, and hanged on December 16. Cook was the one who made a confession while in jail. For this confession Cook was severely censured at the time by the friends of Brown; he was even called the "Judas" of the raid.

CHARLES PLUMMER TIDD (1834-1862), known as Charles Plummer, was a captain in Brown's army. Plummer escaped and was never captured. He was born in Palermo, Maine, in 1834. He emigrated to Kansas with the party of Dr. Calvin Cutter, of Worcester, in 1856. He joined John Brown's party at Tabor in 1857, and thereafter, in Canada and elsewhere, was one of Brown's closest associates.

Tidd changed his name after the raid in order to avoid possible arrest and trial as a Harper's Ferry raider – a precaution of greater importance when he entered the army in 1861 to fight in the Civil War. He died of fever on the transport Northerner,[1102] as a first sergeant of the Twenty-first Massachusetts Volunteers, on February 8, 1862, with the roar of the battle of Roanoke Island in his ears. This he had particularly wished to take part in, for the ex-Governor of Virginia Henry A. Wise was in command of the Confederates, his son, O. Jennings Wise, being killed in the engagement. Tidd had enlisted on July 19, 1861, as a private. His grave is No. 40 in the New Berne, N. C. National Cemetery.

[1102] Name of the ship.

JEREMIAH GOLDSMITH ANDERSON (1733-1859), one of Brown's lieutenants, was born April 17, 1833, in Indiana, and was therefore in his twenty-seventh year when killed at Harper's Ferry by a Marine's bayonet during the final assault on the engine house. He was the son of John Anderson, and was the grandson of slaveholders; his maternal grandfather, Colonel Jacob Westfall, of Tygart (Tygert) Valley, Virginia, was a soldier in the Revolutionary War and a slaveholder.

Anderson worked as a peddler, farmer, and employee of a saw-mill before emigrating to Kansas in August, 1857. He was twice arrested by pro-slavery people, and for ten weeks imprisoned at Fort Scott; he then became a lieutenant of Captain Montgomery, and was with him in the attack on Captain Anderson's troop of the First U. S. Cavalry. He also witnessed the murder on his own doorstep of a Mr. Denton by Border Ruffians. He was with John Brown on the slave raid into Missouri, and thereafter followed Brown's fortunes. Writing July 5, 1859, of his determination to continue to fight for freedom, he said: "Millions of fellow-beings require it of us; their cries for help go out to the universe daily and hourly. Whose duty is it to help them? Is it yours? Is it mine? It is every man's, but how few there are to help. But there are a few who dare to answer this call and dare to answer it in a manner that will make this land of liberty and equality shake to the centre."

"One of the prisoners described Anderson as turning completely over against the wall [to which he was pinned by the bayonet] in his dying agony. He lived a short time, stretched on the brick walk without, where he was subjected to savage brutalities, being kicked in body and face, while one brute of an armed farmer spat a huge quid of tobacco from his vile jaws into the mouth of the dying man, which he first forced open."

ALBERT HAZLETT (1837-1860), a lieutenant, was born in Pennsylvania, September 21, 1837. He escaped into Pennsylvania but soon was captured in Carlisle, Pennsylvania, near Chambersburg, under the name of William Harrison, and hanged on March 16, 1860. He was first buried in New Jersey; reburied in 1899 in the common grave near John Brown at North Elba, New York. George B. Gill says: "I was acquainted with Hazlett well enough in Kansas, yet after all knew but little of him. He was with Montgomery considerably, and was with Stevens on the raid in which Cruise was killed. He was a good-sized, fine-looking fellow, overflowing with good nature and social feelings... Brown got acquainted with him just before leaving Kansas." Before the raid he worked on his brother's farm in western Pennsylvania, joining the others at Kennedy Farm in the early part of September, 1859.

To Mrs. Rebecca Spring he wrote on March 15, 1860, the eve of his execution, "Your letter gave me great comfort to know that my body would be taken from this land of chains.... I am willing to die in the cause of liberty, if I had ten thousand lives I would willingly lay them all down for the same cause."

EDWIN COPPOC or Coppock (1835-1859), brother of Barclay, was born on June 30, 1835. At the age 24 he was captured with Brown in the engine house, tried immediately after him, sentenced on November 2, and hung with Cook on December 16, 1859. He shot and killed Harper's Ferry mayor Fontaine Beckham during the raid. He was buried in Salem, Ohio. The Coppoc brothers were raised in Springdale, Iowa.

BARCLAY COPPOC (1839-1861), Edwin's brother, was born at Salem, Ohio, on January 4, 1839, and had not attained his majority at the time of the raid.[1103] He escaped from Harper's Ferry, but only to meet a tragic fate in that he was killed by the fall of a train into the Platte River from a trestle forty feet high, the supports of which had been burned away by Confederates. Coppoc was then a first lieutenant in the Third Kansas Infantry, Colonel Montgomery's regiment, having received his commission July 24, 1861.

We must note that Barclay Coppoc went straight to Iowa after his escape from Harper's Ferry, whither Virginia agents followed to attempt his arrest. He went back to Kansas in 1860, helped to run off some Missouri slaves, and nearly lost his life in a second undertaking of this kind.

WILLIAM THOMPSON (1833-1859), son of Roswell Thompson; born in New Hampshire, on August, 1833, killed during the raid in 1859. In the fall of 1858 he married Mary Brown, who was not related to the family of John Brown. His sister Isabel was married to Watson Brown; and Henry Thompson, his elder brother, was married to Ruth, the daughter of John Brown. He had started for Kansas in 1856, but turned back after meeting Brown's sons, and returned with them to North Elba. Thompson was first buried in the common grave at Harper's Ferry; reburied in 1899 in the common grave near John Brown at North Elba, New York.

DAUPHIN ADOLPHUS THOMPSON (1838-1859), brother of William Thompson, and one of Brown's lieutenants, and a North Elba neighbor of the Brown family. He was born on April 17, 1838. Dauphin was killed in the storming of the engine house. He was first buried in the common grave at Harper's Ferry; reburied in 1899 in the common grave near John Brown at North Elba, New York. He was "very quiet, with fair, thoughtful face, curly blonde hair, and baby-blue eyes." His sister Isabel was married to Watson Brown; and Henry Thompson, his elder brother, was married to Ruth, the daughter of John Brown.

JOHN ANTHONY COPELAND, JR., a free black, was born in Raleigh, North Carolina, on August 15, 1834, and executed at Charlestown, December 16, 1859. The body was claimed by Winchester Medical College as a teaching cadaver. The last resting place is unknown. Copeland's parents removed to Oberlin, Ohio, in 1842. He was for some time a student in the preparatory department of Oberlin College, and was enlisted for John Brown in September, 1859, by Lewis Sheridan Leary, his uncle, who was at that time also residing at Oberlin. Copeland was one of the thirty-seven men involved in the famous Oberlin rescue of a fugitive slave, John Price, for which he was for some time imprisoned at Cleveland.

On November 26, 1859, from his cell in Charlestown, Copeland sent a letter to his parents, which later came in the possession of his sister Miss Mary Copeland, of Oberlin, Ohio, of which the following is an extract:

[1103] He was not yet 21 years old.

AMERICAN HEROES   MEMBERS OF JOHN BROWN'S ARMY

"DEAR PARENTS, – my fate as far as man can seal it is sealed but let this not occasion you any misery for remember the cause in which I was engaged, remember that it was a 'Holy Cause,' one in which men who in every point of view better than I am have suffered and died, remember that if I must die I die in trying to liberate a few of my poor and oppressed people from my condition of servitude which God in his Holy Writ has hurled his most bitter denunciations against and in which men who were by the color of their faces removed from the direct injurious affect, have already lost their lives and still more remain to meet the same fate which has been by man decided that I must meet."

In a December 16 letter Copeland implored his family not to sorrow:

"Why should you sorrow? Why should your hearts be racked with grief? Have I not everything to gain and nothing to lose by the change? I fully believe that not only myself but also all three of my poor comrades who are to ascend the same scaffold- (a scaffold already made sacred to the cause of freedom, by the death of that great champion of human freedom, Capt. JOHN BROWN) are prepared to meet our God."

STEWART TAYLOR (1836-1859) was born October 29, 1836, at Uxbridge, Canada. Taylor was the only one of the raiders not of American birth. He was but twenty-three when killed during the raid. He was first buried in the common grave at Harper's Ferry; reburied in 1899 in the common grave near John Brown at North Elba, New York. Taylor was of American descent, a wagon-maker by trade. He went to Iowa in 1853, where in 1858 he became acquainted with John Brown through George B. Gill. He is described as being "heart and soul in the anti-slavery cause. An excellent debater and very fond of studying history. He stayed at home, in Canada, for the winter of 1858-1859, and then went to Chicago, thence to Bloomington, Illinois, and thence to Harper's Ferry. He was a very good phonographer (stenographer), rapid and accurate. He was overcome with distress when, getting out of communication with the John Brown movement, he thought for a time that he was to be left out."

WILLIAM H. LEEMAN (1839-1859), born March 20, 1839, and killed on October 17, 1859, the youngest of the raiders, had early left his home in Maine, being of a rather wild disposition. During the raid he was shot while trying to escape across the Potomac River. He was first buried in the common grave at Harper's Ferry; reburied in 1899 in the common grave near John Brown at North Elba, New York. Leeman was educated in the public schools of Saco and Hallowell, Maine. He worked in a shoe-factory in Haverhill, Massachusetts, at the age of fourteen. In 1856 he entered Kansas with the second Massachusetts colony of that year, and became a member of John Brown's "Volunteer Regulars" on September 9, 1856. He fought well at Osawatomie, when but seventeen years old. George B. Gill says of him that he had "a good intellect with great ingenuity."

OSBORN PERRY ANDERSON (1830-1871), one of Brown's African-American followers, survived the raid to die in Washington, D. C., December 13, 1872. Born free, July 27, 1830, at West Fallowfield, Chester County, Pennsylvania.[1104] He was

---

[1104] For approximately a decade I personally lived in Chester County (a place very dear to me), not far away from West Fallowfield township, Pennsylvania.

in his thirtieth year at the time of the raid. He learned the printing trade in Canada, where he met John Brown in 1858. After his escape he returned to Canada. During the Civil War, in 1864, he enlisted, became a non-commissioned officer, and was mustered out at the close of the war in Washington.

Anderson went on to write an account of the events, which he named "A Voice From Harper's Ferry". The book describes the conditions that were present at the Harper's Ferry raid, including the training, the supplies that were available, and the events that led up to the raid.

FRANCIS JACKSON MERIAM (1837-1865) was born November 17, 1837, at Framingham, Massachusetts, into an abolitionist family. Meriam came to Kansas, but seems to have borne little part in the struggle here, as he did not arrive before 1858. He was ardent in his desire to fight slavery, and solicited service under John Brown. He was educated and had some money. Meriam escaped from Harper's Ferry after the attack. He was in Boston, coming from Canada on the day of John Brown's execution, but was finally induced by friends to go back to Canada, and afterwards settled in Illinois, and enlisted in the Union army. He died suddenly on November 28, 1865, in New York City, after having served as a captain in the Third South Carolina Colored Infantry.

LEWIS SHERIDAN LEARY (1835-1859) was born at Fayetteville, North Carolina, March 17, 1835. Leary was a black man who, at the age of 24, left his wife and his six months old child at Oberlin, to go to Harper's Ferry. He is said to have been the first Oberlin recruit to Brown's army. He was furnished money to go from Oberlin to Chambersburg, and accompanied John A. Copeland to that town. After the raid Leary was mortally wounded while attempting escape across the Shenandoah River. He was stationed in the rifle factory with Kagi. Alleged to be buried at John Brown gravesite at North Elba, New York. Cenotaph memorial in Oberlin, Ohio.

Leary's child was subsequently educated by James Redpath and Wendell Phillips. Leary was descended from an Irishman, Jeremiah O'Leary, who fought in the Revolution under General Nathanael Greene, and married a woman of mixed blood, partly African, partly of that Croatan Indian stock of North Carolina, which is believed by some to be lineally descended from the "lost colonists" left by John White on Roanoke Island in 1587. Leary, like his father, was a saddler and harness-maker. In 1857 he went to Oberlin to live, marrying there, and making the acquaintance of John Brown in Cleveland. After the raid, he survived his terrible wounds for eight hours, during which he was well treated and able to send messages to his family. He is reported as saying: "I am ready to die." His wife was in ignorance of his object when he left home.

OWEN BROWN (1824-1889), born on November 4, 1824, at Hudson, Ohio, was John Brown's third son, and his stalwart, reliable lieutenant both in Kansas and at Harper's Ferry. It was due largely to his unfaltering determination and great physical strength that the little group of survivors of which he was the leader reached safe havens. After the war he was for some time a grape-grower in Ohio, in association with two of his brothers. Thence he removed to California, where he died on January 8, 1889, in his mountain home, "Brown's Peak," near Pasadena, poor in worldly goods, but with the respect and regard of his neighbors. A marble monument marks his mountain-side grave.

He never married. He was, like all the Browns, original in expression and in thought, and not without considerable humor. He was the only one of the five men who escaped from the raid who did not enter the Union army, and he was the last of the raiders.

WATSON BROWN (1835-1859), born at Franklin, Ohio, on October 7, 1835 and died of his wounds at Harper's Ferry on October 18, 1859. He married Isabella M. Thompson in September, 1856. He was "Tall and rather fair, with finely knit frame, athletic and active." Of little education, he was a man of marked ability and sterling character, who bore well the family responsibilities which fell to him when all the other men of the clan went to Kansas. His son lived only to his fifth year.

OLIVER BROWN (1839-1859), Captain. Oliver was the youngest son of John Brown to reach adulthood. He was born in Franklin, Ohio on March 9, 1839, and married Martha E. Brewster in 1858. Oliver went to Kansas in 1855, with his father, and returned to North Elba in October 1856. He was killed at Harper's Ferry.

DANGERFIELD NEWBY (1815-1859) was the oldest of John Brown's raiders and the first of his men to die at Harper's Ferry, Virginia. He was born a slave in 1815, in Fauquier County, Virginia. His father, a Scotsman, freed his mulatto children. Newby's wife, from whom he received touching letters, was the slave of Jesse Jennings of Virginia. Newby had been unable to purchase the freedom of his wife and seven children. Their master raised the price after Newby had saved the $1,500 that had previously been agreed on. Because all of Newby's other efforts had failed he hoped to free them by force. Harriet's poignant letters, found on his body, proved instrumental in advancing the abolitionist cause. She and her children were "sold South" to Louisiana after the raid; conflicting reports have her either remaining there or ultimately moving to Ohio. The shot that gave to Newby his death-wound, cut his throat from ear to ear, the missile being a six-inch spike in lieu of a bullet. Newby was six feet two inches tall, of a splendid physical appearance, of light color.

Dangerfield Newby's descendants are still alive today; Tyler Newby currently lives in a suburb of Cleveland, Ohio. Josh Newby lives in a suburb of San Francisco, California.

SHIELDS GREEN (1836-1859) was a fugitive slave from Charleston, South Carolina who joined Brown at Chambersburg, having come there with Frederick Douglass, on August 19, 1859. He was known as the "Emperor," but how he obtained this name is not unknown. He went on with Brown when Douglass turned back, telling his former benefactor "I believe I'll go with the old man." Green's age is said to have been twenty-three years. Though he had a chance to escape capture, he returned to the fighting and was captured with Brown. He was hanged on December 16, 1859.

EPILOGUE

"Since Evil is here, 'haunting this world by necessary law', and it is the Soul's design to escape from Evil, we must escape hence.

But what is this escape?

'In attaining Likeness to God', we read. And this is explained as 'becoming just and holy, living by wisdom', the entire nature grounded in Virtue."

Plotinus[1105]

[1105] Plotinus (204-270) – the founder of Neoplatonism and one of the greatest philosophers of all times, the man who, besides Greek philosophy of Antiquity, extensively studied Christianity, and philosophies of Persia, India and Egypt. Plotinus' works also influenced Orthodox Christianity. St. Gregory of Nyssa (one of the greatest Cappadocian Fathers, brother of St. Basil the Great) interprets his theory on energy. Plotinus is quoting from Theatetus – one of Plato's dialogues concerning the nature of knowledge.

GEORGIAN INTERNATIONAL UNIVERSITY PRESS

AMERICAN HEROES	Zviad Kliment Lazarashvili
HENRY DAVID THOREAU: ESSAYS	Henry David Thoreau, Zviad Kliment Lazarashvili
MICHAEL TOREY	Janet Mathewson
A MATTER OF PRIDE	Janet Mathewson
POLITICAL THEORY MADE SIMPLE	Lazarashvili, Ihejirika, Steel
PANTHEON OF POLITICAL PHILOSOPHERS THIRD EDITION	Lazarashvili, Ihejirika, Chapidze, Stasen
FREEDOM AND PROSPERITY IN THE 21ST CENTURY	Stasen, Lazarashvili, Chapidze, Ihejirika, Ramishvili
THE PILGRIM'S PROGRESS	John Bunyan
FIFTEEN POETS	Lazarashvili, Stasen
NEW ENGLAND POETRY	Janet Mathewson
SOCRATES AND PLATO: COMPLETE WORKS	Socrates, Plato

MORE ABOUT GEORGIAN INTERNATIONAL UNIVERSITY CLASSICS

GIU PRESS CLASSICS

American Literature
New England Literature
English Literature
Hagiography
History
Political Science
Orthodox Theology
Hagiography
Georgian Literature
Psychology
Law
Education
Pedagogy
Economics
Finance
Management
Marketing

www.ingramcontent.com/pod-product-compliance
Lightning Source LLC
Chambersburg PA
CBHW030236170426
43202CB00007B/27
9780615479972